《上海工会年鉴》（2010年卷）
获得由中国出版工作者协会年鉴工作委员会
主审的第五届全国年鉴编校质量检查
评比一等奖

2014 上海工会年鉴

《上海工会年鉴》编纂委员会

上海社会科学院出版社

4月28日，中共中央政治局委员、中共上海市委书记韩正出席上海市劳模代表座谈会并与劳模代表亲切握手
（吴良荣摄）

1月18日，杨雄代市长在上海市重点工程实事立功竞赛表彰大会上为先进代表颁奖　　(张春海摄)

3月27日，市委副书记殷一璀出席上海市厂务公开民主管理工作会议并向先进集体代表授奖　　(吴良荣摄)

9月4日，上海市政协主席吴志明赴上海视觉艺术学院调研教师开展文化创意人才培养情况（申卫星摄）

4月28日，中共上海市委副书记李希在上海市庆祝五一国际劳动节歌会上亲切问候劳模代表（吴良荣摄）

10月18日，中国工会第十六次全国代表大会开幕 （吴良荣摄）

10月16日，出席中国工会十六大的上海代表离沪赴京 （吴良荣摄）

中国工会第十六次全国代表大会上海市代表团代表审议大会工作报告 （吴良荣摄）

中国工会十六大上海市代表团的劳模代表李斌在会议期间与其他代表相互交流学习体会 （吴良荣摄）

10月22日，中国工会第十六次全国代表大会胜利闭幕，上海市代表团代表步出会场 （吴良荣摄）

5月28日，上海市工会第十三次代表大会在上海世博中心召开 （吴良荣摄）

5月30日，在上海市总工会第十三届委员会第一次全体委员会议上，洪浩当选为市总工会主席，肖堃涛、茆荣华、周志军、侯继军、何慧娟、杨永平当选为市总工会副主席 （吴良荣摄）

11月21日，上海工会举行“同担共享”劳动论坛，市人大常委会副主任、市总工会主席洪浩出席论坛并为论坛代表授奖　　（吴良荣摄）

2013年上海市十大劳模年度人物——陈维在危险品监管和防污染管理培训班上与学员一起交流　　（孙鹏程摄）

5月16日，普陀区召开非公企业家与老劳模结对签约座谈会（许王丽摄）

3月13日，市总工会召开上海市非公企业劳动竞赛综保区现场推进会，市人大常委会副主任、市总工会主席洪浩为竞赛示范园区揭牌

（吴良荣摄）

4月27日，市总工会副主席肖堃涛出席浦东新区建设全国示范性劳动竞赛浦东赛区表彰大会

（赵立荣摄）

中建八局启动“我为绿色施工、节能降耗做贡献”竞赛活动

（上官苗苗摄）

上海市北高新技术服务业园区举行立功竞赛活动推进大会（倪增强摄）

上海市绿化市容局召开行业劳动竞赛动员大会
（唐鸿仙摄）

上海建工集团召开"精品杯"立功竞赛推进会暨"上海中心"竞赛中途表彰大会（缪云明摄）

城投公司举行2013年竞赛工作研讨会
（虞剑波摄）

上海联通举行2012年劳动竞赛表彰暨2013年劳动竞赛动员大会
（康　迪摄）

市总工会巡视员杜仁伟在市监狱管理局工会召开的五一劳动奖状(章)颁奖大会上为获奖者颁奖　　（王　亮摄）

2月3日，市医务工会召开“建言新医改”劳模研讨会　　（池朝霞摄）

4月8日，上港集团召开首届“上海港劳动功臣”评审会（张晨琦摄）

上海工会管理职业学院举行劳模德育导师进课堂活动　　（卢　锟摄）

8月17日，上海市机电工会举办2013年“李斌杯”三维设计大赛
（冯克华摄）

9月22日，上海交运集团举办2013年职工焊接技能操作比赛
（沈荣林摄）

上海水产集团举行电工技能比赛　（韩　毅摄）

中远集运组队参加第二届中国海员技能大赛
（白之楚摄）

11月10日，松江区职业技能竞赛开赛
（张谢琰摄）

上工蝴蝶缝纫机有限公司组织布艺缝纫创意大赛　（徐俊彦摄）

上海电信工会组织网络安全技能竞赛　（殷　茵摄）

上海机场举行安检技能比武　（庄　欣摄）

上海华谊(集团)公司开展"万名员工技能攀新高"活动　（韩　英摄）

7月24日，市总工会召开机关系统党的群众路线教育实践活动动员大会

（吴良荣摄）

6月13日，市人大常委会副主任、市总工会主席洪浩调研上海浦东公惠社会工作服务中心

（赵立荣摄）

8月22日，市总工会经审会主任李鸣主持召开特邀经审员会议

（柴丽琼摄）

11月11日，第一期市总工会委员研修班开班

（应启跃摄）

3月20日，闵行区总工会举行2013年闵行区工会组建目标责任书签约仪式（李乘风摄）

5月22日，奉贤区召开促进有政治身份和荣誉称号的企业经营者带头重视工会工作动员大会（姜林新摄）

12月16日，上海漕河泾松江新兴产业区工会联合会揭牌成立（戚玉冰摄）

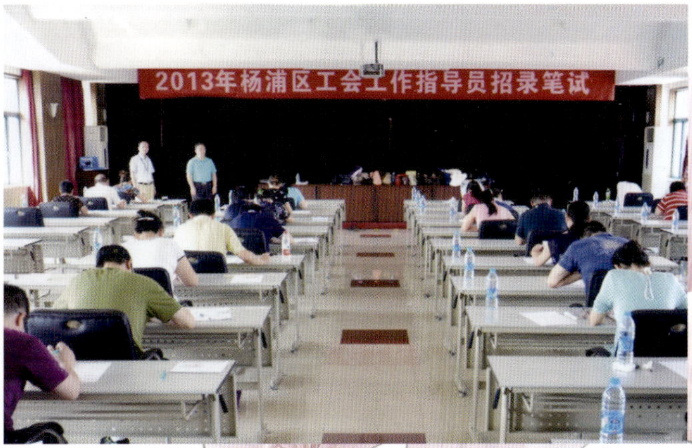

杨浦区总工会公开招录新一批工会工作指导员（曹理仰摄）

4月27日，上海市召开推进集体协商工作会议
（邱晨鹤摄）

上海长江轮船公司工会方与行政方在十八届一次职代会上签订2013年集体合同 （章 伟摄）

3月15日，嘉定工业区世界500强企业曼胡默尔(上海)举行集体合同签约仪式 （童振胤摄）

静安区石门二路街道职工法律援助中心获“全国工会职工法律援助维权服务”示范单位称号
（陆 蕾摄）

7月17日，市总工会副主席茆荣华主持召开关于涉及工会法律法规执行力的课题调研会　　（秦利佳摄）

10月23日，长宁区召开劳动纠纷预防调解联动机制推进会（印敏峰摄）

7月26日，宝山区总工会与区人民法院签订劳动争议纠纷化解对接协议
（胡立伟摄）

11月6日，鲁中矿业工会举办女职工法律法规知识竞赛　　（李宗峰摄）

3月27日，上海市厂务公开工作领导小组召开厂务公开民主管理工作会议　　（吴良荣摄）

11月15日，上海市第十一次厂务公开民主管理调研检查组召开非公企业职代会规范化建设专场座谈会
（吴良荣摄）

号百公司召开集团公司体制机制改革方案沟通会　　（权　丽摄）

4月3日，闸北区召开构建和谐劳动关系工作会议暨区劳动关系协调联席会议　　（李艳华摄）

上海电信工会坚持开展双月沟通活动，深化厂务公开工作（殷　茵摄）

5月8日，杨浦区总工会召开长白社区推进和谐劳动关系工作会议　　（官盛平摄）

中国海运召开2013年工作会议暨四届四次职代会　　（刘勤良摄）

奉贤区总工会大胆探索社区职工代表大会制度建设　　（尹　奕摄）

1月10日，上海电力建设有限责任公司召开三届五次职代会（周幼松摄）

1月18日，市锦江航运有限公司召开四届七次职代会并表彰先进集体和个人　　（田　冰摄）

上海航天局工会组织开展职代会工作质量评估活动　　（沈　恺摄）

9月25日，市总工会召开上海工会宣传思想工作会议　　（吴良荣摄）

市总工会副主席周志军在上海信谊药厂有限公司调研指导工会工作　　（杨佩悦摄）

市民政局工会组织职工赴龙华烈士陵园学习革命先烈的奉献精神　　（阚文伟摄）

上海海运工会承办"航运发展暨走近海员特别活动"座谈会　　（张　洁摄）

市总工会副主席侯继军调研静安凯迪克大厦工会联合会服务点
（王　颖摄）

6月19日、27日，市总工会举办上海工会干部社会保障政策培训，300余名区县局(产业)基层企业工会干部参加培训　（王正园摄）

8月28日，金山区总工会举行“爱心助学，伴我成长”助学金发放仪式
（钱海东摄）

上海市新闻出版工会开展“情暖我心，放飞梦想”金秋助学活动
（方伟国摄）

纺织工会举行受助学生与大学生社会实践基地代表签约仪式
（徐志康摄）

3月6日，市总工会举行纪念三八国际劳动妇女节103周年大会
（吴良荣摄）

6月2日，市总工会副主席何惠娟出席市总工会女职工委员会举行的“童心中国梦”主题少儿绘画比赛活动
（吴良荣摄）

绿地集团纪念三八国际劳动妇女节（戴红星摄）

上海飞机设计院强度部建成“爱心妈咪小屋”（陈宇辉摄）

7月11日，市人大常委会副主任、市总工会主席洪浩高温慰问一线环卫工人　　（吴良荣摄）

5月16日，上海工会正式启动职工疗休养行动
（吴良荣摄）

2013年敬老节，市退管会在复兴公园内举行为老服务活动（黎　颖摄）

中铁二十四局春节留沪农民工喜获市总工会赠送的电话亲情卡
（钱　蓉摄）

7月16日，市总工会秘书长张立群赴崇明岛高温慰问船舶和电力系统一线职工　　（丁春瑜摄）

锦江航运职工积极参加义务献血
（田　冰摄）

徐汇区总工会举行2013年“12·5国际志愿者日”便民志愿服务活动
（伏　森摄）

华东电网在职工中开展“学雷锋，献爱心”一日捐活动　（包　鹏摄）

12月24日，第十五届上海市读书节活动闭幕，
一批读书活动先进单位受表彰　　（吴良荣摄）

三航局工会每月举办一期道德讲堂　　（黄书展摄）

市教育工会举行2013年上海市优秀青年教师论坛
（沈　瑶摄）

市经济和信息化系统工会高温慰问西气东输一线职工并出资援建职工书屋　　（黄　俭摄）

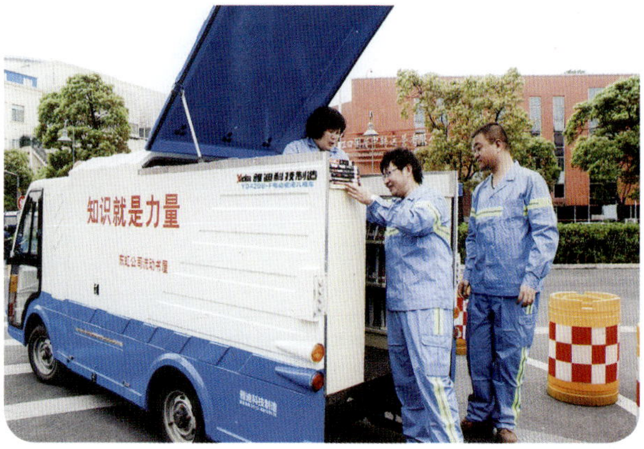

虹口区绿化市容东虹公司建立流动书屋为职工送书上门　　（高连华摄）

8月23日，闵行区总工会举行闵行区职工党史知识竞赛暨“共筑中国梦”微演讲比赛（俞龙祥摄）

第三航务局工会推动基层项目部开办农民工夜校（黄书展摄）

市交通港航工会举办上海公交驾驶员节能操作主题演讲比赛决赛（周建荣摄）

城投总公司一线班组长岗位培训班开班
（张　旭摄）

市烟草储运公司工会扎实推进“学习型班组”建设活动
（马日盛摄）

上海市电力公司工会召开第二届班组文化最佳实践库成果发布会　（倪奇华摄）

上航局航道建设公司举办第六届学习节暨班组建设推进会　（杨建平摄）

上海化学工业区工会开展班组安全文化宣传展板巡展活动　（李世同摄）

4月28日，上海市举行庆祝五一国际劳动节歌会
（吴良荣摄）

8月7日，上海城建隧道股份公司工会携手“中国梦之声”栏目组赴工地高温慰问建设者
（陈　欣摄）

号百公司员工以手语舞蹈方式演绎《感恩之心》　（权　丽摄）

市税务系统工会举办2013年迎春文艺联欢晚会　（臧　韬摄）

4月26日，崇明县总工会举行崇明职工五一歌会
（徐　平摄）

上海铁路局举行“榜样的力量——最美上铁人”颁奖文艺晚会
（白　杰摄）

上海移动在2013年上海市职工合唱比赛中获得“十佳优秀职工演唱组合”称号　（喻幸远摄）

百联职工合唱团在南京东路步行街唱响《劳动最光荣》　（吴志明摄）

11月9日，2013年上海职工体育四季大联赛——冬季“黄浦杯”健身大赛在新建成的黄浦区工人体育馆开幕

（陈鹤礼摄）

5月20日，宝钢第九届职工运动会、第八届老年人运动会开幕

（刘　杰摄）

上海邮政举办第六届员工运动会　（陆　彬摄）

国药控股举办第三届“沃凯杯”羽毛球赛

（成　倩摄）

市级机关工会组织干部职工参加2013年上海市民东方明珠元旦登高迎新活动　（王强鹰摄）

青浦区总工会举行青浦职工(秋季)健身广播操比赛　（朱建强摄）

7月27日，上海市举行第三十二届庆八一建军节军民长跑活动
（吕诚陆摄）

上海金融篮球联队与上海女篮举行友谊赛
（林均卫摄）

3月25日，市人大常委会副主任、市总工会主席洪浩会见来访的巴西工人总联盟代表团

（吴良荣摄）

12月20日，以市总工会党组副书记、副主席肖堃涛为团长的上海市工会代表团访问摩洛哥并拜会摩洛哥劳工联合会　　（顾学庆摄）

10月10日，市人大常委会副主任、市总工会主席洪浩会见来访的美国劳联—产联主席乔姆卡一行　　（管一珉摄）

8月12日，市总工会副主席杨永平主持上海建工工会与澳大利亚昆士兰州建筑工会友好交流合作协议签约仪式
（张国峰摄）

9月24日，2013年沪台工会论坛在上海千禧海鸥大酒店举行（吴良荣摄）

10月22日，“职业继续教育——中德比较”研讨会在沪举行
（管一珉摄）

3月25日，巴西工人总联盟代表团与市金融工作委员会举行工会工作交流会　（张国锋摄）

3月1日，摩洛哥公用事业工会代表团赴闸北区参观苏州湾规划展示中心并与区总工会进行工作交流　（张国锋摄）

8月23日，中韩书画交流展在市工人文化宫开幕
（徐大为摄）

编辑说明

1.《上海工会年鉴》是由上海市总工会编纂出版的一部汇辑上年度本市工会工作成果的资料性工具书。编纂年鉴旨在总结经验，创新发展，为更好地探索和把握新时期工会工作发展规律，更有效地指导基层工作开展提供经验和借鉴。

2.本年鉴由上海市总工会主办，各区县局（产业）工会及市总工会机关部室、直管单位供稿，年鉴编辑部负责编纂出版，至今连续编纂出版了19册。

3.本年鉴框架体例采用分类编排方法，设置栏目、分目、条目三级架构。以栏目为基本单元，栏目内设置若干分目，分目以下设条目，以条目（包括照片、图表等）为单个信息载体。本年鉴共设24个栏目，95个分目，选辑1335个条目，照片469幅，图表31张，选辑基层工会彩页供参阅，年鉴总字数为110万字。

4.本年鉴卷首设市总工会宣传彩页，用以概要记录上海工会重要信息。正文起首部分设“特载”“专集”“大事记”等栏目，“特载”选辑市总工会主要领导在上海市工会第十三次代表大会上的工作报告；“专集”则选辑上海市工会第十三次代表大会正式代表名录、会议形成的文件以及当选为新一届领导班子成员名单等。

5.各记事栏目之首设“综述”，区县局（产业）工会及市总工会直管单位栏目设“概况”，用以综合记述本地区（系统）、本部门（单位）的总体情况，便于考察比较各年度工作连续性及对比资料的完整性、系统性。除此之外，各记事分目之首设“概要”，记录专项工作取得的新进展并介绍各级工会多样性的经验做法。

6.本年鉴所辑录的市总工会机关部室、区县局（产业）工会、直管单位提供的文章、照片、图表等资料，其记录时间均为2013年1月1日至2013年12月31日；其编排按机关部室、区县局（产业）工会、直管单位的顺序排列，年鉴卷尾设“索引”以便查询。

7.“统计”栏目中所辑录的相关统计数据均由市总工会统计部门提供，在其他栏目中出现的数据，则由相关撰稿单位的作者提供。

8.本年鉴的目录索引采用主题词分析索引方法，即按条目主题词首字汉语拼音字母顺序排列。

9.本年鉴的正文内容制作成CD-R电子光盘，附于年鉴的封三随书赠送，便于读者使用检索。

目　录

Catalogue

上海工会年鉴

2014

特　　载

专　　集（上海市工会第十三次代表大会）

大 事 记

概　　况

组织建设

经济建设

劳　　模

素质工程

劳动关系

民主权利

职工保障和女职工工作

自身建设

理论调研

信息信访网络

财务经审与工会企事业

友好交往

区县工会

局（产业）工会

直管单位

人　物

表　彰

统　计

附　录

索　引

S特　载
Special Documents

上海工会年鉴

2014

高举伟大旗帜　服务创新转型　团结动员全市职工为建设社会主义现代化国际大都市努力奋斗

——在上海市工会第十三次代表大会上的报告

（2013年5月28日）

洪　浩

上海市总工会主席洪浩代表上海市总工会第十二届委员会向大会作报告　（王贤征）

各位代表、同志们：

现在，我代表上海市总工会第十二届委员会向大会作报告，请予审议。

一、过去五年工作回顾

过去五年是上海积极应对国际金融危机冲击和自身发展转型挑战，“四个中心”和现代化国际大都市建设取得显著成就的五年；是上海工人阶级队伍不断发展壮大，为经济社会发展作出重大贡献的五年；是上海工会攻坚克难、务实创新，工作覆盖面不断扩大、组织凝聚力不断增强的五年。五年来，在市委和全总的领导下，我们坚持围绕中心、服务大局，扎实推进“两个普遍”，大力维护职工权益，推动发展和谐劳动关系，切实加强工会自身建设，在形成具有中国特色、时代特征、上海特点的特大型城市工会工作新格局上迈出了坚实步伐，取得了丰硕成果。

团结动员职工群众在应对重大挑战、完成重大任务中建功立业。围绕上海经济发展、城市建设总体规划，以“当好主力军、建功‘十一五’、和谐奔小康”“当好科学发展主力军、打好创新转型攻坚战”为主题，持续掀起群众性劳动竞赛热潮，在浦东新区建设、洋山工程、长江隧桥工程、轨道交通工程等重大、实事项目中，培育创建了一大批示范性竞赛项目。在世博筹办、运行各阶段，广泛开展世博工程建设、迎世博600天行动、世博运行保障等立功竞赛活动、“文明服务，文明观博，文明出行”主题实践活动，“工人先锋号”旗帜高高飘扬在建设工地、服务窗口、园区内外，全市职工积极参与、倾情奉献为成功办博奠定了强大基础。应对国际金融危机冲击和经济下行挑战，创造性开展“共同约定行动”，广泛实施“同舟共济保增长、建功立业促发展”主题劳动竞赛，发动职工共克时艰、共促发展。围绕上海创新驱动、转型发展总方针，深入开展群众性科技创新活动，“上海职工科技节”影响逐步扩大，职工技协组织正成为“职工创新之家”，一线职工创新活力进一步激发，一大批职工发明创造项目和基层创新人才脱颖而出。

工人阶级伟大品格和劳模精神宣传教育深入开展。在全社会营造“工人伟大、劳动光荣”的良好氛围。推出《劳动最光荣》电视节目和品牌系列活动，生动展示一线职工劳动形象、高超技能、奋斗历程、拼搏精神、时代风采。弘扬学习劳模、尊重劳模、争当劳模的时代新风，评选表彰宣传了一大批在促进经济发展与社会和谐、完成世博重大任务、参与抗震救灾、奥运服务保障、载人航天工程中作出重要贡献的劳模和先进。创立“劳模创新工作室”，发挥劳模示范引领作用。推动建立市劳模“三金”和体检“3+1”制度，全面推行劳模管理服务“五项机制”。开展“责任在我心，诚信伴我行”职业道德和价值取向大讨论等职工主题教育实践，引导职工恪尽职守、拼搏奉献。

职工素质工程建设持续深化。制定实施上海职工素质工程发展规划，推动出台《关于区县运用地方教育附加专项资金支持企业组织开展职工职业培训工作的指导意见》。坚持开展振兴中华读书活动，推进“创建学习型组织、争做知识型职工”活动，设立“职工书屋”“电子书屋”、女职工周末学校，深化首席技师制、高师带徒、技能培训、岗位练兵、技能比武、EBA培训等工作，知识型、技能型、创新型职工队伍建设取得新进展。评选“五一文化奖”，组织职工踊跃参与市民运动会、市民文化节，职工文化展演周、艺术博览汇、“四季大联赛”等职工文化品牌项目和载体精彩纷呈。深入开展工会“五五”普法工作，提升职工法律意识和法律素养。

*“两个普遍”工作取得积极进展。*坚持把工会组建、工资集体协商纳入党政工作大局，完善各层面工会与党政部门联席会议制度，市政府连续五年将工资集体协议覆盖劳动者人数作为区县就业保障工作考核指标。总结推广奉贤等区成功经验，力推有政治身份的企业经营者支持工会工作、履行社会责任，得到习近平等中央领导以及市委、全总领导重要批示和充分肯定。加大在农民工、劳务派遣工群体以及世界500强在沪企业、非公企业中的建会、建制力度，推动建立市容环卫、公交、出租车等行业一线职工工资协商和收入增长机制，加强专职工会工作者、工资集体协商指导员等专业力量配备。至2012年，全市工会会员总数873.6万人，农民工会员327万人，企业职工入会率84.2%；建会单位30.9万家，企业建会率82.6%。签订工资专项集体合同2.39万份，覆盖企业15.6万家，覆盖职工447万余人，符合协商条件的建会企业覆盖率91.4%，世界500强在沪企业集体协商建制率90.4%。签订女职工权益保护专项集体合同2.43万份，覆盖企业14.5万家，覆盖女职工近210万人。

*职工权益源头维护成效显著。*积极推进和参与制定《劳动合同法（修正案）》《上海市职工代表大会条例》、本市贯彻落实《社会保险法》和医药卫生体制改革实施方案、《女职工劳动保护特别规定》等法律法规和配套政策，在最低工资标准、高温津贴标准、住房保障等民生政策调整中广泛听取和反映职工愿望。通过人大议案、政协提案、劳动关系三方协调等途径，在规范劳务派遣用工、完善社会保障、加强女职工权益保护等方面积极建言献策，加强群众监督。会同市安监等部门加强安全生产和劳动保护工作，深入开展“安康杯”竞赛，创建“安全生产1000班组”，推广职业病防治专项集体合同，职工职业健康与劳动保护制度进一步完善。

*厂务公开民主管理工作扎实推进。*组织学习宣传贯彻《上海市职工代表大会条例》，配合市人大开展条例的执法检查，实施50万名职工代表培训计划。形成合力推进工作的良好格局，每年有重点地开展厂务公开调研检查，规范落实企事业单位改革改制过程中的民主程序，推广非公企业民主管理“2+X”模式。职代会和厂务公开民主管理工作职能不断拓展、形式更加丰富、体系逐步完善，实现了公有制企事业单位的基本覆盖和非公企业的广覆盖。至2012年，全市国有、集体及其控股的企事业单位职代会建制1.03万家，非公企业职代会独立建制3.45万家；建立区域性、行业性职代会5273家，覆盖非公企业15.8万家。

*劳动关系协调机制进一步健全。*完善各级劳动关系三方协调机制、工会与政府联席会议和联合执法监督制度，合力开展劳动关系和谐企业（工业园区）、职工满意企事业单位创建活动，营造和谐发展环境。推进工会职工法律援助工作，加强工会法律顾问团、职工法律援助维权服务志愿团、基层劳动争议调解组织建设，建立健全了劳动关系预警、调处、应急处置机制。定期分析研判职工思想动态和劳动关系矛盾隐患，协助党政妥善处置一批规模大、社会影响大的群体性事件，维护职工队伍和社会稳定。

*服务帮扶职工工作力度不断加大。*建立市总工会职工援助服务中心、职工援助服务网、职工援助服务热线，健全了分级负责、上下联动、条块协作的工会援助服务工作体系。深化“百企千岗进社区”活动，协助政府做好不同职工群体的就业援助工作，在应对国际金融危机中有效实施“12345”就业援助服务行动和“让每一个困难职工家庭大学毕业生实现就业”活动。扎实开展元旦春节帮困送温暖、金秋助学、女职工单亲家庭帮扶等工作，积极发展工会互助互济事业，形成了一般困难机制帮、突出困难重点帮、突发困难及时帮的工作格局。实施劳模先进、公安一线干警、司法狱警、公交老龄驾驶员、环卫一线职工等的疗休养、体检工作。开展“同在阳光下”送文化、送法律、送健康活动，促进改善农民工工作生活条件。

*工会自身建设全面加强。*深入开展学习实践科学发展观、党工共建创先争优、中国特色社会主义工会发展道路学习宣传实践活动，积极参与市委调研制定《关于加强和改进工会、共青团、妇联等人民团体工作，做好新形势下党的群众工作的意见》，切实加强党的领导与理论武装。大力推进创建“职工之家”“工会组织亮牌子，工会主席亮身份”活动，着重加强基层工会特别是非公企业工会规范化建设。完善创新工会组织体制，全市工会三级组织、四级网络、行业联合、条块结合、全面覆盖的工会组织格局进一步健全。扎实推进“面对面心贴心实打实服务职工在基层”活动，扩大职业化社会化工会工作者收入分级负担试点，稳妥推进基层工会主席直选，开展各级工会干部教育培训10多万人次，基本形成了一支素质优良、作风扎实、专兼结合的工会干部队伍。

五年来，上海工会对外交流工作进一步推进，巩固和发展与21个国家及我国港澳台地区的26个工会组织的友好交流与合作关系。依法收缴、规范管理、有效使用工会经费工作力度进一步加大，税务代收工会经费试点工作顺利启动，经审工作实效不断增强，工会企事业发展及资产

上海市工会第十三次代表大会开幕式会场

（徐新康）

管理工作不断加强。开展对口支援都江堰工会灾后重建工作。全市工会捐助5000万开展对口援疆。《上海工会志》编纂工作扎实推进。信访、信息、统计、年鉴、督查、调研等工作取得新进展。

五年的实践探索予以我们宝贵的经验和体会：必须始终坚持在党的领导下坚定不移走中国特色社会主义工会发展道路，找准工会工作在党政工作全局中的着力点和切入点，积极履职，主动作为，充分体现群众组织的职能定位与优势；必须强化法律法规政策的源头参与，重视社会资源的开发与联动，为维护与发展职工权益、构建和谐劳动关系提供有力保障和良好环境；必须顺应职工队伍的深刻变化，推进职工劳动经济、民主政治、精神文化、社会保障等各项权益的全面发展，关注不同职工群体需求，切实增强新形势下职工群众工作的影响力与针对性；必须研究把握工作规律和趋势，注重长效机制建设，尊重鼓励基层首创精神，始终保持与时俱进的创新活力；必须注重发挥条块两方面积极性，各层面的行业、区域工作各具特色，优势互补，共同探索特大型城市工会建设行之有效的体制、机制和工作模式。

成绩和经验得之不易，差距与问题不可回避。上海工会工作存在的问题和不足主要表现在：基层工会特别是中小非公企业工会力量较为薄弱，基础建设有待进一步巩固；工会工作成效与社会影响还不尽理想，工作理念、方法有待进一步改进和创新；工会组织机关化、行政化倾向依然存在，工会干部的作风、能力建设有待进一步加强；工会组织架构以及工作资源、力量的配备仍需完善，工会发展的科学化水平有待进一步提升。对此，我们必须保持清醒头脑，增强忧患意识，认真采取措施，切实加以解决。

二、今后五年工作的总体要求、基本理念和主要目标

党的十八大描绘了全面建成小康社会、实现伟大“中国梦”的宏伟蓝图，市第十次党代会明确了加快建设社会主义现代化国际大都市的目标任务，为上海工会事业发展指明了前进方向，提供了广阔舞台。今后五年，是上海推进“四个率先”、建设“四个中心”的关键五年，是创新驱动、转型发展的攻坚阶段。伴随经济发展环境的复杂多变、发展方式的加快转变、改革开放的先行先试、职工队伍的发展变化，工会做好职工群众工作的要求更高、任务更重，必须在工作理念、重心、方法上实现转型和创新。

今后五年上海工会工作的总体要求是：高举中国特色社会主义伟大旗帜，以邓小平理论、“三个代表”重要思想、科学发展观为指导，深入贯彻党的十八大、市第十次党代会精神，认真学习贯彻习近平总书记在同全国劳模代表座谈时的讲话精神，坚持走中国特色社会主义工会发展道路，坚持以职工为本，代表与维护职工合法权益，构建与发展和谐劳动关系，团结动员全市职工群众共建美丽上海、共促体面劳动、共创幸福生活，为上海当好改革开放排头兵和科学发展先行者、加快推进“四个率先”、加快建设“四个中心”和社会主义现代化国际大都市而努力奋斗。

今后五年上海工会工作的基本理念是：

坚持党工共建，充分发挥中国工会的政治优势，争取和用好党政赋予的资源和手段，借势借力，把服务大局和服务职工更紧密地结合起来。

坚持依法办会，更好地适应信息化社会开放透明和职工民主法治意识不断增强的特点，更加注重运用法治思维、法治方式认识问题和解决问题，重规则、重程序，在法治轨道上加强工会建设、履行各项职能、维护职工权益、协调劳动关系。

坚持社会化运作，积极参与社会管理创新，打破行政化、内循环运作模式，运用社会资源、社会组织力量，采取必要的市场化手段和项目化方法，提升工会工作效能与社会影响。

坚持统筹兼顾，把握职工队伍流动变化和结构调整的特点、趋势、规律，工作领域更广泛地覆盖各类职工群体，代表好、维护好职工各方面合理诉求，把保障工会组织团结统一与增强工作针对性有机结合起来。

坚持重心下移，做实基层基础工作，加强基层工会规范化建设，加强基层人、财、物配备，充实基层力量，激发基层活力，夯实工会组织基础和工作基础。

坚持改革创新，紧跟上海经济社会发展转型、布局调整的步伐，回应职工群众的发展需求和期待，在工会组织建设和工作内容、机制、载体、方法上不断探索创新，进一步提升职工群众工作的实效性和科学化水平。

今后五年上海工会工作的主要目标是：

——组织动员职工群众能力进一步提升。以工人阶级伟大品格和劳模精神为引领，发动各行业职工为上海创新驱动、转型发展作贡献，群众性建功立业活动参与面更加广泛。以健全工会组织体系为基础，把工会工作影响拓展到各类职工群体，工会组织覆盖和工作覆盖更富实效。以工会网络平台建设为抓手，改进职工群众工作方式方法，宣传发动职工的载体渠道更为丰富。

——维权服务工作力度进一步加大。推动完善党政主导的维护职工权益机制，职工民主参与、平等发展权利的保障更加制度化，促进职工经济、政治、文化、社会等权益得到全面发展。加强工会公益性设施和服务平台建设，多层次、广覆盖的维权服务网络有效运行。拓展直接服务职工与会员的工作项目和品牌，为职工办实事，让职工得实惠。

——和谐劳动关系创建工作进一步深化。加强劳动关系领域立法参与、普法宣传、执法监督工作，共同营造构建和谐劳动关系的法制环境。加强各级劳动关系三方协商合作，综合运用政治、行政、法律、社会等资源，进一步增强和谐劳动关系创建的工作合力。加强劳动关系协调机制和劳动争议预防、预警、调处机制建设，增强职工法律援助工作力量，更好发挥工会在社会“大调解”格局中的协同作用。

——职工素质工程工作体系进一步健全。发挥工会“大学校”立德与育人作用，加强职工素质工程规划与实施。工作内涵更丰富，促进职工思想道德、科学文化、技术技能、民主法制、身心健康、社会文明等综合素质的全面提升。培训形式更多样，因时、因地、因需开发培训项目。职工受惠面更广泛，知识型、技术型、创新型、高素质职工队伍不断壮大。阵地建设更完备，工会培训机构、设施与政府、企事业单位、社会等各类培训资源实现共享与联动，为职工学习提高创造平等的机会和更好的条件。

——基层基础建设进一步稳固。激发各类职工入会意愿，工会组建率、职工入会率保持动态增长。围绕会员需求创建职工之家，基层工会建设制度化、规范化、民主化程度不断提高。职业化、社会化工会工作者队伍持续发展，专兼群结合的基层工会工作力量切实增强。加强学习型、服务型、创新型工会建设，基层工会活力充分焕发、凝聚力显著提升。

三、充分发挥职工群众推动创新转型的主力军作用

工人阶级是打造中国经济升级版、实现“中国梦”的强大力量。我们要推动落实全心全意依靠工人阶级指导方针，团结动员全市职工群众，发扬上海工人阶级“带头羊”光荣传统和改革创新精神，为上海创新驱动、转型发展努力奋斗。

深化群众性劳动竞赛。全面推进“当好科学发展主力军、打好创新转型攻坚战”主题实践活动，持续推进“浦东新区建设”全国示范性劳动竞赛和虹桥商务区开发建设等“8+1”市级示范性劳动竞赛，深入开展“携手保增长，和谐促发展”非公企业劳动竞赛、“建功十二五，巾帼绘蓝图”女职工建功立业行动。推动竞赛活动向新兴产业延伸，形成外资、民营等非公经济竞赛特色，实现竞赛项目及其指标体系与企业管理流程的有机融合。科学制定劳动竞赛奖励办法，把竞赛结果与职工评先评优、技能评定、效益工资、带薪培训等结合起来，调动和保护好职工参与积极性。深化创建“工人先锋号”，加强“六型”班组建设，激发基层职工劳动热情。

提升职工创新创造能力。围绕上海建设更具活力的创新型城市要求，以“技术进步、管理创新、效益增长、职工素质提升”为目标，广泛开展技术革新、团队攻关等职工创新创效活动，发动职工为提高劳动生产率和核心竞争力贡献聪明才智。进一步增强各级工会和职工技协的服务功能，为职工科技创新活动提供技术咨询、资金扶持、成果展示、创意交流等渠道平台，积极促进职工创新成果向现实生产力转化。充分发挥职工科技节、劳模创新工作室、合理化建议等品牌项目的示范引领效应，培育选树一线创新人才、青年人才和创新创造项目，为构建技术创新体系夯实基础。动员职工开展节能减排降耗的技术开发与革新，为生态文明、资源节约、低碳发展、环境保护建言献策。探索建立激励机制，推动企事业单位对创新人才、创新成果实施按贡献参与分配制度，切实增强职工创新创效的内在动力。

推动高技能职工队伍建设。聚焦上海产业发展对高技能人才需求，配合实施首席技师培养选拔千人计划，推进万家企业建立首席技师、首席员工制，组织开展万名高技能人才“高师带徒”活动。落实《关于区县运用地方教育附加专项资金支持企业组织开展职工职业培训工作的指导意见》，推进企业建立完善职业培训制度，提升教育培训资源的利用效益。广泛开展各类职业培训和岗位练兵、技能比武活动，探索通过集体协商保障职工带薪最短培训时间，加强对职工教育培训经费足额提取、合理使用的民主监督，帮助包括劳务派遣工、农民工等在内的一线职工提升岗位技能与竞争能力，形成数量庞大、结构优化的技能型人才队伍。

四、切实履行工会维权和服务职能

维护职工合法权益、服务职工实际需求，是工会工作的出发点和落脚点。我们要积极回应广大职工工作生活上的新期待，集中力量、资源为职工办实事做好事解难事，努力帮助职工实现体面劳动、过上幸福生活、获得全面发展。

着力加强源头维权工作。积极推动和参与劳动法律法规政策的修订完善落实，配合市人大完善工资集体协商立法，推进各种用工形式和工时制度规范发展，贯彻实施《劳动合同法(修正案)》，推进建立规范的劳务派遣用工管理体系；加强工会劳动法律监督机制，配合人大、政协和劳动保障监察机构进行劳动法律执法检查、调研、监察，开展违法案例警示教育，加大依法保障职工权益力度。积极参与涉及职工切身利益的就业、医疗、养老、住房、工伤等民生保障政策的制订调整，加强对政策落地和相关资金收支情况的监督，促进提高各项社会保险制度的保障水平。

推进实现更高质量的就业。建立职工体面劳动实现状况常态调查机制，加强对职工就业状况、劳动条件的分析研判，为健全劳动标准体系、改善劳动环境、实现稳定和高质量就业积极建言献策。进一步健全工会就业服务机制，协助党政实施更加积极的就业政策，以转改制企业职工、下岗失业人员、农民工、困难职工家庭高校毕业生等为重点，切实做到“天天网上职场、月月小型专场、季季主题招聘”。继续推进工会创业促就业工作，开展创业培训，选树创业典型，帮助和鼓励职工多渠道多形式就业。落实工会劳动保护“五项制度”，抓好群众性安全生产隐患排查和依法监督工作，推动重点监控企业职业病防治专项集体合同基本全覆盖，保障职工就业环境和条件的安全、健康。

推动优化收入分配结构。积极参与本市贯彻国务院批转的《关于深化收入分配制度改革的若干意见》政策措施的制订落实，参与调整本市最低工资标准、工资增长指导线，进一步健全职工收入分配状况调查和监控体系，推动公共服务行业加快完善一线职工收入正常增长机制，在劳动定额、工资标准、工时工价、休养休假、福利待遇等政策研究上积极作为，促进中低收入职工工资合理增长，提高劳动报酬在初次分配中的比重，确保劳动报酬增长和劳动生产率提高同步。

增强服务职工的力度和能力。进一步健全职工援助服务组织网络，全面推动区县、产业、街镇、开发区(园区)、商务楼宇、商圈等建立工会公益设施、服务机构和站点；依托12351职工援助服务网、服务热线，提升信息化水平和资源整合能力，促使服务平台建设实现基础设施标准化、管理设施信息化。进一步创新和做强服务职工品牌项目，整合工会系统和社会资源，加大元旦春节送温暖、金秋助学、职工互助互济、农民工团体医疗帮扶、一线职工体检和疗休养等项目的帮扶力度，推进工会会员服务卡、心理援助、网络咨询服务、“七色花”女职工关爱项目等多样化服务方式，适应职工多元化需求，扩大职工受惠面，增强工会组织凝聚力。

五、着力构建互利共赢、和谐稳定的劳动关系

构建和谐劳动关系是加强与创新社会管理的基础性工作。我们要坚持共建共享、互利共赢的理念，把企事业单

大会全体代表聚精会神听取工作报告　（王贤征）

位发展与职工权益发展有机融合起来，搭建劳动关系双方沟通、协商、调解的平台，促进劳动关系和谐稳定。

健全企事业单位民主管理和协商制度。贯彻落实开展基层民主协商、完善基层民主制度的要求，继续推动企事业单位职代会、厂务公开、集体协商、工资专项集体合同等建制率纳入各级党政考核体系，进一步畅通和规范职工诉求表达、利益协调、权益保障机制。完善集体协商、工资协商要约行动长效机制，符合协商条件的建会企业集体协商、工资协商建制率分别保持在90%和80%，世界500强建会企业普遍建立工资集体协商制度。大力推进以职代会为基本形式的厂务公开民主管理制度建设，建制率进一步提高，运作更加规范，完善职工董事监事制度，形成民主管理工作融入法人治理结构、利益协调机制、企事业单位文化建设的有效途径和方法。创新基层民主协商的形式载体，创造非公中小企业工作特色，提高区域性、行业性职代会、集体协商制度运行质量。

增强和谐劳动关系创建工作合力。推动各级劳动关系三方协调机制、政府（行政）与工会联席会议制度的常态长效运作，研究制定和谐劳动关系创建活动规划，结合职工满意企事业单位评选工作，完善适用于不同类别企事业单位的创建标准和评价体系，实行专业化评估、社会化运作、第三方监督，增强创建活动的科学性、公信力。依托党委、人大、政府、政协各方力量，在创建成果运用上取得新突破，把企事业单位和谐状况作为评先评优、社会责任、信用等级评定及单位负责人政治安排等的重要依据，增强创建活动的权威性和社会影响力。

依法依规协调劳动关系。建立各级劳动争议调解组织，及时有序化解劳动关系双方利益争议，加强劳动关系动态排摸与研判，协助党政依法、规范、公正地调处突发性、群体性劳动争议。加强职工法律援助工作，做实市、区县两级法律援助中心，在职工集聚区域设立援助工作站或联系点，对符合条件的对象实现“应援尽援”。充实由工会干部、专业律师、志愿者等社会力量组成的工会法律工作队伍，联合法院和司法、人保等部门，完善工会法律顾问团制度，继续开展工会“六五”普法工作，培训提升集体协商专职指导员、劳动争议调解员、劳动法律监督员等依法开展工作的能力和水平。

六、大力发展先进职工文化

建设国际文化大都市，满足职工日益增长的精神文化需求，对加强群众文化、职工文化建设提出更高要求。我们要重视发展富有时代特征、区域特色的职工文化，用文化的力量凝聚、引领、激励职工群众，筑牢团结奋斗的思想道德基础，共同培育和践行向真、向善、向美的文明风尚。

弘扬核心价值观“正能量”。深入开展社会主义核心价值体系学习教育活动，结合职工思想实际和社会热点，把社会主义核心价值观、上海城市精神和价值取向融入生动直观、形象互动的教育形式，引导职工把个人梦与中国梦紧密联系起来。宣传弘扬工人阶级伟大品格和劳模精神，培育树立一批具有鲜明时代特征、来自一线普通劳动者的劳模典型，强化“劳动最光荣”品牌工作特色和社会影响，使劳动创造幸福、劳动成就梦想成为职工普遍的价值认同和自觉追求。切实抓好以责任、诚信为重点的职业道德建设，引导职工加强道德自律，自觉遵循职业规范，着力把核心价值内化为职工的精神力量、外化为职工的职业操守。

丰富职工精神文化生活。深化工会文化事业单位改革，坚持公益性质，注重社会效益，以更好地满足职工精神文化需求为发展方向，使各级工人文化宫和各类职工文体协会、俱乐部、活动中心等，成为联系扶持职工群众中各类文化人才和积极分子、培育发展职工文化品牌和团队的纽带，引导和鼓励职工在丰富多彩的文化活动中自我表现、自我教育、自我服务。立足于保障职工基本文化权益，鼓励支持企事业单位完善职工文体活动设施，为丰富职工精神文化生活创造更好条件。进一步拓展职工文体阵地，推动工人文化宫、体育场等职工文体设施纳入公共文化服务体系和文化惠民工程，参与和融入“30分钟体育生活圈”建设，搭建实体与网络衔接互动、功能完善的服务平台，为职工提供方便快捷优质的文化服务。

提升职工文化影响力。推动企事业单位、机关广泛开展群众性文化活动，倡导每位职工培养一项健康有益的文体活动爱好，不断扩大群众性文体活动的参与面；发挥职工文化的人文关怀功能，组织开展寓教于乐、职工喜闻乐见的活动项目，通过积极良性的人际互动，帮助职工陶冶情操、调整心态，放松身心、纾缓压力，增进单位凝聚力，增强职工幸福感。发挥“五一文化奖”示范导向作用，激发职工文化原创力，策划创作一批思想性、时代性、艺术性相统一的优秀文艺作品，选树宣传一批职工艺术家，不断扩大职工文化的社会影响。继续打造职工文化艺术节、振兴中华读书活动、体育健身“四季大联赛”等工作品牌，使职工文化成为上海文化建设的有机组成部分。

七、健全发展特大型城市工会组织体系

不断完善与特大型城市经济发展、产业结构、职工队伍状况相匹配的组织体系，是工会开展一切工作的基础和保障。我们要始终坚持把扩大覆盖面与增强凝聚力有机结合起来，不断调整完善“三级组织、四级网络、行业联合、条块结合、全面覆盖”的全市工会组织格局，确保新形势下工会发展基础更加牢固。

创新工会组织体制。根据产业体系、职工队伍的发展变化，及时调整工会组织设置。大力发展区县、街镇层面的行业工会，实现对大量无主管单位和小微企业职工的组

织覆盖，通过行业性协商和“上代下”方式，提升工会维权服务工作成效。进一步加强“小三级”工会建设，强化街道乡镇总工会作为地方工会的职能，带动小区、园区、村及企事业单位工会有效运转，指导非公企业工会组建和开展工作；探索完善开发区（工业园区）工会建设的有效模式，促使区域工会组织布局更合理、职责更清晰；做实和完善各层级工会联合会、联合工会建设，确保工会工作延伸、覆盖到各类职工群体，进一步完善适应现代生产方式和社会管理体制、布局合理、职责清晰的工会组织体制。

增强工会组织凝聚力。把工会组织凝聚力建设贯穿于工会组建、规范运作、作用发挥的全过程。重点突破街镇、开发区、商务楼宇等区域，世界500强在沪企业、小微型非公企业等单位，劳务派遣工、青年职工等群体的建会工作，最大限度地把职工组织、凝聚到工会中来。重视发挥职工在建会过程中的主体作用，通过行之有效的宣传服务工作，启发、激发职工入会的主体意识和内在动力，把自上而下推动建会与自下而上职工自觉建会结合起来，使建会过程成为增强会员意识、凝聚职工共识的过程，建会率、入会率始终保持在85%以上。立足企事业单位和职工特点，坚持职工需求导向，着眼职工“三最”问题，完善不同类型、层级工会组织的任务设置，科学合理地确定工作重点、设计工作项目，真正把职工群众认不认可、高不高兴、满不满意作为评价工会工作成效的基本依据，让职工群众真正感受到工会是“职工之家”。

激发基层工会活力。针对不同规模、不同类型的机关、企事业单位特点，按照“建会、建制、建家”的递进式发展，进一步分类明确工作要求、内容和方法，把基层工会规范化建设落实到位。通过“工会组织亮牌子，工会干部亮身份”、基层工会主席直接选举、工代会代表任期制、工代会常任制、会员评议职工之家等工作，落实会员对工会工作的知情权、参与权、选举权、监督权，提升工会工作群众化、民主化水平。健全工会组织、会员情况等基础数据库，发挥上级工会指导、代表、服务下级工会作用，研究探索街镇、行业工会工作资源配备办法，确保基层有人办事、有钱办事、有能力办事，推进基层工会组织健全、机制高效、工作活跃、作用明显。

八、建设坚强有力的工会干部队伍

推进新形势下工会工作创新发展，关键要靠一支拉得出、打得响的工会干部队伍。我们要切实加强工会领导班子和干部队伍建设，造就一大批政治上靠得住、工作上有本事、作风上过得硬、职工信得过的党的群众工作骨干。

切实增强工作力量。进一步加强和规范工会换届工作，加大工会干部协管力度，切实配齐配强工会领导班子，重点推进乡镇街道及规模型企业工会主席按党政副职配备工作，推进落实工会主席政治经济待遇，加强工会服务大局工作的资源运作能力。加快职业化社会化工会工作者队伍建设，研究探索招聘任用、培训培养、考评管理、职业发展、激励约束等相关制度机制，建立工会社工队伍，为工会专业人才的培养发展提供制度保障。培育发展工会积极分子、工会工作骨干，探索建立工会工作志愿者队伍，在职工文化、生活服务类社会组织中发挥枢纽作用，充实服务职工的公益力量。加大工会干部交流力度，通过选拔、招聘、挂职、选调、推荐等方式促进人才流动，增强工会干部队伍活力。

切实提升群众工作能力。加强思想政治建设，坚持以马克思主义中国化的最新成果武装工会干部头脑，始终保持理论上的清醒和政治上的坚定，毫不动摇地走中国特色社会主义工会发展道路。加强学习型工会建设，讲求学以致用，强化实践锻炼，提高工会干部应对复杂局面、解决实际问题的能力。加强干部教育培训工作，充分发挥工会管理职业学院主阵地作用，从理论、政策、实务等方面完善工会干部知识结构，提高群众工作专业水准。加强工会干部民主法制教育，提高运用法治思维、民主途径、人文关怀开展工作的意识与能力。加强工会网站建设和联动，办好工会微博，探索运用新媒体创新群众工作方式，扩大形象宣传和社会影响，提高引导和服务职工的能力。

切实改进工作作风。贯彻落实中央、市委、全总关于改进工作作风、密切联系群众的有关规定和要求，深入开展党的群众路线教育实践活动，牢固确立以职工为本的核心立场，始终保持做好党的群众工作的激情与动力；切实增强不务虚功、务求实效的责任意识，发扬钉子的精神，以锲而不舍的韧劲努力突破瓶颈难题，把职工群众工作做实做深做细；重视开展调查研究，有针对性地深入基层一线了解情况、分析问题、研究对策，把握群众工作的发展趋势和规律，总结推广基层创新做法和成功经验，不断推动工作取得新进步；改进工作方式方法，完善工会干部考核评价和奖惩机制，努力防止与克服行政化、机关化和形式主义的倾向，使工会干部成为职工最可信赖的“娘家人”。

继续深化工会外事工作，加强对外宣传和交流研讨，拓展交流领域和工作内涵，为服务国家总体外交、展示上海改革开放形象、促进工会全局工作作贡献。进一步强化工会财务管理，不断优化工会经费支出结构，扎实做好经审工作，按照“控办公、惠会员、可持续”的原则，促进工会经费使用结构的优化和使用效益的提高。实施工会事业单位分类改革，不断完善工会企事业发展格局，增强公益类单位社会服务功能，提高企业类单位市场化运作水平，加强工会基础设施建设，更好地发挥工会企事业单位服务职工、服务社会的积极作用。落实好援疆、援青的各项工作。高质量如期完成《上海工会志》编撰工作。

洪浩的工作报告不时激起全体代表的阵阵掌声

（王贤征）

各位代表、同志们，在全面建成小康社会、加快建设现代化国际大都市的历史进程中，上海工会使命光荣、责任重大。让我们在市委和全总领导下，把全市职工群众紧紧团结起来，充分展现工人阶级的时代风采和磅礴力量，为上海当好全国改革开放排头兵和科学发展先行者，拼搏奉献、建功立业，以辛勤劳动、诚实劳动、创造性劳动，共同成就精彩人生、幸福生活、美好未来！

名词注释（以文中出现先后为序）：

1.“两个普遍”：依法推动企业普遍建立工会组织，依法推动企业普遍开展工资集体协商。

2.“共同约定行动”：为应对国际金融危机对企业的不利影响，2008年11月，闵行区总工会率先倡议企业和职工集体承诺“抱团过冬”，上海市总工会及时总结推广，迅速在全市范围开展“共同约定行动”，企业承诺不降薪、少降薪，不裁员、少裁员，工会发动职工为企业降本增效、增收节支、技术革新、优化服务、拓展市场献计出力，形成企业和职工同舟共济、共渡难关的合力。

3.劳模“三金”和体检“3+1”制度：“3”是指劳模“三金”，即市劳模特殊困难帮扶金、市劳模低收入生活困难补助金、市劳模春节慰问金，“1”是指建立市劳模体检制度。

4.劳模管理服务“五项机制”：即劳模关心慰问机制、劳模生活保障机制、劳模特困帮扶机制、劳模宣传教育机制、劳模动态管理机制。

5.EBA培训：为适应企业和职工的发展需求，自2001年起，由上海市总工会、上海远程教育集团上海电视大学联合举办上海市初级工商管理(Elementary Business Arrangement，简称EBA)资格培训，探索市场经济条件下职工教育培训社会化运作的新模式，构筑了职工素质工程的新平台，被称为“蓝领MBA”。

6.“安全生产1000班组”：指班组做到安全第一，违章为零、隐患为零、事故为零。

7.非公企业民主管理“2+X”模式：“2”指职工(代表)大会和平等协商集体合同两项制度，“X”指其他因企而宜的民主管理形式。

8.“12345”就业援助服务行动：“12345”指当年建立1000个职工创业示范点，举办20场针对各种就业群体的职介专场，实现工会再就业创业基金及小额贷款发放规模达到3000万元，帮助和扶持4万名就业困难人员就业或再就业，对5万名就业困难人员开展职业技能培训。

9.“8+1”市级示范性劳动竞赛：“8”指在浦东新区深入推进实施“促进区域发展”上海浦东新区建设全国示范性劳动竞赛，在全市各行业科研技术人员中开展“建功十二五、科技绘宏图”立功竞赛活动，在全市保障性住房建设过程中开展“上海市保障性安居工程建设和管理立功竞赛活动”，在全市年耗能5万吨标煤及以上重点用能单位开展职工节能减排专项立功竞赛，在全市非公企业中组织开展“携手保增长、和谐促发展”非公企业劳动竞赛，开展上海国际旅游度假区项目即“迪士尼”项目“创先争优保节点、建功立业迎开园”立功竞赛，继续在全市窗口服务行业开展立功竞赛活动，在上海虹桥商务区推进开发建设立功竞赛活动；“1”指在上海市对口支援新疆工程建设中开展“沪疆杯”立功竞赛活动。

10.“六型”班组建设：即创建“学习型、技能型、创新型、管理型、效益型、和谐型”班组。

11.工会劳动保护“五项制度”：指劳动安全卫生专项集体合同制度，职代会听取审议劳动安全卫生工作制度，职工代表对劳动安全卫生的议案和巡查制度，安全生产、劳动保护监督举报制度，事故报告和调查处理制度。

12.“七色花”女职工关爱项目：上海市总工会女职工委员会推出“七色花”系列关爱项目，以7种色彩为主题，实打实地关爱、帮扶职业女性。一是“蓝绿丝带”，开展“外来务工女性健康实事项目”，关爱困难女职工和女农民工，免费妇科“两病筛查”；二是“粉红丝带”，关爱女职工乳腺健康，提供优质医疗服务；三是“橙色丝带”，在白领女性集中的写字楼等领域，建立“爱心妈咪小屋”，关爱职场孕期妈妈；四是“春绿丝带”，帮扶单亲困难女职工；五是“玫瑰丝带”，搭建白领交友平台，关爱适龄白领女性生活；六是“红色丝带”，推进女职工预防和控制艾滋病的行动；七是“金黄丝带”，搭建工会女干部学习交流平台，为她们拓宽成长成才的通道。

13.“小三级”工会建设：“小三级”指由乡镇街道总工会、村（居）委工会、基层企业工会构成的基层工会组织体系，其核心是街镇总工会。

保障政策文件选编

上海市人力资源和社会保障局
关于本市2012年职工平均工资有关事宜的通知

沪人社综〔2013〕151号

各有关委、办、局，各控股（集团）公司、企业（集团）公司，市社会保险事业基金结算管理中心，各区县人力资源和社会保障局：

根据上海市统计局统计，2012年本市职工平均工资为56300元，比上年增长8.3%。

按此计算，2012年本市职工月平均工资为4692元。凡按2012年本市职工平均工资计算的事项，均按本通知执行。

2013年3月25日

专　集（上海市工会第十三次代表大会）

Special Reports

上海工会年鉴

2014

大会组织机构

上海市工会第十三次代表大会主席团、秘书长名单

（2013 年 5 月 27 日上海市工会第十三次代表大会预备会议通过）

一、大会主席团成员 (77 名)

（按姓氏笔画为序）

于金伟　王剑明　王晓华　王　跃
王　磊　叶坚华　田　原　史金虎
包建强　冯　萍（女）　朱义明　朱　斌
邬惊雷　庄毅群　刘林宗　刘　岷
刘跃俊　孙曙光　麦碧莲（女）　杜仁伟
李永鸣　李　鸣　李积荣　李　斌
李　影（女）　杨卫国　杨永平　肖堃涛
吴光玉（女）　吴海中　何惠娟（女）　余小雄（女）
汪仲华　汪建然　宋钟蓓（女）　宋　震
张小弟　张立新　张立群　张　荣
张新康　陆俊山　陆　娜（女）　陆　晞
陆雅娟（女）　陈　英（女）　陈　欣（女）　陈　鲁
茆荣华　欧阳萍（女）　罗新富　周龙华
周志军　周海鸣（女）　侯继军　俞莉红（女）
俞　烈　姜　鸣　洪　浩　姚惠兴
袁建村　袁建国　夏玲英（女）　顾利慧
顾国忠　顾晓鸣　徐少伯　徐　文
徐文荣　黄伟建　黄岱列　黄　建
曹整国　盛裕若　崔启明　解建伟
蔡　军

二、大会秘书长：

肖堃涛

上海市工会第十三次代表大会主席团常务主席名单

（2013 年 5 月 27 日上海市工会第十三次代表大会主席团第一次会议通过）

洪　浩　肖堃涛　杜仁伟　茆荣华　杨永平　李　鸣
周志军　侯继军　何惠娟（女）　张立群

上海市工会第十三次代表大会副秘书长名单

（2013 年 5 月 27 日上海市工会第十三次代表大会主席团第一次会议通过）

（按姓氏笔画为序）

丁　巍（女）　王厚富　李卫军　李　鸣　张立群　桂晓燕（女）

上海市工会第十三次代表大会代表资格审查委员会名单

（2013 年 5 月 27 日上海市工会第十三次代表大会预备会议通过）

主　任：肖堃涛

（按姓氏笔画为序）

副主任：李　鸣　徐少伯

委　员：朱大弟　吴海中　汪仲华
陆雅娟（女）　陈　鲁　黄伟建

正式代表名单

第一团名单（代表 37 人）

丁卫东	丁国民	万历飞	马永晶	王子文
王红利	王兴春	王剑明	王琪红	方伟博
田黎达	兰　兰	成丕贤	朱雪梅	朱惠君
朱惠琴	刘京蕾	许　英	孙　瑛	严国华
苏　俊	李国培	李　辉	杨生德	杨剑飞
杨爱华	杨慧琳	邱林祥	冷晓梅	沈志兰
张建芳	张剑铭	张顺福	陆青春	陆剑利
姜　鸣	洪　浩			

第二团名单（代表 38 人）

陈兴发	陈明海	陈　英	陈菊妹	范　伟
林承宽	金惠珠	孟　蕾	赵永红	赵　军
赵　祯	胡力平	胡亚平	俞　玲	施幻红
施雄鹰	洪我怀	姚红钢	莳碧红	顾惠斌
徐一平	徐敏栩	徐雅芬	殷仁荣	殷珏娟
唐金才	黄　伟	黄建国	曹舜华	巢伟明
韩海英	程　祥	谢金亮	谢剑峰	蔡海成
蔡　敏	潘勤忠	戴　红		

第三团名单（代表 29 人）

干　瑾	王建平	叶　勤	朱　莺	刘卫平
苏国华	李贵红	李　强	杨　波	肖堃涛
张洁清	陈宝庆	陈校逊	施　倩	袁建村
钱建华	徐培成	诸文彬	黄胜发	龚小凤
曾如亭	潘培新	潘　薏	王家根	李良君
何凤萍	张雪莲	胡毓心	黄岱列	

第四团名单（代表 36 人）

朱国强	孙　艳	孙　雁	李　君	李家蓉
杨　军	余小雄	沈佩瑛	宋妮妮	张卫国
张蓓琳	苗其巍	金祥生	金霞芳	侯继军
顾　健	黄乃宁	蒋玉仙	戴铁青	王建芳
王　勇	王　斌	方　杰	叶坚华	李　芳
李颖婷	张立群	张锡明	卓向荣	荣　烨
柏鸿斌	曹建敏	蒋玉琴	傅　琦	谭振勇
瞿乃栋				

第五团名单（代表 28 人）

马　力	王明伟	王艳娟	王智骏	刘伟萍
李　芸	杨兆顺	沈丽萍	陆荣根	陆静静
陈益山	陈德民	欧阳萍	周美红	宫运利
顾邦兰	钱晓莉	徐道超	高　丽	郭少海
黄敏华	梅建华	谢敏华	田　原	杨　妹
林华勇	唐　瑛	曹　鸿		

第六团名单（代表 36 人）

卜尔东	司　静	任思萌	刘东升	刘军华
李　丽	李　影	杨建华	杨　科	汪叶根
汪惟娟	宋　震	张　青	陆慧华	周志军
庞连智	徐剑宏	谢树勤	王　琳	包建强
牟元舫	杜仁伟	陈亦云	陈弼良	周贤良
赵唯唯	姜　芳	秦　静	袁　立	梅小平
章　敏	葛　磊	韩红霞	谢春毅	潘俊伟
潘　荣				

第七团名单（代表 35 人）

王晓群	方玉平	石　松	吕建军	江一明
江欲红	麦碧莲	杨　栋	何惠娟	沈星星
张　清	张　榜	陈国丰	陈　洁	范本国
洪　颖	徐冠群	康　为	朱谦彬	刘卫新
杨红梅	杨益军	沈汉帮	沈　斌	张　荣
陆文惠	陆　杰	陈永达	林　斌	赵爱群
胡纪强	姚美琴	顾汉林	倪惠明	龚　波

第八团名单（代表 32 人）

马忠荣	王文杰	毛　伟	史　亮	许灯宝
许建强	李国球	李　敏	杨　清	时俊华
沈建敏	沈富荣	完颜天礁	茆荣华	季玉圻
庞　缨	宣铭祥	钱　玮	倪　岚	徐少伯
徐红伟	郭丽敏	唐文龙	黄启新	黄宪祖
黄海飞	梁　艳	彭卫民	蒋华云	蒋　明
景大牛	廖铁鹰			

第九团名单（代表 35 人）

丁　巍	万慧云	马　力	王妙琴	王　薇
孙雪梅	李友钟	杨卫国	杨亚森	杨爱丽
吴振祥	邱云地	沈　威	张小攀	张连东
张蓓蓓	张新华	张耀忠	林　琦	单宝新
屈翔翔	郝春燕	倪　袁	唐励良	黄　栋
黄爱民	商志高	王开学	王　麟	朱大弟
许　平	张翼飞	张　霞	段　灿	崔启明

第十团名单（代表 36 人）

于晓敏	王利建	卢　羿	叶　林	朱　瑛
任燕飞	许向东	孙　鹤	苏新华	李玉华
杨永平	杨伟民	吴闵弟	何爱群	谷文平
沙溪漭	张斗起	张　琼	陈士良	陈红铭
陈　斌	陈　嵘	金仲明	周禄勇	俞莉红
施汉荣	骆　平	秦　璐	顾兰萍	钱佩璐
徐小燕	唐彦令	黄桂芳	黄　斌	曹月琴
蒋　晨				

第十一团名单（代表 34 人）

丁裕林	丁琳栖	王辰霞	王春祥	王黎琼
白梅琳	刘　勤	齐　鹏	杜惠琴	李　鸣

李春龙	李晓岌	李家东	李　强	杨炳康
何柯文	张正锋	张亚平	张　娣	陆　晞
陆伟良	陈彩兴	茅建平	明恒华	金伟荣
赵维克	胡素丰	顾拥民	钱婉琴	徐倩倩
徐惠娟	龚　英	彭黛耘	潘利明	

第十二团名单（代表 30 人）

乐　民	朱惠诚	庄保龙	刘跃俊	孙　宣
李援朝	吴　慧	沈德兴	张　刚	张秀英
张　斌	陆剑英	陈保良	徐跃林	殷雪昌
奚玉华	奚　梅	黄永良	黄　政	盛雪良
蒋仁辉	韩亚弟	童上高	蔡金财	罗新富
李晓霞	金　岩	曹祖斌	蒋红军	李庆红

第十三团名单（代表 38 人）

丁　汀	马连涛	马　敏	王　宏	王国强
王晓光	叶　军	包德龙	冯　萍	朱志华
向　伟	刘建其	孙　静	吴　萌	余晓春
沙　竑	沈君子	陈军康	陈松菊	陈家忠
邵　琼	郁凤光	周丽萍	周稼超	俞晓光
俞　雄	姜秀华	姚慧英	贺正时	秦民生
顾跃明	顾智毅	高兴欢	高宏林	唐菊明
谢伟光	虞剑芬	詹佰霖		

第十四团名单（代表 34 人）

丁　明	马美君	王永飞	王　华	王　丽
冯永新	朱军林	朱俊华	庄祥华	李　莲
吴维新	吴勤芳	沈跃青	张小弟	张　军
张丽萍	张利娟	陆全林	陈小红	陈　燕
孟凡成	项阿明	胡晓华	俞正娟	桂晓燕
晏　龙	倪巧林	倪流景	高　燕	浦亚明
曹伟光	谢　华	潘明明	穆华平	

第十五团名单（代表 32 人）

卫晓江	王宇升	王森龙	刘四桃	刘　德
杜秀红	李光辉	吴永强	何文跃	何亦乐
沈玉军	沈永明	宋宝明	宋钟蓓	张晓红
张　瀚	邵兴华	罗丽婷	罗国文	周龙华
赵彩芹	钟慧英	袁晓华	陶　杰	谢振华
薛冬梅	陆小平	陆泽明	武　浩	周　群
袁丽敏	袁建国			

第十六团名单（代表 33 人）

王　冰	史伟琳	朱　兵	朱　斌	刘伟民
许洪金	阳　虹	李卫军	李治国	李国芳
李　斌	何士林	张青雷	胡佳音	宦秀芳
袁胜洲	麻秀娟	富志刚	谢同伦	魏海廷
应蓓卿	吴光玉	陈建丽	王开月	余　群
陈　欣	樊水玉	冯宇虹	庄毅群	秦建华
李　苏	李永鸣	王国良		

第十七团名单（代表 31 人）

王　军	朱义明	刘海平	杨大宏	张汉谦
张　帆	陈志宇	陈　跃	邵新宇	林　鞍
周宝英	修国文	夏　江	萨　根	蔡正青
裴世兵	瞿慧珠	王　琦	杨　柳	吴海中
张　励	张修科	钟　明	解建伟	陈　克
孙曙光	李　军	吴国平	邹开伟	陆伟丽
陈建龙				

第十八团名单（代表 28 人）

马龙英	史学军	纪丽伟	李积荣	何向东
沈雄德	沈新月	陈寿龙	欧利民	周　巍
赵爱民	祝培莉	袁国新	顾　庆	高文海
黄　强	陈剑波	吴鸿妹	张宏余	朱有勤
徐文荣	龚　岚	丁成标	王晓华	姜海涛
蒋工圣	焦小涵	高　峰		

第十九团名单（代表 32 人）

李　军	张　蕾	黄伟建	史金虎	谷亦敏
应　顺	张新康	冯来周	吴文巍	顾国忠
顾雪文	郭　音	马平原	陆　伟	包中勇
王　成	陆俊山	季小东	周万勤	孙本芳
李文丽	陆海平	胡际东	柴　舸	徐海华
顾鹏飞	陶学萍	蔡　军	李　超	郑　敏
刘苏南	高向东			

第二十团名单（代表 27 人）

樊卓越	马晓枫	王国英	王　超	汪建然
柳亚东	刘　岷	魏　庆	刘振东	徐文发
姚延康	沙宝珍	徐永康	于自清	于金伟
王为兵	申　淼	李俊华	袁向平	徐秧初
郭传贤	唐康训	刘德平	吴友良	张　会
姚惠兴	施振兴			

第二十一团名单（代表 27 人）

王　斌	朱玉龄	乔　瑜	刘　军	李申展
何连成	张九东	张立新	张雄伟	张　超
范乐玲	郁凤兵	赵　伟	盛丽敏	童　静
廉永梅	张　郁	凌春霞	黄　建	姜　怡
徐　文	黄　吉	王放伟	刘伟杰	杨培俊
陆雅娟	郑建令			

第二十二团名单（代表 31 人）

马莉莉	王亚南	王志良	尹社申	吕　莉
朱　宁	朱福涛	刘　平	许耀武	孙文文
孙维东	李　锐	杨苏秦	杨海清	肖敏娟
吴　珺	宋孜茵	陈廷春	陈建国	陈美琴
林　风	周亦炯	周　健	周　萍	胡海蓉
顾　宏	唐静芝	黄　频	梅仪君	盛裕若
谢慎思				

第二十三团名单（代表 27 人）

刘新利　邵岭华　王　震　顾　奚　唐正宏
黄岳嵘　王向群　王　苏　王厚富　司徒琪蕙
吉启华　刘　英　杨　蓉　沈悦萍　周韧刚
赵　玲　贾金平　夏玲英　马俊坚　艾开兴
邬惊雷　许树长　杨伟国　张　浩　徐　虹
樊　嘉　曹整国

第二十四团名单（代表 28 人）

陆　娜　庞　力　严惠芬　王金国　施　琰
翟东升　韩汉君　董　瑛　李　军　汪仲华
姚晔麒　黄良军　韩　明　周其军　李秀英
胡　明　王　磊　孔祥法　邹勤南　宋新海
陈　鲁　周长国　韩　军　程　巍　童志萍
俞　烈　阎建军　陈　赛

第二十五团名单（代表 30 人）

车红英　杨学军　吴晓红　周海鸣　赵田芬
姜　伟　倪伟琦　高　权　桑树德　黄斗兴
黄克铨　龚广予　韩新胜　王行泽　王　斌
孙利军　张建新　贺方琦　顾晓鸣　徐　峥
黄晨薇　曹　晖　马海燕　王佳景　王逢祥
江雪珍　严　婷　杨阿国　柳立玮　周　敬

第二十六团名单（代表 26 人）

王雯洁　石　红　吕泰康　孙冬琳　陈　雷
胡国林　顾利慧　徐美玲　高　培　谢　刚
臧晓敏　张　敏　谈金龙　陈红洁　王淑萍
张　帆　王　佳　严裕民　张旭东　刘林宗
王　跃　顾国平　沈松龄　张为民　黄　健
彭丽君

审议通过文件

高举伟大旗帜　服务创新转型　团结动员全市职工为建设社会主义现代化国际大都市努力奋斗

——在上海市工会第十三次代表大会上的报告

（2013 年 5 月 28 日）

洪　浩

2013 年 5 月 30 日上海市工会第十三次代表大会第三次全体会议通过

——全文刊“特载”第 2 页

上海市总工会第十二届委员会财务工作报告

（2013 年 5 月 28 日）

2013 年 5 月 30 日上海市工会第十三次代表大会第三次全体会议通过

各位代表：

现将上海市总工会第十二届委员会财务工作报告提请各位代表审议。

一、五年来工会收支情况

（一）工会经费收支情况

2008—2012 年，市总工会经费总收入 263147.28 万元。其中，拨缴经费收入 207790.31 万元，占总收入的 79.0%；上级补助收入 32977.88 万元，占总收入的 12.5%；政府补助收入 17696.42 万元，占总收入的 6.7%；投资收益 749.41 万元，占总收入的 0.3%；其他收入 3933.26 万元，占总收入的 1.5%。

市总工会经费总支出 233699.82 万元。其中：

1. 全市工会工作及开展各类职工活动支出 82141.37 万元，占总支出的 35.2%，较上届增长 117.5%。其中，补助区县局（产业）工会的工作经费63499.50万元，主要项目包括职工建功立业活动、职工素质工程建设、推进“两个普遍”、劳动关系协调、职工教育文化设施改建、工会组织建设、基层工会干部教育培训等内容。

2. 市总工会层面开展各项维权工作、职工疗休养补助及设施改造支出76795.13万元，占总支出的32.9%。主要项目包括全市性劳动竞赛、职工科技创新、职工文化建设、困难职工和劳模帮扶、劳务派遣工和农民工维权、工会法律援助、职工劳动保护、女职工特殊权益维护等方面的工作。同时，为深化职工疗休养工作，还对屏风山、西山、黄山休养院以及市工人疗养院进行修缮改造。

3. 上缴全国总工会经费支出48935.23万元，占总支出20.9%，较上届增长55.8%。

4. 上海市总工会本级行政性支出18260万元，占总支出的7.8%，主要包括人员经费、办公经费及设备更新等。

5. 其他支出7568.09万元，占总支出的3.2%，主要项目包括按全总规定计提增收留成基金、财务专用基金等。

五年收支相抵，扣除计提后备金后本届经费结余6878.94万元，加上届经费结余12600.16万元，本届累计结余经费19479.10万元。

（二）工会募集资金收支情况

2008年汶川地震发生后，市总工会募集全市各级工会及社会各界的救灾资金8536.66万元，已全部用于抗震救灾和恢复重建支出。

2010年，市总工会募集援助新疆资金5038万元（其中区县局（产业）工会4000万元，市总工会1000万元，市合作交流办38万元），截至2012年底，已使用752.31万元。相关资金使用项目正在落实之中。

二、五年工会财务工作回顾

上海市工会第十二次代表大会以来的五年，是上海工会工作创新发展的五年，也是工会财务工作取得积极进展的五年。五年来，全市各级工会坚持依法聚财、科学理财、民主管财和有效用财，将服务基层、服务职工、服务工会工作全局作为主攻方向，把创新财务工作体制机制作为着力点，解放思想、真抓实干，为上海工运事业发展提供了可靠的资金来源和坚实的物质保障，做出了积极贡献。

（一）工会经费收入实现稳步增长。一是积极拓展经费增长点，以提升收缴率为重点，将收缴率纳入工会经费收缴考核体系，明确以劳动工资总额为依据考核收缴率，促进了工会经费及时足额拨缴。2012年，收缴率较2008年提高7%。二是建立健全工会经费财政统一划拨工作机制，加强划拨工作有效监管，推进工会经费依法规范收缴。三是在嘉定和崇明两区县推进工会经费税务代收试点，试点单位的工会经费申报率稳步增长。四是加大国有大型企业工会经费收缴改革力度，推广由集团“自上而下”统一拨缴工会经费的收缴方式，巩固提升国企工会经费实力。五是适应非公企业工会组织数量快速增长趋势，着力探索非公企业工会经费收缴新途径，实现非公企业工会经费较大增长。六是积极争取财政资金支持，累计收到中央财政帮扶、劳模“三金”等各种补助7321.10万元；市级财政专项补助资金逐年增加，2012年达到6397万元，与2008年相比年均增长36.1%。五年来，上海工会经费收入年均增长19.6%，超额完成全总下达的上缴经费指标，在省级工会上缴全国总工会经费中连续保持领先地位。

（二）工会经费使用进一步科学合理。一是坚持确保工会重点工作，切实加大对世博立功竞赛等群众性建功立业活动、劳模管理服务、“两个普遍”、职工素质工程建设、困难职工帮扶、职工民主管理等工作的资金投入力度。二是坚持向基层倾斜，通过回拨、专项补助、直接投入等方式，进一步推动各级工会经费向街镇、工业园区、小区、楼宇等基层工会投入，进一步向农民工、劳务派遣工、女职工、公共服务行业一线职工以及职业化社会化专职工会干部倾斜。2008年以来，市总工会回拨下级工会经费补助和专项补助63055万元，较上届增长257.8%。三是坚持发挥工会事业服务职工职能，加大对疗休养院等工会事业单位资金投入和专项补助，进一步提升其服务职工效能，市工人疗养院安排环卫工人、交通协管员、公交驾驶员等一线职工体检11.6万人次，屏风山疗养院，西山、黄山休养院和沙家浜休养度假中心等为28.8万人次一线职工、劳模等提供疗休养服务。公惠医院免费发放农民工团体助医卡、体检卡和医药箱，免费为市政养护、交通协管及困难职工送健康体检，同时减免挂号费、诊疗费287万人次。四是坚持勤俭办会理念，指导监督区县局（产业）工会按程序编制预算，细化预算科目，严格控制工会经费中“三公”经费等行政性支出比例，使工会经费更多投入到服务工会重点工作中。五是坚持透明化管理募集资金，对汶川地震所有救灾捐款实行网上公示，对援疆资金严格审批程序，并邀请经审部门跟踪，做到专款专用。

（三）工会财务管理水平不断提高。一是建立健全财务管理制度体系，制定修订《上海市工会呆账处理办法》《关于区县局（产业）工会上缴经费核定指标、增收回拨奖励办法的通知》《上海市基层工会会计基础工作规范化考核标准》等一系列制度，为收好、管好、用好经费提供政策依据。二是结合本市街镇工会组织体制改革调整，在全国率先启动街镇总工会经费留成试点，明确街镇总工会作为一级地方工会财务管理体制，为推进街镇工会工作创新发展打下良好基础。三是切实提升财务干部队伍整体素质，组织开展会计业务知识、会计电算化、工会经费税务代收软件等业务培训，对财务工作优秀的单位个人及时予以表彰，工会财务干部队伍进一步保持稳定，理论政策水平和业务能力得到进一步提高。四是主动接受审计监督，特别是接受全总经审会、市审计局以及市总经审会审查审计，对审计中提出的不足，及时做好整改、落实。全总经审会、市审计局对市总工会经费支出结构、开支控制以及工会企事业和下级补助投入等工作予以积极肯定。

（四）工会资产管理工作更趋规范。一是加强工会资产监管，制定《上海工会企业转改制中的资产处置实施细则（试行）》《上海工会企事业单位产权管理实施细则（试行）》及《关于加强对市总直管单位基本建设项目监管的实施意见》等文件，进一步规范工会企事业转改制、资产处置、基建工程监管等工作。二是切实抓好产权登记，促进拥有工会不动产的单位增强产权意识，防止工会资产流失。目前，在全市工会系统89家拥有工会不动产的单位已基本取得产证。三是逐步壮大工会资产，市总工会疗休养院、工人文化宫、工会管理职业学院等企事业规模不断扩大，各区县总工会新增或改造了黄浦区工人体育馆、虹口区工人文体中心、金山区工人文化宫和崇明县工人文化宫等，浦东新区工人文化宫、嘉定区工人俱乐部等项目正处于建设中。

在回顾总结工会财务工作取得成绩的同时，我们也清醒地认识到，随着上海加快创新驱动、转型发展步伐，工会工作的领域、对象和外部条件以及体制机制已发生重大变化，工会财务工作相较于工会全局工作的快速发展还存在一些不适应。一是依法足额收缴工会经费尚有较大努力空间，消除地区与产业之间的经费收缴率不平衡还需要进一步加大工作力度。二是各级工会财务管理水平参差不齐，特别是街镇、园区等基层工会财务干部配置力量仍较为薄弱。三是工会财务制度管理有待进一步规范，监管力度也需进一步加强。四是各级工会经费支出结构还需要优化，预算编制工作尚需进一步精细化、科学化，投入服务基层和一线职工的经费比例还需进一步加大。这些问题和不足需引起各级工会组织的高度重视，并在今后工作中加以解决。

三、今后五年工会财务工作的建议

今后五年，是实现全面建成小康社会宏伟目标的关键五年，是上海当好改革开放排头兵和科学发展先行者的重要五年，也是上海工会团结动员全市职工群众共建美丽上海、共促体面劳动、共创幸福生活的五年。今后五年工会财务工作的主要任务是：按照中国工会十六大和上海市第十三次工代会提出的目标要求，坚持职工为本、基层为先、服务为重的总体思路，建设更加健全完善的经费收缴机制、更加规范有效的经费管理机制和更加透明公开的经费使用机制，建立起具有特大型城市工会鲜明特色的财务体系，为上海工会各项工作的全面创新发展提供更为坚实的物质基础和保障。

（一）确保工会经费收入稳定增长。工会经费收入是工运事业发展和各级工会履行职能的主要支撑，各级工会必须把工会经费收缴放在工会工作的重要位置。一是准确把握工会组织、会员数以及广大职工收入增长调整情况，深入分析各类建会单位的劳动工资总额变化，建立起对工合经费收缴的动态跟踪、分析研究机制，进一步完善工会组建和经费收缴同步运行机制。二是不断创新经费收缴制度，以扩大覆盖面、提高收缴率为目标，切实做到一级抓一级，层层抓落实。三是加大工会经费收缴宣传力度，在全社会营造依法缴纳经费的良好氛围，进一步督促推动企业经营者增强依法足额拨缴意识。四是继续稳步推进税务机关代收工会经费试点工作，进一步做好财政统一划拨工作，扩大划拨覆盖面，提高划拨标准和资金到位及时率。

（二）坚持工会经费的正确使用方向。工会经费的使用方向是衡量工会工作的重要指标，各级工会必须坚持工会经费为职工服务、为基层服务的要求，按照“控办公、惠会员、可持续”的原则，进一步优化工会经费支出结构，切实提升工会经费使用效能。一是着眼于服务工会重点工作，通过加强预算编制、强化预算约束，逐步压缩行政性开支、逐步控制项目建设支出、逐步减少各类会议活动类支出。二是着眼于服务职工，加大对工会会员卡等职工实事项目的资金扶持，加大对农民工等一线职工体检和疗休养资金补贴，确保有更多工会经费直接用于广大职工群众身上，增强工会组织对职工的吸引力。三是着眼于服务基层，进一步完善对下经费补助制度，加大向下级工会特别是街镇总工会的经费补助力度，使街镇总工会作为地方工会的职能得到充分体现。

（三）切实提升工会财务管理科学化水平。依法管好、用好工会经费是工会工作的重要组成部分，各级工会必须按照“统一领导、分级管理”的要求，进一步加强工会经费的规范管理。一是坚持工会经费独立原则，努力推动单独建会企业普遍建立工会独立账户，进一步完善集体领导下的工会主席“一支笔”审批制度，确保工会经费用于工会各项重点工作。二是切实加强财务工作全过程监督，特别是财务部门要加强对本级、下级工会以及工会所属企事业单位经费使用情况的事前审核、事中监控和事后检查，主动邀请审计部门开展审查审计，加强对专项资金使用情况的绩效评估，确保劳模“三金”、困难职工帮扶金等专项资金专款专用，确保工会经费按照预算科目落实。三是加强街镇总工会财务工作调查研究，在财务人员配备、部门设置、账户管理等方面，总结推广先进经验和有效做法，并形成行之有效的管理办法。四是逐步推进工会财务公开，主动顺应广大职工对会务公开的要求，逐步推进工会财务向会员职工公开。五是推进工会财务干部队伍建设，制定和实施上海工会财务人员培训规划，提高工会财务干部的政治素养、管理服务能力、专业能力和廉洁自律意识，努力造就一支政治意识高、专业技术精、恪尽职守的财务工作队伍。

（四）进一步壮大工会资产总量。工会资产是工会组织依法所有的宝贵财富，也是工会组织开展工作的重要条件和物质基础，各级工会要切实增强做好工会资产工作的责任感与使命感。一是加强与党政协调沟通，努力争取党政在工人文化宫、体育馆、工会疗休养场所、职工援助服务中心等基础设施建设上给予工会更大支持，特别是在土地划拨、财政补助、政策优惠等方面赋予工会更多资源与手段。二是依法维护工会资产安全完整，在事业单位、国有企业转改制过程中，切实提高工会资产保护意识，严防工会资产流失。三是抓住事业单位分类改革机遇，进一步明确工会企事业单位的功能定位。四是建立健全工会直管单位资金资产的现代监管体系，处理好上级工会监管与工会资产经营者自我管理的关系，着力提升工会资产运作的质量和效益，促进工会事业可持续发展。

各位代表、同志们，今后五年的工会财务工作，将面临新的机遇和挑战，我们的任务更加繁重，责任更加重大。让我们在市委和全总的领导下，深入贯彻落实党的十八大精神和市第十次党代会精神，开拓创新，勤奋工作，努力为实现上海市第十三次工代会确定的各项目标任务、开创工会工作新局面贡献力量！

上海市总工会第十二届经费审查委员会工作报告

（2013年5月28日）

杨永平

2013年5月30日上海市工会第十三次代表大会第三次全体会议通过

各位代表、同志们：

我受上海市总工会第十二届经费审查委员会委托，向大会作工作报告，请予审议。

一、五年来市总经审会开展审查审计监督工作情况

（一）关于对市总本级经费收支情况的审查审计监督

市第十二次工代会以来，市总经审会坚持每年对市总本级的财务收支和预决算执行情况开展审查审计。

五年来，市总工会经费收入263147.28万元，其中拨缴经费收入207790.31万元，比上届增长106505.05万元。

五年来，市总工会经费支出233699.82万元，其中：用于市总工会补助区县局（产业）工会工作经费、开展各类文化活动及教育培训支出82141.37万元；用于开展各项维权工作、职工疗休养补助及设施改造支出76795.13万元，两项支出合计为158936.50万元，占总支出68%；按规定上解全总经费支出合计48935.23万元，占总支出的20.9%，比上届增长55.8%。

五年收支相抵，扣除计提后备金等之后，本届经费结余6878.94万元。加上上届经费结余12600.16万元，本届累计经费结余19479.10万元。

市总经审会认为：五年来，市总工会高度重视财务工作，认真贯彻执行国家法律法规、财经政策和工会会计制度，落实目标责任制，不断探索创新工会经费拨缴的新方式，确保了工会经费收入持续稳步增长；围绕“组织起来，切实维权”的工会工作方针，坚持经费支出向基层工会倾斜、向重点工作倾斜、向职工群众倾斜的使用方向，经费预算编制更加科学合理，执行更加规范严格；加强制度建设，运用新会计软件加强财务核算，会计基础管理工作更加扎实；对市总经审会提出的19条审计意见和建议全部采纳并落实了整改，审计监督成效更加显著。

（二）关于对市总直管单位财务收支情况的审计监督

五年来，市总经审会加强与事业部、财务部、组织部的沟通协调，对实行经营业绩考核指标的直管单位开展审计，着重关注各单位财务状况的真实性、合法性和有效性，五年中提出了76条审计意见和建议；开展固定资产投资项目竣工决算审计，核减工程资金5736万元，有效地节约了建设资金。审查审计结果表明，市总工会在发展工会经济事业时加强资产监管，组织和机制建设逐步完善，监管体系日趋规范，资产体量和质量得到提升，为促进职工群众身心健康、丰富职工群众文化生活、提高职工群众思想道德和职业技能水平发挥了重要作用。

（三）关于对区县局（产业）工会预算执行和财务收支情况的审计监督

五年来，市总经审会对所有区县局（产业）工会全部实施了审计，同时对所属342个基层工会进行抽审和调研；对市总本级和40个区县局（产业）工会的慰问劳模资金、帮困送温暖资金、抗震救灾等专项资金使用和管理情况开展审计；还开展了工会主席经济责任审计、撤并工会资产鉴证审计等。在这些审计中提出的256条审计意见和建议都基本落实了整改。审计结果表明，被审计工会高度重视经费的收缴、管理和使用工作，实现了经费收入稳定增长，经济实力不断增强；认真贯彻执行国家财经纪律、工会会计制度及预算管理办法，经费主要用于重点工作、服务职工等方面，对下补助力度不断加大，支出结构更趋合理。市总经审会要求和指导各区县局（产业）工会坚持实行同级工会经审会的审查审计监督，针对审计发现的问题，高度重视、严格要求、健全制度、落实整改，促进了工会财务管理水平的不断提高。

2010年和2011年市总工会还分别接受了市审计局、全国总工会对市总工会本级及直管单位、部分区县局（产业）工会的审计，审计评价总体良好。

二、五年来工会经审工作的回顾

过去的五年，是上海各级工会组织高度重视，全力支持经审工作取得突破的五年，是各级工会经审组织依法履职，完善制度开拓创新取得实效的五年，是各级工会经审干部团结一致，主动作为务实高效取得佳绩的五年。在全国总工会的关心指导和市总工会党组的正确领导下，上海各级工会经审组织紧紧围绕党和政府工作大局以及工会工作全局，按照经审工作规范化建设标准的要求，不断提升经审工作服务工会全局的能力和水平，在促进各级工会收好用好管好工会经费、促进工会资产管理的安全完整效益和经济活动的规范有序中发挥了保驾护航的作用。市总经审会被国家审计署授予全国内部审计工作先进集体荣誉称号，连续五年荣获全国总工会经审工作规范化建设特等奖，被上海市审计局评为内部审计工作先进集体。

（一）加强组织领导，工作环境不断优化

五年来，市总工会领导高度重视工会经审工作，经常听取经审工作专题汇报，及时解决经审工作遇到的问题，支持经审组织和经审干部依法履行职责。全市各级工会基本做到工会经审会与同级工会委员会同时考察、同时报批、同时选举产生，基本按同级副职配备了经审会主任和具有专业技术职称的经审干部；坚持工会经审会主任参加或列席涉及工会经费、工会经济活动的相关会议，经审专用经费按有关规定列入年度财务预算，全市形成了认识上统一、组织上加强、制度上保证、工作上支持、经费上落实的良好经审工作环境。

（二）加强制度建设，审计行为不断规范

五年来，市总经审会加强科学管理和创新审计技术方法，全面提高依法审计能力和审计工作水平，先后制定了《关于加强专项资金审计监督的通知》《区县局（产业）工会经审工作规范化建设标准》和《基层工会经审工作规范化建设标准》三项制度，并转发了全总《关于进一步加强审计纪律的规定》《中国工会审计条例》《关于加强县级工会经费审查审计监督工作的意见》等五项规定；连续五年组织开展全市各级工会优秀审计项目评选活动，促进工会经审干部重视审计质量，规范审计行为；积极参与全总经审会组织起草、编写、修改《中国工会审计条例》《中国工会审计条例一百问》《全国工会经审干部培训教材》《全国工会特邀审计员聘任管理办法》和《全国工会专项资金审计办法》等制度，市总工会经审工作分别在全国工会经审电视电话会议、全国工会经审工作创新成果推进会、全国工会经审干部培训班上作了经验或工作交流。

（三）加强全面审计，监督范围不断拓展

五年来，市总经审会本着服务大局、服务重点、服务基层的工作理念，坚持把工会一切经济活动纳入审查审计监督范围，确保工会经费的正确使用方向和工会资产的安全完整；坚持对工会全部经济活动开展审查审计监督，狠抓后续审计，审计回访制度全面落实；被审计工会高度重视审计提出的意见和建议，进一步加强了预算管理，完善了内部控制制度。全市各级工会经审会共实施审计项目6058个，提出审计意见和建议12480条，被采纳审计建议11098条，整改率89%；查出漏缴经费2933万元，已补缴2758万元，入库率94%。

（四）加强指导服务，规范化建设不断深化

五年来，市总经审会始终围绕推进经审工作规范化建设，创新工作思路，改进工作方法，强化审查审计监督。全市各级工会经审组织按照规范化建设标准要求，进一步完善经审组织建设、制度建设和业务建设，不断创新审计监督的新方法。全市工会系统建立了三级经审工作互助网络，定时召开例会，组织学习交流，提供现场指导；开发新版《工会经审审计业务管理软件》，加强政策业务宣传，促进提高审计效率；2万余个基层工会经审会普遍使用经审工作规范化建设标准考核手册，进一步夯实了工作基础。

（五）加强队伍建设，业务素质不断提升

五年来，全市各级工会按照《中国工会审计条例》和经审工作规范化建设要求，不断健全经审组织及其工作机构，有效推进经审干部队伍建设。各区县局（产业）工会经审会委员中具有专业技术职称的已达到委员总数的90%；五年来各区县局（产业）工会共举办经审干部培训班1199期，培训经审干部4.58万人次；市总经审会推动各区县局（产业）工会普遍建立工会特邀经审员队伍，进一步推进工会民主管理和群众监督的有效结合；积极组织开展专题研讨，有76个区县局（产业）工会经审会积极参与调查研究，撰写论文217篇，其中6篇在中国内部审计协会论文评选中获奖，并指导和运用于工作实践。

五年来，各级工会经审组织坚持以加强基层工会经审工作为主线，以审查审计为手段，以制度监督为重点，以规范化建设为抓手，以工作创新为动力，围绕工会重点工作，认真履行职责，完善工会自身监督体系。经审工作取得的成绩给我们的经验和体会是：必须坚持全会重视，创造良好经审工作环境；必须坚持健全机构，依法保障经审组织履行职责；必须坚持夯实基础，着力保证制度有效落实；必须坚持炼好内功，不断增强经审监督效能。

回顾五年来走过的历程，在充分肯定本市工会经审工作取得成绩的同时，我们也认识到经审工作与工会工作发展形势的新要求相比还存在着一些差距，如基层工会经审工作基础有待进一步夯实，工会经审干部的业务水平有待进一步提升，审计意见和建议的整改力度有待进一步加强，基层工会经审工作的分类指导有待进一步深化等，这些问题都需要在今后工作中，采取有效措施，不断加以改进。

三、今后五年工会经审工作的建议

今后五年，是深入学习贯彻党的十八大精神，推进上海工会工作开创新局面、再上新台阶的重要时期。上海各级工会经审组织要以党的十八大精神为统领，高举中国特色社会主义伟大旗帜，坚定不移走中国特色社会主义工会发展道路；认真学习习近平总书记在劳模座谈会上的讲话精神，依法履行审查审计监督职责，促进工会经济活动规范有序和工会资产安全完整效益；紧紧围绕上海工会工作大局，创建学习型、服务型、创新型工会经审组织，为实现中国工会十六大、市第十三次工代会提出的目标任务而不懈努力。

（一）坚持以党的十八大精神为统领，进一步发挥经审组织的主要作用

工会经审工作在工会全局工作中发挥着不可替代的重要作用，是工会各项工作特别是经济活动规范运作的有效保障。各级工会要高度重视经审工作，进一步加强对经审工作的领导，把经审工作放到工会工作的重要位置，统一规划、统一部署、统一落实；各级工会经审组织要顺应时代要求，准确把握中国特色社会主义工会发展道路的科学内涵、精神实质和理论体系，不断丰富这条道路的实践特色、理论特色、时代特色；广大工会经审干部要增强责任感和使命感，立足本职，胸怀全局，自觉把个人梦想、家庭幸福和上海发展紧密结合在一起，立足本职做贡献，脚踏实地促发展，把竭诚为职工群众服务作为一切工作的出发点和落脚点，努力维护好广大职工群众的合法权益。

（二）坚持以审查审计监督为重点，进一步保障工会资产安全完整效益

各级工会经审会要依法履行审查审计职责，切实开展以实务审计为主的审查审计监督，加大工会资产的监督管理力度，推进工会经济活动持续健康发展。坚持“七必审”原则，认真开展各项实务审计，特别要加强预算审查审计

力度，促进预算编制的科学性和预算管理的规范性，确保预算编制和执行真正为工会组织、引导、服务和维护职工合法权益服务；在审查审计过程中，要认真贯彻落实党中央、市委关于改进工作作风、密切联系群众的有关规定，深化公务支出审计，努力节约工会行政性开支，实现经费支出向工会重点工作倾斜、向基层倾斜、向职工群众倾斜；加强回访督查，落实审计整改，逐步推进审计报告公开、审计结果公告制度的实施，从完善制度、健全机制、加强管理上提出意见和建议。

（三）坚持以规范化建设为抓手，进一步加强工会经审组织自身建设

加强经审工作规范化建设，是提高工会经审工作水平，发挥经审组织的审计监督职能，维护工会资产安全的重要抓手。要聚焦重点、拓宽思路、创新载体、落实措施，要重心下移、服务基层、夯实基础、完善体系。要进一步强化以经审组织为主体、以经审干部为核心、以特邀经审员为骨干、以社会审计力量为补充、以国家审计为指导的经审工作格局，抓住大力推进普遍建会的有利时机，以非公企业为重点，进一步健全基层工会经审组织，夯实工会经审工作基础；要发挥工会经审会委员作用，加强特邀经审员队伍建设，与基层工会建立紧密的联动；要进一步扩大经审工作规范化建设标准手册使用的覆盖面，推动经审工作规范化向基层延伸发展；要完善考核激励机制，定期对基层工会经审工作进行督促检查、量化考核和评比表彰，及时培树先进典型，促进全市经审工作水平的整体提升；要加强审计资源整合，选调聘用有审计、会计专业技术特长的干部充实到工会经审岗位，支持、鼓励、组织工会经审干部参加相关专业学历教育和技术资格证书考试。今后五年中，各区县局（产业）工会经审干部岗位培训率争取达到100%，经审干部持证上岗率争取达到100%，运用工会经审软件开展审计率争取达到100%，对下一级审计覆盖率争取达到100%。要加强工会经审干部的思想道德教育，关心他们的工作与生活，教育引导他们严守纪律，客观公正，廉洁从审。

（四）坚持以开拓创新为动力，进一步推进工会经审工作稳步发展

各级工会经审组织要进一步认清形势和任务，积极探索发挥审计监督作用的新途径和新方法。着重研究上海在实施创新驱动、转型发展的战略性调整过程中对企业工会资产的有效监管途径和方法，重点关注外来务工者、劳务派遣人员加入工会后权益保障的落实情况，研究探索实行税务代收工会经费后经费计拨审计的新方法等；围绕绩效预算改革，推进专项资金绩效审计，建立健全相关规章制度、工作机制、评价体系和管理模式，逐步将专项资金绩效审计由事后向事前和事中过渡，最终实现对专项资金全过程监督管理；探索工会经审工作质量外部评估试点工作，推进审计全过程管理体系建设；积极开发和运用基层工会审计软件，全面提高审计工作效率。

各位代表、同志们，做好新时期工会经审工作责任重大、任务艰巨、使命光荣。我们要不辜负党和职工群众的期望与重托，凝聚起实现中国梦的强大正能量，以市第十三次工代会的召开为契机，以更加奋发有为的精神状态，求真务实、开拓进取、扎实工作，为开创上海工会经审工作新局面做出新的贡献！

会议选举结果

上海市总工会第十三届委员会委员名单

2013年5月30日，经上海市工会第十三次代表大会第二次全体会议选举产生

（按姓氏笔画为序）

丁　巍（女）	于金伟	王向群（女）	王厚富
王　洪	王　跃	王智骏（女）	王　磊
王　震	王德忠	叶坚华	田　原
史金虎	包中勇	包建强	冯　萍（女）
吕泰康	朱义明	朱　斌	邬惊雷
庄毅群	刘卫新	刘　英	刘林宗
刘　岷	刘跃俊	孙晓红（女）	孙曙光
麦碧莲（女）	杜仁伟	李卫军	李永鸣
李庆红（女）	李秀英（女）	李　鸣	李岳良
李积荣	李　斌	杨卫国	杨永平
肖堃涛	吴光玉（女）	吴振祥	吴海中
吴萌何	惠　娟（女）	余小雄（女）	汪仲华
汪惟娟（女）	沈　权	沈松龄	沈雄德
宋钟蓓（女）	宋新海	宋　震	张小弟
张立新	张立群	张　刚	张旭东
张　荣	张新康	张翼飞	陆俊山
陆　娜（女）	陆　晞	陆雅娟（女）	陈　欣（女）
陈建国	陈剑波	陈美琴（女）	陈　鲁
邵新宇（女）	茆荣华	欧阳萍（女）	罗新富
周龙华	周志军	周海鸣（女）	郑建令
胡际东	柳立玮（女）	侯继军	俞莉红（女）
俞　烈	姜　鸣	姜海涛	洪　浩
宫运利	姚惠兴	袁建村	袁建国
袁　舫（女）	桂晓燕（女）	顾利慧	顾国平
顾国忠	顾晓鸣	倪伟琦	徐　文

徐文发　徐文荣　徐冠群　高金平
谈金龙　黄斗兴　黄伟建　黄良军
黄岱列　黄　建　盛裕若　崔启明
蒋工圣　程　巍　解建伟　蔡　军
谭振勇　翟东升　潘俊伟　戴轶青
魏　庆（女）

上海市总工会第十三届经费审查委员会委员名单

2013 年 5 月 30 日，经上海市工会第十三次代表大会第二次全体会议选举产生

（按姓氏笔画为序）
马龙英（女）　韦　理　朱志龙　许耀武
李扣庆　李　昉　李　鸣　李　娟（女）
杨阿国　何连成　宋俊雄　张居正
陈　杰　陈建国　金伟荣　周爱珠（女）
周薇君（女）　胡亚平　施耀忠　姚晔麒
袁一平　诸文彬　黄　吉　黄银萍（女）
彭陆强

上海市出席中国工会第十六次全国代表大会代表名单

2013 年 5 月 30 日，经上海市工会第十三次代表大会第二次全体会议选举产生

于金伟　王　勇　王　梅（女）　王森龙
冯　萍（女）　兰　芸（女）　朱义明　朱水群
朱　斌　乔　皓　邬惊雷　庄毅群
刘　江（女）　刘林宗　刘明雅（女）　刘　岷
麦碧莲（女）　李永鸣　李华敏　李　军（女）
李　鸣　李积荣　李　斌　杨国庆
肖　阳（女）　肖堃涛　吴光玉（女）　吴振祥
吴海中　谷常生　沈　权　沈　青（女）
沈　燕（女）　宋忆宁（女）　宋钟蓓（女）　宋　震
张立新　张立群　张　荣　张新康
张　蕾（女）　陆　晞　陆雅娟（女）　陈松菊（女）
陈　欣（女）　陈　豪　陈　鲁　武俊青（女）
茆荣华　林卫东　欧阳萍（女）　尚　昆（女）
周世丽（女）　周海鸣（女）　胡苏云（女）　柳亚东
钟　明　俞莉红（女）　姜　鸣　洪浩袁
丽　敏（女）　袁建村　桂晓燕（女）　贾　宁
贾金平　顾文兰（女）　顾利慧　顾国忠
顾晓鸣　徐　文　徐倩雯（女）　凌春霞（女）
高　岚（女）　郭志刚　陶丽娟（女）　黄岱列
黄　政　盛裕若　辜忠东　蔡　军

上海市总工会第十三届委员会主席、副主席和常务委员会委员名单

2013 年 5 月 30 日下午，上海市总工会第十三届委员会召开第一次全体会议，选举产生了上海市总工会第十三届委员会主席、副主席和常务委员会委员人选。名单如下：

上海市总工会第十三届委员会主席

洪　浩

上海市总工会第十三届委员会副主席

肖堃涛　茆荣华　周志军　侯继军
何惠娟（女）　杨永平

上海市总工会第十三届委员会常务委员会委员

王　震　杜仁伟　李　鸣　李积荣
宋钟蓓（女）　张立新　张立群　俞莉红（女）
姜　鸣　桂晓燕（女）

上海市总工会第十三届经费审查委员会主任、副主任、常委名单

2013年5月30日下午，上海市总工会第十三届经费审查委员会召开第一次全体会议，会议选举出上海市总工会第十三届经费审查委员会主任、副主任和常务委员会委员人选。名单如下：

主　任：李　鸣

副主任：黄银萍（女）

常　委：（按姓氏笔画为序）

马龙英（女）　李扣庆　李　昉　李　鸣
袁一平　黄银萍（女）　彭陆强

保障政策文件选编

上海市人力资源和社会保障局 上海市财政局 关于本市因病或非因工死亡职工遗属等三类人员参加城居保、新农保有关问题的通知

沪人社农发〔2013〕43号

市政府各委、办、局，控股（集团）公司，市社会保险事业管理中心，各区（县）人力资源和社会保障局、财政局：

为切实贯彻《社会保险法》，经研究，现就本市因病或非因工死亡职工遗属（以下简称职工遗属）、精减退职回乡老职工死亡后其配偶（以下简称精减老职工配偶）和被征地人员参加城镇居民社会养老保险（以下简称城居保）和新型农村社会养老保险（以下简称新农保）有关问题通知如下：

一、本市户籍的职工遗属、精减老职工配偶，可按规定参加城居保、新农保。

（一）本通知实施时未满60周岁的职工遗属、精减老职工配偶参加城居保、新农保的，应按规定缴纳养老保险费。

（二）本通知实施时已满60周岁的职工遗属、精减老职工配偶统一纳入城居保、新农保范围，不用缴费，可按月领取城居保、新农保养老金。

二、已享受生活困难补助费的职工遗属、精减老职工配偶按规定参加城居保、新农保后，领取的城居保、新农保养老金低于生活困难补助费标准的，给予补足，补差金额由原生活困难补助费资金渠道列支。

三、已领取城居保、新农保养老金的人员，符合享受本市职工遗属或精减老职工配偶生活困难补助条件，且领取的养老金低于生活困难补助费标准的，可在按规定办理生活困难补助申领手续后给予补足，补差金额由生活困难补助费资金渠道列支。

四、市社会保险事业管理中心（以下简称市社保中心）应每年定期对职工遗属、精减老职工配偶的收入等信息进行核查，并按规定核定其生活困难补助费金额；对未按规定提供相关信息材料的，市社保中心暂停发放其生活困难补助费，待其提供相关信息材料后按规定核定其生活困难补助费金额，并从停发之月起补发并续发。

五、已按本市规定一次性缴纳基本养老、医疗保险费的被征地人员未就业的，可按规定参加城居保。

六、本通知自发文之日起施行，有效期至2016年6月30日。

十四、本通知自2013年5月1日起实施，有效期5年。

2013年8月2日

大事记

Chronicle of Events

上海工会年鉴

2014

2013 年大事记

1月

5 日　市总工会机关举行“爱心一日捐”活动。

6 日　市总工会召开 2012 年上海工会组建及表彰交流大会。市总工会副主席肖堃涛出席会议并讲话，市总工会巡视员杜仁伟、副主席茆荣华、周志军、侯继军、何惠娟出席会议。

8—9 日　市总工会举办市总机关系统处级干部学习十八大精神研讨班(第一期)。市总工会副主席肖堃涛、何惠娟，秘书长张立群出席。

30 日　市总工会女职工委员会召开五届六次全委(扩大)会议。会上以专题片的形式回顾市总工会女职工委员会 2012 年的工作，市总工会副主席、女职工委员会主任何惠娟对 2013 年全市工会女职工工作进行部署,并向金庭集团颁发“幸福加油站—上海职工交友活动基地”铜牌。市总工会党组副书记、副主席肖堃涛出席会议并讲话。

2月

6 日　2013 年上海市劳动模范春节茶话会在世博中心举行。市领导韩正、杨雄、殷一璀、吴志明与各行各业的 300 多名全国劳动模范、上海市劳动模范、先进工作者代表和全国“五一”劳动奖章获得者代表共聚一堂，共迎新春佳节。市委副书记、市人大常委会主任殷一璀致辞。市领导杨晓渡、屠光绍、杨振武、李希、丁薛祥、徐麟、沙海林、尹弘等出席茶话会。市人大常委会副主任、市总工会主席钟燕群主持茶话会。市总工会副主席肖堃涛，巡视员杜仁伟，副主席茆荣华、周志军、侯继军、何惠娟，秘书长张立群出席茶话会。

18 日　市人力资源和社会保障局、市总工会、市妇联联合启动以“搭建供需平台，促进转移就业”为主题的 2013 年“春风行动”。市总工会副主席侯继军视察招聘会现场。

25 日　市总工会召开十二届委员会第 13 次全体会议。市委副书记、市人大常委会主任殷一璀出席会议并讲话，市人大常委会副主任钟燕群出席会议。经过大会选举，市人大常委会副主任洪浩当选为新一任上海市总工会主席。市总工会副主席肖堃涛，巡视员杜仁伟，副主席茆荣华、周志军、侯继军、何惠娟，秘书长张立群出席会议。

3月

1 日　市总工会召开 2013 年上海工会保障工作会议。市总工会副主席侯继军出席会议并讲话。

4 日　市总工会、市文明办、市新闻出版局、市法宣办、市绿化市容局联合举办“学雷锋 · 讲文明 · 树新风”上海职工志愿者“送文化、送法律、送健康”现场服务活动。市总工会巡视员杜仁伟出席。

6 日　市总工会举行“美丽绽放”——上海工会纪念“三八”国际劳动妇女节 103 周年主题大会。市人大常委会副主任、市总工会主席洪浩出席并致辞祝贺，市妇联党组书记焦扬，市总工会党组副书记、副主席肖堃涛，市总工会巡视员杜仁伟，市总工会副主席周志军、何惠娟出席大会。大会启动 2013 年上海市女职工技能大赛，并揭晓上海职业女性风景线 LOGO,举行《大写的爱》首发仪式。

6 日　市总工会举行“上海工会就业援助月”活动杨浦职介专场。市总工会副主席侯继军出席。

7 日　市总工会、解放军四一一医院共同举办“幸福有你,关爱有我”外来务工女性健康实事项目蓝绿丝带五年巡礼。市总工会副主席、女职工委员会主任何惠娟，四一一医院院长李曙光共同为“宫颈癌患者康复中心”揭牌。

8 日　市总工会举行“上海工会就业援助月”活动暨女职工就业服务虹口专场。市总工会副主席、女职工委员会主任何惠娟专程现场指导。

11 日　市总工会机关系统召开加强党风廉政建设干部大会。市人大常委会副主任、市总工会党组书记、主席洪浩出席会议并讲话，市总工会党组副书记、副主席肖堃涛传达习近平总书记在十八届中央纪委二次全会上的讲话精神，市总工会党组纪检组组长、副主席何惠娟传达市委书记韩正在十届市纪委二次全会上的讲话精神，会议总结 2012 年市总机关系统党风廉政建设工作，部署 2013 年工作。市总工会巡视员杜仁伟，副主席茆荣华、周志军、何惠娟，秘书长张立群出席会议。

12 日　2013 年上海工会经审工作会议召开。市总工会副主席何惠娟出席会议。

13 日　市总工会、市社会工作党委、市工商联联合召开上海市非公企业劳动竞赛综保区现场推进会。市人大常委会副主任、市总工会主席洪浩,市总工会巡视员杜仁伟出席会议。

13 日　上海工会管理职业学院与奉贤区总工会举行区校合作签约仪式。市总工会副主席周志军出席。

14 日　市总工会召开 2013 年上海工会宣教文体工作会议。市总工会巡视员杜仁伟出席会议并讲话。

22 日　第七届上海职工文化艺术节“文化服务进宝钢”中国年文化展拉开帷幕。市总工会巡视员杜仁伟出席开幕式。

23 日　举行第七届上海职工文化艺术节“文化服务进杨浦”专场演出。市人大常委会副主任、市总工会主席洪浩，市总工会副主席肖堃涛，巡视员杜仁伟，秘书长张立群出席。

25 日　市人大常委会副主任、市总工会主席洪浩会见由巴西工人总联盟副主席、巴西银行和保险业工会联合会主席洛伦索 · 费雷拉 · 普拉多率领的巴西工人总联盟代表团一行 5 人。市总工会副主席肖堃涛、周志军参加会见。

27 日　2013 年上海市厂务公开民主管理工作会议召开。市委副书记、市人大常委会主任、市厂务公开工作领导小组组长殷一璀出席会议并讲话。市人大常委会副主任、市总工会主席、市厂务公开工作领导小组副组长洪浩主持会议，副市长、市厂务公开工作领导小组副组长沈晓明宣读表彰决定。市总工会副主席茆荣华出席会议。

4月

8 日　市总工会召开第十二届委员会第十四次全体(扩大)会议，审议通过召开上海市工会第十三次代表大会的决议。市人大常委会副主任、市总工会主席洪浩出席会议并讲话。市总工会副主席肖堃涛，巡视员杜仁伟，副主席茆荣华、周志军、侯继军、何惠娟，秘书长张立群出席。

13—14 日 市总工会举行“劳动最光荣”上海市职工合唱比赛。市总工会巡视员杜仁伟出席。

13 日 由上海市总工会、上海市体育局等单位共同主办的 2013 年上海职工体育健身四季大联赛开幕式暨“陆家嘴杯”楼宇职工体育健身大赛、上海市第二届虚拟运动会四季巡回赛在东方明珠广场举行。市总工会主席洪浩，副主席肖堃涛，巡视员杜仁伟，秘书长张立群出席开幕式。

23 日 第十五届上海读书节开幕。

23 日 市总工会联合市公积金管委会、市公积金管理中心召开上海市住房公积金缴存情况执法检查动员部署会。市总工会副主席侯继军出席会议并讲话。

28 日 市领导与来自全市各行各业的劳动模范代表座谈交流，倾听大家心声。市领导李希、尹弘、沈晓明出席座谈会，市人大常委会副主任、市总工会主席洪浩主持座谈会。

28 日 “劳动最光荣”2013 年上海市庆祝五一国际劳动节大型歌会在源深体育中心体育馆举行。市领导李希、钟燕群、沈晓明、周汉民、陈旭等出席歌会。市人大常委会副主任、市总工会主席洪浩致辞。歌会表彰 2013 年全国和上海市五一劳动奖状（章）的先进代表以及 2012 年上海市“劳模年度人物”。市总工会副主席肖堃涛，巡视员杜仁伟，副主席茆荣华、周志军、侯继军、何惠娟，秘书长张立群出席。

5月

3 日 “劳动最光荣”品牌系列——话剧《中国力量》在艺海剧院首次公演。中华全国总工会副主席、书记处书记倪健民，上海市人大常委会副主任、市总工会主席洪浩，市总工会副主席肖堃涛，市总工会巡视员杜仁伟出席首次公演。

11 日 市总工会举办“上海职工家庭高校毕业生招聘专场”。市总工会副主席肖堃涛，巡视员杜仁伟，副主席侯继军，秘书长张立群出席。

11 日 “中智杯”第八届世界著名在华企业健身大赛开幕式暨慈善健康跑活动在浦东世纪公园开幕。市总工会副主席肖堃涛，巡视员杜仁伟出席开幕式。

15 日 举行上海市高级人民法院、上海市总工会加强劳动争议纠纷化解合作机制签约仪式。市总工会副主席茆荣华出席。

16 日 市总工会举行“2013 年上海职工疗休养行动启动仪式”。市总工会主席洪浩，副主席肖堃涛、侯继军，秘书长张立群出席启动仪式。

17 日 市总工会、市发展改革委、市科委、市教委、市人力资源社会保障局、市知识产权局、团市委、市科协联合召开上海市职工创新创效推进会暨第五届上海职工科技节开幕式。中华全国总工会党组纪检组组长、书记处书记王瑞生，市人大常委会副主任、市总工会主席洪浩，市总工会党组副书记、副主席肖堃涛出席会议。市总工会巡视员杜仁伟主持会议。

28 日上午上海市工会第十三次代表大会在上海世博中心大会堂（红厅）开幕。中共中央政治局委员、上海市委书记韩正出席会议并讲话，中华全国总工会党组书记、副主席、书记处第一书记陈豪，上海市领导杨雄、殷一璀、吴志明、李希、杨晓渡、徐麟、沙海林、尹弘、应勇、钟燕群、沈晓明，崔亚东、陈旭等出席大会。市人大常委会副主任、市总工会主席洪浩代表市总工会第十二届委员会做工作报告。团市委书记夏科家代表团市委、市妇联、市科协等群众团体向大会致贺词。会议主题是高举伟大旗帜，服务创新转型，团结动员全市职工为建设社会主义现代化国际大都市努力奋斗。会议认真总结过去五年的上海工会工作，全面部署今后五年工作的总体要求、工作理念和目标任务。大会号召，上海各级工会组织和工会干部要深入学习宣传贯彻党的十八大精神，坚定不移地走中国特色社会主义工会发展道路，为实现中华民族伟大复兴的中国梦而努力奋斗。

30 日 上午上海市工会第十三次代表大会举行闭幕式。

30 日 下午上海市总工会第十三届委员会举行第一次全体会议，委员们以无记名投票方式选举产生新一届市总工会领导班子。市委副书记李希出席会议并讲话。大会选举洪浩为市总工会主席，肖堃涛、茆荣华、周志军、侯继军、何惠娟、杨永平为副主席。选举王震、杜仁伟、李鸣、李积荣、宋钟蓓、张立新、张立群、俞莉红、姜鸣、桂晓燕等 10 人为上海市总工会第十三届委员会常务委员会委员。

30 日下午 上海市总工会第十三届经费审查委员会举行第一次全体委员会议，选举李鸣为市总工会第十三届经费审查委员会主任，黄银萍为副主任，选举马龙英、李扣庆、李

市总工会第十三届委员会举行第一次全体会议，委员们以无记名投票方式选举产生新一届市总工会领导班子 （徐新康）

昉、袁一平、彭陆强等5人为第十三届经费审查委员会常委。

6月

2日　市总工会女职工委员会、市市级机关工会联合举行"童心中国梦"主题少儿绘画比赛，市总工会副主席何惠娟出席。

4日　市总工会和上海工会管理职业学院联合举办2013年第一批街镇工会工资集体协商指导员培训班。市总工会副主席茆荣华作开班动员。

6日　市总工会举行上海工会第二届法律人才库成立仪式。市总工会副主席茆荣华出席。

7—8日　市总工会举行2013年度上海市工会劳动保护监督检查员培训(复训)班。市总工会巡视员杜仁伟出席开班仪式。

14日　市总工会召开加强工会干部教育培训工作专题研讨会。市总工会副主席周志军出席会议。

18日　市总工会、市发改委、市经信委和市国资委联合召开"上海市重点用能单位节能减排专项立功竞赛推进会暨职工节能减排优秀成果发布会"。市总工会巡视员杜仁伟出席。

18—20日　市总工会对来自全市各基层企事业单位、街道(镇)总工会的150余名工会干部，开展2013度第二期工会干部《上海市职工代表大会条例》培训，市总工会副主席杨永平作开班动员。

20日　市总工会、市公积金中心、建行上海分行联合召开2013年度上海市住房公积金基数调整暨扩覆工作推进会。市总工会副主席侯继军出席会议。

28日　市总工会、市安全生产监督管理局、市人力资源和社会保障局、市卫生和计划生育委员会联合召开"上海市深化'安康杯'竞赛暨职业病防治专项集体合同工作推进会"，市总工会巡视员杜仁伟出席会议并讲话。

7月

23日　市总工会举行2013年上海工会"金秋助学"活动启动暨工会大学生社会实践基地授牌仪式。市总工会副主席侯继军出席。

24日　召开市总机关系统党的群众路线教育实践活动动员大会。市人大常委会副主任、市总工会主席洪浩，副主席肖堃涛、茆荣华、周志军、侯继军、何惠娟、杨永平，秘书长张立群出席会议。

25日　中共中央政治局委员、中共上海市委书记韩正到市总工会调研工会工作。市人大常委会副主任、市总工会主席洪浩、副主席肖堃涛、茆荣华、周志军、侯继军、何惠娟、杨永平、秘书长张立群出席调研座谈会。

25日　2013年上海职工体育健身四季大联赛夏季赛暨静安区第十届楼宇职工运动会开幕。市总工会巡视员杜仁伟出席。

26日　市总工会召开上海市初级工商管理(EBA)培训表彰会暨2013年培训工作推进会。市总工会巡视员杜仁伟出席。

7月　市总工会领导分10路赴基层高温慰问生产一线职工。

8月

7日　召开市总工会女职工委员会六届一次全委会议。会议选举产生第六届市总女职工委员会常委、副主任和主任，提出今后五年工会女职工工作的总体要求、主要目标、主要任务。市总工会主席洪浩出席会议并讲话，全总女职工委员会向会议发来贺信，市妇联主席焦扬致辞，市总工会副主席何惠娟作工作报告。市总工会副主席肖堃涛、茆荣华、周志军、侯继军、秘书长张立群出席。大会号召，全市各级工会女职工组织团结动员广大女职工共建美丽上海、共促体面劳动、共创幸福生活，为加快建设社会主义现代化国际大都市和实现职业女性全面发展而努力奋斗。

22日　市总工会、市食药监局联合开展职工食堂食品安全检查专项行动。市总工会副主席侯继军，市食药监局巡视员谢敏强参加检查并调研邮政、建工系统职工食堂。

9月

10日　市总工会召开市总机关系统党的群众路线教育实践活动专题学习会。

11日　市总工会召开全国工会宣传思想工作视频会议上海分会场会议。市人大常委会副主任、市总工会主席洪浩出席会议并讲话，市总工会副主席肖堃涛，巡视员杜仁伟、副主席茆荣华出席会议。

13日　市总工会举行喀什地区工会干部培训班开班仪式。市总工会副主席肖堃涛出席。

16日　市总工会、市妇联、上海开放大学举行第十五届上海家庭教育宣传周女职工专场活动——2013年上海市女职工周末学校开学典礼。市总工会副主席、女职工委员会主任何惠娟、市妇联副主席刘琪、上海开

市总工会女职工委员会举行六届一次全委会，选举产生第六届市总女工委领导班子　（吴良荣）

放大学副校长王伯军等出席会议。

17日 市总工会召开加强工会干部教育培训工作会议。市总工会副主席肖堃涛、周志军出席。

24日 市总工会举行沪台论坛开幕式。市人大常委会副主任、市总工会主席洪浩、市总工会巡视员杜仁伟、市总工会副主席杨永平出席。

25日 市总工会召开上海工会宣传思想工作会议。市人大常委会副主任、市总工会主席洪浩出席会议并讲话，市总工会副主席肖堃涛主持会议，巡视员杜仁伟总结回顾上海工会宣传思想工作情况，副主席周志军、侯继军、何惠娟，市总经审会主任李鸣出席会议。

28日 由上海市总工会、上海市工运研究会主办，劳动报社、工会管理职业学院协办的“工会枢纽型社会组织建设专家研讨会”在劳动报社举行。市总工会副主席周志军出席会议并讲话。

10月

9日 浦东公惠社会工作服务中心正式成立。

15日 市总工会召开全国工会十六大上海代表团组团和赴京动员会。市委副书记李希出席会议并讲话，市人大常委会副主任、市总工会主席洪浩，市总工会副主席肖堃涛、茆荣华，秘书长张立群，经审委主任李鸣出席会议，市委副秘书长彭沉雷出席会议。

23日 市总工会女职工委员会、中智上海经济技术合作公司与全球吸乳器行业领导者、知名母乳喂养产品品牌Ameda(艾蜜达)正式签署合作协议，全力推进爱心妈咪小屋建设。市总工会副主席、女职工委员会主任何惠娟出席签约仪式。

24日 市总工会召开十三届二次全委(扩大)会议。市委副书记李希出席会议并讲话，市人大常委会副主任、市总工会主席洪浩传达习近平总书记在同全总新一届领导班子成员和部分大会代表座谈时的讲话精神，市总工会副主席肖堃涛传达中国工会第十六次全国代表大会有关精神。市总工会副主席茆荣华、周志军、侯继军、何惠娟、杨永平，秘书长张立群，经审会主任李鸣出席会议。

26日 市总工会党组召开专题民主生活会。会议由市总工会党组书记、主席洪浩主持。洪浩通报了党组专题民主生活会的准备情况及召开要求，并代表党组作对照检查。党组各位成员对照检查“四风”等方面存在的突出问题，剖析思想原因，明确努力方向和整改措施，开展批评和自我批评。市委第四督导组组长吴军营进行点评。

30日 第七届上海职工文化展演周市、区工人文化宫专场演出在南京东路世纪广场拉开帷幕，同时举行第七届上海市五一文化奖颁奖仪式。

11月

4日 上海市总工会机关系统第一期青年干部培训班在上海工会管理职业学院正式开班。市人大常委会副主任、市总工会主席洪浩出席开班仪式并作动员。

11日 第一期市总工会第十三届委员会委员研修班在市委党校开班。市总工会副主席肖堃涛作开班动员。

15日 由市总工会和市委党校联合举办的第1期市总工会委员研修班在市委党校举行结业仪式。市总工会党组副书记、副主席肖堃涛出席结业并讲话。

15日 市第十一次厂务公开民主管理工作调研检查暨非公企业职代会规范化建设专场座谈会召开。市人大常委会副主任、市总工会主席洪浩，全总民管部部长杨汉平，市人大常委会内司委副主任委员史秋琴，市总工会副主席杨永平出席会议。

21日 由劳动报社主办、上海市对外服务有限公司协办的“第三届世界500强企业劳动论坛”举行。市人大常委会副主任、市总工会主席洪浩出席论坛并讲话，国务院法制办社会管理法制司司长李岳德、市总工会副主席周志军等作主旨发言。

27日 市总工会、市卫计委联合举行“遏制艾滋履行承诺”——2013年上海职工红丝带健康行动宣传活动。市总工会副主席、女职工委员会主任何惠娟出席，并为“上海职工红丝带健康行动服务点”揭牌。

28日 市总工会召开2012—2013年度上海市优秀农民工、农民工先进个人表彰座谈会。市总工会副主席茆荣华出席会议并讲话。

28日 召开上海市工运研究会2013年年会。市总工会副主席周志军代表市工人运动研究会第八届理事会作2013年工作报告。

29日 市总工会、市经信委、市国资委、市工商联联合举办“六型班组活力之源”论坛。

12月

6—7日 召开市总工会2014年务虚会。市总工会主席洪浩出席会议并讲话，市总工会副主席肖堃涛，巡视员杜仁伟，副主席茆荣华、周志军、侯继军、何惠娟、杨永平，秘书长张立群，经审委主任李鸣出席。

11日 市总工会举行上海工会学习宣传贯彻党的十八届三中全会精神辅导报告会。中华全国总工会副主席、书记处书记、党组成员江广平到沪作辅导报告。

11—12日 人社部第三调研组在上海开展调研工作。全国总工会纪检组长、书记处书记王瑞生任第三调研组组长。

12日 市总工会经审会举办上海社区街镇工会经审主任培训班。市总经审会主任李鸣作开班动员。

13日 全国工会学研究会、中国工人历史与现状研究会2013年年会暨第29次全国工会理论教学讨论会在上海召开。市总工会副主席周志军出席会议并致辞。

24日 召开女职工劳动权益求助热线2013年度总结会。市总工会副主席、女职工委员会主任何惠娟出席会议并为热线接线员代表颁发女职工劳动权益求助热线特别贡献奖。

28日 市总工会举办2014年元旦春节送温暖专场招聘会。

30日 副市长屠光绍来上海市总工会调研。

30日 杨浦工蕴社会工作服务中心成立。

保障政策文件选编

人力资源社会保障部
关于执行《工伤保险条例》若干问题的意见

人社部发〔2013〕34号

各省、自治区、直辖市及新疆生产建设兵团人力资源社会保障厅（局）：

《国务院关于修改〈工伤保险条例〉的决定》（国务院令第586号）已经于2011年1月1日实施。为贯彻执行新修订的《工伤保险条例》，妥善解决实际工作中的问题，更好地保障职工和用人单位的合法权益，现提出如下意见。

一、《工伤保险条例》（以下简称《条例》）第十四条第（五）项规定的“因工外出期间”的认定，应当考虑职工外出是否属于用人单位指派的因工作外出，遭受的事故伤害是否因工作原因所致。

二、《条例》第十四条第（六）项规定的“非本人主要责任”的认定，应当以有关机关出具的法律文书或者人民法院的生效裁决为依据。

三、《条例》第十六条第（一）项“故意犯罪”的认定，应当以司法机关的生效法律文书或者结论性意见为依据。

四、《条例》第十六条第（二）项“醉酒或者吸毒”的认定，应当以有关机关出具的法律文书或者人民法院的生效裁决为依据。无法获得上述证据的，可以结合相关证据认定。

五、社会保险行政部门受理工伤认定申请后，发现劳动关系存在争议且无法确认的，应告知当事人可以向劳动人事争议仲裁委员会申请仲裁。在此期间，作出工伤认定决定的时限中止，并书面通知申请工伤认定的当事人。劳动关系依法确认后，当事人应将有关法律文书送交受理工伤认定申请的社会保险行政部门，该部门自收到生效法律文书之日起恢复工伤认定程序。

六、符合《条例》第十五条第（一）项情形的，职工所在用人单位原则上应自职工死亡之日起5个工作日内向用人单位所在统筹地区社会保险行政部门报告。

七、具备用工主体资格的承包单位违反法律、法规规定，将承包业务转包、分包给不具备用工主体资格的组织或者自然人，该组织或者自然人招用的劳动者从事承包业务时因工伤亡的，由该具备用工主体资格的承包单位承担用人单位依法应承担的工伤保险责任。

八、曾经从事接触职业病危害作业、当时没有发现罹患职业病、离开工作岗位后被诊断或鉴定为职业病的符合下列条件的人员，可以自诊断、鉴定为职业病之日起一年内申请工伤认定，社会保险行政部门应当受理：

（一）办理退休手续后，未再从事接触职业病危害作业的退休人员；

（二）劳动或聘用合同期满后或者本人提出而解除劳动或聘用合同后，未再从事接触职业病危害作业的人员。

经工伤认定和劳动能力鉴定，前款第（一）项人员符合领取一次性伤残补助金条件的，按就高原则以本人退休前12个月平均月缴费工资或者确诊职业病前12个月的月平均养老金为基数计发。前款第(二)项人员被鉴定为一级至十级伤残、按《条例》规定应以本人工资作为基数享受相关待遇的，按本人终止或者解除劳动、聘用合同前12个月平均月缴费工资计发。

九、按照本意见第八条规定被认定为工伤的职业病人员，职业病诊断证明书（或职业病诊断鉴定书）中明确的用人单位，在该职工从业期间依法为其缴纳工伤保险费的，按《条例》的规定，分别由工伤保险基金和用人单位支付工伤保险待遇；未依法为该职工缴纳工伤保险费的，由用人单位按照《条例》规定的相关项目和标准支付待遇。

十、职工在同一用人单位连续工作期间多次发生工伤的，符合《条例》第三十六、第三十七条规定领取相关待遇时，按照其在同一用人单位发生工伤的最高伤残级别，计发一次性伤残就业补助金和一次性工伤医疗补助金。

十一、依据《条例》第四十二条的规定停止支付工伤保险待遇的，在停止支付待遇的情形消失后，自下月起恢复工伤保险待遇，停止支付的工伤保险待遇不予补发。

十二、《条例》第六十二条第三款规定的“新发生的费用”，是指用人单位职工参加工伤保险前发生工伤的，在参加工伤保险后新发生的费用。

十三、由工伤保险基金支付的各项待遇应按《条例》相关规定支付，不得采取将长期待遇改为一次性支付的办法。

十四、核定工伤职工工伤保险待遇时，若上一年度相关数据尚未公布，可暂按前一年度的全国城镇居民人均可支配收入、统筹地区职工月平均工资核定和计发，待相关数据公布后再重新核定，社会保险经办机构或者用人单位予以补发差额部分。

本意见自发文之日起执行，此前有关规定与本意见不一致的，按本意见执行。执行中有重大问题，请及时报告我部。

2013年4月25日

B 概　况

Basic Facts

上海工会年鉴

2014

【组织概述】 上海市总工会机关设办公室、研究室、组织部、民主管理部、宣教文体部、经济工作部、保障工作部、国际联络部、财务部、女职工部、法律工作部、事业部、经费审查委员会办公室等13个职能部室和机关党、纪、工、团组织。市总工会机关核定人员编制135人，截至年底，机关在编人员121人。市总工会下属上海工会管理职业学院、劳动报社、海鸥控股(集团)有限公司等17个企事业单位。所辖区县局(产业)工会128个，截至9月底，全市工会会员总数923.7万人，其中企业会员825.7万人、企业职工入会率89.3%；建会单位总数35万家，其中企业建会31.8万家、企业建会率94.1%。

(庄　勤)

上海市总工会领导及各部室负责人名单

中共上海市总工会党组名录

党组书记　洪　浩(2013.2任)
党组副书记　肖堃涛
党组成员　杜仁伟　茆荣华　周志军　侯继军　何惠娟(女)　杨永平　张立群　李　鸣　桂晓燕(女 2013.7任)
党组纪检组组长　何惠娟(女)
党组纪检组副组长　夏　勇(2013.7任)

上海市总工会第十三届委员会主席、副主席、常委名录

主　　席　洪　浩(2013.2任)
副 主 席　肖堃涛　茆荣华　周志军　侯继军　何惠娟(女)　杨永平(2013.5任)
常　　委(按姓氏笔画为序)
王　震　杜仁伟　李　鸣　李积荣　宋钟蓓(女)　张立新　张立群　俞莉红(女)　姜　鸣　桂晓燕(女)

上海市总工会经费审查委员会主任、副主任、常委名录

主　　任　李　鸣(副局级，2013.5任)
副 主 任　黄银萍(女)
常　　委(按姓氏笔画为序)
马龙英(女)　李扣庆　李　昉　袁一平　彭陆强

上海市总工会巡视员、秘书长等名录

巡视员　杜仁伟
秘书长　张立群

上海市总工会各部室负责人名录

办公室
主　任　李卫军(2013.6任)
　　　　王厚富(2013.6免)
副主任　李学兵　刘培顺(2013.7任)
　　　　夏　勇(2013.7免)

研究室
主　任　王厚富(2013.6任)
　　　　桂晓燕(女，2013.6免)
副主任　崔校军

组织部
部　长　桂晓燕(女，2013.6任)
　　　　李鸣(2013.6免)
副部长　庄勤(女)
　　　　杨伟良(2013.6免)

宣教文体部
部　长　陈必华(2013.6任)
　　　　丁　巍(女，2013.6免)

经济工作部
部　长　丁　巍(女，2013.6任)
　　　　李卫军(2013.6免)
副部长　钱传东

保障工作部
部　长　陈美琴(女)
副部长　杨　敏(女)

财务部
部　长　倪伟琦(2013.2任)

民主管理部
部　长　刘卫新
副部长　周永宝

法律工作部
部　长　杨伟良(2013.6任)
　　　　吴　萌(2013.6免)
副部长　黄　琦(女)

女职工部
部　长　邵新宇(女)
副部长　张　红(女)

国际联络部
部　长　沈雄德
副部长　竺　敏

事业部
部　长　赵　伟(2013.6任)
　　　　宫运利(2013.6免)

经审办
主　任　黄银萍(女，2013.7任)

上海市总工会直属机关党、纪、工、团负责人名录

直属机关党委
书　记　张立群(兼)
副书记　宫运利(2013.6任)

直属机关纪委
书　记　夏　勇(2013.7任)
　　　　杨伟良(2013.6免)

直属机关工会
副主任　卢家平

直属机关团委
书　记　庄　勤(兼，女)

【上海市总工会综述】2013年，上海工会以党的十八大和习近平总书记系列重要讲话以及中国工会十六大精神为指导，成功召开上海市第十三次工代会，在深化维权服务，加强基层组织建设，破解瓶颈难点问题，改进工作作风等方面取得新的进展。一是加强理论武装和思想引领，牢牢把握工会工作正确方向。开展“学习十八大、岗位建新功”主题教育实践活动，编发班组（职工）学习读本《时事热点百问》。开展“共筑中国梦、劳动最光荣”主题教育实践活动，策划制作新版“劳动最光荣”电视节目，推出主题图书、主题歌曲、主题歌会、主题公益微电影、地铁长廊巡展等“劳动最光荣”系列项目，弘扬新时代劳模精神，培育、选树一批全国和上海市“五一劳动奖状（章）”、“工人先锋号”等先进集体和个人。二是服务创新转型大局，激发起广大职工的劳动热情、创造活力和奉献精神。大力推进浦东新区建设、国际旅游度假区建设、虹桥商务区建设、“沪疆杯”、节能减排等示范性劳动竞赛，继续强化“六型”班组建设，创建200个“上海市团队创先特色班组”。以第五届上海职工科技节为载体，推进职工科技创新。继续推动《关于运用地方教育附加专项资金支持企业组织开展职工职业培训工作的指导意见》的贯彻落实，组织职工开展各类技术培训（讲座），开展各类技能比赛。三是加大服务职工工作力度，增强工会组织的吸引力凝聚力。努力健全工会帮扶服务体系，推动援助服务工作站点向开发区（工业园区）、商务楼宇、商圈及规模以上企业延伸。继续加大服务困难职工的力度，开展工会就业援助月活动、技能培训促就业行动等就业服务项目，做好“元旦春节送温暖”、“三定三助”、“金秋助学”等工作。组织实施一批服务一线职工的实事项目，创新职工疗休养补贴制度，推进“爱心妈咪小屋”、“外来女性健康体检”等项目；指导杨浦区总工会完善工会会员服务卡功能。开展第十五届读书节、五一大型歌会、职工合唱比赛、职工文化展演周、五一文化奖评选等活动；推进“职工书屋”及示范点建设。举办上海职工体育健身四季大联赛，开展为农民工“送文化、送法律、送健康”、节假日免费观影等活动。四是主动依法维护职工权益，促进劳动关系和谐稳定。进一步加强工会组建，对在沪投产5年以上、职工50人以上的3317家未建会企业开展集中建会行动，推进区域性行业性工会联合会组建，在街镇层面建立区域性行业性工会联合会2963家。积极参与《劳动合同法（修正案）》实施文件、《劳务派遣若干规定（草案）》等与职工权益密切相关的政策措施的制定。推进工会与政府联席会议制度的运作，通过人大议案和书面意见、政协提案、劳动关系三方协调等途径积极争取社会资源以进一步规范劳务派遣用工、完善社会保障、加强职工技术培训等制度建设。组织实施新一轮工资集体协商“要约行动”，全年共签订集体合同2.8万份，签订工资专项集体合同2.5万份。组织开展厂务公开民主管理先进单位、劳动关系和谐示范单位、劳动关系和谐职工满意企事业单位和职工信赖的经营管理者等评选活动，与法院系统建立劳动争议化解联动机制。推进企事业单位民主管理工作，顺利完成职代会厂务公开3年建制规划。五是扎实开展党的群众路线教育实践活动，提升做好新形势下职工群众工作能力。以为民务实清廉为主要内容，聚焦“四风”，广泛征求、深入查找工会领导机关和领导班子的突出问题，开展职工技协集中清理整顿工作，支持浦东、杨浦等区成立民办非企业单位，探索职业化社会化工会工作者队伍建设新路径。开通运行“上海工会发布”官方微博，举办中德两国职业继续教育比较研讨会、2013沪台两地工会论坛等重大活动。（李卫军）

11月17日，上海市总工会、中国机械冶金建材工会、上海市机电工会主办2013年李斌论坛　（冯克华）

【上海市总工会女职工委员会综述】(1)深入实施女职工提升素质建功立业行动，工作成效进一步显现。一是表彰全国女职工先进。在举行“美丽绽放”纪念“三八”妇女节主题大会上，表彰2013年全国五一巾帼奖章和五一巾帼标兵等，充分展现各行各业职业女性在创新转型主战场上的时代风采。二是建立“学习服务超市”。发放《上海女职工提升素质行动学习服务手册》，首次推出系列培训菜单五大类别近百门课程，制定《女职工周末学校专家讲师团管理办法》。三是成立示范学校沙龙。把女职工周末学校示范学校组成4个学习团队，加强日常交流和学习。推出“开学第一课”，尝试利用多媒体网络教学资源。四是开展特殊群体调研。全面分析家政市场上存在的问题与难点，从权益维护、素质提升等方面，提出具有针对性的建议和对策。(2)广泛开展女职工维权行动。开展专项法规培训。与市人保局等联合举办女职工劳动保护法律法规宣讲员培训班，编发女职工专项集体合同示范文本和女职工假期与待遇示意图。专项合同工作稳步推进，共签订专项合同27330份，覆盖企业19.4万家，受益女职工达247万余人。开展专项知识竞赛。推动政府出台文件，保障女职工生育待遇的落实。组织全市21369家单位、78万女职工参与全总开展的知识竞赛，13家单位、115名女职工分别获得全国奖项。开展专项监督检查。联合劳动监察部门等开展保障女职工权益专项检查，共检查用人单位445家，涉及女职工5.9万人。(3)创新推动女职工关爱行动，普惠面进一步扩大。橙丝带项目：大力推进“爱心妈咪小屋”建设，与多家企业达成合作意向，联合免费配送妈咪课堂、亲子活动、爱心礼包等10项配套措施。已有200家单位申请建立“爱心妈咪小屋”，开设“妈咪课堂”公益讲座。蓝绿丝带项目：继续与解放军411医院合作“外来务工女性健康实事项目”，共体检近万人，50%以上为女农民工。编辑出版《大写的爱》，全面展示5年来各级工会在女职工“关爱行动”中的经验做法及创新思路。玫瑰丝带项目：整合各方人力、物力、财力，30家“幸福加油站”上海工会职工交友俱乐部联盟会员单位实施交友抱团行动，利用金山音乐沙滩节等社会平台开展交友活动。作为上海市婚恋博览会的主办方之一，组织参与万人相亲大会，开辟区县产业工会接待区。(4)着力推进女职工队伍建设，履职能力进一步增强。完成女职工委员会换届选举。选举产生第六届市总工会女职工委员会，工会组织以外的委员占比提高到17.2%，表决通过《上海市总工会女职工委员会工作制度》。举办新一届委员履职培训班。开设上海市五一巾帼大讲堂。加强工会女干部终身教育课程的整体开发，通过女干部学分记录手册全程记录女干部学习情况。共举办大型讲座2期，开课课程7门，参与率达90%以上。评选女职工工作优秀品牌。建立完善“上海工会女职工工作优秀品牌项目”案例库，开展2012年度工会女职工工作优秀品牌评选，适时进行专题发布。（邵新宇）

【上海市总工会经费审查委员会综述】 2013年，围绕工会重点工作，以加强基层工会经审为主线，以制度监督为重点，以规范化建设为抓手，认真履行职责，完善工会自身监督体系。一是选举产生新一届市总工会经费审查委员会领导班子。在市总工会十三届经审会第一次全体会议上，选举李鸣为市总工会经审会主任。同时，充实市总工会经审委员，市总十三届经审委员由原先的15人增加至25人，建立市总工会经审会常委会，人员专业结构得到优化，具有中、高级职称的专业人员比例达72%。二是召开新老经审委员座谈会。老一届经审委员将5年任职中的感想和经验和新一届经审委员交流分享，并对做好新形势下工会经审工作提出意见和建议。三是加强对市总工会预决算监督。市总十二届经审会第十八次会议审议通过市总工会2012年经费收支决算，在市总工会十三届经审会常委会第一次会议审查并通过市总工会2013年上半年预算执行情况。（黄银萍）

【上海市退休职工管理委员会综述】 (1)组织开展各项为老服务活动，努力为退休人员做好事、办实事。一是组织做好退休职工住院补充医疗互助保障的参保工作。全市已有300多万退休人员参加市总工会的互助保障计划，覆盖全市95%以上的退休人员。二是加大帮困力度，切实做好“高温帮困送清凉工作”，全年慰问退休人员84.2万人次，慰问金额3.6亿元。三是组织开展“千名老人送健康”体检活动。共有23个区、县、局(集团公司)退管会参与，1100余名退休老人参加健康体检。四是开展双月为老服务工作。全市退管系统双月为老服务活动共589场，受益老人40.5万人次，参加为老服务的志愿者3.4万余人。五是坚持退休人员法律咨询和信访工作。定期开放信访窗口、召开定点单位的信访工作例会，组织学习相关政策法规，交流和分析各单位的信访动态，及时了解和掌握信访情况。(2)组织开展适合老年群体的文化娱乐活动。举办上海市第五届退休职工垂钓比赛，举办第七届上海市退休职工“清凉杯”牌类比赛，51家区县局(集团公司)退管会组队参赛。举行上海市第七届老年艺术节系列活动，17个区县老龄办和60家退管会参加；“敬老日”当天，在黄浦区复兴公园开展“庆祝上海市第26个敬老日大型宣传咨询为老服务活动”；举办上海市第七届老年文化艺术节系列活动“生活能如此精彩——2013上海老年书画展”。(3)加强自身建设，完善和优化工作机制。一是组织开展上海市退管工作和为老服务先进集体和先进个人的评选活动。二是组织开展退管干部业务培训工作。三是重视退管工作理论研讨，指导退管工作实践。四是加强老年文化建设，促进老年文化发展。组织开展有关老年文化建设方面的情况调研，对“银发服务网”重新进行改版和开通，上海市退休职工大学在新校址扩大招生规模，由上海市退管办主编发行的《上海退休生活》杂志发行量逐年提高。（万石清）

【上海市职工技术协会综述】 2013年，上海市职工技术协会贯彻“创新、协作、服务”工作方针，深化职工创新实践和协作服务，开展专项清理整顿和规范工作，推动技协组织健康转型发展。一是认清形势，明确工作任务。召开2013年上海职工技协工作会议，交流技协工作经验，结合年度工作总结和部署，提出在思想认识、工作定位、活动方式、组织建设、技协管理等五个方面的发展要求。印发《上海市总工会关于在新形势下进一步加强本市职工技协工作的意见》，就进一步提高对开展技协工作重要意义的认识、加强技协工作领导、建设“职工创新之家”、发挥职工技协在服务大局中的积极作用提出明确意见和要求。二是搭建创新平台，推动职工创新实践。以“坚持岗位创新，共创幸福生活”为主题，举办第五届上海职工科技节，在市级层面举办职工科技创新成果展、“李斌技师网上论坛”等10项活动。70家区县局(产业)举办186项(次)的职工科技节活动，共有10087个基层单位、84万职工参与。表彰714项第二十五届市优秀发明选拔赛优秀发明项目，其中优秀发明奖519个，职工技术创新成果奖195个。同时启动第二十六届市优秀发明选拔赛。三是开展清理整顿，推动技协规范管理。认真贯彻落实韩正书记批示，全面开展技协专项清理整顿和规范工作。市技协成立由相关人员组成的“清理整顿办公室”，印发《上海市总工会关于开展职工技协专项清理、整顿和规范工作的通知》，两次召开会长会议，专题研究技协专项清理整顿工作，至年底，全市441家机关、事业单位技协全部注销技协组织，全市职工技协全部停止收缴团体会费。（赵　伟）

组织建设

Organizations Construction

上海工会年鉴

2014

专文摘要

增强服务意识、转变建会思路，推进基层工会组织体制工作机制创新

上海市总工会党组副书记、副主席　肖堃涛

一要切实转变建会思路。重视发挥职工群众的主体作用，积极探索“围着职工建会”的有效模式，注重激发职工自觉建会、主动入会的意识，发挥职工参与工会建设的积极性和主动性，使建会的过程成为增强会员意识、凝聚职工共识的过程。比如，可以通过发放入会意愿表，召开说明会、听证会等方式，面对面征询职工意见，引导职工建会、入会；也可以尝试采用先外部建会再独立建会的模式，先通过楼宇工会、区域性行业性工会开展的各类活动，吸引凝聚职工，发展工会会员，待时机成熟再推进企业单独建会，等等。在“围着职工建会”过程中，要强调工作的整体性和协同性，靠各级工会组织推出的实事化服务项目，更好地对接和满足职工经济、文化、健康等方面的需求，让职工看到入会带给自己的实惠和帮助；靠工会组织形象生动地宣传中国工会的工作理念、工作职责、工作方式，消除企业顾虑，让更多的职工了解工会、有意愿加入工会；靠工会组织依法依规、理直气壮地维护职工权益的实际案例，让职工实实在在地体会到工会是自己合法权益的代表者、维护者，增强对工会的亲近感、归属感，把“被工会”转变为“要工会、想工会、找工会”。

二要积极创新组织体制。继续发展区县、街镇层面的行业工会，实现对非公企业、小微企业职工的组织覆盖和工作引导。进一步加强“小三级”工会建设，做实并强化街道乡镇总工会作为地方工会的职能，带动下面两级工会，即小区、园区、村及企事业单位工会的有效运转。继续探索开发区(工业园区)工会建设的有效模式，促使区域工会组织布局更合理、职责更清晰。进一步做实和完善各层级的工会联合会、联合工会建设，确保工会工作真正下沉、延伸到各类职工群体。要特别关注中国(上海)自贸区工会组织体制建设，针对自贸区各类政策密集出台后注册型、服务类等企业入驻掀起热潮的情况，工会工作要及时跟进，积极研究探索符合自贸区管理体制和运行模式的工会组织架构和建会方式，按照可复制、可推广的要求，努力推动自贸区工会组织建设成为区域性工会发展的一个“样板”。

三要建立科学评估体系。多年来，工会组建指标每年层层分解，从全总到市总，从市总到区县总工会，区县又分解到各乡镇街道工会。基层工会干部为完成这些目标，付出了艰辛努力，对年年加码的指标感到“不堪重负”。工会统计数据要成为工会统筹安排工作、衡量工作效果的一种依据，而不是束缚和负担。要改变唯数据的考核方式，建立更加科学合理的评估办法，使评判标准不是自上而下地去束缚基层工会工作，而是要把基层工会自身建设的内生动力和活力更好地激发出来，既要看“建起来”的工会有多少，更要看“转起来、活起来”的工会有多少，使工会组织建设状况真正与经济社会发展进程相适应、与职工队伍结构变化相适应。

四要以服务意识推动工会工作。运用好分类指导方式，研究分析各级各类工会组织的实际情况，确定不同类型工会组织的工作重点和工作抓手，有的放矢地指导、帮助基层工会规范和加强自身建设。着力帮助基层解决“无人办事、无钱办事、无能力办事”的问题，加大对基层工会特别是街镇工会的支持力度，在人、财、物上给予倾斜，增强基层的工作实力。在人力支持上，进一步扩容职业化社会化工会工作者队伍，形成持续发展的机制保障。适当增加对基层干部队伍建设的资金补贴，带动各级工会加大基层力量的配备和充实力度。在财力保障上，加强市总本级及机关预算的精细化管理，通过预算杠杆的调节作用，保障好职工实事项目资金，严格控制“三公经费”及一般性行政支出，确保将工会经费更多地用于广大一线职工群众，进一步规范工会经费支出和提高经费使用绩效；进一步研究街镇总工会经费的管理和使用，进一步提高留成比例，适当减少市和区县总工会留成，为做实做强基层工会组织提供必要的财力保障。在能力培养上，进一步加强工会干部教育培训工作，以需求为导向，不断增强干部教育培训工作的针对性和实效性，并落实好分级开展培训的要求，加强对区县局(产业)工会开展培训工作的督查，更好地满足各级工会干部能力建设的需要。

综　述

为切实加强基层工会组织建设，2013年，上海工会结合党的群众路线教育实践活动，大力推进企业普遍建会，促进基层工会组织更好地建起来，转起来，活起来。(1)推进普遍建会三年行动规划目标。市总工会领导对组建实现分片包干，加强调研指导和督查，进一步健全完善组建联席会议制度、目标责任考核制度。总结

推广有政治身份的企业经营者支持建会的工作经验，对在沪投产5年以上、职工50人以上的未建会企业开展集中建会行动。(2)激发基层工会组织活力。注重将建会、建制与建家有机结合，加强对职工之家建设的组织协调，适时调整职工之家建设的重点内容，加强对各级模范和先进职工之家的日常管理，推进会员评家工作；深入开展"双亮"活动，推进工会代表常任制，健全代表联系沟通制度，搭建代表履职平台，不断完善代表履职激励机制。(3)创新发展基层工会组织建设。进一步扩大职业化社会化工会工作者收入分级负担范围，开展街镇工会干部队伍及职业化社会化工会干部队伍建设等课题调研，提出前瞻性思路对策；不断探索建设工会专业技术人才队伍的新途径，支持浦东、杨浦试点培育发展社会组织，将职业化社会化工会工作者纳入社会组织管理平台和社工人才管理序列，规范工会工作者劳动用工方式，拓展工会工作者职业发展前景；继续创新发展基层工会组织体制，加强"小三级"工会组织建设，推动区县、街镇层面建设区域性行业性工会联合会，完善"条块结合、交叉覆盖"的区域性行业性工会联合会组织体系。（桂晓燕）

工会组建

【概要】 2013年，为全面实现普遍建会三年规划目标，全市各级工会进一步调整转变建会思路，建会重点，注重从方式方法上实现新突破，工会组建栏目收录的文章，主要反映了各级工会在全面开展投产5年以上、职工50人以上建会集中行动，不断巩固和推进有政治身份的企业经营者带头支持建会工作，健全完善建会工作数据信息支撑体系，探索发动职工促进建立的渠道和方法，以及创新发展基层工会组织模式等方面的经验做法。截至9月底，全市工会会员总数923.7万人，其中企业会员825.7万人、企业职工入会率89.3%；建会单位总数35万家，其中企业建会31.8万家、企业建会率94.1%。（杨　娟）

【上海工会开展在沪投产5年以上、职工50人以上企业建会集中行动】 5月，各级工会全面开展在沪投产5年以上、职工50人以上企业的集中建会行动。至年底，已建会14756家，建会率89.11%；发展会员354万，入会率82%。一是加强组织领导，明确目标任务。市总工会制订集中建会行动方案并在工会组织工作会议上作专题部署。各区县、街镇成立由工会主要领导任组长，相关职能部门为成员单位的集中建会行动领导小组，组织开展实地调查摸底，摸清企业职工人数、企业经营状况、未建会原因和企业经营者是否有政治安排和荣誉称号等情况，统一协调和推进集中建会行动。二是整合建会资源，形成攻坚合力。各级工会强化党建带工建的格局，利用党政赋予的资源手段，发挥市、区两级工会组建工作联席会议的作用，加强与工商、税务、人社等政府部门的联系沟通，督促具有党代表、人大代表、政协委员等政治身份的企业经营者自觉履行社会责任，并明确由各区县、街镇工会班子成员及街镇党委分管领导定向联系重点单位，协调和整合信息资源和建会力量。三是推进依法建会，激发内在动力。探索依靠职工建会的模式办法，运用微博、热线电话和走访慰问等形式拓展与职工群众联系的方法和渠道，直接了解和分析职工诉求和意愿，及时梳理建会线索，抓住契机并组织力量深入企业，形成自下而上推进建会的有利态势。四是注重规范建会，提高建会质量。市总工会制定下发《关于工会组建工作考核的实施办法》，提高建会质量的分值权重，开展建会质量的实地抽查，引导各级工会进一步提高建会质量。（杨　娟）

【上海工会推进区域性行业性工会联合会组建】 根据"十二五"期间区域经济发展规划和产业转型要求，全市各级工会在企业和职工高度集聚的街镇、工业园区等重点区域，推进小区、村、楼宇和开发区等区域性工会联合会建设，解决小型分散企业的建会问题。针对区县、街镇等同一区域不同行业职工的具体利益诉求差异化特点，按照行业相同（相近）原则把行业职工有效组织起来，建立隶属于地区的行业工会，形成"条块结合、交叉覆盖"的行业性工会联合会架构。至年底，全市街镇层面建立的区域性行业性工会联合会2963个，其中IT、物流、律师、餐饮服务、印刷等各类行业性工会237个。（杨　娟）

【上海工会强化组建数据库建设】 针对建会数据维护的薄弱环节，下半年，市总工会组织举办各区县、街镇和开发区工会250余人的全国工会基层组织管理数据系统维护培训班，为动态掌握普遍建会的相关数据提供了基础性保障。（杨　娟）

【市北高新园区工会完成年度工会组建任务】 根据推进企业普遍建会的工

闸北区大力推进"有政治身份企业经营者"重视支持工会工作
（王立成）

作要求，3—7月，市北高新技术服务业园区工会开展园区企业建会集中行动：一是梳理排摸全总数据库内企业信息并发放组建工会的有关资料。二是重点掌握园区楼宇企业情况，摸清企业数量、性质和经营状况。三是推动党群工作一体化，发动党员服务中心和集团公司招商服务平台的工作人员，为工会组建工作提供信息支持和人力帮助。四是循序渐进，稳步推进。采取先易后难的方法，坚持“成熟一个，组建一个”，不断扩大工会组织的影响力。至7月底，园区共组建基层工会50个，发展会员976人。 （李　琼）

【闸北区总工会深化“有政治身份企业经营者”重视支持工会工作】 2013年，闸北区成立由区委副书记牵头，区委办、人大办、政协办、组织部、宣传部、统战部、社会党工委、总工会、团区委、工商联、科委、人社局等12个成员单位组成的推进“有政治身份企业经营者”重视和支持工会工作联席会议，并在区总工会设立联席会议办公室，定期分析研究工作推进情况，构建“党委领导、行政支持、工会运作、各方联动”的工作格局。联席会议聚焦全国、市和区党代表、人大代表、政协委员及区工商联执委、青联委员和科协委员等6类对象，计划用2—3年时间推动其所在企业建立工会组织，建立职代会和集体协商制度，创建劳动关系和谐企业。至年底，风语筑展览公司、新湖期货、华艾软件等知名企业已筹建工会组织。（王立成）

【闸北区总工会加快非公企业工会组建步伐】 2013年，闸北区委出台《闸北区关于推进“两新”组织党群工作“五个一体化”建设的实施意见》，提出“两新”组织党群工作“五个一体化”的全新理念：工作组织覆盖一体化、工作推进一体化、阵地建设一体化、人才培养一体化、活动开展一体化。区总工会以此为契机，拓展非公企业工会组建的有效途径。一是实现条块联动，利用区层面的由区社会党工委、区总工会、团区委、区妇联等部门组成的季度例会制度和街镇层面的由党委副书记牵头，组成党委、组织、工会、共青团、妇联等参加的工作小组，定期研讨交流工作，整合力量推进工会工作。二是坚持“党建带工建”，在推进中国上海人力资源产业园区、上海东方环球企业园区、洲际大厦等园区、楼宇建立党组织过程中同步推进工会组建。三是活动先行，在七浦路商圈、上海人力资源产业园区等重点区域开展“建创做”及迎新才艺展示等系列党群服务活动。2013年，全区非公企业建会单位净增1488家，其中七浦路商圈11家管理公司全部建会、人才资源产业园区内11家非公企业建会。 （王立成）

【虹口区总工会督促有政治身份的企业经营者带头组建工会】 2013年，区总工会紧扣“两个普遍”工作目标，按照《虹口区关于促进有政治身份的企业经营者带头重视工会工作实施办法》要求，由区总工会领导班子带队，区总各部室、各社区（街道）总工会共同走访辖区内123家有党代表、人大代表、工商联执委、青联委员、科协会员等政治身份的企业经营者所在企业，督促这些企业带头建会。至年底，共有70家企业完成建会工作。 （徐　洁）

【虹口区总工会开展“工会组建工作立功竞赛”】 为进一步加强非公企业工会工作，特别是推动有政治身份的企业经营者所在企业组建工会，3月，区总工会成立走访小组，启动“深入企业一线、推动服务建会”的主题活动，将建会率作为评价依据，在机关部室间开展工会组建工作“立功竞赛”，全区“两代表一委员”所在企业建会率达到80%。一是与进一步改进工作作风相结合，做到有政治身份的企业经营者所在企业必访、获得区级以上荣誉的企业必访、百人以上的规模企业必访。二是与目标责任考核相结合，将组建率列入部室年度目标考核的要素之一。三是与年轻干部培养相结合，由年轻的部长担任走访小组副组长，机关青年干部任小组成员，共同参与走访、服务基层建会工作。 （徐　洁）

【虹口区总工会举办“两个普遍”培训班促建会】 1月15—16日，为推进“两个普遍”工作，区总工会面向各街道及部分产业工会，举办为期2天的“两个普遍”工作培训班。培训班在总结去年工作的基础上，围绕打消企业经营者的建会顾虑、推进企业工资集体协商及职代会等内容进行培训。 （徐　洁）

【上海理工大学国家大学科技园工会联合会成立】 9月27日，上海理工大学国家大学科技园工会联合会召开成立大会，来自园区各企业的70余名会员代表选举产生园区工会联合会第一届委员会和经费审查委员会，并同步建立园区劳动争议调解委员会、安全生产监督委员会及女职工委员会。上海理工大学国家大学科技园工会联合会成立后，覆盖实地实体型企业105家，发展会员1500余名。 （曹理仰）

静安区香格里拉大酒店成立工会组织 （张　欣）

【黄浦区工会推动具有政治身份企

业经营者率先履行社会责任】2013年，黄浦区采取有效措施推动具有政治身份企业经营者率先履行社会责任。一是建立工作领导小组。区相关部门和社区街道等为成员单位，区总工会为牵头部门。二是召开专题会议。区委统战部、区总工会、区工商联联合召开10个社区街道书记专题会议，传达中央和市委领导讲话批示精神、通报有关情况。三是开展走访调研。对具有政治身份非公企业经营者履行社会责任的情况开展走访调研活动，摸清基本情况，形成《黄浦区开展“具有‘政治身份’非公企业经营者履行社会责任走访调研情况”的报告》并上报区委。至年底，黄浦区具有政治身份的国有企业经营者所在企业率先全面履行社会责任，具有政治身份非公企业经营者所在企业建会率77%，职代会建制率59%，集体协商建制率57%，劳动关系和谐企业活动创建率54%。（杜　琴）

【静安区工会组建工作实现新突破】 年内，静安区工会组建工作超额完成市总下达的组建任务。一是推进单独工会组建工作。朝日啤酒（中国）投资有限公司、静安香格里拉大酒店分别召开工会成立大会，选举产生第一届工会委员会和经审委员会。二是加大楼宇、行业工会组建力度。先后成立静安寺街道会德丰大厦，南京西路街道SOHO东海、恒隆二期、恒利大厦工会联合会，以及曹家渡街道餐饮行业、创意传媒行业工会，江宁路街道快递货运行业工会，南京西路街道物业行业工会联合会。（张　欣　沈诗贤）

【静安区总工会推进投产5年以上、职工50人以上企业建会工作】 静安区组织街道总工会开展推进投产5年以上、职工50人以上企业建会集中行动。集中行动共涉及76家非公企业，其中大部分为世界500强及规模较大的外商投资公司。对重点难点企业，区总、街道工会联系相关职能部门共同上门，结合企业实际情况，有针对性地开展沟通协谈，督促企业早日建会。至年底，有65家企业组建了工会。（沈诗贤）

【宝山区大力推进工会组建工作】 一是制定下发《关于推进工会组建工作的实施意见》，与相关单位签订目标责任书，将组建工作纳入区总年度重点考核指标。二是实行组建信息双月推进制，及时跟踪掌握组建进展情况。三是增强基层工会人员力量，为淞南、大场招聘3名专职工会干部。四是加强宣传，印发1万余份工会组建宣传册和法律宣传册。至年底，宝山区共净增单独工会246家，覆盖单位2515家，会员2.2万人。全总非公企业数据库内企业建会率和职工入会率达93%以上。（胡立伟）

【闵行区总工会开展集中建会行动】 8—10月，区总工会针对投产5年以上、职工50人以上企业开展集中建会行动。一是摸清底数，整合资源。通过层层发动，发挥劳动监察员、党建指导员等队伍的作用，共同营造建会氛围。二是分解任务，落实责任。构建区、街镇、村（居）、楼宇、企业五级建会工作网络，层层分解组建目标，以村级工会为主体推进组建。三是加强指导，破解难题。加强宣传教育，提高职工对相关法律法规的认识。上门走访，分类指导解决企业建会的困难。至10月底，全区已建会单位25443家，发展会员65万余名。（兰　奇）

【闵行区华漕镇总工会坚持党工共建推进企业建会】 年初，华漕镇总工会与镇综合党委逐户走访、分类排摸，将全镇已建党支部的“两新”企业分为可建会、重点建会、难以建会3类，因地制宜采取不同措施。对可建会企业，重点依托基层工会联合会与党组织力量推进。对重点建会企业，结合镇综合党委“选树”典型活动，鼓励“两新”企业中有政治身份和荣誉称号的企业经营者率先完成建会、建制、建家。对难以建会的企业，通过上门走访座谈、列举成功案例、邀请参加活动等方法，让企业经营者感受到工会组织在促进企业发展、凝聚职工中的作用，逐步争取企业对建会理解支持。至年底，全镇已建党支部的“两新”企业中，建会率达93.2%。（唐彦令）

【闵行区华漕镇加强村级工会数据库建设】 闵行区华漕镇依托村级工会数据库排摸村级未建会企业、未签订集体合同企业数量，为推动“两个普遍”工作提供信息支撑。4月，建立村级工会数据库工作正式启动后，全镇17个村级工会联合会与村安全、招商条线联动，对辖区内企业法人单位逐一排查，摸清企业所在地、数量、单位名称、职工人数、企业建会情况等详细信息，同时整合工会组织、劳动保障、帮扶管理等各项指标，统一纳入数据管理系统。为加强数据管理，村工会指派一名专职人员负责每月更新，每季度同镇总工会数据库进行一次同步比对，实现动态管理。截至5月底，全镇17家村级工会联合会全部建立数据库。建立村级工会数据库

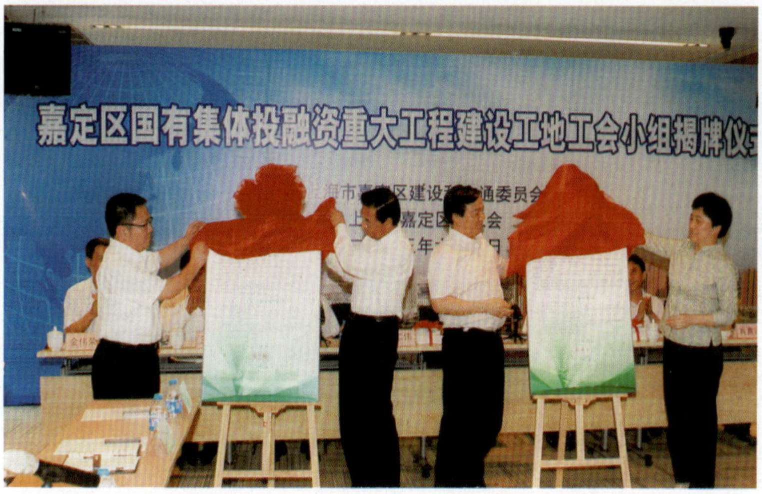

嘉定区成立国有集体投融资重大工程工地工会小组揭牌仪式正式举行
（童振胤）

后，镇总工会加强数据分析梳理，使工作更有针对性和实效性。至10月底，全镇新组建企业工会157家，职工入会2227人，新签集体合同90家，续签66家，新创建和谐企业10家。
（唐彦令）

【嘉定区24个重大工程建设工地工会小组揭牌成立】 6月7日下午，嘉定区国有集体投融资重大工程工地工会小组揭牌仪式在区国资金融大厦举行，区内24个重大工程建设工地工会小组正式成立。揭牌仪式上，区总工会介绍建设工地工会小组筹备情况，建设工地工会小组长和项目负责人代表交流发言。建设工地成立工会小组后，围绕“劳动竞赛、文化服务、安全生产和权益维护”四大重点开展工作。其中，云翔社区26-09地块项目工地进行“大战一百天，着力保节点”立功竞赛活动，梧桐坊动迁房项目工地、桃李园学校迁建项目工地围绕工程质量开展立功竞赛活动。
（徐　浩）

【青浦区召开促进有政治身份企业经营者履行社会责任推进大会】 3月19日，青浦区促进有政治身份企业经营者履行社会责任、重视支持工会工作推进大会在区委党校召开。会议要求各界有政治身份的企业经营者要配合工会依法开展工作，带头建立工会组织、带头开展集体协商、带头实行民主管理、带头创建和谐企业、带头提升职工技能素质、带头发展职工文化。博大、熊猫机械、圆通速递等3家企业工会交流发言。至年底，全区具有全国、市和区级层面政治身份及各类荣誉的企业经营者所在企业，已建会的196家，建会率83.4%；建立集体协商机制的169家，建制率71.9%；建立职代会制度的179家，建制率76.2%；创建区劳动关系和谐企业129家，创建率54.9%。（朱建强）

【奉贤区表彰一批带头重视工会工作的有政治身份企业经营者】 5月22日，奉贤区促进有政治身份和荣誉称号的企业经营者带头重视工会工作动员大会在区会议中心举行。会议表彰2012年度奉贤区上海亚虹模具股份有限公司董事长谢亚明等28位有政治身份企业经营者，奉城镇党委、上海南方经济发展（集团）有限公司工会交流发言。会议就各级党群组织统筹联动，切实提高全区整体推进有政治身份企业经营者带头重视工会工作的协同性和长效性作出部署。会议明确，2013年该项工作要在区级以上有政治身份的经营者所在企业“五带头”工作超过98%的基础上，进一步延伸到475家镇党代表、人大代表以及有劳动模范、优秀党员、优秀党务工作者等称号的企业经营者以及获评市、区文明单位和“两优一先”称号的企业。
（尹　奕）

【奉贤区成立农村专业合作社行业工会联合会】 区总工会按照“夯实基础，加大覆盖”的工会组建工作思路，指导各镇、社区、开发区在做好单独建会的基础上，加大行业工会的组建力度。柘林镇总工会结合区域实际，将农村专业合作社作为行业工会组建的突破口，为促进区域工会组织建设、共谋行业发展提供新平台。6月25日，奉贤区专业合作社行业工会联合会成立暨第一次会员代表大会在柘林镇召开。55户农村合作社的代表参加会议，选举产生柘林镇农村专业合作社行业工会联合会第一届委员会。会议举行了《工资集体协议》签约仪式。
（尹　奕）

【奉贤区拓展促进有政治身份企业经营者带头重视工会工作】 3月22日，奉贤区召开促进有政治身份企业经营者带头重视工会工作联席会议第三次（扩大）会议。会议对2013年的“有政治身份”工作提出“两个拓展”的要求。一是工作对象拓展，由原来的市、区级7种政治身份拓展到镇级两会代表、荣誉称号以及市、区文明单位。二是工作内涵拓展，由原来的统一标准拓展为分类分级管理。围绕“两个拓展”目标，区总工会提出“三个下功夫”的工作措施。一是在狠抓项目落地上下功夫。将政治身份工作与重点工作结合起来，细化分解，形成有目标、有方案、有班子的实事项目，在针对性、操作性和有效性上下功夫，通过具体项目的规范化运作、常态化保障，把工作做实、做好、做精。二是在狠抓调查研究上下功夫。加大理论研究的力度，重点研究政治身份与履行社会责任挂钩、企业党群人才储备、和谐劳动关系创建、农民工权益保障等关键问题，以调查研究和实践探索的新成果推动工作。三是在狠抓常态长效上下功夫。在法律的框架内，加大对该项工作的制度体系建设。开展企业党群干部系列培训，选择部分规模企业试行推荐工会主席人选。培育和选树一批工会工作走在前列、社会形象好的企业及具有创新价值、体现奉贤管理特色的工作项目，在全区宣传推广。
（尹　奕）

【奉贤区人才开发服务中心工会成立】 2月27日，区人保局属人才开

松江区总工会举行2013年工作目标责任签约暨工会工作推进会
（夏　晖）

发服务中心工会成立暨第一次全体会员大会举行，选举产生第一届工会委员会和经费审查委员会。会议明确，人才中心工会成立后的主要任务是：一要依法履行好相关职责，按照法律法规开展好工会工作，加强自我教育、自我管理、自我服务、自我发展，服务好人才中心工作，不断增强工会组织凝聚力。二要围绕中心重点工作，不断增强人才中心从业人员规范、高效服务意识，为民办实事、办好事、办成事。三要发挥桥梁纽带作用，关心好、关爱好职工，提升人才中心工会管理服务能力。（刘　辉）

【奉贤区金汇镇缝纫机维修技术行业工会联合会成立】 金汇镇总工会根据镇域范围内纺织企业日益增加并不断集聚的实际情况，大力加强行业工会组织建设。4月1日，金汇镇缝纫机维修技术行业工会联合会成立暨第一次代表大会召开。会议选举产生行业工会联合会第一届委员会和经费审查委员会。行业工会联合会成立后，重点围绕进一步促进行业企业经济发展，维护行业企业职工权益开展各项工作。（余　龙）

【市纺织工会推动行业工会建设】 上海纺织行业推进工会建设取得新成效：一是扩大组织覆盖面。至年底，工会组织覆盖企业1500家，发展会员16万人。二是推进行业集体合同工作。至年底，审议通过的集体合同覆盖1100多家企业，涉及14万职工。三是推进行业职代会建设。经过各纺织行业职代会审议通过的服装企业劳动定额标准已达29个服装品种，共计1820道工序。四是提升行业职工技能。与上海市职业鉴定中心、服装协会联合举办高级工技能培训、技能大赛和技能等级认定工作，有630人取得中级工证书、324人取得高级工证书，5人取得技师资格证书。五是选树行业先进典型。至年底，有12名职工被评为全国纺织劳模，1名职工被评为全国优秀工会工作者，3名职工被评为全国纺织优秀工会工作者。上海纺织工会编印纺织行业工会大事记《十年足迹》，表彰了15位上海纺织行业优秀工会工作者和15位上海纺织行业工会之友。（林裕良）

【上港集团工会推动业务承包公司建立健全工会组织】 为配合集团劳务用工制度改革，下半年，集团工会会同集团相关部门，通过召开主要业务承包公司负责人座谈会、制订工作计划、与业务承包公司负责人面对面交流等办法，推动山东薛城等5家主要业务承包公司建立健全工会组织。9月份，重庆黔江富民劳务公司上海分部及山东薛城、临朐等业务承包公司相继建立工会组织。为使业务承包公司工会建起来后转起来、活起来，集团工会在听取和征求相关用工单位工会负责人和业务承包公司工会负责人意见的基础上，制定下发《关于推进与上港集团建立业务承包关系的业务承包公司工会工作的指导意见(试行)》，明确业务承包公司工会组织隶属、会员会籍转接和工会经费提取、管理及使用等事项，规范了业务承包公司工会工作。（张晨琦）

【上海电信工会指导外包企业完成“两个普遍”工作】 电信工会从提高工作业务水平、建立沟通平台、搭建技能平台、维护员工合法权益等方面入手，推动基层工会与外包单位工会签订《上海电信区局工会与电信业务外包承包公司工会结对共建协议书》，促进外包单位建会后的建制工作。3月，外包单位上海龙力通讯公司率先召开第一次职工代表大会并签订集体合同，确定员工工资增长幅度、帮扶制度和女职工劳动保护待遇。至12月中旬，12家外包企业全部召开职代会并签订集体合同和工资专项协议。（殷　茵）

【上海电信工会企事业工委会召开成立大会】 上海电信工会企事业坚持“面向市场，规范运作；服务员工，服务大局，服务社会”的宗旨，拓展工会经济实体，增强工会服务能力，促进企业的转型发展和职工权益的维护。为加强工会组织建设，6月25日，隶属中国电信集团工会上海市委员会的上海电信工会企事业工委会召开成立大会，下辖单位主要有富迪、公惠、源迪、瀚洋、通创、安迪公司工会及信迪与会乾公司联合工会。（殷　茵）

【漕河泾开发区松江新兴产业园工会联合会成立】 12月16日，漕河泾开发区松江新兴产业园工会联合会第一次会员代表大会召开，新经济园、上海水利集团、上海佳豪、辰竹仪表4家园区公司工会的67位会员代表参加会议。会议听取园区工会联合会的组建工作情况，讨论通过《上海漕河泾开发区松江新兴产业园工会联合会章程》和《上海漕河泾开发区松江新兴产业园工会联合会一届一次会员代表大会选举办法》，选举产生工会主席、副主席，经费审查委员会主任等。工会联合会成立后着重推进四项工作：一是发挥组织优势，服务园区发展大局。二是维护职工权益，营造园区和谐氛围。三是打造精品活动，塑造园区特色文化。四是加强自身建设，提升组织服务能力。（戚玉冰）

工会创新

【概要】 针对上海经济结构调整、产业优化升级、从业人员流动加快对工会组织动员职工的方式方法、组织架构、工作机制等提出的新课题新挑战。2013年，上海工会基层组织建设坚持围绕重点工作，服务工会工作全局，按照“扩大覆盖面，增强凝聚力”的工作要求，进一步解放思想，拓展思路，鼓励探索创新，不断破解基层工会组织建设面临的新挑战新问题。工会创新栏目收录的文章，主要反映各级工会坚持面向基层，服务会员、服务职工，以会员认可和满意为标准，不断增强工会组织凝聚力和影响力等方面的工作内容。比如对加强基层工会组织规范化建设，实施“双亮”工程，加强职业化社会化工会工作者队伍建设，开展基层工会主席直选、推动企业经营者履行社会责任、拓展职工服务内容、激发基层工会组织活力等工会工作新思路、新方法的探索，实现工会组织建设的新突破等具体实践。（杨　娟）

【上海工会推进职业化社会化工会工作者队伍建设】 市总工会在全面调研各街镇工会干部队伍建设状况的基础上，不断探索职业化社会化工会工作者队伍可持续发展的途径和办法。支持浦东新区试点，通过对工会工作者实行定岗定职、考核奖惩、职级管

杨浦区总工会对新录用职业化工会干部进行岗前培训 （曹理仰）

理、岗位晋升等工作，促进这支队伍逐步向年轻化、专业化、职业化方向转型。总结推广杨浦等区总工会经验，职业化社会化工会工作者收入分级负担试点范围进一步扩大到11个区县，市总工会实际投入经费总额184.3万元。至年底，全市职业化社会化工会工作者总人数已超千人。 （杨 娟）

【上海企业工会“双亮”活动取得新成效】 至年底，全市工会组织5.56万家，已实施“双亮”的工会4.57万家，占82.1%；非公企业工会4.3万家，已实施“双亮”的3.18万家，占73.9%。主要做法：一是统一部署，明确目标任务。市总工会制定下发“双亮”活动实施意见，各区县局（产业）工会结合实际，制订落实计划，成立“双亮”工作领导小组，明确全额负担或分级负担工作经费方案，为开展“双亮”工作提供保证。二是分层分步落实“双亮”。实施“三步走”规划，第一步“亮牌子”“亮身份”，做好规定动作。第二步“亮实事”“亮职责”。对非公企业工会提出“十个一”标准，即：建立一套完整的工会班子、撰写一份工会工作报告、坚持每年召开一次职代会、签订一份集体合同、组织一项文体活动、慰问一定数量困难职工、创建一个学习型班组、收缴一定数量的工会经费、每名职工至少参加一份互助保障计划、开展一次工会主席信任度测评活动。对联合工会（工会联合会）采取“5+3”模式。基础工作做到五有：有办公场所、有工会印章、有工会牌子、有工会账户、有工作台账；发挥职能建立“三项机制”：工会会员（代表）大会制度、平等协商集体合同制度、劳动争议调解组织。第三步“亮品牌”“亮作为”。在建立健全各项工会工作制度的基础上，按照更高标准要求，进一步结合实际创新工作、体现特色，树立“活力工会”品牌。三是多形式落实“双亮”。因企制宜设计、制作和配发牌匾及胸卡，采取在工会主席办公地点等区域，通过局域网、宣传橱窗等渠道公布工会主席职责和联系电话。四是培树典型，加强督查指导。通过观摩学习和组织互评等形式，总结交流“双亮”工作经验，梳理不同类型的企业工会“双亮”工作做法。加强工作抽查，对“双亮”工作中部分单位重视不够和人力财力不足等倾向性问题，及时提出整改意见。 （余文龙）

【浦东新区总工会社会化方式运作服务职工实事项目】 12月12日，由浦东新区总工会主办、上海浦东新区公惠社会工作服务中心承办的服务职工项目征集发布会在浦东公益园召开，来自浦东20余家社会组织的负责人参加活动。会议介绍“2013年度职工需求调查报告”基本情况，发布“援助在您身边，工会为你解难——法律援助行动计划”“南腔北调大比拼——第四届职工才艺擂台赛”“我参与、我奉献、我快乐——浦东职工庆祝五一综合服务周”等“浦东新区总工会2014年服务职工十大项目”，并向全市公开征集生产服务类、生活服务类、职业发展服务类、文化服务类、专业支持服务类五大类“心系职工·温暖浦东”服务职工创意项目。创意项目设立最高5000元的若干奖项，并选取5—10个职工服务项目给予10—30万元的种子资金资助，把服务职工项目落到实处。 （张真琦）

【虹口区总工会推进工会组织规范化建设】 区总工会探索以小区工会为重点对象，加强工会组织规范化建设工作。11月28日，区总工会举行工会规范化建设试点工作推进会暨凉城小区工会规范化现场示范观摩会。会上，各社区（街道）总工会、小区、园区工会代表现场观摩凉城社区（街道）总工会、广二小区工会的规范化建设成果。 （徐 洁）

【杨浦区五角场地区总工会以命名“星级工会”激发基层工会活力】 12月5日，杨浦区五角场地区总工会启动“命名基层星级工会”活动。星级工会设最高标准五星级，实行年度考评、年度复评、年度激励，有效激发基层企业工会活力。各基层企业工会根据五角场地区总工会发布的《星级工会标准》进行自评后提出申请。地区总工会、地区行业工会、企业工会主席代表、企业职工代表等组成考评小组，对企业的申请进行审核、评定。五角场地区总工会在对评选单位公示后正式命名“星级工会”并授牌、发放激励资金。激励资金由五角场地区总工会承担，并接受杨浦区总工会和同级经费审查委员会的监督。 （曹理仰）

【黄浦区总工会试行非公企业工会专项工作补贴和兼职工会主席岗位津贴】 区总工会在调研基础上，针对工会干部兼职多的实际，制定《关于在部分非公企业工会试行专项工作补贴的办法》和《关于非公企业单位优秀工会主席（兼职）岗位津贴试行办法》，对工作补贴和岗位津贴的发放条件、金额、经费来源、使用办法等作出规定。区总工会根据会员数量对390家获得区级及区级以上劳动关系和谐企业达标（示范）单位称号和先进（模范）职工之家称号的企业工会，发放1000元至2500元不等的专项工作补贴。对111名优秀非公企业工会主席每人每月发放500元的岗位津贴。 （徐佳礼）

【宝山区总工坚持“三个标准”推进“双亮”工作】 区总工会在非公企业中推进“双亮”工作坚持三个标准：一是工会组织亮牌子，坚持重点亮企业工会名称、工会办公地点、工会工作职责和工作制度。二是工会干部亮身份，坚持重点亮工会主席、副主席的身份。三是工作制度深化，坚持以推进“双亮”工作为契机，丰富工作内容，完善工作制度，更好地服务企业发展和维护职工权益。至年底，宝山区企业工会“双亮”活动的参与率达80%以上。（胡立伟）

【宝山区工会“十个一”推进基层基础工作】 区总工会以“健全组织、完善制度、发挥作用、增强活力”为目标，以基层企业工会规范化建设为抓手，制定下发《宝山区总工会关于加强工会基层基础工作的实施意见》，提出区总工会层面“十个一”工作要求（即建立工会工作信息系统、开展一次工作动员、拟定一份关于加强工会基层基础建设的文件、编写一套工会工作指导手册、组织一次学习培训、制定一份关于加强工会基层基础建设的考核意见、组织一次经验交流活动、开展一次规范化建设考核、组织一次规范化建设知识竞赛、表彰一批规范化建设先进单位）。对基层企业工会的规范化建设，重点从三个方面推进。一是健全工会组织。做到“六有”：有工会组建报批手续、有领导班子、有工会牌匾和工会主席胸卡、有工会印章、有会员花名册、有办公场地。二是健全工作制度。建立健全职代会、厂务公开及与企业相适应的民主管理制度，平等协商集体合同制度，劳动争议调解制度，工会经费拨缴和使用制度，工会工作管理制度等五项制度。三是切实发挥作用。基层工会组织履行职责，重点开展“五项工作”：开展职工素质工程，组织开展技能培训、岗位练兵、技术比武、技能竞赛等活动；开展经济技术创新活动和劳动竞赛；开展“冬送温暖”“夏送清凉”“金秋助学”和“职工互助保障计划”等帮困救助工作；开展和谐劳动关系建设活动；依托“职工之家”特色和优势开展职工文体活动。（胡立伟）

【闵行区总工会创新“党工共建”模式促建会】 在推进企业普遍建会工作中，区总工会以“组织联建、活动联搞、工作联手、制度联建”为主线，不断深化党工共建载体和模式，开展年度“党工共建创先争优”优秀项目评审，进一步推动党建带工建工作。11月29日，召开闵行区“党工共建创先争优”优秀项目评审会，参加评审的32家系统工会的39个项目经汇报展示、现场询问、评委点评等环节，华漕镇总工会、江川路社区（街道）总工会、教育工会、新虹环卫综合服务有限公司工会、区证照中心工会等单位的5个项目被评为2013年闵行区“党工共建创先争优”工作示范项目，11个项目被评为2013年闵行区“党工共建创先争优”优秀项目，23个项目被评为2013年闵行区“党工共建创先争优”合格项目。（季　嘉）

【闵行区总工会推进女职工委员会同步选举工作】 区总工会着力推进区总工会、街镇委局工会、村居（园区）工会、企事业单位四级工会委员会、经费审查委员会和女职工委员会同时筹备、同时组建、同时换届、同时报批的“四同步”工作。即工会女职工委员会由会员代表选举产生，任期与同级工会委员会、经费审查委员会相同。工会女职工委员会委员及主任选举结果同步报上级工会审批。至年底，区总工会、各地区和各系统工会全部实现“四同步”工作目标。（兰　奇）

【闵行区梅陇镇总工会发行“社校一卡通职工卡”服务职工】 梅陇镇总工会面向全镇职工制作发行“社校一卡通职工卡”。一是保障项目实施。根据全镇企业特点和职工需求，制定“社校一卡通职工卡”推进实施方案，明确持卡职工可免费参加镇社区学校开展的各类培训，免费使用社区公共学习资源和公共文体设施，优惠享用经营性体育设施。二是丰富服务内容。依托镇辖区社区学校讲师队伍，挖掘擅长职工职业教育培训人才。与华东师大等高校合作，为职业教育提供支持。制定法律政策、专业技能、健康养生、历史文化等文化修养类，及十字绣、烹饪等兴趣类菜单式课程清单，供企业和职工自主选择。三是深化活动内涵。运用党务公开网、《和谐梅陇报》《闵行报》等媒体，发布办卡、用卡等相关信息。明确持卡职工参加全镇各级各类学习可获得积分，达到一定分值可兑换电影券、书籍及各类活动入场券等实物产品和衍生产品，并享受区域内商家优惠政策。组织开展积分抽奖、网上读书、学习成果展示等一系列活动。至年底，镇总工会共发行职工卡2000余张，涉及企业31家。（黄桂芳）

【闵行区教育工会成立教职工“数独沙龙”】 为提高教职工逻辑推理能力和专注品质，增进教职工对数独活动的了解，提升闵行教育系统群众性文体活动的层次与水平，闵行区教育工会成立教职工“数独沙龙”，首批会员由区内各中小学、幼儿园及局机关的30余名教师数独爱好者组成。（曹新高）

【青浦区白鹤镇总工会推进非公企业规范化建设】 镇总工会以企业工会规范化建设为抓手，扎实推进“四健全”“五建立”“六个好”工作。“四健全”，即健全工会委员会，健全经费审查委员会，健全女职工委员会，健全安全生产劳动保护、劳动争议调解小组。“五建立”，即建立厂务公开民主管理职代会制度，建立企业职工文体活动中心设施（职工书屋），建立工会工作手册或台账，建立依法拨款工会经费制度，建立独立账户、法人资格证书。“六个好”，即党政重视工会工作支持好、体系建设组织网络完善好、机制建设发挥作用维权好、分类指导服务示范协调好、以人为本服务职工关心好、求真务实创新服务工作好。（朱建强）

【奉贤以区校联动构建工会“大学校”】 区总工会通过构建工会“大学校”来加强职工素质教育和工会干部队伍建设。全区职工学校达46所，职工教学点1003个，每年培训职工10余万人次，形成农民工EBA培训、“六型”班组长培训、周末女职工学校、非公企业党群干部培训班等一批职工素质教育品牌项目。为突破工会培训、企业内训的“内循环”模式，3月13日，区总工会与上海工会管理职业学院正

中国海运工会召开海嫂工作座谈会 （张晓鸣）

式签订为期3年的合作备忘录，以工会干部和职工教育培训、工会工作者人才培养、工会理论研究、服务基层等四个项目为主线开展合作，实现基层实践需求和理论成果转换对接，工会人才缺口和师生实训实践对接，职工素质工程建设和高校教育职能拓展对接。 （尹 奕）

【上海轻工工会借助行业协会力量推动企业履行社会责任】 上海轻工业工会联合会在开展家具制造行业职业卫生状况调研基础上，制定《上海轻工业工会联合会、上海市家具行业协会关于推进上海家具行业履行企业社会责任的意见》，号召家具行业企业签署包括“企业依法组建工会，全面推进劳动合同与集体合同制度；加强职工卫生和劳动安全工作，保障职工合法权益，推进劳动关系和谐企业建设；发挥工会组织在职业卫生和劳动安全建设中的监督保障作用，为企业履行社会责任营造良好氛围”等内容的《上海家具行业企业履行社会责任公约》，形成上海市家具行业“经营者、工会、职工”协调机制。 （胡荣舫）

【上海现代建筑装饰环境设计研究院工会加强自身建设】 上海现代建筑装饰环境设计研究院工会以建设“服务型、关爱型”职工之家为目标，加强工会自身建设，增强工会组织活力。一是建立沟通渠道，主动征询职工对工会工作的意见。二是让职工有选择权，建立7个兴趣小组，由职工根据喜好自主选择。三是服务职工全覆盖，按年龄层次、男女性别等组织多样化活动。 （徐俊彦）

【宝钢工程工会推进服务职工工作】 宝钢工程工会将开展“服务职工在行动”作为改变工会干部工作作风的抓手。一是深入基层班组、项目了解职工群众的愿望和要求，对员工提出的合理诉求及时协调相关部门解决。二是做好年终总结评价工作。将汇总的34例《最佳实践案例》和23个《最佳实践者事迹》汇编成册。三是实行职工“三最”问题信息周报机制，多渠道掌握员工诉求，实现员工诉求“全覆盖、不遗漏”。全年331名专兼职工会干部共联系班组、项目737个，访谈职工5265名，联系班组覆盖率78.8%，访谈职工覆盖率46,2%。听取征集基层建议意见1109条，已解决986条，解决率88.9%。 （胡 晟）

【宝钢集团工会推进基层工会主席直选】 宝钢集团工会加强工会组织民主建设，以点带面、稳步推进基层工会主席直选工作。7月9日，宝钢集团工会在梅钢公司召开基层工会主席直接选举工作现场经验交流会，总结宝钢基层工会主席直选工作推进情况和经验做法，并部署下一步工作目标。 （李士伟）

【中国商飞上海飞机客户服务有限公司工会成立职工生活委员会】 4月1日，上海飞机客户服务有限公司工会成立职工生活委员会，负责管理职工意见的收集、处理和反馈，做到“办实事、解民忧、惠民生”。一是关爱从细节开始。为单身职工提供人才公寓，增设摆渡车，帮助职工子女解决教育入学问题。二是民主从小事干起。公司二期办公家具项目采取公开、公平、公正原则，职工生活委员会参与供应商调研、选样摆样、员工网上投票、公开招标及供应商选定等各环节。三是关心从健康起步。对二期项目入住后职工的饮水问题，经职工生活委员会讨论，全票通过“茶水间安装进水器和热水机设备，达到直饮水标准”。四是感恩从身边做起。组织开展“走进大飞机”活动。邀请职工家属来到公司设计研发中心、总装制造中心、客服中心参观。 （陈佳颖）

【中国海运工会构建和谐港湾】 8月14日，中国海运工会召开海嫂工作座谈会。会议听取场中路、塘桥海嫂联络站海嫂的交流发言，肯定海嫂联络站成立以来在服务、支持船员方面所做的工作，对海嫂联络站进一步扩大活动范围，创新工作方式，构建和谐港湾寄予期望。 （潘艳萍）

【上港集团工会协助企业党政为一线职工办实事】 一是高温期间向一线职工“送清凉”活动。落实高温慰问资金和物品，向基层工会下拨125.5万元高温慰问金。二是结合党的群众路线教育实践活动要求，集团工会对基层单位一线员工吃饭、如厕情况进行调研，提出整改措施。三是听取基层工会和一线职工对改进集团工会工作的意见建议。在征询意见的基础上，下发《上港集团帮困金发放整改措施和要求》和《上港集团旅游卡发放整改措施和要求》，提高工会组织服务职工群众的规范性。 （张晨琦）

【运输工会深入基层工会开展共学活动】 运输工会以“改变工会工作作风、切实加强群众工作”为主题，深入一线先后开展“加强劳模先进培育工作、助推企业提高核心竞争力”“不断提高职工素质、推进集团转型发展”“深化厂务公开工作，加强企业民主管理”等情况调研和学习，形成上下共学活动常态。全年各级工会上报论文30余篇中，有10篇被评为2013年度上海市运输工会优秀工运论文，有3家单位被评为2013年度上海市运输工会优秀工运研究会。（袁俐俊）

【运输工会持续推进基层工会直选工作】 一是在调研排摸的基础上，确定每阶段工会主席直选的重点单位并在网上公示。二是召开专题工作会议，抓好工作指导，分层落实推进。指导通华公司、交运动力、化运四分公司、汽修公司下属交运巴士拆车厂等工会进行换届改选和工会主席直接选举。三是总结经验、选树典型。连续5期报导各级工会按期换届、实行直选的工作经验，推动基层工会切实加强工会组织建设。（陈敢敏）

【邮政工会加强员工诉求表达机制建设】 邮政工会为维护员工合法权益，从思想认识、组织架构和工作方式三方面着手，加强员工合理诉求表达机制建设。一是加大《上海邮政员工维权手册》的宣传力度，组织学习讨论员工合理诉求渠道、处理流程和处理办法，凝聚员工思想共识。二是成立三级维护员工权益协调推进发展工作小组，形成"市公司—二级单位—支局(生产科)"3级组织架构，明确工作职责任务，为处理员工诉求奠定组织基础。年内，工作小组收到员工诉求140件次，其中来信111件次，网络6次，来电23次。三是改进工作方式。针对损害邮政信誉和员工利益的行为，开展专题培训和巡回宣讲，召开联席会议和工作推进会，对发生侵害员工权益的，有一件查一件。坚持工作重心下移基层，成立专门调查组深入基层调查取证。对反映突出的问题，由工作小组到相关支局向员工逐项逐条通报调查情况，做到员工反映诉求件件落实。（张　莉）

【邮政工会开展"员工权益维护"巡回宣讲活动】 10—12月，上海邮政"维护员工权益协调推进发展"工作小组以PPT课件形式，围绕员工诉求现状、损害员工权益问题的危害性和尊重员工等内容，在下属29个基层单位中开展为期3个月的"党的群众路线教育实践活动——员工权益维护巡回宣讲"活动，参加职工达1700余人，形成"尊重劳动、尊重员工"的工作氛围。（张　莉）

【上海电信市场联合工会组织职工开展创新活动】 上海电信市场联合工会以促进企业发展为中心，组织发动职工参与系列创新活动。主要做法：一是继续推进"寻找"系列。以部门工会为单位，组织职工开展"寻找身边的正能量"活动，以点带面，集聚传递。二是组织"赢在创新"群众性创新活动。搭建职工岗位创新平台，落实职工岗位创新实施细则。聚焦移动业务规模发展、流量经营、智慧社区建设等重点领域，组织创新大赛，征集创新方案，促进成果转化。三是组织"爱自己、用天翼"健康行动。开展集健康和智能机应用为一体的徒步健康行活动，提升员工体能。四是创新社团建设。组织职工自助游分享、厨艺交流等社团，培养职工兴趣、展示职工才艺。（殷　茵）

【中远集运下属上远公司工会落实服务船员三大实事】 一是制作发放《流金岁月——光荣退休纪念册》，体现上远特色的小版张邮票和纪念封。二是开展机关职工与困难船员结对子帮扶活动。部门领导带队上门慰问15名困难船员。三是评选产生"十佳海嫂"。（钱　华）

【建工二建工会加强沪外工程工会建设】 为加强沪外工程工会建设，建工集团二建公司工会制定下发《沪外工程工会工作实施办法》，建立健全沪外项目工会小组，落实解决生活娱乐设施，规定在职工生活区设立会议室、活动室、饭厅和书报架，同时配备价值8000元的电视机、播放机和洗衣机等基本设施，划拨每个沪外项目工会小组每月800元的活动经费，为创建项目工会职工小家创造条件。（杨钟春）

【建工二建工会搭建服务和联系职工多样化平台】 一是通过"微博""微信""微公益"等手段，关注员工的"微幸福"，第一时间掌握员工动态、发布企业信息、实现网络互动。二是根据"双亮"活动要求，进一步完善工会小组长工作制度，开展亮身份、亮承诺、亮行动的"三亮"行动。三是开展"一把手与你面对面"沟通活动。每季度一次，由公司领导与职工代表专题沟通。四是坚持"专家型"职工代表巡视，了解项目情况并解决实际问题。五是建立网络信息化工作模式，在网站平台上及时更新和发布信息。依托公司内部OA系统，完成资料的收集和传递工作。通过QQ群的方式，将工作安排和活动在群内发布，加快与职工群众的信息传递速度，提高工作效率。（杨钟春）

【建工海外部工会加强服务型工会建设】 一是抓好项目开工前的出国培训工作；二是建立由海外项目工会组长牵头的安全巡检制度；三是落实责任单位和人员抓好现场生活和施工区域的卫生管理工作；四是指定供应商供应项目团队食品，并制定伙食标准；五是在项目指定区域设立茶水点，定时供应清凉饮料；六是要求各项目坚持每日上岗讲评；七是安排回国人员体检；八是慰问外派员工家属，帮助其解决实际困难和后顾之忧。（杨钟春）

【监狱局工会加强宣传引导工作】 监狱局工会加强媒体宣传和引导工作，其中向中国农林水利工会网站投稿并多次被采用刊登；2月3日《劳动报》第6版头条《在大墙之内传递"红丝带"精神》一文报道了新收患艾滋病犯的专管团队胡水清工作室的先进事迹；3月8日《劳动报》报导监狱局纪念"三八节"活动情况；4月3日，《劳动报》对监狱局警官合唱团和白茅岭监狱民警杨裕宁进行了专版报道等；6月26日《劳动报》两个整版通栏刊登监狱局职工队伍建设情况；9月《新民晚报》的《秀拿手绝活展夕阳魅力》报道监狱局未管所退休职工马金城的泥塑表演。系列宣传报导集中展示监狱局职工积极的生活态度，提升监狱局职工队伍的整体形象。（江海群）

职工之家

【概要】 为进一步促进和提升基层工会组织规范化建设水平，激发基层工会工作活力，2013年，上海工会坚持建会、建制、建家有机结合，发挥职工群众在基层工会建设中的主体作用，增强职工群众对工会组织的归属感。职工之家栏目收录的文章，主要反映三个方面的工作内容：一是推进“职工之家”的规范化建设。贯彻落实《关于深入开展职工之家建设的意见》，明确职工之家建设的基本要求，提出分类建家标准，强化建家的针对性。二是发挥会员评家在建家活动中的作用。健全会员评家制度。三是开展模范职工之家评选。重视发挥典型示范作用，在市、区县和街镇不同层面开展职工之家的评选工作，制定各层次的评选标准，引导各级工会固强补弱，将评家过程融入建家活动，评选出一批合格、先进和模范职工之家，为各级各类工会组织开展工作起引领作用。（余文龙）

【市总工会开展评选全国和上海模范职工之家工作】 根据《中华全国总工会关于评选表彰全国模范职工之家、全国模范职工小家、全国优秀工会工作者和命名全国优秀工会积极分子、全国优秀工会之友的通知》(总工发[2013]12号)和市总工会《关于申报评选全国和上海模范职工之家、模范职工小家、优秀工会工作者、优秀工会积极分子、优秀工会之友的通知》(沪工总组[2013]96号)精神，经各区县局(产业)工会推荐上报、组织部门预审、职能部门评审和主席办公会审定、公示等环节，共评选出全国模范职工之家41个、全国模范职工小家37个、全国双爱双评先进企业工会3个、全国工会工作红旗单位(十面红旗)1个、全国优秀工会工作者29名、全国优秀工会积极分子30名、全国优秀工会之友5名、上海市模范职工之家341个、上海市模范职工小家335个、上海市优秀工会工作者96名、上海市优秀工会积极分子167名。（余文龙）

【徐汇区工会弘扬志愿者精神服务职工群众】 区总工会于12月4日开展职工志愿服务活动。区总工会职工志愿者服务队联合康健社区总工会，在区职工服务中心志愿者服务基地设摊开展大型便民服务，向周边职工和社区居民提供测血压、理发、裁剪、羊毛衫织补和家用电器、钟表、眼镜、伞具、锅(盖)、拉链、保温瓶、刀剪等维修，以及心理、法律、保健等咨询服务共512人次。联合区牙防所、龙华社区总工会举行“关爱口腔健康、志愿服务白领”口腔义诊，为2577创意大院内的白领免费检查口腔和洗牙205人次。至年底，区总工会职工志愿服务总队共140位志愿者，建立了为老助残、便民利民、心理辅导、法律维权援助、物价监督、春运服务、文艺指导等专项服务分队，在区总志愿服务专项经费的支持下，先后开展60多场志愿服务活动，受惠近4万人次。（聂　磊）

【杨浦区“城市概念”信息软件服务园建设职工之家】 11月29日，“城市概念”信息·软件服务园职工之家揭牌成立，成为服务园区企业和职工的综合性平台，进一步推动企业工会工作的可持续发展。2013年，围绕“城市概念”园区企业建会工作目标任务，在街道招商中心和园区管理方的合力推动下，杨浦区新江湾城地区总工会先后组建上海绿地宝仕汽车销售服务有限公司工会、上海绿地杨浦汽车销售服务有限公司工会等25家企业工会，发展会员380名。（曹理仰）

杨浦区五角场地区总工会开启“命名基层星级工会”活动（曹理仰）

【黄浦区总工会深入开展建设职工之家活动】 主要做法:一是分类推进。年初制定《黄浦区工会深入开展建设职工之家活动的实施意见》，要求区各级工会组织以创建职工之家活动为新起点，以发动会员建家为重点，推动工作取得突破。针对国有集体企业工会、非公有制企业工会、事业单位工会、机关工会、小区联合工会和区域工会联合会等不同类型，制定12项《2013年度黄浦区先进(合格)职工之家创建标准》，进一步明确创建内容和要求。二是加强指导。举办黄浦区职工之家创建辅导培训班，403名工会干部参与培训，学习掌握“会员评家”内容，提高创建职工之家的能力水平。区总工会职能部门深入基层，加强创建工作的具体指导。三是注重特色。要求创建单位按照创建标准，结合实际，创造性地开展建家活动，形成创建品牌。四是考核验收。制定下发《关于做好2013年黄浦区工会创建职工之家考核验收工作的通知》，采取基层工会自查自荐、区管工会初审和区总工会抽检考核相结合的方式，对各级工会创建职工之家工作进行考评。五是表彰激励。区总工会制定下发《非公企业工会委员会专项工作补贴试行办法》和《非公企业工会兼职主席岗位津贴试行办法》，设立首批专项预算12万元，对获得区先进职工之家以上称号的企业工会及工会主席给予专项工作补贴和岗位津贴。（钱嘉颖）

【医药工会目标管理法开展建家活动取得新成效】 为推动基层工会开展职工之家创建活动，医药工会制定下发《2013年度基层工会工作目标考核表》，运用目标管理方法，加强中途调研指导，及时调整把握创建活动的节奏和进度，并组织年末检查考核。年内，共有5家基层工会被评为上海市模范职工之家，7家分工会（工会小组）被评为上海市模范职工小家，上海第一生化药业有限公司工会被评为全国模范职工之家。（赵一鸣）

【电力公司工会建家活动重点强化自身建设】 一是强化学习。组织召开公司工会全委（扩大）会议，及时传达学习十八届三中全会、中国工会十六大、市工会第十三次代表大会精神，明确工会工作方向和任务。二是强化培训。安排工会干部和基层工会主席参加市总工会和国网公司工会组织的各类培训班，举办“工会专兼职干部培训”、“工会经审财务知识培训”、“班组信息系统上线培训”等培训班10期，受训800多人次。三是加强工运理论研究。编辑出版《工会理论探索与创新实践——2013国网上海市电力公司工会论文集》，共有工会理论探索、工作创新实践、典型案例赏析三部分，收集论文62篇。年内，青浦供电公司被评为全国模范职工之家，金山供电公司运维中心站被评为全国模范职工小家，有1人获得全国优秀工会工作者称号，1人获得全国优秀工会积极分子称号。（唐健春）

【上海电建公司工会深化“最具活力工会”创建活动】 上海电建公司工会在深入开展“最具活力工会”创建活动中，把活动延伸到车间、工地工会及项目工委等基层工会组织，创新发展创建内容、形式和载体，形成创建特色、树立工作品牌，把工会组织建成职工信赖的“职工之家”。一是丰富内容。以提升职工队伍素质为抓手，引导职工争做技术型、知识型人才。以创建节约型企业为抓手，组织职工开展寻找身边降耗源合理化建议征集活动。以科技创新为抓手，组织职工开展科技攻关活动，培育典型科技成果。二是履行职能。组织职工参政议政，畅通职工诉求渠道，把关爱职工、服务职工工作落到实处。三是工作覆盖。工作覆盖各类职工，以民主管理、班组建设、集体协商等工作为抓手组织凝聚职工，构建和谐劳动关系。（钱晓政）

【宝钢工程城市建设工会创建职工之家】 6月，以宝钢工程城市建设公司自有品牌冠名的“冠达尔职工之家”正式创建。职工之家创建后，着重开发四大功能品牌。一是文体活动的舞台。举办第一届“冠达尔杯”乒乓球赛和第二届“秋之韵”员工书法展。二是读书阅览的园地。开设读书角，营造“学以致用，知行合一；乐于分享，共同进步”读书氛围。开辟“新书推荐”“期刊杂志”和“书籍漂流”开放式自助书架，定期更换书目，为员工提供学习交流场所，使员工养成多读书、爱读书、读好书的习惯。三是劳模先进的展台。宣传公司年度优秀“钢构之星”“钢构之星”团队，展示月度“最佳实践者”的先进事例。四是知识传承的讲坛。搭建以传承、创新为主题的“承享讲坛”，邀请公司首席专家、创新工作室开设讲座，倡导“让经验变成知识，让知识流动起来”，达到知识传承、经验分享的目的。（常志云）

浦东新区总工会向社会组织发布职工服务项目 （赵立荣）

【上海航天局工会分步推进实事工程建设】 上海航天局工会注重为职工办实事、办好事，开展实事工程建设。一是注重顶层策划。年初制订《上海航天局实事工程实施方案及推进计划》，明确重点推进的基本类、统筹类、制度类三个方面的15项实事及工作计划。二是注重推进方式。局工会以局职代会报告制度、实事工程季度例会制度等载体，联合局相关职能部门及各基层单位，对15项实事逐一推进并分步骤落实。三是注重考核。局工会对局相关职能部门牵头组织或配合完成的实事工程项目，建立跟踪考核报告机制。对各基层单位，每年至少要为职工办3件实事，完成情况纳入基层工会工作年度考核。至年底，局系统实现职工互助保障计划全覆盖，集体合同签约率100%，女职工专项集体合同签约率100%，工资专项集体合同签约率80%，职工带薪休假执行率高于70%等一系列目标。具体工作中，职工帮困形成“社会（上级）帮、局级帮和基层帮”3级网络格局。职工统筹机制得到健全，全年参检15224人，计划完成率107.9%。职工心理压力管理课题研究取得成效，职工心理健康咨询及压力舒缓方面的软硬件配置得到更新和完善。240多名职工陆续入住航天人才公寓。闵行航天新区卫生所筹建完成，满足职工日常医疗保健，实现小病快医。各基层单位平均为职工办实事8件。（沈 恺）

【中国商飞上海飞机设计研究院开展建设职工小家活动】 中国商飞上海飞机设计研究院环控氧气部、科技质量部、综合保障部等分工会建设职工小家重点从关爱职工、服务职工入手，提高工会组织凝聚力和影响力。一是开辟工会活动空间。发动职工自己动手，将茶歇间按功能打造成休闲会晤区、自由阅读区、公共健身区3个区域。二是加强宣传工作。各分工会将茶歇间墙壁办成职工小家的宣传栏，张贴部门活动宣传资料，让职工了解和参与工会各项活动。三是组织文体活动。综合保障部等分工会利用休息时间，开展为期1周的趣味体育竞赛

和棋牌比赛活动。（闻夏芳）

【中国商飞试飞中心工会开展异地建家活动】 承担着型号试飞支持保障工作的中国商飞试飞中心常驻外场试飞现场人员60人。为服务好试飞工作和一线职工，试飞中心工会根据外场实际，坚持“全融合、全贯穿、全覆盖”工作理念，从组织架构着手，延伸职工之家关爱体系。一是建立外场试飞服务工会，协助试飞中心工会管理外场试飞服务工作。主要协调阎良分工会长期工作区域，统筹保障格尔木、长沙、嘉峪关、银川等临时性试飞外场职工服务工作。二是健全基层分工会组织。根据试飞中心人员队伍分布状况，建立试飞支持中队(阎良)临时分工会，在外场试飞服务工会的指导下，服务阎良试飞一线职工。（许晓明）

【上海铁路局工会深化建家活动】 上海铁路局工会坚持融入中心，服务大局，按照“突出重点、有所创新”的建家工作思路，全面落实铁路改革发展新形势下的建家要求，指导基层工会规范开展建家活动，促进评家、建家工作机制建设，加大会员评家认家考核力度，探索动态管理，提升建家水平。全年共表彰路局级模范职工之家44个，先进职工之家23个，模范职工小家173个，优秀工会积极分子248名，优秀工会工作者118名，优秀工会之友109名。3家基层工会获全国铁路模范职工之家称号，4位基层工会主席获全国铁路优秀工会工作者称号，3家基层工会获省市级模范职工之家称号，4个基层车间工会获省市级模范职工小家称号。（白　杰）

【上港集团工会开展模范职工之家评选活动】 5月8日，上港集团工会下发《关于开展2013年“模范职工之家”“模范职工小家”和“合格职工之家”评选活动的通知》，明确评选条件、工作标准和具体要求等事项。经基层工会申报及集团工会评审，共评选出18家上港集团模范职工之家，22个上港集团模范职工小家，12个上港集团合格职工之家。（林碧娅）

【邮政工会开展“投递员之家”和“网运职工之家”创建活动】 一是开展“投递员之家”创建活动。按照将投递员之家建成“和谐之家、温馨之家、放心之家、品牌之家、人才之家”的目标，明确建设“投递员之家”的考核验收评分标准，按计划、分步骤、有重点地予以推进。至年底，全市投递局所“投递员之家”建家率100%。二是开展“网运职工之家”创建活动。为解决邮政外勤人员和夜班作业人员的休息、住宿、就餐等生产作业和生活实际问题，“网运职工之家”设施和场所面向外省局外勤人员开放。节假日和高温慰问力度进一步加大。按照《关于切实改善干线火车押运及汽车驾押人员生产条件的通知》标准设立“押运公寓”。年内，共创建1家网运职工之家，24家网运职工小家。（张　莉）

【邮政工会开展职工之家创建活动】 年内，上海邮政工会组织开展职工之家创建和评选工作。一是在基层工会自评的基础上，邮政工会重点对基层工会的民主管理、权益保障、素质工程和自身建设等4项内容进行抽查考核。经对33家基层工会的打分评定，黄浦区局工会等15家基层工会被评为上海邮政先进职工之家。二是经民主推荐、无记名投票和公示等环节，奉贤区局海湾支局工会、崇明县局陈家镇支局工会、速递物流公司石门路揽投部工会等3家单位被评选为全国模范职工小家，崇明县局工会、宝山区局工会、普陀区局工会、奉贤区局工会等4家单位被评为上海市模范职工之家，普陀区局曹杨新村支局工会、宝山区局友谊路支局工会、黄浦区局南市支局工会等3家单位被评为上海市模范职工小家。（张　莉）

【中交上航局工会开展职工之家建设活动】 中交上航局工会将工会基层组织建设的各项工作与建家活动有机结合，取得建家新成效。上海交通建设总承包公司工会被评为上海市模范职工之家，新海燕轮工会、新海凤轮工会被评为上海市模范职工小家，苗庆良同志被评为上海市优秀工会工作者。（刘昌明）

【上海海事局工会规范创建职工小家】 上海海事局工会创建职工小家紧紧把握“四大原则”，一是围绕海事中心开展工作，不断增强单位凝聚力和职工归属感。二是突出职工在活动中的主体地位，把职工是否主动参与、是否满意作为衡量职工小家建设成效的主要标准。三是激发职工创造力，从职工最喜欢的开始，从职工最需要的做起。四是结合实际需求，突出自身特点，打造特色职工小家。按照把基层分工会(工会小组)建设成为工作规范、作用明显、职工信赖、特色鲜明的职工小家的目标，解决边远、流动基层单位职工的基本生活需求，因地制宜地开展文体活动，组织开展岗位知识学习、技能比武、劳动竞赛、文化建设。温州温岭航标站职工扎根山顶、保障航路安全、奉献海事；连云港大丰航标站在盐碱地上建起丰衣足食小家，福州宁德航标站以外聘职工为主体创建和谐小家；崇明北支办事处在江中趸船上建立温馨小家；洋山港大洋山办事处在海岛上建准军事化小家；上海测绘中心海巡166轮建“同舟驿家”。年内，全局3家单位被评为上海市模范职工小家，5家单位被评为全国海事系统模范职工小家，25个班组被评为先进职工小家，14个班组被评为合格职工小家。（朱卫平）

【市监狱局工会以考评提升建家活动质量】 市监狱局工会创新发展建设职工之家的载体形式，通过规范职工之家考评，不断提升建家活动质量和水平。年初，局工会下发《工作推进表》，明确工作措施，落实工作责任，设定完成目标任务的时间节点，实施定期考核。上半年，在对基层工会的建家考核中，按5%的职工数比例开展抽样问卷民意调查，会员群众对工会组织和工会干部的满意率均为92%。下半年，局工会通过听取基层工会工作汇报、基层党委对工会的评价、召开会员座谈会、查看工会工作台账等形式开展职工之家考评。结合基层工会建家工作考评情况，年内共评选出6家优秀职工之家，5个工会工作特色奖。（江海群）

E 经济建设

Economic Construction

上海工会年鉴

2014

专文摘要

强化安全生产意识，突出工作重点，扎实推进“安康杯”竞赛暨职业病防治专项集体合同工作

上海市总工会巡视员　杜仁伟

一、认清形势，准确判断当前安全生产形势和本市职业病发生情况。截至5月底，全市共发生生产安全事故83起，伤亡88人，其中，死亡事故66起，造成66名职工死亡，事故惨痛，教训深刻。近日，上海又先后发生华谊丙烯酸有限公司丙烯酸反应器泄露爆燃事故、金山盛瀛化工有限公司生产车间爆燃事故，安全生产形势不容乐观。3月以来，全国连续发生多起重特大生产安全事故，给职工生命安全健康造成严重损害，全国总工会专门下发《关于充分发挥工会劳动保护监督检查作用促进企业安全生产的紧急通知》，要求全国各地工会立即组织开展群众性安全生产监督检查，排查隐患，督促整改；深入开展职工劳动安全卫生宣传教育，积极营造安全生产良好氛围。最近，国务院办公厅、市政府办公厅分别下发通知，从现在起至今年年底，集中开展安全生产大检查。按照“全覆盖、零容忍、严执法、重实效”的总要求，全面深入排查治理安全生产隐患，堵塞安全监管漏洞，强化安全生产保障措施，铁碗打击非法违法和违规违章生产行为。市安委会办公室也下发通知，在全市范围内组织开展工程建设领域预防施工起重机械、脚手架等坍塌事故专项整治工作。各级工会要积极支持、配合政府有关部门和企业行政，按照时间节点和工作重点，认真做好安全大检查、“打非治违”和专项整治工作。

二、突出重点，扎实推进职业病防治专项集体合同签订工作。推行签订《职业病防治专项集体合同》，是工会参与职业病防治工作的有效载体。各级工会要认真总结和发现典型经验和突出问题，充分发挥市、区两级职业病防治工作联席会议的作用，及时沟通信息，整合各方力量，共同推进签订《职业病防治专项集体合同》工作。市总经济部和法律部以及各区县局(产业)工会相关部门要通力合作，共同研究部署推进建制工作，共同协力解决出现的各类问题，共同加强对基层单位的工作指导，共同督促相关单位依法做好专项集体合同的签订工作，共同监督专项集体合同的履约实施。

三、多措并举，不断提升“安康杯”竞赛活动的水平和实效。各级工会要以科学发展观为指导，坚持“安全第一，预防为主、综合治理”的方针，以“弘扬企业安全文化，加强班组安全管理”为竞赛主题，以提高非公有制企业参赛率为突破口，以创建“安全生产1000班组”为重点，结合全市安全生产工作的特点，紧紧围绕城市运行安全和生产安全,发动职工群策群力、群防群治，进一步提升“安康杯”竞赛活动的水平和实效。

一是要不断扩大竞赛的覆盖面。结合本市安全生产特点，农民工、中小型私营企业、建筑业依然是事故的易发群体和高发行业，我们要将“安康杯”竞赛重点向这些领域进行拓展和覆盖，以“安康杯”竞赛活动为载体，推动这些行业和单位的各项安全预防措施落实到位，努力实现竞赛的全覆盖。二是要不断发挥竞赛的作用。各参赛单位要认真梳理本单位安全生产和劳动保护工作中的主要矛盾、突出问题和薄弱环节，通过积极组织、策划“安康杯”专项竞赛加以克服或改善，切实解决安全生产实际问题，凸显“安康杯”竞赛活动成效。三是要不断赋予竞赛的内涵。各参赛单位在努力做好“十个一”和“五个一”，积极推进建立“五项制度”、创建“安全生产1000班组”等“规定动作”的同时，不断创新“自选动作”，要将竞赛活动从生产安全向社会安全拓展、从生产劳动向家庭生活延伸、从职工本人向其家属深化，努力构筑起安全生产第二道防线。要将竞赛从职业健康向职工生理健康和心理健康延伸和拓展，提升安全防护意识，弘扬健康生活理念，不断赋予“安康杯”竞赛新内涵。四是要不断加强竞赛的调查研究。在“安康杯”竞赛活动中，要及时了解掌握安全生产和劳动保护工作中存在的突出问题,不断提高“安康杯”竞赛水平。要及时选树先进典型，总结推广经验，鼓励各参赛单位创新实践，促进企业安全生产管理水平的提升。

综　述

2013年，市总经济工作以大力弘扬工人阶级伟大品格和劳模精神为主线，深入推进“当好科学发展主力军、打好创新转型攻坚战”主题实践活动，扎实推进各项工作。一是推进岗位建功行动。联合召开上海市非公企业劳动竞赛综保区现场推进会，召开浦东新区建设、国际旅游度假区建设、虹桥商务区建设和“沪疆杯”援疆等立功竞赛推进会，继续深化“8+1”市级示范性劳动竞赛。二是推动职工创新行动。举办第五届上海职工科技节，开展“2013上海职工科技创新成果展”、“第五届李斌技师网上论坛”、“创造学”报告会等系列活动，开展第九届上海市十大工人发明家、第四届上海市科技创新英才及第三届上海市职工科技创新新人奖、优

秀团队和示范基地的评选活动。做好第四届全国职工优秀技术创新成果推荐参评工作，联合举办“讲理想、比贡献，为实现中国梦而奋斗”演讲展示活动。三是深化技能登高行动。指导区县工会积极参与地方教育附加专项资金申报核查工作，支持和鼓励企业组织开展职工职业教育和培训。联合筹划2013年上海市职工职业技能大赛，确定市级一类竞赛项目，同时推动各地区、系统和单位广泛开展技能竞赛。开展《关于提升技术工人技能素质，推动技工大国建设》专项调研，起草“一线职工技能晋级奖励计划”，配合国际部举办“产业结构调整与职工素质提升”2013年沪台工会论坛及“职业继续教育:中德比较”工会论坛。四是开展节能减排行动。继续开展重点用能单位节能减排专项立功竞赛，组织召开竞赛联席会议，部署实施节能减排工作措施；开展职工节能减排格言警句、先进操作法和典型案例征集活动；联合召开“上海市重点用能单位节能减排专项立功竞赛推进会暨职工节能减排优秀成果发布会”，制订《上海市2013年市民低碳行动方案》，开展查找“跑、冒、滴、漏”，节约“煤、电、油、水、汽”等。五是实施劳动保护行动。继续组织开展“安康杯”竞赛活动；召开上海市深化“安康杯”竞赛暨职业病防治专项集体合同工作推进会；开展“班组安全文化宣传展板”评比和“班组安全建设与管理优秀成果展示”比赛活动，在《安全生产》杂志设立《班组故事》专栏，宣传推广获奖成果和经验。精心组织职工防暑降温系列活动，依法维护职工合法权益。深入开展工会劳动保护干部队伍建设状况调研，开展工会劳动保护监督检查员培训，将考核合格并符合任职条件的59人任命为上海市工会劳动保护监督检查员。六是加强团队创先行动。召开上海市班组建设联席会议，通过举办市级先进班组长岗位培训班、组织开展班组长师资培训，举办“六型班组、活力之源”班组论坛，命名200个“上海市团队创先特色班组”。（丁　巍）

岗位建功

5月24日，第二十五届上海市优秀发明选拔赛总结表彰会暨第五届上海职工科技节闭幕式举行　（吴良荣）

【概要】　一是竞赛活动围绕中心，创新特色。“8+1”市级示范性竞赛均围绕上海经济社会发展大局，和各赛区的中心任务，结合赛区生产、经营、科研、服务、建设等工作的重点任务来开展竞赛活动，推动重点难点问题的解决。另一方面，各赛区创新载体，坚持从实际出发，丰富竞赛活动的内容和形式，做到因地制宜、因企制宜、因人制宜，使竞赛活动内容实在、载体新颖、形式多样、各具特色。二是竞赛活动把握节点，有序推进。在“8+1”示范性竞赛中，国际旅游度假区、虹桥商务枢纽、保障性住房建设和“沪疆杯”立功竞赛4个赛区属于重点工程建设赛区。以上4个赛区在牢牢把握安全、质量是工程建设生命线的前提下，根据各自工程建设的时间节点，广泛组织开展各项竞赛活动。三是竞赛活动注重科技创新和职工队伍素质提升。竞赛中，相关赛区注重激发职工的创新热情和创新活力，增添竞赛的科技含量，同时通过竞赛培养人才，提升职工队伍素质，起到很好的效果。四是竞赛过程中关心职工，保障职工合法权益。各赛区坚持秉持“双赢”的原则，把竞赛成果与职工的评优评先、技能评定、效益工资、岗位晋升结合起来，努力通过竞赛活动的开展实现“经济发展、社会进步、企业增效、职工增收、共建共享、和谐发展”的愿景，让广大职工在竞赛中学知识、升技能、强素质、增收入。据统计，全市共有8.23万家企事业单位（其中非公企业5.95万）开展了竞赛活动，355.75万名职工（其中非公企业职工180.33万人）参加竞赛活动。（李　伟）

【市总工会等单位联合召开上海市非公企业劳动竞赛综保区现场推进会】　3月13日，市总工会、市社会工作党委、市工商联联合召开上海市非公企业劳动竞赛综保区现场推进会，总结浦东新区及上海综保区非公企业劳动竞赛做法经验，深化部署上海市非公企业劳动竞赛工作。会上，浦东新区总工会、上海综合保税区工会工作委员会、上海综合保税区航运物流行业工会、奥林巴斯贸易（上海）有限公司、德尔福（中国）科技研发中心等5家单位交流发言，另有17家单位分别从区县、街镇、工业园区和非公企业等不同层面角度对劳动竞赛作书面交流。市人大常委会副主任、市总工会主席洪浩和上海综合保税区党组副书记、副主任简大年共同为上海综合保税区“上海市非公企业劳动竞赛示范园区（001号）”揭牌。（李　伟）

【上海虹桥商务区开发建设2012年立功竞赛表彰暨国家会展项目分赛区动员会举行】　5月31日，上海虹桥商务区开发建设2012年立功竞赛表彰暨国家会展项目分赛区动员会召开，市总工会巡视员杜仁伟、虹桥商务区管委会副主任江小龙等出席会议。会上，各类先进受到表彰，上海虹桥商务区新能源投资发展有限公司等2个集体获得“上海市五一劳动奖状”，何嵘等2名同志获得“上海市五一劳动奖章”，上海博览会有限责任公司工程部施工配套处等3个集体获得“上海市工人先锋号”。（武吉波）

【徐汇区总工会组织开展区重大项目建设立功竞赛】 4月8日，区总工会组织召开“徐汇区重大项目建设暨立功竞赛动员部署会”，区委副书记李子骏出席会议并讲话。会上，西岸集团、汇成集团和上海建工机施公司3家单位作交流发言，区重大项目建设推进领导小组与参赛单位签订目标责任书。此次竞赛活动是区总工会、区建交委、区重大项目建设推进领导小组为加快徐汇滨江、徐家汇、历史风貌保护区、漕开发、南站等重点区域的23个重大项目，近400万平方米工程建设而共同确立的。（余燕萍）

【闸北区总工会开展三大赛区劳动竞赛】 2013年，区总工会根据“南高中繁北产业”发展战略要求，深化群众性建功立业活动，以“十万职工在行动，崛起跨越立新功”为主题，以赛区为载体，开展系列劳动竞赛活动。其中，聚焦提升七浦路商业品牌形象，开展“建工会组织、创和谐市场、做文明员工”主题实践活动；聚焦推进环大宁商圈建设，开展“抓服务、促繁荣，抓工程、促安全，抓社区、促和谐”立功竞赛活动；聚焦助推市北园区创新转型发展，开展“抓转型、促升级，抓创新、促发展”立功竞赛活动。（倪增强）

【虹口区召开旧改征收立功竞赛先进表彰大会】 3月5日，2012年度虹口区旧改征收立功竞赛总结表彰暨2013年立功竞赛工作动员部署大会举行。大会授予北外滩89街坊项目部等4个项目部为先进集体，授予59街坊项目部“吴鸿民、匡龙庆、杨栋、陈红、孙玉琴”等20个工作组为先进集体，授予傅春晖等150人为先进个人。（徐　洁）

【杨浦区总工会召开科技企业职工立功竞赛活动推进会】 5月23日，区总工会、区科技党工委联合召开2013年“当好科学发展主力军，打好创新转型攻坚战”杨浦区科技企业职工立功竞赛活动推进会。竞赛以弘扬科学精神、推动科技创新，加快科研攻关、促进成果转化等为重点，开展“六比活动”活动：比科技攻关，破解重大难题；比科技应用，推进产业升级；比岗位创新，服务企业发展；比科技管理，增强创新活力；比团结协作，促进产学研融合；比队伍建设，培养创新人才。（曹理仰）

【杨浦区推进旧改征收立功竞赛】 全区各参赛单位积极开展立功竞赛和岗位练兵活动，着力推动“四比四看”：一比服务群众意识，看措施是否落实到位；二比基地推进进度，看结果是否又好又快；三比操作阳光透明，看程序是否依法依规；四比安全稳定意识，看矛盾是否有效化解。竞赛活动对保障旧改征收工作顺利开展等起到“加速器”作用。杨浦区6个征收基地在1个月内“二次征询”签约率达到85%的生效比例，已到3个月法定期限的基地签约率均在95%左右，启动居民征询6200户，完成征收5066户，8个基地收尾。杨浦区获评2012年度上海市住宅建设实事立功竞赛先进分赛区。（曹理仰）

4月25日，闸北区总工会举行庆“五一”暨“十万职工在行动，崛起跨越立新功”主题实践活动推进大会（陈宣丞）

【黄浦区总工会深化非公企业劳动竞赛】 区总工会把组织职工围绕中心开展劳动竞赛、促进经济社会发展作为工会工作的首要任务，实现劳动竞赛参与主体从以国有企业职工为主，向逐渐以非公企业职工为主的转移。年内，全区3000余家规模以上非公企业积极参与立功竞赛，共开展各类竞赛832项，组织各类培训、讲座510次，各项技能比赛217次，有62个工种与职业资格等级鉴定挂钩，提出合理化建议6336条，实施技术攻关、技术革新111项，创造经济效益4230余万元。通过开展比赛，培育建立黄浦区非公企业劳动竞赛示范企业80余家。（柏茜雯）

【静安区总工会启动窗口单位“六比六赛”劳动竞赛】 区总工会在全区窗口单位启动“六比六赛”劳动竞赛活动，鼓励和引导全区职工树立“勤奋劳动、诚实劳动、创新劳动”的观念，在全区营造良好的诚信服务和人性化服务氛围，不断提高窗口服务质量，凸显静安高端商务区特色。竞赛活动分组织发动、活动展示和总结表彰三个阶段，对于在竞赛活动中表现突出的集体和个人，由区总工会通过不同形式和载体进行表彰和奖励。（刘培晋）

【嘉定区总工会召开新城建设劳动竞赛推进会】 5月24日，区总工会召开嘉定职工“携手保增长，和谐促发展”新城建设劳动竞赛推进会。大会为获“嘉定工人文化活动中心建设项目劳动竞赛先进班组和个人”称号代表和获“2012年度嘉定区工人发明家、职工科技创新英才、职工科技创新团队、学习型企事业示范单位”称号代表颁奖，为嘉定区张峰劳模创新工作室、职工科技创新王梅工作室和职工科技创新刘少兵工作室授牌。此外，“上海市十大工人发明家”王梅现场展示创新成果。（徐　浩）

【青浦区华新镇开展“创新杯”三降一增立功竞赛】 7月，青浦区华新镇总工会会同镇科协在上海亚大汽车塑料制品有限公司开展为期1个月的“创新杯”三降一增（降库存、降费用、降消耗、增加效益）立功竞赛。活动围绕“四比四赛”开展，即比精神状态，赛生产增长；比内部挖潜，赛节能降耗；比科技创新，赛核心竞争力；比正常运行，赛安全生产。镇总工会和镇科协对活动中涌现出的先进班组和先进个人，给予表彰并颁发荣誉证书。（朱建强）

【青浦区徐泾镇举办物流行业职工劳动竞赛】 9月5日，由青浦区徐泾镇总工会、镇劳动和社会保障服务中心联合举办的“2013年徐泾镇物流行业职工劳动竞赛”在青虹物流广场开展。竞赛活动为广大物流行业职工搭建展示技能、互相学习的平台，共有30家物流公司的近120名职工参与物流行业基础知识、卡车驾驶技术、叉车技能3个项目比赛。经过角逐，顺丰速运的程明宝、基华物流的苏春祥、佳吉快运的张玉昌分别获得基础知识组、卡车组和叉车组的第一名。（朱建强）

【崇明县总工会推动非公企业劳动竞赛】 4月15日，县总工会、县社会工作党委和县工商联在工业园区联合举办崇明县非公企业劳动竞赛工业园区现场推进会，会议要求竞赛活动坚持做到“三个同步”，一是要坚持企业效益与职工收入的同步增长；二要坚持企业管理与职工素质的同步提升；三要坚持企业竞争力与职工凝聚力的同步增强。（秦春华）

【市机电工会对海外工程立功竞赛开展中途评议】 12月28日，市机电工会对海外工程建设联合立功竞赛活动实施中途评议，5个重点海外项目部（4个EPC项目和一个BTG项目）和电站工程公司有关部门，围绕产品质量、产品数量、产品交货期和现场服务质量对参赛企业进行评议，并就下阶段工程配合重点事项对各参赛企业提出工作要求。结果显示，在被评议的11家企业、55项（次）中，产品交货准时率为76.64%；产品质量上，优秀16项（次）、良好30项（次）、一般9项（次），产品优良率为83.64%；在产品开箱质量和现场服务上，优良率为85.7%。（朱汉民）

上海轻工业工会联合会举行“服务品牌建设，推动转型发展”立功竞赛交流座谈会（徐俊彦）

【上海第三机床厂工会开展争先创优岗位立功竞赛活动】 上海第三机床厂工会在全厂开展“攻坚克难我率先、转型发展我护航”岗位立功竞赛活动。在推进企业产品研发、管理提升、降本增效和生产方式的转型发展中，结合企业全年经济责任考核指标，细化竞赛方案，优化竞赛抓手，开展岗位争先创优立功竞赛各类8个“单项奖”的评比活动。（顾裕梅）

【上海重型机器厂有限公司工会开展“加快清欠、盘活存量”专项劳动竞赛】 上海重型机器厂有限公司工会围绕“降低库存盘活存量、降本增效激活市场”和“积极催款回笼资金、加快清欠减少坏账”两大方面，组织开展专项劳动竞赛。钢厂应收账款用钢板进行串换的专项工作，有效降低陈年老账近2亿。在呆滞产成品的处置工作中，共处理闲置物资1900多吨，价值3100多万元；返修利用物资900多吨，价值1900万元。（秦引昌）

【上海市化学工会深化“当好创新发展主力军，建功华谊‘十二五’”主题立功竞赛】 2013年，市化学工会与行政共同制定集团主题立功竞赛方案并下发通知，确定“三万”、“三重”竞赛总体目标，落实35个竞赛子项目并制定考核指标，分别与各参赛单位签订立功竞赛计划任务书和协议书。年内，化学工会会同集团竞赛办公室、职能部室对2013年集团主题立功竞赛项目实施中途管理检查。据统计，35个竞赛项目完成竞赛计划的有34项，其中“三重项目”立功竞赛中的“重庆年产30万条高性能全钢丝子午线载重轮胎技改项目”等提前达到集团竞赛考核目标。“淮安元明粉公司能量系统优化技改项目”等专题劳动竞赛为集团经济建设和提高管理水平作出贡献。（王有福）

【上海轻工工会开展“服务品牌建设，推动转型发展”立功竞赛】 上海轻工16个行业中有63个企业工会以74个自主品牌身份参加上海轻工工会开展的“服务品牌建设，推动转型发展”立功竞赛活动。参赛工会和活动组织者结合企业特点，提出明确活动主题。在此基础上，上海轻工工会及时举行“服务品牌建设，推动转型发展”立功竞赛活动交流座谈会，总

结企业立功竞赛经验，并评选一批上海轻工“工人先锋号”先进集体。（徐俊彦）

【宝钢集团工会积极开展“团队争先、岗位创优”劳动竞赛】 2013年，宝钢集团公司围绕战略转型、结构调整、产业升级，开展以环境经营、降本增效、安全生产为主题的“团队争先、岗位创优”劳动竞赛。竞赛以钢铁主业实现整体流程技术经济指标最优为目标，以多元产业开拓宝钢外市场、开发新产品、加大销售力度、创造更大效益为主要竞赛内容，选取炼铁、炼钢、热轧、冷轧等主要工序开展竞赛。全年共实施子公司级项目368项，厂部、车间级项目1224项，作业区、班组级项目1216项，共实现降本增效64.28亿元，完成全年目标46.5亿元的138%。（吕艳斌）

【宝钢发展有限公司劳动竞赛成效显著】 公司工会围绕降本增效、安全基础、市场拓展、建设工程四大模块，以项目化方式协同推进开展“团队争先、岗位创优、对标找差”劳动竞赛。年内，完成降本增效1.8亿元，并评选出150名先进个人、50个先进集体。6—12月，8家单位开展“三比一创”劳动竞赛，确立57项具体指标，落实推进126条措施；同时，评选出10个“最佳实践案例”、10个“优秀服务团队”和60名“优秀服务明星”，并组织召开最佳实践案例发布会。下半年，开展“学习新技能，争转新岗位”劳动竞赛，通过“比学习、比技能”专项竞赛，评选表彰8名“优秀学员”和17名“学习积极分子”。（朱　宏）

【宝钢股份工会组织全员劳动竞赛】 宝钢股份工会开展以降本增效、产品经营、能力提升、环境经营、安全生产为主要内容的全员劳动竞赛，组织发动广大职工“团队争先、岗位创优”。公司层面开展“提升制造能力，实现降本增效20.66亿元”劳动竞赛，“炼铁、炼钢、热轧、冷轧”同工序对标改善劳动竞赛，标准化作业“三比二赛”劳动竞赛等。各基层单位聚焦生产经营中的重点难点，组织开展70多项劳动竞赛。（包　翔）

【上海石化工会开展“创先争优、建功立业”劳动竞赛】 2013年，上海石化工会广泛开展“创先争优、建功立业”劳动竞赛，形成工会系统小指标专项劳动竞赛方案71个，全面推进具有专业特色的小指标专项竞赛。同时，会同企管部、信息部做好“班组核算系统”修改完善和系统运行测试工作，并在炼油部、塑料部试点运行基础上，积极推进“成本核算”进班组工作。（盛立新）

【上海航天局工会探索在科研人员中开展劳动竞赛】 上海航天局科研人员占全局职工的63.53%，航天局工会根据特点，注重探索在科研人员群体中开展劳动竞赛活动。一是发挥工会研究会作用，在开展调研基础上，立足解决科研人员劳动竞赛“周期难以界定”“成果难以量化”等难点，根据基层不同特点明确若干试点单位开展。二是结合局4季度“奋战一百天”号召，借助下属509所工会举办“科研人员软件设计竞赛活动”契机，组织召开全系统劳动竞赛现场交流会，引导基层工会因地制宜地开展竞赛活动。三是对各试点单位进行针对性指导，明确“注重流程再造、形成长效机制、成效与时间并重、有效整合利用资源”四方面要求。（沈　恺）

【中国商飞上海飞机客户服务有限公司工会开展“金教鞭”劳动竞赛】 围绕型号研制，中国商飞上海飞机客户服务有限公司工会开展“金教鞭”劳动竞赛活动。竞赛采用各专业分组竞赛、分组推荐和部门集中评比的方式开展，各专业产生的6名优秀教员以集中讲课的方式，经由飞行训练部海外专家、返聘专家、飞行教员以及各专业教员组成的评委团对每名参赛选手从教学法、飞机知识、讲课逻辑等方面进行评比打分，根据打分结果产生“金教鞭”，授课结束后，由部门领导及各位专家对授课情况进行点评，并提出改进方向。（顾志武）

【中国商飞上海飞机制造有限公司工会开展主题劳动竞赛】 2013年，工会围绕公司的生产经营科研任务开展“比五保、赛二力、促发展”为主题的劳动竞赛活动。全公司各分工会积极响应，制定部门的劳动竞赛计划，投入公司科研生产主赛场。截至年底，共有15个分工会开展专题竞赛活动。其中飞机总装车间、飞机部装车间和浦东基地建设现场指挥部分工会等分别开展“奋战200天，实现新支线105、106架机总装下线”、“大干80天，全力保下线”、“大干300天，全面完成条件能力建设节点任务”等专题劳动竞赛。（朱逸欣）

【上海市烟草工会开展主题劳动竞赛】 2013年，烟草工会以班组为单位深化“品牌建设行动、技能登高行动和服务增值行动”主题劳动竞赛活动。品牌建设行动主要聚焦集团“1+3”品牌发展目标，在机关处室班组中开展以“品牌上水平”为重点的专项劳动竞赛，包括“明星办事处、明星客户经理、职能服务明星”营销劳动竞赛、建设“消费者数据库”劳动竞赛等项目；技能登高行动以培育高技能人才为重点，通过班组内部选拔和基层单位推荐，配合职工培训中心组织开展比武竞赛活动；服务增值行动主要由各个基层单位工会围绕企业生产经营发展的中心任务、关键环节、重点难点、工作短板，按照《上海市烟草工会劳动竞赛管理制度》的要求，以综合赛、单项赛、团体赛、个人赛、周期赛、短期赛等多种形式，广泛开展一线岗位员工能够普遍参与的岗位练兵活动。（邹允文）

【上汽集团工会开展服务贸易企业“新、行、星”主题活动】 8月6日，上汽集团工会会同服务贸易事业部召开2013年上汽集团服务贸易企业“业务创新、岗位践行、争当明星”主题活动现场交流会。主题活动在聚焦现有业务的同时，积极为新业务发展组织精兵强将，搭建载体，使企业所盼所想和职工所能所需有机结合。同时，抓住典型，培育特色，精心运作，形成特色，打造在全国有影响力的服务品牌、服务项目、服务明星。（陶牡丹）

【上海铁路局工会开展一系列经常性劳动竞赛】 年内，上海铁路局工会积极开展经常性劳动竞赛活动，共向路局机关25个部门征集2013年度劳动竞赛项目64项。其中，组织开展

2013年春运立功竞赛，在职工中广泛开展“四争当”活动，共表彰70个先进集体，300名先进个人；开展“身边的感动”春运新闻故事征文活动，共征集作品300多篇，评选表彰优秀作品69篇和10个优秀组织单位；组织开展工程建设系统“建人民满意工程”劳动竞赛活动，表彰2012年“保质量、保安全、保稳定、保开通”立功竞赛活动的10个“立功单位”、10个“创新团队”、10名“杰出人物”和111名“建设功臣”，同时授予19名职工路局五一劳动奖章。（白　杰）

【中海工会联合开展“创新管理、降本增效”专项劳动竞赛】 从2013年9月至2014年1月，中海行政、工会、团委联合开展“创新管理、降本增效”专项劳动竞赛。作为第16届“中海杯”劳动竞赛的组成部分，竞赛要求职工从我做起，从点滴做起，把降本增效贯穿于企业生产经营的全过程，在“创”字上下功夫，在“降”字上想办法，在“增”字上见成效，提高劳动和经济效益。经审议，27个集体和50名个人分获优胜集体和先进个人荣誉。（胡如月）

【上港集团组织开展“上海港劳动功臣”评选】 上港集团工会在2012年下发评选活动通知的基础上，于2013年初借助《上海海港报》对活动进行宣传动员。各基层单位积极响应，组织职工参与劳动功臣的推荐活动。3月底，经员工投票、评选委员会投票、《上海海港报》公示及集团党委审核，评选出叶军等10名2012年度“上海港劳动功臣”名单。5月3日，集团召开表彰大会，展示10位“上海港劳动功臣”的先进事迹。会上，盛东公司桥吊司机张彦代表功臣们发表获奖感言，浦远公司船长徐惠明代表功臣们向全港职工发出以“立足岗位，忠诚敬业，奋发有为”为主题的倡议书。（张晨琦）

【中国移动上海公司以班组为单位开展劳动竞赛】 中国移动上海公司工会结合前期各相关部室、单位劳动竞赛需求，统筹考虑各单位以网络条线、市场条线和服务条线为基点，启动以班组为基本单位的10项主题和专项劳动竞赛。562个班组根据公司及直属单位的实际情况开展全员竞赛，形成“抓住发展主线、统筹需求难点、关注民间智慧”的竞赛亮点。（高诗颖）

中交上航局开展2013年项目部对口竞赛（钱　晨）

【中交上航局有限公司工会深化立功竞赛活动内涵】 2013年，中交上航局有限公司工会动员全体员工“讲奉献、比贡献”，组织开展形式多样的立功竞赛活动，继续打造科技创新、工程创精、岗位创优、管理创效等竞赛平台。通过节点目标赛、科技攻关赛、船舶对口赛、百日安全赛等形式，取得良好竞赛成果。公司有4家单位获上海市立功竞赛“优秀公司”，1个项目部获市立功竞赛“金杯集体”，6个集体被评为市立功竞赛“优秀集体”，还有近20人获得市立功竞赛“建设功臣”“优秀建设者”“优秀组织者”等称号。（杨建平）

【中交上海航道局开展项目部对口竞赛】 6月中旬，在中交上海航道局劳动竞赛推进会上，公司竞赛办下发了《关于开展长江南京以下12.5米深水航道一期工程白茆沙Ⅰ标项目部与南汇东滩促淤工程——促淤一期工程Ⅲ标段项目部的部对口竞赛活动的通知》。对口竞赛的主题是开展“六比六赛”，创建精品工程，铸就上航丰碑。“六比六赛”内容包括“比科学施工、赛工程质量，比责任落实、赛安全生产，比技术攻关、赛科技创新，比节能降耗、赛设备管理，比降本增效、赛成本控制，比．双优．创建、赛文明建设”。工会制作六面竞赛流动红旗，定期进行“六比六赛”的评比。（杨建平）

【中交三航局有限公司工会召开2013年重点工程立功竞赛规划发布会】 3月8日，中交三航局有限公司工会组织召开2013年度重点工程立功竞赛规划发布会，旨在进一步推进和深化全局各公司开展立功竞赛活动。会上，全局13个单位分别用多媒体形式就2013年度重点工程规划在会上交流发布；此外，2012年度局重点工程立功竞赛“六杯六赛”优胜单位受到表彰。（黄书展）

【中远集运工会深入开展“紧盯效益目标，全员掘金行动”】 3月20日，中远集运工会下发通知，继续在全系统深入开展“紧盯效益目标，全员掘金行动”。活动突出两个转变：一是在活动阶段上，从第一季的“集运工会直接推动，各级工会广泛参与”转变到第二季的“集运工会间接推动、各级工会自主组织实施”阶段。二是在活动评价上，从“仅对掘金项目本身评价”转变到“既对掘金项目评价，又对各级工会组织掘金活动的效果进行评价”。为配合活动开展，中远集运工会进一步对“掘金网”进行改版，建立“2012年掘金项目数据库”，坚持每天更新“掘金微博”，组织拍摄“掘金行动”宣传广告片14部，编发“掘金行动简报”15期，继续在《一

上海航天局工会召开劳动竞赛现场会　　（沈　恺）

周要闻》上开辟掘金专栏。同时，各级工会从实际出发，搭建符合实际的竞评平台，涌现出“微话题”“劳模创新工作室”等创新形式。（钱　华）

【市建设交通综合赛区开展重点工程实事立功竞赛中途检查工作】 7月10日，市建设交通综合赛区召开专题会议布置中途检查工作。中途检查采用自查和互查相结合的方式进行。赛区将22家参赛单位分为3个互查小组，由组长单位牵头，通过集中汇报、现场走访等方式于7月中旬至8月中旬组织开展组内的互查工作。互查小组分别走访郊野公园、虹桥商务区基础设施项目等现场，相互点评，发现典型，查找问题。（钱　蓉）

【上海建工集团举行2013年“精品杯”立功竞赛推进会】 8月6日，上海建工集团在上海中心工地召开2013年精品杯立功竞赛推进暨上海中心“精品杯”竞赛表彰会，推进“三大区域”、“三大领域”和上海中心、中国博览会、昆山中环等重大工程建设，表彰在立功竞赛活动中涌现的先进集体和个人，对下半年竞赛工作提出明确要求，并举行“为全面完成2013年市重大工程建设任务，创建市立功竞赛优秀公司”承诺签字仪式。

（杨钟春）

【上海建工一建集团立功竞赛注重抓好“三个环节”】 一是注重竞赛事先策划。年初根据集团重大知名工程建设实际，制订立功竞赛实施计划，并召开集团立功竞赛领导小组专题工作会议部署落实。二是注重竞赛分层推进。集团和基层单位抓竞赛分工明确。年中召开立功竞赛中途推进会，交流经验。年末举办先进表彰团拜会，表彰一批在重大知名工程建设中涌现出来的先进集体和先进个人。三是注重竞赛全覆盖。根据工程建设情况和重大节点目标，通过召开立功竞赛现场推进会，促进上海中心大厦、北外滩白玉兰广场等一大批重大知名工程建设。集团连续27年被评为上海市立功竞赛优秀公司。（杨钟春）

【上海建工装饰工会深化立功竞赛服务企业转型发展】 在竞赛的主要目标和实效上，提出“四个促进”：促进公司“两级经营”落实再上新台阶，促进重大工程管理体现高水平，促进岗位创优活动增强源动力，促进扩大基层单位竞赛覆盖面。在竞赛的推进措施和方法上，要求“五个做好”：做好目标分解，做好过程管理，做好互学互帮，做好立功表彰，做好环境创设。在竞赛的策划组织和类型上，设置“三大类型、九项竞赛”：一是塑造品牌类竞赛，包括重大工程创优竞赛等；二是提升文明类竞赛，包括创建文明工地竞赛等；三是岗位创优类竞赛，包括科技创新攻关竞赛等。

（杨钟春）

【上海申通地铁集团工会积极开展系列竞赛活动】 上海申通地铁集团工会积极探索竞赛新模式，调整竞赛组织结构，引导职工快速融入工作、胜任技能要求，为推动职工岗位成才、岗位创新提供强大支撑。集团成立轨道交通建设立功竞赛综合赛区，由工会牵头负责竞赛组织推进工作，做到“三个全覆盖”，即职工全覆盖、岗位全覆盖、条线全覆盖。2013年，竞赛活动共培育赛区级先进集体763个，先进个人3000余名，形成竞赛成果53项。（李雯琪）

【上海城投总公司开展“五比五赛”立功竞赛】 上海城投总公司组织开展以“学习十八大、岗位建新功”为主题的“五比五赛”活动，努力培育“建设先锋”“运行标兵”“经营能手”“管理行家”“服务明星”五大竞赛先进品牌。各级工会开展增值型、创新型等竞赛活动，形成“点、线、面”的竞赛工作体系。通过134个单位组织1.8万余名职工深入开展竞赛活动，确保圆满完成全年原水供水、防汛治污等方面的城市运营保障任务，并有力推进城投承担的各项市重大工程。在2013年市立功竞赛评比中，11个单位获得市优秀公司，上海中心获得市金杯公司，排水公司第二项目管理部获得市金杯集体，13人获得市建设功臣，共有33家单位和集体、65位个人获得表彰和荣誉称号。

（茅瑞喆）

【上海海洋石油局工会劳动竞赛活动创新意】 2013年，上海海洋石油局工会结合实际不断探索和实践，一改往年劳动竞赛活动方案的“顶层设计”模式，将活动规划设计下沉，由局工会与基层工会一道量身定制各具自身特点的劳动竞赛量化考核评比指标，局工会全程组织、参与、协调并根据活动的规模给予资金补贴。通过选择不同的视角，从特色上下工夫，选好主攻方向，有针对性地开展各具专业特点、多渠道、参与人数广的各类劳动竞赛活动，使竞赛真正成为提升员工队伍素质、提升企业核心竞争力、构建和谐劳动关系的主阵地。

（耿卫军）

【上海市绿化市容工会开展具有行业特色的建功立业劳动竞赛】 上海市

绿化市容行业工会围绕“四狠抓、四提高”的立功竞赛工作要求，力求在持续推进生态环境建设上下功夫、在深化拓展生活垃圾管理上下功夫、在注重保持市容市貌整洁有序上下功夫、在不断提升公共服务水平上下功夫、在有力促进管理创新和人才队伍建设上下功夫。竞赛活动有声势、有行动、有影响、有成效，确保“绿色、整洁、有序、宜居”城乡环境工程再上新台阶。活动涌现出优秀单位(公司)16家、先进集体(包括工人先锋号)170个、先进个人590名。

（张慧萍）

【中建八局国家会展项目举行劳动竞赛推进会】 6月6月，中建八局总承包公司上海国家会展项目部举行2013年虹桥赛区劳动竞赛推进会、项目“安全生产月”启动、工会联合会成立暨“三号”联创授旗仪式。会议通报了项目前一阶段劳动竞赛的开展情况及下一阶段的竞赛安排，对项目“安全生产月”活动进行安排和部署。同时，宣布成立中建八局国家会展项目工会联合会，并为工会联合会及项目职工书屋进行揭牌。此外，与会领导为项目“青年突击队”授旗，项目“青年突击队”代表集体宣誓。

（诸方圆）

中建八局国家会展项目部举行劳动竞赛推进会、安全生产月启动仪式

（李焕锁）

【中建八局杭州国际博览中心项目开展“四赛一创”劳动竞赛】 4月8日，杭州国际博览中心项目部“三号”联创、创“双优”、劳动竞赛暨准军事化管理启动仪式举行。与会领导为创建“准军事化管理示范项目”揭牌，并为“工人先锋号”“青年突击队”代表授旗。杭州国际博览项目工程是杭州市奥体博览城启动项目工程，总建筑面积85万平方米。杭博项目工会依据八局工会重点劳动竞赛必须规范实施、形成标准、务求实效的具体要求，制定科学可行的劳动竞赛方案，组织专门力量在土建、安装、钢构3个专业赛区开展赛工程质量、赛安全生产、赛工程进度、赛劳务管理、创一流业绩为内容的“四赛一创”劳动竞赛。

（宋向群）

【百联集团工会开展“攻坚克难促销售，服务创新在百联”立功竞赛】 3月1日起，百联集团工会开展“攻坚克难促销售，服务创新在百联”立功竞赛活动，确定联华股份江桥物流筹建基地等13个集团重点跟踪项目，命名创建第一百货劳模工作室等集团首批14个“劳模(先进)服务创新工作室”。活动一是向重点跟踪项目和劳模(先进)服务创新工作室发放启动资金，并陆续在《劳动报》、市总工会网站、《今日百联报》、集团网站刊文介绍，加强宣传报道。二是组织类型相同的项目单位和工作室开展交流活动，在互动中分享经验、优势互补，并组织劳模工作调研组对集团的劳模工作撰写专题调研报告。

（姜　杰）

【上海市金融工会开展窗口优质服务劳动竞赛】 2013年，市金融工会组织开展以“四赛四比”为内容的“诚信、高效”金融窗口优质服务劳动竞赛。在沪195家金融单位(涵盖银行、证券、保险、期货等)3417个营业网点61288名职工积极参与。活动分层推进，召开两次专题会议展开竞赛动员；加强管理，进行全行业基层网点情况调查；专项培训，举办3期基层网点负责人培训班；多方合作，组织多角度劳动竞赛宣传活动；联动互动，发挥同业公会、金融单位参与积极性；推进窗口服务标准化建设；建立机制，搭建互利共赢的工作平台。（丁　宁）

【光明集团工会深化岗位立功竞赛活动】 2013年，光明食品集团工会在广大职工中开展以“融入新三年，共筑光明梦——我是主人我出力”为主题的岗位立功竞赛活动。此次竞赛活动以“三比三赛”为主要内容：一是比宣传氛围，赛学习成效，在广大职工中掀起《光明食品集团新三年发展战略规划》宣讲热潮；二是比竞赛内容，赛创新业绩，始终将深入开展职工合理化建议和“五小”实践活动贯穿于竞赛活动中；三是比管理水平，赛责任意识，积极引入“5S”管理模式，丰富班组管理内涵，并注重培育职工牢固树立“我的岗位我负责”意识。

（桑树德）

【上海城建市政以立功竞赛推动PC新技术应用】 在市政府保障房项目浦江大型居住社区PC工程项目建设中，上海城建市政以立功竞赛活动为推手，把该工程打造成上海市预制装配式建筑的示范工程，形成设计、生产、施工一体的PC体系。其中，PC项目解决室内装修、PC防水施工技术等方面取得重大突破；同时，编制《PC工程技术操作手册》《PC工程安全操作工艺》《PC工程验收规范》等一系列文本。此外，先后有6项成果获得国家实用新型专利授权，5项发明专利获得批准。

（厉美林）

【上海联通召开2012年劳动竞赛表彰暨2013年劳动竞赛动员大会】 3月27日，上海联通召开2012年劳动竞赛表彰暨2013年劳动竞赛动员大会，对2012年上海联通劳动竞赛活动中取得突出成绩的先进集体和个人进行表彰，同时部署2013年上海联通劳动竞赛活动整体工作。2012年，上海联通工会配合相关生产经营部门，在3G发展、网格营销、合理化建议等方面，先后组织开展15项劳动竞赛和立功竞赛、2项技能比武和1项金点子有奖征集活动。2013年，上海联通工会配合相关部门确定"决战2013、聚焦创新变革重点、推动规模效益发展"的活动主题，围绕市场营销增收入、业务创新抓发展、网络壮大促支撑、服务练兵提水平等方面开展系列劳动竞赛，共有41个部门(单位)参与，涉及14项内容。(康　迪)

【上海临港产业工委开展"立足岗位比业绩，夯实管理树品牌"劳动竞赛】 2013年，上海临港产业工委组织34家成员单位，并牵头上海电气临港基地等入园企业，开展以"立足岗位比业绩，夯实管理树品牌"为主题的劳动竞赛。活动中，招商人员根据产业区发展战略，通过抬高招商门槛，深化合作交流等方式，有力提升入驻企业的规模和产业结构。一线产业工人结合自身岗位特点，积极开展技术创新和建言献策活动，提高生产效率。同时，临港产业工委积极为员工成长、成才拓宽渠道，所属各单位通过组织培训班，培训员工达5000人次。(陈　浩)

【中国电信号百公司多层面开展劳动竞赛】 中国电信号百公司通过积极争取，将"位置服务和视讯业务体验竞赛"纳入中国电信集团技能竞赛范畴。集团公司、集团工会联合下发通知，并于5月17日启动该项竞赛活动。自5月17至10月16日，全集团员工参与数超过100万人次，其中天翼导航产品累计使用量54.1万人次、翼周边产品累计使用量26.9万人次、定位采集产品累计使用20.3万人次，定位采集收集到近331.12万条非重复数据，合理化建议征集到381条。同时，"旺铺助手"纳入集团政企条线全年的评优评先劳动竞赛中。另外，积极组织员工体验公司自有业务，开展号码百事通卡体验"合理化建议"活动，共收到合理化建议132条，最终产生"金点子"奖6名。(沈　匀)

【绿地集团深化重大工程实事立功竞赛】 2013年，绿地集团共有18个单位、63个集体、近1300名员工参加立功竞赛活动。活动以"四狠抓、四提高"为重点深入开展，为凝聚激励集团广大干部员工、推动集团顺利实现2013年度经济目标起到积极作用。集团连续第19年获得市重大工程实事立功竞赛优秀公司称号，集团下属房地产事业一部等6个集体和15名个人获得市级和赛区级先进集体、建设功臣、优秀建设者等称号。(王洋洋)

【上海市职保会创建"星级服务岗"】 上海市职工保障互助会以营业部获上海市"工人先锋号"为抓手，通过星级服务岗评选、服务满意度测评、加强岗位业务培训、征集合理化建议等4项举措，努力提升互助保障窗口服务水平。全年获星级服务岗职工15人次，全年参加测评客户达3.9万人次，服务满意率超过93%，全年征集合理化建议136条。同时，总结"星级服务岗"的操作方法和沟通技巧，推广至更多窗口。(朱正瑜)

职工创新

【概要】 2013年，市总工会组织动员全市广大职工广泛参与科技创新、管理创新、服务创新、制度创新等各项活动，为推动科技进步和产业结构调整做出贡献。一是搭建活动平台，营造同城效应。二是普及科技知识，提高科学素养。三是推动创新实践，深化岗位创新。四是加强典型选树，培育创新人才。据统计，全年全市各级工会共组织职工开展经济技术创新活动1.26万项，提出合理化建议156.58万条，实施技术攻关、技术革新项目45.07万项，获得国家专利7587项，总结推广先进操作法2694项，创造经济效益54.63亿元。(武吉波)

【上海参加第四届全国职工优秀技术创新成果评选活动】 12月20日，第四届全国职工优秀技术创新成果表彰大会在北京召开，由上海市总工会、市科委、市经济信息化委和市人力资源社会保障局共同选送的5个项目分获二、三等奖及优秀奖。其中，上海大众汽车有限公司徐小平"激光可视对焦技术"、上海航天化工应用研究所王勇"火箭发动机壳体高效电子束焊接方法与工艺装备"、上海市电力公司检修公司杨庆华"220kV输电线路铁塔易地升高改造带电施工技术研究"等3个项目获得二等奖，上海老凤祥有限公司沈国兴"电铸、激光、制模技术在首饰礼品加工上的创新"项目获得三等奖，上海城投污水处理有限公司石洞口污水处理厂宣建岚"污泥干化焚烧系统的改造创新和应用"项目获得优秀奖。根据全国及上海有关文件精神，王勇获得全国五一劳动奖章，沈国兴获得上海市五一劳动奖章。(武吉波)

【市总工会举办第五届上海职工科技节】 5月17—24日，在2013年国家科技活动周暨上海科技节期间，市总工会、市发展改革委、市科委、市教委、市人力资源社会保障局、市知识产权局、团市委和市科协等联合举办主题为"坚持岗位创新，共创幸福生活"的第五届上海职工科技节。市级层面举办上海市职工创新创效推进会暨第五届上海职工科技节开幕式、2013上海职工科技创新成果展、第五届李斌技师网上论坛、第三批"上海市劳模创新工作室"评审发布会、"创造学"报告会、第二十五届上海市优秀发明选拔赛总结表彰会暨第五届上海职工科技节闭幕式等多项活动。浦东新区总工会等70家区县局(产业)工会则结合自身实际，围绕普及科技知识、提高科学素质，深化创新实践、推动岗位创新，深化技能登高、培育创新人才，加强机制建设、构建服务平台等内容，举办186项(次)的职工科技创新活动，共计10087个基层单位、84万职工参加。(王小龙　武吉波)

【市总工会命名第九届上海市十大工人发明家、第四届上海市十大职工科技创新英才】 5月16日，第九届上海市十大工人发明家、第四届上海市十大职工科技创新英才评选揭晓。此次评选自2013年1月启动，由市总工会联合市委宣传部、市经济信息化委、市科委、市国资委、市人力资源社会保障局、市知识产权局、市科协、市工商联、上海发明协会等单位，以及《解放日报》《劳动报》等媒体，成立评选活动组委会，推动活动深入开展。44名一线工人、130名科技人员成为工人发明家和职工科技创新英才候选人。经过专家评审、公开发布及网络投票等环节，上海航天设备制造总厂首席技师王曙群等10人当选第九届上海市十大工人发明家，闸北区中心医院妇产科主任王萍等10人当选第四届上海市十大职工科技创新英才。此外，市总工会还命名34名工人技术创新能手、120名职工科技创新标兵。（武吉波）

【市总工会开展职工合理化建议和先进操作法优秀成果评选活动】 市总工会、市科委、市经济信息化委和市国资委联合开展2012年度上海市职工合理化建议优秀成果和职工先进操作法优秀成果征集、命名活动。经宣传发动，全市各级工会推荐、申报合理化建议优秀成果195个、先进操作法优秀成果110个。经初审、专家评审和领导小组审定，宝钢股份冷轧厂邱煜提出的“1420/1550空压站尾气利用”等20条合理化建议成果被评为2012年度上海市职工合理化建议优秀成果，上海振华重工(集团)股份有限公司李森创造的“船厂龙门吊刚性腿纠偏复位方法”等20个操作法被评为2012年度上海市职工先进操作法优秀成果。（陆卫超）

【第二十五届上海市优秀发明选拔赛结果揭晓】 由市总工会、市知识产权局、团市委、市科协、上海发明协会等单位联合举办的“第二十五届上海市优秀发明选拔赛”，共收到参赛项目1493个，创历届优秀发明选拔赛参赛项目数之最。经选拔赛评委会初审(资格审查)、复审(专业评审)和答辩终评，共评出获奖项目714项。其中，优秀发明金奖81项、银奖150项、铜奖288项，职工技术创新金奖16项、银奖41项、铜奖62项、入围奖76项，另有13个项目被评为

市总工会举办第五届上海职工科技节　（吴良荣）

发明产品推广实施金奖。这届选拔赛具有一线职工参赛多、项目涉及领域广、参赛项目技术含量高、申报专利多和参赛项目效益显著等特点，5000多名一线工人参加选拔赛活动；参赛项目涉及机械制造、电子信息、医疗生物、交通建筑、冶金化工、纺织等领域，且很多属节能、民生和安全生产方面的实用性项目；参赛项目已申请和授权专利的达1142项；参赛项目大都已实施，合计创经济效益237亿元。（王小龙）

【上海一线工人再次获得上海市科技进步奖】 4月19日，在2012年度上海市科学技术奖励大会上，由市总工会推荐的宝山钢铁股份有限公司运输部高级技师孔利明“带式输送机钢丝输送带消磁技术”、宝山钢铁股份有限公司热轧厂高级技师王军“高成材率节能环保热轧层流冷却成套技术装备研发”等2个项目分获上海市科技进步二等奖，上海市电力公司高压输配电公司高级技师杨庆华“220kV输电线路铁塔易地升高改造带电施工技术研究”项目获得上海市科技进步三等奖。（武吉波）

【第五届浦东新区职工科技节开幕式暨2012浦东新区发明创造大赛颁奖大会举行】 5月16日，浦东新区总工会、区科委和区科协举办第五届浦东新区职工科技节开幕式暨2012浦东新区发明创造大赛颁奖大会。会上宣读《2012年浦东新区发明创造大赛表彰决定》《关于命名2012年浦东新区职工科技创新基地的决定》《关于命名浦东新区首批“劳模创新工作室”的决定》，表彰上海微创医疗器械(集团)有限公司“药物洗脱支架”等10个获得2012年发明创造大赛优秀发明奖的项目，并向2012年浦东新区职工科技创新基地和浦东新区首批“劳模创新工作室”授牌。此外，全国劳模、上海市工人发明家、上海凌桥环保设备厂有限公司董事长黄斌香等先进代表作交流发言。（周　萍）

【宝山区总工会“以评促创”推进职工科技创新活动】 区总工会积极参加上海职工科技节相关活动，一批集体、个人和项目获市级荣誉称号，《劳动报》专版宣传宝山职工科技创新工作。组织参加第二十五届上海市优秀发明选拔赛，19个项目分获金、银、铜奖；参加第九届上海市十大工人发明家、第四届上海市职工科技创新英才及第三届上海市职工科技创新新人、优秀团队和示范基地评选活动，海隆集团孙健、东方泵业集团见文、魏培茹分获上海市工人技术创新能手、职工科技创新标兵称号，宝松公司陈福泉、宝临电气陈志获上海市职工科技创新新人奖，海隆集团被命名为上海市职工科技创新示范基地；成功支持上海海隆赛能新材料有限公司混料工序工艺改造项目申报上海职工技术创新基金扶持。此外，参加上海职工科技创新成果网上展，获得“网上成果展最佳展区”奖。（胡立伟）

第五届浦东新区职工科技节开幕　　（赵立荣）

【闵行区总工会举行职工科技创新成果发布会】 5月23日，区总工会举行“创造和谐，最美梦想”闵行区职工科技创新成果发布会暨紫竹园区创建闵行区劳动关系和谐园区启动仪式，上海同仁药业有限公司曹建东“氟苯尼考粉工艺改进”、上海市第五人民医院孙文善“微创埋线技术”、上海闵行区苗圃陆锦明“蓝莓的嫩茎段快速培养方法”、上海良相智能化工程有限公司向晓明“GSM侦码定位仪系统”、基因科技（上海）有限公司王东“超敏型KRAS基因突变检测试剂盒的研制及临床应用”等5个项目进行现场发布。会上对首批闵行区5个“劳模（职工）创新工作室”进行授牌。　　（俞龙祥）

【闵行紫竹高新区工会多举措开展职工技术创新活动】 一是正确定位，指导职工开展技术创新活动。组织职工开展合理化建议、技术革新等群众性经济技术创新活动，在企业和职工中形成“处处是创新之处，时时是创新之时，人人是创新之人”的氛围。二是搭建平台，组织职工参加科技创新培训。设立专门的培训中心，每年制定详细的员工培训计划，聘请国内外专家进行专业知识培训。两年来，高新区内参加企业组织培训的员工共约1.3万人次。三是标杆引领，鼓励职工追求卓越创新成果。高新区工会每两年向闵行区总工会申报工人发明家、科技创新英才及创新成果，激励高新区职工不断提升技术水平。（卢　羿）

【市机电工会举办创意创新大奖赛】 11月28日，由市机电工会组织开展的“创新·对接·产业化”创意创新大奖赛结束，299名职工的88个项目参赛。“创新·对接·产业化”创意创新大奖赛活动在过去两年设立企业职工创意创新专场的基础上，首次把专家评审会开到企业现场，先后在上海汽轮机厂、上海自动化仪表股份有限公司现场进行职工创意创新项目专家评审，并邀请职工现场观摩。同时，市机电工会将7年来创意创新大奖赛成果在企业现场进行集中展示，进一步发挥创意创新大奖赛“宣传队”和“播种机”作用。

（朱汉民）

【纺织职工创造34项创新“微成果”】 市纺织工会开展创先争优劳动竞赛，引导职工参与创新实践。2013年，各级工会注重凝聚职工合力推动创新转型，引导和鼓励职工在科技创新、管理创新、服务创新等方面出成果、出效益。各单位共推荐34个职工创新“微成果”，其中科技创新成果13项、管理创新成果12项、服务创新成果9项，实现出口创汇、营业收入3620万元，减少投资、节约成本1140.6万元。　　（杜伟钧）

【市电力公司工会深化群众性科技创新活动】 市电力公司工会以“出人才、强素质、出成果、增效益”为目标，深入开展群众性技术创新活动，涌现出一批职工发明创造项目和基层创新人才。检修公司杨庆华的创新项目获得第四届全国职工优秀技术创新成果二等奖、上海市科学进步三等奖。市南集团公司苏伟当选第九届上海市十大工人发明家，浦东供电公司谢邦鹏、电科院彭伟、金山供电公司罗斌分获上海市工人技术创新能手、职工科技创新标兵称号，市南供电公司陈明获得上海市职工科技创新新人奖。同时，在第25届上海市优秀发明选拔赛活动中，检修公司刘新平的创新项目获优秀发明金奖，松江公司陈海昆的创新项目获发明产品推广实施金奖；此外，还有8个项目获优秀发明铜奖，1个项目获职工技术创新成果铜奖。

（唐健春）

【上海电建公司工会推动职工“五小”活动】 上海电建公司工会开展职工“智慧能量”职工“五小”成果发布活动，通过组织发动、基层选送，共征集“五小”成果30余项并举办专题发布会。一批职工岗位创新先进典型脱颖而出。上电一公司俞凯等获上海市工人技术创新能手称号，上电一公司陈坚等获上海市职工科技创新标兵称号，上电二公司贾文涛获上海市职工科技创新新人奖，上电调试所徐州项目部被命名为上海市职工科技创新优秀团队，上电调试所“发电机组高加汽测系统冲洗工艺”等获第二十五届上海市优秀发明选拔赛优秀发明铜奖，上电机械厂“起重机高强钢焊接技术”等获第二十五届上海市优秀发明选拔赛职工技术创新成果银奖。　　（傅　诚）

【宝钢集团工会持续打造宝钢蓝领创新品牌】 宝钢组织开展以“普及·分享·提升”为主题的第五届“员工创新活动日”系列活动，借助“1+4”的形式，通过主题讲座、现场诊断与咨询指导、创新成果展示与推介，发挥积聚辐射作用。同时，在第九届上海市十大工人发明家和第四届上海市十大职工科技创新英才评选活动中，1人被命名为上海市十大工人发明家，1人被命名为上海市十大职工科技创新英才，另有3人被分别命名为上海市工人技术创新能手、职工科技创新标兵；此外，孔利明、王军分别获得上海市科技进步二等奖。宝钢拥有自主管理(JK)小组9051个，职工经济技术创新小组2357个，约1.6万余名职工参与职工经济技术创新小组活动。全年，宝钢职工共提出合理化建议24万余条，实施19万余条，创效益31亿元。岗位创新活动中，专利申请数达1847项，同比增长20.7%；其中发明专利564件，同比增长54.1%。 （吕艳斌）

【宝钢发展有限公司工会开展“培育、协同、共创”岗位创新践行月活动】 举办职工创新工作室交流发布评审会，有12个创新工作室发布，评出5个“示范创新工作室”和5个“优秀创新工作室”；同时，遴选8名创新工作室带头人作为集团公司创新活动指导志愿者，并组织45名创新志愿者开展创新实务培训与拓展活动。此外，推荐8个优秀班组课题参加冶金质协及上海市质量协会QC成果擂台赛，2个班组入围决赛。开展先进操作法总结、评审、命名和推广工作，各单位上报36个先进操作法，通过预审和发布评审，工业环境保障部“解体坑含水杂渣装载操作法”等10个操作法被评为2013年宝钢发展先进操作法。 （朱 宏）

【宝钢工程技术工会创建职工创新工作室】 2013年，宝钢技术工会通过新建10个规范化、标准化职工创新工作室，为公司搭建开展现场改善、项目攻关、技术难题探讨、咨询辅导和技术交流的岗位创新活动平台。主要做法：一是制定《宝钢技术职工创新工作室规范化建设实施方案》；二是动员广大职工积极参与，并强化价值引领，发挥标杆示范作用；三是由1名劳动模范、工人发明家、技术(技能)专家、首席操作等领衔，并以其名字命名和挂牌；四是所在基层单位为职工创新工作室创造必要的条件，提供相应的物质支撑；五是制定公司职工创新工作室规范化要求，包括“三拥有”“三建立”“二明确”“三上墙”等；六是要求基层工会协调各方力量，为创新工作室的团队建设等创造良好条件。 （黄宙凯）

【宝钢工程工会开展形式多样的职工经济技术创新活动】 (1)举办员工创意大赛，引导员工践行“三创”文化。大赛共征集创意180项，涉及员工1020名，6个项目入围最后决赛。(2)举办员工发明成果暨“五小”创新成果展，共有10个单位的148件成果通过样品、模型、图片、多媒体动画的形式在宝钢工程主要业务单元进行巡展。(3)规范并引导职工创新工作室建设，出台职工经济技术创新管理办法的管理文件和《宝钢工程职工创新工作室规范化建设实施意见》。2013年新增职工创新工作室11个，总数已达14个。(4)自主管理活动的推广与规范管理。参加自主管理的职工人数8905人，自主管理成果立项823项，完成703项。 （许晨光）

闵行区总工会开展职工科技创新研修系列活动 （俞龙祥）

【宝钢股份工会持续开展群众性创新活动】 宝钢股份工会群众性创新工作从钢铁板块向贸易系统、加工中心覆盖，并注重岗位创新和岗位技能，推动职工队伍素质整体提升。其中，组织国内外发明展参展，在巴黎国际发明展获银奖3项、铜奖1项。在上海市十大工人发明家和十大科技英才评选中，丁海绍被评为“上海市十大工人发明家”，李山青被评为“上海市十大科技英才”。同时，以孔利明等“宝钢集团示范级职工创新室”为引领，新增创新工作室11个，推进创新工作室规范化建设。此外，孔利明被授予“全国机械冶金建材系统模范金牌工人”称号，“高玉强创新孵化室”被评为“李斌式模范创新工作室”，杨建华等4个职工创新工作室被评为宝钢集团“十佳创新工作室”；创新小组申请专利532件，其中发明专利261件，认定技术秘密828项，职工创新共立项327项课题。 （包 翔）

【宝信软件工会开展员工创新实践计划项目申报暨最佳创意“Baosight IDEA”评选】 9月，宝信软件工会在宝信软件“员工社区”平台下发《关于启动2013年员工创新实践计划项目申报暨最佳创意“Baosight IDEA”评选工作的通知》。这项活动旨在通过对创意申报、原型验证、基金申报和产品市场化等四个阶段工作，对员工创新、创意项目进行培育和扶持。截至11月底，共有48个员工创意申报项目取得初步成效。 （计海虹）

【鲁中矿业工会开展合理化建议征集活动】 经过严格筛选，公司工会共推荐专家评审职工合理化建议240份。职工所提合理化建议分别涉及设备设施改造、安全管理、质量计量管理、生产工艺方法的改进、劳动保护、节能减排、物业管理、人力资源管理、企业文化建设等内容。部分建议已组织实施，取得良好效果。 （刘 迪）

【上海市烟草工会开展“为中华确立新目标”专题合理化建议征集活动】 3月下旬，上海市烟草工会在行业工商单位中开展“为中华确立新目标”专题合理化建议征集活动。通过制定下发征集文件、工商实地调研沟通、每周动态信息跟踪等多种途径，组织员工开展大讨论，集思广益、建言献策。行业工商单位15542名职工，分别以个人、班组(团队)的形式，提出建议5863条，其中工业4083条、商业1780条，向集团推荐建议312条，其中工业178条、商业134条，同时机关党委也组织厂处级干部提出建议70条。经评审筛选，向集团总经理室推荐建议32条，提供职能条线改进93条。此外，市烟草工会组织评审优秀建议展示发布会，机关处室和各工商企业共12人展示。(邹允文)

【上海烟印公司工会开展各类合理化建议专题活动】 上海烟印公司工会以常规性建议和专题性建议相结合的方式，引导职工在本职岗位上，针对工作中存在的问题和可能发生的隐患，提出可改进措施和方法，推动合理化建议自提自实施。2013年，先后开展“我为‘中华’品牌发展献一计”“安全生产月”和“全员创新改善季”等专题合理化建议征集活动，共收到合理化建议2451条，人均提交合理化建议2.6条，其中采纳建议1955条。(季　虹)

【上海铁路局工会组织开展标准化作业口诀征集活动】 2013年，上海铁路局工会针对各工种作业指导书内容多、篇幅长、难记忆等实际情况，在相关单位先行试点、取得经验的基础上，向全局职工发出通知，广泛开展标准化作业口诀征集活动。各系统、各单位干部职工积极响应，运用职工群众喜闻乐见、易于接受的语言(如三字经、顺口溜、打油诗等)，对岗位作业指导书内容进行创作。通过层层发动、汇总、审核，共征集职工自编自创的作业口诀150条。经评审，命名一批优秀标准化作业法，并汇编、发放优秀口诀集。(白　杰)

【中国海运工会联合行政开展“我为企业转型发展献一计”活动】 5月底，中国海运集团工会联合行政下发《关于开展“我为转型发展献一计”合理化建议征集活动的通知》。截至9月底，各单位共征集合理化建议1720条，经遴选后上报集团170条。合理化建议的内容主要涉及企业转型升级、商业模式创新、管理提升、降本增效、人才队伍建设、企业文化建设等方面。经过3轮评审，决出一等奖2条、二等奖3条、三等奖5条、优秀奖9条以及入围奖41条。

(张　洁)

【中海油运工会开展“金点子”活动】 中海油运工会围绕生产经营，开展合理化建议“金点子”活动。至7月底，收到“金点子”354条，船舶三项费用控制同比下降4000多万元。节油3.6万吨，降低成本1.6亿元。运输成本下降幅度大于收入下降幅度，运输毛利增长1583万元。此次“金点子”活动做到“五个结合”，即加强领导和完善制度相结合、思想发动和物质奖励相结合、船员和机关两个积极性相结合、降本增效和开拓经营相结合、建议评估和实际推广相结合。(杨雷鸣)

【上港集团工会开展优秀合理化建议和技术创新成果征集活动】 2013年初，上港集团工会下发《关于推荐和征集上港集团职工节能减排、技术创新成果、优秀合理化建议和先进操作法的通知》，征集广大职工在生产经营中的合理化建议和技术创新成果。截至4月底，共征集集团所属各基层单位工会上报的技术创新成果29个、先进操作法7项、优秀合理化建议47条。6月5日，集团工会组织有关方面专家，对所征集的合理化建议、技术创新成果和先进操作法进行专题评审，评出一、二、三等奖和鼓励奖，并给予表彰奖励。(林碧娅)

【上海市运输工会组织劳模、首席技师(首席员工)、工程师工作室交流研讨会】 9月中旬，市运输工会召开劳模、首席技师(首席员工)、工程师工作室工作交流研讨会。会上，8个工作室以PPT形式，就工作室成立以来活动的基本状况、技术攻关主要成果作交流汇报。年内，各工作室注重发挥“示范、引领、带动、辐射”作用，集聚技术人才，组织项目攻关，推进企业技术创新，搭建有效载体，营造良好氛围，促进职工素质提升，积极推进开发研制和服务品牌建设，成为企业科技创新技术人才的集聚地、科技创新和服务品牌建设的推进器和群众性科技创新的有效载体。

(吴　明)

【上海电信工会聘任员工岗位创新专家】 9月23日，上海电信工会召开员工岗位创新专家聘任暨培训会，向来自各部门的21位专家颁发聘书，并就创新平台的管理、操作等流程，对与会人员做专题培训。此次受聘的专家来自公司各部门，其中既有前端市场、政企和公客的负责人，企业信息化部的IT专家，也有善于创新的技术好手。受聘专家分为3个团队，包括担任评审的专家团队、负责维护创新平台的维护团队以及组织宣传、制定相关政策的推广团队。(殷　茵)

上海电信工会召开员工岗位创新专家聘任暨培训会　(殷　茵)

【上海电信南区局工会推广“变诉为金”员工投诉处理操作法】 上海电信南区局渠道运营中心员工刘大为在总结多年处理客户投诉经验的基础上，汇编成《变诉为金——投诉处理技巧100问》操作手册，成为区局服务投诉处理的宝典。操作手册中包括投诉用户的心态、投诉处理人员的技巧和心理暗示、国家相应信息服务行业法规、政策的解答以及投诉处理人员的心理调节方法等内容。同时，由刘大为开讲的“投诉处理100问”相关课程，已遍及南区局各个投诉小组和一线销售、装维岗位，推广课程已达十几课时，涉及参训人员达100余人次。（殷 茵）

【中交上航局工会开展“建言献策讲奉献，提升管理比贡献”合理化建议活动】 2013年，中交上航局工会开展“建言献策讲奉献，提升管理比贡献”合理化建议活动。在广大职工积极参与下，活动共收到各类建议59份。为发挥职工群众的积极性和创造性，公司合理化建议评议小组对一批获奖职工进行表彰。全年，公司两级工会开展职工建言献策等“五小”活动近200多起。（刘昌明）

【中交上航局工会推动职工发明创造活动】 中交上航局工会积极组织和动员广大职工在节能减排新技术、新工艺、新材料、新设备，提升企业自主创新能力等方面开展发明创造活动，并推荐优秀项目参加第二十六届上海市优秀发明选拔赛评选。各相关单位共上报职工发明项目11项，其中东方分公司上报参加市发明选拔赛4项，疏浚研究中心3项，中港疏浚公司2项，交通建设公司2项。经评审，8个项目成为第二十六届上海市优秀发明选拔赛获奖项目，其中5项为金奖项目。（杨建平）

【中交三航局召开“主人杯”双献成果发布会】 中交三航局有限公司召开第十三届“主人杯”双献成果发布会，16名来自公司基层一线的科技工作者参与发布交流。双献成果涉及安全生产管理、风电技术探索、铁路施工、船舶改造、节能减排等领域，这些工艺都已在实际施工过程中得到应用，并取得良好的经济和社会效益。经过评定，宁波分公司梁奎、郑骧辉合作的《风力发电机组维修海上拆卸与安装施工技术》和江苏分公司尹晓奂的《沉箱模板工艺改良》两篇论文获一等奖，陈健章《船舶燃油监控系统成果的推广与应用》等9篇论文分获二、三等奖。发布会共收到成果31篇。（黄书展）

上海机场特种车辆集体展示拉开职工科技节序幕 （何力平）

【上海机场职工科技节开幕】 6月3日，上海机场集团职工科技节开幕式暨特种车辆校阅仪式在虹桥机场机坪举行。49辆机场特种车进行集中展示，驱鸟车、除冰液撒布车、消防车的实战演练拉开此次上海机场职工科技节的帷幕。科技节上展示车辆涵盖机场机坪保障的各个工种，主要包括四大类，一是摆渡车等服务旅客类；二是引导车等保障航空器类；三是摩擦系数测试车等保障道面类；四是消防救援车等应急救援类。（张雯倩）

【上海市路政局开展“我为路政发展献一计”活动】 2013年，上海市路政局开展“我为路政发展献一计”路政行业金点子征集活动。征集活动共收集到金点子61个，主要包括路政行业的建设、管理、运行、路政执法以及基础管理和行业管理等6个方面的核心理念、科学方法、有效措施以及建议对策等。经过市路政局工会和市政公路行业协会的汇总、梳理、初步评审，先筛选出入围金点子23个，再由全行业和局各处室投票评选出优胜金点子11个，最后以发布评审会的形式确定获奖归属。最终，市路政局道路建设处商国平“伸缩缝临时恢复装置”、市路政局道路建设处陈骞“利用图像化技术推动路政局现代化管理”、沪嘉道路工程指挥部“利用自动发卡机增设高速公路进口”获得前三名。（钱 蓉）

【上海建工工会开展职工“十佳金点子”评比】 由上海建工集团工会和集团总工程师办公室联合组织的2013年职工“十佳金点子”评比，得到各单位工会积极响应，广泛组织动员职工为实施科技兴企战略献计献策。经初评，20个“金点子”项目进入决赛阶段比拼，并通过集团资深专家评委的当场提问和打分，最终决出“五建集团施工电梯定时震荡器”等10个“金点子奖”项目。（杨钟春）

【上海建工一建工会“创争”活动成效显著】 共征集“双献五小”成果104项，其中有33项成果推荐上报集团评审；12项优秀成果在“双献五小”合理化建议成果发布会上作了交流发布。同时，71名职工获自学成才奖。此外，工会《发挥职工主力军作用，推进企业自主创新发展》成果在上海市总工会等组织的“上海市企业职工创新创效特色工作经验”会上获奖；上海中心大厦和白玉兰广场项目部获“2013年全国建筑业企业创建农民工业余学校示范项目部”称号；公司总工程师朱毅敏获第四届上

海市十大职工科技创新英才称号。（杨钟春）

【上海建工安装工会开展群众性创新实践活动】 2013年，上海建工安装公司工会组织开展鲁班软件操作职工技术比武活动，旨在为全面提升职工职业技能、展示聪明才智搭设平台。公司开展了“十佳金点子”评选活动，其中“超高层建筑设备吊装专业平台”方案入选建工集团“十佳金点子”。此外，虹桥能源中心项目部积极引导员工开展技术革新、技术改造和合理化建议活动，在能源站的施工中大胆采用新工艺；上海中心大厦项目QC活动小组针对施工难题积极开展课题探讨，其QC课题在2013年上海市工程建设优秀QC成果发布会上获得一等奖。（杨钟春）

【上海建工机施工会推出一批群众性创新活动先进典型】 上海建工机施工会参与上海市职工技术创新基金扶持职工创新项目的评选和发布，“隧道测量关键技术的创新和应用”被评为职工创新优秀项目，获得资金资助。同时，申报上海市职工优秀技术创新成果1项；征集职工节能减排格言警句40条，节能减排先进操作法6项、典型案例5个；收集“十佳金点子”9项。此外，“上海中心大厦幕墙安装整体升降式平台”获得建工集团职工创新“十佳金点子”称号；集团技术中心因在开展职工技术创新、支撑重大工程建设方面的优异表现，获上海市五一劳动奖状。（杨钟春）

【上海申通地铁集团工会搭建职工创新平台】 上海申通地铁集团工会开展形式多样的职工群众性科技创新活动，为职工科技创新搭建活动和服务平台。2013年，在第二十五届上海市优秀发明选拔赛评选中，“上海地铁统型减噪车轮研究”等4个项目获得金奖，另有7个项目分获银奖和铜奖，1个项目获得职工创新成果银奖。同时，多名员工获得上海市十大职工科技创新英才及职工科技创新标兵等称号。此外，2号线行车值班员沈雪“快速装票卡”的绝活被命名为2013年上海市职工绝技高招，“刘加华振动噪声控制创新工作室”被命名为上海市“劳模创新工作室”(堵家玺）

【上海地铁维护保障有限公司工会开展先进操作法征集推广活动】 5月起，上海地铁维护保障有限公司工会在一线职工中开展先进操作法的征集、命名、推广活动。经过层层评选，以“多车型空气弹簧试验操作法”为代表的12个先进操作法脱颖而出。活动开展过程中，维保公司工会注重发现并精心培育典型，积极发挥“首席师”系列人员和“首席技师工作室”的骨干作用。同时，通过职工技术比武，在劳动竞赛活动中培养“苗子”，并将先进操作法的总结、提炼和推广应用与安全生产、降本增效、提高设备的维修质量等紧密结合。(孟　盈）

上海市医务工会举行职工科技创新第三期星光计划评审会　（柯　婷）

【上海城投工会举办职工科技创新论坛】 5月23日，城投工会以“坚持岗位创新、共建幸福城投”为主题，设立市职工科技创新论坛活动分会场，参与第五届李斌技师网上论坛。会上，总公司十佳“建功十二五、创新促发展”金点子受到表彰，上海市十大工人发明家、城投污水公司宣建岚等职工科技创新先进代表以岗位创新的原动力、时代价值、主要途径为主线，分享践行岗位创新的经历。据统计，2013年，城投职工提出合理化建议1160余条，实施超过390条，产生直接经济效益约330万。（茅瑞喆）

【上海市医务工会举行职工科技创新第3期“星光计划”评审会】 5月31日，市医务职工科技创新第三期“星光计划”评审会在上海市职工技术协会举行。此次星光计划评选得到基层积极响应，共有26家单位参加，推荐优秀(资助)项目116项，“创新之星”17名。5月18—20日，市医务工会邀请有关专家进行初评，59个优秀(资助)项目和8位“创新之星”候选人入围。经过答辩和评审，共评出资助项目4个，一等奖6个，二等奖13个，三等奖25个，“创新之星”4名。（柯　婷）

【上海市新闻出版工会开展“我为企业发展献一计”金点子征集】 市新闻出版工会结合行业实际和基层单位需求，在系统中组织开展“我为企业发展献一计”金点子征集活动。活动内容针对系统内生产经营实际，围绕业务开拓与质量管理、增收节支与节能降耗、职业道德与企业文化、技能培训与信息管理等方面开展献计献策活动。经过民主推荐、公开评审等程序，最终评选出“十佳金点子”。（陈宏华）

【光明集团工会推介职工科技创新先进经验】 5月和9月，光明集团工会先后在光明乳业和米业公司召开集团职工科技创新现场推进会，从不同角度介绍和推广企业近年来通过开展以新产品研发、技术改造等为重点的职工科技创新活动所取得的经验和成果，展现一批科技创新带头人在本职工作岗位上所迸发出的创造活力和创新风采。同时，集团工会按照具有时代特征、体现光明特点的要求，搭建先进典型的培育成长平台，发挥工会组织在培养创新型、技能型、专业型、复合型人才上的作用。（桑树德）

【光明集团工会组织开展职工科技创新成果评选活动】 光明集团工会开展2011—2012年度职工科技创新成果、优秀合理化建议评选活动。在基层工会推荐申报、专业人员评审基础上，一批职工科技创新成果和合理化建议"金点子"脱颖而出。其中，"高端母乳化婴幼儿配方乳粉的研发和产业化生产"获集团职工优秀科技创新成果一等奖，"铁皮石斛自然光快繁育苗方法"等2项成果、"1.5万吨规模煮炼工艺改进项目"等5项成果分别获得集团职工优秀科技创新成果二等奖和三等奖，"全封闭自动化烊糖系统的应用"等20个项目被评为集团职工优秀合理化建议。同时，集团工会向上述获奖成果和"金点子"作者颁发证书，并分别给予2000—30000元不等的奖励。（桑树德）

【上海市经信工作系统工会组织职工科技创新和优秀成果推荐申报】 市经信工作系统工会组织第四届上海市十大职工科技创新英才（职工科技创新标兵）、第三届上海市职工科技创新新人奖和2012年度上海市职工合理化建议优秀成果、职工先进操作法优秀成果推荐申报工作。最终，上海下一代广播电视网应用实验室有限公司王明敏、中机国能电力工程有限公司梁天生、中国核工业第五建设有限公司王晓获"第四届上海市职工科技创新标兵"，上海中航光电子有限公司梁艳峰获"第三届上海市职工科技创新新人奖"，中核五建机施分公司"采用多级吊梁技术进行AP1000核电大型模块吊装"被评为20个合理化建议优秀成果之一。（黄 俭）

【上海职工2项成果获第六届"海峡两岸职工创新成果展"金奖】 6月18日至21日，由中华全国总工会主办、福建省总工会承办、12个省市（区）总工会和全国产业工会协办的第八届海峡两岸职工创新成果展在福州海峡国际会展中心举办。展览会共征集参展项目1560个，经专家评审，共评出288项金奖、315项银奖、433项铜奖。上海市职工技协推荐的宝钢股份上海梅山钢铁股份有限公司"7米顶装焦炉全自动操作控制系统技术"和上海东方泵业（集团）有限公司"DFMS多级双吸泵"2项职工优秀技术成果参展，均获第八届"海峡两岸职工创新成果展"金奖。

（王奇峰）

技能登高

【概要】 2013年，上海工会充分发挥工会"大学校"作用，持续推进技能登高行动，广泛开展技术培训、技能比赛等职工群众性岗位练兵技能比武活动，大力培养知识型、技能型、创新型职工，为上海创新驱动发展、经济转型升级提供人才保证和智力支持。一是加强顶层设计；二是搭建活动平台；三是营造社会氛围。据统计，全年全市各级工会共组织职工开展各类技术培训（讲座）1.59万次，80.33万名职工参加培训（讲座）；组织开展各类技能比赛8442次，包括1454个工种（项目），其中569个竞赛工种（项目）与职业资格等级鉴定挂钩；参赛职工38.9万人，其中6.45万名职工的技能等级得到晋升。（武吉波）

【市总工会制订职工晋升技师、高级技师奖励计划】 12月26日，市总工会公布2014年上海工会服务职工实事项目。其中，职工晋升技师、高级技师奖励计划将对上海市职业技能等级晋升到技师、高级技师的职工，由市总工会及相关工会组织给予现金奖励。奖励对象主要为上海市工会会员，且职业技能等级晋升为技师（国家职业资格二级）、高级技师（国家职业资格一级），并取得由上海市人社主管部门鉴定、认证、颁发的相应证书。（武吉波）

【2013年上海市农产品质量安全检测技能竞赛举行】 根据《农业部办公厅、中华全国总工会办公厅、中国就业培训技术指导中心关于举办第二届全国农产品质量安全检测技能竞赛的通知》精神，上海市农委、市总工会、市人力资源和社会保障局联合举办2013年上海市农产品质量安全检测技能竞赛活动。通过竞赛选出的优胜者，代表上海市参加第二届全国农产品质量安全检测技能竞赛。最终，上海市代表队获得团体三等奖，上海市浦东新区农产品质量安全检测中心王政、上海市嘉定区农产品检测中心余海芬分获个人三等奖，上海市宝山区农业技术推广中心农业环境保护监测站钱莉获个人优秀奖。根据文件精神，参加全国竞赛获得三等奖的王政、余海芬，由市总工会授予"上海市五一劳动奖章"。（武吉波）

【上海市职工技协命名第三批"上海市职工岗位绝技高招"】 经区县局（产业）工会推荐和专家评审，5月24日，上海市职工技术协会命名表彰"第三批上海市职工岗位绝技高招"，主要包括中冶宝钢技术服务有限公司伍先见"双手电焊"、上海大众汽车有限公司蒋杰"车神"、上海盛东国际集装箱码头有限公司张彦"集装箱桥吊"、上海文汇新民报业（集团）有限公司张萱"电脑大字速录师"、上海地铁第二运营有限公司沈雪"快速单程票装票筒"、上海锦江饭店牛宝亮"豆腐雕花"等6个项目。（王奇峰）

【上海市动物疫控系统实验室检测技术竞赛举行】 2013年，上海市农委、市总工会联合举办"上海市动物疫控系统实验室检测技术竞赛"，以进一步提高全市动物疫控系统的实验室管理水平、检测人员业务素质和应对各种突发动物疫情及畜产品质量安全事件的能力。来自9个区县动物疫控系统实验室的代表队参赛。经过角逐，奉贤区动物疫病预防控制中心获团体一等奖；青浦区动物疫病预防控制中心金凌艳、奉贤区动物疫病预防控制中心石慧花获"岗位之星"称号。这次竞赛由市动物疫病预防控制中心承办，分知识竞赛和实验室技能竞赛两部分。（武吉波）

【闸北区总工会多载体推进职工技能提升】 一是开展职工技术沙龙活动。8月份，联合绿化市容系统成立闸北绿化市容系统专业技术职工

闸北区绿化市容系统开展职工技术沙龙活动 （倪增强）

沙龙，组织13名技师、高级工技术骨干与徒弟开展“师徒结对”，通过PPT演讲、车间现场操作讲解等形式举办2次技术沙龙活动。二是开展技能竞赛活动。联合区绿化市容系统开展首批道路清扫工职业培训技能鉴定工作，有40名一线作业工人通过培训取得证书；与彭浦镇总工会联合举办中级烹饪师技能竞赛培训班，共有16人通过应知、应会考试获得中级证书；指导宝山社区总工会组织举办眼镜街第四届“青云杯”技能比武竞赛和职工消防安全比武竞赛。

（倪增强）

【闸北区烟草工会召开“爱我中华、建功立业”第一届职工技能运动会】 为提升烟草行业职工技能素质，8月，闸北区烟草工会举办了“爱我中华、建功立业”第一届职工技能运动会。运动会历时近一个月，先后开展专卖卷烟鉴定、专卖文书制作、POS机操作、门店销售、部门服务能手等多项比赛。举行“我对行业了解多少？”知识竞赛并在闭幕式上，进一步在行业职工中普及了行业相关知识。 （张 麟）

【杨浦区五角场地区总工会举办餐饮企业点心师技能比赛】 4月21日，来自杨浦区五角场地区的蔡家食谱、梅园村、鼎海半岛、星晨、老鸿兴等餐饮企业的点心师参加由五角场地区总工会举办的“迎五一”汤包制作比赛。按照最少10个汤包、重量20—24克、18—24个皱褶，以及美观、美味等要求，点心师们在规定时间内分别制作完成汤包。活动主办方从口感、外观、褶数、面皮厚薄等多方面对选手作品进行综合评分，评出名次并为获奖者颁发荣誉证书。（曹理仰）

【静安区旅游饭店行业工会组织开展职工技术比武活动】 8月8日，静安区旅游饭店行业工会联合会第二届职工技能比赛暨艺术冷盘大赛在静安希尔顿饭店举行，来自区内11家参赛单位的选手参加比赛。在专业评委及外籍评委的评审下，上海静安希尔顿饭店厨师阚毅军“花开富贵”获得冠军，贵都大酒店章毅春“蝶恋花”、吉臣酒店马培丰“夏趣”、延安饭店于家强“荷塘月色”和百乐门大酒店朱宏“中式蝴蝶拼盘”分获二、三等奖。 （蒋康乐）

【闵行区开展2013年职业技能竞赛活动】 6月15日，区总工会、区人力资源社会保障局共同举办2013年闵行区职业技能竞赛活动，陆续开展智能楼宇管理师、美发师、绿化工等11个与“国家职业技能资格鉴定”相结合的中高级竞赛项目，成绩合格者可获得相应职业资格等级证书，并可直接申报高一等级职业资格鉴定。中级技能比赛排名前10%、高级技能比赛排名前5%的选手，符合一定要求，可晋升该职业高一等级职业资格。 （俞龙祥）

【嘉定区启动第八届职业技能竞赛活动】 4月3日，嘉定区第七届职业技能竞赛总结会暨第八届职业技能竞赛动员会召开。第八届职业技能竞赛由嘉定区总工会牵头落实，竞赛时间从4月一直持续到10月。竞赛共设16个项目，涉及10个工种，并专门开设农民工竞赛专场。全区共有1299位选手参加由各街镇组织的预赛，其中976名选手通过预赛获得参赛培训资格。通过为期3个月的培训，9月14日和10月19日分别进行16个项目的应知、应会决赛。决赛主赛场设在上海市大众工业学校，其余分会场设在上海科学技术职业学院、上海工艺美术职业学院和上海职业技能鉴定中心竞赛场地。区领导和众多参赛选手来到大众工业学校观摩数控车工（高级）、数控铣工（高级）等7个项目的决赛。 （徐 浩）

【奉贤区南桥镇举办“职工技能提升月”活动】 5月，奉贤南桥镇总工会举办“职工技能提升月”活动，分三个层次开展行业技能比武。基层企业根据企业生产特点，开展单个或多个工种（项目）的培训或比赛；村、园区举办1—2个工种（项目）的职工岗位技能比武；镇总工会联合行业工会，选择2—3个参与面较广、技术含量较高的工种（项目）。对各村、园区自主比赛获第一名的选手，南桥镇总工会颁发“南桥镇技术骨干”证书；对镇总工会行业工会举办的技能比武前三名的选手，颁发“南桥镇技术能手”称号。这次“职工技能提升月”共组织职工技能培训2000多人次、岗位练兵1000多人次、技能比武1000多人。 （包鲜红）

【奉贤区金汇镇举办缝纫机维修技术培训】 5月26日，奉贤区金汇镇总工会、金汇镇纺织行业工会联合会、金汇镇缝纫机维修技术行业工会联合会举办缝纫机维修技术培训。来自纺织行业及缝纫机维修行业的40多名维修技术员工参加。这次培训由大森缝纫机有限公司、卧龙控股集团有限公司相关技术专家担任培训讲师，内容包括缝纫机机器结构、电控系统原理及常见故障维修等。 （余 龙）

【2013 年崇明县职业技能竞赛举行】 9 月 17 日，2013 年崇明县职业技能竞赛开幕式在上海市工程技术管理学校举行，开幕式以后组织实践操作比赛。此次竞赛由崇明县人力资源和社会保障局、崇明县总工会、共青团崇明县委、崇明县教育局、崇明县妇女联合会等五家单位联合举办，共设家政服务员(中级)、汽车驾驶员(中级)、钳工(中级)和绿化工(高级)4 个项目，共有 232 人参加竞赛，190 人考试合格并获得荣誉证书，10 人得到技能等级提升。（秦春华）

【市机电工会举办数控团体精英赛】 数控团体精英赛是 2013 年上海电气“李斌杯”职工技能大赛中最高等级的项目赛。在市机电工会和大赛组委会的部署领导下，学院邀请集团内外行业专家进行多次研讨，最终形成完善的比赛命题和技术文件。来自上海汽轮机厂有限公司、上海三菱电梯有限公司、上海电机厂有限公司等六家企业的 24 名技能技术高手组成八支代表队参赛。比赛以解决企业生产技术和操作难题为出发点，注重各代表队在加工工艺等方面的创新能力、团队协同合作能力以及对专业理论知识运用和解决实际问题的综合能力。（姚　菁）

【上海电气首席技师创新服务室成立】 1 月 16 日，上海电气数控机床操作、数控装调维修、焊接技术、探伤技术、维修电工、切削刀具和材料分析试验等 7 个首席技师创新服务工作室正式挂牌成立。上海电气首席技师创新服务工作室的成立，标志着上海电气高技能人才队伍资源得到进一步整合，形成企业层面的首席技师工作室和集团层面的首席技师创新服务工作室的点面结合、内外联动，使资源和技能得到互利共享，为集团高技能人才提供相互学习、相互提高、比学赶帮的平台。工作室成立 1 年来，已先后为 4 家企业实施技术服务和技术攻关，49 名创新服务工作室成员跨企业带徒 100 名。（朱汉民）

【上海市仪电工会加大对职工技能升级激励力度】 2013 年，上海市仪表电子工会补充调整原《关于深化职工技术创新活动加强技能人才队伍建设的意见》，加大激励力度。一是由原来取得中级工以上技能等级证书给予奖励，扩大到职工拿到初级工证书的即奖励 500 元；二是奖励对象由电子制造业的技能工人扩大到信息服务业的专业技术人才，如将智能安防产业所需专业人才纳入奖励范围，取得一级制造师和二级制造师专业资质证书的分别奖励 5000 元和 3000 元；三是对中级工的奖励由原来的每人 500 元提高到 800 元。（邵秀根）

上海电建公司工会举行 2013 年职工技能竞赛辅机安装决赛

（傅　诚）

【上海市化学工会组织开展职工技能攀新高活动】 2013 年，市化学工会会同行政组织职工技能攀新高活动，共开展化学分析、化工检维修、化工总控工、消防技能、网页制作、ERP 等三大类 18 个项目的竞赛。通过基层选拔赛，共有 1000 余名员工参加决赛。通过决赛，共有 15 名特有工种获奖选手晋升为技师。在组织职工技能攀新高活动的同时，市化学工会还配合行政承办全国第六届石油和化工行业职业技能竞赛化学检验工决赛，选派的两支参赛队在全国石化行业化学检验工比赛中均获一等奖，代表华谊集团参赛的上海氯碱职工张翠芳获“全国技术能手”称号。（王有福）

【上海太亿企业股份有限公司工会组织开展职工技能大比武活动】 上海太亿企业股份有限公司工会开展以提高员工职业技能为目标的技能大比武活动。活动共有 650 名员工参与，在 29 个重点岗位和重点工序上展开技能竞赛。经过车间选拔、初赛、复赛三轮比拼，最后决出 44 名优胜者，由公司给予表彰和奖励。（徐俊彦）

【上海纺织职工获首届全国服装行业“十佳制版师”大赛第一名】 3 月 16—17 日，由中国服装协会主办的首届全国服装行业“十佳制版师”大赛在浙江杭州举行。来自 15 个省市、自治区的 121 名选手参加比赛。市纺织工会和服装协会组队参加。大赛分工艺技术文件编制、服装制版、样衣制作、立体裁剪、理论知识考试等 5 项内容进行考核。经过角逐，上海纺织时尚产业发展公司雍飞获得大赛第一名并获首届全国服装行业“十佳制版师”称号。（杜伟钧）

【上海市纺织工会与市服装协会联合举办服装技能竞赛】 市纺织工会和市服装协会联合举办 2013 年度技能竞赛。竞赛包括二个职业(服装制版师、时装设计师)、二个等级(四、三级)，30 余家企业和学校的 115 名选手报名参加。经过 6 天的辅导培训，参加上海市职业技能鉴定中心的理论和操作考核。最终，91 名选手成绩合格，其中 24 名选手获得三级 / 高级时装设计师职业资格证书，34 位选手获得中级 / 服装制作(制版)职业资格证书，33 位选手获得高级 / 服装制作(制版)职业资格证书，1 名

选手晋升为技师。 （杜伟钧）

【上海电建公司工会开展职工技能竞赛活动】 上海电建公司工会在焊接、起重、电气（热工）、转动设备安装等核心工种技能竞赛的基础上，联合人力资源部和培训中心，首次将技经管理、技术人员综合能力、CAD软件应用、英语口语等管理技能纳入职工技能竞赛范畴。竞赛共设置8个项目，在两个月内全面完成，吸引近200名选手报名参加。 （刘叶伟）

【上海电力建筑工程公司工会开展"作业指导书编制技能"竞赛活动】 上海电力建筑工程公司工会下发通知，开展"作业指导书编制技能"竞赛活动，共收到31份作品。在初赛、复赛基础上，公司工会召开"作业指导书编制技能"竞赛发布会，参赛选手根据各自制作的PPT作业指导书进行发布。作业指导书涉及企业施工生产的重要环节和工种，对提高企业施工生产能力提供了技术支撑。

（邝　民）

【宝钢集团工会筹备第七届"宝钢杯"全国钢铁行业职业技能竞赛】 宝钢集团工会积极组织筹备2014年在宝钢举办的第七届"宝钢杯"全国钢铁行业职业技能竞赛，排出《"宝钢杯"第七届全国钢铁行业职业技能竞赛工作推进表》，完成在宝钢举办的全国职业技能大赛裁判员培训工作，来自全国180多位裁判员参加培训。此外，为确保竞赛顺利进行，保障宝钢团队取得好成绩，召集宝钢相关工种领域的专家和高手，成立宝钢技术保障组，为竞赛成功举办奠定基础。（吕艳斌）

【宝钢不锈钢公司工会深化"分享知识、提升技能"主题活动】 宝钢不锈钢工会以"1+3"为载体，加强职工岗位技能和职业化能力建设。"1"即构建有平台、有任务、有形式、有激励、有成果的"五有"工作机制。"3"即"讲坛＋竞赛＋评聘"的活动形式，开设"操作维护技能讲坛"，组织6场讲坛活动，共有42位一线操作维护岗位员工走上讲坛。另外，举办"操作维护技能讲师赛"，2名员工荣获一等奖；评聘宝钢不锈钢公司首批"技能讲师"，12位操作维护员工入选。

（潘　彦）

【上海石化工会组织开展12项业务技能竞赛】 2013年，上海石化工会继续组织开展职工技能竞赛。各单位积极配合公司12项业务技能竞赛的选手选拔和集中培训，共有2653人参加。通过集中培训、选拔，封闭强化培训、选拔等阶段，55人参加集团公司比赛，取得7金、8银、6铜的优良成绩。整个培训过程共有81名教练参与辅导授课，共培训4392课时。 （盛立新）

【上海航天局149厂开展青年职工技能大比武活动】 上海航天局149厂工会牵头组织"王曙群空间机构技能大师工作室"成员和来自全厂各部门的30名青年导弹总体装配工，共同开展技能大比武，参赛选手平均年龄28岁。竞赛注重贴近实战，竞赛环节分为部门选拔、强化培训、厂内决赛3个阶段，竞赛程序分为理论考试和实际操作技能考核两部分，竞赛过程突出"学、练、赛"三要素。（沈　恺）

【上海烟印公司工会开展第三届职工技术比武活动】 2013年，上海烟印公司工会配合行政举办第三届职工技术比武活动。在历时6个月的比武活动中，12个专业工种和6个通用工种的570余名职工以比促学、以比促练，促进业务素质和技术水平不断提高。通过比武，18个参赛工种共产生一、二、三等奖选手共71人，公司技术能手8名，优秀组织奖3名。（季　虹）

【王宝和大酒店工会开展"实干王宝和、创新争一流"技能考核活动】 王宝和大酒店工会开展2013年技能考核活动，共计考核项目81项，630位员工积极参与，先后评出112个奖项。此次技能考核标准设置专业全面，考核过程严格规范，考核方式灵活多样，尤其是外请餐饮专家出题评审，对全公司191位来自各分部的厨房工作人员进行定级考核。 （浦琳炜）

【上汽集团高技能人才再获上海市相关荣誉及项目资助】 2013年，上汽集团申雅密封件陆恩斌工作室被评为"上海市技能大师工作室"，上柴股份崔柳青、采埃孚公司张利鸣、上汽乘用车公司季勇、上汽商用车技术中心卢杰、上海大众许庆新、延锋伟世通杨晋鸿等6名高技能人才获得"上海市首席技师千人计划"项目资助。至此，上汽集团已获批2个"国家级技能大师工作室"和5个"上海市技能大师工作室"，共有32位高技能人才获得"上海市首席技师千人计划项目资助"。 （陶牡丹）

【华东电网第三轮技术技能竞赛（自动化专业）决赛举行】 9月26日，华东电网第三轮技术技能竞赛（自动化专业）决赛举行。此次竞赛内容紧密围绕自动化专业近年来的发展，以智能电网调度技术支持系统关键技术

交运集团举行模具技能操作比赛 （王　勤）

为重心，围绕智能化变电站新技术、电网信息传输模式、数据网安全防护、电网能量管理系统以及调度主站高级应用功能等重点展开。最终，江苏省电力公司代表队力拔团体奖头筹，个人第一名被江苏队田江夺得，优秀组织奖为上海市、江苏省电力公司培训中心。（施炜伟）

【中国海运获第二届中国海员技能大比武三项殊荣】 在国家海事局和中国海员建设工会主办的第二届中国海员技能大比武活动中，中国海运工会组队参赛选手获得3项殊荣。其中，中海二队荣获航运企业组团体总分第3名，中海一队在“驾驶台资源管理”和“金工工艺”两个单项比赛中获金牌。（柴淮生）

【中海国际工会举办厨艺比武】 为提高船舶大厨烹饪水平，中海国际工会举办厨艺比武。比武注重实在、实用、实效，组织30名公休船舶大厨接受为期7天的切配、烹饪及中式点心制作培训。主办单位根据船舶特点制定教学内容，设计适合船舶烹饪的21款菜肴和4款点心的制作方法，体现“学与练”相结合、“练与用”相结合、“比与用”相结合的特点。（张晓鸣）

【上海市运输工会组织开展12项职工技能操作比赛】 2013年，由上海市运输工会、交运集团人力资源部牵头，集团相关部门及基层单位配合，在全集团范围内组织开展船舶轮机工、厢式车驾驶员节油、叉车驾驶员（外来务工人员专场）、高客车驾驶员节油、财务管理制度、内控制度基本规范、物业管理、计算机、餐饮服务、工程技术人员三维制图、焊接、模具切换等12项技能操作比赛。通过比赛，71名选手脱颖而出，并分别获得全年10%、7%、5%的工资性奖励。（王　勤）

【中交上航局工会举办全员岗位技术比武】 此次技术比武在管理层面开设耙吸挖泥船、绞吸挖泥船“船长、轮机长论坛”，就船长、轮机长在船舶管理、人员管理、技术指导等方面广泛探讨；在骨干船员层面，依据船舶类型，对驾驶（大、二、三副）、轮机（大、二、三管轮）进行技能比武（理论、实操）。电机员、施工员实施等级制考核；在普通操作船员层面，扩大技术比武岗位的种类及范围，共包含船舶水手、船舶机工、船舶电工、船舶厨工、测量工、管线工等6个工种。（杨建平）

【中远集运工会参加2013年中国海员技能大比武活动】 中远集运工会组队参加2013年中国海员技能大比武活动。经过层层选拔，代表中远集运参赛的10名船员，分别参加驾驶台资源管理、航线设计、瘫船起动、动力管系故障排除、铁人三项、海上操艇、撇缆操作和金工工艺等8个比赛项目。最终，获航运企业组团体第二名。以此为契机，工会组织开展公司内部船舶二副、三副、三管轮、水手、机工、厨工等6个大类的技能比武，在船员队伍中营造“比、学、赶、帮、超”的良好氛围。（钱　华）

【中远集运下属单证公司工会举办第七届“金手指杯”业务知识技能大赛】 11月29日，中远集运下属单证公司举办以“知识强本领，掘金添动力”为主题的第七届“金手指杯”业务知识技能大赛。通过3场选拔赛，各部门共18名选手晋级总决赛，就各业务部门日常工作内容及航运基础知识和IRIS-2相关模块操作进行角逐。这次大赛较往年突出两个特点：一是新人多，更多的一线新员工加入到比赛中。二是内容广，在比赛环节上设置“运指如飞”“默契猜词”“知识问答”“审查纠错”等，涉及实际业务操作中的典型案例或航运相关知识。（钱　华）

【民航机场候机楼服务岗位职业技能大赛在上海举行】 9月23—24日，以“中国梦·劳动美·提升机场服务·建设民航强国”为主题的2013年民航机场候机楼服务岗位职业技能大赛在上海举行，来自民航19家大机场的近60名选手参赛。浦东机场的白雪、广东机场集团的李一婷、山西机场集团的岳馨在大赛中获得前3名，并被授予“全国民航技术能手”称号。（吴云舟）

【上海建工五建公司工会举办2013年职工技术比武大赛】 3月21日，公司工会召开2013年职工技术比武动员会，为活动拉开序幕。此次比武紧扣企业实现转型发展需要在职工中普及强化的专业技能，分为工程算量和BIM技术两大项目。其中，工程算量项目有基础知识笔试和实例工程算量两项赛事；BIM技术项目分为建筑、结构和机电3个专业，由参赛选手选择一项完成建模。（杨钟春）

【上海建工园林工会启动职工技能培训三年行动计划】 一是发挥施年忠劳模创新工作室的作用，在集团范围内开设植物设别、病虫害防治、花灌木修剪等培训课程，培训人次达到400余人次。二是请劳模施年忠为学员讲述自己的岗位成才历程、岗位实践体会并进行座谈交流。三是在绿建、新园林和地产的协助下开展以“技能成就梦想、劳动创造幸福”为主题的2013园林集团职工技能比武，共有84位选手参加；同时，选派36位优秀选手参加绿化行业的技术比武。（杨钟春）

【上海市交通港口局工会举办职工技能大赛】 按照“培训、练兵、比武、晋级”四位一体的职工职业技能发展要求，上海市交通港口局工会举行公交行业“汽车驾驶员”（竞赛）高级（三级）职业工种技能大赛和公交出租汽车行业汽车维修工高级工技能大赛。各企业组织相关工种职工钻研技术，并推出代表参赛，促进职工技术水平提升，取得较好成绩的参赛人员还获得技术职称晋级。此外，会同公交行业协会，组织3名优秀公交驾驶员于9月12—15日参加在天津市举行的全国公交驾驶员节能比武大赛，浦东公交黄伟青获全国比赛自动档组第一名。（周建荣）

【上海城投总公司工会开展职工技能比武竞赛活动】 上海城投总公司工会于6月开始筹划职工技能比武竞赛方案，并积极听取基层意见，制定比赛程序，最终确定企业内特有工种、社会通用工种、城投内部服务特有工种三大类，涵盖环境、供排水、对外服务窗口等主要城市运营保障工种

上海良友集团粮油仓储公司举办职工设备操作技能比武大赛
（吴小平）

的 10 个比武项目。工会、组织人事部、教培中心、参赛单位等各方形成合力，统筹推进技能比武竞赛。竞赛中，有 3000 多名职工参加各单位组织的初赛，近 800 多人参加复赛，其中 541 名职工参加企业内特有工种和社会通用工种的等级竞赛。287 名鉴定合格，其中，四级合格 153 名，三级合格 134 名。4 人晋级为技师，18 人被授予总公司“岗位技术能手”称号。（茅瑞喆）

【上海市绿化市容工会组织开展绿化市容行业职工职业技能大赛】 2013 年,上海绿化市容行业开展绿化专业、环卫作业、动物饲养、森林消防和林业防火等 5 个专业技能竞赛，市级层面共举办 104 期培训班，有 2409 人参加培训，有 11 个工种 486 人晋升等级。通过竞赛，进一步提升市绿化市容行业职工的职业技能和服务质量。（鲍　斌）

【中建八局工会举办第四届工程量算量技能大赛】 9 月 25—26 日，中建八局工会与局成本部联合举办主题为“争当算量能手，争做一流员工”的第四届工程量算量技能大赛。大赛自 8 月份启动，全局共计 1260 余名商务人员参加初审。通过局属 14 家土建单位初赛选拔的 42 名选手参加电算和手算两个环节的决赛。经过角逐，西南公司获得团体金杯奖；青岛公司田先磊、大连公司杨栋斌、西南公司岳新敏夺得算量能手一等奖；二公司等 7 家单位获最佳组织奖。获奖选手田先磊代表 42 名参赛选手向全局商务人员发出《立足岗位创佳绩、提高技能争一流》的倡议书。（刘国栋）

【百联物贸股份工会举办 2013 年职工岗位技能竞赛】 10 月 17 日，2013 年百联物贸股份职工岗位技能竞赛开幕式举行。竞赛活动于 11 月上旬结束。来自各直属企业的 12 支队伍、72 名参赛队员参加了安全消防知识与实务操作、英语演讲与朗读技能、汽车驾驶与维修技能 3 个正式竞赛项目和烹饪技巧展示项目。（姜　杰）

【第一百货商店推进高师带徒工作】 1 月 5 日，第一百货商店开展新一轮“高师带徒”活动，“羊毛衫状元”邵开平、“摄像机博士”李惠麟、“首饰之友”朱雯瑾等 3 位首席技师分别收一名 90 后的青年员工为徒，师徒签订带教协议和目标责任书。在五一节、国庆节、店庆日等重要节日期间组织劳模服务示范和展示活动，几位徒弟也都一起参与，从中学到许多服务技能和工作经验。此外，3 对师徒还开展市场调研考察活动，完成《发掘创新型人才，依靠服务提升商业价值》等 3 篇调研课题报告。
（姜　杰）

【上海水产集团举行电工技能比赛】 9 月 17 日，由上海水产（集团）总公司主办、上海科技管理学校协办的“上海水产集团 2013 年电工技能比赛”拉开帷幕。来自集团下属 5 个单位的 12 名选手参加。比赛分为理论比拼和操作比拼两个环节。此次比赛既是对各公司电工队伍专业技能和精神面貌的一次检阅，也是各公司加强人才队伍技能建设、夯实安全生产基础的一次大练兵。（韩　毅）

【上海良友集团工会开展职工岗位练兵技能比武展示月活动】 6 月，上海良友集团工会组织开展“良友职工岗位练兵技能比武展示月”活动。活动月期间，集团工会通过集中动员、现场观摩、参观交流等一系列活动，重点推动仓储物流业技能大比武、粮油加工业技能大提升、窗口服务业技能大展示、职工岗位技能大练兵。共有 348 家班组开展岗位练兵技能比武展示活动，参与职工数达 3082 名。
（张晓娟）

【上海粮油仓储公司举办职工设备操作技能比武大赛】 11 月 8 日，上海粮油仓储公司举行 2013 年“安诚保险杯”职工设备操作技能比武大赛。此次比赛共设修理、起重机、叉车、内驳车操作等四大类，电路故障排除、托辊保养、换轮胎、吊五环、水桶套桶、侧方停车移位、S 形路线穿桩驾驶、宽货进窄门、瓶口码水球 9 个项目。来自公司系统各基层单位的 73 名选手参加比赛。（沈洁静）

【上海市监狱局工会开展岗位练兵活动】 为配合推进现代监狱警务机制建设，上海监狱局工会号召各级工会积极开展岗位练兵活动。局工会与综合管理处共同组织开展“监狱民警食堂餐饮技术比武活动”，菜式类、点心类以及团体奖的第一名，分别由警校、新收犯监狱和监狱总医院获得。局属各监狱、警校及局机关共计 60 余人参加比赛和观摩。另外，局属各基层单位工会，均配合行政开展紧贴实际、富有成效的岗位实务培训。
（江海群）

【锦江国际集团工会开展职工职业技能大赛】 锦江国际集团工会主动融入经营管理工作，在所属企业中组织开展“导游大奖赛”及评选“优秀导游领队”“优秀研发产品”“优秀服务明星”“管理创新人员”等活动；举行“中式烹饪”“中式冷菜”“中餐服务”“客房服务”“导游领队大奖赛”等5个项目的初赛、复赛、决赛。全年共有2240个班组积极参加集团“重服务、练技能、提素质、树品牌”劳动竞赛活动。（张祥伟）

【锦江国际酒店发展股份有限公司工会举办“拜师收徒”签约仪式】 5月16日，锦江国际酒店发展股份有限公司工会举办“拜师收徒”签约仪式，共有25对师徒进行签约。活动借鉴中国传统文化，采用穿汉服、行古礼，拼孔像、拜师傅及签订“契约”的形式来确定师徒关系。签约形成师徒关系后，将按照锦江行业标准和岗位特色的《专业技能人才拜师计划实施细则》，根据不同的带教内容来考核每对师徒。（张祥伟）

【上海市市级机关工会开展职业技能比赛】 7—9月，上海市市级机关工会在市级机关系统干部职工中开展以提高职业技能为内容、以提升综合素质为目标的职业技能比赛活动。比赛以公文写作、计算机输入、硬笔书法为重点项目，鼓励各基层工会结合单位特点、特色设计竞赛项目，开展多层次、多岗位的练兵和技能比武活动。参加对象为市级机关工会系统在职在编公务员、事业单位和企业干部职工。（王强鹰）

节能减排

【概要】 2013年，市总工会继续以着力推动经济发展方式转变和产业结构调整，不断提高职工队伍整体素质和服务上海经济社会发展的能力为目标，以上海重点用能企业节能减排专项立功竞赛为抓手，在公用事业企业、石油化工企业、加工制造企业、区属企业四大分赛区分类推进，取得明显成效。据统计，各级工会组织职工开展节能减排技术革新、技术攻关项目3814项；聘任6016名职工节能减排义务监督员；全市职工提出节能减排合理化建议14.63万条，采纳9.78万条，实施8.51万条。（李 伟）

锦江国际集团工会开展职工职业技能大赛“导游领队”大奖赛（王其康）

【市总工会等单位召开重点用能单位节能减排专项立功竞赛推进会暨职工节能减排优秀成果发布会】 6月18日，市总工会、市发展改革委、市经济信息化委和市国资委联合召开2013年上海市重点用能单位节能减排专项立功竞赛推进会暨职工节能减排优秀成果发布会。会上，上海石化公司工会等4家单位作交流发言，上海易通零部件有限公司张志等4人进行成果发布。此外，市总工会还表彰上海职工节能减排十佳格言警句等全市职工节能减排活动中涌现出来的优秀成果，并授予浦东新区总工会等15个区县局（产业）工会2013年职工节能减排成果征集活动优秀组织奖。（叶 懿）

【市总工会开展职工节能减排“格言警句”“先进操作法”和“典型案例”征集活动】 3月，市总工会印发《关于开展职工节能减排“格言警句”“先进操作法”和“典型案例”征集活动的通知》，征集职工和工会组织在生产实践中践行低碳、节能减排理念而总结的“格言警句”“先进操作法”和“典型案例”，同时号召广大职工“立足岗位、低碳行动、节能减排、创新创效”。征集活动共收到格言警句3100余条、先进操作法184个、典型案例154个。最终，上海天马微电子有限公司面板厂孟凡清等创作的10条格言警句被评为“上海职工节能减排十佳格言警句”，浦东新区杨高公共交通有限公司陈强总结的“公交驾驶节能减排四大基础操作法”等10个操作法被评为“上海职工节能减排十佳先进操作法”，上海石油化工股份有限公司热电部制水车间朱惠华提供的“全员成本目标管理，减低锅炉排污”等10个案例被评为“上海职工节能减排十佳典型案例”。（叶 懿）

【静安区总工会开展“静安区职工节能减排金点子征集活动”】 为在广大职工中树立资源节约、低碳环保理念，静安区总工会在全区职工中广泛开展“静安区职工节能减排金点子征集活动”。据统计，经全区各级工会层层发动，共征集各类节能减排金点子700余条，在数量上较往年有所增加，内容上也更加丰富，涉及日常生活、工作的方方面面。在此基础上，区总工会遴选出31条“优秀金点子”，并与区发改委就“金点子”的运用和推广进行专门研讨。（刘培晋）

【市纺织工会征集节能减排“格言警句”及低碳实例】 纺织工会通过新浪“青春SHANGTEX”微博，连续发布节能低碳宣传资料，以唤起纺织职工节能环保的自觉意识。共收集51家企业及园区提供的节能减排格言警句630余条、低碳实例59例，经过初评，选出25条节能减排格言警句，其中20条在新浪“青春SHANGTEX”微博上进行投票。最终，评出优秀节能减排“格言警句”7条，

杨浦区总工会举办职工"节能减排，人人有责"征文演讲比赛
（曹理仰）

优秀低碳实例5例。（杜伟钧）

【上海石化工会积极开展"我为节能减排献一计"活动】 2013年，针对公司生产经营管理中各个环节存在的差距和薄弱环节，上海石化组织广大职工开展"我为节能减排献一计"专题合理化建议活动，努力降低生产成本和各项费用。全年共收到"我为节能减排献一计"合理化建议3126条。（盛立新）

【上汽组织职工开展"节能秀"活动】 6月13日，上汽职工"节能秀"活动举行，来自上汽各基层企业的30个节能项目小组参赛。活动采用比赛的形式，从空调、工艺、管理和供电及照明4个方面征集160多个项目，通过预选选出22个入围项目和8个答辩项目。最终，上汽乘用车公司空调程序优化节能攻关小组、上汽资产经营公司高效蓄能小组获得一等奖，安吉物流提高车辆装载率工作小组、制动系统电镀车间综合治理JJ小组、上海通用"智计变节"JJ小组获得二等奖，上柴公司电能管控JJ小组、上海大众冲压中心节能小组、申雅密封件"利矛坚盾"节能小组获得三等奖。（陶牡丹）

【中海集团开展"创新管理、降本增效"专项劳动竞赛】 围绕"中海杯"劳动竞赛要求，中海集团行政、工会和团委联合开展"创新管理、降本增效"专项劳动竞赛，组织广大员工针对生产过程，促进节能减排，降低开支，削减成本，修旧利废，提高运行质量；针对管理过程，加强成本控制，努力降低运行成本，扭亏增盈，改进运行管理流程，优化内部资源整合，提高管理效率；针对营销过程，拓展营销渠道，提高市场占有率和扩大营销能力。集团成立"创新管理、降本增效"专项劳动竞赛领导小组，负责宣传发动、组织推进、考评审核、总结表彰。（张　洁）

【中海油运工会开展"五个一"活动降本增效】 面对航运市场持续低迷的形势，中海油运工会开展降低燃油成本、控制燃油消耗"五个一"（每1艘船、每1天，燃油消耗减少1吨、1年燃油节约1亿元）活动。船管部和各轮成立燃油监控小组，对燃油消耗的经济航速、合理加温、规范洗舱、充惰、压载水置换等进行监控。"新安洋"轮1305航次经济航速节油608吨；"新厦洋"轮1304航次经济航速节油459吨；"杨林湾"轮1310航次调节锅炉风油比，同比单航次卸油节约37.5吨；"榆林湾"轮1313航次控制货油加温，同比节约23.7吨。1—9月，各轮采用经济航速同比节油33726吨。7—9月，货油加温节约燃油3765吨，洗舱、充惰、压载水置换节约燃油303吨。（施　鸶）

【中交上航局有限公司工会多形式开展职工节能减排活动】 中交上航局有限公司工会组织开展职工节能减排"格言警句""先进操作法"和"典型案例"征集活动。活动共收到各单位工会上报的职工节能减排"格言警句"197条，"先进操作法"14件，"典型案例"10件。在此基础上，公司工会选送优秀成果参加市总工会组织的评选。（杨建平）

【上海建工七建公司工会开展节能减排系列活动】 上海建工七建公司工会开展职工节能减排"格言警句""先进操作法"和"典型案例"及"金点子"征集活动，共收到涉及木料节省、绿色施工、机械小改革等各个方面的金点子40个、各类格言警句60条、先进操作法24个、典型案例8个。在此基础上，邀请技术、材料等各个相关部门进行打分评比，选出可行性高、实用性强的金点子进行奖励。（杨钟春）

【上海市交通港航工会组织公交行业驾驶员开展节能培训】 根据上海市国资委、市交通节能减排促进中心的统一部署，上海市交通港航工会会同公交行业协会分4期对410名公交驾驶员开展节能培训。在节能理论培训基础上，通过集中培训和线路带教方式在车辆发动、起步操作、路口停车、转弯变道、进出车站、预见性判断等九个方面开展节能驾驶操作培训。（周建荣）

【上海良友新港公司工会开展节能减排专项合理化建议征集活动】 4月1日至5月30日，上海良友新港公司工会在全体职工中开展"我为公司节能减排、开源节流献一计"专项合理化建议征集活动。广大职工积极建言献策，共收到合理化建议183条。通过"可行性、参考性、启发性"投票初评和"可行性、实效性"复审，最终挑选出30条建议。在此基础上，从"研讨建议实效性，明确主办、协办部门，落实相关费用，明确时间节点"等四个方面，对30条建议逐条进行论证和安排，确保转化为督办项目的合理化建议尽快得到落实。（周鑫鑫）

劳动保护

【概要】 2013年，市总工会以“安康杯”竞赛活动为抓手，将工作重心放在基层，放在班组，放在职工身上，将工作重点聚集在隐患发现、事先预防上。通过推行劳动保护5项制度、“安全生产1000班组”创建、职业病防治专项集体合同等有效措施，充分发挥工会组织在切实保障城市运行安全和生产安全中的积极作用。据统计，全市各级工会共参加“三同时”审查验收项目1141项；建立劳动保护监督检查委员会1.41万个；督促企业整改危害农民工身心健康和生命安全的事故隐患3077件，涉及农民工14.35万人次；参加安全生产检查9.45万次，参加处理工伤事故1229件。另外，各级工会还筹集防暑降温慰问资金2亿多元，慰问企业和工地2万多家、职工200多万人次。

（李 伟）

【市总工会等召开深化“安康杯”竞赛暨职业病防治专项集体合同工作推进会】 6月30日，市总工会、市安全生产监督管理局、市人力资源和社会保障局和市卫生和计划生育委员会联合召开上海市深化“安康杯”竞赛暨职业病防治专项集体合同工作推进会，进一步深化“安康杯”竞赛活动，积极推进职业病防治专项集体合同工作。会上，闵行区总工会、上海耀皮玻璃集团股份有限公司和崇明县建设镇总工会分别就工会劳动保护、“安康杯”竞赛和职业病防治专项集体合同工作交流发言。上海2012年度全国“安康杯”竞赛各类先进和部分上海“安康杯”优胜单位竞赛领导小组主要负责人等350人参加会议。

（邬明亮）

【上海积极组织深入推进“安康杯”竞赛活动】 2013年，全市在积极组织、深入推进“安康杯”竞赛活动中，坚持“安全第一、预防为主、综合治理”的安全生产方针，着力深化“三项行动”（安全生产执法行动、治理行动、宣传教育行动）和“三项建设”（安全生产法制体制机制建设、安全生产保障能力建设、安全生产监管监察队伍建设）。同时积极发挥工会组织优势，建立健全劳动保护“五项制度”，深入开展“安全生产1000班组”创建活动和班组安全建设标准化，增强广大职工的安全健康意识和自我防范能力，为切实保障城市运行安全和生产安全，促进安全生产形势稳定好转和社会和谐稳定作出贡献。全市共有7200余家企事业单位参加市一级的“安康杯”竞赛，覆盖职工220余万名。

（邬明亮）

市总工会召开深化“安康杯”竞赛暨职业病防治专项集体合同工作推进会 （吴良荣）

【市“安康杯”竞赛办公室积极组织开展“班组安全文化宣传展板”活动】 按照全国“安康杯”竞赛办公室要求，上海市“安康杯”竞赛办公室组织开展“班组安全文化宣传展板”评选活动。各区县局“安康杯”竞赛分赛区和各参赛单位积极参与，通过层层评比选拔，全市共有200余块展板上报到市“安康杯”竞赛办公室参加评选。经专家评审和现场投票，53块展板分获一、二、三等奖和优胜奖，其中，五个一等奖展板代表上海参加全国比赛。 （邬明亮）

【市“安康杯”竞赛办公室组织开展“班组安全建设与成果展示”活动】 活动得到各参赛单位的支持和响应，通过层层选拔，共有200余项成果报市“安康杯”竞赛办公室。经筛选评审和现场发布，国网上海市电力公司检修公司变电检修六组《“微”创新助力“大”安全》获特等奖，上海天然气管网有限公司LNG站操作组《“五到”保安全“安康”你我他》、中冶宝钢第二检修分公司运保队烧结班组《推进“3+2+1”管理确保“安全稳产顺行”》获一等奖，中石化上海石化股份有限公司腈纶部金阳装置丁班《安全之行始于你我》等3个参赛成果获二等奖，上海烟草储运公司物流运输部运输三组《用诚信构筑班组“安全梦”》等6个参赛成果获三等奖，上海京瓷电子有限公司物料部《安全建设成果》等33个参赛成果荣获优胜奖。获得特等奖和一等奖的3个优秀成果代表上海参加全国比赛。

（邬明亮）

【市总工会举办劳动保护监督检查员培训（复训）班】 6月7—8日，市总工会在上海工会管理职业学院职业讲堂举办2013年度工会劳动保护监督检查员培训（复训）班，共计130余名各区县局（产业）工会劳动保护干部参加此次培训。 （汪佳侃）

【市总工会任命上海市工会劳动保护监督检查员】 市总工会对参加6月市总工会举办的工会劳动保护干部培训班的各区县局（产业）工会劳动保护干部进行考核。经考核合格且符合任职条件的59人，被任命为上海市工会劳动保护监督检查员。（沈兰萍）

【上海工会认真做好防暑降温工作】 市总工会下发《关于认真做好2013年

本市职工防暑降温工作的通知》，要求各区县局（产业）工会，督促涉及高温作业的单位和非公企业，做好防暑降温和劳动保护工作；重点加强对职工的安全宣传和教育培训工作，了解暑期安全保健知识，提高防暑降温的自我保护意识和防范能力；组织开展高温慰问，加强监督检查，确保广大职工平安度夏。高温期间，市总工会领导直接走访慰问企业23家，慰问高温作业一线职工12867人，其中农民工1万多人，发放慰问金和慰问品累计折合约85万元。据统计，全市各级工会与政府部门或行政联合开展安全生产、防暑降温专项检查2万多次，查实问题12868个，督促整改12457个，涉及职工32万多人，其中农民工13万多人。工会共筹集慰问资金及实物2亿多元，慰问企业和工地23846家、职工200万人次，其中农民工86.2万人次；发放防暑降温用品10.9亿元；为职工提供健康体检67万人次，其中农民工18.8万人次。（沈兰萍）

【2013年上海市生产安全（工矿商贸）事故情况】 1—12月份，全市地域内企业发生生产安全事故264起、伤亡321人。其中：发生死亡事故208起、死亡236人，同比分别下降9.96%、4.84%；外来务工人员死亡197人，同比下降11.26%。具体情况如下：(1)按经济类型分类：国有企业死亡15人，同比下降40%；集体企业死亡4人，同比上升100%；外商投资企业死亡26人，同比上升100%；私营企业死亡176人，同比下降1.68%；外省市在沪企业死亡15人，同比下降48.28%。(2)按行业分类：制造业死亡120人，同比下降0.83%；建筑业死亡28人，同比下降34.88%；交通运输、仓储和邮政业死亡20人，同比持平；租赁和商务服务业死亡31人，同比下降3.13%；居民服务和其他服务业死亡24人，同比上升60%；其他行业事故死亡13人，同比下降23.53%。(3)按事故类别分类：高处坠落死亡74人，同比下降15.91%；机械伤害死亡21人，同比下降41.67%；起重伤害死亡27人，同比上升28.57%；坍塌死亡21人，同比上升10.53%；物体打击死亡22人，同比下降18.52%；触电死亡24人，同比下降7.69%；车辆伤害死亡8人，同比下降38.46%；中毒与窒息死亡22人，同比上升120%；淹溺死亡1人，同比持平；其他伤害死亡3人，上年同期无此类事故；其他爆炸死亡13人，同比上升160%。（沈兰萍）

【市总工会等联合开展职工食堂食品安全专项检查行动】 6月中旬至8月底，市总工会会同市食药监局联合开展职工食堂食品安全专项检查行动，落实防控食物中毒关键措施，消除食品安全隐患，提高职工食堂食品安全管理水平。在开展专项检查行动期间，各级工会组织和食品药品监管部门密切合作，共检查企事业单位职工食堂7602户次、工地食堂1086户次。8月22日，市总工会与市食品药品监管局组队，赴上海市邮政公司职工食堂与上海建工四建集团公司一工地食堂检查，并对两家单位食品安全管理进行实地调研。（余嘉毅）

市建设交通工会开展"安康杯"竞赛中途检查（钱　蓉）

【虹口区总工会夏季高温慰问一线职工】 区总工会提早部署夏季高温慰问工作，慰问对象体现"两个倾斜"：一是向基层倾斜，关心基层工会。重点关心8个社区街道的小区工会干部，这支队伍在全区动拆迁、房屋征收、"两个普遍"及退休职工互助保障工作中发挥了重要作用。二是向重点区域、重点行业倾斜，专门走访慰问一线环卫职工、农民工。同时，区总工会设立高温专项资金，计划用3到5年时间慰问全区所有街道（社区）总工会、行业、直属工会干部和职工。各区属工会也开展形式多样的高温慰问活动，筹措资金约500万元，惠及近3万名职工。区总工会还在组织开展防暑降温"送清凉"的同时，加强现场安全生产监督检查，为高温期间的安全生产提供有效保障。（徐　洁）

【宝山区总工会着力提升劳动保护工作影响力】 一是加大安全生产劳动保护监督检查力度，增加高温慰问投入，联合安监部门开展高温期间劳动保护专项检查，督促企业按标准发放高温费和高温岗位津贴。二是开展"安康杯"竞赛，2013年参赛覆盖面有较大幅度增长，并联合区安监局共同表彰一批宝山分赛区的优秀集体和个人。三是健全劳动保护工作机制，推进职业病防治专项集体合同工作，全区排摸职业危害企业447家，签约完成249家，超额完成50%签约目标。四是积极参与特种设备事故、安全生产事故调查处理15起，其中全程参与"8.31"液氨泄露事故善后处置工作。（胡立伟）

【青浦区白鹤镇认真履行工会劳动保护职责】 高温期间，白鹤镇总工会通过"三结合"积极开展"送一片清凉、添一份关怀、鼓一下干劲、查一起隐患"的高温走访慰问活动，认真履行工会劳动保护职责。一是结合"面对面、心贴心、实打实"服务职工在基层活动，走访慰问120余家企业，倾听职工呼声，了解职工的实际需求，检查落实高温费发放情况等，叮嘱一线职工做到工作效率、身体健康两不误。二是结合季节性安全生产工作，发挥工会劳动保护监督检查员作用，配合行政加强对企业防暑降温和劳动保护工作的监督检查，落实夏季安全责任制。三是结合“安康杯”竞赛活动，积极开展贴近生活、寓教于乐的防暑降温和安全卫生知识的宣传教育培训活动。（朱建强）

【化学工会精心组织具有化工行业特色的安全文化建设】 2013年，化学工会根据集团安全生产形势，从工会组织角度出发，以推进落实工会劳动保护工作为抓手，积极组织具有行业特色的安全文化建设。组织召开集团工会劳动保护监督检查委员会会议，会同集团行政制定“整治低老坏(低标准、老毛病、坏习惯)，强化高新好(高水平、新标准、好习惯)，管理上台阶”为主题的“万名员工安全环保万里行”系列活动方案。开展“安康杯”竞赛活动、安全合理化活动、安全关注活动、重大危险源(关键装置)安全示范活动、“七想七不干、低头捡黄金”排查隐患避免事故活动、消防专职技能和员工消防技能竞赛活动等六大活动。这些具有化工特点、行业特色的活动，吸引各基层单位职工踊跃参与。据统计，参赛单位共完成安全“双卡”298184张，发现安全问题39557个、整改达39529个，重大危险源示范装置达标7个；提出安全合理化建议3029条，采纳2907条；“七想七不干、低头捡黄金”建议971条，实施奖励11万元。

（王有福）

【市纺织工会组织“打非治违”知识竞赛】 5—8月，纺织工会在职工中开展“打非治违”知识竞赛及安全教育培训活动，并将活动与安全生产月活动相结合，与防暑降温工作相结合，与群众性“查隐患、堵漏洞、提建议、抓整改、保安全”活动及征集安全合理化建议相结合。此次活动共有24家子公司、50余家企业组织，7345名职工参加答题活动，占集团职工人数的51.6%。为此，上海纺织(集团)有限公司获得国家安全监管总局和全国总工会表彰。（杜伟钧）

华东电网组织职工“119”消防演习（包 鹏）

【医药工会参与新改扩项目“三同时”评审】 2013年，上海医药集团开展的新改扩立项项目较多，共17项(新建项目13项、改扩建项目4项)，其中涉及沪内企业13家、沪外企业4家。为降低职业危害源对生产一线员工所造成的危害，医药工会主动参与这些新改扩项目的“三同时”评审，从源头抓好防护措施的落实。在参与评审时，医药工会对项目建议书、可研报告、初步设计方案等涉及劳动保护、职业卫生健康、职业病防治等方面共提出56条建议，得到建设单位和设计单位的认可。（方 尉）

【医药工会通过开展“安康杯”活动保障员工身心健康】 医药工会按照市总工会和市安监局要求，动员下属企业踊跃参加全国“安康杯”(上海赛区)竞赛活动，有43家企业的1000个班组、15700名员工参赛。竞赛过程中,在各参赛单位自查基础上，医药工会将各参赛单位分7组开展中途检查和年终考评，并结合评分和安全生产现场巡检等环节，择优向市总工会推荐优胜单位和优秀班组。另外，针对高温和雾霾天气影响，要求各单位在高温和雾霾天气时要特别关心露天作业职工的身心健康，调整作业方式，减轻恶劣气候对职工的伤害。

（方 尉）

【上海电力安装第一工程公司工会以“三送”活动开展防暑降温工作】 一是“送保障”。高温前期，组织职工高温健康体检，为每位职工提高100元体检费，新增3个体检项目。同时对不适宜登高施工的80名职工，全部调整工作岗位。二是“送清凉”。制定“防暑降温”慰问计划，共慰问15个施工项目，职工1624人次，发放慰问金12.47万元。公司工会还与分包商沟通，对分包队伍防暑降温工作进行跟踪和监督，确保农民工的合法权益。三是“送安全”。按照中国电建大检查要求，组织有关人员检查作业环境、现场临时休息点、饮用水摆放点、现场安全防护设施和职工食堂、宿舍等。（王戌冬）

【上海电力建筑工程公司工会组织开展安全、劳动保护知识巡讲活动】 公司工会结合企业施工点多面广、施工安全风险大、外来务工人员多的特点，组织开展安全、劳动保护知识巡讲活动。一是广泛宣传。把企业发生的安全、劳动保护的案例，以及职工代表安全巡视查找出的违章现象，制作成《安全生产、劳动保护违章现象分析》PPT，在安全生产月期间，组织专人到各施工项目进行巡讲。巡讲还涉及到外来务工人员，做到宣传全覆盖。二是上下互动。公司工会劳动保护干部通过PPT，宣讲施工现场劳动保护的有关知识，然后播放施工生产的违章现象视频，让听众指出并纠正视频中的违章现象，强化职工自我教育的效果。三是有奖问答。罗列施工现场的安全隐患现象，让职工回答预防的措施，回答正确给予奖励。四是总结推进。总结巡讲工作,完善宣讲内容，在“劳动保护群防群治月”活动期间，将重新制作的安全宣讲PPT发至各基层工会，要求基层工会在活动月期间全口径进行宣传教育，促进公司创建“安全无事故年”总体目标的顺利实现。（邝　民）

【上海宝冶工会从四个方面落实“安康杯”竞赛活动】 一是确保“安康杯”竞赛活动参与面。全年分(子)公司参赛率100%，参赛班组272个，有2家单位分别获得全国和上海市“安康杯”竞赛优胜单位。二是开展“班组安全文化宣传展板”和“班组(项目部)安全建设与管理优秀成果展示”评比活动。各单位推荐上报安全展板40块、安全管理成果34项，集团公司工会组织开展评比。同时在市总工会的评比中，1项安全管理成果获得二等奖、1块安全展板获得三等奖。三是开展职工安全卫生知识答题活动，共有1000人参加。四是开展工会系统劳动保护监督检查活动，提出安全隐患整改建议120多条。（毛一新）

【上海石化“安康杯”竞赛成效明显】 2013年，上海石化有13家基层单位参加全国和上海市“安康杯”竞赛优胜单位创建工作。塑料部获得2012年度全国“安康杯”竞赛优胜单位，芳烃部、环保水务部获得上海市“安康杯”竞赛优胜单位，质量管理中心分析四站成品一组获得全国“安康杯”竞赛优秀班组，芳烃部2号芳烃联合装置运转甲班获得上海市“安康杯”竞赛优秀班组，烯烃部汪忠辉获得上海市“安康杯”竞赛先进个人。另外，公司工会会同安环部开展“全国安全生产月”和环境保护宣传教育活动，组织开展好“安全生产1000班组”创建工作班组安全建设成果展示活动，收到班组安全建设成果27项，并选送其中3项优秀成果参加市总工会组织的评比。（盛立新）

【上海化学工业区工会深入开展“安康杯”竞赛活动】 上海化学工业区工会以“弘扬园区安全文化、突出企业安全责任、加强班组安全管理”为主题,深入开展“安康杯”竞赛活动，共有57家单位，566个班组参加竞赛活动。一是大力弘扬园区安全文化建设，搭建安全文化平台，打造安全文化环境，营造安全文化氛围。二是全面落实企业安全生产主体责任，建立健全各项安全管理制度。三是积极推进班组安全管理标准化建设进程，重视职工安全健康知识培训和普及教育。四是加强事故隐患和职业病危害源点的控制，深入开展群众性事故隐患和职业病危害排查活动。五是认真组织“五个一”安全生产活动和“十个一”安全教育培训活动，进一步提高员工的安全意识和自我防护能力。（张　俊）

【鲁中矿业扎实开展“安康杯”竞赛】 鲁中矿业工会以夯实企业安全管理基础为目的，继续在全公司范围内组织开展“安康杯”竞赛。一是扩大参赛面,参赛车间(区、队)达48个，基层班组350余个，参赛职工占职工总数的98%。二是围绕“设备为柱”理念，组织开展“红旗设备”竞赛，推行设备现场标准化管理。三是开展“送清凉”活动，为从事高温作业的职工配送防暑降温物品，特别是市总工会副主席杨永平专程到鲁中矿业进行高温慰问，使一线职工备受感动和鼓舞。（刘　迪）

【上海船舶工会举办“安康杯”安全知识竞赛】 9月30日举行。竞赛得到上海船舶系统内各单位的积极响应，12家单位共选送16支队伍积极参赛。在竞赛活动中，由上海船舶工会和外高桥造船工会共同研发的“安全知识机考系统”的创新应用成为“安康杯”安全知识竞赛的一个亮点。每一位参赛选手事先配发一台已连接至内部无线网络的平板电脑，输入个人身份证号码后便可登陆“安全知识机考系统”，随后在平板电脑上进行无纸化的实名制答题。答题结束后，机考系统在第一时间统计和公布参赛选手的机考成绩。（张正阳）

【上海船舶工会开展高温送清凉活动】 7月中旬启动。针对入夏以来上海遭遇的罕见持续高温天气，上海船舶工会加大对高温送清凉活动的资金投入，共向各基层单位赠送毛巾、风油精套装、电风扇、清凉饮料等高温慰问品共计价值48万余元，同比增长43%。各基层工会，如江南造船(集团)公司工会、外高桥造船公司工会等坚持“以人为本”的工作理念，严格督促落实安全生产责任制，以“百日安全无事故”“安康杯”竞赛等活动为抓手,全面开展劳动保护、食堂食品卫生安全监督检查、高温禁忌症排查等各项工作,采取有效措施，确保职工群众和广大从业人员的职业健康安全。（张正阳）

【上汽各级工会为职工撑起关爱“绿荫”】 (1)KS活塞工会为热工车间的休息室、更衣室分别添置新的空调和电扇，改善工间休息环境。在7月初的“劳务工帮扶周”里，公司工会上门走访劳务工的出租屋，针对热工车间部分员工租房条件较差的情况，工会立刻联系周边的旅馆，签订两个月租房协议，让员工在舒适的空调房里确保休息。(2)上海皮尔博格有色零部件有限公司工会在各生产岗位安装风王冷风系统以取代原来的电风扇、轴流风机，基本满足所有岗位的通风降温需求；在各生产车间安放直饮式盐汽水机供员工24小时饮用，保证每一位员工在生产现场随时可以喝到；加强对食堂饭菜的卫生的检查，保障员工吃得好吃得放心；在生产一线车间各工段设置高温休息室；组织从事高温作业和特殊工种的员工800余人进行健康体检，避免引发中暑事故。(3)安吉汽车物流有限公司工会结合物流行业的特点，组织职工代表检查驾驶人员高温津贴、劳防用品的落实和发放；督促调度职能部门根据当天高温信息适当调整露天作业岗位人员的作业时间。此外，畅通信息渠道，如遇极端高温天气或其它重大情况，在第一时间向职工通报，并采取有效措施加以预防或控制。（陶牡丹）

【上海铁路局各级工会组织在安全大检查中发挥作用】 年初，上海铁路局工会发出通知，要求各级工会组织在安全大检查中切实发挥好实际作用。全局各级工会组织积极行动，组织召开安全专题反思会3398场，查找和消除各类安全隐患和问题5793个，劝阻纠正"两违"作业5861人次，安全宣讲1445场，制作典型事故案例展板919块，开展安全知识培训或讲座762场，开展安全签名承诺46172人，印制安全宣传册41350份，征集安全警句格言11701条，组织16334人参加岗位安全技术比赛486场，提出安全合理化建议6624条，组织安全技术攻关167项。（白　杰）

【上海铁路局工会组织开展"安全管理新机制知识竞赛"】 年内，铁路局工会牵头组织相关部门专家，结合铁路局推行实施的安全管理新机制相关内容，精选80道知识竞赛题目，在报纸、局域网上刊登宣传，共有54740人进行网上答题，79911人进行书面答题，职工参赛率达79.2%，主要运输站段参赛率达100%。奖励一、二、三等奖人员486名和20个优秀组织单位，促进干部职工学习安全管理新机制的自觉性和主动性，为实施安全管理新机制营造氛围。

（白　杰）

【中国海运工会组织职工参加"安康杯"竞赛】 一是广泛发动，落实责任，健全活动组织机构。年初，中国海运工会发文对全年开展竞赛活动提出要求。各单位积极参与，成立以总经理为组长的"安康杯"活动领导小组，建立健全组织机构，参赛单位由2012年的19家增加到现在的25家。二是加大安全生产文化建设，夯实企业安全生产基础。参赛单位用各种形式宣传贯彻国家安全生产法律法规，培育职工安全生产意识和自我防范能力，营造安全生产文化氛围。同时，集团工会和安管部联合组织职工参加全国安全生产领域"打非治违"知识竞赛，共有11794名职工参与，获得了优胜单位；在"119消防日"到来之际，集团工会和安管部联合举办船舶应急消防知识竞赛，210艘船舶、2663名船员在线参加答题，取得良好成效。三是以抽查和自查相结合方式加强检查。要求各单位参照《全国"安康杯"竞赛考核表》要求，通过自查，寻找安全管理的薄弱环节，及时进行整改。集团工会领导带队组成检查小组，到参赛单位现场查看，与船员座谈，了解活动情况。（张　洁）

【上港集团工会组织开展劳动保护"群防群治"月活动】 5月23日，集团工会下发《关于开展2013年工会劳动保护"群防群治"月活动的通知》，要求集团各级工会组织开展主题为"安全责任，重在落实"的工会劳动保护"群防群治月"活动。期间，针对企业中存在的对安全生产责任的模糊认识，以及生产中出现的违纪违章现象，集团职工广泛参与"我与安全"大讨论，并积极献言献策。21家基层工会共上报76条安全合理化建议，龙吴分公司《原木堆桩自动脱钩装置》等21条建议被评为安全生产"金点子"。

（林碧娅）

【上海港引航站以"安康杯"竞赛为载体推动企业安全生产】 引航站以"弘扬引航和谐安全文化，加强班组安全管理"为主题，积极组织开展"安康杯"赛活动。围绕安全和健康，举办"安康杯"答题知识竞赛，参与率接近100%；开展"寻找身边的安全隐患及安全危险源"活动，收到书面意见97份，对其中合理部分即知即改；开展班组安全管理成果展示交流，制作宝山交接中心小艇班安全文化展板及洋山引航员班组安全文化PPT。基层部门层面，汽车队组织开展拆装轮胎、倒车入库比武；引航科、洋山分站对无违章无违纪无事故引航员进行表扬、记功；引航船开展老师傅传帮带、青年职工技术帮扶等结对活动，对企业安全生产起到了促进作用。

（张　新）

【长江轮船公司旅游事业部将"安康杯"竞赛活动落到实处】 一是确保游船航行安全。在日常航行中提出"三个确保"的要求，即确保船舶适航、确保船员适任、确保航行安全。同时专门制作安全宣传片在各游船循环播放，对安全注意事项、安全通道、救生衣穿着等进行示范讲解。二是做好酒店和物业的消防安全。在安全检查中重点检查消防设备、用电设备、电子监控设备等运行情况，并投入资金对部分老旧设备进行更换。同时不断加强全体员工的消防知识培训，提高员工的安全责任意识。三是做好季节性安全工作。按照上级公司防台防汛工作要求，制定年度防台防汛工作预案，并对相关设备、物资进行专项检查，安全有序地度过多个台风的影响期。

（李　哲）

【上海长航船员劳务合作公司"长运"轮班组"安康杯"竞赛有成效】 "长运"轮班组通过开展"安康杯"竞赛活动，取得成效。一是以人为本保安全。船舶班子狠抓队伍建设，通过开展形式多样的岗位练兵、技术比武等竞赛活动，并采取以老带新、现场教学、查岗提问等方式培训，全面增强船员的安全意识和业务技能。二是和

上海船舶工会表彰"安康杯"竞赛活动中的优秀组织单位和先进个人
（张正阳 供）

谐环境增安康。建立和完善切实可行的安全规章制度和保障体系，注重强化船舶生产设备检修，提高设备运转能力，降低故障率。并在强化正常检修的基础上，成立日检、周检、月检、季检的巡回检修工作制度及安全隐患排查制，确保安全生产目标完成。班组获2012年度全国“安康杯”竞赛优胜班组称号。（陈伟荣）

【上海长航吴淞船舶工程公司工会组织劳动保护安全监督员检查现场】 为加强工会劳动保护监督工作力度，公司工会专门制定职工劳动保护安全监督实施方案，成立劳动保护安全监督检查小组，以班组长为主体建立劳动保护安全监督员网络，并把“违章指挥、违章操作、违反劳动纪律”的现象，作为日常安全巡查的重点内容。同时，公司工会按照公司行政全面开展安全大检查的工作要求，组织劳动保护安全监督员深入作业现场开展安全巡查活动，分别对船舶修理现场、码头、船体车间等重要岗点进行巡视检查，主要检查生产现场施工人员个人行为规范、特种设备维护保养等内容。共查出安全隐患15条，其中现场立即整改10条，其他全部通知相关职能部门限期整改。（张 鑫）

【上海邮政做好高温期间员工劳动保护工作】 在夏季持续高温期间，邮政工会围绕员工生产生活情况开展专题调研，同时组织对17家两级单位39个支局（生产科）的3558名一线投递员、押运员等进行慰问，金额达22.4万元。各两级单位和工会积极采取有效措施，加大现场管理，提供充足的含盐菜汤和清凉饮料，增添躺椅，修建员工休息室和浴室，确保夏季员工生产生活条件改善，受到员工好评。（张 莉）

【上海电信工会多措并举缓解员工午餐难题】 根据6月份双月沟通会上南区职工代表提出希望解决员工就餐问题的意见。公司工会协同公司办公室、网发部、安保部、上海通服德律风物业等部门，通过高温慰问、分片召开座谈会、发放调查统计表和对餐饮厨房实地察看等方式，对公司下属29家单位共11272名员工的午餐就餐情况进行一次比较全面的调查了解。通过“多渠道、抓重点、分阶段”提出解决方案。一是多渠道。充分发挥基层单位的地域优势，有条件的办食堂，没条件办食堂的考虑联系政府机关或大学等单位搭伙，没条件搭伙的要考虑为员工开辟就餐场所，添置加热保温设备，保证员工自带午餐的用餐质量。二是抓重点。通过重点突击，解决关键物理点的食堂扩容增能问题，从而提高这些食堂的午餐制作能力，辐射周边，为更多的员工提供午餐和送餐服务。三是分阶段。自办食堂除了要固定场所外，还需建设成本，一揽子解决难度较大。工会考虑设立近期和中远期工作目标，循序渐进地逐步消化难题，从而最终改善或解决员工就餐难的问题。建成南区局漕溪大楼员工餐厅并投入使用，多家郊区局兴办员工自助式小食堂，工会对每家自助式小食堂补贴4000元，用于增添设备。（殷 茵）

中交上航局东方分公司开展“安康杯”班组安全文化宣传展
（顾高华）

【中交上航局工会深化企业安全文化】 中交上航局工会在“安康杯”竞赛活动中围绕“弘扬企业安全文化，加强班组安全管理”主题，组织开展“班组安全文化宣传展板”和“班组安全建设与管理优秀成果展示”比赛等活动。共收到“班组安全文化宣传展板”32块、“班组安全建设与管理优秀成果展示”（多媒体）5个，其中选送了3块“班组安全文化宣传展板”、2个“班组安全建设与管理优秀成果展示”（多媒体）参加市总工会组织的评比。同时在“安全生产月”期间，会同公司党办、安监部、团委等在企业《航道报》上专刊选登了部分“班组安全文化宣传展板”的内容，加强宣传，提高职工的安全意识，促进企业安全生产。（杨建平）

【中交三航局多种措施保障防暑降温工作】 一是防暑降温计划早制定严落实。5月份，局有限公司工会及下属分公司工会就制订了防暑降温工作计划。6月份，空调、冰箱、茶叶、毛巾、香皂等慰问品全部采购完毕，并赶在高温天气来临之前，将空调、冰箱送到相应项目部现场并安装就位。进入7月后，公司党政工领导分头带队前往宝山国际邮轮码头项目等27个重大工程施工现场，慰问施工一线员工，并检查防暑降温措施落实情况。二是制度保障体现人文关怀。在作息时间上，坚持“抓两头、放中间”，遇到35度以上的高温天气，中午时间，停止所有露天作业，施工人员全部安排到室内阴凉处休息。把作业时间集中在相对凉快的早晨和傍晚，防止人员中暑。在施工现场备足茶水，员工休息室里空调、清凉饮料等一应俱全。三是突出关注农民工群体。切实保障农民工身心健康安全，着重抓好“防中暑、防食物中毒、防流行性疾病”等“三防”工作，同时加强对农民工食堂和宿舍的管理。（黄书展）

【中远集运工会深入开展安全主题活动】 加大对船舶和陆地单位的现场检查力度，重点检查船舶、危险品仓储及运输、特种设备和安全规章制度的执行情况，对检查中发现的问题给予及时纠正，确保各项劳动安全防范措施落实到位；组织"天福河"轮、"布依河"轮等8艘船舶和计算机中心、海图公司、通导公司及中远船务共4家陆地基层单位参加"安康杯"竞赛；开展职工安全知识普及教育和学习竞赛活动；会同上远公司工会举办劳动保护监督检查员培训，发挥三级工会劳动保护网络作用；针对夏季安全生产与劳动保护工作的特点，普遍开展一次高温走访慰问活动和食堂安全卫生检查，切实做好防暑降温工作，保障职工在夏季劳动生产过程中的安全与健康。 （钱 华）

【上海机场集团防暑降温送清凉】 面对持续高温，集团公司专门拨款20余万元为坚守岗位的一线职工送清凉，共送去5600多箱盐汽水，确保职工安全度夏。同时，集团工会下发《关于认真做好2013年防暑降温工作的通知》，要求各级工会积极履行职责，认真做好夏季防暑降温工作，并贯彻集团公司安全生产工作部署，协助行政部门开展安全生产劳动保护专项检查，切实保障职工合法权益。 （张雯倩）

【建工工会举办劳动保护干部业务培训班】 6月27日，集团工会在机施公司举办"上海建工集团工会劳动保护干部业务培训班"。市总工会经济工作部、集团安全处有关领导就"工会如何做好劳动保护工作"和"进一步强化施工现场安全生产、劳动保护、突发事件应急措施及相关法律法规"等课题作培训辅导。集团下属各单位工会分管主席、劳动保护干部，部分基层工会负责人和项目劳动保护兼职人员90余人参加培训。 （杨钟春）

上海建工工会举办劳动保护干部培训班 （缪云明）

【建工五建工会"五招"推进劳动保护工作】 一是对项目工会劳动保护监督检查小组实行"雁阵资助计划"，有选择地资助10个项目工会劳动保护监督检查小组，以促进其更好地开展工作。二是结合"五优杯"竞赛检查考评，全方位开展项目工会劳动保护巡视检查及考评，发现问题及时落实整改。三是响应市总工会"安全生产1000班组"创建号召，购买相关竞赛活动的书籍和活动资料，积极组织职工参与"安康杯"劳动保护竞赛活动。四是协同行政做好防暑降温、高温慰问及防寒保暖等工作。五是组织职工代表进行劳动保护现场巡查，发现问题及时反馈至项目部及工程公司，对项目现场的劳动保护工作起到很好的监督和促进作用。 （杨钟春）

【建工机施工会重视职工劳动保护工作】 一是认真制定2013年度"安康杯"竞赛规划和员工职业健康规划，梳理各项安全管理细节，提出具体实施细则，定出量化考核指标，对一线项目的劳动保护检查员进行知识业务培训，提高实际工作能力。二是切实维护员工职业健康，严格按照职代会集体合同协商条款，为1462名职工进行健康体检，包括外省市在建工程职工实现全覆盖，综合体检率达到93%以上。特殊工种职业病检查32人次，体检率100%。三是积极加强安全生产、劳动保护监督检查工作。组织职工代表和有关职能部门人员对在建重大工程施工现场进行安全生产、劳动保护、食品卫生、防暑降温、生活保障等工作巡视和专项检查，对查出的问题提出整改建议。四是加强宣传教育，弘扬企业安全文化。充分利用横幅、标语、黑板报、安全生产录像片等宣传工具，加大安全生产和劳动保护的宣传力度，在施工现场设立职工安全教育警示室，同时通过农民工学校普及安全防护知识，提高农民工队伍安全生产素质，推进企业安全文化建设。 （杨钟春）

【建工华建工会"八项措施"强化"安康杯"劳动保护竞赛活动】 一是根据企业安全生产和劳动保护中存在的薄弱环节，不断健全和完善员工安全生产组织网络。二是坚持班组班前和外出安装调试出征前的安全生产交底工作。三是坚持定期对班组长进行安全生产和劳动保护知识培训，在一线生产班组中大力推行"安全生产1000班组"模式。四是结合"安全生产月"，开展职工安全承诺签名全覆盖活动。五是组织职工参加"安康杯"征文活动和"安全生产合理化建议征集"活动。六是公司二级工会组织利用黑板报、横幅及橱窗、录像等形式，广泛开展展报、图片、事例的宣传，向员工普及安全知识。七是组织205名员工开展"安康杯"安全知识试卷问答。八是针对劳务工安全意识薄弱的情况，分批对劳务工实施安全生产、劳动保护等综合培训，并对测验试卷优良者给予张榜表扬和奖励。 （杨钟春）

【申通地铁集团工会积极做好职工夏季防暑降温工作】 一是联合质安部门认真履行劳动保护监查职责，结合"安康杯"竞赛活动重点，指导开展夏季劳动安全和防暑降温工作的监督检查，积极发动广大员工在高温季节对安全工作进行隐患排查。二是积极开展夏季用电安全、设施设备使用情况检查，共计专项检查开展288次，整改隐患114个。三是定期到一线班组开展工作指导，加强夏季女职工劳动保护，了解员工在高温季节的工作状况和所思所求。四是落实各项津贴及防暑降温物品的发放，切实维护员工合法权益。五是在“职工之家”开设文体活动班，让员工通过参加健身活动活跃身心。高温期间，集团各级工会组织慰问现场单位和施工工地共计56家，慰问职工15356人次。（严婵琳）

【申通地铁集团工会积极开展“寻找身边风险源，我为安全献一计”活动】 集团工会在一线班组中深入开展“寻找身边风险源，我为安全献一计”专项行动，从各专业、各岗位员工的视角出发，集思广益，全面征集和梳理关于进一步加强安全生产、安全管理的新建议、新举措。活动开展期间，集团各单位认真组织、扎实推进，共选送各类安全生产、管理建议234条。（堵家玺）

【市绿化市容工会推出“三个一次”和“十个一”工作法】 2013年夏季高温百年难遇，市绿化市容工会及时研究印发《关于做好2013年防暑降温工作的通知》，特别推出“三个一次”和“十个一”工作法，即：召开一次分析问题排查会，上好一次防暑降温自救课，搞好一次巡展宣传活动；问题分析梳理一次、体检普查组织一次、意外保险推进一次、培训教育上课一次、落实待遇自查一次、一线职工慰问一次、职工代表巡查一次、宣传活动开展一次、防暑降温总结一次、统计总结上报一次。还明确要求行业各级工会切实落实好一线职工高温保障“四件套”，即：按时发放高温津贴、及时发放防暑降温用品和现场不定时发放降温饮料、错开中午高温时段生产作业、确保职工在道板房有休息场所。另外，高温期间，局党政工领导深入班组、工地、船队、码头、作业场所28处，关心和慰问奋战在高温第一线工作的职工1300人次。行业各级工会共筹集发放防暑降温用品1473万元，慰问一线班组1182家，慰问职工82115人次，其中农民工47507人次，发放高温津贴3635万元。行业添加道班房防暑降温设施389件，投入资金100.6万元，惠及职工7700人。（陆燕飞）

【上海水产集团开展“安康杯”知识竞赛】 根据市总工会、市安全生产监督管理局的相关要求，水产集团开展主题为“强化安全基础，推动安全发展”的“安康杯”知识竞赛活动。6月14日，15个基层单位共派出15支参赛队，45名选手参加了个人赛，决出了个人赛的前十名，同时根据各单位3位选手的总得分，产生团体赛前八名，进入下阶段的团体赛。团体决赛于6月20日举行，8支代表队进行角逐，通过必答题、抢答题和风险题，最终，渔业公司脱颖而出，获得冠军。（韩　毅）

光明集团工会干部冒暑为高温作业的一线职工送清凉（梅　林）

【新闻出版工会广泛开展“安康杯”竞赛活动】 为构建企业安全文化，搭建安全文化平台，新闻出版工会按照市总工会要求，开展以“弘扬企业安全文化，加强班组安全管理”为主题的“安康杯”竞赛活动，共有165个班组、2962名职工参赛。同时开展安全、健康经验交流推介等活动，并制作15幅“班组安全文化宣传展板”，参加市总工会评选，其中1幅“班组安全文化宣传展板”获得三等奖。（陈宏华）

【光明集团工会安全生产工作常抓不懈】 集团工会认真履行职责，坚持落实各项防范措施，积极推进“安全生产月”活动和“安康杯”劳动竞赛等工作，不断增强一线职工安全意识，改善一线职工工作条件，有效预防和控制各类生产安全事故，切实保障广大职工的生命安全和健康。入夏以后，由集团领导带队、集团各部门参与的10个慰问小组分别深入基层企业慰问高温作业的一线职工，同时对所到企业的安全生产、职工劳动保护和防暑降温等工作进行实地检查。另外，来自15家子公司的2500多名女职工还参加全总举办的《女职工劳动保护特别规定》网上知识竞赛活动。（桑树德）

【福新公司“安康杯”活动显成效】 一是开展安全理念宣传教育。公司工会利用宣传橱窗、工会小组例会、安全员工作例会、行政工作例会等途径，广泛宣传“安康杯”活动方案及安全生产知识，并对职工进行安全理念、安全文化及班组安全生产标准化管理等方面的宣传教育，引导职工把安全生产变为自觉行为。二是全方位排查隐患和维护保养设备。活动期间共对生产设备设施进行4次大检查，对重点防火部位、事故易发部位、各种特种设备等实行周检与日巡检，及时整改检查中发现的事故隐患，做到隐患排查治理责任制、隐患排查治理规定、隐患排查治理方案、隐患排查治理工作例会制度“四健全”，并将制度和责任落实到岗、落实到人。三是着力提高职工的安全操作技能。相继开展安全生产领域“打非治违”知识竞赛、灭火器正确使用培训及灭火消防演练，进一步提高职工的事故防范和应急处置能力。另外，各班组还组织学习《各工种安全操作规程》《安全生产标准化基本规范评分内容》。（沈星伟）

【市监狱局工会加大劳动保护监督力度】 一是积极投入“安全生产月活动”，到基层进行安全生产大检查，发现隐患及时要求相关部门整改。二是开展形式多样的安全生产教育宣传活动，如黑板报评比、演讲征文比赛、知识竞赛、安全讲评、案例分析、专题培训等，提高全员安全意识。三是高温期间，对基层单位的防暑降温工作进行重点检查。配合局领导分8路前往局属各基层单位进行高温慰问，慰问金达50.5万元。四是重点加强对租赁场所和特种设备的管理，并抓好管理人员安全教育和岗位培训等工作，切实保障从业人员的健康和生命安全。（江海群）

【经信系统工会为职工和劳模送清凉】 高温期间，市经信委领导带队深入基层慰问一线职工，发放慰问品4700份。同时关爱劳模，为劳模送清凉，为系统190余位在职和退休劳模安度盛夏贴补800度电费，并向每位劳模发放慰问信。（黄　俭）

【经信系统工会继续组织开展“安康杯”竞赛】 2013年，经信系统工会积极组织系统各直属单位参加“安康杯”竞赛活动，19家直属单位报名参赛。活动期间，经信系统工会结合“安康杯”竞赛活动中途检查，督促各单位积极采取措施，改善安全生产条件，消除安全隐患和职业危害，落实劳动保护措施，加强安全知识技能培训和应急演练，提升职工群众的安全生产意识和防范水平。（黄　俭）

【城建集团隧道股份工会携手“中国梦之声”进行高温慰问】 8月，隧道股份与上海东方卫视通力合作，在市政重大建设项目虹梅南路隧道工地现场成功组织“中国梦之声、唱响中国梦”大型慰问演出，为酷暑中仍坚持奋斗在工作第一线的劳动者们奉献一场夏日演唱会。隧道股份工会联合各部室精心筹划，邀请卫教系统、金融系统、公安系统的数百名劳动模范和优秀职工参加活动。（翟　勇）

【临港产工委开展安全生产大检查活动】 8月20日，上海临港产业区工会工作委员会联合浦东安监大队、临港集团安全监察部组成检查组来到沃尔沃遍达（上海）公司和上海海天龙国际物流有限公司开展安全生产大检查活动，深入了解企业安全生产情况，强化产业园区安全管理，确保职工安全、健康工作。安全生产大检查是临港产工委实施夏季安全督察工作的常规动作，也是“安康杯”活动的重要组成部分。检查过程中，检查组与企业负责人深入交流，详细了解单位的安全生产和体系建设等情况，并深入车间、仓库仔细查看安全措施和职工劳动保护措施落实情况，同时提出相关整改意见。（陈　浩）

【绿地集团各级工会开展夏日送清凉活动】 面对2013年的“史上最热夏天”，绿地集团及各基层工会纷纷开展夏日送清凉活动。集团工会来到总部食堂和驾驶班，慰问一线员工，向他们送上防暑降温用品，同时带去集团领导对大家的关心。事业二部工会本着“下基层，赴一线，把关心关爱员工落到实处”的原则，先后来到金山吕巷项目部、奉贤绿地香颂案场、龙华1960项目部和绿地布鲁斯项目部，为基层员工送上清凉问候与关爱。苏南事业部工会牵头各城市公司工会小组到苏州绿地中央广场、无锡绿地世纪城、常熟新里·铂克公馆等施工工地一线进行走访慰问。此外，安徽、中原、武汉、长沙等事业部工会，商业集团、云峰集团等工会也都前往项目现场，向在烈日中坚守一线的员工们表示慰问，并送去防暑降温用品。（王洋洋）

团队创先

【概要】 2013年，为进一步深化推进全市班组建设工作，市总工会大力推进“学习型、技能型、创新型、管理型、效益型、和谐型”等为目标的“六型班组”建设，班组的执行力、创新力和凝聚力进一步得到提升。各区县局（产业）工会也围绕各自的中心任务，结合各自的实际特点，创建了许多自己的工作品牌和工作特色，如：移动公司拓展班组建设，形成“一班一品”“标杆班组”“班组论坛”等“三大品牌”；还有烟草工会创建“最佳实践班组”、运输工会推广“班组一招”、大屯工会提炼的“8655”班组管理法、电力公司工会开展“班组文化最佳实践库”等，这些做法不仅促进了企业管理，也受到职工普遍欢迎。（李　伟）

【市总工会等单位联合举办“六型班组活力之源”班组建设论坛】 11月29日，市总工会、市经信委、市国

市总工会举办“六型”班组活力之源主题论坛（吴良荣）

资委、市工商联联合举办班组论坛，以进一步植根“六型”班组新理念、展示智慧班组新愿景、推广班组管理新方法。这次论坛由上海移动工会承办。论坛以“六型班组活力之源”为主题，通过主旨报告、主题演讲、多媒体展示、技艺演练、情景表演、专家与班组长互动交流等丰富多彩的形式，展示全市广大班组在创建学习型、技能型、创新型、管理型、效益型、和谐型等“六型”班组中取得的丰硕成果，同时交流班组创建心得和体会，搭建了班组交流、学习的新平台。论坛还对获得“上海市团队创先特色班组”称号的班组进行表彰。（李　伟）

【长宁区总工会举办班组长岗位培训班】 区总工会于8月27—28日、29—30日分两批在长宁现代教育培训中心举办班组长岗位培训班。来自区内企事业单位的200余位班组长参加培训。培训班邀请上海质量培训教育中心的资深教师讲授新形势下班组建设的主要任务和目标，以及如何创建“六型”班组等新课。课程中还包含拓展专题讲座和模拟互动的课程，上海师范大学特聘教授和华东师范大学特约心理咨询专家为班组长进行沟通技巧和心理调适培训。（贲　放）

【市电力公司班组建设管理水平进一步提升】 一是深入推进“创建先进班组、争当工人先锋号”活动。组织开展班组达标综合考评，并对符合条件的164个班组进行申报，实现并超额完成公司每年20%班组达标的预期目标。二是组织开展班组安全建设与成果展示比赛，共收到基层单位上报的成果展示作品45个，并在上海市“班组安全建设和成果展示”决赛中勇夺特等奖。三是组织45名优秀班组长参加班组长培训，为提升班组长工作能力和管理水平提供平台。四是开展班组信息系统录入情况互查，通过季度讲评，分析存在问题，提高公司班组信息系统的应用水平。五是积极开展各级工人先锋号等申报评选工作，共有40个班组申报公司先进班组。经现场检查和专业评审，最终产生公司“十佳”班组（工人先锋号）和班组长。（唐健春）

【上海电力安装第一工程公司工会以“情景模拟互动”形式开展班组安全论坛活动】 公司工会在深入班组安全论坛的活动中，以安全“情景模拟互动”的形式，拓展活动的深度和广度。活动由一线施工生产班组根据自身施工特点，围绕高空作业如何做到自我保护、焊工如何做到“十不烧”等主题，自编自演14部安全情景短剧。每部短剧结束后由公司安保部专业人员进行点评，进一步加深职工对安全施工生产的认识和了解。公司外包队伍班组首次参加安全论坛活动，这不仅使安全管理水平参差不齐和文化水平有限的农民工提高安全意识，更扩大了班组安全论坛活动的覆盖面。（王戍冬）

【宝钢不锈钢公司构建基层班组建设“三维一体”推进模式】 (1)“一体”，即构建一个系统的工作体系。主要由工作机构、制度建设、工作计划和系统评价四个方面内容组成。其中，工作机构包括公司班组建设领导小组、工作小组和推进小组3个层面；制度建设方面，制定《班组建设管理办法》《关于进一步加强班组建设的实施意见》《“标准化班组晋级创优”评价办法》等制度，为加强班组建设提供指导依据；按照分层分类原则，制定公司年度推进计划、季度重点工作计划和两级单位个性推进计划，并每季度召开班组建设工作组会议，加强过程管理；把班组建设纳入公司两级党组织绩效评价、工会“模范职工之家”评价体系。(2)“三维”，即推进工作三个维度。一是完善班组建设工作载体。以班组“活力工程”建设为抓手，包括班组立功竞赛、技术创新、员工发展、现场管理、团队文化及身心和谐活力等6个方面。二是加强“参与式”管理。以领导人员联系点活动、工会干部联系班组为抓手，通过参与班组学习、体验站立式班前会、发现最佳实践和帮助总结提炼特色等方式，加强各级管理者对班组建设的现场指导。三是加强班组长队伍建设。通过进一步完善班组长培养、选拔、任用机制，选配优秀员工担任班组长。同时，以职业素质高和专业技能强为目标，形成班组长“TCA”能力提升方法。（潘　彦）

【宝钢特钢工会以丰富班组学习形式促进员工安全行为养成】 特钢公司工会以“提高安全学习有效性，提升行为养成意识”为目标，策划实施“安全行为养成——我们来纠错”“职工安全漫画”征集巡展、“员工观后一句话感言”征集等活动。整个系列活动始终贯穿“员工参与”这一工作主线，共推出“纠错”专题6期，累计吸引917个班组自发参与纠错竞猜；征集员工手绘安全漫画作品100幅、专栏刊登宣传34幅、现场巡展展板53幅；收到277名员工感言280条。（陈美坤）

【鲁中矿业深化“六型”班组创建】 一是按照市总工会要求，抓实以“安全型、效益型、质量型、技能型、学习型、和谐型”为主要内容的“六型”班组创建，促进了班组规范化管理。二是以班组达标升级竞赛为平台，按照一线班组、辅助班组不同考核方式的“双轨制”模式，持续深化班组建设。三是注重班组建设过程管理，年初重点培养、年中跟踪检查、年底考核验收。四是抓好班组长队伍建设，举办4期优秀班组长培训班，培训120人。另外还举办5次优秀班组长联谊及主题班会交流活动。（刘　迪）

【上海航天局工会班组建设注重“五抓”】 一抓精细管理。开展精细化质量管理班组工程建设收官年各项工作，全局各班组累计建立岗位依据目录5万余条、修订1969条、废止168条，累计解决各类质量问题3000余个；加强民品单位质量管理，指导相关单位开展班组精益管理活动。二抓专业建设。体现分类管理，修订完善《班组建设考核标准》；围绕提升组员技术技能水平，开展技术创新活动，系统内全年有6名个人、3个班组、34个项目获市级荣誉，1个项目获全国级荣誉。三抓结对共建。推进军民融合班组结对工作，对2012年开展试点的6个班组共建情况进行检查，举行现场座谈交流；指导下属149厂等单位，一对一开展军民融合班组结对工作；借助班组长创新沙龙等平台，对结对共建涌现的经验和成果，进行交流推广。四抓队伍建设。开展班组长培训，通过内训和外送相结合，局系统有108名班组长获得市总工会等四部委联合颁发的岗位资格证书，200名班组长参加远程教育、管理能力提升等不同类型的岗位培训；组织开展创新沙龙活动，对新一轮班组建设主题进行讨论。五抓典型培育。挖掘和培育不同专业类型的典型班组，指导唐建平班组依托劳模创新工作室开展技术创新活动。另外还学习先进经验，与上汽、中海油等单位开展交流学习。（沈　恺）

【中国商飞公司工会完成制定大飞机(COMAC)精益班组建设3年行动计划(2014—2016)】 根据公司党委"工会工作抓班组"的要求，组织各单位对所有班组的基本情况进行深入调查，全面掌握和及时了解公司班组建设的情况。在深入调查研究的基础上，围绕建立公司COMAC管理体系，参与公司COMAC管理五项工具设计工作，完成大飞机(COMAC)精益班组建设3年行动计划(2014—2016)编制工作，实现大飞机(COMAC)精益班组建设从活动范畴向管理范畴的跨越及"质量信得过班组"和"十好班组"建设的有效并轨，推动公司计划、内控、精益管理要求和标准在班组有效对接和整合，形成中国商飞公司品牌班组建设的工作思路和培养路径。（陈　晖）

【中国商飞上海飞机制造有限公司工会举办"班组管理案例模拟"活动】 公司工会首次举办"班组管理案例模拟"活动，通过"你认为如何推动精益管理、让精益落到实处？""你们怎么处理日常班组建设中的质量问题？""对勤俭造大飞机有什么建议？"等开放式问题考验班组长的应变能力和思考能力，展示班组长管理能力和技巧。班组长代表对班组管理信息化，以及精益、质量、安全等问题进行详细的阐述。活动以实例展示上飞公司班组建设的动态和成果，在解决问题中达到提升班组管理能力的目的。（祁小娟）

【中国商飞上海航空工业(集团)有限公司工会以班前会为切入点积极推进班组建设工作】 公司工会以班前会制度为切入点，积极推进COMAC班组建设工作。工会配合上航公司班组建设领导小组，分批分次对50多个班组班前会进行逐个巡视检查，并定期作出班前会制度执行情况小结，找出问题，提出建议，传达设想。在检查基础上，工会适时组织部门领导及班组长，对班前会开展情况良好的班组进行观摩，并开展经验交流活动。（竺海华）

上飞公司航空制造技术研究所开展班组管理案例模拟分析会

（周　伟）

【中国商飞试飞中心工会创建中国第一支女试飞工程师班组】 为深入践行"女职工提升素质建功立业工程"，试飞中心工会立足原有行政框架，开展女试飞工程师团队建设工作，将具有试飞工程师资质的女试飞工程师组织起来，成立"试飞巾帼"联合攻关团队，主要对国产自主知识产权C919大型客机和ARJ21新支线飞机试验试飞的重点课题进行联合攻关。同时响应上海市建设巾帼文明岗工作要求，紧密围绕试飞科研工作进行创新性的探索，并积极开展巾帼文明岗"九个一"活动，有力推进试飞科研工作的发展。（许晓明）

【上海烟草储运公司工会以课题制推进"学习型班组"建设】 (1)以"技能共享"增强岗位学习力。原料物流一部司机组在"学习型班组"建设中重点强调岗位学习力的提升。在原有师徒带教传统方法的基础上，班组围绕"叉车驾驶"，向老师傅、兄弟班组、条线干部征集规范并汇编成册，成为班组"技能共享"的传家宝，帮助组员增强岗位学习力。(2)以"三式学习法"增强学习参与性。成品物流部配送一组以增强参与性为目的，提出"三式学习法"：一是"目标式"学习，确立每季一主题，每月一重点；二是"自助式"学习，借助飞信、微信平台，随时传播、分享，共同参与；三是"体验式"学习，通过岗位间、班组间联建、对标，互动体验，营造"学习型班组"氛围。（张洁华）

【上海卷烟厂工会以"学习型班组"创建为抓手提升班组创建水平】 一是开展对标联建，提高创建实践能力。运用"对标、塑型、联建"等方式，开展"厂际交流""跨部门交流"和"部门内部交流"。二是试行一线干部带教班组，提升班组长自主管理能力。设置89名一线干部带教班组的构架，将管理理念、方法通过干部带教，传导给最基层的班组长。三是积极导入班组TWI，提升班组"现场改善"活动绩效。组织290多名班组长参加TWI培训，强化"生产精益制造、全员改善理念"的意识。四是组织"班组之星"评选，展示员工正能量。全厂共评出76位"班组之星"，包括在现场改善活动中表现突出的"改善之星"，在带教班组过程中发挥老同志榜样作用的"带教之星"，在女职工各项工作中表现优异的"巾帼之星"等。（薛　蛟）

【烟草工会夯实班组"塑型"根基】 烟

草工会以“学习型班组”建设为重点，通过抓好三个环节的工作，进一步夯实班组“塑型”创建的根基。(1)分析情况环节，找准问题。以工商单位96名一线班组长为调研对象，组织问卷调查，通过现状评估分析、“学习型班组”建设落地目标分析和班组长自我评估分析，明确上海烟草推进“学习型班组”建设需要重点关注的内容。(2)试点创建环节，摸清家底。对商业单位深入班组现场，详细了解一线班组在“学习型班组”试点工作中存在的难点和问题，对工业单位三个重点班组确定专家团队实施定点调研走访。(3)模型构建环节，重在过程。针对调研输出结果和工商单位实际现状，把初期模型构建重点放在“规范创建过程”上，从计划、沟通、实施、总结四个阶段设计10张工具表，形成“学习型班组”创建流程的标准模板。（邹允文）

【上汽集团启动新一轮班组长培训】 4月18日，2013年首期上汽集团班组长培训班开班，41名来自上汽下属企业先进班组的班组长踏进培训课堂。这标志着上汽集团面向所属企业的新一轮班组长的培训计划正式启动。培训对象分新上任班组长、需复训班组长和先进班组班组长三个层次。上汽拥有7000余个班组，形成以“党委领导、行政主导、工会推进、各方参与、职工主体”的班组建设格局。此次班组长培训以将班组打造成“员工自我管理的家园，提高各项基础工作的执行力；能力提升的校园，不断激发员工的创新意识，培育团队创新力；快乐工作的乐园，夯实组织基础，不断增强工会组织的凝聚力”为目标，通过成果展示、特色经验交流、分组讨论等方式分享班组长成功之道。同时，来自上汽培训中心的讲师围绕“精益生产现场”、“优秀基层团队领导力塑造”以及“基层管理的沟通与激励技巧”等话题，通过深入浅出的理论讲解和典型案例深刻剖析，帮助参加培训的班组长们开拓思维，不断提升管理能力。（陶牡丹）

【华东电力工委举办华东电网优秀班组长培训班】 9月10—13日、9月23—26日，华东电力工委举办第十五期、十六期华东电网系统优秀班组长培训班，来自华东四省一市电力公司、华东分部机关等单位近100名优秀班组长参加培训。两期培训，既有专题讲课、又有经验交流；既有工作探讨，又有参观学习，围绕班组长角色定位、价值观念、能力素质、地位作用等方面精心设计培训内容和形式，使大家进一步了解所需要掌握的现代班组管理理念、技巧和方法，学习借鉴其他单位班组管理的经验，增强班组长的团队精神和团队意识。（施炜伟）

【中国海运工会重视班组长培训】 7月下旬，借助集团人力资源部搭建船舶“三长”(船长、政委、轮机长)培训的平台，增加设置1天的培训课程，专题学习有关“六型”班组建设内容。通过培训，提高船舶“三长”的工作能力和综合素质，促进班组长更好地成长，使班组活力得到进一步增强。（顾惠根）

上海航天局工会举办2012年度班组工作成果发布评审会（沈 恺）

【上港集团工会组织开展星级班组评选活动】 在基层工会长期培育和择优申报基础上，经集团班组建设工作小组检查和考评，集团班组建设工作领导小组审核，2013年初，又有一批班组被评为上港集团四星级、五星级班组。为表彰先进，激励更多的班组争创上港集团“工人先锋号”，4月12日，集团工会下发《关于命名表彰2012年度上港集团“工人先锋号”的决定》，命名上海港引航站引航五班等17个班组为五星级班组并同时授予集团“工人先锋号”称号，命名龙吴分公司物资保管班等23个班组为四星级班组。在5月17日召开的“上港和谐家园建设推进座谈会”上，这些星级班组受到表彰，为推进集团的班组建设工作发挥了积极作用。（林碧娅）

【运输工会研究推动基层竞赛活动和班组建设工作】 运输工会分别以工业制造、物流运输、资产管理、客运旅游等板块为重点，组织召开四次落实会，交流研讨推动基层竞赛活动和班组建设工作。来自各板块的单位交流落实集团竞赛动员暨班组建设推进会要求，组织开展富有特色立功竞赛活动和班组建设工作的情况。（吴 明）

【中国移动上海公司“草根论坛”取得积极成效】 中国移动上海公司“班组论坛”紧贴发展与关爱，自2010年4月开办以来积极创新主题，探讨诸多有效的班组建设新途经和新方法，被誉为“草根论坛”，共举办12期，2149人次参与。论坛不仅为员工积极参与公司的业务优化和服务提升活动搭建平台，还在公司范围形成“爱”的正能量，助力公司各项目标任务的顺利完成。2013年，中国移动上海公司更是将该品牌走出“移动”，联手市总工会、市经信委、市国资委、市工商联成功举办“六型班组活力之源”班组论坛主题活动，将上海公司

班组建设的品牌工作拓展到全市。（高诗颖）

【上海电信工会出台《“十佳工作室”管理创建实施意见》】 为规范上海公司“十佳工作室”的创建和管理，上海电信工会制定《中国电信上海公司“十佳工作室”管理创建实施意见》。该《意见》明确“十佳工作室”的性质定义、创建标准和管理规范。“十佳工作室”实行自下而上分级创建、动态管理。要求工作室要围绕企业转型和业务经营的重点、难点、热点问题，发挥先进典型的业务专长和技术优势，带领团队成员开展岗位创新、技术攻关、业务交流、学习培训等活动。“十佳工作室”每两年评选一次，到期复审，复审通过后继续命名。工会向“十佳工作室”提供1万元专项扶持经费，用于工作室及其成员的学习、创新、攻关等。首批“十佳工作室”由“劳模工作室”“首席工作室”“技术创新工作室”“巾帼示范岗工作室”“外包示范岗工作室”组成，涵盖市场拓展、技术创新、客户服务、账务运营、云计算、网络维护等多个领域。（殷　茵）

【上海 NOC 产生首位“公推直选”班长】 为加强基层一线管理者组织能力，支撑公司全业务发展，根据《中国电信上海公司试行班长直选工作指导意见》和《关于进一步加强班组长任职管理与发展激励工作的指导意见》的总体要求，上海 NOC 作为首批公司试点单位，率先在数据维护中心网络支撑室顺利完成班长直选工作。经班组全员17人直选，候选人姜伟萍通过竞职宣讲获得组员的一致认同，全票当选上海 NOC 首位直选班长。（殷　茵）

【上海电信金山局实施“五化”举措推进装维班组标准化工作】 一是班组职责标准化。制定班组长、督导、安全员、材料收发员、业务支撑员、平台操作员、电缆交接箱维护员等岗位责职。二是工作区环境标准化。更新每位装维员工的办公桌及各自的材料存放区，确保一人一位。三是培训学习区环境标准化。每组专设一间会议室，具备会议及交流功能，设立简易培训区域。四是文化墙环境标准化。每组具备文化墙展板，展板上展示规章制度、个人业绩等。五是整装区环境标准化。每组具备一人一柜，统一服装，配置整装镜。（殷　茵）

【机场集团公司召开班组长协会联席会议】 9月6日，集团工会、集团公司教培学院联合召开上海机场班组长协会联席会议，表彰2013年赴复旦大学管理学院参加班组长现场管理团队研修班的优秀学员。会上，5位班组长进行论文演讲交流，3位优秀学员代表则针对此次复旦的培训经历，畅谈自己的感受和收获。会议还邀请复旦大学、集团人力资源部和教培学院的专家一同为一线班组长创新管理实践出谋划策。会上，股份公司、虹桥机场公司班组长协会也正式成立。会议还进行“全国教育培训示范基地——上海机场教培学院”的揭牌仪式，同时签署班组长协会与教培学院的合作协议。（吴云舟）

【建工材料工会组织开展群众性岗位创先争优活动】 活动以“弘扬先进，岗位争先”为主要内容。一是制订活动方案、内容。以“班组建设”、“创建学习型班组”为切入点，加强对班组建设的指导，鼓励班组在企业建设中发挥主力军作用。二是积极开展“树岗位标兵，爱岗位成才”活动，鼓励职工在各自的工作岗位上学技能、钻技术，努力成为岗位标兵。三是广泛开展宣传教育活动。在厂刊、站刊上开辟“创先争优活动成果”专栏，根据活动不同阶段所涌现出的好做法和先进事迹，及时组织宣传和教育活动。如构件八厂汽修工王朋朋获2012—2013年度“上海市优秀农民工”称号，在职工队伍尤其在劳务工队伍中引起较大的反响，收到明显成效，激发职工爱岗敬业、争做先进的热情。（杨钟春）

【申通地铁集团工会班组长培训特色明显】 一是采用了场景模拟培训方式。再现生产一线的乘客投诉、票卡设备故障、大间隔乘客疏导、设备应急抢修等经常性发生的生产场景，通过学员逐个演示，训练师现场点评与指导等方式，让学员当场得到启发。二是在培训制度上提供支撑保障。实行了班组长持证上岗制度，先培训、后上岗。培训内容以网络课程学习和现场业务考评相结合，每两年复训一次。培训方式采用训练营模式，为班组长的职业生涯发展开辟通道。三是不断提升班组长培训课程品质。结合集团班组建设工作实际，通过联合办班形式，邀请专业师资，围绕“学习型、技能型、创新型、管理型、效益型、和谐型”班组要求，对课程设计进行优化，并为受训员工颁发《上海市班组长岗位资格证书》及《上海申通集团班组长培训合格证书》两证。2013年，又加入到上海质量协会的培训体系，进一步提升了班组长培训的质量水平。（叶明中）

7月5日，市绿化市容局工会召开班组建设经验交流会（唐鸿仙）

【上海申通地铁集团启动实施班组建设三年行动计划】 2013年，上海申通地铁集团制定并启动实施《集团班组建设三年行动计划》。《计划》按照集团“管建并举、管理为重，安全运营为本”的工作方针，结合轨道交通现状及网络化管理的新需求，围绕安全管理、基础管理、质量与绩效管理、民主管理、素质建设和自主创新等六个方面的标准，通过创建“达标班组”活动，不断夯实班组基础管理，提升班组长的管理能力。一年来，集团轨道交通运营服务类、乘务类和设施保障类等三大类的1000多个班组参加“达标班组”的创建，集团将力争用三年时间将基层一线“达标班组”覆盖率提升到95%。（严婵琳）

【市绿化市容局工会命名首批“特色班组”和“先进班组”】 市绿化市容局系统班组建设始终围绕“岗位建功、职工创新、技能登高、节能减排、劳动保护、团队创先”等项目，始终从“内化于心、外化于形、固化于制、进化于行”四个方面，不断提高基层班组的创新力、执行力和凝聚力，成效显著。7月，市绿化市容局工会召开班组建设现场经验交流会，对首批上海市绿化和市容管理局创先“十佳特色班组”和19个“先进班组”进行表彰。会上，上海动物园食草队组、上海市林业总站资源管理科等班组分别介绍各自“创特”活动的经验与做法，让与会班组长从实例中拓宽视野并得到借鉴。（张慧萍）

【上海市卫生计生系统举行班组长培训】 2013年，上海市卫生计生系统分两批对班组长开展培训，第一批培训于10月31日至12月6日举行，共开设4个班，主要针对已经获得过上海市“五一劳动奖状”“工人先锋号”“文明班组”“巾帼文明岗”等市级荣誉称号的班组(科室)。第二批培训于11月27日在上海市公共卫生临床中心举行，主要针对荣获过全国“五一劳动奖状”“工人先锋号”等更高级别荣誉的先进班组。据统计，全年共有43家市级医疗卫生单位和14个区县卫生系统，近450个班组(科室)代表参加班组长岗位培训。在培训内容上，除了市总工会规定的“六型”班组授课内容外，市医务工会还结合系统实际，邀请多位上海市卫生计生委医改办的相关同志，作了关于“新一轮医疗卫生体制改革”内容的实务培训。（金邓凯）

【号百公司开展“四型六好”班组建设工作】 为进一步激发基层活力，夯实班组管理基础，号百公司广泛组织开展“四型六好”班组建设工作。在班组建设过程中，以建设“客户为先型”、“责任为重型”、“协同为要型”、“创新为魂型”班组为标准，以“业绩好”为目标，以“技能好”为动力，以“管理好”为基础，以“生活好”为前提，以“氛围好”为保障，以“形象好”为方向，全面实现“六好”基本要求。力争用3年时间，建成统一规范、职责清晰、注重实效的班组建设体系，把班组建设成为员工提升能力、施展才华、快乐工作、健康发展的平台。（沈　匀）

保障政策文件选编

上海市人民政府
关于贯彻实施《女职工劳动保护特别规定》调整本市女职工生育保险待遇有关规定的通知

沪府发〔2013〕5号

各区、县人民政府，市政府各委、办、局：

为贯彻实施国务院发布的《女职工劳动保护特别规定》(2012年国务院令第619号)，现就调整本市女职工生育保险待遇有关规定作如下通知：

一、关于本市女职工产假期限

(一)本市女职工生育享受98天产假，其中产前可以休假15天；难产的，增加产假15天；生育多胞胎的，每多生育1个婴儿，增加产假15天；符合计划生育晚育条件的，增加晚育假30天。

(二)本市女职工怀孕未满4个月流产的，享受产假15天；怀孕满4个月流产的，享受产假42天。

二、关于本市女职工产假待遇

本市女职工符合计划生育规定生育或者流产的，按照以下规定享受生育生活津贴：

(一)参加本市城镇生育保险的女职工生育或者流产的，其生育生活津贴按照女职工所在用人单位上年度职工月平均工资除以30天再乘以应享受的产假天数计发，所需资金由本市城镇生育保险基金支付。

(二)本市女职工享受的生育生活津贴低于本人产假前工资标准的，按照《中华人民共和国妇女权益保障法》第二十七条第一款和《女职工劳动保护特别规定》第五条执行。

(三)未参加本市城镇生育保险的女职工生育或者流产的，其生育生活津贴按照女职工产假前工资标准和应享受的产假天数计发，所需资金由用人单位支付。

本通知自印发之日起实施，有效期至2017年12月31日。

2012年4月28日《女职工劳动保护特别规定》实施后生育或者流产的本市女职工生育保险待遇，参照本通知规定执行。

2013年1月19日

劳 模

Model Workers

专文摘要

用先进思想和模范行动持续深化劳模工作室创新

上海市总工会巡视员 杜仁伟

自劳模创新工作室创建工作开展以来，劳模创新工作室以项目为纽带，有效整合和优化了高技能创新型团队的队伍结构，紧紧围绕解决企业技术难题、紧缺人才培养、服务质量改进等方面，开展技术创新、管理创新、服务创新和机制创新，发挥劳模的示范引领和骨干带头作用，取得了良好效果和一定的社会影响。

创建劳模创新工作室有利于进一步满足劳模自身学习和价值实现的需要，有利于进一步提升职工队伍素质，有利于进一步增强企业核心竞争力，有利于进一步拓展工会服务发展的平台，有利于进一步弘扬劳模精神。

劳模创新工作室要按照“有劳模领衔、有创新团队、有攻关项目、有创新成果、有场地经费”的“五个有”的基本条件，通过创建活动的开展，使劳模创新工作室努力成为企业的智囊团、岗位的创新源、项目的攻关队、人才的孵化器和团队的方向标，以更好地弘扬劳模精神、促进企业技术进步、培育创新人才涌现，带动群众性科技创新活动持续深化。

全市广大劳模要充分认识开展劳模创新工作室创建工作的意义，用先进思想和模范行动为职工素质提升、企业发展和社会进步作出新的贡献。

综　述

2013年，市总工会大力弘扬工人阶级伟大品格和劳模时代精神，切实做好劳模管理和服务工作。一是认真做好劳模“三金”发放工作。2012年，全总下拨给上海市的全国劳模“三金”1322万元。同时市财政局划拨市劳模“三金”共计2813.8万元。通过各级工会认真排摸、仔细核实劳模的收入状况、家庭困难情况等，制订劳模“三金”发放方案，召开“三金”发放工作会议，及时将“三金”送到劳模手中。二是严格做好劳模先进的评选工作。按照全总要求，把握原则、坚持程序，推选出全国五一劳动奖状11个、全国五一劳动奖章51名、全国工人先锋号39个。制订下发《上海市总工会关于认真做好2013年上海市五一劳动奖状、奖章和上海市工人先锋号推荐评选工作的通知》，评选出上海市五一劳动奖状80个、上海市五一劳动奖章150名、上海工人先锋号300个。三是弘扬劳模精神，关心服务劳模。召开“共筑中国梦、劳动最光荣—上海市劳模座谈会”；以劳动话题为引入、以劳动观念为引导、以劳模先进为引领，与市总宣教部、东方电视台联合制作新版“劳动最光荣”节目41期；和市教委联合推出《劳模学习培训五年计划2013—2018》，开创劳模研修班；联合工会学院及相关产业局工会共同建设“劳模育人实践基地”；命名20家市级劳模创新工作室；编辑发行《劳模》杂志6期；开设“劳模讲学堂”。同时，积极开展对省部级以上劳动模范工作、生活、住房和社会保障等情况调查，反映情况，提出建议。积极做好劳模体检、疗休养和来信来访等工作。（丁　巍）

宣传劳模

【概要】 2013年，市总工会以劳模精神为引领，以“劳动最光荣”为主题，深入开展系列活动，使“劳动最光荣”成为弘扬劳模精神的重要品牌，并通过“五大途径”全方位、多层次、有重点在全社会营造学习劳模、尊重劳模、争当劳模的良好氛围。一是开展“学习十八大、岗位建新功”主题教育活动和“共筑中国梦·劳动最光荣”主题系列宣传活动。二是继续与东方卫视联合策划制作《劳动最光荣》主题节目，并推出上海工会“劳动最光荣”品牌系列之一的话剧《中国力量》。三是以“劳动最光荣”为主题举办第七届上海市职工文化艺术节和上海市庆祝五一国际劳动节大型歌会，并将《劳动最光荣》作为主唱歌曲，在上海市劳模春节茶话会和“五一”大型歌会上进行首唱。四是发挥高技能、创新型劳模示范引领作用，举办“第五届李斌技师网上论坛”主题论坛。五是继续做好《劳模》杂志编写发行工作，受到广大劳模、各级领导和社会各界的好评。（李　伟）

【市委书记韩正与劳动模范代表座谈】 4月28日，中共中央政治局委员、中共上海市委书记韩正等市领导与来自全市各行各业的劳动模范代表座谈交流，倾听大家心声。会前，韩正等市领导与54位老中青全国劳模、全国五一劳动奖章获得者代表一一握手致意。会上，上海大众汽车有限公司发动机厂维修高级经理、全国劳模徐小平，上海市第六人民医院院长、全国劳模贾伟平，上海微电子装备工程技术研究中心主任、全国五一劳动奖章获得者贺荣明，上海现代电梯工程有限公司维修队长、全国五一劳动奖章获得者黄胜发，原中海海运客轮公司客运服务员、全国劳模杨怀远作交流发言。韩正代表市委、市政府向全市劳模和各行各业的劳动者表示节日祝贺，并希望广大劳模和先进工作者更好地发挥榜样的力量，为上海创新驱动、转型发展继续作出新的更大贡献。市领导李希、尹弘、沈晓明出席座谈会，市人大常委会副主任、市总工会主席洪浩主持座谈会。

（李　伟）

【市总工会全新改版《劳动最光荣》电视节目】 由市总工会、东方卫视联合制作的电视专题片《劳动最光荣》在5月迎来全新改版，原有的抽屉板块式的技能展示形式革新成有15位嘉宾同时参与互动的谈话形式。在五一国际劳动节期间，市总工会特邀15位知名在沪劳模参与录制《劳动最光荣》五一特别节目。改版后的节目在5月至12月期间共录制播放18期，每期内容都与广大职工的工作生活息息相关。在全年录制过程中，共有近80家基层工会、250余名职工参与节目的制作。改版后的《劳动最光荣》收视率在全国同时段33个卫视节目中始终稳居前12位。（叶　懿）

【浦东新区劳模协会举行四届四次（扩大）会议暨浦东劳模系列活动启动仪式】 12月2日，浦东新区劳模协会召开第四届理事会第四次会议暨“喜看新浦东，畅想中国梦”浦东劳模系列活动启动仪式。会上表彰20家2013年度先进劳模协会分会，成立浦东劳模讲师团，并为首批7位劳模讲师颁发聘书。作为“喜看新浦东，畅想中国梦”浦东劳模系列活动的第一场，会后70余位劳模乘坐试运行的轨道16号线到洋山保税港区实地参观，感受浦东发展新气象。

（郭　萍）

【长宁区总工会举办“长宁职工和全国劳模包起帆面对面”活动】 5月9日，由区总工会主办、临空园区工会承办的长宁工会首场学习十八大报告会暨“创新成就梦想发明改变人生——长宁职工和全国劳模包起帆面对面”活动在临空园区的虹桥国际会议中心举行，来自60多家临空园区的企业工会和长宁区总工会直属企业工会的近400名白领职工参加此次报告会。会上，著名劳模包起帆从“创新之路就在脚下”“创新的心得体会”和“创新的不竭动力”三个方面，具体讲述他创新奋斗的历程，以自己的亲身经历激励广大白领职工通过创造性劳动来改变人生。提问互动环节中，白领们就当下青年职工在实现人生梦想中的困惑和追求等问题提问，包起帆一一作了回答，并向到场白领职工赠送他亲笔签名的传记。会场外还设有“宣传贯彻十八大精神图片展”，吸引众多到场白领职工驻足观看。

（王亚文）

长宁区总工会举办长宁职工和全国劳模包起帆面对面活动

（周　君）

【闸北区总工会建道德讲堂弘扬劳模精神】 区总工会充分整合资源，以“崇尚正义、维护公平的公正理念，互相尊重、和睦友善的包容态度，履职尽责、勇于担当的责任意识，诚实待人、守信互信的诚信品德”为主要内容，依托劳模先进工作室、职业道德示范点等平台，聘请杨怀远、李影、王登海等著名劳模和先进人物组成闸北区“职工职业道德讲师团”，组织劳模先进参与职业道德宣讲，在全区职工中倡导“责任在我心，诚信伴我行”的职工职业道德和价值取向，为社会营造“积小德为大德，积小善为大善”的良好风气。“职工职业道德讲师团”通过进企业、园区、学校、社区，以面对面、心贴心的形式与职工交流，将优秀的职业精神传播到广大一线职工之中。（陆　非）

【杨浦工会劳模讲师团连续九年免费辅导特困优秀学生】 3月1日，杨浦区第九期特困家庭优秀子女高三、初三学生免费升学辅导班在沪东工人文化宫启动。该辅导班的授课团队由以劳模为骨干的11位区内名师组成，采取学生自主申报、区教育工会审核、区总工会提供场地集中授课的模式进行。辅导班共招收学生206名，学生自3月起，每周末两天免费接受语数外学科考前辅导，为期2个月。东宫进修学院在前期教材准备、师资队伍宣传、组织管理服务等方面制订详细计划；区总工会在授课过程中与教师、学生保持密切联系，掌握双方需求。

（曹理仰）

【杨浦区“劳模风采馆”揭牌成立】 4月28日，2013年杨浦区庆祝五一国际劳动节劳模先进座谈会在沪东工人文化宫举行，5位劳模代表从不同角度作交流发言，介绍自身经历和人生感悟，诠释“爱岗敬业、争创一流，艰苦奋斗、勇于创新，淡泊名利、甘于奉献”的新时期劳模精神。会上，杨浦区“劳模风采馆”揭牌成立。“劳模风采馆”设在沪东工人文化宫3号楼3楼，具有展示劳模风采、服务劳模先进等功能，成为杨浦劳模活动的主要阵地。（曹理仰）

【宝山区总工会推进劳模先进管理服务工作】 开展劳模先进系列宣传工作，拍摄劳模风采新闻扫描、专题片、采访最美劳动者，编制宝山报五一专版、劳模之光专栏和最美劳动者短片；发放劳模银行卡380张，举办劳模迎春茶话会，开展走访慰问劳模工作，发放劳模“三金”共计830人次、128.66万元，办理劳模退休登记和申领一次性奖励费和来电来信来访，组

11 月 17 日，市人大常委会副主任、市总工会主席洪浩参观李斌事迹展示厅　（冯克华）

织全国劳模、退休劳模分批参加免费体检活动；开展劳模特殊困难帮扶排摸工作，协调制定由区政府批转各单位的《宝山区进一步关心劳模工作实施意见》。（胡立伟）

【夏阳街道组织劳模到部队开展主题教育座谈活动】 6 月 27 日，夏阳社区（街道）总工会组织辖区内劳模到部队进行“传播劳模精神、弘扬时代新风”主题教育座谈活动。座谈会上，劳模们回顾自己在平凡的工作岗位上兢兢业业、任劳任怨的工作历程和心得体会。部队官兵纷纷表达对劳模的崇敬和热爱，表示一定要学习劳模精神，立足本职、爱岗敬业、无私奉献，让劳模精神在新的历史时期得到更好地传承和弘扬。（朱建强）

【奉贤评选表彰首届十大“环卫之星”】 3 月 4 日，奉贤区绿化市容城管系统“每季一星”暨首届“十大环卫之星”颁奖典礼举行。2012 年以来，奉贤区绿化市容局开展“每季一星”及“十大环卫之星”评选，并在区域主要街道的文化长廊进行优秀事迹版面巡展。各单位利用各种宣传阵地，广泛弘扬奉贤一线工人敬业爱岗、任劳任怨的精神，营造“人人学先进”的浓厚氛围。颁奖典礼以“贤城，因我们而美丽”为主题，以绿化、环卫、城管三大行业的“每季一星”及“十大环卫之星”为主线，通过视频、歌舞和小品等多种艺术形式，充分展现奉贤城市管理取得的成绩，热情讴歌一线职工为改善市容市貌做出的积极贡献。（金美娟）

【上海电气进一步强化李斌品牌】 一是上海电气党委发出《向李斌同志学习的决定》，号召全体员工学习李斌的先进思想。二是建成李斌展示厅。分“产业工人颂”“岁月风流”“工人李斌”“薪火传承”四个展区，全方位展示李斌“爱岗敬业、刻苦钻研、勇于创新、无私奉献”的李斌精神。三是举行 2013“李斌论坛”，其主题为“中国梦·劳动美——弘扬劳模精神，建设技工强国”。四是推出系列李斌宣传品。出版《工人李斌》书籍，拍摄《工人李斌》纪实片，发表《李斌：一个工人的中国梦》的报告文学，印制了《中国力量》《工人李斌》宣传片，并先后在《中国职工教育》等媒体，报道李斌及其团队的事迹，均取得良好社会效应。五是排演话剧《中国力量》宣传李斌精神。根据李斌先进事迹，排演的大型多媒体报告剧《知识工人有力量》（后改名为《中国力量》），在上海艺海剧院首演，1000 名上海各界劳模、工会工作者观看。至 2013 年底，《中国力量》共演出 14 场，有 1.35 万名职工观看。（冯克华）

【上海电建公司工会深化“劳模先进示范基地”创建活动】 公司工会召开“劳模先进示范基地”创建活动推进会。一是对获全国和上海市“五一劳动奖章”的先进个人进行表彰；二是命名 5 位全国、上海市的技术能手及公司领军人物为“劳模专家”；三是举行新一批“劳模专家带教”活动签约仪式，8 位劳模与结对弟子签订《带教协议》，推动劳模先进以老带新、以学促优。（钱晓政）

【鲁中矿业认真做好劳模工作】 一是营造学赶先进氛围。在矿报和工会网站开辟“劳模风采”专栏，广泛宣传劳模事迹，组织劳模先进到湖北休养。二是关心劳模生活。对 10 名省（部）级以上劳模进行体检，向上级申请困难劳模帮扶金，对生活困难劳模进行走访慰问。三是选树典型。小官庄铁矿荣获国务院国资委先进集体；小官庄铁矿四工区铲运机二班、张家洼铁矿一工区掘进三段一班获上海市工人先锋号称号；马振胜、姜秀林分别获上海市五一劳动奖章。（刘　迪）

【上海海烟物流公司等举行“劳模工作室”三方联动交流会】 海烟物流、烟印公司、烟机公司联合召开以“传劳模精神、圆中华梦想”为主题的“劳模工作室”三方联动交流会。会上，海烟物流公司“柳捷工作室”的柳捷，讲解“劳模工作室”如何在扩能技改项目中攻克技术难关、开展技术创新。同时，还从“锻炼队伍与人才带教”“项目攻关与奉献精神”“三方联动与交流启发”三个方面汇报工作室 2013 年的工作开展情况。此外，交流会上，烟机公司“黄留展技术交流培训中心”和烟印公司“刘宏维修技术工作室”的劳模代表就 1 年来联动的感受和体会与大家交流分享。（杨凤娇）

【上汽集团举行学习徐小平劳模先进事迹报告会】 7 月 20 日，上汽集团举行学习徐小平劳模先进事迹报告会。会上，徐小平以“为了最美的梦想”为题，以朴实生动的语言，讲述自己在追求职业梦想征途上的心路历程和人生感悟，引起全场与会者的强烈共鸣。（陶牡丹）

**【华东电力公司工会以劳模精神引导

职工建功立业】 华东电力公司工会弘扬劳模精神，动员广大职工积极参加皖电东送淮南—上海特高压交流输电示范工程建设立功竞赛活动，多个工程参建单位与个人获得相关地方省市总工会的“五一劳动奖状（奖章）”及“工人先锋号”称号。同时，为发挥劳模作用，公司工会倾心打造“陈建民劳模创新工作室”，将劳模创新工作室建设辐射到区域四省一市电力公司，最大限度发挥劳模在智能电网建设、电网安全运行和电力科技创新等方面的领军作用。该工作室被上海市总工会命名为“上海市劳模创新工作室”。（施炜伟）

【上海海运开展“传承杨怀远小扁担精神、铸造新时期中海文化”系列活动】 上海海运工会编写《雷锋精神扁担情——杨怀远为人民服务到白头歌谣集》电子书，其中收录杨怀远创作的292首为民服务歌谣，并邀请杨怀远回“娘家”为中海干部作专题报告。另外，还在上海、广州、大连、海南等地直属单位举办杨怀远“为人民服务到白头”先进事迹的“小扁担精神”图片展。（黄淑媚　胡如月　董　凡）

【上港集团工会注重充分发挥劳模先进的引领作用】 一是开展首届“上海港劳动功臣”评选活动。经全港3万余名职工首轮大众投票和评选委员会两轮无记名投票，从26名候选人中选出10名2012年度“上海港劳动功臣”，并借助《上海海港报》和召开表彰大会等载体，宣传弘扬“上海港劳动功臣”的先进事迹。二是建立集团劳模创新工作室专题课题小组，并在此基础上，由集团工会牵头，以劳模代表为主要力量，协助集团相关职能部门撰写集团桥吊、轮胎吊和门机司机的培训教材，将劳模先进操作法融入司机培训体系。三是组织集团特困劳模基本信息资料调查申报工作，并对集团当前劳模现状和劳模创新工作室现状作专题调研。四是继续做好劳模关爱工作，为劳模创造良好的工作生活环境。全年共慰问集团市级以上劳模110人次，慰问金额8.7万元。集团工会还组织58名劳模参加市工人疗养院的劳模专项体检。（张晨琦）

【邮政工会着力弘扬劳模先进精神】 年内，上海邮政工会积极组织各类劳模先进开展“我为社会出份力”志愿义务服务活动。全年服务项目82个，其中通过便民用邮设摊服务、开展上门敬老助残服务等活动，服务476人次，参与活动各类劳模先进916人次，展示上海邮政“绿衣使者”良好的精神风貌。同时，为选树典型，积极组织开展各类先进评选活动，其中，叶其懂“三心”服务团队被评为全国工人先锋号，宝山区局获上海市五一劳动奖状，曹雯被授予上海市五一劳动奖章，黄浦区局南市支局、宝山区局友谊路支局营业组被评为上海市工人先锋号。叶其懂入选2012年度上海市“劳模年度人物”。（张　莉）

【市建设交通系统举行纪念五一劳动节劳模宣传主题活动】 4月26日，市建设交通工作党委举行“劳动最光荣”——上海建设交通系统纪念五一劳动节劳模宣传主题活动。活动中，多媒体诗报告《托起城市的荣光》聚焦建设交通系统近几年来涌现出来的叶其懂、金锋、李影、熊熊、张庆雄、陈维、王海斌、徐卫琴、朱洪和徐强等10位一线劳模和劳模集体“12319”城建服务热线，展示劳模先进的影响力和高尚情操的感染力；作为主题活动的重头戏，“叙事访谈”通过主持人与全国劳模、抢险英雄、全国技术能手金锋的现场对话采访，生动地再现金锋同志20多年战斗在打捞一线，开启中国通往“世界潜水巅峰”大门的感人事迹；情景剧“《真情面对面》——让我们走近‘12319’城建服务热线”，展现热线平台职工“群众的话热心听、群众的事热情办”，热心服务市民的事迹；小组唱《荣光》和大合唱《劳动最光荣》则为主题活动营造了氛围。（钱　蓉）

【城投工会召开“劳动最光荣使命在城投”五一表彰会】 4月23日，城投工会召开五一表彰会，表彰通报公司获得2013年全国和上海市五一劳动奖（状）章、工人先锋号的集体和个人。会上，上海供水热线、环境实业老港公司周海燕分别作事迹报告，固处中心“邹庐泉环保科技工作室”领衔劳模邹庐泉就工作室的创建情况进行交流。（茅瑞喆）

【市绿化市容工会劳模先进事迹报告会】 5月27日，上海市绿化和市容管理局工会举行“共筑中国梦、劳动最美丽”上海绿化市容行业劳模先进事迹报告会。全国绿化奖章、上海市五一劳动奖章、国家住建部劳动模范——上海辰山植物园标本馆馆长、高级工程师田旗，上海市技能标兵、全国五一劳动奖章——崇明东滩鸟类自然保护区管护员金卫国，上海市城管执法系统首届十佳文明规范执法标兵、国家住建部劳动模范——静安区城市管理行政执法局执法大队曹家渡中队中队长助理董之益，上海市优秀农民工、全国五一劳动奖章——上海普环实业有限公司陈扣娣劳模班组付班长顾邦兰等4名劳模先进在会上做事迹报告。他们的感人事迹，体现劳模们爱岗敬业、无私奉献的思想境界和模范行动，感染在场的每一位同志。来自行业一线的1000多名干部职工参加会议。（鲍　斌）

【市医务工会举办卫生计生系统学习劳模论坛】 8月23日，市医务工会在同济医院举办“弘扬医之魂共话中国梦”上海市卫生计生系统学习劳模论坛。参加论坛的有卫生计生系统全国劳模、市医务工会直属基层工会、各区县医务工会主席和职工代表等200多人。市医务工会自2月7日正式启动《医之魂——上海市卫生计生系统全国劳模风采录》筹备工作以来，历经5个月最终完成制作。论坛上播放《劳模风采录》拍摄花絮视频，并向系统内全国劳模赠送《劳模风采录》。全国劳模代表华东医院俞卓伟教授、浦东新区卫生局副局长范金成、龙华医院王拥军教授交流发言。（吴嘉民）

【上海市劳模专家赴云南义诊】 根据沪滇职工技协帮扶协议，市医务工会和上海职工技协联合组织劳模医疗专家义诊团，于12月12—15日到云南滇西边境保山市和腾冲县实施技术协作项目，开展义诊活动。这是市卫生计生系统劳模专家首次在云南地区开展义诊活动，华东医院等7家医院的

17位劳模、医学专家参加活动。据统计，这次义诊在腾冲县人民医院和保山市第一人民医院两天共义诊709人次，为市医务工会和云南工会长期合作积累经验。（瞿志奇　钱菊敏）

【锦江国际集团工会培养劳模技术“达人”】 在第五届上海职工科技节活动中，锦江国际集团“徐行墨汽车维修技艺工作室”被命名为第三批上海市“劳模创新工作室”，锦江饭店厨师牛宝亮的《豆腐雕花》作品获第三批“上海市职工岗位绝技高招”。为深化“劳模品牌”创建工作，锦江国际集团工会在上海锦江丰田汽车销售有限公司为“徐行墨汽车维修技艺工作室”举行揭牌仪式，以鼓励广大职工学劳模、学技能，努力成为一线岗位的技术“达人”。（张祥伟）

【城建集团组织召开劳模座谈会】 5月23日，城建集团召开劳模座谈会并组织劳模巡视城建集团浦江基地市府PC保障房项目，集团党委书记胥传阳，党委副书记、工会主席陆雅娟，集团副总裁、全国劳模周文波及50余名集团在职和离退休劳模出席活动。座谈会上，离退休劳模感谢市总工会和集团工会对劳模的重视和关怀，回顾畅谈自己岗位建功上的体会和收获。在职劳模纷纷结合各自工作，就如何在本职岗位上继续发挥好榜样引领作用，交流各自的感受和想法。（王　敏）

培育劳模

【概要】 从2013年起至2018年，市总工会和市教委将联合推出《劳模素质提升学习培训五年计划》。该《计划》的实施对象是在上海的全国劳模、省部级劳模以及全国五一劳动奖章获得者。由市总工会、市教委联合主办，由上海市劳模协会、上海工会管理职业学院承办。该《计划》5年为一周期，以在职劳模为主，通过不同学习培训形式，让更多的劳模有机会培训学习，使劳模自身素质进一步提升、知识结构进一步优化、职业心理进一步增强、综合能力进一步提高。同时针对不同层面的劳模对学习的要求差异较大，《计划》将学习培训形式分为劳模讲学堂、新当选劳模培训班和劳模研修班等。（李　伟）

【第三批上海市“劳模创新工作室”产生】 5月19日，市总工会举办2013年上海市“劳模创新工作室”评审发布会。经评审，张翼飞焊接技术创新工作室等20家劳模创新工作室为第三批上海市“劳模创新工作室”。自2011年起，市总工会已经连续三年开展上海市“劳模创新工作室”创建、评审工作。2011年、2012年，市总工会已经命名两批共42个上海市“劳模创新工作室”，各区县局（产业）工会也积极开展本区县局（产业）层面的劳模创新工作室创建工作，共创建200多个劳模创新工作室，包括近5000名技术业务骨干。（李　伟）

城建集团工会召开“劳动伟大，劳模光荣”座谈会（王　君）

【市总工会举办第一期劳模工作室创新研修班】 12月26日，市总工会举办第一期劳模工作室创新研修班。这次研修班为期3天，共有67家市区级劳模创新工作室的领衔劳模参加，集中学习十八届三中全会精神、创新思维、技术创新的观念与方法、申报发明创造成果的方法和途径等课程。（李　伟）

【闸北区总工会大力推进劳模先进创新工作室创建工作】 区总工会大力推进劳模先进创新工作室创建工作。2013年新建命名闸北公安分局交警支队支队长王登海领衔的“交通管理创新工作室”等7个劳模先进创新工作室。这些劳模先进创新工作室以劳模先进为带头人，以技术创新、管理创新、服务创新为工作方向，发挥先进人物在创新驱动、转型发展中的“传帮带”作用。同时，广大职工群众借助劳模先进创新工作室这一平台，以领衔人物为榜样，以团队协作为动力，以创新项目为突破，在创新研究与具体实践中不断提升自身素质。（倪增强）

【崇明县劳模协会换届】 9月16日，崇明县召开劳模协会第三次会员代表会议，选举产生崇明县劳模协会第三届理事会的领导机构和理事会成员。会上，崇明县劳模协会第二届理事会向与会劳模代表汇报协会过去五年的工作情况。会议以举手表决的方式，选举产生崇明县劳模协会第三届理事会会长、副会长、理事以及秘书长、副秘书长。县总工会党组书记、副主席姚美琴新当选为理事会会长。（秦春华）

【上海轻工业工会联合会评选上海轻工首届新生代优秀产业工人】 2013年，联合会评选上海轻工行业首届新生代优秀产业工人，这是自上海轻工2006年转改制以来，首次在上海轻工所有企业，只设年龄限制，基本按劳模评选程序评选出的行业先进。经过历时1年的推荐、公示、评比，有65名主要生产一线的优秀产业工人当选。上海轻工业工会联合会委托上海老凤祥公司专门为此设计制作奖章，并组织资深医生为获奖者体检。上海《劳动报》“五一特刊”整两版以“新生代产业工人，建设美丽中国实现中国梦的主力军”为通栏大标题，刊登65位获奖者的照片和精彩感言。（徐俊彦）

【上海纺织建立六家劳模创新工作室】 上海纺织现有在职劳模80名，其中具有培育劳模工作室带头人条件的近20名。纺织工会通过前期分析、计划制定、部门沟通、条件保障等措施，对企业培育劳模品牌提供指导帮助，创造条件。同时根据市总工会的工作要求和集团的实际，制定下发《上海纺织劳模创新工作室实施细则》，以此推进企业创建劳模创新工作室的步伐。至年底，已有上海汽车地毯总厂龚杜第“纺织汽车装饰”劳模创新工作室、上海德福伦化纤有限公司冯忠耀“差别化新材料”劳模创新工作室、上海龙头三枪集团举行曹春祥“时尚内衣设计”劳模创新工作室、上海申达科宝新材料有限公司胡淳“复合新材料”劳模创新工作室等六家以劳模姓名命名的工作室，覆盖制造、外贸、设计等多家企业。（杜伟钧）

【市医药工会向中西三维劳模张映勤药物中试创新工作室授牌】 12月13日，市医药工会举行“张映勤药物中试劳模创新工作室授牌仪式”，并向张映勤授牌。劳模张映勤药物中试创新工作室有4名成员，工作目标主要是积极配合技术中心完成新产品的中试放样任务，加强现场管理，建立完善的现场生产管理体系和培养新人。张映勤药物中试劳模创新工作室是市医药工会命名华氏大药房全国劳模樊水玉健康服务创新工作室后，第二个命名的劳模创新工作室。（李晨海）

【宝钢股份工会大力选树先进典型】 宝钢股份工会按照“少而精、树榜样、值得学”的评选原则，开展各类先进奖项评选工作，以先进人物的典型性、示范性和影响力，积极传递正能量。全年评选出15名“金牛奖”、45名“银牛奖”，40名“曾乐敬业奖”、40名“曾乐创新奖”。同时不断深化“最佳实践者”活动，聚焦标准化作业推进，开展向坚持标准化作业、默默无闻立足岗位的周辉学习，挖掘和培育“周辉式员工”107名，并积极开展典型宣传和宣讲、最佳案例发布，形成“学周辉，争当周辉式员工”的良好氛围。（包　翔）

【上海船舶工会开展“劳模先进创新工作室”运行情况调研】 根据全总精神和市总工会要求，6月，上海船舶工会成立两个专题调研组，对已命名成立的16个工作室创建和初期运行情况开展调研。在这次调研中，调研组通过问卷调查、实地走访、听取汇报、召开座谈会等多种形式，广泛了解各工作室带头人、成员及所在单位和部门党政领导、基层工会等多方意见建议，重点检查对上海船舶工会先前颁布的《劳模先进创新工作室管理暂行办法》的执行情况。在实地调研结束后，调研组在第一时间对调研情况和问卷调查的各类数据汇总分析，并对进一步推动“劳模先进创新工作室”提升创新能力和高技能人才培养能力等方面提出相关建议。（张正阳）

【上海船舶工会举行五一先进表彰会】 4月28日，上海船舶工会以“攻坚克难激情进取、转型发展倾情奉献”为主题，举行五一表彰会。上海船舶公司系统历届劳模先进集体、个人代表和家属代表，各单位党政工团有关领导，各单位职工代表近千人参加大会。大会宣读全国总工会、市总工会关于表彰全国工人先锋号、上海市五一劳动奖状（章）、上海市工人先锋号的决定，并为获得称号的先进集体和个人颁奖。大会还为上海船舶公司首批15个劳模先进创新工作室进行命名授牌，下拨每个工作室10万元启动运作资金。沪东中华造船（集团）有限公司、劳模先进创新工作室带头人、全国劳模张翼飞宣读倡议书。（张正阳）

【白玉兰公司创新劳模先进群体培育工作思路】 上海白玉兰烟草材料有限公司坚持“劳模先进不是评出来而是培育出来”的理念，抓牢三个结合，即：长期培育和短期计划相结合；树苗选苗和精心培育相结合；及时总结和不断推广相结合，先后形成技师论坛、师徒带教、“一点课程”分享以及技师创新工作室等富有成效的工作载体和管理制度。通过搭建各类宣传教育平台，培育重点向生产一线职工，知识型、技能型职工倾斜，突出“带思想、带安全、带技能、带作风、带业绩”等主要内容，正逐步形成劳模先进群体培育“重点考察一批、储存后备一批”的格局。（王雅珍）

【中国海运工会制定《劳模创新工作室管理办法》】 中国海运工会制定《劳模创新工作室管理办法》，在全系统开展劳模创新工作室创建工作。劳模创新工作室由有理论水平、实践经

4月28日，上海船舶工会举行“五一”先进表彰大会

（张正阳 供）

验、创新能力和创新成果的劳模作为负责人，并以劳模名字命名，同时组成创新团队。中国海运工会将给每个劳模创新工作室资金支持，做好日常管理和复审工作。中国海运工会要求各级工会利用劳模创新工作室创建平台，把创建过程作为学习宣传先进的过程，努力营造创建氛围，把劳模创新工作室打造为工会的品牌项目。

（张　洁）

【中海工业工会举行“王学美劳模和夏学禹劳模创新工作室”揭牌仪式】 7月3日和5日，中海工业分别在江苏公司、长兴船厂举行“王学美劳模船舶建造创新工作室”和“夏学禹劳模创新工作室”揭牌仪式。这是中海工业发挥劳模作用、弘扬劳模精神、扩大劳模品牌、促进企业转型发展的重大举措。中海工业工会主席李孝仁为两个劳模创新工作室揭牌。

（方引虹）

【上港集团龙吴分公司工会充分发挥劳模工作室作用】 以该公司市劳模顾建川名字命名的“顾建川装卸机械维修工作室”，通过“劳模课堂”“拜师学艺”“劳模日常维修心得交流”等形式，吸收公司多名年轻员工加入，开展传、帮、带、教活动，提升工作室团队人员的技术业务水平。工作室团队针对公司生产机械维修、装卸工艺等急需解决的问题，确立18项自制自修、技术创新等攻关项目，开展工属具研制、零件国产化、加强安全防护措施、降本节支修旧利废等项目工作。到年末18项创新项目全部完成。全年“劳模课堂”培训143人次；电子整流器累计修复198台，节约费用10万元；平车拖头拖令改制20台；原木装卸自动脱钩装置取得初步成功；工作室人员提出的合理化建议获得公司特等奖、一等奖；《门机行走惯性制动技术研究应用》项目获得集团节能减排技术创新成果二等奖。在完成项目的同时，工作室成员还开展其它修旧利废、自制自修等工作，全年为企业节约25万元。（丁训俊）

【赵祥工作室获得长航集团劳模先进“三创”示范点】 6月初，长江轮船公司工会为获得“长航集团劳模先进创新创效创优示范点”的首席技师赵祥汽车维修工作室进行授牌。该工作室是长航集团首批命名的3个示范点之一，突出“创新强、创效快、创优好”的特色，发挥劳模先进示范引领作用。

（章　伟）

【中远集运工会积极开展评先树模活动】 公司工会修订完善《中远集运劳模先进个人(集体)评选表彰管理办法》，制定下发《中远集运劳模创新工作室管理办法》，初步建立模范先进个人(集体)培育库，创建“郭瑾劳模创新工作室”。利用《一周要闻》《家园》等平台大力宣传先进集体和先进个人的事迹，选派人员参加东方卫视《劳动最光荣》大海主题的拍摄，营造学先进、树形像、比奉献的争创氛围，发挥各类先进典型的示范作用。

（钱　华）

长江轮船工会为汽检公司赵祥首席技师汽车维修工作室团队授“三创”示范牌

（章　伟）

【上海海事局工会发挥劳模品牌立业树人】 上海海事局工会以全国先进工作者陈维为带头人，建立“陈维海事危防监管创新工作室”，作为海事危防管理人才培训和实践基地。工作室紧紧依靠劳模精神引领，创新组织模式，完善管理机制，采用“1+4”灵活配置的团队模式(“1”以劳模为核心，“4”是4种形式的成员，即4名固定成员、3名外派队员、5名轮训学员和1名专家顾问)，依托特勤执法大队进行实体运作，形成稳定与灵活兼顾的组织模式。并制定《陈维工作室运行管理办法》，涵盖会议研讨、课题研究、考核奖惩等9个方面制度。陈维工作室通过“劳模带徒”、“导师带徒”等方式，建立理论教学、岗位实操、技能评估等为一体的学习培养体系和集一线执法、研究攻关、成果转化、文化交流为一体的工作平台。按照“编、教、考、管、宣”工作思路，初步形成“陈维四步教学法”及“4+X”科学考评法。（朱卫平）

【市建设交通发展研究院为朱洪劳模创新工作室揭牌】 9月27日，市建设交通发展研究院举行“朱洪交通规划与政策研究劳模创新工作室”揭牌仪式。朱洪是上海市城市综合交通规划研究所副所长，曾参与上海世博交通保障方案研究、上海市综合交通调查、交通政策研究和交通白皮书编制、交通节能减排等工作，并牵头完成《世博开闭园时间研究》《世博需求整合与修编》等多个世博交通研究专题。工作室以交通所政策研究室成员为主要班底，并吸收部分参与新一轮交通白皮书编制的核心成员，研究方向主要包括交通政策措施研究、交通热点问题对策研究、低碳交通发展策略等领域。

（钱　蓉）

【建工七建集团费跃忠劳模创新工作室成效显著】 七建集团工会将费跃忠劳模创新工作室作为企业人才培养的孵化器和摇篮，在教培中心设立工作室，派遣专人负责工作室的日常工作，修订工作室管理办法，制定日常工作计划。1年来，集团总经理、劳模费跃忠带领集团项目经理到工地调研，编制总承包管理大纲，开展《项目经理的素质和项目管理的实践》《项目经理职业道德和修养》《施工总承包管理实践培训》专题讲座，以及“费跃忠劳模互动答疑”等活动，提升一线项目经理的素质能力。（杨钟春）

【建工机施工会加强创新团队建设】 机施工会以劳模创新工作室为载体，进一步推进职工素质工程建设。召开王斌劳模工作室和陈耀峰工作室创新工作交流会，通过建工集团对王斌劳模工作室的年度复审，其总结的《小曲率半径盾构推进的轴线控制技术》被收入到建工集团劳模工作室创新成果集。王斌劳模工作室还被市总工会授予上海市工人先锋号和上海市团队创先特色班组两项称号。（杨钟春）

【申通地铁集团“李鹃伟工作室”获评“上海技能大师工作室”】 10月，“李鹃伟工作室”获评“上海技能大师工作室”。工作室定位主要基于下列四个方面特点：一是工作室人员来源于基层一线，是现场问题的发现者；二是工作室人员均为经验丰富技能突出的老师傅及有发展潜力的青年人，是疑难问题的解决者；三是工作室人员专业知识结构较为全面，是系统问题的攻关者；四是工作室人员具有较强的现场操作和执行能力，是科研项目的实施者。（孟　盈）

【城投总公司工会积极推进劳模先进创新工作室建设】 2013年，城投总公司工会进一步积极探索劳模先进创新工作室的长效工作机制。一是制定《城投劳模先进创新工作室管理办法》，要求落实“五个有”（有劳模领衔、有创新团队、有攻关项目、有创新成果、有场地经费）创建要求及规范各项工作室管理制度。二是组织劳模先进创新工作室围绕重大工程建设、城市运行管理等企业中心工作进行科技攻关，并在科技节期间，进行主攻课题的揭榜。同时6个先进团体、劳模工作室进行签约结对共建。三是进一步加大对工作室的扶持、指导力度。下拨专项经费，不定期到工作室现场进行指导。四是开展工作室学习交流。工作室之间结合实际开展劳模讲堂、专题讲座、技术沙龙、论坛交流等活动。（茅瑞喆）

申通地铁集团“李鹃伟工作室”获评“技能大师工作室”

（付　斐）

【市绿化市容局工会通过“劳模创新工作室”为劳模发挥作用搭建平台】 市绿化市容局工会命名上海辰山植物园胡永红、上海市林业总站夏琼、上海市水上管理处张晓宇等3家局“劳模创新工作室”。自命名以来，3家工作室以项目为纽带，紧紧围绕行业工作重点，开展技术创新、管理创新、服务创新，发挥劳模的示范引领和骨干带头作用，取得良好的经济和社会效应。一是加强团队协作。建立劳模创新工作室章程、项目管理制度。通过定期开展研究和技术交流，群策群力，发挥团队的能动性和创造性。二是加强攻关培训。根据工作任务要求，各工作室承担《安全优质葡萄设施栽培技术推广》《江南油用牡丹的资源调查、种质资源收集和优系筛选》《水生植物的减量化、资源化、市场化的研究》等11项科研项目，同时开展人才培训近万人次。三是加强社会服务。工作室积极开展系列公益活动，夏琼工作室7月在光启购物广场举行乡土有约“2013上海夏季优质果品和观光采栽活动”；胡永红工作室配合植物园举行“2013亲子音乐周”等活动。（宋丽娜）

【百联集团举行“劳模（先进）服务创新工作室创建工作现场交流会暨授牌仪式”】 4月27日，百联集团工会举行“劳模（先进）服务创新工作室创建工作现场交流会暨授牌仪式”。集团党委领导向集团首批14个劳模（先进）服务创新工作室代表授牌，并现场观摩第一百货劳模工作室。在劳模（先进）服务创新工作室创建工作交流中，友谊股份工会、第一百货劳模工作室、茂昌眼镜蓝金康劳模工作室等分别作交流发言，从不同角度介绍工作室的创新理念、务实做法和发展目标。（姜　杰）

【百联劳模工作室有了互动平台】 9月6日，百联集团工会为劳模工作室开辟交流平台，组织类型相近的劳模创新工作室开展交流活动，在互动中通过分享经验、优势互补。5月以来，百联集团陆续推出“劳模（先进）服务创新工作室”，其中包括百货、珠宝、医药、电商等多个业态的近20位劳模和技术能手。在跟踪培育的基础上，集团工会发现工作室之间缺少互动交流。有鉴于此，集团工会在为劳模工作室提供资源支撑的同时，也为其开辟交流平台。在互动交流中，工作室之间不仅互相介绍经验，“挑起刺”来也不留情面，有效促进各工作室的良性发展。（姜　杰）

【百联又一城工会建长效机制育劳模先进】 百联又一城工会通过请全国

劳模与优秀职工结对授课、兄弟企业间岗位对口交流、量身定制学习方案等,建设培育劳模先进的“快车道”。自1月起，又一城工会结合具体工作岗位特点，选拔1个集体和3名个人作为先进劳模培育目标。并根据不同岗位的特点，为他们量身定制学习方案；专程请来全国劳模李惠麟，通过开展劳模结对交流会，与3名争创先进劳模的优秀员工个人进行座谈并结对；开展对口交流搭建学习平台，在寻找差距中提升服务质量；引导员工多渠道学习相关知识，掌握过硬的业务技能，成为服务标兵和销售能手，使得身处不同岗位的员工有更为明确的学习目标。（姜　杰）

【良友集团工会举行“上海市劳模创新工作室”揭牌仪式】 6月6日，良友集团工会在福新面粉公司为评为“上海市劳模创新工作室”的“万国良机电技术劳模创新工作室”揭牌。在2013年上海市“劳模创新工作室”评审会，来自全市制造业、服务业、文化业等2 9家单位“劳模创新工作室”参加评审，经过激烈角逐，20家创新工作室被评为上海市第三批“劳模创新工作室”,福新面粉公司“万国良机电技术劳模创新工作室”名列其中,评审排名第10名。（李建致）

【民政局工会选树行业标杆】 4月27日，市民政局工会举行庆“五一”暨“劳模创新工作室”现场推进会。会上，命名以全国劳模黄伯华、张宏伟，市劳模李瑞喜、付军、徐军、凌伟，民政部劳模龚晓燕、王刚等8位劳模冠名的局“劳模创新工作室”，并颁发铜牌及工作经费。这些劳模工作室分布在儿童抚养、社区服务、殡葬服务、烈士褒扬等多个工作领域，成为民政行业的标杆。（胡积伟）

【城建集团工会市建交委工会共同研讨劳模创新工作室创建工作】 9月11日，城建集团工会与市建交委工会共同参加“城建总院调研劳模创新工作室创建与开展”调研会，一起听取城建总院“刘伟杰道路与交通工程创新工作室”工作介绍并进行交流沟通。近年来劳模工作室开展大量工程、科研理论研究和实践应用，在新型公共交通、智能交通、生态道路等领域取得多项科技进步奖和咨询成果奖，并成为企业技术经营的“高地”和业界技术创新的“排头兵”。（周　云）

【上海工会管理职业学院成立“劳模育人实践基地”】 10月25日，学院“劳模育人实践基地”揭(授)牌仪式在华亭宾馆举行。首批揭(授)牌的实践基地包括华亭宾馆、上海医药集团上海医药分销控股有限公司、上海地铁第一运营有限公司、上海铁路局上海站以及闸北区社会保障事业管理中心。劳模育人实践基地是学院“建设一支劳模导师团、开发一套教材、建设一个劳模精神育人课程体系、建设一个劳模风采展示馆、建设一个劳模精神教育研究会、建设一批劳模育人实践基地”等“六个一”劳模育人方案中的一个重要环节。首批基地成立后，学院还将建设更多的“劳模育人实践基地”，为学生提供更多学习实践机会。（卢　锟）

【上海工会管理职业学院举行劳模班成立30周年纪念大会】 10月29日，学院劳模班30周年纪念大会暨劳模学习培训五年计划启动仪式在职业讲堂举行。会上，学院党委回顾总结劳模班30年的发展足迹。市总工会、市教委终身教育处共同启动“上海劳模学习培训五年计划”。市总工会希望劳模学员要继续发扬新时代劳模精神，全面提升思想水平、理论素养、专业知识，为创造新业绩打下坚实基础。（卢　锟）

服务劳模

【概要】 2013年，市总工会进一步加强对劳模的关心关爱和服务。一是坚持做到重大节日必访、劳模突发困难必访、思想波动必访、生病住院必访等“四个必访”，实行春节慰问、劳模疗休养和劳模抚恤慰问等“三项制度”。二是继续做好全国劳模“三金”和上海市劳模“三金”发放工作，及劳模的疗休养和体检工作。三是按照“事实清楚、依据充分、重点突出、热情关心”的原则，重点加大对患大病、重病住院等医疗费支出较大以及突发困难的劳模的关心帮扶力度，做到“一般困难企业帮、特殊困难政府帮、突发困难及时帮”，使劳模切实感受到党和政府的关爱。（李　伟）

【市总工会开展省部级以上劳模生活状况调研】 市总工会对全市省部级以上劳模的工作、生活、住房和社会保障等情况开展摸底调查。经调查，上海省部级以上劳模就业状况基本良好，收入水平总体高于社会平均收入。同时，在调研基础上，市总工会提出进一步做好劳模关心帮扶工作的建议:一是进一步健全和完善“三金”制度，加强顶层设计研究，加大“三金”发放力度，并以制度形式确保劳模共享社会经济发展成果。二是建议进一步加大对劳模的关爱力度，加强资源整合，适当提高劳模疗休养标准，

宝山区总工会慰问困难劳模（胡立伟）

使之与社会经济发展水平相适应。三是进一步加强劳模统筹管理，规范省部级劳模评选及相关工作。同时建议加入外籍的劳模不再享受相关福利待遇。（许燕军）

【市总工会做好劳模“三金”发放工作】 根据全总下拨给上海的全国劳模“三金”和市财政拨付的上海市劳模“三金”额度，市总工会召开专题会议，布置“三金”发放工作。各级工会认真排摸、仔细核实劳模的收入状况、家庭困难等情况。经市总工会汇总审核后，制订劳模“三金”发放方案并报主席会议通过。共发放全国劳模“三金”1256.03万元，特困帮扶面为全市全国劳模总数的27%；发放上海市劳模特困帮扶金和低收入补助金1094.3万元，特困帮扶面为市劳模总数的19%。（许燕军）

【宝山工会开展关心关爱劳模系列活动】 中秋国庆期间，宝山工会开展关心关爱劳模的系列活动：一是组织近90名退休劳模参加健康体检；二是以集中座谈、走访慰问等形式，对区住院、高龄和作出较大贡献的劳模个人和劳模集体进行慰问；三是组织部分劳模观摩上海国际旅游节花车巡游活动。（胡立伟）

【闵行区总工会多形式、多载体、多举措做好劳模服务管理工作】 闵行区现有劳模414人，其中在职劳模104人。区总工会多形式、多载体、多举措做好劳模服务管理工作。一是多形式宣传弘扬劳模时代精神。以举办五一庆祝大会为契机，大力宣扬劳模的先进事迹。举办主题为“灵动的升华”宣传活动，并制作《劳模风采》集和短片，全方位宣传劳模事迹。另外以工会主席大讲坛为平台，举行“弘扬新时期劳模精神”系列专题报告会，邀请全国劳模包起帆等为全区工会干部和职工代表作《创新铸就事业，发明改变人生》等专题辅导报告。二是多载体发挥劳模示范引领作用。首次命名区级层面的劳模创新工作室5个，开设职工创新发明研修班，增强职工创新意识。研修班有近百名学员组成，其中有全国劳模、市劳模和来自全区热爱发明、有创新成果的一线科技人才参加。开展劳模志愿服务，如：全国劳模李婉滢积极开展心理援助志愿服务；全国劳模吴恩福结对帮助贫困村、援建希望小学、无偿资助农业技术培训项目。三是多举措做好劳模管理及服务工作。进一步完善劳模档案，实现信息化动态管理。做好劳模建卡工作，方便劳模“三金”发放。关心劳模工作生活，落实劳模各项待遇。（俞龙祥）

【赵巷镇多举措关爱劳模】 一是坚持走访慰问劳模，建立重大节日期间入户慰问与日常关心帮扶相结合的长效机制。二是健全完善劳模体检制度，做好劳模健康管理。每年组织劳模体检，及时掌握劳模的身体状况。三是积极组织劳模开展活动，召开劳模座谈会，在全社会形成“尊重劳模、学习劳模”的良好氛围。（朱建强）

【奉贤开展劳模健康关爱活动】 为关心劳模身体健康，奉贤区总工会组织100余位退休劳模参加健康体检。5月22日，区劳模协会邀请同济大学附属第十人民医院医生来到奉贤，为退休劳模面对面解读体检报告，提供健康养护咨询服务。（尹　奕）

【南桥镇“家庭医生”为劳模身体健康保驾护航】 自2006年起，在南桥镇总工会、奉贤区劳模协会南桥分会以及南桥卫生服务中心的策划和组织下，“家庭医生与劳模结对”工作在全镇推开。6年来，南桥、光明、西渡11名医生尽心尽力为南桥镇的劳模提供及时、周到的服务，为劳模的身体健康保驾护航。家庭医生根据劳模们的身体状况，随时做好监测与随访，及时调整治疗方案。2013年，南桥镇劳模工作小组的医生们共上门服务350人次，电话随访180人次，门诊服务72人次，上单位服务18人次。（张冬妹）

【化学工会认真做好劳模工作】 化学工会以弘扬劳模精神为抓手，深化劳模先进基础管理和关爱工作。年内，先后组织开展推荐评选各类先进活动。共推荐评选出全国五一劳动奖状1个、全国五一劳动奖章1名、上海市五一劳动奖章2名、上海市工人先锋号班组2个。在评选先进的同时，组织召开集团各界人士迎新团拜会，在《华谊报》上开辟石化劳模人物宣传专刊，并分两批组织集团内46名全国、市部级劳模先进赴长白山疗休养。另外，还根据市评模办要求，充实调整集团劳模信息库有关劳模的数据，基本实现集团内劳模的动态化管理。通过收集集团劳模的困难信息，向市总工会争取到110万元劳模“三金”。与此同时，集团工会还根据市评模办的要求，积极做好集团内16位全国劳模、10名退休劳模的体检和疗休养组织工作。（王有福）

【上海航天局工会五项举措切实做好劳模工作】 一是指导推动全国劳模唐建平所在的唐建平班组依托劳模

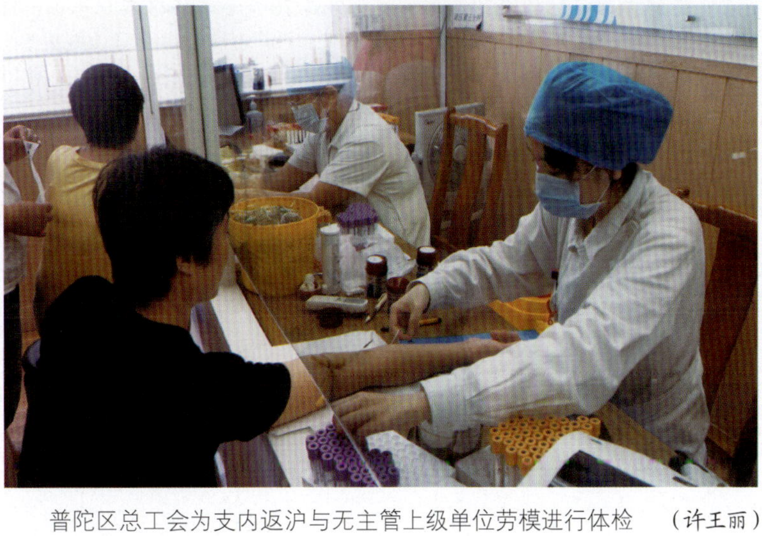

普陀区总工会为支内返沪与无主管上级单位劳模进行体检　（许王丽）

创新工作室等载体，开展技术创新活动，发挥劳模辐射效应；二是组织召开局系统庆“五一”劳模先进座谈会，4位在职劳模代表、2位劳模先进集体代表和2位退休劳模代表在会上交流了各自的成长心得；三是2次组织召开不同层面学习贯彻习近平总书记在全国劳模座谈会上讲话精神交流会；四是通过《劳动报》等媒体，集中宣传劳模先进事迹，倡导“劳动光荣、创造伟大”；五是关心爱护劳模，规范劳模“三金”发放方式，建立劳模疗休养制度，组织参加市总工会疗休养，开展困难劳模情况调查。（沈　恺）

【上海水产集团组织劳模健康体检和疗休养】 为更好地关心劳模的工作、生活和身体健康，5月22日，上海水产集团工会组织系统内30多名在职和退休劳模到瑞慈体检杨浦机构接受集中健康体检。6月25—27日，组织系统劳模先进代表赴市总工会沙家浜疗养院开展短期疗休养活动，考察沙家浜地区人文景观。期间，集团党政领导专程前往看望并慰问大家。

（韩　毅）

【锦江国际集团工会关心劳模求实效】 集团工会深入贯彻落实《上海市总工会关于进一步加强本市劳模管理服务工作的意见》，结合锦江国际三级劳模管理组织网络，建立健全劳模工作关心关爱机制。年初，集团工会全面核实劳模基本信息，为集团每位劳模办理了工行VIP劳模卡，做到“全覆盖、不遗漏、无差错”。进一步规范劳模“三金”发放操作流程，通过工行VIP劳模卡发放劳模“三金”29.7万元。中秋前夕，给每位劳模发慰问信并安排健康体检。同时，集团各级工会也形成劳模关心、关爱工作常态化、规范化，及时安排人员走访慰问劳模，掌握劳模生活、身体和工作情况，帮助劳模解决实际问难，为劳模提供有效服务。（张祥伟）

保障政策文件选编

上海市人力资源社会保障局关于2014年调整本市城镇企业退休人员基本养老金的通知

沪人社养发〔2013〕58号

各委、办、局、控股（集团）公司，市社会保险事业管理中心，各区、县人力资源和社会保障局：

为切实保障本市城镇企业退休（职）人员的基本生活，经研究，自2014年1月1日起调整本市城镇企业退休人员基本养老金。现将有关事项通知如下：

一、本市2013年底以前已按城镇职工养老保险规定办理退休（职）手续，并按企业办法计发基本养老金（生活费）的人员，按照以下办法增加基本养老金（生活费）：

（一）每人每月增加130元。

（二）按本人缴费年限（含视同缴费年限），每满1年每月增加3元；月增加额不足30元的，补足到30元。

（三）以本人2013年12月份按月领取的基本养老金（生活费）为基数，增加3%（增加额尾数不足一角的，见分进角）。

（四）2013年12月31日前女年满60周岁及以上（1953年12月31日及以前出生）、男年满65周岁及以上（1948年12月31日及以前出生）的人员，每人每月增加20元。其中：2013年当年内女年满60周岁（1953年出生），男年满65周岁（1948年出生），以及年满70周岁（1943年出生）、75周岁（1938年出生）、80周岁（1933年出生）的人员，可按照2012年年满60周岁（男年满65周岁）、70周岁、75周岁、80周岁人员已享受的标准（本通知实施前的标准）先进档，再增加。

二、2013年12月31日前女年满60周岁及以上（1953年12月31日及以前出生）、男年满65周岁及以上（1948年12月31日及以前出生）的人员，按本通知第一条规定增加基本养老金（生活费）后，月基本养老金（生活费）不到1500元的，每人每月再增加30元，增加后的月基本养老金（生活费）不超过1500元。

三、建国前参加革命工作并符合原劳动人事部劳人险〔1983〕3号文规定享受原工资100%退休费的老工人、两航起义人员、持有中国海员工会核准颁发起义船员证书的招商局驾船起义人员，按上述规定增加基本养老金后，每人每月再增加200元。

四、按本通知规定增加基本养老金（生活费）所需费用由本市城镇职工养老保险统筹基金列支。

2013年12月27日

素质工程

Quality Engineering

上海工会年鉴

2014

专文摘要

突出重点、创新方式，进一步寻求做好 EBA 培训工作

上海市总工会巡视员　杜仁伟

一、认清新形势、明确新任务，进一步提高对 EBA 培训工作重要性、必要性的认识。

4 月 28 日习近平总书记同全国劳模代表座谈时的重要讲话，充分肯定了我国工人阶级的历史功绩和地位作用，深刻阐述了工人阶级在实现中国梦中的责任与担当。习近平总书记在十二届全国人大一次会议闭幕会上发表重要讲话时提出“三个机会”——让人民共同享有人生出彩的机会、梦想成真的机会、同祖国和时代一起成长与进步的机会，我们开展 EBA 培训，就是为了更好地让广大一线职工特别是外来务工人员享有这“三个机会”，因此，开展 EBA 培训对于实现“中国梦”，实现人的全面发展具有重要意义。当前，上海正处于推进“四个率先”、建设“四个中心”的关键时期，创新驱动、转型发展的攻坚阶段，上海要率先转变经济发展方式、实现经济社会科学发展，要发展先进制造业、现代服务业和战略性新兴技术产业、高新技术产业，核心就是依靠人才，依靠创新，依靠发展服务经济。目前，在上海的从业人员中，外来务工人员已占到 52.6%，人数已经超过了上海本地户籍的劳动力，已成为推动上海经济社会发展的重要力量，提升这一群体的综合素质，使其成为未来上海发展可依靠的人才，具有十分重要的意义。

二、突出重点、创新方式，进一步寻求做好 EBA 培训工作的新途径和新举措。

我们最近也和开大开了几次协调会，共同分析了这些年 EBA 培训的对象、结构和特点等，从中感悟到一些变化。下一步，我们希望在以下四个方面作进一步探索。

一是在服务对象上，从以班组长为主体变为班组长与外来务工人员并举；二是在行业结构上，从偏重制造业变为制造业与服务业并举；三是在课程设置上，从单一初级工商管理内容变为初级工商管理知识与通用知识、专业知识并举；四是在培训衔接上，从单一与学历教育衔接变为学历教育与职业资格提升并举。

三、各尽其责、主动而为，进一步推动 EBA 培训工作跨越式发展。

一是注重组织领导，在宣传发动上下功夫。各级工会要把 EBA 培训向更多国有企业、民营私营企业、外商投资企业延伸，向中小微企业拓展，动员和组织更多包括班组长、外来务工人员以及劳务派遣工、外包员工等在内的职工参加培训。要搭建网上报名平台，优化学员报名方式；加强宣传整体策划，拓展宣传方式方法，在用好传统媒体的同时，通过互联网、手机、微博客、微信等新兴传播媒介进行宣传发动。

二是注重政策落地，在扩大培训覆盖面和职工受惠面上下功夫。去年，我们和市人保局、财政局、教委联合下发了《关于印发 <关于区县运用地方教育附加专项资金支持企业组织开展职工职业培训工作的指导意见> 的通知》，把关于教育附加费的使用内容和范围扩大，有关职工素质提升的项目均可纳入。各区县局（产业）工会要积极研究地方教育附加专项资金使用流程，用好政策，积极申请教育专项资金，为更多职工提供免费培训的机会。

三是注重教学改革，在提升培训效果上下功夫。采取模块教学模式，以初级工商管理培训、通用能力培训、岗位技能培训三个模块设立课程菜单组织教学；采取更加灵活简便的培训方式，因地制宜、因时制宜、因人制宜地开展培训，使这三个模块在教育内容和形式上既相互关联又各有侧重，构成立体型培训框架。

四是注重资源整合，在形成合力上下功夫。要充分发挥 EBA 培训工作领导小组的作用，在整合内部资源的基础上，主动协调社会优势资源，形成职工受益、企业欢迎、政府支持、社会参与、多方共赢、各方认同的良好局面。与人保局协商，研究 EBA 培训与职业资格提升之间相关政策和实施办法；吸引高校、技能培训机构、社会培训机构等优质资源，参与课程开发；发挥劳动部门培训机构和社会教育资源优势，加强培训站点和职工教育培训示范点建设。

五是注重协同发展，在整体推进上下功夫。要把 EBA 培训工作与学习型企事业单位创建活动、“六型”班组创建活动等其他职工素质工程载体有机结合起来，相互促进、相得益彰，有效推进职工教育培训工作。

综　述

2013 年，上海工会以培育和践行社会主义核心价值观、唱响劳动最光荣为工作主旋律，进一步弘扬中国工人阶级伟大品格和劳模精神，维护和发展职工精神文化权益，促进职工全面发展。一是深入学习宣传贯彻党的十八大和中央宣传思想工作会议精神，推进职工宣传思想工作取得新发展。举办党的十八大精神巡回报告会，组织成立由专家学者、劳模先进组成的宣讲团并举办巡回报告会，组织编写发行党的十八大精神班组（职工）学习读本《时事热点百问》1.5 万册；召开上海工会宣传思想工作会议，贯彻习近平总书记 8·19 重要讲

话精神，牢牢把握正确的政治方向和舆论导向，探索宣传思想网络新阵地，把更多的力量投向商务楼宇、工业园区等职工大量聚集的领域，在强化传统工作对象的同时，更多地服务“白领”阶层、“三高”群体；广泛开展职工主题教育活动，立足基层、面向职工，结合各行各业实际和不同职工群众特点，开展“学习十八大、岗位建新功”和“共筑中国梦、劳动最光荣”主题教育实践活动。二是唱响“劳动最光荣”，引领主流价值，营造奋发向上的文化氛围。与东方卫视联合策划制作《劳动最光荣》系列电视节目，编辑出版《劳动最光荣》主题图书，推出“劳动最光荣”主题歌曲，打造“劳动最光荣”主题歌会，举办以新创歌曲《劳动最光荣》和《荣光》作为指定曲目的上海市职工合唱比赛和“五一”大型歌会，开展《劳动最光荣》歌曲MV评选，推出“劳动最光荣”主题公益微电影，开展“劳动最光荣”地铁长廊巡展等，向全社会传递“劳动光荣，创造伟大”的时代主旋律。三是以推进职工素质工程为抓手，加强教育培训，提升广大职工科学文化素养。召开上海市初级工商管理(EBA)培训奖学金表彰会暨2013年培训工作推进会，尝试研究制定《上海工会职工EBA培训奖励计划方案》，开展振兴中华读书活动，开展上海职工微感言·微镜头·微演讲系列大赛、“我爱读书、我爱生活”上海市民读书系列活动、“阅读网上书、放飞中国梦”上海社区读书活动《劳动最光荣》书评暨劳动签名赠书活动等多项活动；开展2011—2012年度上海市职工职业道德建设“双十佳”评比，评选出十佳标兵单位，十佳标兵个人。四是以维护职工文化权益为宗旨，积极推动工会文体事业发展，满足职工群众精神文化需求。开展非公企业职工文化建设和职工文体阵地回归公益、转型发展调研，形成《关于加快上海职工文体场馆回归公益、转型发展的调研报告》和《上海非公企业职工文化建设调研报告》；开展为农民工送文化系列服务活动，先后到迪斯尼乐园建设工地、上海保障房建设基地、上海电力公司等农民工相对集中、人数较多的企业、工业园区、建设工地等处开展以文艺演出、健康咨询、法律援助等为主要内容的为农民工“送文化、送法律、送健康”(“三送”)活动；推进职工书屋建设，遴选出30家申报全国“职工书屋”示范点，在农民工集聚的建筑工地建立3家职工书屋示范点，同时配合市总工会援疆办为喀什四县筹建8家职工书屋示范点，改善一线职工特别是农民工的学习条件；举办上海职工文化展演周，第十五届中国上海国际艺术节期间在南京路步行街世纪广场设立“共筑中国梦、劳动最光荣”上海职工文化展演周，举行第七届上海市五一文化奖颁奖仪式。举办上海职工体育健身四季大联赛浦东、静安、长宁、黄浦楼宇职工运动会。（陈必华）

【市总工会宣教部试行宣教工作例会制度】 按照区县、工业制造业、交通运输、建设通信、科教文卫、民生保障等将各区县局(产业)工会划分为8大条块，按季度分别召开宣教工作例会。通过座谈交流、培训展示、现场会等形式，交流工会宣教文体工作开展情况、经验成效、典型案例、意见建议等；就重点工作项目、调研课题、制度建设等开展专题讨论；探索运用新媒体开展宣传思想工作的方式方法；就重要业务工作开展专题交流、培训；了解职工生产、生活现状及其对重大政策、重大事件的思想反映。市总工会以宣传工作例会制度为抓手，以职工需求为导向，开展工会宣教文体各项工作，增强工会宣教干部服务基层、服务职工的能力，通过建立基层直联点，逐步向街镇总工会、经济开发区、商务楼宇、非公企业等基层企事业单位及职工拓展，逐步实现与企业工会、一线职工的双向互动。（陈 琦）

【市总工会召开上海工会宣传思想工作会议】 9月25日，召开上海工会宣传思想工作会议。会议围绕学习贯彻习近平总书记8·19重要讲话和全国工会宣传思想工作视频会议精神，研究部署当前和今后一个时期上海工会宣传思想工作。会议对做好工会宣传思想工作提出要求：一是统一思想，增进共识，充分认识做好新形势下工会宣传思想工作的重要性紧迫性；二是找准定位，突出重点，不断增强工会宣传思想工作的针对性实效性；三是加强领导，形成合力，努力构建工会宣传思想工作大格局。会议表彰了2011—2012年度上海市职工职业道德建设先进单位和个人，2011—2012年度上海市职工职业道德建设“双十佳”及上海市五一劳动奖状(奖章)获得者。长宁、航天、申通、南西街道工会分别就倡导劳动创造幸福理念、打造职工思想工作品牌、引导青年职工参与和谐企业建设、团结楼宇白领职工等工作进行了交流。（陈 琦）

思想教育

【概要】 一是深入学习宣传贯彻党的

市总工会召开全国工会宣传思想工作视频会议上海分会场会议

（吴良荣）

十八大和中央宣传思想工作会议精神。举办党的十八大精神巡回报告会近300场，受众逾7万人次。组织编写发行党的十八大精神班组（职工）学习读本《时事热点百问》1.5万册。召开上海工会宣传思想工作会议，探索思想道德和宣传教育新阵地。开展“学习十八大、岗位建新功”主题教育实践，学习宣传贯彻党的十八大精神。二是唱响“劳动最光荣”时代主旋律，倡导“劳动创造幸福、劳动成就梦想”的价值理念。开展“共筑中国梦、劳动最光荣”主题宣传活动，打造《劳动最光荣》电视节目，推出“劳动最光荣”主题歌曲和主题公益微电影，开展“劳动最光荣”地铁长廊巡展，构建“辛勤劳动、诚实劳动、创造性劳动”社会氛围。（陈 旖）

【上海工会举办党的十八大精神巡回报告会】 市总工会充分发挥劳模先进在学习宣传贯彻十八大精神中的模范带头作用，邀请上海参加党的十八大代表中具有劳模先进身份、来自基层一线、有时间有精力作巡回宣讲的代表和部分知名劳模，成立上海职工学习贯彻党的十八大精神劳模宣讲团，到各区县局（产业）系统宣讲党的十八大精神。宣讲团成员深入基层、走进班组，联系自身学习、思考和岗位工作实际，讲感受、谈认识、讲体会、谈打算。市总工会在市级层面举办女职工专场、劳模先进专场、班组长专场、公务员专场等4场示范性宣讲报告会，近2000人次参会，在全市工会系统掀起学习贯彻党的十八大精神的热潮，也为各级工会开展劳模宣讲工作起到良好的示范导向作用。据统计，全市有闸北区总工会、黄浦区总工会、闵行区总工会、金山区总工会、崇明区总工会、机电工会、金融工会等近70家区县局（产业）工会共开展报告会、座谈会、研讨会等各类党的十八大精神劳模宣讲活动近300场，逾7.4万人次参会。（陈 洁）

【市总工会开展《劳动最光荣》系列文化活动】 年内，市总工会推出“劳动最光荣”系列文化品牌活动。打造一档电视节目。和东方卫视联合策划制作《劳动最光荣》系列电视节目，现已播出71集。推出一组主题歌曲。从18个省市的167首应征作品中遴选歌词，邀请著名作曲家印青作曲，著名男中音歌唱家廖昌永领唱，在2013年上海市劳模春节茶话会上，由市劳模合唱团首次激情唱响歌曲《劳动最光荣》。打造一台主题歌会。以《劳动最光荣》和《荣光》为指定曲目，主办上海职工合唱比赛和“五一”大型主题歌会，来自全市50多个区县局（产业）、4000多名职工踊跃参加。编辑出版一本主题图书。以《劳动最光荣》系列电视节目开播一周年为契机，出版《劳动最光荣》主题图书，还原“劳动达人”成长经历，讲述不同行业背后鲜为人知的发展历程，用文字和镜头记录劳动者的故事和情怀。编创一部话剧。由市总工会、市机电工会策划制作的话剧《中国力量》于5月3日在艺海剧院举行首场公演。话剧根据全国劳模、国家科技进步二等奖获得者李斌先进事迹创排而成。开展一场地铁长廊巡展。5月，市总工会分别在上海地铁和东方明珠广播电视塔举办“劳动最光荣”主题文化巡展。推出一部主题公益微电影。组织拍摄微电影《劳动最光荣》，在“五一”大型歌会和工会网站及上海各大主流媒体播放，通过聚焦各行业普通劳动者的形象，输出社会正能量，赞美基层一线职工为上海经济社会发展作出的贡献。（郁晓昕）

4月28日，2013年上海市庆祝五一国际劳动节大型歌会在上海源深体育馆举行 （宋 漪）

【市总工会开展“共筑中国梦·劳动最光荣”上海职工微感言·微镜头·微演讲系列大赛】 7月11日—10月11日，市总工会、市精神文明办和新华社上海分社共同举办“共筑中国梦·劳动最光荣”上海职工微感言·微镜头·微演讲系列大赛。比赛面向全市广大职工群众，市总工会在新浪网和腾讯网开通昵称为“劳动成就梦想”的微博作为大赛官方微博，参赛者通过登陆个人或机构新浪微博、腾讯微博上传作品。近70余家区县局（产业）工会、千余家基层单位热情参与。共收到来自各行业职工的优秀参赛作品微感言9000余条，微镜头1000多幅，微演讲近1000篇。大赛评审团以作品的质量及转发数量、有效评论数量作为评选依据，经过严格筛选，在3个参赛项目分别评出一、二、三等奖各1名，优秀奖各3名。大赛还设立最佳人气奖1名、最佳创意奖1名、最受评委关注奖1名、最具风格奖1名，幸运奖5名，优秀组织奖10个。12月24日，举行上海职工微感言·微镜头·微演讲系列大赛颁奖仪式，表彰展示优秀作品。（师荣欣）

【市总工会开展“学习十八大、岗位建新功”主题教育实践活动】 市总工会立足基层、面向职工，结合各行各业实际和职工群众特点，以“学习十八大、岗位建新功”为主题，深入开展学习宣传贯彻党的十八大精神教育实践，坚定职工群众永远跟党走的理想信念；扎实推进社会主义核心价值体系建设，引导职工群众积极培育和践行社会主义核心价值观；大力弘扬工人阶级伟大品格和新时代劳模精神，增强职工群众团结奋斗的精神动力。通过举办党的十八大精神劳模宣讲巡回报告会、组织编写党的十八大精神班组（职工）学习读本、深化职工职业道德建设等方式，开展主题教育实践活动。引导各级工会发挥组织优势，整合社会资源，面向工会干部和职工群众宣讲党的十八大提出的重大理论观点、重大战略思想、重大工作部署，切实把广大职工的思想和行动统一到中央、市委、全总决策部署上来，把智慧和力量凝聚到立足岗位建功立业的各项工作中来。（陈　旖）

【杨浦区总工会职工网上谈心室架起心灵沟通桥梁】 1月7日，杨浦区总工会续聘来自复旦大学心理研究中心、南京政治学院上海分院心理系等单位的8位专家志愿者。杨浦工会职工网上谈心室于2007年建立，每周六由心理专家轮流与职工开展网上谈心交流并做好现场接待工作，不仅架起工会与职工之间心灵沟通的桥梁，更承担起为广大职工排除心理障碍、缓解心理压力的责任。据统计，2012年职工谈心室心理咨询接待31人次，谈心室注册网友6.1万人，观点交流栏目点击量达4.2万次；杨浦区总工会还组织心理专家志愿团进园区、进企业，举办5场职工心理健康讲座，听讲人数达300余人次。（曹理仰）

【闵行区总工会举办职工微演讲比赛】 8月23日，区总工会举行闵行区职工贯彻落实党的十八大精神党史知识竞赛决赛暨“共筑中国梦”微演讲比赛，在31支队伍报名参加初赛的基础上，经过选拔，6支区属工会代表队参加决赛及微演讲比赛。在以《共筑中国梦》为主题的3分钟微演讲，各个代表队结合各自的工作实际，围绕诚实劳动来实现人生梦想，通过朴实的语言和个性化的表达方式讲述“人世间的美好梦想，只有通过诚实劳动才能实现”，“生命力的一切辉煌，只有通过诚实劳动才能铸就”的理念。

（俞龙祥）

【上海市化学工会以“三个注重”推进形势任务教育活动】 根据集团党委的统一部署，化学工会把“增强忧患意识、勇于攻坚克难”作为形势任务教育活动的主题，多措并举推进职工思想政治工作，引导基层工会结合实际全面开展形势任务教育。一是注重发挥工会宣传渠道作用。与集团党委宣传部等联手，先后两次在《华谊报》上开辟集团形势任务宣传专版，把集团的目标和任务、困难和机遇、挑战和机会等向职工宣传，引导职工认清形势。二是注重发挥工会平台引领作用。集团工会注重与基层工会上下联动，逐级互动，合力运用各级工会组织掌握的黑板报、橱窗、广播、论坛、网站等，多形式、多途径开展形势任务教育活动进班组、到岗位，通过搭建工会班子专题学习会、聘请专家举办专题讲座、组织开展职工大讨论、形势任务目标宣讲、培训和知识竞答、编制形势任务教育展版巡展等平台，引导职工统一认识、明确目标。三是注重发挥工会目标导向作用。结合年度工作要求，化学工会以目标导向为引领，把年度工作细化分解成36项重点工作目标，下发到基层，通过工会组织体系，分层引导基层工会结合实际，逐级制定各自的具体工作目标和实施方案，自觉把工会工作融入到集团改革、发展、调整和稳定工作的大局之中。（王有福）

【上海电力安装第二工程公司工会开展派遣制员工关爱活动】 公司工会联合团委举办“感恩电建，放飞梦想”员工关爱活动。一是采取“请进来”形式。邀请优秀派遣制员工家属来企业，与公司领导面对面恳谈和交流，观看《感恩电建·感恩亲人》的视频短片，会上作题为《文化底蕴六十年，勇攀发展新高峰——企业文化推介》《共谋发展，携手跨越，实现自我价值和企业发展的双赢》《放飞梦想——携手托起上海电建青春梦》的主题介绍，使家属更深入地了解和熟悉企业。二是采取“走出去”形式。组织家属到公司承建的上海外高桥电厂参观，并为家属安排上海两日游活动。公司工会在节假日期间，对外地施工项目的骨干员工家庭进行访问，听取派遣制员工和家属的心声，帮助解决生活中的实际问题。（火华莺）

【上海航天局两级工会组织开展十八大精神宣传贯彻活动】 一是结合工会全年工作策划，制订十八大精神学习宣传贯彻活动方案并在系统内部署。二是结合职工读书活动，组织开展十八大精神学习心得征集，局和基层两级工会干部均撰写学习体会，年底形成《学习心得汇编》。三是结合社会主义核心价值观和航天传统文化教育，举办“4·22”职工文化论坛，基层单位工会主席和工会干部从“工会工作如何融入中心”“如何通过职工文化建设提升工会软实力”等方面，作十八大精神学习交流发言。各基层单位注重结合实际，因地制宜地开展学习活动。一是通过班组平台，

6月18日，市总工会召开先进农民工代表座谈会　（徐新康）

将十八大报告框架和要点进行提炼，整理亮点，以班组为单位组织学习。二是通过知识竞赛等形式开展学习，811所工会会同党工、团委等部门，以十八大精神为主要内容，举办“航天强国，我们先行”知识竞赛活动，100多名员工参与比赛。（沈 恺）

【长江轮船长伟公司工会举办“船员风采图片展”】 图片展内容分为“高温下的船员们”“船容船貌展新颜”“扩大自修控成本”和“主题活动见成效”等4个主题板块。通过开展船员图片展览活动，结合落实公司制定的“稳经营，盘资产，调结构，抓管理”的专项工作措施，对一线船员的劳动风采和拼搏精神进行宣传教育，统一员工思想，正视当前困难，增强地面经营人员的紧迫感、危机感和服务意识，促进企业各项工作的开展。（于忠明）

【中交上航局有限公司工会举办“讲奉献、比贡献”主题教育实践活动】 公司工会开展“情系航道、奉献航道——我身边感动的人和事”征文活动，积极引导、鼓励职工去发现身边平凡而又感动的人和事，写出在航道事业建设中那些默默奉献的优秀职工可歌可泣的感人事迹。征文活动得到职工们的积极响应和热情参与，工会共收到来自12个基层单位职工的征文80余篇。公司工会与《航道报》合作开辟专栏，连续刊登优秀征文，并把征文汇编成册，还通过《航道报》的微信公共平台继续传播正能量，让每一个职工用最快捷、最方便的方式互相交流、学习，扩大活动影响力。（金 晶）

【建工外经工会开展主题教育活动】 一是开展学习宣传党的十八大、十八大三中全会和全总十六大、市总十三大精神活动，使广大职工明确实现“中国梦”“建工梦”的神圣使命和奋斗目标。二是结合企业特点开展树立社会主义核心价值观和“三忠诚、四贡献”的教育，即“忠诚党和国家、忠诚海外事业、忠诚外经企业；贡献一份智慧、一份责任、一份力量、一份效益”职业要求。三是宣传劳模事迹，弘扬劳模精神，鼓舞职工斗志和干劲。结合“市优秀公司”“市十大标兵”和两级“三八”红旗手评选活动，以及市重大建设项目立功竞赛活动，组织开展对企业市级劳模、三八红旗手和各级先进工作者等优秀事迹的宣传活动。教育引导广大职工树立“劳动最光荣，做好本职工作”“以企业为家，为企业做贡献”和“服从组织安排，出国工作光荣”的先进思想和优秀理念，使企业主流文化得到广泛宣传和发扬光大，使广大职工思想境界和职业道德得到提高，为实施“走出去”战略打下思想基础。（杨钟春）

【市绿化市容工会组织开展上海绿化市容行业基本价值理念大讨论】 组织召开不同层面的座谈会，反复征求行业单位和相关方面的意见和建议，形成较浓厚的文化建设氛围和较为广泛的职工参与度。经过共同研讨、归纳梳理，按照具有时代特征、体现行业特色的总体考虑，开展提炼、培育上海绿化市容行业基本核心价值理念的工作，形成共同的使命、愿景，精神和作风，即：使命（生态环境的建设者、市容市貌的塑造者、城市秩序的守护者）、愿景（绿色、整洁、有序、宜居）、精神（忠于职守、勤于服务、勇于创新、善于包容、甘于奉献）和作风（一线去、马上办、守纪律、讲互助、争上游）。（鲍 斌）

市绿化市容局召开行业核心价值理念意见征询会 （唐鸿仙）

【市民政局工会开展民政职工看民政活动】 10月22日，市民政局工会举行第二届“民政职工看民政”活动。来自局属各单位的300多名职工分3批参观上海民政博物馆、市儿童福利院、市第三社会福利院、市民政第二精神卫生中心、市龙华殡仪馆、三智汽配公司和龙华烈士陵园等7家单位，走进陈列馆、生产车间、儿童园区、老年人护理病房、劳模创新工作室、职工书屋、职工活动室等，在“看、听、议”中分享上海民政事业发展的成果，体验民政职工在岗位上的辛勤付出和感人事迹。（胡积伟）

【市监狱局工会弘扬先进事迹，引领正确的价值取向】 一是举行“立足岗位建功、实现美丽梦想”2013年五一劳动奖状（章）颁奖大会。介绍先进事迹，并与劳模代表交流。二是召开监狱局2012年工会条线先进表彰会，表彰2011—2012年度上海市监狱管理局优秀“职工之家”“优秀工会工作者”“优秀工会积极分子”和“优秀工会之友”等。三是召开监狱局职工总结表彰会议，共表彰9个集体和50名个人。四是特邀上海广播电视台资深主持人施琰作“认识自我，找回爱与包容”专题讲座。倡导用每个人健康向上的行为，为社会发挥正能量。五是通过监狱局工会的《知心》杂志和工会网页积极宣传先进集体和个人事迹。六是组织先进个人共200余人开展疗休养活动。（江海群）

【城建市政养护工会评选表彰2013年度“感动的人和事”】 城建市政养护公司工会开展2013年度“感动的人和事”评选表彰活动。在全公司职工范围内挖掘推荐讲文明、树新风、爱岗敬业、保护集体财产、见义勇为、弘扬时代精神、体现中国传统美德的令人感动的人和事，经过职工票选，最终选出“危急关头伸出援手，受困司机死里逃生”等十项2013年度“感动的人和事”，并在公司职工代表大会上予以表彰。（曹心宇）

【上海联通EAP项目正式启动】 集团工会启动EAP项目并组织首期EAP专员培训班之后，上海分公司于6月7日正式召开“上海联通‘七彩心晴，乐在联通’EAP项目启动大会”。EAP项目，是由上海分公司提供以提升员工心理素质为目的的工作举措。在公司全体员工的热情支持和广泛参与中，借力EAP，注入“心”活力，使上海联通更加健康的发展。（康　迪）

【临港集团工会开展“光盘”行动】 10月11日，临港集团工会启动题为“我是.光盘.我光荣”的光盘行动，通过在食堂张贴宣传海报、在餐桌摆放“光盘族”宣传卡、在内网发布倡议书等方式，号召广大职工不剩饭不浪费。活动期间，集团职工积极响应，从自己做起，珍惜粮食，拒绝浪费。（陈　浩）

职业道德

【概要】 为积极探索以道德力量引领职工群众价值追求的新途径，充分发挥道德先进模范的榜样示范作用，不断引导广大职工自觉做到爱岗敬业、诚实守信、公道正派、服务群众、奉献社会，全市各级工会以2011—2012年度上海市职工职业道德建设“双十佳”评比为契机，积极开展职业道德实践活动，积极参与第四届全国道德模范评比活动，与上海开放大学联合编写《上海市进城务工人员职业道德读本》，不断引领群众职工拥有崇高的职业理想、精湛的职业技能和严格的职业纪律。（赵瑞章）

【市总工会开展2011—2012年度上海市职工职业道德建设“双十佳”评比表彰活动】 2011—2012年度上海市职工职业道德建设“双十佳”（十佳

青浦区总工会举办青浦职工“讲文明语，做文明事，当文明人”知识竞赛（朱建强）

标兵单位、十佳标兵个人）评比活动收到49家区县局（产业）工会报送的113家单位和129名个人的先进事迹材料，经市总工会相关部门组成的评审团初审，遴选出上海市职工职业道德建设标兵候选单位30家，标兵候选个人30名，进入评审发布阶段。经发布，按得分成绩排序，浦东新区特殊教育学校等10家单位入围市职工职业道德建设十佳标兵单位，杨兆顺等10位同志入围市职工职业道德建设十佳标兵个人。这次上海职工职业道德建设“双十佳”评比体现以下特色，一是窗口服务业已成为职业道德建设的主体力量，窗口行业、现代服务业占报送材料的60%，10家候选标兵单位中，6家单位来自医疗卫生、劳动保障等窗口服务行业。二是一线职工是践行职业道德的主力军，一线职工是各区县局（产业）工会报送的重点，占报送个人的67%。10位入围标兵候选个人中，7位来自医疗、教育、服务等行业的一线岗位普通职工。三是教育卫生和劳动保护成为评比的新亮点，入围的10个标兵个人，有5人从事教育卫生工作；入围的10个标兵单位中，有4家是涉及儿童福利、劳动保护等工作的单位。（赵瑞章）

【静安区总工会深入开展“岗位学雷锋、争做好员工”活动】 区总工会在全区工会系统开展“岗位学雷锋、争做好员工”主题活动，营造“学雷锋、见行动、做贡献”的良好氛围。3月5日上午，区总工会会同区文明办、团委、妇联等单位，在静安公园开展大型主题便民服务。区总工会及各大口工会50余位志愿者参与活动，为广大群众提供帮助和服务。（姚　磬）

【闵行区上海米其林轮胎公司工会道德函授学校成果斐然】 主要做法：一是以“工学结合”作为教学模式。职业道德函授学校教学内容除产品质量法、劳动合同法、时事政治、职业道德等课程外，将厂长撰写的《领导力》作为必修课，使工会的特点与管理层的管理模式有机地结合为一体，潜移默化地让学员吸收公司的文化理念。二是教学方法灵活多样。探索开展多形式、立体化的教学模式。聘请全国劳模、工会报刊记者等担任培训老师，由工会主席开设专题讲座，鼓励工会干部自己动手写教材，采取导入体验式教育，把职业道德教育与公司文化理念融为一体。三是突出学以致用的教学成果。学校积极树立榜样和典型，宣传优秀员工的先进事迹。（陈　斌）

【嘉定区总工会开展职工思想道德教育大培训】 区总工会提出用3年时间对12万名职工进行以职业道德为核心的职工思想道德教育大培训规划。培训对象以一线职工特别是农民工为主的区企事业单位职工，培训内容以职业道德为主，同时包括十八大精神、社会主义核心价值观、法律法规、生态文明、文明礼仪、身心健康等多个方面。培训由各级工会负责组织发动、区镇两级成人教育学校负责实施教学，培训课时半天，经考核合格颁发证书。同时为鼓励工会干部的工作积极性和确保职工的参训面，区总工会利用嘉定区工会网络管理系统平台对各街镇总工会发动企业职工参加培训的人数每月在网上进行公布和排名，实现"服务与引导"的有机结合。当年，区总工会向区财政申请地方教育附加专项资金194.5万元，完成职业道德培训4.93万名，完成初级工商管理(EBA)培训504名，完成班组长培训501名。（徐　浩）

【青浦区总工会举办"讲文明语，做文明事，当文明人"知识竞赛活动】 区总工会在全区工会干部和职工群众中开展青浦职工"讲文明语,做文明事,当文明人"知识竞赛活动。通过各级工会层层组织发动，全区共有50支参赛队报名参赛。经过首轮预赛后，共有12支队伍脱颖而出,进入决赛。决赛采用现场问答的方式进行，题型分为必答题、共答题、抢答题和风险题4种。决赛题目除职业道德、文明礼仪之外，增加十八大精神、劳动合同法等内容，使比赛更具挑战性。（朱建强）

【市绿化市容工会召开上海绿化市容行业文化与文明行业建设推进大会】 12月24日，召开上海绿化市容行业文化和文明行业建设工作推进视频大会。会上，上海绿化市容行业文化建设领导小组办公室作题为《不断提升绿化市容行业文化软实力，逐梦美丽上海砥砺前行再作新贡献——上海绿化市容行业文化建设情况回顾总结报告》，上海普环实业有限公司、上海古猗园等6家单位交流发言（鲍　斌）

【光明集团工会首次评选道德模范】 2013年，光明集团工会首次开展职工道德模范评选活动，10位敬业奉献、孝老爱亲、助人为乐、诚实守信、见义勇为的职工代表成为职工们学习的榜样。这10位道德模范都来自生产工作第一线，上海石库门酿酒有限公司职工万全林，参与建成全国第一条年产万吨的黄酒新工艺生产流水线，曾获全国技术能手和上海市劳动模范称号；上海东海老年护理医院职工王丽华，29年孝敬伺候痴呆的公婆；上海五四有限公司职工俞宠根，17次参加无偿献血，总献血量达6500毫升；上海海博出租汽车五分公司职工徐建，面对4万多元现金不动心，千方百计寻到失主；农工商房地产集团职工叶小芪，在云南宣威龙场镇捐资创办希望小学等等。年底，集团工会召开表彰大会，10位道德模范接受了集团党政和工会领导的嘉奖。（桑树德）

学习培训

【概要】 上海工会以推进职工素质工程为抓手，加强教育培训，提升广大职工科学文化素养。围绕《上海职工素质工程十二五发展规划》中的"八大行动"和"十三项指标"等目标任务，深入推进职工素质工程，在提升职工综合素质，促进职工全面发展上下功夫，在推进职工培训等重点工作上取得创新发展。继续深入开展上海初级工商管理(EBA)培训，研究制定下发《2014年上海工会关于组织实施上海工会职工EBA培训助推计划的方案》。（陈　洁）

【市总工会召开上海市初级工商管理(EBA)培训奖学金表彰会暨2013年培训工作推进会】 7月26日，市总工会召开上海市初级工商管理(EBA)培训表彰大会暨2013年培训工作推进会，总结2013年EBA培训工作，为EBA培训优秀组织奖代表颁奖。会上进一步明确今后工作目标，一是把EBA培训放到全面建成小康社会、实现伟大"中国梦"，加快建设社会主义现代化国际大都市的大背景中去思考谋划，进一步提高对EBA培训工作重要性、必要性的认识，牢牢把握工作主动权，实现工作新发展。二是坚持重心下移、密切联系职工、热忱服务职工，在理念、机制、方法等方面实现转型和创新。三是要充分发挥工会组织和教育机构的独特优势，注重组织领导、在宣传发动上下功夫，注重政策落地、在扩大培训覆盖面和职工受惠面上下功夫，注重教学改革、在提升培训效果上下功夫，注重资源整合、在形成合力上下功夫，注重协同发展，在整体推进上下功夫，各尽其责、主动而为，把EBA培训打造成真正的优质工程、精品工程，实现EBA培训工作的跨越式发展。（陈　洁）

【杨浦区总工会举办四期工会会员服务卡应用培训班】 10—11月，区总工会根据基层工会和职工需求，在东亚进修学院相继举办四期"计算机网络电子工具及工会会员卡应用培训班"。每期培训班均持续两天、20个课时，来自四平、大桥、长白、定海地区基层单位的168名持卡会员参加培训。培训内容紧凑，详细讲授工会

光明食品集团工会首次评选职工道德模范（闪向阳）

会员服务卡的各项功能及享受附加惠利；安全使用网银和铁路实名制网上购票，避免网络诈骗；规范操作银行ATM机设备，避免密码等信息泄露，维护自身合法权益等。授课老师通过幻灯片讲解和上机实务操作辅导等形式，提高学员们的电脑应用基础能力，同时加深大家对工会会员服务卡的直观了解。（曹理仰）

【宝山区总工会引入社会资源推进职工培训】 区总工会在要求各级基层单位结合各自实际开展多种形式的职工技能培训的基础上，根据中央财政下拨资金的额度，通过市场化运作的模式，与宝山成人中专合作，实施对宝山区内部份困难职工(包括农民工)开展职业初级技能培训；同时争取区内资源共享，积极与区人保局职能部门沟通，了解相关信息，配合做好相关宣传工作；对街镇工会干部进行支内政策培训；召开职工收入调查网成员单位工作会议，就数据填报工作进行培训。9月份开展“全国工会帮扶工作管理系统”(升级版)操作实务培训。开展基层女职工健康教育讲座，主动送培训上门，参加培训500人次。（胡立伟）

【金山区总工会开展班组长岗位培训】 8—10月，在全区范围内组织开展2013年度班组长岗位培训，来自各基层单位的780名班组长通过考试并获得市总工会、市经信工作党委、市国资委和市工商联联合颁发的《上海市班组长岗位资格证书》。这次培训有4个特点：一是培训主旨突出。严格按照市班组长培训“五个统一”要求，从师资到内容围绕创建“学习型、技能型、创新型、管理型、效益型、和谐型”六型班组目标展开。二是培训形式更新。根据金山实际区级班组长和市级先进班组长分别培训，区级班组长培训方式由去年的集中统一授课变为分片培训，经各直属工会推荐的50名市级先进班组长由金山区总工会统一组织赴上海质量教育培训中心集中培训。三是培训内容贴近实际。除规定培训内容如“新形势下班组建设的主要任务、目标和要求”等，各街镇工会根据实际需求安排自选课程。四是培训经费充分保障。培训经费除自选课目由各直属工会负责解决外，所有培训费用均由地方教育附加专项金区级统筹安排的部分支出，既减轻企业组织安排的负担，又有效保障培训的顺利进行。（曹 冠）

【上海仪电工会开展仪电控股基层企业班组长培训】 7月26日，仪电工会举办2013年仪电控股基层企业班组长培训。来自信息服务业、电子制造业和商务不动产业板块企业基层班组长和部分基层工会干部近130人参训。此次班组长培训内容丰富，除了安排仪电控股新修编战略，班组安全生产等内容，还安排赴上海航天局第八〇〇研究所唐建平班组参观学习，参观期间，全国劳模唐建平的现身说法，更加深了学员的印象。（邵秀根）

【上海医药工会举办班组长岗位培训班】 医药工会通过举办四期班组长岗位培训班，有10家企业的305名班组长获得市总工会、市经信委、市国资委和市工商联联合颁发的“上海市班组长岗位资格培训合格证书”。自市总工会、市经信委、市国资委和市工商联联合下发《关于进一步加强班组建设的实施意见》及市总工会《关于开展上海市班组长岗位培训的通知》后，医药工会重视班组长岗位培训工作。医药工会结合集团实际，专门设立教学点，开展对班组长岗位培训的工作。（李晨海）

【上海电力机械厂工会以综合管理知识竞赛提高职工综合素质】 厂工会在全厂管理岗位和一线生产岗位中开展综合管理知识竞赛活动。竞赛内容分别为安全生产、项目管理、市场营销、财务经营、工程技术等知识。竞赛前期采用集中授课、网上课堂的培训方式，结合“安全月”和“群防群治月”等安全活动，观看安全警示片，以安全教育班会、安全生产演习、发放安全资料等方式，增强职工安全理念和知识，并利用业余时间和周末开设培训班。厂工会采用笔试和网络形式进行预赛，通过邮件让远在厂部的项目施工的职工能同时参与预赛。决赛采用笔试和面试相结合的方式，选拔出3名金牌管理岗位能手。（张 华）

【上海宝冶工会分层抓好班组长培训】 上海宝冶工会分3个层面对212名班组长进行岗位培训。一是安排5名基层优秀班组长参加国资委举办的清华大学远程教育培训。二是安排7名基层骨干班组长参加上海市优秀班组长培训。三是根据上海市总工会班组长统一培训要求，由公司对基层200名班组长岗位知识培训。（毛一新）

【中国商飞公司工会构建具有特色开放的班组长学习交流平台】 搭建并完善优秀班组长赴国外一流企业学习培训的工作平台，组织三批优秀班组长代表赴美国、加拿大等国家相关企业交流学习。组织百名班组长参加国

上海邮政工会开展“员工权益维护”专题培训（陆 彬）

资委和清华大学联合举办的班组长岗位管理能力资格认证远程培训工作，有效促进班组长知识结构的完善和管理能力的提升。截至9月，中国商飞公司工会累计组织班组长762人参加培训，学员通过率和优秀率每期均名列前茅。（陈　晖）

【中海上海船研所工会举办健康科普讲座】 中海上海船研所工会邀请市中医药协会专家作健康科普知识讲座，50多人参加听课。讲座重点讲解传染性呼吸道疾病的预防、办公室综合症（颈椎、腰椎及关节退化）等，以及如何缓解压力、保持心理健康、关注睡眠质量，提高工作效率。（黄元元）

【市邮政工会举行“正确处理员工诉求”专题培训】 上海邮政工会分别于3月和8月共组织7次“正确处理员工诉求”和“维护员工权益”专题培训，对来自全市169个邮政支局的正副支局长，市邮政公司三级“维护员工权益协调推进发展”工作小组组长等1200余人进行专题培训。培训将理论和事例相结合，详细剖析员工诉求事例，怎样建立良好的员工诉求表达环境、规范畅通员工诉求表达渠道、倡导有序的诉求表达行为、实现员工诉求处理关口前移、完善局务公开民主管理和加强人文关怀及心理疏导等。通过培训，发挥工会小组长和民管小组作用，进一步加强局务公开栏建设，公示涉及员工切身利益的内容，并让每一位支局长能尽快熟悉员工诉求渠道，规范处理员工诉求，正确处理好业务发展与保护员工权益的关系，保障员工知情权、参与权和监督权。（张　莉）

【上海电信北区局工会组织职工代表培训】 11月13日，北区局工会联合龙力公司工会、鸿展公司工会组织职工代表培训，近80名职工代表参加培训。此次培训也是与北区局签约的两个外包公司建会以后第一次对职工代表的培训。区局工会就职代会的基本职权、职工代表的权利和义务进行全面讲解，尤其是对如何写好提案，提出具体要求。（殷　茵）

【上海机场工会举行团队管理研修班】 6月24—28日，来自集团生产运行一线的56名优秀班组长再次齐聚复旦大学管理学院，围绕“员工激励与精细化管理”的主题，通过丰富的案例剖析、互动交流、分组讨论及简报发布等形式，提升班组长业务能力。此次现场团队管理研修班由集团公司工会、人力资源部主办，复旦大学管理学院承办，以培育打造一支适应现代企业管理要求的优秀班组长人才队伍为目标，进一步加强班组建设、激发班组活力。集团工会始终将班组建设作为提高职工队伍素质、服务企业生产经营的一项重要工作来抓，以班组建设“114”计划，即建立1个协会、组织1次班组长培训、推动4型班组建设为指导，努力实现班组“313”目标（在集团层面打造30个明星班组、100个品牌班组，在各大单位层面培育300个文明班组）。（张雯倩）

锦江国际集团工会开设职工周末课堂　（王其康）

【上海建工安装工会建设职工教育培训“大学校”】 通过开办电子安全诚信档案和鲁班算量软件等培训，提升职工职业技能，培养一批符合企业转型发展需要的领军人物和高素质人才，先后组织40余名管道、电气、暖通施工员，每季度定期举行鲁班软件操作培训和技术比武活动。公司技师工作室全体成员结合天津渤海化工、长兴岛风力发电等重大项目的施工技术特点和难点设立研究课题，坚持定期开展学习培训和研讨，进一步促进学习型组织建设。（杨钟春）

【上海城投公司工会开展2013年班组长岗位培训】 城投总公司工会积极推进落实“分级创建，分类达标，分型创特，终身管理”班组建设总体要求，在四季度，重点开展班组标准化管理、班组民主管理、班组互助关怀等活动，使班组建设内涵进一步向质量安全效益、人才文化和谐等方面延伸。12月5—6日，举办2013年班组长岗位培训班，就“新形势下班组长建设的主要任务、目标和要求”“创建六型班组”“班组长沟通技巧”“上海社会保障制度”等内容对班组长进行培训，近200名班组长获得上海市班组长岗位资格证书。公司全年共有2500多人次，参加各级工会组织的各类班组长培训。（茅瑞喆）

【光明集团工会开创职工素质培训新模式】 光明食品集团职工素质培训(EQT)工程稳步推进，到2013年底培训人数已达到4000余人次。其间，集团工会联手光明培训学院，悉心编写《光明食品集团职工素质培训(EQT)工程培训讲义》，为学员们提供六大专题的教材和课后练习，并将学习宣传和贯彻党的十八大精神，作为职工培训的首要政治任务，让广大职工在第一时间通过统一的辅导培训，更好地掌握十八大的基本内容和精神实质。集团工会在办学过程中积极倡导6+X的模式，即：鼓励和支持基层企业在完成系统的六门课程外，可根据

单位实际，增设具有自身特色的各种知识、技能、文化培训内容，从而使EQT教育和企业培训两者有机结合相得益彰。（桑树德）

【牛奶集团工会打造专业职工培训平台】 上海牛奶（集团）有限公司工会为提高职工素质、拓展职工培训体系的深度，首次选派一线职工赴美国进行短期培训。参加海外培训的26名学员全部来自牧业一线的技术人员和管理人员。在12天时间里，学员们参观现代化的奶牛场，听取来自行业前沿的奶牛养殖与护理的学术讲座和研讨，重点研究美国的养牛产业链。培训对培养与企业快速发展相适应的领军人才队伍起到助推作用。（桑树德）

【锦江国际集团工会开设职工周末课堂】 锦江国际集团工会利用周末时间，举办“职工周末课堂”。对集团员工提供心理疏导、口语表达、艺术修养等方面的培训，满足职工精神文化需求，促进职工综合素质提升和全面发展。主要做法：一是课堂内容结合实际。把握新时期职工队伍的新特点，广泛开展有助于职工职业发展、有益于职工身心健康的各类培训和活动。二是课堂内容体现行业特色。找准培训重点，贴近职工需求、贴近企业发展需要，增强课程的针对性实用性。三是课堂内容丰富多彩。转变观念，创新办学形式，帮助广大职工全面发展，扩大知识面，不断提高职工周末课堂的办学实效。四是通过工会、网络、媒体等各种宣传渠道和方式，让广大职工了解职工周末课堂的性质、作用和培训项目，吸引和动员广大职工积极参加学习、提升素质、丰富文化生活。（张祥伟）

【市职保会“组团”至区县工会服务处开展上门培训】 为配合市政府关于社区事务受理中心标准化建设的要求，适应社区事务中心“一口式”受理的新情况，市职保会以区县工会服务处为单位开展上门培训，共同提高窗口服务水平。“组团”培训开展以来，市职保会共组织专业人员前往黄浦区、闸北区、闵行区进行互助保障相关业务培训。（朱正瑜）

读书活动

【概要】 2013年，上海振兴中华读书活动以学习贯彻落实十八大精神为主线，以全面提高公民道德素质和文明素养为重要载体，在广大职工群众中积极培育和践行社会主义核心价值观，提升精气神，传递正能量。以“书香上海，成就梦想”为主题的第十五届上海读书节，以“劳动创造幸福，劳动成就梦想”为主题的《劳动最光荣》书评，以“共筑中国梦”为主题的上海职工微故事·微感言·微镜头·微演讲大赛等活动在全市掀起一个“学习十八大，激扬正能量”的读书高潮，积极引导职工群众在各自的工作岗位和社会实践中，读书明理知荣辱，为实现中华民族的伟大复兴，积极贡献智慧和力量。读书活动还特别针对外来务工建设者和非公经济组织“白领”群体进行有效尝试。为农民工“送文化、送法律、送健康”系列活动，“好书相伴，出彩人生”楼宇读书活动，“小手牵大手”环保读书等活动，实现文化惠民的社会功效，发挥文化引领风尚、教育人民、服务社会、推动发展的作用。（林 平）

【市总工会进一步推进职工书屋建设】 上海工会充分发挥组织优势，大力推进职工书屋建设，在拓展公共文化阵地、满足职工文化需求、推进手机书屋建设、提升职工职工素质中发挥积极作用。当年，全市共建立全国职工书屋示范点210家，覆盖56个区县局（产业）的基层单位，场地总面积37398平方米、自筹资金2502万元、藏书量957900册、电脑总数1385台；70余个区县局（产业）的基层单位，自建职工书屋2800余家；参与手机书屋注册阅读超过18万人次。5年来，市总工会直接投入110万元、筹集书籍计90万元，用于资助职工书屋示范点建设。为推动上海职工书屋和援建地职工书屋联动共建、共同发展，市总工会共计投入348万元、为对口援建四川都江堰、新疆喀什地区建立职工书屋示范点38家，2008年，上海工会发动全市职工群众为都江堰22个职工书屋示范点捐书97.2万余册。全市各级工会采取多种形式，加大职工书屋示范点和自建职工书屋的建设力度和投入，青浦区总工会每年投入资金20万元，购买图书1万册，建立职工书屋流动书库。2013年，按照全总要求，上海建立全国职工书屋示范点30家，自建职工书屋300家。（赵瑞章）

【市总工会参与组织上海市“讲理想、比贡献，为实现中国梦而奋斗”演讲展示活动】 市总工会与市科协、市发展改革委及相关部门联合开展上海市“讲理想、比贡献，为实现中国梦而奋斗”演讲展示活动。根据市“讲比”活动领导小组的统一部署，市总工会在全市工会系统特别是央企及驻

虹口区东虹环境保洁公司获全国工会“职工书屋”示范点称号
（徐 洁 供）

沪单位工会中进行广泛的宣传发动和组织动员，号召科技战线广大职工立足岗位、创新实践，勤奋劳动、诚实劳动、创新劳动，将自身价值的实现融入到民族复兴、国家富强和企业发展当中，营造职工群众性科技创新活动的浓厚氛围。（武吉波）

【市总机关工会开辟“职工书屋”】 市总工会机关工会积极协助机关党委推动学习型机关建设，通过举办各类学习、教育活动，让机关干部爱读书、会读书、读好书。先后为干部职工办理上海图书馆“读者证党员个性卡”、开通“手机书屋”，成立读书协会，定期举办会员荐书、读书、评书等活动。6月，机关工会利用办公室辅楼一角，新建职工书屋。购置包括历史、哲学、文学、财经、传记、养生、育儿等各类书籍及杂志500(册)。（陈 蓓）

【虹口区东虹环境保洁公司建成全国工会“职工书屋”示范点】 4月18日，虹口行业、直属工会中首个由全国总工会命名的“职工书屋”在东虹保洁公司揭牌。东虹保洁公司工会针对环卫职工劳动强度大、工作岗位辛苦、文化水平不齐以及业余生活单调等特点，在去年上半年筹备“职工书屋”，并于年底获得全国工会“职工书屋”示范点称号。书屋共130平方米，藏有各类图书2500余册。书屋订阅十几种各类报纸，屋内有移动书架、上网电脑、电视音响设备、书报架、棋牌桌等设施，努力把书屋打造成职工学习培训中心、文艺娱乐中心、生活互助中心。（徐 洁）

【杨浦区延吉地区总工会助推基层职工书屋建设】 3月21日，杨浦区延吉地区总工会以“创建知识型企业，争做知识型职工”为主题，开展职工书屋建设活动，携手上海印刷出版专科学校共捐赠图书杂志2300册，助推上海群琳环保有限公司、上海网球厂、吉祥敬老院、延吉大学生创业家园、延吉七村职工之家等5家试点单位建设职工书屋。首期活动中，地区总工会投入5000元启动资金，采取“基层工会支出一点，企业自身投入一点，第三方捐赠一点”的方式筹措资金，多方合力推动职工书屋建设。（曹理仰）

【黄浦区总工会成功举办王安忆作品评论会】 12月24日，由黄浦区总工会、上海文艺出版社主办的王安忆作品评论会暨王安忆作品评论征文比赛颁奖仪式在黄浦区工人文化宫举行。担任中国作家协会副主席、上海作协主席的著名作家王安忆出席会议并应邀向获奖的征文作者颁奖。这次征文活动得到热心读者积极参与，尤其是黄浦区各基层工会作出积极响应，组委会先后收到征文100余篇，黄浦区工人文化宫书评组还组织专题研讨交流活动。经过评选有31名读者获得征文大赛的各等级奖项和优秀奖。一位年仅27岁的青年职工获得征文大奖。（郑国洪）

杨浦区延吉地区总工会助推基层职工书屋建设（曹理仰）

【黄浦区总工会组织职工开展“立足岗位奉献，劳动成就梦想”主题演讲赛】 区总工会围绕党的十八大宣传教育组织实施一系列主题实践活动，举办黄浦职工“立足岗位奉献，劳动成就梦想”主题演讲赛。演讲赛组委会办公室收到各区管工会选送的演讲稿共108篇。区总工会举办3场演讲赛初赛，最终15位选手入围决赛。演讲赛以“立足岗位奉献，劳动成就梦想”为主题，用劳动者自己的声音，讲述自己身边的故事。（潘 洁）

【宝山区职工书屋纳入区政府实事项目】 区总工会通过政府采购招投标配送图书近3.5万册，折合资金122.5万元；与图书馆共同开展工会会员办理借阅证工作，与市社科联合作在30家职工书屋开展图书漂流活动；EBA培训春季秋季两班如期开班，培训学员700余人；与市总工会、市质量教育培训中心，区教育局、区职业教育集团积极接洽探索成立宝山区班组长岗位培训基地；与区财政局、区人保局、区教育局联合开展地方教育费附加用于职工教育补贴的审查工作，审核通过申报企业1302家，拨发补贴资金8833.76万元。（胡立伟）

【金山区总工会召开第八届读书节总结表彰会】 由金山区总工会主办、漕泾镇总工会承办的第八届职工读书节，以大力营造“爱读书，读好书，善读书”的全民阅读风尚，提高职工道德素质和文明素养，丰富职工精神文化生活为主旨，历时半年，组织开展“漕泾杯·读书与企业发展”经典实例评选活动、“漕泾杯·读书与个人发展”主题征文比赛、“漕泾杯·读书与和谐发展”主题书法比赛3个系列活动。此外，很多单位除组织开展系列活动初赛、复赛外，还结合自身实际在系统内开展丰富多彩的读书活动，如廊下镇的桃园咏诗会、亭林镇的职工诗书画才艺展示、吕巷镇的推荐好书PPT大赛、司法局的“群众在我心中”主题演讲等，据统计，各直属工会共开展96项有特色、有活力的读书活动，参与人数达7500余人。（曹 冠）

【市电力公司工会举办“书香国网·牵手幸福”女职工主题读书征文活动】 3月8日启动。共收到来自基层单位女职工来稿近300篇，精选80篇优秀征文，编印《书香国网·牵手幸福，公司女职工优秀征文选》。5月17日举行表彰、诵读会暨《美丽绽放——公司2013“三八”节活动优秀案例集锦》《书香国网·牵手幸福——公司女职工读书征文优秀作品选》授书仪式。 （钱幼树）

【宝钢工程公司工会举办读书论坛】 宝钢工程公司工会在“世界读书日”和“五一国际劳动节”期间，举办以“创新.思考.实践”为主题的2013年读书论坛，提倡既有阅读的实践，又有实践的阅读。论坛首先介绍2012年开展读书活动情况，总结公司读书活动呈现出的特点。读书感悟分享与实践交流环节，由全国劳模、各单位先进等5名代表分别《从感悟分享之于工作态度的养成》《盈利模式创新》《如何在企业中实现个人价值》，《如何立足岗位读书、技术创新与阅读的有机结合》等角度进行现场演讲和实践交流，分享各自在长期阅读经历中的所读、所悟、所得。 （路 蓉）

【上海宝冶女职工开展书香“三八”读书征文活动】 上海宝冶工会积极组织女职工参加全国首届书香“三八”幸福中国，喜迎“国际幸福日”读书征文活动，向全体女职工赠送《拥抱快乐》和《牵手幸福》两本励志书籍，并开展读后感征文活动，收到征文109篇，进行评比和媒体刊登，反映出女职工奋发有为、无私奉献的精神风貌，展现女职工对幸福生活的理解和感悟。 （毛一新）

【上海化学工业区上海寰球工程有限公司工会开展“双十”读书活动】 上海寰球工程有限公司工会以“与好书相伴·与阅读同行”为主题，组织开展“双十”读书活动，即每位员工每日“悦”读10分钟，确保3年通读10册丛书。深入开展“一次员工读书笔记展览评比、一次员工读书感言征集、一次“阅读与人生”主题读书征文、一次员工读书答题活动、一次“心灵相约”美文朗诵比赛、一次读书活动评比表彰”的“六个一”活动，助推广大员工主动读书，快乐读书，培育员工勤学习、勤动笔、勤思考的良好习惯，实现企业发展与员工成长的双赢。 （张 俊）

【国药控股工会积极组织员工开展各类知识竞赛】 国药控股工会组织上海地区员工开展两次全员性知识竞赛。通过知识竞赛形式，帮助员工对女职工劳动保护特别规定及消防知识有进一步的认识。配合女职工劳动保护特别规定颁布1周年，5月15日—6月14日国药控股工会组织上海地区工会参加《女职工劳动保护特别规定》知识竞赛活动，共有10家单位1091名员工参加。配合119消防宣传日，在上海地区开展消防安全知识有奖竞赛，有9家单位1631人参加答题活动。 （台树彬）

【上海航天局工会举办“价值·创造·梦想”第六届职工读书节】 上海航天局工会在全局范围内组织开展以“价值·创造·梦想”为主题的局第六届职工读书节活动。主要做法：一是举办读书节开幕式暨“4·22”职工文化论坛，阐释读书节主题“价值·创造·梦想”三个关键词，围绕不同角度，现场交流十八大精神学习心得。二是向各基层单位赠送《顺势而为》《苦难辉煌》等6本推荐书目及相关书评内容，在此基础上举行“我眼中的中国梦”主题征文活动，累计收到征文221篇。三是开展“班组文化优秀实践案例征集”活动，征得基层优秀案例58个，20个入围案例通过制作展板现场展评。四是开展“优秀职工期刊评比”活动，19本职工期刊参与评比，经过网络投票、线下投票、评委终审等多个环节，7本优秀期刊分获“我最喜爱的职工期刊”“最佳女职工期刊”等奖项。五是开展“首届上海航天职工读书明星”评选，23位读书积极分子参加评选，经过评委初审、10位入围候选人现场发布、评委现场投票等环节，5位候选人被评为“首届读书明星”，成为来自一线的“草根明星”。六是开展“读书节主题Logo征集”活动，征集到优秀作品55幅，5幅作品入围并进行现场发布PK、现场评分，最终录用的1件作品在读书节闭幕式上现场发布。 （沈 恺）

【中国海运工会为船舶“海上图书馆”赠送图书】 中国海运工会关心支持船舶工会创建“海上图书馆”，为丰富船员海上业余生活，每年为上海地区200多艘船舶和基层班组赠送图书。2013年向船舶和基层班组赠送各类图书7500册；中海集运工会为60艘集装箱轮船员配送图书8300册；中海油运工会为44艘油轮船员配送图书2180册和360部影碟片。 （顾惠根）

【中国海运工会开展“书香海运”读书活动】 中国海运工会以“快乐学习、勤勉工作、幸福生活”为主题，

上海航天局工会举办第六届职工读书节 （沈 恺）

在11家单位开展“书香海运”读书活动，发动职工结合学习、工作、生活实际，精心研读一本书，推荐一本书，总结一条感悟，撰写一篇读书心得；培养职工多读书、读好书，提升企业文化内涵和职工文化素质，为企业转型发展提供精神动力。工会将280本书籍发到各单位，鼓励职工积极参与读书活动，通过愉快的阅读，接受心灵的洗礼，体会工作的乐趣，感知生活的美好。（朱洪强）

【上海沪东集装箱码头公司工会设立“员工24小时自助图书馆”】“员工24小时自助图书馆”外观形状好似“书报亭加ATM机”，能存放402册图书，并有陆家嘴图书馆40万册馆藏作为强大后援支撑，只要一张身份证，100元押金，就能一次从自助机橱窗展示的图书里挑选6本书籍，满足企业员工不同的阅读需求。沪东公司员工用好自助图书馆这个学习平台，养成多读书、读好书的良好习惯，在书中汲取营养，丰富知识，增长才干，为创建学习型企业，争做知识型员工奠定坚实基础。（宋 正）

【上海电信工会开展全员读书日】 上海电信工会开展第七个全员读书日活动，各基层工会纷纷组织员工以座谈会、演讲会、书友会等多种形式开展活动，掀起上海公司全体员工“读好书、谈体会、话转型”的热潮。（殷 茵）

【中铁上海工程局举行“全国职工书屋”揭牌仪式】 7月15日，中铁上海工程局工会在所属市政公司举行“全国职工书屋”揭牌仪式，中铁上海工程局市政公司职工书屋被中华全国总工会授予“全国职工书屋”称号。该书屋由中铁上海工程局工会、市政公司工会共同出资3万元建立，面积约30平方米，藏书2000余册，所藏书籍涵盖普法教育、社会生活、心灵励志、历史传记、文学小说、自然科普等各个方面，“职工书屋”投入使用后将成为职工补充知识的“加油站”和“充电器”，将极大丰富职工的业余文化生活。（钱 荟）

【上海建工基础公司工会开展读书月活动】 5月，开展“徜徉馨香书海，共话铁军辉煌”读书月活动，并推荐《向解放军学习》《好兵是摔打出来的》《人生就是不停的战斗》等书籍，努力促进职工知识更新，激发创新潜力，深化企业文化内涵，促进和谐企业建设。读书月活动共收到各类读书征文49篇，激发广大职工的学习热情，丰富职工业余文化生活，增强职工间思想交流。（杨钟春）

【上海建工材料公司工会召开职工读书交流暨工作推进会】 6月28日，上海建工材料公司工会召开以“读书、实践、成才、奉献”为主题的职工读书交流暨工作推进会，为16家基层单位举行主题读书活动授牌仪式。公司工会还与公司职能部门就有关“职工技术、技能培训计划”进行协商沟通，研究完善《2013年职工技术、技能培训纲要》，进一步规范和明确鼓励职工提高技术、技能的激励措施和奖励办法。（杨钟春）

浦东新区总工会举办第三届浦东职工才艺擂台赛决赛 （周礼昊 供）

【市绿化市容工会命名上海绿化市容行业“十大读书明星”“十佳读书活动优秀团队”】 6月3日，市绿化市容工会召开会议，命名上海市市容环境卫生水上管理处王文强等10人为上海市绿化市容工会系统十大读书明星，命名上海辰山植物园科研中心工会小组等10个单位为上海市绿化市工会容系统十佳读书活动优秀团队。市绿化市容行业各级工会通过组织开展读书报告会、读书知识竞赛、读书论坛、读书辅导、读书沙龙等多种形式活动，组织引导职工多读书、读好书，推动绿化市容行业学习型班组建设，营造“爱读书，读好书，善读书”的学习氛围，为助推行业发展起到积极作用，涌现一批读书活动先进个人和优秀团队。（唐鸿仙）

【上海税务局工会举行“聚焦十八大、岗位展风采”热点税收政策PPT宣讲比赛】 市税务局工会与团委联合组织举办《热点税收政策PPT宣讲比赛》。从初赛到决赛共选择9个方面共44个税收热点、难点、重点问题作为比赛内容，历时两个多月、4场初赛、两场培训，62支队伍的精彩展示，将新媒体手段融入纳税服务中，让税法宣传更贴近社会热点、贴近百姓民生。（臧 韬）

【新华传媒连锁有限公司工会举办“中国梦，我的梦”主题演讲活动】 新华传媒连锁有限公司工会举办“职工讲堂”系列之“中国梦，我的梦”主题演讲活动。该活动分别围绕“服务梦”“管理梦”“生活梦”3个板块进行，公司各部门近50名员工发稿件参与。最后选出12位演讲者，其中既有公司领导，也有来自一线员工、一线管理者。他们从自己工作中的服务体会、品牌创立、岗位技能提升、坚持学习的心路历程和梦想向大家演讲。（唐仲俊）

【市监狱局工会开展“传承·转型·奋

进”征文比赛】 监狱局工会与局政治部、局团委共同开展“传承·转型·奋进”征文比赛。通过文学、书法、绘画和摄影等艺术表现形式，讲述上海监狱人民警察学习贯彻党的十八大精神、大力弘扬新时期“红烛”精神，立足本职、敬业奉献的生动故事和感人瞬间，讴歌广大民警职工在推动监狱创新驱动、转型发展过程中锐意进取、攻坚克难的精神风貌，展示上海监狱人民警察忠诚履职、服务社会的形象。各基层工会的广大会员积极参与，共收到文章91篇，诗歌25首。（江海群）

【市监狱局工会开展读书活动】 市监狱局工会持续开展“振兴中华”读书活动，主要做法：一是局18家基层单位（有15家单位建立“职工书屋”，其中2家为全国总工会挂牌的书屋，基层单位藏书总量为23.66万册）开展向会员推荐书籍、写读书体会、分享读书心得等读书活动。二是局工会开展“中国梦，我的梦——推荐我读过的一本书”比赛活动，全局17个基层单位参加。三是局工会组织部分会员赴上海展览中心参加“我爱读书我爱生活”2013年上海书展暨“书香中国”上海周活动。许多单位还自购门票扩大参观范围，通过书展，提高会员学习意识。（江海群）

群众文化

【概要】 2013年，上海工会发挥组织优势，以职工文化建设与时代发展要求相协调、与企业文化追求相融合、与工会发展诉求相匹配、与职工文化需求相适应为工作原则，在推进机关、企事业单位职工文化工作同时，推进非公企业的职工文化建设，激发基层活力，在市、区县局（产业）和基层单位三个层面推进职工文化建设，主动对接首届市民文化艺术节各项赛事和各项活动，唱响“劳动最光荣”时代主旋律，打造职工文化工作品牌，搭建职工文化建设平台，营造良好文化氛围，努力形成“职工文化活动精彩纷呈、职工文化团队品牌引领、职工文化人才脱颖而出、职工文艺作品丰富精彩、职工文化阵地健康发展”的良好局面。（宋昶）

【市总工会评选第七届上海市五一文化奖】 市总工会组织开展第七届上海市五一文化奖评选，展示一批职工合唱优秀团队，推出一批特色鲜明、富有创意、参与面广的优秀职工春节文艺晚会和职工参与面广、健身项目多、深受职工喜爱、企业领导认同的优秀职工运动会。由市总工会主办的上海职工合唱比赛以新创歌曲《劳动最光荣》和《荣光》作为指定曲目，经层层遴选，来自53个区县局（产业）约92支歌队参加比赛，同时开展《劳动最光荣》歌曲MV评选，全力打造上海职工合唱比赛升级版，评出上海市五一文化奖十佳职工合唱团、十佳演唱组合、十佳“劳动最光荣”MV。此外，经各级工会选送，专家评审，从70多个文体项目中评出上海市五一文化奖十佳“我们自己的春晚”、十佳“我们自己的奥运”。（宋昶）

【市总工会举行第七届上海职工文化展演周】 10月30日—11月4日，在南京路步行街世纪广场举行第七届上海职工文化展演周。第七届上海职工文化展演周以“共筑中国梦、劳动最光荣”为主题，来自市区工人文化宫、中国电信上海工会、市总工会退管会、大众交通集团工会、城投公司工会、号百公司工会职工艺术团参加演出。（高国强）

【浦东新区总工会召开“南腔北调大比拼”第三届浦东职工才艺擂台赛暨新区职工职业道德“双十佳”表彰大会】 10月27日，新区总工会联手区文化广播影视管理局举办“南腔北调大比拼——第三届浦东职工才艺擂台赛”决赛暨新区职工职业道德“双十佳”表彰大会。“南腔北调大比拼”职工才艺擂台赛自8月启动起来，职工报名踊跃且节目质量不断提高。在各直属工会预赛基础上，竞赛组委会对进入初赛的300余个节目按照声乐、舞蹈、戏曲语言、器乐等4个专业类别进行选拔，精选出15个优秀节目进入决赛。会上，新区总工会对浦东公安分局交警支队施向阳等十佳职工职业道德模范、浦东新区金高公共交通有限公司等十佳职工职业道德先进单位进行表彰。（陈效宏）

【徐汇区总工会举办劳动创造徐汇美摄影比赛】 12月31日，由徐汇区总工会、徐家汇社区（街道）党工委办事处、徐家汇商城（集团）有限公司联合举办的“勤奋实现中国梦、劳动创造徐汇美”第二届“我眼中的徐家汇”摄影比赛，在六百广场举行颁奖仪式。这次比赛历时6个月，设“大美徐家汇、最美劳动者、历史的记忆”3个组别。全区各级工会组织动员广大职工摄影爱好者用镜头记录身边平凡人物的真情瞬间；以艺术形式唱响“劳动最光荣”的时代主旋律。比赛共收到作品510幅，主办方从中选取50幅优秀作品参赛并举办获奖作品展。（余燕萍）

闵行区总工会举办以“劳动创造幸福，艺术陶冶情操”为主题的闵行职工文化艺术展（俞龙祥）

【闸北区总工会举办“活力闸北、光影留真”职工摄影艺术展】 1月21—31日，由区总工会主办，区文化局、彭浦镇人民政府和市工人文化宫协办的“活力闸北·光影留真”职工摄影艺术展在市工人文化宫顺利举行。摄影展为期11天，展出规模达1000余平方米，展出期间共吸引社会各届人士约1000人次前往参观，80幅摄影作品均由闸北职工创作。（陆　非）

【杨浦区总工会举行庆“五一”叶子独唱音乐会】 4月28日，“放歌劳动者”杨浦区庆“五一”叶子独唱音乐会在沪东工人文化宫影剧院上演。活动由区总工会主办，沪东工人文化宫承办。“叶子”是一名从工会文化舞台上成长起来的歌手。整场音乐会通过“蓝色豪情”“金色旋律”“红色情怀”3个篇章，来赞美劳动、回眸经典、歌唱祖国。演出融合方言反串及美声、民族、通俗等多种唱法，以柔美奔放的音色和对劳动者的无限深情，为观众们演绎了10余首经典曲目。（曹理仰）

【杨浦区总工会举办长篇小说《工人》新书发布会】 1月18日，由上海市作家协会、上海人民出版社、杨浦区总工会联合举办的长篇小说《工人》新书发布暨作品研讨会在市作协会议大厅举行。杨浦是近代上海工人运动的热土之一，《工人》一书中的主人翁原型就是杨树浦的产业工人。《工人》由杨浦区作家协会理事、《杨树浦文艺》常务副主编管新生及青春文学作家管燕草父女俩历时十二载，联袂创作而成。（曹理仰）

【市总工会主办第七届上海职工文化艺术节在沪东工人文化宫拉开帷幕】 3月23日，第七届上海职工文化艺术节在沪东工人文化宫拉开帷幕。来自杨浦、医务、邮政、石化、烟草等单位的职工文艺团队表演大合唱《劳动最光荣》、歌舞《工人STYLE》、二胡和打击乐《劳动畅想曲》、舞蹈《海上明月》等节目。与会领导向第七届上海职工文化艺术节分会场授牌；向杨浦区总工会颁发全国文艺工作者深入职工创作实践活动优秀组织奖；为杨浦区农民工艺术沙龙揭牌。活动期间，市总工会还开展文化服务进企业、进社区、进工地；上海市职工合唱比赛和五一歌会、农民工免费电影放映、上海职工艺术博览汇、上海职工文化展演周、上海市五一文化奖评选、上海职工文化发展论坛等活动。（曹理仰）

【静安区总工会举办“相约静安、成就梦想”慰问外来务工人员文艺演出】 8月16日，由区总工会主办、区工人文化宫承办的“相约静安，成就梦想”2013年静安区总工会慰问外来务工人员文艺演出在上海市中福会少年宫小伙伴剧场举行，会上对获2013年度静安区外来务工人员“岗位能手”的获奖者们进行颁奖。来自全区各街道、各系统集团、机关事业的外来务工人员，共320余人观看了文艺演出。（姚　磬）

仪电控股工会举办2013年职工体育文化节（曹华中）

【闵行区总工会举行闵行职工文化艺术展】 11月13—18日，“劳动创造幸福，艺术陶冶情操”闵行职工文化艺术展在区群艺馆揭幕。艺术展所有作品面向区职工征集，共征集摄影作品200余幅、手工作品近130件。区总工会首次将文化艺术展与职工技能比武进行融合，插花爱好者集聚一堂，以娴熟技艺、巧妙构思，现场进行插花技能比拼，专家现场评选出一、二、三等奖。（俞龙祥）

【嘉定区总工会举行“同心共筑中国梦·追梦嘉定”走进工地活动举行】 8月28日，由区总工会和区建交委共同主办的“同心共筑中国梦·追梦嘉定—走进工地”基层慰问活动在惠平路蕰藻浜大桥项目工地举行。新城公司、城发集团、国资集团、交发集团等4家建设工地实施主体代表和24个建设工地工会小组长以及100余名建筑职工参加活动。活动现场特为职工们播放《安全生产警示片》，为建设工地工会小组长送上《安全生产警示DVD》和文明礼仪书籍。（徐　浩）

【奉贤区总工会举办职工才艺展示赛】 区总工会和南方国际集团工会联合举办“秀出我的才艺，实现我的梦想”职工才艺展示赛。各镇、社区、开发区、委局、集团公司工会广泛宣传发动，43个单位的160余名职工参加比赛，选送节目全部由职工自编自导自演。（尹　奕）

【崇明县总工会举办“五一”歌会】 4月26日，县总工会举行崇明职工“五一”歌会，来自基层工会的27支职工合唱队通过复赛产生的12支队伍与全县广大职工群众一道共同唱响“劳动最光荣”主题歌，共同庆祝“五一”国际劳动节。经过两个多小时角逐，县教工合唱团荣获崇明“五一”职工歌会一等奖。（秦春华）

【上海仪电工会举行仪电控股文化体育节】 11月12日，仪电控股文化体育节闭幕式暨“共圆仪电梦”职工文艺演出，在上海戏剧学院举行，控股公司党政领导和所属企业员工近800人参加。文化体育节历时两个多月，期间，进行飞镖、双人跳绳、扑克牌、摄影等项目的角逐，在文化体育节闭幕式上，各企业精心编排选送的舞蹈、沙画与诗朗诵、工间操和椅子操、独唱、武术等节目，凸现了仪电控股“命运、责任、荣誉、利益”共同体核心价值观。（夏　军）

【上海市化学工会扎实推进职工文化建设】 市化学工会以“劳动最光荣”为主题，以集团职工爱好者联和会为平台，扎实推进职工文化建设。组织华谊职工合唱团到基层演出，打造集团职工文化品牌；由爱好者联合会组织开展华谊职工书法、摄影、美术等专题的艺术创作和交流活动，选送部分优秀作品参加市总组织的职工书画、摄影比赛，组织举办摄影爱好者采风活动和职工集邮学术和邮史研讨会等。（王有福）

【上海轻工业工会举办职工征文摄影活动】 上海轻工业工会联合会开展“共筑中国梦，劳动最光荣”“劳动光荣，创造伟大”为主题的职工征文摄影活动，共有48个企业工会推荐152篇征文稿和198幅照片参加。作者大多来自生产第一线，其中有全国轻工行业劳动模范、上海五一巾帼奖标兵、上海轻工首届新生代优秀产业工人和农民工兄弟。他们用生动朴实的文字和视觉语言表达和聚焦上海轻工在“建设小康社会，实现中国梦”的伟大征程中的主力军风采。上海《轻工工运》以特刊的方式汇编作品选集。（徐俊彦）

【上海市纺织工会举办“中国梦·劳动美”微作品系列活动】 2013年，市纺织工会举办“中国梦、劳动美”微成果、微感言、微镜头、微演讲系列活动，旨在广大职工中进一步培育和践行社会主义核心价值观。有10家子公司和直属单位推荐34项职工创新微成果；18家子公司和直属单位在新浪网上开设33个企业官方微博，上传有效作品655篇。市纺织工会还获得由市总工会主办的第十五届上海读书节暨“共筑中国梦”上海职工微感言—微镜头—微演讲—微故事系列大赛“最佳组织奖”。（张智伟）

【市电力公司工会举办第二届“班组文化最佳实践库”征集活动】 从2012年下半年开始，活动共征集到来自20多家基层单位200余篇案例，精选20个优秀案例，于9月3日召开第二届“班组文化最佳实践库”成果发布会。最终评选出市南集团金山分公司线缆施工组《小小灯塔工作站，引航班组求创新》、华东送变电公司220kV新甘线项目班组《打造班组名片展示真我风采》等10个最佳案例奖和10个优秀案例奖。同时还在200余个案列中，精选出50个优秀案例，每个案例配有PPT演示和配音，编辑成《上海电力班组文化最佳实践库50例（二）》发至班组，供各班组选用。（钱幼树）

【市电力公司工会举行“光之魂”迎国庆先进表彰暨职工文艺演出】 9月25日．举行“光之魂”迎国庆先进表彰暨职工文艺演出。表彰一批迎峰度夏、工程建设劳动模范和先进工作者。公司邀请市工人文化宫茉莉花艺术团与公司员工一起表演精心排演的歌舞。公司员工还编排了朗诵、歌舞、戏曲等节目，和前来慰问的市工人文化宫茉莉花艺术团一起表演。（钱幼树）

【上海电建公司工会举办庆祝上海电建成立60周年活动】 庆祝会上，与会职工观看反映上海电建60年发展历程的宣传片《开拓者之路》。宣传片通过“拼搏，勇争第一”“自强，创建精品”“创新，转型发展”“超越，共赢未来”四个章节，反映上海电建人在各个历史时期开创企业发展的历程。（顾　莹）

【宝钢发展有限公司工会打造文体活动品牌】 宝钢发展有限公司工会围绕“活力宝钢、精彩员工”主题，按照“小型、多样、自主、业余”的原则，以3年为一个周期，制定《宝钢发展三年文体活动总体方案》和年度实施计划，优化项目与组织，实现“三个转变”，即：从注重大型单一活动向小型多样活动转变，从集中举办向分散举办转变，从工会主办向文体协会承办转变。同时，积极发挥文体协会的作用，梳理并组建了桥牌、足球、网球、乒乓球、拔河、拳操、游泳、摄影、烹饪等13个文体协会和文体活动品牌，带动群众性文体活动的普及与推广。（滕玉燕）

【航天局149厂工会排演舞蹈项目《鲤鱼跳龙门》成为上海市非物质文化遗产】 航天局149厂工会配合江川文化馆，注重保护传承非物质文化遗产。组建由20名车间青年职工组成的舞龙队，并赴苏北订制长龙，同时定期邀请专业老师来厂指导，排练老闵行地区传统舞蹈项目《鲤鱼跳龙门》，经过半年训练并经专家组现场考察，该项目申报市非物质文化遗产于2013年获批。（沈　恺）

【上海航天局工会重视职工文体协会建设】 一是注重顶层策划，完善例会制度，借助每季度工会主席例会，阶段性部署、推进协会工作。二是注重一线调研，局工会组成若干个调研组，分批前往局下属控制所、811所等单位，调研基层职工文体协会运作情况，听取基层工会在协会建设目标、组织架构、经费保障、制度建设和活动开展等方面的情况汇报，为局工会完善职工文体协会管理工作提供参考。三是注重活跃氛围，提升职工参与热情，以协会为基础，组建由60人组成的“上海航天职工合唱团”先后参加上海职工合唱比赛、上海市“五一”文艺演出；组织开展闵行航天新区首届“心动力”杯职工篮球赛，200多人次参加比赛；组织开展局第六届职工读书节活动，共有1.2万余名职工参加读书节系列活动。（沈　恺）

【中国商飞公司工会深入开展丰富多彩的职工文化活动】 继续办好中国商飞公司大飞机艺术团和大飞机文艺社等文艺社团，不断完善管理制度和队伍建设，先后参与大飞机爱心日、上海市五一歌会、浦东陆家嘴金融城艺术节文艺汇演、赴舟山驻军部队慰问演出等重要活动。结合公司工会成立5周年，制作《让我们一同翱翔，中国商飞公司工会五年工作巡礼》宣

上海铁路局工会开展"安全文化高铁行"职工书法绘画创作笔会
（白　杰）

传片，出版《蓝天追梦，中国商飞公司工会成立五周年职工书画摄影作品选》。（陈　晖）

【上海铁路局工会组织开展全局职工摄影大赛】 大赛内容反映上海局安全运输、建设发展、技术装备、客货服务、职工风采、沿线风光等8个方面，共征集富有鲜明时代特征和上海局特色的摄影作品1300多幅。邀请专家担任评委，奖励优秀作品。精选摄影作品15幅、书法作品10幅、绘画作品10幅上报全国铁路总工会参加全国铁路书画摄影大赛评选。（白　杰）

【上海铁路局工会举办职工文艺调演暨职工才艺大赛】 上海铁路局工会以表现铁路行业特色和原创为基本要求，举办职工文艺调演暨第二届职工才艺大赛，比赛共分声乐、舞蹈、戏曲、器乐、语言、综合(技能、绝技绝活、劳模)6大类。全局各单位踊跃组织参赛，有70个主要基层单位共163个节目参加徐州、合肥、南京、杭州、上海等各地区的初赛，从中选拔出99个节目进行地区复赛，最后精选25个节目进入全局决赛，其中，原创作品占90%。同时，决赛选出4个文艺类节目和1个技能展示类节目参加全国铁路第二届职工才艺大赛，并有2个节目参加汇报演出。（白　杰）

【中国海运工会承办"'世界海员日'走近海员特别活动"座谈会】 6月25日，由中国海员建设工会主办、中国海运工会承办的"'世界海员日'走近海员特别活动"在上海举行，这是第四届国际航运文化节的系列活动之一。活动分媒体见面会、海员及家属座谈会两个环节。在媒体访问团与海员及家属座谈会上，来自中海和中远的13名船长、轮机长、政委、海嫂用亲身经历讲述对航海事业的热爱、海员职业的艰辛，对丈夫工作无怨无悔的支持。（张　洁）

【中国海运工会定期开展集邮协会活动】 邮协组织开展丰富多彩的活动：3月15日，举办上海集邮节分会场、召开中海上海地区邮协成立30周年座谈会；10月27日，市邮协学术会，会员用PPT主讲"中国海军封的研究"；12月纪念毛泽东诞生120周年，中海邮协到四个公司的楼宇，两个海嫂联络站的社区举办有7部邮集20个展框的毛泽东题材流动邮展。（顾惠根）

【中国海运工会举办职工艺术作品展】 中国海运工会举办职工艺术作品展，收到职工书画72幅、摄影122幅、集邮25标准展框，以及藏品十大类200余件作品。精选出书画36幅、摄影41幅、集邮20标准展框，及部分收藏品。（李　静）

【上海外轮理货有限公司工会连续七年举办员工文化节】 通过开展体育健身、文化素养、才艺展示等多种系列活动，展示上海"外理人"的多才多艺与蓬勃向上的精神风貌。在2013年举办的第七届员工文化节中，公司工会先后组织开展员工羽毛球比赛、员工摄影比赛、外理故事征集、员工厨艺大赛、员工技能竞赛等主题文化活动。全年共有1000余人次员工参加文化节的各项活动。（周小青）

【上海移动工会发挥文体协会分会作用】 上海移动工会在组织和吸引广大员工积极参加主题鲜明、形式多样、寓教与乐的文化体育活动的同时，成立公司文体协会，建立起一支有兴趣爱好、热心公益、自愿参加的员工文体志愿者队伍，已成立的"竞技、演艺和人文"三类爱好者分会，分别覆盖摄影、射击、心理咨询、舞蹈、乒乓球、网球、龙舟、新媒体等21个文体团队。这些"不占编制、不计报酬、又具特长的"的志愿者在各爱好者分会中担任了重要角色，把日常活动与爱好者分会活动相结合，使日常活动常态化、专项活动有亮点。2013年组织全体员工分别开展东方明珠登高、趣味接力、欢乐"三打一"、市民篮球、乒乓球、羽毛球大联赛、网球赛等活动，共有1.6万多人次参与。（史　旭）

【中国电信上海工会举行第四届员工文化艺术节】 5—10月，为期半年的员工文化艺术节以"美在电信"为主题，通过七大比赛类、两大展示类、三大赏析类活动，全面呈现中国电信上海公司和谐创新的企业文化之美与开拓进取的员工精神之美，同时结合企业转型需求，新设"手机桌面设计"和"微电影创作"等比赛，凸显时代特性和企业特色。（殷　茵）

【上海电信工会艺术团参加第十五届中国上海国际艺术节"天天演"活动】 10月31日，上海电信艺术团参加在南京东路世纪广场举行的第十五届中国上海国际艺术节"天天演"活动，也是在第七届上海职工文化展演周活动中首家举行专场演出的企业职工艺术团。上海电信的专场演出全部由员工自编、自导、自演，形式多样，

包括歌舞、器乐三重奏、女声二重唱、手技表演、快板说唱等等。（殷　茵）

【闵行海事局工会打造海事工会特色文化】 主要做法：一是以网络为平台，畅通民意沟通、诉求交流渠道，创建服务品牌。工会在网络上开设直通领导、群众呼声等栏目，让职工与领导直接对话增进党群、干群间交流，营造民主氛围。二是以职工频道为平台，增强职工归属感和单位凝聚力，创建凝聚品牌。通过组织职工立足单位真实之事、寻找闪光之点，自编自导自拍自作，形成丰富多彩的主题视频，制作红色之旅、半军事化管理、廉政教育等视频在文化展厅、职工食堂播放，展示职工文化亮点。三是以职工发展课堂为平台，提高职工素质，创建素质品牌。开设职工课堂利用内外资源，不断丰富内容，对外与华东师范大学合作开展系列教育活动，内部开设干部讲坛、青年讲坛、职工讲座等。四是以先进典型为平台，激励职工创先争优，创建教育品牌。开启"我们身边的榜样"评选，有效发挥"文化引领树典型"效应。（朱卫平）

【上海机场集团公司工会举办梦系列电影《深蓝》首映式】 4月23日，上海机场职工电影梦系列《我的机场我的梦》(第三季)电影《深蓝》首映礼在上海奔驰文化中心举行。作为上海机场职工电影梦系列"我的机场我的梦"的第三部作品，《深蓝》聚焦机场消防，通过3名怀揣对工作与爱情的憧憬，初到上海的山东籍机场消防新兵战士，面对突如其来准军事化、艰苦的日常训练，在生活与现实之中的真实情感刻画，描绘出老中青三代消防战士在上海工作与生活的励志成长故事。集团工会先后拍摄《我的机场我的梦》《缘点》《深蓝》等以"值机员""安检员""问讯员"等一线岗位普通职工的工作生活为原型，创作突显民航行业特色，富有时代特点的电影作品，培育出自己的"职工明星"。（张雯倩）

【上海建工集团股份公司工会开展"建工达人秀"比赛】 上海建工集团股份公司工会举办此次活动，旨在为上海建工"达人"创造一个展示才华、实现梦想的舞台，为上海建工创立60周年职工文艺汇演夯实人才基础，为集团群众性文化艺术发展和职工队伍建设注入新的活力。比赛于4月18—19日在市工人文化宫茉莉花剧场举行，分为声乐、语言、曲艺、戏剧、舞蹈、器乐、技艺等比赛内容。来自24家单位的125个节目、350余名选手参加比赛。评出"建工好声音""建工好口才""建工好演技""建工好舞姿""建工好身手"和"建工好器乐"等"建工达人"。（杨钟春）

国药控股股份有限公司举办成立十周年职工文艺汇演　（成　倩）

【上海申通地铁工会开展"劳动最光荣"职工合唱活动】 集团合唱队参加"劳动最光荣"2013年上海市庆祝五一国际劳动节大型歌会、上海市职工合唱比赛中大合唱及小组唱的比赛，分别演唱《劳动最光荣》《娄山关》《荣光》等歌曲，唱响地铁人"劳动最光荣"的时代主旋律，弘扬"劳动创造幸福、劳动成就梦想"的价值理念。（郑晓菁）

【上海申通地铁工会开展公共安全宣传进社区】 5月全面启动。上海地铁职工用自编自导自演的节目，展现地铁文化，不断向社会公众传递正能量，将"安全乘车、文明出行"的理念带给大家，获得良好的社会效应。在不到半年时间里，在人民广场及静安寺广场等公众密集区域开展2场大型上海地铁公共安全宣传进社区活动。各基层工会组成5支文艺宣传小分队，先后与全市各区县、街道、学校、部队联手，以专场演出、参与演出、知识讲堂等方式，组织"上海地铁公共安全宣传进社区"及宣传活动42场次。（堵家玺）

【城投总公司工会举行第四届职工文化活动节】 城投总公司第四届职工文化活动节由一唱和三展构成，"一唱"是以唱响"中国梦"为主题，有各级工会组织开展的职工文艺活动和文化沙龙活动等近11项；"三展"是以"中国梦、城投梦"为主题，分设摄影、书画篆刻作品展，安全生产主题创作漫画作品展，职工收藏作品展，活动吸引城投职工的广泛参与，共计征集626件作品。11月11—12日，"三展"率先于总公司展出，特邀各位作者亲临展览现场观展，请他们为"最喜爱作品"投票，并为每位投稿作者颁发参展纪念证书。之后，以"送厂区、送工地、送班组"的方式开展职工摄影作品展，并特别选址部分城投承建的民生工程项目，如思南公馆画廊、长江隧桥收费站、梦清园等，走近市民，激发共鸣。（朱文慧）

【中建八局工会举办职工文艺汇演】 9月21日，中建八局成立30周年职工文艺汇演拉开帷幕。文艺汇演以"品质·梦想"为主题，分作"铁之坚——传承精神，钢之韧——铸就品质，剑之利——超越梦想"3个篇章，用文艺形式反映八局的发展历程。山东快书《铁军豪情》、诗朗诵《驰骋海外，追逐梦想》等节目生动展现

上海建工举办成立 60 周年职工文艺汇演 （缪云明）

出八局人实现“梦”的不懈追求。

（王广滨 陶 鹏）

【百联集团工会举行职工艺术作品大赛】 5 月 1 日，百联集团工会以“走向辉煌”为主题，开展“庆祝百联集团成立 10 周年职工艺术作品大赛”。经过 2 个多月的时间，集团各级企业工会和职工文体协会层层发动，广大职工积极参与，共征集到书画篆刻作品 192 件，包括国画、油画、水彩画等画种，真、草、隶、篆等字体，文字印、肖形印等形式，艺术作品聚焦主题、形式多样、展现职工对企业的热爱。 （姜 杰）

【上海水产集团工会举办“水产好声音”卡拉 OK 比赛】 11 月 26 日，“水产好声音”卡拉 OK 比赛在上海科技管理学校教工之家举行。比赛现场，选手们以组合或独唱的形式轮番亮相，高声唱响“海纳百川、创新发展”的集团精神，激发集团发展正能量，展现上海水产职工的精气神。

（韩 毅）

【市医务工会举办“相约金桂缘”青年联谊活动】 10 月 19 日，由上海市医务工会、中船重工 704 研究所、中国商飞民用飞机试飞中心、上海国胜集团有限公司、静安区文化局联合举办“相聚金秋，相约金桂·缘”青年联谊活动以大型集体游戏《恋爱时代》为平台，通过户外主题活动、各类游戏等形式，为各单位单身青年男女营造更多相识、交友的机会。

（童秀妹 赵 静）

【锦江国际工会开展企业文化巡礼感恩主题活动】 锦江国际企业文化巡礼之一的感恩主题活动——“感恩于心、实践于行”在所属企业范围内广泛开展。一是广大员工积极参与、踊跃投稿，纷纷通过身边人和身边事，展示锦江人的成长经历和感恩情怀。二是通过 VCR 短片的拍摄，采集来自酒店一线工作岗位的动人事例和感人瞬间，展示锦江人的质朴胸怀和美丽佳话。三是以歌声、讲故事、跳舞等形式表达锦江人的美好未来。

（张祥伟）

【上海城建集团工会举办 2013 年职工文化展示活动】 5 月 25 日，2013 年上海城建集团职工文化展示活动启动仪式暨首届路桥杯足球赛开幕式举行。集团工会还在随后组织排舞展示、钓鱼比赛、户外瑜伽等系列活动。

（高 婷）

【城建市政工会打造文化服务平台】 一是建立“工地流动影院”，开展“百部电影进工地”活动。广大参建者根据自己的喜好自由“点餐”，坚持定期实施“菜单式”电影大放送，让广大参建者足不出户就能享受到电影大餐。二是建立“流动图书馆”。在华漕镇文体中心建立流动图书馆，各种类型图书、杂志近千册。三是开展“惠民大讲堂”活动。组织职工参加工建联建单位举办的养生、书法、瑜伽、太极、粤剧表演、家庭教育等多种课程。 （厉美林）

【上海临港产业区工会举办青年金秋 PARTY】 9 月 27 日，“有你有我——2013 临港青年金秋 Party”活动在上海海湾国家森林公园举办。活动吸引包括上海临港集团、上海电气、上海中学东校、上海第六人民医院东院等 40 家企事业单位的 150 多名青年朋友报名参加。开展“左手和右手”热身游戏，完成“寻宝之路”“游船拼图”“单车挑战”“气球大战”等活动。

（陈 浩）

【号百公司工会揭牌“11.4 企业文化日”】 11 月 4 日，在南京路步行街世纪广场，以“号码百事通，天翼共圆梦”为主题，号百公司为市民大众奉献一台精彩的文娱节目。秉承百年 114 的服务品牌，借助“天天演”职工展演周的平台，号百公司在第三年承办专场演出之际，将 11 月 4 日确定为公司“企业文化日”。（沈 匀）

【市工人文化宫举办首场长三角职工“梦之声”歌手巡演】 8 月 10 日、11 日及 16 日，由“长三角”城际工人文化宫联席会主办，上海市工人文化宫等承办的“长三角职工‘梦之声’歌手巡演”分别在温州市文化宫中心大厅、苏州吴中区的中达企业广场及上海市长宁区工人文化宫剧场拉开帷幕，来自江浙沪皖的职工歌手展现近年来创作、演绎的优秀声乐作品。

（王超颖）

【上海市工人文化宫文化活动精彩纷呈】 8 月 23 日，中国上海—韩国济州书画交流展在市宫开幕，此次书画交流展共展出韩国济州市书法协会、上海东方书画院、上海长宁区残疾人国画院画师作品百余件。6 月 29 日—7 月 5 日，以“美在电信”为主题的上海电信员工文化创意作品展在上海市工人文化宫三楼展厅举办，展区以“七色花”创意呈现属于电信人的七种风采，“劳模展风采”“美景跨时代”“藏品添精彩”“手机创意秀”“书画寄雅意”“光影话电信”“巧手织幸福”等七大板块展出约 2000 件展品；

1月21—31日，“活力闸北·光影留真”职工摄影艺术展在上海市工人文化宫举办，展出的80幅作品均为“建功新闸北”职工摄影比赛、“光影留真”闸北区摄影艺术展览两项活动中所涌现的优秀作品，这些展品从多个角度记录闸北崛起奋进的历程；6—8月，举办“挥毫颂中华丹青谱新篇”上海、温州、徐州三地职工书画联展，展出由三地80位书画家创作的100多幅书画作品；5月17日，第一届“上海邮乐园”集邮文化系列活动在上海市工人文化宫开园，活动设“邮展大看台、邮谜大家猜、邮识大课堂、邮趣大观园”四大板块，展示上海职工集邮文化活动和上海集邮成果；2月22—25日，由中国文化书院、上海市工人文化宫、上海市民俗文化学会等主办的“中国年癸巳贺岁展”在市宫举行，展览中有传统艺术表现的《六十甲子国画线描人物图》，六十甲子剪纸、书法、篆刻、脸谱扇面，也有现代技艺描绘的《六十甲子神话动漫长卷》。（王超颖）

市宫举行江浙沪三地职工书画联展（徐大为）

【上海市工人文化宫茉莉艺术团献演群众文化舞台】 1月20日，市宫茉莉花艺术团民乐团参演东方艺术中心举行的“2013年民乐新年音乐会”，职工乐手与上海民族乐团的专业乐手同台合演开场合奏《金蛇狂舞》《庆典序曲》等曲目；11月30日，上海音乐家协会举办的2013上海市民文化节“杨浦杯——上海第八届非专业管乐团队比赛”中，市工人文化宫茉莉花交响管乐团凭借《茉莉花交响幻想曲》和古典泰勒曼《F大调奏鸣曲》两首曲目，获社会综合组金奖；10月26日，第十五届中国上海国际艺术节第二届“山阳杯”长三角地区非职业优秀民族乐团邀请赛在金山区山阳镇文化活动中心举行，市宫茉莉花艺术团民族乐团应邀参演的曲目《庆典序曲》和《沙迪尔传奇》获最佳演奏奖；2013年12月1日在市宫茉莉花剧场举办纪念评弹艺术大师严雪庭先生诞辰100年的专场演出，有16位评弹团团员参演，曲目从传统的《三笑》《杨乃武》到现代的《一粒米》《我的家乡在苏州》等；2013年元旦，“新年管乐音乐会——市宫茉莉花艺术团交响管乐团专场”在上海音乐学院贺绿汀音乐厅举行，演奏由民乐改编的《金蛇狂舞》《茉莉花》、比才的《卡门组曲》等10余首风格各异的世界名曲。10月30日，第15届上海国际艺术节广场“天天演”上海市、区工人文化宫专场演出在南京东路世纪广场拉开帷幕，市宫茉莉花艺术团等4家文艺团队为在场的300多名职工代表奉献一场展示劳动者风采的文艺演出。（王超颖）

【市退管会举办2013年上海老年书画展】 11月10—12日，由上海市退休职工管理委员会办公室和上海市老龄工作委员会办公室共同举办的上海市第七届老年文化艺术节系列活动——2013年上海老年书画展，在长宁区工人文化宫展出。这次活动有23个区县局(集团公司)退管会参加，共征集作品182件，作品包括书法、国画、水粉、水彩、油画、粉笔画、宣纸烙画、瓷盘画、剪纸画、石刻等。（黎 颖）

【市退管会举行第十五届中国上海国际艺术节“天天演”退休职工专场演出】 11月1日，以“金色梦想，绚丽情怀”为主题的上海市退休职工专场演出，在位于南京东路世纪广场的第十五届中国上海国际艺术节“天天演”舞台亮相。此次专场由上海市总工会主办，上海市退管办承办。来自全市各系统单位的130名退休职工组成的上海银发艺术团担纲文艺演出。（黎 颖）

【市退管会举办上海市第七届老年文化艺术节系列活动老年才艺秀大赛】 市退管办联合市老龄委、市老年基金会共同主办上海市第七届老年文化艺术节系列活动老年才艺秀大赛。大赛汇集老年舞蹈、时装、戏曲、歌唱、民族乐器、小品、说唱、面塑、杂技魔术、刺绣、功夫、花样扯铃、书法等各类才艺节目，共有17个区县老龄办和60个基层退管会报名参与，经过2个月初赛，有230个节目进入复赛，9月28日，在大宁剧院部分获奖节目参加老年才艺秀优秀节目展演。（黎 颖）

职工体育

【概要】 2013年职工体育工作以促进职工全面发展为目标，以完善职工体育工作机制为重点，以“体育是文化、体育是精神、体育是民生”为理念，全面贯彻落实《上海市市民体育健身条例》和《上海职工素质工程“十二五”发展规划》，打造上海职工体育健身四季大联赛品牌，参与第八届世界著名在华企业健身大赛，推动各行各业广泛开展因地制宜、因企制宜、形式多样、职工欢迎的体育活动，充分发挥工会组织优势，促进职工体育均衡发展、全面发展。（余洪海）

【市总工会举办职工体育健身四季大联赛】 由市总工会、市体育局共同主办，以“我参与、我健康、我快乐”为主题的2013年上海职工体育健身

7月25日，2013年上海职工体育健身四季大联赛、虚拟运动会夏季赛暨静安区第十届楼宇职工运动会开幕（王舒芳）

以楼宇职工为主要参赛对象，以黄浦、静安、浦东、长宁楼宇职工聚集的楼宇职工为参赛主体，以开展时尚性、趣味性、大众性、参与门槛低的体育健身项目为原则，以各区楼宇健身特色和楼宇职工特点相结合，注重健身项目的培育，逐步形成各区楼宇职工健身的品牌项目，让广大楼宇职工在健身中受益，为探索楼宇职工体育健身发展模式，取得了一定的经验，即在楼宇中建立组织，形成长效机制，推进楼宇职工体育健身五个"一"工程：即形成一个楼宇职工体育健身工作网络，组建一批楼宇职工体育健身示范点，打造"一楼一品""一楼一角"等一批体育健身项目，形成一批楼宇体育健身领军人物，培育一批热衷体育运动的楼宇职工志愿者。据统计，四季大联赛吸引近万余名楼宇职工参与，达到预期效果。此项赛事获市民大联赛最佳赛事奖。（余洪海）

【市总工会召开上海市职工体育工作会议暨上汽现场推进会】 2月17日，市总工会、市体育局在上海大众汽车有限公司共同举行上海市职工体育工作会议暨上汽现场推进会。会上，一批先进单位和工会组织受到表彰，其中，市总工会、市级机关工会、中国电信上海工会、上海城建集团公司工会获国家体育总局颁发的全民健身活动先进单位；浦东新区总工会、徐汇区总工会、普陀区总工会、上海申通地铁集团公司、上海市医药工会、上海建工集团公司工会等24家单位获由市总工会、市体育局颁发的上海职工体育健身四季大联赛优秀组织奖。上海大众汽车有限公司工会、上海汽车集团公司工会、上海城建集团公司工会、中国电信上海公司工会分别作开展职工体育工作的专题发言。与会领导还为创建首届上海市职工体育示范基地的上海大众汽车有限公司揭牌。（余洪海）

【浦东新区总工会举办"四季彩虹"体育系列比赛之秋季"张江杯"自行车赛】 10月26日，作为浦东职工"四季彩虹"体育系列比赛之一，以"低碳生活，快乐工作"为主题的秋季"张江杯"自行车赛是由浦东新区总工会和张江高科技园区管委会共同主办，来自社区、镇、开发区非公企业的400余名自行车运动爱好者参与角逐。自行车比赛分为接力赛和慢行赛，既有速度的比拼，又有平衡性的较量；既体现个人水平，又展示团队的凝聚力。（陈效宏）

【浦东新区总工会主办"美丽浦东我的家，健康运动你我他"金桥开发区碧云国际社区第十二届主题长跑活动】 4月14日，浦东新区职工"四季彩虹"体育系列比赛之一的金桥开发区第十二届碧云国际社区中外职工主题长跑活动在金桥开发区平和学校举行。这届长跑活动以"美丽浦东我的家，健康运动你我他"为主题，吸引浦东新区各大开发区企业职工、金桥开发区企业员工、金桥碧云国际社区的外籍居民以及"美格菲俱乐部"等外籍人士共4000多人积极参与。（金丽朵）

【徐汇区总工会广泛开展各类职工体育活动】 区总工会先后举办"贺龙杯"中国业余篮球公开赛徐汇赛区比赛、第七届"虹梅杯"职工春季长跑赛、"商城杯"白领员工登楼赛、"徐家汇杯"职工游泳赛、"均瑶杯"职工乒乓球赛、"漕河泾杯"职工羽毛球赛等职工体育四季联赛。参加"临港杯"市民环湖健康跑赛、世界著名在华企业健身大赛等。（施伟苹）

【闸北区总工会主办"活力闸北、激情职工、魅力运动"职工运动会】 区总工会以"活力闸北、激情职工、魅力运动"为主题举办2013年闸北职工运动会。运动会设置羽毛球、3人篮球、趣味体育、乒乓球、扑克、钓鱼、跳绳等7大赛事17个项目的比赛。全区有300多家企业、园区和机关事业单位组织开展各类初赛预赛，优中选优，强中选强，力争选拔出最优最强的职工运动员展现职工体育风采。据不完全统计，全区参加各项选拔赛和预赛的职工有1.8万余人次，参加运动会正式比赛的职工运动员有5000余人次，吸引观众近3万人次。（陆　非）

【杨浦区总工会举办职工乒乓球、足球比赛】 9月15—22日，2013年上海市民体育大联赛——杨浦区职工乒乓球、足球比赛举行，来自各行业、地区、直属工会共50支队伍的600余名职工选手参与，掀起职工群众体育健身活动热潮。这届比赛以"美丽上海、活力杨浦、人人运动、幸福生活"为主题，足球比赛场地设于江湾体育场，乒乓球比赛场地设于上海体育学院附中，分为两个周末开展比赛，吸引更多职工群众参与和观看。（曹理仰）

【黄浦区楼宇工会举办职工运动会】 2013年，区总工会将重点商务楼宇职工运动会列入年度计划，作为实事来抓，推动每一个社区组织所辖商务楼宇职工开展运动会，完成10幢重点商务楼宇职工运动会的年度计划。全年开展楼宇职工的体育健身项目多达18个大类，35个小项，吸引上万人参加。同时，区总工会成立楼宇体育促进会，在各社区（街道）总工会成立分会，通过全年各项楼宇职工体育活动强化楼宇体育促进会的功能。通过开展电子竞技，虚拟运动等活动，培养楼宇职工定期参加体育健身活动。（郑国洪）

【黄浦区总工会举办第三十九届南京路马路运动会】 12月，在“中华商业第一街”揭开第三十九届南京路马路运动会帷幕。在运动会上，新世界商城、步行街沿线的商家店铺因势利导、各施妙招，组织职工在门前开展广播操、太极拳、羽毛球、拔河、跳绳、飞镖、套圈、踢毽子、呼啦圈、健力球等多姿多彩的体育健身活动，饶有情趣的滚圆台面、托盘接力擂台赛吸引20余家餐饮企业踊跃参与，社区健身团队和木兰拳协会各展所长，3000余名职工参加马路运动会。（戴桂虹）

【黄浦区总工会主办上海市第三十二届“八一”军民长跑活动】 7月27日，上海市第三十二届庆“八一”军民长跑活动在复兴公园举行，军民长跑队伍健步淮海中路、沿着黄陂南路、途径人民广场、中华第一街南京路，到达外滩。2013年的庆“八一”军民长跑活动被列为上海市市民体育大联赛活动项目，体现了“美丽上海、人人运动、幸福生活”的上海市民体育大联赛活动精神。（郑步敏）

【宝山区总工会着力提升文体工作吸引力】 区总工会组织参加2013年上海市民体育大联赛暨上海桃花节系列活动“临港杯”市民滴水湖健康跑活动，获女子组一等奖。配合区域工会联谊会秘书处组织“中冶”杯乒乓球比赛、“农商银行杯”羽毛球比赛。组织参加“中智杯”在华企业健身大赛开幕式及慈善健康跑活动。启动广播操比赛并开展广播操教练员培训工作，选送代表队参加上海市民体育大联赛广播操总决赛获优异成绩。（胡立伟）

纺织工会在世纪公园内开展“健康走”活动（徐志康）

【闵行区总工会组织“森马杯”万人健康行活动】 1月12日，由区人民政府主办，区总工会、区体育局、吴泾镇人民政府承办的2013闵行区“森马杯”迎春万人健康行活动在上海紫竹国家高新区举行。活动分为5公里健步行和10公里健身跑，全区各级工会组织9256名职工群众参加。（俞龙祥）

【青浦区总工会举办职工秋季健身大会】 11月9日，2013年青浦区第18届全民健身节启动仪式暨青浦区（秋季）职工健身大会第九套广播体操比赛在青浦区体育场举行。比赛由区总工会、区体育局共同主办，来自全区各街镇、机关企事业单位的56支代表队1000余名职工参赛，参赛人数、比赛规模均为历届比赛之最。（朱建强）

【崇明县总工会举办第二届职工乒乓球赛】 5月21日，第二届“崇明沪农商村镇银行杯”崇明县职工乒乓球赛开幕式暨崇明县职工乒乓球俱乐部揭牌仪式在崇明体育馆举行。比赛共分男子团体、女子团体、男子单打和女子单打4个项目，共有38支队伍、300名运动员和教练员参加。与此同时，崇明县职工乒乓球俱乐部成立揭牌。（秦春华）

【市纺织工会倡导“每天一套操、每天万步走”健康生活新理念】 6月1日，240余名上海纺织职工齐聚世纪公园，参加市纺织工会组织的“万步走、健康行”职工健身活动。30岁左右青年职工占了70%以上，不少企业党政领导亲自参与，和自己的员工走在大路上，既锻炼身体，又促进情感交流。（张智伟）

【宝钢集团工会开展丰富多彩的文化体育活动】 为期5个月的宝钢第九届职工运动会圆满完成各项赛事后落幕，参加人数达9万人次，创历届运动会之最。同时，有2000余名宝钢职工进行体测，并完成《宝钢职工体质状况分析报告》。首次举办以“身心健康与员工发展”为主题的员工论坛，积极推进群众性的文化体育活动。据统计，2013年职工文体协会项目、职工参与面明显扩大，协会由2012年169个增加到422个，会员由9千多人增加到2万多人。（宋　漪）

【上海石化工会举办上海石化第五届职工运动会】 上海石化第五届职工运动会自3月26日启动，11月15日闭幕，历时8个月。运动会共设13个大项，39个小项，其中包括竞技类项目（9项）：乒乓球、3人制篮球、田径、大怪路子、保龄球、游泳、钓鱼、羽毛球、消防运动会；大众体育项目：红五心、跳绳、踢毽子、飞镖。据统计，共有4000多人次职工参与，占公司全体职工人数比例的四分之一。运动会有6人7次打破赛会纪录，根据比赛成绩，评选出6个运动会团体优胜

市水务局（市海洋局）工会举办第三届职工健身运动会 （吴思全）

单位、16个体育道德风尚奖单位以及10名优秀运动员。 （盛立新）

【鲁中矿业工会开展系列职工健身活动】 2013年，鲁中矿业公司工会先后组织乒乓球、羽毛球、春季长跑、五一拔河等9个门类的14项常规体育比赛；举办第十五届田径运动会；组队参加中国五矿第十二届职工运动会，取得团体总分第二名的优异成绩。此外，公司投入1000万元改建体育场，并免费向广大职工开放，为职工参与全民健身运动提供良好环境。 （刘 迪）

【航天局动力所“一所两地”体育活动有特色】 一是根据上海本部职工人数相对较少的实际，组织开展或组织参加品牌化、小型化文体活动，如承办闵行航天新区首届“心动力”杯职工篮球赛、组织开展所内“心动力”杯职工篮球赛，打造“心动力”文体活动品牌；组队参加上海市民体育大联赛暨上海市第三届企业龙舟赛。二是根据上海本部区域划分为办公区和车间两部分的实际，在两部分区域均设置小型图书室和乒乓球室，同时在车间区域充分利用厂房空间，开辟职工羽毛球活动场地。三是根据浙江湖州试验基地地处山区、职工人数相对较多的实际，因地制宜，组织开展或组织参加地方性大型职工文体活动，如协调当地政府，开展“航天动力杯”登山比赛，150余位职工参赛，同时邀请当地14支企事业单位代表队和8支农村代表队参赛。 （沈 恺）

【上海船舶工会举办第二届“远望杯”羽毛球比赛】 上海船舶工会于3月举办第二届“远望杯”羽毛球比赛，包括苏皖地区和708所在内的24个单位组队参赛，运动员、教练员、工作人员200余人参加比赛。（张正阳）

【中国商飞北京民用飞机技术研究中心工会搭建文体活动平台】 中国商飞北京民用飞机技术研究中心以“工会领导、协会组织、赛练结合、简便易行”的独特方式来开展职工文体活动。羽毛球协会成功举办第一届“翱翔杯”的羽毛球赛。乒乓球协会借鉴国际先进经验，创造性的引进“个人定积分赛”的俱乐部模式来组织开展活动，使比赛更加规范和精彩。以协会自发组织，工会管理指导，工协相互结合的创新活动形式，打破了部门之间的限制，增强团队、部门之间的凝聚力。 （张学鹏）

【上海烟机公司工会举办第一届羽毛球团体赛】 5月成立上海烟机羽毛球协会。协会的宗旨是为热爱羽毛球运动的员工提供一个结交好友、交流球艺、增进友谊的平台，从而实现丰富企业文化、充实员工生活的目的。年内，协会举办上海烟机第一届羽毛球团体赛、开展羽毛球培训班、组织羽毛球趣味游戏竞赛。协会开通“上海烟机羽毛球协会”的微信群。 （焦 巍）

【上港集团振东分公司工会发挥职工文体协会作用】 2013年，公司工会结合集装箱装卸板块企业职工的作业特点，根据公司点多面宽的实际，区别不同职工群体的心理状况和实际需求，成立振东分公司职工文体联合会，倡导“4A”的协会宗旨，即奉献、和谐、互助、进步，体现职工在文体活动和生产工作中的目标和动力，增强职工队伍的凝聚力。振东分公司职工文体联合会下设篮球、足球、乒乓球、羽毛球、摄影等15个文体协会。（董 雪）

【上海机场集团工会举办城市沙滩嘉年华暨职工水上运动会】 6月14日，2013年上海机场职工欢乐健身节系列活动——城市沙滩嘉年华暨职工水上运动会在上海金山城市沙滩举行。650名职工参加包括沙滩排球、沙滩拔河、沙滩跳绳、皮划艇接力、帆船、帆板、龙舟、公开水域游泳在内的8个大项14个小项的比赛。（张雯倩）

【上海市水务局工会举行第三届职工健身运动会】 12月9日，市水务局工会在杨浦体育馆举行第三届职工健身运动会。局机关、局属单位、市供排水行业协会、水利工程协会和海洋工程协会等单位职工近300人观摩了入场仪式和比赛。此次运动会的运动项目设置，在秉承第二届职工健身运动会乒乓球、羽毛球等6个项目的基础上，结合水务海洋工作的需要，增设游泳项目，组织第九套广播体操比赛。 （王佐仕）

【上海水产集团举行“开创杯”体育比赛】 9月25日，上海水产（集团）总公司第四届“开创杯”体育比赛开幕式在集团职工活动室举行。来自基层的16个单位102名职工涌跃报名，参赛人数达131人次，通过淘汰赛、单循环赛，产生16个奖次，获奖队员为24人次。 （韩 毅）

【上海市金融工会举办“快乐·健康”上海金融系统文体展示运动会】 9月28日，市金融工会在浦东源深体育馆在举办“快乐·健康”上海金融系统文体展示运动会。这届运动会网球、篮球、羽毛球、乒乓球、桥牌等9项比赛项目体现了健身与竞技相结合，健康与趣味相结合，文化和体育相结合的特点，既有金融系统传统比赛项目，还有愉悦身心、契合节假日氛围的青年定向、“六一”亲子等联谊趣味活动及金融监管机关小型运动会。这届运动会金融职工文体协会理事单位参与率100%，近100家金融机构2000余名运动员参赛。（丁　宁）

【上海市税务系统第一届职工运动会圆满落幕】 市税务系统第一届职工运动会于12月23日，在闵行区体育中心落下帷幕，这届运动会共设羽毛球、乒乓球、桥牌、“大怪路子”团体赛及拔河、跳绳、足球射门、男子俯卧撑与女子仰卧起坐接力、男女篮球运球跑接力、男女蛙跳接力等趣味项目，有2000多人次参与决赛阶段比赛。（臧　韬）

【上海市人力资源和社会保障局工会举办第一届职工运动会】 9月21日开幕，吸引1800名职工观摩。局第一届运动会设有广播操、拔河、长绳、大怪路子等15个集体项目。局系统共有37家单位报名参加，15个项目的赛事分预赛总决赛，共举办147场(轮)。举办各项目内部选拔赛近300场，有近6000人次参与选拔比赛。（杨征宇）

【上海市医务工会举行职工文体活动基地授牌仪式暨现场交流会】 12月5日，“上海市医务职工文体活动基地授牌仪式暨现场交流会”在新华医院举行。现场交流会上，为首批12家文体基地单位授牌，新华医院、同济医院、儿科医院分别针对各自职工文体活动基地的创建工作，以及围绕文体基地创建，组织开展的一系列职工文体活动进行现场交流。（金邓凯）

【上海市卫生计生系统举行第一届“医工杯”羽毛球比赛暨上海市医务职工羽毛球协会揭牌仪式】 12月7日，由市医务工会主办，市卫计委团委筹备组协办，上海中医药大学附属岳阳医院工会和市疾病预防控制中心团委共同承办的“上海市卫生计生系统第一届.医工杯.羽毛球比赛、第四届上海市医务青年羽毛球友谊赛暨上海市医务职工羽毛球协会揭牌仪式”在

上海市医务工会召开职工文体活动基地授牌仪式暨现场交流会
（吴嘉民）

上海中医药大学体育中心举行。据统计，当天比赛共吸引全市47家各级医疗卫生计生单位，近330名职工参加。市医务职工羽毛球协会借第一届“医工杯”羽毛球比赛之机，宣布成立。（吴嘉民）

【市民政局工会举办第三届“龙华杯”职工乒乓球邀请赛】 7月24日，市民政局工会举办第三届“龙华杯”职工乒乓球邀请赛，吸引来自局属各基层单位的12支代表队参赛。比赛设团体赛，每队须有单位领导和女职工参加。此次比赛是局系统职工文化建设的一项重要活动。（胡积伟）

【市监狱局工会开展各类群众体育活动】 一是举办监狱局第十三届“两棋两牌”，即围棋、中国象棋、桥牌和80分比赛，全局190多名选手参赛。二是开展监狱局第九届乒乓球比赛，来自18个基层单位80余名运动员参加比赛。三是举行监狱局第一届羽毛球比赛，有15家单位组队参加比赛。四是选拔7名乒乓球运动员参加上海市民体育运动大联赛乒乓球比赛，进入机关企事业单位32强；选拔6名羽毛球运动员参加全国监狱系统的羽毛球比赛活动。五是与局团委共同举办“蓝盾杯”足球比赛，120多名选手参赛，以职工体育活动推进监区、企业文化建设。（江海群）

【锦江国际集团工会举办乒乓球比赛活动】 9月13日，锦江国际集团工会成功举办“锦江杯”锦江国际职工乒乓球比赛。赛前，集团总部工会及事业部工会组织和发动所属企业职工，围绕“我参与、我快乐、我健康”主题，广泛开展“锦江杯”乒乓球比赛选拔赛，共产生8支队伍进入决赛。同时，工会还选拔6名优秀选手，代表锦江国际参加上海市民乒乓球比赛总决赛并进入16强。（张祥伟）

【上海联通第二届职工乒乓球个人挑战赛圆满结束】 上海联通公司工会和工会乒乓球协会于12月份在长宁大楼9楼成功举办“上海联通第二届职工乒乓球个人挑战赛”，共有129名员工踊跃报名、积极参赛。在为期2个星期的比赛中，工会与乒乓球协会通过微信群的形式向员工进行现场比赛直播，让更多的员工一起分享现场比赛的精彩时刻。（康　迪）

【上海联通工会举办“快乐篮球、快乐生活”2013年职工男子篮球赛】 由公司工会主办、工会篮球协会协办的历时一个月的“快乐篮球快乐生活”上海联通2013年职工男子篮球赛于11月15日圆满落幕。此次比赛得到各基层工会的大力支持和各部门广大篮球爱好者的积极参与，共涉及22个基层工会组成的18支比赛队伍和232名员工参赛。在一个月内的40场比赛中，参赛队员展示了良好的竞技水平和精神风貌。（康　迪）

上海社科院工会举办 2013 年春季自行车骑行活动　　（刘　峰）

【临港产业区工会举办“临港商建杯”羽毛球邀请赛】 5月3日，“临港商建杯”羽毛球邀请赛在上海漕河泾新兴技术开发区现代服务总部园区全天候战训馆拉开帷幕。比赛为混合团体赛，分两个阶段，上午为分组淘汰赛，下午为冠军争夺战和季军争夺战。
（杨欲晓）

【临港产业区工会举办乒乓球比赛】 6月7日，由临港管委会、南汇新城镇和临港集团共同主办的2013年上海市民体育大联赛之“上海电气杯”临港地区第四届乒乓球比赛在上海海事大学举行。这次比赛作为上海市民体育大联赛的重要赛事，受到临港地区各单位和众多乒乓球爱好者的响应。比赛为混合团体赛，共分男单、女单、领导干部单打、男单、双打5个场次，共有来自临港地区32家单位的代表队近250名职工参赛。
（陈　浩）

【号百公司工会举行第五届“全员健身日”活动】 8月30日，中国电信号百公司第五届“全员健身日”活动在虹口体育馆举行，包括运动员和观众在内共有员工600余人参加。这次健身日活动，旨在鼓励所有员工秉承和发扬顽强拼搏的团队精神，为号百的二次创业再创佳绩。包括特邀的商旅公司参赛队在内，健身日活动共有9支参赛队，围绕入场式、广播操、团体飞镖、拔河、气排球等5个项目进行角逐。
（沈　匀）

【市退管会举办第七届退休职工“清凉杯”牌类比赛】 8月21、22日，市退管办举办第七届上海市退休职工“清凉杯”牌类比赛。全市退管系统51家区县局(集团公司)退管会组队，近400余名退休人员参加比赛。
（黎　颖）

保障政策文件选编

上海市民政局
上海市财政局
关于调整提高本市城镇低保家庭中有劳动收入人员就业补贴标准的通知

沪民救发〔2013〕14号

各区（县）民政局、财政局：

为进一步鼓励低保家庭中有劳动能力的人员积极就业，从政策上加大增强失无业人员就业意识的力度，经市政府同意，决定从2013年4月1日起，调整本市城镇低保家庭中有劳动收入人员的“就业补贴标准”。现将有关事项通知如下：

一、范围和标准

本市城镇居民最低生活保障家庭中，有实际就业行为、月劳动收入（包括计时制劳动收入等）不低于或等于本市企业职工月最低工资标准的人员，其本人的“就业补贴标准”，从每人每月595元调整到每人每月660元。

二、具体要求

（一）先从其本人的实际收入中，按照上述就业补贴标准予以免除，其余部分计入家庭收入。

（二）对新申请城镇居民最低生活保障的家庭，按照上述规定执行。

（三）对已经享受城镇居民最低生活保障的家庭，按照上述规定，相应调整低保补差金。

特此通知。

2013年4月3日

L 劳动关系

abour Relations

上海工会年鉴

2014

专文摘要

推进多层级、广覆盖的劳动争议纠纷化解合作机制建设

上海市总工会副主席　茆荣华

人民法院在审判的专业性、司法和裁判的终局性以及执行的强制性等方面具有独特优势。工会组织有着贴近职工、了解职工的天然优势，又有参与劳动争议调解工作的丰富经验。建立工会与法院的合作机制，是双方优势的叠加，既赋予了工会组织调处劳动关系矛盾的专业支撑，也为法院有效化解劳动关系矛盾增添了有力助手，对整合各自优势，形成1+1>2的力量有着积极作用。

搭建起多层级、广覆盖的社会化大调解格局是当前化解劳动争议纠纷的形势所需。工会调解组织的培育与发展，将有利于提高审裁效率，让当事人的合法权益更快捷地得到维护。以委托工会调解的方式解决争议，更容易调处一些法律规则不清、事实难以查明，以及双方均有过错的案件，有利于从合理性角度促成双方达成共识，息诉停访。

合作机制的建立不仅有利于化解劳动争议，更对源头上防范劳动关系矛盾有着积极意义。工会与法院加强对典型性、苗头性、普遍性劳动关系矛盾分析和研究，能够起到劳动关系矛盾的预警预防作用。同时，在各自制定相关政策文件时，听取和采纳对方的合理意见和建议，能够从源头上保护处于弱势地位的劳动者利益，促进形成规范有序、体现公平的用工秩序，具有从源头上推动和谐劳动关系建设的社会价值。

全面推动市区两级合作机制建设。一要结合地区实际，拟定合作计划。各区县总工会要主动与法院系统加强联络沟通，主动向法院通报劳动关系状况的有关信息，主动接受法院给予的司法建议。要主动与法院商研建立诉调对接工作机制，在制度和措施上保证人员、经费、场地的落实，保障法院委托工会调解工作的正常运转。各区县要结合《会议纪要》的内容，积极探索合作途径，丰富合作内容，培育合作品牌，尽快拟定本地区的工会与法院合作计划，建立常态化、长效化的合作机制，形成具有地区特色的合作经验。二要形成推进合力，夯实调解组织基础。各区县总工会要积极推进百人以上建会企业普遍建立劳动争议调解组织，推进街镇劳动争议调解组织实体化建设，努力构筑覆盖区、街镇、村、企业的劳动争议调解网络。要在法院的指导下，着力培育一批调解平台好、调解制度全、调解力量强、调解信誉高的工会劳动争议调解组织，使其具备接受法院委托调解的资格。要积极探索在规模企业和工业园区建立劳动争议调解组织，并接受法院委托调解的模式，力求劳动争议不出厂门、不出园区，减少裁审部门的压力。三要借助专业资源，提升纠纷化解水平。各区县总工会要主动邀请精通劳动争议调解、审判业务的法官，为工会劳动争议调解干部作经常性的业务培训。通过开展庭审观摩、经验交流、业务研讨、法规培训等方式，不断提高工会调解干部的综合素质。希望法院适时选聘工会干部担任劳动争议特邀调解员，参与重大、集体、疑难劳动争议案件的调处，帮助工会提高化解劳动争议纠纷的能力水平。

综　述

2013年，上海工会积极履行工会“维权维稳”基本职能，努力维护地区职工队伍和劳动关系和谐稳定。一是全力推进工资集体协商工作。联合市三方召开推进集体协商工作会议，组织实施“要约行动”，加强行业集体协商的探索研究，推进500强企业建制，成功推动韩华综化（上海）塑料有限公司等签订工资集体协议；加强人才队伍建设，调整充实区县工会工资集体协商专职指导员，形成市区两级共400余名工资协商指导员队伍；工资集体协商工作取得新突破，至9月底，全市共签订集体合同2.8万份，覆盖企业20万家。签订工资专项集体合同2.5万份，覆盖企业18.6万家。二是切实稳定职工队伍。通过与市高院签署《关于加强劳动争议化解，推进和谐劳动关系建设的会议纪要》，建立双方制度化、规范化合作的长效机制；组织市总工会兼职仲裁员积极参与劳动争议案件调解，全年成功调解347件；加强劳动关系的分析研判，每季度就全市劳动关系状况形成书面报告，深入分析引发职工群体性事件的突出矛盾和影响职工队伍稳定的各种因素。三是做实职工法律援助维权服务。建立健全市、区县局（产业）、街道（乡镇、工业园区）三级职工法律援助机构，调整充实法律人才库，聘请114名具有法律学习经历、法律工作背景或法律职业证书的工会干部为上海工会第二届法律人才库成员；设立100万元职工法律援助专项资金，制定下发《上海市总工会关于中央财政帮扶专项资金用于法律援助相关事项的通知》；积极探索街镇劳动争议调解组织与街镇、区县职工法律援助机构之间的整合联动机制，指导地区工会在地区法律援助中心、劳动仲裁院开设工会劳动争议调解室。四是积极发挥劳动关系三方协

调机制作用。加强对规范劳务派遣用工的引导，参与国家人社部《关于劳务派遣若干规定（征求意见稿）》调研座谈会，积极反映工会的主张和建议；会同市有关部门制定《上海市集体合同参考文本（企业版）》，指导基层依法规范建立集体协商制度；启动“群体性劳动关系矛盾协调处置机制研究”的课题调研工作。五是广泛开展职工普法教育工作。与《劳动报》共同策划以《劳动合同法（修正案）》为普法重点的专题系列宣传活动；深入开展法律“四进”工作，与市律师协会联合主办现场咨询宣传活动；广泛开展“农民工三送活动”，建立30家“职工书屋”示范点，并赠送价值120万余元的书籍和设备。六是切实做好农民工维权工作。联手开展为期一周的农民工工资支付情况专项监察监督检查活动，重点对闵行、长宁等区的88家外资、民营中小企业开展专项检查；积极组织落实推选优秀农民工工作，共推荐4名上海市优秀农民工、12名上海市农民工先进个人。七是完成重点课题调研。联合开展“有关涉及工会法律法规执行力情况专题调研”，形成1个总报告、5个分报告和《关于进一步提升工会依法履职依法维权能力与水平的若干意见》。

（杨伟良）

法制参与

【概要】2013年，上海工会积极发动职工群众参与涉及职工切身利益的法律法规制定工作，从源头上维护职工合法权益。一是发动职工参与《劳务派遣若干规定（征求意见稿）》意见征求工作。市总工会召开专题会议，动员部署全市工会做好公开征求意见工作，要求全市各级工会组织，要深入一线、深入职工群众，宣传工会的意见主张，引导广大职工特别是劳务派遣工对《劳务派遣若干规定（征求意见稿）》提出意见建议。上海移动通过工会主席巡回联系日等平台，深入派遣员工较多的单位听取心声，派遣员工意见征求参与率达到100%。二是形成关于修改《劳务派遣若干规定（草案）》的意见和建议。市总工会结合上海劳务派遣用工现状和近两年来本市规范劳务派遣用工的举措，以及《劳动合同法（修正案）》实施后出现的新情况、新问题，从劳务派遣用工比例等9个方面提出上海工会关于《劳务派遣若干规定（草案）》的修改意见。三是推动工资集体协商地方立法。两会期间，发动工会界别委员、代表提出工资集体协商地方立法议案、提案，推动成立上海市工资集体协商立法调研课题组，共同完成《完善上海市工资集体协商立法研究》调研。年内，《上海市工资集体协商条例》已被列入十四届人大常委会五年立法规划预备项目。四是开展“有关涉及工会法律法规执行力情况专题调研”。成立专题调研课题组，先后召开区县（产业）工会干部、职工代表等座谈会，听取市总工会法律顾问团部分专家学者、律师的意见，形成《关于进一步提升工会依法履职依法维权能力与水平的若干意见》。

（冯小龙）

8月14日，市总工会召开《劳务派遣若干规定（草案）》征求意见工作座谈会（冯小龙）

【市总工会推动完善工资集体协商地方立法】2013年，市总工会加强源头参与，积极推动完善工资集体协商地方立法。一是两会期间，积极发动市人大代表、市政协委员提出加快《上海市工资集体协商条例》立法建议的议案和提案。在各界共同推动下，《上海市工资集体协商条例》已被列入十四届人大常委会五年立法规划预备项目。二是成立上海市工资集体协商立法调研课题组。由市人大财经委牵头，市政府法制办、市人力资源和社会保障局、市总工会、市立法研究所等部门联合开展工资集体协商立法调研，就工资集体协商主体、协商启动、协商内容、争议处理、法律责任等方面的重点问题进行深入研究，共同完成《完善上海市工资集体协商立法研究》调研报告。

（邱晨鹤）

【市总工会参与《劳务派遣若干规定（征求意见稿）》意见征求工作】8月14日，市总工会召开全市工会系统的意见征求工作动员会，要求全市各级工会组织动员广大职工进行网上意见征集，特别是使用劳务派遣工人数较多的局（产业）工会要认真听取职工代表的意见。此外，市总工会也就《若干规定（征求意见稿）》提出9个方面的修改建议：一是关于劳务派遣用工比例问题；二是关于同工同酬问题；三是关于劳务派遣协议内容问题；四是关于劳务派遣单位履行告知义务问题；五是关于劳务派遣协议和劳动合同继续履行的问题；六是关于经济补偿问题；七是关于跨地区劳务派遣问题；八是关于连带赔偿责任问题；九是关于视为与被派遣劳动者建立劳动关系问题。9月12日，国家人社部副部长邱小平一行6人来沪，就《若干规定（征求意见稿）》召开调研座谈会，市总工会代表上海工会组织在座谈会上提出相关规范劳务派遣的意见和建议。

（黄　琦）

【市总工会就“涉及工会法律法规执

行力”课题听取专家、学者意见】 7月17日，市总工会召开上海市总工会法律顾问团会议，就“涉及工会法律法规执行力”课题听取专家、学者意见。与会专家根据课题要求，分别从宏观、微观两个方面分析影响、制约法律法规执行力情况、存在问题及产生原因，并从技术层面和实践操作等方面就如何进一步提升涉及工会法律法规执行效力，确保相关法律法规得到有效贯彻落实提出宝贵意见和建议。（冯小龙）

【上海邮政工会发动职工参与《劳务派遣若干规定（征求意见稿）》意见征求工作】 8月，上海邮政工会按照市总工会的工作部署要求，结合企业实际，通过制定下发文件、开展宣传动员、组织员工代表参与等形式，发动全市邮政职工广泛参与《劳务派遣若干规定（征求意见稿）》意见征集活动。同时，上海邮政工会以开展员工生产生活调研活动和高温慰问活动为契机，深入到39个邮政支局，在慰问广大一线员工的同时，听取基层员工、尤其是劳务派遣工对《劳务派遣若干规定（征求意见稿）》的意见和建议。此外，上海市邮政工会还组织下属22个基层单位共340名员工代表参加网上意见征求活动。（徐　虹）

【上海移动工会组织开展《劳务派遣若干规定（征求意见稿）》意见征求工作】 上海移动工会将意见征求工作与“党的群众路线教育实践活动”相结合，以座谈会、班组讨论会、短信询问等方式全面听取员工意见。同时，加强宣传引导，充分解释现行相关制度，引导帮助职工正确理解新法内涵。另外，还通过工会主席巡回联系日等活动方式，深入客户服务中心、青浦分公司等单位听取派遣员工心声。上海移动工会此次意见征求工作共覆盖29家直属工会，有6043名职工参与，派遣员工参与率达100%。（冯小龙）

“普法”宣传

【概要】 2013年，上海工会按照《关于在上海市工会干部和职工中开展法制宣传教育第六个五年规划（2011－2015年）》提出的目标任务，大力宣传劳动法律法规。一是广泛组织开展“六五”普法中期检查。市总工会采取实地查看、听取汇报、查阅资料、现场调研等方式，走访高桥石化等多家单位，认真考察各地区、系统六五普法的工作成效。二是大力宣传劳动法律法规。市总工会与《劳动报》共同策划以《劳动合同法（修正案）》为普法重点的专题系列宣传。《劳动报》以“共同的责任”为题举办劳动讲坛，邀请专家学者从政府、法院、工会等角度阐述观点，引导全市企事业单位正确理解、全面贯彻《劳动合同法（修正案）》。此外，市总工会还在新浪网和东方网平台上开通“上海工会发布”微博，带动全市各级工会开通微博达50多个。三是深入开展法律“四进”工作。5月1日，市总工会与市律师协会联合主办“提升劳动法治意识，构筑和谐劳动关系——庆‘五一国际劳动节’劳动法制宣传咨询活动”。闸北、浦东、徐汇、奉贤等地区同时响应，在同一时间举办同一主题宣传活动。徐汇区总工会创立“捐赠法律服务时间”模式，由签约律师开设大型法律讲堂，免费为职工宣讲劳动法律法规。在“12.4”宪法宣传周期间，市总工会联合主办“弘扬宪法精神、建设法治上海、构建和谐劳动关系”系列活动，在奉贤、闸北、嘉定等地区人流集中的广场开展大型法宣咨询活动。四是面向农民工群体广泛开展法制宣传。借助“农民工三送活动”，面向农民工群体开展法制宣传，先后在静安区环境公司、迪斯尼工地开展劳动法律法规现场咨询，并向迪士尼工程工地职工书屋赠送各类法律书籍400册。地方各级工会在农民工相对集中的基层企事业单位、社区、工业园区和重点建设项目工地，建立30家“职工书屋”示范点，并赠送价值120万元的书籍和设备。（黄　琦）

【徐汇区总工会推动法律宣传服务常态化】 2013年，徐汇区总工会立足法宣基地开展职工法律宣传服务，努力打造徐汇工会普法宣传、法律服务新品牌。一是加强法宣基地建设。制定《关于加强区总工会法制宣传教育基地建设的实施意见》，建立基地联席会议制度，指导6家法宣基地针对不同职工群体开展法律宣传服务。二是提升法宣服务水平。依托区总法律顾问团、维权志愿团和“六五”普法讲师团等3支队伍，为各法宣基地提供专业化、系统化的法律宣传服务。三是根据需求开展活动。将宣传服务的项目、律师名单以及开展活动的主题，以菜单式发至各法宣基地供企业和职工选择。四是创新法律服务模式。法律顾问团和维权志愿团的35位律师，每人捐赠100小时、共3500小时，免费为区域内困难职工提供全方位、全年无休的法律服务。五是丰富普法宣传形式。各法宣基地运用网络、媒体等手段，结合实际，开展法律知识竞赛、法制宣传巡回展、辩论赛、法制电影进工地等活动，通过职工看得见、听得懂、记得住的宣传形式，进一步增强工会普法宣传工作的吸引力和影响力。2013年，各法宣基地共举办劳动法律系列讲座4场，组织女职工特殊劳动保护、劳动争议案件分析与处理、企业用工管理等互动沙龙活动6场，开展法律培训、法制辩论赛等27场。（施伟革）

【嘉定区开展“法律进企业”专项法制宣传活动】 4月8日，嘉定区总工会联合区依法治区办、法宣办、司法局等单位，共同举办嘉定区“深化‘法律九进’，推进依法治区”主题宣传暨“法律进企业”专项法制宣传活动启动仪式。嘉定区委常委、政法委书记倪耀明现场宣布“法律进企业”专项法制宣传活动启动。活动现场，有近20家单位为职工设摊服务，解答职工生活、工作等方面遇到的问题，向在场职工发放维权手册、法律法规政策读本等，切实帮助广大职工群众维护自己的合法权益。在启动仪式后的专题讲座上，嘉定区总工会就做好职工法制宣传教育工作的意义以及工会如何开展法制宣传工作等进行了介绍。（徐　浩）

【奉贤工会采取多种形式宣传《女职工劳动保护特别规定》】 在国务院《女职工劳动保护特别规定》颁布施行一周年之际，奉贤区总工会发动区域内各级工会，通过开展知识竞赛、举办专题讲座、组织班组学习、召开座谈会等形式，提高《女职工劳动保护特别规定》在企业经营者、工会干部以及女职工中的知晓率，促进保护女职工权益法律法规的贯彻落实。区绿化市容局工会以知识竞赛形式促进系统内职工学习女职工保护相关法律法规知识，竞赛试题以《女职工劳动保护特别规定》为主要内容，同时加入涉及女职工切身利益的《工会法》《劳动合同法》《妇女权益保障法》《社会保险法》等相关内容，共有111名来自各个岗位的女职工参加竞赛。（尹 奕 金美娟）

【奉贤区举办“法律进企业”知识竞赛】 5月26日，奉贤区总工会联合区经济委员会、司法局、普治办，共同举办为期两周的第二届“创凡杯”法律进企业知识竞赛。竞赛笔试分为专业卷和普法卷，分别面对工会干部、组织人事干部等熟悉劳动法律法规的企业员工和普通职工。竞赛内容涵盖《劳动法》《劳动合同法》《工伤保险条例》《上海市法律援助条例》等国家、地方10余部涉及职工切身利益的法律法规。来自上海天阳钢管有限公司、上海美优制药有限公司、先锋电子科技（上海）有限公司等企业的79名工会干部、组织人事干部参加了在奉贤区总工会进行的专业卷笔试。（喻凯晨）

【上海航天局工会开展“12·4”法制宣传日系列活动】 在“12·4”全国法制宣传日期间，上海航天局工会以“弘扬法治精神，建设航天强国”为主题，开展普法宣传系列活动。一是以赠送普法字画、书籍等形式，面向基层单位开展“送法进企业”活动。二是组织青年职工志愿者利用业余时间自导、自编、自演普法情景小品《走在相亲的小路上》，将法律知识融于诙谐幽默的剧情中，用生活化的语言讲解法律法规，录制成光盘后，下发至各基层单位，利用职工就餐时间在食堂播放，受到职工欢迎。三是利用新媒体便捷、互动优势，开设微博“航天法治在线”主题专栏，在线解答职工生活中遇到的法律问题。四是发挥职工法律咨询团作用，开展法律咨询进社区服务活动，组织志愿者在居民

普陀区总工会举办“法律四进，服务你我他”活动（许王丽）

小区设立摊点，现场为社区居民答疑解惑。（沈 恺）

【上海船舶工会开展“六五”普法中期自查工作】 6月，上海船舶工会对下属各基层工会“六五”普法工作实施情况进行全面检查。一是健全机构，周密部署。各单位成立“六五”普法工作领导小组和工作小组，制订“六五”普法工作计划，使普法工作更有针对性，力求实效性。二是动员职工，保证实施。利用工会宣教平台，动员广大职工参加普法教育活动。同时，建立普法教育工作的专业队伍，负责工作联络和实施。三是多措并举，取得实效。发放普法书籍、宣传材料，开展普法培训，学习测试等，有计划有层次地开展普法宣传工作，达到工作预期。（张正阳）

【中国商飞上海飞机制造有限公司工会开展《女职工劳动保护特别规定》宣传活动】 4月，借《女职工劳动保护特别规定》颁布实行一周年契机，中国商飞上海飞机制造有限公司工会邀请上海市工会管理干部学院张丽清副教授为168名公司女职工代表开展专题培训讲座。讲座采用大量真实案例，采取以案说法、讲答结合的形式深入解读《女职工劳动保护特别规定》。公司工会还通过组织开展女职工保护专题知识竞赛活动，培养女职工维权意识。此外，公司工会还为25个下属基层工会配备《女职工劳动保护特别规定百题问答》《上海市女职工假期与待遇示意图》等竞赛活动指导用书，同时将知识竞赛试题公布在企业网站的“工会在线”版块，共吸引800余名女职工参与竞赛。（陈 敏）

【中国海运工会组织开展《女职工劳动保护特别规定》知识竞赛】 中国海运工会在“三八”国际妇女节期间，组织职工开展《女职工劳动特别保护规定》知识竞赛。竞赛采用网上答题形式，以女职工保护相关法律法规为主要内容，由基层工会女工委负责组织女职工参加，共有1913名女职工参加网上答题活动，占中国海运女职工总数的32%。（张 洁）

【中建八局工会开展“风险管理论坛”活动】 11月4日，中建八局工会与公司法律事务部联合举办“风险管理论坛”。论坛为期一天，以“依法治企·助推转型升级·合规履约·实践价值创造”为主题，采取现场会议与视频会议相结合的方式，分别围绕“合同谈判促合同条件优化”“履约过程控风险、增效益”“诉讼案件与基础管理”“法律风险防控职能服务创新发展模式”等课题开展法务管理案例的交流学习。同时，组织老员工与新入职法律人员座谈，由老员工与新员工结成师徒对子，当场进行“高师带徒”签约仪式。主会场80余人以及分会场1000余名法务、合约人员及项目一线职工（含农民工）参加论坛。（袁丰宝）

上海市卫生计生系统举办“六五”普法知识竞赛　（童秀妹　赵　静）

【上海市卫生计生系统举行“六五”普法知识竞赛】 11月1日，由上海市卫生和计划生育委员会、上海市医务工会联合举办的“上海市卫生计生系统医务职工‘六五’普法知识竞赛”在上海交通大学医学院拉开帷幕。这次普法知识竞赛是2013年“医工杯”上海市卫生计生系统医务职工岗位技能竞赛季的系列活动之一，共有来自33家市级医疗卫生单位和9家区县卫生局的126名参赛选手参加。比赛采用必答题和抢答题形式，以围绕国家、地方常用卫生法律法规与医院管理相关规定为主要内容。通过近3小时的初赛比拼，有10支参赛队伍脱颖而出进入决赛。最终，崇明县卫生局代表队获得知识竞赛第一名。

（童秀妹　赵　静）

【市新闻出版工会举办“两法两规定”网上法律知识竞赛】 新闻出版工会举办以《中华人民共和国社会保险法》《上海市工伤保险实施办法》《女职工劳动保护特别规定》《企业民主管理规定》为主要内容的“两法两规定”职工网上法律知识竞赛。竞赛方案由竞赛领导小组研究制定，落实专人负责。竞赛内容特邀法律专家根据职工在实际工作中经常遇到的重点、难点问题编写。在活动形式上，由专人负责制作网络竞赛模板，采取灵活、便捷、面向社会开放的网上竞答方式。同时，广泛组织发动，将参与竞赛活动列入基层工会年度考核内容之一，对组织发动职工参与率达60%以上、且成绩优秀的予以奖励和表彰。据统计，共有87家基层单位的9000余名职工参加网上竞赛，参与单位数达新闻出版工会建制数的92%。（陈宏华）

三方协调

【概要】 2013年，上海工会积极参与市劳动关系三方协调工作，助力构筑和谐劳动关系。一是加强劳动关系领域突出矛盾的分析研判。上半年，市劳动关系三方协商会议对劳动监察与调解仲裁情况、欠薪保障金垫付情况、集体协商机制推进成效等方面进行总结，在分析预判下半年面临形势的基础上，就做好下一步落实群体性劳动关系矛盾三方处置机制、规范劳务派遣用工、继续推进集体协商机制建设等重点工作提出建议措施。二是积极开展群体性劳动矛盾研究。市劳动关系三方开展“本市群体性劳动关系矛盾处置机制”课题的调查研究。市总工会根据市劳动关系三方课题推进计划，在基层工会开展问卷调查，并就集体协商机制在化解群体性劳动关系矛盾中的作用，以及工会组织处置群体性劳动关系矛盾的作用发挥等问题召开不同类型的座谈会，开展访谈调研，该课题的研究和成果转化工作将持续至2014年。三是共同开展“上海市劳动关系和谐示范单位”评选。市劳动关系三方共同开展“上海市劳动关系和谐示范单位”评选活动，共同协商拟定评比条件，联合下发评选通知，组织评比检查筛选，通过典型引领，进一步深入开展全市创建劳动关系和谐示范单位活动。（黄　琦）

【闸北区劳动关系协调联席会议召开第十七次会议】 10月12日，闸北区劳动关系协调联席会议召开第十七次会议。会上，闸北区人社局通报了2013年以来闸北区劳动关系工作情况以及劳动关系和谐企业评选情况。闸北区总工会就区域内工会组建、集体协商和劳资矛盾化解等工会协调劳动关系工作情况进行了通报。闸北区政府党组成员刘燮同志出席会议并讲话。会议还审议通过了闸北区劳动关系和谐企业创建达标单位、市劳动关系和谐企业创建示范单位推荐名单。

（刘颖娜）

【闸北区召开和谐劳动关系建设工作会议暨闸北区劳动关系协调联席会议第十六次会议】 4月3日上午，闸北区召开了和谐劳动关系建设工作会议暨闸北区劳动关系协调联席会议第十六次会议。会上，通报了2012年闸北区和谐劳动关系建设工作情况，部署了2013年重点工作。大宁路街道、闸北区国资委分别就突发事件处置以及规范劳务派遣用工进行了交流发言。闸北区联席会议主席、副区长陈静薇出席会议并讲话。陈静薇肯定了闸北区劳动关系协调三方对构建和谐劳动关系工作采取的措施和努力，并就做好当年和谐劳动关系工作提出四点意见：一是要围绕转型发展，深刻认识构建和谐劳动关系重要性；二是要把握形势特点，积极探索构建和谐劳动关系新机制；三是要健全三方机制，努力织好劳动关系矛盾预防网；四是要明确工作责任，提高处置群体性劳动关系矛盾有效性。　（刘颖娜）

【杨浦区劳动关系协调联席会议成员单位齐力构建和谐劳动关系】 2013年，杨浦区构建和谐劳动关系工作有序开展，三方（四家）机制积极发展，保持了地区劳动关系的总体和谐稳定，为推进杨浦创业型城区建设提供了良好的社会环境。一是三方四家抓协调，维护劳动关系和社会和谐稳定。年初召开杨浦区劳动关系协调联席扩大会议，年中召开上半年杨浦区劳动关系工作推进会，定期召开例会，互通信息、讨论分析、研判形势。此外，还通过评选推荐"2013年度上海市劳动关系和谐示范单位"活动，进一步推进企业和谐劳动关系建设，树立典型、以点带面、宣传经验，巩固和推动全区劳动关系和谐单位建设。二是集体协商抓成效，提高工资专项集体合同覆盖率。杨浦区人社局根据市政府考核目标，向各责任单位下达年度考核目标。杨浦区总工会充分发动56个地区行业工作的组织优势，通过"集体协商要约行动月"活动，广泛宣传发动、加强机制联动、把握协商重点，进一步推动企业开展集体协商。杨浦区工商联、企联拟定集体合同文本，加强宣传，增强企业和职工主动协商的愿望。三是应急处置抓协作，完善部门协调处置联动机制。按照《杨浦区关于建立处置群体性劳动关系矛盾工作机制的方案》建立了信息互通、协调处置、追踪评估等机制，做到任务明确、信息畅通、联合执法，保证了各部门之间协调联动的有效性，全年共妥善管控、处置群体性劳动关系纠纷17起。此外，还进一步细化上海欠薪保障金垫付的操作程序，制定《关于进一步发挥欠薪保障金垫付效能解决欠薪纠纷的试行意见》，全年共5次分别为3家企业的79名劳动者垫付了42.7万元欠薪。四是法律政策抓宣传，努力提高职工遵法守法意识。结合新修订的《劳动合同法》《工伤保险条例》和《上海市工伤保险实施办法》，共同开展以"依法参加工伤保险，保障职工工伤权益"为主题的工伤保险宣传活动。

（杨　洁）

【嘉定区劳动关系协调三方共同研究部署和谐劳动关系创建工作】 3月6日，嘉定区劳动关系协调三方联席会议在嘉定区总工会召开。会议讨论通过了《关于2013年嘉定区深入开展和谐劳动关系创建活动的实施方案》《2013年嘉定区和谐劳动关系创建工作目标考核实施细则》《2013年嘉定区劳动关系和谐企业复查工作方案》，并着重围绕和谐劳动关系创建工作考核评价体系建设、工资集体协商机制建设和创建复查工作等重要议题深入研究，初步确定2013年度区和谐劳动关系创建工作的总体安排。会后，嘉定区劳动关系协调三方将下发工作方案的征求意见稿，在征求街镇创建活动领导小组、成员单位及部分企业等各方意见建议后，提交区劳动关系和谐企业创建活动领导小组讨论确定。

（陈　佳）

【嘉定区召开劳动关系协调三方联席会议】 5月22日，嘉定区劳动关系协调三方联席会议在嘉定区人社局召开。会议就工资集体协商机制建设、劳动争议调解工作以及区劳动关系"应急办"信息通报等内容进行交流，并就下阶段三方目标和任务提出三点要求。一是进一步推进工资集体协商工作。将工资集体协商与贯彻工资指导线、劳动力市场价位、最低工资标准等有机结合，为企业开展工资集体协商提供依据。二是进一步提升劳动争议调解机制的实效性和高效性。从调解工作制度入手，做好基础性工作，主动承担具备条件案件的庭前调解工作，做到"案结事了"。对于经调解没有达成一致的案件，实现"调裁对接"。三是进一步强化劳动关系应急信息通报机制。各成员单位要认真执行《嘉定区劳动关系群体性突发矛盾预防和应急处置暂行办法》，不断完善各成员单位、各镇、各街道的信息通报机制，及时了解掌握区内苗子性、隐患性、倾向性问题，建立月报、旬报制度，对一些可能引发矛盾的突出问题建立快报制度。

（陈　佳）

集体协商

【概要】 2013年是全面推行工资集体协商3年规划的收官之年。市总工会多措并举，确保完成全年任务。一是明确目标任务。推动市政府连续第六年将工资集体协商纳入区县就业保障工作考核指标，确定符合协商条件的建会企业、工资专项集体合同覆盖率达到70%的目标，将具备协商条件的建会企业集体合同制度覆盖率90%纳入市考核指标，并在市三方联合召开的推进集体协商工作会议上下发《2012年度集体协商工作总结与2013年度集体协商工作计划》，对集体协商工作进行全面部署。二是组织实施"要约行动"。制定下发《关于本市工会开展工资集体协商"要约行动"的意见》，明确要约的目标任务、对象范围、主要内容、操作程序和组织领导。全市各级工会共向5.7万家企业下发工资集体协商要约建议书，回函率98%。三是推动行业性工资集体协商扩覆提质。积极推动区县新增2个以上有代表性的行业开展集体协商，扩大建制覆盖面，涌现出律师、合作社等新兴行业性工资集体协商试点。四是攻克世界500强企业建制难题。成功推动韩华综化（上海）塑料有限公司等签订工资集体协议。五是推动完善工资集体协商立法。推动工会系统代表、委员在市"两会"上提出《关于加快制定〈上海市工资集体

嘉定区举行庆祝五一国际劳动节大会，表彰在劳动关系和谐企业创建活动中涌现出的先进单位和先进个人　（童振胤）

协商条例〉的建议》的议案和提案。会同市人大、市人保局开展立法调研并提出工会主张，完成《完善上海市工资集体协商立法研究》调研报告。推动将《上海市工资集体条例》列入十四届人大常委会5年立法规划预备项目。六是继续完善人才队伍建设。进一步调整充实区县工会工资集体协商专职指导员队伍，推动各区县工会为所属街镇工会配备300余名指导员，分批培训街道、乡镇、园区工会工资集体协商指导员。在各级工会的努力下，全市共签订集体合同28030份，覆盖企业200317家，覆盖职工593.6万人；签订工资专项集体合同25136份，覆盖企业186220家，覆盖职工483.6万人。 （邱晨鹤）

上海工会签订女职工权益保护专项集体合同统计图

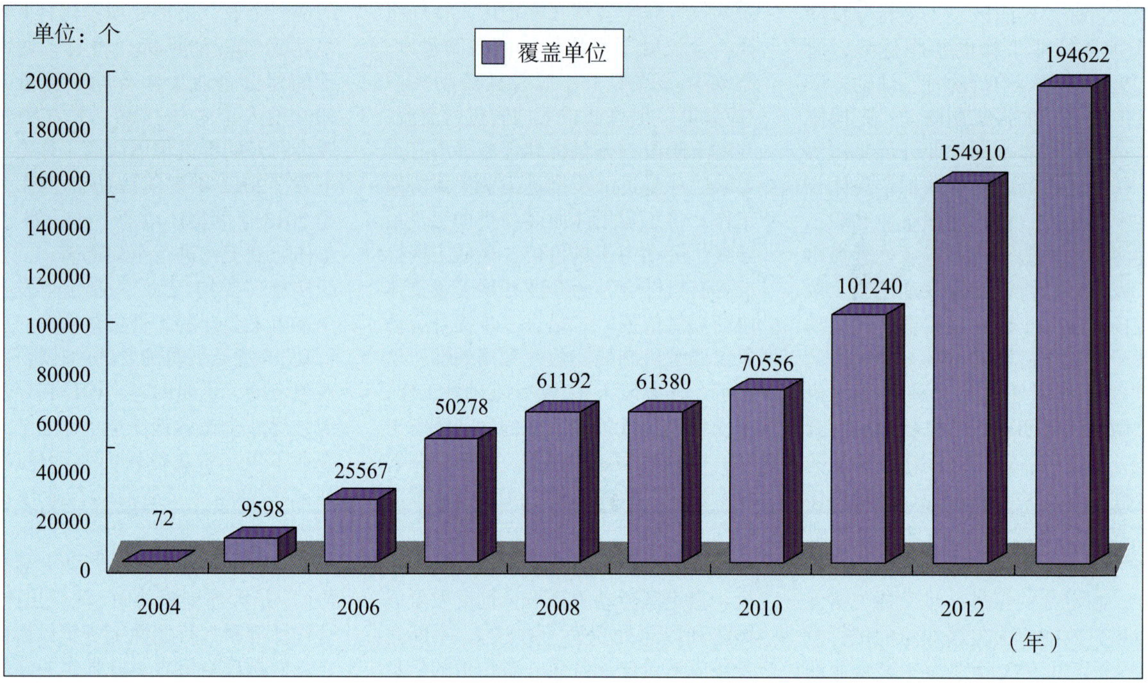

【徐汇区总工会多措并举推进工资集体协商】 2013年，徐汇区总工会推动集体协商工作扩履提质。一是加强集体协商指导员队伍建设。年初，调整充实工资集体协商专职指导员，组建社区工资集体协商指导员队伍，完善工作例会、指标分解、服务指导、考核激励等工作机制。二是加强集体协商业务培训。结合操作实际编写《工资集体协商与谈判技巧》等讲稿和PPT演示稿，对13个社区的700多名工会干部、协商代表进行实务培训。三是突出重点，分类推进。采取“企业谈增长、行业谈标准、区域谈保障”，将具有一定规模的企业从区域覆盖中剥离，单独开展工资集体协商，扩大独立建会企业的建制率和签约率；对企业变数大、员工流动频繁的餐饮、物业管理等企业，通过行业协商，签订行业性工资集体合同；对诸多不具备协商条件的小微企业，则纳入社区的区域性集体合同予以覆盖。四是着力攻克推进难点。通过召开未建制外资企业座谈会、区和社区总工会反复上门沟通、企业工会主动要约、借力行政执法等，推动外资企业建立集体协商机制、签订工资集体协议，区域内34家世界500强企业中已有33家建制和签约，建制率和签约率均达97.1%。2013年，徐汇区共签订工资专项集体合同624份，覆盖企业13,480家，达到具备协商条件企业数的87.8%；覆盖职工239,698人，达到职工总数的87.5%。 （王正望）

【闸北区总工会推动规模企业开展集体协商】 2013年，闸北区总工会大力推进集体协商工作。一是整合资源，共同推进。建立党政主导、三方协同、工会推进的工作格局，借力“两新”组织党建，联合区工商联，优势互补、紧密合作，共同推进规模企业集体协商。二是开展要约，集中推进。在全区范围内开展“要约行动月”活动，向尚未建制、新增建会、集体合同到期的规模企业等发出要约，提出协商建议。其中，推进上海龙力通讯设备公司签约，明确职工平均工资增幅与上海电信一致，合同覆盖500余名职工，逾80%为外来务工人员。三是聚焦重点，提升质量。重点聚焦规模企业、先进企业和具有政治身份的企业主等，推进云海实业、舜杰建筑、长城宽带等规模企业开展集体协商。截至年底，闸北区单独开展集体协商企业数560家，占符合协商条件单独建会企业数的51%，同比增加14%；集体合同覆盖企业6621家，占符合协商条件建会企业数的92%，同比增加18%；工资集体合同覆盖企业5992家，占符合协商条件建会企业数的83%，同比增加14%。 （徐梅生）

【迅达（中国）电梯有限公司签订集体合同】 2013年，世界500强企业迅达（中国）电梯有限公司工会向公司上海地区六届一次职工代表大会提交《迅达（中国）电梯有限公司集体合同（草案）》《上海迅勒贸易有限公司集体合同（草案）》和《迅达（管理）上海有限公司集体合同（草案）》。经过投票表决通过后，3份集体合同正式签订，覆盖企业职工1358人。此次集体合同的签订是闸北区在全面推进世界500强在沪企业建立工资集体协商制度、签订集体合同这一重点工作中取得的新突破。（徐梅生）

2013年闸北区工会开展集体协商工作培训（徐梅生）

【虹口区开展工资集体协商"要约月"活动】 4月26日，上海鸿展信息技术有限公司一届一次职代会暨2013年虹口区工资集体协商"要约月"启动仪式在上海邮电俱乐部举行。上海电信工会、虹口区总工会、上海电信北区局、四川北社区（街道）总工会、及虹口区部分社区（街道）工会领导及非公企业工会代表等100余人参加会议。（徐　洁）

【上海欧尚超市工会通过集体协商为职工谋福利】 6月，上海欧尚超市召开职工代表大会，来自中原店、长阳店、闵行店、嘉定店、南汇店、金山店和总部等7家下属工会的54名职工代表出席会议。职代会审议通过上海欧尚超市2013年工资集体协议。协议明确：一是在保留职工原有涉及职工利益条款的基础上，进一步完善考核制度，增加半年考核，考核合格者晋升一个等级，工资可上调150至300元；二是为职工（工作满一年以上）购买基本医疗保险外的补充商业保险；三是为职工发放独生子女费及设立突发困难无息贷款等。（曹理仰）

【黄浦区集体协商工作取得新突破】 2013年，黄浦区总工会推动集体协商工作取得新突破。一是争取将集体协商工作纳入党政工作全局。推动将工资集体协商工作列入区政府实事项目、区委督查工作、区国资委考核工作目标、区总工会实事项目。二是强化指导，健全队伍。分类指导10个社区街道、相关行业和23家世界500强企业开展集体协商。建立健全工会两级工资集体协商指导员队伍，建立起由100人组成的社区工会工资集体协商指导员队伍。三是紧抓重点，以点带面。推动有"政治身份"企业经营者率先开展工资集体协商，大力推进区域性、行业性集体协商，组织各级工会集中开展集体协商"要约行动"，促进1万多家企业承诺协商。截至年底，黄浦区共签订集体合同2100份，覆盖企业12331家，涵盖职工20.6万人；签订工资集体协议1888份，覆盖企业11700家，涵盖职工18.9万余人，集体合同及工资集体协议完成比例均超额完成年初制定的目标任务。此外，黄浦区内23家世界500强企业和7家物业等行业也建立起集体协商制度。（杜　琴）

【静安区总工会深入开展集体协商工作，推动协商扩覆提质】 2013年，静安区总工会多措并举，集体协商工作取得新进展。一是推动500强企业开展工资集体协商，巩固500强建会企业覆盖面，引导500强企业集体协商建章立制。经过两年推动，辉瑞制药公司单独签订工资集体合同。此外，新入驻静安的9家世界500强企业均被所在楼宇集体合同所覆盖。二是及时总结行业性、区域性、非公企业工资集体协商工作经验。三和大厦协商案例入选全国区域性工资集体协商优秀案例。三是充分发挥工资集体协商专职指导员队伍作用，深入基层指导企业开展协商，组织协商代表培训100余人次。四是健全完善数据库项目，把好"会后履行关"，抽样调查集体合同履约情况，落实协商成果。截至年底，静安区集体合同、工资协议覆盖企业5600余家，覆盖职工突破10万人。其中，女职工专项集体合同实现同步签订，28家世界500强在静安建会企业全部实现建制，全区11个行业共签订20份行业性集体合同。（陆　蕾）

【宝山区总工会推进集体协商人才队伍建设】 2013年，宝山区总工会将集体协商培训纳入年度基层工会主席轮训班的课程内容。5—6月，区总工会在全区范围内组织各街镇、园区工会集中开展集体协商要约行动，力推企业普遍开展集体协商。此外，为发挥区总工会集体协商指导员、辅导员队伍作用，区总工会坚持每月召开展业务培训、交流会议，及时沟通、了解基层企业开展集体协商工作情况，共同化解难题。截至年底，宝山区近9000家企业建立集体协商制度，工资专项集体协议覆盖职工人数达16万人。（胡立伟）

【金山区总工会充实工资集体协商专职指导员队伍】 为进一步推进工资集体协商工作，切实提高工资集体协商制度建制率，经条件初审、面试等考核程序，金山区总工会聘任的6名指导员在5月20日正式上岗。至此，区总工会工资集体协商专职指导员队伍扩大至11人。为帮助指导员尽快开展工作，区总工会为新上岗的指导员进行岗前培训。培训内容包括介绍区域内企业开展工资集体协商的基本情况，讲解工资集体协商法律依据，邀请资深指导员传授工作经验等。

（沈勇军）

【青浦区白鹤镇总工会“四个注重”推进工资集体协商工作】 2013年，白鹤镇总工会探索“四个注重”工作方法，推动区域内企业普遍开展集体协商。一是注重营造氛围。做到年初有计划，年中有专项会议，年末有总结。采取约谈企业主、召开座谈会、走访企业等方式宣传集体协商作用。二是注重关键环节。抓好要约行动环节，努力消除协商的盲目性；抓好职代会审议环节，提高职工知晓率与参与率；抓好集体合同签订和履行监督环节，确保协商工作取得实效。三是注重典型示范。宣传不同类型企业和行业工作典型，推动工资集体协商由点到面的提升。四是注重分类指导。按照企业特点和实际，有针对性地进行上门指导。截至11月底，白鹤镇提前完成年初制定的目标任务，区域内企业职工工资平均增幅均达到或超过企业效益增幅。（朱建强）

【青浦区总工会举办工资集体协商专职指导员培训班】 2013年，青浦区总工会在原有市总工会配备的7名工资集体协商专职指导员的基础上，建立起街镇一级的集体协商专职指导员队伍。6月5日，区总工会举办工资集体协商专职指导员培训班。来自青浦区各镇、街道负责集体协商工作的工会分管副主席、工会干部、工资集体协商专职指导员等30余人参加培训。培训班邀请资深工资集体协商专职指导员就集体协商的意义、国内外集体协商工作的特点、做好集体协商工作的切入点以及集体协商实践操作步骤等专题授课。（朱建强）

【市机电工会从四方面推进工资集体协商工作】 2013年，市机电工会立足实践，从四个方面大力推动集体协商工作。（1）集团层面抓覆盖。根据集团内企业发展现状，制订集团层面工资专项集体协议，覆盖所有企业。（2）企业层面抓执行。一是设置报批条款。对企业遇有特殊情况不能确保职工增资幅度的，要求说明理由，并报集团总公司干部人事部、市机电工会审核批准后方可实施。二是突破难点瓶颈。对在协商和落实协议过程中出现的问题，合力加以解决，推动执行。三是抓好调研检查。了解所属企业工资集体协商的履行情况，发现问题，及时解决。（3）工资分配抓两头。一是关注关键生产技术岗位的高级技术工人和科研骨干等核心人才的增资幅度，要求一般高于企业平均增资水平。二是关注各类特殊群体，针对不同工作岗位、层次制订工资增幅计划。（4）建立机制抓规范。推广“五看五谈”协商法：看利润增长，谈工资同步增长；看工资总额增加，谈工资平均增长；看消费价格指数变化，谈实际工资增长；看工资指导线，谈工资增长幅度；看企业发展变化，谈工资调整重点。截至年底，上海电气国有和国有控股企业全部建立集体协商制度并签订工资集体协议；非控股合资企业工资集体协议签订率达85%，工资集体协议执行率达93%。

（冯克华）

上海纺织工会与行政共同签订2013年度集体合同（徐志康）

【上海电气（集团）总公司与市机电工会签订2013年工资集体协议】 2月22日，上海电气（集团）总公司、市机电工会经过集体协商，签订《上海电气（集团）总公司2013年工资集体协议书》。《协议书》突出四个方面的内容：一是薪酬分配趋向效率和公平。协议要求在岗职工人均工资收入水平应综合考虑企业预算目标完成情况，结合人工成本、物价上涨指数等因素。二是工资增长向普通职工倾斜。协议规定职工人均工资不增长，企业经营班子工资也不得增长。三是规范劳务工薪酬管理制度。协议明确劳务工享有与正式工同工同酬的权利，薪酬标准参照同类岗位合同制员工，无同类岗位劳动者则参照用工单位所在地相同或者相近岗位劳动者报酬确定。四是鼓励非控企业签订集体协议。将签订集体协议作为企业评先推优的首要条件，非国有控股的合资单位签订集体协议，可优先获得“上海市工资集体协商示范单位”“上海市劳动关系和谐企业”等相关评选的推荐资格。（沈剑宏）

【上海医药集团下属子公司实现工资集体协商全覆盖】 近年来，市医药工会坚持从要约入手，帮助下属企业工会与企业行政搭建协商平台，逐步推动集团下属企业普遍开展工资集体协商、签订工资集体协议。一是坚持要约。要求基层工会主动向企业行政提出要约，引起企业行政重视，做好工资集体协商的准备工作。二是坚持协商。无论企业最后出台的工资调整方案如何，都要经过工资集体协商来决定。三是坚持规范。在有条件的企业，逐步规范协商程序，抓住集体面谈、签署合同文本、职代会通过以及依法备案四个环节，扎实推进工资集体协商工作。截至年底，上海医药集团下属子公司已实现工资集体协商全覆盖。（赵一鸣）

【宝钢发展有限公司开展新一轮集体

协商】 年初，宝钢发展有限公司职工代表与企业方代表就“弹性福利计划”开展集体协商，并达成一致意见。通过协商确认，企业弹性福利计划于6月份正式实施，弹性福利点值从1000点增至2000点，并扩大使用范围。8月份，为贯彻落实《劳动合同法》修正案，就“确定劳务派遣岗位”等议题，宝钢发展有限公司职工代表与企业方代表开展第二次集体协商，共商确定2013年7月至2015年12月可使用劳务派遣员工的8个岗位。 （沈　阳）

【上海航天局工会从三个方面入手确保集体协商工作稳步推进】 2013年，上海航天局工会全力推进集体协商工作。一是做好顶层指导。坚持“贴近实际、简便易行”的原则，制订上海航天局集体合同、工资专项集体协议和女职工专项集体合同3份模板，规范基层单位集体协商工作的开展。组织各基层单位工会干部和相关职能部门，以《上海航天局企事业单位集体协商与签订集体合同管理办法》为专题开展培训，从操作层面上进行指导并做好相关解释工作。二是推进机制建设。结合局系统实际，有针对性地完善民主管理制度，明确工资集体协商工作开展的原则、方法、内容、程序，明确要约重点对象，规范要约程序，建立要约行动长效机制。同时，将集体合同签约工作作为局实事工程推进项目之一，提出指标、严格考核。此外，还结合职代会制度建设，对企业和职工在履行工资集体协议过程中的相关情况在职代会上进行汇报。三是注重一线调研。针对局系统各单位在单位性质、人员构成等方面的多样性和复杂性，结合“面心实”调研，对24家直属单位和3家代管单位进行实地走访，为基层现场解答难题，并及时提供协商所需的法律、法规及相关政策规定。 （沈　恺）

【上汽集团通过集体协商确定2013年工资调整方案】 9月18日，上汽集团2013年工资集体协商暨二届十九次职代会联席会议在上汽大厦举行。会上，上汽集团人力资源部负责人对上年上汽集团员工收入增长情况及推进工资集体协商工作情况，以及2013年上海市企业工资增长指导线和《2013年上汽集团员工工资调整意见》进行介绍。集团行政与职工方代表充分讨论《2013年上汽集团员工工资调整方案》，并经职代会审议获得通过。 （陶牡丹）

【中海集团下属工业立新船厂和长兴公司签订职业病防治专项集体合同】 2013年，中海集团下属工业立新船厂工会和长兴公司工会主动向各自企业行政方发出协商要约。经过协商后，两家单位均签订了职业病防治专项集体合同。职业病防治专项集体合同的签订，是对职工身体健康和生命安全的保障，也将助推企业科学发展和安全稳定。 （方引虹）

【上港集团签订首份集团层面集体合同】 1月10日，上港集团9名职工协商代表与9名行政协商代表围绕集团工会拟定的集体合同及其附件（附件包括工资集体协议、职工劳动保护协议和女职工特殊权益保护协议）正式开展集体协商。双方经过充分协商和意见交流，达成修改意见。随后，在1月18日召开的上港集团二届四次职工代表大会上，集团工会提交修改后的上港集团集体合同。经与会的230名集团职工代表以无记名投票表决通过后，集团职工方首席代表、集团工会主席与集团行政方首席代表、集团总裁在会上当场签署合同。截至年底，上港集团所属各基层单位集体合同的签订率达到96%。 （张晨琦）

【上海交运集团开展第十二次集体协商】 5月6日，上海交运集团股份有限公司和上海市运输工会共同举行上海交运集团第十二次集体协商会议。会议听取集团第十一次集体协商确定的《进一步做好劳务派遣员工权益保障工作》《2012年交运职工技能竞赛落实方案》《继续做好困难退休劳模帮扶工作》《建立企业班组竞赛活动奖励制度》《建立集团系统劳模工作室经费制度》《下拨2012年度维稳帮困资金》等6项议题落实情况的汇报。双方代表认为，集团第十一次集体协商主题明确，各项工作进展顺利，效果明显，尤其是职工技能操作竞赛活动，对提升员工岗位技能、提升员工素质起到积极的推动作用。会上，双方代表就《完善竞赛组织机制、提高职工素质的建议》《全面深化集体协商机制全覆盖的建议》《深化工资集体协商工作的建议》《关于继续做好困难退休劳模帮扶工作的建议》《规范劳务派遣用工管理的建议》等5项议案进行讨论和协商，初步形成统一意见并就有关议题提出完善方案，形成指导意见。 （陈敢敏）

【中交上航局建立完善女职工专项集体合同】 2013年，中交上航局工会女工委员会顺利换届改选。在年初召开的女工委员会工作会议上，中交上航局下属各单位女工干部就如何更好维护女职工专项权益和今后女工工作的思路和建议进行讨论。中交上航局工会根据收集的意见和建议，在年中

城建集团投资发展公司举行工资集体协商签约仪式 （朱恒杰）

通过完善女职工专项集体合同，推动建全女职工权益保障机制。一是在女职工专项集体合同中明确，为每位怀孕女职工提供价值500元防辐射服。二是在女职工专项集体合同中规定，为每位女职工在妇科检查项目中增加防癌指数检查。三是组织开展《女员工劳动保护特别规定》知识竞赛，通过下发宣传手册等形式增强女职工自我保护意识。（王荣丽）

【建工一建集团工会推动集体协商成果落到实处】 2013年，建工一建集团工会通过推动企业健全完善平等协商机制、“三重一大”决策机制和授权管理及有限责任的制衡机制等，进一步做实企业集体协商工作。年内，建工一建集团先后召开十四届二次、三次职代会，审议通过新制定的集团集体合同和女职工权益保护专项集体合同，并根据集团工资集体协商办法，审议通过职工岗位工资标准调整方案和职工补充住房公积金实施方案等，相关核心条款惠及各层次员工，职工工资福利增幅明显。（杨钟春）

【市绿化市容工会组织开展上海环卫行业第三次集体协商】 3月18日，市绿化市容行业工会与市市容环境卫生行业协会开展第三次集体协商。协商内容包括确定2013年上海环卫行业月最低工资标准、建立早晚班津贴制度、实施团体互助保障计划、建立沪籍职工工资增长机制、执行环卫职工工资单制度、严格规范社保费缴纳制度等。随后，双方签订《上海环卫行业第三次集体协商协议》，并印发《关于2013年上海市环卫行业月最低工资标准和建立环卫职工工资正常增长机制等相关事项的指导意见》。截至年底，上海市环卫行业已有33100名一线环卫职工享受到早晚班津贴福利，为34728名环卫职工投保了意外伤害保险。（鲍 斌）

【城建集团投资公司举行工资集体协议签约仪式】 4月中旬，城建集团投资公司工会正式向企业提出开展集体协商要约。随后，企业人力资源部根据企业工会要约内容，起草《城建集团投资公司2013年度工资集体协议》，并多次就工资福利等核心内容征求企业方和职工方代表意见。7月3日，城建集团投资公司举行2013年度工资集体协议签约仪式。签约仪式上，企业工会与行政方的集体协商首席代表在职工代表的见证下签署《城建集团投资公司2013年度工资集体协议》。（王渊超）

【号百公司行政与工会就企业集体合同草案进行平等协商】 3月8日，号百公司行政方与工会方就共同确定2013年企业集体合同内容召开年度平等协商会。号百公司行政方7名代表与工会方7名职工代表参加会议。会上，首先介绍2013年集体合同文本的起草情况和各基层工会对集体合同讨论情况的汇总。随后，双方协商代表就劳动报酬、工作时间、休息休假、劳动安全、保险福利、女员工特殊保护、职业发展、员工文体生活及其它劳动关系进行集体协商，并达成基本共识。（沈 匀）

宝山区餐饮卫生管理行业成立劳动争议预防调解委员会（胡立伟）

【上海工会管理职业学院举办集体协商指导员培训班】 6月18—19日，上海工会管理职业学院举办为期2天的集体协商指导员培训班。培训内容包括集体协商的基本理论知识、相关政策和法律法规、集体协商具体操作办法的拟定和集体协商、集体合同文本的起草等。近150名来自基层工会的专、兼职集体协商指导员参加培训。（卢 锟）

调解争议

【概要】 2013年，上海工会以强化劳动争议调解效力为突破口，进一步加强劳动争议调解工作。一是夯实劳动争议调解组织基础。积极推动75%以上的单独建会企业、95%百人以上规模企业和集团公司建立劳动争议调解组织。培育以南桥“金阿姨”工作室为代表的一批调处能力强、政策法规精、职工信赖度高的工会劳动争议调解品牌。二是深入一线推进劳动争议调解工作。加大与市劳动人事争议仲裁院、市企业联合会（市企业家联合会）、市工商业联合会的合作，形成工作合力。积极参与“市劳动关系三方劳动争议联合调解中心”化解纠纷，承担市劳动人事争议仲裁院所辖劳动争议案件诉前调解工作，派遣兼职仲裁员队伍参加市劳动人事争议仲裁院案件审理，组织劳动争议积案化解专项队伍前往闵行区劳动人事争议仲裁院协助化解积案。全年市总工会直接参与调处劳动争议案件347起。三是与市高院签署关于畅通劳动争议诉前调解工作合作事项的会议纪要。就健全基层诉调对接制度、推进劳动争议调解组织建设、开展业务培训、强化预警联动等方面，明确双方合作事项和责任义务，建立双方制度化、规范化合作的长效机制。四是建立产业法律工作例会制度。结合各产业、集团公司工会不同的体制特点，探索化解劳动纠纷新思路、新方法，着力推进产业劳动争议调解组织发挥实效。五是组织开展上海工会劳动争议调解员培训班。邀请市劳动人事争议仲裁院院长等就劳动争议法律知识、调解技巧及工会如何在和谐劳动关系中发挥作用为工会劳动争议调解员授课。（秦利佳）

【上海工会积极参与群体性劳资纠纷的化解调处工作】 2013年，市总工会召开专题主席办公会议分析、研究和部署工会维稳工作，通过工会法律工作季度例会，通报工会维稳维权工作情况。一是加强分析研判。市总工会加强对全市劳动关系发展变化的调研、分析和研判，全面分析引发群体性劳资纠纷和影响职工队伍稳定的各种因素，并就进一步加强职工队伍稳定和工会组织团结统一提出对策建议。二是及时预警排摸。加强对重点领域、重点群体的各种影响社会稳定的苗头性、倾向性、潜在性的群体性劳资矛盾的摸排工作，及时预警，加强稳控化解，防止矛盾升级，有效维护职工队伍和社会稳定。三是积极参与化解。市总工会指导区县局（产业）工会配合地方党委、政府化解处置神明电机、安吉迅达等10余起群体性劳资纠纷，协调化解劳资突出矛盾6起。各区县局（产业）工会加强防范抵御工作，遏制各种利用群体性劳资纠纷事件以“维权”为名进行串联活动，严防境内外敌对势力的渗透，指导和参与处置群体性劳资纠纷67起。（甘党生）

【市总工会与市高院签署《关于加强劳动争议化解，推进和谐劳动关系建设的会议纪要》】 5月15日，市总工会与市高院就加强合作、建立健全和谐劳动关系工作机制形成会议纪要。主要内容：一是建立定期工作例会制度。相互交流劳动关系领域信息，加强对劳动争议案件新情况、新问题、新趋势的研究分析。二是畅通意见征询反馈渠道。在市总工会和市高级人民法院各自制定涉及职工切身利益和重大事项的文件时，相互听取意见与建议。三是加强基层劳动争议调解组织建设。共同推进基层劳动争议调解组织建设，法院提供专题培训和业务指导。四是建立健全基层诉调对接制度。在法院诉调对接窗口设立工会调解窗口，进一步拓宽法院委托工会调解制度的覆盖范围。五是强化群体性纠纷的预警联动机制。加强重大突发及群体性劳动纠纷事件的信息互通，整合各方资源，共同化解矛盾。六是开展专业普法宣传和培训。工会可以邀请专业法官授课，面向企业、工会干部和职工开展普法宣传。七是法院邀请工会干部参与劳动争议案件审理。担任人民陪审员，旁听重大或群体性劳动争议案件的庭审。（秦利佳）

【长宁区召开劳动纠纷预防调解联动机制五周年推进会】 10月23日，长宁区总工会联合区司法局共同召开长宁区劳动纠纷预防调解联动机制推进会暨长宁区劳动纠纷预防化解调处机制五周年工作会议。会议总结5年来长宁劳动纠纷预防化解调处工作的开展情况，并对下阶段创新联动机制、完善维权网络提出具体要求。会议表彰10家优秀人民调解组织和15名优秀调解员，为新聘任的职工法律援助维权服务志愿者颁发聘书。长宁区各系统、各集团（公司）、各街道（镇、园区）的工会专职副主席，各基层司法所所长、人民调解专职干部、区联调委和基层人民调解员80余人参加会议。（印敏峰）

【宝山区餐饮卫生管理协（商）会成立劳动争议预防调解委员会】 12月12日，宝山区内首家行业劳动争议预防调解委员会——宝山区餐饮卫生管理协（商）会劳动争议预防调解委员会揭牌仪式在宝隆金富门酒店举行。区总工会、区人力资源和社会保障局、食药监宝山分局以及区餐饮卫生管理协（商）会的150余家会员单位共同出席揭牌仪式。（胡立伟）

【闵行区总工会举办群体性劳资纠纷调处工作培训班】 7月5日，闵行区总工会与上海工会管理职业学院联合举办2013年度闵行区群体性劳资纠纷调处工作培训班。来自闵行区街镇（工业区）的38名工会干部参加培训。培训以“突发事件中工会的应对”为专题，通过分组讨论、角色扮演、互相点评的方式，模拟群体性劳资纠纷的现场处置，切实增强工会干部参与群体性劳资纠纷调处工作的能力和水平。全年，闵行区、镇两级工会共参与调处上海神明电机等群体性劳资纠纷36起，涉及职工6866人，纠纷化解率达100%。（范茂盛）

【青浦区白鹤镇总工会利用工作联动机制化解劳资纠纷】 2013年，白鹤镇总工会为遏止区域内劳资矛盾多发、集访事件集中、劳动争议高发的态势，积极与社会保障中心、司法、信访等部门密切配合开展工作，推动建立重大情况通报、舆情会商分析、难点复杂矛盾评审、工作联席会议等一系列制度，明确对出现的劳资矛盾统一思想认识、统一处理标准，并对一定时期内具有代表性、规律性、倾向性的劳资矛盾进行综合分析。截至9月底，白鹤镇总工会共参与化解74件劳资纠纷。（朱建强）

纺织工会举办劳动争议调解专题报告会（徐志康）

【市纺织工会邀请专家为化解劳动争议支招】 为满足基层工会工作需要，10月份，市纺织工会邀请原杨浦区劳动人事争议仲裁院院长就劳动争议处理若干问题作专题辅导讲座。为使讲座更贴近企业工会工作实际，市纺织工会事先收集关于劳动关系、薪资福利、企业规章制度等方面比较常见的14个问题，由专家结合仲裁实践予以现场解答。讲座还安排案例分析，通过台上台下互动的形式，帮助工会干部进一步加深对授课内容的理解。来自纺织系统的近百位工会干部参加讲座。（王慎微）

法律监督

【概要】 2013年，为提高工会劳动法律监督工作实效，市、区县局(产业)工会进一步完善职工举报立案、情况登记、检查跟踪、处理报告等法律监督工作制度，积极推进企业工会劳动法律监督工作的制度化、规范化建设，坚持专项监督与日常监督相结合，不断完善工会劳动法律监督的运行机制。全市各级工会劳动法律监督组织畅通职工举报投诉绿色通道，及时处理举报投诉案件，主动依法为职工提供法律咨询和援助服务，引导职工理性维护劳动经济权益。全市各级工会积极参与农民工工资支付情况专项检查活动和女职工特殊权益保护专项检查活动。加大工会劳动法律监督工作力度，建立健全工会劳动法律监督组织网络，全市17个区县、43个产业(局)工会、169个集团公司、87个街道乡镇、1035个联合工会(含村工会、社区工会、工业园区工会)及11003个基层工会建立劳动法律监督组织，拥有工会劳动法律监督员2.59万名。（甘党生）

【市总工会等三家单位联合开展住房公积金执法检查】 4月15日，市住房公积金管理委员会、市总工会和市公积金管理中心决定对全市单位缴存住房公积金情况开展执法检查。这次检查重点关注未办理住房公积金缴存登记、未为所有职工设立住房公积金账户并正常缴存的企业。检查内容涉及单位住房公积金账户开设、为职工办理账户情况、是否按时足额缴纳住房公积金等，重点检查单位为职工缴存住房公积金情况。除要求各单位对照国家和上海市住房公积金法规规定认真开展自查自纠外，市公积金管委会、市总工会、市公积金中心还对重点检查对象进行执法抽查，听取自查自纠情况报告，核实《单位住房公积金缴存情况自查表》，并查阅职工名册、社会保险费缴纳通知和工资报表等。（冯小龙）

【宝山区总工会敦促企业开展用工情况自查】 2013年，为维护职工合法权益，履行工会劳动法律监督职能，督促用人单位加强和规范劳动用工管理，宝山区总工会开展企业劳动用工风险评估，制定下发《企业劳动用工风险评估项目表》，要求区域内企业按照《企业劳动用工风险评估项目表》进行自查自纠，主动规范用工行为。在企业自查自纠过程中，宝山区各级工会帮助企业提前预估经营管理中存在的问题，尤其识别劳动用工上的风险点，提出解决办法和应对策略，尽最大可能避免劳动争议的发生，促进企业和谐发展。（冯小龙）

【奉贤区总工会参与公积金执法检查】 为督促企业依法为职工缴纳住房公积金，奉贤区公积金运行管理中心、总工会和建行奉贤支行联合对区域内部分未依法足额缴交住房公积金的企事业单位进行执法检查，敦促相关企事业单位按照国务院《住房公积金管理条例》和《上海市住房公积金管理若干规定》有关规定及时足额缴交住房公积金，切实保障职工合法权益。（张　匀）

法律援助

【概要】 2013年，上海工会切实加强劳动关系协调，全面维护职工群众各项权益。一是夯实组织基础，规范工作制度。逐步建立健全市、区县局(产业)、街道(乡镇、工业园区)三级职工法律援助机构，完成全总要求2013年底前县区级工会建立职工法律援助机构100%全覆盖的工作目标。明确法律援助案件受理、审批、指派、结案、归档等流程制度，为规范工会职工法律援助制度建设提供依托。建立市、区县职工法律援助中心季度工作例会制度，形成自下而上的信息统计和分析报告制度。截至9月底，全市职工法律援助机构共接待咨询30328人次、来信来电4463人次、调解14549人次、代理仲裁和诉讼355人次。二是调整充实人才库，加强援助队伍建设。调整充实法律人才库，聘请114名具有法律学习经历、法律工作背景或法律职业证书的工会干部为上海工会第二届法律人才库成员。三是设立专项资金，加大援助帮扶力度。设立100万职工法律援助专项资金，下拨区县工会用于签约律师事务所，聘请专业力量为职工进行法律服务。制定下发《上海市总工会关于中央财政帮扶专项资金用于法律援助相关事项的通知》，对专项帮扶资金使用主体、对象、步骤以及资金支付标准和使用额度等方面予以规定，形成"工会工作经费中先行垫付法律援助办案补贴—定期向市总工会申报—从下一批帮扶资金中予以结算"的运作机制。四是探索劳动争议调解与法律援助的整合机制。积极探索街镇劳动争议调解组织与街镇、区县职工法律援助机构之间的整合联动机制，指导地区工会在地区法律援助中心、劳动仲裁院开设工会劳动争议调解室。截至年底，全市职工法律援助中心为职工提供法律服务163737人次，其中非诉调解3481件，代理仲裁、诉讼1891件，处理来信190件，代写法律文书488件，接待咨询162623人次，调处3人以上群体性争议494件，涉及职工138389人。（秦利佳）

【浦东新区职工法律援助中心揭牌】 4月1日，浦东新区总工会、司法局在浦东新区劳动人事争议仲裁院举行上海市浦东新区职工法律援助中心揭牌仪式。新成立的浦东新区职工法律援助中心，将在浦东新区劳动人事争议仲裁院设置独立办公地点，每个工作日上午安排律师坐班，并配备工作人员全天接待，援助范围包含劳动争议、与劳动权益关联的职工人身权、民主权、财产权受到侵犯、工会工作者因履行职责合法权益受到侵犯、工会组织合法权益受到侵犯、各级工会认为需要提供法律援助等5类案件，主要提供法律咨询、符合免费法律援助条件的仲裁、诉讼代理、参与群体性劳动争议的协商、调解等3种法律服务。

（张　蕾）

【**虹口区成立律师行业工会联合会**】7月19日，虹口区律师行业工会联合会揭牌仪式正式举行。在区司法局筹备工作小组的努力下，虹口区在册的律师和律所工作人员工460余人全部加入工会组织，覆盖全区57家律师事务所。在虹口区律师行业工会联合会第一次会员代表大会上，经过60位律师代表共同讨论，审议通过《虹口区律师行业工会联合会章程》。章程规定，虹口区律师行业工会联合会职责主要有：一是将对律师事务所工会工作进行组织、协调、指导服务，组织各会员单位开展文化交流活动。二是及时反映会员单位职工的愿望和要求。三是积极推进律师事务所的工会组建，指导会员单位依法履行工会职责和会员发展工作。四是指导律师事务所工会建立以员工大会为基本形式的民主管理、平等协商制度，推动建立符合行业特点的工资集体协商机制，维护职工合法权益。

（徐　洁）

【**静安区总工会做实职工法律援助工作**】2013年，静安区总工会通过建全完善网络机制，进一步做实职工法律援职工作。一是动态保持95%以上独立建会企业、100%百人以上规模企业和集团公司建立劳动争议调解组织。二是健全企业劳动争议信息员队伍，建立起由企业、楼宇、园区、小区职工组成的劳动关系预警员队伍。三是法律援助中心致力畅通职工利益诉求表达渠道，搭建劳动关系双方沟通平台。坚持“先调解再仲裁最后诉讼”的工作思路，做到“应援尽援”。四是法律援助中心与区司法局、人保局、法院建立联动机制，最大限度维护受侵害职工、弱势职工群体合法权益。全年，静安区各职工援助分中心（工作站）受理职工来电来访1215件，接待总量超过1500人次。静安区职工法援中心受理职工来电来信来访136件，接待370余人次。其中3人以上群体纠纷6件，涉及职工总数34人。为职工挽回经济损失98.3万元。

（陆　蕾）

浦东新区职工法律援助中心成立揭牌　（赵立荣）

【**宝山工会做实法律援助维权服务工作**】2013年，宝山区总工会进一步下沉工作重心，帮助职工依法维护合法权益。一是与宝山区法院建立“诉调对接模式”，与宝山区信访办建立“信访对接模式”，共同加强劳动争议的预警、调处。二是聘请专职律师开展职工法律援助和劳动争议调处工作。三是开展企业劳动用工风险评估，下发实施意见文件，并制订《企业劳动用工风险评估项目表》。四是制订下发文件，完善群体性突发事件处理机制。五是加强与各街镇、园区之间的信息沟通，及时上报有关情况，形成快速处置群体性劳资纠纷合力。六是推进区域内规模型企业、行业普遍建立劳动争议调解组织。全年，区总工会兼职仲裁员共承办仲裁案件1196件，区总工会职工法律援助中心帮助化解劳资纠纷421起，参与化解群体性劳动纠纷27起。（胡立伟）

【**闵行区总工会推进职工法律援助工作**】2013年，闵行区总工会建全法律援助机构，做好职工法律援助工作。一是开展法制宣传日、普法培训讲座、重大节日现场咨询活动，通过开设微博平台等广泛开展法制宣传教育活动。联合区人保局、律师协会，共同组织“春风行动”法律咨询，以法宣课堂菜单式方式，送法律进企业，为基层企业提供个性化法律知识教育和咨询服务。二是整合资源，在各镇、社区（街镇）、莘庄工业区建立13家职工法律援助分中心。全年，全区职工法律咨询援助中心累计接待来访5501件，接待职工7136人次，其中3人以上群体争议65件，涉及职工2089人；代为协商调解收案379件，结案率100%；举办各类培训26次，培训工会干部和职工2120人次；开展现场咨询16次，为1100名职工提供现场法律咨询；向基层工会和职工提供宣传资料6500余册。

（马传军　毛胜楠）

【**闵行区职工维权律师志愿团与街镇、工业区工会结对**】12月17日，闵行区总工会举行职工维权律师志愿团与街镇、工业区工会结对仪式。结对完成后，每个街镇、工业区工会将配有4名维权志愿律师。律师志愿团成员将定期到各街镇、工业区工会职工法律援助分中心为职工提供法律咨询和法律援助，参与所在区域的法律法规执行情况监督检查、重大劳资纠纷事件的调查处理、重要法律事务谈判、法律文件签订等活动。（马传军）

【**闵行区总工会举行职工维权律师志愿团工作论坛**】3月20日，闵行区总工会举行职工维权律师志愿团工作论坛，通报2012年闵行区劳动争议案件审理情况，对2012年度闵行区职工维权优秀律师进行表彰，并向闵行区职工维权律师志愿团成员颁发志愿者荣誉证书。（范茂盛）

【闵行区莘庄镇总工会完善职工法律援助工作】 2013年，莘庄镇总工会实施“五四三二一”措施完善职工法律援助工作。一是5项制度完善调解机制。建立镇总工会、社保中心、司法所三方联动工作机制；建立莘庄镇涉台企业劳资纠纷联动机制；建立镇职工法律援助维权服务机制；镇总工会劳动关系预警调解工作机制；镇工会职工法律援助维权服务中心工作制度，形成工会与政府职能部门联动进行职工法律援助和维权服务的格局。二是4支志愿者队伍服务职工。由6名律师组成律师志愿者队伍；由50名镇政府职能部门的工作人员组成职工维权政策法律咨询志愿者队伍；由15名工会指导员组成企业职工法律咨询劳动争议调解志愿者队伍；由108家企业中的职工代表组成职工法律援助维权调解志愿者队伍。三是3个“窗口”全天候受理。镇信访办和社保中心开设的服务窗口；镇司法所和综治办开设的服务窗口；镇外来人口办设立的服务窗口。四是2个“咨询台”增维权能力。建立为职工群众提供专业法律咨询服务的平台；开辟为职工法律咨询服务的专栏。五是1个“绑定”及时调解纠纷。借助区大联动平台，把全镇106家企业工会的基本信息和职工法律援助维权情况与大联动平台实施无缝对接，职工法律维权投诉绑定962000民生热线。（骆　平）

【金山区总工会成立职工法律援助维权服务志愿团】 6月17日，金山区总工会举行“金山区工会职工法律援助维权服务志愿团”成立仪式。该志愿团首批成员共30人，由工会劳动争议调解员、工会劳动法律监督员、工会兼职劳动争议仲裁员和工会工资集体协商专职指导员等工会法律工作者及基层法律服务工作者组成。成立仪式上，区总工会领导为志愿团成员颁发志愿者证，并鼓励志愿者们要争取做到“三个到位”：一是宣传到位。让社会和广大职工了解这支队伍。二是援助到位。更好地为职工、基层工会组织服务，有效化解劳动纠纷。三是服务到位。要站在职工的角度维权，真正为职工服务，切实维护好职工的合法权益。（沈勇军）

【金山区总工会举行工会法律顾问团聘任仪式】 1月6日，金山区总工会举行工会法律顾问团聘任仪式。仪式上宣读《金山区总工会关于调整金山区工会法律顾问团成员的通知》，并由区总工会和区司法局共同为受聘的7家律师事务所的11名律师颁发聘书。仪式结束后，区总工会召开专题会议讨论《金山区工会法律顾问团法律援助工作方案》。该方案进一步明确了工会法律顾问团的主要职责、工作制度、办案程序。（沈勇军）

闵行区总工会举办构建和谐劳动关系暨职工维权律师志愿团工作论坛
（毛胜楠）

【青浦区华新镇成立职工法律援助工作站】 10月22日，由华新镇总工会、社保中心、司法所3部门联合设立的“华新镇职工法律援助站”正式对外提供服务。每周二上午，华新镇总工会、社保中心、司法所将派出专人联合开展相关援助服务工作。华新镇职工法律援助工作站以华新镇社保中心劳动调解室为依托，主要以协调劳动关系、调处劳动争议为工作重点，以合法权益受到侵犯的困难职工、工会工作者和基层工会组织为主要对象，通过法律咨询、代书、非诉讼调解、仲裁代理和诉讼代理等方式，为广大职工提供法律援助服务。（朱建强）

【市机电工会举办职工法律援助服务志愿者培训班】 5月9日，市机电工会在上海电气人力资源有限公司职工服务中心举办“上海市机电工会职工法律援助服务志愿者培训”，对新引进的机电工会法律援助服务志愿者进行系统授课，主要涉及以下内容：一是对群体性劳动争议事件的产生、特点及原因进行分析，讲解突发事件的处理环节及对策，并结合案例进行全面介绍，提出咨询接待应把握的方法。二是从《关于审理劳动争议案件适用法律若干问题的解释(四)》及劳动纠纷处理实务操作的角度做深层次的剖析，结合上海市高院、人保局出台的政策、文件对相关问题作详尽的解读。三是通过讨论交流，加深工会法律援助志愿者对劳动法规政策的理解，提高接待能力。（沈剑宏）

D民主权利

Democratic Rights

上海工会年鉴

2014

专文摘要

深入研究、准确把握、依法依规 推进以职代会为基本形式的企事业单位民主管理建设

上海市总工会副主席　杨永平

各区县局(产业)和基层工会在推进职代会工作中要做到以下几点：首先，要依法依规。在推进以职代会为基本形式的企事业单位民主管理制度中要始终以《上海市职工代表大会条例》为依据，坚持职代会五项职权的规范运作，从程序和权限两方面确保民主权利的有效落实。要在现有的制度框架下，综合运用好《企业民主管理规定》《关于加强公司制企业民主管理工作的意见》《上海市职工代表大会工作规范》《〈条例〉释义》等政策文件和指导性要求，依法依规推进工作，巩固和深化企事业单位民主管理。其次，要深入分析，把握现阶段职工队伍结构特点。由于社会结构与利益格局调整幅度加大，职工队伍结构也呈现出多样化态势，衍生出不同职工群体的利益诉求。如果没有对现阶段职工队伍结构的深入研究、准确把握，就很难组织动员起广大职工群众全身心投入到职代会制度和日常民主管理活动中来。必须要顺应职工队伍的深刻变化，换位思考，以职工利益诉求为导向，关注包括劳务派遣工、农民工在内不同职工群体的需求，有效对接职工"三最"利益问题，切实增强新形势下职工群众工作的影响力和针对性，推进职工各项权益的全面解决。第三，要顺势而为，善用合力。《条例》颁布后，在全市各级组织、各个部门的高度关注与支持下，本市职代会建制率明显提升。当前，要充分利用各方关注度高，参与支持力度大的有利形势，在职代会建制率明显提升的基础上，进一步在职代会质量运作上下功夫。

综　述

2013年是上海市国资国企和事业单位改革不断深化，产业结构和布局调整力度持续加大的一年。为创造更加良好的经济社会建设氛围、构建和谐稳定的劳动关系、实现企业和职工的共同发展，根据党的十八大推进协商民主广泛多层制度化发展的要求，上海市厂务公开民主管理工作以职代会制度建设为主线，形成合力，转变作风，聚焦难点。一是加强职代会制度建设。重点推进世界500强和规模以上非公企业独立建立职代会。结合党的群众路线教育实践活动，积极推动国有企业集团建立健全多级和集团层面职代会制度。推行区域性、行业性职代会制度，扩大对暂不具备单独建制条件小微企业的覆盖面。实现全国厂务公开协调小组的国有企事业单位普遍建制、非公企业建制率80%以上的3年建制目标。年内，市级层面开展3期共计500名基层党政工干部等参加的师资培训班，各区县局(产业)完成15万职工代表的培训任务。完成市总3年培训1500名师资、50万名职工代表的总体任务。二是总结经验，广泛宣传，直击难点，推动厂务公开民主管理工作纵深发展。全面推广奉贤区推动具有政治身份的企业经营者落实"五个带头"、贺利氏古莎齿科有限公司独具特色的"三方协商机制"等经验，组织开展市第十一次厂务公开民主管理工作调研检查，直击难点问题，总结推广宝钢集团、锦江酒店集团、高桥捷派克等单位现代企业制度下开展民主管理的工作经验以及静安区、索广电子等单位深化非公企业职代会规范化建设的经验，通过新闻媒体广泛宣传高桥捷派克、华山医院等获得"全国厂务公开民主管理示范单位"及其它先进单位的经验。三是结合党的群众路线教育实践活动，推动构建和谐劳动关系。根据《上海工会推动和谐劳动关系建设行动计划(2012—2013年)》，针对地区和系统不同特点加强分类指导工作。重点培育和指导长白社区和谐劳动关系建设工作，召开现场会，组织区县厂务公开工作领导小组负责人观摩。开展"2012—2013年度上海市劳动关系和谐职工满意企事业单位和职工信赖的经营管理者"评选。与市人社局、市企联、市工商联共同开展2013年度上海市劳动关系和谐示范单位评选。四是加强调查研究，循序破解难题。重点开展《条例》等法律法规执行力、现代企业制度与民主管理、非公企业职代会规范化建设等课题调研。启动现代企业制度下厂务公开民主管理现状的调研，完成上海职工董监事制度现状的专题调研报告。针对2012年市人大《条例》执法检查中反映出的非公企业等缺乏职代会制度实务操作指导的问题，开展案例征集活动，编撰出版《民主管理案例集》。

(刘卫新)

【上海召开2013年厂务公开民主管理工作会议】 3月27日，2013年上海市厂务公开民主管理工作会议召开。市委副书记、市人大常委会主任、市厂务公开工作领导小组组长殷一璀出席会议并讲话。会议下发《2013年上海市厂务公开民主管理工作要点》。会议指出，要以党的十八大精神指导厂务公开民主管理工作，重视发挥厂务公开民主管理在践行基层协商民主、促进企事业单位发展中的"助推器"作用，在国资国企改革

及事业单位分类改革中的“稳定器”作用，以及在企事业单位党风廉政建设中的“监督器”作用。会议要求，要抓住重点、难点和薄弱环节深化厂务公开民主管理工作，持续提升职代会与厂务公开的建制率，大力加强厂务公开民主管理的规范化建设，着力推进公司制企业民主管理建设，积极拓宽厂务公开民主管理的范围和途径、丰富内容和形式。要推动厂务公开民主管理与和谐劳动关系建设的有效联动，推进劳动关系和谐企业创建活动，依法规范企业用工行为，进一步健全完善职工收入增长机制，着力推进工资集体协商与职代会制度的联动机制，切实维护劳务派遣人员的权益。要健全工作机构,注重统筹协调；突出分类指导，加强监督检查；及时掌握新情况，推动工作创新，齐心协力推进上海厂务公开民主管理工作上新水平。市人大常委会副主任、市总工会主席、市厂务公开工作领导小组副组长洪浩主持会议。会议表彰上海市浦东新区等34个地区、系统、街道和委办局为“2011—2012年度上海市推动厂务公开民主管理工作先进单位”；上海市进才中学等123个单位获“2011—2012年度上海市厂务公开民主管理工作先进单位”；上海高桥捷派克石化工程建设有限公司等10个单位获“2011—2012年度上海市厂务公开民主管理工作十佳单位”和“上海市五一劳动奖状”。（朱　佳）

市厂务公开工作领导小组召开2013年上海市厂务公开民主管理工作会议（吴良荣）

【上海市厂务公开工作领导小组召开现代企业制度下民主管理专场座谈会】 11月13日，市厂务公开工作领导小组在市第十一次厂务公开民主管理工作调研检查中，就“现代企业制度下民主管理”课题，在宝钢集团召开专场座谈会。全国厂务公开协调小组办公室主任、全总民管部部长杨汉平，全总民管部副巡视员许沪平，市总工会党组副书记、副主席肖堃涛，以及有关单位负责人出席会议。会议指出，上海企业在建立探索现代企业管理制度过程中要增强主动意识，有效融合好职工参与机制；要建立健全多级职代会制度，推动全市各个层面的集团企业建立健全职代会制度，理顺不同层级职代会之间的关系，加强职代会与集体协商等企业劳动关系协调机制的有机结合。会议要求，要积极督促企业将厂务公开纳入管理流程，推动“六个化”有效融入企业管理制度的各个层面。要把厂务公开与公司制企业信息披露相结合，通过厂务公开将企业经营管理活动置于职工的监督之下，从而使对外公开与对内公开相结合，外部监督与内部监督相促进，保证披露信息和公开事项的真实性，增加职工和投资者的信心，推动企业健康发展。要不断丰富厂务公开内容，创新公开形式，发挥制度实效。要扎实推进职工董事、职工监事制度建设，推动公司制企业建立健全职工董事、职工监事制度，推进职工董事、职工监事制度与职代会制度的有机结合，推进职工董事、职工监事加强与职工间的沟通联系，充分发挥职工董事、职工监事在现代企业法人治理结构中的积极作用。会上表彰宝钢集团等获全国厂务公开民主管理示范单位等先进称号的单位。宝钢集团、锦江酒店集团、上海高桥捷派克石化工程建设有限公司等作交流发言。（朱　佳）

【市第十一次厂务公开调研检查聚焦非公有制企业职代会规范化建设】 11月15日，市第十一次厂务公开民主管理工作调研检查就“非公有制企业职代会规范化建设”课题，举行专场座谈会。市人大常委会副主任、市总工会主席、市厂务公开工作领导小组副组长洪浩，全国厂务公开协调小组办公室主任、全总民管部部长杨汉平，市人大常委会内司委副主任委员史秋琴，全总民管部副巡视员许沪平以及市厂务公开工作领导小组成员单位有关负责人等出席会议。会议指出，做好非公企业职代会规范化建设要与企业的发展实际、与企业履行社会责任、与创新社会管理等有机结合。会议要求，要始终坚持组建、规范、发挥作用并举的推进原则，进一步提高非公企业职代会建制率，着力规范非公企业职代会制度运作，充分发挥非公企业职代会制度的作用。要在“宣传、鼓励、制约”上作深刻研究，要积极推动把非公企业职代会制度建设工作纳入各部门中心工作、重点工作中，统筹运用各种资源手段合力推进。要推动纳入劳动法律法规监督检查体系，纳入劳动关系和谐职工满意企事业单位评估体系，推动纳入企业经营者政治安排和评先评优的工作机制中。要加强对新情况新问题的研究，选树推广先进典型，强化知识普及和业务培训。座谈会上，静安区、石门二路街道、第九城市计算机技术咨询（上海）有限公司、上海城市国际企业发展有限公司、上海索广电子有限公司、上海和黄药业公司等非公企业的中外籍总经理以及工会主席作交流发言。（朱　佳）

职代会

【概要】 在《上海市职工代表大会条

例》《企业民主管理规定》等法规文件的有力推动下，年内上海职代会制度建设取得积极进展。一是职代会覆盖面进一步拓展。据2013年上海工会统计手册年报统计：全市建立职代会制度的基层工会4.7万个，同比增长5.02%；涵盖单位28.41万家，覆盖职工821.15万人。召开职代会的基层工会4.03万个，比上年增加923个，同比增长2.34%；涵盖单位24.54万家，增长15.61%。全市共建立区域(行业)职代会6260个，覆盖企业17.34万家，覆盖职工293.46万人。二是职代会制度建设进一步规范。企事业单位注重在职代会制度化、规范化建设上下功夫，落实职代会职权，强化职代会的会议制度，健全完善职代会提案、巡视检查、质量评估等工作制度，着力发挥职工代表参政议政作用，有效提升职代会的运行质量。如宝钢集团、锦江酒店集团、上海国际集团、巴士公交集团、新世界集团等单位积极落实法规要求，不断完善职代会制度。三是区域性、行业性职代会效能进一步发挥。静安区石门二路街道注重两手抓，一方面积极推进楼宇或小区职代会制度建设，促使区域内所有的商务楼宇和小区全部建立职代会制度；另一方面，注重发挥楼宇或小区职代会的引领示范效应，推动楼宇或小区内非公企业单独建立职代会制度。杨浦区长白、控江等街道注重发挥小区议事会在区域性职代会闭会期间的作用，在加强和创新社会管理、推动区域和谐劳动关系建设与社区稳定等方面发挥重要作用。（王珍宝）

【上海完成厂务公开、职工代表大会建制专项行动计划】 根据2011年2月全国厂务公开协调小组下发的《关于大力开展厂务公开、职工代表大会建制专项行动的通知》要求，从2011年至2013年底在全国范围内开展厂务公开、职工代表大会建制的三年专项行动，力争已建工会的公有制企事业单位厂务公开、职工代表大会建制基本实现全覆盖，已建工会的非公企业厂务公开、职工代表大会建制率要达到80%以上。以《上海市职工代表大会条例》的颁布实施为契机，上海整合各方资源，采取积极有效措施，全方位开展建制专项行动。截至9月，全市有1.05万家公有制企事业单位建立独立基层工会，其中职代会建制的1.01万家、厂务公开建制的1.03万家，基本实现全覆盖；非公有制企业职代会独立建制3.69万家、厂务公开建制3.8万家，已建区域、行业性职代会6260家、覆盖企业17.34万家，在已建工会的企业中职代会建制率达到80%以上。（刘卫新）

【市总工会开展《上海市职工代表大会条例》师资培训】 5月14—16日、6月18—20日以及7月16—18日，市总工会组织开展三批《上海市职工代表大会条例》师资培训，来自区县局(产业)、街镇(社区)及基层企事业单位工会的500余名工会干部参加培训。市总工会民主管理部围绕《条例》内涵和立法本意，分5个专题为学员解读，还邀请经验丰富的基层工会干部主讲实务操作。全市各级工会通过一级抓一级，一级促一级，全年完成15万职工代表的年度培训任务。至此，自2011年以来，市总工会提出的3年培训50万职工代表的计划已全部完成。3年中，市总工会举办9期共1500余人参加的《条例》师资培训，全市各级工会完成50万职工代表的职代会民主管理知识培训。（王珍宝）

【宝山区进一步扩大职代会制度覆盖面】 区总工会联合有关部门，合力推进职代会制度，在国有、集体及其控股企事业单位中职代会建制实现全覆盖。在街镇层面，进一步统一思想，重点推进非公企业，特别是外资企业、港澳台资企业的职代会建制工作。截至9月底，宝山区已建工会的非公企业职代会建制率达到80%以上。同时，区总工会加强对《上海市职工代表大会条例》的宣传指导，强化职代会制度与平等协商集体合同制度的有机联动。年内，顾村镇获“2011—2012年度上海市推动厂务公开民主管理工作先进单位”，宝山海闸管理所等3家单位获“2011—2012年度上海市厂务公开民主管理工作先进单位”。（胡立伟）

【闵行开发区工会启动职工代表培训大讲堂项目】 10月12日，闵行经济技术开发区工会举办上海神明电机有限公司职工代表培训班，围绕“依法理性维护自身权益，努力构建和谐劳动关系”展开辅导培训。闵行开发区工会根据区域内劳动关系的实际情况，从6月份起，启动职工代表培训大讲堂项目。开发区工会从经费中列支120万元，计划在年内对开发区企业的1500名职工代表、班组骨干进行培训。培训以企业为单位，主要包括心理疏导、劳动法律政策、时事政治讲座等内容。截至年底，开发区工会对14家企业开展培训，培训职工代表1500余人。（陈　斌）

【奉贤区中心医院召开三届六次职代会】 1月27日，奉贤区中心医院召开三届六次职代会，75名职工代表出席会议，相关科室负责人列席会议。会议听取审议医院2012年工作总结和2013年工作计划报告、2012年医院财务决算和2013年医院财务预算草案报告、“五金”缴纳、教育经费使用情况和2012年度医院院务公开工作情况报告。会上，医院党政领导作述职报告，职工代表对医院党政领导、领导班子以及2012年度医院院务公开工作情况进行测评。各代表团组围绕医院工作报告、医院财务预决赛报告以及如何贯彻落实2013年医院工作计划等展开讨论，提出意见建议。会上，职工代表以举手表决方式，一致通过医院2012年工作总结和2013年工作计划报告、医院财务预决算报告和职代会决议。会议期间，职工代表认真履职，广泛听取职工意见建议，共提交提案43件。经提案工作小组汇总、审理，拟立案19件、解释5件、调研19件。（尹　奕）

【上海纺织集团规范完善职代会制度】 纺织(集团)有限公司结合自身发展实际，以《上海市职工代表大会条例》为依据，对集团职代会制度进行修订完善，重点突出纺织集团职代会制度的规范性、程序性、指导性和操作性，将刚性的规定同集团多年的经验做法相结合，并注重指导行业内各企业规范职代会制度。修订后的集

团职代会制度草案在集团四届一次职代会上获得通过，并以无记名投票方式表决通过《2013年集团集体合同》。（林裕良）

【市医药工会制定职工代表培训手册】 市医药工会针对基层企业职工代表轮换较快和履职能力亟待加强的实际情况，并结合上级工会要求，积极尝试制定职工代表培训手册。医药工会将《上海市职工代表大会条例》、集体协商集体合同以及简单的财务知识等有关内容，汇编成册，帮助职工代表了解掌握企业管理和职代会制度的基础知识。职工代表人手一册，既可以作为培训教材，也可以日常自学使用。通过多方听取意见等方式，医药工会不断充实完善培训手册内容，为日后推广使用作准备。（赵一鸣）

【上海电力扎实推进厂务公开民主管理】 年内召开两次职代会，征集职工代表提案62件，并全部完成答复处理。组织职工代表参加国网公司二届三次职代会提案征集工作，提交提案18件，其中立案2件。坚持开展"我为企业献一策"职工合理化建议征集，全年共有29家单位的9850名职工参加活动，提交合理化建议2731条，其中3条建议被评为2013年度国家电网公司优秀合理化建议。组织总经理联络员和职工代表开展巡视工作，对12家基层单位进行巡视，了解掌握员工思想动态和热点难点问题，提出建设性意见，持续改进工作。公司下属基层单位的厂务公开工作领导小组及办事机构建制率达100%，做到"全覆盖，不遗漏"。职工对公司厂务公开民主管理总体情况的满意率达99.76%。2013年，公司被授予"上海市推动厂务公开民主管理工作先进单位"称号。（唐健春）

【宝钢工程工会解决落实好多级职代会运行工作】 宝钢工程公司工会加强对基层单位职代会的指导，强化职代会工作的规范性：一是深入学习相关法律法规文件，掌握职代会对职工代表的要求、职代会职权的范围、运行规则等，为后续推进职代会工作做好充分准备。二是明确各级职代会的类型，在宝钢集团多级职代会框架下，结合公司经营管理模式的特点，将各级职代会划分为集团型、公司型、工厂型3种类型。三是规定各级职代会的职权，主要根据《上海市职工代表大会条例》的职权划分，在具体项目上融入公司的3份规章制度，使之更具可操作性。同时，将职代会类型、运作规则、职权一览表以文件形式下发，在制度上保证3种类型职代会的运作。四是规范各类职代会的档案管理。制定《职代会档案管理制度》，覆盖多级职代会的所有单元，对职代会档案的归档范围、质量要求、保管期限、归档管理等方面进行规范，为各单位建立、保存职代会档案提供制度化依据。（蔡兴目）

【宝钢集团规范完成第三届职代会换届工作】 宝钢集团贯彻《上海市职工代表大会条例》，严格规范完成宝钢集团第三届职代会换届工作。一是党委高度重视换届筹备工作。宝钢集团党委书记办公会多次对筹备工作进行专门研究和指导，党委常委会对集团公司第三届职代会换届方案进行审议。二是规范职工代表选举。各单位严格按照民主程序，经自下而上、充分酝酿、逐级推选，完成305名代表的选举工作。三是完善职代会制度。修订完善宝钢集团职代会制度，制定《集团公司第三届职代会表决办法》。选举产生新一届职代会综合民主管理委员会，确保闭会期间职代会制度作用发挥。（徐 卫）

【宝钢集团积极推进多级职代会制度】 宝钢集团根据自身规模较大、组织结构较复杂特点，探索推行多级职代会及分层分类管理制度。一是分层分类设计多级职代会体系架构。根据战略管控型的管控模式，以职代会职权与管理授权相匹配的原则，系统设计职代会体系，对职权进行统一配置，把职代会制度融入到各级企业管理的闭环之中，探索建立"集团型"、"公司型"和"工厂型"职代会的多级管理体系。年内，宝钢拥有职代会建制的企业547家，其中13家为"集团型"职代会、164家为"公司型"职代会、370家为"工厂型"职代会。二是强化多级职代会运行管理。明确规范各级职代会的管理、代表结构、议案、届期、召开周期和民主管理委员会等相关细则。每个类型的职代会都有不同的职权配置和运行规范要求，充分保证每个层级的职工都有参政议政的机会和渠道，实现全覆盖。（王珍宝）

【上海石化完善职工利益诉求表达和利益协调机制】 2013年，上海石化继续完善职工利益诉求表达和利益协调机制。抓好提案预审、审理、落实环节，围绕74件职代会提案跟踪落实，开展巡视评估。巡视评估员以实地考察和个人督办的形式进行巡视评估，并形成提案落实情况表74份。截至年底，职代会专门委员会组织43名巡视评估员和105名提案人，对17个提案落实部门(单位)进行满意度测评，满意率为91.32%，不满意率为0.15%。召开第19次平等协商会议，有效表达职工群众诉求。加大集体合同履行情况检查、通报、反馈、评价，提高集体合同履约水平。实施信息上传提醒制和信息处理通报制，全年共发布政策法规、公司文件、及时信息和疑难解答176件。（张 敏）

【上海航天局工会多渠道建设民管维权机制】 一是加强职代会制度建设。重视职工代表作用发挥，局层面在坚持巡视制、提案制和培训制基础上，建立述职制，下发《上海航天局职工代表述职评议制度》；组织召开局二届六次职代会，共征得提案50份，立案11份；连续2年组织开展职代会质量评估，评估满意率为99.16%。二是巩固集体协商机制。在2012年建立工资集体协商机制的基础上，重点抓集体协商机制的规范有效，组织基层单位工会干部参加集体协商指导员培训；制定下发集体合同(协议)规范化模板，实现基层单位集体合同、女职工特殊权益专项集体合同的全覆盖，工资专项集体合同签约率达80%。三是发挥职工法律服务功能。与局有关部门联合组织《劳动合同法修正案》学习培训；召开局职代会劳动争议调解和劳动保护监督委员会会议，了解并督促《修正案》贯彻落实；发挥局职工法律咨询团作用，设立信箱，开展法律咨询进社区

上海航天局召开二届六次职代会 （沈　恺）

活动。 （沈　恺）

【上海航天局工会注重发挥职工代表巡视作用】 上海航天局工会在坚持开展职工代表巡视制的基础上，注重科学规划巡视内容，突出热点和难点问题。着眼局“转型发展，融合提效”的中心工作，开展“军民融合专项巡视”，组织到有关企业现场查看，听取专题情况汇报。着眼青年职工安居问题，开展“航天人才公寓专项巡视”，组织职工代表、青年科技骨干对人才公寓外观、内部建设情况逐一进行实地查看，面对面听取入住职工意见，现场落实部分改进措施。着眼禽流感疫情，在全系统内组织开展“食堂卫生专项巡视”，实地巡视食堂，现场检查卫生状况，了解询问职工关切问题。 （沈　恺）

【上海航天局召开二届六次职代会】 会议于7月15日召开，258名职工代表参加会议。会议听取审议《局行政工作报告》和《“人人献计献策、个个创新提效，深入开展‘我为创新提效献一计’合理化建议活动”倡议响应落实情况专项报告》；听取《局职代会提案工作委员会工作报告》；书面审议《局实事工程推进情况专项报告》；审议通过《局职代会职工代表述职评议(暂行)办法》和《调整局第二届职代会提案工作委员会部分委员的建议名单》。会议表彰“我为创新提效献一计”合理化建议活动中涌现出的优秀组织单位和金点子奖、银点子奖、优胜奖获得者个人及获奖班组。会议还对局二届六次职代会运行质量开展评估，经职工代表现场无记名投票，满意率为99.16%。（沈　恺）

【中国商飞上海飞机客户服务公司建立职代会制度】 上海飞机客户服务有限公司年内建立职代会制度。经民主推荐和选举产生75名职工代表，其中一线职工60名，女职工32名，并组织职工代表开展职代会知识培训。制定下发《客服公司职工代表大会实施细则》，并成立职代会提案小组，开展提案征集工作。公司一届一次职代会以“保障职工权益，勤俭研制大飞机”为主题，加强职工形势任务教育，提升职工素养，共同推动型号研制和能力建设各项任务的开展。 （周　静）

【中国商飞上航公司工会抓好职代会规范召开】 一是坚持职代会民主程序。审议总经理行政报告、财务工作报告等，听取职工代表意见建议；审议通过《上航公司员工绩效管理实施细则》《上航公司员工教育培训管理办法》和《上航公司职位职级体系管理细则》等涉及职工切身利益的重要事项。二是规范召开职代会预备会议。预备会议上由工会主席通报职代会筹备工作情况和职代会代表资格审查报告，审议通过职代会议题和日程以及职代会主席团成员名单，并听取有关负责人就提交职代会审议文件的说明报告。三是做好职工代表分组讨论。总经理、党委书记及班子成员共同参加职工代表分组讨论，与职工面对面，听取来自职工代表的意见建议，同时总经理在补充工作报告中对职工代表的意见建议作出解释说明。 （竺海华）

【上海烟印公司工会创新职工代表巡视工作】 一是巡视内容创新。职工代表巡视活动内容的确定，改变以往企业推荐、部门自荐的方式，通过基层走访围绕员工关心、群众热议的话题和内容，以“员工满意”为宗旨制定巡视活动方案，围绕职工关心和热议的“十大实事”“七大课题”开展职工代表巡视活动，新增巡视内容8项，共涉及16个相关职能科室。二是巡视方法转型。让巡视职工代表唱主角，提出“听、问、看、议、写、提”的巡视方法，并通过活动方案制定、巡视线路安排、部门报告记录、现场环境拍摄等工作，锻炼职工代表队伍。对项目中涉及“十大实事”的内容，通过“部门说明”“代表提问”“资料及现场巡视”3个环节进行巡视。最终将巡视工作报告提交职代会审议，听取职工代表意见和建议。 （季　虹）

【上汽职工代表巡视企业安全生产和专项合同签订情况】 6月24日，上汽集团工会会同集团安全监察部，组织部分职工代表巡视检查基层企业的安全生产、职业健康卫生专项集体合同等落实情况，发挥职工代表民主监督作用。此次安全巡视以“安康杯”参赛企业、新建及搬迁企业和已签订专项集体合同的企业为重点。职工代表通过听取被访单位分管安全生产领导工作介绍，了解安全管理的状况、防暑降温措施及作业现场的落实准备情况、职业健康卫生专项合同签订履行情况，并到企业重点部位现场查看，通过互动交流，对发现的问题和存在的不足提出整改意见，对加强职工安全教育以及一线安全生产、劳动保护等方面起到监督促进作用。（陶牡丹）

【上海铁路局工会抓好职工代表巡视活动】 9—11月，上海铁路局工会组织职工代表分“安全管理新机制”、“职代会实事项目”、“货运组织改革”3

个巡视组开展巡视活动。巡视组由部分路局厂务公开民主管理监督员、路局职工代表和路局机关相关处室人员组成，深入24家局属单位及其车间、班组现场、一线岗位实地调研、座谈交流，听取各单位领导和职工代表的意见建议，了解掌握情况，分别形成巡视报告。年内，全局共有40家基层单位组织开展91次职工代表巡视活动，共有870人次的基层职工代表参与所在站段、多经公司的安全生产经营、劳动安全防暑降温等检查工作，并对明察暗访过程中发现的804个问题提出整改意见和建议718条。

（白　杰）

【中海集团召开四届四次职代会】 1月22日，中海集团召开2013年工作会议暨四届四次职代会。来自中海集团机关及境内外各单位的244名职工代表参加会议。老领导、离退休干部、劳模先进、民主党派以及船员家属等代表列席会议。会上，党政工领导分别作工作报告。会议审议通过《中国海运(集团)总公司职工代表大会实施细则》，选举产生集团职工董事，通报2012年生产经营责任制考核结果。会上还签订2013年经营目标责任书，并表彰2012年创建文明行业、惩防体系建设先进单位、2012年度“五十佳”、“中海杯”劳动竞赛优胜集体和先进个人等。（张　洁）

【上港集团工会注重发挥职工代表作用】 一是坚持开展职代会质量评估。集团二届四次职代会闭幕后，职工代表对职代会的民主程序、会务工作、议程安排、报告质量以及表决形式等五个方面进行评价。经统计，平均满意率为99.1%，比2012年有所提高。二是坚持落实好职工代表提案。召开集团职代会提案审理委员会会议，对二届四次职代会征集的26件提案进行研究，确定20件提案立案，及时给予提案人书面答复并征求反馈意见。三是首次推出“绿色信封”。通过向每位职工代表发放“绿色信封”——职工代表提案袋的形式，让职工代表在职代会闭会期间仍可以提交代表提案，发挥参政议政作用。

（张晨琦）

市总工会召开民主管理案例总结表彰暨铁路系统经验交流会

（白　杰）

【上海港务集团物流公司工会设置“绿信封”发挥职工代表作用】 上海港务集团物流有限公司工会在召开二届二次职代会前，下发专用信函用于提交提案，因信函为绿色，被称为“绿信封”。155位职工代表共提交104份提案。公司工会评选出5份“优秀提案”，在公司二届三次职代会上表彰。（张凌云）

【长江汽车检测维修公司工会组织职工代表安全巡查】 7月上旬，长江汽车检测维修有限公司工会组织职工代表会同公司安委会对所属厂、站落实安全生产工作情况和防暑降温等安全措施进行安全巡查。巡查组听取被巡查单位领导作的安全生产工作情况报告，听取各单位安全管理员工作落实情况的报告，查看工作现场等处的设备安全状况以及职工遵守操作规程、职工劳动防护、消防设施、防暑降温措施等情况，并对发现的问题提出整改建议。（邱建发）

【上海电信工会组织职工代表巡视集体合同履行情况】 年底，上海电信工会组织部分职工代表就公司《集体合同》履行情况，听取公司工会和人力资源部汇报。年内，公司集体合同实事项目得到全面落实。公司结合岗薪体系调整，提高员工岗位工资水平，人均增资543元，人均增幅27.6%，其中八等及以下员工平均增幅33%。通过“总经理创新奖励基金”，公司加大奖励在聚焦客户的产品创新方面作出重要贡献的单位和个人，年内共奖励52个获奖团体(个人)，奖金共计63万元。公司聚焦人才队伍建设，积极拓展新型培训模式，完成面授培训总量近43万人课时，网上大学总学习时长56万小时。在员工体检方面，公司协调体检机构，优化体检套餐，个性化套餐从4项增加到6项。在帮困救助方面，公司加大对困难员工的关爱力度，年内累计慰问困难员工1021人次，帮困总金额达128.74万元。职工代表对《集体合同》履行情况测评打分，满意率达到100%。（殷　茵）

【上海电信首家装维外包企业建立职代会制度】 3月29日，上海龙力通讯设备安装工程有限公司召开一届一次职代会。该公司是上海电信首家建立职代会制度的装维外包企业，公司超过八成员工为外来务工人员。会上，公司总经理作《行政工作报告》和《安全生产专项报告》。与会的69名职工代表无记名表决通过《集体合同》《规章制度暂行规定》。（殷　茵）

【上航局职工代表提案100%落实】 中交上航局有限公司二十届一次职代会共收到职工代表正式提案21份，内容涉及施工管理、职工教育培训、海外施工、企业管理、技术开发、信息建设、职工薪酬及生活关心等方面。各职能部门将提案办理作为重要工作，先调查后审议再落实，经过二次追踪，提案承办率达到100%。

（刘昌明）

【三航局召开十五届三次职代会】 1月24—25日，三航局有限公司召开十五届三次职代会暨2013年工作会议。职工代表听取审议总经理行政工作报告、2012年财务决算、2013年财务计划报告；听取审查2012年度集体合同履行情况、女职工权益保护专项集体合同落实情况，2012年度职工福利费、帮困基金、社会保险金等执行情况报告以及2012年度业务招待费、公司本部负责人职务消费使用情况报告等。会上，职工代表对领导班子和领导干部开展民主评议，并公布评议情况。会上还签订2013—2014年度集体合同、劳动安全卫生、女职工权益保护专项集体合同，举行2012年度内部经营承包指标完成情况通报和2013年度内部承包经营责任书、安全生产责任书签字仪式，并表彰各类先进。（黄书展）

【中远集运加强职代会制度建设】 年内，中远集运召开九届二次职代会，听取审议总经理工作报告等有关事项，民主评议公司领导班子成员，推荐公司领导岗位后备人选，征集处理17项职工代表提案，内容涉及经营管理、行政管理、人力资源管理等方面，其中10项提案已被立案受理。公司工会组织职工代表开展巡视检查，集中听取职能部门关于公司生产经营、劳动合同管理、社会保险规定执行、员工培训、“三重一大”规定执行、经营纪律检查、惩防体系建设、开展节能减排活动以及安全生产情况的汇报，发挥职工代表参与生产经营管理和监督的积极作用。（钱　华）

【上海船舶研究所召开职工代表年中视察会议】 7月18日，上海船研所召开2013年年中工作会议暨职工代表年中视察会议，总结船研所上半年工作和部署下阶段工作。所领导班子成员和职工代表、党员代表、列席代表及特邀代表共90余人出席。会议听取计划经营部、资产财务部、质量人事部的上半年工作总结，通报十一届四次职代会提案、意见（建议）处理情况，并对2011—2012年度所先进集体和先进工作者进行表彰。

（钱　蓉）

【上海建工四建集团重视开展职工代表巡视检查工作】 年内，建工四建集团组织职工代表和职代会民主管理专门小组成员开展巡视检查。巡视组前往大唐四期、航运中心、佳程广场、华美小区等工程现场通过实地检查、查阅资料、听取汇报、现场讲评等方式，了解现场安全生产、职工劳动保护、生活卫生管理及防暑降温工作的落实情况，提出整改建议42条。各工程公司工会组织职工代表巡视检查66个工地，提出整改建议200余条。被检查的工程公司和项目部主要负责人认真听取工代表的巡视讲评，并对代表们提出的整改意见，做到逐条记录，明确整改时间，落实整改措施。

（杨钟春）

三航局召开十五届三次职代会　（黄书展）

【上海海洋石油局建立职工代表劳动保护巡视组】 年内，上海海洋石油局建立职工代表劳动保护巡视组，深入一海大队“发现六号”生产现场，对安全生产、劳动保护配置、消防设施和“安康杯”竞赛开展等工作进行专项检查。巡视组采取现场看、现场问、现场答的方式，及时发现问题，解决问题。现场看，主要查看施工现场安全设施、安全防护措施的规范性，标准化管理情况，以及查看安全生产规章制度、三级教育台账记录。现场听，主要召开座谈会或个别访谈，听取被巡视单位开展安全生产知识培训教育、安全生产标准化管理汇报，重点对生产、施工现场的安全生产和劳动保护工作，生产现场是否存在事故隐患、职业危害，是否存在违章作业、违章指挥以及职工生活条件等听取职工意见和反映。现场答，主要是巡视组对检查的实际状况进行现场总结和评估，对发现的问题进行点评，对下一步工作提出建设性意见和建议，对船舶职工关心的热点难点问题进行咨询和交流，能解决的当场予以落实，无法及时解决的，巡视组迅速提交专题报告报送相关领导和责任部门。

（耿卫军）

【百联集团召开二届三次职代会】 1月21日，百联集团召开二届三次职代会。职工代表听取审议《百联集团2012年经济工作总结及2013年经济工作要点》《百联集团党委2013年工作要点》等。集团领导班子成员、集团总部各部室负责人，各公司、中心党政班子成员及各部室主要负责人，离退休干部代表和受表彰先进代表等参加或列席会议。会上表彰获得2012年百联集团“创先争优促发展，建功立业在百联”立功竞赛活动组织奖的单位以及2010—2012年百联集团工会经审工作先进集体和优秀经审干部，并通过大会决议。（姜　杰）

【水产集团召开四届十次职代会】 2月4日，水产集团召开四届十次职代会，集团职工代表、列席代表以及老领导等100余人参加会议。会上，职工代表听取《集团2012年度业务招待费使用情况的预审报告》《集团2012年度业务招待费、教育经费使用情况和公积金、养老金、医保金、失业金、生育金、工伤保险金缴纳情况的报告》《集团工资集体协议书修订情况的说明》《职工代表讨论集团2013年经济工作报告的情况》《集团2013年经济工作报告的有关情况说明》等。会议采取无记名投票方式，表决通过集团新一轮《工资集体协议书》。（韩　毅）

【市卫生计生系统开展职代会工作规范知识竞赛】 12月5日，上海市医务工会在健康职业技术学院举办“上海市卫生和计生系统职工代表大会工作规范知识竞赛”。来自直属基层工会、区县医务工会、企业职工医院的66支参赛队共198名选手参加初赛。经过严格笔试答题，共10支参赛队进入决赛。最终，市医事团体联合工会获得一等奖；虹口区医务工会、奉贤区医务工会、上海梅山集团医院工会获得二等奖；金山区医务工会等6家单位获得三等奖。根据初赛成绩，市儿童医学中心工会等20家单位获得优胜奖，王媛等11名选手获得优秀个人奖。（瞿志奇）

【光明集团健全完善职代会制度】 年初，在集团党委的领导下，光明食品集团完成职代会换届工作，首次有5名劳务派遣工当选集团职代会代表。4月，光明食品集团召开三届一次职代会，根据《上海市职工代表大会条例》，进一步完善和规范集团职代会工作。会议听取审议《行政工作报告》；听取《关于光明食品集团党风廉政建设情况的通报》《集团所属市郊国有农场旧住房综合改造工作情况的通报》《关于光明食品集团2012年度职工工资增长情况的专题报告》等。在集团行政和工会协商一致基础上，经职工代表审议和无记名投票表决后，签订新一轮的《光明食品（集团）有限公司集体合同》《光明食品（集团）有限公司女职工特殊利益专项集体合同》，保障了包括农民工和劳务派遣工在内的广大职工的合法权益。（桑树德）

号百公司召开一届四次职代会并签订集体合同协议（权　丽）

【锦江国际加强民主管理制度化、规范化建设】 一是把职代会作为厂务公开的基本形式。严格按规定程序每年召开职代会，坚持重大决策和生产经营情况向职代会报告。二是坚持企业宣传栏公示程序。对酒店的经营情况、涉及职工切身利益的问题和必须让职工监督的事项及时公示，做到常换常新。三是将企业内部岗位招聘、干部任免、党员发展和先进评选等按程序、时限在内网上进行公开。四是本着“以人为本、员工第一”的原则，尊重职工知情权，广泛了解广大基层一线职工心声，听取意见建议，在重大事项决策上确保民主透明，符合民意。（张祥伟）

【上海联通召开一届五次职代会】 1月19—20日，上海联通召开一届五次职代会，126名职工代表及1名列席代表参加会议。会议听取审议《行政工作报告》和《2012年度业务招待费使用情况等专项报告》，审议通过《集体合同》《工资专项集体合同》和《女职工权益保护专项集体合同》，并举行现场签约仪式。（康　迪）

【临港集团召开一届三次职代会】 12月18日，临港集团召开一届三次职代会，48名正式代表和列席代表参加会议。职工代表听取审议《2013年经营管理工作报告》，听取《关于成立职代会劳动保护监督检查委员会的说明》《一届二次职代会代表提案落实情况的报告》《高级主管评选管理办法产生的说明》和《职工薪酬福利调整的说明》等，审议通过《临港集团职代会劳动保护监督检查委员会管理办法》《临港集团高级主管评选管理办法》《临港集团补充养老保障产品管理方案》《2013年工资专项集体合同》和《女职工专项集体合同（修订版）》。（陈　浩）

【号百公司工会组织职工代表专题培训】 3月1日，中国电信号百公司工会组织开展提案工作专题培训，约60名职工代表参加。培训重点围绕“怎样当好职工代表”“职代会提案工作”两大主题，阐述当好职工代表应具备的素质和做好提案工作的重要意义，讲解提案与意见建议的区别以及提案内容的选择范围等。参加培训的职工代表明确了如何履职和写好提案，达到预期培训效果。（沈　匀）

【号百公司召开一届四次职代会】 3月21日，中国电信号百公司召开一届四次职代会，91名职工代表参加会议。会议听取审议总经理行政工作报告、《公司一届三次职代会提案处理情况报告》《2012年度公司中层管理人员任用情况报告》《2012年度公司业务招待费使用情况报告》《〈2012年度集体合同〉履行情况、制订〈2013年度集体合同〉的说明》《2012年度公司培训经费使用情况报告》和《2012年度公司领导人员廉政建设情况报告》。会议以无记名投票方式表决通过《中国电信集团号百信息服务有限

公司2013年度集体合同》，并举行现场签约仪式。（沈 匀）

【上海国际集团加强职代会制度建设】上海国际集团有限公司根据集团战略定位和组织架构，在集团和子公司两级管理基础上，实行两级民主管理工作机制。集团重视职代会制度建设，集团及各子公司均建立职代会制度。集团执行重大决策和经营管理事项向职代会报告制，公司领导每年在职代会上向职工代表报告年度经营工作、集团发展规划等重要决策和事项，听取职工代表意见。集团严格执行涉及员工切身利益重大方案和事项的职代会表决制，集团及所属各公司有关集体合同、薪酬福利制度等与员工切身利益相关事宜均履行相关民主程序。组织职工代表参与中层干部评议和评分，评议结果作为干部考核的重要指标之一。（王珍宝）

厂务公开

【概要】2013年，上海市厂务公开民主管理工作以推进职工代表大会制度建设为主线，注重形成厂务公开民主管理工作合力，注重转变工作方式，聚焦重点难点问题，在推进基层民主政治建设、构建和谐劳动关系、促进上海经济社会发展中发挥积极作用。截至9月，全市实行厂务公开的单位有4.83万家，同比增幅3.8%，并覆盖基层企事业单位28.8万家。各地区、系统和基层企事业单位结合党的群众路线教育实践活动，积极推进厂务公开制度与企事业单位党风廉政建设、日常管理制度的有机融合，为深化改革创新发展注入活力。（庄若冰）

【虹口区开展第十一次厂务公开调研检查】11月13—22日，虹口区组织开展第十一次厂务公开民主管理工作调研检查。分别听取区教育局和北虹初级中学，区绿化和市容管理局和东虹环境保洁有限公司，商业集团和三角地菜市场，8个街道以及8家民营企业的厂务公开民主管理工作专题汇报，查阅各单位厂务公开工作台账，组织现场职工测评，并就厂务公开民主管理工作在推进过程中遇到的困难问题组织座谈。各单位以“党委领导、行政负责、工会组织、职工参与、纪委监督”为原则，积极开展厂务公开民主管理工作，坚持将与职工切身利益有关的薪酬发放、福利制度、企业发展的重大决策等信息及时进行公开，听取职工意见建议。（徐 洁）

【广电集团畅通职工诉求渠道】广电集团注重加强企业民主管理，密切厂领导与基层员工的沟通联系，开设“董事信箱”和“诚信疑虑受理电子信箱”。公司指派“诚信疑虑受理人”专门负责收集和管理员工提供的信息，凡符合政策能立即解决的当场给予解决；不能解决的问题，责成相关部门与公司沟通，把结果及时向员工反馈；对不符合政策规定的，也积极向员工做好解释工作。通过民情反馈通道的建立，及时解决员工在思想、工作、生活等方面存在的实际困难和问题。同时为加强厂务公开的及时性和有效性，每逢周一所有员工都会收到来自公司高级管理层的邮件，内容包括企业一周的生产经营状况、销售形势、公司大事、员工普遍关心的动态事件、企业文化宣传等，确保员工的知情权。（翁焕平）

【上海电建公司不断推进厂务公开民主管理工作】上海电建公司围绕“六个环节”深化企业厂务公开民主管理工作。一是着力培训层次的全面。组织新上岗领导干部和职工代表培训，增强党委责任意识、行政主体意识和职工参与意识。二是着力工作制度的健全。通过完善厂务公开“六个化”实施意见、集体协商制度、民主恳谈会制度、职工代表巡视检查制度、职代会无记名表决制度、民主评议领导干部制度、职工无记名评鉴职代会质量制度等，形成厂务公开民主管理的长效机制。三是着力工作领域的拓宽。建立厂务公开民主管理工作制度，明确厂务公开的内容和形式。四是着力工作内容的深化。各基层单位通过职代会、企业报、厂务公开栏、局域网等形式，向广大职工公布涉及职工利益和职工关心的事项，体现企业决策和管理的公开民主。五是着力工作指导的推动。召开厂务公开民主管理工作推进会，总结、交流和推广好的做法和经验。六是着力工作的检查考核。把厂务公开民主管理列入企业文明单位考评、企业文化建设、党风廉政建设以及领导干部考核的重要内容，提高职工对厂务公开工作的满意度。（傅 诚）

【宝钢股份扎实推进企业民主管理】宝钢股份重视企业民主管理工作，注重发挥职工代表参政议政作用，确保涉及职工的重大议案规范履行民主程序。在“总部岗位工资优化方案”实施过程中，充分尊重职工，组织召开10余次管理者沟通会和职工座谈会，广泛听取职工意见和建议，并逐步完善和优化方案。同时，严格按照规定履行民主程序，“总部岗位工资优化方案”经职代会无记名表决，获高票通过，各基层单位通过率也均在90%以上。公司工会组织职代会主席团成员中的非直管干部代表，参加与公司领导的座谈会，就公司生产经营、管理改善、生活后勤服务等方面提出建议意见，并建立公司领导与职工代表的日常联系信箱。宝钢股份各基层单位全部建立领导与职工协商沟通会制度、职工接待日制度、领导下基层作业区带班制度等多种形式的民主管理制度。（包 翔）

【宝钢集团工会组织开展“职工代表看宝钢”活动】7月24日，宝钢集团工会组织开展以“聚焦班组安全基础管理，畅言领导人员作风建设”为主题的第七期“职工代表看宝钢”活动。30名来自钢铁主业和多元产业的职工代表分别参观宝日汽车板、宝钢国际、宝钢化工、宝钢发展公司的工作现场，并进行交流座谈。座谈会上，职工代表聚焦班组安全基础管理，畅言领导人员作风建设，提出32条意见建议，并纳入党的群众路线教育实践活动整改计划落实。（李士伟）

【国药控股工会通过信息平台加强厂务公开实效】9月，国药控股工会对公司职工进行满意度调查，经后期数据整理分析，发现公司厂务公开工作有告而不知的现象。为改善工作，公司工会向信息部申请，在公司OA系统中专设企务公开板块，将公司的各项制度规定以及与职工切身利益相关的内容长期公示。工会还将开展阶

段性民意调查，广泛听取意见建议，网上公开职工关心、诉求强烈的企业事务。（蔡文婕）

【航天局控制所工会召开职工热点问题集中解答会】 11月6日，航天局控制所工会组织召开职工热点问题集中解答会，所长、工会主席、相关职能部门领导、各部门分工会主席和30名职工代表参加会议。会上，针对所工会前期面向职工征集并梳理的食堂管理、人事政策、单位搬迁三大类热点问题，就职工的提问和诉求，进行集中解答，切实保障职工的知情权、参与权和监督权。（沈 恺）

【中国海运工会制定船务公开实施办法】 年内，中国海运工会制定《船务公开实施办法》，规范船务公开内容，增强船务公开实效。《实施办法》明确，船务公开要坚持“党组织领导，行政负责，工会运作，船员广泛参与”的领导体制和工作机制，规定船务公开五大类20个项目以及船务公开的主要形式、时间、监督检查等事项。《实施办法》要求，各船公司成立由工会主席为组长，纪委、组织部、船管部、工会等职能部门组成的船务公开领导小组，加强对船务公开的指导和督查力度。（张 洁）

【上海港引航站注重职工民主参与】 上海港引航站根据党的群众路线教育实践活动中听取的基层意见，年初成立“引航员工分结构完善”专题课题组。在课题调研方案制定过程中，注重把好职工民主参与、民主管理、民主监督关。一是全过程参与，通过电子邮件、电话以及前往长江口引航船等方式，听取一线引航员的建议，广泛征集方案。二是公开初步方案，进一步听取意见反馈，前后共推出7个版本，及时掌握方案进展情况。三是网上公示基本拟定方案，到引航船分组听取意见。四是由站工会组织实施无记名投票表决。引航科266名和洋山分站19名一线在职引航员全部参加投票，最终282票同意，1票反对，2票弃权，《引航员工分结构调整方案》获高票通过。（张 新）

国药控股召开党政领导与员工代表恳谈会（俞善飞）

【交运集团厂务公开民主管理工作取得新成效】 交运集团立足改革发展实践，确立围绕产业结构调整、发展方式转变、共建共享建设、改善民生保障、和谐企业建设的“五位一体”厂务公开民主管理工作指导思想，工作取得新成效。一是围绕转型发展和改善民生，加强制度机制建设。在企业重大决策和经营管理、国企改革和转制、实现共建共享和惠及职工、规范职代会运行和扩大参与监督，以及尊重职工主体意志和建设职工评价机制中，深入发展厂务公开民主管理。二是围绕改革攻坚和上市进程，发挥制度新作用。集团不断拓展厂务公开内涵和外延，在推进实施主辅分离、上市公司信息披露以及与党务公开有效融合中发挥厂务公开制度新作用。三是围绕上市新发展和国企新一轮改革，加强制度创新。集团力求在推进制度完善和机制保障，推进上市后新发展和解决实际问题相结合，推进与上市公司内控制度相适应，推进存续公司实体经济新发展等四个方面探索厂务公开新实效。（陈敦敏）

【上海邮政开展局务公开栏规范化和标准化检查】 年内，上海邮政结合民主管理局务公开调研检查，对87个支局（生产科）局务公开栏开展规范化和标准化检查。70.8%的被查单位按规定对员工的当月浮动绩效发放情况进行公示，员工工资性收入分配情况基本做到透明度和公开化。对检查中发现的个别单位局务公开内容透明度不强，存在“模糊公开、事后公开和过早撤除公开内容”等情况，检查小组要求其进行限时整改，以保障员工的知情权、参与权和监督权。（张 莉）

【中远集运工会扎实推进企务公开民主管理】 中远集运工会制订印发《2013年中远集运企务公开民主管理工作意见》，把创建“劳动关系和谐企业”作为企务公开民主管理工作的重要目标，以职工满意度和企事业单位和谐度为标准，开展“公开解难题、民主促发展”活动。会同纪委对单证公司、供应公司的企务公开工作进行检查调研，总结陆地基层单位在加强基层民主政治建设、维护职工合法权益、促进企业健康发展方面的做法和成效，查找存在问题，提出相应对策建议。各船舶工会参照公司企务公开要求，结合船舶特点，对涉及船员利益的事项，包括船员入党、晋升，船舶劳务费分配，招待费、伙食费管理等，坚持按程序规范化、过程透明化、结果公开化操作，并形成规章制度。（钱 华）

【巴士集团不断深化厂务公开民主管理】 巴士集团以职代会制度建设为契机，深化厂务公开，完善民主管理。一是健全制度，规范评议，促进干部队伍建设。集团坚持企业重大事项和涉及职工切身利益的事项向职代会报告，接受职工代表审议；坚持三级职代会民主评议领导干部，并将评议情况纳入领导干部管理考核的组成部分；坚持动员和组织职工参与群众性安全生产巡视等活动；坚持涉及职工切身利益事项贯彻落实情况予以公开，并将一系列制度汇编成企业标准加以贯彻。二是切身利益，源头维护，确保职工队伍稳定。集团行政与工会坚持定期开展集体协商，签订职工工资增长专项协议、制定福利统一发放制度，合理提高一线职工的收入及福利水平，并通过职代会制度平台广泛听取职工意见和建议，不断完善方案举措。三是多种渠道，多样举措，关心职工安全健康。集团成立“世纪巴士基金”，开展重病救助、帮困助学及特殊救助。由于行业特性，集团注重加强职工劳动保护，行政和工会通过职代会集体协商制度平台，签订《劳动安全卫生专项协议》及《女职工特殊权益维护专项集体合同》，签订三级《安全生产》及《综合治理》责任书，切实保护职工的安全、健康权益。（庄若冰）

【三航院扎实推进院务公开民主管理工作】 一是加强领导，扎实推进院务公开工作。成立由公司党委书记任组长，总经理，纪委书记、工会主席任副组长，有关职能部门负责人参加的院务公开领导小组，形成党委统一领导，党政共同负责，纪委、工会等齐抓共管，职工群众广泛参与的工作格局和运行机制。二是落实制度，切实保障院务公开落到实处。凡涉及经营生产方面的重大决策、内部改革方面的重要方案、职工利益方面的重要问题以及内部管理方面的重要事项，都提交职代会审议。坚持党政主要领导与职工代表恳谈会制度，拓展双向信息沟通渠道。坚持依法维权，抓好集体合同、工资集体协商协议和女职工专项集体合同签订。同时，坚持职代会上职工代表民主评议公司党政班子和成员以及两级党政班子和中层干部的制度。三是多种渠道，提升职工参与院务公开民主管理能力。组织职工积极参加“我为增收节支、节能减排献一计”和“管理提升”等主题的群众性合理化建议活动。利用局域网、宣传栏《院讯》等载体，公开重大事项、重要决策和重要制度。（钱 蓉）

【建工房产公司坚持“四个公开”推进厂务公开工作】 建工房产公司坚持公司改革发展的重大决策、经营管理的运转流程和操作程序、干部廉政勤政情况以及事关职工切身利益事项“四个公开”的目标，定期召开职代会听取公司行政工作报告，讨论审议公司改革发展和职工利益的重大事项，听取公司领导班子成员述职报告并进行民主评议。同时，通过通报例会和专题讨论会，通报公司发展重大事项和职工福利、医疗改革等举措，听取职工意见。为进一步畅通“厂务公开”渠道，公司工会还结合行政信息化建设，在OA网上开辟公告专栏，将公司形成的重要决策和相关文件及时上传；并开通工会微博，及时发布有关事项，让职工在第一时间知悉。（杨钟春）

【建工集团召开厂务公开民主管理工作会议】 11月1日召开。会议通报集团对12家子集团职代会和厂务公开工作的评估检查情况，肯定各单位职代会和厂务公开工作坚持规范运行、紧跟形势、紧扣热点、促进企业和谐发展的具体实践、主要成效和经验特色，查找存在的问题和薄弱环节。会议提出，一要进一步深刻认识厂务公开民主管理是全面贯彻党的群众路线、落实全心全意依靠职工办企业的有效途径，着力发挥厂务公开民主管理在推进集团改革发展中的积极作用。二要坚持以职代会为基本形式的厂务公开民主管理，全面落实职代会各项职权和三级民主管理制度，进一步推动职代会制度规范化运作，要鼓励各项目部在民主管理工作中“百花齐放”，结合实际创造性地开展工作，推动厂务公开民主管理更好地在基层贯彻落实。三要结合当前职工队伍年轻化、利益诉求多元化等新情况、新问题，创新厂务公开民主管理工作形式，以多样化的沟通平台回应职工关切，推动厂务公开民主管理与构建和谐企业有效联动。（杨钟春）

【华山医院院务公开民主管理工作取得积极成效】 一是健全体制机制，统一思想认识，加强规范实施。医院坚持“党委统一领导，党政共同负责，有关方面齐抓共管，职工群众广泛参与”的领导体制和工作机制。先后制定《院务公开实施办法》《院务公开工作责任制》《职工代表大会民主管理和监督制度》等制度文件。二是坚持院务公开，落实民主评议，体现良性互动。坚持院务公开与党务公开相结合，如医院的“三重一大”事项、党员支部考评情况、评优评先情况、医院经营、财务收支情况、年度财务预算决算、重点监控药品使用情况、医药设备采购、学术活动等工作及时公开，接受职工的监督。医院每年以职代会和干部民主评议会相结合的形式，对领导干部进行专题测评和民主评议，并将结果及时向职工代表公开。三是强化基本形式，确保有效参与，注重提案质量。医院在职代会召开次数、代表选举、会议内容上规范操作，依法落实职代会职权。每年对职代表开展各项实务培训，提升职代会代表的参与意识和议事能力，并

上海机场集团工会开展职工代表巡视 （何力平）

建立优秀提案奖励机制。近年来，职代会提案落实率 100%，提案人满意率达 95%。（庄若冰）

【光明集团坚持发挥职工顾问团参政议政作用】 光明集团通过建立职工顾问团会议机制，积极构筑一线职工与集团领导的沟通平台，有效发挥职工顾问团成员参政议政作用。在征询对《光明食品集团 2013—2015 年发展战略规划》的意见建议过程中，顾问团成员认真履职、畅所欲言，围绕集团发展战略规划，从员工收入与集团经济发展同步增长，民生工程建设，集团人才战略、科技战略、品牌战略、文化战略等方面建言献策。集团党政领导对顾问团成员 10 个方面的主要建议一一作出说明和解释，希望职工顾问团在今后工作中进一步关心企业发展、关注民生民意，在实施集团新 3 年发展战略规划中继续发挥参谋和智囊团作用。（桑树德）

【民政局工会深入推进厂务公开民主管理工作】 8 月，市民政局工会贯彻市厂务公开工作领导小组工作部署，在局属各单位中开展第十一次厂（院）务公开民主管理工作调研检查，要求各基层单位从职代会、厂（院）务公开的建制和运作、厂务公开作用的发挥、职工的满意等方面开展自查自评，并按照系统组织市社会福利中心、市殡葬服务中心下属基层单位和局直属单位分别召开自查交流会。市民政局厂务公开工作领导小组听取互查交流和讨论，要求下一步按照“六个化”目标要求，进一步推动企事业单位实行重大决策科学化、分配制度规范化、干部管理民主化、干部廉洁自律报告制度化、经营管理重点环节程序化、大宗物资采购和工程招投标等重大经营管理事项公开化，切实保障职工当家作主的民主权利。（胡积伟）

【监狱局工会积极推进厂务公开工作】 一是加强领导，健全组织，建立厂务公开长效机制。明确党委是第一责任人、行政是第一执行人、工会是主要的推动者，形成三方合力推进厂务公开工作。二是局工会组织开展第十一次厂务公开工作调研检查。在企业自查的基础上，对企业单位和农场社区 5 家局属企业单位进行检查。三是以职代会为抓手，按照厂务公开“六个化”的民主程序和涉及职工切身利益“六公开”的要求，进一步落实职工群众的知情权、参与权、监督权和审议权。四是在深化监狱体制改革中，指导 5 家企业，根据厂务公开民主管理的工作要求，把涉及职工切身利益和企业发展等重大问题，提交职代会审议讨论，进一步规范职代会民主程序。（江海群）

市卫生局工会召开院务公开领导小组会议（池朝霞）

【上海联通举行2013年企务发布会】 4 月 26 日，上海联通举行 2013 年企务发布会，各基层工会和职工代表以及职能部门负责人共计 102 人出席会议。发布会通报 2013 年第一季度生产经营情况、集团公司总经理座谈会主要精神、2012 年员工职级薪档调整情况和中层干部考核情况、第一季度全公司项目投资情况以及第一季度项目招投标情况。会上，5 位与会代表进行现场提问，内容涉及员工工间做广播操和眼保健操的建议、定期开设医疗讲座、员工收入、员工文体活动、区县分公司获取用户欠费信息及时性等方面。总经理及相关职能部门负责人现场解答，并由相关部门落实解决。（康　迪）

非公民管

【概要】 2013 年，上海各级工会贯彻《上海市职工代表大会条例》和《企业民主管理规定》，扎实推进非公企业民主管理工作。上海各级工会重点推进在沪世界 500 强和规模以上非公企业独立建立职代会，推动广大非公企业规范运作职代会等企业民主管理制度；大力推行区域性、行业性职代会制度，进一步扩大对暂不具备单独建制小微企业的覆盖面。上海工会结合 2013 年市厂务公开民主管理工作会议、市第十一次厂务公开民主管理工作调研检查暨非公有制企业职代会规范化建设专场座谈会，总结推广高桥捷派克、贺利氏古莎齿科、第九城市、城市国际、索广电子、和黄药业等单位深化非公企业民主管理的经验做法，引导更多的非公企业认同和践行职代会制度，维护职工民主权利。在各级工会努力下，许多世界 500 强企业和规模以上民营企业都相继建立健全职代会制度，积极开展集体协商签订集体合同工作。此外，上海工会还通过加大对区域性、行业性职代会的推进指导力度，总结推广石门二路、长白街道等区域性、行业性职代会的经验，推动区域、行业内广大中小型非公企业实行民主管理。（王珍宝）

【市总工会开展非公企业职代会规范化建设调研】 调研采取与 17 个区县和部分局（产业）工会分管主席、民管部长座谈，对各行各业非公企业实地考察，同企业党组织负责人、业主和经营管理者、人事总监、工会主席，职工代表座谈等形式，了解和掌握规模以上非公企业以及中小非公企业较集中的街镇、工业园区职代会制度的基本情况，查找工作推进中存在问题和困难。调研发现，自《上海市职工代表大会条例》实施以来，上海非公企业职代会制度建制率明显增长，运作质量明显提高，维权维稳作用明显体现，推进工作的社会环境也明显优化。同时，调研也发现在非公企业职代会制度建设方面存在的诸多问题，如建制缺口大，运作不规范，合力推进格局尚未完全形成等。另外推进非公企业职代会还面临着两方面的困难和挑战，即非公企业差异性大的困难，以及职代会制度建设面对的诸多挑战。为此，课题组建议重点抓好合力推进、分类指导、强化能力素质、典型培育、监督研判等5项工作机制，推进非公企业职代会制度的规范化建设。（王珍宝）

【闸北区抓住三个关键环节深化非公企业职代会制度建设】 一是抓住依法建制环节。以贯彻执行《上海市职工代表大会条例》为契机，通过组建工会、建立职代会、签订集体合同“三同步”机制，小区、楼宇、市场、一条街、园区及其他类型的“5 + X”模式，以及有政治身份企业经营者带头重视支持工会工作、厂务公开调研检查、工会目标考核、创建劳动关系和谐企业等机制平台，促使非公企业建立单独职代会或以区域性、行业性职代会形式进行覆盖。截至年底，全区已建工会的非公企业8482家建立职代会，建制率为85.5%。二是抓住规范运行环节。通过制定下发《闸北区职代会制度操作手册》《关于进一步规范职工代表大会制度建设的通知》，对全区1.5万多名职工代表进行轮训，对基层工会干部进行职代会制度专题培训，推动非公企业职代会制度规范运行。通过先行试点，在芷江西等社区探索规范区域性职代会的组织构架、运行程序。三是抓住职权落实环节。推动和监督非公企业规范履行职代会各项职权，并逐步引导非公企业在裁员、关闭、搬迁中将职工安置方案经职代会审议通过，积极倡导非公企业通过职代会民主选举，产生集体协商中职工方代表的办法。（王立成）

【第九城市计算机技术咨询（上海）有限公司积极推进企业民主管理】 一是建立管理层与员工沟通机制。公司每年召开两次全员绩效考评，其中特别增设沟通交流机制，即：公司高层与普通员工在职代会上就各自所关心的话题深入交流。交流内容包括上级对下级上半年工作完成情况的评定和下半年工作目标的设定。同时针对员工对公司发展的建议和设想，公司CEO现场解答。二是建立满意度、关注度评估机制。每年在职代会上组织员工满意度、关注度测评，就企业发展前景、决策机制、民主参与、管理制度、薪资福利、后勤服务以及员工个人发展需求、关注热点、满意程度等情况抽样调查。将调查的情况汇总分析，就员工普遍关心的热点问题向有关部门集中反映，并且共同商量解决方案，事后监督实施。三是落实提案制度。通过职代会平台征集职工代表的提案，职工代表提出管理制度、优化流程、员工福利、办公环境等方面提案，随后，公司召开关于提案处理的沟通会议讨论研究，落实相关承办部门和负责人，促进职代会制度规范化建设落到实处。（王珍宝）

上海市第十一次厂务公开民主管理调研检查暨非公有制职代会规范化建设专场座谈会在静安区召开（王舒芳）

【上海高桥捷派克石化工程建设有限公司健全完善现代企业民主管理制度】 为用好职代会民主管理的主要载体，公司积极探索和实践企务公开与企业管理制度的有机结合，使企务公开工作实现“三个延伸”。一是向现代企业管理的“重点”延伸。公司自觉把企务公开工作纳入企业内控制度和业务流程之中。对内控管理、业务流程、职责划分三大制度进行“业务再造”和“管理重塑”，经过认真梳理、反复论证和民主程序，修正业务流程、规范工作标准。二是向职工关注的“焦点”延伸。对于职工群众关心、事关职工切身利益的干部选拔任用、岗位竞聘、收入分配等焦点问题，做到政策公开、过程公开、结果公开。公司经营管理团队、管理岗位全部实行公开竞聘、结果公示。公司经营管理团队全体成员每年书面述职，并由股东会、董事会、职代会分层次开展满意度测评。三是向经营管理的“难点”延伸。公司推广“三重一大”集体讨论制度，严格按照公司经营管理权限，提交股东会、董事会、办公会等集体讨论，民主决策，并按企务公开责任制予以公开。（王珍宝）

【上海和黄药业有限公司积极搭建民主公开的制度平台】 每年至少召开一次职工代表大会，如遇需要职代会履行相应职权的临时事项则视情增加会议次数。每年职代会上，公司制订的经营发展规划、年度经营计划、职工职业发展规划、和谐劳动关系创建规划等重要制度都提交职代会，听取职工代表意见。针对职工最为关心的事项，如员工薪酬分配制度、员工手册、奖惩考核办法、集体合同、女职工权益保护、劳动安全卫生等专项集体合同草案等，都严格履行职代会法定程序，以无记名投票表决方式审议通过。在职代会闭会期间，公司采取民管专门小组定期巡查与职工代表专题巡视检查相结合的方式，对各项决议的履行情况进行监督检查，所有检查情况和整改落实结果将在下次职代会上进行报告。此外，公司运用局域网、企业报及时公布企业发展和经营管理动态、企业基本管理制度和各类奖惩考核情况等;设立总经理接待日，面对面倾听一线员工心声；在食堂设立电子公告屏，及时告知各类信息，接受职工与社会的监督。（王珍宝）

【上海索广电子有限公司稳步推进职代会制度规范化运作】 积极落实《上海市职工代表大会条例》有关规定，坚持每年召开职代会，不断推进职代会制度规范化运作，注重职代会和各项制度的有机结合。一是与劳资协商会结合。通过公司与工会每季度一次定期协商，制定一系列涉及员工切身利益的规章制度。二是与“爱家 PJ”结合。针对一线劳务员工离职率高的现象，公司党委、行政及工会联合开展卓有成效的“爱家 PJ”活动。在“爱家 PJ”活动中，有“育”(教育)、“住”(住宿环境)、“娱”（娱乐)、“食”（饮食)4个分科会，每个分科会都会在听取员工的需求和期望之后开展各项改善活动。三是与员工恳谈会、忘年会等其他沟通形式相结合。公司每 3 个月举办一次员工恳谈会，每次邀请 50 名一线员工与总经理、副总经理及部长们展开面对面交流，根据员工心声，公司改善员工福利、休息室、盥洗室、食堂餐饮等，为员工提供更为舒适的工作和生活环境,有效满足职工诉求，提升职工幸福指数。（王珍宝）

7 月 10 日，市总工会召开 2013 年上海市区县民主管理工作推进会（庄若冰）

职工董监事

【概要】 2013 年，市总工会启动现代企业制度下厂务公开民主管理现状的重点调研，在开展问卷调查、座谈研讨和实地考察的基础上，完成上海市职工董监事制度现状的专题调研报告，全面总结分析上海职工董监事制度的现状及存在的主要问题，以及推进职工董监事制度的思考和对策建议。11 月，结合市第十一次厂务公开民主管理工作调研检查，市厂务公开工作领导小组召开现代企业制度下民主管理专场座谈会，会上总结推广宝钢集团职工董事的经验做法，对推进厂务公开民主管理与现代企业制度紧密结合起到积极示范作用。据上海工会年报统计，截至 9 月底，已建工会的公司制企业建立董事会的有 5600 家，共有职工董事 1774 人，其中工会主席或副主席进入董事会 1209 人；已建监事会的有 3146 家，共有职工监事 1795 人，其中工会主席或副主席进入监事会 893 人。（朱 佳）

【市总工会开展职工董监事制度现状调研】 为全面掌握职工董监事制度推进情况，市总工会开展职工董监事制度现状调研。调研涉及全市 11 个地区、15 家产业、300 家企业，共召开 12 场专题座谈会，对 58 名职工董监事进行访谈，赴 28 家企业实地考察，发放 250 份企业调查问卷。从调研情况看，上海职工董监事制度的推进总体呈现工作发展不平衡、建制呈徘徊不前或下降趋势、作用发挥有限等三大问题。同时,调研对部分地区、系统（产业）和基层单位好的做法经验进行总结，一是推进建制的力度相对较大，工会联合组织、国资等部门共同制定指导文件和职工监事管理办法等。二是推进工作的力量整合相对较好，注重与党委、纪委、工会的整体联动。三是制度间的融合度相对较高，职工董监事参与集体协商、职代会的运作情况良好。调研显示，职工代表进入董事会受到法律制度、主要领导的认识和董事会职数等三方面的限制；职工董事在接受职代会监督方面还存在一定的机制缺陷；现有的董事会制度设计缺陷给职工董事作用发挥带来负面影响；职工董监事的知识结构、素质能力和再教育机制不健全同样是造成职工董事难以发挥作用的重要原因。调研同时显示，监管不力使职工监事在建制方面遭遇困难；监事会的运行和管理体制问题给职工监事作用发挥带来影响；职工监事在产生和接受监督方面都存在缺陷；职工监事的能力和教育培训机制缺乏是影响职工监事作用发挥的原因之一。调研同时对法人治理结构中职工参与问题、公司与董事会职责定位问题和职工董监事工作中存在问题等进行了思考，提出建议修改《公司法》，明确民主管理制度在公司制企业中应有的地位；整合力量，合力推进职工董监事建制；加大研究力度，适时制定职工董监事履职规定；加大职工董监事工作制度建设，推动与其他民主管理制度整合；加大培训教育力度，强化对职工董监事和工会主席培训；建立社会各方共同研究合力破解问题的机制等六方面建议。（周永宝）

【宝钢集团工会首次举办职工董监事研修班】 宝钢集团始终重视发挥职工董监事作用,2011 年 9 月即出台《宝钢集团职工董事、职工监事管理办法》。2013 年 12 月初，宝钢集团工会首次举办职工董监事研修班，开展专题辅导、政策解读、履职交流。研修班聚焦职工董监事特别职责，注重提升履职能力，来自集团公司有关单位的20多位职工董监事参加研修。通过研修，职工董监事明确要履行关注和反映职工合理诉求、代表职工利益和维护职工合法权益的工作职责。明确要加强学习和积累，不断开拓视野；深入调查研究，掌握职工诉求；经常性与董事会、监事会其他成员沟通；参与决策，阐述独立见解等。同时，明确对董事会作出的决策，要带领职工响应、落实和监督实施结果。
（徐　卫）

【宝钢集团职工董事注重把握双重角色定位】 宝钢集团职工董事在履职过程中注重把握好职工董事的双重角色定位，既注重维护出资人和企业的利益，又注重维护职工的合法权益。一是注重学习和积累，不断开拓视野。在日常工作中，职工董事注重加强相关知识的学习和培训，熟悉相关法律政策，在全面、深入了解企业生产经营状况的前提下，准确把握出资人、企业、职工三方利益平衡的最佳结合点，并体现到董事会的决策过程和结果中。二是注重调查研究，掌握职工诉求。职工董事借助工会每年开展的管理者问卷调查，并通过“进千个班组，访万名职工”服务职工在行动活动，掌握来自基层一线的职工意见和诉求。通过宝钢多级职代会体系，了解职工代表的提案信息。三是注重与董事会成员沟通，形成良性互动。宝钢集团董事会建立以来，职工董事与董事会成员保持良好的沟通协商，在20次董事会上共计提出35个涉及职工权益的决议案。四是注重决策参与，阐述独立见解。职工董事就基层职代会、厂务公开民主管理，以及涉及企业发展战略的问题等进行专项调研，并在董事会审议相关议案中客观反映情况，提出建议。五是注重决策落实，监督实施结果，将董事会决策的落实视作职工董事履职的关注重点。
（朱　佳）

和谐劳动关系

【概要】 根据《上海工会推动和谐劳动关系建设行动计划(2012—2013年)》，2013年，市总工会结合上海实际，加强分类指导，针对地区非公企业多的特点，将工作重点放在遵循国家法律法规、促进劳动关系双方有序协商和建立劳动关系协调制度上；针对产业(系统)公有制企业和规模以上外资企业多的特点，将工作重点放在劳动关系协调制度作用发挥、提高职工对企业满意度、履行企业社会责任、塑造良好社会形象上；针对区域(行业)小微企业多的特点，将工作重点放在规范劳动用工、循序推进劳动关系协调制度建设上，建立健全区域性、行业性职代会制度、劳动争议调解组织，推动区域、行业内各类企业结合实际发展和谐劳动关系。重点培育和指导杨浦长白社区和谐劳动关系建设工作，并组织区县工会民管干部现场观摩长白社区推进和谐劳动关系工作会议。与市厂务公开工作领导小组等共同开展“2012—2013年度上海市劳动关系和谐职工满意企事业单位和上海市职工信赖的经营管理者”评选活动，与市人保局、市企联和市工商联共同开展“2013年度上海市劳动关系和谐示范单位”评选活动，进一步推动上海劳动关系和谐企业创建活动深入开展。
（朱　佳）

宝山区召开加强劳动关系建设工作会议　（胡立伟）

【徐汇区扎实推动厂务公开民主管理创建和谐企业】 7月3日，徐汇区召开创建劳动关系和谐企业、推进厂务公开民主管理工作会议。会议总结2012年创建劳动关系和谐企业、推进厂务公开民主管理工作情况，通报2013年厂务公开民主管理工作要点及《关于深入开展劳动关系和谐企业创建活动的实施意见》，并为获得上海市厂务公开民主管理工作先进单位和徐汇区劳动关系和谐企业十佳单位的企事业单位颁奖。年内，徐汇区新增职代会独立建制企业66家，已建立行业性职代会13个。全区1.83万家企事业单位中，职代会独立建制1187家，行业性、区域性职代会覆盖企业1.54万家，职代会建制率达90.5%。徐汇区通过“调研指导、健全机制、培训代表、典型示范、交流推广、检查考评”等措施，扎实推动全区开展厂务公开民主管理工作，促进创建劳动关系和谐企业。全区有137家单位被评为徐汇区劳动关系和谐企业，有452家单位被评为徐汇区创建达标单位。2013年，徐汇区厂务公开工作领导小组获上海市及全国推动厂务公开民主管理工作先进单位。
（王正望）

【杨浦区试点探索社区构建和谐劳动关系新机制】 2013年，区总工会针对社区内小微企业、非正规组织、个体工商户和社会组织众多，无法纳入行业或单体协商，从业人员权益维护难的问题，于长白地区先行先试，在全市率先成立街镇层面厂务公开及和谐劳动关系领导小组负责整体构建，并将经验在全区推广。年内，全区共建立小区工会议事会193个，逐步完善职工民主参与平台。在每个小区层面通过小区议事会共商、共议、共决企业经营者和职工关心的利益问题，形成和谐劳动关系决议和文明公约，推动小区工资集体协商、工会组建、

职工服务维权“三个全覆盖”，促进和谐劳动关系建设和区域和谐稳定。（曹理仰）

【黄浦区表彰命名首批劳动关系和谐企业示范（达标）单位】 5月17日，黄浦区召开劳动关系和谐企业示范（达标）单位表彰命名暨2013年创建活动推进大会，640余人参加会议。大会表彰命名123家劳动关系和谐企业示范单位和585家达标单位，并授予证书。上海明华物业管理有限公司等10家单位作交流发言。同时，会议为黄浦区及上海新世界集团等5家单位获“2011—2012年度上海市（推动）厂务公开民主管理工作先进单位”授予证书和奖牌。（杜　琴）

【宝山区总工会加强和谐劳动关系创建工作】 年初，区总工会牵头制定《2013—2014年度宝山区劳动关系和谐企业创建实施方案》及《创建劳动关系和谐企业达标评估细则》。会同区人保局召开全区劳动关系协调工作会议，规范和强化单位改革改制过程中的职代会民主程序。2012年至2013年宝山区企业因改革改制引发劳资纠纷较为突出，区总工会注重发挥工会在协调化解劳资纠纷中的重要作用，引导职工理性维权，合理主张利益诉求。通过完善《职工劳动关系情况专报》制度，定期通过专报及时反映当前职工劳动关系状况，分析研判有关典型案例，制订相关对策和措施，促进劳动关系的和谐稳定。（胡立伟）

【顾村镇总工会开展企业劳动管理联合巡查活动】 12月5—6日，顾村镇总工会联合安全事务所、食品药品监督管理所、劳动保障、公惠职工服务社等3个政府部门和1个社会组织，以及部分工代会代表一行20多人，通过听、查、议的形式对镇域内的3家企业开展劳动管理联合巡查，提出30多条建设性意见，并要求企业落实整改。这次活动是落实镇政府和镇总工会联席会议作出的关于建立劳动管理联合巡查监督制度，整合各方资源，以服务为先导，实践和探索建设枢纽型工会组织的一次有益尝试。（胡立伟）

闵行区举行职工科技创新成果发布会暨紫竹园区创建闵行区劳动关系和谐园区启动仪式（俞龙祥）

【闵行区深入推进劳动关系和谐企业创建工作】 一是探索推进劳动关系和谐园区（村、楼宇）创建。建立园区（村、楼宇）创建工作体系，并在紫竹高科技园区举行创建启动仪式。二是不断优化劳动关系和谐企业创建标准。修改制订《2013年劳动关系和谐企业、园区（村、楼宇）创建手册》，在企业创建标准中新增依法缴纳住房公积金、劳务工合法权益维护以及参加安全生产标准化达标建设等内容。三是健全完善创建企业动力激励机制。联合区有关部门制订《关于加强本区劳动关系和谐企业职工职业技能等级培训的指导意见》《关于对企业涉及职工切身利益重大事项实行三方联合会审的实施办法》，有针对性地开展指导服务。四是积极构建区镇分层分级创建工作格局。推动各镇、社区（街道）、莘庄工业区完善创建工作体系，在完成区级劳动关系企业和园区（村、楼宇）创建任务的基础上，推动和开展各级层面劳动关系和谐企业、劳动关系和谐园区（村、楼宇）创建活动，建立区镇两级劳动关系和谐企业创建工作体系。年内，全区共有203家企业申报创建劳动关系和谐企业，覆盖职工5.9万人，17家园区（村、楼宇）申报创建劳动关系和谐园区（村、楼宇），覆盖企业2268家，覆盖职工3.17万人。（刘　芳）

【上海仪电信息集团创建和谐劳动关系营造和谐企业环境】 上海仪电信息（集团）有限公司工会，紧密结合工作实际，坚持贯彻党的群众路线，在创建劳动关系和谐企业工作中取得成效。一是以职代会为民主管理的基本形式，维护职工合法权益。仪电信息所属企业100%建立职代会制度，同时基本建立工资集体协商机制。二是力促职工与企业共同发展，构建和谐劳动关系。在创建劳动关系和谐企业中，注重将涉及职工切身利益的事项列入工会重点工作，建立职业资格奖励机制，建立劳模先进选树培育机制，增强广大职工学习知识、更新知识的紧迫感和自觉性，营造学先进、赶先进、争先进的氛围。三是以文化建设为凝心聚力的重要纽带，增强员工满意度，营造积极向上的文化氛围，开展喜闻乐见的文体活动，注重帮扶救助的人文关怀。（张　赤）

【宝钢化工工会深入开展“服务职工在行动”】 年初，宝钢化工工会制定《2013年“服务职工在行动”工作计划》，明确每位工会干部的联系点和访谈人数，同时强调进班组、访职工的方法和要点，强化意识，明晰责任，细化方法，提高可操作性。截至年底，各级工会干部进班组126个，超计划128.57%，访谈职工725人，超计划121.83%。各级工会干部共收集各类问题、意见195个，已解决193个，对于客观条件不具备而未能解决的也及时作了说明和反馈。（庄国平）

【宝钢总部机关开展"零距离·凝聚力"员工系列沟通活动】 宝钢集团总部机关策划并开展"零距离·凝聚力"总部员工系列沟通活动，包括总部论坛实体会议、总部共享网络专区、展板展示等线上和线下沟通交流方式，通报公司发展态势，传递公司高层声音，展现员工能量与风采。2月27日，召开"环境·行为·状态"总部员工沟通会，公司总经理在会前发起网上虚拟会议。员工们就总部办公环境优化项目、如何塑造"有活力、有水平、有纪律"的总部员工队伍与公司领导面对面交流。4月30日，协同平台上开通"总部共享信息平台"，包括信息共享、互动交流、活力总部、公司出版物等专栏；并出台《总部信息共享管理规范》，各职能部门共同推进。8月30日，召开"向着愿景奔跑"总部员工沟通会，围绕"战略规划"与"活力总部"，公司总经理发起网上虚拟会议，历时1月，共111人参与，产生10万余字的发言记录。通过"零距离·凝聚力"总部机关情况通报平台建设，为总部员工提供"形势任务宣传、战略规划解读、重点工作剖析、员工行为养成、典型事迹发扬、文体活动展示"的分享平台，营造"通过共同努力，实现共同发展"的氛围。

（周国芬）

【宝钢特钢工会探索实践职工诉求网络化公开化管理】 宝钢特钢工会积极探索职工诉求信息管理的有效途径和方法，先后建立职工双月座谈会制度，实施《职工诉求信息管理办法》《关于职工诉求信息协同管理的操作办法》等制度，并构建职工诉求信息的两级管理体系，要求基层工会组织通过座谈会、班组学习会、领导人员定点联系基层、工会干部访谈职工等多维度的倾听和交流渠道，掌握职工思想动态。公司层面则重调动有利资源，组成协调团队，解决职工普遍关心的"三最"问题，同时做到问题网上公布、网上答疑解惑、网上回复职工，实现闭环管理。年内，各基层工会召开职工座谈会63次，参加座谈会的人数达1048人，收集处理职工信息242项，公司工会以及协同团队协调处理职工"三最"问题59项。

（陈美坤）

【烟草储运公司工会以项目制提升员工满意度】 一是源于职工，开展立项策划。公司工会从员工满意度测评结果中寻找工作突破口，提出"畅通渠道、办好实事、提高员工满意度"的项目课题，认真进行前期策划，明确指导思想、基本原则、课题目标、对策措施、时间节点和工作要求，保证整个项目有序开展。二是深入基层，开展排摸调研。项目组深入基层现场，围绕"基层职工最想了解什么，办事公开工作如何让职工满意"与基层职工进行座谈，共收集意见建议33项，形成改进项目12个。三是上下合力，开展改进落实。公司工会召集相关部门科室负责人召开专题改进落实会。对具备条件的，明确时间节点；对于比较复杂一时解决不了的，明确时限，逐步落实；对于因各种原因，确实无法解决的，向职工做好解释和说服工作。四是回到基层，开展跟踪反馈。公司工会多次到基层召开落实情况反馈沟通会议，对职工提出的建议诉求，给予面对面解释、解答。

（张洁华）

【上港集团张华浜分公司工会多种举措深化和谐家园建设】 一是着力拓宽"凝聚力工程"、素质工程和品牌工程建设新内涵和新外延，推进落实各项工作措施，扎实有效地做好为员工解难事、办实事、做好事的工作。二是拓展创建活动新领域，丰富企业星级班组创建活动新内容，激发班组长队伍能力培养新途径，推进合格职工之家、合格职工小家建设，为增强企业发展活力提供保障。三是注重利用行之有效的新载体，动员企业员工积极投入到"当好科学发展主力军、打好创新转型攻坚战"主题实践活动中，用新科技力量、用创新的新机制推动转型攻坚战，为企业发展提供智力支撑和技术保障。四是开展尊重人、了解人和关爱人活动，与职工共享企业改革发展成果，为企业和谐发展奠定扎实的群众基础。五是充分发挥工会组织优势，开展丰富多彩的员工业余文化娱乐活动，为企业发展提供正能量和新动力。

（季友明）

【上海出租汽车行业积极创建和谐劳动关系】 市交通港航工会会同市出租汽车行业工会和行业协会，积极贯彻落实交通部和中国海员建设工会关于开展出租汽车创建和谐劳动关系活动的要求，制订上海市出租汽车行业开展创建和谐劳动关系达标活动计划，提出健全组织和制度为重点的创建目标，即扩大工会组织覆盖面，完善驾驶员会员管理；规范劳动用工，签订劳动合同；健全职代会、厂务公开等民主管理制度；落实行业集体合同，开展平等协商；建立调解机制，协调劳动关系。经过努力，已有90%的上海出租汽车企业达到创建和谐劳动关系的标准。

（方蔚萍）

【良友三添公司把职工呼声作为第一信号】 三添公司领导通过座谈会和个别访谈，广泛听取各层面职工群众代表的心声，共梳理汇总四方面11条意见建议。在此基础上，公司领导坚持"讲求实效、取信于民"的理念，努力破解职工群众反映强烈的问题。根据职工反映的生产车间落地风扇存在安全隐患的呼声，公司领导要求相关部门重新采购符合安全生产要求的风扇，问题得到妥善解决。为抚慰职工退休时的失落心情，公司领导决定以班组为单位，为职工举行退休欢送会，活动费用由公司提供。

（褚佩瑶）

【绿地集团积极创建和谐劳动关系建设职工满意企业】 一是以民主参与促劳动关系和谐。不断完善工会组织建制，并将职代会、厂务公开和职工民主管理等长效机制落到实处。利用集团OA系统、党建网、《绿地报》等平台，将集团重要决策、当前工作、队伍建设等信息予以及时全面的公布。二是以发展促劳动关系和谐。集团始终保持健康快速发展，并倡导立足岗位工作发掘和储备一批优秀的业务骨干和后备梯队，以职工自身发展促满意和谐。三是以企业文化促劳动关系和谐。以党建网、《绿地报》为依托，传承发扬绿地精神。四是以文体活动促劳动关系和谐。通过举办绿地家庭日、团队拓展、郊游踏青等活动，凝聚职工，舒缓压力。五是以关爱温暖促劳动关系和谐。运用走访谈心、召开座谈会、问卷调查等形式，深入了解职工思想动态，及时发现和掌握职工关心的热点和难点问题。

（王洋洋）

W 职工保障和女职工工作

Worker protection and female worker to work

上海工会年鉴

2014

专文摘要

努力为职工做好事、解难事、办实事

上海市总工会副主席　侯继军

各级工会要充分认清工会保障工作面临的新情况、新任务，尤其要深入研究职工利益诉求的新特点，为实现职工体面劳动、幸福生活贡献智慧和力量。一是加大源头参与力度，切实履责，不断推动上海工会职工劳动经济权益维护机制建设。要进一步明确职责，抓好《上海工会职工劳动经济权益维护保障机制建设实施意见》的宣传、贯彻、落实；要推动落实本市社会保障制度与《社会保险法》的有效衔接，围绕职工群众普遍关心的就业、医疗、养老、住房及工伤、生育等热点难点问题，推动建立覆盖城乡居民大病保险制度，完善本市城镇职工基本医疗保险办法、企业退休人员养老金计发办法和增长机制；要推动加大城镇户籍外来从业人员住房公积金缴交、归集力度，推动放宽降低保障性住房的准入门槛和申请条件，及时反映低收入住房困难职工的诉求；要积极参与收入分配制度改革，进一步健全职工收入分配状况调查和监控体系，积极参与职工收入调查网、主副食品价格采集网、困难职工家庭收支调查等工作，特别关注低收入职工群体的收入变化状况；要充分依托本市劳动关系三方协商平台，推动完善本市最低工资标准、工资增长指导线和公益性岗位从业人员收入标准的调整机制；要结合实施《上海工会推动和谐劳动关系建设行动计划》，推动企业普遍开展工资集体协商，在园林绿化、物业等行业开展职工收入状况、劳动定额标准适时调整的研究分析，推动公共服务行业一线职工收入增长。二是稳步推进职工援助服务体系建设，努力实现工会帮扶工作常态化、长效化。要推动职工援助服务组织网络建设，进一步推动地区工会建立健全覆盖区(县)、街道(乡镇)、开发区(工业园区)、商务楼宇、商圈的职工援助服务体系；要以完善服务功能和提升服务水平为重点，推进市总工会职工援助服务中心规范化建设；要以推进建制工作为重点，推动区县职工援助服务中心成为实体化运作的事业单位，努力实现“基础设施标准化、管理服务信息化”；要以健全服务网络为重点，推动有条件的产业、行业工会建立职工援助服务中心；要以完善服务模式为重点，推动纳入社区事务受理服务中心“一门式”或“一口式”窗口中设置两个工会服务窗口，凸显工会服务职工的特点，并鼓励有条件的街道(乡镇)工会单独设立职工援助服务分中心；要以拓展服务功能为重点，推动开发区(工业园区)、商务楼宇、商圈以及工会组织健全、职工人数较多的规模以上企业建立援助服务工作站点；要以提升信息化水平为重点，不断完善和发挥职工援助服务热线和职工援助服务网的作用，做好上海工会职工援助服务体系综合管理软件、会员服务卡的试点工作；要根据职工的新需求、新期待，设计新型援助服务项目，通过运用会员服务卡、热线电话和网络服务等形式，开展多样化援助服务，力争在保障困难职工基本生活、维护职工合法权益、满足广大职工多元化需求方面取得新突破；要进一步深化“元旦春节送温暖”、“三定三助”、“金秋助学”等富有工会特色的传统帮扶品牌项目；要不断扩大工会职工互助保障工作的覆盖面，加大农民工团体医疗帮扶力度，深化困难职工免费专家门诊服务活动；要分类指导、积极推进职工人数较多的开发区(工业园区)、商务楼宇和规模以上企业食堂等后勤保障设施建设，推动建立“政府监管、职工监督、经营者自律”的职工后勤保障工作长效机制；要进一步加强对当前形势下职工就业状况的分析研判，并在上海工会职工收入调查网的基础上，建立职工“体面劳动”实现状况常态调查机制；要健全常态化工会就业服务工作机制，实现服务资源的联网共享，切实做到“天天有网上职场，月月有小型职介专场，每季有主题招聘活动”；要培育选树工会就业培训基地，大力开展职工就业技能培训，积极推动地方教育附加作为职工培训经费政策的落实；要进一步深化“百企千岗进社区”、“技能培训促就业”、“困难职工家庭大学毕业生阳光就业行动”和“百万农民工援助行动”等活动，加强困难职工家庭子女大学生社会实践基地建设。

坚持“四个意识”，增强女职工组织的生机与活力

上海市总工会副主席　何惠娟

同心共筑中国梦、创新转型谋发展，是新一届女职工委员会承担的更为光荣和艰巨的任务。身处新的历史时期，这次会议号召全市女职工姐妹们为实现“梦想中国、美丽上海、和谐环境、快乐工作”贡献力量、展示风采。

只有坚持大局意识，下好“一盘棋”，才能确保女职工工作沿着正确的方向健康发展。女职工工作是工会工作的重要组成部分，也是党的群众工作的重要内容之一，大家必须增强大局意识和政治意识，把女职工工作自觉放在党和国家工作大局和工会工作全局中去思考和定位。通过各级工会推选的在座145名市总女职工委员会委员是上海工会女职工工作的领导核心，肩负着全市337万女职工的信任和重托。每一位委员都要时刻牢记党的重托和女职工的信任，增强使命感和责任感，充分履行职责，切实承担起引领、凝聚女职工的重任，最大限度地把女职工凝聚在党和政府周围，充分调动广大女职工的主动性、积极性和创造性，引导广大女职工自觉地把个人命运与国家和民族的前途命运紧密联系起来，焕发广大女职工的劳动热情和创造潜能，努力成为实现“中国梦”道路上的中坚力量。

只有坚持作为意识，撑好“半边天”，才能确保女性人才为社会经济发展贡献智慧力量。女职工是工人阶级的重要组成部分，组织动员女职工在经济和社会发展中建功立业是工会女职工工作的首要任务。要团结动员广大女职工充分发挥“半边天”作用，就必须自觉加强学习、提升能力、主动作为。要有学习上的紧迫感，因为女职工工作是从性别角度开展工会工作，涉及面广，综合性强，更需要结合工作实际加强理性思考，准确把握女职工工作的规律、趋势。要有能力上的忧患感，因为新形势新任务对做好女职工工作提出了新的要求，更需要消除本领恐慌，提高女职工组织和女工干部参与社会公共事务管理、整合社会资源、表达和维护女职工权益、开发和凝聚女职工人才等方面的能力。要有作为上的责任感，因为广大女职工是促进科学发展当仁不让的主力军，在当前转型时期更需要女性人才的参与，要体现女职工工作特色，善于树立巾帼品牌，团结凝聚广大女职工为上海经济社会发展贡献智慧和力量。

只有坚持服务意识，当好“娘家人”，才能确保女职工组织和干部始终代表和维护广大女职工的合法权益。竭诚为女职工群众服务，是工会女职工组织一切工作的根本出发点和落脚点。当前，尤其要以深入开展群众路线教育实践活动为契机，有力推进女职工干部队伍作风改进。要真抓实干，做到重心下移，深入基层，多深入到女职工中去，加强调查研究，及时了解和掌握第一手情况，不断研究新情况，解决新问题，更好地服务女职工。要狠抓落实，认真贯彻这次会议精神，一抓到底，直到抓出成效，干出成绩，确保各项工作从思路变为举措，从举措变为行动，从行动变为效果。要饱含深情，真正想女职工之所想，急女职工之所急，出实招、办实事、求实效，有效解决女职工关注的突出问题，以实实在在的工作来赢得女职工群众的认同、参与和支持，提高女职工组织的影响力、凝聚力。

只有坚持创新意识，实现“科学化”，才能确保女职工组织永葆生机与活力。随着经济社会的发展，女职工工作的环境、对象和内容都发生了很大变化，以改革创新的精神不断提升科学化水平是新时期女职工工作的必然要求。要以突破难点求创新。当前，女职工工作还存在着“盲区”和“沙漠地带”，对体制外的企业和女职工，还缺乏有效的工作手段和载体。因此，一定要不惧风险、不畏艰难，突破传统，革新方式，最大限度地把女职工吸引到组织中来，真正实现“哪里有女职工，哪里有工会，哪里就要建立女职工组织”。要以开放融合求创新。女职工组织将加强同相关部门的联系和配合，尤其将加强和妇联组织的沟通协作和工作对接，实现共赢。要以形成品牌求创新。要建立科学的制度，运用科学的方法，树立组织健全、维权到位、作用明显、女职工信赖的女职工之家品牌，使上海工会女职工组织成为学习型、服务型、创新型的组织，率先走在全国工会女职工组织的前列。

综　述

2013年，上海工会保障工作紧紧围绕建设服务型工会，建立和拓宽服务职工的有效载体，不断夯实服务职工举措。一是着力深化职工援助服务体系建设。推动地区工会建立覆盖区（县）、街道（乡镇）、开发区（工业园区）、商务楼宇、商圈的职工援助服务组织体系；完善职工援助服务热线、职工援助服务网、就业服务网等的功能，开发完成上海工会职工援助服务体系综合管理软件；开展“为职工办实事”课题调研，通过上海工会网站、上海工会微博等渠道，征集服务职工实事项目，梳理、汇总工会服务机构和服务项目（设施），形成《2014年上海工会服务职工实事项目方案》。设计会员专享基本保障，进一步完善工会文体设施和特约商户专享团购优惠服务等功能，推广使用工会会员服务卡；组织开展职工补贴疗休养和健康体检活动；做实工会帮扶服务工作，深化元旦春节送温暖、“金秋助学”活动和困难家庭高校毕业生“阳光就业行动”和“三定三助”等帮扶品牌项目，举办“千牵心·十年情”——“千牵助学”活动10周年主题征文活动，联合开展职工食堂、工地食堂食品安全专项检查工作。二是组织开展工会就业服务工作。建立工会就业服务常态工作机制，落实“天天网上职场，月月小型职场，四季主题招聘”活动的工作目标，建立上海市总工会就业服务网，开设“天天网上职场”；开展“上海工会就业援助月”“技能培训促就业”和大学生暑期社会实践等主题活动。三是推动提高上海市一线职工收入水平。充分依托市劳动关系三方协商机制平台，推动调整上海市月最低工资标准和企业工资增长指导线；联合开展建立全市社会公益性服务行业一线职工收入状况的调研，推动建立社会公益性服务行业一线职工工资增长机制；健全职工收入调查网，强化对主副食品、生活用消费价格和职工家计状况的采集分析，开发、运用上海工会物价监督管理应用软件，进一步完善职工收入状况监控体系。四是推动健全上海市社会保障体系。推动全市城镇“低保”及失业保险金、就业补助、工伤保险待遇和上海市非因工死亡职工遗属生活困难补助费等标准的合理调整；参与制定《上海市"十二五"期间(2013—2015年)深化医药卫生体制改革实施方案》，推动健全上海市医疗保障体系；贯彻落实《社会保险法》，推动制订、出台上海市灵活就业人员参加城镇职工基本养老、医疗保险的政策；参与制定《上海市因病支出型贫困家庭生活救助办法(试行)》，进一步加大因患病导致自负医疗费用支出较大的本市城乡居民救助保障力度；推动建立医疗救助"一站式"服务和门诊医疗救助制度；联合开展全市住房公积金缴存联合执法检查，进一步加大住房公积金缴交覆盖面。（陈美琴）

【市总工会召开2013年上海工会保障工作会议】 3月1日，市总工会举行2013年上海工会保障工作会议，学习贯彻党的十八大精神，回顾总结2012年工作，研究部署2013年的工作目标和任务。会议要求，各级工会要加大源头参与力度，抓好《上海工会职工劳动经济权益维护保障机制建设实施意见》的宣传、贯彻、落实；要积极参与收入分配制度改革，推动提高普通一线职工的收入水平；要推动职工援助服务组织网络建设，深化工会援助服务职工品牌项目；要深入开展工会就业援助工作，推动实现广大职工更高质量的就业；要创新工会服务职工的工作项目和方法，牢固树立服务职工理念，不断增强工会组织在职工中的影响力和凝聚力。市总工会副主席侯继军出席会议并讲话，各区县局(产业)工会分管主席和保障部长参加会议。（汪姣钰）

就业援助

【概要】 2013年，上海工会贯彻《中华全国总工会关于"十二五"期间工会促进就业工作的指导意见》，落实"天天网上职场，月月小型职场，四季主题招聘"活动的工作目标，健全工会就业服务常态工作机制。在市总工会层面，建立上海市总工会就业服务网(www.sh12351job.org)，开设"天天网上职场"，日均有3000多个就业岗位可供求职职工匹配；牵头举办元旦春节送温暖、职工家庭高校毕业生、职工就业服务等4场专场招聘会，提供就业岗位近2万个；开展"上海工会就业援助月"活动和"技能培训促就业行动"；推动159个上海工会大学生社会实践基地规范化建设，安排200多名在档困难职工家庭大专院校学生在暑假期间参加社会实践。同时，各区县局(产业)工会也围绕工作任务和目标，开展形式多样的就业服务活动。如，虹口工会助推"工企校促就业共同体"建设，宝山工会开展以网上招聘、片区招聘会和综合性招聘会为核心的多层次就业服务，杨浦工会建立环同济创新创业者联合会扶持职工创业，徐汇工会举办专门针对大学生求职群体的专场招聘会等。（曹宏亮）

【上海工会深入开展"就业援助月"活动】 2—3月，市总工会在全市范围内组织开展"上海工会就业援助月"活动。活动期间，相继在普陀、杨浦和虹口举办3场职介专场活动，共有近200多家用工企业进场招聘，提供就业岗位近4500个，达成用工意向1076人。全市各级工会共组织专场招聘会174场，发放就业宣传资料15.61万份，提供免费就业服务9.09万人，成功帮助1.82万人实现就业；共组织参加职业技能培训2.05万人(其中，享受培训补贴1.34万人)，组织家政服务培训近3512人；共组织创业培训4512人，帮助343人实现成功自主创业。（曹宏亮）

上海工会开展就业援助月活动（吴良荣）

【上海工会组织开展"技能培训促就业行动"】 2013年，上海工会切实以下岗失业人员、农民工和困难职工家庭高校毕业生等劳动者等群体为重点对象，开展"技能培训促就业行动"。各级工会共筹集就业培训资金512.64万元，实施就业技能培训6.42万人(其中，获得人保部门颁发职业技能证书的有3.34万人)，提供免费就业服务8.16万人，共帮助近3万人实现就业，全面完成全总下达的全年完成3.7万名下岗失业人员、农民工和困难职工家庭高校毕业生及成功介绍1.5万名各类求职人员实现就业并签订1年以上劳动合同的目标和任务。（曹宏亮）

【市总工会举办2014年元旦春节送温暖专场招聘会】 12月28日，2014年上海工会元旦春节送温暖专场招聘会在市工人文化宫举行，共有近200家用工单位进场设摊招聘，提供就业岗位近3500个，涉及机械制造、市场营销、行政管理、广告会展和餐饮服务等10多个行业(工种)，主要面向职工家庭中的应届高校毕业生等求职群体。同时，"上海工会就业服务网"(www.sh12351 job.org)也依托"网上职场"平台，同步开展网上就业岗位信息匹配。招聘活动期间，共有2600多人进场求职，达成初步用工意向近700人。（曹宏亮）

【市总工会举办"上海职工家庭高校毕业生招聘专场"】 5月11日，市总工会在市工人文化宫3楼举行"上海职工家庭高校毕业生招聘专场”，共有202家用工企业进场设摊招聘、提供就业岗位近4500个，涉及机械制造、信息技术、行政管理、销售客服和广告设计等10多个行业（工种），其中，部分用工企业曾获得上海市五一劳动奖状、工人先锋号、模范职工之家、劳动关系和谐企业等荣誉称号。在招聘活动现场，主办方通过设摊和发放宣传资料等形式，为求职对象提供就业指导、培训咨询、法律援助和心理咨询等援助服务。同时，“上海工会就业服务网”(www.sh12351job.org)依托“网上职场”平台，同步开展网上就业服务，现场为求职对象提供就业岗位信息匹配。招聘活动期间，500多人初步达成用工意向。（曹宏亮）

【市总工会举行“上海工会就业援助月”活动普陀职介专场】 2月27日，市总工会在沪西工人文化宫举行“上海工会就业援助月”活动普陀职介专场。现场共有75家用工企业进场设摊招聘、46家企业现场发布招聘信息，提供就业岗位近2145个，涉及市场营销、行政管理、物业管理、机械操作、维修操作和餐饮服务等10多个行业（工种），当场达成用工意向近300人。活动期间，普陀区总工会通过设摊和发放宣传资料等形式，为求助职工提供政策咨询、法律援助、健康服务和便民服务等援助服务。（曹宏亮）

【市总工会举行“上海工会就业援助月”活动杨浦职介专场】 3月6日，市总工会在殷行社区党员服务中心举行“上海工会就业援助月”活动杨浦职介专场。现场共有40多家用工单位进场设摊招聘，提供就业岗位1000多个，涉及市场营销、行政管理、软件开发、维修操作和餐饮服务等10多个行业（工种），当场达成用工意向105人。活动期间，杨浦区总工会通过设摊和发放宣传资料等形式，现场为求助职工提供政策咨询、法律援助、健康服务和便民服务等援助项目。（曹宏亮）

【市总工会举行“上海工会就业援助月”活动暨女职工就业服务虹口专场】 3月8日，市总工会在虹口区来沪人员就业服务管理中心举行“上海工会就业援助月”活动暨女职工就业服务虹口专场。活动现场共有50多家用工企业发布招聘信息，提供就业岗位500多个，涉及市场营销、物业管理、机械操作、维修操作和餐饮服务等10多个行业（工种）。同时，虹口区总工会还专门组织女职工志愿者队伍，通过设摊和发放宣传资料等形式，现场提供女职工权益维护宣传咨询、子女上学咨询、妇科儿科健康咨询和便民服务等援助项目。（曹宏亮）

【市总工会举行“迎国庆”上海工会就业服务专场招聘会】 9月28日，市总工会在市工人文化宫3楼和奉贤区南桥镇文化广场举行“迎国庆”上海工会就业服务专场招聘会，共有近250家用工单位进场设摊招聘，提供就业岗位7000多个，涉及机械制造、市场营销、行政管理、广告会展和餐饮服务等10多个行业（工种）。同时，市总工会提前在市总工会网站(www.shzgh.org)、市总工会职工援助服务网(www.sh12351.org)和市总工会就业服务网(www.sh12351job.org)公布招聘信息。招聘活动期间，近700人达成初步用工意向。（曹宏亮）

【市总工会举行上海工会大学生社会实践基地建设专题工作会议】 6月25日，市总工会举行上海工会大学生社会实践基地建设专题工作会议。27家建立大学生社会实践基地的区县局（产业）工会保障部长参加会议，并就基地建设和调整以及开展在档困难职工家庭大专院校学生社会实践工作进行汇报交流。会上，还进一步对启动实施2013年度相关工作进行部署，明确社会实践岗位匹配的途径、时间节点和补贴标准等事宜。（曹宏亮）

【上海工会深化大学生社会实践工作】 2013年，市总工会调整充实上海工会大学生社会实践基地，基地数量由2012年的123个增加到2013年的159个。同时，进一步制定下发《上海工会大学生社会实践基地规范化建设实施办法（试行）》，着力推进各基地健全推荐招录、岗前培训、日常管理、带教评估、工作台账和信息报送等制度。暑假期间，市总工会共安排200多名在档困难职工家庭大专院校学生参加为期2个月的社会实践，市、区县局（产业）两级工会及社会实践基地给予每人每月最高2000元的补贴，共发放社会实践补贴52.85万元。（曹宏亮）

【市总工会联合举办2013年“春风行动”】 2—3月，市总工会会同市人力资源社会保障局、市妇联联合举办以“搭建劳务对接平台，帮您尽早实现就业”为主题的2013年“春风行动”，集中为来沪务工人员提供就业服务。活动期间，各级工会主办或协办专场招聘会481场，提供免费就业服务35.91万人，提供维权服务和法律援助6.65万人，发放《春风卡》

上海市民营企业招聘周现场大型招聘会在杨浦区举行（曹理仰）

等宣传资料30万份。（曹宏亮）

【上海工会深入开展“金秋助学”活动和困难职工家庭高校毕业生“阳光就业行动”】 2013年，上海工会将国家助学体系尚未覆盖，或虽已覆盖但仍需帮扶的困难职工、农民工家庭子女以及困难职工家庭高校毕业生作为重点帮扶对象，着力做好入学前帮扶和就业前帮扶工作。全市各级工会共发放助学款6546.85万元，资助5.45万名困难职工家庭子女和农民工子女。举办“千牵心·十年情”主题征文活动，不断激励受助学生“艰苦奋斗、茁壮成长、回报社会”，营造全社会“关爱学子、奉献爱心”的良好氛围；调整充实上海工会大学生社会实践基地，基地数量增加到159个，安排近300名在档困难职工家庭大专院校学生在暑假期间参加为期2个月的社会实践，市、区县局(产业)两级工会及社会实践基地给予每人每月最高2000元的补贴；举办上海工会职工家庭高校毕业生招聘专场，现场组织202家用工企业进场设摊招聘、提供就业岗位近4500个，涉及机械制造、信息技术、行政管理、销售客服和广告设计等10多个行业(工种)，达成初步用工意向500多人。（顾　佳）

【“2013年全国民营企业招聘周”活动启动仪式在沪举行】 5月21日，“2013年全国民营企业招聘周”活动启动仪式暨“上海市民营企业招聘周”活动在上海理工大学举行。这次招聘周活动以“帮人才就业,促民企发展”为主题,服务对象以高校毕业生为主,兼顾农民工、退役军人以及下岗失业人员、残疾人和零就业家庭等就业困难人员。在当日的招聘会上，370多家用工企业进场招聘，提供就业岗位5800多个，8000多名求职者入场招聘，达成用工意向1600多人。“全国公共招聘网”“上海公共招聘网”和“上海市总工会就业服务网”同步发布招聘岗位信息。全国总工会党组纪检组组长、书记处书记王瑞生及人力资源和社会保障部、教育部、全国工商联领导出席启动仪式并视察招聘现场。（曹宏亮）

【市总工会组织用工企业赴贵州省参加“全国工会就业援助月”活动】 2月19—22日，全国总工会在贵州省举行“全国工会就业援助月”活动启动仪式和大型招聘洽谈活动，并安排北京、天津、上海、山东、江苏、浙江、福建、广东8个省(直辖市)用工企业和工会职业中介机构赴黔开展招聘洽谈活动。市总工会组织上海锦雕起重机械有限公司、上海灵培企业管理咨询有限公司、上海怡海纬讯网络科技有限公司、斯富迈材料科技(上海)有限公司和上海工蕴人力资源有限公司等7家提供就业岗位较多、用工规范的企业赴当地参加招聘活动，共提供就业岗位1300多个，涉及市场营销、物业管理、机械操作、维修操作和餐饮服务等10多个行业(工种)。在贵阳、毕节、遵义三地的招聘活动期间，上海市用工企业共接待求职咨询近2000人次，达成初步用工意向500多人，2家用工企业与三地5所高等职业技术院校签订对口劳务协作协议。（曹宏亮）

市总工会职工援助服务中心举办“上海职工家庭高校毕业生招聘专场”招聘会（李　俊）

【徐汇工会举办大学生专场招聘会】 6月13日，徐汇区总工会在上海师范大学举办“徐汇工会就业服务进校园——2013年大学生就业上师大专场招聘会”。现场共有90家国有企事业单位和外资、民营、高科技企业进场设摊招聘，提供就业岗位2000多个，现场达成就业意向267人。同时，市总工会就业服务网也在现场为求职者提供网上“人岗匹配”服务。（聂　磊）

【长宁区总工会举办“春风行动”大型招聘活动】 3月16日，长宁区总工会联手区人社局、区妇联在区工人文化宫举行“2013年大学生就业招聘会暨.春风行动.活动”。共有125家用工企业进场招聘，提供就业岗位835个，现场共有1600多人进场求职，达成初步用工意向近600人。招聘活动期间，主办方还专门设摊，为应聘者和用工企业提供各类政策咨询服务。（沈　婕）

【虹口工会助推“工企校促就业共同体”建设】 11月20日，虹口区总工会会同苏宁云商上海有限公司在上海政法学院举办“工会就业服务进校园——2013年苏宁云商校园招聘宣讲会”，上海政法学院100多名学生参加。宣讲会上，苏宁云商上海有限公司介绍企业的发展模式、面向全市高校招聘的流程及主要岗位发布，虹口区总工会会同苏宁云商上海有限公司、上海政法学院就“工企校促就业共同体”合作方式进行洽谈，达成初步合作意向。（徐　洁）

【杨浦区成立环同济创新创业者联合会】 10月29日，杨浦区总工会会同四平路社区(街道)党工委、办事处、同济大学国家大学科技园联合举办“杨浦区环同济创新创业成果展示暨创新企业人才招聘会”。活动期间，杨浦区环同济创新创业者联合会揭牌成立。环同济知识经济圈是杨浦国家创新型试点城区的五大功能区之一，是展示“知识溢出”效应的重要典范区域，已创造就业岗位1万多个，产值累计逾175亿元，成为杨浦区域经济增长的新引擎，培育出一大批高科技骨干企业。杨浦区环同济创新创业者联合会的成立，架起大学生潜在创业者了解企业家、了解社会、参与社会实践的桥梁，为大学生创业发展搭建舞台。（曹理仰）

【宝山工会多层次招聘服务助推就业】 一是举办大型综合性招聘会。3月、9月举办春秋两场“百企千岗进社区、真情援助你我他”大型招聘会，共组织454家次企业进场设摊招聘，提供岗位1万多个，涉及技术类、普工类、管理类、销售类等各个层次和领域，达成意向录用1712人次，成功录用近600人。二是适时举行专场、片区招聘会。共组织农民工“春风行动”“青年起航专场”“仪电化工专场”、工会职工高校毕业生招聘会和“迎国庆”工会职工就业援助服务等5场招聘专场，共有91家次企业设摊招聘，提供岗位1663个。三是天天职场延伸就业服务。依托市总工会职工援助服务中心、市总工会就业服务网和区总工会网上就业服务三位一体的“网络求职招聘信息系统”，将所有的招聘信息上传网络系统，共发布近100家招聘企业信息，提供就业岗位4200多个，并及时更新求职人员信息库。（胡立伟）

【闵行区总工会举办“春风行动”招聘活动】 3月12日，闵行区总工会会同区人力资源社会保障局举办闵行区2013“春风行动”政策宣传咨询暨就业招聘专场活动。来自机械制造、食品加工、电气电子、社会服务、餐饮酒店等5个行业的13家用工企业进场设摊招聘，提供就业岗位600多个，现场达成录用意向386人。活动现场，主办方还提供来沪人员就业社保、工伤认定鉴定、来沪农民工职业技能培训、劳动保障监察维权、劳动法律维权、互助保障等咨询服务，发放宣传资料300多份。（吉 美）

【朱家角镇总工会联合开展“春风送暖，帮您解忧”活动】 3月9日，青浦区朱家角镇总工会会同镇社保中心、团委、妇联等部门联合开展以“春风送暖，帮您解忧”为主题的2013年“春风行动”主题日活动。活动以内场大型招聘会和外场政策咨询会相结合的形式开展。招聘会上，上海朱家角皇家郁金香花园酒店、上海美津浓有限公司等17家企业共提供就业岗位563个，现场共有409人次向招聘企业投递简历，263人初步达成用工意向。（朱建强）

【奉贤工会推动建立就业援助“大服务”体系】 2013年，奉贤区总工会、区经委联合创凡人才等社会组织机构在尝试建立服务企业的“大服务”体系，在摸清企业急需电工、焊工等技术类人才后，顺势搭建符合企业需求的招聘平台，使人企变错位对接为点对点对接，达到“政、企、人”双赢。创凡人才等社会组织在“大服务”框架中，积极充当职业规划的角色，定期举办人力资源沙龙，开展免费培训等，帮助企业开拓人力资源管理视野。全年，奉贤工会以“就业援助月月帮服务企业在基层”为主题，组织开展6场大型招聘活动，共有256家企业参与，推出就业岗位1600多个岗位，2000多名求职者达成初步用工意向，帮助150多家企业缓解“招工难”矛盾。（孙 燕 尹 奕）

【上海城建第二管线公司挂牌成立工会大学生实践基地】 7月，上海城建第二管线公司挂牌成立上海工会大学生实践基地，首批实践大学生立即投入到相关社会实践活动中。公司工会积极协调党政，将该项工作作为年度重点工作，并为实践大学生在岗位设置和实践内容上作了深度规划，配备专门带教的带教老师。同时，公司工会通过座谈会等形式不断调整实践指导的方式和方法，使实践大学生在技能、素质等方面得到不断提高。（朱 强）

收入分配

【概要】 2013年，上海工会贯彻落实国务院批转《关于深化收入分配制度改革的若干意见》，加大源头参与力度，进一步健全职工收入分配状况调查和监控体系，推动提高普通一线职工的收入水平。在“收入分配”分目中收录的文章，主要包括依托市劳动关系三方协商机制平台，推动上海市调整月最低工资标准和制定、出台企业工资增长指导线；会同政府部门联合开展建立社会公益性服务行业一线职工工资正常增长机制的调研，提出建立一线职工工资增长机制的政策建议；推动落实环卫行业集体协商成果，制订出台《本市环卫行业职工互助保障计划》；完善职工收入调查网，充实反映职工劳动就业、社会保险、互助互济和疗养体检等方面的数据指标；开发、运用上海工会物价监督管理应用软件，强化对主副食品、生活用消费价格和职工家计状况的采集分析；会同政府联合开展市场价格巡查活动，参与上海居民用水价格听证工作等内容。（胡 敏 曹宏亮）

【市总工会联合开展公交行业一线职工收入增长状况评估工作】 7月，市总工会会同市交通运输港口管理局、市人力资源社会保障局、市财政局、市国资委组成联合课题组，对《关于加强本市公共汽电车行业职工工资收入分配工作的指导意见》的实施情况进行全面评估。评估工作旨在了解掌握全市公交职工收入水平及增长状况，进一步分析和研究公交行业持续健康发展，提升公交服务质量的实现途径。（胡 敏）

【市总工会推动调整上海市最低工资标准和企业工资增长指导线】 2013年，市总工会充分依托市劳动关系三方协商机制平台，会同市人社局、市企联推动上海市最低工资标准由1450元提高到1620元，增幅为11.7%，非全日制小时最低工资由12.5元提高到14元，并推动全市公共服务类就业项目、社会协管类万人就业项目和社区“四保”公益性岗位从业人员提高收入水平。同时，参与制定企业工资增长指导线，具体为：上线16%，平均线12%，下线5%。（胡 敏）

【市总工会推动建立环卫行业早晚班

市环卫行业举行第三次工资集体协商会议暨签约仪式 （唐鸿仙）

津贴等制度】 4月，市市容环境行业工会与市市容环境行业协会进行第三次工资集体协商。在前两次协商基础上，这次协商增加实施上海市环卫行业早晚班津贴制度、上海环卫行业职工团体互助保障计划、执行环卫职工工资单制度等内容，签订《上海市环卫行业第三次工资集体协商协议》。协议明确，环卫行业职工工资标准与上海市最低工资标准调整同步，并实施行业早晚班津贴制度。2013年行业最低工资标准确定为1705元/月，早晚班津贴依据劳动者的实际工作天数，按每人每天6元标准发放。 （胡　敏）

【上海市职工物价监督总站召开2013年职工物价监督专题会议】 8月8日，市职工物价监督总站召开职工物价监督专题会议，17个区县总工会的保障部长、职工物价监督分站站长、家计调查联络员和主副食品、生活用品采价员参加会议。会上，市职工物价监督总站通报组织开展节假日市场价格监督活动、开发更新上海工会物价监督管理应用软件、统计分析物价数据和参与上海市居民用户水价调整听证会等工作。浦东、虹口、徐汇、普陀、静安等区作经验交流。

（杨　驷）

【市总工会开展深入市场价格监督调查活动】 2013年，市总工会、市职工物价监督总站组织各区县总工会、职工物价监督分站开展市场价格调查活动。开展春节市场价格巡查活动，对部分超市、集贸市场、药店、百货零售、餐饮宾馆、旅游景点、停车站、长途客运站、铁路、民航客票代售点明码标价等价格行为开展监督调查，共出动职工物价监督员1027人次，调查经营户2108户，记录不规范价格行为224起；开展“3·15”价格巡查活动，对家乐福超市(中山公园店)的价格行为进行监督巡查，并将检查中发现的问题及时向超市反馈，督促超市更好地规范价格行为；开展“五一”市场价格巡查活动，对部分农副产品市场、药品零售、大型超市、旅游餐饮、百货零售、客运交通服务网点的明码标价等价格行为开展监督调查，共出动职工物价监督员673人次，调查经营户777户，记录不规范价格行为103起。 （杨　驷）

【黄浦工会夯实“家计”统计调查工作基础】 一是黄浦区区总工会明确1名“家计”调查联络员，并填写《上海工会困难职工家计调查联络员登记表》。二是确定10户上海市户籍并居住在黄浦区、“低保”或低收入职工家庭作为“家计”调查记账户。三是每月按工作流程开展“家计”统计调查。记账户如实记账，联络员每月收取并报市职工物价监督总站。

（陈菊萍）

【市绿化市容工会多措并举维护行业职工权益】 一是为进一步贯彻落实市政府文件精神，形成《关于2012年度上海环卫职工工资增长福利状况调查分析情况报告》，建立由市总工会、市发改委、市财政局、市人社局、市建交委、市绿化市容局等六部门组成的上海环卫职工收入正常增长机制推进工作小组会议，进一步明确推进小组成员单位按照各自职责，分工负责，合力推进，并组织前往闸北、静安、虹口、长宁和闵行等五区开展重点调研，及时完成中国海员建设工会下达的《上海环卫行业职工状况调查》。二是通过调研，提出《关于对承担社会公共服务职能的环卫行业在“收入分配上给予适当倾斜”的建议》。三是通过政协提案，积极呼吁加快一线环卫职工道班房建设，获优秀提案奖。四是与中石化合作，在583座加油站建成环卫职工“暖心屋”，为一线环卫工人提供加热饭菜、添加热水、方便如厕、便利店休息等服务。五是组织开展对局直属公园“管养分开”改革中伤残协议保留事业编制人员情况的调研，并形成调研报告。

（鲍　斌）

困难帮扶

【概要】 2013年，上海工会做实帮扶服务品牌活动，推动工会帮扶工作常态化、长效化。在市总工会层面，开展2013年元旦春节送温暖活动，各级工会共筹集送温暖资金2.36亿元，慰问困难职工、农民工16.57万户，走访企业7484家；开展“金秋助学”活动和困难家庭高校毕业生“阳光就业行动”，举办“千牵心·十年情”——“千牵助学”活动10周年主题征文活动，截至8月底，全市各级工会共发放助学资金6546.85万元，资助5.45万名困难职工家庭子女；开展大病、单亲定向帮困，市总工会直接筹资144.79万元，共帮扶困难职工1835人。同时，各区县局(产业)工会也结合工作实际，多措并举开展帮扶服务工作。如，杨浦工会强化“三个到位”完善助学系统，市仪表电子工会明确将离岗暂养、协保和退休困难职工纳入帮扶范围，市化学工会重点开展元旦春节送温暖“六个一”活动等。 （曹宏亮　顾　佳）

**【上海工会深入开展元旦春节送温暖

市总工会举行2013年上海工会“金秋助学”活动启动暨工会大学生社会实践基地授牌仪式 （吴良荣）

活动】 一是建立困难职工档案9.14万户，录入全国工会帮扶工作管理系统软件7.25万户。二是共筹集送温暖资金2.36亿元，慰问困难职工、农民工16.57万户，走访企业7484家，其中，市总领导和机关各部室分23路，深入70个区、县、局(产业)系统，开展双百走访慰问活动。三是以“四送三进”为重点，集中开展元旦春节送温暖援助服务日活动。各区县职工援助服务中心和部分街道(乡镇)、开发区、工业园区援助服务分中心通过窗口服务、设摊咨询等形式，组织开展政策法律咨询、职业介绍、心理健康咨询、免费体检和便民服务等10多项援助服务项目。四是制定下发《关于进一步做好“爱心一日捐”活动的通知》，进一步广泛动员职工和企业，开展“爱心一日捐”活动，活动共有3136家企业，150.69万名职工踊跃捐款，募款总金额达1.01亿元。五是开展农民工帮扶工作，走访慰问困难农民工1余万户，发放医药箱60个，发放团体医疗卡390张，帮扶总金额22.5万元，为新生代农民工提供心理疏导服务3000多人次，协助政府有关部门帮助4005名农民工追讨欠薪2253.47万元，帮助农民工平安返乡8.23万人次，帮助农民工购买车(船)票6.18万张。同时，市总工会从帮扶资金中拨出170万元，向在节日期间留守工作岗位的1.7万名留沪农民工赠送电话充值卡。

（顾　佳）

【上海工会开展万名留沪农民工送温暖活动】 2013年元旦春节期间，市总工会组织开展“电话诉亲情，温暖进万家”万名留沪农民工送温暖活动，共向全市17个区县和20个局(产业)的1.7万名服务城市运行、管理和建设，并在节日期间向留守工作岗位的农民工赠送电话充值卡。市总工会领导先后奔赴上海铁路局华铁旅服站台折返保洁班组、欣谊环卫服务有限公司人民广场保洁班组、上海邮政南车站路支局、巴士新新公司和正广和第12配送站，分别向留沪过年农民工送上电话充值卡和新春大礼包。

（汪姣钰）

【市总工会举行“金秋助学”活动启动暨工会大学生社会实践基地授牌仪式】 7月23日，市总工会举行2013年上海工会“金秋助学”活动启动暨工会大学生社会实践基地授牌仪式。启动仪式上，长宁区总工会、徐汇区总工会和光明集团上海申光高强度螺栓有限公司作助学帮扶工作经验交流，受助学生代表王玮发言；对2013年新增上海工会大学生社会实践基地进行授牌，工会社会实践基地代表与实践学生代表签订《上海工会大学生社会实践协议书》。会上，市总工会还向受助学生代表发放2013年度“金秋助学”助学金。（顾　佳）

【市总工会联合举办“千牵心·十年情”主题征文活动】 2013年是市总工会与市级机关工作党委联合开展“千千助学”活动(市级机关千个党支部与困难职工家庭子女结对助学)的第10年。8月，市总工会与市级机关工作党委联合举办“千牵心·十年情”主题征文活动，党支部和受助学生踊跃投稿。整个活动共收到基层党支部、受助学生征文近200篇，其中，受助学生征文95篇。市总工会和市级机关工作党委分别对获奖单位和个人给予奖励。（顾　佳）

【市总机关系统开展第三轮城乡党组织结对帮扶活动】 9月，市总直属机关党委对为期五年（2013—2017）的第3轮结对帮扶活动做出安排。这轮参与城乡党组织结对帮扶活动的单位有市总机关各党支部（机关党委为牵头单位）、劳动报社（牵头单位）、幼儿园、职工援助服务中心、海鸥控股集团有限公司等。机关党委与青浦区练塘镇太北村结对，劳动报社、幼儿园、职工援助中心、海鸥控股集团有限公司与崇明县庙镇联谊村结对帮扶。在结对帮扶活动中，双方遵循“按需对接、优势互补、双向受益”的原则，突出党建、干部培养锻炼、农村可持续发展，加强与结对帮扶对象沟通，及时掌握村情，适时开展各项活动。

（陈　蓓）

【市总工会全面推进工会帮扶工作管理系统建设】 为全面掌握工会帮扶工作，动态管理困难职工档案信息，做好全总工会帮扶工作管理系统的信息录入，9月，市总工会就全总工会帮扶工作管理系统升级开展专题培训，确保全总帮扶工作管理系统新旧版本的平稳过渡。同时，市总工会进一步汇总上海各级工会的帮扶信息，建立完善上海工会帮扶工作管理系统，并于年底前全面完成管理系统的培训工作。（顾　佳）

【市职工帮困基金会召开第五届理事会第三次会议】 3月27日，市职工帮困基金会召开第五届理事会第三次会议。会议审议通过了《上海市职工帮困基金会2012年度工作报告》《上海市职工帮困基金会2012年度审计报告》和《上海市职工帮困基金会

2013年度经费预算》，并对《上海市职工帮困基金会第五届理事会理事增补建议名单》和《上海市职工帮困基金会第五届理事会理事长、副理事长建议名单》进行表决。会议要求，在全市各级工会组织的大力支持下，基金会及各理事单位要坚持以推动保障改善民生为出发点和落脚点，充分发挥工会组织在参与加强和创新社会管理中的作用，紧紧依托工会组织网络和社会各方资源，积极探索服务职工群众的新途径、新方法，在开展“元旦春节送温暖”“三定三助”“金秋助学”的基础上，拓展“大学生社会实践基地”“电话诉亲情、温暖进万家”等帮扶项目，不断提高帮扶水平和实效。（顾　佳）

【市总工会推进定向帮困银行卡发放工作】 7月起，市总工会全面开展市总工会定向帮困对象帮扶款银行卡发放工作，并进一步对接短信服务平台，全方位规范和监督帮扶资金的发放情况。截至年底，通过银行卡发放“三定三助”帮扶款总计3943人，帮扶款总金额达495.56万元。（顾　佳）

【徐汇职工捐款捐物援助雅安地震灾区】 4月25日，徐汇工会组织开展“职工赈灾伸援手，心系雅安献真情”慈善募捐活动，全区各级工会广泛动员职工为灾区捐款捐物。在历时一个多月活动中，全区共有406家机关、企事业单位的8.5万名职工捐款165万元。经区总工会同雅安市总工会多次协商，明确所捐款项用于援助荥经县总工会“三中心”项目之一的职工帮扶服务中心建设。10月，区总工会与雅安市总工会、荥经县总工会共同签订《徐汇区总工会捐赠雅安市荥经县总工会“三中心”项目建设资金协议书》，确保该建设项目于2015年底前竣工并投入使用。（张均敏）

【徐汇工会举办元旦春节送温暖援助服务日活动】 12月28日，徐汇区总工会联合区人社局、康健街道在康健社区举办“心系职工情、温暖进万家——徐汇区总工会2014年元旦春节送温暖援助服务日活动”。活动推出具有徐汇特色的“送岗位、送健康、送法律、送服务”等“四送”项目。一是组织60多家用工单位入场招聘，提供电工、机械工、维修工、服务员和营业员等600多个就业岗位，为300多名求职者提供就业服务。二是区总工会志愿服务总队组织开展小家电、钟表、伞具维修以及服装裁剪、羊毛衫织补等便民服务。三是邀请市六医院专家提供心血管内科、皮肤科、骨科、中医诊疗、膏方滋补等健康咨询服务。四是工会法律顾问团、维权志愿团以及心理服务志愿队在现场提供法律、心理咨询和辅导，并发放免费法律服务卡和心理咨询服务卡。此外，现场展示徐汇工会服务站点和虹梅庭公益服务中心的服务项目及开展情况。（朱伟峰）

【虹口工会开展“心系职工情，温暖进万家”活动】 2012年12月28日，虹口区总工会会同区人力资源社会保障局在江湾社区文化中心，联合举办“心系职工情、温暖进万家——虹口区总工会2013年元旦春节送温暖援助服务日活动”。活动现场共组织30家用人单位进场招聘，提供就业岗位500多个，约100人初步达成用工意向。同时，现场还为求助职工提供政策咨询、职业指导、现场招聘、职业培训咨询报名、职工互助保障和法律咨询等服务。（徐　洁）

【杨浦工会多形式开展“金秋助学”活动】 8月，杨浦区总工会启动2013年“金秋助学”活动。活动期间，全区各级工会累计筹集助学资金395.32万元，发放助学款352.52万元，帮扶困难职工子女2648人。（1）“三个到位”完善助学系统。一是资金到位。区总工会年初即对助学资金盘点预留，按照小学800元、初中1000元、高中（中专）1500元、大学2000元的标准一次性发放，对于当年考入重点大学的学生增加一次性奖励800元，同时拨出专项资金用于开展各类助学活动。二是调查到位。区总工会建立助学对象数据库，对每年每名受助学生实行“一表式”统计，做到困难职工家庭情况清、收入清、子女学习情况清。三是管理到位。对每名受助学生实行“跟踪式”服务，了解其学习情况，及时与家长沟通，交流学生成长经历，帮助受助学生取得人格和学业“双重”进步。（2）“多彩活动”兼顾关爱育人。2013年“金秋助学”活动启动仪式在国歌展示馆举行，与会领导向百名结对受助学生代表发放助学款，并向新增工会大学生社会实践基地授牌。此外，区总工会还举办“放飞心情、拥抱阳光、快乐成长”等助学活动。（3）“延伸阵地”结合就业帮扶。2年来，工会大学生社会实践基地增加到18家，已有24名大学生参加社会实践。同时，区总工会对实践岗位逐一落实，并要求实践基地配备带教老师和联系人，制定社会实践培训计划、带教评估及各项日常管理制度，并根据学生实践情况填写考核表。2013年除市总工会补贴实习学生每人每月500元外，区总工会另行补贴500元/月，并为每名实习学生办理“意外伤害互助保障计划”。（曹理仰）

【静安工会深入开展帮困送温暖系列活动】 2013年“两节”期间，区总工会开展元旦春节帮困送温暖活动，累计帮扶600多人，发放帮扶慰问款物总计54.45万元，全区各级工会筹集并发放帮扶款物达334万元。实施“走访千户家庭慰问百家企业”行动，区总工会领导分5路先后走访慰问部分因生产经营遇到困难的中小微企业和20多户特困职工家庭，各级工会走访困难家庭1930户，慰问困难企业283家；开展区“爱心一日捐”活动，共筹集帮扶资金共计410万多元。开展“心系职工情，温暖进万家”静安工会援助服务日活动，为求助职工提供心理咨询疏导、医疗体检、健康咨询等各类服务。（陆　蕾）

【静安工会探索建立社会化助学新模式】 近年来，静安区总工会先后成立“金秋助学”专项基金和“金秋助学”理事会，把工会“金秋助学”活动不断纳入规范化、制度化、社会化运作轨道。截至年底，理事单位从最初的10家扩展至24家，累计筹集助学金71.61万元。8月，静安工会“金秋助学”理事会第7次会议审议并通过2014年助（奖）学标准，大学阶段助学金提高到2500元/年。（陆　蕾）

【宝山工会落实八项举措深化元旦春

节送温暖活动】 一是部署送温暖工作。制定下发《关于开展2013年元旦春节送温暖活动的通知》，要求各级工会集中开展各类有针对性的困难职工帮扶和维权工作。二是开展“爱心一日捐”活动。1月5日，在全区机关、企事业单位在职职工和爱心企业开展“捐出一天工资和一天企业纯利润”活动，募款总额85万元。三是开展走访活动。共慰问困难企业73家，向179名劳模发放困难帮扶资金51.1万元，慰问困难职工家庭1523户，帮扶资金总计162.94万元。四是开展援助服务日活动。为求助职工提供政策法律、职业介绍、互助保障、职工维权等咨询服务，开展小家电维修、血压测量、理发、磨刀、修伞、修鞋、修自行车等多项免费便民服务，发放各类宣传资料近500份。五是送医药保健箱。区总工会共向1000名困难职工赠送价值8万元的医药保健箱。六是赠送电话卡。向春节留沪过年的外来务工人员送“亲情电话卡”300张。七是赠送书籍。向15家外来务工人员集中的非公企业赠送价值3万多元的30箱书籍。八是严防欠薪事件发生。与区建管所对接，一旦发生拖欠农民工工资情况，于第一时间通知工会参与化解。

（胡立伟）

【宝山工会扎实推进2013年“金秋助学”活动】 一是开展困难职工家庭子女摸底工作。区总工会要求各级工会要开展对困难职工家庭子女的调查摸底工作，了解其就学、升学、毕业及就业等情况。二是加大助学帮扶力度。共资助困难职工家庭子女206人次，帮扶金额总计31.18万元。三是开展大学生社会实践工作。共建立5家“上海工会大学生社会实践基地”，为9名困难职工家庭大专院校学生提供社会实践岗位，区总工会为每位参加社会实践的大学生提供实践补贴和互助保障计划参保费，补贴总额近3万元。四是开展就业服务工作。排摸困难职工家庭高校毕业生的就业情况，借助工会就业服务平台，通过推荐就业岗位、参与开展高校毕业生专场招聘会、“送岗位”进社区、街道等，深入开展困难职工家庭高校毕业生“阳光就业行动”。 （胡立伟）

静安区总工会召开2013年金秋助学推进会 （王　颖）

【宝山工会不断夯实帮扶工作基础】 2013年，宝山区总工会积极向区财政申请100万元专项资金用于工会帮扶工作。资金落实后，第一时间制订《宝山区困难职工帮扶资金发放管理办法》，并与政府相关部门协调，规范帮扶资金管理。全年，宝山工会共走访慰问困难职工2000多人次，发放帮扶款300多万元；共向700名生活困难的本市支援外地建设退休（职）回沪人发放一次性特困补助款总计14万元；为20名困难女职工发放“关爱行动”资金补助，金额总计2万元；建立困难退休职工数据库，共帮扶241人次，帮扶资金总额15.3万元。

【宝山工会组织实施服务职工实事项目】 一是为215名纳入工会困难职工档案的定帮对象办理上海工会会员服务卡，实现帮扶资金通过银行卡发放。二是举办“相约春天、牵手宝山”庆“三八”节女职工交友活动，为青年职工搭建交友平台。三是做好退休职工管理服务工作，举办“快乐每一天”摄影制作培训班、80分比赛及老年“才艺秀”等“敬老节”系列活动。 （胡立伟）

【金山工会举办元旦春节送温暖援助服务日活动】 12月28日，金山区总工会分别在百联金山购物广场和朱泾紫金广场同步开展以“心系职工情、温暖进万家”为主题的元旦春节送温暖援助服务日活动。活动期间，主办方共发动企业30家，召集志愿者180名，现场组织开展就业咨询、职业介绍、修理钟表、理发等30个服务项目，发放宣传资料762份，服务职工4826人次，优惠商品销售总金额近3万元。 （戴美娟）

【青浦区总工会深入基层开展走访慰问活动】 “两节”期间，青浦区总工会领导分4路，深入困难企业、困难职工、困难老劳模家庭等开展走访慰问活动，并做实春节定帮、孤儿春节慰问、支部结对帮困、困难职工医疗救助等各类帮扶工作，共帮扶困难职工1000多人，发放帮扶款总计44.49万元。 （朱建强）

【青浦工会组织开展“金秋助学”活动】 从5月起，青浦区各级工会深入企业、家庭开展摸底调查，并在调查摸底基础上，进一步调整助学帮扶对象，健全完善困难职工档案。8月中旬，区总工会制定下发《关于开展“金秋助学”活动的通知》，各级基层工会组织根据各自情况制定具体工作方案，并采取有效措施加以贯彻落实，共资助困难职工家庭子女166名，发放助学金25.08万元。 （朱建强）

【奉贤工会全力做好帮困送温暖工作】 元旦春节期间，奉贤区总工会共筹措帮扶资金55.06万元，共帮扶1117名困难职工。全区各级工会组织对区内777名困难职工、困难劳模、困难退休职工发放帮困金46.62万元；

奉贤区总工会开展“心系职工情、温暖进万家”职工援助服务日活动
（夏 伟）

向5家经营困难的小微企业中140名困难职工、农民工赠送7万元慰问金；对在城市运行、城市管理、城市建设中，节日期间留守工作岗位的200名农民工赠送价值2万元的“亲情电话卡”；开展“心系职工情，温暖进万家”送温暖援助服务日等大型服务活动。
（喻凯晨）

【奉贤卫生系统职工向四川灾区捐赠“母亲邮包”】 母亲节前后，奉贤区卫生局卫生监督所工会在全所职工中组织以关爱贫困母亲为主题的“母亲邮包”公益捐赠活动。全所职工共捐出贴心包18份，募款1800元，全部递送至四川雅安地震灾区。（韩海宏）

【奉贤工会举行送温暖援助服务日活动】 12月28日，奉贤区总工会在南桥镇文化广场开展以“心系职工情、温暖进万家”为主题的元旦春节送温暖援助服务日活动。活动期间，区总工会职工援助服务中心专门邀请区中医医院的主治医师、主管护师和国家二级心理咨询师等5位专家向求助职工提供咨询服务，并现场设摊提供测量血压、心理咨询、医疗咨询、法律咨询、政策咨询、就业咨询等援助服务项目。（尹 奕）

【崇明县总工会举行元旦春节送温暖援助服务日活动】 12月28日，“心系职工情、温暖进万家”——崇明县总工会2014年元旦春节送温暖援助服务日活动在新河镇新南广场举行。活动现场，县总工会向新河镇、建设镇的困难职工代表发放慰问金、慰问品，并为当地职工送去精彩的文艺演出；设摊开展社会保障政策、法律法规、互助保障等咨询服务活动；开展理发、磨剪刀、量血压等便民服务，共计服务500多名职工。“两节”期间，县总工会共走访慰问困难职工2670人，发放各类帮扶金153.5万元。
（任 瑛）

【崇明工会力助困难职工家庭子女就学】 2013年，崇明县总工会共排摸在档困难职工家庭中新考取大专院校学生26名，总计发放帮扶款3.35万元。同时，市总工会定向助学帮扶50名困难职工家庭子女、县总工会定向助学34名困难职工家庭子女的10多万元助学款也在8月底前发放完毕。（任 瑛）

【市仪电工会夯实产业工会帮扶工作机制】 2013年，市仪表电子工会依托各基层工会和仪电社保中心，及时理清仪电控股因产业结构重整，企业关停并转和人员分流，留下各类离岗暂养职工、协保职工和退休职工的情况，排摸各类职工困难情况，动态更新困难职工信息，落实仪电控股“精准帮困、量体裁衣、持续提升”的帮困要求，努力实现“全覆盖、不遗漏”的工作目标。仪电控股和仪电工会联合制定下发《关于进一步做好仪电系统帮困工作的意见》，明确由行政和工会共同出资，保证仪电工会每年帮困经费落实到位，并在继续做好企业在岗职工帮困工作的同时，确定将离岗暂养、协保和退休困难职工纳入仪电工会的帮扶范围，每年3次集中进行助困、助学、助医帮扶。同时，仪电工会还制定出台《重大疾病助医帮困救助办法》和《因大病残疾不能就业人员帮困救助办法》，不断加大对患有重病的离岗暂养、协保、退休职工的帮扶力度，明确在就业服务、法律援助等方面提供多方位服务。
（陶丽娟）

【市化学工会开展送温暖“六个一”活动】 元旦春节期间，市化学工会组织实施以制定一个送温暖活动方案、召开一次送温暖专题会议、落实一个送温暖配套专项资金、组织一次一日捐活动、开展一项走访慰问活动、关爱一批两节期间坚守走出去企业生产岗位的职工为主要内容的送温暖“六个一”活动。活动中，市化学工会组织开展走访慰问活动，为劳动模范、困难党员、困难职工、老领导、“走出去”企业骨干、维稳干部、企业调整走向社会的自主创业者等七类职工群体送上工会组织的关怀和温暖；会同行政赴安徽华谊产业园内双钱回力、华谊化工、华谊工程和天原物流等4家企业的码头、操作室、工地，为春节期间坚守岗位的职工送上1800份节日大礼包。“两节”期间，集团领导走访慰问困难职工68户，发放慰问金慰问品近20万元。集团各级工会共帮扶困难职工8102人次，帮扶资金总计超过600万元。
（王有福）

【市纺织工会加大帮扶力度惠及困难职工】 一是加大定帮对象节日帮扶资金的投入，共帮扶980人次，帮扶金额61.2万元。二是加大困难企业帮扶资金的投入，共下拨帮扶资金28.5万元。三是加大职工首次发生大病重病医疗帮扶资金的投入，帮扶标准从人均1842元提高到人均3000元，共帮扶83人，帮扶金额24.9万元。四是加大对助学帮扶资金的投入，困难职工家庭大专院校学生参加社会实践的补贴从人均1583元/月提高到

2461元/月，共助学帮扶543人次，帮扶金额53.09万元，发放社会实践补贴2.7万元。2013年，纺织职工救急救难基金共投入186.5万元用于开展各类帮扶工作，占当年捐款总额的86.57%，同比增加29.11%。

（汪叶慧）

【市纺织工会积极参加“千牵心·十年情”征文活动】 2013年市纺织工会积极参加由市总工会和市级机关党工委组织的“千牵心·十年情”结对助学主题征文活动。征文活动得到系统内困难职工家庭子女的积极响应，共收到征文60篇，评选出一、二、三等奖作品在市纺织工会举办的“金秋助学”座谈会上进行交流和表彰。同时，选送至市总工会的征文中，国资委结对助学对象朱见琛同学获市征文活动一等奖，市纪委、市档案局结对助学对象丁诗慧、许遐同学获市征文活动三等奖。（汪叶慧）

【市医药工会多措并举开展帮扶工作】 一是开展“爱心一日捐”活动，2.14万名职工共捐款125.87万元，所募款项用于对集团下属各企业的困难帮扶工作。二是通过调查排摸，采用“三定三助”帮困模式，全年帮扶2111名困难职工，帮扶资金总计129万元。三是为186名定向帮困、结对帮扶对象办理工会会员服务卡，确保帮扶资金通过银行卡发放。四是为抓好爱心捐款的使用和管理，进一步要求基层工会对捐款上缴及使用、帮扶资金发放的具体人次和金额进行公示。五是在开展帮困送温暖活动时，做好困难职工的建档工作，及时将临帮、结对、大病等帮困对象信息和帮扶资料录入上海工会帮扶工作管理系统。（方　尉）

【市电力公司工会健全完善服务职工工作机制】 一是修订公司《职工帮困基金会实施细则》，进一步加强帮扶机制建设，加大帮扶力度，形成分级负责、上下联动的帮扶工作格局。二是做好元旦春节送温暖活动和助学帮扶工作。共有1215名干部参与慰问活动，走访职工家庭2937户，慰问困难企业7家，并对253户困难职工进行摸底排查、登记建档，实施助学帮扶107人次。三是加大对劳模的关心力度。建立健全公司102名劳模资料信息库，做好全国、市劳模“三金”发放工作，组织落实200名劳模、先进参加华东工委及公司工会组织的疗休养，将关心劳模日常生活、工作落在实处。四是关爱服务女职工。组织20位基层女工专职干部参加女职工劳动权益保护培训，举办“幸福有你，关爱有我”女性健康知识系列讲座。（唐健春）

纺织工会为获得“千牵心·十年情”优秀征文的受助同学颁奖

（徐志康）

【宝钢股份工会扎实开展帮困送温暖工作】 2013年，宝钢股份工会完善职工帮困机制，深入开展帮困送温暖活动。建立完善职工大病、爱心助学、突发事件等帮困数据库，实施动态管理；实施帮困4.64万人次，帮扶总金额达1680.41万元；新增大病帮扶97人，实施重大病医疗专项救助共计130人次，救助金额达221万元；实施“三定三助”帮扶1.35万人次，帮困金额982万元；积极做好因劳动争议、工亡事故善后处理等维稳工作，协调解决各类难题5起，及时化解各类矛盾。（包　翔）

【宝钢股份工会大力推进服务职工实事工程项目】 2013年，宝钢股份工会坚持以职工需求为出发点，大力推进实事工程建设，建立职工生活后勤“快速响应工作制度”，明确责任单位和责任人，形成上下联动、分层分类解决的工作格局。上半年，工会加大现场督查工作，协调解决现场具体问题。下半年，结合开展党的群众路线教育实践活动，重点对职工更衣楼、浴室、厕所、食堂、宿舍等生活后勤设施组织专项督查和调研，并及时对实事工程项目进行动态调整，全年完成实事工程项目124项。同时，公司工会坚持“能办的事情立即办、难办的事情协调办、不能办的事情讲明白”的工作原则，加强对职工的宣传、解释和引导，将暂时无法解决的原因及时告知职工，取得职工的理解和支持。2013年，公司工会及时协调解决更换基层单位破损更衣箱、协调解决IC卡工作餐费月底清零等问题，开展4个食堂的“丰俭随意”工作餐试点，拓展员工健康保障计划项目内容，增加体检内容，新增购书网点，开辟自助游等项目。（包　翔）

【宝钢集团工会推动青年过渡惠租房工作取得成效】 2013年，在深入调研和试点基础上，宝钢集团全面推进青年过渡惠租房工作。宝钢股份等4家单位实行青年职工租房货币补助计划，有65位青年职工通过资格审核并开始领取1200元/月的租房补贴；宝钢金属等2家单位制定具体实施方案，待公司职代会履行民主程序后实施；宝钢特材通过改建宿舍为“希望楼”，向适龄青年职工提供惠租过渡房，共有27名青年职工入住；宁波钢铁公司筹措1.5亿元资金，新建宁钢公租房项目目于12月竣工，376套

公租房，第一批已分配259套。（陆 庆）

【上海石化工会扎实推进帮困送温暖工作】 2013年，上海石化工会发挥公司帮困基金作用，深入开展送温暖工作。修订下发《公司职工权益政策与实务操作手册》，关注职工关注的热点问题，积极反映职工诉求；开展“爱心一日捐”活动，1.31万名职工参加，捐款金额总计128.98万元；元旦春节及中秋国庆期间，公司各级领导干部结对帮扶148对困难职工家庭，走访慰问困难职工1949人和各类劳模先进140人，累计发放慰问款物近80万元；全年“三定三助”帮扶2427人次，帮扶总金额达391.60万元；组织职工参保市职工保障互助会的各类互助保障计划4万多人次，给付1946人次，给付总金额274.23万元。（潘萍萍）

【鲁中矿业工会做好职工困难帮扶工作】 2013年，鲁中矿业工会通过问卷调查、入户走访等形式，进一步健全困难职工档案，研究制定具体帮扶措施。全年，公司工会共帮扶困难职工292人次，发放帮扶款34.86万元；对72户符合条件的特困职工家庭发放特困证，持证特困家庭在水电费缴纳、有线电视缴费、子女上学等方面享有多项优惠政策；为符合条件的职工申请助学、大病定向帮困25人次，发放帮扶金5.8万元。（刘 迪）

【上海航天局工会扎实做好职工帮扶服务工作】 一是建立《上海航天局困难职工数据库》，为17家基层单位的140名困难职工建档立卡。二是走访慰问系统内困难职工3588人，帮扶金额总计136.88万元。三是组织开展局工会生活保障政策专题培训，邀请专家讲解《上海市职工基本医疗保险办法》《上海市因病支出型贫困家庭生活救助办法（试行）》以及职工互助保障等政策。（沈 恺）

【中国商飞公司工会积极开展职工帮扶服务工作】 2013年，公司工会结合公司型号研制和能力建设实际情况，建立健全型号研制一线慰问机制，以“走进大飞机”为主题，组织开展好重要节日、重要节点的慰问走访活动和外场试飞“火线慰问”“家属慰问”等活动；进一步完善公司工会、各单位工会及分工会三级工会组织对困难职工、患病或家遇突发事故的职工（家庭）慰问机制，开展退休劳模先进、困难老党员、老职工、困难职工、单亲家庭走访慰问和定向帮扶工作，把节日送温暖和平时关心有机地结合起来；立足人文关怀和心理疏导，发挥好工会作为职工精神家园的关心、抚慰作用，启动大飞机EAP心理关怀计划，有针对性地开展心理健康讲座、邀请专家进行心理咨询等心理援助活动，培育职工健康向上的心理素质。（陈 晖）

【中国商飞上海飞机客户服务有限公司工会扎实开展职工关爱工程“十心百事”系列活动】 2013年，上海飞机客户服务有限公司工会围绕型号研制和企业发展中心任务，以“十心百事”职工关爱工程为抓手，坚持服务中心工作、服务职工群众、扎实开展“十心百事”系列活动。一是制定下发《客服公司工会关于开展职工关爱工程促进和谐客服建设的实施意见》，成立职工关爱工程领导小组，深入开展“十心百事”（帮扶慰问暖人心、安居安全和人心、关爱健康得人心、职业发展赢人心、青年英才融人心、清风廉韵正人心、先进典型励人心、保障权益惠人心、社会公益润人心、文体活动聚人心）系列活动和100件工作任务，明确责任部门和完成节点，构建职工关爱工程体系。（周 静）

国药控股工会节假日走访结对帮扶贫困村村民（成 倩）

【中国商飞上海飞机设计研究院工会举行爱心捐赠活动】 5月11日，上海飞机设计研究院工会举行爱心捐赠活动，全院广大干部职工、退休返聘专家、海外人才及海外专家总计1503人捐款，捐款总额43.35万元，并划入“大飞机”爱心基金，积极参与职工帮困、敬老、助学等公益活动。（闻夏芳）

【中国海运工会实施新一年结对帮扶云南永德工作】 中国海运2013年帮扶云南永德县工作方案由中国海运工会具体实施。公司工会贯彻“以农村为重点，以教育为重点”的原则，在教育、新家园建设、水利基础设施建设和产业发展等方面，为永德提供资金支持。同时，针对永德县干部培训较为滞后的现状，结合永德县经济社会发展实际，永德县中青年领导干部成长的需要，拨出专款，利用2年时间，依托中海集团党校的教学平台，为永德培训200名中青年干部。（张 洁）

【中海各级工会深入开展“金秋助学”活动】 中海各级工会结合开展党的群众路线教育实践活动，走进困难职工家庭，做好调查排摸工作，及时掌握动态，调整帮困档案信息，做到“不让一名困难职工子女辍学”。集团工会还进一步提高上海地区困难职工家庭子女助学金标准，助学标准由500—1000元提高到800—2000元，共有100名困难职工家庭子女获得助学金总计16.31万元。各级工会共助学帮扶困难职工家庭子女1607名，发放助学款116.33万元。（张 洁）

【中海集团工会做实高温期间服务职工工作】 一是开展安全生产、防暑降温的专项检查566次，查实问题891个，督促整改886个，涉及职工2698人。二是慰问基层和露天作业工地330家，发放慰问款总计471.57万元。三是开展劳动保护督查211次，职工代表巡查571次。四是高温慰问职工2.8万人次，发放防暑降温费1299.33万元。五是组织近1万名职工参加体检。（张 洁）

【中海集运工会推进结对助学帮扶工作】 中海集运工会向各家合作船东发起“慈善共举、扶贫助学”爱心号召，得到各家船东的响应和支持，共收到20家船东对云南省永德县扶贫助学款26万元，所捐款项全部用于在当地为学校老师和学生兴建澡堂和部分教学楼。（刘 俊）

【上港集团工会扎实做好助学帮扶工作】 一是共向160名当年考入大专院校的困难职工家庭子女发放助学金21.45万元。二是认真做好春季助学工作，共助学帮扶259名困难职工家庭子女，助学款总计16.2万元。三是扎实开展“金秋助学”活动，集团工会用集团“8.15”献爱心捐款所募集的22.2万元，资助69名困难职工子女就学。（张 莉）

【上港集团工会组织开展“8.15”职工爱心捐款活动】 8月15日，上港集团工会组织开展第十七次“8.15”职工爱心捐款活动。各基层单位通过企业网站、内部刊物，举办募捐仪式等形式，进一步加大宣传发动力度。广大职工积极响应，集团所属39家基层单位共有1.87万名职工和1.08万名劳务工参加捐款活动，募款金额总计372.99万元。（张晨琦）

【长江轮船公司工会开展助学帮扶活动显实效】 长江轮船公司工会通过走访慰问开展调查排摸，并对当年助学标准进行调整，总体上浮约30%。同时，凡考入大专院校的，录取当年可获得一次性奖励2000元。开展“金秋助学”活动期间，公司工会共助学帮扶32名困难职工家庭子女，助学款总计近5万元。（章 伟）

上港集团爱心基金会召开2013年第一次理事会议，审议集团爱心基金使用情况（袁旭芳）

【市运输工会深化“金秋助学”活动】 一是召开专题工作会议进行工作部署，要求各级工会将“金秋助学”活动与“送温暖”工程有机结合起来，及时掌握助学活动的动态，加强工作针对性，切实解决存在的具体问题。二是加大助学活动宣传力度，通过入户专访、入校走访、信件反馈等形式，详细了解困难职工家庭子女在学习、生活、思想状况等方面的情况。三是组织受助学生开展交流、参观活动，发放助学款和助学礼品。在2013年“金秋助学”活动中，集团各级工会共筹集助学资金30多万元，助学帮扶350多人。（沈荣林）

【上海邮政工会着力做好帮困送温暖工作】 市邮政工会不断健全完善公司、基层两级帮扶工作体系，落实“重点帮、帮重点”的帮扶工作要求。一是在调查摸底基础上，建立399个困难员工档案，并实行定期帮困，帮扶总金额11.48万元。二是组织开展“爱心一日捐”活动，募集帮扶资金165.93万元。三是春节前夕，由市公司领导带队，对20户困难职工、先进员工家庭进行上门走访慰问，慰问金总计4万元。四是依托上海邮政帮困基金会，全年共对1家困难企业和5800人次进行帮扶和走访慰问，帮扶金额为209.83万元。五是开展“金秋助学”活动，通过多种方式，为66名困难职工家庭子女发放助学金7万多元。六是结合市总工会开展的“电话诉亲情，温暖进万家”万名留沪农民工送温暖活动，为800名留沪工作员工送上亲情电话卡、春节礼包，金额总计8.8万元。七是在儿童节期间，组织部分困难职工携子女参加东方绿舟、联怡枇杷生态园一日游亲子活动。（张 莉）

【上海移动工会不断夯实帮扶工作基础】 上海移动工会建立帮困救助理事会，制订完善公司《帮困救助管理办法》，通过定期商议帮困事项，建立起困难职工数据库管理系统。同时，组织开展“爱心一日捐”活动，募集捐款127.5万元。全年，公司工会共帮扶困难职工373人，帮扶金额达97.22万元。（史 旭）

【上海电信工会开展四川电信地震灾区优秀员工考察交流活动】 7月7—13日，上海电信工会组织开展“情满电信心手相连”四川地震灾区优秀员工第一期考察交流活动。此次来沪的第一期四川地震灾区优秀员工学习考察团一行25人，其中有15人来自雅安地震重灾区天全县和芦山县。在6天的考察交流中，主要安排参加上海电信发展、移动互联网时代信息生

活体验、上海城市发展足迹和员工心理健康互动等交流项目。（殷　茵）

【上海航道局工会落实“送温暖”各项举措】 一是开展“爱心一日捐”活动，共有4316名职工参加捐款活动，募集帮扶资金36.82万元。二是开展节日走访慰问，公司两级单位共走访各类职工1000多次，慰问款总计超过55万元。三是开展“金秋助学”活动，助学帮扶17名困难职工家庭子女，共发放助学款1.15万元，市级机关结对助学累计脱困12人。四是做好两级工会困难职工信息档案管理工作。（王荣丽）

【中交三航局铁路分公司工会扎实推进帮扶工作】 一是开展深入细致的摸底调查，建立困难职工情况电子档案，做到“困难职工人数清、致困原因清、困难程度清”。二是元旦春节送温暖、定向帮困和一次性困难补助26人次，帮扶金额总计近2万元。三是做好“互助保障计划”的参保、给付工作，全年共有12人次在职职工和1人次退休职工获得给付。

（黄书展）

【中远集运工会切实做好帮困送温暖工作】 元旦春节期间，中远集运工会制定送温暖工作计划，深入了解困难企业和困难职工的实际需求，做到“主动帮、全覆盖、不遗漏”，并广泛开展走访慰问活动，共帮扶基层企业198家、慰问船舶98艘，慰问困难职工1149名(其中，慰问劳模先进119名)，帮扶总金额376.06万元。同时，公司工会组织开展“爱心一日捐”活动，公司在沪6232名职工共捐款46.05万元。（钱　华）

【中远集运工会做好对口扶贫工作】 中远集运在与崇明县三星镇北桥村完成前两轮结对帮扶工作基础上，继续开展新一轮为期4年的结对帮扶工作。11月29日，双方签订第3轮对口扶贫帮困协议书，明确公司将继续实施北桥村道路改造、公共设施安装、危房改造、村民之家建设和帮困送温暖等项目，推动提高北桥村人民生活水平。（钱　华）

【上海航标处工会建立“四进四送”帮扶服务机制】 一是进边远站点送真情。处领导和工会干部经常深入边远台点，倾听职工心声，了解职工诉求，努力帮助他们解决实际困难。二是进基层单位送关爱。坚持定期下访与动态回访相结合的基层访问制度，建立工会服务热线，基层工会主席确定为服务联络员。三是进岗位能手边送激励。主动为岗位能手创造优良的工作环境，对技能优、业绩出色的岗位能手优先安排到重要岗位或关键岗位使用。四是进困难家庭送温暖。开展“服务月”、开门“找刺、拔刺”、夏送清凉、冬送温暖等活动，共走访慰问100多人次。同时，进一步为海岛职工宿舍安装空调、电视，改造食堂用餐环境。（朱卫平）

【上海机场集团工会做实“两节”送温暖活动】 元旦春节期间，上海机场集团工会以为集团改革发展做出贡献的困难职工和坚守在岗位上的外来务工人员为重点对象，集中开展帮扶服务活动。组织开展“爱心一日捐”活动，1.65万名职工奉献爱心，募得善款30.44万元全部纳入到集团职工帮扶基金统筹使用；机场4支志愿者服务队(党员先锋队、工人先锋队、巾帼先锋队、青年先锋队)共慰问困难职工113人，慰问款物总计金32.4万元；组织职工艺术团在浦东、虹桥机场举行文艺演出，慰问春节期间坚守岗位不回家过年的外地员工。

（陆敏峰）

【中铁上海工程局工会组织开展“两节”送温暖活动】 2012年底，中铁上海工程局党政工团联合下发《关于2013年元旦春节期间开展送温暖活动的通知》，制订详细的送温暖活动方案。“两节”期间，公司工会共筹集送温暖资金274.9万元，共慰问困难职工家庭187户，慰问一线职工和农民工8456人次。同时，公司主要领导还赶上海集中慰问嘉闵高架项目、苏州地铁2号线等重点工程项目员工。（钱　蓉）

【上海建工四建集团公司工会五项措施帮扶服务职工】 一是健全集团救急济难基金会，对220人次困难职工进行帮扶，帮扶金额总计29.44万元。二是组织开展春节期间慰问走访工作，结对帮扶219人次，帮扶金额16.6万；助学帮扶42人次，帮扶金额近4万元。三是组织开展“爱心一日捐”活动，2359名职工参加，募集善款28.19万元。四是为职工参保“互助保障计划”，112名患病住院和意外受伤职工获得给付金额总计68.26万元。（杨钟春）

【上海城投总公司工会开展“金秋助学”主题活动】 8月，上海城投总公司工会开展“中国梦、我的梦”微感言征集活动，组织70多名城投困难职工家庭子女实地参观青草沙水库及水源地工程展示馆，并将收集汇编的感言精心制作成书签。同时，组织“育苗奖”评选活动，通过各级工会择优推荐，表彰24个在家庭教育中表现突出、子女表现优异的城投系统职工家庭。（朱文慧）

【中建八局参与完成青海玉树灾后重建任务】 中建八局秉承“更高更强，追求卓越”宗旨，在艰苦条件下组织劳动竞赛，广大援建职工克服高原缺氧等重重困难，完成青海玉树当地包括学校、医院、住房、公建及基础设施等86个项目、总建筑面积约45.1万平米的重建任务。局二公司玉树援建项目经理张涛获第十七届“中国青年五四奖章”，并受到习近平总书记接见，局玉树灾后重建前线指挥部获2012年度“中国建筑特殊贡献奖”。

（朱文峰）

【市医务工会组织开展送温暖活动】 春节前夕，市卫生局党政领导、市医务工会分别上门走访慰问市卫生局老领导、院士、参事、全国劳模以及市卫生系统困难职工。“两节”期间，市卫生系统共帮扶困难劳模和职工总计432人次，发放帮扶慰问款50万元。（童秀妹　赵　静　吴嘉民　张春荣）

【市新闻出版工会做好帮扶服务工作】 一是广泛开展“爱心一日捐”活动。共有51家单位的5653名职工参加，募集善款22.9万元。二是发挥退休劳模专项基金作用。健全和完善劳模信息资料，共对系统42位劳模生活状况进行调查摸底，为其办理VIP卡、组织退休劳模进行年度体检，做好“冬送温暖，夏送清凉”等工作。全年，共慰问劳模近50人次，慰问金额20万元。三是发挥局退休职工重病医疗互助补充基金作用。全年，基金共资助310位身患重病的退休职工，资助金额65.55万元。（陈宏华）

【光明集团工会夯实四项举措做好帮扶工作】 光明集团工会推进帮扶体系建设，加大对各类困难职工的帮扶力度。一是开展送温暖活动。共走访慰问困难职工家庭、协保人员、军转干部和退休劳模等各类帮扶对象9089人次，发放慰问款物达1139万元；开展“爱心一日捐”活动，集团所属155家企业的3.66万名干部职工共捐款236万元；向春节期间留守工作岗位的农民工赠送电话卡800张；向集团下属困难企业和社区发放一次性帮困金9万元。二是为定帮对象办理工会会员服务卡，进一步规范帮扶资金的发放和监管。三是选择集团下属3家经济效益较好、劳动关系和谐并有实际用工需求的单位，挂牌成立“上海工会大学生社会实践基地”。四是开展“金秋助学”活动，共助学帮扶困难职工家庭子女60人。（桑树德）

【光明集团工会推出10项民生实事项目】 光明集团工会秉承“万事以民为先，发展惠及员工”的理念，在调研和收集职工诉求的基础上，推出十大民生实事项目，主要包括：稳步推进市郊农场旧住房改造工程建设，投资20亿元左右，拟于2016年底前分期分批逐步完成8902户市郊农场旧住房综合改造任务；投入约4280万元，年底前完成域外农场5个社区文化活动中心建设；加强对集团系统内协保人员的关心，至2015年每年分3次对协保人员进行帮扶，帮扶标准每年增幅不低于20%；加大对患重大疾病员工的关怀，对初次患癌症的员工（包括劳务派遣工、离岗职工和退休职工）给予2000元的一次性帮扶；运用光明爱心基金，为集团所属域外农场社区70岁以上患白内障的老人免费施行眼科复明手术。（桑树德）

光明食品集团工会坚持每年元旦后的第一个工作日开展“一日捐”活动（闪向阳）

【农工商房地产集团公司工会开展结对帮扶服务】 5月，农工商房地产集团公司工会与下属南宁明丰置业有限公司工会签订《友情结对帮扶服务协议书》。《协议书》明确，当南宁公司工会下属上海职工家庭突发状况而职工一时无法赶回家处置时，集团总部工会应派人员及时赶往现场，给予一定帮助或支助；对在外地工作的确需帮扶的上海职工困难家庭应定期进行电话回访或走访，及时了解情况，促进企业与职工家庭的和谐幸福。南宁公司工会则要在职工家庭发生突发情况时，第一时间与集团总部工会取得联系，并做好职工的安抚工作。（桑树德）

【市民政局工会切实做好帮扶工作】 一是开展“爱心一日捐”活动，并通过市总工会、市民帮困基金会、市殡葬服务中心、福利企业协会等资金支持，共筹集元旦春节送温暖资金150万元。二是对建档困难职工家庭普遍开展走访慰问活动。三是在元旦、春节、五一、八一等重大节日和高温季节，拨出专款对劳模、大病职工、退伍患病职工和90岁以上高龄退休职工开展专项帮扶和慰问活动。（胡积伟）

【市监狱局工会健全帮扶工作长效机制】 市监狱局工会不断完善市、局和基层工会三级帮扶网络，建立困难民警职工家庭档案，实行动态网络管理，并用好两级工会帮扶资金，着力做好帮扶工作。一是春节前夕，局工会对89户生大、重病等民警、职工进行慰问，慰问金17.8万元；高温季节，局工会开展高温慰问工作，分8路前往局属各基层单位慰问高温酷暑下坚守岗位的一线民警、职工及驻监武警部队，慰问金达50多万元。二是助学帮扶236名困难民警职工家庭子女，发放助学金25.6万元。三是出资30万元，对退休职工开展“送温暖”和“送清凉”活动。四是为全局民警、工勤参保“互助保障计划”，累计有1.7万人次获给付金420多万元。五是局属各单位工会对569名困难民警、职工进行走访慰问，慰问金总额达73.5万元。（江海群）

【锦江集团工会扎实开展帮困送温暖工作】 锦江集团工会积极推进帮困送温暖工作长效机制建设，共帮扶3431人次，帮扶资金总计395.43万元。同时，在元旦春节期间，集中开展一次性生活帮扶和留沪农民工送温暖活动，660名困难职工、农民工受益。（张祥伟）

【上海联通公司工会组织开展雅安地震灾区捐款活动】 四川雅安地震发生后，上海联通公司工会第一时间向全体职工发出爱心通雅安——支援四川雅安地震灾区募捐倡议书，共有2446名职工参加捐款，募款总计13.52万元。同时，互联网业务运营部立即启动“雅安加油”116114商城(www.116114sh.com)一周营业额捐款活动，共募得善款超过1万元。

（康　迪）

【号百公司工会多措并举为四川雅安地震灾区献爱心】 一是开通报平安寻亲服务热线。二是迅速组织开展“共援雅安”爱心义卖专场活动，义卖专场网页浏览量达5106次，义卖捐赠商品83件，累计金额近1万元。三是开展向四川雅安地震灾区电信职工捐款活动，共募集善款5.88万元。

（沈　匀）

【号百公司工会组织开展“爱心一日捐”活动】 1月5日，号百公司工会组织开展以“捐一日工资，献一份爱心”为主题的“爱心一日捐”活动。活动期间，公司共有534名职工参加，捐款总金额达6.89万元。（沈　匀）

【绿地集团捐赠100万元用于孤贫先心病儿童救助】 7月12日，绿地集团向“搜狐”焦点公益基金捐赠100万元，专项用于1—14岁罹患先天性心脏病的孤贫儿童医疗救助。此次“绿地心计划”孤贫先心病儿童救助项目由集团发起，将在北京安贞医院、北京阜外医院、北京华信、上海东方医院等一批合作医院展开，为符合救助条件、申请救助的贫困和孤残先心病儿童实施手术治疗，100万元善款将全部用于支付手术费用，预计能够帮助50位儿童摆脱疾病困扰。同时，集团志愿者还将加入该项公益活动的助医团队，尽可能参与患儿筛选、术前诊断、手术陪同和术后康复整个过程。

（段　练）

绿地集团捐赠100万元人民币救助孤贫先心病儿童　（王洋洋　供）

互助保障

【概要】 2013年，上海工会积极推进互助保障工作。在市总工会层面，建立互助保障服务处（点）指导检查制度，启动“退休住院保障计划”个人参保代扣款和实施社区参保差别缴费，推出上海环卫行业职工互助保障计划，设计、制订服务卡专设的“上海工会会员专享基本保障”。同时，各级工会结合实际，进一步深化职工互助互济工作。如，徐汇工会积极推进拓展服务站点建设，上海邮政工会组织开展职工重病医疗互助活动，申通集团工会实施“职工医疗互助”实事工程项目，迪安医学检验中心工会建立“至善互助基金”等。（曹宏亮）

【市总工会推动重新制定《上海市职工基本医疗保险办法》】 2013年，市总工会全过程参与由市人社局、市人大、市政协、市法制办、市发改委、市卫计委、市财政局等有关部门组成的调研组，通过积极参与调整方案讨论、召开职工座谈会等，市总工会代表广大职工群众利益积极建言献策，推动《上海市职工基本医疗保险办法》重新制定。重新制定的《办法》主要调整的内容包括：扩大适用范围和门诊大病范围，调整部分缴费比例，进一步提高门急诊的医疗待遇和统筹基金最高支付限额，明确相关标准和比例的调整原则和程序，完善个人账户资金使用办法，并对灵活就业人员设置享受医保待遇等待期等。

（王正园）

【市总工会联合开展住房公积金缴存情况执法检查】 4—10月，市总工会会同市住房公积金管委会、市公积金管理中心联合对全市单位缴存住房公积金情况开展执法检查。检查对象为国家机关、国有企业、城镇集体企业、外商投资企业、城镇私营企业及其他城镇企业、事业单位、民办非企业单位和社会团体，重点检查未办理住房公积金缴存登记、未为所有职工设立住房公积金账户并正常缴存的企业。截至10月中旬，共上门检查735家单位，606家单位已按期整改、分步整改或者说明情况，转执法立案的30家。通过历时半年的住房公积金缴存情况执法检查，住房公积金新增开户单位和缴存职工人数大幅度增长，2013年全市新增缴存单位4.06万个，新增缴存职工107万人，全年净增缴存职工60万人，创历史新高。

（王正园）

【市总工会开展社会保险和住房公积金制度执行情况调研】 2013年，市总工会开展社会保险和住房公积金制度执行情况调研，通过组织8场基层企业和职工、专家学者座谈会，对全市范围内487户基层单位开展抽样调查，并参阅2012年上海职工队伍状况调研和相关统计数据等途径，重点对用人单位不执行社会保险和住房公积金制度的情形、工会和职工依法维权过程中的困境等进行分析和梳理，并就提高相关法律法规执行力提出对策建议。　（王正园）

【市总工会举办社会保障政策培训班】 6月19日、27日市总工会举办两期上海工会干部社会保障政策培训班，邀请政府相关部门专家就职工普遍关心的城镇职工基本医疗保险、工伤和生育保险、住房公积金、民政救助等保障政策进行专题讲解。300名区县局（产业）基层企业工会干部参加培训。　（王正园）

市总工会等联合开展住房公积金缴存情况执法检查 （王正园）

【徐汇工会积极推进工会职工服务站点建设】 2013年，区总工会积极推进工会职工援助服务分中心(站、点)建设。一是领导重视，扩大工会服务站点覆盖面。研究制定《徐汇工会职工服务站(点)"建设计划》，并通过深入调研，指导和帮助中小企业较集中、企业和职工数较多的商务楼宇、园区整合资源，因地制宜建立9个区域性工会职工服务站、点和12家"爱心妈咪小屋"。二是坚持以需求为导向，为企业和职工送服务上门。区总工会职工援助服务中心向各服务站点的企业和职工先后送去"心理减压专场""职场人际关系讲座""白领秋冬季保健讲座""婴幼儿早期智力开发讲座""中医专家健康咨询""办公室瑜伽""口腔义诊"等服务项目，满足职工的多种需求。三是创新服务管理模式，促进服务工作常态长效化。区总工会职工援助服务中心制订《工会送服务安排表》，并将涉及法律、心理、健康、文化四大类92个服务项目列成"菜单"，下发各职工服务站点和基层工会，供企业和职工选择。 （聂　磊）

【迪安医学检验中心工会建立"至善互助基金"】 12月10日，迪安医学检验中心工会在企业全体职工倡议下，设立"迪安至善互助基金"募捐箱，职工每月可自愿认捐5元、10元、50元、100元四档数额标准，企业则按照职工捐款总额的2倍匹配善款，到年底前一并作为企业工会帮扶资金。 （曹理仰）

【静安区总工会加大社区散户参保工作力度】 静安区总工会制定下发《静安区街道工会互助保障服务点工作人员考核实施办法》，对确因单位不组织或参保人员比例达不到团体参保要求无法参保的退休散户，重点部署推进"退休住院保障计划"向社区扩覆工作。同时，通过区总工会与各街道总工会、各街道社区事务受理服务中心上下联动、协调一致，社区则充分利用宣传栏、黑板、简报等方式进行广泛宣传，基本做到社区散户"全覆盖、不遗漏"。全年，共组织3.85万名退休职工到社区参保，同比增长55%。 （陆　蕾）

【宝山工会积极推进互助保障工作】 一是广泛宣传、深入发动、细致工作，切实做好3万多名退休职工"退休住院保障计划"散户参保工作，基本做到"全覆盖、不遗漏"，共组织参保8.48万人，其中，散户参保近3万人。二是为5120名企业职工赠送"团体意外保障计划"。三是为2800名企业女职工赠送"女职工团体特种重病保障计划"。四是为2000名非公企业职工赠送"在职职工住院保障计划"。区总工会荣获"2012年度上海职工互助保障工作优胜单位"。 （胡立伟）

【市机电工会挂牌建立职工服务中心】 1月17日，市机电工会挂牌成立职工服务中心。中心履行"维权、救助、服务"三位一体职能，为求助职工提供帮扶救助、互助保障、就业援助、技能培训、休养体检、政策法律咨询等服务项目。全年，中心建立和完善困难职工信息档案5544条，共对困难职工、农民工家庭及其子女实施各类帮扶近2万人次，帮扶金额达600余万元，共为906人次困难职工及其家属提供职介服务，共为194人次单身男女提供婚介服务。 （张宝霞）

【宝钢工程公司工会抓好互助保障计划参保、给付工作】 一是网络公告。将公司为职工参保的险种等通过内部网络告知职工。二是业务培训。由公司工会会同人力资源部开展培训，介绍保障内容、给付范围，给付流程等。三是加强核对。公司工会建立保障给付情况对账机制，定期与人力部门核对给付人员的信息，减少遗漏。四是给付提醒。在职工发生意外或疾病时主动关心，主动服务，提醒配备申请给付所需的材料。 （蔡兴目）

【上海石化工会积极组织职工参保互助保障计划】 上海石化工会共组织2.05万人次参加"综合补充医疗、意外(工伤)互助(B类)保障计划"，2.02万人次参加"住院补贴(A、B类)保障计划"，360人次参加"特种重病团体医疗互助保障计划"，214人次参加"从业人员意外伤残团体保障计划"。年内共有1946人次获得给付，给付金额达274.23万元。 （潘萍萍）

【上海邮政工会积极开展职工重病医疗互助活动】 上海邮政员工重病医疗互助保障会和员工住院医疗互助保障会以互助互济模式，着力减轻职工就医负担。全年，员工重病医疗互助保障会共向59名患重病员工给付互助保障金计70.8万元；员工住院医疗互助保障会共向619人次给付互助保障金125.8万元。同时，市邮政工会进一步指导18家两级单位参加市总工会"女职工团体互助医疗特种保障计划"和"在职职工住院补充医疗互助保障计划"，共组织参保5885人次。 （张　莉）

【申通集团工会实施“职工医疗互助”实事工程项目】 上海申通地铁集团工会把实施职工医疗互助工作与开展党的群众路线教育实践活动结合起来，并将其列入“平等协商”“集体合同”和“工会工作目标考核”等内容，进一步完善《职工医疗互助实施办法》，建立由69人组成的工会三级互助保障员队伍，开通互助保障服务咨询热线，编写《图说职工医疗互助》手册，制作《解说医疗互助保障》折页。全年，集团医疗互助会共有2.61万名在职和退休职工加入，占职工总数的97%。（许雅琴）

【市职保会进一步做好“退休住院保障计划”的参保、给付工作】 一是扩大参保对象范围。在鼓励单位团体参保的前提下，首次将单位不组织参保的退休人员纳入社区参保的范围，这些人员可于每年6月到社区事务受理中心或社区(街道、镇)工会服务点参保。同时，非正规劳动组织、破产、歇业企业的退休人员，以及自由职业者、失业人员等无单位的社会退休人员仍可于6月到社区参保。二是启动个人参保代扣款工作。社区参保对象6月办理申请代扣款手续后，从2014年起即可通过上海银行、工商银行、邮政储蓄银行、农业银行、中国银行、农商银行、建设银行7家银行的养老金账户实现社区参保代扣款。三是实施社区参保差别缴费。即从6月起算，退休一年以上未参保，在以后年度首次参保的社区参保对象及从6月起算，参保后中断一年以上再参保的社区参保对象，在2014年起第一年的缴费标准为当年度缴费标准的2至4倍。次年续保时，仍按续保年度的缴费标准收取。（朱正瑜）

【市职保会大力推进非公企业职工参保工作】 2013年是延续对非公企业组织职工参加“在职住院保障计划”进行补贴的最后一年，市职保会在总结有关区县工会组织非公企业参保的成功经验进行推广的基础上，进一步要求有条件的非公企业组织职工参保综合保障计划，力促不同行业、不同所有制企业的从业人员都能享受职工互助互济的保障。截至年底，市职保会累计为1.64万名非公企业职工提供32.71元的参保补贴。（朱正瑜）

【市职保会制定出台“上海工会会员专享基本保障”】 2013年，为配合推广上海工会会员服务卡，市职保会具体设计、制订服务卡专设的“上海工会会员专享基本保障”，具体内容为：由区县局(产业)工会组织，以当年6月30日工会会员库的有效会员，每年7月统一办理参保手续，保障期限为每年7月1日至次年6月30日，提供恶性肿瘤、终末期肾病、良性脑肿瘤、重大器官移植术或造血干细胞移植术共四大类疾病以及意外全残和意外身故保障。（朱正瑜）

市职保会为全体员工开设“职保讲坛”，讲授互助保障业务

（朱正瑜）

【市职保会推出上海环卫行业职工互助保障计划】 3月，为市环卫行业第3次工资集体协商明确提出要建立环卫行业职工互助互济保障工作机制。为此，市职保会专门制定下发《关于推进上海环卫行业职工互助互济保障工作的通知》，将环卫行业的城镇职工、从业人员、外来务工人员全部纳入互助保障计划保障范围，向其提供重病、意外伤害、住院补助等保障服务。截至年底，共有3.67万名环卫行业从业人员参保。（朱正瑜）

【市职保会客服电话与“12351职工维权热线”完成对接】 根据市总工会进一步健全职工援助服务组织网络的要求，自2012年底切换后，市职保会积极协调市总工会职工援助中心，移交互助保障政策咨询服务工作，完成客服电话与“12351职工维权热线”的整体对接，并针对日常的业务口径变化，与热线建立每周、每月交换信息机制、新人培训机制和问题反馈机制。（朱正瑜）

【市职保会夯实三项举措强化服务】 在开展党的群众路线教育实践活动中，市职工保障互助中心班子带着问题走访基层，面向一线听取意见，即知即改推出三项互助保障新举措。一是建立互助保障服务处(点)指导检查制度，派专业人员到160多个社区互助保障服务点，面对面开展业务指导。同时，在长兴岛等远郊筹建互助保障服务点，为宝山、嘉定、青浦等郊区增设联网专线，方便群众就近办理互助保障。二是深入推进非公企业参保工作。对不同类型的非公企业采取分类研讨、逐例分析的方式，努力解决参保难题。三是开设“职保讲坛”，提高服务能级。开展互助保障业务培训和服务交流，提升职保窗口服务职工的良好形象。（朱正瑜）

女职工权益

【概要】 2013年，市总工会女职工委员会以“一切为了女职工的幸福”为目标，充分发挥凝聚、导向和服务的功能，围绕维护女职工的发展权、学习权、劳动权、幸福生活权，不断拓展实事服务项目，服务女职工多元

需求：一是深入实施女职工建功立业行动，维护女职工发展权，创造有利于女职工全面发展的社会环境。二是以周末学校为载体，维护女职工学习权，引导广大女职工参加“在学习中成长”提升素质行动。三是广泛开展女职工维权行动,维护女职工劳动权，用法律、制度等手段从根本上保障女职工的切身利益。四是创新推动女职工关爱行动，推出“七色花”系列关爱项目，维护女职工幸福生活权。各级工会女职工组织结合各自工作实际开展了各具特色的活动，如：黄浦工会将“爱心妈咪小屋”作为实事项目大力推进，静安工会着力推进楼宇女职工周末学校建设，闸北工会为困难企业女职工提供免费妇科体检服务，宝钢集团工会推进女职工岗位创新建设自主型女职工队伍，市医药工会积极创建女职工工作特色品牌等。

（邵新宇）

市总工会举办五一巾帼大讲堂启动仪式暨女职工劳动权益保护宣讲员培训班 （吴良荣）

【市总工会出台《女职工周末学校专家讲师团管理办法》】 5月17日，市总工会组织召开女职工周末学校专家讲师团管理工作会议，交流上半年为女职工授课的基本情况，提出进一步做好今后授课工作的建议和意见，讨论通过《上海市女职工周末学校专家讲师团管理办法(试行)》。会议指出，讲师团要进一步树立服务意识和公益形象，进一步明确工作责任和使命，全心全意为提高女职工的幸福指数而奋斗；要整合资源、搭建平台、取长补短、打造品牌；要注重授课对象的差异化，依需开发课程，注重授课形式的多样性，多与听课者保持互动。

（蒋慧勤）

【市总工会顺利完成“爱心妈咪小屋”全年建设目标】 市总工会启动实施“爱心妈咪小屋”项目建设，推动全市各区县(产业)局工会在女职工人数较多、条件成熟的企事业单位、经济园区、商务楼宇和公共场所中，推进建立“爱心妈咪小屋”，为职场备孕期、怀孕期和哺乳期的女性提供一个私密、干净、舒适、安全的休息场所。截止年底，建立“爱心妈咪小屋”的单位已经超过200家，第一批“爱心妈咪小屋”物料已全部配送到位，开设“妈咪课堂”公益讲座，开通“爱心妈咪小屋”官方网站(www.mumcare.com.cn)，顺利完成2013年“爱心妈咪小屋”预定目标。（朱莉颖）

【市总工会联合举办“市五一巾帼大讲堂”启动仪式暨上海市女职工劳动权益保护宣讲员培训班】 4月25日，市总工会会同市人力资源社会保障局、市妇联联合举行上海市女职工劳动权益保护宣讲员培训班。培训班旨在提高女职工权益保护法律法规的知晓率，培养一批熟悉女职工劳动保护法律的干部。全市共有700名工会、人力资源和妇联干部参加培训。培训班下发《上海女职工假期与待遇示意图》和《女职工权益保护专项集体合同示范文本》，便于基层了解女职工权益保护的主要内容，促进女职工专项合同规范化发展。 （朱莉颖）

【上海工会积极组织职工参加全总举办的《女职工劳动保护特别规定》知识竞赛活动】 在《女职工劳动保护特别规定》颁布实施一周年之际举办，历时半年。上海各级工会女职工组织共发动2.14万家单位的78万名女职工参与答卷。各级工会女职工组织以开展竞赛活动为契机，结合工会工作实际，组织开展灵活多样、丰富多彩的学习宣传培训活动。通过举办培训班、开展咨询活动、发放学习资料等多种形式，确保此次知识竞赛活动的知晓率、参与率、合格率。不少单位利用现代通讯网络工具如建立“飞信”“QQ”、微博、微信等工作交流平台，扩大活动的参与面和影响面。普陀区总工会等13个单位获全国优秀组织奖，黄臣等115名参与者获全国优秀个人奖，徐汇区天平社区总工会等100个单位获市优秀组织奖，倪虹蕾等503名个人获市优秀个人奖。

（朱莉颖）

【市总工会联合举办外来务工女性健康实事项目“蓝绿丝带五年巡礼”活动】 3月7日，由市总工会和解放军第四一一医院主办的“幸福有你，关爱有我，. 外来务工女性健康实事项目 . 蓝绿丝带五年巡礼”活动在奉贤区星火开发区举行。市总工会副主席、女职工委员会主任何惠娟和411医院院长李曙光为医院成立“宫颈癌患者康复中心”揭牌。市总工会和411医院分别对5年来的工作进行总结和展望。截至2月底，这项公益项目已累计为近7万名外地在沪工作女性提供包括宫颈、子宫肌瘤、乳腺等筛查项目在内的全套综合妇科体检，项目总投入达1650万元。（徐梅瑾）

【市总工会举办“市五一巾帼大讲堂”暨委员履职培训班】 10月17—18日，市总工会举办“市五一巾帼大讲堂”暨委员履职培训班。培训班上，杨兆顺、林霞、朱雪芹等劳模先进作辅导报告。同时，发布2012年度上海市工会女职工工作十佳优秀品牌，表彰十佳优秀品牌和《女职工劳动保护特别规定》知识竞赛活动优胜单位和个人代表。市总工会提出：一是要适应形势要求，学习新知识、新技能，不断提升把握科学理论、服务大局、组织宣传、统筹协调的能力。二是要把解决女职工反映强烈的突出问题作为决策部署和工作安排的优先事项，为女职工多办实事。三是要创新工作载体和手段，变一般性服务为项目化运作，变工作内循环为社会化运作。（张　红）

【市总工会联合开展“上海职工红丝带健康行动宣传活动”】 11月27日，市总工会会同市卫计委联合举行“遏制艾滋、履行承诺——2013年上海职工红丝带健康行动宣传活动”。活动现场举行防艾知识竞猜、专家咨询、防艾志愿者招募等活动。市总工会副主席、市女职工委员会主任何惠娟为“上海职工红丝带健康行动服务点”揭牌。（徐梅瑾）

【上海工会开展“童心中国梦”庆“六一”主题活动】 6月2日，市总工会女职工委员会会同市级机关工会在儿童博物馆，联合开展以“童心中国梦”为主题的少儿绘画比赛颁奖活动。50多名少年儿童当场在25米的长卷上绘画，放飞梦想、发挥想象，表达他们对祖国的美好祝愿。全市20个区县产业局工会组织200名女职工和子女参观少儿博物馆并观看4D影片。（朱莉颖）

【徐汇区总工会开展关爱女职工“十佳实事项目”评选活动】 年初，区总工会女职工委员会制定下发《关爱女职工“十佳实事项目”评选方案》，明确实事项目的内容、评选条件和方法步骤，并召开专题会议进行动员部署。各级女职工组织结合工会实际和女职工需求，积极为女职工办实事、做好事、解难事。截至11月底，各社区、系统、集团公司女职工委员会筛选推荐12个项目参加评选。通过参评单位的项目汇报，评委和评审团按照“女职工受惠面大、形式内容有创意、工作常态长效化、社会影响力良好”的标准进行打分和评定，评选出“名医名家进校园”“外来女性沪语学堂”“爱生活系列活动”“女职工法律进班组”“关爱劳务派遣女员工”“关爱外来女性健康，“健康身心、亮丽人生”等10个项目为关爱女职工“十佳实事项目”。（舒小爱）

【徐汇区首批“爱心妈咪小屋”授牌】 11月14日，区总工会女职工委员会在美罗大厦举行首批“爱心妈咪小屋”授牌仪式，现场共为12家“爱心妈咪小屋”授牌，并向现场参加“科学育儿课堂”听课的年轻妈妈们赠送爱心礼包。区总工会把大力推进“爱心妈咪小屋”建设，作为女职工幸福关爱行动的一项实事。一是采取走访基层、协商沟通、资源整合、协作联建等方式，在女职工人数较多、条件成熟的企业、机关事业、经济园区、商务楼宇建立“爱心妈咪小屋”。二是建立管理制度和激励机制，通过观摩、推优、表彰、奖励等措施，促进“爱心妈咪小屋”规范运作，有效服务。三是资助设备用品，配送心理辅导、健康咨询、科学育婴等服务，努力拓展“爱心妈咪小屋”功能。（舒小爱）

静安区总工会召开《女职工劳动保护特别规定》知识竞赛授奖大会
（周礼昊　供）

【闸北工会开展女职工免费妇科体检活动】 2013年，闸北区总工会女职工委员会联合解放军第四一一医院开展以“关爱女职工”为主题的免费妇科体检活动。全年共为1122名企业女职工提供乳腺彩超、宫颈涂片等6个项目的免费筛查服务。（阎　如）

【虹口工会组织开展“绿苗行动”】 8月13日，由虹口区总工会女工委、上海师范大学生命与环境科学院共同举办的“绿苗行动”2013年暑期亲子实践活动正式启动，共有200户家庭参与。活动免费发放种植套材，全程由专业志愿者团队提供技术服务，二维码微信系统提供信息交流平台。活动期间，蔬菜专家、志愿者专门传授“阳台菜园”科普知识。（徐　洁）

【杨浦区长白地区总工会推出“爱心牛奶”实事工程项目】 1月，杨浦区长白地区总工会出资与光明乳业公司合作，推出“爱心牛奶”实事工程项目，由光明乳业公司上门为辖区内小微企业孕期女职工家庭安装牛奶箱，供奶时间自该女职工到所在居委会建“小卡”之日起，持续至其生产之日。（曹理仰）

【杨浦区总工会在商圈楼宇学校建立“爱心妈咪小屋”】 12月3日，区总工会为新东方学校国权路上海总部“爱心妈咪小屋”授牌。学校对行政办公区域进行改造，校工会积极参与餐厅、文体娱乐室、工休闲书吧、咖啡厅、哺乳室等服务教职工项目的设计，多次征集育龄女职工意见建议，在此基础上制定改建和软硬件配置方案。升级后的“哺乳室”温馨时尚、设施齐全。区总工会还在百联又一城购物中心、东方商厦、万达广场、同泽合济生物科技有限公司、安莉芳（上海）有限公司、新东方学校上海总部建立6个标准化“爱心妈咪小屋”。（曹理仰）

【黄浦工会在全区建成20家“爱心妈咪小屋”】 2013年，黄浦区总工会将在社区(街道)尤其是育龄女职工集中的企业、楼宇、园区、商场建立“爱心妈咪小屋”作为区总实事项目之一加以推进。全年，全区已建立“妈咪小屋”20家，分布在楼宇、创意园区、500强企业、五星级酒店、大型超市、非公企业、学校和街道机关中。（杨小珍）

【静安工会着力推进楼宇女职工周末学校建设】 区总工会在女职工周末学校建设工作中，指导建立由街道总工会专职副主席为校长的楼宇女职工周末学校办学领导小组，并跨界与科研单位、大专院校、社会组织建立合作关系，聘请有关专业人士作为学校客座讲师，为学校提供师资保障。学校还结合商务楼宇特点，坚持走文化学习与人文关怀相结合、专业学习与技术普及相结合的办学道路，不断创新办学模式，贴近白领女性需求，积极开展适合女职工专业知识技能的培训、岗位练兵、知识竞赛等活动。石门二路街道凯迪克大厦女职工周末学校荣获“全国工会女职工培训示范学校”称号。（沈诗贤）

【闵行区总工会向各女职工周末学校培训中心授牌】 三八妇女节期间，区总工会女职工委员会分别向各镇、社区(街道)、莘庄工业区女职工周末学校培训中心授牌。闵行工会充分发挥女职工周末学校讲师团的力量，在全区范围内深入开展女职工培训活动，为基层单位女职工提供女职工职场礼仪、女性婚姻与家庭、女性心理健康知识和艾滋病预防知识等项目培训71场，培训女职工6102人次，发放女职工劳动保护等宣传资料7000多份。（兰　奇）

【闵行区江川路社区(街道)总工会开展“精彩女性，幸福人生”系列活动】 三八妇女节期间，江川路社区(街道)总工会女职工委员会开展“精彩女性、幸福人生”主题系列纪念活动。一是联手举办以“维护妇女合法权益，大力推进妇女发展”为主题的妇女维权周宣传咨询活动，进一步提高法制宣传普及率。二是举办《和谐家庭、幸福人生》讲座，指导女性如何寻求幸福、平衡家庭中的种种矛盾、经营婚姻家庭。三是开展关爱贫困母亲，送爱心活动。走访慰问10名“三八”红旗手、贫困家庭职工和重症妇女。四是举办女性“春风行动”招聘咨询专场。11家招聘单位提供就业岗位132人。（兰　奇）

【金山区总工会启动实施“金山万名女职工家庭美德”主题教育活动】 3月11日，区总工会举行庆“三八”暨“金山万名女职工家庭美德”主题教育启动大会。启动仪式后，主办方邀请市女职工周末学校讲师、东方讲坛特聘讲师高京生作题为“构建和谐婚姻家庭”的讲座。（陈　文）

【市机电工会三项举措办好女职工周末学校】 一是夯实基础。继续组织女职工参加“李斌杯”职工技能大赛，将女职工周末学校培训与大赛前培训结合起来，80%的女职工通过大赛获得中级技能等级证书。二是丰富内容。分别在闵行、杨浦分块举行常见眼疾、心血管及妇科病的防与治的专题健康系列讲座和现代人心理压力和调适专题心理辅导等，同时，还根据女职工的需求，举办珠宝鉴定检验员培训。三是创新载体。设立女职工周末学校大讲堂，根据女职工的需求定期举办女职工工作与维权、创新与超越性思维和智慧女性与财务管理等专题知识讲座和辅导。（张宝霞）

【市仪电工会开展纪念三八节系列活动】 一是组织召开专题座谈会。分别向获2011—2012年度全国五一巾帼标兵、市三八红旗集体和市三八红旗手等先进集体和个人颁发奖牌、奖章及证书。二是组织开展《女职工劳动保护特别规定》《上海市女职工劳动保护办法》知识竞赛。三是举办《女性口才艺术与人际沟通技巧》讲座。四是帮扶慰问离岗、单亲困难女职工。五是组织先进女职工和女工干部进京参观学习。（高正峰）

【市纺织工会多措并举关爱女职工】 市纺织工会女职工委员会从关爱女职工入手，夯实多项举措，力促关爱行动落到实处。一是女职工专项合同签约率达98%，从源头上维护女职工的特殊权益。二是制定女职工周末学校流动课堂的培训和补贴计划，全年共培训女职工1500多人。三是在纪念“三八”节期间组织开展《女职工劳动保护特别规定》学习竞赛活动。四是在上海国际时尚中心等企业建立“爱心妈咪小屋”。五是免费为300名困难企业女职工提供“两癌筛查”服务。六是结对医疗帮扶36名单亲困难女职工。（汪叶慧）

【市医药工会积极创建女职工工作特色品牌】 市医药工会女职工委员会在确保女职工组织全覆盖和指导签订、履行女职工专项集体合同的同时，提出“抓提升、促整合、建品牌”的工作要求。全年下属12家重点企业和外资企业通过培育“特色团队、特色平台、特色项目”，先后创建“向日葵工作室”“信谊之花”“心灵之约”“悦享行动”“欣雅乐活堂”“中华舒馨汇”等女职工工作特色品牌。（陈　蓉）

【上海电建公司工会开展“在学习中成长”主题活动】 2013年，上海电建公司工会女职工委员会通过开展“在学习中成长”主题活动，不断提升女职工综合素质。一是组织女职工学习党的十八大精神，立足本职岗位，在实现自我价值的同时，实现企业的持续发展。二是以上海电建“智慧能量”职工“五小”成果活动为契机，组织女职工结合工作岗位，围绕技术攻关、技术创新、技能登高等，为女职工岗位学习、岗位创新、岗位成才、岗位奉献搭建平台。三是表彰女职工先进，宣传女职工先进的事迹，营造学习先进、争当先进的良好氛围。四是开展“焕新魅力”专题活动，组织女职工摄影活动。（章美芳）

【宝钢工程宝锋工程公司工会建成“爱心妈咪小屋”】 宝钢工程宝锋工程公司工会为哺乳期和孕期女职工设立“爱心妈咪小屋”。三八妇女节期间，公司工会发动职工自己动手，为新落成的“爱心妈咪小屋”进行装饰。3位优秀方案的设计者组成自主管理团队，仅用一个月时间，就完成装修及设施、设备配置，并为周边工作的女

职工提供方便。（窦从容）

【宝钢集团工会建设自主型女职工队伍】 宝钢集团工会女职工委员会推进女职工岗位创新，建设自主型女职工队伍。一是召开以“点亮智美心光 跃动慧颖魅力”为主题的女职工岗位创新成果发布“玫瑰坊”活动，7位女职工岗位创新带头人分享创业经验。开展创新“结对牵手”活动，孔利明、王军、高玉强、高珊、郭朝晖等5位专家与5位女职工岗位创新带头人师徒“结对牵手”。三是推进女职工创新工作室建设。召开女职工岗位创新工作研讨会，学习宣传宝钢股份电厂女高级技师洪华创新工作室的经验，中央研究院高珊对推进女职工创新工作进行“专家会诊”，挖掘女职工最佳实践。（徐　卫）

【国药控股集团工会举办“魅力成长”女性主题系列活动】 3月6—8日，国药控股集团工会组织开展“魅力成长”女性主题系列活动。一是“听一场讲座”，举办魅力无限职场女性讲座。二是“看一方景色”，组织女干部参观内衣工厂。三是“动一动双手”，开办西点制作、中式烹饪培训班。活动共吸引上海地区230名女职工参加。（成　倩）

【国药控股集团工会六一节亲子系列活动】 一是组织策划主题为“大手牵小手，快乐总动员”亲子采摘活动。二是举办“真爱，在学习的路上”主题讲座，邀请心理学专家与家长共同探讨与孩子沟通问题。三是开展“步步领先，快乐成长”爬爬乐活动，部分集团职工家庭8个月至2岁子女参加活动。（蔡文婕）

【国药控股集团工会联合开展女职工培训讲座活动】 国药控股集团工会联合“诗妍学社”女职工周末学校分别与全国妇联组织心系委员会、上海市心理咨询行业协会、市妇女干部学校等单位联合开展健康保健、心理调适、艺术修养等培训课程，参加培训女职工累计达655人次。（刘乐清）

【鲁中矿业集团工会四项举措推进女职工工作】 一是组织学习《公司集体合同、女职工权益保护专项集体合同》以及相关法律法规，并按照集体合同规定，安排全体女职工进行妇科普查。二是组织参加市总工会举办的《女职工劳动保护特别规定》知识答题活动，获优秀组织奖。三是集中开展学习权益保障法律法规知识竞赛，12个单位的60多名女职工参赛。四是举办以“美丽绽放”为主题的庆“三八”节联欢会，并组织开展趣味体育比赛。（刘　迪）

【上海航天局工会女职工工作注重“两贴近”】 一是贴近中心工作。组织召开女职工委员会七届十次（扩大）会，进一步明确女职工工作组织体系、工作机制、活动方式和工作目标；召开学习传达上海市第十四次妇女代表大会精神专题会议，传达市委和全国妇联领导重要讲话精神，并部署宣贯活动；举办纪念三八妇女节103周年座谈会，交流工作、学习心得；指导开展女科研人员劳动竞赛。二是贴近职工需求。组织开展由局“女领导干部、女研究员、女高级技师、女先进职工”组成的“四女”联谊会活动，举办“航天职业女性形象塑造”讲座，提升航天女性良好的职业形象；指导3家基层单位筹建女职工“爱心妈咪小屋”；建立局红娘协会例会制度，开展“周末茶坊”活动，定期组织开展各类交友活动，全年经参加“周末茶坊”活动成功牵手50多对。（沈　恺）

【上海航天工会组织开展迎三八节活动】 3月7日，局工会组织召开“创造幸福人生建设美丽航天”——纪念三八国际劳动妇女节103周年座谈会。控制所工会举办以“美丽航天，幸福人生”为主题的纪念三八节103周年特别活动，并将纪念会、表彰会和培训相结合，开展“把美丽带回家”主题插花培训讲座及评选活动；811所工会续签了女职工集体合同，提高女职工节日费、新增体检项目、调整女职工产假时间，并组织全体女职工参加苏州环太湖一日游；812所工会召开“科研第一线巾帼展风采”女工委员主题座谈会；149厂由行政出资，为全厂360名女职工每人准备一份礼品。（沈　恺）

【上海船舶工会开展《女职工劳动保护特别规定》知识竞赛】 上海船舶工会女职工委员会根据全总、市总的要求，组织上海船舶系统女职工开展《女职工劳动保护特别规定》知识竞赛，并结合船舶女职工工作实际，进行形式多样的学习宣传活动，不断扩大《女职工劳动保护特别规定》的知晓率和覆盖面，着力提高船舶女职工依法维权意识。系统内5274名女职工参赛。（张正阳）

【中国商飞上海飞机设计研究院工会建立“爱心妈咪小屋”】 年内，上飞院强度部、产品支援部、动力燃油部三所“爱心妈咪小屋”建设落成。作为服务职工的实事项目，上飞院工会和部门分工会积极协调，购买设备，

市监狱局工会举行三八国际妇女节表彰大会（江海群）

建成 3 所“爱心妈咪小屋”，帮助怀孕女职工以及哺乳期女职工解决实际困难。（闻夏芳）

【中国商飞上航公司工会建成“女工关爱室”】 11 月，上海航空工业（集团）有限公司工会女职工委员会建设位于张江办公园区的“女工关爱室”。建成后的“关爱室”利用家具分区、自然隔断等方法，设置会议讨论区、休息阅读区、料理区、哺乳室和综合接待区等 5 个功能区，方便女职工休息交流。（傅明波）

【上海铁路局工会强化女职工权益维护】 一是制定下发《关于建立女职工学习目录的通知》，聘请专家教授组成的讲师团到基层站段女职工组织进行 15 场讲课，组织 3000 人次参加《女职工卫生保健》《女职工心理健康》讲座等。二是坚持利用三八节契机，组织开展“巾帼艺萃”女职工书画、摄影、手工艺品展，展出女职工书画摄影和手工作品 200 多件。三是大力选树培育女职工先进集体和个人，年内评选表彰 20 个上海铁路局女职工先进集体、50 名上海铁路局女职工先进个人，上海站范敏获得“上海市巾帼标兵”称号。四是将长途女乘务员劳动卫生状况纳入铁路局实事项目，协调车辆处和客运处组织完成 52 辆宿营车改造工程，2500 名旅客列车女乘务员出乘卫生条件得到改善。（白　杰）

【中国海运工会举办女工干部培训班】 7 月 31 日，中国海运工会举办为期 3 天的女工干部培训班。来自直属各单位 40 多名女工干部参加培训。培训班邀请市委党校、工会管理职业学院等专家学者讲授“坚持群众路线、践行党的宗旨”“聚焦正能量，放飞中国梦——当前我国面临的新形势新任务”“情商管理”“企业女职工实务和权益维护”和“女干部的职业形象塑造”等课程，帮助女工干部拓展工作思路。（张　洁）

【中海环球货运浦东分公司“爱心妈咪小屋”获“母爱 10 平方”公益活动认证】 7 月，中海环球货运浦东分公司工会参加“母爱 10 平方”公益活动，建设“爱心妈咪小屋”，为产后上班的妈妈配备沙发、座椅、纸巾、电源、冰箱等物品。8 月，联合国儿童基金会批准中海环球货运浦东分公司成为“母爱 10 平方”活动会员。（刘　一）

【交运集团公司举行“三八红旗手”颁奖典礼】 三八节前夕，交运集团工会举行 2011—2012 年度“三八红旗手”（集体）、“心系女职工好领导”、“优秀女职工工作者”颁奖典礼。会上，主办方采用 VCR 形式介绍集团系统 7 名获市、集团“三八红旗手”称号女职工的先进事迹，激发广大女职工为集团“创新驱动、转型发展”作贡献的工作热情。（袁俐俊）

【上海邮政工会认真做好女职工工作】 2013 年，上海邮政工会围绕企业发展目标，结合女职工特点，积极开展巾帼文明创建活动。一是组织开展各种形式、不同层面的女职工业务培训、岗位练兵和技能比赛等活动。二是以开展庆祝“三八”节活动为契机，通过设摊服务等形式，为社区和特需人员服务。三是积极组织参加上海市“五一”晚会、“激情广场”上海爱国歌曲大家唱、上海市邮政行业卡拉 OK、乒乓球邀请赛和上海邮政员工运动会等文化体育活动。四是开展“争先创优”活动，发挥女性先进示范引领作用。（张　莉）

【交通港航工会组织开展女干部培训】 11 月 28 日，市交通港口局工会女职工委员会举办“2013 年女干部综合素质培训班”，培训为期 3 天，来自局系统、行业和局机关近 50 名女干部参加培训。培训课程主要有当前社会形势热点追踪与分析，智慧女性与财务管理，沟通与协调和经络养生等。（方蔚萍）

【上海城投总公司工会开展女职工劳动保护知识竞赛】 城投总公司工会组织开展女职工劳动保护知识竞赛，积极营造企业关爱女职工的良好氛围。公司下属 20 多家直属单位工会、113 家基层单位工会组织的近 3600 名女职工参加竞赛答题活动。各基层工会线下购买相关书籍 433 册，线上利用公司 OA 网络平台、宣传栏进行宣传，并自行下载相关资料编辑印发女职工学习，前期组织开展的学习培训累计达 109 次。（朱文慧）

【上海海洋石油局成立女工程师协会】 3 月 7 日，上海海洋石油局女工程师协会成立。协会以倡导和促进女工程师间的相互交流和学习，积极扩大女工程师在企业、社区和家庭范围内的影响力。协会活动的基本形式是举办新学科、新技术讲座或培训、开设主题论坛、组织论文征集活动等。（耿卫军）

【市绿化市容局工会组织开展局系统女处级干部插花艺术沙龙活动】 4 月 27 日，市绿化市容局工会女职工

上海海洋石油局成立女工程师协会　（耿卫军）

委员会依托女职工周末学校举办局系统女处级干部插花艺术沙龙活动。活动邀请市插花花艺进修学校教师主讲《艺术插花的造型和技法》，并现场示范插花艺术造型的过程和技巧。

（宋丽娜）

【百联集团举行庆祝三八妇女节联谊会】 3月4日，由百联集团工会承办的“巾帼风采·集美百联”——百联集团庆祝三八妇女节联谊会在上海当代艺术博物馆举行。集团300多名女职工代表参加联谊会。联谊会分职业美、健康美、生活美、形象美、活力美和友谊美等主题，进一步展示百联集团女职工的风采。（姜　杰）

【市教育系统第三届优秀青年女教师发展论坛举行】 9月17日，“点亮人生传承梦想——第三届上海市优秀青年女教师发展论坛”在上海市世界外国语中学举行。上海市妇联副主席朱鸣、上海市总工会副主席何惠娟和上海市教卫工作党委副书记虞丽娟等领导出席论坛。会上，向市优秀青年女教师发放成才资助金，5位来自中小幼和高校的优秀青年女教师在论坛上与大家分享成长发展的体会。

（朱小娟）

【上海卫生系统举行百名高级女医师大型义诊活动】 3月30日，市医务工会在市工人文化宫举行“海上女医师，倾情为市民”百名高级女医师大型义诊活动。参加义诊的团队来自于中山、瑞金等20多家三级甲等医院，集中内科、外科等常用科室、优势学科的107名女性骨干医生开展公益义诊咨询。2000多名市民接受义诊咨询。同时，上海疾控中心现场举办《加强水质监测，保障水质安全》《食品安全与健康》等主题科普讲座。

（童秀妹　赵　静）

【市新闻出版工会开展“出版争一流，巾帼展风采”系列活动】 一是组织女编辑合唱团参加“上海市第七届职工文化艺术节合唱比赛”，获市第七届“五一文化奖”“上海市十佳优秀职工合唱队”和自选歌曲“最佳改编奖”，并应邀参加“五一”歌会表演。二是组织女编辑编撰出版《攀登之路》。三是组织系统女劳模、女先进、女技术能手、女工会干部代表开展“相约春天，美丽瞬间”活动。四是组织行业28家出版单位的50名女编辑开展心得交流活动。五是对系统33名女干部开展问卷调查并形成报告，向有关部门推荐10名优秀女性人才。

（陈宏华）

【市监狱局工会围绕“五个新”加强女职工工作】 一是开展目标管理考评，力求工作新突破。对各基层工会女职工工作进行量化考核，共评选出优秀基层女职工委员会6个。二是维护妇女儿童权益，寻求工作新亮点。对77名困难女职工进行定向、助学和节日帮扶；开展女职工疗休养和妇科体检工作，“女职工团体特种保障计划”参保率达100%。三是提高女职工素质，参加竞赛有新收获。通过“中国梦我的梦”“温馨家园”“我的读书感悟”的读书演讲比赛、读书讲评等形式开展读书活动；鼓励女民警、职工参加2013年群众论文和“传承·转型·奋进”为主题的征文比赛；组织学习宣传《女职工劳动保护特别规定》，并组织女职工参加全总开展的《特别规定》知识竞赛活动。四是加强自身建设，展现工作新面貌。坚持例会制度，开展女工干部培训班，参加市总工会组织的女工干部培训；开设“女性天地”专栏，及时宣传和报导女职工活动信息等。五是弘扬社会正能量，探索表彰新模式。以“美丽绽放”为主题，通过视频宣传和文艺演出等形式，表彰女职工先进。

（江海群）

隧道股份召开三八国际妇女节座谈会表彰巾帼文明岗　（陈　欣）

【锦江集团工会积极开展女职工工作】 一是做好全国五一巾帼标兵、市三八红旗手集体和个人等选树推荐工作。二是组织41名基层女工干部参加市女职工劳动权益保护宣讲员培训班。三是落实困难企业女职工体检80人次。四是举办“重读经典，绽放美丽”专题讲座。（张祥伟）

【市级机关工会联合举办少儿绘画比赛】 6月2日，市级机关工会在上海儿童博物馆联合举办“童心中国梦”市级机关少儿绘画比赛颁奖暨2013年度“关爱月”活动启动仪式。绘画大赛自5月初启动以来，在市级机关系统干部职工子女中收到47家单位选送的绘画作品494幅。近年来，市级机关工会、妇委会将每年6月确定为“关爱月”，以关爱为主题开展各项活动，项目有患病儿童、单亲家庭、困难女职工帮扶、干部职工育儿知识、家长讲座和少儿专场主题活动等。

（王强鹰）

【隧道股份公司开通女职工关爱热线】 隧道股份公司工会开通“亲亲”“雯雯”“真真”“楠楠”和“晓晓”5条关爱热线，分别由5位女性骨干负责联系。全年，热线共接到近百个驻外女职工的电话，主要反映其在医疗、心灵、法律、职业发展、物业管理等多方面的问题和困难。隧道股份公司工会第一时间组织力量给予及时的回应和解决。

（翟　勇）

【号百公司工会组织女职工志愿者为

智障儿童献爱心】 12月24日，号百公司工会女职工委员会组织11名女职工志愿者前往虹口区儿童福利院开展“大手牵小手，一起找幸福”爱心公益活动。该活动自2011年起已连续开展3年，先后组织开展松江辰山植物园秋游、顾村公园踏青等志愿者活动。（沈 匀）

【绿地集团工会举办第五届联合家庭日活动】 6月2日，绿地集团工会联合下属事业一部、二部和酒店集团工会举行以“中国梦、绿地梦、我的梦”为主题的集团第五届联合家庭日活动。这次家庭日活动内容分为梦想主题类、家庭娱乐类和家庭竞技类。梦想主题类活动包括说出梦想、画出梦想、展示梦想等内容，娱乐类活动包括海洋球、充气城堡、小小钓鱼匠、投篮、百发百中、积木比拼、攀岩等近10个项目，竞技类活动包括毛毛虫竞速、奋笔疾书、动感五环、全家总动员等4个项目。70多个家庭的近200位职工及家属参加活动。（王洋洋）

外来工权益

【概要】 2013年，上海工会加大农民工权益维护工作力度，推进工会各项维权机制与举措向农民工群体延伸并覆盖。一是把吸收农民工入会列为工会组建工作重点。年内，全市工会会员总数为923.74万名，其中农民工会员为332.48万名，比上年净增5.74万名。二是鼓励农民工提高创新能力。在第九届上海市十大工人发明家、第四届上海市科技创新英才及第三届上海市职工科技创新新人奖、优秀团队和示范基地评选中，胡振球等3名农民工获得上海市十大工人发明家称号。三是推动提高农民工收入和社会保障水平。依托上海市劳动关系三方协调机制平台，推动上海市调整最低工资和公益性岗位从业人员收入标准，参与制订出台企业工资增长指导线。四是深化农民工就业援助。开展“技能培训促就业行动”“春风行动”“上海工会就业援助月”活动等，成功帮助1.82万人实现就业。五是开展农民工帮扶服务活动。元旦春节期间，各级工会共走访慰问困难农民工1.06万户，发放帮扶款物2338.36万元；开展农民工团体医疗帮扶、“金秋助学”活动等。六是开展农民工工资支付情况专项检查。重点检查使用农民工较多的建筑施工、加工制造、餐饮服务等中小型劳动密集型企业。为10285名农民工补发拖欠工资5790.27万元。七是提升农民工安康指数。联合开展农民工安全生产培训，全市培训农民工31.71万人次，积极推进职业病防治专项工作，为农民工提供健康体检18.8万人次，高温慰问农民工86.2万人次。八是丰富农民工的文化生活。开展“同在阳光下”为农民工送文化、送法律、送健康活动。组织2000名农民工参加初级工商管理（EBA）第二十三期培训，建成30家“职工书屋”示范点，为农民工免费放映电影500场，惠及农民工约10万人次。九是选树农民工先进。有5名农民工获全国五一劳动奖章，15名农民工获上海市五一劳动奖章，4名农民工被评为市优秀农民工、12名农民工被评为市农民工先进个人。（甘党生）

【上海工会积极参与农民工工资支付情况专项检查活动】 为确保农民工在元旦春节期间按时足额拿到应得的劳动报酬并及时平安返乡，2013年元旦春节期间，市总工会会同市人社、建交、公安、国资、工商等部门，在上海市范围内开展农民工工资支付情况专项检查。期间，参加检查人员3269人次，发放宣传资料11.34万份，检查使用农民工较多的建筑施工、加工制造、餐饮服务等中小型劳动密集型企业6354户，涉及劳动者50余万人，其中农民工35.95余万人。666户用人单位存在拖欠工资情况，占被检查用人单位的10.48%。检查责令用人单位补发14365名劳动者工资7408.35万元，其中补发10285名农民工工资5790.27万元。为进一步发挥欠薪保障金及时化解欠薪矛盾的积极作用，全市共垫付欠薪保障金188笔，涉及企业148户，垫付金额4810.32万元，惠及劳动者7017名（其中农民工5141名，占73.3%）。（甘党生）

【市总工会开展为农民工“三送”活动】 2013年，市总工会组织文艺骨干、资深医生、法律专家先后赴迪斯尼乐园建设工地、上海保障房建设基地、上海电力公司等农民工相对集中且人数较多的企业、工业园区、建设工地等，开展以文艺演出、健康咨询、法律援助等为主要内容的“送文化、送法律、送健康”活动。春节、劳动节、国庆节等法定节假日期间，市总工会还开展面向农民工的假日免费电影放映活动，在87家具备放映条件且周边农民工集聚的区工人文化宫、社区文化活动中心为农民工免费放映电影，让农民工就近、就便享受城市公共文化服务。（宋 昶）

上海工会在上海国际旅游度假区工地开展为农民工“三送”活动（吴良荣）

【长宁区总工会为留守外来务工人员免费放映电影】 2月7日，区总工会在长宁工人文化宫影剧院为春节期间留守上海的外来务工人员免费放映电影。来自长宁区环卫系统、医务系统和非公企业的300余名外来务工人员进场观看。区总工会为到现场的外来务工人员送上新年礼包和爱心电话卡。（王亚文）

【杨浦区新生代农民工初级工商管理培训班开班】 4月9日，杨浦区新生代农民工初级工商管理（EBA）培训班正式开班。上海开放大学送教上门，与上海同济君禧大酒店共同进行校企联手办学。培训班为期3个月，每周组织学员集中学习两个半天。课程内容有《管理学概论》《经济学概论》《法学概论》等。学院通过规定课程的考试后，将取得由上海市总工会、上海开放大学联合颁发的《新生代农民工初级工商管理（EBA）培训资格证书》，所获学分可计入上海开放大学工商管理大专就读阶段。杨浦区四平地区总工会组织辖区内6家基层企业的31名职工参加培训。（曹理仰）

【黄浦区总工会为外来务工人员举办援助服务专场】 11月23日，区总工会在黄浦区建交委人民路新开河路24号地块举行职工援助服务活动——外来务工人员专场，为外来务工人员提供法律援助、健康咨询以及便民服务等多项咨询和服务，并向每位在场的外来务工人员发放慰问品。在健康咨询柜台，医生提供测量血压、血糖等服务；在便民服务处，志愿者免费为在场的外来务工人员理发、补衣、修鞋；在法律援助柜台，由专业律师解答劳动法律问题。活动得到黄浦区建交委工会和工地的支持，近400名外来务工人员参加。（何 洁）

【静安区总工会全面推进2013年农民工技能基础培训】 4月15日，区总工会举行2013年农民工技能基础培训开学典礼。为贯彻落实《关于开展全国工会“技能培训促就业行动”的通知》精神，进一步深化“上海工会百万农民工援助行动”，由区总工会委托上海申伦职业技能培训中心，通过各街道总工会为企业和学校搭建平台的模式开展培训已成熟运作多年。一是培训项目多。在原有餐厅服务员、中式烹调师基础上，新增家政服务员、母婴护理师、育儿嫂等上岗、等级培训项目。二是培训方式灵活。由培训学校选派优秀师资利用餐厅非营业时间进行“送教上门”。两年来，区总工会扎实推进农民工职业基础培训工作，培训班已累计帮助3400余名学员通过培训持证上岗。（陆 蕾）

【闵行区总工会丰富外来务工人员业余文化生活】 区总工会履行服务职工职责，开展面向外来务工人员的业余文化活动。一是送电影进工地。专门成立一支4人职工文化派送队伍，4—10月，在区内各大工地搭建临时影棚放送电影，全年放送电影800场，观影外来务工人员达20万名。二是送演出进工地。组织文艺团体在高温季节进工地为外来务工人员进行专场演出，总演出时长近8小时。三是组织体育活动。帮助基层工会组织外来务工人员开展5人制足球、排舞、龙舟赛、广播操比赛等带有竞技性的团体活动，增强外来务工人员的归属感和凝聚力。（俞龙祥）

【上海邮政工会配合开展上海市优秀农民工评选工作】 根据上海市总工会《关于推荐2012—2013年度上海市优秀农民工、上海市农民工先进个人的方案》要求，5月份，上海邮政工会组织下属两级单位通过局务公开栏、职工大会、班前会等多种方式，对组织开展优秀农民工评选工作进行广泛宣传。通过个人自荐、组织推荐、公示等民主程序，共产生31名候选人。经过全公司员工无记名投票，徐汇区邮政局华泾邮政支局投递员房晓三得票列首位，作为上海邮政系统推荐对象，报上级部门审定后，获评为“2012—2013年度上海市优秀农民工”。（张 莉）

【建工七建公司工会关心帮助外来务工人员有“绝招”】 近年来，随着“走出去”力度的加大，建工七建公司外来务工人员比例逐年提高。建工七建公司工会采取一系列措施帮助他们融入企业：一是在自愿前提下，区域工会将外来务工人员100%吸纳入会。二是建立一对一师徒带教、互帮互带结对子、异地培训、岗位技能比武等机制，使外来务工人员迅速成长。三是因地制宜地配备各种文体设施，乒乓房、录像室、阅览室等，并订阅反映上海改革发展变化的期刊如解放日报、新民晚报等，使外来务工人员了解上海、了解公司。四是开展外来务工人员学沪语活动，破除隔阂，增强归属感，帮助他们加速融入企业。（杨钟春）

【市绿化市容工会与市总工会联手开展为环卫绿化职工“三送”活动】 3月4日，由上海市总工会、上海市绿化市容行业工会联合举办的“学雷锋·讲文明·树新风”上海职工志愿者为环卫绿化职工“送文化、送法律、送健康”仪式在静安区环境建设有限公司举行。活动现场，上海市总工会、上海市文明办、上药集团工会等为环卫职工免费送上医药保健用品、文体活动用品、健康体检卡等。上海新闻出版工会为绿化环卫单位职工准备16箱计1500多本书籍，图书定价总额达3万多元。活动当天，职工志愿者共为100多名绿化环卫一线农民工提供理发、修皮鞋、修雨伞、修钟表、修小家电等便民利民服务。华山医院、华东医院、曙光医院的皮肤科、呼吸科、心血管内科、普外科、妇产科、消化内科众多主治医生及上海市血液中心专用验血体检车在现场服务。（唐鸿仙）

【百联集团物贸生资物流公司工会举办外来务工人员子女暑期亲子游活动】 8月10日，百联集团物贸生资物流公司工会举办“上海印象——外来务工人员子女暑期亲子游活动”。百联集团工会准备书包、文具等学习用品，免费赠送给来沪度过暑假的外来务工人员子女。百联集团物贸生资物流公司工会组织小朋友们参观游览上海科技馆、外滩、人民广场等上海标志性景点，进行浦江夜游和市区夜景游，活动共吸引23名小朋友参加。（姜 杰）

【上海联通工会举办公司领导与异地单身员工中秋茶话会】 9月16日，上海联通工会在公司职工之家举办

2013年公司领导与异地单身员工中秋茶话会。上海联通公司党政工领导与来自基层的外来单身员工代表等34人共度中秋佳节。（康 迪）

【上海市总工会举办为市重大工程建设者“送文化、送法律、送健康”系列服务活动】 10月16日，由上海市总工会主办、上海市工人文化宫承办的为市重大工程建设者“送文化、送法律、送健康”系列服务活动在浦江鲁汇保障房基地举行。近千名来自市重大工程项目工地的外来务工人员汇聚活动现场，免费领取卫生保健用品、健身大礼包和书籍刊物等，并观看由上海市工人文化宫茉莉花艺术团献演的“茉莉飘香，情系职工”主题文艺表演。活动现场，志愿者设立临时摊点，为外来务工人员提供生活、卫生、法律等咨询服务。此外，浦江鲁汇保障房基地首家职工书屋也在上海建工集团现场指挥部初步落成。书屋一期藏书800余册，杂志200多种。（王超颖）

退休职工权益

【概要】 2013年，上海工会不断夯实退管工作。在市总工会层面，开展各类退管先进的评选和退管工作理论研究优秀论文评选活动，举办“大型宣传咨询为老服务活动”和退管干部业务培训班，参与调整支援外地建设退休（职）回沪定居人员生活困难补助标准。同时，各级工会也不断加大力度，推进退休职工的管理服务工作。如，虹口工会认真做好“退休住院保障计划”的参保、给付工作，宝山工会组织举办摄影、照片后期制作讲座和垂钓、“才艺秀”等活动，上海海洋石油局工会依托局教培中心资源成立老年大学等。（曹宏亮）

【市总工会参与调整支援外地建设退休（职）回沪定居人员生活困难补助标准】 2月，市总工会会同市人力资源和社会保障局、市民政局、市财政局联合下发《关于调整本市支援外地建设退休（职）回沪定居人员帮困补助标准的通知（沪工总保〔2013〕40号）》。《通知》明确，自2013年2月6日起调整上海市支援外地建设退休（职）回沪定居人员帮困困难补助标准，具体为：一是月养老待遇在2000元（含2000元）以下的，原每人每月生活补助100元，现调整为120元；月养老待遇在2000元以上的，原每人每月生活补助50元，现调整为70元。二是节日补助标准维持不变，即“春节”节日补助每人每次500元；“劳动节”“国庆节”节日补助每人每次200元。三是分档帮困补助标准调整为月养老待遇在1000元（含1000元）以下的，每月补足到1000元后再补助70元；月养老待遇在1001—1500元的，每月补助40元。（杨 驹）

【市总工会做好支援外地建设退休（职）回沪定居人员帮困补助工作】 截至年底，支援外地建设退休（职）回沪定居人员帮困补助总人数达到41.2万人（其中，报入上海市常住户籍29.5万人，领取《上海市居住证》约11.7万人），全年共发放帮困补助9亿元（其中生活补助4.7亿元、节日补助3.6亿元、分档帮困补助0.7亿元）。2013年，市总工会共对5062名生活特别困难的支援外地建设退休（职）回沪定居人员发放一次性特困补助。（杨 驹）

【市退管办开展退管干部业务培训】 7月2日—8月14日，市退管办组织开展退管干部业务培训班。培训班共举办4期，培训内容包括上海老龄事业现状分析、老年人心理学及退管干部自我心理疏导、老年人维权、退管干部日常事务性工作介绍等，72个区县局（产业）退管会1100多名退管干部参加培训。（黎 颖）

【市退管办组织开展市退管工作先进评选活动】 5月初，市退管办制定下发《关于评选上海市退管工作先进集体、先进工作者和优秀块组长的通知》，要求各区县局（产业）退管会选树在退管工作中成绩突出的先进单位和先进个人。经自评、互评、复评和实地考评等环节，评选出退管工作先进集体60家，退管工作先进工作者57名，退管工作优秀块组长95名。（黎 颖）

【市退管办组织开展为老服务先进评选工作】 2013年，市退管办联合开展“上海市为老服务先进集体、上海市为老服务优秀志愿者和上海市爱心助老单位”的评选活动。活动共评选出市为老服务先进集体10家，市为老服务优秀志愿者30名和市爱心助老单位10家。（黎 颖）

【市退管办开展退管工作理论研究优秀论文评选活动】 市退管办和市退休职工管理研究会联合启动实施退管工作理论研究工作，共布置18个参考课题，要求各区县局（集团公司）退管会认真开展调研和理论研究。全年，35个区县局（产业）退管会共上报论文349篇，参加单位数和上报论文数均超以往各届。经专家评审，评

市总工会举办“健康之爱——千名老人送健康”体检活动 （石志伟）

市退管会举办退管干部业务培训班 （黎 颖）

出一等奖6篇，二等奖12篇，三等奖22篇和优秀奖30篇。部分获奖论文被编入《2013年优秀论文选集》。（黎 颖）

【市退管办组织开展“老年节”大型宣传咨询服务活动】 10月13日，市退管办在黄浦区复兴公园举行“大型宣传咨询为老服务活动”。一是组织丰富多彩的文艺演出。二是邀请市人民法院、公安局、司法局、卫生局等部门专家设摊开展老年人咨询服务活动。三是安排为老服务志愿者和爱心企业现场为老年人提供家电修理、理发、修钟表、修伞、修鞋、修锅、修煤气灶、修眼镜、织补、裁剪等43个服务项目。活动当日，参加咨询和服务活动的志愿者近150人，服务老年人1.2万人次。（黎 颖）

【虹口工会认真做好退休职工互助保障工作】 2013年，区总工会采取层层发动、逐一走访特殊对象和年终考核完成情况等举措，不断加大“退休住院保障计划”的宣传力度。同时，对参保人员进行划分落实，保证原已参保的人员不丢失、不超期，保持参保的连续性；对单位不组织参保的退休人员、非正规劳动组织、破产等无单位的社会退休人员做到逐一登门、详细讲解，不断拓宽职工保障覆盖面。全年，全区8个街道共发放材料6.21万份，社区事务受理服务中心工会窗口共接待咨询3.48万人次，受理参保3万人次。（徐 洁）

【宝山工会多形式推进退休职工服务工作】 一是做好帮扶慰问工作，更新困难退休职工数据库，全区基层退管组织共走访慰问退休职工1.58万人次，帮扶总金额439万元。二是做好“退休职工住院互助保障计划”的参保给付工作，共组织参保8.48万人，累计给付5.25万人，给付金额总计4108万元。三是开展月月为老服务活动，共服务退休职工1.06万人次。四是组织宣传学习《老年人权益保障法》，发放宣传资料3000多份。五是开办“快乐每一天”摄影和照片后期制作系列讲座班，开展扑克牌、老年“才艺秀”和垂钓等比赛，不断丰富退休职工的业余文化生活。五是深化“送健康”活动，组织85名困难退休职工、独居老人、优秀志愿者参加免费体检和健康咨询服务活动。（胡立伟）

【上海海运退管会春节慰问退休职工】 元旦春节期间，上海海运退管会制订慰问方案，提前采购，发动30多名退休大、小组长协助发放近9000份新春大礼包。（顾惠根）

【上海海洋石油局成立老年大学】 年初，上海海洋石油局依托局教培中心教学资源成立老年大学。作为退休职工教育培训指导中心，先后设置摄影、书画等课程，系统内退休职工踊跃报名参加。（耿卫军）

体检休养

【概要】 2013年，为进一步加大工会服务职工工作力度，按照洪浩主席提出“办更多惠及职工的实事”的要求，市总工会在全市范围内启动“‘劳动光荣、休养快乐’——上海工会职工疗休养行动”和“‘劳动光荣、健康生活’——上海工会职工体检行动”，分别对职工赴市总工会疗休养院所休养及全市已建立工会组织的非公企业职工赴上海市工人疗养院体检的给予资金补贴。分目中收录的文章，主要反映各级工会组织申报和管理、实施配套补贴以及开展惠及职工的“送健康”“专家义诊”和“困难女职工免费妇科体检”活动等情况。（曹宏亮）

【市总工会组织开展上海工会职工疗休养行动】 4月，市总工会启动实施“劳动光荣、休养快乐”——上海工会职工疗休养行动。按照“市总工会补一点，区县局（产业）工会贴一点，基层单位出一点”的原则，以市总工会沙家浜、西山、黄山为主要疗休养基地，面向基层、面向一线职工，特别向公共服务行业从业人员、有毒有害等特殊工种职工和各类先进工作者等职工群体倾斜，形成7个疗休养计划，市总工会给予1/2—1/3的补贴。截至年底，共有近70个区县局（产业）工会的4万多名职工赴市总工会疗休养院所参加疗休养活动，补贴资金共计1200多万元。在市总工会疗休养补贴的基础上，黄浦区、宝山区、松江区、青浦区、医药、科技等区县局（产业）工会另行对参加疗休养计划的职工进行补贴。松江区总工会还出资，组织职工在疗休养同时参加体检，为职工的身心健康提供双重保障。（余嘉毅）

【市总工会组织开展非公企业职工健康体检行动】 6月，市总工会在全市范围内启动“劳动光荣、健康生活”——上海工会职工体检行动，对全市已建立工会组织的非公企业职工赴上海市工人疗养院体检的实施资金补贴。市工疗根据不同企业需求，推出三项职工健康体检计划，市总工会在实施优惠价格的基础上，给予所选体检计划1/3经费补贴。截至年底，共有近8000名非公企业职工参加健康体检活动，涉及物业管理、助老服务、出租车、生产加工、商贸服务等10多个行业，补贴资金近160万元。同时，在市总工会1/3的体检补贴基础上，黄浦区、长宁区和崇明县等区县局（产业）工会再给予基层单位1/3或每人100元的补贴。（王正园）

【黄浦工会积极推进职工疗休养工作】 区总工会把推进职工疗休养工作作为工会服务职工的实事项目，制定下发《关于组织开展职工疗休养试行办法》，进一步明确对在职劳模、一线职工和优秀工会干部的疗休养补贴制度进行完善，不断提高广大职工疗休养覆盖面。全年，共组织基层一线职工、公共服务行业从业人员、有毒有害等特殊工种职工和各类先进工作者休养3111人，疗休养补贴达85.55万元。（舒　清）

【宝山工会组织开展困难女职工免费妇科体检活动】 区总工会对区内各街镇和直属工会进行详细调查摸底，因地制宜安排体检计划。路途远、人员相对集中的单位安排解放军411医院上门体检，路途近、人员较为分散的，区总联系由市一宝山分院进行体检。从7月1日开始，市一宝山分院的体检工作如期开展，友谊街道、杨行镇等7个街镇共安排895名困难女职工参加体检，区总工会还为每位体检女职工发放健康保健宣传册。9月，区总工会与411医院合作，由该院派体检医生到罗泾、罗店、工业园区等地区实施服务，并开展专题健康知识讲座。全年，宝山工会共安排3000名困难女职工参加免费妇科体检。（胡立伟）

【宝山区总工会做好一线职工疗休养工作】 区总工会认真研究制定补贴实施方案，专门划拨10万元专项资金用于补贴职工疗休养。同时，牵头合理安排各基层单位一线职工疗休养时间，进一步协调补贴支付方式及人数较少单位“拼团”出行事宜。全年，共组织1000名一线职工赴黄山、西山、沙家浜参加疗休养活动。（胡立伟）

杨浦区小微企业职工快乐疗休养　（曹理仰）

【市机电工会做实离岗职工健康体检工作】 市机电工会把每年为离岗职工健康体检作为服务职工的重点实事项目，制订离岗职工健康体检实施计划，并于3月正式实施。同时，进一步明确体检工作要做到3个“100%”，即100%将体检通知和体检报告送到离岗职工手上，对体检中发现有问题的职工100%进行跟踪，对职工咨询的健康、医疗问题100%作出解答。全年，市机电工会共为8676名离岗职工实施健康体检服务。（张宝霞）

【上海电气临港重装备制造基地与市第六人民医院联合开通医疗保障绿色通道】 6月18日，上海电气临港重装备制造基地与市第六人民医院签署《医疗保障绿色通道合作协议》。协议明确，基地将充分利用市六东院的优质医疗资源，建立突发事件应急医疗保障体系，基地员工如遇紧急情况，市六东院将开放医疗“绿色通道”，第一时间全力抢救伤员，并在后续住院、手术治疗、辅助检查等方面给予优先安排。同时，市六东院还将定期为基地员工提供医疗咨询、健康体检等方面的服务。（张　阳）

【市医药工会落实“五个一”举措开展职工疗休养活动】 市医药工会结合集团的实际情况，将一线职工休养补贴与市总工会补贴计划相结合，计划分3年完成上海医药2.7万名会员职工的疗休养。为规范相关工作，市医药工会制定《会员休养暂行办法》，要求每批休养团队按照“五个一”（即每个团队由一名工会同志负责带队、每位休养会员佩戴集团统一制作的《上药集团职工休养证》、开展一次休养前安全、纪律和形象教育、休养期间组织一次企业文化建设教育、休养结束后写好一篇休养小结）为内容的做好工作。同时，还制订《休养团队考评打分表》，请休养院对每个休养团队就安全、文明、纪律情况进行打分。全年，市医药工会下属基层工会共组织9100多名职工赴市总沙家浜、西山、黄山休养院休养，疗休养补贴317万元。（方　尉）

【上港集团工会做好第四轮集团职工全员疗休养工作】 上港集团工会积极筹划、组织开展第四轮职工全员疗休养工作。一是与集团相关部门协商研究，明确第四轮职工疗休养的运作规范、时间路线、费用假期等事宜，并通过向上海市具有5A级资质的旅行社发出邀标书，落实具体承办的旅行社。二是召开基层单位工会主席和专职干部会议，对2013年职工疗休养工作作出具体部署。全年，集团工会共安排264批，9820名职工参加疗休养。同时，还向2495名离岗职工发放疗休养卡。（张晨琦）

【上海邮政工会切实做好职工健康体检工作】 公司工会明确，在职职工健康体检费用为280元/人，体检项目为内科、外科、血常规、空腹血糖、血脂、DR胸片、心电图、肝功能、肾功能和肿瘤标记物检测等。同时，进一步对体检项目进行调整，特别是针对雾霾天气对人体肺部造成影响等情况，强化DR胸片项目，通过X射线直接数字成像DR系统识别肺部疾病。全年，共完成在职职工健康体检完成1.13万人，女性员工妇科检查(含钼靶检查)4706人、先进劳模员工专项体检37人，专项经费支出总计374.55万元。（张　莉）

【市交通港口局工会组织实施公交老龄驾驶员疗休养活动】 市交通港口局工会分批组织公交老龄驾驶员参加疗休养活动，共安排2500名公交驾驶员赴市总工会沙家浜、西山休养院休养，组织550名公交一线从事有毒有害工作的职工和局属单位职工赴市总工会黄山休养院疗休养。（陈　健）

【市人社局工会组织开展职工疗休养活动】 11月，市人社局工会组织局系统就业促进中心等15家单位包括劳模和先进工作者在内的145名职工，分4批参加市总工会“西山”休养计划。（杨征宇）

【市医务工会举办劳模专家大型义诊活动】 5月18日，“守护生命——上海市卫生系统劳模专家大型义诊”活动在上海国际体操中心举行。这次义诊活动集中华东、中山、华山、瑞金等30所三甲医院、二级医院及公共卫生机构的近百名副高职称以上劳模专家，其中，包括全国五一劳动奖章获得者苏肇伉、贾建业、肖明等，涵盖内科、外科、肿瘤科等30多个科别。在义诊咨询活动中，共提供健康咨询服务1000多人。同时，主办方开通官方微博“健康上海12320”进行直播，邀请长宁新华社区卫生服务中心全科医生黄耀庭发起微话题进行在线问诊。（池朝霞）

市经信工会组织劳模和职工疗休养　（黄　俭）

【市监狱局工会落实职工疗休养工作】 市监狱局局工会协助政治部分6批组织200多名获局系统三等功以上的先进个人疗休养。同时，共组织230名当年临近退休职工分5批赴市总工会疗休养院所进行短期休整。（江海群）

【城建国际公司工会开展海外职工家属“送健康”活动】 2013年，针对公司有2/3职工在海外工作的情况，城建国际工会组织开展“送健康”活动，为年龄在60岁以上的海外职工父母统一办理体检卡，并为居住在外地的职工父母报销体检费用。（李　萍）

保障政策文件选编

上海市人力资源和社会保障局关于调整本市最低工资标准的通知

沪人社综发〔2013〕16号

各委、办、局，各控股（集团）公司、企业（集团）公司，各区、县人力资源和社会保障局，各有关用人单位：

经市政府同意，从2013年4月1日起，本市调整最低工资标准。现就有关问题通知如下：

一、月最低工资标准从1450元调整为1620元。下列项目不作为月最低工资的组成部分：

（一）延长法定工作时间的工资。

（二）中班、夜班、高温、低温、井下、有毒有害等特殊工作环境、条件下的津贴。

（三）个人依法缴纳的社会保险费和住房公积金。

（四）伙食补贴（饭贴）、上下班交通费补贴、住房补贴。

二、小时最低工资标准从12.5元调整为14元。小时最低工资不包括个人和单位依法缴纳的社会保险费。

三、月最低工资标准适用于全日制就业劳动者，小时最低工资标准适用于非全日制就业劳动者。

2013年3月28日

O 自身建设

Own Construction

专文摘要

强化“三项保障”
全面提升工会干部教育培训工作水平

上海市总工会党组副书记、副主席　肖堃涛

一是强化组织保障。要构建更加完善的教育培训管理体制，坚持市、区县和局(产业)工会分级管理、分工负责，按照“谁主管谁落实”的原则，建立健全领导责任制和目标责任制；工会主要负责人要加强指导和管理，整合各方力量，落实工作责任，确保组织调训、全员培训等各项任务的真正“落地”。工会组织部门要履行好牵头抓总的职能，加强与有关部门和培训机构的沟通协商，履行好宏观指导、协调服务、督促检查、制度规范的职责，实现由“办培训”向“管培训”，由抓微观向抓宏观,由管具体事务向管制度规划转变,形成各司其职、各尽其责、密切配合、齐抓共管的教育培训工作格局。

二是强化质量保障。要坚持和完善组织调训和办班审批制度，规范办班程序，加强办班管理，严禁乱办班。工会管理职业学院要充分发挥教育培训主阵地、主渠道作用，建立培训质量管控体系，会同相关部门对课程开发方向、教学大纲、教案等进行严格把关。完善学员与培训单位联合教学质量评估制度，评估结果作为考核教学机构工作实绩、深化教学改革的重要依据。进一步开发、整合、优化师资资源，抓紧建立工会干部教育培训师资库，加快形成一支专兼结合的高水平师资队伍。

三是强化物质保障。市总工会将进一步加强工会干部教育培训基地建设，加大人力、物力、财力的投入，不断改善基础设施、办学条件和后勤服务。工会干部教育培训不得以营利为目的，培训所需经费需列入各级工会年度预算，逐步完善培训经费“跟着项目走”的管理办法，严格实行专款专用。由市总工会举办的各类主体班、业务班不向学员收取费用，全部费用由市总工会承担。各区县、局(产业)工会也应从服务基层出发，为工会干部教育培训提供必要的财力支持。

综　述

2013年，为进一步加强工会组织自身建设，上海工会以“打基础、强基层、有活力”为主线，以“促组建”和“抓队伍”为重点任务，为推进全市工会工作打好基础、提供保障。一是按照市总党组统一部署，明确责任、加强谋划，组织开展好中国工会十六大和市第十三次工代会有关组织人事工作。二是根据中央、市委对组织开展党的群众路线教育实践活动的总体要求和部署，协助市总党组按照三个环节的时间节点和工作要求，抓好市总工会机关系统教育实践活动。三是推动工会组建和会员发展工作，突出重点领域、重点对象，开展集中建会行动，全面完成推动企业普遍建会三年行动规划目标任务。四是进一步加强工会干部队伍建设。改进工会干部教育培训工作，制定《上海市总工会关于进一步加强工会干部教育培训工作的意见》，分层分类举办各类工会干部培训班。履行工会干部协管职责，做好区县局(产业)工会换届选举及其领导班子届中调整工作。加强机关系统干部队伍建设，制定市总机关年轻干部培养选拔工作实施方案，组织筹备好市委调研组关于优秀年轻干部专项调研工作。五是抓好事业单位清理规范相关工作。与市编办协调沟通，完成市总直管事业单位清理规范任务。指导事业单位制定、调整岗位设置方案。制定直管事业单位绩效工资总量调控方案，指导直管事业单位按要求实施绩效工资。六是做好老干部工作。按照中组部《关于进一步加强离退休干部工作的意见》精神，落实老同志政治和生活待遇。(庄　勤)

代表大会

【概要】 2013年，为加强工会民主建设，巩固党的阶级基础和执政地位，市总工会指导和推动区县局(产业)工会任期届满召开工会会员(代表)大会改选，选举产生新一届工会委员会和经费审查委员会，规范届中调整、充实和加强工会领导班子工作，确保会员对工会领导班子考核、监督和重新选择的权利。本栏目收录的内容主要有：推进工会会员(代表)大会闭会期间的会员代表常任制工作，创新常任制代表履职载体和内容，落实会员主体地位。加强换届改选中的工会干部协管工作，按照市委《关于加强和改进工会、共青团、妇联等人民团体工作，做好新形势下党的群众工作的意见》精神，在“党管干部”原则下以加强工会干部协管工作为抓手，选好配强配齐工会领导班子，推动工会主席按同级副职配备。年内完成青浦、医务等13家工会换届选举以及杨浦、船舶等23家工会届中调整的协管工作，共涉及调整工会领导班子成员85人次。(杨　娟)

【浦东新区总工会召开三届六次全委(扩大)会议促进工会工作创新发展】 7月11日召开。会议总结上半年工作，部署下半年主要任务。新区总工会委员、直属工会分管领导和工会主席、区总机关事业单位相关同志及基层工会先进代表180人参加会议。会议明确职业化队伍建设、兼职工会干部津贴试点、干部培训、枢纽型社会组织课题调研等服务基层、服务职工的十大项目。会议同时发布服务基层、服务职工的两大制度性规范。一是《浦东新区总工会关于进一步加强新形势下职业化社会化工会工作者队伍建设的意见(试行)》，通过健全组织体制、完善管理模式、拓展发展空间、优化培训方式、改进薪酬管理等措施，为工会工作者队伍建设实现“社会化招聘、专业化培训、职业化管理”提供制度保障。二是《浦东新区总工会关于加强非公企业工会规范化建设实施意见(试行)》，通过实施依法建立职工(代表)大会制度、签订集体合同、提升职工专业技能等七大任务，把非公企业工会建设成为组织健全、维权到位、工作活跃、作用明显、职工信赖的职工之家。

（张真琦）

【浦东新区新城镇总工会召开成立大会】 11月20日，浦东新区新城镇工会第一次代表大会在临港办公中心临港会议厅召开。新城镇总工会下属基层工会组织62个，会员4000余人。112名会员代表及浦东新区总工会、临港地区开发建设管委会、南汇新城镇党政负责人及群团代表等出席会议。会议听取并审议通过新城镇工会第一次代表大会筹备工作报告，选举产生新城镇总工会第一届委员会和第一届经费审查委员会及领导班子。

（朱妹妹）

【长宁区总工会召开五届四次全委会】 11月18日召开。会议根据《中国工会章程》规定履行民主程序，免去顾健长宁区总工会第五届委员会委员、常委、副主席职务，免去方静燕、宋妮妮长宁区总工会第五届委员会委员、常委职务，免去吴文沁长宁区总工会第五届委员会委员职务。经无记名投票选举，增补马锦梅、王友晓、周薇、秦莉文、徐姗姗等5人为长宁区总工会第五届委员会委员，增补王友晓、秦莉文、徐姗姗等3人为长宁区总工会第五届委员会常委。增补王友晓为长宁区总工会第五届委员会副主席。

（吴斐隽）

浦东新区南汇新城镇总工会成立 （赵立荣）

【虹口区总工会召开第五次工会代表大会】 10月29日召开。市人大常委会副主任、市总工会主席洪浩，区委书记吴清出席大会并讲话，团区委代表群众团体向大会致贺词。大会肯定过去5年虹口工会工作成效，提出今后5年虹口工会在深入学习领会习近平总书记系列重要讲话精神，贯彻落实中国工会十六大、市工会第十三次代表大会精神，增强做好工会工作的责任感和使命感，牢牢把握工人运动时代主题，为虹口转型发展建功立业，切实维护职工群众合法权益，不断增强工会组织的吸引力和凝聚力等方面的目标任务。大会听取和审议了虹口区总工会第四届委员会所作的工作报告、经费审查委员会工作报告和财务工作报告。会议选举产生了虹口区总工会新一届委员会，包建强当选虹口区总工会第五届委员会主席。

（徐　洁）

【黄浦区总工会推进区工会代表大会常任制】 区总工会制定《上海市黄浦区工会代表大会常任制实施办法(试行)》，并经黄浦区工会第一届代表大会第二次全体会议审议通过。根据规定，在黄浦区工会代表大会召开及闭会期间，代表都应按照《关于黄浦区工会代表大会代表提案工作的暂行规定》，提交书面意见和建议，促进工会代表强化履职意识。为进一步落实工会代表常任制工作，区总工会一是合理划分代表组。根据行业相近、地域相邻及有利于代表大会代表活动的原则，将全体代表分成10个代表组。二是设立专项工作经费。将代表组活动经费3.2万元列入区总工会年度工作预算，为代表依法履职创造条件、提供保障。全年，各代表组根据区总工会工作重点，结合各代表组实际，制订代表组活动计划，以参观学习、专题调查研究、召开座谈会等形式多渠道听取会员群众呼声，提交加强和改进工会工作的对策建议。

（张云珺）

【嘉定区总工会召开五届三次全委会】 1月29日召开。会议传达市委副书记殷一璀在市总工会十二届十二次全会上的讲话精神，回顾总结区总工会常委会2012年的工作，进一步明确嘉定工会2013年的目标任务。会议提出，2013年嘉定工会工作要聚焦奋斗目标，紧扣区委“加速新一轮城市化进程”的目标方向，以建设“创新型、服务型、实效型工会”为总抓手，创先争优、主动作为，攻坚克难、勇于创新，充分发挥直接联系职工群众的优势，在推动经济转型发展、构建和谐劳动关系、促进职工队伍与社会和谐稳定中作出新贡献。

（徐　浩）

【金山区工会召开第四次代表大会】 4月23—24日召开。会议听取并审议区总工会第三届委员会所作的工作报告，书面审议财务工作报告和经费审查委员会工作报告，提出未来5年的工作目标任务。会议表彰2008—2012年度金山区优秀工会工作者、工人先锋号、先进职工之家等先进集体和个人。会议选举产生金山区总工会第四届委员会，刘跃俊当选金山区总工会第四届委员会主席。（钱海东）

【青浦区工会召开第四次代表大会】 4月19日召开。来自全区各条战线的256名代表出席会议。团区委代表群团组织向大会致贺词。会议肯定了过去5年青浦区工会工作取得的成效，提出未来5年的奋斗目标。会议听取和审议青浦区第三届工会委员会所作的工作报告、经费审查委员会工作报告和财务工作报告。大会选举产生青浦区总工会第四届委员会，张小弟当选青浦区总工会第四届委员会主席。（朱建强）

【市机电工会召开第六次代表大会】 12月25日召开。大会选举朱斌为市机电工会第六届委员会主席，谢同伦、袁胜洲、史伟琳、麻秀娟、李斌为副主席。选举谢同伦为市机电工会第六届经费审查委员会主任。选举朱斌等17人为市机电工会第六届委员会常委。大会提出今后5年机电工会工作任务：一是凝聚聪明才智，为实现上海电气持续健康发展作出新贡献。二是弘扬劳模精神，在深化学习李斌活动上创造新经验。三是维护职工权益，在创建和谐劳动关系上实现新突破。四是发挥长效服务机制作用，在全面服务职工上取得新成效。五是满足精神文化需求，在丰富职工文化上展现新气象。六是牢固树立群众观点，切实改进工作作风，在工会自身建设上再上新台阶。（冯克华）

【化学工会召开第七次代表大会】 5月14日召开。黄岱列代表第六届工会委员会从四个方面全面回顾总结过去5年的工作，强调工会组织和工会工作的根基在职工，血脉在职工，力量在职工。提出今后5年化学工会要在集团科学发展的跨越进程中，团结鼓舞广大职工群众，充分发挥工人阶级主力军作用；努力发展企业和谐劳动关系，热情服务广大职工群众，积极维护劳动者各项合法权益；在工会创新发展的开拓实践中密切联系广大职工群众，忠实履行工会的各项维权职能。会议选举出19位第七届工会委员会委员，7位第七届经费审查委员会委员。黄岱列当选新一届化学工会主席。（王有福）

【宝钢集团工会召开第六次代表大会】 9月23日召开。大会听取并审议宝钢集团工会第五届委员会所作的工作报告，书面审议宝钢集团有限公司工会第五届经费审查委员会工作报告、财务工作报告。大会按照《中华人民共和国工会法》和《中国工会章程》各项规定程序，选举产生宝钢集团工会第六届委员会和经费审查委员会，选举产生了宝钢集团工会第六届委员会主席、副主席和经费审查委员会主任。（李士伟）

化学工会召开第七次代表大会（陈观涛）

【上海化学工业区工会召开第三次代表大会】 11月28日召开。化工区管委会、化工区基层单位党政领导、区内部分企业负责人及工会代表共100余人出席会议。大会审议通过化工区工会第二届委员会工作报告、经费审查委员会工作报告及财务工作报告，选举产生15名区工会第三届委员会委员和3名经费审查委员会委员。钱忠祺当选工会主席，李庆红、丁贵忠、杜志伟当选副主席，李庆红当选经费审查委员会主任。（张 俊）

【中国船级社上海分社工会召开第十一次代表大会】 3月27日召开。会议审议通过了第十届工会委员会工作报告和经费审查委员会工作报告。会议按照《中华人民共和国工会法》《中国工会章程》规定，以无记名投票的方式选举产生新一届工会委员会和经费审查委员会。（钱 蓉）

【市医务工会召开第八次代表大会】 8月2日召开。249名正式代表、26名列席代表、71名特邀代表及市卫生和计划生育委员会，中国科教文卫体工会，市教育、科技、市级机关工会，申康医院发展中心及有关高校等单位有关负责人近500人参加会议。会议审议通过市医务工会第七届委员会工作报告、财务工作报告和经费审查委员会工作报告。会议选举产生市医务工会第八届委员会和经费审查委员会。马俊坚（女）等13人当选市医务工会第八届委员会常务委员。邬惊雷当选市医务工会第八届委员会主席，张浩、何园（女）、李卫平、戴谷当选市医务工会第八届委员会副主席。张居正、周志根分别当选市医务工会第八届经费审查委员会主任、副主任。（池朝霞 柯 婷）

【号百公司工会召开全体委员会议】 3月8日召开。会议按照《中国工会章程》规定履行民主程序，增补刘苏南为号百公司工会委员，并以无记名投票方式选举刘苏南为号百公司工会主席。会议肯定了公司工会在围绕中心、服务大局，助力企业转型发展，组织动员广大员工积极支持和参与企业改革，开展群众性经济技术创新和劳动竞赛，破解公司发展难题等方面的成绩，并提出下一阶段的奋斗目标和工作任务。（沈 匀）

干部管理

【概要】 2013年，为加强工会干部队伍建设，市总工会进一步规范和完善干部选拔任用制度，加强干部队伍调研分析，突出工会群众组织特性，从探索创新工会干部招录机制、优化工会干部队伍结构入手，探索工会干部引进、培养和选拔的新途径、新方法。干部管理栏目收录的内容主要有：通过扩大干部调任范围、完善选拔任用条件、创新公务员招录方式等途径，着力突破所有制和身份等的限制，引进更多来自基层职工群众、具有基层管理经验的人才，充实工会干部队伍。完善机关年轻干部培养方案，进一步明确扩大年轻干部轮岗交流的覆盖面和参与面，鼓励机关干部特别是缺乏基层经历的年轻干部，到企事业单位挂职交流，促进年轻干部尽快成长。（凌 颖）

【市总工会加强干部任免使用和培养工作】 根据市总党组要求，按照《党政领导干部选拔任用工作条例》规定，经民主推荐、考察、公示等程序，充实和调整机关相关部室和部分直管单位领导班子成员。年内共提任9名处级领导干部，处级干部岗位调整、转正和退休免职的28名。根据市委组织部和市公务员局的要求，分两轮招录2名有基层工作经历的年轻同志，对口选调1名黄浦区正科级干部进入市总机关工作。（凌 颖）

【市总工会配合市委调研组开展优秀年轻干部专项调研】 根据“上海市委培养选拔优秀年轻干部专项调研第一批总结暨第二批动员部署会议”精神，按照市委第七调研组下发的《关于对市纪委等27家单位培养选拔优秀年轻干部工作专项调研的实施方案》的有关要求，市总工会开展关于干部队伍现状情况的数据统计，梳理分析市总工会处级干部和70后年轻干部等情况，总结近几年年轻干部培养选拔工作经验，剖析存在问题，研究对策措施，形成一整套专项调研工作材料汇编。根据市委有关要求，经市总党组研究并报市委第七调研组审核同意后，确定符合优秀年轻干部基本条件的3名重点调研人选。按照调研组要求，组织正处级以上干部对调研人选进行民主测评，并协助做好为期2天的全体机关干部、直管单位党政主要领导和外单位服务对象等130余人的个别访谈工作。（凌 颖）

【市总工会开展事业单位清理规范工作】 按照《关于深化本市事业单位清理规范工作的意见》精神，市总工会坚持政事分开、事企分开、优化结构、精简效能的原则，开展以梳理调整职能、合理设置机构、适时转企改制、科学核定编制、加强规范管理为核心的事业单位清理规范工作，完成直管事业单位机构编制清理任务，为分类推进事业单位改革奠定基础。经市机构编制委员会批准（沪编［2013］4号），市总工会直管事业单位由23家削减为17家，事业编制由3367人削减为2549人。17家直管事业单位分别是（按市编办批文排序）：上海市总工会幼儿园、上海市公惠医院、上海市工人疗养院（上海市职工康复医院）、上海市职工保障互助中心、上海职工对外交流中心、劳动报社、上海市工人文化宫、上海工会管理职业学院、上海市退休职工大学、上海市职工技协服务中心、上海市退休职工服务中心、上海市总工会职工援助服务中心（上海市职工物价监督总站）、上海市总工会海鸥服务中心、上海市总工会屏风山工人疗养院、上海市总工会洞庭西山休养院、上海市总工会东钱湖休养院、上海市总工会黄山休养院。（邵丽倩）

【浦东新区总工会“四位一体”提升干部选拔机制公信度】 浦东新区总工会注重创新干部选拔机制的设计理念、设置内容、组织程序、配套手段，通过手段公平、程序公正、内容公开、理念公道等“四位一体”的组织形式，按照民主、公开、竞争、择优的方针机制化，扩大干部民主的思路项目化，提高民主质量的要求具体化，进一步完善竞争性选拔干部工作，于上半年完成2名副处级调研员的干部选拔任用工作，让机关广大干部体会到干事创业有奔头、有劲头、有甜头，使机关干部选用工作公信度得到提高。（林知皓）

【浦东新区总工会发展社会组织加强工会工作者队伍建设】 10月7日，全国首家市场化运作的涉及工会工作的公益社会组织——浦东公惠社会工作服务中心正式挂牌成立。该组织旨在以契约化方式承接浦东新区基层工会组织建设、维权帮扶、素质工程等服务项目，促进工会以购买服务的形式开展工作，通过市场化的项目运作整合专业化的社会资源，打破工会行政化、内循环运作的传统模式，提升

上海浦东公惠社会工作服务中心揭牌成立（赵立荣）

工会工作效能和社会影响力。中心成立后，浦东新区200名职业化社会化工会工作者从劳务派遣工全部转变为中心直接用工，实现招录使用、合同签订、职业培训、岗位调配、职务任免等的统一管理。为促进工会工作者队伍的稳定与发展，浦东新区总工会以成立浦东公惠社会工作服务中心为契机，进一步打通工会工作者的职业晋升通道，采取“化零为整”统一管理、“三级九档”岗位晋升机制等方法，对专业职级、职业等级、职务晋升机制等作详细规定，建立“招得进，留得住、管得严、用得活”的工会工作者组织体制和管理机制，初步建立起工会工作者的“社会化招聘、专业化培训、职业化管理”的运行机制。

（林知皓）

【徐汇区总工会加强工会青年干部队伍建设】 区总工会针对区总机关青年干部占40%的现状，多措并举加强青年干部队伍建设。一是政治关心。明确由两位区总党组成员负责青年干部的教育培养工作。建立青年干部学习小组，每月开展一次活动，学习党的十八大、中国工会十六大、上海工会十三大精神和中国特色社会主义工运理论，结合思想和工作实际交流体会，不断提高青年干部的政治理论水平，坚定理想信念。二是能力培养。通过选送青年干部参加市总、区委的培训、调研，安排青年干部学习小组开展职工需求调查、承办区总机关联谊活动，组织青年干部参加结对共建、阳光助学、志愿者服务等活动，引导青年干部从点滴小事做起，不断提高语言表达、组织管理及服务职工的能力。三是生活关怀。区总党组和主席室与青年干部谈心，了解掌握青年干部思想动态和需求，帮助解决工作和生活困难，鼓励青年干部自觉学习充电，为备孕期、怀孕期和哺乳期的女青年干部创造条件、提供方便。

（施伟革）

【虹口区总工会注重青年干部培养】 区总工会坚持正确的用人导向，按照民主、公正、竞争、择优原则，建立青年干部培养选拔机制，真正把政治素质好、业务能力强、群众评价高的优秀人才选拔上来，充分调动广大青年干部的主动性和积极性。一是完善干部管理监督约束机制，结合单位实际，坚持用制度管人、靠制度办事。二是注重培养青年干部严谨端正的工作作风，做到“有所为而有所不为”。三是针对青年干部特点，提供针对性培训机会，不断提高其政治素养和理论水平。四是完善激励保障机制，大力提倡“务实·开拓·诚信”的虹口工会精神，营造和谐的机关文化氛围，让青年干部在潜移默化中成长。上半年，共有4名80后青年干部分别被提任到组织部、宣教部、保障部等业务部室担任负责人，在分管领导和老同志的帮助下开展工作。

（徐　洁）

【闸北区总工会加强工会干部教育培养】 一是教育培训有制度。区总工会下发《闸北区总工会干部教育培养工作意见（暂行）》，建立理论学习、业务培训、新老带教、项目领衔、挂职锻炼、后备干部、“述学评学”和总结评估等八项制度，在实施过程中坚持政治理论学习为先，对干部开展党的路线方针的教育培训。坚持业务学习为重，对干部加强政策法规、业务知识和技能培训。按照统筹兼顾，拾遗补缺的原则，把教育培训与实践锻炼相结合，切实提高干部教育培养的针对性和实效性。二是交流提升有力度。推动干部交流工作的民主化，做到公开平等、竞争择优，注重提升干部队伍的工作战斗力和集体凝聚力。在区委的关心下，有2名现任区总工会副主席被输送到区政府职能部门重要岗位，同时，有2名干部输入到区总工会任副主席，有3人通过竞争提升为副调研员，2人被选派参加区中青班学习，3人被选派参加青干班学习。结合干部特长与优势，通过组织安排与个人意愿相结合的办法，调整充实优秀年轻干部参与工会重点工作、重大活动和重要调研工作。对新提任的主任科员，定岗压担子，提高独立工作能力。对法律专业的公务员，及时安排交流到法律保障部任职。三是培养锻炼有深度。根据个人特点、特长和经历分类分批、重点选派基层工作经验缺乏的年轻干部到社区、企业等一线部门和关键岗位挂职锻炼，提高年轻干部群众工作能力。指定工作经验丰富、业务能力强的工会干部与年轻干部结对带教，制定年轻干部培养计划，签订带教责任书，落实带教责任制，使年轻干部尽快掌握岗位技能。在区总机关创建上海市学习型机关工作中，注重调动年轻干部的积极性和主观能动性，为创争工作的成功取得提供人才支撑。在机关学习沙龙上，结合专题PPT比赛、个人工作成果展示等活动为年轻干部展示才华搭建舞台。

（黄　欢）

【杨浦区总工会培育社会组织加强基层工会干部队伍建设】 12月30日，由上海工蕴投资发展有限公司、杨浦区东宫进修学校共同发起举办的民办非企业单位——杨浦工蕴社会工作服务中心揭牌成立。中心成立后，重点承接工会工作项目和社会化服务项目。全区72名职业化社会化工会工作者的合同签订、职业培训、岗位录用、晋升晋级、考核奖惩等全部由中心统一管理。

（杨　娟）

【杨浦区总工会公开招录新一批工会工作指导员】 区总工会面向社会公开招聘选拔11名在各街道、镇总工会和区民营科技企业工会任职的职业化社会化工会工作者。8月11日，83名考生在区委党校参加有关招录笔试。为加强职业化社会化工会工作者队伍建设，杨浦区在全区工会系统内实施工会工作指导员职称评定、分级管理的基础上，进一步加强制度建设，先后出台《关于工会工作指导员队伍建设的实施意见》《关于实施工会工作指导员职称等级评定和聘任工作的规定》和《杨浦区工会工作指导员管理制度汇编》等一系列规范性文件，为推进职业化工会干部队伍建设提供制度保证。

（曹理仰）

【上港集团工会调整领导班子成员】 8月1日，集团工会召开一届十七次全委（扩大）会议，按照《中国工会章程》规定履行民主程序，免去王晓华上港集团工会第一届委员会主席职务，以无记名投票方式增补姜海涛为上港集团工会第一届委员会主席。10月，集团工会按照民主程序，免去胡庭亮上港集团工会第一届委员会副主席和经费审查委员会主任职务，以无记名投票方式增补顾云耀为上港集团工会

第一届委员会委员、副主席和经费审查委员会委员、主任。（张晨琦）

【中远集运工会加强干部队伍廉洁风险防控】 2013年，中远集运工会查找各工作环节中的廉洁风险点，建立完善廉洁风险预警防控工作机制。一是加强宣传教育。向工会干部宣传重点岗位廉洁风险排查防控工作，明确开展重点岗位廉洁风险排查防控工作的重要意义，增强自觉性，树立风险理念，筑牢思想防线。二是找准风险点。查找工会经费的使用和管理、爱心基金的使用、劳模先进评选、职工疗休养、职工文体活动、职工信访等工作中的廉洁风险点，对排查出来的风险点确定相应的风险等级。三是抓实风险防控。围绕梳理排查确定的风险点，有针对性的研究制定具体防控措施并抓好落实，如建立健全工会财务管理制度，完善工会财务规定及操作流程，严格预算管理，规范程序，着力形成以岗位为点，以程序为线，以制度为面的廉政风险预警防控机制。四是严格督促检查。工会领导跟踪了解防控措施的运行情况，督促检查各部室工作开展情况，对可能发生的廉洁风险，采取警示教育、强化预算管理、加强过程控制、规范程序、完善制度等形式提前处置。（钱 华）

教育培训

【概要】 2013年，上海工会干部教育培训工作贯彻落实市第十三次工代会的目标任务，按照市总系统开展党的群众路线教育实践活动对基层反映相对集中的问题做到即知即改的要求，以做好服务基层、服务职工为落脚点，坚持问题导向、需求导向，促进学习型工会建设，帮助广大工会干部完善知识结构、提升综合素质，解决“本领恐慌”问题，适应新阶段工会工作新要求、职工群众新期盼。教育培训栏目收录的内容主要有：开展2015年底全市所有专兼职工会干部轮训工作，着重抓好区县、产业（局）工会主席和工会年轻干部、乡镇街道工会主席、职业化社会化工会工作者、非公企业工会主席等培训。突出工会干部在培训中的主体地位，推进教学方法、培训手段、授课方式、师资选配的改革与教学方法的创新。构建完善的教育培训管理体制，坚持市、区县和产业（局）工会分级管理、分工负责原则，建立健全领导责任制和目标责任制。坚持和完善组织调训和办班审批制度，发挥工会管理职业学院教育培训主阵地、主渠道作用，规范办班程序，完善教学质量评估制度。完善培训经费年度预算制，实行专款专用。（杨 娟）

市总工会召开加强工会干部教育培训工作会议（周礼昊 供）

【市总工会召开加强工会干部教育培训工作会议】 9月17日召开。会议明确上海工会管理职业学院是工会干部培训主阵地，正式出台《关于进一步加强上海工会干部教育培训工作的意见》。《意见》明确：一是提出加强统筹与分级培训相结合、综合提升与分类培训相结合、全员培训与突出重点相结合、发挥工会学院教育培训主阵地作用与运用社会资源相结合、立足本市与服务全国相结合的教育培训基本思路，至2015年底，对全市专兼职工会干部实行全部轮训的工作目标。二是明确市总工会和区县（产业）局工会分级分类开展教育培训工作的做法。通过突出专业化培训内容、推行多样化培训方式、加强师资队伍建设等举措，进一步增强教育培训工作的针对性和实效性。三是建立教育培训管控体系。实施计划生成、归口管理、考核评价、质量评估等机制，不断提高教学质量和服务水平。四是加强专项经费使用和管理。完善培训经费“跟着项目走”的管理办法，主体班次、业务班次的培训不向学员收取培训费用，相关费用全部纳入年度预算。五是加强对培训计划执行情况、工会干部参训情况、保障措施落实情况的监督检查。会议要求各级工会要把工会干部教育培训工作摆上重要位置，在培训对象、内容上突出重点，按需施教，努力实现组织需求、岗位需求和干部需求的有机结合。要创新方式，着眼于增强干部教育培训的吸引力和实效性，认识和把握干部教育培训的规律，推进培训方式的改革与教学方法的创新。同时，要加强领导，提供组织保障、质量保障、物质保障，全面提升上海工会干部教育培训工作水平。（庄 勤）

【市总工会举办第一期市总委员研修班】 11月11—15日，由市总工会和市委党校联合举办的第一期市总委员研修班在市委党校举行。培训班历时5天，系统学习习近平总书记的一系列重要讲话特别是同全总新一届领导班子成员集体谈话时的重要讲话精神，听取党的十八届三中全会精神传达以及中国道路是实现中国梦的必由之路、中国工会十六大精神辅导、中国（上海）自由贸易试验区建设、领导方法与领导艺术、媒体沟通方法、提高群众工作能力、心理压力调适等7门课程，实地参观上海工会管理职业学院和奉贤区职工援助服务中心等。培训期间，学员们结合贯彻落实党的十八届三中全会和中国工会十六大精神，做好新形势下的工会工作进

行研讨。（庄　勤）

【市总工会举办机关系统处级干部学习贯彻党的十八大精神研讨班】 1月8-9日、15—16日，市总组织部、机关党委联合举办两期机关系统处级干部学习贯彻党的十八大精神研讨班。研讨班采取自学研读、集中授课、小组讨论等形式，联系机关系统党员干部的思想和工作实际，加深对党的十八大提出的新思想、新观点、新部署的理解和掌握，把党员干部的思想和行动统一到党的十八大精神上来。（庄　勤）

【市总工会举办上海乡镇街道工会主席培训班】 5月8—10日和9月25—27日，由市总工会主办、上海工会管理职业学院承办的2013年乡镇街道工会主席培训班在学院工会干部培训中心开班。两期共有近80名学员参加培训。培训班创新培训理念，注重师资质量，突出课程针对性和学员主体地位，强调学员的参与和分享，多方位尝试案例研讨、角色扮演、工作坊等培训方式，并注重围绕街镇工会实务工作设计课程，激发学员的学习兴趣。培训班邀请中国劳动关系学院、上海社科院、工会学院有关专家和教师，分别就劳动关系协调、自贸区建设、突发事件应对等内容作专题辅导。（庄　勤　卢　锟）

【第三期喀什地区工会干部培训班在沪开班】 9月12—26日开班，来自新疆维吾尔自治区和喀什地区的49名工会干部参加培训。市总工会党组副书记、副主席肖堃涛出席开班式并作动员讲话。他介绍了上海以及上海工会工作的基本情况，希望通过这次培训，进一步加强两地工会间的合作与交流，互相取长补短，携手为促进沪疆两地经济社会发展和工会事业发展而努力。开班仪式上，来自新疆维吾尔自治区和喀什地区工会领队分别致辞。上海工会管理职业学院党委书记主持开班仪式。（庄　勤）

【市总工会举办第四期在沪世界500强企业工会主席培训班】 5月23—24日，由市总工会主办、上海工会管理职业学院承办的“第四期世界500强在沪企业工会主席培训班”在市委党校举行。来自巴斯夫上海涂料有限公司、大金（中国）投资有限公司、西门子医学诊断产品（上海）有限公司等25名工会主席参加培训。培训班设置《当前宏观经济形势与政策分析》《工会履行职责两大机制的思考》《处置突发群体性事件模拟演练》《如何当好基层工会主席》等多门课程，着重提高世界500强企业工会主席科学判断形势的能力、应对复杂局面解决实际问题的能力、表达和维护职工合法权益的能力，为做好新形势下非公企业工会工作提供相互学习借鉴的交流平台。其间，学员们就如何做好500强企业工会工作展开讨论。（庄　勤　卢　锟）

第三期喀什地区工会干部培训班在沪举行（吴良荣）

【市总工会机关系统举办第一期青年干部培训班】 11月4—15日，市总工会机关系统第一期青年干部培训班在上海工会管理职业学院举行。来自市总机关系统40岁以下青年干部31人集中接受为期两周的教育培训。培训班旨在通过集中教育培训，引导机关系统广大青年干部加强思想建设、作风建设和能力建设，进一步增强党性锻炼、夯实理论基础、更新知识结构、培养创新思维，不断提升青年干部政治素质和业务能力。培训课程设置突出能力提升，注重视野开拓，开设“工会干部的沟通艺术”“群体性事件与危机应对”“团队拓展训练”等教学课程，安排以“读一本励志书籍、写一篇心得体会、看一部励志电影”为主线的课余活动，组织青年干部开展工作坊交流、体育比赛、学员论坛、陶艺制作等活动。市总工会领导为学员作专题授课，并召开学员座谈会，听取学员代表的学习体会及意见建议。培训班还邀请中国劳动关系学院、市委党校、市政府办公厅等领域专家学者为学员们授课。（钱　婷　卢　锟）

【浦东新区总工会举办区属企业、街镇、开发区工会主席培训班】 3月5—7日，浦东新区总工会举办为期3天的基层工会主席培训班，来自各基层系统的工会主席和专职副主席近100人参加培训。培训立足党的十八大对工会工作提出的新要求，立足工会工作新实践，按分级分类原则，注重贴近基层、贴近实际，采取集中授课、专题辅导、交流讨论等形式，提升工会干部综合能力。至年底，各级工会累计举办各类培训班320次，培训各级各类工会干部1.8万人次。（沈正林）

【长宁区总工会举办工会工作实务培训班】 3月14—15日，区总工会分别召开系统（集团、公司）及街道（镇、园区）工会工作实务培训班。培训班结合长宁工会工作实际，根据区委和市总工会工作要求，由区总工会各部长结合业务工作，分别从工会组织建设、民主管理、宣教文体、劳动保护、法律援助、保障政策、财务经审等方面开展业务知识和实务操作培训。来

自系统、街镇以及部分基层的150余名工会干部参加培训。（李悦琳）

【杨浦区委将工会干部培训列入全区干部教育培训计划】 5月22—23日，区总工会联合区委组织部、区委党校，在沪东工人文化宫举行“融入转型发展，服务职工群众”2013年主题培训班。市委党校、同济大学和区委党校教授专家分别就上海创新驱动转型发展的瓶颈和对策、领导者的沟通艺术和群众工作方法等内容作专题讲座。培训期间，学员们前往上海西门子医疗器械公司实地学习考察企业工会工作。（曹理仰）

【中国浦东干部学院在杨浦区举办工会干部现场教学】 区总工会通过扎实推进“两个普遍”，探索网络工建，推进职业化工会干部队伍建设，实施工会会员服务卡试点工作，推行职工网上谈心室、职工电子书屋等多项措施服务区域内职工群众，构建“多层次组织覆盖、多方位权益维护、多元化职工帮扶、多载体服务大局”工作格局，成为中国浦东干部学院开展教育培训工作拓展平台。4月11日，中国浦东干部学院在杨浦区举办“创新思维、提升能力”培训班现场教学，四川省成都市50名工会干部参加培训。杨浦区总工会向学员介绍杨浦国家创新型试点城区建设主要情况及杨浦工会工作的经验做法。其间，成都市工会干部一行还参观杨浦区规划馆、区总工会职工援助服务中心。（曹理仰）

【宝山区总工会举办直属工会干部研讨班】 3月20—22日，宝山区总工会举办直属工会干部研讨班，70余名工会干部参加研讨。研讨班旨在开拓宝山工会干部视野，将全区工会干部的思想统一到加强基层基础建设上来，通过抓基层、强基础，推动宝山工运事业全面发展。研讨班采取课堂授课、参观考察和交流讨论等形式，重点学习工会基层基础工作的理论和实践、区总工会加强基层基础建设的有关文件等内容。在研讨班结业式上区总工会与直属工会签约2013年重点工作目标责任书，一批2012年“创先争优”工作先进集体和个人受到表彰。（胡立伟）

【闵行区总工会着力培养社会化工会工作者】 7月15日，闵行区总工会、上海工会管理职业学院续签校会合作协议书。区总工会第三期社会化工会工作者暑期社会实践专修班同时开班。培训班一是因才定岗。根据专修班学生的专业方向和个人意愿，合理安排实习岗位，在实践中提高专业知识运用水平。二是规范带教。带教工作做到“六个一”，即指定一位带教老师、制定一份带教计划、做好一份考核鉴定、带学生下一次企业、带学生参加一次会议、启发学生提出一点建议。三是提供保障。带教部门和带教老师从思想上、工作上、生活上关心和帮助学生，及时解决学生在实习中碰到的问题，在教学相长中提高工会工作水平。（季　嘉）

【闵行区总工会推进工会干部教育培训】 一是注重调研，根据需求制作培训计划。年初，根据年度工作任务要求，设计调查问卷，征集对教育培训的意见建议并梳理分类。统筹制定区级层面包括工会主席大讲坛的专题培训、新任工会干部的基础培训和业务工作专业培训等三方面教育培训计划，满足不同工会干部多样化学习需要。二是丰富内容，构建树状立体培训网络。在区层面，培训对象主要是区属工会主席和专职干部，培训注重理论和实践相结合，突出前瞻性和引领性。在区属工会层面，培训对象主要是地区、系统内工会干部，培训注重操作性内容，提高培训的精确度。三是整合资源，拓展教育培训的有效平台。组织各级工会干部参加市总工会的各类培训，建立与外省市和兄弟区县学习交流制度。建立一支由市、区工会领导、相关职能部门专家、工会管理职业学院教师等组成的专业化、职业化培训师资队伍，聘请一批劳动模范，心理咨询师、律师、社会团体成员等组成社会化兼职教师队伍，拓宽师资来源渠道。与上海工会管理职业学院合作，承办社会化工会工作者专修班暑期实训，在全区各街镇及部分大型企业工会开设基地，为181名应届毕业生提供工会见习岗位。（季　嘉）

【嘉定区总工会举办工会干部培训示范提高班】 12月16—18日，嘉定区总工会在上海工会管理职业学院举办嘉定区工会干部示范提高班。来自全区各街镇、村（经济园区）、基层企业的52名工会干部参加为期3天的全封闭培训。培训班安排工会学院的老师专题讲解《工资集体协商的财务知识》《劳动关系群体性事件的工会应对》《工会工作坊交流》和《工会干部的沟通艺术》等课程，邀请宝山区顾村镇总工会主席吴振祥为学员们传授如何当好工会主席的切身体会。培训班依托工会学院资源，在传统理论培训的基础上对培训方式进行探索和实践，在授课方式上注重学员动手实践能力和解决问题的思考能

宝山区总工会举办直属工会干部研讨班　（胡立伟）

金山区总工会举办直属工会主席培训班（钱海东）

力，以模拟互动、多媒体演示等方式使学员融入企业工会、地区工会、职工三方的角色扮演，从而增强对企业工会工作的感悟和体验。（徐浩）

【金山区总工会举办直属工会主席培训班】 2013年，金山区直属工会主席培训班共分两个阶段进行，7月3—4日，为第一阶段的集中培训。市委党校和工会干部管理学院培训中心的教授为培训学员授课，安排工会工作基本理论课、“突发事件中工会的应对”和“媒体沟通技巧”专题辅导、“利用网络平台，创新工会工作”等课程。7月16日开始，为第二阶段的培训，在金山区会议中心举行。金山区委副书记祝学军、金山区委常委、组织部部长陈正安应邀为学员授课。培训以“加强工会干部自身建设”为题，分析金山区直属工会干部队伍现状和存在问题，提出各直属工会干部应自觉加强党性修养，强化政治意识、作风意识、道德意识、廉洁意识、学习意识等“五个意识”，增强服务大局、推动发展，团结凝聚职工，依法维权、依法治会，协调各方、解决复杂问题等工作本领。（马琳联）

【市机电工会组织工会干部参加清华大学工会干部能力提高培训班】 市机电工会分6批组织78名工会主席到清华大学参加工会干部能力提高培训班学习。培训内容主要有三个方面：一是国际形势与国家安全环境的主要问题、对策与思考。二是压力管理与心理健康、卓越领导力塑造与执行力提升、群体性事件与危机应对。三是领导者语言艺术知识。（孙德鸿）

【宝钢集团工会提升工会干部职业化能力】 2013年，宝钢集团工会聚焦企业的经营管理，坚持需求导向，着力提升工会干部职业化能力，不断拓展培训模式，与交通大学海外教育学院开展联合培训。培训历时8个月，每月一讲，课程主要有：职业化塑造——提升工会干部职业竞争力，跨部门沟通协作，劳动关系管理及风险防范，非财务经理的财务管理，危机干预与员工心理援助，管理班组及企业安全生产预警与防范，基于胜任能力的人力资源管理，全面薪酬管理及激励机制和公文写作等内容。培训采取情境和案例教学的形式，使工会干部在情境教学中掌握知识，解决综合素质存在“短板”问题，提高群众工作专业水准和综合能力。272名专职工会干部参加培训，沪外的八钢、韶钢、宁钢等工会干部通过9个视频教学点开展同步培训。（徐卫）

【上海石化公司工会举办第九期工会干部培训班】 3月，上海石化公司工会举办第九期工会干部培训班，公司和两级单位专兼职工会干部以及部分基层工会主席共123人参加培训。培训班邀请上海市委党校、上海工会管理职业学院教授、集团公司职业卫生专家以及相关部室人员主讲时政热点、工运理论、政策法规、业务知识、EAP等内容。培训期间安排团组学习交流。培训结束，每位学员撰写学习小结并全部获得合格证书。（张敏）

【华东电力工委举办基层工会主席培训班】 10月28日—11月1日，华东电力工委举办基层工会主席培训班，来自华东电网基层单位的近60名工会主席参加学习培训。培训班传达学习习近平总书记等中央领导关于工会工作的系列重要讲话精神和中国工会第十六次代表大会精神。上海工会管理职业学院教授为学员讲述《当前工会工作基本理论与实务——学习贯彻习近平总书记在劳模座谈会上的讲话》和《当前工会如何依法维权与依法治会》。其间，学员们结合工作实际开展交流研讨。（施炜伟）

【上海铁路局工会强化专兼职工会干部培训】 上海铁路局工会采取送出去、引进来的方式，落实“十二五”工会干部培训规划要求。一是选送17名基层新任工会主席参加铁总新任主席培训班，选送局工会主席、副主席参加全总、市总、总公司举办的工会主席培训班。二是协助路局人事处举办1期党的十八大精神工会主席专题培训班，来自局内各运输站段，各合资公司，直属非运输企业的86名工会主席及路局工会各部门负责人参加培训。三是举办1期各运输站段、运输辅助单位及非运输企业专兼职工会指导员培训班，86人受训。四是举办2期全局车间工会主席培训班，来自全局九大货运中心和各基层单位专兼职工会主席近150人受训。（白杰）

【中国海运工会举办工会主席培训班】 8月21—22日，中国海运工会在集团党校举办工会主席培训班。会议分析当前中国海运工会面临的形势和任务，要求各级工会干部通过学习提高理论水平和履职能力，增强践行党的群众路线的自觉性，加强工会干部队伍作风和能力建设，促进中国海运工会工作整体上台阶，更好地服务企业、服务职工。培训班开设中国梦和中国人的政治信仰、社会转型期基层工会干部的地位和作用、创新和超越性思维、心理学辅导专题讲座。来自各地区的直属工会主席、上海地区两级单位工会主席及专职干部 50 人参加培训。（张 洁）

【上港集团工会举办新上岗基层工会干部培训班】 为帮助新上岗基层工会干部尽快熟悉和开展工作，11 月下旬，集团工会在集团教育培训中心举办一期新上岗基层工会干部和部门工会主席培训班。上海工会管理职业学院的教师和基层一线工会主席作工会相关政策法规和实务操作方面的知识讲解。其间，集团工会负责人与参加培训的 27 名学员座谈，听取学员在日常工作中遇到的热点、难点问题和对集团工会工作的建议。（张晨琦）

【上海金融系统工会举办基层网点负责人培训班】 5 月 16 日至 6 月 8 日分 3 期举办，有 89 个单位的 300 名基层网点负责人参加。培训班注重理论联系实际，立足基层网点管理现状和发展需要，本着拓宽理论知识，强化班组建设实用知识的原则，邀请 10 名班组建设研究、窗口服务标准制定的资深专家和基层网点管理专业人士，讲解《新形势下如何创建六型班组》《星级服务网点的标准及测评》《星级服务网点标准化实践与体会》《心理学在金融服务营销中的运用》《心理学在基层网点管理中的运用》等课程。培训采取课堂讲授、交流、讨论等多种形式。工行浦东营业部、人民广场支行、建行临平路支行、招行四平支行、太保朱泾营业部等先进网点代表进行优秀服务法工作交流。（丁 宁）

【市教育工会举办工会干部培训班】 4 月 17—19 日，市教育工会和市科教党校联合举办教育系统工会干部培训班。各高校工会、区县教育工会、直属单位工会的主席、经审会主任、妇工委主任，市教育工会机关干部等 160 余人参加培训。培训班共安排 5 次专题讲座，分别由有关领导与专家学者讲授。市教卫工作党委书记薛明扬、市总工会副主席茆荣华、市工会管理干部学院朱虹、市科教党校常务副校长杨元华、市科教党校教务处处长项建春先后主讲《当前教育形势与任务》《新形势下的工会维权工作》《新时期党的群众工作与工会》《国际形势与中国外交》《学习贯彻“两会”精神推进经济社会建设》等课程。（周宝宏）

【市医务工会组织开展党的群众路线教育实践活动专题培训】 9 月 11—12 日，市医务工会开展 4 场党的群众路线教育实践活动专题培训。培训班上，市卫生计生委医疗服务监管处就当前医改热点问题作《上海深化公立医院改革的实践与思考》报告；广播媒体人从媒体视角解析如何实践党的群众路线，作《政府、媒体跨界合作——民生新平台》报告；上海工会管理职业学院干部培训中心就《劳动合同法修正案》的解析，作《最新劳务派遣立法与工会的维权》报告；华东师范大学社科部作《党群关系的历史考察及现实意义》的报告。近百名区县医务工会、直属基层工会和企业职工医院工会的工会主席及工会干部参加培训，开展分组讨论并对市医务工会处级党员干部进行民主测评和作风问题问卷调查。在培训班总结交流大会上，基层工会干部代表就市医务工会在反对“四风”、加强作风建设、改进工作等方面提出了意见和建议。（姜宏云 柯 婷）

【上海联通工会举办基层工会干部培训班】 10 月 24—25 日举办。来自各基层工会的 33 名工会干部参加培训。培训班邀请上海工会管理职业学院等专家讲授“工会在新形势下的定位与作为”及“如何在基层工会开展好班组建设”内容。培训期间，与会的基层工会干部结合基层工会工作实际，就如何做好下一阶段工会工作、推进 EAP 项目、提升企业工会工作实效进行交流并提出建议。（康 迪）

【上海工会管理职业学院推动工会干部培训创新发展】 2013 年，学院制定实施《充分发挥工会干部教育培训主阵地作用的若干措施》，不断增强培训服务工作的能力和水平，推动工会干部教育培训向研究型、服务型、创新型发展。一是从理论知识、业务知识、实践能力三个方面完善教育培训课程体系。新开发“群体性突发事件中工会的应对”模拟实践课程、“社工方法在工会工作中的运用”“新媒体在工会工作中的运用”“团队拓展训练”“创新驱动战略下的工会作为”“劳动安全卫生工作中的工会作为”“工资集体协商相关会计信息分析”“最新劳务派遣立法与工会的维权”等课程。二是改进培训方式方法。针对工会干部培训的成人教育特点，注重互动开放培训方式探索，开展案例式、模拟式、体验式、工作坊教学及现场教学等多种形式，达到提高培训实效、教学相长的效果。三是加强教育培训师资队伍建设。选聘 10 名学历教育骨干教师参与工会干部教育培训，形成工会干部培训的基本师资力量，建立高质量的兼职师资库。来自各级党政领导机关，中国劳动关系学院，上海高校、党校、社科院等相关学科、专业的 84 名专家学者为培训班授课。其中 12 人已正式受邀担任学院兼职教授，成为稳定的师资力量。四是推进培训教材建设。《基层工会工作 ABC》《上海基层工会工作典型案例集》的初稿相继完成。为每门课程配套讲义或活页教材，帮助解决基层工会工作中的难点问题，提高培训的标准化、专业化水平。五是新建改建满足 100 多名学员培训需求的多功能教室、讨论室和情境模拟室，优化教学条件和住宿餐饮条件。全年共举办各类培训班 85 期，培训 5418 人。为基层工会送教上门 165 场，培训 11015 人次。劳动关系协调员（高级）培训 364 人，集体协商指导员 193 人，家政上岗资格培训 1160 人。年内，学院获“全国工会系统先进就业培训机构”、“全国工会干部教育培训示范校”称号。（卢 锟）

【上海工会管理职业学院举办第三期社会化工会专修班】 7 月 10 日，学院在职业讲堂举办第三期社会化工会专修班开班典礼。会上学院与闵行区总工会、徐汇区总工会签署校企合作协议。学院、徐汇区总工会、闵行区总工会、奉贤区总工会、上海综合保税区工会负责人，公共管理系全体教师以及 36 名学员参加开班典礼。第 3 期社会化工会专修班招生专业由社工专业扩大到公共管理系所有专业，服务区域从闵行扩展到徐汇、奉贤和

市工会举办上海市五一巾帼大讲堂暨委员履职培训班 （吴良荣）

综保区四大区域。工会专修班的开设，整合了学校教育资源与校外工会资源，契合各区县工会组织加快职业化社会化工会工作队伍建设的现实需求，为培养高素质应用型工会人才队伍奠定基础。（卢 锟）

【上海工会管理职业学院与奉贤区总工会签约深化合作】 3月13日，上海工会管理职业学院与奉贤区总工会举行校会深化合作签约仪式。根据协议，双方建立每年2次的沟通协商机制，在工会干部和职工教育培训，工会工作者人才培养、工会理论研究、服务基层项目等方面展开具体合作，共同提高工会干部队伍水平，深化职工素质工程建设，培养高素质社会工作应用型人才，构建和谐劳动关系，丰富中国特色社会主义工会理论体系。（卢 锟）

【市总工会举办第一期区县、局（产业）工会青年干部培训班】 12月9日，2013年区县、局（产业）工会青年干部培训班在学院正式开班。培训班分析了工会工作面临的形势和任务，对青年干部加强学习、探索创新，为推动工会工作创新转型贡献智慧和力量提出新要求。共有8个区县和18个局（产业）的工会青年干部38人接受为期3天的集中培训。（卢 锟）

【市总工会召开加强工会干部教育培训工作专题研讨会】 6月14日，市总工会加强工会干部教育培训工作专题研讨会在上海工会管理职业学院召开。会议梳理了各区开展工会干部教育培训工作现状及存在问题，对上海工会干部教育培训的体系格局、项目和课程设置、师资配备、教材建设等问题进行研讨。会议指出，新形势下工会工作创新发展，关键在于工会干部队伍的建设，而教育培训工作是加强工会干部队伍建设的重要途径。会议要求，要树立“大培训”理念，通过改进培训方式，落实培训任务，改善培训效果，切实化解培训中存在的难题，增强培训的针对性和有效性。学院要发挥工会干部教育培训主阵地作用，从理论、政策、实务等方面完善工会干部知识结构，提高群众工作专业水准。（卢 锟）

机关建设

【概要】 2013年，市总工会立足机关党建工作实际，围绕服务中心、建设队伍两大任务，切实增强党组织的战斗力和凝聚力，以党建工作推动和促进各项工作任务的完成。本栏目收录的文章，主要侧重六个方面的党建工作内容：一是抓好党的十八大精神的学习贯彻。学习习总书记的一系列重要讲话精神和市第十次党代会精神，提高党员思想认识。二是推进“三型”党组织创建。下发《关于印发〈关于加强学习型党员队伍建设的意见〉的通知》，总结“三型”党组织建设的好做法，加大宣传力度。三是积极开展党的群众路线教育实践活动。在活动中各级党组织切实增强群众观念，反对“四风”、即知即改，涌现出许多好的做法和经验。如浦东新区工会开展的“向最美基层干部学习”活动、宝钢集团工会推行“服务职工在行动”工作常态化措施等等。四是加强组织建设。落实党建工作责任制，支部学习制度、“三会一课”制度，民主生活会制度，党组织负责人例会制度等各项制度。积极开展党建共建、结对助学、干部培养锻炼等活动，与青浦区太北村、崇明庙镇联谊村建立五年帮扶机制。五是突出党风廉政建设。严格落实中央八项规定，落实完善新提任干部任职廉政勤政谈话、“三重一大”决策制度、党风廉政建设巡视等各项制度。六是营造奋发向上的机关文化。建立“职工书屋”，推进学习型机关的创建。增设太极拳协会、瑜伽协会、舞蹈协会等，丰富机关干部业余生活。（陈 蓓）

【市总机关系统开展党的群众路线教育实践活动】 7月，市总工会作为上海市第一批教育实践活动单位，在市委第四督导组的指导下，围绕“为民务实清廉”的主题，以“照镜子、正衣冠、洗洗澡、治治病”的总要求贯穿活动始终，有序推进各个环节工作的开展。一是在市总党组及班子示范带动下，扎实开展学习教育。通过中心组学习、个人自学、辅导报告会、座谈会等多种方式，组织处以上党员领导干部和全体党员反复通读习近平总书记讲话精神和中央规定的3本学习材料。二是贯彻“开门搞活动”的要求，深入到区县、街镇、开发区、系统行业等基层工会，倾听基层工会和一线职工的意见建议，召开专题民主生活会，开展批评和自我批评，查摆出市总工会党组在“四风”方面存在的13个问题，提出12个方面的整改方向和35项整改任务。三是以职工群众满意为标准抓好抓实整改落实和建章立制工作，进一步细化、完善35项整改任务，制定针对性、操作性和实效性强的整改落实方案，形成5个方面28项具体的整改措施，明确整改的内容目标、牵头人、责任部门、完成期限，在精简会议文件、减少评比表彰、清理收费项目、健全服务职工长效机制等方面取得成效。

（王　祺）

【市总机关系统召开加强党风廉政建设干部大会】 3月11日召开。市总工会党组副书记、副主席肖堃涛传达习近平同志在十八届中央纪委二次全会上的讲话精神，市总工会党组纪检组组长、副主席何惠娟传达韩正同志在十届市纪委二次全会上的讲话精神，并总结2012年市总机关系统党风廉政建设工作，部署2013年工作。市人大常委会副主任、市总工会党组书记、主席洪浩出席并讲话。会议指出，要进一步学习领会党的十八大报告和习近平同志重要讲话精神，始终保持清醒头脑，切实增强抓好党风廉政建设工作的自觉性。会议强调，要进一步加强制度建设，认真落实党风廉政建设责任制。通过严密的制度设计，把权力关进制度的笼子。要重视制度的有效执行，领导干部要带头执行“三重一大”、党务公开等廉洁自律相关规定。要严明纪律，加强对领导干部的监督，绝不允许出现“上有政策，下有对策”，绝不允许有令不行，有禁不止。会议要求，要认真贯彻执行八项规定，进一步加强和改进工作作风。党员干部要弘扬清风正气，讲点“修为”、讲点“奉献”、讲点“敬畏”。要坚持务实创新，积极应对挑战，推动工作发展。要密切联系群众，建立健全联系职工、服务职工的长效机制。会上举行了党风廉政建设责任制签约仪式，市总工会党组书记与党组成员，各党组成员与分管机关部室、直管单位负责人分别签订《2013年党风廉政建设责任书》。（章宁晓）

【市总工会不断强化纪检组巡视职能】 2013年，市总机关党委组织开展对西山疗养院、市总工会幼儿园、劳动报社等3家单位的巡视，把巡视工作作为加强监督防范的有力措施。一是突出工作重点。围绕党风廉政建设和反腐败斗争，查找是否存在权钱交易、以权谋私、贪污贿赂等违纪违法问题；在贯彻落实中央八项规定方面，查找是否存在形式主义、官僚主义、享乐主义和奢靡之风等“四风”问题；查找是否存在违反党的政治纪律问题；查找是否存在选人用人上的不正之风。二是注重工作实效。对直管单位及其班子成员的党风廉政建设情况进行全面摸底，把党风廉政建设情况的检查同领导班子的建设和经济运行情况的检查结合起来。同时，重视巡视反馈意见的整改落实，做好后续跟踪与督办。三是将专项检查与风险防控结合起来。在试点基础上，推广廉政风险防范点工作。要求直管单位对涉及风险点的岗位进行全面排摸梳理，重点规范工程建设项目中的招投标工作和资金管理，对财务、资金管理及重大工程项目进行全程监管，做到事前申报、事中跟踪、事后审计。

（章宁晓）

市总机关系统召开加强党风廉政建设干部大会　（吴良荣）

【市总机关召开新任干部集体廉政谈话会】 9月13日召开。市总工会副主席、党组纪检组组长何惠娟出席会议并讲话。会议对处级领导干部加强党风廉政建设、严格廉洁自律提出要求。会议指出，廉洁从政是对领导干部最基本的要求，接受廉政谈话的干部要珍惜组织信任和职工群众的重托与期望，自觉贯彻落实党的十八大关于党风廉政建设的要求，以党的群众路线教育实践活动为契机，切实落实中央八项规定，坚决纠正“四风”，做廉洁自律的表率。新任干部要按照党风廉政责任制的要求，履行好“一岗双责”，抓好业务、带好队伍。新任干部在会上表态发言。（章宁晓）

【市总工会召开机关系统纪检监察工作会议】 9月4日召开。会上学习传达习近平总书记的重要讲话精神和市纪委、市监察局联合下发的《关于进一步做好中秋、国庆期间廉洁自律和厉行节约工作的通知》《关于进一步严肃纪律、严禁各类公款旅游或变相旅游活动的通知》等文件。5家市总直管单位代表就贯彻落实中央八项规定、健全党风廉政建设责任制、抓好工程建设中的内控机制等方面作了交流发言。会议在认真总结上半年纪检工作的基础上，指出下一阶段工作重点。会议要求各单位要认真学习领会中央和市委的文件精神，进一步把贯彻落实中央八项规定落到实处。在中秋、国庆期间尤其要做好厉行节约工作，坚决刹住公款送月饼、送节礼、公款吃喝和奢侈浪费等不正之风。

（章宁晓）

【市总工会召开直属机关党组织书记会议】 在9月27日召开的直属机关党组织书记例会上，回顾总结市总机关系统党的群众路线教育实践活动第一环节的主要工作，并部署下一阶段“查摆问题，开展批评和自我批评”环节工作。5家市总直管单位代表就“学习型、服务型、创新型”党组织建设交流发言。会议对深入推进党的群众路线教育实践活动提出要求，强调要切实杜绝“四风”问题，要在市总党组的统一领导下，梳理问题、分析原因、制定整改措施。广泛开展谈心工作，开好专题民主生活会，密切党群关系。将调查研究形成制度，减从简行，严格落实中央八项规定的要求。坚决反对公款旅游、公款吃喝，规范经费使用。要围绕大局，把服务型党组织建设作为重点，推进三型党组织创建工作。在事业单位改革调整中重视职工的思想教育工作，确保职工队伍稳定。（章宁晓）

【市总直属机关党委听取党员群众意见切实整改】 7、8两月，市总直属机关党委通过召开座谈会、下基层实地走访调研直管单位、个别访谈等形式，听取基层干部职工的意见，收集整理各类问题意见131项，具体表现149种，建议对策197条。其中，涉及直属机关党委有2类8条。结合基层意见，直属机关党委及时明确整改措施。一是加强党组织的服务意识。谋划工作，首先从基层党员、群众的需求出发，减轻基层党组织工作负担，从源头上减少不必要的会议、文件、任务安排，杜绝形式主义。切实加强对基层党务工作者和青年党员的培养教育，开展多层次、多形式的培训和党组织的“传帮带”活动，提高政治思想觉悟和综合素质。二是增强党组织凝聚力和感召力。制订各级党组织与基层党员群众的意见征询制度、恳谈制度。实施党政工作实事项目前，征求基层党组织和党员意见，建立党员群众共同参与的科学民主决策机制。三是加强基层党组织规范化建设。将党建工作重心放在党支部建设上，推动落实“三会一课”制度，创建培育“三型”党组织，进一步找准党建工作与行政业务工作的结合点，解决好“党建”与“行政”相互促进、相互融合的问题。加大党务公开力度，增强党组织生活和支部工作的有效性。深入调查研究，全面掌握不同类型党组织建设的重点和薄弱点，加强对各种类型党组织建设的针对性指导和服务。加大党组织书记培训力度，采取集中培训、以会代训等多种途径，增强党组织书记的履职意识和组织能力。（陈　蓓）

【浦东新区总工会在全区工会系统开展向“最美基层干部”吴慧芳学习活动】 11月15日，浦东新区总工会举办“建职工之家、当代言之人”——“最美基层干部”吴慧芳同志事迹报告会。新区总工会机关、事业单位全体同志，新区社会化职业化工会工作者及沃尔玛、通用电气等部分外资企业工会主席共200余人参加。报告会介绍了吴慧芳同志对职业精神的见解及其所在团队在多年群众工作中总结提炼出的竭诚服务工作法、劳资双赢工作法、破解难题工作法、关注需求工作法和党群联动工作法等五大工作法。会议下发浦东新区总工会《关于全区工会系统向“最美基层干部”吴慧芳同志学习的通知》，要求新区各级工会组织学习把握吴慧芳同志精神实质，围绕“办好职工之家，当好代言之人”的主题，以开展党的群众路线教育实践活动为契机，多途径、多形式地开展学习活动，把学习成效转化为创先争优的内在动力，坚定服务职工的信念，不断提升自身能力和素质，为职工群众做好事、办实事、解难事。（张真琦）

浦东新区总工会开展向“最美基层干部”吴慧芳学习活动
（赵立荣）

【奉贤区总工会制定改进作风18条措施】 区总工会制定《关于改进工作作风、厉行勤俭节约、密切联系职工群众的具体措施》，从改进调查研究、精简会议活动、提高文件质量、规范考察出访、健全联系制度、严控公务接待、提升服务质量、优化信息传输、加强督促检查等9个方面，确定18条具体措施，对公务活动规格、走访调研制度、实事项目确立、工作实效评估等作出量化规定，突出可操作、严执行、易监督。（尹　奕）

【宝钢集团工会推行“服务职工在行动”工作常态化】 “服务职工在行动”工作坚持“真深入、真谈心、真疏导、真服务”，并做到五个“结合”：结合党的群众路线教育实践活动，进一步转变工作作风；结合宝钢2013-2018年发展规划，进一步服务改革发展；结合集团公司党委的工作要求，进一步推进工会重点工作；结合基层班组建设重点难点问题，进一步增强基层活力；结合职工需求与关注点信息管理，进一步提高服务成效。全年，集团622名厂部级以上专兼职工会工作者共联系班组5435个，访谈职工39447人次，收集意见和问题4130条，已解决并反馈的占92%。（李士伟）

【上海航天局工会巩固“面对面、心贴心、实打实服务职工在基层”活动成果】 航天局工会着重加强调研，巩固“面对面、心贴心、实打实服务职工在基层”活动成果。一是调研注重针对性。在对局系统各基层单位实现调研走访全覆盖的基础上，针对基层单位不同特点开展具体事项的调研，体现重点难点，及时发现问题并提供个性化指导和差异化帮助。二是调研形式灵活多样。调研采取书面汇报、实地走访与座谈交流等多种方式。在调研目标的选择上更加灵活，结合各基层单位相关数据的汇总分析，根据工作重点和问题导向确定调研对象，与基层单位工会负责人和工会干部、职工代表、班组长等进行面对面座谈或个别访谈。三是调研取得实效。在查看局系统直属24家单位专项工作档案资料的基础上，加强与调研单位的沟通，形成《上海航天局“面对面、心贴心、实打实服务职工在基层”调研报告》。（沈　恺）

【上海移动公司工会开展党的群众路线教育实践活动突出“四个新”】 在贯彻落实党的群众路线教育实践活动中，移动公司工会结合自身特点提出认识要有“新”境界、服务员工要有“新”作为、自身建设要有“新”要求、工作思路要有“新”突破的“四个新”要求。一是深化“主席巡回联系日”活动，深入基层开展专题调研。二是建立工会工作新机制，研究制定联系基层、服务一线的具体措施和长效机制，进一步推动解决实际问题。三是根据公司体制及人员变动情况，及时调整完善基层工会组织架构，健全工会组织领导班子。四是加强对派遣员工的关爱工作，与派遣员工交流谈心，帮助解决工作和生活困难。（喻辛远）

【上海电信工会落实党的群众路线教育实践活动各环节工作】 电信工会多次召开各部室负责人工作会议，针对职工群众反映集中的意见，研究落实13项整改项目。会议要求教育实践活动要注重实效、直奔主题，坚持边学边改、边查边改，着力解决好职工群众反映强烈、影响和制约企业转型发展的突出问题。要加强与意见提出单位和员工的沟通，一揽子解决好员工提出的具体困难。为此，电信工会着重抓好三个方面的整改工作：一是改进工作作风。坚决贯彻中央八项规定，下发《关于落实上级有关反对“四风”要求的通知》，减少会议活动、改进会议方式、控制会议经费、精简文件简报、压缩会期。二是密切联系群众。通过召开员工座谈会、个别访谈等形式深入一线，倾听员工呼声，收集第一手资料。三是解决员工实际问题。漕溪大楼员工午餐由账务中心食堂提供配送，解决200多名南区局员工的午餐问题。公司信息大楼食堂向浦东局东昌分局员工开放。（殷　茵）

【三航局机关工会开展机关工会主题月活动】 三航局机关工会以深化“面对面、心贴心、实打实、服务职工在基层”活动为抓手，组织开展8个机关工会主题活动月。每月活动的主题力求与机关礼仪规范、重大生产安全活动、企业文化宣传、机关员工日常工作生活相结合，避免活动月停留于口号和形式。先后在岗位奉献月开展“学身边党员、岗位作奉献”活动，消防安全月组织三航大厦消防安全应急演练，安全节能月开展节能减排知识竞赛，低碳健康月举办健康知识讲座，学习推进月向各部门赠书，企业文化践行月开设三航文化核心价值观的宣传讲座等。（黄书展）

金山区总工会向企业一线职工发放“活力工会”调查问卷　（马琳联）

【市绿化市容局工会党员利用业余时间关爱环卫职工】 市绿化市容局工会党员从了解分析环卫职工的实际需求入手，开展“走百条马路，访百名职工”活动。局工会9名党员利用业余时间，搭乘公交、地铁慰问和随访沿途环卫职工134名，涉及46家环卫企业。（陆燕飞）

【经信委工会多形式开展党的群众路线教育实践活动】 一是邀请市委党校党史研究室主任周敬青作《坚持群众路线，践行党的宗旨》专题报告。二是下基层开展访谈。召开大型央企（开发区）工会主席联席会、女工委专题会和系统会议，听取近100家单位工会主席对系统工会在“四风”方面存在问题的意见。三是健全首问负责制，关心推动系统困难企业脱困，提出对长期重点关注的困难企业煤交所进行会诊的建议。（黄　俭）

【上海工会管理职业学院开展党的群众路线教育实践活动见实效】 党的群众路线教育实践活动开展以来，学院党委成员、党员系部负责人带头查摆“四风”问题，深入开展谈心活动，广泛征求意见，开展批评与自我批评，立行立改。针对教职工反映的突出问题以及民主生活会上查摆出来的问题，从解决好5个方面的问题入手，制定11个方面的整改项目和33条措施，重在使优良作风常态化，工作制度长效化。一是院党委结合实际，组织各支部党员查找特色校、示范校建设中的难点和瓶颈问题，制订“攻坚计划”。二是狠抓干部队伍的作风建设，形成“协作配合、勇担责任、纪律严明、服务优质、务实创新、共谋发展”的工作作风和精神状态。三是专业布局向服务工会聚焦，新增健康管理（职业健康方向）专业，贴近工会需求，专业服务工会能力增强。四是坚持劳模育人机制建设，强化以劳模爱岗敬业精神为核心的职业素养教育，逐步形成学生德育工作特色。（卢　锟）

【市宫广开言路践行党的群众路线】 市工人文化宫结合实际开展党的群众路线教育实践活动。一是形式多样。市文化宫党委通过举办“群众观点和群众路线”专题学习讨论会、组织专家辅导讲座、与劳动报社开展联组学习和交流、观看电影《周恩来的四个昼夜》等多种方式，开展学习教育。二是广开言路。通过“5+1”模式，即组织召开青年党团员、一线职工群众、派遣制职工、外聘人员和基层服务对象5个座谈会以及直接走访南京东路街道江阴居委会和文化宫离退休老领导、老劳模、困难职工等，充分听取来自职工和基层的意见，强化群众观念、听取真实声音，使干部正作风、党员受教育。在学习教育的第一环节中，文化宫党委梳理需要改进的11个方面问题，按照边学边听边改原则，进一步激发党员干部密切联系群众、改进作风的思想自觉和行动自觉。（王超颖）

【劳动报社多形式学习广范围纳谏】 劳动报社党的群众路线教育实践活动自7月底正式启动。按照市委和市总工会要求，在第一环节结合新闻单位实际，组织开展多形式的“学习教育、听取意见”工作。一是党委组织多次中心组（扩大）学习会，特别邀请全国人大代表、虹储居委会书记朱国萍和全国优秀工会积极分子、金桥开发区副书记、工会主席吴慧芳与报社全体在职党员和入党积极分子分享服务百姓、服务基层工会职工群众的工作经验。二是各党支部围绕“牢固树立群众观点，竭诚服务职工群众”主题，在过组织生活会前落实集中学习、个人自学。各党支部书记围绕“报纸做不好，就是最厉害的脱离群众”“文风问题直接影响干群关系”“反对官僚主义”“网络是党联系群众的重要纽带”四个方面对党员进行专题党课辅导。三是赴兄弟单位交流学习。与市工人文化宫党委中心组就党的群众路线教育实践活动开展学习交流，共同探讨如何落实关心好职工生活的工作思路。同时报社党委召开多层次、各方面职工群众座谈会。分别向采编、经营部门干部、党员、职代会代表、团员青年、老领导、退休党员、读者等多个方面征求对报社新闻宣传工作和反对“四风”方面的意见和建议。（顾亦雄）

【市职保会开展党的群众路线教育实践活动注重实效】 下半年，市职保会开展党的群众路线教育实践活动。在学习教育、走访基层、召开座谈会、交流谈心后，共征集意见建议21条。通过召开民主生活会、班子查摆“四风”问题，提出五个方面14条改进措施进行整改落实，使教育实践活动做到三个“注重”：注重面向基层一线征求意见；注重结合职保特点解决问题；注重将群众观点融入日常工作，建立联系基层的长效机制，以作风建设的成效推动互助保障事业发展。（朱正瑜）

保障政策文件选编

上海市人民政府
关于调整本市城镇职工社会保险缴费比例的通知

沪府发〔2013〕62号

各区、县人民政府，市政府各委、办、局：

为贯彻落实《中华人民共和国社会保险法》，促进本市社会保险事业与经济社会发展相适应、可持续，依据国家相关规定精神，市政府决定，在确保参保人员社会保险待遇水平、社保基金正常运行的前提下，从今年10月1日起，调整本市城镇职工社会保险缴费比例。现将有关事项通知如下：

一、本市城镇职工基本养老保险缴费比例，由原来的30%调整为29%。其中，单位缴费比例由原来的22%调整为21%，个人缴费比例不作调整。

二、本市城镇职工基本医疗保险缴费比例，由原来的14%调整为13%。其中，单位缴纳基本医疗保险费的比例由原来的10%调整为9%，单位缴纳地方附加医疗保险费的比例及个人缴费比例不作调整。

由失业保险基金支付的失业人员领取失业保险金期间参加本市城镇职工基本医疗保险的缴费比例，由原来的14%调整为13%。

非城镇户籍外来从业人员参加本市城镇职工基本医疗保险的缴费比例7%（单位缴费比例6%，个人缴费比例1%），暂不作调整。

三、本市失业保险缴费比例，由原来的2.7%调整为2%。其中，单位缴费比例由原来的1.7%调整为1.5%，个人缴费比例由原来的1%调整为0.5%。

四、本市生育保险单位缴费比例，由原来的0.8%调整为1%。

2013年8月28日

T理论调研

Theory and Research

上海工会年鉴

2014

专文摘要

充分认识工会成为枢纽型社会组织的必要性和紧迫性

上海市总工会副主席　周志军

当前，我们正在经历社会组织的快速成长期。社会组织的培育发展是加强社会管理的必然要求，是处理好政府、社会、市场三者之间关系的必要条件，也是衡量经济社会发展程度的重要尺度。党和政府正在采取一系列的措施，以促进社会组织的进一步发展。在这样的背景下，工会应努力建成为枢纽型社会组织。

首先，这是由工会的使命所决定的。党赋予工会的使命是成为党联系职工群众的桥梁纽带，最广泛地团结凝聚职工群众，以巩固党的执政基础和扩大党的群众基础。对于快速发展的社会组织，必须看到它作为“人群的聚集”的特点。随着传统体制被打破，市场经济体制健全完善，“单位人”变成了“社会人”，而现在，“社会人”再一次“组织化”了，一个重要的载体就是社会组织。工会要联系职工群众，不能不看到社会组织当中聚集的大量的人，其中不少是当前的工会组织体制很难覆盖或者很难有效覆盖的对象。因而工会联系群众，不但要联系个体的群众，而且要联系包含群众在内的各类组织。工会成为一个枢纽型社会组织，把各类相关的社会组织联结起来，这对于发挥桥梁纽带作用是非常重要的。

其次，工会成为枢纽型社会组织，这对于促进社会组织健康发展有着重要意义。社会组织快速发展起来了，如何避免野性生长，达到良性生长、理性成长？基本的途径有两条，一是政府部门加强监管引导，二是社会组织加强自觉自律。这两方面功能的有效发挥，离不开枢纽型社会组织。光靠法律法规、政策条文是不能做到完善的监管引导的，价值观一类的社会要求需要枢纽型社会组织的行为引领、行动倡导来传导。社会组织的自律也不单单是个别社会组织的内在觉悟，而需要枢纽型社会组织促成体系性的规范养成。人民团体长期接受党的领导，而且有着广泛的组织覆盖和工作覆盖，有着强大的政治优势和工作优势，对社会组织健康有序发展起着引领、示范、扶持的积极作用。

再次，工会建成枢纽型社会组织，这也是工会自身的创新发展所迫切需要的。工会组织和工会工作现在面临的最大挑战是行政化。工会成为枢纽型社会组织最大的瓶颈也是行政化。工会去行政化的核心问题就是工会要凸显其作为群众组织、作为一个特殊的社会组织的特点。做到了这一点，工会才能破解它现在在组织体制、工作内容、方式方法、队伍建设四方面碰到的一系列难题、矛盾。也只有做到了这一点，工会成为枢纽型社会组织，才不仅仅是党政的“认可”，而同时获得其他社会组织的“认同”。

综　述

2013年，全市工会理论研究工作从四个层面深入开展：(1) 着眼于工会工作全局，开展重大问题调研。由市总工会领导牵头负责，各职能部门分工协作，开展工会组织建设、为职工办实事、工会文化体育设施回归公益、工会法律法规执行力情况、工会企事业资产分级分类管理等11项重大课题调研，使调研成果更好转化为破解工会工作瓶颈的实际举措。(2) 围绕工会重点工作，开展2013年度重点课题调研。市总工会设立“职业化社会化工会工作者职业发展问题”等9项重点调研课题，由市总工会领导担任课题指导，相关职能部门组织实施，形成一批有深度、有质量的调研报告和研究成果，为党政部门决策提供有益参考。(3) 加强上下联动，开展委托课题调研。设立“工会直接服务职工的资源、项目、阵地建设调研”“开发区(经济园区)工会工作模式调研”“健全企事业单位民主管理和协商制度调研”等7项委托调研课题，通过课题招标立项，委托区县局(产业)工会开展调研，浦东、徐汇、上海大学、机电、航天局等19家单位积极承接委托课题调研任务。市总工会加强对课题申报单位的指导、督促和协调，实时把握课题调研的工作进度，确保各方按时保质地完成调研任务。此外，发布“规范劳务派遣用工”“街镇工会工作资源整合和队伍建设问题”等11项调研参考课题，引导各级工会积极开展调查研究。(4) 促进调研成果转化，以理论创新推动工作创新。课题成果通过简报、内参、专报等多种渠道及时呈现，并切实转化为具体工作举措。如职业化社会化工会工作者职业发展调研课题，梳理了上海职业化社会化工会工作者队伍建设发展的历程和做法，就探索建立职业化、社会化工会工作者职业发展体系做好顶层设计。此外，开展2012年度全市工会优秀论文和调研报告评选工作，各基层工会共上报调查报告、论文212篇，经专家评选，评出一等奖10篇、二等奖12篇、三等奖15篇、优秀奖20篇；同时，在全国工会系统优秀调查报告和论文评选中取得优异成绩。　　（王厚富）

工运研究会

【概要】2013年，市工运研究会在市社联的指导下，切实加强学会建设，不断健全完善工作机制，努力做好对会员的服务、协调和指导工作。组织召开专题学术研讨，积极参加市社联学术活动月，举办工会枢纽型社会组织建设专家研讨会，邀请政府部门、工会系统、高等院校、新闻媒体等方面的专家、学者，就工会在培育发展社会组织中的定位与作用、工会发挥枢纽型功能的具体举措等内容深入探讨。召开上海市工运研究会2013年年会暨工会枢纽性组织建设报告会。健全完善调研网络，推动基层调研网络的实质性运转，组织国企、街镇、非公企业、科教文卫系统、服务行业等5个组别定期开展工作交流。加强会员单位交流协作，组织开展年度调研成果评比，召开课题研讨交流会，汇编优秀工运论文集，促进各会员单位相互学习借鉴、共享研究成果。积极做好为会员服务工作，每月定期编辑《上海工运研究》内刊，采编《上海工运研究资料专辑》，供会员和基层调研点单位学习参考。市工运研究会工作得到了多方支持和肯定，2013年继续被市社联评定为达标学会，并获得市社联第六届“学会学术活动月”优秀组织奖。（张海丽）

市总工会召开工会建设枢纽型社会组织专家研讨会（吴良荣）

【市工运研究会召开2013年年会】 11月28日召开。市总工会副主席、市工运研究会会长周志军代表市工人运动研究会第八届理事会作2013年工作报告，指出，市工运研究会要进一步加强对工会事业重大理论和现实问题的研究，增进对内对外交流，切实扩大学会影响力，努力在推进工运理论研究和促进工会工作创新中发挥更大作用。年会邀请上海交通大学国际与公共事务学院教授、第三部门研究中心执行主任徐家良作“政府购买社会组织公共服务与项目招投标”专题报告。会上表彰61篇全国、上海工会理论研究优秀论文和21家市工运研究会优秀团体会员。来自市工会系统、政府机关和理论研究单位的工运研究会会员、理事和顾问、专家委员共130余人参加会议。（张海丽）

【市工运研究会举办工会枢纽型社会组织建设专家研讨会】 9月28日，由上海市总工会、上海市工运研究会主办，劳动报社、工会管理职业学院协办的工会枢纽型社会组织建设专家研讨会在劳动报社举行，市总工会副主席周志军出席会议。会议指出，社会组织的培育发展是加强社会管理的必然要求，是处理好政府、社会、市场三者关系的必要条件。研讨会上，来自政府部门、工会系统、高等院校、新闻媒体等的专家、代表就工会在培育发展社会组织中的定位与作用、工会发挥枢纽型功能的具体举措等话题各抒己见，热烈讨论。市人大常委会法制工作委员会副主任施凯，市委研究室副主任傅爱明，解放日报报业集团党委副书记周智强，市社会工作党委、市社建委办公室秘书长吴红伟，市委宣传部理论处处长季桂保、市社团局副局长贾勇，上海社科院社会治理研究中心主任、市社区发展研究会常务副会长徐中振，交通大学国际与公共事务学院博士生导师、第三部门研究中心执行主任徐家良，华东师范大学政治学系副主任、副教授王向民等在研讨会上发言。（张海丽）

【市总工会在2012年全国工会理论研究优秀论文和调研报告评选中获佳绩】 在2012年度全国工会理论研究优秀论文和调研报告评选中，全国各省（区、市）工会报送论文共133篇，评审产生一等奖10篇、二等奖15篇、三等奖20篇、优秀奖35篇。上海市总工会4篇参评论文获奖，是各省（区、市）总工会获奖论文数量最多的单位之一。其中市总工会课题组《上海市职工队伍发展状况调研报告》、市总工会保障工作部《上海市职工体面劳动实现状况调研报告》获一等奖，市总工会法律工作部、市总工会民主管理部撰写的《上海市和谐劳动关系建设中的主要问题及对策建议》获二等奖，由社科院、经信委、纺织、长宁、静安、虹口等单位工会联合撰写的《上海市文化创意产业职工队伍状况调研报告》获优秀奖。（陈姣姣）

【浦东新区总工会加强调研制度规范化建设】 (1)把握形势，多角度开展课题调研。围绕工会工作转型、工会基层基础夯实、职工权益维护、职工素质提升、扩大工会影响力等专题调研，承接市总委托课题“开发区工会运行模式研究”，开设“浦东新区职业化社会化工会工作者队伍建设体制机制和管理模式研究”“浦东新区总工会建设枢纽型社会组织研究”“推动外资企业工会工作转起来的实践与思考”“浦东新区劳务派遣用工情况报告及建议”“维护微小型企业职工合法权益的调查和思考”“健全企事业单位民主管理和协商制度的调研”“工会新媒体信息宣传效果研究”等课题。全年共开展61项课题研究，其中区总层面重点课题10项、委托课题11项、直属工会自主申报40项。(2)搭建平台，深层次开展学习研究。一方面，完善工会理论研究制度规范，列入工会年度考核体系，设立基层工会专人负责调研工作责任制、基层工会课题研究研讨会定期联络制、课题研究跟踪指导度。另一方面，注重多渠道沟通，走出去、沉下去、抓重点、广征集。深入基层征询企事业党政工领导、工会干部和不同岗位职工的意见、建议与要求，分享解决问题的经验。开展浦东新区职工需求大调查，努力使各项研究工作“接地气”。

（陈婍婍）

【徐汇区总工会工运研究会围绕大局开展调查研究】 (1) 承接市总工会委托调研课题，2013 年承接“关于工会直接服务职工的资源、项目、阵地建设的调研”“关于《运用地方教育附加专项资金支持企业组织开展职工职业培训工作的指导意见》落实情况的调研”两个市总委托调研课题。(2) 结合“面心实”活动深入基层开展调研，形成《社会化、职业化工会工作者队伍建设的探索》《关于做好当前工会依法维权工作的思考》《关于工会会计基础工作规范化建设的实践与思考》《关于工会经审工作规范化建设的实践与思考》等调研报告。(3) 举办学习贯彻中国工会十六大精神专题研讨班，就贯彻落实十六大精神这一主题开展研讨，把学习与研究工会工作新情况、新问题结合起来，力求在理论创新上有所突破。同时，创新理论学习形式，围绕工会工作热点和难点问题，每季度确定主题举办一期“工会干部大讲堂”。(4) 逐步建立健全区工运研究会会员季度例会制度，年度重要课题调研、评估、奖励制度，区工运研究会会员学习考察制度等。(5) 促进调研成果转化与为领导提供决策参考、形成规范性文件相结合。另有多篇调研文章得到市总工会领导批示，并被全总简报、工运报刊杂志录用刊登。

（陈婍婍）

【杨浦区总工会工运研究会大力推进调查研究工作】 2013 年，杨浦区总工会以深入贯彻党的十八大和市工会十三大精神为主线，召开学习贯彻市总工会第十三次代表大会精神暨 2013 年调研工作会议，总结 2012 年调研工作，部署 2013 年调研工作。(1) 部署重点调研课题。开设“关于贯彻党的群众路线教育实践活动，进一步转变工会干部作风，加强工会干部队伍建设的调研”等 6 个重点调研课题，另提供 12 个重要课题供基层参考申报，由区总工会主席办公会议对基层申报的 58 个课题审核立项，确定 28 家中标单位。(2) 推动调研成果转化。各级工会结合“大走访、大调解、大服务”活动，深入基层了解工会干部和一线职工的意见建议，积极向党政及上级工会报送事关杨浦发展大局和职工切身利益的调研文章，努力把调研成果转化为领导决策的参考，发挥好调研活动指导实践、提升工作的作用。(3) 加强信息宣传和经验推广。整理编印《记者眼中的杨浦工会》、区工代会专辑《探索·脚印》，在《工人日报》《解放日报》《新民晚报》《劳动报》等主流媒体刊登杨浦工会工作报道 30 余篇，市总工会网站采用刊登杨浦工会工作信息 40 余篇。

（陈婍婍）

杨浦工会大讲堂为工会干部解读中国（上海）自贸区若干重大问题

（曹理仰）

【宝山区总工会工运研究会建队伍、抓机制、重实践】 (1) 深入开展调查研究工作。宝山区总工会工运研究会顺应客观形势的发展变化，着眼宝山工会重点工作目标、工作热点难点问题的突破，工作体制机制的创新，立足工会工作实际总结实践经验，形成调研报告 23 篇并汇编成书。(2) 深化完善组织架构。完善研究会组织领导体制，明确名誉会长、会长、副会长，聘请工会工作方面的专家、领导作为研究会的顾问，除直属工会作为研究会成员外，另邀请 13 家基层单位参与研究会。建立特约信息员队伍，邀请一批思维敏捷、工作勤奋的工会干部作为特约信息员，加大信息工作力度。(3) 广泛开展理论和工作研讨。举办直属工会主席学习研讨班、工会形势大型报告会、宝山工会论坛等活动，研讨班采取走出去、引进来的模式，拜访宝钢工会、闵行工会等优秀工会工作点，邀请专家学者、优秀工会干部作专题报告，加强交流研讨，汇集各方智慧，帮助工会干部开阔理论视野、促进工作提升。每年 11 月底区总机关组织课题交流暨工作务虚会，注重将调研和理论成果在实践运用，将基层创造的典型经验在全区推广。

（陈婍婍）

【闵行区工会工作研究会以课题调研为纽带加强研究会建设】 2013 年，闵行区工会工作研究会围绕重点工作，广泛开展调研工作，规范各项调研制度。(1) 围绕区委、区总年度重点工作，开展构建和谐劳动关系、“两个普遍”推进工作、区域性职代会建设、职业病防治等的调研。其中，“劳动关系和谐企业创建”的调研列入区政府 2013 年度正处级领导干部创新创效项目。(2) 聚焦热点问题，开展国有企业职工董监事制度建设、劳资纠纷突发事件工会作用发挥、经济园区职工文化建设等的专项课题调研。(3) 完善研究会工作制度，制定下发闵行区工会 2013 年度调研报告（论文）选题重点方向的通知，开展基层工会优秀论文、调研报告评选。2013 年，区总工会共收到各基层单位上报的调查报告、论文 66 篇，并组织开展论文研讨交流，促进成果转化，将理论研究成果汇编成《闵行区 2013

年度工会工作论文集》。(4) 健全基层调研网络，形成区、镇（街道、莘庄工业区）、村（居）委、企业四级调研网络，做好对基层工会调研的指导服务。（刘 芳 陈婍婍）

【金融工会以工会理论创新推动工会工作创新】 (1) 将工运理论研究与促进工会组织“全覆盖”工作相结合。调研上海市非公金融企业工会组织建设现状及存在问题，提出以依法建会为基础，借力行业公会、协会提高工会组织覆盖率，发挥产业工会枢纽作用，强化工作“软覆盖”等对策和建议。(2) 将工运理论研究与推进金融窗口优质服务劳动竞赛活动相结合。调查排摸上海金融行业 3416 个营业网点和 62180 多名员工情况和存在问题，明确劳动竞赛“以群众需求为导向设计竞赛项目，以讲求实效为标准提升竞赛质量，以岗位成才为目的接受社会评价”的工作思路，完善“竞赛动员、组织培训、服务交流、检查评比、表彰奖励”等五个阶段 18 大项内容的劳动竞赛工作计划，建立工作例会、督查指导、工作激励、规范评选等 4 项制度。(3) 将工运理论研究与工会组织服务金融企业创新转型发展相结合。组织开展课题调查和工作研究，在 13 家单位的 73 篇论文中择优选择 37 篇论文刊登在《工会理论研究》增刊。组织百余人参加专题研讨会，就标准化建设提升窗口服务质量、E 环境下证券窗口服务、科技创新带来新的窗口服务模式、窗口优质服务法等进行交流。（陈婍婍）

【上海建工集团股份有限公司工运研究会围绕集团重点工作开展课题调研】 2013 年，上海建工集团股份有限公司工运研究会围绕集团工作重点，设立“基层单位职代会质量评估调查”“新生代职工情况调查”“农民工权益维护状况调查”和“职工文体活动需求调查”等课题。(1) 开展基层单位职代会质量评估调查。通过召开情况汇报会、职工代表座谈会、发放职代会质量评估测评表，对 12 家子集团的职代会和厂务公开运行情况进行调研。(2) 开展上海建工集团农民工权益维护状况调查分析。了解集团使用农民工的情况、农民工权益维护状况以及农民工加入工会组织的现状，提出进一步夯实农民工加入工会的组织基础、切实维护农民工合法权益、农民工参加城镇职工基本社会保险的建议。调研报告获全国大型建筑企业职工思想政治工作研究会农民工专题调研评比一等奖。(3) 承接 2013 年上海市总工会委托调研课题“关于新生代职工的特征诉求及工会工作对策的调研”，了解集团新生代职工的生活工作状况、诉求、与工会工作的关系，形成《上海建工新生代职工特征诉求与工会工作的调查报告》。(4) 编印成果案例文集，促进成果转化。开展工会创新工作成果案例评比活动，将具有特色和创新意义的工作方法、工作载体或活动项目等通过擂台形式评出一、二、三等奖和优秀奖，并编印成书，发至各级工会和广大工会干部手中。（陈婍婍）

【宝钢股份公司工会工运理论研究会广泛开展调查研究】 2013 年，宝钢股份公司工会工运研究会及下属 26 家基层单位工会分别成立课题组，开展“中央企业工会如何发挥作用并提升影响力”“四班二运转工作调研”“协调解决职工‘三最’问题的实践与思考”“工会组织在推进蓝领创新中的作用”“着力推进实事工程，持续营造温馨和谐的人文环境”等课题研究。公司工会组织开展的各项调研中，共有 31 篇论文获奖，包括获中国冶金职工思想政治工作研究会二等奖、全国钢铁企业工会女职工工作理论研究会第 23 届年会优秀论文奖、上海工会论文评选 2012 年度优秀奖，并有 7 篇论文在全国钢劳联第 29 次年会上分获优秀论文一、二、三等奖，有 4 篇论文先后发表在《上海工运研究》《钢铁职工劳动保护》《宝钢经济与管理》等杂志。（包 翔 陈婍婍）

【上海大学工会工运研究会不断推进自身建设】 2013 年，上海大学工会工运研究会围绕学校中心任务、工会重点工作，针对工会工作的重点难点问题，组织开展调查研究和理论思考。(1) 面向全校会员发布调研课题，积极发动工会干部和高校理论工作者开展调研，撰写论文。上海大学工会已连续多年承担市总工会委托课题，形成一批高质量、有影响的研究成果，并多次获工会系统市级课题项目奖项。2013 年申报市总工会委托课题“职代会条例、教代会条例在上海市教育系统实施成果和存在问题的调研”。(2) 承办上海市教育系统工会理论研究会成立大会。会议表决通过《上海市教育工会理论研究会第一届理事会（建议名单）》，上海大学工会主席薛志良当选副会长，上海大学工会工运研究会成为市教育系统工会理论研究会团体会员。(3) 利用学校多学科的背景和优势，吸收社会学、法学、政治学、经济学、管理学等学科的专家、教授共同参与课题调研，强化科研力量，如邀请上海大学社会学院顾骏教授作“关于社会组织发展与工会工作拓展”的学术报告，努力扩大工会干部的知识面和理论视野。（陈婍婍）

【上海航天局工会研究会工作有重点出成效】 航天局工会研究会加大对新形势下遇到新问题的研究力度，有针对性地开展理论研究工作。(1) 围绕社会热点开展“职工文化建设”“职代会制度建设”等专题调研，在掌握大量一手资料的基础上分析现状问题、提出对策措施；开展“面心实”活动调研，总结推广典型经验，查找分析“面心实”活动中存在的问题，提出对策思路。(2) 围绕航天实际开展“新上海人融入航天”航天局集体协商等的专题调研，为推进相关工作提出思路措施。(3) 围绕职工需求开展实事工程建设研究，形成《2013 年度局实事工程建设专题报告》。上海航天局工会研究会被评为上海市工运研究会 2013 年度优秀团体会员。（沈 恺）

理论研究

【概要】 2013 年，市总工会着眼于工会工作全局和年度重点工作，组织开展重大问题、重点课题、委托课题等的调研工作。围绕影响工会工作全局问题的破解，针对工会组织建设、服务型工会建设、工会文化体育设施回归公益、职工文体活动扩大参与面、工会事务的法律法规及政策执行落实问题、非公企业民主管理、工会干部教育培训、运用新媒体开展职工群众工作、工会资产分类管理、市总机关干部培养等11项重大问题开展专题调研。围绕工会重点工作，设立“职业化社会化工会工作者职业发展问题”“工会联合会规范化建设”“提升技术工人技能素质”“职工援助服务体系建设”“全市工会公益性设施建设及作用发挥相关问题调研”“现代企业制度下民主管理工作问题分析与对策思考”“职工职业技能培训问题比较研究”“本市家政服务业从业女性调研”“群体性劳资纠纷研究”等9项重点调研课题。围绕加强上下联动，设立“工会直接服务职工的资源、项目、阵地建设调研”“开发区(经济园区)工会工作模式调研”“健全企事业单位民主管理和协商制度调研”“新生代职工的特征诉求及工会工作对策调研”等7项委托调研课题。通过设置全方位、多层次、立体化的调研课题，引导全市各级工会积极开展调查研究和理论研究。（陈婈婈）

【全国工会学研究会年会在沪召开】 12月13—14日，全国工会学研究会、中国工人历史与现状研究会2013年年会暨第29次全国工会理论教学研讨会在上海工会管理职业学院举行。会议由中国劳动关系学院主办，上海工会管理职业学院承办，上海市总工会给予大力支持。上海市总工会副主席周志军、中国劳动关系学院党委书记颜辉、中国劳动关系学院院长李德齐、上海工会管理职业学院党委书记宋钟蓓分别在开幕式上致辞。全总法律工作部原部长刘继臣、上海工会管理职业学院干部培训中心主任朱憧理、浙江省总工会干部学校教授徐小洪、中国劳动关系学院教授王永玺和全总研究室副主任王利中先后作主题报告。这次年会共收到近百篇论文，17位作者在专题论坛上发言。与会学者围绕“劳动创造价值的理论自信与工会特色道路建设”的主题，就劳动创造价值与工人阶级主体地位、集体协商的实效机制建设、收入分配改革与劳动收入的主体地位、激发基层工会活力与工会代表性建设等问题进行广泛深入的研讨。来自中华全国总工会、全国各省市工会干部院校、北车集团工会、沈飞工会等单位的工会理论研究学者共计110余人参加会议。（卢 锟）

【上海工会管理职业学院深入开展工会理论研究】 2013年，工会学院加大对工会理论研究的支持力度，通过与基层工会、企业合作开展课题研究，丰富教学内容、提升教学能力。围绕市总工会“两个覆盖”难点，与奉贤区总工会、社科院合作开展“企业经营者政治安排与构建和谐劳动关系相关问题研究”，获2012年市总工会优秀论文二等奖；依托“上海合一企业劳动关系研究中心”，就“外资企业职代会制度建设策略”“外资企业劳动竞赛工作”“外资企业工会工作动力”“利用外资企业文化构建和谐劳动关系”“外资企业劳动争议与工会作为”及“外资企业工会主席履职”等6个方面进行专题研究，完成市总工会“开发区工会运行模式研究”课题。与市级机关工会、浦东新区总工会、医务工会、金融工会等合作开展课题研究，吸纳基层工运专家参与研究，增强研究的针对性和时效性，使之更贴近工会工作实际。（卢 锟）

上港集团工运研究会召开专题工运论文发布会（张晨琦）

【上海市教育系统工会理论研究会揭牌成立】 5月17日，上海市教育系统工会理论研究会正式揭牌成立，成员涵盖上海市高校、区县、直属单位工会等近80个会员单位。会上，市总工会副主席周志军和教育工会主席夏玲英为研究会揭牌。研究会筹备组组长王向群宣读《上海市教育工会关于成立上海市教育系统工会理论研究会的决定》，市教育工会主席夏玲英宣读研究会聘请专家成员组名单，专家组组长宋光明作《上海市教育系统工会理论研究会课题发布》说明。会议审议通过《上海市教育系统工会理论研究会章程(草案)》和“上海市教育工会理论研究会第一届理事会(建议名单)”。（沈 瑶）

【上海电信工会围绕中心、深入调研、增强活力、提升能力】 2013年，上海电信工会思想政治理论研究分会根据市工运研究会年度课题安排，结合公司实际和工会工作需要，将民主管理、职代会、班组建设、外包公司推进“两个普遍”工作等课题作为工会“思研会”调研方向，共收到论文49篇，其中1篇为市总工会委托课题，2篇为市经信委委托课题。优秀论文已报送集团工会、市总工会、市经信委。一方面，广泛组织各方力量深入开展调查研究，积极发挥理论先导作用，取得一批高质量的调研成果，如《推进工会组织在电信业务外包单位建起来、转起来、活起来》获得集团公司第四届工会工作创新成果一等奖，《建园地守阵地登高地推进群众创新工作迈上新台阶》获得集团公司第四届工会工作创新成果二等奖，《中国电信上海公司地面局员工对超常规发展压力下的心态调查报告》获得集团公司第四届工会工作创新成果三等奖；另一方面，切实加强研究会自身建设，提升综合能力水平。各课题组

保持集中研究、集思广益的优势，定课题、定进度、定框架，把课题组活动延伸到对工会工作的深入探讨研究。（殷 茵）

【邮政工会开展理论研究工作】 2013年，上海邮政工会紧密结合工作实际，着重抓住工作热点难点问题，围绕服务大局服务员工、发挥工会"大学校"作用，围绕加强畅通员工诉求表达机制建设，围绕创建"工人先锋号"活动开展劳动竞赛活动，围绕增强支局（生产科）局务公开栏透明度和规范化建设，围绕做好劳务派遣工思想生活工作状况的调研等课题，广泛开展工会理论研究和调查活动，对影响工会整体工作的瓶颈和工作热点问题进行剖析，提出工作措施，增强理论研究转化为推动实践工作的能力。2013年，共收到各级工会撰写的论文和调查报告46篇，评出一等奖5篇，二等奖10篇和三等奖16篇。（张 莉）

【市总工会参与市委加快培育发展社会组织的专项调研】 市总工会参与由市社会建设委员会办公室牵头的市委重点课题"开展加快培育发展社会组织专题调研"的相关工作。市总研究室会同市总各部门，共同排摸上海市职工服务类社会组织的基本情况和主要问题。借鉴北京、广东等省市工会的经验，研究上海工会在培育社会组织发展、更好发挥枢纽性作用方面的思路对策。加强与市委组织部、市社建委等的沟通，就全市面上培育发展社会组织积极建言献策。强化调研成果转化，形成《本市工会培育发展社会组织的主要情况》《北京广东工会发挥枢纽作用推进工作社会化的做法与成效》《对工会在加快培育发展社会组织中发挥更大作用的设想与建议》3篇工会内参，供领导与各部门参阅。（张海丽）

【市总工会开展职业化社会化工会工作者职业发展问题调研】 由市总工会研究室承担并撰写调研报告，是全总委托课题和市总工会重点课题之一。会同市总组织部，综合运用实地考察、专题座谈、个别访谈、抽样调查等方法，形成《上海职业化社会化工会工作者职业发展研究报告》。报告梳理了上海职业化社会化工会工作者队伍建设发展的历程和做法，总结全市各级工会在推进此项工作中形成的富有特色的运作模式，就探索建立与上海工会组织架构、工会工作模式相适应的职业化社会化工会工作者职业发展体系，提出了发展思路和对策建议：加快建设一支来源广泛、数量充沛、结构合理、素质优良的职业化专业化的工会社会工作者队伍，以街镇工会为主要范围，以区县工会为主导，以社会工作者为职业平台，以社会组织为组织载体，以购买服务为重要方式，以培育增量为主要路径，以总体规划、分步实施为原则，予以积极稳妥的推进，为夯实工会基层基础、促进工会事业健康发展提供有力的人才支撑。（张海丽）

市卫生系统工会工作理论研究会第十六届年会颁奖（柯 婷）

【市总工会开展加强非公有制企业职工代表大会制度规范化建设的调研】 市总工会民管部承担并撰写调研报告，是市总工会重点课题之一。课题组通过在非公企业比较集中的街镇、工业园区，对全市非公有制企业职工代表大会制度建制和运行的基本情况进行调研。报告认为，目前非公企业职代会建制缺口较大，运作不规范，职工代表的结构比例不合规，中高层管理人员的比例过高，议事程序不规范和职权落实不到位，组织制度和工作制度存在缺陷；合力推进格局尚未完全形成，依法督促整改的力度不够。对此，上海市非公企业职代会制度规范化建设将着重强化5项工作机制：强化合力推进的工作机制，借助各级厂务公开工作领导小组力量，发挥劳动关系三方机制的合力作用。强化分类推进的工作机制。强化能力素质的工作机制；强化工会干部培训教育和职工代表队伍建设，编写《职工代表大会制度操作实务手册》；强化典型培育的工作机制，运用好厂务公开民主管理先进单位评选资源，采取"一票否决制"，推动职代会制度与各类先进评比以及企业经营者政治安排有机挂钩；强化监督研判的工作机制。重点对非公企业规范化运作职代会进行督促检查，推动市和区县将《条例》执行情况纳入人保部门对企业集体合同审查备案、劳动监察的工作重点。（张海丽）

【市总工会开展工会企事业资产分级分类管理的调研】 由市总工会事业部承担，是工会重点工作项目调研之一。调研指出，工会企事业资产监督管理中存在不少问题：工会资产监管组织体系有待进一步健全，市工会三产管理委员会与市总资管委的部分职能重叠，仍有一些区县局（产业）工会没有成立资产监督管理委员会，或者没有明确管理部门、管理职责模糊、人员不到位；工会企事业功能定位不明确，影响带有公益性的工会企事业争取政策优惠和资金支持，束缚带有经营性的工会企事业在管理体制、运营机制上融入市场；工会资产监管制度执行力不强，操作性不强。对此建议：一是分级管理，建立健全工会资产监管组织体系，理顺管理架构，调整市总资管委设置，调整充实事业部职能。二是分类管理，激发工会企事业发展活力，制订推进全市工会企事业改革发展的指导意见，明确工会企事业的功能定位，修改完善直管企事业单位资产管理考核办法。三是动态管理，落实责任追究处罚制度，适度授权，增强监管制度的可操作性，不断规范工会企事业资产监管工作，组织培训，搭建合作交流的平台。

（张海丽）

【市总工会开展涉及工会法律法规执行力情况调研】 由市总工会法律部承担，是工会重点工作项目调研之一。调研对涉及工会法律法规执行力状况进行系统梳理，剖析制约法律法规执行力的问题及原因：依法推进建会的法律规定比较原则，操作性不强，处罚条款缺乏威慑力，社会各方合力不够；经费收缴成为基层工会工作难点，法律没有细化收缴渠道，对拖欠工会经费的企业依法申请支付令的力度不够；缺乏罚则，工资协商启动较为困难，协商质量普遍不高，协调处理渠道不畅；责任意识缺乏，职代会建制和职权尚未真正落实到位；司法救济缺失，社会保险和公积金等权益维护任务艰巨。建议：一是强化工会干部培训培育机制，提高依法办会和依法维权的能力与水平；二是探索围绕企业建会与围绕职工建会等多种建会模式，依法推进工会组建；三是多管齐下，促进工会经费独立管理和提高工会经费收缴率；四是加大工会劳动法律监督和法律援助力度，提升社会化维权机制建设。除了工会自身因素外，还需要继续推动工会法律法规的立法完善，修改《工会法》和《劳动监察条例》，尽早制定《企事业单位民主管理法》，加大行政监察执法的惩戒力度，进一步理顺、畅通司法诉讼救济渠道。（张海丽）

【市总工会开展“为职工办实事”课题调研】 由市总工会保障部承担，是工会重点工作项目调研之一。课题组在区县局(产业)工会和市总工会机关内部广泛征集服务职工实事项目，并对市区两级工会服务设施进行排摸；对前期征集到的实事项目进行梳理，按照真实、全面反映职工需求，服务项目普惠性与特惠性相结合，突出可操作性和可持续性的原则，进一步整合汇总，形成《上海工会服务职工工作方案》和《上海工会会员服务卡推进工作方案》。根据职工实际需求征集服务项目、明确工会服务职工的途径载体、形成服务职工长效机制是这次调研成果的具体体现。主要在职工援助服务体系建设、实体化服务机构和信息化服务平台建设、创新服务载体以及形成服务职工实事工程项目等方面的举措作进一步明确，并形成调研成果转化，在征集到的18个服务项目基础上，经征求相关部室意见，推出5项有一定影响力并能当年见效的服务项目，初步形成2014年上海工会服务职工实事项目，包括2014年上海工会一线职工技能晋级奖励计划方案、2014年上海工会职工EBA培训奖励计划方案、2014年上海工会会员服务卡推广计划方案、2014年上海工会职工疗休养行动方案、2014年上海工会职工健康体检行动方案。（张海丽）

【市总工会开展上海工会职工援助服务体系建设的调研】 由市总工会保障部承担并撰写调研报告，是市总工会重点课题之一。报告认为，上海工会职工援助服务体系建设逐步实现四个转变：服务对象由困难职工向全体职工转变，服务内容由困难帮扶向多元化服务转变，工作运作由自成一体内循环向积极融入公共服务体系大循环转变，工作内容由项目、阵地建设向组织网络、项目系统、信息平台、运作机制建设四位一体转变。但是推进工会职工援助服务体系建设的认识有待提高、运作机制有待完善、社会动员能力有待加强、公益属性还不够凸显、工作队伍还不能完全适应。因此要加快向服务型工会转型，更好地承接政府转移的公共服务职能，构建广义的上海工会服务职工工作体系。报告建议：坚持党委领导，争取政府支持，推进职工援助服务体系建设统筹化；打造枢纽型社会组织，创新社会动员方式，推进职工援助服务工作社会化；转变服务理念，强化需求导向，凸显职工援助服务工作主体化；创新体制机制，加强队伍建设，促进工会工作者队伍职业化；优化资源配置，加大服务投入，进一步提高职工援助服务工作资源使用合理化；制定科学标准，完善考评制度，进一步推进评估监督工作科学化。（张海丽）

【市总工会开展上海工会调处群体性劳动争议的实证研究】 由市总工会办公室承担，是市总工会重点课题之一。课题组通过排查2011年以来各级工会上报市总工会的群体性劳动争议案例，对其中参与职工数20人以上、直接影响到企业生产秩序和社会稳定的58件案例进行重点分析，总结群体性劳动争议特点。报告指出，工会应对职工群体性劳动争议面临困境：群体性劳动争议发生缺乏制约，应对缺乏规范，协商缺乏标准，企业工会干部和民主管理制度作用发挥有限。报告建议，工会应对群体性劳动争议要从源头防治群体性劳动争议，在处置群体性事件中把握主动。加强与劳动部门协作，争取将关停并转企业的职工补偿方案纳入三方协商机制；定期开展劳动关系情况排查，对发生过群体性劳动争议的企业建立回访制度；赋予街镇、园区工会更多资源和手段，建立信息公开透明的发布机制；加强非公企业工会群众化、民主化建设，重点加大工会主席直选力度，提高职代会、集体合同制度等的运行质量。进一步畅通职工诉求渠道，开通及时回应职工诉求的微博、热线电话等平台，做到职工有所呼，工会有所应。（张海丽）

【市总工会开展提升技术工人技能素质推动技工大国建设的调研】 由市总工会经济部承担，是市总工会重点课题之一。调研以召开座谈会、发放问卷及意向征询表等方式，结合人力资源社会保障等政府主管部门提供的相关数据，进行综合研判。报告指出，当前全市技术工人比重超过1/3，高技能人才占技能劳动者的比重为27.03%，技能等级结构趋向合理，科技创新能力明显提升。提升全市技术工人队伍技能素质面临机遇和挑战：实体经济回流亟需高素质技工队伍，产业结构调整亟需转变传统人才观念，创新驱动转型亟需调整技工队伍人才结构。但存在技术工人总量不足、素质与实际需求不匹配、不同所有制企业之间、不同户籍职工技能素质差距较大等问题。报告建议：加强观念引导，强化政策优势，利用职代会等相关形式，督促企业行政按规定提取职工教育经费，依法申领地方教育附加专项资金，并广泛用于职工特别是技术工人的教育培训；搭建教育培训、竞赛展示、便民服务平台；完善“培训、练兵、比武、晋级”四位一体的职工职业技能发展机制，畅通职工职业发展渠道，完善资金奖励和荣誉激励机制；营造社会氛围，广泛宣传技术工人先进事迹，树立“劳动光荣、创造伟大、知识崇高、人才宝贵”的时代新风。（张海丽）

【市总工会开展上海非公企业职工文化建设调研】 由市总工会宣教部承担，是工会重点工作项目调研之一。调研通过召开座谈会、查阅书面材料、设置网络问答等方式进行。调研发现，经济园区、商务楼宇正在成为非公企业职工文化建设的主要领域，职工有迫切的愿望和多元的精神文化需求，但全市非公企业职工文化建设发展很不均衡，两极分化现象明显，“沙漠”现象集中在中小企业。建议针对非公企业白领员工、新生代农民工的特点，注入职工文化建设新内涵：提供环境支持，确立社会资源共享、文化资源服务联盟和企业社区联动工作机制、辐射带动机制；提供活力源泉，充分发挥职工文体协会的枢纽组织作用、工会特色品牌的引领作用、上海职工文化发展基金的激励作用；提供理论支持，加强对非公企业职工精神文化需求的研究，加强工业经济园区、楼宇等的分类指导，推出非公企业文化惠民实事工程，加大对非公企业职工文化建设服务的力度；提供人才支持，加大非公企业文体骨干培训力度，成立“职工文化志愿团”；提供经费支持，推动企业将职工文化建设纳入集体合同或集体协商，拓宽非公企业职工文化建设经费渠道，夯实经济园区、楼宇文体阵地硬件基础，推动非公企业职工文化活动场地的落实和条件的改善。（张海丽）

【市总工会开展上海市家政服务行业现状和发展趋势调查】 由市总工会女职工部承担，是市总工会重点课题之一。课题组分析全市家政服务行业发展现状和存在问题，并提出促进家政服务行业健康协调发展的对策建议。报告认为，上海市家政市场发展趋势良好，但仍存在不少问题：家政服务行业立法滞后，行业发展相关政策不合理；家政服务行业管理机制缺乏，行业准入门槛低；家政服务员仍属于非正规就业工种，不在《劳动合同法》保护范围；家政服务培训效果不佳，培训机构往往“走过场”。对此，建议：(1) 加大立法力度，将家政服务行业纳入《劳动合同法》职业保护范围，明确家政服务员劳动权益；严格规范市场准入标准，对现有的家政服务市场进行清理整顿，规范家政服务机构和家政服务员的从业行为。(2) 建立政府促进家政服务行业发展的扶持机制，建立覆盖家政服务员的社会保障机制和风险化解机制。出台适合家政行业发展的特殊社会保障政策。(3) 严格培训考核，使家政服务员技能培训、等级评定落到实处。(4) 适时在大型家政服务机构和家政服务员队伍中建立工会组织，试点开展家政服务员工资和保障问题的集体协商制度，开展家政服务员关爱行动。（朱莉颖　张海丽）

【浦东新区总工会开展开发区工会运行模式调研】 浦东新区总工会撰写。市总工会 2013 年委托课题之一。报告梳理了浦东开发区工会运行模式的沿革和运行现状，总结开发区工会由直接管理型工会向网络管理型工会、由行政型工会向服务型工会、由附属型工会向法治型工会“三个转变”。报告指出，开发区工会运行模式存在体制不够顺畅、功能不够凸显、开发区工会规模与其获得的人财物等的资源不够匹配、领导关系监督考核关系等管理机制不够健全等问题。报告建议：(1) 成立开发区总工会，进一步理顺体制。对于条件成熟的开发区，成立开发区总工会；对于暂不具备条件的开发区，先成立工会工作委员会进行过渡。(2) 主动谋求转型，建立维权机制化、服务项目化、组织网络化、工作社会化 4 个长效机制。(3) 用好区总工会干部、专职工会工作者、非公企业工会干部这“三支队伍”，进一步充实力量。(4) 主动接受领导，进一步健全管理考核。在开发区设立党工委，统一管理开发区党的工作、社会工作、工青妇等群团工作。对开发区的管理考核，除经济发展“硬指标”外，加入和谐稳定、文明健康、环境友好等“软指标”，做到经济发展和社会建设同步协调。（陈婗婗）

【徐汇区总工会开展工会直接服务职工的资源、项目、阵地建设情况调研】 徐汇区总工会撰写。市总工会 2013 年委托课题之一。报告梳理了徐汇工会服务职工的政治性社会性资源整合、项目运作、阵地建设等情况，指出，当前工会工作行政化、内循环问题仍然存在，基层工会活力不足、运转难的现象仍不少见，专职工会干

浦东新区总工会召开开发区工会工作研讨会　（赵立荣）

部队伍存在结构化、非专业化问题，直接服务职工的阵地建设有待加强。报告提出对策建议：(1) 打破工会组织行政化、内循环模式。在思想观念上充分认识工会工作社会化的重要性和紧迫性，在行动上主动整合社会资源、运用社会力量来服务职工群众，在方式方法上注重发挥工会枢纽型社会组织作用。(2) 以职工需求为导向不断增强基层工会活力。在人、财、物的投入上加大对基层工会的支持力度，重新设计调整对基层工会的考核指标，开展全区职工需求大调查。(3) 加强职业化社会化工会干部队伍建设。加强分层分类分专题培训，打破身份界限促进工会干部科学合理流动，推进工会干部职业化，完善工会干部考核激励机制。(4) 加强直接服务职工的阵地建设。夯实服务基础，坚持重心下移，加强职工服务站点实体化建设，运用新媒体创新群众工作方法。（陈婈婈）

【闵行区总工会开展创建劳动关系和谐企业的调研】 闵行区总工会撰写。市总工会2013年委托课题之一。报告总结了闵行区总工会树立企业成长理念、构建多方联动的创建组织架构、制定科学化创建评估体系、引入社会第三方评估方式、运用信息化手段加强过程管理、建立创建企业激励和约束机制的特色做法，并提炼出劳动关系和谐企业创建工作的几点启示：创建工作要建立健全运行机制，切实增强创建的质量水平；创建工作要围绕企业健康发展需求，不断激发企业内在动力；创建工作要科学规划并融入社会建设中，不断提升工作整体能级。报告归纳了深入推进和谐企业创建工作遇到的困难：创建工作覆盖面受企业客观因素限制，小微型企业参与度不高，部分企业对创建认识不到位；创建评估结果的转化有待加强，对创建企业的后期服务指导需进一步完善；开放式工作力度不够，创建分级联动体系有待强化；分层分级创建体系仍需进一步培育，创建工作的社会综合效应仍需扩大。报告建议：要善于运用多种途径和方法，加强对企业创建工作的宣传引导；要进一步推进劳动和谐园区（村、楼宇）创建，不断提升创建工作的企业覆盖面；要注重与社会专业力量的合作，加强创建评估工作的分析研究；要整合相关部门资源和力量，进一步完善创建动力激励机制建设；要构筑分层分级工作格局，形成创建工作纵横联动的整体效应。（陈婈婈）

【嘉定区总工会开展《运用地方教育附加专项资金支持企业组织开展职工职业培训工作的指导意见》落实情况的调研】 嘉定区总工会撰写。区总工会在进行问卷调查、座谈会、走访了解情况的基础上，总结嘉定区企业开展职工职业培训专项资金补贴的做法和成效，梳理专项资金补贴使用中存在的问题：一是职能部门监管有待加强，包括企业使用专项资金补贴情况无法有效检查，专项资金补贴有沉积，专项资金补贴（剩余5%部分）使用率不高。二是工会监督有待加强，包括培训真实性有待检查，专项资金补贴使用情况监督不够，培训人员无法完全落实，职代会制度不够健全。三是企业对培训持消极态度，职工的培训意识不强。针对以上问题，报告提出对策建议：加强职能部门监管，建立联合检查制度，实行差异化监管。加强资金监管，每年对专项资金的收入、支出、沉积情况实行动态公布。强化工会监督，加强与行政合作，健全职代会制度，引导企业健全职业培训制度，并将职工教育经费的使用纳入集体合同条款。（陈婈婈）

【电信工会开展企业民主管理工作调研】 上海市电信工会思想政治理论研究会撰写。市总工会2013年委托课题之一。文章总结了上海电信民主管理工作三个"五"经验：即创新"五个载体"，以保障职工权益作为最好的民主；搭建"五个平台"，以职工投票结果作为最高的权威；坚持"五人格局"，以职工满意与否作为最终的标准。文章指出，新形势下要针对高学历职工、老职工、外包职工、企业精英等不同群体特征提高工作的针对性和有效性。由此建议：(1) 完善外包职工民主管理模式，体现社会责任性。抓住劳动合同、职代会、平等协商这三个关键环节，创新外包职工的民主管理形式，组织他们参与到民主决策、民主管理、民主监督中去。(2) 提高职工代表参政议政责任和能力，体现民主集中性。要重视职工代表作用，把真正能够代表职工发声、有参政议政意识和能力的代表选出来；提高职工代表的政治觉悟、履职素质和责任，形成新代表先培训、老代表常培训制度；畅通反馈职工意见和建议的渠道，确保职工代表工作常任制。(3) 拓展民主管理文化的内涵和外延，体现系统效能性。创新企业民主管理的沟通形式和交流平台，建立开放式企业内部社交网络平台和更为畅通的网上互动机制。（陈婈婈）

【绿化市容行业工会开展以"大文化"提升城市绿化市容品质的调研】 市绿化市容行业工会撰写。市总工会2013年委托课题之一。报告提出绿化市容行业"大文化"概念，总结上海绿化市容行业开展职工文化建设所取得的成果和经验：一是结合行业实际，以"文化理念、文化行为"为立足点，构建"文化生态"体系。二是结合城市生态、城市形象、城市环境、城市秩序等社会建设需要，以行业基本价值理念为基准点，确立"文化坐标"体系。三是结合五个行业条线的文化建设，整合行业文化资源，以"共同价值"为发力点，打造"文化共生"体系。指出，绿化市容行业单位文化建设具有以下启示：第一，坚持认识论，领导重视是文化建设取得实效的关键。第二，坚持方法论，群众参与是文化建设持续开展的基础。第三，坚持实践论，知行一致是文化建设取得实效的保证。要把社会主义核心价值体系、上海共同价值取向和行业基本价值理念融入思想政治教育中，引导职工把个人梦、行业梦、中国梦的追求联系起来。着重抓好以责任、诚信为重点的职业道德建设，引导职工加强道德自律、自觉遵守职业规范，把行业基本价值理念内化为职工的精神力量、外化为职工的职业操守。（陈婈婈）

【上海建工集团工会开展新生代职工特征诉求与工会工作的调研】 建工集团公司工会撰写。市总工会2013年委托课题之一。报告归纳了建工集团新生代职工在性别、户籍、文化程度、技术职称、岗位分布、月收入等方面的特征：衣食住行等生活开支较大，住房问题突出，主要通过上网获取信息，希望提高收入、增加年金和补充公积金，认为工作辛苦而收入不高是最大烦恼，赞同企业“走出去”战略,但不太愿意自己“走出去”等。报告指出，新生代职工关心并参与工会组织的各项活动，基本认可工会组织的作用，但有事愿意找工会干部的很少。报告建议：要从巩固执政党的阶级基础和群众基础的高度，充分认识做好新生代职工维权工作的重要性;要切实发挥工会“大学校”作用，引导新生代职工把实现个人梦、企业梦与中国梦结合起来；要更好地履行工会组织的维护职能，实现好、维护好、发展好新生代职工的“三最”利益；要进一步改进工作作风，使广大工会干部真正成为新生代职工信赖的“知心者”和“娘家人”；要不断创新服务新生代职工的方式方法，提高工会组织在新生代职工中的吸引力、凝聚力。（陈婈婈）

【机电工会开展上海电气集团外来劳务工群体调研】 市机电工会撰写。市总工会2013年委托课题之一。调研立足于电气集团结构调整和核心产业发展实际，通过典型调查、问卷抽查、劳务工访谈会、工会主席座谈会、劳动人事部门研讨会、基层工会听取意见等多种方式，了解电气劳务工现状，对劳务工维权提出对策措施。报告指出，新生代劳务工较父辈劳务工在思想观念、获取就业渠道、生活消费观念、生活婚姻压力等方面均存在不同，渴望同工同酬、劳动用工长期化、降低居住证门槛等。报告提出：要围绕上海电气发展大局，加强对劳务工的规范管理，落实同工同酬待遇，体现公平待遇权；要贯彻落实好《劳动合同法》，设置合理的过渡期，通过培训、转岗或绩效考核，将部分优秀劳务工吸纳为正式工，防止真派遣假外包现象；要做好关心服务劳务工的工作，维护好劳务工的合法权益，改善劳务工生产生活条件，丰富劳务工的业余生活，加大困难劳务工帮扶力度，千方百计为劳务工解除后顾之忧；要提高劳务工的技术技能素质，举办岗位专业培训班，继续办好“3+3+3”培训班，发挥“李斌式”职工、“李斌式”班组引领带动作用，落实好劳务工教育培训经费，树立劳务工典型，设立劳务工特别奖。（冯克华　陈婈婈）

【上海大学开展《上海市职工代表大会条例》和《学校教职工代表大会规定》在上海市教育系统实施成果和存在问题的调研】 上海大学撰写。市总工会2013年委托课题之一。报告在总结市教育系统贯彻实施《条例》《规定》的做法及取得成效后，指出存在以下问题:有法不依、有法难依;工会干部、部分代表和普通教职工的认识不到位，代表意识不强；涉及教职工切身利益的事项还没有完全进入议题，民主评议干部进展缓慢；教代会体制不健全，工作机制缺少活力，部分学校教代会相关配套制度没跟上,缺乏有效的协调手段和激励措施;教代会工作机构不健全，党委、行政与教代会的权限划分不恰当。由此建议：(1)提高依法推进力度，增强代表议事能力，加大执法监督和指导工作力度，加强日常执法监督和分类指导。(2)推动《条例》《规定》进教育系统党校和各级培训机构，将“教代会工作资料专项检查”列入年度基层学校领导班子年终考核工作，将《条例》《规定》纳入校园普法宣传内容。(3)健全完善教代会体制机制，适时创新工作制度和机制。设立教代会常任机构，并赋予其监督、领导和决策的权利。(4)加强规模较大学校的两级教代会建设。(5)加强对民主管理相对落后单位的扶持，促进整体改造升级。（陈婈婈）

【市总工会开展进一步发挥上海工会职工文体场馆公益服务作用的调研】 由市总工会宣教部承担并撰写调研报告，是市总工会重点课题之一。报告认为，工会文体场馆面对不断变化的市场环境和激烈的市场竞争，通过降低运营成本，提高管理效率，取得了一些可供借鉴的经验，但体制机制、资金支持、规划变更等因素依然是阻碍工会文体场馆发展。工会职工文体场馆推进创新改革进程，需要在与国际文化大都市建设形成有机互动的过程中,努力建设具有系统、行业特长的职工文化服务。一是加强经费保障，实现从工会行政化注资到以政府、工会为主体，鼓励社会力量共同参与的转变。二是积极推动将各级工会文体场馆纳入市区两级政府公共文化服务体系建设的总体框架，统一布局、统一规划、统一政策、统一管理。三是加强各部门交流互动，与文广、体育部门和场馆所在区县、街镇等建立联席会议制度，签订共建协议，在文化配送、技术培训、建设支持和活动经费补贴等承担公共服务方面提供支持和帮助，制定工会职工文体场馆纳入公共文化服务体系的路线图和相关项目的推进步骤，共同推动职工文体场馆融入区域发展。（张海丽　郁晓昕）

【海鸥集团开展推动现代企业制度建设课题调研】 6月中旬，海鸥集团开展推进现代企业制度建设的调研，确立“依法授权、做实本部，提升管理、搞活企业，优化服务、保值增值”的改革总体思路，并建议：(1)建立科学规范的现代企业组织架构，健全协调运转、有效制衡的公司法人治理结构。(2)建立符合现代企业制度的人事任命或聘用制度。(3)完善海鸥集团内部管控体系，集团人、事、财、物要在现代企业制度框架内进行监管和运作，对尚未建立资产纽带关系的单位，逐步建立母子公司体制。(4)完善考核与激励机制，要建立符合现代企业制度的业绩考核体系，完善经营业绩考核机制和薪酬体系。(5)加强财务监管机制建设，要建立健全集团财务管理制度和管理手段，强化预算管理工作，理顺财务核算体系。(6)健全资产管控机制，规范资金筹集与管理制度、投资及资产监管审批制度，同时强化审计工作，杜绝各类不合规行为。（姚芸婕）

调研指导

【概要】 2013年，按照党的群众路线教育实践活动安排，结合工会重点工作推进，市总工会主席洪浩深入全市各区县局(产业)工会和市总工会直管单位，来到基层一线的工会干部身边，就工会去行政化、参与枢纽型社会组织建设、职业化社会化工会工作者队伍建设、服务型工会建设等当

前工会工作的瓶颈问题以及职工群众、基层工会反映强烈的问题，开展调研指导。（陈姣姣）

【洪浩主席赴劳动报社、职保会、工会学院、海鸥集团调研】 3月28日，市人大常委会副主任、市总工会主席洪浩一行到劳动报社，了解报纸发行、广告经营以及报社微博等新媒体建设情况。洪浩充分肯定劳动报社围绕职工群众和工会工作办报纸，在新闻宣传和事业发展方面取得的成绩。洪浩要求，劳动报必须坚持正确的办报方向，绝对不能让违宪的思潮、言论有泛滥的空间，绝对不能让低俗文化有传播的场所，绝对不能让假新闻、谣传有传播的渠道，要成为党和政府以及市总机关的喉舌，职工群众的阵地；办报内容要紧扣广大职工群众的所思、所需、所求、所望，紧扣工会工作鲜活、不断发展的实际，把职工群众喜欢不喜欢、爱看不爱看，作为劳动报办报成功不成功、质量高不高的衡量标准。4月3日，市人大常委会副主任、市总工会主席洪浩一行到市职工保障互助会，调研互助保障计划推进和申领互助保障金的情况。洪浩充分肯定市职保会在推进职工互助保障等方面取得的成绩并要求市职工保障互助会要进一步宣传“无病我助人，有病人帮我”“聚小钱，办大事”的互助互济理念；积极推进互助保障计划的可持续发展，不断完善现有计划，更好地为职工群众服务。4月7日，市人大常委会副主任、市总工会主席洪浩赴海鸥集团调研，听取海鸥集团领导班子关于集团组织结构、经营管理、运营成效等情况汇报，对工会经营性资产集团化、市场化运作给予高度肯定，他指出，经营性工会资产适度集中进行集团化运作的方向是正确的，应通过市场化运作实现集团可持续发展，在追求利润最大化的同时兼顾社会责任。他强调，要解放思想，站在全局的角度考虑有利于促进集团发展的法人治理结构、运作模式、管理流程，实现政事分开、企事分开；集团经营性资产要在市场竞争中树立危机意识，提高市场竞争力，打造工会品牌；要深化改革，按企业化、市场化要求完善、加强集团人事管理、财务考核体系等内部管理。4月9日，市人大常委会副主任、市总工会主席洪浩等一行赴上海工会管理职业学院调研，洪浩高度肯定学院近年来的快速发展，希望工会学院在新起点上转型、创造、提升，成为全国一流的工会干部教育培训基地，把“工会学院”这块牌子高高竖起来。洪浩要求，学院要将工作重点转到工会培训上，实现转型；要在现有的机制上进一步创新，走出一条教育发展之路，绝不能用“造房子”代替“造人才”；要成为一个全国一流的工会干部教育培训基地，成为工会理论的研究基地，成为工会学说的国际交流中心。学院要研究、分析、预测市场需求，加快学院工会干部培训基地的建设。（陈姣姣）

8月21日，市人大常委会副主任、市总工会主席洪浩调研奉贤工会工作（姜林新）

【洪浩主席调研浦东新区总工会、浦东公惠社会工作服务中心】 6月13日，市人大常委会副主任、市总工会主席洪浩一行到浦东新区总工会调研。洪浩对新区总工会贯彻落实市十三次工代会的一系列举措给予充分肯定，并对新区总工会提出要求：要做中国特色社会主义工会发展道路的先行者；要做工会参与社会管理的探索者，把工会打造成枢纽型组织，成为社会组织的孵化器，以职业化专业化工会工作者队伍建设为抓手，实现社会化招聘、职业化管理、专业化培训。10月10日，市人大常委会副主任、市总工会主席洪浩一行调研浦东公惠社会工作服务中心。洪浩强调，要坚持推进工会组织向社会组织回归，着力推动工会组织去行政化，进一步加快公惠社会工作服务中心发展步伐，努力推动中心成为开拓非公领域工会组织建设管理的人才库，工会参与社会建设管理的主力军，承担党政开展社会建设管理的生力军以及社会其他公益事业的积极参与者。（陈姣姣）

【洪浩主席调研嘉定、青浦、崇明工会工作】 1月2日，市人大常委会副主任、市总工会主席洪浩一行到嘉定调研工会工作。洪浩指出，嘉定工会的“管理＋服务＋科技”是条好经验，用法治的思维推进工会“两个普遍”工作也是好经验，从问题导向出发，依托网络管理系统，建立劳资矛盾动态发现、报告、调处机制，更是好经验。他希望，嘉定区总工会要进一步深化工作中的好经验，进一步为工会工作找到管用方法，引导工会干部到基层发现问题、解决问题，真正把基层工会工作做实做好。6月8日，市人大常委会副主任、市总工会主席洪浩到青浦区香花桥街道，调研基层工会工作。洪浩指出，区县工会工作主要面对的是大量非公企业和职工，新形势下如何进一步加强党的领导，改变传统工会运作方式，实现工作重心下移，值得各级工会积极探索和思考。要进一步重视和加强基层工会建设，使基层工会有人办事、有钱办事、有能力办事，真正实现工会组织围绕职工建起来、围绕维权转起来、围绕人财物的不断夯实活起来；要结合区域性工会工作实际，积极培育、孵化社会组织，加快职业化社会化工会工作者队伍建设，切实提升工会工作实效。12月3日，市人大常委会副主任、市总工会主席洪浩一行赴崇明县调研工会工作，对崇明县总工会创办《崇明工人画报》、弘扬劳动最光荣主旋律、维护崇明“的哥”合法权益等工作给予高度评价。洪浩指出，工会维权的重点就是职工群众最关心最直接最现实的利益问题，就是职工群众面临的最困难最操心最忧虑的问题。他要求，新形势下工会组织要进一步关注职工多元化需求，在更高层面上维护职工权益，更好地当好职工利益的代表者维护者；要培育一批符合崇明生态岛建设需求的职工队伍，团结凝聚广大职工为崇明经济社会发展做出新的贡献。（陈姣姣）

【洪浩主席调研黄浦、徐汇、奉贤、静安、杨浦等区总工会】 按照党的群众路线教育实践活动安排，7月，市人大常委会副主任、市总工会主席洪浩先后到黄浦、徐汇、奉贤、静安、杨浦等区总工会调研，听取基层工会意见。洪浩就各单位反映较突出的工会组建指标考核、职工文体活动阵地运转机制、街镇工会力量薄弱和资源短缺、非公企业党建工建不同步等问题，与大家深入讨论。洪浩充分肯定黄浦区总工会建设职工文体活动阵地、徐汇区总工会建立“工会维权在身边”长效机制、奉贤区总工会完善职工援助服务中心职能、静安区总工会因地制宜组建工会、创建“劳动关系和谐单位”、杨浦区总工会先行先试探索推行“工会会员服务卡”等做法和经验。他指出，工会作为党联系职工的桥梁纽带，必须从思想上牢固树立以职工为本的理念，摒弃机关化、行政化甚至官僚化倾向，深入到职工群众中去，想职工所想、急职工所急，把职工的利益放在最高位置，一切围绕职工转，不唯上、不唯书、只唯实，千方百计为职工做好事、办实事、解难事，以服务职工的实际成效取信于职工，把职工紧密团结在工会周围。他强调，当前工会工作面临一系列新情况新问题，工会工作与党的要求、与职工的期望还有很大差距，地区工会特别是街镇工会的力量比较薄弱，难以适应形势发展的需要。要眼睛向下、重心下移，正视问题，不回避矛盾，想方设法破解难题；要抓住政府转变职能的契机，积极推动探索培育发展社会组织，建立科学有效的组织体制和运行机制，努力把工会建成凝聚各类服务社团的枢纽型组织；要加大对基层工会特别是街镇工会的经费支持力度，最大限度节约工会机关的行政办公费用，把有限的资金投入到为会员办实事上去；要积极探索工会干部的选拔、培养和交流机制，进一步加强工会干部培训，切实提高新形势下做好工会工作、更好服务职工的能力和水平。（陈姣姣）

【洪浩主席调研定海地区总工会工作】 6月5日，市人大常委会副主任、市总工会主席洪浩到杨浦区定海地区总工会进行专题调研。洪浩高度肯定定海地区总工会工作中取得的成效，希望定海工会探索一条符合中国特色、上海特点的“党建工建一体化”行业工会工作路子。他指出，一是要在工会工作方法上创新，结合工会工作面临的新情况、新问题，创新转型，把大力气放在街镇工会上；二是要加强职业化社会化工会工作者队伍建设，要把街镇工会做成枢纽型的工会，探索培育符合职业规范、服务工会工作、能够可持续发展的社会型组织，让职业化社会化工会工作者有归属、有荣誉、有职称、有激励；三是要推进工会会员服务卡工作，扩大为职工服务的功能和惠及面，提高工会会员服务卡的含金量。（陈姣姣）

【洪浩主席调研上海电信工会】 11月7日，市人大常委会副主任、市总工会主席洪浩一行赴中国电信工会上海市委员会调研工会工作。洪浩主席对中国电信上海工会多年来在服务职工发展、推进岗位创新、维护队伍稳定等方面工作予以高度评价，同时指出，中国电信上海工会作为大数据时代、移动互联网新环境下的通信行业领军企业，要进一步结合企业实际，创造性地开展工作，为中国特色社会主义工会发展道路注入更多内涵和更大活力，在服务上海经济社会发展和实现职工群众权益中发挥工会组织更大作用。他要求，工会组织要进一步关注职工职业生涯发展，让全体职工不论白领还是蓝领都有发展通道，成为提高职工素质的“大学校”；要进一步关注职工多元化需求，在更高层面上维护职工权益，当好职工利益的代表者和维护者；要进一步探索信息化时代群众性工作的新方法，搭建让职工可说话、有交流的信息化平台，努力使工会组织真正成为党联系职工群众合格的纽带桥梁，成为坚实的社会支柱。（陈姣姣）

【洪浩主席调研顾村镇工会工作】 6月6日，市人大副主任、市总工会主席洪浩一行到宝山顾村就街镇工会工作进行调研，并参观顾村镇总工会职

市人大常委会副主任、市总工会主席洪浩视察上海电信（殷茵）

工援助服务中心。洪浩充分肯定顾村镇党委对工会工作重视和支持，对顾村工会所做的工作给予高度评价。他强调，新形势下开展社会建设工作，党委、政府要充分利用工会组织的桥梁纽带作用，团结其他各种社会力量，运用社会资源，进一步推动社会管理的创新路径。他指出，顾村工会在参与社会管理中的创新做法值得肯定，希望顾村工会在未来的工作中，创新工会组织体制，大力发展街镇层面的区域性、行业性工会；坚持社会化运作，坚持重心下移，逐步转型成为“枢纽型社会组织”，帮助和培养更多社会民间组织，使得政府更多通过购买服务的形式来管理社会。他表示，市总工会将一如既往地支持顾村工会在社会管理中的创新模式，希望顾村工会在探索创新社会管理新途径中发挥引领表率作用。（胡立伟）

优秀论文

【概要】 12月6日，市总工会研究室下发《关于开展2013年度上海工会优秀调研报告、论文评选工作的通知》，发动各区县局(产业)工会、市工运研究会团体会员、个人会员以及市总机关部室积极参与2013年优秀调研报告、论文申报。在广泛征集各地区、各系统、各单位、各部门工会调研成果的基础上，市总工会相关职能部门和市工运研究会组成初评小组进行初评。在初评入选的基础上，由高校和社科院专家学者组成评审组进行复评。对获奖的优秀论文和调研报告，将颁发获奖证书和奖金，并在工运研究会年会上予以表彰。2013年各区县局(产业)工会、基层单位和个人上报论文、调研报告共计218篇。（陈姣姣）

【关于推动外资企业工会转起来的实践与思考】 浦东新区总工会撰写。报告总结浦东新区工会直管联合会推动外资企业工会建设的工作实践：一是条块结合，勤做加法，着力理顺组织架构。二是因企制宜，善作减法，着力打造工作品牌。三是整合资源，巧做乘法，着力优化工作环境。四是关爱个体，多做除法，着力增强工会凝聚力。报告指出，现阶段外资企业工会建设面临组织覆盖与工作覆盖面向纵深发展带来现实性挑战、工会工作力量“三无”现象使工会作用发挥不足、工会工作支撑保障体系存在制度性障碍等问题。报告从环境路径、组织路径和队伍路径三方面，对外资企业工会工作提出对策建议。(1)以优化环境为目标，积极构建上下联动、多方联建、统筹推进的工作格局。针对企业行政，以健全经常性双向沟通机制为主；针对企业职工，以健全透明化双向服务机制为主；针对企业工会，以健全多层次干部培养机制为主。(2)以规范化建设为根基，积极构建“组织健全、维权到位、工作活跃、作用明显、职工信赖”的职工之家。搭建标准化建设体系，完善长效化项目机制，加强多元化考评激励。(3)以干部队伍建设为动力，为企业工会可持续发展提供人才保障。（陈姣姣）

【工会新媒体信息宣传效果研究】 浦东新区总工会撰写。报告以满足职工需求、提高政务微博可读性和实效性为切入点，通过发放调查问卷、广泛收集、深入分析相关资料，查找新区总工会新媒体平台在建设运行中的不足与缺陷，实现新媒体平台“二次升级”。报告总结浦东新区总工会打造“政社互动”新媒体宣传模式，收集和梳理职工群众对于新媒体建设的意见建议，指出新媒体参与人群具有对网络呈现依赖性、对信息突出即时性、对工会强调维权性的需求特征。报告指出，浦东新媒体建设存在着理念不一、平台建设力度不足、题材发布的内容形式创造力不足等问题。报告建议：(1)建设新媒体运行长效机制，包括建立新媒体沟通互动机制、微博运行团队联动机制、突发事件应对机制。(2)建立新媒体运行宣传队伍，包括建立专业运行团队、信息报送团队、舆论引导团队。(3)建立新媒体特色发布模式，注重发布内容的亲和力、发布题材的可读性、发布形式的互动性。（陈姣姣）

【关于加强区管国有企业职工董监事制度的实践与思考】 静安区总工会撰写。报告介绍静安区管国有企业职工董监事制度的基本情况和特点，包括建立职工董监事制度，完善国有企业法人治理结构，加强企业民主管理工作，从源头维护职工合法权益。报告指出，职工董监事制度在实践中存在以下问题：一是对职工董监事制度的重视度有待进一步提高。大部分公司在起草公司章程时，并未将职工董监事纳入企业民主管理范畴，致使职工董监事制度在源头上缺乏立法保障，职工对该项制度的知晓率偏低。二是现行法律没有明确规定职工董监事的监管主体和职责，致使实践过程中没有相关部门对职工董监事进行统一管理和监督约束。三是企业管理者的认识水平、职工董监事的素质、立法制度缺陷等会影响职工董监事制度的作用发挥。报告建议：完善管理机制，将职工董事、职工监事纳入国有资产管理体制统一管理，由区国资委职工董监事管理中心承担职工董监事的筛选、培训、考核及管理的职责，并建立相应的日常管理制度。进一步规范职工董监事的运行机制，形成一套职工董监事参与企业决策和监督企业经营运作的科学程序，建立完整的配套制度。（陈姣姣）

【关于工会直接服务职工的资源、载体建设的调研报告】 普陀区总工会撰写。市总工会2013年委托课题之一。报告总结普陀工会现有的资源、载体及作用发挥情况，指出工会的资源、载体呈现“三多三少”特征，即不涉及利益的资源手段多，涉及利益的资源手段少；工会努力争取的资源多，党政主动给予的资源少；配合性的资源多，作为主体的资源手段少。报告建议：(1)充分发挥现有资源效能。如发挥工建纳入党建整体考核评估体系的激励作用，联合工商局在年检大厅和企业注册大厅设立工会组建宣传点，继续完善各级政府与同级工会联席会议制度、工会列席政府常务会议、劳动关系三方协商会议制度。(2)党政支持培养工会干部。建议推行地方工会与有关部门实行领导交叉任职制度，加大工会干部交流力度，积极推进职业化社会化专业化工会干部队伍建设。(3)争取财政和经费支持。将财政帮扶资金列入各级财政预算，把职工技能培训纳入经济社会发展规划。(4)拓展和丰富社会活动。如工会应主动参与涉及职工切身利益、有关劳务服务的价格听证，进入政府的价格决策程序。(5) 加强宣传和树立形象。建立完善工会新闻发言人、工会重大事项公开制度等，培育工会网络集群，树立工会良好的社会形象。（陈妓妓）

【枢纽型社会组织与群众团体发展的策略探索——徐汇区工青妇在建设枢纽型社会组织中的实践和探索】 徐汇区工青妇课题组撰写。报告阐述群团组织视域下枢纽型社会组织的定义、特征、功能，指出群团组织建设枢纽型社会组织有利于推动政府行政体制改革、推进工青妇等群团组织自身发展、促进社会组织良性发展。报告总结了工青妇等群团组织建设枢纽型平台、积极对接社会服务项目、培育、管理和服务社会组织的做法，并指出枢纽型社会组织面临着行政化倾向、缺乏稳定资金来源、专业化人才难培养、易流失的困境。报告建议：(1) 引领发展，营造社会组织成长的良好环境。(2) 主动作为，工青妇率先建成枢纽社会组织。发挥好引导协调功能、社会服务功能、社会调节功能、社会沟通功能。(3) 积极介入，加强社会组织的挖掘和培育。整合体制内外资源，从财力、物力、人力、技术等方面创造条件，从登记注册、项目运行、业务发展、宣传推广等方面提供培育和扶持，建立社会组织培育、扶持、管理评估机制，并通过工建、团建、妇建等组织建设形式，将符合条件的社会组织进行工作覆盖。(4) 完善政策，促进社会组织的监督和管理。规范社会组织运作，拓展监管方式和渠道，探索社会组织分类评估。（陈妓妓）

【深化党领导下群团组织的社会动员力】 长宁区委党校、区总工会、区团委、区妇联联合撰写。报告总结长宁区群团组织推进社会动员的经验：创建现代群团工作方法体系，推进同心多层的枢纽型社会组织体系建设，探索参与社会管理创新的综合试点，加强重点群体与领域的规范化分类服务，整合优势资源形成区域联动等。报告指出，当前群团组织存在枢纽型组织功能有待强化、个性化精细化服务不够、基层群团组织人力物力资源有限、社会组织的培育支撑机制仍需完善等问题。报告建议：(1) 发挥群团组织枢纽性功能的影响力，构建组织网络、业务管理、社会组织孵化、自我监控等枢纽。(2) 增进社会化服务活力，加强基层群团组织网格化模式、社会志愿服务平台、活动宣传阵地等建设。(3) 增强群团组织人财物资源效力，扩充专业化人员力量，试行基层群团组织负责人公推直选，完善政府购买服务机制，推进社会组织基金管理，形成公共财政投入向群团组织适度倾斜机制。(4) 提高合理维权与教育引导能力，搭建维权保障、帮扶救助、社会矛盾排查化解等平台。(5) 进一步提升与其他组织系统社会动员合作的支撑力，降低登记注册或备案门槛，构建社会组织间多元合作关系，加强群团组织间有效协作。（陈妓妓）

【关于建立健全工会数据统计机制的调研报告】 宝山区总工会撰写。报告梳理了宝山工会统计工作情况和存在的问题：一是人员不专业，统计人员多兼职，精力不够，流动性大，业务能力欠缺，易出现统计偏差。二是数据不一致，存在工会内部统计与其他部门数据不一致、各级工会数据上下不一致、不同统计口径数据比对前后不一致的问题。三是统计不科学，存在统计与考核指标挂钩、今天统明天报没有留出提前量、断层统计、未能上下一体化推进等问题。四是定指标统计不合理，存在指标不符合实际情况、指标互相制衡、指标理解不尽相同的问题。报告建议：(1) 立足工会统计的全局性，提高统计的科学性。认真梳理区委、市总对数据的需求和自身工作的需要，明确宝山工会系统数据统计的周期、内容和标准；避免仅依靠量化数据来衡量工会工作质量。(2) 根据工会统计的延后性，提高统计的计划性。对统计工作的各个流程实行规范化、标准化、制度化管理。(3) 把握工会统计的时段性，提高统计针对性。(4) 紧跟工会统计新趋势，提高统计“软硬件”水平，包括加强制度、人员、装备等的建设。(5) 加强统计数据分析，提高统计的参考性。（陈妓妓）

【奉贤区职工援助服务体系“四化一型”建设的实践和思考】 奉贤区总工会王森龙撰写。报告介绍了奉贤区总工会推进职工援助服务体系建设的做法：构建实体化服务网络，打造区级“一门式”援助服务平台，完善镇企“网点式”援助服务载体；拓展虚拟化服务平台，铺设“信息化”服务通道，开设“菜单式”服务项目；探索社会化工作模式，设置职能服务项目，创新合作服务项目；实行规范化管理制度等。报告指出，奉贤区总工会在现有援助服务工作项目、工作方法的基础上进行整合创新，通过网点实体化、服务信息化、运作社会化、管理规范化等方式，努力构建集救助、维权、服务为一体的“枢纽型”职工援助服务体系，取得“职工找工会”的开放性通道更加有效、“工会帮职工”的针对性服务更加丰富、“工会有作为”的枢纽型效应更加增大的成效。报告提出，关爱职工，服务企业，是发挥“服务型”工会作用的主要任务；整合资源，社会化运作，是增强“服务型”工会活力的有效方式；改进作风，主动作为，是提高“服务型”工会效能的关键环节。（陈妓妓）

【加强工会制度建设的理性思考与实践探索】 闵行区教育工会撰写。报告从现代社会管理的本质特征、工会性质的内涵要求、教育工会的现实需要三个方面阐述加强教育工会制度建设的立论依据，从四个方面系统分析教育工会加强制度建设的实践探索：一是通过加强工会主席队伍管理、发挥分会委员会作用、强化工会委员会自身建设，来建立系统配套的队伍建设规则；二是通过推进教代会建设、完善民主评议组织实施、推行民办学校行业性集体合同，来完善民主管理的工作流程规范；三是通过注重弱势群体保护、教工体检管理、精神文化关心，来明确教职员工的关心关爱规定；四是通过规范工会日常工作、加强日常工作考核评价、明确奖惩激励办法，来健全日常工作考核激励规程。报告指出，刚性制度要柔性产生，出台制度要系统配套，制度的生命力在于落实；制度建设是螺旋上升的过程，需要在执行中不断发现问题，及时充实调整，适时修订完善，确保制

度创新的常态化与长效化。（陈婕婕）

【关于区街两级工会分级管理的实践与思考】 凉城街道总工会撰写。报告总结了虹口区实施区街工会分级管理的探索实践经验，指出区街工会分级管理必须重视解决职责明晰、体制理顺、制度建设、力量薄弱、建会动力、业务培训等问题。报告建议：(1)加强顶层设计，落实各级工会分级管理的职责。(2)理顺工会工作重心下移的体制，做到工作重心下沉基层、工作部署贴近基层、工作方法适合基层。(3)制定出台指导基层工会工作实践的规范性文件，加强工会工作的制度化建设。(4)夯实基层工会建设的力量基础，推进责权下放、人员下沉、经费下拨、费随事转，增强对社区（街道）总工会工作支持和业务指导力度。(5)增强非公企业组建工会的动力，把"自上而下推动建会"与"自下而上自愿建会"结合起来，把为非公企业排忧解难与推进工会工作结合起来，因地制宜指导非公企业开展工会工作。(6)定期举办工会干部业务培训，建立健全激励机制，加强工会工作人员的能力提升。（陈婕婕）

【充分发挥地方教育附加专项资金作用加快形成技术型职工队伍和普惠制职工培训机制】 金山区总工会撰写。市总工会2013年委托课题之一。报告介绍建立地方教育附加专项资金的背景，梳理金山区支持和鼓励企业开展职工职业培训的相关政策和做法。报告指出，当前地方教育附加专项资金的使用存在以下问题：(1)职工职业培训补贴，以地方教育附加收入为基数的核拨比例因素，存在不合理、不公平因素。(2)政府相关部门和企业存在"以补贴为原则的思想重、以培训为原则的思想轻"的返税现象。(3)存在各级政府的职工培训补贴结余量大、受惠企业少的现象。(4)职代会制度不够健全，企业管理者对职工代表大会或职工大会的法定概念不清。报告建议：(1)专项资金按照财政性教育经费要求公平分配，提高地方教育附加专项资金的政府统筹比例。(2)加强专项经费使用和管理的绩效监管，确保专项资金专款专用，职工职业培训补贴全额预算、全额使用到位。(3)税务部门对职工教育经费实行税前列支的税收政策。(4)健全职代会审议涉及职工利益的制度，建立维护职工培训权利的考核机制。(5)加快形成技术型职工队伍和普惠制职工培训的机制。（陈婕婕）

【上海纺织集团落实《运用地方教育附加专项资金开展职工职业培训工作指导意见》的调研与思考】 纺织工会撰写。市总工会2013年委托课题之一。报告指出，纺织集团在实施战略转型过程中，中高层次人才紧缺、高技能人才出现年龄断层、专业人才短缺等问题集中显现，推动企业落实职工教育培训费、加强职工技能培训迫在眉睫。报告建议：(1)完善多部门参与的联席会议制度。在现有联席会议组成成员中增加国资委、中央企业等的席位，以利于发挥符合上海城市发展定位的先进制造企业、现代服务性企业在职工职业培训工作中的主体作用。(2)统一全市受理审核流程及认定标准。形成全市统一的教育附加专项资金补贴认定标准、统一的审核流程并公开相关信息，形成地区和产业块条结合、互相推动的工作格局。(3)进一步完善职业技能鉴定制度。通过人社局、行业协会、企业、工会等，协商确定职业鉴定的工种和标准，由职业技能鉴定机构承担申报鉴定者理论考试、实际操作和日常测评，将职工技能等级分为若干个档次，同时确定工资指导线每年公布一次。（陈婕婕）

奉贤区总工会新建职工援助服务中心 （姜林新）

【上海市非公金融企业工会组织建设状况调研报告】 市金融工会撰写。报告总结了非公金融企业和职工队伍基本情况、工会组建、作用发挥等情况，指出非公金融企业工会组织建设存在的问题：工会组织覆盖率不高，职工缺乏归属感；工会工作促进企业发展作用不够凸显，企业缺乏建会动力；工会履行维权职能力度不够，维权机制没有全面建立，民主沟通渠道不畅，和谐劳动关系活动开展力度不大，与职工期盼有差距；工会干部队伍在人员配置、能力结构、工作机制等方面偏弱，影响了工会工作效果。究其原因，在于非公金融企业复杂的利益结构，导致建会合力难以形成；非公金融企业工会工作中政治资源运用不充分；传统建会路径不适应非公金融企业这一工作领域；多元的组织隶属关系造成企业工会的金融行业属性不明显。报告提出，要把非公金融企业工会工作放入大视野、大系统、大格局中去考虑，突破企业所有制、工会组织隶属关系这"两个屏障"，构建适合推进非公金融企业工会组建的模式和路径，打造层级清晰、金融特色鲜明的上海非公金融企业工会组织体系。（陈婕婕）

【企业经营发展下行期劳资集体平等协商的重点难点及对策研究】 贝尔公司工会撰写。文章在厘清劳资集体协商原则、平等协商概念的基础上，对企业劳资集体协商内容进行归类分析，将平等协商内容归结为制度性协商、利益性协商和重大事项的临时性协商3种性质的协商类型。文章指出，企业所处的发展阶段不同，劳资集体协商表现的重点难点显著不同。在企业经营下行期，劳资集体协商的第一重点转移到业绩考核指标的协商，第二重点转移到减员增效方案的协商，第三重点转移到如何保护员工就业岗位的稳定，第四个重点转移是伴随着企业经营下行期的持续，企业采取产业梯度转移的办法，将把相关产业转移到劳动力成本和商务成本相对较低的地区或国家。基于以上分析，文章认为，企业经营下行期劳资集体协商存在协商平等难、局部整体权衡难、保岗降薪选择难、眼前长远协调难的问题。文章建议：(1) 尽快研究修改劳动合同法规定的严格企业裁员的法定条件和程序要求，给企业在经营下行期摆脱经营困境提供一个宽松的法律出口，给劳资集体协商一个可以具体操作执行的法律条款依据，改变目前企业乱打法律擦边球的局面。(2) 尽快制定企业灵活用工、弹性用工的配套法律法规，包括规范管理企业业务外包，防止假性业务外包侵害劳资和谐关系等。(3) 在日常劳资集体协商过程中，加强对劳动定额的管理。

（陈姣姣）

【职工文化建设是激发职工文化活力的有效载体】 航天局工会撰写。市总工会2013年委托课题之一。文章论述了职工文化与企业文化的关系，指明职工文化的地位和作用，包括对思想道德的熏陶净化作用、对构建和谐人际关系的促进催化作用、对企业文化建设的推动作用。文章提出职工文化建设的目标导向：努力满足职工群众日益增长的精神文化需求，促进职工幸福指数提升；把社会主义先进文化的价值取向与企业文化核心价值观和职工文化有机结合，用先进文化引导教育和武装职工，促进职工身心健康和综合素质提升；职工文化要与企业文化共同发展、共同建设、相互融合，发挥正能量作用。文章指出，职工文化建设存在长效机制建设缺乏力度、特色品牌项目未成系统、内涵形式载体创新不够、资源经费投入还不平衡等问题。究其原因：外部客观环境给职工文化建设带来干扰；企业内部职工群体自身存在的差距、问题对航天职工文化建设产生影响；繁重的生产经营任务、常态化的加班加点使职工文化建设难保证。文章建议：坚持统筹策划，形成合力；坚持以人为本，提升素质；坚持力求创新，寻求突破；坚持倾力打造，形成品牌；坚持工会主导，激发活力。（陈姣姣）

【关于上海船舶系统“劳模先进创新工作室”创建及运行情况的调研报告】 中船上海船舶工业有限公司工会撰写。上海船舶工会成立两个专题调研组，对16个工作室创建和初期运行情况开展调研后发现，上海船舶系统劳模先进创新工作室具有劳模先进领衔，带头人年龄结构、学历水平、专业技能水平高，多种职能共同发展等特点。通过找准自身定位、致力创新创效，建立规范机制，确保有效运行，发挥团队合力、积极示范引领，开展“传帮带教”、引领技能提升等措施，劳模工作室现阶段运行状况良好。但是，深化劳模先进创新工作室创建工作仍旧面临一些问题，主要有：运行管理的科学性有待进一步探索；创新成果的推广应用有待进一步深化和扩展；对劳模先进群体中的典型事例和经验成果有待进一步发掘和提炼；技术工种的吸引力有待进一步提升。文章建议：要以带头人为核心，加强自身建设，提升先进群体影响力；要上下协力，加强指导帮扶，深化管理服务；要积极助推创新成果的推广应用；要与其他创新平台创建互相结合，形成合力。（陆新超）

【《劳动合同法》修正案实施后对企业影响的预判及相关建议】 市经信工作系统工会、市经信工作党委办公室联合撰写。调研发现，系统中部分单位的劳动用工模式客观上已形成“二元结构”，同工不同酬、部分企业突破“三性”岗位限制状况依旧存在。企业使用劳务派遣人员的动机依然在于减少薪酬支出、转移用工风险、降低用工成本等。文章指出，调研企业反映集中的问题主要是修正案中关于劳务派遣用工的比例问题和“三性”岗位认定问题，普遍担心用工比例、“三性”岗位的限制会迫使企业削减劳务派遣人员的使用，由此直接或间接造成相关业务萎缩、企业刚性成本上升、用工结构转移甚至产业转移和员工队伍不稳定等影响。文章建议：(1) 要保护劳务派遣人员的合法利益，进一步提高劳务派遣人员的工会入会率，加快探索覆盖劳务派遣人员的集体协商机制。(2) 企业要勇于承担社会责任，及早启动各项工作措施，清查相关派遣人员的劳动合同和派遣协议，梳理“三性”岗位工作人员，科学合理地调整主要岗位、一线生产岗位上的劳务派遣人员数量。(3) 在企业内部加强法制宣传教育，确保员工队伍平稳过渡，把修正案的宣传教育列入“六五普法”的总体工作。

（陆新超）

上海航天局工会学习研讨《劳动合同法（修正案）》（沈　睿）

【外企工会组建和运作的一个突破性探索——上海“中智模式”调研】 由市经信工作系统工会、中智上海经济技术合作公司工会联合会联合调研组撰写。文章指出,外企不愿组建工会,催生了中智上海工会联合会的成立。联合会对外资企业组建工会有独立审批权，统一组织、管理和服务，帮助外企建立独立工会,以“中智·XX(企业名称)工会”的形式保留外资企业工会的相对独立性，同时加强新建工会的管理和服务能效，为外企如何组建独立工会开辟一个新模式。其创新之处有：作为为外企服务的产品之一推向外企；在服务中推动外企工会组建；为已成立工会的外企解除后顾之忧;给外企工会会员一个温馨的“家”;以人为本，提高工会联合会向心力。文章指出，在“中智模式”建立和运作过程还存在一些问题，比如政策、法规、条例等不能与市场接轨，各地的外企工会组建各自为政，上缴工会经费的比例没有考虑到不同企业的现实情况，外企工资集体协商也缺乏因企制宜的方法等，要重视解决探索过程中面临的难题，不断推进“中智模式”发展。（陆新超）

【国内行业性工资集体协商若干问题研究】 华东师范大学工会石云撰写。文章指出，推行行业性工资集体协商不仅可以超越企业规模结构的分散性、破解工会组织的依附性，还能降低社会治理成本，但在国内工资集体协商制度中并没有得到充分利用。首先，行业性工资集体协商在制度安排中处于劣势。工资集体协商制度遵循企业工会体制，实行企业工资集体协商为主的制度，行业性工资集体协商没有得到应有的重视。其次，法律规定中也缺乏支持，具体表现在行业性工资集体协商的层级受限制、主体不明晰、程序不完备。第三，行业性工资集体协商在实际工作中鲜有推动。合法层级的协商缺乏协商主体，创新层级的协商难以使协议生效，协商标准供给不足。文章建议：在制度改革中突出行业性工资集体协商的主体地位；在专门立法中明确行业性工资集体协商的规定，消除对行业性工资集体协商的层级限制，明确行业性工资集体协商的法定主体，确定行业性工资集体协商的程序，规范行业性工资集体协商争议处理机制；在实践中重视对行业性工资集体协商的培育，推动工资集体协商制度从企业协商为主向行业协商为主转型。

（陆新超）

【试论非正规就业对中国工会组织体制的影响与应对】 上海工会管理职业学院朱懂理撰写。文章指出，随着中国经济体制改革的深入，非正规就业“正规化”和“主流化”的趋势日益明显。但在国内目前的工会组织体制下，大量非正规就业的劳动者难以被工会组织所覆盖。分析现行《工会法》关于工会组织体制的相关规定可知，中国工会的组织体制与正规就业相适应,非正规就业劳动者加入工会,存在着就业部门的资格限制、就业劳动者的资格限制、劳动关系的限制等法律制度障碍，忽视了非正规就业劳动者参加和组织工会的权利，与社会主义市场经济体制严重脱节，阻碍工会组建率的提高和非正规就业劳动者权益的维护。为此，文章提出对中国工会组织体制进行重构。(1) 创新理论，突破非正规就业劳动者加入工会的理论障碍,在理论上进一步创新“工人阶级”的内涵。(2) 适时修改《工会法》关于参加和组织工会的权利主体、关于工会组织体制的规定，突破非正规就业劳动者加入工会的制度障碍。(3) 改变工作方式，突破非正规就业加入工会的观念障碍，创新工会工作理念和方式，勇于触及非正规就业这一不同于传统的工作新领域。

（陆新超）

【外资企业职代会制度建设策略研究——基于上海市综合保税区的调研报告】 上海工会管理职业学院陈超撰写。报告认为,《上海市职工代表大会条例》自正式实施以来，上海市企事业单位的职工代表大会建制率不断提升，但从执法检查的结果来看，非公企业职代会建制的缺口仍比较大，推进工作任重道远。外资企业职代会制度建设推进缓慢的原因一方面是外企经营者对职代会缺乏正确的认识，对职代会的知晓度不高；企业工会与外籍行政沟通不够，影响外籍行政管理人员对职代会的认知。另一方面，外资企业有其客观的差异性和影响因素：比如小型贸易企业多、分散经营企业多、总部管理模式多、市场化运作明显、外资企业获取工会信息的渠道不畅。文章建议：(1) 在宏观层面，要加强普法教育，进一步强调依法办事；加强制度化培训，进一步提高工会干部素质能力；增加渠道，拓展宣传广度,进一步扩展信息途径;突出监督，加大人大、政协和政府相关部门协力，进一步确保督促落实。(2) 在中观层面，探索区域性、行业性职代会制度对于各基层企业的覆盖指导。(3) 在微观层面，将职代会制度纳入企业管理标准体系，发挥民管小组的作用，培育民主管理元素，加强外资职代会工作班子的建设。

（陆新超）

I 信息信访网络

Information Reporting Network

上海工会年鉴

2014

专文摘要

坚持“五个注重”，积极预防和调处劳动关系群体性矛盾

上海市总工会秘书长 张立群

一是注重源头参与，密切关注引起群体性劳动争议的诱因。加强政府决策源头参与，特别是对涉及市政动迁的企业的补偿方案，要提出工会的主张建议，加强对此类企业发生群体性事件的风险评估，在职工的补偿安置方面要努力为职工争取利益，以便于在处置群体性事件中把握主动。加强与劳动部门协作，争取将关停并转迁企业报给劳动部门的职工补偿方案纳入三方协商机制，对方案的合法性、合理性进行提前审查。同时，密切关注劳动密集型非公企业聚集区域、涉及产业结构调整的重点行业，定期开展劳动关系情况排查，对发生过群体性劳动争议的企业建立回访制度。二是注重赋予劳动密集型企业聚集的街镇、园区工会更多资源和手段。强化对该区域内企业工会的定位，明确企业工会在群体性劳动争议发生前或发生时应当履行好第一知情人、第一报告人角色，只要企业工会主席在第一时间向上级工会报告的，就予以一定激励。强化对区域内街镇、园区工会的定位，市总工会、区县工会要为其搭建更大平台、创造更多条件，比如可根据劳动密集型企业的多少、发生群体性劳动争议的频率，相应增配街镇、园区工会干部人选，并全面评估处置群体性劳动争议所需的各类人力、物力成本，工会经费也作进一步倾斜，让其有能力、有资源发挥“上代下”作用，在处置群体性劳动争议中真正成为“主力军”。三是注重加强调处群体性劳动争议有效手段方法的研究。要加强对群体性事件发生、调处规则的研究，着力于研究职工聚集发生群体性事件的前置条件，建立类似预报、申请集体停工的规范性程序；着力于研究处置职工法外诉求的应对办法，努力使同行业、同区域的职工获得的经济补偿有相对合理、相对对应的标准。要加强对在调处职工群体性事件中如何用警的研究，特别是针对一些社会影响较大、职工行为较为极端的群体性事件，加强用警效果评估，与政府合作，研究制定相应出警规范，努力实现既不引起职工反感，又能快速有效制止职工非理性行为的效果。要加强对街镇、园区以及村等一线工会干部处置群体性劳动争议的应急实务培训研究，采取案例培训方式，在如何制定应对预案、如何与职工对话、如何现场应对新闻媒体、如何指导选出职工代表并开展协商等方面，切实加强培训，提高一线工会干部处置职工群体性事件的实战能力。四是注重提高运用新媒体的能力。在群体性劳动争议处置中，一定要把运用新媒体作为重要内容。要引导新媒体，加强网络舆情监控与疏导，及时发现网络中有关群体性劳动争议的不实信息，要及时跟进，寻找信息发布源，既要教育有关职工不再继续随意发布信息，同时注重发挥主流媒体的宣传导向作用，加强对舆论进行引导。要善用新媒体，勇于打破网络发布群体性劳动争议的禁区，从制度性安排入手，着力于建立信息公开透明的发布机制，明确凡是涉及到群体性劳动争议发生时，都及时通过一个窗口发布，畅通职工和社会各界的知情渠道，让之成为广大职工以及全社会了解群体性事件最新动态的最为权威的网络平台。五是注重推进劳动关系和谐企业创建。进一步加大工会组建力度，把25人以上非公企业作为组建重点，特别要转变组建思路，从推动依靠老板建会向发动职工建会转变。进一步加强非公企业工会群众化、民主化建设，重点加大工会主席直选力度，让其在职工会员中有号召力和影响力，并进一步提高职代会、集体合同等制度的运行质量。进一步畅通职工诉求渠道，深化面对面、心贴心、实打实服务职工在基层等深耕基层的活动，开通能及时回应职工诉求的微博、热线电话等平台，真正做到职工有所呼，工会立刻有所应。

综　述

2013年，信息、督查、信访、网站、微博、五一新闻奖工作坚持围绕中心、服务大局，取得新进展。(1)着力提升工会信息调研工作质量。注重加强信息规划、信息研判和信息调研，着重反映重点工作的进展动态、基层工会的创新做法和劳动关系领域的突出矛盾，为领导决策提供参考。编发《工会简报》39期，《专报》13期，《舆情专报》12期，网站刊登信息1900余条。上报全总信息76篇。(2)切实做好工会工作督查督办。围绕市委、全总工作部署开展督促检查，向全总、市委、市政府上报各类督查报告20篇。围绕人大代表书面意见和政协委员提案办理进行督办，承办人大代表书面意见、政协委员提案共18件。(3)扎实推进工会信访工作。加强初次信访和重信重访办理工作，及时、依法、依规按程序处理好职工群众诉求，切实提高初次信访事项一次性解决率。深入分析近年来工会信访工作情况，完成《关于用群众工作理念做好新形势下信访工作的调研报告》。举办工会信访干部培训班，提升区县局(产业)工会信访干部业务水平。针对职工群众反映集

中、诉求强烈的信访矛盾，及时提出完善政策和改进工作的建议。发挥信访例会平台作用，通报信访工作情况，共享信访工作信息。2013 年，市总工会受理和办理职工群众信访总量为 58442 件(次)(含 12351 热线受理数)，与去年同期 10045 件(次)相比上升 481.8%。(4) 进一步加强工会信息化建设。开通“上海工会发布”微博，搭建市总宣传工会工作、网上服务职工的新平台。推进市总网站升级改版，制定实施网站分工负责等相关管理制度，网站刊登信息 1700 条。(5) 评选 2012 年度五一新闻奖。劳动报新闻调查栏目被评委会一致提名并通过授予“上海市五一新闻特别奖”；《解放日报》《文汇报》《新民晚报》《劳动报》、上海广播电视台 5 篇报道获得一等奖。（李卫军）

网络与微博

【概要】 年内，上海市总工会网站 (www.shzgh.org) 共上传各类信息 2000 余条。主要做法：(1) 从硬件上提升网站技术水平。配合上海市第十三次工代会的召开进行升级改版，调整栏目设置，网站首页新增每日标题新闻、工会信息来信选登、服务窗口、维权案例、媒体聚焦、文件表格下载、上海工会发布微博链接等栏目。同时，为更好地深入开展党的群众路线教育实践活动，在网站上设置相应专栏，并且在醒目位置设置党的群众路线教育实践活动意见箱。(2) 从软件上加强网站规范化建设。制定印发《上海市总工会网站栏目分工负责实施方案》(沪工办发 [2013]19 号)，明确各部室责任分工，同时根据网站改版后的栏目设置修订《上海工会网站刊载资料审批表》。(3) 强化信息报送人员队伍培养。建立机关部室信息联络员网络及区县局(产业)工会特约信息员网络，直接落实到个人，确保网站栏目内容及时更新、确保质量。(4) 抓好信息统计工作。每季度汇总通报机关部室、直管单位及各区县局(产业)工会网站等信息报送及录用情况，年底对年度情况进行总结说明。（戴　菁）

【@上海工会发布官方微博正式上线】 5 月 23 日，上海市总工会官方微博 @上海工会发布在新浪微博、东方微博同步正式上线。@上海工会发布主要发布上海工会和劳动关系领域方面的实时动态信息，解读劳动法律法规文件政策，宣传劳动最光荣的价值观，弘扬劳模精神，并推荐发布与职工工作生活紧密相关的实用资讯等。开设了工会动态、权益保障、安全小百科、助力职场、劳动达人、行业揭秘、早安、慧读书、午间时光、实用信息等职工关心的热点话题。围绕上海工会的中心任务和主要工作，及时发布服务职工的实用信息、工会重大活动消息等，并积极回应职工关心关切的问题。先后对市总工会第十三届工代会、第六届沪台民间论坛暨 2013 沪台工会论坛、枢纽型社会组织论坛、“六型”班组论坛等进行微直播。及时发布最前沿的工会理论动态、最新出台的工会服务职工举措，使得网络媒体有了工会的权威声音。借助新媒体平台“开门办会”，市总工会在“零距离”服务职工群众方面作更多有益尝试。为网友传递职工们最为关心、关注的薪资、福利、退休、养老、社保等职工权益方面的最新资讯；收集各种劳动保障政策，分专题汇总整理，先后推出“女职工假期那点事儿”“加班那点事儿”“高温费那点事儿”“带薪年休假 Q&A”“最低工资 Q&A”等政策图解。这些政策图解不仅让职工一看就懂，而且也有较好的传播效应。女职工权益、高温费、加班费、带薪年休假等被 @上海发布、@人民日报、@央视新闻等大型媒体转发或转载。市总工会关于疗休养补贴、互助保障政策解读等上海工会实事活动项目引起社会各界广泛关注。在注重信息发布的权威性、准确性、及时性的同时，@上海工会发布努力呵护粉丝，加强与网友、职工的沟通互动。对于网友私信评论中提出的咨询等问题，与市总工会相关职能部门联动，针对政策咨询给予准确解答，针对维权需求逐级落到实处。及时追踪延迟退休、法定假日安排等与职工权益密切相关的热点话题，整理人社部门、专家学者等各方意见，引导职工参与讨论，同时倾听职工意见和心声。截至年底，@上海工会发布已发布 2200 多条微博，发展粉丝 2 万多名，其中活跃粉丝达 32.35%。@上海工会发布始终坚持保持原创性，并分时段发布，基本做到每条微博都有网友评论转发，且网友评论转发数超过 10 条以上的微博月均保持 60 条以上。（马艳芳）

【浦东新区总工会开展“劳动美·技能秀·达人梦”职工岗位技能“微体验”系列活动】 针对职工队伍日渐年轻化、需求日趋多元化的现状，浦东新区总工会依托政务微博等新媒体平台推出岗位技能“微体验”系列活动。系列活动有厨师长、水手长、汽修工、服务员等 10 个主题。8 月 23 日，“1 小时调酒师、侍酒师”岗位技能“微体验”作为首场系列活动在香格里拉大酒店开幕，来自浦东三菱商事、联想电子、上海石油化工研究院等外资、民营和国有企业的财务、销售、创库管理员等 6 名职工体验员通过微博报名、筛选，第一次走上调酒师和品酒师的岗位，跟随技能导师学习红酒文化和调酒技能。（陈　维）

【浦东新区总工会启动“网络媒体浦东工会行”系列活动】 4 月 24 日，新区总工会启动“网络媒体浦东工会行”系列活动，人民网、新华网、新浪网、腾讯网等近 20 家中央新闻网站、市重点新闻网站的新媒体代表在金桥开发区法律援助分中心座谈，深入了解浦东工会在维护职工合法权益等方面的工作情况，参观益海嘉里粮油公司和上海微创医疗器械(集团)有限公司。此次活动，是将新媒体纳入工会工作的宣传沟通平台，借力新媒体的全民性、实时性和便捷性，促使工会工作走出传统思路，不断根据职工发展的实际需要进行创新和突破。（张真琦）

【徐汇区总工会搭建与职工互动的微博平台】 (1) 配备德才兼备的微博专管员。挑选娴熟电脑网络技术，政治素质好、知识面广、责任心强的党员干部专职管理和运行微博，365 天即时发布信息，回复网民的问题和建议。(2) 建立有效互动工作机制。明确区总工会一名领导分管微博工作，建立涉及重大事件的博文审核制。规定各职能部室以及全区 40 家社区、系统和集团公司工会都是微博的工作团队；凡职工从微博上提出的诉求或意见，应在第一时间转告相关部室或管辖地工会，按照处理群众信访件的要求及时办理，做到事事有回音，件件有着落。(3) 整合线下资源，提供多种服务。整合一支由法律顾问、维权志愿团、心理咨询专家和文艺骨干等组成的线下快速反应队伍，以满足网民多层次、多样化的需求。四是丰富内容形式，吸引网民参与。设立工作动态、意见建议、法律咨询、维权服务、文体活动等类别共 20 多个栏目。推出微访谈、微直播、在线投票等活动，多视角、多维度地与职工群众互动。年内发布信息 1,846 条，并获“劳动我最美”全国职工微博大赛优秀官方微博奖。（张均敏）

【嘉定区工会网络管理系统上线运行】 区总工会围绕“创新、服务、实效”目标，积极转变传统工作模式，筹划建设嘉定区工会网络管理系统。5 月，系统正式上线运行。该系统由预警提示、资金监管、考核分析、信息窗口、制度管理、经费审查和基础数据“七大平台”组成，下设 32 个子项目，涵盖各方面工会工作，形成“系统—平台—项目”的三级架构，实现“完成日常工作与年度考核相结合，工作平台展示和任务督办相结合，帮扶资金发放透明与资金监管相结合，工作提示与效率提高相结合”的管理模式。网络管理系统正式上线运行以来，有关政治身份企业家推动建会情况、国有集体投融资重点项目建设工地工会小组工作情况、工会工作指导员工作情况等一批新工作内容被陆续纳入，管理系统得到完善和丰富，实现工会工作尤其是工会组建、集体协商、劳资纠纷、帮困送温暖等基础性工作的实时监控。（徐　浩）

【广电集团网络学院上线】 年内，广电集团网络学院成功实现整体功能上线，为广大员工提供新的学习途径。4 月 18 日，公司首批 80 多名员工参加培训。广电集团先后与上师大、奉贤中专、石化中专校企合作，开设职工课堂。网络学院采用 E-Learning 培训系统，面向全体员工，进行分布式管理，是一个集自主在线培训、实时远程培训、离线自主培训和混合式培训等多种模式于一体的自主培训平台。集团根据网络学院学员的岗位级别，设置基于岗位技能、职业素养、岗位知识的必修课程。此外，学员可以根据自身需要，在 2000 多门自选课程中自主选择学习。集团将针对一些特殊专业岗位，不定期地组织专业技能网上学习和交流，学员在任何地点通过网络即可学习所需课程。

（翁焕平）

【上海电力安装第二工程公司工会开展“微信传书”安全教育活动】 公司工会针对企业施工项目多、职工高度分散的情况，为不留安全宣传教育死角，利用“微信”通讯方式开展安全教育，创新安全教育形式。公司工会将分散在各地施工项目的职工设为“微信”好友，把职工班前会“一日一题”学习活动、安全知识、技能知识等有关内容编辑成短信发送到职工手机上，让职工学习和答题，同时要求职工回复答案，公司工会对活动开展较好的职工给予适当奖励。“微信传书”开展半年时间里，共发送安全知识短信 127 条，职工答题回复率达 97%。通过“微信传书”，职工习惯性违章现象得到有效控制，特别是锅炉工地焊接班表现尤为突出，在各类安全检查中，该班组无一例习惯性违章事件发生。（张　钧）

【宝钢集团工会开通“职工之声”微信群】 4 月，宝钢集团工会试开通“职工之声”微信群，探索用新媒体方式来加强工会干部之间的沟通联系。集团工会和各两级子公司工会干部之间可以通过微信平台进行即时的文字、图片、语音等形式的互动交流。微信平台成为宝钢工会信息管理系统的补充，为工会干部之间及时分享活动信息、交流工作经验和反映职工诉求搭建新的平台，丰富上下级工会之间的沟通形式，促进工会工作方式创新和效率提升。（李士伟）

【上海电信员工创新平台上线】 9 月 1 日，上海电信“员工创新平台”正式上线。该平台集组织、跟踪、讨论、展示、评价等功能为一体，是推动员工岗位创新工作的信息化平台。员工创新平台可以通过 OA 内网、互联网、安卓移动客户端下载等 3 种接入模式，初步实现公司创新活动的统一参与。公司工会还积极组建 3 支团队支撑平台运作：专家团队主要负责创新专业指导并担任各项员工岗位创新活动的评审工作；维护团队负责对员工创新平台进行信息内容维护和功能实现；推广团队负责宣传、组织、发动各类创新主题活动，推广各类创新成果，营造岗位创新氛围。自 5 月试运行以来，创新平台已先后开展“创 E 赢家”青年创意大赛的网上创意征集、“五型六好”班组评选等活动。

（殷　茵）

【上海电信移动互联网部工会开通“翼动心力量”官方微信】 移动互联网部工会通过建立以员工论坛、微信为载体的线上特色交流平台，用丰富的移动互联网应用为沟通载体，鼓励员工畅所欲言，积极为企业发展献计献策。4 月 1 日，移动互联网部的“翼动心力量”官方微信正式开通，仅仅半天时间，吸引关注用户 172 人。官方微信通过发布实事项目征集、传达企业发展动态、开展业务体验活动和推送团购优惠信息等形式，从员工关注的细处着手，激发员工热情；同时官方微信与移动互联网部的员工内部论坛相结合，及时推送论坛上员工反映的热点信息和热门话题，比如，对于企业划小单元的经营开展、移动互联网企业的办公环境打造等热点事件进行实时沟通，弥补员工内网沟通上的不足，有效扩大员工交流互动的广度和力度。（殷　茵）

【建工基础公司工会运用信息化手段推动工会工作】 公司工会运用信息化手段，改变信息的传递方式、模式，推动和创新工会工作。在现有工会文件下发基础上，充分运用工会邮箱及 QQ 工作群，同时利用集团 OA 系统在信息传递上的有利条件，搭设起信息的双向传递平台；同步尝试建立电子台账方式，以工程公司为切入点，做好工会工作文档的数字化管理；配合工会网页改版与更新，积极拓展与落实微信平台的探索性活动，突破工会与职工交流中存在的沟通瓶颈，以信息化模式深化工会作为职工之家的

作用，提高工会服务的水平，做好职工的代言人。（杨钟春）

【建工房产工会开通微博平台】 房产工会于1月16日开通新浪微博，及时发布工会最新动态，建立工会组织与职工群众交流沟通的新桥梁。微博开通以来，先后发布集团职工技术比武获奖情况、公司先进表彰会、职工“一日捐”、帮困送温暖等活动的开展情况，并通过该平台接受职工监督建议，及时回应民意诉求。（杨钟春）

【城投总公司工会开通“上海城投职工沙龙”企业微博】 5月27日，“上海城投职工沙龙”企业微博(http://weibo.com/3495570990)正式开通。该微博以“企业舆情”“工会动态”、“闲情逸致”为主发布相关内容，一方面以简洁快捷的方式传播企业相关信息，另一方面传递给每位关注城投企业的职工及网友正向的价值观。“上海城投职工沙龙”自开通后，成功微直播“市总十三大会议”“城投天天演专场演出”等，发布一系列由企业负责承建和运营项目的动态进展和相关成果，发布企业各级工会开展的工作。截至年底，博客累计粉丝数达1709人，累计发布博文251条。发布的城投上海中心职工自己演绎的改编自《喜欢上海的理由》歌曲MV，获得7845次的较高点击率。（朱文慧）

【市监狱局工会网站全面改版】 2013年，市监狱局工会将自行开发运行10年的局工会网站全面改版，设有工会动态、工会文件、政策法规、组织概况、风采榜、女性天地和工作推进等7大版块。版面设计色彩丰富，板块设置更趋合理，改版后的工会网站于下半年试运行。(1)网站围绕局中心任务，积极反映工会工作特色，宣传党的方针和政策，弘扬监狱局会员群众的先进事迹。(2)制定《工会网站目标管理要求》，开展工会网站考核评比，促进基层工会的网页建设，有14个基层工会在局域网上建立工会网页。(3)在监狱局的“上海监狱信息网”上也开辟“工会工作”网页，大力宣传报道各级工会信息，基层上报信息质量列入职工之家考核，形成上下沟通、互相交流、促进工作的新局面。2013年，局工会网站共报道各类信息880多条。（江海群）

信息宣传与督查

【概要】 2013年，市总工会信息工作注重加强信息规划、信息研判和信息调研，着重反映重点工作的进展动态、基层工会的创新做法和劳动关系领域的突出矛盾，为领导决策提供参考。编发《工会简报》39期，《专报》13期，《舆情专报》12期，网站刊登信息1900余条。上报全总信息76篇，被全总采用57篇，被中办采用5篇，得到全总领导批示3篇。(1)加强信息调研。及时收集信息线索，深入基层调研，形成信息，为领导决策提供参考。如在嘉定区总工会调研后，编辑《嘉定区总工会开发工会网络管理系统实现工会工作信息化管理》；到杨浦区定海街道调研后，撰写《杨浦定海推行地区行业工会主席“一岗双职”深化党工共建》等信息。(2)注重维稳信息及问题性信息编辑报送。如针对神明电机事件，向全总连续报送11篇信息。《上海市相关工会积极协助党政处理上海神明电机有限公司停工事件》《上海神明电机有限公司员工停工事件基本平息》等信息被中办国办信息采用。(3)突出重点、抓住时间节点、围绕全总及市总重点工作编辑报送信息。及时上报市总工代会信息及学习贯彻中央、全总有关会议和领导讲话信息。（范　瑜）

【市委宣传部、市总工会联合开展2012年度“上海市五一新闻奖”评选】 3月11日，由市委宣传部、市总工会联合开展的2012年度“上海市五一新闻奖”评选工作正式启动。此次评选活动共收到来自上海及中央新闻媒体组织推荐的参评作品32篇。其中消息9篇，通讯17篇，系列报道2篇，电视(广播)新闻2篇，专题片2部。11月12日，市总工会召开“上海市五一新闻奖”评选会。评委会主任、市委宣传部副部长朱咏雷出席会议并讲话。评委会主任、市总工会巡视员杜仁伟主持会议。经过评选委员会认真评审，《劳动报》新闻调查栏目获“上海市五一新闻”特别奖；《解放日报》反映全国劳模洪刚逐渐融入上海的报道——《一位电焊工融入上海“三部曲”》、《文汇报》反映全国劳模、工人发明家徐小平创新发明的报道——《徐小平：把经验提炼成标准》、《新民晚报》关于优秀环卫工李影首上春晚的报道——《上海环卫工，今年上春晚》、《劳动报》反映四大会计师事务所20年不建工会的深层次原因的报道——《“四大”20年不建工会加班无节制》、上海广播电视台关于祥明公司如何构建和谐劳动关系，依靠职工，发展企业的报道——《祥明公司：企业与员工和谐促发展》等5篇报道获得一等奖；新华社的《我国首次区域性示范性劳动竞赛结出硕果》等9篇作品获得二等奖；《青年报》的《优秀农民工：做阿姨要懂得为客户考虑》等10篇作品获得三等奖。这些获奖作品，从不同角度和层面，深入报道上海工人阶级、劳动模范积极投身创新转型实践的生动事例和精神风貌；深入报道上海工会以开展党工共建、创先争优活动为契机，全面落实“两个普遍”要求，推动扩大工会组织覆盖面；深入报道上海各级工会在维护广大职工的合法权益，推进构建和谐劳动关系建设等各方面的工作。11月26日，市委宣传部与市总工会联合下发《关于表彰2012年度“上海市五一新闻奖”的决定》，对获奖者及其作品进行表彰。（范小雨）

【2013年市总工会重点做好四方面督查工作】 年内，市总工会督查工作围绕中央、市委、市府和全总工作重点，开展督促检查，全年编报20篇督查报告。(1)抓重点工作督促检查。年初，根据市总全委(扩大)会议精神，以各项重点工作作为督查工作重点，督促围绕创新驱动、转型发展总方针，激发职工群众的劳动热情和创造活力；督促大力构建和谐劳动关系，切实维护职工合法权益和职工队伍稳定；督促积极推进职工文化建设，促进职工全面发展；督促做好直接服务职工群众工作，积极参与社会管理；督促加强工会自身建设，进一步增强工会组织的影响力和凝聚力；督促统筹做好工会各项工作，提高工会工作整体水平。(2)抓中央市委重要文件贯彻落实情况督促检查。年初，中央

出台《八项规定》，为贯彻落实中央、市委和市府有关改进工作作风、密切联系群众的要求，市总工会制定并下发《关于改进工作作风、密切联系职工群众的实施意见》，对改进调查研究、精简会议活动、精简文件简报、规范因公出国（境）、改进新闻报道、加强督促检查等6个方面做明确规定。(3) 抓重要会议贯彻情况督促检查。学习贯彻市委十届四次、十届五次全会精神，部署完成各项工作。传达学习贯彻中央领导讲话和中国工会十六大、上海工会第十三次代表大会精神，进一步把思想和行动统一到中央、市委决策部署上来，切实发挥工会组织的重要作用，全面推动上海工会工作新发展。(4) 做好人大代表书面意见、政协委员提案督办以及提案办理回访调研和市委市政府督查考核工作，全年共督办人大代表书面意见、政协委员提案18件。（戴　菁）

【杨浦区总工会畅通信息渠道反映职工动态】 近年来，杨浦区总工会完善信息报送机制，强化信息员队伍建设，有效反映基层工会工作动态和职工群众思想动态，为进一步提高工会工作有效性和针对性提供依据。(1) 强化信息员队伍建设。区总工会根据全区工会组织架构，除建立起覆盖地区（镇）总工会、行业、直属工会的信息员队伍外，还建立国有企业工会、规模非公企业工会信息员队伍。每年组织培训，提高信息员队伍的能力水平。加强走访，特别是走访非公企业工会，了解基层工会动态。(2) 完善信息报送渠道。建立覆盖全区工会干部的内部通讯平台，可以免费通话，发送短讯息。同时，开通邮箱、网站、微信群等实时报送渠道，一些群体性劳资矛盾等信息得以及时报送。(3) 增强考核工作针对性。区总工会在年度工作评估中纳入信息报送要求，针对地区（镇）工会工作对象集中的特点，要求信息员每月报送信息不少于3篇。从运行情况看，地区（镇）每月报送信息积极，有效反映了基层工作情况。（陈柏霖）

【闵行区总工会扎实推进信息工作】 (1) 领导重视，建立完善信息工作制度。区总工会主席室领导重视信息工作，确定一名副主席直接分管，并选配两名专职信息员；制定《闵行区工会信息报送和录用制度》和《闵行区总工会信息员工作职责》，细化信息报送方式，明确责任指标、评分标准、考核办法和奖励措施。(2) 健全机制，有序推进信息选报。健全信息员初步审核和统一报送机制，做好信息报送工作；健全信息季度通报和年度考评机制，年终对全年信息的报送和录用情况进行记分考核评审；健全考核激励机制，对考核结果为先进的单位和个人进行表彰奖励。(3) 严格审核，保证选报信息质量。在街镇、委局以及基层工会，确定专人负责信息工作，建立可持续发展的良性循环机制，保证信息员队伍的稳定和发展；通过“请进来、走出去”的培训方式，讲解信息要点，提高信息质量，保证真实性、提高实效性、突出实用性。2013年，区总工会报送市总工会信息综合得分位列全市第一。（洪　梅）

市总工会举行信访干部培训讲座　（丁贤颢）

【奉贤区总工会开展工会信息化管理培训班】 1月11日，区总工会举办工会信息化管理培训班。20名镇、开发区工会，部分委局、集团公司工会法律保障干部参加培训。此次培训内容包括工会帮扶工作管理系统软件使用及工会保障经费往来规范，集体协商数据库管理与动态维护，劳动争议调解组织统计，收入分配调查工作业务培训等方面内容，旨在加强工会工作长效机制建设，夯实管理基础，实现工会工作数据统计上报的规范化、标准化、网络化。（喻凯晨）

【上海航天局工会建立舆情沟通常态化机制】 (1) 建立信息管理考核机制。建立局和基层两级工会信息员骨干队伍，设立若干基层信息动态报送点，不定期发布基层信息报送情况统计，将信息工作纳入年度考核指标，做到动态考核与年度闭环考核相结合。(2) 建立“三线联动”沟通机制。注重发挥工会、团委、信访（退管）联动效应，每月下发《“三线”月度工作情况统计表》，加大对重点、热点、难点信息舆情的掌控，进行综合分析。(3) 建立季度例会反馈机制。每季度组织召开工会主席例会和群众工作例会，及时向基层单位反馈重点信息反映的舆情，对局和基层两级近期工作信息进行动态沟通。(4) 建立职工利益诉求机制。不定期召开职工代表座谈会，征集基层一线职工意见，并给予当场答复或书面反馈，同时借助“面心实”活动调研、班组检查、职工之家验收等活动载体，倾听一线职工意见。(5) 建立舆情分析研判机制。发挥工会研究会作用，对信息舆情进行动态分析、研究，形成《新上海人如何“融入”航天》等专题调研报告，并向上级领导和基层单位上下双向反馈，指导后续工作实践。(6) 建立信息引导决策机制。针对一线舆情信息变化，适时组织开展职工提“合理化建议”、提“改善动议”等活动，引导职工合理表达自身诉求，通过“合理化建议”活动等载体，引导职工实

现“中国梦”、“航天梦”的共同愿景。（沈　恺）

【中交上航局工会下发文件改版网站加强工会信息工作】 下发《关于进一步规范信息报送工作的通知》，明确工会信息报送的主要内容、工会信息报送的质量要求、工会信息报送的制度性规定等，要求各单位工会确定1名工会信息员，负责信息报送工作，做到信息报送责任到人，保证信息报送质量；规定公司工会每半年通报各单位工会报送的信息数量和采用情况。开通工会工作交流QQ群，在公司网站改版后的工会版块上添加工作动态、立功竞赛、民主管理、职工之家、劳动保障、素质工程、员工风采、活动剪影、学习之窗、职工书屋、工会信箱等11项。（金　晶）

信访与督办

【概要】 2013年，市总信访办通过聚焦源头治理、事要解决、能力建设等方面工作，确保职工群众反映的各类信访问题纠纷得到及时、正确、妥善处理。(1) 强化“源头治理”，把矛盾控制和化解在萌芽状态。上海出台和调整涉及民生重大政策，通过密切关注收集职工群众呼声，不断捕捉职工群众新的要求、新的思想动态，及时向市委、市政府相关部门反馈信息，从源头上防止矛盾产生。(2) 强调“事要解决”，加大突出矛盾的处理和化解力度。通过落实“领导包案、责任单位、办结时限”等工作措施，确保重信重访专项治理工作按时保质地完成。对于信访突出矛盾，在明确责任单位、工作方案和办理期限的同时，进一步加强跟踪督办的力度，并及时掌握办理工作的进展情况，确保“督查督办一件，高效办结一件”。(3) 加强能力建设，有效夯实工会信访的工作基础。组织工会信访干部专题培训，就学习贯彻新修订的《上海市信访条例》作专题辅导；结合信访工作大调研活动，采用座谈交流、走访群众、收集材料等多种形式，形成《关于用群众工作理念做好新形势下信访工作的调研报告》；针对职工群众反映集中、诉求强烈的信访矛盾，形成8篇《工会内参》。（丁贤颍）

【长宁区总工会构建职工信访矛盾预防调解联动机制】 (1) 加强联动，完善区级劳动维权整合联动平台。区总工会在区劳动纠纷预防化解调处联动机制成立5周年之际，召开劳动纠纷预防调解联动机制推进会，表彰先进，注重宣传，加强与区人社局、区司法局、区法院等相关部门之间的沟通协作，建立一支专业律师和法律志愿者组成的维权队伍，充分发挥区职工法律援助服务志愿者及时妥善处理信访件的作用。(2) 整合资源，构建信访矛盾预防调解四级网络。区层面一级平台负责整体协调。不断巩固临空园区等工业园区第二级劳动纠纷调解组织建设。重点强化第三级街镇劳动纠纷预防调处联动机制的咨询服务功能各街镇发挥小区工会的作用，推进第四级小区劳动纠纷预警预报信息员队伍建设。(3) 源头探索，推进基层信访矛盾调解组织建设。积极探索源头预警预防信访矛盾的工作举措，立足推进楼宇、企业劳动纠纷调解组织建设。2013年，通过劳动纠纷预防调解联动机制合理处理来信11件，成功化解群体性劳动纠纷5件，涉及职工253人，日常接待咨询666件，工会参与调解纠纷237件，法律援助259件，引导职工申请劳动仲裁33件，申请诉讼218件。相关信访矛盾预防化解典型案例连续四期在《劳动报》上刊登。（印敏峰）

【闸北区总工会健全联动处置机制妥善化解群体性事件】 2013年，区总工会通过完善机制、联动处置、提前介入等措施，妥善处置因企业搬迁、生产线关闭或转移引起的群体性事件，做好企业搬迁的职工安置工作。(1) 完善群体性事件处置机制。制订印发《闸北区总工会参与做好群体性事件处置专项应急预案》，明确区总机关各部室在群体性事件处置中的职责，规范街镇、园区、企业工会处置群体性事件的信息报告、参与处置、后续工作等工作要求。(2) 指导基层工会依法履职。指导基层工会做好企业搬迁、生产项目转移涉及职工利益的维护，提高社区总工会在预防和处置群体性、突发性事件工作中的履职能力，做到预防预警、及时调处，将矛盾化解在萌芽状态。(3) 发挥三方联席制度作用。发挥区总工会、区法院、区人社局三方联席会议制度作用，排摸、掌握劳动关系情况，建立定期研判、重大事件跟踪调处等制度。（徐梅生）

【黄浦区总工会信访工作坚持“三个制度”】 (1) 坚持落实信访工作责任制。健全完善信访工作制度，明确主要领导为信访工作责任人。明确办理程序，每次来信来访，首先由办公室做好前期调查核实工作，提出处理方案，交由主要领导批阅；然后按照领导的要求，将信访案件转由相关部室或下级单位限期办理；最后及时进行跟踪反馈，严格按照信访条例对来信来访进行回复，做到“事事有回音，件件有落实”。(2) 坚持实地走访调研工作制。针对来信来访中反映较为突出的疑难问题，坚持开展“带着问题走访基层、带着疑问了解职工”的实地走访机制。以信访专职干部和专职公职律师为代表，经常与职工群众、基层单位面对面交流思想、答疑解惑，一方面了解职工群众的真实想法，另一方面为基层单位出谋划策，坚持在实事求是、公正客观的基础上，妥善解决信访问题。(3) 坚持沟通协商合作制。积极发挥各职能部室的“大联动”作用，对涉及职工群众切身利益的工会组织建设、民主管理、女职工保护、帮困救助、关心劳模及退休职工等问题，做好政策咨询、业务指导及关心服务工作。切实发挥区总“阿林法律工作室”和区职工援助服务中心的法律援助作用。（叶维娜）

【宝山区总工会加强信访工作机制建设】 (1) 深入推进领导接访制度。区总工会实行信访工作领导接访、下访制度，面对重大集访事件，区总工会领导第一时间了解情况，并会同区有关部门亲自到现场解决问题，严格按照政策法规协调解决问题，切实维护职工的合法权益。区总工会领导到中集冷藏和中集宝伟职工停工事件现场，并派代表一直跟踪参与解决。(2) 做好领导首问制。对市总信访办、区信访办等有关部门转呈的信访件，采取领导首问制，由主要领导亲自审阅信访件，再批示转交区总工会有关职能科室给予解决。重大信访案件由领

杨浦区五角场地区定期开展“工会与您相约在楼宇”活动 （曹理仰）

导对办理情况予以审查，在审查无误、妥善答复后才回复信访人及转呈部门，确保对转交的各类信访件做到件件及时解决处理、实事实办。(3)完善信访有关机制。开展企业劳动用工风险评估，制定《企业劳动用工风险评估项目表》，扎实推进工作开展。深化工会劳动关系预警机制，确保各级工会组织运用预测、预审、预报、预防等措施及时掌握产生劳动关系矛盾的诱因。落实区内重大集访三方协调参与机制，区、街镇两级劳动关系协调三方组织共同参与处理多起集体争议。四是拓宽信访渠道。积极反映社情民意，确保信息渠道畅通。及时反映宝山区职工群众信访工作情况，向市总信访办及时报送信访信息。

（胡立伟）

【上海高桥石油化工公司全年未发生造成恶劣影响的信访事件】 通过完善工作制度、强调责任到位等措施，切实把信访工作落到实处，全年未发生造成恶劣影响的信访事件。(1)领导重视、责任到位。公司和基层单位主要领导始终坚持“一手抓发展，一手抓和谐”，认真部署，主动听取汇报，指导处理疑难信访抓好落实。公司党政主要领导先后多次召开信访稳定专题会议，并带队检查各部门和改制企业落实情况。(2)网络齐全，队伍稳定。公司工会建立一支由班组长、块组长、管理人员和领导干部组成的信访信息员队伍，形成“四级”信访信息网络，确保信访信息渠道畅通准确。(3)强化制度，确保落实。实行领导“包案制”，各单位主要领导亲自接待和协调，亲自召集有关人员专题研讨，制定化解方案，推动方案落实。建立疑难信访研讨制，针对要完成职工货币分房实际情况，专门成立相关工作小组，促成问题解决。坚持信访督办制，公司党委信访及时将来信及处理单送有关方面，坚持全程跟踪督促，确保信访得到迅速解决。

（沈根明）

【运输工会注重信访工作源头治理】 市运输工会以建立一支稳定的职工队伍为基本目标，以建立一支主要领导靠前指挥、亲自协调的信访工作人员队伍为基本保障，使大量的群体矛盾化解在基层、解决在基层、满意在基层。严格执行信访工作联席会议制度，与二级工会互通情况，定期分析不稳定因素，提出建议和对策。并成立信访联席会议工作小组，每月在工会主席办公会议上通报情况，统揽安排协调，加强各部门间的配合调处，提高处理矛盾的办事效率。把处理好初信初访作为工作的着力点，力求矛盾解决于始发初发时。坚持每年开展集体协商，着力解决困难职工的生活，在信访接待中坚持做到“多一些责任、少一些冷漠；多一些亲力亲为，少一些推辞；多一份关爱、少一些怨言”，不断探索新形势下做好工会信访工作的新思路和新办法。

（沈荣林）

【中国移动上海公司工会积极做好信访稳定工作】 建立工会信访办法和制度，努力做到“件件有着落，事事有回音”。继续坚持工会主席巡回联系日的工作，坚持走访基层，搭建定期和员工沟通交流的平台。在公司职代会召开前夕，组织相关部室领导、职工代表共同参与集体合同履行情况座谈会，倾听员工代表心声，了解关心员工的工作和生活。工会通过不同的层面、场合宣传和解释出台的政策，在日常生活中及时化解矛盾，使信访工作贯穿于整体工作之中。在工作中，采取及时预防、提前介入等有效方式，处置信访接待工作。在日常工作中，工会按照“属地管理、分级负责、谁主管谁负责”的信访原则，及时有效地处理各类来信来电来访事项，确保大局稳定。积极探索网络信访的办法，尝试通过邮件、微博等方式，提高信访处理效率，真正解决落实信访员工的疑惑和问题。

（王　越）

【市监狱局工会抓住四个环节做好信访工作】 (1)落实责任制，加强对信访工作的领导。健全和完善两级工会信访管理网络，明确工会主席为信访工作第一责任人，对每起来信来访认真调查核实，会同有关部门和基层分类解决，做到“事事有回音，件件有落实”，做好劳动关系、历史遗留等信访件的处理。(2)健全完善两级预测、预警、预报机制。局工会健全和完善以各级工会信息为载体的预测、预警、预报机制，根据《上海市监狱管理局工会预警报告制度》，基层工会每月向局工会上报预警报告，及时反映单位基本情况、重要情况(如事故、意外等)，反映群众关心的热点和工作中遇到的难点问题，局工会坚持每月收集信息认真摘编，组织编好一月一期的《热点反映》。(3)抓好日常工作，源头预防信访矛盾。举办工会干部培训班，评选表彰工会各类先进，开展读书演讲比赛，举办局棋牌、球类、歌唱等各类比赛活动等，营造心齐气顺的氛围，信访同比有所下降。(4)与行政齐抓共管，在构建和谐社会中发挥作用。配合局信访部门，春节前夕对15名生活较为困难的上访人员进行上门慰问，做好思想工作，维护监狱局的稳定。

（江海群）

F 财务经审与工会企事业

Financial enterprises by the umpire and the union

上海工会年鉴

2014

专文摘要

坚持问题导向，创新工作方法，进一步提高工会财务干部队伍整体素质

上海市总工会党组副书记、副主席　肖堃涛

各级工会财务干部要根据中央改进工作作风、密切联系群众八项规定的要求，加强作风建设，不断提高服务意识。要深入实际，深入基层，坚持问题导向，创新工作方法，借助各方力量，寻找工作中的亮点和突破点，为上海当好改革开放先行者和科学发展排头兵做出工会工作者的应有贡献。一要进一步增强宗旨意识，牢固树立群众观点，加强对基层工会工作的服务和指导，增强为基层服务的意愿和本领。重点要加强制度建设，帮助基层工会完善制度，不断提高管理水平，推动全市工会财务工作顺利开展。二要统筹兼顾，确保经费使用绩效不断提高。要坚持服务大局、服务基层、服务职工的宗旨，继续加大工会经费支出向基层倾斜、向职工倾斜的力度，丰富和完善服务职工的工作机制和项目，推进一线职工疗休养、职工援助服务体系建设等工作。三要推进工会财务规范化、科学化管理，不断提高财务管理整体水平。要加强预算管理，抓住预算编制和预算执行的重要环节，切实贯彻中央和市委有关要求，严控“三公经费”和一般行政支出，确保更多经费用到职工群众身上；要适时开展经费支出绩效评价，保证经费支出规范有效；要建立覆盖所有工会经费和财政补助资金运行全过程的财务监督机制，强化对劳模“三金”、困难职工帮扶金等专项资金使用的管理，确保专项资金使用的规范性。要加强组织领导，建立起工会财务会计规范化建设长效机制。四要加强能力建设，进一步提高工会财务干部队伍整体素质。各级工会要把财务干部培训作为一项长期工作抓紧抓好，各级工会财务干部要坚定职业操守，注重提高自身的业务水平和工作能力，主动学习，拓宽视野，夯实基础，不断提高分析问题、解决问题的能力。

认真履行工会审查审计职责为工会工作创新发展保驾护航

上海市总工会经审会主任　李　鸣

一是加大预算编制审查力度，提高工会预算管理水平。经审工作要将审查审计监督的关口前移，加强对工会经费预算编制的审查。年初参与本级工会财务预算的编制及审核，强化工会各类资金全部纳入预算管理的工作理念，促进预算编制的科学性和预算管理的规范化；在预算审查过程中，重点关注工会经费的来源和资金使用的方向，避免工会经费预算编制与执行出现偏差，维护预算执行的严肃性，不断提高各级工会预算管理质量和水平。

二是持续推进“七必审”，依法开展实务审计。继续重点关注工会内控制度建设情况、预算执行管理情况、经费计拨和使用情况、会计核算和财务管理情况、工会资产完整安全情况等，加强对工会经费收支的监督，保证与职工利益密切相关的重点支出，实现经费支出向工会重点工作倾斜、向基层和职工群众倾斜。同时，要认真贯彻落实中央“八项规定”，严格控制工会一般性支出，努力降低工会运行成本，避免使工会组织成为行政和企事业单位转移公用经费支出的避风港。

三是加强回访督查，提高审计整改的质量和效果。要健全审计回访督查制度，加强对当年审计项目整改落实情况的回访检查，督促审计整改报告、整改方案和整改措施的落实；要建立健全审计公开、公告制度，实行工会预决算审计结果、工会经费的拨缴和使用情况向本级工会和会员公开，自觉接受群众监督，推动责任追究和问责机制建设；要注重审计结果的运用，坚持查处与帮促并重，把查处问题和完善制度、强化管理、促进改革结合起来，注重从完善制度、健全机制、加强管理上提出意见和建议，充分发挥经审工作在工会组织中的“免疫系统”功能。

四是进一步推行基层工会经审工作规范化台账管理。

要扩大《基层工会经审工作规范化建设标准手册》的覆盖面，推动经审工作规范化建设向基层延伸。完善考核激励机制，定期对基层工会经审工作进行督促检查、量化考核和评比表彰，及时树立先进典型，促进全市经审工作水平的整体提升。要加强分类指导，扎实推进对社区街镇总工会经审工作的指导服务，使社区街镇总工会经审工作逐步走上科学化、制度化、规范化的轨道。

五是进一步关注特殊领域，研究推动改革创新的途径和方法。要着重研究在转型发展、经济结构调整过程中对企业工会资金资产的监管途径和方法；重点关注弱势群体（劳务工、农民工）工会经费来源和权益保障的监管途径和方法；研究探索实行税务代收工会经费后经费计拨审计的新方法等，及时掌握新情况，解决新问题，力争工会经审全覆盖。

六是试点绩效预算改革，推进专项资金绩效审计。要从专项资金绩效审计入手，建立健全相关规章制度、工作机制、评价体系和管理模式，完善绩效审计的基础管理工作；适时选择有代表性的区县产业局工会或重点项目，开展专项资金绩效审计试点；在此基础上，逐步将专项资金绩效审计由事后绩效评价审计向事前和事中评价过渡，最终实现对专项资金全过程监督管理，提高专项资金的使用效能。

七是推进审计全过程管理体系建设，深化内审质量外部评估工作。要积极推进工会经审工作电子化进程，进一步完善工会审计软件，在区县产业局工会推广使用基础上，试点基层工会审计软件的开发和运用，全面提高各级工会审查审计工作效率；对获得上海市2008-2010年内部审计先进集体的单位开展内部审计质量评估试点工作，逐步扩大内审质量外评估工作的覆盖面。

综 述

市总工会财务、经审、事业工作围绕工会工作重点，突出服务基层、服务职工、服务大局宗旨，探索创新，勤奋求实，开创工会财务工作新局面。(1)做好职工实事项目，将更多经费用于广大职工群众。在一线职工疗休养、非公企业职工体检上安排资金1500万元，试点对职工疗休养项目开展绩效评价。编制上海市基层工会财务管理制度和财务规范化模板，探索启动为小规模基层工会集中核算业务试点以及独立开设银行账户工作。(2)强化财务收支管理。进一步加大财政对困难职工、劳模及工会事业的补助力度。在经费支出上，着力做好实事项目的职工疗休养等项目经费开展绩效评价试点，加强财政专项资金发放管理，推动定向帮困资金分批打卡，按时间节点规范做好机关公务用车经费管理工作；进一步加大依法收缴宣传，严格经费收缴考核，加强直管企事业单位财务管理。(3)加强审查审计力度，发挥经审监督作用。对市总2012年度工会经费预算执行情况暨财务部核算相关账户的财务收支情况、2012年经费收支预算和2013年经费收支预算情况、2013年上半年预算执行情况、2013市总工会劳模三金专项资金使用情况等进行审查审计。加大对市总直管单位的审计监督力度。联合4家会计师事务所对市总直管单位年度财务经营成果的真实性、全面性、完整性，财务状况的真实性、合法性和有效性进行审计认证；扎实开展对区县局（产业）工会的审计监督；对30个区县局（产业）工会及其下属工会2012年的预算执行情况及财务收支情况进行审计；对20家区县局（产业）工会2012年专项资金开展审计，对审计中存在的问题进行督查整改。(4)深入开展调研培训，推进经审工作创新发展。首次组织社区街镇工会经审主任在上海国家会计学院进行脱产培训；组织举办4期上海工会经审干部岗位培训班；与内审协会联合举办《内审资格证书》继续教育培训；组织开展工会经审知识网上竞赛活动。(5)在做好日常资产监督管理工作基础上，重点完成工会资产普查工作。全面清点核实各区县局（产业）工会、市总直管单位资产，配合市总直属事业单位机构清理工作，协助相关单位，做好权证变更、资产调拨、股权转让等；完成工会企事业资产分级分类管理的调研工作。

（倪伟琦　黄银萍　赵　伟）

财 务

【概要】 2013年，市总工会财务工作围绕工会工作重点，突出服务基层、服务职工、服务大局的“三服务”宗旨，牢固树立服务工会工作大局意识，加大财务工作向职工、向基层倾斜力度。进一步强化财务收支管理，积极争取财政对困难职工、劳模及工会事业的经费补助；对财政补助经费规模较大的工会学院、退管会以及市总工会经费实事项目的职工疗休养等项目经费开展绩效评价工作；加强财政专项资金发放管理，确保资金专款专用，到位及时，规范使用；进一步加大依法收缴宣传，严格经费收缴考核，促进区县局（产业）工会经费及时足额上缴；加强直管企事业单位财务管理，在推进直管企事业单位管理和重大事项决策等方面为领导做好参谋助手；加强调查研究，开展街镇总工会财务工作专题调研、上海工会十二大以来非公经济工会经费5年情况调研等，为领导决策提供依据；加强业务培训，开办第一期上海工会财会骨干人才高级培训班和多期专题培训，促进工会财务干部队伍建设。（徐冬梅）

【市总工会开展财政项目资金和工会经费项目支出绩效评价】 市总工会对2013年度市财政拨款的工会学院生均经费和退管会尊老服务专项经费开展财政支出绩效评价。同时，对服务职工实事项目之一的职工疗休养项目开展绩效评价。评价项目的确定以较大资金量、具有明显社会影响以及与部门职能密切相关为依据，评价指标包括对项目运作和资金使用的内部控制、支付手续和数据库建设等方面，突出财政资金和工会经费的规范、高效使用和职工群众满意度的总体目标。评价工作由市总工会财务部、经审办及委托的专业机构共同实施。

（徐冬梅）

【市总工会开展街镇总工会财务工作调研】 7—8月，市总工会财务部开展全市街镇总工会财务工作现状调研。调研采用发放调查问卷方式，共回收区县总工会问卷17份，有效率100%；回收街镇总工会问卷187份，其中有效问卷149份，有效率80%。通过数据统计分析后发现：(1)街镇总工会财务会计工作基础较扎实。149家街镇总工会中，81%开设基本银行账户，99%独立建账核算，93%由工会主席一支笔审批。在会计核算手段上，85%实行会计电算化。(2)街镇总工会财务干部力量明显不足。在304名财务人员中，由行政财务兼职的达288人，占95%。在财务人员从事的主要工作中，94%选择报销和记账。(3)工会经费收缴工作有待进一步规范。工会组建、集体合同签订与经费收缴“三同步”执行不到位。(4)部分街镇总工会经费不足。由于在街镇辖区内企业性质、规模和经济效益、经济发展总体情况以及工会财务工作力度等方面的差异，60%多街镇总工会各项经费收入不能满足日常工作需要，依靠政府或上级工会补助开展工作。针对调查中的问题，提出四项建议：(1)加大对街镇总工会专项工作经费支持。由市总工会、区总工会加大专项工作经费补助，与财政、行政经费互为补充，既保证街镇总工会经费需求，同时保证经费用于工会重点工作。(2)提高基层工会经费独立管理水平。一是与银行协商减免基层工会开户和维护手续费；二是为有需要的基层工会试点集中核算，缓解银行账户成本高、账务人手少和工会财务专业能力欠缺问题。(3)充实街镇总工会财务干部力量。建议确定人员配备标准，并出台政策解决聘用专职财务人员的经费。(4)收管并重，探索推进非公经济组织经费收缴和管理。（徐冬梅）

【市总工会召开财务工作会议】 4月16日召开。各区县局(产业)工会财务主管共120人参加会议。会议总结回顾2012年工会财务工作，研究部署2013年工作要点。会议要求，全市各级工会要贯彻落实中央改进工作作风、密切联系群众八项规定要求，进一步加强对基层工会工作的服务和指导，加强工会财务制度建设，继续加大工会经费支出向基层倾斜、向职工倾斜的力度，进一步加强预算管理，严控“三公经费”，强化劳模“三金”、困难职工帮扶金等专项资金使用管理，进一步将收缴率纳入各级工会财务工作考核体系，不断提高工会财务干部队伍整体素质。（徐冬梅）

【上海工会财会骨干人才高级培训班】 10月21—23日，上海工会财会骨干人才高级培训班(第一期)在上海国家会计学院开班。17个区县、部分局(产业)和部分市总工会直管单位的财务骨干以及市总相关部门人员共计50人参加培训。培训班开设经济发展热点及宏观经济形势解读、财政部门预算管理、经费支出绩效考核及评价体系建设、行政事业单位内部控制建设和国有资产管理等5门课程，使学员对宏观经济形势及目前财政、国资委管理经费、资产的理念政策有了更深入的理解，对加强工会及所属单位的内控机制建设及经费使用绩效考核评价工作，有了更全面的把握。（徐冬梅）

市总工会举办财会骨干人才高级培训班（徐冬梅）

【闸北区总工会落实专项资金管理三项制度】 (1)落实动态监督制度。专项资金拨付到哪里，区总工会的监督检查就跟踪到哪里。通过动态监督，提高监督的时效性、针对性和有效性，确保专项资金的发放和管理环节的及时和有效。(2)落实统筹监督制度。实现职能部室、财务部门与经审部门的联动管理，将专项资金使用管理与专项资金审计审查工作相结合，加强职能部门配合。(3)落实检查监督制度。强调通过开展专项资金监督检查，及时发现专项资金在预算编制、资金使用、项目实施、会计核算等方面问题，有针对性地帮助指导各单位提高专项资金的管理水平，提高使用效益。（徐冬梅）

【静安区总工会推进工会财务规范化建设】 (1)抓好工会经费足额收缴工作。年初，主动走访街道、大口工会，了解职工人数及工资总额等情况，制定基层工会全年经费上缴目标；年中，组织召开工会财务恳谈会，交流财务工作和经费拨缴情况；年终，开展考评工作，确保工会经费的及时足额入。(2)严格执行各项会计制度，规范自身会计行为。区总财务部严格执行会计法律、法规和制度，严格执行工会年度经费收支预算，全面实施新《工会会计制度》《工会预算管理办法》，并自觉接受经审会的监督和审计。(3)抓基层工会财务规范化建设。开展工会会计工作规范化培训，提升规范化水平。财务部每年组织开展基层财务人员培训，并通过开展业务检查和工作经验交流，提高工会财会工作的规范化水平。（张海佳）

【闵行区总工会不断优化经费支出结构】 (1)在预算安排、预算执行时，压本级，惠民生。全年压缩行政经费和会议经费10%，严格控制“三公经费”，增加对下级工会和职工的补助支出100万元。(2)细化预算管理目标，加强工会经费的使用管理。编制预算时要求预算目标细化到项目明细，预算执行时加强对各类支出的事先预审、事中管理、事后核算。(3)规范支付行为。在经费使用上，严格执行公务卡相关管理规定，经济活动按政府采购的要求进行；重大项目支出实行“三重一大”集体讨论、主席审批制度。在帮困专项资金的使用上，创新方法和手段，帮困资金全部实现银行代发，提高资金绩效。（朱荣锋）

【上海市机电工会从四方面坚持财务管理制度】 (1)抓好预算管理。抓住新《工会会计制度》颁布实施的契机，转发市总《工会预算管理办法》和《基层工会经费收支管理办法》，参加市总举办的新政策培训班。(2)推进会计基础规范化。用3年时间全面完成工会财务会计管理规范化建设，每年对60—80家基层工会进行抽查和复审。(3)完善财务管理制度体系。贯彻实施市总工会制定印发的《上海市工会呆账处理办法》，填补工会资产呆账处理的制度空白，对工会长期挂账、实质已无法收回的债权投资等进行确认处理。(4)加强工会财政票据管理。以旧版票据清理、新版票据启用为契机，开展对两类旧版票据的清理工作，克服时间跨度长、数量大、涉及面广的困难，使工会票据管理更加规范。（张新禾）

【上海医药集团攻坚克难收好工会经费】 上药集团工会抓大促小，积极创新，攻坚克难，扎实推进，实现工会经费收缴大幅度增长，上缴经费首次突破千万大关，增幅43%。(1)破解难题，解决合资企业在沪工作外方人员工资总额经费收缴问题。(2)工会经费收缴消灭空白点，全面实现工会经费收缴率百分之百的年度工作目标。(3)分类指导，为经费有效使用保驾护航。一是组织下属企业9100名职工参加市总疗休养，医药工会补贴近300万元；二是要求基层工会依照医药工会年度重点工作设计重点项目，经医药工会审核后立项，医药工会给予经费补助380万元。（陈　蓉）

经　审

【概要】 5月，在上海市第十三次工代会上，市总经审会换届改选。换届后的市总十三届经审委员由原先的15人增加至25人，并首次建立市总经审会常委会。2013年，市总经审会开展各项审计监督工作，审查审计监督市总本级2012年经费收支决算、2013年经费收支预算和2013年上半年预算执行情况；审计监督市总直管单位的经营业绩、部分领导干部的任期经济责任和固定资产投资项目；审计30个区县局(产业)工会2012年预算执行情况及财务收支情况，审计调研60家基层工会的财务管理和经审工作开展情况，审计20家区县局(产业)工会的专项资金使用和管理情况。市总经审会还对各区县局(产业)工会经审会开展各项分类指导，在市总经审会的组织指导下，各区县局(产业)工会经审会普遍开展各种形式的审计工作：审查审计本级工会预算执行情况；审计1404个下属工会财务收支情况；审计448个下属直管单位经济效益；审计153个下属工会专项工作；审计46位工会主席任期经济责任；对92个下属工会计拨经费情况开展审计，查补欠缴工会经费454万元(40%部分)，入库419万元；开展固定资产投资项目竣工决算审计，节约资金883万元。

（柴丽琼）

【市总工会经审会召开十二届十八次会议】 3月21日召开。市总经审会主任杨永平出席并主持会议。会议听取市总工会财务部关于市总工会2012年度经费收支预算执行情况的报告，以及相关追加、调整预算情况的补充说明。会议审议了上海市总工会2012年度经费收支决算，对预算执行情况表示肯定。会议认为，市总工会财务部门围绕工作重点，积极组织收入，规范经费开支，确保工会经费的稳定增长和合理支出，拨缴经费收入完成预算的128.66%，全年支出完成预算的82%。总体预算执行情况良好。决算编制思路清晰、简洁明了，对于事业支出按照实际工程进度予以拨付和入账，提高资金的使用效率，同时反映支出的实际情况。会议审议并原则同意2013年度经费收支预算(草案)。会议认为，2013年度经费收支预算体现了“统筹兼顾、量入为出、保证重点”的要求。按照勤俭节约原则，预算的编制进一步细化，更加注重对预算支出的控制。预算支出向职工倾斜、向重点工作倾斜，加大对下补助力度。会议提出，市总资产管理部门要进一步加大对事业支出的管理和控制，加大对事业单位经济效益、社会效益的评估和考核工作，确保工会资金的安全和资产的完整。

（周　静）

【市总工会经审会召开十二届十九次会议】 5月10日召开。市总经审会主任杨永平出席并主持会议。会议听取并讨论《关于上海工会2012年经费审查工作情况和2013年经费审查工作安排的报告》。会议认为，报告客观总结2012年审计监督、经费审查工作规范化建设情况。会议提出，2013年上海工会经审工作要准确把握科学发展的主题，准确把握加快转变经济发展方式的主线，加大审计意见的整改落实，规范审计行为、提高审计质量、加强指导服务，促进经济社会又好又快发展。（周　静）

【市总经审会召开十三届常委会一次会议】 8月28日召开，市总经审会主任李鸣主持会议。会议听取市总经审办对市总工会财务部2012年度工会经费预算执行情况暨财务核算相关账套收支情况审计结果的汇报；听取市总财务部关于市总2013年上半年预算执行情况的说明；听取市总财务部关于市总2013年上半年预算追加情况和调整情况说明。会议审议市总工会2013年上半年经费收支情况，对预算执行情况表示肯定。会议认为，2013年上半年预算执行情况良好，全面完成上半年各项经费收支任务，实现时间过半、任务过半的目标要求。总体预算执行情况良好。会议审议并通过上海市总工会2013年上半年预算追加和调整情况。（周　静）

【市总工会召开2013年度上海工会经审工作会议】 3月12日召开。各区县局(产业)工会经审会主任、经审

市总工会举行经审委员会新老委员座谈会 （周　杰）

干部、部分基层工会经审干部代表、市总经审会委员、市总“特邀经审员”和市总工会副主席何惠娟、市总经审会主任杨永平出席会议。会议通报2012年上海工会经审工作规范化建设标准考核结果并颁奖。宣布《市总工会经审会关于聘请2013年度“上海市总工会经审会特邀经审员”的决定》《关于2013年上海工会经审论文评比获奖的通报》和《上海工会优秀审计项目评选结果的通知》，并有嘉定区总工会经审会等4家单位进行经验交流。会议提出，工会经审要加强规范化建设，不断提高审查审计监督工作质量，发挥“免疫系统”功能，当好工会资产的“卫士”。会议强调，工会经审要敢于监督、勇于监督、善于监督。将重点加强对工会本级和直管单位审计监督，强化预算编制的科学性、预算执行的严肃性和预算结果的有效性，使工会财务管理走上科学化、规范化的轨道；对工会直管单位，要加强对资金监管及资产运营的监督，测试内部控制制度的执行情况，审查审计重大支出的决策机制、审批程序、支付手段和使用效能，以及其他收支的合法性、真实性、完整性。市总经审会将在全市增加5000家基层工会实行经审工作规范化台账式管理；开展全市社区街镇工会经审干部轮训；研究开发面向基层工会审计的版本。同时，将稳步推进内审质量外部评估工作，建立适应工会发展的内部审计全过程管理体系。 （周　杰）

【市总工会审计区县局（产业）工会预决算和专项资金】 2013年，市总经审办共对30家区县局（产业）工会开展2012年预算执行情况和财务收支情况审计，并延伸至60余家基层工会审计调研。还对20家区县局（产业）工会2012年专项资金管理情况进行审计。专项资金范围主要包括市总各类专项拨款（保障部、经济部）、财政和行政专项拨款（用于劳模和困难职工）和本级预算安排的用于帮困的经费。经审办的审计重点是市总各类专项拨款。从审计总体情况看：各单位比较重视专项资金的管理、建立专项资金管理办法，建立受助对象个人档案，配备财务出纳进行会计核算，大部分单位能做到专款专用、及时发放。但在审计过程中也发现在现金签收、资金使用范围上存在一些问题。 （周　静）

【市总工会开展2012年本级审计】 6月1日起，对市总工会财务部2012年度本级核算的相关账户的财务收支和财务管理情况进行审计。主要审计市总财务部经费户、基金会、资产户、疗休户、房款户、社会帮困基金会、职工帮困基金会、社会帮困基金会安民办、保值增值中心、会计学会（筹）、行政户、女职工周末学校、职工物价监督总站、退休职工管理研究会、俱乐部工作协会、工人运动研究会、退休职工企业协会、职工疗休养协会、市劳模协会、振兴中华读书指导委员会、税务代收等财务部管理核算的账户共21个。审计结果表明，工会经费收入稳步增长；积极争取国家财政支持，政府补助收入有所增幅；经费支出体现“三服务”原则，同时，加大对下补助力度，各项支出控制比较严格，收支相抵，结余较大。但是，审计中发现需要进一步纠正和改进的问题，市总工会财务部高度重视审计意见和建议，及时整改。 （黄银萍）

【市总工会开展市总直管单位审计】 2013年，市总经审办对实行经营业绩目标考核的直属单位——工会管理职业学院、市工人文化宫、劳动报社、科技中心、幼儿园、培训中心、公惠医院、保障互助会、退休职工活动中心和海鸥集团等10家单位进行年度经营业绩考核完成情况的审计；对不纳入目标考核的单位采取市总经审办和市总“特邀经审员”共同进行财务收支审计。通过审计对各单位年度财务经营成果的真实性、全面性、完整性，财务状况的真实性、合法性和有效性进行审计认证。对海鸥饭店、劳动报社进行经营业绩和内部控制情况审计，分析上述两个单位经营情况和内部管理、控制制度执行情况。还对市总系统58个固定资产投资项目进行竣工决算审计，送审价3327.11万元，审定价为2992.23万元，核减额334.88万元，核减率10.07%；并对屏风山疗养院改造工程实施全过程跟踪审计。 （周　静）

【市总工会开展经审工作培训】 2013年，市总经审会加大对工会经审人员的业务培训力度，采用多种形式，紧密联系实际，进行分类培训，利用互助组平台，相互交流工作经验、通过案例分析，使经审干部了解、熟悉、掌握工会经审工作的基本要求和职责任务，开拓工作思路，开阔眼界、提高工作能力。共组织举办23期、2316人参加的新上任基层工会主席、经审干部的审计业务培训。在上海国家会计学院举办社区街镇工会经审会主任培训班，共有100人参加；有466人接受内部审计人员岗位资格证书继续教育培训。 （卢能飞）

【市总工会开展2012年经审工作规范化考核】 2012年，市总工会经审会围绕中心、服务全局、完善制度、规范程序、强化监督。根据《上海市区县局（产业）工会经审工作规范化建设标准》的要求，不断加强经审组织建设、制度建设和业务建设。经过单位自评、小组核定和市总经审办最终审定，并经市总经审会审议通过，上海市浦东新区总工会经审会等70家单位获特等奖（考核达到A级标准）；上海华虹（集团）有限公司工会经审会等31家单位获一等奖（考核达到B级标准）；中国海员工会交通运输部东海救助局工会经审会等6家单位获二等奖（考核达到C级标准）；上海市轻工业工会经审会等10家单位获三等奖（考核达到D级标准）。在查补漏交工会经费的单项考核中，锦江国际（集团）有限公司工会经审会等5家单位获一等奖；上海市运输工会经审会等12家单位获二等奖；上海航天局工会经审会等30家单位获三等奖。（周 静）

【市总工会开展经审课题调研】 经审办针对影响工会经费监督管理工作的主要问题，在全市各区县局（产业）工会范围内深入开展调研，形成题为《加强制度机制建设进一步发挥工会经审在经费监督管理中的作用》的调研论文，提出制订工会领导干部经济责任审计制度、试行经费预算绩效目标管理评审制度、加快非公企业工会经费规范运作的对策措施。（柴丽琼）

【全国工会经审工作经验交流现场会议在上海召开】 8月5日召开。上海市总工会及区县产业、企业工会作专题经验交流；北京、山西、吉林、黑龙江、广东等省市作大会发言。全国总工会经费审查委员会主任李世明出席会议并讲话。会议指出，及时研究工会经审工作出现的新情况、新问题，积极探索新形势下工会经审工作的新方法、新路子，推动工会经审工作朝着法制化、制度化、规范化的方法发展，有着重要的现实意义。会议要求，各级工会经审组织要充分发挥“火眼金睛”作用，及时发现和揭示工会经济活动中的风险隐患，更好地服务工会工作全局，为工会经费、资产安全提供有力保障。（周 杰）

“全国工会经审工作经验交流现场会议”在上海召开 （吴良荣）

【市总工会开展优秀审计项目评选】 2013年，市总经审会继续开展上海市工会优秀审计项目的评选。评选得到全市各级工会的积极参与和大力支持，最后评选出一等奖5个，二等奖6个，三等奖7个。（周 杰）

【闸北区总工会经审会提升经审工作整体水平】 (1) 落实审计计划，推进“抽查二级”工作。把推进“抽查二级”工作，作为完善经审工作体制的重要内容。制定了“235”审计计划（2年一次对区总直管46家工会进行审计；3年一次对规模较大的基层工会进行审计；通过参与审计小组等形式，指导系统工会5年内完成下审一级工作），运用量化指标全面推进实务审计。对21家基层工会进行审计，出具审计报告。(2) 深化规范化建设，夯实经审工作基础。以经审规范化建设为抓手，推动系统、社区（街道）、镇、区管重点企业工会经审工作规范化建设。为切实做好基层工会经审台账试点工作，开展基层工会经审工作示范单位评比活动，有16家基层工会被评为示范单位。(3) 强化培训教育，提高队伍整体素质。举办第5期经审干部岗位培训班，有35名经审干部取得市总工会经审岗位证书，会同区总财务部举办经审、财务人员培训班，100余人次参加培训，并对400余名工会主席、经审干部、财务人员进行培训。（陈 建）

【黄浦区总工会举办实务审计优秀工作项目PPT报告会】 区总工会经审会以“七必审”为重点，加大实务审计力度，加强对重点领域、重点资金的审查审计监督，实现工会经审组织对工会经济活动的全覆盖。但在实际下审过程中，发现基层工会在实务审计中存在问题，区总工会经审会举办黄浦区实务审计优秀工作项目PPT报告会，由部分区管工会通过PPT的直观形式，从各自不同的侧重点介绍工会开展实务审计工作项目的情况、做法以及经验，起到以点带面的示范效果。（葛家敏）

【黄浦区总工会扎实开展实务审计】 2013年，区总工会经审办组织28个审计组开展48个相关项目的实务审计工作。其中，对9家区管工会、16家基层工会、4家区总直属事业单位，开展2012年度经费预算执行暨财务收支情况的审计和直属事业单位的经济效益审计，对9家区管工会开展2012年度立功竞赛、劳模特殊困难帮扶金、劳模春节慰问金、送温暖资金等专项资金的审计；对1家区管工会进行领导干部离任审计；对8家2012年度被审计的区管工会就落实审计决定和审计意见的情况进行审计回访以及对区总工会2012年工会经费收支决算的审计。形成审计报告33份。提出审计意见建议78条；8个审计回访项目中，22条审计意见中有21条得到了整改落实。组织区管工会对2012年度（行政）拨交工会经费情况进行审计检查，查补欠缴工会经费203412.55

元(40%部分)，已入库189323.12元，入库率为93.07%。（葛家敏）

【静安区总工会强化经审工作】 静安区总工会创新工作思路，履行监督职责。以完善制度和落实制度为重点，以组织建设和队伍建设为保证，不断提高经审工作服务静安工运事业发展的能力和工作水平。举办经审干部履职培训班，分专题对全区的经审干部进行审计业务、履职能力等方面的培训。修订《静安区工会经审工作规范化建设标准》。（丁臣亮）

【闵行区总工会加强经费审查工作规范化建设】 (1)坚持经审工作审计的及时性。区总工会主席办公会多次召开会议，听取经审工作情况，研究经审工作议题，并对2013年区总经审会出具的审计意见逐一分析和点评，提高经审工作解决问题的有效性。(2)发挥经审工作的主动性。充分发挥经审工作在工会全局工作中的重要作用，始终把加强工会经审组织建设、配齐配强经审干部放在重要位置，形成组织上加强、制度上保证、工作上支持、经费上落实的工作格局。(3)认识经审工作的重要性。区总工会以身作则，接受经审会监督，对经审委员的意见和建议主动采纳，有效推进。（张斗起）

【市机电工会抓好审计整改工作】 机电工会切实抓好审计意见落实整改工作，明确整改责任和措施，确保整改实效。在对下审计中提出审计意见和建议150条，审计建议采纳率达80%以上，效果比较明显。聘请15名具有较丰富审计、财务经验的“特约经审员”，同时将“特约经审员”的主要职能转变为督促检查审计后的整改工作，并以他们为骨干，组织复查落实整改情况的回访工作小组，对被审计单位进行审计回访。设计《审计整改回访情况表》，将上一轮审计报告指出的问题和提出的整改意见逐一列出，方便检查人员对照检查落实整改情况。各级工会把审计意见落实整改作为一项重点工作来抓；及时对照审计意见和建议，逐条分析原因，积极采纳并制定措施，进行整改，对反复出现、屡审屡犯的问题，研究问题产生根源，对症下药，积极整改，杜绝类似问题再次发生。（姚明晋）

【宝钢股份工会严格工会财务制度，规范开展经审工作】 2013年，完善修订《宝钢股份总部工会财务管理办法》《宝钢股份总部工会费用授权审批的有关规定》《宝钢股份总部工会财务报销管理规定》《帮困送温暖管理制度》等制度，经审会主任定期参加工会常委会、财务预算、决算工作会、主席办公会，组织财务及经审工作的专项工作研究，制定《2013年度经审工作计划》，组织开展基层工会财务和经审工作培训。工会经审委指导和督办各基层单位工会，开展2012年度工会经费收支情况、财务状况的审计工作；先后对设备部工会、销售系统工会、炼铁厂工会、炼钢厂工会4家基层工会开展2012年度工会财务收支的审计监督；先后指导和督办冷轧厂、制造管理部、钢管条钢事业部3家单位工会开展工会主席离任审计工作。（包　翔）

上海化学工业区工会召开2013年度化工区工会财务经审工作会议
（赵　杰）

【上海化学工业区工会采取“五项措施”推进经审工作规范化】 (1)加强组织领导。经审专用经费按有关规定列入年度财务预算。形成认识上统一、组织上加强、制度上保证、工作上支持、经费上落实的良好经审工作环境。(2)完善制度建设。修订完善《基层工会经审工作规范化建设标准》，制订《区工会和基层工会审计报告规范格式》等，加强基层工会经审工作规范化建设考核。(3)坚持全面审查审计。按照“全面审计、突出重点、上审一年、下审一级”的原则，把各级工会一切经济活动纳入审查审计监督范围，坚持对工会全部经济活动开展审查审计监督。(4)注重指导服务。组织开展基层经审工作规范化建设考核评比活动和财务工作专项检查等，建立经审委员和工会委员间的交流沟通平台，加强对基层工会财务和经审工作的指导服务。(5)加强队伍建设。通过举办培训班、开展工作调研等多种形式，开展经审委员和工会财务人员岗位培训、专业知识培训、继续教育培训等，提高基层经审委员专业素质和工作水平。（张　俊）

【国药控股工会加强工会审计监督力度】 国药控股工会新一届经费审查委员会成立于2012年12月。在做好本级工会经费、专项资金、固定资产审计监督的同时，坚持把工作的重点放在加强对下级工会经审工作的指导服务上。为提高工会经审人员的职业素质，分别举办国药控股工会上海地区第二期(2013年度)财务和经审培训班，各单位工会主席、财务专员、审计员共59人参加培训，还进行《工会会计制度》《中国工会审计条例》的知识竞赛，不断增强干部的业务素质和工作本领；国药控股工会还编制《国药控股工会财务考核办法》《国药控股股份有限公司工会经费审查工作

规范化建设标准考核办法（暂行）》，进一步加强国药控股工会制度化、规范化运行。（台树彬）

【中远集运工会重视做好工会经费和审计工作】 加强工会经费全面预算管理，认真做好经费收缴工作。进一步健全和完善工会财务管理和操作流程，严格经费的开支管理和审核，加强经费收支审查、预决算审计和工会主席离任审计等。工会经审委联合工会财务对下属10家基层工会的工会经费收支情况、工会财务规范化考核工作进行检查，对2家基层工会主席离任进行审计，对审计中查出的问题要求整改落实，确保工会经费收支规范、合理，杜绝违规、违法行为发生。（钱　华）

【锦江国际集团工会联合事业部工会做好财务经审工作】 2013年，锦江国际集团工会联合事业部工会经审财务检查6家事业部7家工会，并延伸检查10家基层工会经审财务工作。统计上报市总第十二届经审会工作情况调研、工会资产不动产普查，建立健全经审组织，应建92家，已建89家（其中设经审会52家，设经审员37家），组建率96.74%。制定经审工作规范化建设达标考核办法，全年共组织3批84人次的财务经审业务培训、审计岗位培训以及内审资格培训，夯实经审财务工作基础。（张祥伟）

企事业

【概要】 2013年，市总工会资产监督和企事业发展工作围绕工会工作大局，不断加强清理统计，开展县以上工会资产普查工作，并配合市总所属事业单位机构编制清理工作，做好资产处置工作；不断加强调查研究，开展工会企事业资产分级分类管理的调研工作，组织6篇论文参加全总资产监督管理部开展的"鹰潭工运杯"全国工会企事业发展改革和资产监督管理工作论文征文活动，其中事业部的一篇论文获得三等奖；不断加强监督检查，严把市总直管单位固定资产核销关和工会企业转改制（股权转让）资产处置关，加强对已有制度执行情况的检查，推进相关制度的贯彻落实；不断加强整合发展，指导协助职工援助服务中心、公惠医院、市总工会幼儿园、海鸥集团等市总直管单位做好整合发展和工程建设工作，并继续推进崇明地块和51号地块的购置及项目建设前期工作等。按照市级重大文化设施要求，做好沪西工人文化宫地块规划建设的前期工作。同时，协助指导区县工会做好嘉定区工人文化活动中心和黄浦区工人体育馆建设等工作。（陈依岚）

【市总工会工会资产监督管理委员会调整人员组成】 12月初，经市总党组会议审议通过，市总工会工会资产监督管理委员会人员组成进行调整：由茆荣华副主席担任主任、经审会主任李鸣担任副主任，市总工会组织部、财务部、事业部、经审办、机关党委、机关纪委负责人担任委员。（陈依岚）

【市总工会开展县以上工会资产普查工作】 4—7月期间，市总工会事业部会同财务部，对全市县以上工会的工会资产进行普查，并对县以上工会依法占有和使用的房屋、土地进行清查登记。截至2012年12月31日，全市共有县以上工会204家，其中：工会行政性单位122家，工会企事业单位82家；总资产109.82亿元，其中：工会行政性资产49.61亿元，工会企事业资产60.21亿元；全市县以上工会中有80家工会拥有不动产，总占地面积1469768平方米，总建筑面积867793平方米。（陈依岚）

市总工会开展工会资产分级分类管理课题调研（陈依岚）

【市总工会开展工会资产分级分类管理课题调研】 6—12月期间，市总工会事业部会同组织部、财务部、经审办等相关部门，组织开展工会资产分级分类管理的课题调研。通过座谈会，实地走访、学习交流等方式，对工会企事业资产监管工作现状及存在的问题进行调研。调研中发现，工会资产监督管理工作中有一些需要研究解决的问题：一是工会资产监管组织体系有待进一步健全；二是工会企事业功能定位有待进一步明确；三是工会资产监管制度执行力有待进一步提高。为此，调研报告建议：(1)加强分级管理。建立健全工会资产监管组织体系，调整充实市总资管委，理顺工会企业管理关系。(2)加强分类管理。制订推进工会企事业改革发展的指导意见，从宏观层面指导全市工会企事业改革发展工作；并依据事业单位分类改革对工会事业单位的定性，进一步明确工会企事业单位的功能定位，实行分类管理。(3)加强动态管理。定期对区县局（产业）工会和市总直管单位的资产管理工作进行督查，并根据近年来的实施情况，对上海工会企事业单位资产监督管理三个《实施细则（试行）》进行修改完善，增强制度的可操作性。（陈依岚）

【上海浦东公惠社会工作服务中心揭牌成立】 9月26日，上海浦东公惠社会工作服务中心正式揭牌。工会工作者培训班同时开班。浦东新区劳动模范、工会干部、社会组织代表和广

市总工会党组副书记、副主席肖堃涛为虹梅庭公益服务中心成立揭牌 （伏　淼）

大工会工作者约140余人参加仪式。（张真琦）

【**徐汇工会系统首家民办非企业社会组织揭牌**】11月20日，区总工会系统培育的首家社会化运作的民办非企业社会组织“虹梅庭公益服务中心”在虹梅社区揭牌。“虹梅庭”的成立是区总工会和虹梅社区党工委针对虹梅社区区域内“企业多、员工多、企业党员多、工作体量大”等特点，整合社会力量和资源，积极探索社区党工共建、工会工作社会化运作模式的创新实践。“虹梅庭”坚持需求导向、项目导向、问题导向、社会化导向的原则，采取协议化承接，项目化管理，绩效化评估的运作方式，通过承接社区总工会、党员服务中心及相关部门委托的工会组织建设、民主管理、职工教育培训、法律维权、就业援助、心理咨询、劳模服务、文体活动等项目，满足职工、企业的多样化需求。（丁冠伟）

【**杨浦工蕴社会工作服务中心挂牌成立**】12月30日，杨浦工蕴社会工作服务中心揭牌成立。该中心是由上海工蕴投资发展有限公司、杨浦区东宫进修学校共同发起举办的民办非企业单位，依照国务院《民办非企业单位登记管理暂行条例》的规定，依法独立运营，旨在引入和建设培育专业化社会组织，重点承接工会工作项目和社会化服务项目，推动工会专业化社工队伍建设，为基层工会解决有人干事、有能力干事的实际问题，探索工会工作社会化新模式。杨浦工蕴社会工作服务中心通过购买服务的形式，承接杨浦工会委托街道、镇、经济园区工会有关工会组织建设、维权帮扶、素质工程等服务项目；承接沪东工人文化宫委托的会务管理、教育培训等服务项目；发展建设成为成熟的社会组织，承接企业工会相关工作项目和政府及其他社会组织委托转移的服务项目。（曹理仰）

【**黄浦区工人体育馆新馆落成**】黄浦区工人体育馆系黄浦区总工会下属的事业单位，建立至今已有六十个年头，原址位于普育东路222号。2009年10月，区工人体育馆由黄浦区人民政府批准置换迁建并承担投资，同年12月25日开工建设，2013年8月工程竣工，9月28日试运行，11月9日正式对外开放。（戴桂虹）

【**宝山顾村公惠职工服务社成立**】10月31日，顾村镇总工会召开上海宝山顾村公惠职工服务社成立大会。上海宝山顾村公惠职工服务社的成立，旨在探索解决工会组织在协调劳动关系时出现角色冲突现象，更好发挥工会组织的重要作用。（胡立伟）

【**宝山区工人文化活动中心正式筹建**】2013年，宝山区工人文化活动中心改扩建工程正式列入区政府重大工程计划，各项前期工作正在正常推进，进入整体方案设计，即将开始一体化招标程序。（胡立伟）

【**奉贤区职工援助服务中心正式启动**】6月26日，奉贤区职工援助服务中心正式对外开放。区职工援助服务中心，为区总工会直属公益服务类事业单位。中心启用场所建筑面积达2000平方米，设15个服务窗口，涵盖互助医疗保障、救急济难互助、扶贫帮困、法律援助、就业援助、职业教育、技能培训、健康咨询、心理辅导、退休职工服务、劳模服务、婚姻介绍等服务项目，并设置老娘舅调解室、主席接待室、心理咨询室、职工之家、劳模之家等场所，编印《奉贤职工援助》简报。服务中心与力泉体检中心、创凡人才、谱爱婚介所、上海开放大学奉贤分校等社会组织和机构联合，共建平台、共享资源、共办活动、共推服务，更好打造多元化、综合性、“一门式”工会服务平台。（尹　奕）

【**上海工会管理职业学院完成南宋沉船出水瓷器修复工作**】应海南省博物馆邀请，由学院陶瓷修复专家和专业学生组成的陶瓷修复项目组，前往海南省博物馆承担“十二五”国家出水文物保护重点工程“华光礁1号”南宋沉船出水瓷器的修复工作。在短短一个月内，修复小组共完成350余件南宋沉船出水古瓷器修复，赢得海南省博物馆领导和国家文物局文物保护专家的良好评价。（卢　锟）

技　协

【**概要**】2013年，市职工技协以深化自身改革、转型发展为主线，以建设“职工创新之家”为目标，深化职工创新实践和协作工作，着力增强公益性服务功能。年内，先后印发《市总工会关于在新形势下进一步加强本市职工技协工作的意见》，开展职工技协的专项清理整顿和规范工作，举行“创造学”报告会及2013–2015年度上海职工科普讲师团成员聘任仪式，市职工技协服务中心与市职工科技中心的整合，进一步发挥了职工技协组织在推动职工创新、提高职工技术素质和推进企业技术进步中的作

用，推动了职工技协组织的转型健康发展。（王小龙）

【市技协对云南开展对口协作帮扶活动】 按照沪滇两地技协协作方案，11月11日至16日，上海市职工技协、市机电工会与云南省职工技协联合在上海电气李斌技师学院举办云南省第六期高技能人才培训班，来自云南昆明、楚雄、玉溪、曲靖、红河和文山等地区40名高级数控技能人才参加交流和培训。12月12日至15日，市职工技协会同市医务工会，组织华东医院、第一人民医院、第六人民医院、华山医院、新华医院、曙光医院、同济医院的17位劳模、医学专家到云南保山市和腾冲县实施技术协作项目，开展义诊活动，共义诊病人709人。（陆卫超）

【市技协举行“创造学”报告会及科普讲师团成员聘任仪式】 5月20日，市技协在上海新能源主题公园举行“创造学”报告会及2013—2016年度上海职工科普讲师团成员聘任仪式，包起帆、洪涌清、李斌、徐小平、孔利明、韩明明、郭朝晖、朱文龙、李啸虎、刘宪权、姜培珍、常雅宁、沈丁立、王祥荣、王拥军、杨秉辉、张建军、吴毅、周英、马志英等20位热心职工科技创新工作的大学教授、技术专家、著名劳模和工人发明家被聘为新3年的上海职工科普讲师团成员。受聘仪式后，由上海职工科普讲师团成员、宝钢中央研究院郭朝晖博士为200多名工会干部、职工科技创新活动积极分子作题为“技术创新的观念与方法”报告。（王小龙）

【市职工技协服务中心与市职工科技中心实行整合】 4月1日，市总工会下发《关于整合上海市职工技协服务中心、上海市职工科技中心的通知》，撤销上海市职工科技中心事业单位建制，上海市职工技协服务中心整体转入上海市职工技协服务中心。上海市职工科技中心成立于1984年，属市总工会直管的开展科技咨询、科技投资、科技交流等经营服务活动的事业单位。接到市总工会《通知》后，市职工技协服务中心与市职工科技中心即成立由党政领导班子成员参加的整合工作领导小组和职工稳定、人事关系转移、资金账户转移、资产转移等4个工作小组。至年底，市职工技协服务中心和市职工科技中心基本顺利完成整合工作，市职工科技中心的资产和人员关系已全部划转和并入市职工技协服务中心。（王奇峰）

【市总工会开展职工技协专项清理整顿和规范工作】 8月起，上海各级工会和职工技协积极稳妥、规范有序、全面开展技协专项清理整顿和规范工作。(1)由市监察局牵头，市总工会具体负责，成立由相关部门参加的“市职工技协专项清理整顿工作联席会议”。市总工会专门成立技协专项清理整顿工作领导小组。(2)先后召开“市职工技协专项清理整顿和规范工作会议”“技协组织注销工作专题会”和“清理整顿工作推进会”和培训会，专题动员、部署和推进全市技协清理整顿和规范工作。(3)建立市技协与市工商、税务三方联系、协调机制。(4)针对80家机关、事业单位技协组织在清理整顿中存在的问题，采取“问题分类、集中梳理、各方协调、自行解决”的方法，全部解决14家单位的人员安置问题；有合同问题的单位从55家减少到1家，700份合同减少到3份；有投资问题的单位也从23家减少到3家。(5)全力做好全市政府机关、事业单位技协组织的注销工作，至年底，441家机关、事业单位技协100%注销技协组织并停止“四技”服务活动，全市职工技协停止收缴团体会费。(6)对开展“四技”服务的企业职工技协开展调查，弄清组织、资产、人员情况和主要问题，进一步规范企业职工技协经济行为。（王小龙）

【市总工会印发《关于在新形势下进一步加强本市职工技协工作的意见》】 2月18日，市总工会印发《关于在新形势下进一步加强本市职工技协工作的意见》，要求各级工会组织和职工技协进一步提高对开展技协工作重要意义的认识，不断增强做好新形势下职工技协工作的责任感和使命感，切实把技协工作放在工会工作全局中认真研究，全面部署，努力推进。要坚持“创新、协作、服务”的工作方针，充分发挥技协组织在服务职工创新、培养职工成才中的独特作用，职工技协要成为职工交流技术技能的平台，培养技术和创新人才的学校，开展技术攻关、技术协作的阵地，推广职工技术创新成果的孵化器和凝聚技能人才和创新人才的“职工创新之家”。要求各级工会组织和职工技协坚持从实际出发，加强组织领导，完善工作机制，创新工作方法，严格技协管理，推动职工技协创新转型、持续健康发展。（王小龙）

【市总工会评选第三届上海市职工科技创新新人奖、优秀团队和示范基地】 由市总工会与市发改委、市科委、市教委、市人社局、市知识产权局、团市委和市科协联合举办的第三届上海市职工科技创新新人奖、优秀团队和示范基地评选活动，经基层单位和区县局工会逐级推荐和专家评定，最终在58个区县局(产业)工会上报的105名“新人奖”、103个“优秀团队”和51家“示范基地”候选名单中，评选出50名“上海市职工科技创新新人奖”、30个“上海市职工科技创新优秀团队”和20个“上海市职工科技创新示范基地”。50名新人已提出并实施合理化建议、先进操作法和科研项目339项，申请或授权专利379个；30个“优秀团队”已获得申请或授权专利611个，研制开发的新产品、新技术已实现产值32亿元；20家“示范基地”已获得申请或授权专利3798个，实现销售收入225亿元。（陆卫超）

上海汽车集团股份有限公司工会

中共上海市委书记韩正在上海市劳模座谈会上与徐小平亲切握手

上海汽车集团股份有限公司工会直管企业工会57个。集团工会设经费审查委员会、女职工委员会、工会资产监督管理委员会，综合管理部、组织民管部、经济工作部、文体宣教部、权益保障部和工会资产监管办公室。2013年，上汽集团工会以“面、心、实”活动为主线，传递积极向上动能、激发职工创新潜能、践行工会根本职能、提升工作管理效能，在促进企业与职工共同发展、构建和谐劳动关系中发挥积极作用。上汽集团工会荣获全国企业工会红旗单位称号，并被授予全国五一劳动奖状。

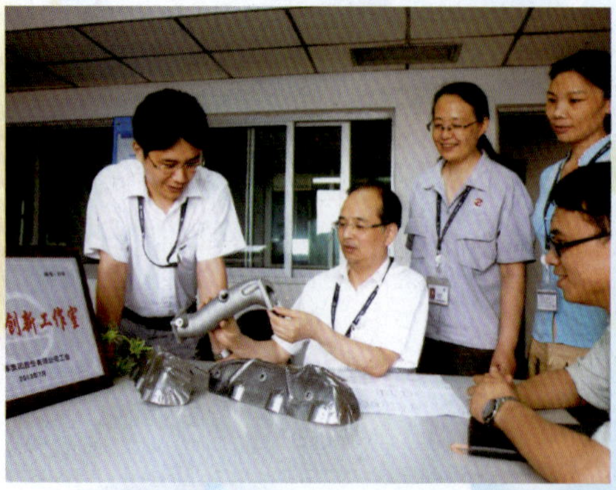

设立上汽劳模创新工作室

上汽集团召开2013年工资集体协商会议

组织职工开展热火朝天的立功竞赛活动

上汽集团开展职业技能竞赛

举办“中国梦·上汽梦·我的梦——金话筒主持演讲大赛”决赛

关爱外派员工

各级工会开展高温慰问，为职工送清凉

上汽集团职工书画协会为职工写春联

春节团拜会上职工表演精彩节目

上海燃气工程设计研究有限公司工会

上海市委书记韩正接见市金杯公司获奖代表

上海燃气工程设计研究有限公司是集规划设计、科研咨询和总承包服务为一体的科技型企业。公司持有国家市政燃气甲级设计、甲级咨询等资质。目前拥有城市高压天然气系统规划设计、超高层燃气供应系统设计等核心技术和诸多专利。人均产值、人均创利、综合竞争力均跻身全国燃气设计企业三甲行列。公司连续10年被认定为“上海市高新技术企业”，连续3届评为上海市文明单位。公司先后获评中国土木工程詹天佑奖、上海市五一劳动奖状，获得上海市金杯公司等称号。经过多年的发展，公司凭借优异的设计水准、丰富的技术储备、雄厚的研发实力以及良好的客户服务，成为上海唯一乃至全国范围内为数不多的、能够全面掌控一个特大型城市燃气管网规划、设计和咨询业务的甲级专业设计单位。

开职代会

举行工资集体协商会议

开展人才培养活动

丰富的职工文化活动

超高层燃气设计

上海市路政局工会

上海市委副书记、市长杨雄到市路政局调研视察井盖“托底处置”机制的详细情况

上海市路政局于2012年4月27日成立，旨在整合管理资源，全面提高道路设施及道路管线的服务管理水平。

2013年，市路政局工会在党的群众路线教育实践活动中，通过开展行业文明创新风、深化立功竞赛、职工文化系列活动，团结引导职工始终把影响行业发展、政府承诺社会、紧贴百姓民生的工作作为全年重中之重。一年来，养护作业市场化改革初显成效，市府实事项目顺利完成，市民、舆论关注的难点顽症得到有效化解。市路政局获得上海市文明行业称号，市路政局工会获得市建交系统2012—2013年度工会工作先进集体称号。

路政局党政领导带队高温慰问一线基层职工

召开2013年度上海市立功竞赛路政赛区中途工作会议

召开“新起点、新水平、行业文明创新风”2013年上海市政公路行业精神文明建设推进大会

路政局举办的“健强体魄、增强动力、加强凝聚”为主题的职工文化系列活动——羽毛球、乒乓球友谊比赛

上海市奉贤区南桥镇总工会

2013年3月，上海市人大常委会副主任钟燕群（中）、时任奉贤区委书记时光辉(左2)、时任奉贤区人大常委会副主任、区总工会主席周龙华(左1)到上海德惠特种风机有限公司检查职代会落实情况

镇党委书记高温慰问一线职工

镇长上门慰问老劳模

镇党委副书记上门慰问市劳模

南桥镇总工会坚持“创新发展、规范建设、服务大局”的工作方针，以“三个推”为目标开展工会工作。（1）“三重一并”力推工会组建。镇总工会大力推进各类非公企业和新经济组织工会组建，探索出“三重一并”工作法，即：以实地实业型规模企业为重点；以餐饮、劳务输出、门店超市等为重点；以农民工为重点，独立建会与扩大覆盖并举。同时，着力构建“小三级”工会组织网络，形成“镇总工会---区域性（行业性）工会联合会---基层企业工会”三级工会组织网络。（2）“三级创优”力推素质工程。镇总工会推动教育培训网络创优、企业和谐劳动关系创优、职工科技创优的“三级创优”工程，着力提升职工素质工程建设水平。积极构建“校、点、堂”职工教育培训网络，对职工进行技术技能、文明礼仪、安全卫生、职业道德、法律知识等方面的培训。同时，联合镇有关部门开展“活力和谐企业”、“十佳劳动关系和谐企业”、“安康杯”竞赛等活动。（3）“三心工程”力推劳权保障。镇总工会以集体协商为主的“安心工程”，以帮扶救助为主的“暖心工程”，以就业援助为主的“知心工程”，共同构筑职工劳动权益保障的防护网。同时，推进规模企业建立“3+X”(职代会、集体协商、厂务公开栏3项基本制度)民主管理制度，积极推进非公企业集体协商工作。在做好日常救急济难工作的同时，推出“下岗失业人员再就业技能提升行动”、“就业岗位、求职人员双推介行动”、“千个岗位进园区行动”等。

镇总工会先后获得全国百家示范乡镇（街道）工会、全国职工教育培训优秀示范点、全国工会职工法律援助维权服务示范单位、上海市模范职工之家、上海市推进厂务公开民主管理工作先进单位，2013年获得全国模范职工之家称号。

镇总工会主席班子走访企业

镇“以案说法”模拟法庭进企业宣传法律

镇专业合作社成立暨第一次会员（职工）代表大会

镇职工教育启动暨职工学校揭牌仪式

“安康杯”竞赛活动之消防安全培训

“建功十二五，岗位争先锋”南桥镇庆祝五一国际劳动节大会

举办南桥镇职工经典诵读活动

上海市人大常委会副主任、市总工会主席洪浩到金桥开发区沃尔沃建筑设备有限公司高温慰问一线员工

金桥工会联合会荣获全国五一劳动奖状

金桥开发区是1990年经国务院批准设立的国家级开发区。现有企业1000多家、从业人员16.9万人，拥有汽车、电子信息、现代家电、生物医药及食品等四大支柱产业，是上海重要的先进制造业基地和新兴的生产性服务业聚集区。

2013年，金桥工会联合会以“布点划片”工作方式，建立7个工会工作指导站，全面推进开发区非公企业工会组建、集体合同签订、劳资矛盾处置、职工科技创新、职工文化活动创建等工作，取得显著成效。目前，金桥开发区企业建会率已达93%，直属工会组织335家，累计覆盖企业1287家，职工总数67294人，会员总数62380人。签订集体合同企业733家，签订工资集体协议企业760家，覆盖职工50470人。金桥工会联合会以“预警、协调、处置”三大工作机制，处置劳资纠纷28起，各企业工会处置劳资纠纷共63起。7月，金桥工会联合会出版专著《走向和谐——上海金桥开发区构建和谐劳动关系实践与探索》。9月,举办第二届职工科技节，大力推进全国示范性劳动竞赛金桥科技创新赛区

金桥综合党委、金桥工会联合会全体工作人员组织长跑活动后的集体照

上海金桥开发区工会联合会

领导为金桥开发区第二届职工科技节先进单位颁奖

松下等离子企业为金桥工会联合会送锦旗

后藤电子公司员工参与南腔北调大比拼

金桥开发区第二届职工科技节电工比武

建设。创建高师带徒示范基地15家，师徒结对644对，199名职工参加第四届技能大比武，各企业开展技能比武活动，共有3356名职工参加。遴选申报浦东新区职工科技创新成果、先进操作法、合理化建议等项目175个，同比增长25%。举办“企业心理咨询师”培训班，培训142名工会干部，收到论文265篇。开展职工心理健康格言征集活动，收到10050条格言，形成“万名职工献格言”氛围。组织3000余职工和外籍人士参加第十二届金桥碧云国际社区长跑比赛，选送声乐、舞蹈、乐器、戏曲等4大类节目45个,参加新区职工“南腔北调大比拼擂台赛”。对特困、大病职工217人次给予17万元帮困补助，各企业工会帮困840人，金额75万元。金桥工会联合会获得全国五一劳动奖状，工会主席吴慧芳被命名为全国“最美基层干部”。

金桥开发区企业心理咨询师培训班开班仪式

上海综合保税区工会

市人大常务会副主任、市总工会主席洪浩参观自贸试验区工会组织开展的劳动竞赛展板

上海综合保税区工会在中国（上海）自由贸易试验区内创新性推进各项工作，探索全覆盖、一体化、有活力的工会工作新路子。一是理论实践创新，联手建立企业劳动关系研究中心；二是组织体制创新，完善“核点线面体”的“球体”组织模式；三是重点工作创新，探索工资协商谈判“3+X”运行方式，形成“行业引领+区域覆盖+市场契入”集体协商签约模式；四是传统工作创新，将行政监管部门纳入劳动竞赛范畴，开展以区域软环境建设为主题的劳动竞赛；五是基层工作创新，以“5F”星级工会创评为抓手，激活企业工会组织活力。上海综合保税区工会获全国五一劳动奖状、全国工会系统先进集体、全国工会职工法律援助维权服务示范性单位、上海市模范职工之家等称号。

市总工会党组副书记、副主席肖堃涛为伟创力获“全国工人先锋号”授牌

工人日报副总编王娇萍到自贸试验区调研工会工作

为第一批五星级工会颁奖

举办区域白领交友活动

上海南方（国际）集团工会

上海市人大常委会副主任、市总工会主席洪浩调研南方公司工会工作

集团领导向全体职工致新春贺词

集团工会春节慰问一线员工

新组建成立的基层工会

南方集团成立于1997年7月，现有7个子公司，总资产60多亿元。近年来，集团的主营业务收入、创税等主要经济指标保持两位数增长，创造就业岗位近万个，综合实力稳居奉贤区百强企业前列。工会紧紧围绕企业中心工作，积极履行工会职能，严格职代会制度，推进劳动关系和谐企业建设，积极开展集体合同、工资集体协商、女职工专项合同签订等工作，在创新实践中进一步增强基层工会组织活力，为奉贤区加快推进“三化两建设”、南方国际广场建设发挥积极作用。

市人大代表、集团党委书记兼总裁江为民带头创造性地开展工会组织“两次覆盖”，成功组建全区首个大型专业市场联合工会，全区首个楼宇工会联合会，全区首个经济园区联合工会，全区首个规模型物流企业独立工会。南方集团先后获上海市先进基层党组织、上海市五一劳动奖状、上海市“两新”组织党建示范点、上海市平安示范单位、上海市职工之家等称号。

集团组队参加区运动会

上海市城乡建设和交通工会工作委员会

市总工会副主席茆荣华调研三航院厂务公开民主管理工作

市建设交通两委举办五一劳模宣传主题活动

市城乡建设和交通工会工作委员会以党的十八大精神为统领，坚持走中国特色社会主义工会发展道路，围绕“创新驱动、转型发展”，主动适应转型要求，坚持党建指导工建、工建服务党建的主线，不断深化劳动竞赛建功立业活动，发挥工人阶级主力军作用；全面推进“两个普遍”，着力构建和谐劳动关系，维护职工合法权益；持续开展“面对面、心贴心、实打实服务职工在基层”活动，推动工会重点工作落到实处；深化职工素质工程，唱响劳动光荣，工人伟大主旋律，用社会主义核心价值体系凝聚人心赢得发展；积极打造学习型、服务型工会，推进工会工作民主化、规范化、科学化，把加强工会自身建设，实现创新发展作为长期目标，努力使工会在服务科学发展、服务基层工会、服务职工群众中发挥重要作用，团结动员广大职工群众为上海经济社会发展作出新贡献。

①

②

③

①朱洪“交通规划与政策研究”劳模创新工作室揭牌
②“劳动最光荣”——上海建设交通系统纪念五一劳动节劳模宣传主题活动
③市建设交通工会举办“一季一赛”职工乒乓球比赛

国网上海市电力公司工会

迎峰度夏期间，市总工会副主席周志军调研工会工作并慰问一线职工

2013年，国网上海市电力公司工会以服务企业大局为中心，提升职工队伍素质，推进“双爱工程”建设，充分发挥各级工会组织的桥梁纽带作用，广泛发动职工群众，围绕“立足岗位、创先争优、建功立业”开展劳动竞赛，群众性技术创新活动中一大批职工发明创造项目和基层创新人才脱颖而出，班组建设管理水平进一步提升，超额完成公司每年20%班组达标的预期目标；劳模精神和先进示范作用影响广泛，职工文化建设和文体活动深入开展，职工文艺舞台百花齐放，工会组织自身建设全面加强，工会干部综合素质全面提高，为全面完成公司年度各项任务作出应有的贡献。

春节期间，公司和工会领导慰问患病在家休养的劳模

深入基层，召开民主管理工作现场考察会。

公司召开庆“五一”劳模座谈会，表彰一批先进集体和个人

举办职工广播操比赛

上海久事公司工会

工会主席在公司工会第七次代表大会上作工作报告

2013年，久事工会围绕企业中心工作，着力发挥工会宣传教育、劳动保护、维权保障、服务协调职能，积极倡导“进取、负责、协作、奉献”久事精神，团结动员广大职工在加快实现“铸就久事精品、再创企业辉煌”的宏伟目标中充分发挥主力军作用。

2013年，久事工会工作取得了六方面的成效：一是以“学习十八大，岗位建新功”为主题的教育实践活动蓬勃开展，节能减排、安全保障、优质服务等劳动竞赛成果显著；二是全面推进厂务公开民主管理，厂务公开先进示范典型培育选树工作取得突破；三是先进典型和技术骨干作用进一步发挥，劳模和首席技师工作室工作不断延伸；四是大力促进企业安全职工健康，“安康杯”竞赛活动覆盖面和影响力不断扩大；五是全力开展送温暖办实事工作，帮困救助体系进一步完善；六是积极巩固职工文体活动阵地，久事乒乓俱乐部成为职工体育健身活动的靓丽名片。

久事所属巴士公交集团获得“全国厂务公开工作先进示范单位”荣誉

一线职工参观公司工会工作图片展

职工在“精品久事，精彩人生”主题摄影展上评选自己最喜爱的作品

公司职工乒乓球队在上海市民体育大联赛中获得佳绩

公司女职工参加烹饪比赛

上海九星控股（集

九星村党委书记出席七宝镇明强小学建校106周年活动，并向明强小学捐赠校车

九星村区域工会联合会由一个独立工会，即：上海九星控股（集团）有限公司工会和1290个工会小组组成，拥有会员7000多人。在参与创建活动前，九星村区域工会联合会就十分注重构建和谐劳动关系。一个偌大的市场，发生劳资纠纷在所难免，为了第一时间发挥工会维权作用，九星村区域工会联合会成立了劳动维权办公室，并整合九星市场司法社会工作综合服务站资源，开展经商务工人员法律维权培训，提升市场内商户职工的自我权利保护意识。针对市场内的特种作业人员，在九星集团和工会的组织协调下，九星每年都会开展特种作业人员上岗证培训。通过这些专业技能的培训，提升职工的安全意识和操作技能，确保职工安全持证上岗。

为加强商户和职工的综合素质教育，九星集团工会每年都会组织开展职工知识竞赛、诗歌朗诵、运动会、消防灭火演习等文体活动。这些职工喜闻乐见的活动，不仅丰富了职工的精神文化生活，也提升了企业的凝聚力。在关爱职工身心健康方面，九星工会多次组织职工开展疗休养活动，帮助职工放松身心。针对女职工群体，九星工会还兴办了女职工周末培训学校和“飞来凤”工作站。在扶贫帮困方面，九星工会建立了区域工会联合会职工帮扶服务中心。

在创建活动中，结合自身会员众多、线多面广的特点，九星工会不断解放思想，大胆创新，加强工会自身组织建设。通过加强与兄弟单位工会之间的联系等方式，不断创新思路，提高工会为职工服务的能力，为全面推进九星集团创新发展、转型提升提供有力支撑。

参加学雷锋服务活动

九星青年志愿者参加便民服务

团）有限公司工会

九星村（集团）举办学习贯彻全国“两会”精神主题报告会暨“九星学堂”揭牌仪式

上海市警备区、民盟书画院等领导莅临九星村

人人做运动，天天练体操

职工书屋一角

开展消防灭火训练

举办第六届“九星杯”知识（技能）竞赛

上海市城市建设投

举办职工科技创新活动论坛

聘任城投首席技师

开展职工技能比武竞赛

劳模先进创新工作室结对签约

2013年，城投总公司工会围绕企业中心，服务大局、服务职工，深入开展工会各项工作。

（1）广泛开展“城投五比五赛，建设美丽上海”立功竞赛和开展“安康杯”竞赛活动，确保圆满完成各项城市运营保障任务，有力推进各项市政重大工程建设。举办首届职工技能比武竞赛，134人合格晋升高级工，4人晋级技师。举办城投职工科技创新成果网上展和职工科技创新论坛，表彰第四届十佳金点子，组织12个劳模创新工作室开展科技攻关。

（2）紧紧围绕企业改革发展形势，坚持不断完善多层级民主管理制度。城投系统100多家单位建立职代会提案制度，近50家单位建立职代会质量评估制度。广泛开展爱心一日捐、金秋助学、帮困结对慰问等活动。向24个公益性企业对外服务品牌、11个环卫职工宿舍进行高温慰问并配置冰柜。全年360余名领导干部结对关心496名困难职工（家庭），

资开发总公司工会

城投总公司第四届职工文化活动参与“天天演”专场演出

开展班组长岗位培训

9000名职工获得近96万困难帮扶金。深化“五星六型”班组建设，重点开展班组标准化管理、班组长培训、班组民主管理、班组互助关怀等活动。

（3）开展“共筑中国梦·劳动最光荣”主题宣传活动，召开城投巾帼表彰会和五一表彰会，积极弘扬工人阶级伟大品格和劳模精神。加强职工宣传文化阵地建设，创办“上海城投职工沙龙”微博，组建完善城投合唱团参加市五一大合唱活动获“五一文化奖”。坚持做好职工《思想动态》收集。举办第四届职工文化节，参与“天天演”专场演出等，举办摄影、书画篆刻、收藏、漫画展，展出各类作品600余件。

（4）深入开展群众路线教育实践活动，各级工会干部深入一线，向职工宣传企业发展战略和职工权益相关政策法律知识，为职工办70余项实事好事，建设完善30个职工小家，开展工会工作创新创特色成果征集评比活动，收集成果材料47项。

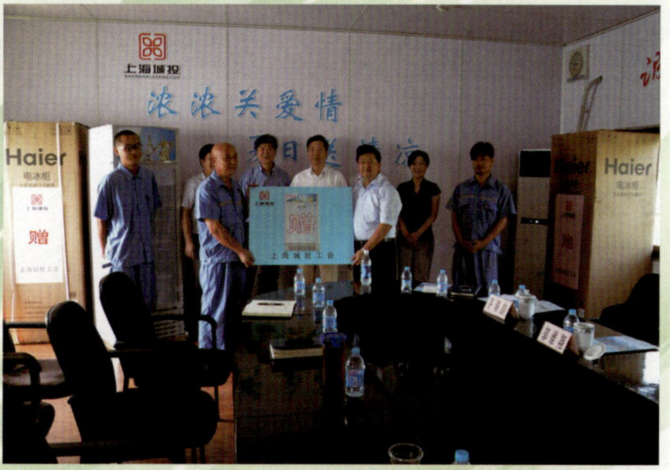

高温慰问一线对外服务品牌和班组职工

开展金秋助学活动

上海建工集团股份有限公司工会

集团党委副书记、工会主席高温慰问一线职工

上海建工集团股份有限公司是中国建设行业的龙头企业，具有国家工程规划设计、施工和房地产开发等最高等级资质，现有职工3万余人。集团工会坚持把围绕集团发展大局和维护职工合法权益作为工作的主线，把工会工作融入到企业中心工作、融入到职工群众、融入到和谐企业建设中。

一是开展“三精竞赛”，促进企业科学发展。以“工程出精品、队伍出精英、竞赛出精神”为宗旨，在各项重大工程建设中精心组织广大职工投入“精品杯”建功立业活动，促进集团连续12年保持两位数增长，营业额和新签合同额双超1200亿元。两次获全国五一劳动奖状。

召开上海建工集团股份有限公司职代会

二是建立“十项制度”，推进和谐企业建设。包括三级民主管理制度、重大事项职代会报告制度、涉及职工切身利益的重大方案职代会票决制度、职工代表提案制度、职代会民主管理专门委员会工作制度、职工代表巡视检查制度、集体协商集体合同和工资集体协商制度、民主评议领导干部制度、职工代表民主参与选聘企业经营者制度、职代会质量评估制度等。集团获全国厂务公开先进单位称号。

三是落实“五项措施”，深化职工素质工程。围绕社会主义核心价值观开展各类主题教育活动；通过宣传劳模先进事迹、设立劳模创新工作室等，用劳模精神激励职工；积极开展职工文艺汇演和体育赛事；开展“创争”活动；办好各类技能培训班和农民工夜校。6年以来，集团共有54位个人被评为全国或市级以上劳模和五一劳动奖章，28个集体被评为全国或市级以上劳模集体。集团被列为“上海市高技能人才培养基地”。

四是完善“四项机制”，竭诚服务职工群众。完善调查研究机制，及时掌握职工所思所需；完善双向沟通机制，搭设经营者与职工沟通平台；完善集体协商机制，通过职工最低工资标准高于本市标准10%等协议；完善困难帮扶机制，做到帮困工作全覆盖。集团荣获全国送温暖先进单位称号。

五是坚持“五管齐下”，加强工会自身建设。坚持“工程干到哪，工会建到哪”，做到对国内外项目和农民工群体工会工作“全覆盖”；坚持每年对工会干部形势任务教育和开展工作研究；坚持举办工会干部培训班；坚持工会主席述职考评；坚持评选工会特色工作。集团工会两次获得全国海员建设工会先进基层组织称号。2013年获全国模范职工之家称号。

举办“劳模创新工作室”现场推进会

组织京西宾馆工程立功竞赛中途表彰推进大会

举办职工技术比武开幕式

举行“共筑建工梦”——庆祝上海建工创立60周年职工文艺汇演

上海市医药工会

上海医药集团党政工领导高温慰问生产一线职工

积极推进工资集体协商谈判

市医药工会下辖基层工会79个，职工2.71万人，会员2.67万人。（1）围绕上药新三年发展规划，以“当好主力军、建功新上药”为主题开展劳动竞赛、合理化建议征集评选活动；组织开展4期305名班组长岗位培训，推进学习型班组创建；组织开展9个项目技能竞赛，202名职工参赛。（2）以党的十八大精神为引领、努力

开展员工技能大赛

组织企业工会会员参加集体休养

全国劳模樊水玉创新工作室成员为老人提供安全用药服务

为实现“上海医药三年计划”努力奋斗

实现中国梦、上药梦为目标，宣传贯彻集团三年发展规划和核心价值观，推进劳模创新工作室创建；举办2013年上海医药集团先进表彰暨迎春联欢晚会，打造雁式团队理念。（3）发展和谐劳动关系，培训职工代表1200余名，进一步明确厂务公开的内容、程序、途径、责任部门和职责范围；基层单位签订工资集体合同，占总数90%以上；医药工会会同行政共同下发《关于规范劳务派遣工用工的规定》，维护劳务派遣工合法权益；43家企业1087个班组1.6万名职工参加全国“安康杯”竞赛活动；全年组织近万名会员赴沙家浜、西山、黄山休养院休养。（4）制订2013年度基层工会工作目标考核表（分为国企和外资两种），扎实推进自身建设，5家基层工会被评为上海市模范职工之家，7家分工会被评为上海市模范职工小家；5家换届选举单位全部实行工会主席直选。

开展2013年先进评选表彰工作

参加上实集团第六届职工运动会

上海市徐汇区天平街道总工会

天平街道地处衡山路-复兴路历史风貌保护区内，有商务楼宇13幢，各类企业2300余家，职工1.8万余名。

天平街道总工会按照“组织起来，切实维权”的工作方针，认真贯彻落实上级工会深入推进“两个普遍”的工作要求，不断扩大工会工作的覆盖面，实现建会率达到88%以上。立足街道经济和社会发展的实际情况，以构建和谐劳动关系为核心，发挥社区党工共建机制优势，充分发挥工会“组织、引导、服务、维护”的作用，抓分级建制、典型引路、服务指导，努力为企业和职工办实事、做好事，推进区域性居民区工会联合会建设，支持餐饮和物业两个行业工会每年开展极具特色的职业技能大比武，彰显窗口服务行业职工的精神面貌与专家能手的自信魅力，在全市成立第一家餐饮行业计划生育协会，深受企业、职工的喜爱。天平街道总工会紧紧围绕强化维权机制，构建“和谐之家”；抓好素质提升，打造“成才之家”；开展助力行动，为辖区内企业和职工做好服务工作，建设“温馨之家”，竭诚为职工群众提供温馨港湾和精神依靠。

近年来，天平街道总工会获得全国工会职工法律援助维权服务示范单位、全国模范职工之家等全国荣誉称号，获得上海市先进基层工会女职工组织、上海市工会女职工示范学校、上海市厂务公开民主管理最佳成果奖、上海市推进劳动关系和谐企业创建活动先进单位、上海市模范职工之家等市级先进称号。

天平社区成立全市首家餐饮行业计生协会

举办物业行业汉字听写比赛

餐饮行业工会为阳光之家学员集体过生日

看望老一辈艺术家、全国劳模秦怡

向五一劳动奖章获得者献花

看望市人大代表柏万青

召开劳动关系协商委员会工作会议

成立小区工会联合会

延锋汽车饰件系统有限公司工会

延锋汽车饰件系统有限公司原名延锋伟世通汽车饰件系统有限公司，由华域汽车系统股份有限公司投资建立，业务覆盖汽车内饰、外饰、座椅、电子和安全等五大领域，在国内外整车客户集聚区设立100余个研发生产基地。

完善职代会等制度建设，深化企业民主管理

延锋以“成为世界上最好的汽车零部件供应商”为愿景，为国内外整车制造商提供零距离的及时化供货与服务。近二十年来，公司积极践行“做大市场、做强技术”的两个“三级跳”战略，建立起回应市场需求的工程技术能力和整合型、可扩展的符合卓越绩效模式的内部管理系统，通过与国际战略伙伴的紧密合作和发展，不断提供超越客户期望的高质量产品与全方位服务，受到广泛的市场赞誉。

近年来，延锋凭借在持续推进企业文化建设、不断深化企业民主管理与自觉履行企业社会责任方面的卓越表现，先后获得“全国机械行业企业文化建设先进单位”、“全国模范职工之家”、“全国学习型组织先进单位”、“上海市五一劳动奖状”、“上海市质量金奖企业”、“上海市文明单位”、“上海市工人先锋号”、“上海市厂务公开民主管理工作先进单位”、“全国五一劳动奖状”等诸多荣誉。

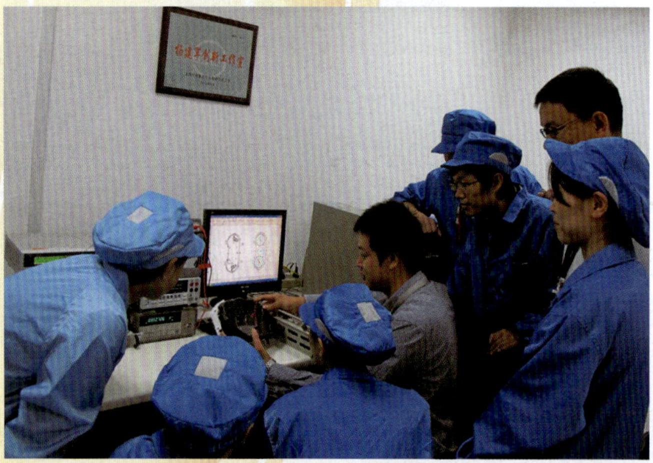
创建“劳模创新工作室”，激发创新引擎

深化班组建设，激活班组活力

公司党政始终坚持以思想引领、组织引领、学习引领、文化引领为公司发展凝心聚力，为经济工作有质量、可持续发展提供了强劲动力。在2013年公司整体发展再创新高的基础上，2014年，延锋将继续以市场导向战略为指导，坚持不断创新，客观、冷静地把握机遇，切实、有效地应对挑战，保持唯实、奋进的家园文化，站在新的起点上，迈出再跨越的坚实步伐，再次出发！

师徒结对，夯实技师队伍建设

搭建年度艺术节、体育节等多种文化平台，营造“家园文化”氛围

推进质量专题文化，牢牢把握质量基础

丰富文化建设载体，推动文化理念落地

开展多层次、多角度劳动竞赛，推动创新创效

与崇明乡村建立“四季帮扶”机制，延伸家园文化

连续主办18届“延锋杯”上海市职工五人制足球锦标赛

援建汶川地震灾区18所留守儿童小学，长期助学江西婺源、安徽岳西等贫困学校

交通银行上海市分行工会

2013年交通银行上海市分行工会紧紧围绕“两化一行”的发展战略和“二次改革”任务目标，团结带领广大干部员工为实现“改革创新、转型发展”作出积极的贡献。

（1）开展以“汇聚正能量，助推新发展”为主题的全员劳动竞赛，通过精心部署和过程管理，夯实竞赛基础，扩大参与面，最大限度地吸引广大员工积极参加，搭建起员工岗位建功的平台。

（2）以“创建学习型组织”为载体，大力弘扬“拼搏进取、责任立业、创新超越”的交行精神，创新学习方式，引导广大员工结合工作实际，进行多途径和多方式的学习，实现个人与企业共发展、共进步。

（3）注重以人为本和规范制度，加强民主管理工作维护员工权益。通过职代会制度深化落实广大员工的知情权、参与权和监督权，促进企业和谐健康发展。

全国金融五一奖章获得者——松江支行行长宋滨

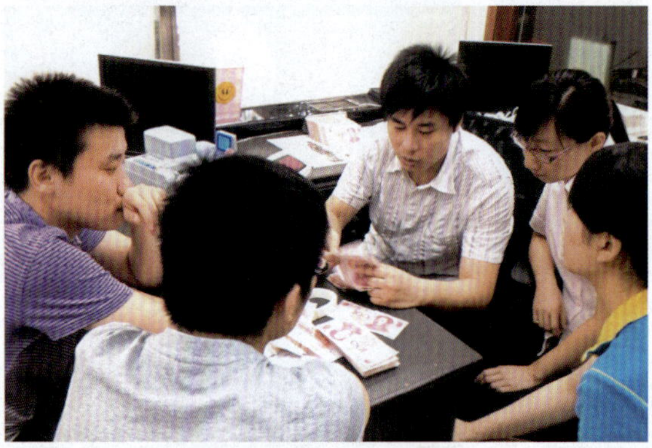

开展员工技能培训和交流

（4）秉承“快乐工作、健康生活”的宗旨，搭建各种形式的文体娱乐平台，活跃员工业余生活。关注员工身心健康，开展心理咨询讲座和“幸福指数”的测评，深入开展“关爱行动”，为实现“幸福交行”目标提供支撑。

设立爱心妈咪小屋

温馨的“职工之家”——员工休息室

举办2013年交通银行上海市分行职工趣味运动会

上海现代建筑设计（集团）有限公司工会

集团党政工领导高温慰问设计现场职工

上海现代建筑设计（集团）有限公司是一家以建筑设计为主的现代科技型企业，集团旗下拥有华东建筑设计研究总院、上海建筑设计研究院有限公司等20余家专业公司和机构。2001年至2013年连续10多年被美国《工程新闻记录》（ENR）列入“国际工程设计公司200强”和“全球工程设计公司150强”，2013年位列全球第64位。

集团工会召开全委（扩大）会议

签订职工工资集体协议专项合同

举办“美丽现代、心灵感悟”主题英文演讲比赛

召开“美丽现代，巾帼添彩”集团三八红旗手（集体）颁奖大会

申能（集团）有限公司工会

集团领导高温慰问生产一线工作人员

集团领导慰问大病困难职工

申能（集团）有限公司工会团结动员广大职工围绕市总工会工作重点和集团“十二五”规划及年度经营目标，以“践行党的群众路线，推进厂务公开民主管理学习调研活动”为重点，以创建“学习型、服务型、创新型”工会为目标，以整合各方优质资源为抓手，协同推进群众性劳动竞赛，积极推动和谐劳动关系建设，普遍开展工资集体协商，全面落实日常帮扶慰问，参与组织企业文化建设，着力改进工会干部工作作风，为促进集团和谐稳定发展作出积极贡献。2013年集团所属吴淞煤气制气公司获全国工人先锋号、申能星火热电有限责任公司发电工会获全国模范职工小家等称号，申能财务公司获上海市五一劳动奖状。

集团工会举办创先争优同业务竞赛成果发布评审会

集团工会组织“关于开展践行党的群众路线，推进厂务公开民主管理学习调研活动”

集团举行职工游泳比赛

中国电信上海市工会

上海电信工会指导装维外包企业召开职代会

举行第七届全员读书日活动

组织装维督导技能竞赛

作为上海信息化建设的主力军，中国电信上海公司积极推进上海智慧城市建设，为方便百姓享受信息新生活作出积极贡献。

上海电信是大数据时代新环境下的通信行业领军企业，工会进一步结合企业实际，创造性地开展工作，为中国特色社会主义工会发展道路注入更多内涵和更大活力，在服务上海经济社会发展和实现职工群众权益中发挥更大作用。

2013年，上海电信各级工会组织以推进党的群众路线教育实践活动为契机，主动适应移动互联网时代的要求，紧密结合中国电信“一去两化”转型发展的需要，在公司各级党政领导的关心和支持下，以“服务员工全面发展，促进队伍和谐稳定；增强员工创新能力，助力企业转型发展”为工作方针，紧紧围绕企业中心工作，积极推进“员工素质提升工程、助力发展创新工程、民主管理深化工程、职业文化拓展工程、员工关心关怀工程、自身建设完善工程”的建设，坚持以人为本，全面关心关爱员工发展，切实维护员工合法权益。

举办第四届员工文化艺术节舞蹈比赛

开展第十一届员工健身日活动

上海建工七建集团有限公司工会

承建中国博览会会展综合体工程

七建集团系上海建工集团主要成员，国家建设工程施工总承包特级企业，集团被上海市人民政府命名为“建设精锐”，连续4年在上海市建筑施工综合考评中名列第一。

集团工会努力营造“和谐为本，追求卓越”的企业发展环境，坚持“三个融入”，“面对面、心贴心、实打实”做好工会服务职工各项工作。以职工的需求和满意度作为和谐建家的衡量标准，努力做到企业与职工共同发展；大力倡导先进的企业理念，形成共同的价值观，增强企业凝聚力；坚持以重大工程建设为舞台，围绕上海迪斯尼、世博央企、虹桥商务区等重大工程建设，开展形式多样的竞赛活动，为企业的坚实发展发挥积极的助推作用。集团先后获全国创建和谐劳动关系模范企业、全国模范职工之家、全国厂务公开民主管理先进单位、全国模范劳动关系和谐企业等称号，2013年获上海市市长质量奖。

荣誉证书

授予 上海建工七建集团有限公司

2012年度上海市市长质量奖荣誉称号

上海市人民政府 市长：

2013年 8月22日

上海市长质量奖

召开平等协商会议

召开十四届八次职工代表大会

集团成立50周年纪念大会

中国移动上海公司工会

新春佳节来临前，公司党委书记慰问患病员工

公司总经理慰问节日期间坚守在一线的员工

中国移动上海公司工会有会员9274名，其中派遣制托管会员4768名。2013年公司工会以“树好排头兵、抓好大练兵、竞赛用好兵”三兵当先，大力营造劳动光荣、创造伟大的氛围，激励员工建功立业。一是树好排头兵。大力弘扬劳模精神，培育劳模梯队，组织历届劳模及家属疗休养；积极参与公司“最美移动人”评选，宣传奉献在一线、奉献在岗位的职业风范。二是抓好大练兵。以班组或部分为单位，进行日常岗位培训；公司层面，全覆盖举办专业培训和岗位技能比武，涌现了一批“技能达人”，创建“微笑大使”全国劳模景伟娟劳模工作室、首席技师工作室等，带动更多一线员工提升岗位技能。三是竞赛用好兵。大力倡导创新型、智慧型劳动，鼓励员工成为专家。同时，积极探索劳动竞赛新形式和新的激励方式，通过奖励等多种评价体系使一线员工的劳动成果得到真正的认可。

①继续举办2013年“放大美丽，让幸福满格；扩容爱心，让真情提速”爱心义卖、义演活动
②组织历届劳模及家属疗休养
③公司合唱团员参加市总工会主办的首届上海市民文化节、第七届上海职工文化艺术节“劳动最光荣”上海市职工合唱比赛

上海燃气浦东销售有限公司工会

公司成立于2000年10月，是申能集团直属燃气集团系统单位。主要负责原浦东地区天然气业务发展、销售服务、输配管理和施工安装等相关工作，现有员工709人，用户115万，年直供售气量6.19亿立方米。公司工会结合当前形势和行业特点，以“凝聚、服务、提升”为工会“创先争优”工作主线，以“服务科学发展，服务职工群众，共建和谐浦销”为工会“创先争优”工作目标，引导广大职工加强职业道德教育，立足本职，岗位建功，在促进企业发展、维护职工权益、构建和谐企业等方面发挥积极作用，有序、有效、有利推进“创先争优”活动。公司先后获得上海市五一劳动奖状、市职工最满意企业、市厂务公开民主管理工作先进单位、市文明单位、全国安康杯竞赛“上海赛区”优胜单位、全国模范职工之家等称号，HSE管理体系认证企业，连续8年被评为上海市重大工程立功竞赛优秀公司。

召开四届二次职代会

举办工资集体协商会

听“最美基层干部”吴慧芳授课

开展安全行车技术比武

获申能集团游泳比赛团体第一名

华东电网有限公司工会

公司领导赴皖电东送特高压工地检查慰问

2013年，中国能源化学工会华东电力工作委员会（华东电网有限公司工会、华东分部工会）贯彻落实中国工会十六大精神，围绕企业中心工作，服务大局，进一步促进企业和员工共同发展。一是积极组织引导职工深化建功立业活动。弘扬劳模精神，倾心打造华东电网“陈建民劳模创新工作室”，举办华东电网第三轮调度系统技术技能竞赛。二是加强日常民主管理工作，服务企业稳定发展大局。三是关心关爱职工，完善帮扶长效机制。组织华东电网劳模疗休养，关爱劳模先进的工作生活。四是组织系统（华东地区）书画创作采风活动，读书征文，各类讲座，举办华东电网系统第十一届“团结杯”网球友谊赛，促进职工身心健康。五是加强工会自身建设，举办培训班，提升工会工作水平。公司王凯获上海市五一劳动奖章、调度中心运方科获上海市五一劳动奖状、调度中心继保科获上海市工人先锋号称号。

公司领导参观指导陈建民劳模工作室

举行“119”消防演习

华东电网第三轮技术技能竞赛（自动化专业）决赛

举办“携手蛇年、共创辉煌”联欢会

第九城市计算机技术咨询(上海)有限公司工会

公司是国内知名的网络游戏开发商和运营商，位于浦东新区张江高科技园区。九城的工会工作紧紧围绕企业中心任务，深入开展工会组织建设。2013年，在第九城市工会成立10周年之际，员工入会率已达到97%。

工会成立10年来的发展，从无到有，从弱到强，发扬无私奉献和开拓创新精神，使九城工会对外成为九城品牌体系的一部份，对内成为连接管理层和基层员工的重要桥梁，推动企业和谐发展、促进职工同步成长。10年来，工会也伴随企业的发展而不断取得新成绩，获得全国双爱双评先进企业、全国模范职工之家等称号，公司工会主席王勇被评为全国优秀工会工作者。

九城工会主席作为代表参加中国工会十六大

工会年终总结大会

召开四届二次职代会

与属地派出所结对共建

六一儿童节 家庭日活动

迎新年 员工游园会活动

国药控股股份有限公司工会

国药控股党政工领导高温慰问一线职工

党政工领导节假日走访困难员工及结对帮扶贫困村村民

国药控股股份有限公司是中国医药集团总公司所属核心企业，成立于2003年1月，2009年9月在香港上市。公司已发展为中国最大的药品、医疗保健产品分销商及领先的供应链服务提供商，拥有并经营中国最大的药品分销及配送网络，形成药品分销、物流配送、零售连锁、药品制造、化学试剂、医疗器械、医疗健康产业等相关业态协同发展的一体化产业链。位列中国医药商业企业销售额榜首。

公司工会紧紧围绕企业中心工作，积极履行工会各项职责，引领职工为实现公司发展规划和各项经营目标建功立业；首次对上海地区公司工会进行先进评选活动，激励工会干部的工作积极性；积极贯彻市总工会“2013年上海市厂务公开民主管理工作要点”精神，坚持一年两次开展党政领导与职工代表对话会；坚持在节假日关心走访困难员工，关注劳模生活，在高温时节关心一线员工；工会充分利用《国药控股》报、国药控股网站、OA内网、楼道视频、楼层音响设备、宣传展板等宣传教育阵地开展职工教育；举办文艺汇演、运动会、演讲比赛、亲子活动、员工俱乐部等活动，陶冶职工情操，增强凝聚力。

召开党政领导与员工代表恳谈会

“生命之光”国药控股股份有限公司成立10周年文艺汇演

开展丰富多彩的员工俱乐部活动

上海铁路局工会

上海铁路局第十届职工代表大会第三次会议召开

2013年，上海铁路局工会在路局党委和上级工会的正确领导下，深入学习贯彻党的十八大、十八届三中全会、习近平总书记系列重要讲话和中国工会十六大精神，工会围绕中心、服务大局，群众性生产宣传活动取得新成效；选树典型、弘扬先进，劳模先进作用发挥取得新成效；狠抓质量、源头维护，深化民主管理工作取得新成效；以人为本、关心关爱，改善职工生产生活取得新成效；昂扬精神、鼓舞士气，繁荣职工文化建设取得新成效；立足规范、提升素质，加强工会自身建设取得新成效。团结带领广大职工主动作为，创新发展，在全面推进上海局科学发展的征程中发挥主力军作用。

路局领导与职工代表座谈

上海铁路局工会获全国总工会“会员评议职工之家示范单位”

上海铁路局第五届职工技能竞赛开幕式

承办全路首届健身排舞和柔力球培训班

白龙港第一污水输送分公司工会

举办“陈吉明工作室”青年职工技能登高活动开班仪式

亲切慰问大年初一辛勤工作的一线员工们

上海市城市排水有限公司白龙港第一污水输送分公司主要承担着浦东地区的防汛排水和污水输送的运营管理任务。分公司搭建排水公司首席技师陈吉明工作室和分公司“党员技术交流站”的平台，以“安康杯”活动为载体，以泵站“6S”管理为抓手，全面提升员工的自身素质，实施“提技能、保输送”的岗位大练兵和技术比武。2013年，城投总公司技术比武中囊括机泵操作三级和四级的一等奖，多人获得岗位等级提前晋级，孟勇杰被授予城投机泵操作岗位技术能手称号。通过合理化建议活动，提炼“金点子”，在节能减排和降本增效、安全输送和科学调度等方面取得成效，获得多项国家专利，有2项分获上海市优秀发明银奖和铜奖。分公司大型泵站多次获得排水公司“6S示范泵站”和“6S优胜泵站”，为城市的防汛排水安全运行作出积极贡献。

举行白一输送分公司首批“名师高徒”签约活动

开展青年职工技能登高活动

分公司M2班组孟勇杰荣获2013城投总公司职工技能比武竞赛“岗位技术能手”称号

上海国盛（集团）有限公司工会

集团召开一届三次全委扩大会议

集团一届三次职工代表大会

集团“双十佳”评审会

国盛工会辖直属工会6家，基层工会54家，现有工会会员1.02万人。（1）深入贯彻党的十八大及集团第一次党代会精神。在开展党的群众路线教育实践活动和产业集团改革调整过程中，到生产经营困难的企业、困难职工多的企业、劳动关系矛盾突出的企业、工会工作相对薄弱的企业，面对面地与职工交流，心贴心地做职工思想工作，实打实地为职工和企业服务。（2）不断深化民主管理，切实维护职工合法权益和职工队伍稳定。召开一届三次职代会审议通过《国盛集团职业病防治专项集体合同》，切实维护职工的生命健康权；召开厂务公开座谈会，切实保障职工群众的知情权、参与权、表达权、监督权。（3）弘扬劳模精神，积极开展各类劳动竞赛。深入开展“安康杯”竞赛活动，积极营造安全文化，开展评选“十佳岗位明星”、工人先锋号、职工职业道德建设“双十佳”活动，提升职工技能和素质，做好帮扶等工作，凝聚广大职工力量为集团发展作贡献。

集团领导与女职工共庆三八妇女节

“安康杯”竞赛先进表彰

上海市浦东新区教育工会

浦东新区教育工会现有基层工会组织486个，工会会员30252人。2013年，区教育工会紧紧围绕党政中心工作，以学习贯彻党的十八大精神为主线，组织开展“我心中的梦”主题征文活动，发挥先进典型的示范引领作用，提升广大教职工的思想道德素质；以构建和谐校园为目标，开展《职代会条例》贯彻实施情况回头看检查，加强教代会代表培训，完善教代会提案制度，提高教代会代表履职能力，深入推进校务公开民主管理；以提升新形势下工会干部履职能力为重点，举办工会干部培训班，编写工会工作案例，开展工会课题研究，提升工会干部业务能力。获2013年度浦东新区模范职工之家称号。

浦东新区总工会主席姜鸣为工会干部培训班作辅导报告

工会干部参加集体朗诵

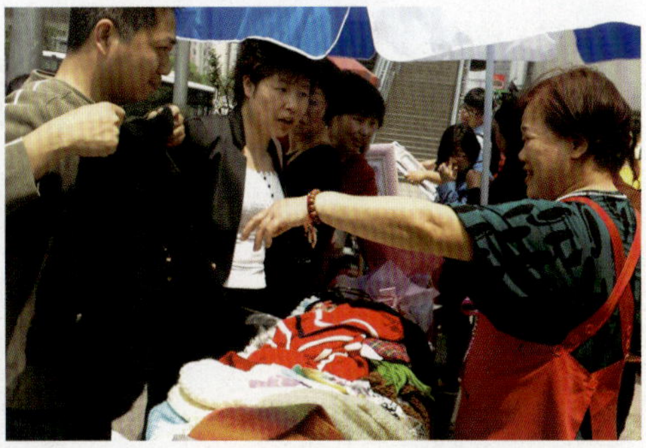

女教师手工艺品参加义卖活动

举行教工乒乓球比赛

教师表演舞蹈《中国梦》

上海石油化工股份有限公司工会

高温慰问一线职工

2013年，上海石化工会学习贯彻党的十八大、十八届三中全会和中国工会十六大、上海市工会第十三次代表大会精神，进一步贯彻落实党的全心全意依靠工人阶级的根本指导方针，以建设“国内领先、世界一流”炼化企业为目标，在围绕打造公司一流进程中，切实保障广大职工的主人翁地位，保护、调动和发挥职工的积极性、主动性、创造性，进一步发挥职工群众主力军作用，进一步巩固并发展以职代会为基本形式的厂务公开民主管理制度，进一步增强工会组织的创造力、战斗力、凝聚力，推进工会整体工作，在公司改革、发展、稳定大局中发挥了重要作用。

举行“顾文兰劳模创新工作室”揭牌仪式

召开公司班组长形势任务教育座谈会

举办上海金山石化文化艺术节职工作品展

第五届职工运动会开幕式

上海柴油机股份有限公司工会

全国劳模纪丽伟工作室被命名为上汽集团创新工作室

上海柴油机股份有限公司工会加强服务经济能力建设，深入推进“先锋号在行动”，在加强和谐劳动关系建设，依法维护职工权益；加强职工素质能力建设，提高职工队伍综合素养；加强工会自身建设，提升工会工作效能方面取得新成绩，公司被全总命名为职工法律援助维权服务示范单位。

2013年，围绕销售年以及R、H、E系列新品上市等重点工作，开展四大立功竞赛活动；深化合理化建议、VAVE、QC、“五小”攻关等创新创效活动的立体联动机制；打造“三园”班组，建立班组“小家文化墙”，推行“望闻问切”工作法等。维护职工合法权益，深化职工代表大会制度，强化集体协商，做好职工贴心人，实施360度帮扶，打造“悦读越精彩”职工学习服务品牌和“尚彩”季演季赛季展职工文体活动品牌，营造尊严生活、体面劳动、舒心工作的良好氛围。

设立班组小家文化墙，推进班组文化建设

推进零缺陷质量战略，命名公司首条“绿色生产线”

举行纪念“三八”国际劳动妇女节表彰会

开展迎新春为职工写春联活动

中国联通上海市分公司工会

上海联通总经理春节慰问劳模

中国联合网络通信有限公司上海市分公司（简称上海联通）工会是上海联通各级工会组织的管理机关，是在中国联通集团工会、上海市总工会、上海联通党委领导下的企业工会。

2013年，上海联通工会以学习贯彻十八大精神为主线，以“发展、维护、服务、凝聚”为目标，从支撑经营发展、加强民主管理、启动员工帮助计划、员工关爱工程、加强自身建设等方面入手开展工作，不仅促进企业快速、健康、和谐发展，而且贴近员工，贴近一线，以具体行动将公司的关爱传递给广大员工，引起广大员工的思想共鸣，进一步增强企业凝聚力，进一步扩大工会组织在员工中的影响力。

上海联通正式启动EAP项目

举行2012年劳动竞赛表彰暨2013劳动竞赛动员会

举办上海联通第二届乒乓球个人挑战赛

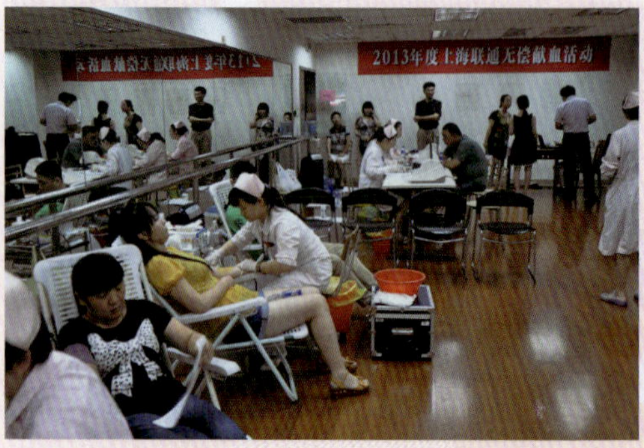

积极组织动员职工参加2013年无偿献血

上海市建筑科学研究院（集团）有限公司工会

2013年市建科院集团工会贯彻落实党的十八大精神和中国工会十六大精神，围绕院集团十二五规划目标任务，发挥工会组织在经济转型期的功能与作用，构建和谐劳动关系。

院集团工会组织、引导、教育职工坚持科技创新理念，依托重点工程立功竞赛活动的舞台，服务于上海城市建设和院持续发展的大局，以优异成绩争创市优秀公司十六连冠和上海市“劳动关系和谐职工满意企业”四连冠，深化建家工作、院务公开民主管理工作、职工素质工程建设及工会干部队伍的自身建设，使工会干部和职代会代表的民主管理、源头参与、依法维权的意识进一步得到加强，企业内部的凝聚力也进一步得到增强；工会的桥梁纽带作用以及在维护职工切身利益，关注民生、改善民生，真心实意为职工办实事、做好事、解难事等方面，取得新进展和新突破。

慰问战高温一线员工

劳模创新工作室揭牌

重大工程立功竞赛中途推进

召开员工总结交流会

职工运动馆落成

和谐企业创建成果展示

黄浦区南京东路社区（街道）总工会

召开小微企业职代会

向荣获全国“双爱双评”企业先进工会颁牌

向职工书屋颁牌

黄浦区南京东路社区（街道）总工会围绕服务和发展两大主题，推动社区（街道）工会工作创新发展。以非公企业工会组建、集体协商的“两个普遍”工作为切入点，积极构建和谐劳动关系；以弘扬劳模精神和开展素质教育工程为引领，深化立功竞赛发挥主力军作用；以援助服务和职工文化为着力点，维护职工合法权益和传递工会正能量；以工会组织建设和民主管理为要务，创建“职工之家”增强凝聚力，提升影响力。

截至2013年12月末，本辖区内的工会组织数达到294个，其中：独立工会235家（个）、联合工会59家（个），覆盖30余幢商务楼宇和2655家企业单位；覆盖职工42766人，职工会员数40958人。职工会员队伍规模进一步壮大。

荣获全国“模范职工之家”、全国“百家示范街镇工会”的南京东路社区（街道）总工会，以奋发有为的新姿态，回应职工新期待，展示工会新作为。

组织青年职工交友活动

创建职工之家推进会

楼宇职工运动会

F 友好交往

Friendly Intercourse

上海工会年鉴

2014

专文摘要

上海工会外事工作展望和要求

上海市总工会副主席　杨永平

上海各级工会要进一步增强做好新形势下工会外事工作的自觉性和主动性，认真履行工会外事管理和服务职能，主动服务国家总体外交和上海经济社会发展，积极促进工会对外交流交往，在建设社会主义国际化大都市中发挥工会组织不可替代的重要作用。

当前，国际形势的剧变、中国国力的上升和海外利益的增长，维护和延长中国重要战略机遇期，给工会外事工作服务国家总体外交提出新要求。各级工会要积极应对经济全球化新形势和国际工运发展新变化，认真分析、准确把握，继续高举和平、发展、合作、工人权益的旗帜，加强与上海市建立友好关系的国外工会组织及地区的交流和协调，热情接待好其他国家工会对上海的交流访问，深化与港澳台工会和劳动界的交流合作，共同携手解决转方式、调结构情况下努力提高劳动者素质、维护劳动者权益的新课题。要积极拓展工会外事工作平台，交流阐述各自经济社会发展情况、核心利益、政治制度和工会工作宗旨，促进建立公正合理、民主和谐的国际工运新秩序，推动国际工会关系朝着相互尊重、友好合作、民主和谐的方向发展。

各级工会要牢固树立政治意识、大局意识、责任意识和服务意识，正确把握工会外事工作方向；开展调查研究，积极主动地宣传中国特色社会主义工会发展道路和工会工作成果，树立中国工会良好的国际形象；健全工作制度，不断拓宽与国外工会的培训合作领域，努力提高工会外事工作干部的政治素质和业务素质，提升工会外事工作总体水平。

综　述

2013年，上海工会坚持“独立自主、互相尊重、求同存异、加强合作、增进友谊”的对外工作方针，把握工会对外工作的特点和规律，注意发挥工会民间外交优势，积极开展工会对外交流，各项工作取得成效。(1)加大宣传力度，展示工会形象。在对外交流活动中，积极主动地宣传中国改革开放30多年来的成就，宣传上海改革开放和现代化建设的最新成果，介绍上海加快实现“四个率先”、加快建设“四个中心”、建设社会主义现代化国际大都市的新进展。(2)加强培训研讨，提高工会干部业务素质。组织部分区县局(产业)工会干部赴德国进行为期3周的工会业务培训，学习借鉴德国工会的有益经验；与加拿大等国工会组织举行工会工作研讨会，围绕大力推进“两个普遍”、提高职工素质和加强技能培训、推进厂务公开和民主管理、加强劳动保护和维护职工合法权益，以及构建和谐劳动关系等工会中心工作，有针对性地开展工作研讨。(3)做好国外友好工会团队来访接待工作。接待来自世界各国和地区的41个工会代表团共235人次。通过交流，有选择地借鉴世界各国工会的有益经验，借鉴市场经济国家在长期探索劳资矛盾处理中形成的经验和做法，更好维护职工的合法权益。(4)做好出访交流工作。组织出访13批团组共73人次，分别赴美国、德国、巴西、日本、韩国、法国、比利时、摩洛哥等国进行交流访问，基层产业工会对外交流得到进一步开展。(5)积极开展同港澳地区工会组织的交流。9月23—26日，由市总工会、上海社科院和市台办共同主办“2013沪台工会论坛暨第六届沪台民间论坛”。论坛邀请包括国民党中常委姚江临、侯彩凤、李昭平、李德维，台湾民意代表吴育仁以及台湾劳动党主席吴荣元等台湾工会及劳动界代表90余人来沪参会。200余位来自沪台两地的专家、学者、教授以及工会工作者参加论坛，就“产业结构调整与职工素质提升”议题开展研讨和交流。同时，积极组织市区县产业工会赴台湾进行工会业务交流，组织赴台工会业务交流团15批共198人次。（沈雄德）

2013年上海工会与外国和台港澳工会主要交往简表

团　　名	时　　间	交　往	人　数
摩洛哥公用事业工会访华团	2月28日－3月8日	来访	7
巴西工人总联盟访华团	3月24日－3月30日	来访	5
日本横滨市劳动组合联盟第15次访华团	6月8日－6月11日	来访	6
越南胡志明市劳联访华团	6月24日－6月29日	来访	6

续 表

团　　名	时　　间	交　往	人　数
上海工会赴德培训团	7 月 2 日 –7 月 22 日	出访	19
市总工会访问美国、澳门代表团	9 月 2 日 –9 月 9 日	出访	6
阿根廷工人中央工会布宜诺斯艾利斯市分会访华团	9 月 12 日 –9 月 19 日	来访	2
市总工会访问巴西代表团	11 月 4 日 –11 月 9 日	出访	6
市总工会访问比利时、法国代表团	11 月 26 日 –12 月 3 日	出访	6
市总工会访问韩国、日本代表团	12 月 1 日 –12 月 8 日	出访	6
市总工会女工赴台湾交流访问代表团	12 月 2 日 –12 月 9 日	出访	14
市总工会访问摩洛哥、香港代表团	12 月 19 日 –12 月 26 日	出访	4
市总工会访问台湾代表团	12 月 20 日 –12 月 27 日	出访	6

（张国峰）

【2013 沪台工会论坛暨第六届沪台民间论坛在沪举行】 9 月 24—26 日，由上海市总工会、上海社会科学院、上海市海峡两岸交流促进会共同主办的 2013 沪台工会论坛暨第六届沪台民间论坛在上海千禧海鸥大酒店举行。200 余位来自沪台两地的专家、学者、教授以及工会工作者参加论坛，就“产业结构调整与职工素质提升”议题进行研讨和交流。中共上海市委常委沙海林，上海市人大常委会副主任、市总工会主席洪浩在论坛开幕前会见中国国民党中央常务委员姚江临、侯彩凤等部分参会的台湾工会代表，并与全体台湾嘉宾合影留念。沙海林代表中共上海市委、上海市政府向论坛的成功举办表示热烈祝贺，市人大常委会副主任、市总工会主席洪浩，市人民政府台湾事务办公室主任李文辉，上海社会科学院院长王战，中国国民党中央常务委员、中华两岸劳动关系发展协会理事长姚江临，中国国民党中央常务委员、海峡两岸劳工交流发展协会理事长侯彩凤、台湾劳动党主席吴荣元等出席论坛开幕式。市总工会副主席杨永平主持论坛开幕式及大会。其间，与会台湾嘉宾赴上海青草沙水源地原水工程、上海长江隧桥工程参观考察，与上海浦东新区总工会、上海汽车集团工会、闸北区总工会和上海电信集团工会开展分组交流。（竺　敏）

工会出访

【概要】 上海工会代表团在出访中积极介绍中国及上海的经济社会发展情况、工会主要工作，注意学习对方有益经验和成功做法，广交朋友，增进友谊。赴德培训的上海工会代表团成员通过学习，全面了解德国工会为其会员争取安全工作环境、更高工资和福利待遇等有关情况；访美代表团 6 天时间中会见 8 个劳工团体，宾主双方互通信息，交流工作，叙述友情；上海工会代表团首访比利时、法国时，参加由法国总工会罗阿大区举办的“可持续发展”研讨会，通过广泛交流开辟合作交流新途径；赴韩、日访问的上海代表团了解釜山劳总的运行情况、主要工作和日本工会的“春斗”形势；女工代表团首次访问台湾，对其劳动关系现状、工会工作及女职工保障情况有了新的了解；上海代表团访问摩洛哥时，加深了解该国工会工作的情况。（张国峰）

【上海工会代表团访问比利时、法国】 应比利时总工会和法国总工会罗纳—阿尔卑斯大区的邀请，以市总工会秘书长张立群为团长的上海工会代表团一行 6 人于 11 月 26 日至 12 月 3 日对比利时和法国进行友好访问。访问期间，代表团受到比利时总工会及其下属工会（中央工会、运输工会）的热情友好接待。代表团分别

上海市工会代表团访问比利时安特卫普港口工会　（华山青　供）

拜访位于布鲁塞尔的比利时总工会、比利时中央工会和位于安特卫普的比利时运输工会总部，与比利时总工会总书记安妮·戴莫琳娜女士、比利时中央工会总书记罗伯特先生、欧洲建筑与木工工人联合会总书记山姆先生，以及比利时运输工会主席维克托先生等工会干部就双方共同感兴趣的问题交流座谈。代表团还实地考察布鲁塞尔城市建设项目、安特卫普码头工人培训中心以及安特卫普港集装箱码头等，并与所在单位的工会干部、资方行政管理人员以及基层工会干部等广泛接触、深入交流、增进友谊。比利时总工会国际部政策顾问克里斯蒂安先生和洛朗先生全程陪同代表团在比利时的交流访问活动。在法期间，代表团先后访问里昂和巴黎，拜会法国总工会罗纳－阿尔卑斯大区总部、法国总工会巴黎总部和法国罗纳－阿尔卑斯大区议会，参加由法国总工会罗阿大区举办的“可持续发展”研讨会，张立群团长代表中方作主旨发言。在拜会法国罗阿大区议会和法国总工会罗阿大区总部时，议会欧洲事务与国际关系合作局局长杰拉德先生和法总罗阿大区总书记布律诺·布维埃先生分别介绍有关情况。双方回顾了上海市总工会与法国总工会罗阿大区建立友好关系18年来两会之间的交往历史，总结两会就社保体系、社会对话、职业培训等议题探讨交流所取得的成果。面对新形势，布律诺总书记表示，经济危机对欧洲的影响仍然非常严重，经济停滞不前、失业率不断上升。当时，法国的失业率大约是10%—11%，西班牙则更为严重，失业率达到25%。采取何种新的措施刺激经济，促进经济健康、可持续发展是欧洲当前面临的严峻问题。张立群团长表示，中国人民对法国人民是有特殊感情的，当年法国总统戴高乐将军打破西方国家对中国的偏见，领导法国率先与中华人民共和国建立外交关系。这次上海市总工会代表团为友谊而来，并得到大家友好的接待，希望双方把友谊继续下去。在经济全球化的今天，法国工会在目前经济状况下，努力为工人争取利益的做法，值得学习和借鉴。在“可持续发展”研讨会上，张立群团长也就相关主题作了阐述。他表示，2003年，中国共产党第十六次全国代表大会明确提出“科学发展观”，要坚持以人为本，树立全面、协调、可持续的发展观，促进经济社会和人的全面发展。10多年来，中国取得了很大的成绩和进步，但也面临很多挑战。要实现可持续发展需要解决三个重要问题，一是人与自然界的关系；二是人与社会的关系；三是发展成果如何分享的问题。他列举上海大力发展公共交通、节能减排、治理各种污染等保护环境的重要举措，工会作为枢纽型社会组织发挥参与社会管理和社会治理的重要作用，以及工会作为工人利益的代表者和维护者参与社会对话、开展工资集体协商、推动最低工资不断提高所取得的成果。（竺　敏）

上海市工会代表团访问巴西银行和保险业工会　（管一珉 供）

【上海工会派员赴德培训】 7月2—22日，由上海市总工会国际部副部长竺敏率领的上海工会代表团一行19人，赴德国参加为期21天的工会组建专题业务培训。在德学习培训期间，代表团拜会德国工会联合会、德国工会联合会北威州分会、德国五金工会北威州分会、德国警察工会北威州分会、北威州工会、德国服务行业工会、马伯格医疗系统工会等多家工会组织；走访奔驰汽车公司柏林分厂，并与该厂企业委员会成员座谈交流；参观位于杜塞尔多夫市郊的德国五金工会北威州培训中心。通过学习培训，代表团成员全面了解德国五金、服务业、警察、公务员、医疗卫生等行业工会为其会员争取缩短工时、更安全的工作环境、更高的工资和福利待遇的有关情况，以及德国工会工作的基本原则、工会组织结构、吸引和服务会员、集体谈判的内容和过程、工会与企业委员会的关系等方面内容。代表团向德方人员宣传和介绍上海工会组织建设及维护职工权益等方面的工作，增进彼此的了解和友谊。通过为期三周的系统学习培训，代表团成员对德国工会情况有了比较深入和系统的了解，学习德国工会的经验做法，进一步增强走中国特色社会主义工会发展道路的决心和信心。（王珍宝）

【上海市总工会代表团访问巴西】 11月4—9日，应巴西工人总联盟邀请，以上海市总工会副主席周志军为团长的上海工会代表团一行5人，赴巴西进行为期6天的交流访问。代表团访问考察巴西圣保罗、巴西利亚、里约热内卢三地，拜会巴西工人总联盟总部、巴西保险业工人工会、最高劳动法院、巴西银行和保险业联合会总部，并举行座谈。主要启示：一是工会要善于团结凝聚职工，积极促进经济社会发展。巴西经济在上世纪80年代发展迅猛，但因发展模式单一，此后经济停滞不前。中国工会要努力培育高素质职工队伍，积极开展群众性经济技术活动，充分发挥工人阶级主力军作用，促进实现中国经济的升级。二是工会要把集体协商工资谈判作为重中之重，完善工作机制，提高工作成效。巴西社会财富分配不均现象十分严重，而依赖罢工的工资谈判则不可持续。上海工会要大力推进工资协商集体谈判，增强协商的实效性，通过职工代表大会平台，切实维护好职工群众的合法权益。三是工会要加强劳动争议调解工作，促进化解劳动关系矛盾。巴西劳动争议案件完全由法院审理，对人际之间、人与社会之间的和谐有不利的一面。中国较早建立基层劳动争议调解组织，既坚持法治原则，鼓励和帮助职工利用法律途径维护自身合法权益，同时，发挥工会组织优势，加强基层调解，推进审理、仲裁、调解一体化。（刘卫新　管一珉）

【上海市总工会代表团访问美国和澳门】 应美国洛杉矶县劳工联合会和澳门工会联合总会邀请，以上海工会管理职业学院副院长吴萌为团长的上海市总工会代表团一行6人，于9月2—9日访问美国旧金山、洛杉矶及澳门等地。访问期间，代表团与8个劳工团体进行交流。在美国旧金山，代表团分别与国际电器工人兄弟会535分会负责人维克托·尤诺、旧金山劳工理事会主席蒂姆·保尔森以及阿拉美达县劳工理事会书记兼司库乔西·卡马乔等会谈；参观国际电器工人兄弟会的培训中心和伯克利大学，访问奥克兰港口，与旧金山码头和仓库工人工会第10分会同庆劳动节。在洛杉矶期间，代表团拜会洛杉矶县劳工联合会，与玛丽亚·艾莉娜·杜拉佐总书记等工会领导举行正式会谈，并参观洛杉矶港口，与国际码头和仓库工人工会13分会主席克里斯·维拉蒙蒂斯、63分会主席迈克尔·波多、食品和商业职工联合会770分会主席里克·伊卡扎等会谈；走访加州大学洛杉矶分校劳工研究中心，与加州教师工会联合会副主席、加州大学洛杉矶分校劳工教育研究中心主任肯特·王就工会干部的素质要求、培训课程的开发、大学生通用能力和工会干部专业能力的培养等问题进行广泛交流，代表团邀请其在方便的时候来上海工会干部学院授课；玛丽亚在晚餐期间与代表团交流工会在完善社会保障制度以及参与管理方面的经验，代表团邀请其在方便的时候率团访华。访问中，代表团向美国、澳门同行介绍中国上海工会的有效运作，特别在维护职工权益、沃尔玛工会组建等方面所做的工作以及工会管理职业学院的教学近况。（曹一玲）

【上海市总工会代表团访问摩洛哥和香港】 应摩洛哥公用事业工会邀请，以上海市总工会党组副书记、副主席肖涛为团长的上海市总工会代表团一行4人，于12月19—23日对摩洛哥进行友好访问。在拉巴特，代表团与摩洛哥公用事业工会副主席、公用事业工会拉巴特分会书记艾尔·曼亚里·拉希德和摩洛哥公用事业工会司库、公用事业工会所属健康保险与社会保障协会主任阿鲁谢·布夏伯等进行业务交流。在卡萨布兰卡，代表团拜访摩洛哥劳工联合会总部，与总书记艾尔·米鲁迪·穆哈拉克、司库兼公用事业工会主席艾哈迈德·哈利利、全国书记艾哈迈德·巴哈里斯等领导进行正式会谈；在卡萨布兰卡工会活动中心，代表团与哈利利主席等公用事业工会领导友好交流。在马拉喀什，代表团同公用事业工会马拉喀什会书记法拉哈·穆罕默德和前书记卡夏尼·穆罕默德会面，并参观工会活动中心。代表团利用各种机会向摩洛哥工会同行介绍中摩两国和工会间的友好交往史、上海工会组织结构和主要工作。通过交流，对摩洛哥工会的情况及其所开展的工作有更深的了解，一是工会通过办实事来为职工服务。公用事业工会通过低价从政府拿到土地，在已有9个活动中心基础上将再建9个活动中心，有游泳池、足球场、篮球场、网球场、健身房、餐厅等设施。马拉喀什工会活动中心占地80公顷，100多间客房，供会员及其家属度假，每间房每夜只需5美元。二是工会领导和工作人员间平等相待。工会干部都是志愿者，在公司兼职来领取薪水，工会雇员的收入则来自工会会费。12月24—26日，代表团应香港工会联合会的邀请顺访香港。其间，代表团与梁富华副会长等深入交流，增进友谊。（张国峰）

【上海市总工会代表团访问台湾】 应海峡两岸劳工发展交流协会邀请，以上海市总工会副主席杨永平为团长的上海市总工会代表团一行6人，于12月20—27日对台湾进行交流考察。在台访问期间，积极宣传上海工会工作，并对台湾工会的历史、现状、组织机构、活动原则、工作机制、劳动关系现状等主要职能作用和法律地位进行考察了解。代表团先后在新北市、台北市、台中市、高雄市、嘉义市、新竹市、桃园县访问当地总工会，并召开座谈会，分别与台湾加工出口区产业工会、全国产业总工会、高雄市产业总工会、高雄市机械总工会、屏东县职业总工会、台湾国际造船股份有限公司企业工会、中华航空公司企业工会、台湾自来水产业工会、台湾土地银行企业工会、中华邮政工会等有关领导和部分职业、产业工会负责人进行座谈。座谈会上，台湾工会有关负责人介绍台湾的工会组织建设、工作内容和劳工的社会保障、医疗保障状况；上海代表团团长杨永平介绍

上海市工会代表团访问韩国期间拜会釜山劳总　（崔春吉　供）

上海经济和社会发展显著成就，介绍上海工会的职能、性质、地位、组织以及工会在构建和谐企业、和谐社会中所做的工作及所发挥的作用。代表团访台期间，受到海峡两岸劳工发展交流协会理事长侯彩凤和中华两岸劳动关系发展协会理事长姚江临以及台湾工会界朋友的友好接待。（黄　吉）

【上海市总工会代表团赴韩日友好访问】 12月1—8日，应韩国劳动组合总联盟釜山地域本部（以下简称釜山劳总）和日本横滨市劳动组合联盟（以下简称横滨市劳联）邀请，以市总工会副主席何惠娟为团长的上海市总工会代表团一行6人赴韩国和日本进行为期8天的友好访问。在釜山访问期间，受到以李海守议长为首的釜山劳总的友好接待，进行深入的会谈。釜山劳总向代表团着重介绍该组织的运行机构和主要工作。釜山劳总有下属20个产业工会，拥有353个基层工会、123559名会员，釜山劳总本部有工作人员42人。代表团赴首尔拜会韩国劳动组合总联盟（简称韩国劳总）本部，观看反映韩国劳总发展历史的宣传短片，参观韩国劳总本部并广泛交流。在日本期间，代表团先后与横滨市劳联、联合大阪、大阪市劳联座谈交流。随着日本经济有所复苏，横滨市劳联、联合大阪、大阪市劳联都将配合日本工会总联合会全面组织开展“春斗”活动，争取工资进一步提升。在日本，工会组建工作和日常工作一般不靠媒体宣传，常用工会刊物、传单以及工会活动进行宣传。如“春斗”，就是日本工会充分利用每年春天职工加入工会的高潮时而推出的活动，既帮助职工争取提升工资，也充分利用这个时机在社会上大造舆论、广泛宣传、显示工会力量。在座谈交流时，何惠娟团长代表上海市总工会分别与韩国、日本工会交换意见，介绍上海工会在组织建设、会员发展、职工维权等方面的做法与成效，并希望能深化工会组织的民间交流。在访问横滨期间，代表团与以横滨市政府总务局山限局长为首的11位政府官员，就养老、发挥女职员潜力等问题深入交流。（崔春吉）

【市总女工代表团赴台湾交流访问】 12月2—9日，应台湾中华两岸劳动关系发展协会邀请，以市总工会女工部部长邵新宇为团长的上海工会首批女工干部交流团一行14人，赴台湾进行为期8天的访问。代表团拜会新北市总工会、大台南总工会、中华两岸劳动关系发展协会、台北市劳工妇女协会等组织，对台湾劳动关系现状、工会工作及女职工保障情况深入了解。台湾现行有关女职工保护的主要法律有《劳动基准法》《性别工作平等法》《就业服务法》《性骚扰防治法》等。在女职工劳动保护方面，《劳动基准法》设立女工专章；在两性平等方面，2008年修改的《性别工作平等法》中第8至11条对于录用、考核、升迁中性别歧视的问题予以禁止。代表团拜访台北市劳工妇女协会于1990年由台北市产业职业工会女性劳工共同发起设立，以改善女性劳工权益、妇女生活、发挥劳工妇女潜能为宗旨，致力于开展女职工劳动法律制定、妇女劳资合作、亲职教育推广、会员联谊康乐、关爱弱势群体等工作。在台南总工会，代表团参观总工会开办的餐厅，为弱势女职工群体进行皮雕、烘焙、手工艺品等相应技能培训的同时吸纳部分女职工就业。另外，台湾当局设立的公共服务场所几乎都有供育婴妇女使用的哺乳室。（刘　芳　管一珉）

上海市工会女职工赴台交流团访问“立法院”　（管一珉　供）

【上港集团工会出访日本】 9月24—29日，应日本大阪港湾劳动组合协议会邀请，上港集团工会第七次访日代表团一行6人赴日本大阪港进行为期6天的友好访问。访问团与日本大阪港湾劳动组合协议会进行广泛交流，增进上海港工会与日本大阪港工会之间的相互了解和友谊。（张晨琦）

团队来访

【概要】 2013年，上海工会共接待40余批来访团队。巴西工人总联盟代表团在沪时，市总工会主席洪浩会见代表团一行，并向客人们介绍上海改革发展情况和工会主要工作，表示在上海转型发展中，工会要维护好职工权益，促进职工全面发展。来访的日本横滨市劳联代表团与工会管理职业学院就“上海工会工作面临的主要课题及其对策”和“上海老龄化社会现状及其对策”等问题举行专题研讨会。美国联合汽车工会在沪座谈时，上海工会向客人介绍上海工会的整体情况、集体协商和女工特色工作，美方表示职工的福利与企业的发展是密不可分的，美国工会希望提高劳动生产率，实现企业和工人双赢。经上海市总工会牵线，上海建工集团工会与澳大利亚昆士兰州建筑、森林、矿产和能源产业雇员工会代表团在沪签订友好交流合作协议，市总工会副主席杨永平主持签约仪式。此外，阿根廷工人中央工会布宜诺斯艾利斯市分会代表团首次访华，摩洛哥公用事业工会第二次派代表团访华，越南胡志明市劳联代表团再次访华；在沪期间，

上海工会与来访客人互通最新工会信息，增进彼此间的合作与友谊。（张国峰）

【阿根廷工人中央工会布宜诺斯艾利斯市分会代表团首次访华】 9月12—19日，应上海市总工会邀请，阿根廷工人中央工会布宜诺斯艾利斯市分会代表团一行2人对上海、杭州和北京进行友好访问。此次系阿根廷工人中央工会布宜诺斯艾利斯市分会首次应上海市总工会邀请派团访华，旨在更多地了解上海工会的情况，增进两地工会间的交流合作。代表团在沪期间，上海市总工会副主席杨永平会见代表团，向来宾详细介绍上海工会的组织结构和主要工作，并回答客人有关问题。（张国峰）

【巴西工人总联盟代表团第四次访华】 3月24—30日，应上海市总工会邀请，由巴西工人总联盟副主席、巴西银行和保险业工会联合会主席洛伦索·费雷拉·普拉多率领的巴西工人总联盟代表团一行5人对上海进行友好访问。3月25日，上海市总工会主席洪浩在市总工会贵宾室会见代表团一行，并向客人们介绍上海改革发展和工会主要工作情况。他表示，上海工会在上海转型发展中，要有所贡献，要维护好参与发展的职工权益，促进上海职工全面发展，提升职工地位，为职工做好事、办实事。洛伦索表示，中国有5000年历史，而巴西500年前还处在原始状态。所以，是抱着向中国学习的态度访华。过去代表团的成员大多是下属工会主席，而这次主要是技术骨干，希望与中国同行在法律维权等方面进行交流。2012年巴西经济增长乏力，但通过工会努力实现职工收益增长。他介绍巴西银行和保险业工会联合会艰苦的工资谈判过程和集体协议的执行跟踪情况。市总工会副主席肖堃涛和副主席周志军会见巴西工会代表团。肖堃涛向他们介绍上海工会按照全总要求开展“面对面、心贴心、实打实”活动，到基层去，到企业去，了解情况，改进工会各项工作的情况。代表团在沪与市金融工会工作委员会、工商银行工会进行交流，参观银行博物馆。在天津市，代表团走访天津市总工会和保税区工会，参观困难职工帮扶中心、城市规划展览馆、太平洋国际集装箱码头、邮轮母港和进出口商品展示中心等。（张国峰）

【摩洛哥公用事业工会代表团第二次访华】 2月28日至3月8日，应上海市总工会邀请，由副主席艾尔·曼亚里·拉希德率领的摩洛哥公用事业工会代表团一行7人访问上海。3月1日，市总工会副主席周志军会见代表团，向他们介绍上海经济发展和工会工作的情况及在创新驱动、转型发展中工会面临的各种新挑战。拉希德团长表示，此次来访的目的是加强双方工会的友好关系。最近两年，由于人民要求民主自由，反对专制和腐败使有些阿拉伯国家发生大动荡。受其影响，摩洛哥出现抗议活动。国王接受人民建议，同意修改宪法，局势遂稳定下来。工会要参与修宪，人权和工会权利需要得到重视，工人的社会保障制度包括体检等健康保险应予完善。工会还要与其他部门合作，关心普通员工、青年人和儿童在政治、经济、社会、文化教育、医疗卫生等各个领域的权利。在沪期间，代表团赴闸北区参观苏州湾规划展示中心，并与区总工会进行交流。（张国峰）

【日本横滨市劳动组合联盟代表团第15次访华】 6月8—11日，应上海市总工会邀请，以执行副委员长奥山英一为团长的日本横滨市劳动组合联盟（以下简称横滨市劳联）代表团一行6人访问上海、苏州等地。横滨市劳联是由横滨市政机关、公用事业、教育卫生等系统组成的地方公务员工会协议会组织，下属6个加盟工会，会员2.6万多人。自1985年起，横滨市劳联与上海工会建立友好交往，并于翌年正式缔结友好交流关系。迄今，双方以隔年互访形式分别组派10余次代表团。此次，横滨市劳联访华代表团与上海市总工会、上海市工人疗养院、上海工会管理职业学院以及苏州市总工会进行广泛交流。代表团访问上海工会管理职业学院之际，就“上海工会工作面临的主要课题及其对策”和“上海老龄化社会现状及其对策”等问题举行专题研讨会。上海工会管理职业学院两位教师向代表团成员详细介绍，并进行互动交流。（崔春吉）

【上海工会和美国联合汽车工会在沪举行工会工作座谈会】 7月29日，上海市总工会国际部、法律部、女工部和上海工会管理职业学院的有关人员与美国联合汽车工会代表团在沪举行工会工作座谈会。中方介绍上海工会的整体情况、集体协商和女工特色工作等。美方代表团团长毛琳·费茨蒙斯介绍，上世纪70—80年代，美国保守政府不断削弱工会权利和《劳动法》作用，致使企业大量使用劳务派遣工和临时工，非正式用工比例已占职工总数的60%。在没有工会的企业里，有的雇主将退休年龄延迟至72岁；贫富差异不断扩大，职工收入持续下降。先前美国汽车制造工人待遇很好，但在过去25年里工人薪酬和生活水平不断下降。原本工会很强硬，但2008年国际金融、经济危机后，工会认识到管理层往往做几年就走，而职工则依赖于企业，他们的福利与企业的发展是密不可分的。因此，美国工会向国外工会学习，希望提高劳动生产率，实现企业和工人双赢。在企业困难时，汽车工人会作出让步，平均每人减薪700美元。此外，美国不像中国那样给女性平等的机会，妇女工资只有男性的70%。美国联合汽车工会与包括中华全国总工会在内的多国工会建立友好关系。毛琳·费茨蒙斯认为，不同国家的工会有不同的文化，可以相互学习和借鉴。各国工会加强国际交往很重要，是大有裨益的。比如，通过工会国际合作，能将外国在美国投资的企业职工组织起来，通过改善同德国汽车公司管理层的关系，不断为职工谋利益；美国工会通过帮助哥伦比亚、印度等国组建工会，给这些国家的政府、企业和职工带来好处。（张国峰）

【越南胡志明市劳联代表团访华】 6月24—29日，应上海市总工会邀请，由主席陈清海率领的越南胡志明市劳动者联合会代表团一行6人访问上海、杭州和北京。25日，市总工会副主席杨永平会见代表团，并向客人们介绍上海经济社会发展情况和上海工会在组织职工入会、维护职工合法权利等方面所开展的工作。随后宾主双方就共同关心的问题进行探讨。在沪期间，通过市教育工会安排，代表团参观了东华大学。（张国峰）

【沪台工会论坛与会台湾代表赴浦东新区交流考察】 9月25日，沪台工会论坛与会台湾代表到浦东新区交流考察。代表团一行现场观看南汇新城镇、南汇嘴观海公园、滴水湖，参观南汇新城镇行政服务中心，沪台双方进行座谈交流。考察中，双方就工会发展、临港地区建设等开展深入交流探讨，并表达进一步开展合作交流的愿望。（张真琦）

【沪台工会论坛与会台湾代表赴闸北参观交流】 9月25日，沪台工会论坛与会台湾代表赴闸北参观交流。代表团一行先后参观上海市北高新技术服务业园区、工艺美术大师陈海龙工作室、行健职业学院实训基地、大宁中心广场，并游览浦西大宁灵石公园，近距离体验闸北深厚历史底蕴和文化内涵，切身感受闸北创新转型发展态势。（黄　欢）

【韩国釜山港运工会代表团第七次访华】 12月11日，韩国釜山港运工会第七次访华代表团成员到上海盛东国际集装箱码头公司参观洋山深水港，公司向客人们介绍上港集团的发展历史和现状。双方就职工权益保障等议题进行友好交流，双方表示将继续深化两港工会交流，进一步增进两港工会了解和友谊。12月12—16日，韩国釜山港运工会访华代表团成员还前往上港集团九江港务公司参观交流和考察。（张晨琦）

【上海电信工会参加中德职工职业继续教育研讨会】 10月22日，上海电信工会参加由上海市总工会和弗里德里希艾伯特基金会举行的中德职工职业继续教育研讨会。上海电信工会副主席徐伟参加会议并交流发言。此次研讨会就政府、工会、企业和职工共同参与构建职工继续教育课题开展研讨。近年来，上海电信工会以服务企业深化转型、培养造就高素质职工队伍为目标，深入开展以“创建学习型组织，争做知识型职工”为载体的职工素质教育，为企业发展，工会发展和员工发展做出积极努力，为公司全业务经营和移动规模发展做出积极贡献。（殷　茵）

【美国加利福尼亚教师工会联合会代表团访华】 由美国加利福尼亚教师联盟副主席肯特·王带领的美国加州教师工会联合会访问团应上海市教育工会邀请访华。12月10日，代表团参观访问虹口区第四中心小学、华师大一附中校园并座谈。（周宝宏）

【瑞典教师工会代表团访问上海】 2月22—27日，应上海市教育工会邀请，以爱娃·利兹·雪林主席为团长，约根·林德为秘书长的瑞典教师工会代表团一行访问上海。代表团在上海参观思南路幼儿园、华师大附属卢湾辅读实验学校、格致中学和上海市行政管理学校。代表团对上海思南路幼儿园教育理念十分赞赏，对上海在辅读教育方面达到的人性化、个性化水平非常钦佩。代表团拜会上海市教育工会，双方进行友好坦诚的交流。（周宝宏）

【美国劳联—产联主席首次访华赴市职保会参观】 10月12日，美国劳联—产联主席查理德·乔姆卡在全国总工会书记处书记江广平和上海市总工会副主席杨永平陪同下，到市职工保障互助会参观交流，了解上海工会在开展职工互助保障等方面所做的工作。双方就如何帮助职工在遇到疾病和意外时获得更多保障进行交流。美国劳联—产联是美国最大的全国性工会联合会，成立于1955年，下属57个产业工会，1200万会员，此次是该会主席首次访华。（朱正瑜）

参加“沪台工会论坛”与会代表赴闸北行健学院参观交流
（黄　欢）

友好工会

【阿根廷工人中央工会布宜诺斯艾利斯市分会】 阿根廷工人中央工会创建于1992年，是阿根廷最大的工会组织，现有会员130多万名，分布在司法系统、公共部门、教育、卫生、大学、新闻媒体、影视、造船、港口、铁路、筑路、矿区、冶金、石油、原子能、轮胎制造、制糖、烟草、住宅合作社等部门和行业及非正规行业和退休人员群体。现任总书记为巴勃罗·米切利。阿根廷工人中央工会布宜诺斯艾利斯市分会有10多万名会员。工会重视对干部的培养，提高组织和工作能力。工会组织职工开展法律培训、技术培训，促进其就业，并知道如何维权。工会积极参与政治民主活动，反对新自由主义政策，在国家政治生活中享有举足轻重的地位。近10多年来，工会努力为职工、失业工人、退休人员、土著人群和无家可归者服务，在促进就业、教育、环保、社会公正、安全生产和卫生保健等方面作出贡献。为了适应经济全球化发展和职工队伍结构变化，该会采取一系列新的思路和对策，取得良好的效果。2008年12月，阿根廷工人中央工会内务书记、阿根廷司法人员工会联合会总书记维克多·梅迪比尔随世界工联主席理事会代表团访问北京后顺访上海。在沪期间，上海市总工会与维克多达成相互交流的意向。2009年9月，上海市总工会首次派团对阿根廷进行友好访问。在布宜诺斯艾利斯，上海工会代表团团长肖堃涛副主席同维克多等进行会谈，双方互通工会信息，并就建立友好交流关系达成一致意见。2011年10月，以汪兰洁副主席为团长的上海工会代表团再次应邀访问阿根廷，并与阿根廷工人中央工会布宜诺斯艾利斯市分会正式签署友好交流协议。2013年9月12—19日，应上海市总工会邀请，阿根廷工人中央工会布宜诺斯艾利斯市分会代表团一行2人首次对上海进行友好访问。（张国峰）

【上海建工集团工会与昆士兰州建筑、森林、矿产和能源产业雇员工会建立友好交流关系】 8月10—17日，应上海市总工会和上海建工集团工会的邀请，澳大利亚昆士兰州建筑、森林、矿产和能源产业雇员工会书记迈克尔·拉夫巴等一行4人访问上海。经上海市总工会牵线，上海建工集团工会于1998年起与昆士兰州建筑工人工会联合会（后并入昆士兰州建筑、森林、矿产和能源产业雇员工会）就发展两地建筑工会间的友好关系、开展互访交流等事宜达成一致意见。随后双方进行互访考察，交流工作经验，建立起良好的合作关系。2012年，应昆士兰州工会理事会的邀请，上海市总工会代表团访问澳大利亚。期间，代表团成员、上海建工集团工会主席张立新与昆士兰州建筑、森林、矿产和能源产业雇员工会书记拉夫巴达成恢复定期交往意向。8月12日，市总工会副主席杨永平会见代表团一行，并主持两地建筑工会签订友好交流合作协议的仪式。在沪期间，代表团访问上海建工集团，参观上海中心建筑工程、城市规划馆、一大会址和世博园区等。昆士兰州建筑、森林、矿产和能源产业雇员工会有会员1.7万多人，主要分布在建筑、采石、家具制造等行业。（张国峰）

美国加利福尼亚州教师工会联合会代表团访问上海市虹口区总工会

（周　骏）

国际动态

【概要】 根据国际形势发展具有世界多极化、经济全球化、文化多样化和社会信息化的特点，上海工会为适应国际交往的大环境，不仅在接待和出访时注意了解和收集国外工会的动态信息，同时注重学习了解外国工会的有益经验和做法。本栏目收录的文章，包括通过实例介绍国外工会是如何开展组建工会工作的，系统地介绍日本劳资谈判制度的形成历史、谈判过程、法律依据以及存在问题，叙述欧美国家的产（行）业工会如何开展集体谈判签订集体协议等工作，日本应对老龄化的一些成功经验及对上海步入老龄化城市的启示，欧美一些国家工会面临种种挑战是如何采取多种变革创新的策略和举措，台湾工会组织现状以及台湾各级工会组织在参与协调劳资关系中所开展的各项工作等内容。（张国峰）

【国外工会组建模式和行之有效方法】 近年来，由于国际经济产业结构发生较大变化，大型工业企业逐年减少，取而代之的是规模小、员工少的大量新增的高新技术企业和服务行业，造成固定就业人数减少，间歇就业、临时就业以及失业人数增多的现象。西方保守党执政的政府为迎合资方利益，刺激经济增长，修改劳动法和集体协议标准，推行紧缩政策，制定一些制约工会的政策，以便使企业更容易聘用或解雇员工。在资方和政府的双重打压下，工会组织的规模不断缩小，影响力逐渐减弱。显然，在经济全球化过程中，第三产业化、企业外迁、生产分散化和就业的非正规化等给工会的组织工作带来困难。如何在新经济组织中成立工会、发展会员成为所有国家工会组织的当务之急。为适应经济环境的变化，工会在工作对象、工作内容和组织形式上相应调整，通过灵活多样的工作方法及各类服务来吸引职工入会。以下是部分国外工会采取的一些组建措施和方式。(1) 积极培训工会干部，深入基层发展会员。在丹麦，大的产业工会至少有一所工会学院，大都坐落在风景如画的郊外，占地面积大，教学设施好，学员可以一人住一间宿舍。所有工会代表都要被组织安排到学院去接受1–10个星期不等的培训，除了基础教育外，还要学习发展会员、集体谈判、调处劳动争议、保证工作场所的健康安全等内容；而专职工会干部则需要学习经济学、管理学、社会学、政治学等课程。丹麦综合工会联合会每年用于工会干部培训的费用近1.2亿克朗，其中10%出自工会经费，其余部分均来自企业。根据集体协议规定，企业主必须支付给每位工会代表每小时0.25欧元的培训费。丹麦等国家的工会学院还培养工会组织员，一般都是后备的职业化工会干部。在工会学院受训之后，即被

市总工会副主席杨永平会见阿根廷工人中央工会布宜诺斯艾利斯市分会代表团 （管一珉）

分派到各个企业、特别是一些中小企业、非正规就业组织和服务行业去发展更多的工会会员。男性被派去发展男性职工，女性去发展女职工，少数民族裔则去发展移民工和外来务工者。通过积极宣传工会的主张和入会的好处让那些潜在的发展对象了解工会，取得较好效果。(2) 把吸引年轻人入会作为工会的首要任务。由于失业救济基金基本由工会掌管，瑞典的职工入会率仍高达 80% 左右，但在年轻人较为集中的高科技企业中，职工的入会率则较低。工会把发展会员的重点放在年轻人包括学生的身上，为他们提供有关法律咨询，教会申请工作、看懂劳动合同、计算工资和福利待遇等，工会举办青年会员俱乐部，为青年会员提供交流场所，物色并培养年轻的工会积极分子和代表。此外，所有会员都能免费获得工会杂志。会员若需参加进修可向工会申请补助，用于购买教科书等。西班牙加泰罗尼亚大区工人总联盟注重做好青年工作。该联盟所属青年协会现有会员 2.3 万多人，协会积极维护青年临时工的权益，争取廉价住房。西班牙工会还同社区、女权和环保等组织合作，举办讲座、联谊会、体育比赛和文艺表演等各类活动来吸引年轻人参加。(3) 因人而异开展工作，多种方法组建工会。意大利米兰冶金行业的职工 70% 是白领员工，但白领的入会率仅为 13%。针对这一情况，意大利工会把工作对象从长期合同的产业工人扩大到白领员工、非全日制工、外籍劳工等各类群体，并以发展高新技术企业白领员工和私营小企业雇员入会为重中之重。工会根据不同群体的不同的需求提供不同类型的帮助和服务。譬如，划分白领阶层，找出最接近工人的层次先予接触，为白领的劳动合同谈判提供指导，在集体合同中顾及白领阶层的特殊要求和利益，根据白领的需求开展各种职业技能培训，在工会组织中增加白领代表的比例，向白领发送专门为其准备的文字资料，通过工会网站进行交流，当白领与雇主发生矛盾甚至冲突时，工会及时介入，提出解决方案，为白领排忧解难，使他们产生加入工会的意愿。加拿大的入会率为 32%，几乎所有大公司都有工会，那里工人都是工会会员，而小公司则因老板以开除工人或关门相威胁，一般都没有工会。但工会没有放弃，秘密组织工人，当工会征集到多数工人的签名时，就向政府劳工关系委员会提出申请，由委员会主持秘密表决。倘若大多数工人投赞成票，政府就批准公司成立工会。(4) 设法组织劳工入会，使会员证物有所值。美国洛杉矶码头和仓库工人大多加入工会，薪酬很高，但为仓库运货的 1.5 万名司机由于没有参加工会，收入和福利较差，因此司机不愿意自己花钱改进废气排放超标的车辆。洛杉矶县劳联抓住这一环保问题，推动大公司统一管理车辆，从而成功组织劳工入会。该劳联还将这一组建模式用于宾馆服务员、保安、洗车工人等群体。拉斯维加斯宾馆业工会有 100 多名工会专职干部，其中 50% 为组织员，专门负责组建工作。根据集体协议规定，工会可选择一定数量的工会积极分子采取停薪留职的方式到工会参加 3—6 个月培训，期间由工会支付生活费，经过培训，部分人员成为工会专职组织员，大多仍回原单位工作，成为工会兼职干部，从事发动劳工入会、处理劳资纠纷等工作。拉斯维加斯宾馆业工会至今已发展 1500 多名工会骨干，行业工会入会率达到 90% 以上。巴西圣保罗州保险业工会在一幢 22 层高的大楼中拥有 4 层楼面，其中一层为办公室，一层为体检和医疗服务中心，另两层用于工会业务和电脑及外语培训、法律咨询、工作介绍、健身活动等。该会为其 1 万名会员及家属共 3 万人提供免费体检、法律咨询等服务，看牙病、动小手术、接受培训只要付很少的钱，到健身房锻炼每月只需付 27 元巴西雷亚尔，用于支付专职指导老师的费用。该会还组织会员外出旅游度假、开展垂钓活动等，会员只需象征性地付点钱。澳大利亚工会重视会员的技术和职业教育培训，除依靠工会自身和社会赞助的力量以外，还紧紧依靠政府支持发展职工培训教育事业，在办学体制、方向、内容等方面则通过与雇主组织和政府的合作来共同制定。昆士兰州工会与教育机构合作开办专业技能培训学校。工会特别注重加强职工知识和技能的教育培训，积极推荐在岗或厂外学习和培训机会，鼓励职工通过培训来提高技术等级、使用先进技术乃至发明创造，从而激发每个人的潜能。此外，工会会员凭会员证还可在指定商店购买包括汽车、电脑、家具在内的打折商品。

（张国峰）

【德国工会组织运作的考察】 德国工会是欧洲最有实力并且运作最为成功的工会组织之一，其主要职能是维护劳工权益、协调劳资关系并制衡资本的力量、代表工人参与国家经济社会事务的管理。近年来，面对工会组织率下滑、社会影响力下降等现象，德国工会积极参与立法和政策制定、开展行业集体谈判维护会员权益、吸引服务会员、指导企业职工委员会等工作，在很大程度上赢得会员及社会的认可与支持。(1)参与立法和政策制定。德工联十分重视参与立法和社会政策的制定工作，在与劳工关系密切的法律政策制定过程中，德工联不仅提出立法草案，而且通过各种渠道和方式向有关方面施加影响，力争在立法中体现工会的主张和要求。工会将自身触角渗透到多个社会政治经济领域，充分利用工会在这些领域的代表发言权来维护会员的权益，从而达到协调劳动关系的目的。比如在联邦议会的议员中，有60%是工会成员，这些代表利用与党派建立的联系从不同角度提议有关工会会员权益的立法。另外，德国工会对国家事务管理的参与则主要是通过政党的力量尤其是社会民主党议会党团的支持，或者通过三方协商机制以及独立的公开活动，对政府政策施加影响，从而实现国家层面的政策参与。(2)维护会员权益。工会代表劳工在行业层面与企业组织进行集体谈判，争取更高的工资、福利、保险待遇和更少的工作时间。工会通过每一轮谈判，力争使会员利益比上一轮有所扩大。德国的集体谈判方式主要由两大部分谈判方式互补而成。第一部分全国层次的多雇主谈判。全国性或行业性的集体谈判所形成的集体协议一般是多雇主协议，它覆盖在某一特定行业或分支行业中具有某一既定特征的所有雇员。第二部分是组织层次上的单一雇主谈判，它是指在某一特定组织中的某一特定类型的所有雇员，与其雇主进行的集体谈判。它包括企业（公司）层次和分工厂层次的，以及与资金报酬计划及工作安排有关的部门或车间的集体谈判。劳资谈判签订的协议经双方批准和签字后须报送政府有关部门登记备案。协议一旦生效就具有法律强制性和权威性，劳资双方必须遵守和执行。(3)留住和发展会员。德工联近些年来的会员流失情况非常严重，最近10年会员数减少150万。为了留住现有会员并进一步争取更多的会员，德国工会采取多种措施：一是从本质上提高自身的工作质量，如提高谈判的质量，为会员争取更加优越的福利待遇和工作条件，以维权效果来吸引广大职工入会。二是为会员提供更多的法律帮助，担负高额的聘请律师费用，为会员提供无偿的法律援助，维护会员的权益。三是为会员免费提供附加意外保险，如参保会员在业余时间发生意外，或者会员亲属发生意外时，也可以获得保障。四是为会员提供信息、免费培训等优惠。(4)指导企业职委会工作。在德国企业中，没有工会组织，只有工会会员和工会“信任人”，包括工会会员在内的企业全体员工的权益是由企业职委会来维护的。职委会与工会关系密切，大部分企业职委会成员为工会会员，职委会主席通常有工会背景。另外，根据德国法律规定，工会有对企业的介入权，工会成员有参加职委会会议的权力，只要有25%以上的职委会成员同意，工会代表就可以参加职委会会议，发表意见参与表决。德国法律规定每季度要召开一次企业职工大会，行业工会成员有权参加企业的职工大会，工会有监督权，可以列席企业的劳动争议调解委员会，监督行业劳资协定在企业中的落实情况；可以指导职委会工作，地区以上的工会人员都是劳动法律专家，工会可以应职委会请求，对雇主一方干预职委会选举工作等问题诉诸法律等。(5)开展职业培训与职业介绍服务。德国各级工会办有很多培训机构，建立完善的培训教育体系。德国工会把培训作为自己为会员提供有效服务的重要手段之一，通过开展工会业务培训、职业技能培训以及职业介绍，提升会员的工作能力和市场就业竞争力。

（王珍宝）

【欧美国家工会的变革】 欧美国家受国际金融危机的影响，经济不景气，于是有的雇主削减工作岗位，增加劳动强度，有的只聘用低薪者或临时工，有的索性将资金和工厂转移到劳动力成本低的国家，从而使职工失业、会员流失、工会社会影响力减弱。一些国家和地区的右翼政府乘机打压工会，限制工会采取罢工、怠工等劳工行为，只让工会起有限的作用。譬如，美国威斯康星州、俄亥俄州等政府为了减少巨额财政赤字，通过限制教师、警察、消防员等公共部门雇员集体谈判权的法案，制定对罢工者罚款和监禁的法案，工会只能就工资、工时及某些事项进行谈判，但不允许触及医疗保健、病假时日、养老福利等内容。工会的组织权、集体谈判权和罢工权不同程度地受到削弱，传统的工会工作模式受到挑战。至此，欧美国家工会不得不在工作形式、内容和范围等方面进行调整，在坚持斗争的同时采取多种变革和创新的策略和举措。(1)积极参加政治选举，坚决还击各种挑衅。作为社会和政治运动的活跃分子，工会积极投入政治选战，设立“竞选”部门，进行政治动员，投入大量资源选举工会候选人。有些地区工会联合会设有几十条热线，每逢选举，工会积极分子会在那儿接连打电话给会员，要求他们出来投工会支持候选人的票，力争将支持工会的政治家选进政府和议会，从而在政治上挑战反工会的法案，加大对右翼政府制定的有关劳工政策的斗争力度。工会还同其它社会运动包括学生运动结成比较紧密的联盟，共同对抗各种挑衅。比如，2012年加利福尼亚州雇主代表提出要取消工会权利的第32条提案，工会联合社区团体、亚太裔劳工联盟和环保组织，加大宣传力度，用电脑与各社区居民联系，否决了该提案。又如，沃尔玛公司以低工资、低福利、用非全日制工、在美不允许成立工会而闻名。2013年9月，洛杉矶工会同其他组织结成同盟，组织集会抗议，强烈要求沃尔玛组建工会，稳定工人岗位、提高工人工资，实现体面劳动，承担社会责任。(2)同政府和雇主联合会对话和合作。欧美工会注重通过与政府、雇主联合会的合作来协调劳资矛盾。从联邦到州、地区都设有政府、工会、雇主联合会三方协商机制，每年就劳资关系的重大问题进行协调，形成经常性的工作制度，为维护职工利益和社会稳定创造条件。面对全球化、私有化以及大量雇佣短工、替补工等带来的问题和挑战，工会对策是：积极同政府等有关方面对话和合作，希冀增加和吸引投资，扩大就业；与地方政府达成社会协议，规范解雇程序，一旦企业遇到困难，要首先保证职工的权利。强化同雇主协会的社会伙伴关系，在许多领域以多种方式进行合作。例如，在受训者结业考试委员会中有劳资双方的代表参加，在裁决劳资纠纷的各级劳动法庭中有来自双方的名誉陪审员，在养老、失业、医疗、事故等社会福利保险系统的理事会中双方代表各占一半；在集体合同中不仅含有工资、工时等传统条款，而且还要有企业参与全球竞争、提高效率和质量的新要求，让职工得到更多技术培训，争取终身雇用等。随着欧美国家工会运动的逐渐衰退，工会目标已不再是进一步改善劳动条件，而是尽可能阻止既有的权益被侵犯。为确保工作岗位，有的工会放弃增资要求。尽管罢工这一手段如今仍在使用，但更多的是妥协和合作。劳资斗争从过去的对抗和罢工转为更多地采取对话和谈判方式，工会希望与资方建立一种新型的劳资和谐关系。(3) 调整工作重点，创新活动方式。近年来，欧美国家工会的工作重点发生变化，过去主要是提高工资和改善工作环境，而今则着重抓提高会员技能和发展新会员这两项工作，同时致力于签订长久的集体协议，稳定劳资关系，并加大对养老金发放、疾病预防、失业救济等社会保障的关注力度。为了重振工会运动，许多西方工会都在调整策略，进行探索，提出战略工联主义、社会正义全球化、工会运动现代化、劳动者运动、工会全球化、非正规部门工人与主流工人一体化等主张，希望超越意识形态差异，促进各派工会联合，增强工会力量；同企业主建立并发展社会伙伴关系，由劳资双方共同落实企业社会责任；关注社会问题，把工会工作拓宽到诸如环境保护、禁毒、预防爱滋病等社会领域；重视与发展中国家工会的国际交往，希望以此来提高劳工标准，避免“社会倾销”，从而保护其自身劳动力市场和工人权利不受侵害。（张国峰）

【日本社会养老保障制度的建立及其发展】 日本是世界上社会老龄化程度最高的国家。日本政府及社会各界经过近 50 年的探索和准备，先后建立并完善社会养老保障制度和社会化养老保障体系，解决了社会养老的主体为政府，地方政府与个人共同分担的社会养老核心问题。日本从 1970 年开始进入老龄社会，是世界上较早进入老龄化社会的国家之一。日本政府、经济团体总联合会以及工会经过近 50 年的博弈、民意调查和打磨，提出“决策者不应坐在办公桌前根据条条框框作决断，而是应该以现实状况为依据，通过制定新政策以及获得实践经验，才是真正解决问题的方法”的主张，终于建立起较为完善的以政府为主体的社会养老保障制度和体系。同样，随着日本社会老龄化程度的加深，以及经济快速发展期的终结，社会养老需求的增加，财政难以负重的警钟不断敲响。因此，从上世纪 80 年代后期，为解决资金紧缺、服务质量和服务内容与社会需求脱节等问题，日本政府一方面加紧对现有制度的修正，一方面开始把社会资本引进老年护理服务并将其催生成一个与国内产业升级换代相吻合的新兴产业。更重要的是，通过引进社会资本，使日本老年护理服务走出了仅靠政府大量投资营建养老福利机构的误区，是政府以较小的代价，获得事半功倍社会效益的成功案例。此外，日本日立、松下等大型企业共同参与社会养老事业也为缓解社会养老保障设施的不足，起到了积极助推作用。而东京水道局通过发送微信，向独居老人的子女提供老人每天用水量等信息，让其子女得出老人是否安康的判断。此举很实在，是当下日本企业承担社会责任的创新举措之一。（李　庆）

【日本劳资集体谈判制度与社会发展的关系】 (1) 日本劳资集体谈判制度的建立。日本的劳资集体谈判制度建立于二战后。当时由于企业停产数和失业人数几乎接近战前的一半，加上粮食极其短缺，民不聊生，社会和经济处于崩溃与瘫痪状态。战后不久联军政府就颁布实施《工会法》，承认日本全体职工包括公务员和国营企业的职工有组织工会权、集体谈判权和罢工权，借此推进日本资本主义民主自由运动的发展，并于 1946 年颁布《宪法》，再次用基本法的形式规定“劳动者的团结权、集体谈判权和集体行动权受到保护”。日本劳资集体谈判制度由此建立并发展起来，并因政府先后颁布的“劳动三权”法作为法律支撑，成为工会开展集体谈判活动有利的武器。(2) 日本劳资集体谈判的形式及其法律依据。劳资集体谈判的形式：一是日本工会总联合会（简称“日本总联合”）在每年春季 (2–3 月) 发布年度“春斗”工资指导线的报告，供各产业（行业）工会参考；与此同时，日本主要的经营者联合团体（简称“日经联”）也提出该团体年度经济形势分析报告，供雇主参考。“日本总联合”同“日经联”每年年初举行一次直接协商会议。此外，根据政、劳、资三方协议，每年年底“日本总联合”会长同首相有一次定期的联席会议，目的是在翌年劳资集体谈判之前向政府反映工会的设想与诉求，以此在政、劳、资三方正式协议之前向政府施加工会的影响。二是分产业（行业）进行工资谈判指导。由各产业（行业）工会根据“工会总联合”提供的年度提高工资指导线，结合行业的具体情况，提出年度增资的幅度和参考指标；同样，产业（行业）雇主组织也召集产业（行业）雇主开会，分析形势，提出对策，各产业（行业）的工会组织和雇主组织不直接参加企业的劳资集体谈判。上述劳资集体谈判形式是跨越了企业范围，属更大范围联合体的谈判方式，在日本劳资集体谈判中发挥了极其重要的作用。三是由于日本劳资集体谈判最大的特点是其分散性，主要是分布在企业层面。每年春季由企业劳资双方代表参加，双方出席的人数对等。首先由工会代表职工向资方直接提出加薪及其他改善劳动条件等实质性要求，资方则通报上一年度的企业经营情况以及财务收支情况，后经双方代表本着诚意谈判，以最终决定企业实际的工资增长幅度。四是规范设定方式。设定某一产业（行业）或者在行业中具有代表性的企业为样板，其他产业（行业）则仿效其集体劳资谈判的结果。如：在钢铁及电机产业（行业）进行劳资交涉时，产业（行业）工会的领导开始对大型企业工会进行巡回指导，并将该劳资集体谈判的信息及时向其他同时并行进行集体劳资谈判的企业工会反馈，以起到示范效应。此外，还有企业工会与上级工会基于各自拥有的劳资集体谈判的权利，联手同企业方进行谈判的“共同谈判”形式；在产业工会的指导下，各企业工会同各自的企业方同时“集体谈判”。劳资集体谈判的法律依据及其基准：一是法律依据。根据《日本宪法》第

28条的规定："劳动者享有团结的权利、集体交涉的权利及进行其他集体活动的权利"。此外，日本《工会法》第1条第1款规定："本法的目的是，通过促进基于对等立场的劳动者与使用者的谈判来提高劳动者的地位；帮助劳动者为了该劳动条件的谈判而选出自己的代表，并为了进行团体活动而自主组织工会，拥护并团结于该工会之下，为订立规制劳资关系的集体协议进行集体谈判及履行手续。"二是提高工资的基准。资方提出工资增加与否应该从国民经济的宏观层面考虑、必须维持健全的经营，超过支付能力的增加工资是行不通的，在生产效率没有提高的前提下要求增加工资属"无袖难起舞"。而工会认为加薪的依据应该根据不同时期提出不同的基准。基准的提出应有说服力，是劳资双方最终能接受的"合理化的基准"。经过近60年的磨合，日本劳资双方就以下原则达成共识：应结合考虑产业(行业)背景下的经济特性，包括产品的价格构成、产业的公共性、生产集中度、劳动市场的情况，国际经济整体环境、日本当下的经济形势和劳动力成本等。(3)日本的集体谈判制度存在的问题。日本的集体谈判制度曾经历激烈冲突的时代，后在劳资双方对因一味对立而导致惨痛教训的反省下，意识到过激行为不一定称之为最有力与最有效，进而转入双方寻求共识的协商与合作的途径。日本式的集体谈判制度在促进日本社会稳定与经济快速发展以及国民素质的提高等起到了不可低估的作用。但是，鉴于国际国内形势的变动，就业形态的多样化，日本现有的劳资集体谈判制度仍有不协调的部分存在。主要有：一是就业形态多样化背景下的课题。据日本联合大阪统计：日本全国在职职工为3800多万人，其中非正规就业者占1/3，有1000万人年收入在200万以下，而日本在职职工的平均年收入在500万日元。年平均收入在200万元以下的职工人数特别是年轻人逐年增加，将成为社会稳定的隐患。因此，在就业形态多样化背景下，如何将社会经济发展的成果惠及全体职工，是当下日本"政、劳、资"三方需要共同思考的课题。二是工资制度设计缺乏社会分配的公正性。在日本经济高度增长的时期，实施的是低工资、高物价的制度设计。尽管经过劳资集体谈判，职工工资每年有一定幅度的提升，但是同大型企业的庞大利润之比，显得微不足道，没有体现对增产利益公正分享的原则。此外，日本洛南地区中小企业联合工会提出的"职工对提高最低工资不感兴趣，认为增加实际工资收入对个人而言来得更有意义"的问题同样值得思考。因此，随着社会经济形势的变动，就业形态和个人需求的多样化，如何避免工资增长额度被物价上涨幅度所抵消，让每一位职工确实感受到社会发展带来的实惠，是体现社会分配公正，建立和谐劳资关系的关键之一。三是存在偏重妥协与"共赢"现象。日本部分企业在进行集体劳资谈判时，有偏重"共赢"而一味妥协的现象，有的企业工会放弃法律赋予工会应有的维权使命，劳资集体谈判成了摆设，甚至有的成了资方"御用"的工具。部分中小企业没有按照《劳动法》和《工会法》行事，对企业没有解雇职工的规制也放任不管，认为只要资方补贴多给点就行。在劳资集体谈判中，有些企业工会很难同处于有利位置的资方抗衡，而以"共赢"替代据理交涉。（李　庆）

【台湾工会组织现状】 台湾地区有"中华民国全国总工会""劳工联盟总会""联合总工会""产业总工会""职业工会联合会""职业总工会""工人总工会"等，有工会组织4000多家，会员人数300多万人，组织率为40%左右。其组织结构和体制基本一致。一是各工会组织的最高权力机构是会员代表大会，3年为一届，每年召开1次大会。二是在代表大会闭会期间，由理事会行使代表大会职权，理事会下设有职能部门。三是理事会设理事长1名，任期为3年，可连任1次(理事、监事则可连选连任)。四是设有监事会，会员代表的选派有人数规定，团体会员人数30人至200人者，选派1人；201人至500人者，选派2人；501人至1000人者，选派3人；会员人数每增加1000人，会员代表增加1人。会员代表任期3年，可连选连任，遗缺时，由选派单位自行递补。工会组织规定，以会员代表大会为最高权力机关，闭会期间由理事会代行其职权，并由监事会代行监事权。理事会根据业务需要设立各部门、委员会及有关机构；理事、监事任期3年，可连选连任，但连任人数不得超过三分之二；理事、监事遗缺时，由候补理事、监事分别依次递补，以补足原任期为限；理事、监事均为无薪职，但办理会务应支付车马费。会员代表大会每年召开1次；如有会员代表五分之一以上联署请求，或理事会认为必要时，可召开临时会议。理事会、监事会每两个月召集1次；如有理事、监事三分之一以上联署请求，或常务理事会、常务监事会认为必要时，可分别召开临时会议。常务理事会每个月召集1次；如有常务理事三分之一以上联署请求，或理事长认为必要时，可召集临时会议。各种会议通过均以过半数出席方能开会，以出席过半数同意方得决议。工会没有资产，全靠会费维持。工会干部中有不同党派的党员，但相互间都有约定，不会影响合作共事。台湾各级工会组织在参与协调劳资关系中，主要是通过以下几方面来为会员服务的：一是通过争取参政权和立法参与权，积极为劳工争取更多利益，从根本上预防劳资争议。台湾工会把争取参政权和立法参与权作为争取劳工更多利益的重要途径。将争取权利作为工作目标，通过行政解释或制定法律明确其更多的法定权利。二是积极参加劳资协商谈判，通过团体协约预防权利事项争议，规范调整利益事项争议。在台湾个人工资是不公开的，协商谈判多是分别依据公司上半年和下半年经营情况报表整理上调工资比例和年终员工奖金额度。团体协约订立时之，经济情形订立之后有重大变更，如"与原来工人生活标准之维持不相容，或依团体协约当事人之行为致无达到当初目的之希望时""得废止团体协约"。台湾工会还通过参加劳资会议同资方就员工加薪，年终奖金分配进行对话提诉求。台湾地方劳资会议的代表有劳工代表，工会代表和资方代表组成，人数各占三分之一。劳工代表由工会代表大会或劳工大会选举产生，任期3年，可连选连任。工会代表由工会理事，监事参加。三是切实履行企业职工福利委员会的工作职责。职工福利委员会由企业工会，劳工和劳资三方代表组成。福利资金来源于企业按年终利润的20%提取或按资本总额的5%划拨费用，职工福利委员会的工作范围包括婚丧，灾害补助等福利辅助；子女教育，劳工进修等教育奖励；家庭及其他福利辅助等。四是办理劳工教育，增进劳工智能，提高员工素质。台湾工会将开展员工技能培训活动列为重要工作，每年针对不同行业组织多期员工培训。台湾工会设“劳工教育推行委员会”，负责办理劳工教育、在职培训、“配合政令宣导”等工作。（黄　吉）

【欧美国家的产（行）业工会】 欧美国家一般按产（行）业原则组建工会，集体谈判权、罢工权及国家的社会保障管理权（如补充养老金、失业和健康保险金的发放）都掌握在产（行）业工会手里。所以从内部运行机制上看，欧美工会大多是以产（行）业工会为主，而不少全国和地区总工会只是起协调作用。有些国家的总工会和雇主联合会签订框架性协议，就劳动关系、工作时间、休息休假、职业安全等基本内容达成原则性意见。但多数全国性工会不直接参加集体谈判，只是研究和制定经济、税收等宏观政策，参与有关劳工问题的立法。有的国家没有劳动法，而是通过工会与资方的集体谈判所达成集体协议来规范劳动关系。换言之，集体协议就是劳动法。集体谈判是工会的核心工作。规模较大的产（行）业工会内设集体谈判委员会，代表会员同对等的雇主协会通过谈判签订集体协议。谈判准备工作一般在签约的半年前就已开始。工会通过分析研究经济和就业状况、物价上涨指数、雇主利润增幅等各种数据，提出谈判意见，再经上下反复讨论研究后形成以增资为主要内容的谈判方案。谈判一般在前协议终止前两个星期开始。有时劳资双方意见对立，闹得不欢而散。此时工会可选择在某个企业内进行警告性罢工，也可与资方一起请政府部门有关专家或社会名流出面调解。调解员往往各打五十大板，力促双方妥协。倘仍不奏效，一方或双方即宣布谈判失败。在此情形下，劳方的全体会员就要进行投票表决，如75%以上的会员赞成罢工，罢工就可进行，届时所有会员都要参加（非会员除外，可继续上班）。而资方的撒手锏是关厂，终止协议，停发工资。此刻劳资双方都承受着巨大的压力。工会担心会员会否跟着干下去，罢工基金能维持多少时日；资方则担忧罢工时间长了会失去订单或影响供货。于是双方仍得求助于调解员的斡旋，而坚持不了长时间罢工的一方往往会作出让步。就工会方而言，如有25%以上会员同意复工就得复工。通常情况下，工会能达到要求的60%就算大功告成。工会谈判的最低指标是扣除物价上涨因素后工人的实际生活标准不下降。劳资双方都尽量避免使用罢工和关厂这种最后的斗争手段；若不得已而为之，也尽量将其影响限制在一定的范围和程度内。产（行）业工会同雇主协会达成的集体协议大致分为三种：一是工资协议，通常有效期为1年。二是具体协议，涵盖劳动保护、医疗保障、休假天数、解约通知期限、加班费等内容和规定，有效期为2–5年。三是特殊问题协议，对职工培训、补充养老金、节日津贴、提前退休等问题作出规定，有效期为若干年。当然也可达成综合集体协议，它往往有一二百页之厚，光工资合同一章就有几十页。签这么长的集体协议很费劲，所以许多小的产业工会往往采取“拿来主义”的做法，只是根据该行业和该地区的某些特殊情况作些小的变动。集体协议给职工带来诸多实惠：工资逐步提高、休假增多、补贴不断增加、培训更加规范……然而面对变化着的经济形势，工会发现仅签代表整个行业的集体合同显得太死板，往往不符合某些企业的特点，所以也签一些企业集体合同。有的企业工会为会员争取到许多休假权利。除了20余天的国定假日和5个星期的休假外，还有婚丧假、产假、搬家假、身体不适假、上医院就诊假等各类假日。有的企业集体合同还写上比较灵活的条文，如企业的利润超过一定的百分比职工可获相应的好处，企业拿不到一定量的订单职工就不长工资等。但工会在签这些开放性的条文时比较审慎，生怕雇主隐瞒某些细节，钻了空子。然而近年来，由于受经济全球化、产业结构调整等多重因素的影响，许多欧美国家的经济停滞不前，再加上劳动力成本太高，不少企业将资金和工厂转移到劳动力成本低、政策优惠的国家，造成欧美国家大量工人失业，工会会员流失，致使工会社会影响力减弱，财政拮据，日子不好过。面对严峻的形势，工会积极同政府等有关方面进行对话和合作，希望增加和吸引投资，扩大就业。同时，强化同雇主协会业已建立的社会伙伴关系，说服雇主不要把企业迁到国外。为了降低产品成本，有的产（行）业工会被迫同意在不减工资的前提下适当延长工作时间。工会还要求企业不要解雇工人，条件是职工自愿离职和退休后不再招人。此外，为了节约开支，许多产（行）业工会进行联合，裁减部分工会干部和工作人员，同时加强对在职工会干部培训，提高自身素质和工作效率。尽管如此，但一些国家保守党上台后便修改劳动法，鼓励雇主与员工签订个人劳动合同；允许延长工作时间，且员工没有要求可不发加班费；允许招募临时工，不需要时可随时解雇。雇主协会发现越到基层工会力量就越薄弱，因而更倾向于将集体谈判向企业层面转移。于是一些国家出现以工人与企业主签订个人劳动合同取代集体协议的趋势，致使工会的集体谈判权受到一定程度的冲击，行业集体协议覆盖面有所下降。对此，欧美的产（行）业工会忧心忡忡，表示绝不会让长期斗争得来的权利拱手相让。工会支持与工会合作的民主党、社民党或工党，力保集体谈判和签订集体协议之权利；注重对工人的技术技能培训、劳动安全卫生培训，并形成一套较为完整的与政府劳动部门在技能和安全培训等方面的合作机制，通过加强与雇主的相互尊重的伙伴关系使全体会员的各项利益得到保障，注重对外来移民工的权益维护和对环境的保护等。同时，各产（行）业工会加强相互之间的联系和团结，一些欧洲国家还建立产业工会国际联合会，并试图成立世界产业工会联合会。在欧盟国家，出现跨国集体协商制度，通过举行国际集体谈判签订国际集体协议，从而在更大范围内调节劳动关系和社会利益关系。但对于无法调和的纷争，工会将使出其最后的手段——罢工。（张国峰）

B 区县工会

Brief Introduction of District and County Unions

上海工会年鉴

2014

概 况

浦东新区总工会

主 席
姜 鸣

【概 况】浦东新区总工会辖直属工会76家，其中系统工会15家、区属企业工会17家、社区总工会12家、镇总工会24家、开发区工会联合会8家，辖直管企业工会联合会1家，包括中央部委办局、兄弟省市在浦东企业和部分世界500强外资企业等57家。全区建有工会组织9960家，建会单位42087家，其中建会企业38767家；会员1163971人，其中企业会员1068853人。(1)组织开展“广普查、深组建、全覆盖”集中建会行动，全区新增组织数1233家，新增建会单位数9077家，新增会员数120944人。指导基层工会依法换届和工会主席直接选举，全年基层工会组织换届率85%，工会主席直选率95%。全年创建合格职工之家6485家，先进职工之家1945家。以“独立工会独立签、行业工会区域签、联合工会覆盖签”为原则，全年完成集体合同签约3.3万余家，工资集体协议3万余家。全区职代会建制率达85%。完善“1+7”法律援助网络。持续推进全国示范性劳动竞赛向重点区域和重点领域延伸，开辟世博分赛区。(2)围绕“中国梦，我心中的梦——党的十八大宣传‘三进’活动”的开展，带动基层开展各项文化服务活动5000余场，全年共举办各类文艺演出和体育竞赛1000余场，参与职工20余万人次。联合区科委、区科协举办第五届浦东新区职工科技节，培育建立劳模创新工作室、开展安全生产、上岗、技能培训（含农民工）等各类培训班，动员吸引区内2433家企业、12849个班组、251125人参加“安康杯”竞赛活动。组织2万名外来建设者免费健康体检，为近3.5万名农民工提供春节返乡服务，围绕元旦、春节、高温日等时间节点，筹集发放近4000万元慰问资金及实物。继续扩大职工互助保障覆盖面，共发放帮困金22.7万元。(3)实现工会工作者的“社会化招聘、专业化培训、职业化管理”，培育发展“浦东公惠社会工作服务中心”，建立区总购买社会服务项目的机制，开展“网络媒体浦东工会行”系列活动，创新线上线下互动融合的“五微”活动，提升工会工作的社会影响力。（林之皓）

徐汇区总工会

主 席
袁建村

【概 况】徐汇区总工会辖13个社区、镇总工会、18个系统及直属工会、9家集团公司工会。基层工会组织2219个，涵盖单位21944家，会员385271人。区总机关设组织民管部、法律女工部、保障经济部、财审事业部、宣教研究室和办公室，辖区工人文体中心和区职工服务中心。(1)深入开展“学习十八大、岗位建新功”主题教育活动。开展区重大项目建设立功竞赛，举行“勤奋实现中国梦·劳动创造徐汇美”摄影比赛、“共筑中国梦”微博职工大赛等活动。顺利实现“两个普遍”的年度工作目标。全年净增建会单位2031家，净增会员28455人，签订工资专项集体合同624份，覆盖企业13480家，达到具备协商条件企业数的87.8%。扎实推动职代会和厂务公开民主管理深入开展。新增职代会独立建制企业66家，已建行业职代会13个。全区18311家企事业单位中，独立建制1187家，行业、区域性职代会覆盖15385家，职代会建制率达90.5%。(2)举办各类技能培训和竞赛。开办技能培训班15期，岗位技能培训6期366人，与区人社局等单位举办各类技能大赛，有1298名职工参赛。着力推进就业援助服务活动。举办四季职场、月月职场以及社区、大学生、轨交6号线等专场招聘会，提供就业岗位4000个，吸引4600多名求职者，有781人现场达成就业意向。建立9个区域性工会职工服务站点和12个“爱心妈咪”小屋。全年帮扶困难职工2800余人，金额191万元。(4)不断深化普法宣传，有效调处劳动争议。举办劳动法律系列讲座、沙龙活动，开展法律培训、法制辩论赛，以及迎“五一”律师公益咨询活动，参加职工累计超过3000人次。2万多名女职工参加《女职工劳动保护特别规定》知识竞赛。建立诉调对接、劳动争议化解合作机制，接待来电来访1.7万人次，调处劳动争议案89件。(5)广泛开展职工文体活动。先后举办“贺龙杯”中国业余篮球公开赛徐汇赛区比赛、第七届“虹梅杯”职工春季长跑赛、“商城杯”白领员工登楼赛、“徐家汇杯”职工游泳赛、“均瑶杯”职工乒乓球赛等。组队参加市“五一歌会”、“劳动最光荣”合唱赛、“临港杯”市民环湖健康跑、世界著名在华企业健身大赛等。(6)切实加强工会自身建设。举办新任工会干部培训班、基层工会主席专题研讨班、工会干部大讲堂以及各专业培训班，修订完善基层工会年度考核标准和社区（镇）总工会专职干部考核管理办法。全年完成审计项目28个，清理理顺财务核算体系。（张均敏）

长宁区总工会

主 席
余小雄

【概 况】长宁区总工会辖有系统、集团（公司）工会19家，街道（镇、园区）工会11家，基层工会组织

2055 家，覆盖企业 13880 家，共有会员 328203 人。(1) 区总着力发挥工会“大学校”作用。开展“共筑中国梦 · 劳动最光荣”主题宣传活动，举办全国劳模包起帆报告会，联合开展“携程杯”“上服杯”“新长宁杯”等专项立功竞赛活动。以创建“六型”班组为目标，举办女职工周末学校培训班，组建长宁职工合唱团并参加“劳动最光荣”大合唱比赛，举办上海职工体育健身秋季大联赛暨第二届长宁楼宇职工健身大赛，做大做强“三八姐妹运动会”、“白领海峡”联谊会、外语沙龙等文体品牌，举办“翰墨长宁”职工书法比赛及展览。(2) 以完成“两个普遍”3 年工作计划为目标，继续做好非公企业工会组建和会员发展工作，会员总数达到 328203 人，全年规范建会 42 家。将基层工会主席直选、“双亮”工作等要求纳入先进职工之家的评选标准中，培育选树 203 家先进职工之家，10 家“十佳先进职工之家”。举办新上岗工会干部岗位资格培训班，搭建社区互动服务平台，配备充实 5 名工资集体协商指导员队伍，签订集体合同、女职工专项协议的企业有 9765 家；签订工资专项集体合同的企业有 8905 家。(3) 维护和保障职工的合法权益。引导社会资源参与“双百助学”活动，新增 9 家大学生社会实践基地。组织 600 名一线职工疗休养，安排 168 名非公企业职工体检，全年“助医”活动累计金额达 24 万元。积极探索“双月为老”爱心服务的社会化、项目化模式，有 78 家单位提供 120 余项敬老服务，受益退休职工近 1.8 万人次。整合社会资源，先后举办 5 场大型专场招聘活动，提供就业岗位近 2000 个，达成就业意向 826 份。持续开展职工维权机制建设，招募 24 名专业律师及法律工作者组成工会法律援助志愿者团队，为 136 名职工提供专业维权服务。参与元旦春节期间农民工工资支付专项检查活动，检查用人单位 85 家，涉及劳动者 6389 人，为 260 名劳动者追索劳动报酬达 122 万元。 （周　君）

普陀区总工会

主　席
欧阳萍

【概　况】 普陀区总工会下辖 9 个街镇总工会，1 个区级园区工会，16 个系统工会，8 个行业工会。工会组织 3029 家，覆盖单位 13527 家 (其中独立工会 2723 家，联合工会 306 家，联合工会覆盖单位 10804 家)，工会会员 271868 人 (其中农民工会员 135391 人)。工作机构设办公室、组织部、民法部、宣教部、保障部 (互保中心)、财务部、经审办、资产办，有 5 个直管企事业单位和 3 个直属社团。(1) 广泛开展“共筑普陀梦、劳动最光荣”建功立业主题活动。通过成立劳模宣讲团、举行报告会、举办知识竞赛、开展班组培训等多种形式，开展党的十八大精神学习宣传贯彻活动。举办职工科技创新立功竞赛和成果展示会。开展“争创工人先锋号，建功国家卫生区”五比五赛主题立功竞赛。举办“共筑普陀梦、劳动最光荣”普陀职工微感言、微镜头、微演讲系列比赛。开展职工素质工程培训近 5 万人次，11728 名职工技能等级得到提升。广泛宣传徐虎、杨兆顺、张兴儒等劳模先进事迹，命名首批 12 家普陀区劳模创新工作室。全区各级工会走访慰问劳模 360 人次，帮扶困难职工总金额达 109 万元。(2) 积极构建和谐稳定的区域劳动关系。会同区人社局、区工商联、区企联等单位力推工资集体协商工作。全区签订集体合同企业 7433 户，签订率达 90.1%；签订工资专项协议企业 6620 户，签订率达 80.2%。区劳动关系三方联合开展劳动关系和谐企业与工业园区创建评选活动，评选表彰 132 家达标单位。深入园区、企业开展“法律四进，服务你我他”系列活动。主动参与涉及企业搬迁或欠薪欠保等多起劳动关系矛盾的调查处置工作，协助党政化解群体性劳资纠纷。(3) 切实注重为职工群众办实事。成立普陀区职工援助服务中心，正式设置为具有独立法人资格的事业单位。推进长风生态商务区和真如铁三角园区分中心的建设。精心组织元旦春节送温暖等各类帮扶活动，全区各级工会组织共筹集帮扶资金 660 余万元，帮扶包括农民工在内的困难职工 8737 人。组织职工参加市、区两级保障计划 21 万余人次，参保金额达 2633 万元，共有 62598 人次获得 4606 万元保障金给付。全年举办招聘会 58 场，提供岗位数 4994 个，成功就业 772 人。(4) 切实加强工会自身建设。积极推进企业经营者政治安排、社会荣誉与带头重视工会工作挂钩，影响和带动一批非公企业重视工会工作、推动“两个普遍”。落实党工共建，形成工会组建合力，全区新增建会单位 1451 家，新发展工会会员 15566 人。开展各类工会干部培训 4120 人次，培训各级工会干部 9933 人次。开展“创建百家‘职工之家’、服务百家基层企业”职工之家创评活动。选树全国模范职工之家 (小家)2 家，上海市模范职工之家 (小家)27 家，创建评选 97 家普陀区先进职工之家 (小家)97 家。 （许王丽）

闸北区总工会

主　席
宋　震

【概　况】 闸北区总工会辖社区 (街道) 总工会 8 个，镇总工会 1 个，系统工会 15 个，区管重点企业工会 6 个，直属单位工会 14 个，基层工会组织 2100 个，涵盖单位 10339 家，工会会员 182268 人，其中女会员 68433 人，农民工会员 48452 人。(1) 加强职工思想引领，牢牢把握工会工作正确方向。大力推进社会主义核心价值观的宣传，开展“中国梦，闸北篇”的宣传教育活动。建立市“职工书屋”示范点 1 家，“职工书屋”自建点 20 家。广泛开展“十万职工在行动、崛起跨越立新功”主题实践活动。重点推进七浦路服饰商业街区赛区等劳动竞赛，持续开展旧区改造立功竞赛等三大重点劳动竞赛活动。(2)深化职工技能提升活动。开展首批道路清扫工职业培训技能鉴定，举办第四届“青云杯”技能比武竞赛和职工消防安全比武竞赛。成立闸北区首家职工技术沙龙，加大培育选树职工创新人才。(3)发挥劳模先进引领作用，新建命名闸北公安分局交警支队支队长王登海领衔的“交通管理创新工作室”等7个劳模先进工作室。(4)推进“两个普遍”，工会组织基础进一步夯实。着力完成普遍建会任务。发展工会会员9264名，会员总数达182268名。全面推进集体协商建制。工资专项合同覆盖企业5992家，占符合协商条件的建会企业83%。(5)工会参与社会管理创新进一步完善。持续深化厂务公开民主管理，组织开展市、区级厂务公开民主管理先进单位推荐评选和第十一次厂务公开民主管理调研检查。(6)做好帮扶工作。共计慰问救助职工12249人次，投入资金536.32万元，帮助1047名职工实现就业。多管齐下力促劳动关系和谐。各级工会劳动争议调解组织共接待咨询868件，计888人；受理80件，计305人；涉及金额423万元，结案率100%。深入开展和谐企业创建，评选和谐企业129家。(7)工会组织自身建设工作进一步加强。抓好工会干部选配和工会干部业务培训，继续开展“争创最具活力的工会组织，争当职工最信赖的工会干部”活动和职工之家创建活动，成功举办闸北职工运动会。

（黄　欢）

虹口区总工会

主　席
包建强

【概　况】虹口区总工会辖基层工会2406个，区内职工数212291人，工会会员数204636人，其中女会员92498人。(1)以“当好科学发展主力军、打好旧区改造攻坚战”为主题，开展旧区改造和房屋征收立功竞赛活动。结合区域发展特点，联手开展2013年职业技能大赛，覆盖26个行业、33个工种，有近3000名职工参加；推动非公企业劳动竞赛的开展，树立七浦路市场、正方建筑装饰有限公司等典型，注重将劳动竞赛与企业日常工作相结合；开展职工创新创效活动，组织职工科技成果展，有16家企业、22个项目参加科技创新成果网上展。(2)坚持用劳模精神引领职工，举办“劳动创造幸福、实干成就梦想”的主题活动。注重发挥劳模先进的示范带头作用，建设胡蕴琪艺术教育等7个劳模志愿者工作室，创建“汪苏文专业通信创新工作室”。(3)加大职工维权力度，促进劳动关系和谐稳定。以规模以上单独建会企业为重点，开展集体协商集中要约行动，总结推广鸿展信息技术有限公司、正方建筑等非公企业先进典型。(4)完善职工服务平台，提升帮扶工作实效。成立区职工援助服务中心，开展金秋助学、帮困送温暖、夏送清凉、“三定三助”等活动。筹集资金443.25万元，慰问困难职工和一线职工2.7万人次。加大职工医疗互助保障计划的宣传力度，全区接受参保12.67万人次，参保金额1939万元，办理赔付5.33万人次、4542.38万元。(5)密切联系职工群众，夯实工会工作基础。以有政治身份企业经营者所在企业、50人以上企业为重点，开展“深入企业一线、推动服务建会”活动，全区“两代表一委员”和工商联执委所在企业实现工会组织全覆盖，其他有政治身份企业经营者所在企业建会率达到93%。指导推动成立全市首个区级律师行业工会，建成虹口工会组织和工会会员基础数据库，全区单独建会的1348家工会及8.2万名会员信息已入库。(6)切实加强作风建设，制定《区总工会进一步改进工作作风的整改办法》，完善《区总工会机关工作管理办法》，成立“加强作风建设监督检查小组”，机关干部进一步改进工作作风，走访150多家企业。

（徐　洁）

杨浦区总工会

主　席
麦碧莲

【概　况】杨浦区总工会辖行业、地区和直属工会组织33个；基层工会2215个，涵盖单位12172个，职工231888人，工会会员225973人，其中农民工会员107580人。机构设办公室（经审办）、组织人事部、民管法律部、保障工作部、宣教经济部、财务管理部；事业单位有沪东工人文化宫、中原护理院、职工援助服务中心。(1)继续开展旧改征收、科技企业专项立功竞赛，慰问旧改征收一线工作人员近300人并组织开展疗休养。(2)召开劳模先进座谈会，创建“劳模风采馆”，推动实行劳模志愿服务制度，组织劳模讲师团为206名特困家庭优秀子女进行免费升学辅导。(3)承办第七届上海职工文化艺术节“文化服务进杨浦”专场演出，举办“放歌劳动者”——庆“五一”叶子独唱音乐会，举办8场“东宫夏季广场周周演”。(4)扎实推进“两个普遍”。新增上理工科技园、长阳休闲广场、杨浦都市工业园等3个园区工会，复旦天臣、海洋集团等22家重点企业成功建会。全区签订集体合同、工资集体协议203份，覆盖企业9596家，覆盖职工16.5万人，集体协商覆盖企业占建会企业93%。(5)在全市试点成立街镇层面厂务公开领导小组及和谐劳动关系领导小组。建立193个小区工会议事会，形成决议和文明公约，实现区域协商谈基本、行业协商谈标准、单体协商谈个性。接受法院委托工会调解劳动争议200件，劳动（人事）争议调解仲裁院工会窗口接待劳动争议135件，调处群体性劳动争议21起。做好全区第十一次厂务公开民主管理工作调研检查。与区劳动监察大队联合开展农民工工资支付情况专项监督检查。(6)扎实做好“一卡六助”工作，累计覆盖职工12.2万人，99人因大病或意外伤亡获得1—3万元保障金，共计理赔给付105.5万元。依托公惠医院助医点为1200名困难女职工提供免费妇科体检。做好“金秋助学”，发放助学款352.5万元，资助困难职工子女2648人。下拨帮扶款144.5万元，为4773名建档困难职工家庭开展各类帮扶。举办12场专场招聘会、36场周四招聘面试会，提供岗位1.6万个，帮助1487人成功就业，举办62期技能培训班，组织2261名职工参加培训。办好网上职工谈心室，已有注册会员6.5万人，全区在职、退休职工参加互助保障计划38万人次，投保金额3307.71万元，办理给付7.29万人次，给付金额5455.91万元。(7)继续在全区深化“三联系”制度，广泛听取企业经营者、工会主席、一线职工意见建议。联合举办杨浦工会干部“融入转型发展，服务职工群众”主题培训班，杨浦工蕴社会工作服务中心挂牌成立，提高工会财务会计管理规范化建设，强化经审监督职能。

（曹理仰）

黄浦区总工会

主　席
徐少伯

【概　况】 黄浦区总工会辖基层工会3396家、覆盖企业(单位)15037家，工会会员350019人。(1)深入开展非公企业立功竞赛、旧区改造(房屋征收)、招商稳商、政府实事项目等立功竞赛，各类竞赛项目832项，增加经济效益4000多万元。举办黄浦职工“美丽黄浦－低碳先行”环保节能知识竞赛和合理化建议征集活动，开展“安康杯”竞赛和安全生产月活动；深入开展“中国梦·劳动美”教育，参加“共筑中国梦”上海职工“三微”系列大赛。建立健全劳模工作室，形成《劳模管理服务的工作意见》。举办楼宇职工运动会、农民工运动会、“八一”军民长跑和南京路职工马路运动会，举行上海职工体育健身四季大联赛冬季“黄浦杯”楼宇职工健身大赛，开展职工文化交流、摄影展示、书画展评、“老少同乐”书法展演等活动。(2)争创劳动关系和谐企业，完成17个区管企业集团领导班子和领导人员考核民主测评工作。推动有“政治身份”企业经营者率先开展工资集体协商，在区物业行业(外滩地区)和南东社区小微企业突破性开展区域性、行业性集体协商。签订集体合同覆盖企业1.2万多家，涵盖职工20多万人，签订工资集体协议覆盖企业1.17万家，涵盖职工18.9万余人。全区10个社区街道实现劳动关系三方协商机制全覆盖。开展农民工工资支付情况专项检查活动，追缴拖欠工资600多万元，为1000多家工会组织提供各类法律服务，参与调处劳动争议200余件。(3)争当服务职工的排头兵，全年帮困7000人次，金额340余万元，困难职工建档数5331人。开展“金秋助学”活动，为100多名困难学生提供助学帮困20余万元；职工参加互助保障计划10万多人，组织为老服务进社区活动，组织劳模先进和一线职工疗休养，开展非公企业职工健康体检1276人，开展工会就业援助月和援助服务日活动。深入开展争创“职工之家”活动，向96名兼职非公企业工会主席按月发放津贴。(4)按规定做好工会经费收、管、用工作，开展48个相关项目的实务审计，查补欠缴工会经费18.93万元。（施明奕）

静安区总工会

主　席
叶坚华

【概　况】 静安区总工会辖街道总工会5个，系统集团、机关事业工会21个，基层工会1619个，覆盖企事业单位6548家，会员151255人，其中女会员63026人。机构设办公室、组织民管部、宣教文体部(经济工作部合署办公)、生活保障部(法律工作部合署办公)、社区工作部和财务部。有区工人文化宫、区工人体育场等2家事业单位。(1)学习贯彻十八大精神，通过报告会、讨论会、征文活动、摄影展示、演讲比赛、小品表演等形式，牢固树立使命意识、维权意识、服务意识和创新意识。开展“学习十八大、岗位建新功”主题活动、组织职工参加上海职工微感言、微镜头、微演讲系列大赛。(2)广泛开展以“当好主力军、建功‘十二五’、建设国际静安”为主题的劳动竞赛活动，组织开展“职工节能减排金点子征集”活动，共收到节能减排金点子709条。开展各种形式的劳模精神宣传教育活动，举办静安区庆祝“五一”国际劳动节文艺演出；发放劳模慰问金、低收入补助金、特困帮扶金共47.75万元；切实抓好安全生产劳动保护工作，做好夏令高温慰问、防暑降温工作。(3)实现“两个普遍”整体目标。全年净增工会会员1.41万名，净增工会组织86家。工资集体协商和签订集体合同覆盖企业5800余家，覆盖职工10万余人。(4)提高维护职工权益和服务职工的水平。全区各职工服务分中心(工作站)受理职工来电来访1215件，区职工法援援助中心受理职工来电来信来访136件，接待370余人次；继续推动“爱心妈咪”小屋建设；注重维护职工民主政治权益，全区108幢楼宇，66个小区，14个创意园区和16个行业召开职代会。指导全区584家非公独立建会企业建立职代会制度。完成厂务公开民主管理调查研究，切实健全职工董事、职工监事制度。注重做好困难职工帮扶工作。帮扶困难职工家庭2120户，发放帮困金285.7万余元。“一日捐”活动共募集帮困资金410万余元。(5)组织职工开展技术比武技能登高活动。加强职业培训，先后开设餐厅服务员、中式烹饪师、家政服务员、母婴护理师、育儿嫂等上岗培训项目。(6)加强工会组织自身建设。改版《静安工会》宣传刊物，建立和完善服务基层、服务职工、减少会议评比、加强党风廉政建设等各类制度57项。广泛开展“会员评家”活动，开展各类培训，开办14个培训项目，有1163人次参加培训。（蒋康乐）

宝山区总工会

主　席
杨卫国

【概　况】宝山区总工会辖直属工会43家，基层工会2296个，覆盖单位数19337家，职工425581人（其中女职工158109人，农民工115237人），会员401586人（其中女会员151123人）。机构设办公室、组织民管部、保障工作部、财务技协部，有直属事业单位2家。(1)开展“学习十八大、岗位建新功”主题教育活动，组织职工参与“共筑中国梦”上海职工微感言、微镜头、微演讲系列大赛。与政府相关部门联动，组织开展邮轮经济、招商引资、科技创新、保障性安居工程及窗口服务等专项劳动竞赛。开展合理化建议、先进操作法和“五小”成果征集活动，开展2013年度16个项目的职业技能竞赛，积极参与区“双百”计划的启动实施工作。(2)发挥劳动关系三方协调机制平台作用，参与制定宝山区2013–2014年度劳动关系和谐企业创建指标体系和评选方案，深入开展企业劳动用工风险评估，发挥区总工会职工法律咨询调解室和职工律师团的作用，积极参与矛盾调处。参与化解中集冷藏等27起职工群体性劳动纠纷，区总法律援助服务中心受理职工咨询调解421起，工会兼职仲裁员参与仲裁办案1196件。(3)联合区纪委、区委组织部开展第十一次厂务公开民主管理调研检查，着力提升非公企业职代会建制率和厂务公开规范化程度，积极参与安全生产和加强劳动保护工作，联合区安监部门开展高温期间安全生产执法检查，参与31起特种设备、安全生产事故调查处理工作。(4)服务职工取得新成效。组织春秋两次“百企千岗进社区、真情援助你我他”大型招聘会，走访慰问困难职工超过2000余人次，发放帮困慰问款超过300万元；为留沪过年职工赠送200张亲情电话卡；赠送团体意外保障计划5120名，赠送团体女职工特种重病保障计划2800名，赠送在职职工住院保障计划2000名。为困难职工家庭赠送1000个保健箱，为近3000名困难企业女职工开展免费妇科体检，组织1000名一线职工参加疗休养，参与承办第十五届上海市读书节暨第五届宝山、嘉定读书月开幕式；新建职工书屋50家，完善86家已建职工书屋，为定帮困难职工办理上海工会会员服务卡218张；新建4个互助保障服务点，为29163名社区散户办理首次互助保障投保。(5)加强工会组织建设，以三资企业、50人以上规模企业、经营者具有人大代表等政治身份企业为重点，推进企业单独建会工作。加强商务楼宇、村（居）小区等区域性工会组建，促进小微企业建会；加强街镇“小三级”工会建设，进一步完善布局合理、职责清晰的工会组织体制。完成新增单独建立工会组织239家，净增覆盖建会单位2515家，净增会员2.2万人。以“学习型工会”为主题，举办宝山工会讲坛；按照“控办公、惠会员、重基层、可持续”的原则，不断优化工会经费支出结构，提升经费使用效益。做好职工技协专项清理、整顿和规范工作，注销23家事业单位职工技协。（胡立伟）

闵行区总工会

主　席
俞莉红

【概　况】闵行区总工会辖镇、社区（街道）总工会，莘庄工业区及委、局工会共36个，基层工会6420个，覆盖各类单位2.55万家，职工68.51万人，工会会员65.29万人，其中女会员29.21万人，农民工会员33.29万人。设办公室、组织保障部、法律民管部、经济宣教部，下属事业单位1个。(1)举行“中国梦，劳动美”、“学习十八大，岗位建新功”等主题实践活动，开展中高级化妆师、中高级计算机网络技术人员、绿化工、水电工等10个项目的操作竞赛，举办“创造和谐，最美梦想”闵行区职工科技创新成果发布会。开展创建“六型班组”培训，培训班组长305人，组织179名职工参加EBA培训。(2)创建和谐劳动关系。全区企事业单位建立独立职工（代表）大会制度5579个，区域性、行业性职工代表大会制度282个，覆盖企业1.36万家。开展集体协商要约“百日行动”，向956家企业发出要约，新签集体合同2196家，续签集体合同1911家，有效集体合同覆盖企业总数达1.17万家，建立工资集体协商机制企业9685家，覆盖职工23.72万人。签订职业病防治专项集体合同企业408家。(3)提升维权帮扶实效。建立健全企业劳资纠纷信息周报和日报制度，实施劳动关系预警调解工作机制，职工切身利益重大事项实行三方联合会审，排查群体性劳资纠纷隐患37起，参与调处群体性劳资纠纷36起，区职工法律援助中心全年接待来访5501件、7136人次，代为协商调解收案379件，建立13家职工法律援助分中心，举办各类培训26期、2120人次，帮扶困难职工6157人次，发放帮困资金212.44万元。组织开展“爱心一日捐”活动，募集捐款903.239万元。开展“电话诉亲情、温暖进万家”活动，向节日期间留守工作岗位的400名农民工赠送电话充值卡。（钱　蓓）

嘉定区总工会

【概　况】嘉定区总工会辖街镇、委局、企业（公司）、行业等直属工会49个。其中，街镇、嘉定工业区、菊园新区总工会12个，委局工会23个，直属企业（公司）工会11个，行业工会3个。全区共有村（经济园区）工会联合会179个，基层工会3142

主　席
陆　晞

个(其中联合工会218个)，基层建会单位数为3.36万个，已建会单位职工数58.97万人，会员57.75万。直属企事业单位有嘉定区职工服务中心、嘉定工人招待所。(1)以建设“创新型、服务型、实效型工会”为目标，精心组织开展“当好科学发展主力军、打好创新转型攻坚战”主题实践活动，动员各级工会围绕新城建设、科技创新、社会管理和安全生产开展劳动竞赛。广泛开展职工思想道德教育培训工作，全年职业道德培训4.93万名、初级工商管理(EBA)培训504名、班组长培训501名。组织区第八届职业技能竞赛，976名选手脱颖而出进入决赛。成立“创新工作室”3个。(2)“两个普遍”工作取得积极进展。全区新建企业独立工会395家，新增有效覆盖企业数3485家，新增工会会员6.6万名。区级层面“两代表、一委员”所在企业全部建立工会组织。全区新签工资专项集体合同465份、续签931份；新签集体合同434份、续签700份；签订女职工专项集体合同1091份、职业病防治专项集体合同425份，区域性集体协商覆盖企业9340家。(3)和谐劳动关系建设持续推进。工会网络管理系统预警平台对127件劳资矛盾做出预警，参与调处群体性劳动争议突发事件24件。职工法律援助站接待来信来访5384件，接受职工委托代理案件38件。“工调委”参与调解劳动争议558件。(4)基层组织建设不断夯实。全区新建星级职工之家152个，有2669家独立建会企事业单位建立职代会和厂务公开民主管理制度，区域性、行业性职代会覆盖企业1.23万家。(5)工会自身建设进一步加强。工会网络管理系统正式上线运行，涵盖工会管理工作各方面的预警提示、资金监管、考核分析等“七大平台”及下设的32个子项目，实现“管理+科技”的工会工作新模式。（徐　浩）

金山区总工会

主　席
刘跃俊

【概　况】金山区总工会辖镇、街道总工会10家，金山工业区、新城区、局、委工会19家，区属公司工会5家，基层工会组织1952家，联合工会390家，建会覆盖单位27312家，工会会员461374人，其中农民工会员231689人。机构设办公室、组织工作部、经济宣教部、生活保障部、法律工作部、退管办、事业部和经审办。(1)进一步凝聚工会干部和职工群众的精神力量，组织开展“学习与发展”漕泾杯·金山区职工第八届读书节活动；深入推进以责任、诚信为重点的职业道德建设，唱响“劳动光荣、工人伟大”的时代主旋律。(2)着力开展建功立业主题实践活动，深化以“推进创新转型、建功十二五”为主题的建功立业活动，共组织开展431项建功立业劳动竞赛，共有93393名职工参加竞赛活动；开展2013年度高、中级职工职业技能大赛，15628名职工参加各类技能比赛334次，有50168名职工参加各类职工技术培训(讲座)1010次；开展以“弘扬企业安全文化，加强班组安全管理”为主题的“安康杯”竞赛活动，参赛企业389家。(3)深入开展厂务公开、职代会建制行动，共有11634户企事业单位建立了职代会制度，其中职代会独立建制单位1144户，235家区域性、行业性职代会覆盖10490户企业，公有制企事业单位厂务公开职代会建制实现全覆盖。建立由30人组成的工会职工法律援助维权服务志愿团并实行包干服务制，共为职工提供法律援助案件219起，建立企业调解组织1286家，调处劳动争议案件596起，其中群体性劳动纠纷6起。(4)加大帮扶工作力度，节日走访慰问困难职工1424人次，送上慰问金103.57万元。(5)着力落实“两个普遍”三年目标任务，与市工会管理职业学院联手开展基层“活力工会”建设课题调研，制定下发《关于加强“活力工会”建设的试行意见》，形成“活力工会”建设调研报告。召开金山区第四次工代会，确定今后五年工会工作的奋斗目标和主要任务；选举产生新一届金山区总工会领导班子成员。(钱海东)

松江区总工会

主　席
冯　萍

【概　况】松江区总工会辖有镇、街道总工会15个，开发区工会1个，委、局工会22个，直属公司工会5个，行业工会4个，基层工会2396个，涵盖企业31860万家，工会会员近69万人。机构设办公室、财务部、组织(民管)部、法律(宣教)工作部、保障(女工)工作部、经济(事业)工作部、经审办和退管会办公室。直属事业单位有上海松江工人文化宫。(1)用先进文化陶冶职工，成功举办第二届职工文化艺术节，举办松江区第四届职工文艺创作汇演、松江区职工书画展、松江区职工摄影比赛、元宵灯谜会等系列文体活动；新建区级“职工书屋”示范点20家，累计达68家，为职工书屋配送图书6000多册。(2)工会组织建设全面加强。新增建会数4237家，吸纳会员98579人。236家有政治身份经营者所在企业已成功组建工会220家，组建率达93%。召开松江区工会第四次代表大会，选举产生区总工会新一届委员会和经费审查委员会。(3)建功立业活动蓬勃开展。创建第二批“劳模创新工作室”，召开松江区职工科技创新工作暨“五小”活动推进会，对147个申报项目进行表彰和奖励。提升职工技能素质。借助市、区、镇三级职业培训平台，13442名职工接受各类技能培训。积极开展劳动竞赛。会同区人保局等部门联合主办松江区职业技能竞赛，3209人参加机电技术等41个项目竞赛。开展“安康杯”竞赛活动，与区安监局联合对2万多名农民工进行安全知识培训。(4)全面构建和谐劳动关系。组织实施新一轮工资集体协商“要约行动”，已建会企业共签订工资专项集体合同1216份，覆盖企业22507家，覆盖职工49万多人。百人以上实体型企业建立劳动争议调解组织518个，企业工会法人登记新增228家，累计达1606家。形成区、街镇两级“1+15”的援助格局。职工法律援助中心窗口受理的来访、来电咨询共265件。受理申请职工法律援助案件共31件，为职工挽回经济损失54万余元。(5)帮扶服务工作成效显著。为全区363名劳模办理“工商银行VIP劳模卡”，向劳模发放春节慰问金、特殊困难帮扶金、低收入补助金达88万余元。举办职工“一日捐”活动，全区8万多名职工捐款317万元。区总工会为2865名职工提供帮扶，发放慰问金达145.74万元。投入40万元，对一线职工开展高温慰问活动。为17名困难家庭大学生提供社会实践基地暑期实习岗位。联合东方网举办外来务工人员网络购买火车票专项培训。投入近30万元为参加体检的2962名非公企业职工每人补贴100元。投入20余万元，组织一线职工参加体检和疗休养活动。为26.7万人次职工参保续保，参保金额1301.6万元；为9469人次职工办理互助保障金的给付工作，给付金额达787.3万元。在全市率先为3872名环卫职工送上特种重病和意外伤害保险。全区共有5240名退休职工参保。(6)工会自身建设切实加强。加强基层组织建设。积极探索职业化社会化工会工作者队伍建设，强化工会财务预算管理和执行监督。 （徐维勇）

青浦区总工会

主　席
张小弟

【概　况】青浦区总工会辖镇、街道、委、局、区级公司和行业工会63家，其中，镇、街道总工会11家；委、局工会(工作委员会)33家；区级公司工会12家；行业工会7家。截至年底，全区基层工会组织数2759家(包括工会联合会)，涵盖建会单位数31443家，入会会员458582人，其中，独立企业工会2438家，会员243634人。机构设办公室、基层组织部、法律宣教部、经济工作部和生活保障部，下属事业单位有区工人文化宫。(1)广泛开展建功立业技术创新活动。举办2013年职业技能竞赛，发动265家企业3万多职工参与“建设一城两翼、打造宜居城市”建筑行业职工立功竞赛活动，发动全区85%的企业参加“安康杯”竞赛，全年参加各类技能等级培训职工14215人，开展农民工工商管理(EBA)、大中专学历教育培训633人，外语、计算机等其他各类培训10800人。(2)“两个普遍”工作深入推进。全年新建独立工会组织数148家(其中9家为联合工会)，入联企业461家，新增会员14149人。全区集体合同、工资专项、女职工权益三项合同实现七大行业全覆盖。(3)服务维权更有力度。建立“1+12”职工法律援助体系，共接受职工来信来电来访46件，涉及职工1386人，法律咨询138人次；主动参与群体性劳资纠纷事件15起，涉及职工2000余人。开展“同吃年夜饭”活动3场，为外来农民工发放电话充值卡400张，共计4万元。(4)持续扩大职工互助保障计划覆盖面，在职职工参保近15.6万人次，退休职工参保近2.4万人次。(5)继续开展“企业职工文体活动中心”示范点创建活动，成功举办青浦职工春季健身大赛和秋季第九套广播体操比赛，举办10场“同一片蓝天——为外来建设者送文艺”活动，组织开展“电影进企业”、“农民工假日电影”等160余场。 （朱建强）

奉贤区总工会

主　席
周龙华

【概　况】奉贤区总工会辖委、局、镇(开发区)工会、工贸集团公司工会、行业工会64个，基层工会2778个，覆盖单位24814家，职工484051人，工会会员463518人，其中女职工170562人，农民工238016人。设办公室、基层工作部、事业部、法律保障部；直属事业单位1个。(1)推进职工素质工程。建立职工学校46所、职工教学点1003个，培训职工10万人次；开展技术创新、劳动竞赛、技术比武、技能培训以及各类文体活动1万余次，参与职工50万余人次；实施技术攻关、技术革新项目475项，提出合理化建议5815条，总结先进操作法161项，创造经济效益1.15亿元；创评4家区级“劳模创新工作室”；评选表彰52个奉贤区五一巾帼文明岗。(2)推进工会组织建设。全年新建工会组织157个，新增工会会员29241名；新建地区级行业工会联合会7个。开展第11次厂务公开民主管理检查；独立建职代会制度的企事业单位2391家，区域性、行业性联合职代会280个，覆盖企业4315家；集体合同覆盖企业16273家，覆盖职工331101人；工资协议覆盖企业15112家，覆盖职工319726人。(3)构建和谐劳动关系。建成奉贤区职工援助服务中心，成立职工法律援助服务志愿团、心理咨询服务团、文明礼仪讲师团等，为职工提供互助医疗保障、法律援助、扶贫帮困等“一门式”服务；开展公益招聘会7场，吸引508家企业和12850人次参加，提供岗位4685个。全区百人以上建会企业劳动争议调解组织建制率达到90%，创建5家工会劳动争议调解品牌工作室。区、镇两级工会劳动争议调解组织受理劳动争议案件628

件，调解成功率达90%；996家企业、4578个班组、115450人次参加“安康杯”竞赛；1143家企业、62212名职工参加全国《女职工劳动保护特别规定》知识竞赛。(4)积极探索工会管理创新。深入探索“促进有政治身份企业经营者带头重视工会工作”课题，373家有区级以上政治身份和454家有镇级政治身份和荣誉称号的企业经营者工会组建率、集体协商率、职代会建制率均实现100%。

（尹　奕）

崇明县总工会

主　席
张　荣

【概　况】 崇明县总工会辖乡、镇总工会18个，委、局及县管公司、经济开发区工会23个，直属工会39个，基层工会1129个，涵盖企业3824家，工会会员146587名。机构设办公室、组织民管部、宣教生产部、法律保障部及职工技协办公室、劳动模范协会、退管办、职工互助医保服务处。直属事业单位有崇明工人文化宫及崇明县职工援助服务中心。(1)加强职工队伍素质建设。广泛开展“凝心聚力跟党走、建功立业绘蓝图”主题教育活动，组织开展2013年崇明县职业技能竞赛，设有家政、汽车驾驶、钳工和绿化工4个项目，283名职工参加，190人考试合格并获得荣誉证书，10人得到技能等级提升。广泛开展职工职业道德、价值取向宣传教育，创办《崇明工人画报》，集正能量、接地气和艺术性为一体。举办《劳动最光荣》职工合唱比赛，举办第二届崇明职工乒乓球赛，有38支队伍共300余名职工参赛。(2)积极推动构建和谐劳动关系。非公企业职代会建制率提高到81%。开展市厂务公开民主管理工作第11次调研检查。全县已建工会的企业，通过工资集体协商签订工资专项合同256份，覆盖企业1844家，覆盖职工71184人。全县签订职业病防治专项合同186份，覆盖职工14966人。(3)健全完善工会帮扶体系。为困难职工发放各类帮困资金181.72万元。建立崇明“的哥”数据信息库，合力推进崇明“的哥”申请市区公租房的实施。全县参保职工共计7.8万人，继续开展“白内障复明工程”活动，对700余名退休职工进行白内障检查，实施106人白内障治疗手术。(4)加强工会组织自身建设。全县新增工会组织146家，发展会员4844人，职工入会率和企业建会率均达到96%。完善机关联系基层制度，开展“新春走基层、新年话发展”走访企业活动，深入了解并掌握职工思想动态、企业发展现状和存在的困难问题等等第一手资料。

（秦春华）

区县总工会主席、副主席名录

单位名称	主　席	副　主　席	经审主任
浦东新区总工会	姜　鸣	陈　英（女）　胡亚平　成丕贤　张剑铭　殷珏娟（女）	胡亚平
徐汇区总工会	袁建村	汤学科　孙小林　徐　艳（女）	诸文彬
长宁区总工会	余小雄（女）	王友晓　贾跃能　赵永康　李双珑（女）	徐雍安
普陀区总工会	欧阳萍（女）	徐道超　吴　俊　沈丽萍（女）　仇安涛　王远华	吴　俊
闸北区总工会	宋　震	陆慧华（女）　谢树勤　司　静（女）	司　静（女）
虹口区总工会	包建强	梅小平　蒋红心　廖鸣春（女）　祝国强	祝国强
杨浦区总工会	麦碧莲（女）	陈梗宝　王建芳（女）　范本国	王　岚（女）
黄浦区总工会	徐少伯	宣铭祥　马忠荣　但汉春　张　珏　李　昉　刘德祥　柏茜雯（女）	李　昉
静安区总工会	叶坚华	瞿乃栋　王玉光　刘培兰（女）	张　伟
宝山区总工会	杨卫国	李友钟　唐励良　曲国莉（女）　闪　勇	闪　勇
闵行区总工会	俞莉红（女）	朱　瑛　陈红铭　何爱群（女）	张斗起
嘉定区总工会	陆　晞	金伟荣　刘　勤（女）　龚　英（女）　杨炳康	胡素丰（女）
金山区总工会	刘跃俊	黄　政　张秀英（女）　庄保龙　沈美娣（女）	
松江区总工会	冯　萍（女）	陈军康　高兴欢　王　斌　宋　莉（女）	王　斌

续 表

单位名称	主 席	副 主 席	经审主任
青浦区总工会	张小弟	朱俊华 倪 健（女） 冯永新 谢 华（女）	
奉贤区总工会	周龙华	王森龙 吴永强 薛冬梅（女） 高国弟	薛冬梅（女）
崇明县总工会	张 荣	黄 慧（女） 龚 波	龚 波

说明：1. 任职名单以 2013 年 12 月底为准。
2. 上述人员职务以市总工会批复为准。

（市总工会组织部）

保障政策文件选编

上海市人力资源和社会保障局
上海市总工会
上海市企业联合会 / 企业家协会
上海市工商业联合会
关于 2013 年企业工资增长指导线通知

沪人社综发〔2013〕41 号

各有关委、办、局，各控股（集团）公司、企业（集团）公司，各区县人力资源和社会保障局，各区县、局（产业）工会，各区县企业联合会 / 企业家协会，各区县工商业联合会，各企业：

现就 2013 年本市企业工资增长指导线有关问题提出如下意见：

一、企业工资增长指导线

经综合考虑本市经济发展、居民消费价格、劳动就业、工资水平等情况，2013 年本市企业工资增长指导线为：

（一）平均线为 12%。生产经营正常、经济效益增长的企业，可参照平均线确定工资增长水平。其中，上年平均工资水平为全市职工平均工资二倍以上的，可参照平均线以下水平增长工资。

（二）上线为 16%。生产经营正常、经济效益较好，并且上年平均工资水平低于全市职工平均工资 60% 的企业，可参照上线增长工资。

（三）下线为 5%。经济效益较差的企业，可参照下线增长工资。生产经营困难、亏损的企业，经职工代表大会（或全体职工大会）讨论通过后，可以低于下线。

二、实施意见

（一）企业应当建立反映企业经济效益的工资正常增长机制，积极开展工资集体协商，合理确定本企业的工资增长水平，以及不同岗位人员的工资调整幅度。

（二）企业在确定工资增长时，应当着力提高工资水平偏低的生产服务一线岗位人员的工资水平，一线职工工资增长幅度应当不低于本企业职工工资的平均增长幅度。

（三）应当妥善处理好高管与普通职工的工资分配关系，企业高管的工资增长应低于本企业职工工资的平均增长幅度。

（四）本市各级人力资源和社会保障部门、工会、企业联合会 / 企业家协会、工商业联合会，以及各有关委、办、局，各控股（集团）公司、企业（集团）公司，应加强对本地区或所属企业工资分配的指导，推动企业与职工通过开展工资集体协商，合理确定工资增长幅度和工资分配方案，既促进企业的发展，又保障职工的合法权益，维护劳动关系的和谐稳定。

2013 年 7 月 30 日

B局(产业)工会

Brief Introduction of Bureau(Industrial) Unions

概　况

上海市机电工会

主　席
朱　斌

【概　况】市机电工会辖基层工会组织195个。职工84871人，其中女职工18152人，农民工11062人；工会会员71982人，女会员15266人，农民工会员6971人。(1)开展振兴装备制造业“科技型、超越型、智慧型、提升型”主题劳动竞赛；举办“上海电气三维设计大奖赛”和创意创新大奖赛，涌现创新项目102项；提出合理化建议4502条。(2)学习李斌活动形成品牌。落成开放“李斌展示厅”，根据李斌事迹排演话剧《中国力量》，出版《工人李斌》书籍，拍摄《工人李斌》纪实片，发表《李斌：一个工人的中国梦》的报告文学，印制《中国力量》《工人李斌》宣传片等。(3)开展“李斌杯”技能大赛。编制《上海电气首席技师创新服务工作室联系手册》；高师带徒活动健康发展，集团层面和企业层面有1100对师徒签约。(4)发展和谐劳动关系。工资专项集体协议以中英文本发至所有企业，开展集体协商并签订工资集体协议；签订《上海电气(集团)总公司女职工权益保护专项集体合同》。推进职代会民主管理机制，国有和国有控股企业建立职代会制度，厂务公开实行率达到100%；非控股企业85%建立职代会制度或员工代表大会制度，厂务公开推行率为53%。维护职工合法权益，受理非诉类案件121件，参与21家企业改制方案和人员安置方案的评审。(5)推动困难职工帮扶工作。建立5310名困难职工信息档案，85家基层企业参加“一日捐”，捐款总额达623.5万元；拨出350万元对1.5万余名离岗职工健康体检，为12家困难企业的600多名农民工健康体检。(6)加强工会自身建设。25家企业工会以直选方式产生工会主席，75名工会主席参加在清华大学举办的专题培训；开展4项专题调研；组织“我们的力量”主题文艺活动，建成3个全国职工培训教育示范基地、举办上海“电气杯”职工书画、摄影展览，以及乒乓球、羽毛球、篮球等比赛。（冯克华）

上海市仪表电子工会

主　席
田　原

【概　况】市仪表电子工会辖76个基层工会。职工25774人，其中女职工8099人，农民工3549人；工会会员25493人，女会员7986人，农民工会员3540人。机构设办公室、经济事业部。(1)围绕仪电控股发展新战略，继续深化职工创新活动。广泛开展创新转型、建功立业劳动竞赛，47个基层工会17123人次参加，38个单位开展岗位练兵活动，技术革新活动139项，获国家专利95项。合理化建议共实施39637件，产生效益7236万元。继续贯彻“关于深化职工技术创新活动加强技能人才队伍建设的意见”。加强技能培训和技能竞赛，开展师徒结对活动。(2)继续开展构建“劳动关系和谐企业”工作，巩固职代会制度建设成果。在企业调整重组、股权退出、改制歇业过程中坚持履行职代会民主程序，通过职代会民主程序化解企业歇业中发生的群体性上访事件。逐步推进集体协商签订工资专项集体合同工作，巩固建制率和履约率，提高合同含金量。(3)加大帮困救助力度。3765名困难职工受到帮扶，对193户困难职工家庭建立定人帮扶机制。(4)加强企业文化建设。举办2013年仪电控股文化体育节，先后开展乒乓球、保龄球、定点投篮、飞镖、双人跳绳、扑克牌、摄影等项目竞赛，举办“共圆仪电梦”职工文艺演出，评选表彰仪电控股优秀个人和先进集体，宣传劳动模范事迹。(5)进一步加强工会自身建设。对产业集团工会财务开展规范化检查和审计。（高正峰）

上海市化学工会

主　席
黄岱列

【概　况】市化学工会辖23个子公司(直属)工会，93个基层工会，现有职工25971人，女职工5290人，农民工2182人，工会会员数23344人，女会员5106人，农民工会员195人。机构设办公室、组织宣传部、权益保障部和经济工作部。(1)深入开展形势任务教育，注重发挥工会宣传渠道作用。(2)继续推进、精心组织主题立功竞赛。(3)创建和谐劳动关系。着力加强厂务公开民主管理制度建设，源头参与部分企业调整改制工作；围绕关爱职工，做好雪中送炭工作。推进职工文化建设，营造和谐氛围。(4)加强工会组织建设。建设华谊职工满意的职工之家。做好集团第七次工代会各项准备工作，推进“职工之家”建设活动，组织开展工会干部能力培训，推进工会女职工目标管理，抓好工会财务管理和经审工作。（王有福）

上海市轻工业工会（上海轻工业工会联合会）

【概　况】市轻工业工会辖7个基层工会，职工3409人。会员3409人，其中女会员870人。上海轻工业工会联合会有16个行业工会，会员单位323家。机构设办公室、组织部、民管部、法律部、经济工作部、宣教部、生活保障部、财务部、技协三产办公室等。(1)唱响劳动光荣、创造伟大

副主席
姚志贤

主旋律。制定下发《关于开展“劳动光荣、创造伟大”主题实践活动的意见》，举办“劳动让她们更美丽”的主题演讲会，评比表彰“首届上海轻工行业新生代优秀产业工人”，开展“共筑中国梦，劳动最光荣”摄影征文活动。(2) 围绕品牌建设开展立功竞赛。推动转型发展立功竞赛活动，组织 66 家参赛企业的 77 个品牌进行情况交流和经验推广；举办第五届“上海轻工杯”创意设计大赛，组织行业职工与高校学生同台竞技。(3) 做好服务工作推动自身建设。发挥“工会干部手拉手工作室”作用，组织开展上海轻工行业先进职工之家和职工小家、优秀工会工作者和工会之友评选；组织 7 家企业参与行业职工工资水平和收入状况调研；对 170 多名困难职工开展帮扶，建立“行业分会活动日制度”，完成日化、照明、钟表、缝制机械、文教等行业分会换届改选。

（徐俊彦）

上海市纺织工会

主　席
吴光玉

【概　况】 市纺织工会辖子公司工会 11 家，直管单位工会 17 家，基层工会 95 家，职工 13411 人，其中女职工 5190 人，农民工 1723 人；会员 13199 人，其中女会员 5041 人，农民工会员 1699 人。另有地区纺织行业工会联合会 8 家，覆盖会员近 17 万人。机构设办公室（含法律部）、组织民管部（含地区工会工作部）、宣教部、生产部、女工部、退管办、经审办，有 6 家直属企事业单位。(1) 开展“共筑中国梦——劳动成就梦想”微成果、微感言、微镜头、微演讲系列活动，18 家单位在新浪网上开设 33 个企业官方微博，上传作品 655 篇。(2) 开展“当好主力军、建功‘十二五’”创先争优劳动竞赛，共评选 34 项职工创新微成果，实现出口创汇、营业收入 3620 万元，减少投资、节约成本 1140.6 万元；举办服装制版师、时装设计师技能竞赛，组队参加首届全国服装行业“十佳制版师”大赛。(3) 积极维护职工群众合法权益，职代会首次以无记名投票方式通过 2013 年集团集体合同，成立纺织工会法律援助服务小组，加大对困难职工群体的帮扶力度，三大节日定向帮扶 980 人次，帮扶金额增加 34.62%，下拨帮扶资金比上年增加 147.83%，对首次发生大重病患者的救助标准比上年提高 62.86%，职工救急救难基金共投入 186.5 万元用于各类帮困救助。(4) 积极搭建职工文化、体育、交友活动平台，组建纺织职工爱乐合唱团，重组纺织京剧团、文学创作社、集邮协会、摄影协会等兴趣协会。参加“万步行”健身活动，组队参加上海职工棋牌、羽毛球体育竞赛。

（王慎微）

上海市医药工会

主　席
陈　欣

【概　况】 市医药工会辖基层工会 79 个，职工 27108 人，会员 26741 人。机构设办公室、保障部、经济宣教部、组织民管部（含法律部）及财务室（含女工部）等。(1) 围绕新三年上药集团发展规划，开展以“当好主力军、建功新上药”为主题的群众性经济技术创新活动，表彰奖励劳动竞赛 13 个项目；征集合理化建议，收到 10 家企业申报的合理化建议 60 条。抓好班组建设，开展班组长岗位培训，举办 4 期班组长岗位培训班，培训班组长 305 名。开展技能竞赛，设有药物制剂、药物分析 2 大类共 9 个项目，7 家企业 202 名职工报名参赛。(2) 推进创建劳模创新工作室，先后命名全国劳模樊水玉健康服务创新工作室、市劳模张映勤药物中试创新工作室。(3) 推进职代会民主管理，加强职工代表培训，年内培训职工代表 1200 余名；开展市第十一次厂务公开民主管理工作检查，抓好工资集体协商，共有 71 家基层单位签订工资集体合同；注重构建和谐劳动关系，下发《关于规范劳务派遣工用工的规定》，积极参加全国“安康杯”竞赛。(4) 推进自身建设，制订实施 2013 年基层工会工作目标考核表，组织基层工会换届改选，开展工会主席直选。

（方　尉）

国网上海市电力公司工会

主　席
庄毅群

【概　况】 国网上海市电力公司工会辖基层工会 31 个，职工会员数 16226 人，其中女会员 3063 人。(1) 团结动员职工建功立业。公司工会以主动担当、精心有为的实际行动，发挥各级工会组织的桥梁纽带作用，发动职工群众，全员参与、全程融入、全面推动。(2) 围绕“立足岗位、创先争优、建功立业”开展劳动竞赛。开展国家重点工程“皖电东送”淮南至上海特高压交流输变电示范工程立功竞赛，即时表彰一批上海市“五一”劳动奖状（章）和工人先锋号。加强“安康杯”竞赛领导和组织实施，共有 29 家单位、985 个班组参赛，参赛率达98%，参赛职工数16366人。制定公司劳模（职工）创新工作室管理办法，命名4个公司级劳模创新工作室。(3)开展群众性技术创新活动。在第25届上海市优秀发明成果表彰中，获得各类奖项。(4)实现并超额完成公司每年20%班组达标的预期目标。开展班组信息系统录入情况互查，组织45名优秀班组长参加班组长培训班，在上海市“班组安全建设和成果展示”决赛中夺特等奖。(5)职代会民主管理工作扎实推进。分别召开两次职代会和工作会议，征集提案62条，全部完成答复处理。全年共有29家单位、9850名职工参加职工合理化建议征集活动，提交合理化建议2731条。(6)职工文化建设和文体活动深入开展。举行“光之魂”迎国庆先进表彰暨职工文艺演出，举办“班组文化最佳实践库”征集活动，组织参加上海市庆祝“五一”国际劳动节歌会、国网“两会”文艺演出。(7)加强工会组织自身建设。召开公司工会全委（扩大）会议，举办“工会专兼职干部培训”“工会经审财务知识培训”“班组信息系统上线培训”等培训班，编辑出版《工会理论探索与创新实践——2013国网上海市电力公司工会论文集》。（钱幼树）

上海电力建设有限责任公司工会

主　席
李　苏

【概　况】上海电力建设公司工会辖10个基层工会委员会，职工3078人，女职工254人，工会会员3078人，女会员254人。(1)动员职工融入“聚焦转型发展”主题活动之中，广泛开展形势任务教育，为企业转型突破建功立业。(2)实行职代会评估、提案和听政制度以及职工代表监督制度；规范平等协商集体合同，全面落实“两个普遍”要求，把协商重点落实到职工经济安全权益上；推进企业和项目（分支机构）职代会制度建设和调研检查活动。(3)开展“项目管理微竞赛”系列活动，深化劳模先进示范基地建设，开展劳模先进示范基地创建活动的情况调研，召开“劳模先进示范基地建设”推进会，命名第三批“上海电建劳模先进专家”，举行劳模先进专家与结对弟子《带教协议》集体签约仪式。(4)开展“安康杯”竞赛和劳动保护“群防群治月”活动，以“班组安全论坛”形式，开展安全知识和操作技能学习，举办劳动保护监督检查员培训班，推进分包队伍班组建设。(5)加强工会自身建设。举办“最具活力工会工作”成果发布会，结合基层“两会”换届改选，组织工会干部参加专题培训。(6)开展困难职工帮扶，元旦春节慰问在职 职工315人，慰问退休职工451人；建立职工大重病医疗互助基金，及时为困难职工提供帮扶。

（季天培）

宝钢集团有限公司工会

主　席
朱义明

【概　况】宝钢集团工会辖子公司、直属工会16个，基层工会116个，职工80319人，会员80317人。(1)倡导劳动光荣的主人翁精神。开展以环境经营、降本增效、安全生产为目标的“团队争先、岗位创优”劳动竞赛，实施跨厂际同工序对标竞赛、拓展新市场创造新效益竞赛、湛江工程建设竞赛等3项劳动竞赛。(2)职工岗位创新工作取得新进展。举办第五届员工创新活动日和女职工岗位创新“玫瑰坊”发布活动，有10个项目参加巴黎国际发明展，首次评出“宝钢十佳职工创新工作室”，有自主管理(JK)小组9051个，职工经济技术创新小组2357个，全年申请专利数达1847项，其中发明专利564件，技术秘密1828件。(3)持续深化厂务公开民主管理。开展民主评议领导干部、三级对话制度、厂情通报会、职工代表看宝钢、职工董事、职工监事研修班等活动。(4)深入开展最佳实践者活动。积极发掘一线职工中的最佳实践，树立最佳实践者典型，开展宣传交流。(5)“服务职工在行动”常态化。有622名厂部级以上专兼职工会工作者联系班组5435个，访谈职工39447人次，收集意见和问题4130条，已解决并反馈的占92%；全部完成职工“三最”实事项目124项。(6)加强基层基础管理。强化以“群防、监督、基础”为主要内容的劳动保护监督，自下而上组织开展“查管理、查隐患、查违章、查整改”的“安全100”督查行动。(7)开展第九届职工运动会和第八届老年人运动会和“文化之旅”“文化服务进宝钢”“歌颂祖国、唱响宝钢”等系列文化活动，文体协会由169个增加到422个。(8)完成宝钢集团工会换届改选，加强自身建设系列评价、研修和培训。集团工会被全总授予为“全国模范职工之家”称号。

（陈佩红）

上海宝冶集团有限公司工会

【概　况】上海宝冶工会有基层工会12个，职工16466人，其中女职工2443人，农民工10117人；工会会员5437人，女会员876人。(1)紧密结合企业实际，围绕工程项目建设，工会主动与项目部沟通共同策划立功竞赛方案，开展昆山金融街一期项目、宝钢三号高炉大修、宝钢湛江工程项目、越南河静炼钢工程项目等25个项目立功竞赛。围绕安全生产，开展班组安全文化宣传展板和班组（项目部）安全建设与管理优秀成果展示。组织劳动保护专项检查，提出整改安全隐患建议120多条。围绕管理提升，开展合理化建议活动。基层员工提出合理化建议420多条，创造经济效益约5400多万元。(2)扩大职工文化活动参与面，兼顾前后方员工活动需求，在公司层面集中开展书画、摄影、篮球、羽毛球、乒乓球等活动，以项目部“职工小家”创建活动为抓手，贴近员工文化活动需求。(3)在维护职工权益机制建设上取得新突破，通过工资集体协商，签订集体合同。(4)工作重心下移，面向施工一线，开展高温季节“送清凉”活动，使项目部高温慰问实现全覆盖。加强班组长岗位培训，安排班组长分别参加国资委举办的清华大学远程教育培训、上海市优秀班组长培训及公司内部培训。

（毛一新）

上海高桥石油化工公司工会

主　席
罗新富

【概　况】 高桥石油化工公司工会下属基层工会8个，工会会员6804人。机构设办公室、民管宣教文体部、生产生活保障部。(1)开展“安康杯”劳动竞赛，提高班组管理水平，举办4期班组长培训班，开展多种形式的劳动竞赛和职工素质教育，开展提高巡检质量和班组小指标竞赛，征集“我为扭亏增效献一计”合理化建议，共收到金点子42条，有18条获奖励；成立“宋虹霞劳模创新工作室”，开展师徒结对、名师带徒活动。(2)完善以职代会为基本形式的企业民主管理制度，提案工作专门委员会共征集、处理和落实各类提案141件；召开厂情发布会和职工座谈会，落实职代会决议和履行集体合同，落实处理30条意见和建议。(3)开展帮困送温暖活动。建立两级帮扶体系，实行网上公开申请，拓宽帮扶范围，共帮扶慰问2354人次，发放帮扶慰问金184万元，金秋助学99人。(4)服务企业，发挥工会组织的监督协调和宣传教育作用。丰富职工业余生活，有1370名女职工参加普法竞赛。

（沈根明）

中国石化上海石油化工股份有限公司工会

主　席
张剑波

【概　况】 上海石化工会有直属基层单位工会27个，工会会员16479人。机构设办公室、组织民管部、宣教文体部、生活女工部、经济工作部等。(1)以建设“国内领先、世界一流”炼化企业为目标，开展“创先争优、建功立业”竞赛，全面推进小指标专项竞赛，做好“我为节能减排献一计”合理化建议成果的征集工作，开展“节能环保达人”故事征集，推进成本核算进班组试点，开展“安康杯”竞赛活动。(2)大力推进企业文化建设，举行第五届职工运动会，开展乒乓球、篮球、大怪路子、田径、保龄球、羽毛球、钓鱼、消防等13个大项、39个小项的比赛。(3)深化职工素质工程建设，继续塑造“六型班组”、网上练兵、技能竞赛三大活动品牌，做好劳模先进的培育、选拔、评选、宣传、服务工作，推进“劳模创新工作室”创建。(4)进一步推进和谐企业建设。及时公布新一期集体合同、女职工权益保护专项集体合同和职业病防治专项集体合同；完成修订《公司职工权益政策与实务操作手册》，完善建家工作机制，注重重点(特色)工作创建，加强工会主席直选培训，提高财务和经审工作水平，规范工会财务和经审工作。

（施东亮）

上海化学工业区工会

主　席
钱忠祺

【概　况】 上海化学工业区工会有工会会员6890人，其中女会员2048人；基层单位工会28个。(1)深化和谐劳动关系创建工作，依法依规协调劳动关系，加强劳动关系动态排摸与研判，及时有序化解劳动关系双方利益争议。做好困难职工帮扶救助工作，完善帮困送温暖长效机制，开展冬送温暖、夏送清凉、金秋助学等活动。加强和改进职工宣传思想工作，建立健全反映职工思想动态信息网络，组织开展各类主题突出、形式多样的文体活动。(2)积极推进职代会制度，保障职工参与管理和监督民主机制的落实，注重培育和树立不同类型的厂务公开民主管理的先进典型，有效开展平等协商工作，签订工资集体合同，建立健全工资共决、正常增长、保障支付的工作机制。(3)开展“安康杯”竞赛，创新劳动竞赛方式和内容，开展“携手保增长，和谐促发展”非公企业劳动竞赛、“建功‘十二五’，巾帼绘蓝图”女职工建功立业行动。(4)继续推进化工区企业特别是外资企业工会组建，创建职工之家，把建家重点向车间、班组延伸。加强工会领导班子建设，召开化工区工会第三次代表大会，加大干部培养力度，探索建立工会工作志愿者队伍的新途径。

（张　俊）

国药控股股份有限公司工会

主　席
李智明

【概　况】 国药控股公司工会上海地区辖基层工会13个，会员3069人。(1)加强工会工作规范化制度化建设，新编《国药控股工会财务考核办法》《国药控股工会经审工作规范化建设标准考核办法》。首次开展工会先进个人和集体评选。(2) 加强基层民主政治建设，坚持每年两次召开党政领导与职工代表对话会。(3) 走访困难员工，关注劳模生活，高温慰问一线员工。(4) 结合企业战略发展和员工思想实际，开展时事形势教育，共举办 6 场大型讲座，举办“生命之光”公司成立 10 周年文艺汇演，举办第三届“沃凯”杯羽毛球赛。(5) 推进工会财务制度化规范化建设，加强业务培训、整章建制、督导整改，并取得成效。（蔡文婕）

中铝上海铜业有限公司工会

【概　况】 中铝上海铜业公司工会辖基层工会 8 个，职工 2021 人，其中女职工 334 人；工会会员 1912 人，其中女会员 333 人。(1) 加强以职代会为基本形式的厂务公开民主管理制度，健全完善签订劳动合同和集体合同制度，推动落实职工民主权利，支持职工参与企业民主管理，保障职工知情权、参与权、表达权和监督权。(2) 组织职工开展技术比武、技术攻关、合理化建议以及岗位建功劳动竞赛等活动，开展 40 多项各具特色的班组劳动竞赛。(3) 关怀职工，帮扶救助。全年职工住院参保率、职工团体意外伤害参保率、特种重病参保率和女职工团体参保率均达到 100%。实施《困难员工重大疾病互助、互济基金会章程》，51 人收到公司困难慰问金 24107.90 元；慰问单亲困难女职工 2017.50 元；元旦春节期间，慰问职工 14365.60 元，直接发放职工帮扶金 1 万元；至 9 月底，11 人得到医疗补助费 69212.10 元。(4) 强化督导，确保安康。开展“安康杯”劳动竞赛，对检查发现的安全隐患提出整改建议，并督促落实。（丁华星）

鲁中矿业有限公司工会

主　席
沙宝珍

【概　况】 鲁中矿业公司工会辖 14 个两级基层工会，75 个车间 (区队) 工会，会员 5902 人，其中女会员 1389 人。机构设办公室、民管部、保障(女工、财务)部、生产(宣教)部、文体俱乐部等。(1) 开展“对标挖潜、降本增效”劳动竞赛，为突破自产精矿 200 万吨大关做贡献。深化“安康杯”竞赛，参赛职工占职工总数的 98%。组织电焊、凿岩爆破、测量、变配电、厨师 5 个工种 12 个级别的技术比武。征集合理化建议 320 份，抓好合理化建议的成果转化。(2) 抓实以“安全型、效益型、质量型、技能型、学习型、和谐型”为主要内容的“六型”班组创建工作，开展班组长学习培训，举办 5 次优秀班组长联谊及主题班会交流活动，110 名班组长参与。(3) 召开十四届一次职代会，评议 117 名公司中层助理以上管理人员。(4) 全年救助特困职工 292 人次，发放救助金 34.86 万元。(5) 开展全体女职工妇科普查，参加“女职工劳动保护特别规定”知识答题。(6) 先后组织乒乓球、羽毛球、春季长跑、“五一”拔河等 14 项常规体育比赛，举办公司第十五届田径运动会，组队参加中国五矿第十二届运动会，24 人次打破五矿运动会记录。(7) 转变工会工作作风，实行信访接待制度。加强工会资产管理，做好经审工作规范化建设。（王　辉）

上海航天局工会

主　席
吴海中

【概　况】 上海航天局工会辖 35 个基层工会，会员 19672 人，其中女会员 5908 人。(1) 开展群众性经济技术活动，24 家单位、1084 个班组和 1.2 万名职工参与“我为创新提效献一计”合理化建议活动，提出建议 2506 条、实施 1127 条、创效 1.2 亿元；征集节能减排格言 337 条、先进操作法 14 项、优秀文化案例 26 个。(2) 推进班组建设。组织班组长参加创新沙龙交流；选派 200 人参加班组长远程培训；指导唐建平班组依托劳模创新工作室开展技术创新。(3) 注重文化建设，提升职工素质。举办第六届读书节，开展“4・22”论坛、主题 logo 征集、首届读书明星评选等活动，开展班组文化优秀实践案例征集，征集案例 58 个，参加“讲理想、比贡献，为实现中国梦而奋斗”演讲比赛。(4) 强化职工民主管理。召开二届六次职代会，征集代表提案 50 件，立案 11 件，质量评估满意率 99.16%。(5) 推进实事工程。全年职工体检 15224 人；发布职工健康白皮书，编写《情绪管理手册》并下发班组;关心职工婚恋，借助“周末茶坊”成功牵手 50 对；建立《航天局困难职工数据库》，录入 140 名困难职工信息；局系统全年慰问帮扶困难职工 3588 人，总金额为 136.88 万元。（沈　恺）

中船上海船舶工业有限公司工会

主　席
崔启明

【概　况】 中船上海船舶工业有限公司工会辖基层工会 22 个，工会会员 56009 人，其中女会员 7739 人，农民工会员 20906 人。(1) 开展“当好主力军，建功‘十二五’”主题劳动竞赛和职工经济技术创新活动，促进企业自主创新，推动企业经济发展方式转变。(2) 以“攻坚克难激情进取、转型发展倾情奉献”为主题，举行“五一”表彰、劳模工作室命名授牌大会，命名授牌15个劳模先进创新工作室。(3)加强班组建设，提高职工队伍战斗力；推进女职工“提高素质，巾帼建功”主题活动，进一步提高女职工队伍整体素质。举办“远望杯”羽毛球比赛，打造船舶特色职工文体活动品牌。(4)加强职代会制度建设，推进厂务公开、落实平等协商、集体合同等各项工作。(5)推进工会内部改革，加强工会组织建设，完善工会经费管理。（方争音）

中国商用飞机有限责任公司工会

主　席
刘林宗

【概　况】中国商用飞机公司工会辖基层工会11个，职工8520人，其中女职工2249人；会员8116人，其中女会员2216人；农民工会员42人，35周岁以下占71.3%，大学以上学历占83.7%。(1)激励职工攻坚克难、奋力拼搏，按照研制进度、工程节点、具体计划，保质保量地完成全年工作目标任务，发挥劳模集体和先进个人引领示范作用。(2)以“干线研制我创优，支线交付我争先”为主题，以保质量、保安全、保成本、保节点、保交付为主要内容，积极开展群众性劳动竞赛和合理化建议活动，组织职工建言献策；开展全国、上海“安康杯”竞赛和“安全生产月”活动开展，组织安全生产和职工节能减排金点子征集、知识竞赛等系列活动。(3)参与公司COMAC管理五项工具设计工作，完成《大飞机(COMAC)精益班组建设三年行动计划(2014–2016)》编制。实现班组建设从活动范畴向管理范畴的跨越，组织优秀班组长赴美国、加拿大等国先进航空企业交流学习，参加国资委和清华大学联合举办的班组长岗位管理能力资格认证远程培训；举办多层次职工素质培训。制定实施女职工素质培养计划，开展多形式的职工体育健身项目。办好大飞机艺术团和大飞机文艺社等文艺社团，参与大飞机爱心日、上海市五一歌会、浦东陆家嘴金融城艺术节文艺汇演、慰问舟山驻军部队、元旦春节汇报演出等；开展日常慰问、职工帮扶和疗休养工作，精心打造“爱心妈咪小屋”。（陈　晖）

上海市烟草工会

主　席
解建伟

【概　况】市烟草工会直辖基层工会11个，职工8554人，其中女职工2034人；工会会员8554人。(1)深化班组建设。实施学习型班组试点创建，重点发挥劳模创新工作室的示范引领作用，运用培训讲座、班组学习、主题演讲、主题征文、版面展示等载体和方式，全方位多层次地推进学习宣传教育活动。(2)严格执行办事公开工作制度，完成18个公开项目64项公开内容的编辑发布，推进两级网站运行。召开市烟草工会第五次代表大会，选举产生第五届工会委员会领导班子，有7家基层工会按期换届。职代会审议通过保障工资调整的发放标准和定级标准、待退休管理规范等涉及职工利益的事项。(3)保障员工关爱举措落到实处。每季度组织书法爱好者协会开展笔会活动，配合做好新产品推广宣传；开展小型多样的群众性主题趣味健身活动；多次参与集团职工文化中心建设方案讨论，重点实施运动健身馆改建方案的规划设计；开展“法律伴我行”职工普法有奖答题活动，落实以“员工心理健康”及“管理人员压力疏导”为重点的员工心理关爱方案；为8619名职工增发高温津贴。(4)开展群众路线调研座谈活动。围绕“找不足、解困惑、知动态”，了解基层单位工会“职工之家”创建的特色亮点，制定加强班组创建工作中途指导方案，先后走访19家“工人先锋号”创建班组，现场反馈建议，落实即知即改措施。（邹允文）

上海汽车集团股份有限公司工会

主　席
李积荣

【概　况】上海汽车集团公司工会直管企业工会51个，工会会员115065人，其中女会员20255人，农民工会员36179人。机构设经费审查委员会、女职工委员会、工会资产监督管理委员会、综合管理部、组织民管部、经济工作部、文体宣教部、权益保障部和工会资产监管办公室等。(1)开展“中国梦·劳动美”主题活动，聚焦宣传全国劳模徐小平“勤于学习、善于思考，敢于挑战、勇于创新，忠于企业、乐于奉献”精神。实施班组建设“个、十、百、千、万”计划，组织1252名班组长参加培训，编写《打造“三园”班组助推上汽发展——上汽优秀班组建设案例集》，收录优秀案例20个。(2)引领广大职工岗位建功。推进“先锋号在行动”立功竞赛。组织5大赛区立功竞赛，签订项目任务书近100项，实现整车销售突破510万辆。围绕“造车育人”目标，开展汽车钣金工、计算机辅助汽车设计、呼叫中心座席员、青年精益生产知识竞赛、职业健康知识和中式面点师等竞赛。推进创建劳模和首席技师创新工作室，创造效益近亿元。(3)依法维护职工权益。积极推进女职工权益保障、工资、劳动安全卫生等3个专项集体合同签订，推动企业在跨地经营的同时依法组建工会，新建柳州地区工会。推进帮扶工作规范化、机制化和常态化发展，共慰问帮扶困难职工11135人次，帮扶金额达788.41万元。（范　融）

上海久事公司工会

主　席
顾利慧

【概　况】久事公司工会辖基层工会63个，工会会员71895人，其中女会员10673人，农民工会员1187人。(1)开展“学习十八大、岗位建新功”主题宣传教育实践活动，加速推进公司“一三二二”战略，举办以“精品久事，精彩人生”为主题的职工摄影作品展，展示广大职工“铸就精品，再创辉煌”的风采。(2)先进典型示范引领作用不断体现，成立以公交客车维修为主的“孙华首席技师工作室”。(3)以贯彻实施《上海市职工代表大会条例》为契机，建立完善工作机构和工作机制，分阶段确立工作目标和工作重点，厂务公开工作不断取得新进展。(4)维权保障工作持续深化。深入开展安全生产劳动保护活动，积极创建“安全生产1000班组”。(5)加强工会自身建设，召开久事公司工会第七次代表大会，选举产生工会第七届委员会、经费审查委员会。

（谢　刚）

上海市漕河泾新兴技术开发区发展总公司工会

主　席
陈　克

【概　况】市漕河泾新兴技术开发区发展总公司工会辖6个基层工会，职工1468人，其中女职工682人；会员1468人。(1)开展创先争优评比活动。沈寅获市“五一劳动奖章”、开发区园艺发展有限公司工会获市“模范职工之家”、开发区创业中心孵化管理部获“市工人先锋号”。(2)夯实职工素质工程。开展“书香漕河泾”职工读书征文、讲座等系列活动，举办讲座81次，收到读书征文80篇，1625人次参加各类培训；举行“瞩目漕河泾”创新文化节主题系列活动，开展职工长跑、龙舟赛、篮球、羽毛球、四人制足球、乒乓球、飞镖、棋牌等比赛；举办漕河泾电影艺术沙龙活动，每月为职工举办电影专场。(3)开展民主管理工作。总公司系统签订的《集体合同》《女职工专项集体合同》《工资集体协商制度》实现全覆盖。(4)为职工办实事。一是开展元旦春节帮困送温暖活动，走访慰问困难职工600人，慰问金额42万元。二是举行“一日捐”活动，募捐金额达10万元。三是高温慰问职工2000人，慰问金额达34万元。四是参加市职工互助会综合补充医疗、意外（工伤）互助保障计划D类，做好职工体检、疗休养工作。

（汪海燕）

中国能源化学工会华东电力工作委员会

主　席
李永鸣

【概　况】中国能源化学工会华东电力工作委员会领导上海、江苏、浙江、安徽、福建省（市）电力工会及直管（代）单位等5个基层工会。有会员1698人，其中女会员414人。围绕企业中心工作，服务大局、促进企业和员工的共同发展。(1)弘扬劳模精神，引导职工深化建功立业活动，倾心打造华东电网“陈建民劳模创新工作室”，举办华东电网第三轮调度系统技术技能竞赛（自动化专业）。(2)加强企业民主管理工作。(3)关心关爱职工，完善帮扶长效机制。开展华东电网劳模疗休养。(4)举办系统（华东地区）书画创作采风、读书征文、讲座，开展华东电网系统第十一届“团结杯”网球友谊赛。(5)加强工会自身建设。举办干部培训班，提升工作水平。王凯获上海市五一劳动奖章、调度中心运方科获上海市五一劳动奖状、调度中心继保科获上海市工人先锋号。

（史佩敏）

上海华虹（集团）有限公司工会

主　席
陈继旺

【概　况】华虹集团工会辖6个直属工会，共有职工3650名，会员3527名。(1)加强新形势下职工思想教育和价值引导。组织“十八大报告和党章网上知识竞赛”活动，共吸引3138名职工参与。(2)深化群众性劳动竞赛。组织2661人次职工参加各类劳动竞赛。开展技术革新、团队攻关和职工创新创效活动，共获国家专利项目1347项，提出合理化建议102件，已实施48件，技术革新项目22件，职工发明创造项目13件，转换产生经济效益达3500万元。“高性能嵌入式非易失性存储器片载芯片制造关键技术”和“超大规模集成电路65-40纳米成套产品工艺研发与产业化”项目获2013年国家科学技术进步二等奖。(3)召开华虹集团工会第四次会员代表大会，着力深化企业民主管理，构建和谐劳动关系。(4)丰富职工文体生活。成立多个文体协会，招募821名员工参加，举办集团比赛及参加各类比赛23次。(5)加强工会自身建设，不断增强工会组织凝聚力。完成班组长培训目标，提升基层班组长综合素养。

（汪　芸）

中国铁路工会上海铁路局委员会

主　席
孙曙光

【概　况】上海铁路局工会辖苏、浙、皖、沪三省一市，其中上海地区有33个基层工会，会员36891人，女会员3822人。机构设办公室、组织部、生产宣传部部、保障和女工工作部、财务部，代管中国火车头体育协会上海理事会、局退休职工管理委员会。(1)开展“遵章守纪，按标作业”主题竞赛，完成拍摄34部主要行车工种标准化作业示范片；举办“安全管理新机制知识竞赛”，开展“安康杯”系列劳动竞赛活动；举办路局第五届职工职业技能竞赛，开展春运立功竞赛、“建人民满意工程”“安全生产月”“中国梦·铁路梦·我的梦”职工安全家书征集活动等，创建劳模工作室。(2)规范落实职代会制度。组织一线职工代表专项培训和视察活动，与行政协商签订《上海铁路局集体合同工资专项协议》，做好职代会提案征集处理，推进路局厂务公开网络建设，建成网上公开平台。(3)推进“三线”建设与管理，全年投入2.1亿元，完成宁杭、杭甬等高铁生产生活一体化综合保养点入住，上海、徐州北枢纽和陇海、阜淮等40个单位、261个点建设改造；制定“三线”建设标准，突出困难职工补助重点，加大医疗费用补助力度，减轻职工医疗负担。(4)成功举办全局职工文艺调演暨第二届职工才艺大赛；举办“榜样的力量·最美上铁人”颁奖晚会；开展“心系一线，情满站区”巡回慰问演出；设立50万元职工文化创作专项基金，组织职工书画家“安全文化高铁行”活动；开展“中国梦·铁路情·劳动美”全局职工摄影大赛。(5)加强工会自身建设。完成9个货运中心工会组建，开展“工会特色工作品牌”创建活动，健全“建家”工作机制；加强干部教育培训，举办5期、412名专兼职工会干部培训班，推进工会财务管理规范化建设。

（白　杰）

中国海运（集团）总公司工会

主　席
徐文荣

【概　况】中海集团工会辖基层工作27个，有会员17861人，女会员1763人。(1)组织劳动竞赛，激发职工创新热情。开展“我为转型发展献一计”的合理化建议活动，收到合理化建议1720条；开展“创新管理、降本增效”专项劳动竞赛，举办有7703名船员参加的船舶应急消防知识竞赛，开展岗位练兵，集团两支代表队参加中国海员技术大比武，开展技术比武173次，开展船舶班组长培训，共开展职工教育活动3001次，有75951人次参加。(2)加强民主管理。召开各级职代会，牵头成立群众代表评价组，全程参与和监督第一批党的群众路线教育实践活动；继续抓好《集体合同》和《女职工权益保护专项集体合同》签订；协同做好《2006年海事劳工公约》履约；组织职工代表开展安全巡查，提出并整改安全隐患3150项。(3)实施关爱工程。集团共慰问职工53197人次，发放慰问金898.5万元；开展巾帼建功活动，建立“爱心妈咪小屋”；制定《海嫂联络站管理办法》，为船员家属提供热忱服务，积极组织协调做好云南永德县帮扶各项工作。(4)加强组织建设，扩大基层组织覆盖面，创建职工之家；开展干部培训，分类举办有200多人次参加的工会干部培训班，做好财务经审工作。

（张　洁）

上海国际港务（集团）股份有限公司工会

主　席
姜海涛

【概　况】上海国际港务工会辖基层工会35个，工会会员33646人，其中女会员3302人。(1)召开集团二届四次职代会，代表全体职工与企业方签订集团首份集体合同。20件职工代表提案得到较好落实。组织第十一次集团厂务公开民主管理检查调研，33家基层单位自查、互查，集团进行抽查，推动厂务公开民主管理深入发展。(2)推进班组创建等竞赛活动。在基层工会培育和申报基础上，经集团检查审核，有17个班组被评为集团五星级班组并授予“工人先锋号”。开展多种形式劳动竞赛、建功立业，征集安全生产“金点子”活动。全年征集技术创新成果29个，先进操作法7项，合理化建议47条。(3)成立劳模创新工作室课题小组，充分发挥劳模在科技创新上的带头作用。集团工会牵头撰写了装卸司机培训教材，将劳模先进操作法融入司机培训体系。(4)推进实事工作。对困难职工、退休困难职工、退休老劳模等困难群体共发放各类帮困金304.85万元，共有99人次得到助学帮困，受助金额26.2万元。对一线员工现场吃饭、如厕和“8·15”爱心基金帮困救助款发放等情况进行调查分析，制定整改措施。做好第四轮职工疗休养工作，安排264批、9820名职工参加疗休养。(5)指导帮助业务承包公司建立工会，并制定承包公司工会建设管理指导意见，明确关系、规范操作。评选、授予18家基层工会、22个部门(班组)和12个承包队工会上港集团“模范职工之家”“模范职工小家”及“合格职工之家”称号。举办“工会组织如何进一步做好服务基层职工工作”

专题工运论文发布会和新上岗基层工会干部、部门工会主席培训班。

（张晨琦）

长江轮船公司工会

主　席
高　峰

【概　况】 长江轮船公司工会辖14个基层工会，有会员2417人，其中女会员553人。(1)紧扣创新、转型主题，制定切实可行竞赛方案。深入开展“创新驱动、转型升级、五比五赛”劳动竞赛。围绕“转方式、调结构、抓管理、保目标、战危机”，组织职工积极开展“五比五赛”，激励职工创先争优。(2)以班组安全建设为重点，深入推进“安康杯”竞赛。下发开展安全生产月活动通知，明确活动主题和总体要求。(3)召开公司十八届一次职代会。签订经济责任书和2013–2015年集体合同，组织职工代表进行单位年度安全履职检查和地面单位安全考核及节日安全检查工作。(4)建立健全职工工资协商共决机制，促进调动职工积极性和创造性的分配机制不断完善。全年共签订工资专项集体合同13份，签订率为86.7%，覆盖职工3216人，占公司职工总数的89.2%。(5)加大帮困力度。重点开展春节走访慰问活动，对劳模先进、特困(退休)和伤残职工，公司领导走访慰问结对特困职工家庭。春节慰问680人次，慰问资金达33.4万元。开展秋季助学工作。分析排摸各单位困难职工子女就学情况，拟定公司助学方案，落实助学款7万余元、慰问对象56名。做好高温慰问工作。购置6万余元高温慰问品，慰问一线职工(船舶船员、地面生产人员)，到16家两级单位和12条船舶慰问2200余名一线职工和船员。(6)开展文化体育活动，促进企业文化建设。开展职工读书活动。利用公司局域网，开通职工电子书屋并进行读书征文活动，积极参加中国外运长航集团首届职工优秀书画摄影展。举办多项体育比赛。举办羽毛球比赛，第四届“和谐杯”男子篮球赛。参加“华东外运杯”羽毛球、乒乓球比赛。（马吉怡）

上海市运输工会

主　席
黄伟建

【概　况】 市运输工会辖基层工会57个，有会员12606人，其中女会员1851人、农民工会员1764人。(1)以持续推进集团创新驱动、转型发展为目标，着力开展建功立业活动。抓好主题立功竞赛活动、安全生产劳动保护、春运安全、农民工平安返乡、基层班组团队建设。以大力培育一线优秀技能人才为重点，着力提高职工队伍整体素质。坚持把企业发展与促进员工的全面发展紧密结合起来，深化劳模工作室创建、职工技能操作竞赛、劳模“一带一”结对活动、交运职工文化建设。(2)强化维权机制建设。推进完善企业民主管理、强化规范集体协商工作、努力构建和谐劳动关系、全面落实为职工办实事项目。(3)提升工会工作的能力和水平。按照关于开展党的群众路线教育实践活动的总体要求，联系实际、明确抓手、开展调研、整改落实、完善制度，做好服务群众工作，提高工会服务职工的能力与水平。

（袁俐俊）

中国邮政集团工会上海市委员会

【综　述】 上海邮政工会机构设办公室、组织宣传部、基层工作部和权益保障部。下属基层工会32个，会员28352人，其中女会员8092人。(1)围绕“走基层、转作风、促发展、建和谐”工作要求，加强维权机制建设，

主　席
史金虎

成立上海邮政三级“维护员工权益协调推进发展”工作小组，建立联席会议制度，定期召开民主恳谈会，倾听员工呼声；开展以法制教育和员工权益维护为主要内容的专题培训和巡回宣讲活动，组织员工通过职工代表大会依法参与企业民主管理，保障员工民主政治权利。在健全完善公司、基层两级帮扶工作体系基础上，建立399个困难员工档案，对307名员工实行定期帮困。元旦、春节期间积极开展帮困送温暖慰问活动，同时发挥员工重病医疗互助保障会和员工住院互助保障会作用，缓解困难员工的急难矛盾。开展“安康杯”劳动竞赛活动，促进企业安全生产、劳动保护、防暑降温和食品卫生安全等工作。(2)以“创建学习型组织，争当学习型员工”和“振兴中华读书活动”等活动为抓手，对员工进行社会公德、职业道德、家庭美德和个人品德的教育，举办上海邮政第六届员工运动会，因地制宜开展普及型健身活动。(3)积极落实全总“两个全覆盖”、实现“两个普遍”工作要求，吸收劳务工入会，以“职工之家”和“投递员之家”“网运职工之家”建设为载体，促进工会组织建设和员工队伍建设。（张　莉）

中国移动通信集团工会上海市委员会

主　席
聂　晶

【概　况】 中国移动上海公司工会

辖基层直属工会1个，会员4505名、女会员2236人。机构设基层工作部、权益保障部和综合部。(1)开展“超常规、齐创新、聚能量、助推跨越式发展”劳动竞赛,做到抓住发展主线、统筹需求难点、融入员工智慧，竞赛覆盖面达到100%。(2)通过每年组织健康体检、“快乐园”活动和骨干员工的短期疗休养，让员工放松心情、缓解压力。2013年开展家访慰问1.8万人次，组织200多位骨干员工参加短期疗休养。继续举办“放大美丽，让幸福满格;扩容爱心，让真情提速”爱心义卖义演，收到爱心款113167.5元;策划“中国梦·快乐梦·手拉手·志愿行”系列活动。(3)基层工会组建、增补等工作完成率100%，工会工作者培训覆盖面达100%。通过工会主席巡回联系日，落实集团工会“走基层、听心声、转作风”的活动要求。公司层面巡回联系基层单位16家，与127名员工代表交流，提交相关职能部室解答员工代表提出的建议和问题77个，解决其中13个。各基层工会则通过下午茶歇、座谈会、飞信等多种形式,与员工交流、谈心348次。

（史　旭）

中国电信上海市工会

主　席
常朝晖

【概述】 上海电信工会拥有直属基层工会66家，挂靠工会2家，三级部门工会415个，工会小组1670个，会员总数(含挂靠工会会员、劳务派遣会员、外协员工会员)33615人。2013年，工会紧紧围绕企业中心工作，积极推进“六大工程”，促进企业与员工两个全面发展。(1)开展主题为“天翼创新，追求卓越”劳动竞赛，聚焦移动市场规模发展、智慧城市创新发展等重点领域，组织开展全员类竞赛2项、专项类竞赛4项，重点培育劳动能手，加大业务外包人员参赛和奖励力度。组织开展岗位练兵、技能比武活动，涵盖网络操作维护、12345热线话务服务等各类技能竞赛8项，基层万余名员工参加培训选拔。(2)通过逐步制订岗位创新相关制度、推进员工创新平台搭建、打造创新工作室、培育员工操作法、树立创新能手、开展合理化建议活动、组织开展创新训练营培训和参与上海市科技节等活动，大力推进员工岗位创新。(3)三届三次职代会首次采取“会议云”形式，将代表名册、大会简报、用餐指南、停车指引等信息上传到客户端，同时开发提案征集管理系统，变纸质征集为电子征集，包括提案承办所有流程全部通过管理系统处理，有效推广移动互联网新业务的应用。(4)以“美在电信”为主题，举办第四届员工文化艺术节活动，还积极组队参加上海市民艺术节、职工艺术节的各类比赛。(5)制定“多渠道、抓重点、分阶段”的缓解员工午餐难的初步方案，逐项推进实施。举行6次双月沟通活动，以“员工奖惩条例修改(草案)”、“落实实事工程”、“员工岗位创新”等内容为议题，为破解难题进行充分研究并尽快落实解决。(6)组织推荐选举出席全总十六大、上海工会十三大的和集团工会三大的代表，工会指导装维外包企业建立职代会制度和平等协商制度，全面完成“两个普遍”。（殷　茵）

中国海员工会交通运输部东海救助局委员会

【概　况】 中国海员工会交通运输部东海救助局委员会辖基层工会11个，会员1003人，其中女会员78人。(1)围绕救助中心工作，广泛开展群众性劳动竞赛。以“当好科学发展主力军、打好创新转型攻坚战”为主题，积极开展“安康杯”“水运系统优秀船舶”“创建工人先锋号”“职工安全卫生普及教育和学习竞赛”等劳动竞赛活动，聚焦抢险救助、安全生产、建功立业等工作，竞赛活动取得积极成果。(2)搭建职工成长平台，提升职工素质工程。围绕建局10周年“五个一”活动，成功举办职工技(体)能比武大赛，激发职工“学业务、比技术、争先锋”的热情与积极性。搭建职工活动中心平台，面向职工群众，组织全局9个基层单位、60余名职工参加“情系救捞情”第四届摄影比赛，组建局羽毛球队，举办广播操、羽毛球、篮球、乒乓、网球、斯诺克等多种竞赛活动。加强局管乐队、小乐队、女职工腰鼓队建设，鼓励三队自创自演，积极参加各类文艺汇演活动。支持职工兴趣爱好者开展钓鱼、花卉等协会活动。(3)大力推进惠民工程。开展“送清凉、保健康、为平安护航”高温慰问活动。参与协调职工纠纷，维护职工队伍稳定，构建和谐劳动关系氛围。坚持开展困难职工帮扶和金秋助学活动，健全完善救助职工困难帮扶、医疗互助保障制度，提高帮扶力度。关心保障女职工权益，支持女工委开展适合女性自身的活动，调动女职工建设和谐救助积极性。(4)夯实组织基础，提升基层工会工作水平，提高工会干部业务能力。筹备完成局工会第三次代表大会，选举产生新一届工会领导机构。扎实推进基层工会组织建设和管理，指导6个基层工会的换届选举工作。坚持每季度召开工委会例会，通报季度工会工作情况，筹划下阶段工作。建立健全工会财务管理制度,积极落实“同级审计、上级审计督查、审计责任追究”的工会经审监督机制，确保基层经费审查工作的有效性。（冯仰威）

中交上海航道局有限公司工会

主　席
包中勇

【概　况】 中交上海航道局工会辖基层工会11个，会员2959人。(1)围绕公司总体经营目标,继续开展以“三抓三提高”为主要内容的立功竞赛活动。组织南京长江12.5米深水航道一期工程白茆沙Ⅰ标项目部与南汇东滩促淤工程——促淤一期工程Ⅲ标段项目部之间的对口竞赛活动，积极开展节能减排，收到员工节能减排格言警句197条，先进操作法5件，典型案例6件；参加“第二十六届上海市优秀发明选拔赛”，上报职工发明项目11项，有8项被评为获奖项目。(2)全力打造被上海市命名的中交上航局第二届“我阅读、我快乐、我成长”航道职工读书品牌项目，下发10大类1100余册图书，征集120篇优秀文章出版《“我阅读、我快乐、我成长”征文汇编》，联合举办“读书让我快乐，知识助我成长”航道职工知识竞赛。(3)选举产生第二十届工会委员会、经审委员会，成立职代会的4个专门委员会，收到正式提案21份，召开公司企务公开民主管理工作会议暨总经理信息发布会；开展2013年集体合同执行情况检查。(4)树立安康理念，积极组织“班组安全文化宣传展板”等活动，组织300多名女员工进行体检；有4316人参加“一日捐”捐款，捐款金额达368190元，走访及补助1002人次，补助金额55.58万元；17名困难职工子女参加金秋助学活动，发放助学款1.15万元。(5)编撰2013年《形势与任务班组学习手册》，下发到公司每个班组作为班组学习材料。举办专题讲座，开通航道工会信息工作交流QQ群，通过公司网站的“工会工作”版块等公共平台及时发布工作动态。（杨建平）

中交第三航务工程局有限公司工会

主　席
王　成

【概　况】 第三航务局工会辖基层工会11个，职工3342人，工会会员3342人，另有农民工会员152人，女会员477人。(1)完善企业民主管理制度，加强劳动关系协调机制建设，积极推进和探索项目部民主管理、厂务公开工作。(2)动员组织职工立足岗位奉献，促进企业又好又快发展。加强劳动保护，深化“安康杯”竞赛。依托文明工地，提高一线管理水平。在“安全生产月”及夏季防台防汛、高温季节期间，工会采取有效措施，确保职工平安度夏。(3)开展立功竞赛，持续打造企业品牌，相继在常州龙城大道、长江航道整治、港珠澳大桥岛隧工程、香港人工岛、宁滁快速路通道等召开重点项目立功竞赛动员大会。(4)通过岗位培训、技术比武、评先奖优等措施，推进一线班组的创先争优。注重技能人才培养，推进职工素质工程建设，力争实现职工体面劳动。坚持开展振兴中华读书活动，加强学习型组织建设，抓好职工素质工程。(5)坚持运用平等协商等有效途径，反映和表达职工的意愿和要求，推动建立职工工资正常增长机制，促进职工工资与企业效益同步增长，在分配中处理好效率与公平关系。继续落实职工互助补充医疗保障计划参保理赔工作，通过集体协商，不断做加法，为生病职工增加保障。大力开展群众性文化系列活动，举办丰富多彩的文体活动，展示三航职工的风采。（黄书展）

中国海员工会中远集装箱运输有限公司委员会

主　席
陆俊山

【概　况】 中远集运工会辖直属工会组织6个，挂靠工会组织2个；其中上海地区基层工会组织22个，会员9172人，女会员1827人。机构设综合宣教部、组织劳保部。(1)深入开展“紧盯效益目标，全员掘金行动”，结合实际搭建“微话题”“思辨掘金”“掘金擂台”“劳模创新工作室”等活动平台，开展“船舶、班组安全竞赛”活动、“安康杯”劳动竞赛、“安全在我身边，降本增效从我做起”和“安全生产月”活动等。(2)召开九届二次职工代表大会，组织职工代表巡视检查，落实职工代表的监督权利。(3)搭建职工学技比武的阵地和展示成果的平台，让更多的职工通过技术比武、劳动竞赛、成果展示等途径，提升自身素质、展示才能、激发活力，广泛开展群众性技能比武活动。(4)深入开展“面对面、心贴心、实打实服务职工在基层”活动，高度关注困难职工，扎实推进帮困送温暖、帮困助学活动，并进一步拓展帮扶渠道；继续做好与崇明县三星镇北桥村开展的结对帮扶工作；坚持每月召开信访例会，及时掌握职工思想动态，协调解决和反映职工热点问题。(5)加强工会自身建设。建立专人联系制度，加强调查研究，及时总结推广基层工会创造的工作经验；充分发挥“职工小家”的作用；制订落实工会干部教育培训规划，确保工会主席新上岗半年内参加培训。（钱　华）

中国海员工会中波轮船股份公司委员会

主　席
周万勤

【概　况】 中波轮船工会辖基层工会4个，工会会员1160人，其中女会员97人。(1)召开第十一届一次工代会、第七届一次职代会暨2013年工作会，选举产生新一届工会委员会和工会经费审查委员会。征集职工提案，实施民主评议领导干部制度，加强民主监督。(2)深入开展安全生产、挖潜增效、节能降耗、开源节流劳动竞赛，发挥劳模、先进的示范、引领、带动和激励作用，营造学赶先进、拼搏进取、创先争优的良好氛围。(3)

开展“安康杯”、“全国水运系统船舶、班组安全竞赛”，实施“劳动光荣、休养快乐”活动，组织优秀船长、政委、轮机长等先进以及职工和家属疗休养。(4) 推进具有中波特点的职工文化建设，充分发挥公司职工书画摄影协会、文艺协会、球类协会、钓鱼协会的作用。举办春夏摄影采风以及“平凡中远人，感动你我他”网络秀等活动，聚焦平凡岗位，挖掘感人细节，抒展船岸职工的风采。(5) 调研了解职工的思想和工作情况，形式多样开展慰问，突出重点加大帮扶助困和送温暖的力度，为船员解难事、办实事、做好事。 （潘根宝）

中国海员工会上海海事局委员会

主　席
樊卓越

【概　况】 上海海事局工会辖基层工会 21 个，会员 2808 人，其中女会员 317 人。(1) 开展“职工之家”建设。对 24 个基层工会、分工会、工会小组申报各层级的“职工之家”“职工小家”进行考核。及时总结四个基层站点好的工作经验和做法，大部分基层工会都形成创建“职工之家”的机制。(2) 开展劳动竞赛、技能比武，提升职工履职能力。发挥职工创新的主体作用，提升技术革新能力，吴志华获第九届上海市工人技术创新能手、第三届上海市职工科技创新新人奖。(3) 宣传弘扬劳模精神，发挥劳模的引领作用。推荐陈维先进事迹至《工人日报》《中国交通报》《劳动报》、上海《劳模》杂志等发表。制作陈维工作室的大幅展板参加上海市劳模工作室事迹的集中展示，不断创新陈维海事危防监管创新工作室的组织模式、完善管理机制。采用“1+4”灵活配置的团队模式，承担海事系统的危防管理培训工作，已有 250 多人次参加培训。(4) 加强自身建设。局工会组织基层单位工会主席、上海地区小家负责人共 42 人，就职工之家、小家创建进行培训。组织部分工会主席和工会干部参与先进职工小家的检查验收考核工作，及时对基层新任的工会主席（负责人）进行上下级工会工作对接、工会日常业务的培训。(5) 丰富干部职工精神文化生活。开展乒乓球、篮球、羽毛球、足球、台球等友谊赛，发挥影评、读书会、文体等兴趣小组作用。 （朱卫平）

上海锦江航运（集团）有限公司工会

主　席
施振兴

【概　况】 上海锦江航运（集团）公司工会辖基层工会 4 个，工会会员 855 人，其中女会员 183 人。(1) 开展职工劳动竞赛活动，引导职工围绕“一流管理、一流服务、一流船舶”的目标积极开展争创活动，开展“我为企业献一计”等活动。(2) 开展“安康杯”活动，组织职工参加隐患排查，开展安全知识竞赛等系列活动。(3) 主动围绕职工素质工程，创建学习型组织。围绕创建品牌建设，深化锦江航运“荣誉、命运、利益共同体”的价值理念，积极提倡“公正、包容、责任、诚信”的价值取向。坚持把建设船舶流动书屋、职工书屋和职工读书活动作为职工文化教育阵地建设的抓手，为船舶购买书籍，丰富职工书屋藏书量。(4) 加强工会民主管理。落实《上海市职工代表大会条例》，坚持职代会集体协商制度。继续开展帮困送温暖和“一日捐”活动；开展职工健康体检、疗休养活动；为职工购买住院、特种疾病保障计划。(5) 加强工会自身建设，有针对性地进行工会干部教育培训，提升整体工作能力和水平。 （田　冰）

上海机场（集团）有限公司工会

主　席
蔡　军

【概　况】 上海机场工会辖 31 个基层工会，有会员 21495 人，其中女会员 6175 人。(1) 推进党工共建、创先争优、和谐企业建设。集中开展“我的机场我的梦”主题教育，先后组织劳模先进座谈会、班组长协会联席会，共话机场人的“机场梦”。发动和组织一线职工参与“机场梦”大讨论，征集职工格言警句 1600 条。收集职工意见建议，建立健全民情档案数据库。(2) 深化职代会提案。组织职工代表巡视，深化职代会提案工作，使提案做到选题贴切、建议可行。(3) 组织第七届职工技能大赛，设 68 个综合类项目，逾万名员工参加岗位练兵技术选拔，首次举办特种车辆校阅仪式；深化校企合作模式，开展明星班组、品牌班组评选活动，召开上海机场班组长协会联席会议。健全完善先进典型工作机制，深入开展“安康杯”劳动保护竞赛。(4) 加强社会主义核心价值体系教育，持续开展群众性文化活动，拍摄职工电影梦系列第三季《深蓝》。举办“机场梦之声”班组声乐比赛，持续开展职工健身节活动，共设 25 个大项 44 个单项比赛，有 40 多家单位的 3500 名职工参赛。(5) 夯实工会组织基础。开展《劳动合同法（修正案）》宣传，组织 5033 名职工参加网络知识竞赛。加强基层工会审计，坚持以女职工需求为导向，及时反映女职工诉求，为一线孕期和哺乳期女职工购置、配备背奶包，筹建 7 个“爱心妈咪小屋”。举办“心芽杯”水上亲子运动会，组织 5389 名女职工参加《女职工劳动保护特别规定》知识竞赛活动。

（张雯倩）

上海市城乡建设和交通工会工作委员会

副主任
汪建然

【概 况】上海市城乡建设和交通工会工作委员会辖基层工会41个，职工31294人，其中女职工7035人，会员31294人。(1)广泛开展岗位创新，立功竞赛活动。一是弘扬企业安全文化，加强班组安全管理，广泛开展“安康杯”竞赛活动。二是围绕市重大工程开展建设交通综合赛区立功竞赛活动。三是组织开展保障性安居工程建设管理立功竞赛。(2)深化“劳模工作室”和劳模管理工作。举办“劳动最光荣”——市建设交通系统纪念五一国际劳动节劳模宣传主题活动，发挥劳动模范在上海创新驱动、转型发展的示范引领和骨干带头作用，朱洪“交通规划与政策研究”、徐强“绿色建筑与建筑节能”劳模创新工作室挂牌。(3)加强分类指导，推动“两个普遍”工作落实，实行工会主席直接选举并形成制度，开展工资集体协商“要约行动”，推动企业普遍建立工资集体协商制度。推动事业单位职代会建制工作，大力发展企事业单位民主管理。(4)深化职工素质工程。组织开展“我为城市建设和运行安全献一计”“金点子”征集活动，征集到200多条合理化建议。发挥“学习型班组示范点”作用，开展百名班组长岗位培训。(5)深化厂务公开民主管理，着力开展和谐劳动关系创建活动。推进职代会提案工作、巡视检查、质量评估等各项工作制度的完善，开展第十一次厂务公开工作检查，深入调查研究加大督查力度，举办职工代表培训，提高职工代表的履职能力，将劳动关系和谐企业创建活动同职工满意企业考核有机结合，持续改进影响劳动关系和谐稳定的问题。（钱 蓉）

上海建工集团股份有限公司工会

主 席
张立新

【概 况】上海建工集团公司工会辖基层工会68个，其中直属工会27个，职工123752人，其中女职工10952人；会员123374人，女会员10931人。(1)把引领职工积极投入集团“继往开来谋发展，凝心聚力新跨越”主题教育活动，开展职工职业道德建设活动、职工读书活动、学雷锋职工志愿服务活动；举办“五一”歌会和上海职工文化系列活动。(2)在上海中心、虹桥商务区、浦东迪士尼、世博园区、昆山中环、轨道交通、机场扩建、保障住房以及南昌地区等重大工程赛区，组织“精品杯”立功竞赛。组织职工合理化建议“十佳金点子”评选活动，进一步发挥劳模先进和广大职工在推动创新驱动、转型发展中的主力军作用。(3)举办“共筑建工梦”职工文艺汇演，展示集团60年取得的辉煌成就，弘扬集团优秀企业文化。(4)召开集团厂务公开民主管理工作会议，加大深入推进劳动关系和谐职工满意企业创建活动的力度，完善多种形式的职工补充保障和帮困送温暖长效机制。(5)深入基层一线，召开座谈会听取职工群众对工会工作的意见，并完成3个调研课题。开展工会调查报告和论文评选、工会创新工作成果案例评比工作，编辑出版《工会创新工作成果案例集》。（杨钟春）

上海市交通运输和港口管理局工会（上海城市交通行业工会）

主 席
刘 岷

【概 况】上海市交通运输和港口管理局工会下设组织民管、法律、财务、宣教、女工、经济工作、生活保障、办公（研究）室等部门。局属基层工会13个，工会会员1674人，其中女会员513人。行业工会指导协调地面公交、轨道运营、出租汽车、水上旅游客运和海洋船运等行业企业工会开展工作。(1)创建出租汽车行业和谐劳动关系。出租汽车行业普遍建立工会组织、职工入会率超过90%；建立完善职代会制度；普遍签订劳动合同，履行行业集体合同；开展集体协商，建立职工反映诉求机制。(2)关心崇明驾驶员特殊群体。以崇明驾驶员为重点，做好队伍稳定工作。多次召开驾驶员代表座谈会，出租汽车企业、行业工会和崇明县主管部门三方工作协调，召开第七次崇明驾驶员联席会议，达成若干问题协议。(3)指导实施公交老龄驾驶员提前退休。(4)组织公交老龄驾驶员疗休养。全年组织2500名公交驾驶员赴沙家浜、西山疗养院疗休养，550名公交一线职工赴黄山疗养院疗休养。(5)关心职工帮困送温暖。春节期间，关心慰问行业劳模、外来务工人员、困难职工等特殊群体。夏季高温慰问一线职工，帮助困难职工子女就学。（陈 健）

上海申通地铁集团有限公司工会

主 席
黄 建

【概 况】上海申通地铁集团工会辖基层工会25个，工会会员25863人，女会员6906人。(1)助推和谐企业，服务全体职工。坚持集体协商制度，促进企业民主管理。组织工会干部200余人次参加各类工会专业培训，组织集团6000多名女职工参加《女职工劳动保护特别规定》知识竞赛。整合梳理所辖基层工会三级服务体系资源，逐步实现跨单位、跨线路资源共享。建立职工思想动态季度汇报制度，发挥“畅畅劳模点评团”作用，赴地铁新线协调解决职工生产生活设施配套问题。开展爱心“一日捐”活动，共计捐款103万元，高温期间慰问现场单位和施工工地56家，慰问职工1.5万人次。积极推进职工之家建设。有3家基层工会获评2013年上海市模范职工之家。(2)提升职工素质，服务企业发展。开展达标班组创建活动，组织1452个班组、2.52万名职工参加全国“安康杯”竞赛活动。开展“寻找身边风险源，我为安全献一计”活动，征集安全生产管理建议及举措234条。发挥工会“大学校”作用，定期开展各类技术培训、岗位练兵、技术比武，鼓励班组成员参加QC小组、技术革新和“五小”等活动，全年组织4320人次参加岗位技能培训。在建设、运营两大板块开展竞赛，首次将地铁志愿者纳入竞赛范围。(3)举办“上海地铁2013年度风采人物颁奖典礼”及“我和地铁20年征文比赛”；联合举办“劳模风采巡展”；组织以“安全乘车、文明先行”为主题的上海地铁公共安全宣传进社区公益活动；组队参加上海市民体育大联赛、市民文化节等活动。在“陈毅杯”“中智杯”、市民体育大联赛中屡获佳绩。 (严婵琳)

上海城投总公司工会

主　席
徐　文

【概　况】上海城投总公司工会辖直属工会20个，基层工会156个，会员17857人。(1)推进建功立业主题活动。开展“城投五比五赛建设美丽上海”立功竞赛。培育“建设先锋”“运行标兵”“经营能手”、“管理行家”“服务明星”五大竞赛先进品牌。开展“安康杯”竞赛。参与安全生产知识竞赛、安全技能培训、“安全生产1000班组”创建等活动。举办首届职工技能比武竞赛，表彰第四届十佳金点子，举办城投职工科技创新成果网上展和职工科技创新论坛，组织12个城投劳模先进创新工作室科技攻关，签约结对共建，开展劳模讲堂、专题讲座、技术沙龙、论坛交流等活动。(2)不断完善多层级民主管理制度。南市水厂民主管理1154工作法案例在市总工会网上发布并推广。100多家单位建立职代会提案制度，近50家单位建立职代会质量评估制度。积极推进企业规范劳务派遣用工。积极参与，重点探索解决劳务派遣工的身份归属和“同工不同酬”问题。(3)做好困难职工、一线职工、劳模先进、劳务工农民工帮困送温暖工作，开展“爱心一日捐”、金秋助学、帮困结对慰问、节日慰问等活动。(4)进一步深化“五星六型”班组建设。重点开展班组标准化管理、班组长培训、班组民主管理、班组互助关怀等活动，评选一批班组工作经验和一线工作法，培育一批优秀班组和模范带头人。(5)推进职工素质工程建设。开展“共筑中国梦·劳动最光荣”主题宣传。举办职工征文活动、青年演讲比赛、微感言征集等活动，召开城投巾帼表彰会和“劳动最光荣，使命在城投”五一表彰会，开通“上海城投职工沙龙”微博。组建城投合唱团，举办第四届职工文化节。举办摄影书画篆刻展、收藏展、漫画展，展出各类作品600余件。(6)推进自身建设创新。进一步精简会议文件、压缩检查评比、梳理完善制度、提高活动的职工参与度和维护职工权益的有效性。各级工会为职工办70余项实事好事，开展工会工作创新创特色征集评比。 (茅瑞喆　朱文慧)

上海海洋石油工会

主　席
刘振东

【概　况】上海海洋石油工会辖基层工会8个，职工人数1519人，其中女职工214人；会员1352人，其中女会员214人。(1)组织召开局、分公司三届四次职代会，开展局、分公司领导的“三述”报告并进行民主评议；审计通过《局、分公司海外工作人员薪酬福利实施》等4个办法；厂务公开工作以微信、QQ、局域网新媒体结合报纸、会议、公示栏传统形式，及时发布。(2)加强宣传教育工作。大力弘扬劳模先进人物事迹。在《海洋石油报》上对劳模、先进人物事迹逐年进行报道宣传。(3)关心职工生活。加大对困难职工的帮困力度，为1356名在职职工续保了综合B类保险，为1323名退休职工续保退休住院保险，38人次在职职工、157人次退休职工获得出险理赔。开展冬、夏两季“双送”活动，全年走访慰问106户困难职工家庭，金额达15.9万元。建立局、分公司补充医疗保险基金，全年184人次在职职工、576人次退休职工获得补充医疗保险资助。(4)抓好精神文明建设。开展争当“工人先锋号”、争当“劳模”活动。先后举办迎春联欢会、羽毛球、广播操、足球、保龄球、游泳比赛；因地制宜，开展摄影、音乐、书画、钓鱼等协会活动。 (耿卫军)

上海市绿化和市容管理局工会、上海市绿化和市容行业工会

主　席
徐文发

【概　况】上海市绿化和市容管理局

辖基层工会27个，有工会会员1648人，其中女会员598人。(1)开展具有行业特色的劳动竞赛。组织开展"比学习赛技能、比管理赛创新、比形象赛作风、比防范赛安全、比业绩赛贡献"劳动竞赛，对重点工程项目进行跟踪和调研。组织绿化专业、环卫作业、动物饲养、森林消防和林业防火等专业技能竞赛，478名职工通过竞赛晋升技能等级；召开以"共筑中国梦、劳动最美丽"为主题的行业劳模先进事迹报告会，发挥先进典型的示范引领作用；创建"六型"班组，召开局系统班组建设经验交流会，命名首批"特色班组"和"先进班组"。(2)切实维护职工合法权益。调研撰写《关于2012年度上海环卫职工工资增长福利状况调查分析情况报告》，通过政协提案，呼吁加快一线环卫职工道班房建设，开展"走百条马路，访百名职工"活动，开展上海环卫行业第三次集体协商。强化厂务公开民主管理，及时建议调整局厂务公开工作领导小组成员。(3)推进行业文化建设。组织召开上海绿化市容行业文化与文明行业建设推动大会，编印《创新与提升》经验续集。联手开展"学雷锋、讲文明、树新风"为职工送文化、送法律、送健康现场服务活动；参加"共筑中国梦"微感言·微镜头·微演讲系列大赛，评选行业"十大读书明星"、"十佳读书活动优秀团队"。(4)关心弱势群体，注重人文关怀。继续做好帮困救助工作。慰问困难职工1353人次，发放慰问金27.36万元。"爱心一日捐"共收到捐款14.35万元；发放防暑降温用品1473万元，慰问一线班组1182家，慰问职工82115人次。

（唐鸿仙）

上海市水务局（上海市海洋局）工会

主　席
徐永康

【概　况】上海市水务局（上海市海洋局）工会辖基层工会16个，工会会员1229人，其中女会员351人。(1)加强职工队伍思想政治建设。大力倡导公正、包容、责任、诚信的价值取向，组织职工积极参加"倡导核心价值、共建书香上海"为主题的第十五届上海读书节活动。(2)积极开展建功立业活动。开展争创"工人先锋号"活动，组织开展上海市城镇污水处理厂节能减排绩效考核达标竞赛，11家城镇污水处理厂参加"全国城镇污水处理厂节能减排绩效考核达标竞赛活动"，组织职工参加"第二十五届上海市优秀发明选拔赛"活动，继续开展重点工程实事立功竞赛活动，在泵闸运行、水文勘测等领域深入开展"安康杯"竞赛活动。(3)深化职工素质工程。引导职工岗位学习、岗位创新、岗位成才、岗位奉献，激发职工创新潜能和创造活力。参加班组长培训活动，组织开展纪念"三八"国际劳动妇女节103周年暨"走近海洋，初识海洋"主题活动，组织开展"劳动最光荣"职工摄影比赛，举办上海市水务局（上海市海洋局）第三届职工健身运动会。(4)创建和谐劳动关系。积极开展元旦春节帮困送温暖、高温慰问等活动，全局共慰问劳模和困难职工262人，慰问金193400元。做好高温慰问工作，共筹集慰问资金及实物60.89万元，慰问职工3733人次。继续开展"一日捐"活动，全局1142位职工参加"一日捐"活动，共捐款101486元。组织职工参加疗休养工作，安排341名职工疗休养。(5)抓好工会自身建设。选举产生上海市工会第十三次代表大会代表。指导完成基层单位工会换届选举。积极开展建家活动，做好工会财务经审工作。

（王佐仕）

上海大屯能源股份有限公司工会

主　席
姚惠兴

【概　况】上海大屯能源股份有限公司工会辖基层工会17个，有会员21816人。(1)开展主题教育，举办技能竞赛，倾力打造职工提升技能素养的"大学校"。开展"凝心聚力跟党走，建功立业促发展"主题教育活动；开展"争做忠诚员工、实现大屯梦"活动，组织举办公司技术比武，168名选手参加技术比武活动。广泛组织开展岗位培训、岗位练兵和技术比武活动，比武工种达30个，参加职工8000余人次。举办迎新春健身长跑、"乌金杯"篮球赛、职工田径运动会等体育比赛。(2)深化群众经济技术创新，加强班组基础管理。大力开展群众经济技术创新，推动科技兴企，职工"六小"技术创新取得成果2100多项，解决企业生产技术难题。围绕安全生产重点，开展"安康杯"竞赛和安全视察活动200多次，排查安全隐患2300余条，1400多名班组群监员汇报隐患信息4万余条，避免、排除多起重大隐患。加强班组基础管理，开展"五型"班组创建，强化班组长管理，推进班组现场安全管理，开展班组网络信息系统使用管理考核。(3)维护职工权益，关心职工生活。规范召开职代会、建立职工监事报告制度、做好职工来信来访处理，开展"情系职工、温暖万家"帮困、救助活动，救助特困职工248人次，用款35.8万元；开展春节劳模慰问工作，为市级以上劳模发放慰问金和困难补助金9.98万元。对73名患大病职工进行救助，发放救助款43.8万元。"一日捐"救助困难职工66人次，发放救助款7.5万元。全年安排15282人次参加健康体检。

（王诗合）

上海现代建筑设计集团工会

【概　况】上海现代建筑设计集团工会辖基层工会16个，工会会员5386人，其中女会员2110人。(1)激发职工创造活力。深入开展以市重点实事工程立功竞赛为主要载体的群众性劳

主　席
姚延康

动竞赛，做好挖掘、培养、宣传先进典型工作。(2) 推进职工民主管理。续签年度工资专项合同，组织职工代表开展食堂卫生食品安全巡查，做好企业民主管理自查。(3) 发展企业文化和职工文化建设呈现新亮点。建立和完善文体俱乐部兴趣小组活动平台，组队赴京参加中国建筑学会成立 60 周年文艺演出，成功举办第七届职工文化艺术节。(4) 关心服务职工。开展“一日捐”活动，募集善款近 30 万元；实施医疗、生活和助学帮困 33 人，共发放帮扶款 20.4 万元；实施职工医疗互助保障计划。(5) 加强工会自身建设。规范工会民主选举程序，选举出席上海市工会第十三次代表大会代表，设立女职工先进激励平台，召开“美丽现代，巾帼添彩”首届集团“三八”红旗手 (集体) 颁奖大会，发展工会积极分子队伍。

(谢志群)

中国建筑第八工程局有限公司工会

主　席
于金伟

【概　况】 中国建筑第八工程局有限公司工会辖 23 个基层工会，会员 83783 名。(1) 加强工会组织建设。明确工会机构设置、人员配备，落实项目兼职工会主席每月享受 400 元职务津贴的待遇；编制《党群工作管理手册》，坚持精神文明建设大检查，发挥劳模创新工作室“科技成果催化剂，人才培养孵化器、企业发展助推器”的作用，举办劳模创新论坛、组织技术攻关活动；破解国内单体最大的国家会展中心项目施工难题。(2) 联合商务、法务、技术、安全等系统，成功举办第四届工程算量技能大赛、第三届商务策划评选、第二届“双优化”大赛等，征集“双优化”成果 353 项、“五小”成果 285 项。(3) 以“品质·梦想”为主题，开展局庆 30 周年活动，在 150 余项重大工程中深入开展“铁军杯”劳动竞赛，编制《铁军杯劳动竞赛指导手册》；实施项目准军事化管理，打造一批“令行禁止、使命必达”的铁军团队。(4) 以职工书屋、“导师带徒”“每周一讲”“跨专业结对子”“应知应会素质达标”等为载体，联手打造“学习型项目”，联合开展“圆梦 100”行动，百名青年农民工走进大学课堂活动。

(袁丰宝)

百联集团有限公司工会

主　席
刘晓敏

【概　况】 百联集团有限公司工会辖基层工会 126 个，职工 43940 人，其中会员 40523 人。(1) 围绕集团中心工作和发展战略，开展以“攻坚克难促销售，服务创新在百联”为主题的立功竞赛活动，根据竞赛主题，组织开展劳动竞赛、技术创新、合理化建议活动，先后表彰“百联功勋奖”“2011—2012 年度百联集团优秀员工、先进集体、销售状元、服务品牌、管理能手”等先进集体和先进个人。(2) 依法维权，构建和谐百联。职代会上以无记名投票形式通过新一轮《百联集团有限公司集体合同》《百联集团有限公司女职工专项集体合同》。(3) 帮困慰问办实事。各级工会共帮困职工 410 人次，慰问金额达 70 万元。建立“上海工会大学生社会实践基地——吉买盛大兴街店”，帮助困难职工家庭子女落实实习岗位。

(姜　杰)

上海水产(集团)总公司工会

主　席
周　敬

【概　况】 上海水产 (集团) 总公司工会辖基层工会 16 家。职工 4264 人 (其中外来务工人员 441 人)，会员 4234 人 (其中女会员 256 人)。(1) 宣传劳模先进事迹和身边感人故事，弘扬艰苦奋斗、顽强拼搏精神。全国劳动模范、金枪鱼围网船队总船长严顺昌参加“劳动最光荣”电视访谈节目。(2) 组织开展“增产、安全、节支、高效”系列劳动竞赛，举办电工技能比赛，组织新船员开展“插琵琶头”竞赛，开展合理化建议征集，组织第六届“开创杯”劳动竞赛，表彰“金船奖”、创新工作奖等获得者。(3) 深入开展“两个普遍”。至年底，建会单位 16 家，企业建会率达 94.1%。企业集体合同签订率为 90%，覆盖职工 3248 人，签订工资专项集体合同 9 份，覆盖职工 2453 人。(4) 召开集团四届十次职代会，审议通过《集团 2013 年工资集体协议书》，积极推进《劳动合同法 (修正案)》《上海市职工代表大会条例》等法律法规宣传工作，253 名职工参加《女职工劳动保护特别规定》知识竞赛；500 名职工参加“安康杯”知识竞赛活动。(5) 扎实开展节日帮困送温暖、高温慰问、金秋助学活动。集团共慰问帮扶困难职工 2338 人次，慰问金额达 150 余万元。“一日捐”活动共募集资金 107038 元。(6) 大力推进职工书屋建设，发起“情系远洋、心连船员”为远洋船员捐赠爱心图书活动，开展第四届“开创杯”体育比赛。(韩　毅)

上海市金融工会工作委员会

主　任
盛裕若

【概　况】 市金融工会辖基层工会154个，会员268997人，其中女会员143290人。(1)做好市第十四次妇代会、市第十三次工代会代表推荐工作。策划组织2013年三八国际妇女节有关活动，召开“美在金融”——系统庆祝三八节表彰大会，编辑印发《上海妇女金融专刊》，表彰宣传全国巾帼建功先进个人、上海市三八红旗手以及全国巾帼文明岗先进事迹。(2)加强职代会制度建设。进一步扩大职代会建制覆盖面，完善集团、子(分)公司等多级职代会制度体系，开展2013年度上海市劳动关系和谐示范单位评选工作，推荐申报“上海市劳动关系和谐职工满意企事业单位”。(3)推动完善集体协商机制建设。加强以涉及职工切身利益事项为重点的集体协商机制建设，做好分类指导、规范工作，引导金融企业与职工共同制定切实可行的集体协商规则和具体办法，督促市属金融企业尽快完成集体协商签订集体合同工作，逐步实现女职工权益保护专项集体合同全覆盖。(4)组织开展全国和上海市模范职工之家、模范职工小家、优秀工会工作者、优秀工会积极分子申报评选。组织“优秀职工之家”评选活动，进一步完善“职工之家”自评、审核、成果发布、表彰等环节的考核和激励办法。(5)启动“诚信、高效”金融窗口优质服务劳动竞赛。制订“四赛四比”竞赛内容，有195家单位的62188名职工报名参加。(6)开展群众性文体活动和帮困送温暖活动。探索创新文体工作机制和模式，召开上海金融职工文化体育协会第二届五次理事会，举办“平安·快乐”亲子活动，以及“快乐，健康——上海金融系统展示运动会暨第十届富国杯篮球赛开幕式”等赛事，编辑摄影画册《金色的梦——职工影像中的上海金融》。

（丁　宁）

上海市税务工会

主　席
刘新利

【概　况】 上海市税务工会辖基层工会13个，有会员1419人。(1)做好职工思想疏导工作，倾听职工心声，传递职工合理诉求，组织召开3批、29家基层单位职工代表参加的征集意见座谈会。(2)开展“上海税务之歌”组歌演唱比赛，组织各类先进评选活动，联合举办《税收热点政策PPT宣讲比赛》，62支队伍展现新媒体手段融入纳税服务的新技术。(3)组织开展系统第一届职工运动会系列比赛，共有1300多人次参与各个项目的决赛阶段比赛。主办“上海市税务系统2013年迎春联欢会”，筹备组织成立“上海市税务系统职工艺术团合唱队”。

（臧　韬）

上海市人力资源和社会保障局工会

副主席
姚培勤

【概　况】 上海市人力资源和社会保障局工会辖基层工会组织18个，职工2531名，其中女职工1260名；工会会员2520名。(1)加强基层工会组织建设。完成8家基层工会组织的换届改选，组织多次工会干部业务(讲座)培训。(2)开展建设职工之家活动，评选5个市模范职工之家；举办为期半年的首届运动会，开设15个项目，近600余人次报名参赛；争优建功立业十二五，开展立足本职岗位，争创一流业绩竞赛活动，召开局系统专题推进会。(3)为职工办实事办好事，14家单位设立“爱心妈咪小屋”，对各类困难职工及时给予关心和慰问，继续落实职工互助保障计划，组织基层工会参加上海职工住院补充医疗互助保障计划、“女职工团体互助医疗特种保障计划”等。(4)进一步规范工会财务管理，健全工会经审和监督机制，参与43家基层工会经费收支情况审计，做好工会经费年度预算、决算工作。

（杨征宇）

中国教育工会上海市委员会

主　席
虞丽娟

【概　况】 上海市教育工会辖基层工会91个，工会会员69949人。机构设办公室、基层工作部、宣教文体部、生活保障部、女工部。(1)坚持工作机制创新。在“整合优势、保持特色、条块结合、以条为主”的工作模式下，坚持从高等院校和普教系统的特点出发，在集中做好全局性工作的同时，加强各系统之间的工作交流，形成鼓励创新、资源辐射、发展个性品牌，实现共同推进的工作机制。(2)突出工作重点。加强各级工会领导班子建设，提高工会干部在组织群众、引领群众的能力和水平；加强对工作重点的指导，力求对新形势新情况下学校发展的瓶颈问题、教职工关心的难点热点问题有所突破；加强工作机制转换，提高工作效率，在维护员工、服务员工上体现热情、高效、科学、有力。(3) 扎实推进各项工作。一是明确工作目标，把推进建设教职工满意的校园作为工会工作的主旋律，把加强组织建设和干部队伍建设作为提升工会工作水平的根本动力，把加强工会理论研究作为指导和创新工会工作的思想基础。二是按照“组织起来，切实维权”的方针，全面推进以教代会和校务公开为主要载体的民主政治、教师素质、生活保障和组织建设。

（周宝宏）

上海市科技工会

主　席
陈　龙

【概　况】 上海市科技工会辖基层工会 46 个，职工 24482 人，其中女职工 8081 人；工会会员 23236 人。(1) 深入开展“建功十二五，科技绘宏图”立功竞赛活动。下基层专题指导督查，制订实施细则；围绕国家战略、地区战略创造不同载体，全面推进在神舟十号、辽宁号航母等重大项目中，在关键工艺开发、配套材料研究等方面取得一系列关键性突破。(2) 按照《关于进一步推进上海市科技系统所务公开民主管理工作的意见》文件要求，规范所务公开程序、内容、形式，发挥所务公开民主管理的组织体制优势，围绕职代会制度建设、规范薪酬分配制度，重点推进职代会民主评议领导干部等工作，大力推动所务公开民主管理工作，制订下发《上海市科技系统所务公开工作目录》。(3) 做好冬送温暖、夏送清凉活动。制订帮困工作援助计划，争取更多资源和手段。(4) 组织科技“春韵”京剧社、春天合唱团、摄影协会，举办“科技系统迎新年千人健步走”“科技系统职工游泳比赛”及钓鱼比赛等。(5) 加强自身建设。通过打擂台的方式开展模范职工之家评选活动，每年进行基层工会主席述职考核。（陶　薇）

上海市医务工会

主　席
邬惊雷

【概　况】 上海市医务工会辖直属基层工会 57 个，职工总数 60582 人，其中女职工 40746 人；会员数 60475 人，其中女会员 40654 人。(1) 大力推进岗位建功主题实践活动。举办“医工杯”岗位技能竞赛季活动，开展医务职工科技创新第三期“星光计划”评审，为“五小”发明活动提供展示交流平台。(2) 充分发挥劳模先进示范引领作用。召开“建言新医改劳模研讨会暨市级医疗卫生单位劳模联谊会三届五次理事会”，编印“医之魂”劳模画册，举办“医之魂”劳模论坛，召开劳模创新工作室现场交流会，开展“守护生命——上海市卫生系统劳模专家大型义诊”“海上女医师倾情为市民”百名高级女医师大型义诊等活动。(3) 加强和谐劳动关系建设。元旦春节期间，共慰问困难职工 70 人，发放慰问金 13.15 万元。高温季节发放慰问金合计 77.89 万元。雅安地震发生后，迅速与保险公司签订协议，为每位赴灾区一线的医务专家购买最高 300 万的保险及最高 20 万元的医疗保障。组织开展生产、消防安全、职工劳动保护监督大检查。深入开展“安康杯”安全卫生知识竞赛活动，组织普法宣传教育。开展《女职工劳动保护特别规定》知识竞赛活动。全面推进“爱心妈咪小屋”建设等工作。深化院务公开民主管理，组织开展全国（市）和中国教科文卫体工会模范职工之家、优秀工会工作者等申报评选工作。推荐全国模范职工之家和小家评选、开展企业职工医院和民营医院工会主席培训。(4) 召开第八次代表大会，选举产生新一届领导班子；推选代表出席上海市总工会第十三次代表大会和中国工会第十六次代表大会；全面开展职工技协清理工作，加强工会干部实务培训；建设职工发展中心，开通医务工会网络平台。

（柯　婷）

上海市新闻出版工会

主　席
陆　娜

【概　况】 上海市新闻出版工会辖基层工会组织 42 家。其中，基层以上工会 3 家，即上海市新闻出版工会、上海印刷（集团）有限公司工会、上海新华发行集团有限公司工会；基层工会 39 家。有职工 6837 名，工会会员 5985 名。(1) 健全工会组织体系。坚持组建和换届改选与建全工会组织、女职工组织、经审组织“三同步”。召开上海市新闻出版局第五次妇女代表大会，选举产生新一届妇女工作委员会。(2) 开展“我为企业发展献一计”金点子征集活动。共选出“十佳金点子”，实现利润近百万元。(3) 组织开展“两法两规定”网上知识竞赛。87 家基层单位的 9000 余人参加网上竞赛。(4) 推进“三项集体合同”签订。新增 9 家单位签订女职工专项集体合同，3 家单位签订集体合同，工资专项合同新增 1 家。(5) 开展“劳动成就梦想”职工微感言征集活动。行业有 28 家单位踊跃参与，征集微感言 250 条，选优 80 条传送新浪网。开展“安康杯”竞赛活动。(6) 开展“爱心一日捐”活动。共有 51 家单位、5653 名职工参加，募集金额 22.9 万元。向各基层工会下拨帮扶款 29.84 万元，受助职工 512 人次。(7) 加强工会干部队伍建设。举办由基层工会

干部200人参加的培训班，提高工作能力。（陈宏华）

解放日报报业集团工会

主　席
庞　力

【概　况】解放日报报业集团工会辖基层工会11个，职工1588人，其中女职工579人；工会会员1570人，其中女会员573人。(1)加强工会组织建设和民主管理建设。完成集团所属各单位（部门）共计11个基层工会换届选举工作。召开集团第四届职工代表大会第一次会议暨工会第四次代表大会，完成职代会提案办理17件。(2)开展关爱慰问职工和互助保障工作。为72名在职和退休职工发放互助互济和冬令补助费共计3.95万元；为7名在职职工和29名退休职工核发重病医疗补助和手术材料费共计20.3118万元；为1607名在职职工和862名退休职工续办住院补充医疗保险共计30.9万元；为17名在职职工和57名退休职工核发年度疾病医疗补助共计17.60万元。(3)做好年度职工健康体检工作，为1166名在职职工和689名退休职工作健康体检。开展高温慰问活动，共为1589名职工发放高温补贴79.45万元。(4)调研和启动食堂“服务明星”评选活动。会同集团文明办、物业后勤公司策划启动以“你满意，我快乐”为主题的职工食堂“服务明星”评选活动。(5)管好用好工会经费。鼓励基层工会、工会小组结合实际开展岗位竞赛及开展各种文体活动。（庞　力）

文汇新民联合报业集团工会

【概　况】文新集团工会辖8个基层工会，58个直属工会小组；工会会员1873人，其中女会员702人。(1)

主　席
何向莲

策划启动“四大主题”教育活动。即开展一次面向全体职工的主题教育，提炼一批具有区域性、行业性特点的岗位格言；举办一次职工职业道德和价值取向网上讨论，培育一批弘扬职业道德、践行价值取向、诠释劳模先进的示范典型；推荐一批好书，创新和丰富“创学习型班组，做知识型职工”的形式和内容；发起一次“增强环保意识、倡导勤俭节约”网上倡议活动。(2)以职代会为载体，切实做好职工代表提案落实工作。三届三次职代会共收到代表提案39份，10个部门（单位）对39份提案提交了书面答复，答复率达100%。(3)推进职工午休沙龙培训。一是优化培训形式，制订专题讲座计划；二是丰富培训内容，制订具有实际操作性的课程，使培训更贴近实际；三是创新培训方式，坚持分类培训，选择对象设计专题课程。(4)增强服务意识，提高服务能力。探望慰问患病困难职工232人次，困难补助和慰问金达26.34万元。为1396名职工办理还本型职工互助保障和住院、重病大病、女职工特种、意外等保险续保工作，各类保险总金额达181.56万元。(5)注重工会组织建设，加强学习培训，提高工会管理水平。（刘玉平）

上海社会科学院工会

主　席
杨鹏飞

【概　况】2013年，上海社会科学院工会以十八大精神为指导，认真履行工作职能，积极开展工作。召开第七届工会代表大会，完成院工会委员会、院工会经费审查委员会及第二届女职工委员会的换届改选工作；为庆祝建院55周年与院第一届文化节，举办“同一个梦想——影像社科55年”老照片展；围绕民主管理、职工权益保障等积极开展工作，配合院群众路线教育，举办“院领导集中听取意见”活动；组织职工参加疗休养，关心关爱困难职工；完成《关于开发区工会工作模式的调研》课题；组团参加市总工会组织的第八届世界著名在华企业健身大赛；组织“踏寻尘烟旧梦，体味百年上海”自行车骑行活动；举办院第八届“爱我中华”迎新联欢会；积极开展篮球、健身操等文体赛事，既丰富职工的文化生活，又凝聚人心，有效促进院智库建设与学科发展工作。（黄　玮）

上海市体育局工会委员会

主　席
李伟听

【概述】市体育局工会辖基层工会32个，会员2278人，其中女会员717人。(1)推进工会组织建设。结合开展党的群众路线教育实践活动，切实改进工作作风，密切联系职工群众，着力推进工会组织建设。坚持以创先争优为抓手，提高基层工会的整体战斗力。(2)全力服务保障辽宁全运会。在全运会备战阶段和高温期间，局工会组织走访慰问训练和场馆运动员、教练员及职工。组织局系统工会和妇女干部参加全运会志愿者拉拉队，授予全运会上夺冠的上海运动员、教练员“上海市五一劳动奖章”“上海市青年五四奖章”“上海市三八红旗手”等荣誉称号。(3)弘扬体育劳模精神。以职工之家建设活动为载体，着力强化直属单位职代会工作，普遍采取无记名投票表决方式。(4) 切实关注职工利益，持续开展帮困送温暖工作。组织开展元旦春节国庆困难职工走访慰问。对患大病的干部职工医疗帮困，困难职工家庭子女开展助学帮困。四川雅安发生地震灾害后，局工会爱心捐款达 21 万元。(5) 强化职工素质工程，鼓励职工岗位成才，积极开展体育健身活动，丰富职工文化娱乐生活，举办职工读书活动，组织职工摄影比赛，举办团队拓展训练，参加上海马拉松赛跑，组织龙舟、乒乓球、羽毛球、广播操、网球等 5 个项目代表队参加市民体育大联赛。(6) 完成 2012 年度局工会财务决算和 2013 年财务预算工作，完成 10 家直属单位工会的财务年度审计工作。 （乐俊平）

光明食品（集团）有限公司工会

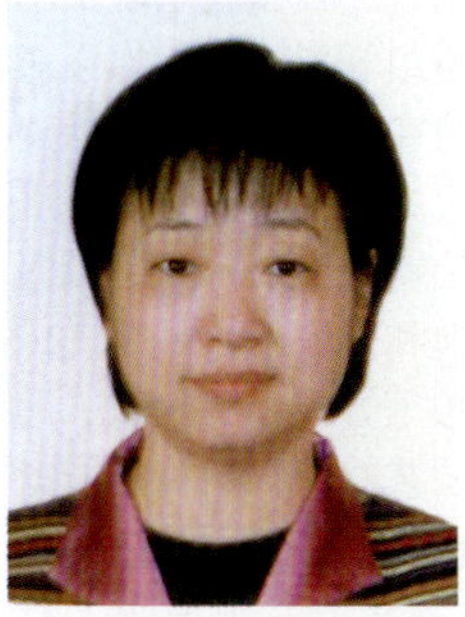

主　席
周海鸣

【概　况】 光明食品（集团）工会辖基层子公司级工会 19 家，两级公司以下基层工会 220 家，联合工会 49 家。有从业人员 87388 人，工会会员 86808 名，其中女会员 38953 名。(1) 统一思想，凝心聚力。利用培训班、报告会、大讨论和网上学习、知识竞赛等形式，抓好面向基层一线、面向职工群众的学习和培训。(2) 围绕集团新三年发展战略规划，开展以“光明新战略，我作新贡献”“我是主人我出力”为主题的劳动竞赛及合理化建议活动，发动职工参与节能降耗、技术革新和合理化建议等群众性经济技术创新活动，涌现一批服务明星、销售状元和立功竞赛先进集体。坚持典型引路，促进职工科技创新实践，先后召开职工科技创新工作现场推进会，展现一批科技创新带头人，组织参与全国科技活动周暨第五届上海科技节活动，开展优秀合理化建议评选。(3) 完成光明食品集团职代会换届工作，首次有 5 名劳务派遣工当选集团职工代表。4 月，召开集团三届一次职代会，签订新一轮《光明食品（集团）有限公司集体合同》《光明食品（集团）有限公司女职工特殊利益专项集体合同》。组织开展创建劳动关系和谐企业达标验收工作，组织职工代表开展巡视活动。(4) 加大源头参与，强化维权力度。各级工会共走访慰问各类帮扶对象 9089 人次，发放慰问款物达 1139 万余元。(5) 继续推进万名职工素质培训 (EQT) 工程，首次评选表彰光明集团“十佳”道德模范；通过“微感言、微镜头、微演讲”的形式，参与全市职工网络系列大赛；成立集团职工业余艺术团暨合唱、摄影、舞蹈、书画等小组；举办“光明梦之声”职工歌唱大赛。 （桑树德）

上海良友（集团）有限公司工会

主　席
翁美琴

【概　况】 上海良友（集团）工会辖直属工会 18 个，基层工会 28 个，涵盖单位 30 个，职工 5131 人，会员 5003 人。(1) 围绕服务经济中心，深化各项主题活动。集团有 30 家单位、523 个班组开展主题实践活动，开展职工创新创效活动计 35 项，收集建议 355 条，实施技术攻关、革新 27 项，总结推广先进操作法 10 项，获国家专利 2 项，创造经济效益 179.8 万元。组织 404 个班组，3937 名职工参加上海市“安康杯”竞赛分赛区活动。(2) 提升职工素质，加强团队建设。制订《关于进一步加强班级建设的实施意见》，修订完善集团《班组工作手册》。组织 348 家班组 3082 名职工参与职工技能登高活动，评选产生 30 家红旗班组；成立万国良和翟保海“劳模创新工作室”。(3) 积极推进企业民主管理。召开集团领导与职工代表沟通座谈会，修订《良友集团企业薪酬分配管理办法》《上海良友（集团）有限公司集体合同》，确定工资总体增长比例。(4) 弘扬企业先进文化。举办“聚集正能量、再创新佳绩”各类先进培训班；开展“凝心聚力跟党走，建功立业在良友”主题教育实践活动；举行《聚集正能量、开辟新航程——2013 畅想中国梦》政治经济形势报告会；征集《良友之歌》并举办文艺演出。(5) 完善帮扶送温暖工作。组织开展各类送温暖、高温送清凉工作。组织 5760 名集团职工参加“一日捐”活动，筹集资金 21.47 万元；共帮困 4421 人次，帮困金额 195.49 万元。 （胡蓓燕）

上海市民政局工会

主　席
袁俊良

【概　况】 上海市民政局工会辖两级工会 5 个，基层工会 44 个，职工 6320 人；工会会员 6020 人，其中女职工 2872 人，女会员 2872 人。(1) 开展民政职工看民政活动，组织 300 名职工参观上海民政博物馆，举办“民政成就梦想”和“民政风采”征文和摄影比赛。(2) 开展“当好主力军，建功民政十二五”群众性劳动竞赛活动。创建劳模创新工作室，举行局庆五一暨劳模创新工作室现场推进会，命名全国劳模黄伯华等 8 个劳模创新工作室。(3) 深入推进厂务公开民主管理工作，部署开展第十一次厂（院）务公开民主管理工作调研检查。积极推进《劳动合同法修正案》贯彻实施，组织局系统各级党政工和职工代表举办专题培训班。(4) 开展送温暖活动。元旦春节期间，筹集投入职工帮困金近 150 万元，加大帮困送温暖力度。(5) 继续推进建家活动，开展 2011—2013

年度局先进职工之家、先进职工小家、优秀工会工作者和优秀工会积极分子评选活动。举行庆祝三八国际劳动妇女节103周年纪念活动。（胡积伟）

上海市监狱管理局工会

主　席
李秀英

【概　况】上海市监狱管理局工会辖18个基层工会。有民警、职工7789人，会员7783人，其中女会员1716人。机构设组宣部和办公室。(1)弘扬主旋律，引领正确的价值取向。召开"立足岗位建功、实现美丽梦想"五一劳动奖状（章）颁奖大会、评选表彰工会"四优"和职工先进，积极宣传先进事迹；举办"认识自我，找回爱与包容"专题讲座。(2)开展素质工程教育，推进现代警务机制。开展富有成效的岗位实务培训和练兵，组织"监狱民警食堂餐饮技术比武活动"；推进落实"中国梦，我的梦——推荐我读过的一本书"比赛活动。组织会员参加2013年上海书展暨"书香中国"上海周活动，开展以"传承·转型·奋进"为主题的征文和书画摄影比赛，收到征文93篇、诗歌24首、书画摄影作品300余件，将获奖征文和论文汇编成册，并组织45名获奖人员开展采风活动。(3)维护职工合法权益，当好会员"娘家人"。对569名困难民警职工走访慰问，慰问金额达73.5万元；帮困助学236人，金额25.6万元；为39497人次民警职工续保医疗互助保障计划，有16962人次获医疗救助金420多万元。开展安全生产和高温慰问活动；为退休老人办实事，积极开展"两送"、免费体检工作，慰问金30万元；组织参加市老年文化艺术节活动。(4)抓好工会预警报告制度和工会信访。基层工会每月向局工会上报预警报告，编辑12期《热点反映》专刊；受理4起来信来访，及时化解矛盾。(5)改版自行开发的局工会网站，报道信息880多条；《知心》刊物扩大为A5版，制作《上海市监狱管理局2012工会工作回眸》画册。(6)加强工会自身建设。考核基层工会创建"职工之家"工作；举办工会干部培训班，开展女职工工作目标管理考核，表彰女工先进，组织参加女工知识竞赛等；搞好工会两级财务和经审工作。（江海群）

锦江国际（集团）有限公司工会

主　席
顾晓鸣

【概　况】锦江国际（集团）工会组织数为384家（含肯德基299家），工会会员63820人。(1)开展竞赛活动，推动岗位创新。开展"当好科学发展主力军、打好创新转型攻坚战"主题实践活动，有2240个班组投入集团"重服务、练技能、提素质、树品牌"劳动竞赛，组织万名职工参加"锦江杯"职业技能大赛。组织职工开展中餐服务、客房服务、导游领队服务、食堂厨师烹饪、压缩机工、铲车工等技能竞赛，积极推广以"劳模创新工作室"为基础的人才培训基地建设。(2)完善民主管理，维护职工合法权益。完善规范企业职代会的建制运作，拓展厂务公开民主管理的形式和内容，依法建立厂务公开民主管理和职代会制度，运用制度维护保障职工和经营管理者的合法权益。强化企业在改革改制过程中的职代会民主程序，推进集体合同和工资集体协商机制。加强职工民主监督，聘任64名职工节能减排义务监督员，开展安全生产、防暑降温等专项检查257次，查实问题317个，督促整改317个，开展职业卫生检查22次。(3)加强组织建设，提升自身能力。创建"六型班组"。搭建班组长学习交流平台，选送10名先进班组组长参加市级培训，举办"职工周末课堂"，深入推进"团队创先"活动。（张祥伟）

上海市东湖（集团）公司工会

主　席
李　风

【概　况】上海市东湖（集团）工会辖基层工会13个，职工总人数3731人，工会会员3452人，其中女会员1396人。(1)加强对员工思想道德教育。开展"学习十八大、岗位建新功"主题教育实践活动，紧密联系职工思想实际，通过班组学习途径，加强对教育实践活动的宣传。(2)大力开展建功立业活动。大力宣传集团劳模先进典型，开展"劳动最光荣"职工微博大赛。开展劳模和先进人物风采宣传活动，以随手拍等方式，展现职工形象。开展职工园艺修剪、插花技能竞赛，组织实施年度员工餐厅厨艺比赛，组织集团知识竞赛。(3)维护职工利益，促进劳动关系和谐。集团领导与来自基层的员工直接沟通，听取职工诉求，部署和组织年度"安康杯"竞赛活动。(4)组织开展送温暖活动。走访慰问在职职工298人，发放慰问金或慰问品折合金额为35万元；慰问走访退休职工946人，慰问总金额达到153万元。"一日捐"活动有2246名员工奉献出一天的收入，累计捐助款项为15.2万元，帮扶患大病重病职工33人，退休职工40人，共计发放慰问救助金22万元。（胡　敏）

上海市衡山（集团）公司工会

【概　况】上海市衡山（集团）公司工会辖基层工会12个，会员4233人，其中女会员1033人。集团工会坚持从实际出发，工作重心下移，以开展

主　席
王　磊

“为民、务实、清廉”党的群众路线教育实践活动为抓手，加强工会组织的自身建设。(1)坚持完善职代会制度，深入开展厂务公开、民主管理工作，召开临时职工代表大会，选举产生新一届集团工会委员会。组织召开“转变工作作风，密切联系群众，主动倾听心声”专题座谈会、职代会年中经营情况通报会等，提高职工参与集团各项事业发展的积极性。(2)充分发挥劳模先进示范引领作用，建设一支适应“双高”目标要求的高素质职工队伍。集团工会关心劳模，服务劳模，为困难劳模发放补贴，安排劳模体检，节前组织劳模先进座谈、联欢、参观。不断完善劳模培育、宣传机制，形成学习劳模、积极向上的良好氛围。(3)践行工会维权职能，积极探索衡山特色的维权方式。一是大力推进企业职工生活服务设施的修缮改造；二是坚持开展帮困送温暖、夏季高温慰问等活动；三是精心组织员工疗休养；四是推广上海职工保障互助会互助保障计划；五是积极开展职工文化体育娱乐活动。(4)动员职工开展为早日实现集团“双高”目标的建功立业活动。组织员工服务技能创新展示赛；聘请专业培训公司，按照国际酒店要求，对员工培训英语，举办英语竞赛。选派一线青年员工组队参加2013年上海市星级饭店岗位工装模特展评的决赛，夺得团体第一、最佳表演和最佳情景设计三项大奖。(5)加强自身建设，健全工作机制，增强组织活力。（王　艳）

上海市市级机关工会工作委员会

主　任
陈　鲁

【概　况】 上海市市级机关工会有基层工会426家，其中独立工会413家，职工53488人，其中女职工18435人，农民工798人(女性农民工336人)；工会会员51548人，其中女会员17667人，占34.27%；农民工会员761人，占1.48%；女农民工会员322人，占0.62%。(1)开展党的十八大和十八届三中全会精神宣传教育活动。选派劳模代表和十八大代表参加市劳模十八大精神宣讲活动。(2)大力弘扬践行社会主义核心价值观。紧密结合“创建学习型组织，争当学习型职工”活动，开展创建特色班组活动。(3)加强劳模协会工作。以深化劳模创新工作室创建和作用发挥为重点，发挥劳模在创新驱动、转型发展中的积极作用。(4)广泛推进劳动竞赛、岗位练兵、技能比武等项工作，推进“当好科学发展主力军、打好创新转型攻坚战”主题实践活动，开展“以提高职业技能为内容、以提升职工素质为目标”，以“公文写作、计算机输入、硬笔书法”比赛为切入点的职业技能比赛活动，选拔700余名优秀选手积极参赛；职工提出合理化建议200件，实施41件。(5)积极筹建市级机关文体协会，承办上海市民体育大联赛相关赛事。(6)做好帮困送温暖和高温慰问工作，有28821名干部职工参加“爱心一日捐”，募得捐款256.37万元；慰问酷暑下坚守岗位工作的1280余人、劳模20人，帮困慰问基层干部职工94人，送出慰问品、慰问金共38.4万元。

（王强鹰）

上海市经济和信息化工作系统工会

主　任
汪仲华

【概　况】 上海市经济和信息化工作系统工会有直属单位工会85家，基层单位工会268家(其中联合工会5个)，涵盖单位338个。职工66355人，会员60440人。其中，女职工26876人，女会员24665人。(1)扎实做好新形势下职工群众工作。推进新形势下的工会工作，召开“三新”(新起点、新作为、新贡献)座谈会。(2)认真开展党的群众路线教育实践活动，开展“践行为民清廉务实，深入职工一线”系列主题活动。组织工代会代表做好选举工作。(3)弘扬劳模精神，召开庆祝五一国际劳动节座谈会，命名上海贝岭股份公司韩明等7个“劳模创新工作室”给予每个劳模工作室1万元资金。(4)进一步关心职工群众，加大夏季防暑降温工作，发放慰问品4700份，筹集帮困基金500余万元。组织系统首批39名劳模、先进职工赴安徽黄山疗休养。(5)加强调查研究，完成与相关部门和单位的7个联合调研课题。(6)加强各类专题培训，提升工会干部业务素质。举办二期班组长岗位培训班，136名班组长参加培训。（黄　俭　周斌峰）

上海市社会系统工会

主　任
袁建国

【概　况】 上海市社会系统工会工作委员有直属工会14个，职工39615人，其中女职工7465人；工会会员35840人，其中女会员6448人。(1)加大工会组织建设力度。对人员进行调整和增补，充实系统工会的力量。推进非公企业工会组建，严格按照要求开展工会换届工作。着力推进社会组织行业工会的建立，着力解决行业建会中的难点问题，突出服务，促进建会。争取促进四大会计事务所建会取得突破，积极发展外来务工人员参会，提升工会组建率和参会率。(2) 发挥劳模先进作用，做好服务劳模工作。弘扬劳模精神，培育先进典型，推进创建劳模创新工作室，做好上海市“劳模年度人物”的推荐选树宣传，扩大劳模在“两新”组织中的引导力和影响力。(3) 聚焦创新驱动、转型发展的目标任务，深入开展“携手保增长、和谐促发展”竞赛活动，推进节能减排、窗口服务等专项劳动竞赛。(4) 加强各类培训，推进素质工程。广泛开展职工基本素质专项培训、女职工素质提升等各种教育培训工作。因企制宜地开展技术创新、岗位练兵、技术培训、技能比武大赛、高师带徒等活动。(5) 坚持冬送温暖、夏送清凉，加大服务困难职工、一线职工和农民工的工作力度。(6) 推进民主管理，组织职工参与创新社会和企业管理，继续抓好《上海市职工代表大会条例》的贯彻落实，建立健全以职工代表大会为基本形式的企事业单位民主管理制度，推进厂务公开，加强民主建设，保障职工参与管理和监督民主机制的落实。普遍建立工资集体协商制度，有效开展工资集体协商。(7) 创新工会工作方法。及时研究新情况新问题，运用网络新媒体，利用邮箱、网站等进行文件的流转，增强工会工作有效性。（徐子安）

上海城建（集团）公司工会

主　席
崔建跃

【概　况】上海城建(集团)公司工会有直辖工会16个,基层工会101个,会员40238人。(1) 带领职工建功立业，宣传劳模事迹。提出“城市基础设施建设运营综合服务商”的战略目标，深化丰富劳动竞赛内容。召开立功竞赛动员大会，通过签约明确七大板块对口竞赛要求，有效推动竞赛工作的进程。宣传劳模事迹，搭建“劳模创新工作室”的平台。(2) 营造和谐劳动关系。制订代表履职实施办法和手册，组织职代会代表巡视工地；积极开展困难职工定期帮扶、金秋助学、高温慰问，安排困难职工子女参加社会实践。(3) 加强职工文化建设。组织开展职工文化展示系列活动，举办职工足球比赛、排舞展示、钓鱼比赛、户外瑜伽等体育活动。(4) 加强工会自身建设。开通“城建集团工会网络教育平台”，召开提升工会服务力的专题研讨，探索建立工会服务职工工作网络。（王　敏）

地产集团工会

主　席
郑建令

【概　况】上海地产集团工会有基层工会56个，工会会员3537人，其中女会员1446人。(1) 扎实开展主题实践活动。以“当好科学发展主力军，打好创新转型攻坚战”主题实践活动为载体，以“比项目攻关、确保双优工程，比科技应用、推动环保节能，比管理创新、提升发展能力，比团结协作、促进队伍建设”为内容，深入开展群众性劳动竞赛，在竞赛中开展“推先评优”，增强群众性劳动竞赛的内在动力。(2) 深化职工素质工程。以培养工程项目、经营管理创新人才为重点，鼓励和发动职工岗位创新、岗位成才，提高创新能力和技能水平。注重建立职工培训激励机制，培育一批科技创新团队、创新示范岗和一线创新人才。(3) 扎实推进学习型企业建设。进一步深化“创建学习型组织，争创知识型职工”活动，组织开展读书活动，推荐优秀学习书目，鼓励职工在职学习，学历深造、技能提升。(4) 深化厂务公开工作，推进企业民主管理。贯彻《上海市职工代表大会条例》,扎实推进《上海工会推动和谐劳动关系建设行动计划(2012 – 2013年)》。(5) 落实医疗互助保障计划，督促所属单位做好续保工作。注重加强对困难职工的排摸调查，建立困难职工档案；全年共帮困232人次，帮困金额达31.24万元，62名职工获得医疗帮助。（林青云）

中国联合网络通信有限公司上海市分公司工会

主　席
王　林

【概　况】中国联合网络通信有限公司上海市分公司工会有会员1772人，专职工会干部5人，兼职工会干部82人。(1) 以生产经营为中心，完成2013年目标任务，服务于上海联通发展稳定大局。(2) 抓好七项重点工作。一是团结动员广大员工为上海联通跨越式转型发展建功立业；二是推进企业民主管理,维护员工合法权益；三是通过多种形式宣传先进典型，增强广大员工的荣誉意识和争先意识，积极引导广大员工投身企业发展；四是启动“员工帮助计划”，提升员工的心理素质；五是开展“走基层，访职工 -- 面对面、心贴心、实打实服务职工在基层活动”；六是落实员工关怀计划，丰富员工业余生活，增强企业凝聚力；七是加强工会自身建设，提高工作效能。（康　迪）

上海临港产业区工会工作委员会

【概　况】上海临港产业区工会工作委员会辖基层工会34个，会员3385人，其中女会员726人。(1) 攻坚“两

主　任
王　跃

个普遍”，组织建设有新突破。共组建基层工会 7 家（其中 3 家为“两新”企业），产工委成员单位总数达到 36 家，筹备成立上海漕河泾开发区松江新兴产业园工会联合会，指导和服务 10 家基层工会进行换届工作。(2) 开展以“立足岗位比业绩，夯实管理树品牌”为主题的劳动竞赛，在“两新”企业中突出岗位竞赛，活动收到合理化建议 3000 多条，产生效益数百万元。通过开展业务培训和技能比武等活动，培训职工 2000 多人次。(3) 文化建设，服务企业有新平台。以“根植临港、圆梦临港”活动为载体，举办“有你有我——临港青年职工金秋 PARTY”、“商建杯”羽毛球邀请赛、临港大讲堂、临港职工摄影大赛及节日特色活动等。(4) 立足职能，关爱职工有新渠道。16 家基层单位召开职代会，4 家选举产生职工董监事，36 家单位全部签订劳动合同，并建立厂务公开机制，借助“安康杯”平台，开展食堂卫生检查、安全生产大检查和夏季高温慰问等活动。　（陈　浩）

中国电信号百公司工会

主　席
刘苏南

【概　况】 中国电信号百公司工会辖基层工会 3 个，会员 534 人，其中女会员 212 人。2013 年，号百公司工会认真落实“围绕中心、服务大局”、“服务号百发展、服务员工成长”工作目标，以“知百事，通天下”为品牌核心，积极践行“号码百事通，为民服务行”的承诺。工会通过文化体育协会平台，以文娱兴趣小组为载体开展全员健身日活动，打造健康向上、奋发有为、多才多艺、具有团队责任意识的员工队伍，诠释“客户为先、责任为重、协同为要、创新为魂”的企业文化理念。　（沈　匀）

上海上实（集团）有限公司工会

主　席
顾国平

【概　况】 上海上实工会有两级工会 6 家，基层工会 18 家；工会会员 4883 人，其中女会员 1555 人。(1) 团结动员职工谋发展。以“凝心聚力、建功新三年”为主题，深入开展劳动竞赛和献计献策活动。(2) 积极推动企业民主管理。推进《职代会条例》的贯彻落实，实现工资集体协商制度两级工会全覆盖。(3) 职工文体活动有特色。举办“携手逐梦新征程”职工运动会；开展三八妇女节庆祝活动；组建上海摄影家协会上实分会。(4) 关心服务职工有制度。建立扶贫帮困长效机制，开展经常性送温暖活动，安全生产和高温慰问活动；加大对劳模的关心力度。(5) 开展以品牌为特色的职工教育和岗位成才活动。(6) 加强工会干部队伍建设。坚持抓好工会干部学习；加强基工会基层组织建设；完善工会经审制度。（顾国平）

上海市农业委员会系统工会工作委员会

【概　况】 上海市农业委员会系统工会工作委员会辖基层工会 42 个，职工 3927 人，会员 3655 人。(1) 组织“工会服务在行动”活动。结合党的群众路线教育实践活动，把活动成果

主　任
陶振华

转化为工会干部联系基层、服务职工的长效机制。(2) 开展创先争优活动。组织劳动竞赛、职工岗位培训和安全生产教育，联合举办上海市动物疫控系统实验室监测技能竞赛活动，共有 180 名兽医技术人员参赛。(3) 深化民主管理。做好事业单位改革实质性启动阶段工作，广泛听取和征求职工的意见和建议，保障职工民主权利和经济利益，保证改革平稳过渡。(4) 规范职工帮扶工作。元旦春节期间共走访职工 434 人，慰问困难职工 608 人次，筹集发放资金 57 万元。夏季高温时期共发放防暑降温费用 101.92 万元，慰问职工 2404 人次，其中慰问农民工 722 人。(5) 丰富职工文化生活。组织“我喜爱的乡村”摄影大赛，系统职工 350 多幅作品参赛。举办农委系统第三届“兴农杯”职工运动会，全系统共 430 名职工经各单位选拔后参赛。(6) 开展“幸福有你、关爱有我”女职工关爱行动。做好单亲女职工帮困、女职工体检等工作，建立农信“妈咪小屋”。(7) 加强工会自身建设。开展妇代会、工代会代表推选，做好五个基层工会的换届改选工作，继续做好工会财务管理工作。　（陈颖娅）

上海国盛（集团）有限公司工会

主　席
沈松龄

【概　况】 上海国盛（集团）有限公司工会辖基层工会 69 家，有工会会

员 9931 人。(1) 围绕集团发展中心与党的群众路线教育实践活动，在产业集团改革调整过程中，深入生产经营困难企业、困难职工多的企业、劳动关系矛盾突出的企业、工会工作相对薄弱的企业，开展“面心实”活动。(2) 以职代会为载体，不断深化企业民主管理。一是开好一届三次职代会，审议通过《国盛集团职业病防治专项集体合同》，切实维护职工的生命健康权。二是针对相关企业的改革调整，引导职工理解调整、支持调整方案，确保涉及职工利益的重大事项顺利推进。三是进一步抓好厂务公开工作。召开座谈会，切实保障职工群众的知情权、参与权、表达权、监督权，进一步推进厂务公开工作有序推进。(3) 开展劳动竞赛。一是继续深入开展“安康杯”竞赛活动。二是发挥工会监督职能，营造安全文化。三是开展专项竞赛和评比活动，促进职工技能和素质。集团开展评选“十佳岗位明星”、工人先锋号、职工职业道德建设“双十佳”活动。(4) 弘扬劳模精神，做好帮扶工作。一是做好服务劳模、宣传劳模，唱响劳动最光荣的时代主旋律。二是做好集团职工最低生活保障工作。三是落实好扶贫帮困送温暖工作。（陈　洪）

绿地控股集团工会

主　席
黄　健

【概　况】 绿地控股集团工会辖基层工会 14 个，会员 4287 人，其中女会员 1430 人。(1) 动员职工团结一致谋发展。全集团 18 家单位、63 个集体、1300 名员工参加立功竞赛活动。通过团结一心、创新转型，集团完成全年业务经营收入 3283 亿元，利润总额 140 亿元。(2) 积极投身保障房建设和援建新疆工作。开展大型居住社区江桥基地、经济适用房南翔基地以及嘉定新城金沙湾动迁房、嘉定新城保障房及旧城改造项目劳动竞赛。投资开发的“新疆最高双子塔”——乌鲁木齐绿地中心项目正式奠基。莎车首个商业绿地八方城圆满竣工。承建巴楚县职业技能实训基地成为援疆工程中第一个竣工项目。(3) 举办以“中国梦、绿地梦、我的梦”为主题的集团第五届联合家庭日活动；组织开展踏青、职工素质培训、金秋助学、夏送清凉、冬送温暖等活动。(4) 不断完善工会工作制度，形成《绿地集团基层工会管理办法》《困难职工帮扶办法》《关于进一步做好员工关怀工作的意见》等管理制度；开展工会干部培训、年度考评、“优秀党群干部”评选等工作。（王洋洋）

局（产业）工会主席（主任）、副主席（副主任）名录

单位简称	主席（主任）	副主席（副主任）	经审主任
机　电	朱　斌	谢同伦　袁胜洲　史伟琳　麻秀娟（女）	谢同伦
仪　电	田　原	陶丽娟（女）　吴昌明　生　青（女）	林华勇
化　学	黄岱列	汪耀华　李爱敏（女）	汪耀华
轻　工		姚志贤　应蓓卿（女）　罗秋燕（女）　陈建国	陈建国
纺　织	吴光玉（女）	李援朝　李　盈（女）　邵玉虎	邵玉虎
医　药	陈　欣（女）	佘　群	赵一鸣
电力公司	庄毅群	王　芸（女）	吴　钧
电力建设	李　苏（女）	钱晓政	陆秀国
宝　钢	朱义明	张　帆（女）	张　帆（女）
中冶宝钢	王　琦（女）	王天临	文　俭
宝　冶		杨　柳	夏　涛
高桥石化	罗新富	罗小兰（女）	罗小兰（女）
上海石化	张剑波	李晓霞（女）　陈宏军	陈宏军
航 天 局	吴海中	李　昕　葛文蕊（女）　王　磊（女）	

单位简称	主席（主任）	副主席（副主任）	经审主任
船　　舶	崔启明	姚　莹（女）	姚　莹（女）
烟　　草	解建伟	胡勤伟　张虹宇　蔡建国	张虹宇
汽　　车	李积荣	陈寿龙　马龙英（女）	马龙英（女）
漕 河 泾	陈　克	王佩萍（女）　孙雯莉（女）	张　莎（女）
华东电力	李永鸣		施炜伟（女）
华　　虹	陈继旺	张　悦　郭秋峰（女）	龙新洲
华　　源	吴鸿妹（女）		
化学工业区	钱忠祺	李庆红（女）　丁贵忠　杜志伟	李庆红（女）
国　　药	李智明	张宏余	冯　蓉（女）
铁　　路	孙曙光	邹开伟	邹开伟
海　　运	徐文荣	柴淮生　辜忠东　邱国宣	柴淮生
国际港务	姜海涛	顾云耀	顾云耀
长江轮船	高　峰	邵申祥	赵麒麟
运　　输	黄伟建	顾见华　王　勤（女）	顾见华
邮　　政	史金虎	徐同庆（女）	罗坚石
移动通信	聂　晶	杨忆雯（女）　喻辛元	林以扬
电　　信	常朝晖	董海燕（女）　徐　伟	徐　伟
东海救助	马平原	岑志良	张　铭
打 捞 局	陆　伟	张建浩	殷耀南
航 道 局	包中勇	王志远	李　平（女）
三 航 局	王　成		彭陆强
中远集运	陆俊山	徐文军（女）	李　莉（女）
中波轮船	周万勤		朱竹安
民航华东	周正凯	韩平章	郭全晓
东方航空	巴胜基	胡际东	席　晟
上海机场		俞国强	俞国强
海 事 局	樊卓越		骆建华
建设交通		汪建然　张　静（女）	刘方定
建　　工	张立新	刘琰紫（女）　何连成	何连成
交运港口	刘　岷	陆金菊（女）	

续 表

单位简称	主席（主任）	副主席（副主任）	经审主任
城市交通	刘　岷	陆金菊（女）　袁丽敏（女）　凌春霞（女） 臧晓敏　周丽霞（女）　石　红（女）	
住房保障	魏　庆（女）	金宛平（女）	朱志龙
海洋石油	刘振东	钱碧云（女）	赵春波
绿化市容局	徐文发	黄　琼（女）　冯　磊（女）	翁铭雄
市容行业	徐文发	刘广登　宋丽娜（女）　黄　琼（女）	陈其巍
现代设计	姚延康	薛灵燕（女）	乔琴芳（女）
鲁中矿业	沙宝珍	李秀娥（女）	杨庆荣
水务局	徐永康	高　伟（女）　张海燕（女）	高　伟（女）
中建八局	于金伟	王为兵　李现花（女）	王为兵
大屯能源	姚惠兴	任进泉	王诗合
金　融	盛裕若	赵　彪	许耀武
税　务	刘新利	沈　青（女）	施耀忠
人保局		姚培勤（女）　陈　忠　邵岭华（女）	周薇君（女）
教　育	虞丽娟（女）	王向群（女）　贾金平　赵　玲（女）　吉启华	吉启华
科　技	陈　龙	王　震　汪显坤	汪显坤
医　务	邬惊雷	张　浩　何　园（女）　戴　谷	张居正
新闻出版	陆　娜（女）	王瑛萍（女）	王瑛萍（女）
解放日报	庞　力	夏　俊　傅伟兴　吴卫群（女）　王　昕　董晋伟	
文新报业	何向莲（女）	严惠芬（女）　沈在群　陈荣忠　张　群（女）　童　杰	褚培祖
新华分社	朱忠良	陆　斌	陆孺牛
文广局	张连运（女）		姚颖华（女）
文广集团	翟东升	李培红（女）　王济明	宋俊雄
社科院	杨鹏飞	韩汉君　赵蓓文（女）	朱玲妹（女）
体育局	李伟听	马玉生　张黎明（女）　吴晓莹（女）	张　元
经信委	汪仲华	郑文才　王永涛	郑文才
信息行业	黄肇达	张静星（女）　李　军（女）　王永涛	
民政局	袁俊良	孙晓红（女）	卓　琼（女）
监狱局	李秀英（女）	侯瑞勤（女）	姚　生

续 表

单位简称	主席（主任）	副主席（副主任）	经审主任
光　明	周海鸣（女）	韩新胜　姜　伟（女）　桑树德	李　林
锦江国际	顾晓鸣	贾德麟	贾德麟
东　湖	李　风	胡　明（女）	陈　杰
衡　山	王　磊	俞化群	陈月华（女）
市级机关	陈　鲁		斯里德
百　联	刘晓敏（女）	柳立玮（女）　王逢祥	杨阿国
商业行业	刘晓敏（女）	王逢祥　姚黄平　林　强	
水　产	周　敬	徐明华　张　蓉（女）	张　蓉（女）
申通地铁	黄　建	严婵琳（女）　蔡洪宇	徐宪明
久　事	顾利慧	王雯洁（女）	蔡燕波（女）
上海城投	徐　文	黄　吉	黄　吉
申　能	谈金龙	周燕飞（女）　李松华	王鸿祥
电科所	陈红洁	龙　黛（女）	何正平（女）
良　友	翁美琴（女）	马宇新	柯　勇
东方国际	王　佳（女）	高国琳	谢子坚
锦江航运	施振兴	董　岚（女）	
社会系统	袁建国	毛　俊（女）　许瑞薰（女）	
城建集团	崔建跃	曹一玲（女）　周翀凯	曹一玲（女）
地产集团	郑建令	孙美娟（女）	王幸儿（女）
东　浩	严裕民	孙江宁	孙江宁
合作交流	曹整国	蒋传华　王　靖　葛　平	蒋传华
联　通	王　林	于东平　贾润亮	刘少培
通信管理局	郑　敏（女）		范志钢
电力股份	王国良	何志亮	杨　静（女）
中铝铜业	张旭东		
宾馆行业		王行泽　徐中尼　高耀敏（女）　陈雪羽	
商用飞机	刘林宗	沈　伟（女）	缪根红
号百公司	刘苏南	刘德顺	易梅青（女）
民航华东空管局	高向东		黄　钧
临港产业区	王　跃	陈　英（女）	吴惠忠

续 表

单位简称	主席（主任）	副主席（副主任）	经审主任
市公安局	俞　烈	赵杰英（女）　王建幸　傅海鹏	钱洪乔
上实公司	顾国平		徐有利
农　委	陶振华（女）	陈　赛（女）	陈　赛（女）
国　盛	沈松龄	胡立强　姚黄平　钟晓慧（女）	林秉华
华　能	张为民		薛志闽
绿　地	黄　健（女）		徐跃华（女）
世博集团	陈锦田	彭丽君（女）	孙惠宏

说明：1. 任职名单以2013年12月底为准。
2. 上述人员职务以市总工会批复为准。

（市总工会组织部）

保障政策文件选编

上海市人民政府办公厅
关于2014年本市城镇居民基本医疗保险有关事项的通知

沪府办发〔2013〕59号

各区、县人民政府，市政府各委、办、局：

为进一步做好本市城镇居民基本医疗保险（以下简称“居民医保”）工作，经市政府同意，现就2014年本市居民医保有关事项作如下通知：

一、2014年本市居民医保筹资标准和个人缴费标准

（一）2014年本市居民医保基金的筹资标准维持2013年标准不变，具体为：60周岁及以上人员，筹资标准为每人每年3300元；超过18周岁、不满60周岁人员，筹资标准为每人每年1700元；中小学生和婴幼儿，筹资标准为每人每年750元。

（二）2014年本市居民医保的个人缴费标准维持2013年标准不变，具体为：70周岁及以上人员，个人缴费标准为每人每年340元；60-69周岁人员为每人每年500元；超过18周岁、不满60周岁人员为每人每年680元；中小学生和婴幼儿为每人每年90元。

二、2014年本市居民医保待遇

（一）2014年，本市居民医保参保人员住院发生的医疗费用，超过起付标准以上部分，基金支付比例作相应调整，具体为：60周岁及以上人员、城镇重残人员，在社区卫生服务中心（或者一级医疗机构）住院的，基金支付比例从85%调整为90%；在二级医疗机构住院的，基金支付比例从75%调整为80%；在三级医疗机构住院的，基金支付比例从65%调整为70%；60周岁以下人员，在社区卫生服务中心（或者一级医疗机构）住院的，基金支付比例从75%调整为80%；在二级医疗机构住院的，基金支付比例从65%调整为70%；在三级医疗机构住院的，基金支付比例从55%调整为60%。

（二）本市居民医保参保人员门诊急诊医疗待遇不变。

（三）本市居民医保参保人员进行精神疾病治疗时，可以先在区县精神卫生中心门诊就医；因病情需要转诊治疗的，在办理转诊手续后，到市级精神卫生中心就医。

三、2014年度本市居民医保登记缴费期

2014年度本市居民医保的登记缴费期为2013年10月至12月。

本通知规定的筹资标准、个人缴费标准和医保待遇自2014年1月1日起施行。

2013年10月27日

B 直管单位

Brief Introduction of Affiliated Units

上海工会年鉴

2014

概　况

上海工会管理职业学院

【概　况】上海工会管理职业学院是上海市总工会主办的一所全日制普通高等职业院校。2013年，围绕工会示范校建设，以受工会干部欢迎为目标，以提高教育培训质量和理论研究水平为核心任务，制定《充分发挥工会干部教育培训主阵地作用的若干措施》，推动工会干部教育培训向研究型、服务型、创新型发展。加大教育培训师资队伍引进和培养力度，建设专家型实践型专职教师队伍，建立高质量的兼职师资库，成为稳定的师资力量。完善工会干部教育培训的课程体系，投入专项经费用于课程建设，优化现有核心课程、开发新核心课程，从理论知识、业务知识、实践能力三个方面完善工会干部教育培训课程体系。改进培训方式方法。针对工会干部培训的成人教育特点，注重互动开放培训方式探索，开展案例式、模拟式、体验式、工作坊教学及现场教学等多种形式，达到提高培训实效、教学相长的效果。推进培训教材建设，《基层工会工作ABC》《上海基层工会工作典型案例集》的初稿已相继完成，为每门课程配套讲义或活页教材，帮助解决基层工会工作中的难点问题。做好培训硬件设施建设，满足培训的住宿餐饮需求。围绕市总工会"两个覆盖"难点，与奉贤区总工会、社科院合作开展《企业经营者政治安排与构建和谐劳动关系相关问题研究》。依托"上海合一企业劳动关系研究中心"，针对外资企业民主管理、劳动竞赛、劳动争议、企业文化等工会工作开展研究。改版学报《工会理论研究》，推动劳动关系和工会工作热点难点问题前瞻性研究，学报再次被评为上海市优秀学报、全国高职成高学报系统核心期刊。围绕党的群众路线教育实践活动的开展，改进工作作风，增强服务意识，深化管理体制改革，激发教职工教学、管理创新的活力，提高管理服务水平。年内，共举办各类培训班85期，培训5418人。包括市总机关系统和区县局(产业)工会青年干部培训班、街镇工会主席培训班、世界500强工会主席培训班、基层新上岗工会主席班、非公企业工会主席培训班等等。为基层工会送教上门165场，培训11015人次。培训劳动关系协调员(高级)364人、集体协商指导员193人。　（卢　锟）

海鸥饭店（上海国际海员俱乐部）上海市总工会海鸥服务中心

【概　况】上海市总工会海鸥服务中心前身为上海国际海员俱乐部海鸥饭店，坐落于黄浦江与苏州河交汇处，是浦江两岸景观资源独占的四星级旅游饭店。2013年，饭店及时调整经营策略，合理价格定位，较好地处理了平均房价和出租率的关系，使客房出租率始终好于全市平均水平。与此同时，饭店进一步加大婚宴产品的开发力度，深化同网络分销渠道的合作，加强对销售淡季和非节假日期间婚宴市场的补充，尽可能多地抢占市场份额，全年共完成营业收入6811万元，比上年增加253万元。饭店以星级复核工作为契机，努力抓好员工培训，引导员工与企业形成共同价值观，不断增强对饭店发展的认同感、责任感，同时将"满意加惊喜"的金钥匙服务理念引入到实际工作中，使服务实现细化、优化、精品化和个性化。饭店积极响应政府节能工程的号召，对能源设备进行节能改造。改造后，不仅节约能源支出近100万元，减少污染排放，同时又提高宾客的舒适度，被金钥匙国际联盟授予"最佳绿色低碳酒店"奖。在抓好经营管理和优质服务的同时，完成上海国际海员俱乐部的事业单位更名，正式更名为上海市总工会海鸥服务中心。　（胡文佳）

上海市工人文化宫

【概　况】上海市工人文化宫有在编职工78人，劳务派遣职工16人，其中中共党员45人。2013年，围绕"创新前行，转型发展"目标，发挥作家工作室的职能，由剧作家贺国甫、宗福先再度携手完成话剧《大医生》的创作。编辑出版《劳动最光荣》《收藏与鉴赏》《时事热点百问》三部"主人丛书"。茉莉花艺术团以"茉莉飘香、情系职工"为主题，赴浦东迪斯尼工地和大型居住社区保障房浦江汇基地慰问演出，承办十五届上海国际艺术节广场天天演上海工会首场演出。以艺术辅导服务基层，为虹口区青少年活动中心老师民乐队辅导排演节目，为市监狱局工会合唱团辅导，为海关团委作演讲辅导，为长宁区公安局创排微型报告剧《跨时空对话》，为上海建工成立60周年晚会创排小品《梦的接力》，为上海电信职工艺术节辅导男女声表演唱，为粮油公司编排小品《爱心便利店》《老王和小王》。加强团队建设，扩大社会影响。承办"春节劳模茶话会""五一歌会"合唱比赛，举办上海新年音乐会—交响管乐专场演出，参加上海民乐团体庆新春音乐会，举办"和谐之声—中西交响管乐音乐会"，国庆期间举办"茉莉飘香，职工乐享"交响管乐团公开排练。积极参与各类赛事，通过各类赛事锻炼队伍。在上海市"丝竹雅韵"江南丝竹研讨交流展演活动中，演奏自创曲目《浦江行》，获得"江南丝竹最佳演出演奏奖"；在第十五届中国上海国际艺术节第二届"山阳杯"长三角地区非职业优秀民族乐团邀请赛上，演奏《庆典序曲》《沙迪尔传奇》，获得最佳演奏奖；在2013年"上海之春"群文新人新作舞蹈比赛中，创编舞蹈《海上印象》获得优秀作品金奖。以宣传劳模为重点，拍摄大型劳模人物电视片《时代楷模》《院士风采》，电视纪录片《跨越》，以及数字电影《大海的礼物》等。围绕上海职工素质工程规划，开展职工艺术和职业技能培训，开办各类培训班，累计培训学员近4000人次，联手举办百名女医师大型义诊活动，承办"工会就业服务招聘会"。通过"上海职工艺术博览汇"平台，举办闸北职工摄影艺术展、上海电信员工文化创意作品展、"中国年——癸巳贺岁展"、上海市职工灯谜会、"金蛇献瑞"元宵灯谜会以及上海、温州、徐州3地书画联展及笔会等文化主题展。全年市宫内展览及活动累计50余场次。8月至10月，推出"梦之声—长三角职工歌手巡演"，在江浙沪三地巡演8场。　（刘　骏）

劳动报社

【概　况】《劳动报》是市总工会机关报。报社除编辑出版《劳动报》之外，还负责《上海工运》杂志的编辑出版，开设有网站“来博网”(http://51ldb.com)。2013年，报社在突出工会特性的同时，关注民生热点，狠抓采编质量，提升办报品质，加强内部管理，提高运营效率，扩大劳动报的社会影响力、增强报社发展活力。报社《“四大”20年不建工会，加班无节制》获“第22届上海新闻奖”二等奖；另有2篇作品获三等奖。在“上海市五一新闻奖”评选中，报社《新闻调查》栏目获“上海市五一新闻特别奖”；另有3篇作品获上海市五一新闻奖一、二、三等奖。5月，建立“报社新媒体建设工作小组”，专攻新媒体平台建设，加强报网互动和跨媒体合作，运作初显成效，形成官方网站＋官方微博＋APP的新媒体传播网络。报社官方微博运作更趋成熟，微博粉丝突破110万，APP移动客户端用户已达10万，在苹果APPSTORE中被用户评为4.5星级应用。（孙继军）

上海市总工会洞庭西山休养院

【概　况】2013年，西山休养院团结带领广大职工，凝聚人心、发挥职能、扎实工作，使企业发展上台阶、职工群众得实惠。休养院不断调整经营思路，努力培育客源市场，采用多种营销手段，走出一条适合自身发展的道路。形成计划＋市场的“两条腿走路”的客源结构，找到一条可持续发展的道路。为确保年度目标的顺利实现，组织开展立功劳动竞赛，通过比赛，职工们在实践中得到了锻炼，提升员工综合素质。党支部注重抓好党员队伍的建设，发挥党员在工程项目技术攻坚、急难险重任务完成、企业文化构建、社会责任担当等领域中的重要作用。休养院经营收入连年提高，获得“全国先进工人疗休养院”称号。（沈建良）

上海市职工技协服务中心

【概　况】上海市职工技协服务中心下设办公室、财务科、技协基层科、三产管理科、创新工作科、经济发展科等部门。2013年，成功举办第五届上海职工科技节，举办上海职工科技创新成果展、第五届“李斌技师网上论坛”“创造学”报告会、第二十五届上海市优秀发明选拔赛等活动。开展第二十六届市优秀发明选拔赛活动，收到报名参赛项目1449项，比上届增长20%。开展第三届上海市职工科技创新新人奖、优秀团队和示范基地评选，50名职工、30个集体和20家企事业单位被评为新人奖、优秀团队和示范基地。积极开展职工合理化建议和先进操作法优秀成果征集活动，命名6个“上海市职工岗位绝技高招”。宝钢丁海绍的“厚板轧机机架辊维护综合技术”获得2013年度上海市科技进步二等奖。大力开展区域对口协作帮扶，为云南省8家医院培训30名医疗骨干；举办云南省高技能人才培训班。加强创新基金与职工创新项目的对接。出资185万元支持职工科技创新活动、资助“劳模创新工作室”职工创新项目。开展机关事业单位技协的专项清理整顿和规范工作。通过自查上报、审计清查、政策协调、注销组织和善后处置等工作，基本完成机关事业单位技协组织的清理关闭工作。全市441家机关事业单位技协全部停止“四技”服务活动。（王小龙）

上海市总工会职工援助服务中心

【概　况】上海市总工会职工援助服务中心(职工法律援助服务中心)进一步夯实工作平台，逐步完善内部管理，优化服务机制，在服务职工和扩大社会影响两个方面取得了新进展。建立市与区县职工援助服务中心的沟通机制，利用工作例会的载体，拓宽各区县职工援助服务中心横向交流的渠道。通过先参观后交流的方式，更加直观地学习各区县职工援助服务中心的工作亮点。建立自上而下的季度信息统计和报告分析机制，每季度收集各区县的法律援助情况分析报表，对数据加以统计分析，清晰了解法律援助工作主要集中在哪几方面以及开展工作所面临的具体问题。12351热线适时调整实时接听的作息时间。拓展12351短信平台的服务，设立子网上海市总工会就业援助网(www.shzghjob.org)，为实现“天天网上职场，月月小型专场，每季主题职场”的就业援助目标走出了坚实步伐。积极落实推行上海工会会员服务卡的相关前期工作。加强工会就业援助服务，累计为区县及产业工会11个专场招聘会提供招聘企业301家，提供岗位数达6488个。承办“上海职工家庭高校毕业生招聘专场”和迎国庆招聘专场，共组织387家用工企业进场设摊招聘，提供就业岗位达7399个，吸引进场应聘人数3600多人。做好全总帮扶系统软件的管理维护，开展心理咨询援助项目的调研，针对职工心理援助服务需求日益增长的态势，调研建立一套完整的心理危机干预体系，并做好前期开发信息化档案体系的准备。（李　俊）

上海市公惠医院

【概　况】上海市公惠医院有职工221人，非在编职工35人，工会会员256人。2013年，医院坚持民主参与、民主监督、民主管理的原则，全年召开两次职代会，切实保障和维护职工的知情权、监督权和参与权。继续为全院职工办理医疗互助保险、特种重病保险。对无偿献血职工进行慰问，开展“帮困一日捐”活动。全院共有243名职工捐款，共计捐款6325元。帮困慰问113人次，慰问金额达23536元。推进职工素质工程，广泛开展职工合理化建议征集、职工读书和丰富多彩的文体活动。开展优秀文明班组、文明岗位的表彰及创建活动。（郭　红）

上海市职工保障互助中心

【概　况】2013年，市职保中心积极做好各项互助保障计划的发展工作。截至12月，四项医疗互助保障计划有效会员达765.42万人次，其中“在职住院计划”209.74万人、“退休住院计划”336.92万人、“特种重病计划”160.09万人、“女职工特种计划”58.67万人，共给付互助医疗保障金106.34万人次、7.32亿元；“意外伤害保障计划”有效会员115.05万人，同比增加7.58万人；“从业人员意外伤残保障计划”有效会员95.28万人，同比增加6.41万人。围绕“退休住院保障计划”可持续发展，从6月起，扩大“退休职工住院保障计划”社区参保范围。为方便退休职工，避免因忘记缴费造成保障中断的损失，市职保会启动个人社区参保代扣款工作。进一步加大“退休住院保障计划”社区参保工作的宣传力度，全年“退休职工住院保障计划”社区参保达36.3万人，比去年同期相比增长80%。为全面推行上海工会会员服务卡、建立覆盖全体上海工会会员基本保障机制的要求，具体承办“上海工会会员专享基本保障”工作。做好“退休住院保障计划”的参保费用调整的准备工作，完成客户服务部与职工援助服务中心客服电话12351工作对接，推出上海环卫行业职工互助保障计划等。（朱正瑜）

上海海鸥国际酒店投资管理有限公司（千禧海鸥大酒店）

【概　况】 上海海鸥国际酒店投资管理有限公司（千禧海鸥大酒店）是由上海市总工会投资兴建的五星级国际酒店。2013年，虽然市场形势严峻，酒店依然积极应对、求新求变，主动适应市场，确保各项经营指标在同行业中保有优势。年初，酒店针对自费自助餐市场需求旺盛，投资改造自助餐厅，增加开放式厨房配套，扩大就餐面积，改善经营环境，营收较上年同期提升了60%；酒店利用管理集团的国际网络资源，积极赴新加坡做路演、参加ITB展会，扩大市场影响力，提升企业形象，全年共完成营业收入1.36亿元。在不断提升硬件质量的同时，进一步优化管理和服务：完善人员选聘流程，实施有效的评估和培训工作；强化员工KPI关键业绩系统评估考核，使管理指标更为量化和清晰；开展常规基础培训和交叉跨部门培训，为员工争取外部培训的机会，在企业内部营造“培训也是福利”的理念。加大投入，提升硬件水准，保持服务品质。发挥党支部核心作用，加强党员队伍建设，增强企业凝聚力。（李　渊）

上海海鸥控股（集团）有限公司

【概　况】 2013年，海鸥集团以市场为导向，以服务为中心，积极谋划发展思路，确保集团酒店旅游、体检疗休养、商务租赁三大板块业务稳定发展。集团实现营收7.4亿，相比去年同期增长16%；实现GOP约7306万元，相比去年同期增长11%。(1)沉着应对市场变化，调整经营策略。集团指导各单位结合实际调整预算，同时要求化被动为主动，发挥自身优势，调整市场定位与产品结构，改变经营策略，力求稳中有进。(2)督促指导疗休养院有效落实市总疗休养保障计划。集团及各疗休养院认真做好职工动员工作，提升接待质量，把实事做实、好事办好。全年3个疗休养院接待5万余人。(3)完成《关于完善海鸥集团法人治理结构，推动集团现代企业制度建设的调研报告》。历时5个多月集中精力、几易其稿形成调研报告。市总工会批准印发《市总工会关于推进海鸥集团现代企业制度建设的若干意见》，进一步推动集团现代企业制度建设。(4)配合市总平稳推进事业单位清理整顿和分类改革。配合做好相关事业单位取消后事业编制人员顺利进入海鸥服务中心挂编等工作。(5)抓好工程建设，确保更好地服务职工、服务工会。集团重点完成沙家浜大酒店装修改造工程和屏风山工人疗养院改扩建工程，实现两大工程顺利竣工。（姚芸婕）

上海市总工会直管单位法人代表名录

单位名称	职务	姓名
上海工会管理职业学院	院长	吴　萌
上海市工人文化宫	主任	侯伟康
劳动报社	总编	张　刚
上海市职工技协服务中心	主任	赵　伟
上海市总工会幼儿园	园长	周稼超（女）
上海市总工会职工援助服务中心（上海市职工物价监督总站）	主任	高　越（女）
上海市公惠医院	院长	
上海市工人疗养院（上海市职工康复医院）	院长	吕泰康
上海市职工保障互助中心	主任	顾学庆
上海市退休职工管理委员会办公室　上海市退休职工服务中心	主任	万石清

续 表

单 位 名 称	职 务	姓 名
上海市退休职工大学	副校长	李 唯
上海海鸥控股（集团）有限公司	董事长、总裁	杨伟健
上海海鸥国际酒店投资管理有限公司（千禧海鸥大酒店）	总经理	杨伟健
上海职工国际旅行社有限公司	总经理	吴德荣
上海职工对外交流中心	秘书长	施建伟
海鸥饭店（上海国际海员俱乐部）上海市总工会海鸥服务中心	总经理	史 方
常熟沙家浜大酒店有限公司	总经理	姜 钟
上海市总工会屏风山工人疗养院	院 长	
上海市总工会黄山休养院	院 长	胡俊道
上海市总工会洞庭西山休养院	党支部书记、副院长	沈建良
上海市总工会东钱湖休养院	副院长	李荣泉

说明：1. 法人代表名录以 2013 年 12 月底为准。
2. 上述人员职务以市总工会批复为准。

（市总工会组织部）

保障政策文件选编

上海市人力资源和社会保障局
上海市卫生和计划生育委员会
上海市医疗保险办公室
关于印发《上海市工伤就医和医疗费用结算管理办法》的通知

沪人社福发〔2013〕27 号

各委、办、局，控股（集团）公司，市社会保险事业管理中心、医疗保险事务管理中心、医疗保险监督检查所，各区县人力资源和社会保障局、卫生局、医疗保险办公室，各定点医疗机构：

为贯彻落实《上海市工伤保险实施办法》，加强工伤人员就医和医疗费用结算管理，保障工伤人员获得及时有效的医疗服务，合理使用工伤保险基金，本市制定了《上海市工伤就医和医疗费用结算管理办法》，现印发给你们，请遵照执行。

2013 年 5 月 21 日

上海市工伤就医和医疗费用结算管理办法

第一条 为了加强工伤人员就医和医疗费用结算管理，保障工伤人员获得及时、有效的服务，合理使用工伤保险基金，根据《工伤保险条例》和《上海市工伤保险实施办法》，结合本市实际，制定本办法。

第二条 本市基本医疗保险定点医疗机构为本市工伤保险定点医疗机构（以下简称定点医疗机构）。工伤人员治疗工伤应当到本市定点医疗机构就医。情况紧急时，可以先到就近的医疗机构急救，伤情稳定后，应当及时转往定点医疗机构治疗。

第三条 定点医疗机构应当坚持因病施治、合理检查、合理用药、合理治疗的医疗原则，接受市医疗保险监督检查所的监督检查。

第四条 工伤人员治疗工伤应当使用社会保障卡（医疗保险专用卡），特殊情况下用人单位或者工伤人员也可用现金先期支付工伤医疗费用。

第五条 工伤人员治疗工伤所需医疗费用符合国家和本市的工伤保险诊疗项目目录、工伤保险药品目录、工伤保险住院服务标准的，由工伤保险基金支付。

本市的工伤保险诊疗项目目录、工伤保险药品目录、工伤保险住院服务标准按照本市有关基本医疗保险诊疗项目范围、用药范围以及医疗服务设施范围等规定执行。

第六条 工伤人员确因抢救需要发生超出国家和本市工伤保险药品目录的工伤医疗费用，由治疗工伤的定点医疗机构出具证明并加盖公章，报市社会保险事业管理中心（以下简称社保经办机构）核准后，由工伤保险基金支付。

第七条 从业人员发生事故伤害或者患职业病被认定为工伤前治疗工伤的医疗费用，由定点医疗机构按照本市基本医疗保险办法的规定执行。经区县人力资源和社会保障局认定为工伤后，前期从基本医疗保险基金支付的工伤医疗费用，由社保经办机构按月从工伤保险基金退还至基本医疗保险基金。

第八条 从业人员发生事故伤害或者患职业病被认定为工伤后治疗工伤的医疗费用，由定点医疗机构予以记账并于每月上旬向所在地区县医疗保险事务中心（以下简称区县医保经办机构）申报核定。

工伤人员治疗工伤时应当出示工伤认定书，定点医疗机构收治工伤人员时应当核对工伤人员的身份信息、工伤信息以及参保信息。

第九条 区县医保经办机构应当在收到申报核定申请之日起10日内对工伤医疗费用进行初审，并将初审意见报送市医疗保险事务管理中心（以下简称市医保经办机构）。

市医保经办机构应当在收到初审意见之日起10日内，作出准予支付或者不予支付的审核意见，并将审核意见送交社保经办机构。

社保经办机构应当在收到审核意见之日起10日内与定点医疗机构结算工伤医疗费用。

第十条 工伤人员因伤情治疗需要，经本市定点医疗机构出具转诊证明，报社保经办机构同意，可以到统筹地区外工伤保险协议医疗机构治疗。

第十一条 从业人员因工外出在统筹地区外（含境外）发生工伤事故，经当地医疗机构抢救脱离危险伤情稳定后，应当及时转到本市定点医疗机构进行治疗。

第十二条 长期居住在统筹地区外的工伤人员，所在用人单位报社保经办机构同意，可以选择1至2家当地工伤保险协议医疗机构作为工伤人员治疗工伤的医疗机构。

第十三条 工伤人员在统筹地区外就医发生的工伤医疗费用原则上应当按照本办法第五条的规定执行。工伤人员能够提供当地工伤保险有关规定的，可以参照执行当地的有关规定。

第十四条 用人单位或者工伤人员按照本办法规定先期支付的工伤医疗费用，由用人单位、工伤人员或者其近亲属持身份证、工伤认定书、门诊急诊病历、出院小结、单位先期支付凭证、医疗费用专用收据及清单等有关资料到社保经办机构申请报销。

第十五条 社保经办机构对申请材料齐全的，应当自受理之日起5日内初审后送交区县医保经办机构审核；区县医保经办机构应当自收到送交材料之日起10日内作出审核意见并送交社保经办机构；因工伤医疗费用数额巨大需报市医保经办机构审核的，市医保经办机构应当自收到区县医保经办机构申报材料之日起5日内作出审核意见并送交社保经办机构。

社保经办机构应当自收到审核意见之日起10日内，对符合工伤保险基金支付条件的工伤医疗费用予以支付。

第十六条 工伤人员住院治疗工伤期间，用人单位欠缴工伤保险费的，发生的工伤医疗费用继续由工伤保险基金按规定支付。社保经办机构应当责令用人单位限期补缴。

第十七条 本办法自2013年5月1日起施行，有效期自实施之日起5年

F 人物

Figure

上海工会年鉴

2014

2013年上海市"劳模年度人物"

杨兆顺

上海市普陀区桃浦镇紫藤苑居委会党总支书记，上海世博会先进个人。

杨兆顺，自1999年担任小区党总支书记起，13年间，牢记全心全意为人民服务的宗旨，始终心系群众，坚持以打造平安小区为第一使命，以构建和谐小区为第一责任，以对社区群众的真情，把一个弱势群体多、情况复杂的居民区，建设成为人人争做荣誉居民、家家以和睦为荣的文明小区。在他带领下，紫藤苑多次被评为全国青年文明社区、上海市文明小区、安全小区、平安小区、模范居委会、调解先进集体等称号。杨兆顺也先后获得全国道德模范提名奖、全国优秀党务工作者等称号。2011年，上海市委发出《关于开展向杨兆顺同志学习活动的通知》；2012年10月12日，中宣部、中央综治办和上海市委在人民大会堂举行"杨兆顺同志先进事迹报告会"。全国总工会授予他全国五一劳动奖章。

张崇峰

载人航天工程空间实验室系统副总设计师，全国五一劳动奖章获得者。

1996年始，他承担对接机构关键技术攻关任务，突破系统设计、动力学设计和仿真、关键机构设计等关键技术，完成产品的研制、试验和正样产品的生产，建立一套先进的地面模拟试验系统。曾获国防专利2项，获中国航天科技集团公司"2518核心人才工程"中青年学术技术带头人、国防科技工业"511人才工程"学术技术带头人和集团公司"航天十佳科技青年"、中国载人航天工程突出贡献个人等称号。2011年11月3日，天宫一号和"神八"首次交会对接成功。2012年6月18日，天宫一号和"神九"成功实现中国首次载人自动交会对接。2012年3月，被全国总工会授予全国五一劳动奖章称号。

卢永锦

中国船舶重工集团公司第七〇四研究所副所长，全国劳模。

作为国防重点预研项目的常务副总设计师，卢永锦承担了国防重点科研任务中的重点关键设备的技术总负责工作。2012年11月，该项目在海上适配性试验中取得圆满成功。他以对党和国家高度负责的态度，潜心钻研、刻苦攻关、忘我工作、身先士卒，为中国海军从近海走向深海，实现党的十八大提出的将中国建设成为海洋强国等一系列目标作出了重要贡献。近年来，他先后发表20多篇论文，出版著作1项、译著2项。曾获2000年上海市劳动模范，2002年12月，分别获得国防科技进步一等奖和中船重工科技进步一等奖，2004年获全国五一劳动奖章、2005年全国先进工作者称号，2006年入选中国新世纪百万人才工程国家级人选，2009年入选上海市领军人才市级培养对象。

吴敏霞

上海体育职业学院跳水运动员，全国劳模。

国际级运动健将，连续获得三届奥运会跳水冠军，夺得5枚金牌，是上海唯一获得该项目三连冠的选手。此外，从2001年至今，她共获得10多项世界冠军、两届亚运会的三项冠军和10多项全国冠军，为祖国和上海人民争得了荣誉。从2001年起，先后被评为上海市三八红旗手、全国五一劳动奖章、上海市劳动模范、上海市三八红旗手标兵、全国三八红旗手、中国青年“五四杰出贡献奖”、28届奥运会杰出贡献奖、上海市政府授予记二等功、上海市第十四届十大杰出青年，2012年授予全国五一劳动奖章、上海市劳动模范、上海体育功臣运动员、上海市三八红旗手标兵、上海市青年五四奖章标兵等。

叶其懂

上海市邮政公司曹杨新村支局邮递员，全国五一劳动奖章获得者、全国邮政百佳模范投递员，2011年全国五一劳动奖章，2012年感动上海年度十大人物，全国交通运输行业文明职工标兵。

他爱岗敬业，无私奉献，形成和坚持“真心对待用户、热心帮助用户、细心关照用户”的服务特色和服务理念，被用户称为“明珠塔下的‘三心’使者”。他积极下工夫，创下投递准确率100%和灭“死信”率100%的成绩，为特殊用户延伸服务600多次，受到用户多次来电来信表扬。他自编自印报刊收订便民宣传单，以及他的联系电话，广泛向用户宣传。许多老用户点名要叶其懂上门收订，只要联系他，叶其懂再晚再远也会赶去为用户服务。他连续多年被评为全局报刊收订排头兵，以实际行动赢得了同事们和用户们的信任及赞誉。

徐小平

上海大众汽车有限公司发动机厂维修科高级经理，全国劳模。

由他自主研制的“激光可视对焦技术”，解决了激光裂解技术中无法用肉眼捕捉激光焦点这一技术难题，填补了国际激光技术的空白，该技术获2011年中国机械工业科学技术一等奖、上海市科技进步二等奖。他带领维修技术人员完成几十项疑难问题的攻关，直接为公司节约费用5400余万元。他一直致力于建设维修专家团队，他总结的“6+1”组合、“3+3”创新理念、“X+1=TEAM”模式以及“维修六大工作法”成为维修科团队专业化发展的行动指南，特别是他提出的“创新三定位、实践三原则”理念，为无数维修工作者开拓符合企业可持续发展的创新之路，使创新实践的良好风尚在企业中蔚然成风。

贺荣明

上海微电子装备有限公司总经理，全国五一劳动奖章获得者。

2002年起10年间，贺荣明专心致志光刻机的研制，获得中国发明专利申请量排名第二，超过世界市场占有率第二名的光刻机厂家，在硅片掩模对准、工件台、整机结构方面的专利申请量已经接近第一名，成为世界上继欧洲和日本3家光刻机公司之后的第四家掌握高端光刻机系统设计与系统集成测试技术的公司。截至2012年12月31日，公司已申请中国专利1150项，其中申请中国发明专利970项，中国发明专利授权366项；申请国外发明专利50项，授权22项。先进封装光刻机被评为国家2010年度产学研合作创新成果奖、中国半导体行业2010年度创新技术产品成果奖、上海市2010年度技术发明二等奖、国家2011年度重点新产品项目。

吴恩福

上海九星控股（集团）有限公司董事长，全国劳模。

他始终扎根农村，以纯朴的性格和顽强的毅力，团结带领九星村广大干部、村民群众，把一个贫困的村庄改造成上海“首富村”，中国十大名村、中国市场第一村。

在他带领下，九星村先后获得全国文明村、全国民主法治示范村等称号，上海九星控股(集团)有限公司获得全国五一劳动奖状。他自已先后获全国劳动模范、中国功勋村官、中国十大杰出村官、引领中国商业改革发展功勋企业家，两届上海市劳动模范等称号。20多年来，九星集体经济不断增长，2012年实现总收入8.92亿元，净利润2.72亿元，上缴税收3.6亿元，净资产17.93亿元，人均收入近6万元。

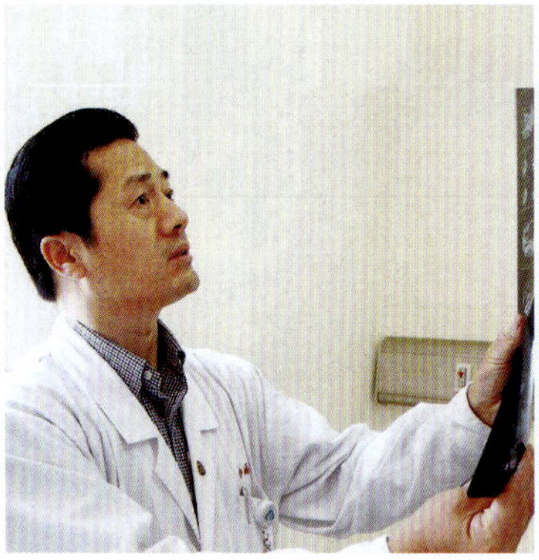

樊　嘉

复旦大学附属中山医院副院长，全国先进工作者。

樊嘉为享受国务院特殊津贴专家，他视病人如亲人，将全国劳模奖励金捐助困难病人。10年中，累计完成肝癌手术6000多例，肝移植手术1100例。在国际上首创肝癌门静脉癌栓的多模式综合治疗技术，完成亚洲首例肝心联合移植、中国首例经典劈裂式肝移植、上海首例活体供肝移植、国内年龄最小及国际年龄最大受体肝移植、肝肾联合移植术等，率先制定适合中国国情的肝癌肝移植“上海复旦标准”。2011年他领衔的科研团队在肝癌早期诊断方面取得新突破，该成果被最权威学术期刊美国《临床肿瘤学杂志》誉为将改变传统早期肝癌筛查模式。他先后获2012年全国十佳优秀科技工作者、2012年上海市十佳医生、卫生部有突出贡献中青年专家、上海市科技精英、上海市首批领军人才、上海市优秀学科带头人等荣誉称号。

刘京海

闸北第八中学校长，全国劳模。

他首创“成功教育”经验，坚信每个孩子都有成功的愿望和成功的潜能，都可以取得多方面成功。在改变学习困难学生、薄弱初中生的面貌方面，做出杰出贡献。“成功教育”成为全国素质教育的一面旗帜，被列为全国基础教育重点推广的三个成果之一。他还探索形成“帮助成功——讲练结合”、“尝试成功——试讲练结合”、“自主成功——学试讲练结合”三种模式。为推行“成功教育”课堂模式，开发“学科教与学电子平台”做出巨大贡献，此项成果获全国基础教育课改教学研究成果一等奖。他还接受政府委托管理农村学校9所、闸北区学校2所。2011年美国教育特别顾问带30多名专家，点名到闸北八中学习。2012年获国务院“双基教育”先进个人。

保障政策文件选编

上海市人力资源和社会保障局
上海市财政局
关于调整本市万人就业项目等公益性岗位从业人员收入标准的通知

沪人社就发〔2013〕25号

各区县人民政府，市政府有关委、办、局：

为进一步保障本市公益性岗位从业人员的基本生活，经市政府同意，现就调整本市万人就业项目等公益性岗位从业人员收入标准的相关事项通知如下：

一、适当提高本市公益性岗位从业人员月收入标准，对实行全日制工作的万人就业项目从业人员，在现有收入标准1570元/月的基础上每人每月增加170元，为1740元/月；千、百人就业项目和社区“四保”公益性岗位从业人员的收入标准随最低工资标准的调整作相应调整。

二、本次万人就业项目和社区“四保”公益性岗位从业人员收入标准提高所需资金，由失业保险基金承担50%，其余部分由区县和有关部门按照原渠道解决。

三、本次万人就业项目等公益性岗位从业人员收入标准的调整，从2013年4月1日起与本市最低工资标准的调整同步实施。

2013年4月24日

表 彰

Commendation

上海工会年鉴

2014

2013年上海市模范职工之家（341家）

上海综合保税区工会工作委员会
联想（上海）电子科技有限公司工会委员会
上海浦东川沙经济园区有限公司工会委员会
上海市浦东新区唐镇总工会
上海日轮汽车配件有限公司工会委员会
上海市浦东新区祝桥镇江镇个体劳动者工会委员会
勃林格殷格翰国际贸易（上海）有限公司工会委员会
上海市浦东新区沪东社区总工会
德莱赛稳加油设备（上海）有限公司工会委员会
上海市浦东新区合庆镇总工会
上海市浦东新区高行镇总工会
上海美特斯邦威服饰股份有限公司工会委员会
上海万辉汽车附件有限公司工会委员会
上海浦东路桥绿化工程有限公司工会委员会
上海杰隆生物制品股份有限公司工会委员会
嘉里粮油上海高东企业工会委员会
上海融德机电工程设备有限公司工会委员会
上海市浦东新区区委统战部机关工会委员会
上海长顺电梯电缆有限公司工会委员会
上海昌福电子科技股份有限公司工会委员会
上海浦东新区公用事业管理署工会委员会
上海市第七人民医院工会委员会
上海市浦明师范学校附属小学工会委员会
上海西门子医疗器械有限公司工会委员会
超科林半导体设备（上海）有限公司工会委员会
上海外高桥（集团）有限公司本部工会委员会
上海金桥出口加工区开发股份有限公司工会委员会
万向钱潮（上海）汽车系统有限公司工会委员会
上海市浦东新区安全生产协会工会委员会
上海市浦东新区张江高科技园区工会联合会
上海市浦东新区花木街道劳动保障事务所工会委员会
上海市徐汇区枫林社区总工会
上海市徐汇公安分局工会工作委员会
上海徐家汇商城（集团）有限公司工会委员会
上海韩泰轮胎销售有限公司工会委员会
上海徐汇软件基地联合工会委员会
上海新长宁集团绿化发展有限公司工会委员会
上海长宁房地产交易中心工会委员会
上海市复旦初级中学工会委员会
上海市长宁区人民法院工会委员会
上海携程旅行网工会委员会
上海弘基企业（集团）股份有限公司工会委员会
联邦快递（中国）有限公司上海分公司工会委员会
上海市普陀区人民法院工会委员会
上海市普陀区国有资产经营有限公司工会委员会
上海市宜川中学工会委员会
上海市普陀区白玉社区卫生服务中心工会委员会
上海市普陀市政建设养护有限公司工会委员会
上海祁连实业有限公司工会联合会
上海公兴搬场物流有限公司工会委员会
华鼎建筑装饰工程有限公司工会委员会
上海市普陀区星云经济区工会联合会
中国德力西控股集团有限公司工会委员会
上海市普陀区甘泉路街道社区事务受理服务中心工会委员会
上海斯达拉姆德一机械制造有限公司工会委员会
上海市普陀区长寿街道劳动保障事务所工会委员会
上海市风华中学工会委员会
上海市闸北区大宁路街道社区卫生服务中心工会委员会
上海大宁资产经营（集团）有限公司工会委员会
上海烟草集团闸北烟草糖酒有限公司工会委员会
上海晶澳太阳能光伏科技有限公司工会委员会
上海上房物业管理有限公司工会委员会
上海闸环北站环境卫生工程有限公司工会委员会
上海虹口动拆迁实业有限公司工会委员会
上海大铭冷气工程有限公司工会委员会
上海市工商行政管理局虹口分局工会委员会
上海运泽化工物流有限公司工会委员会
中电国际新能源控股有限公司工会委员会
上海烟草集团虹口药草糖酒有限公司工会委员会
上海强生舒乐出租汽车股份有限公司工会委员会
上海市虹口区凉城街道广灵二小区工会委员会
上海市江湾初级中学工会委员会
上海菱运国际货运有限公司工会委员会
上海昆仑新奥清洁能源股份有限公司工会委员会
上海章氏餐饮经营管理有限公司工会委员会
上海上安工程物资有限公司工会委员会
上海市虹口区凉城社区商圈工会联合会
上海市虹口区曲阳路街道办事处机关工会委员会
上海市虹口区凉城社区街道总工会
上海市杨浦区殷行地区（街道）总工会
上海市杨浦区医务工会委员会
上海市杨浦区机关工会委员会
沪东工人文化宫工会委员会
上海市杨浦高级中学工会委员会
上海市新杨浦置业集团有限公司工会委员会
上海万达广场商业管理有限公司工会委员会
上海祥浦建设工程监理咨询有限责任公司工会委员会
上海兴荣温德姆酒店工会委员会
上海同业煤化集团有限公司工会委员会
上海豫园商城百货有限公司工会委员会
上海市黄浦区淮海中路社区（街道）总工会
上海张小泉刀剪总店有限公司工会委员会
佳能（中国）有限公司上海分公司工会委员会
上海老同盛有限公司工会委员会
上海开平环境建设发展有限公司工会委员会
上海红房子西菜馆淮海店工会委员会
上海群力草药店工会委员会
上海华盛商务大厦有限公司工会委员会
上海金玉兰物业管理有限公司工会委员会
上海避风塘美食有限公司工会委员会

上海静安置业(集团)有限公司工会委员会
上海华申智能卡应用系统有限公司工会委员会
上海浦敏科技发展有限公司工会委员会
恒安大厦工会联合会
上海票据交换中心工会委员会
上海市静安区南西幼儿园工会委员会
上海电气进出口有限公司工会委员会
上海宝世威石油钢管制造有限公司工会委员会
上海金牡丹餐饮管理有限公司工会委员会
上海振泰设备安装维修有限公司工会委员会
东华集装箱综合服务有限公司工会委员会
上海骏利(集团)有限公司工会委员会
上海市宝山北部汽车检测维修有限公司工会委员会
上海真大实业(集团)有限公司工会委员会
东芝电梯(中国)有限公司工会委员会
上海胜峰实业有限公司工会委员会
上海飞士工贸实业总公司工会委员会
上海市宝山区仁和医院工会委员会
上海市宝山区淞南镇社区卫生服务中心工会委员会
上海市行知中学工会委员会
上海市食品药品监管局宝山分局工会委员会
上海市宝山供销合作总社工会委员会
上海市宝山区殡仪馆工会委员会
上海市闵行区马桥镇总工会
上海市闵行区颛桥镇总工会
上海市闵行区华漕镇总工会
上海市闵行区规划和土地管理局工会委员会
上海紫竹高新技术产业开发区工会委员会
可口可乐饮料(上海)有限公司工会委员会
上海市闵行区劳动争议仲裁院工会委员会
上海新虹环卫综合服务有限公司工会委员会
上海市莘庄经济城工会联合会
上海市闵行区绿化管理所工会委员会
上海虹霞实业公司工会委员会
上海市闵行区科委科协机关工会委员会
上海市闵行区古美街道社区事务受理服务中心联合工会委员会
亨特道格拉斯窗饰产品(中国)有限公司工会委员会
上海沪工阀门厂(集团)有限公司工会委员会
上海爱普生磁性器件有限公司工会委员会
上海同济黄渡小学工会委员会
上海市嘉定区中心医院工会委员会
上海巴兰仕汽车检测设备有限公司工会委员会
上海嘉弘建设工程发展有限公司工会委员会
上海市金山区枫泾镇机关工会委员会
上海市金山区朱泾镇劳动保障事务所工会委员会
上海嘉麟杰纺织品股份有限公司联合工会委员会
上海华峰超纤材料股份有限公司工会委员会
上海新跃物流企业管理有限公司工会委员会
上海蓝滨石化设备有限责任公司工会委员会
上海炼安工业设备安装有限公司工会委员会
上海金联热力供应有限公司工会委员会
上海市金山区张堰小学工会委员会
上海市公安局金山分局工会工作委员会
上海市金山区城管执法大队工会委员会
富国皮革工业股份有限公司工会委员会
上海市金山区国家税务局工会委员会
上海市松江区中山街道总工会
上海市松江区叶榭镇总工会
上海市松江区教育工会委员会
上海比亚迪有限公司工会委员会
上海松江燃气有限公司工会委员会
上海华侨城投资发展有限公司工会委员会
上海旭洋绿色食品有限公司工会委员会
上海江河幕墙系统工程有限公司工会委员会
上海九峰物业管理有限公司联合工会委员会
上海市松江自来水公司工会委员会
上海青浦工业园区发展(集团)有限公司工会委员会
上海青浦巴士公共交通有限公司工会委员会
上海富臣化工有限公司工会委员会
上海博大企业(集团)有限公司工会联合会
上海圆通速递有限公司工会委员会
上海市奉贤区中心医院工会委员会
上海市奉贤区金汇镇纺织行业工会联合会
上海双木散热器制造有限公司工会委员会
上海富士电梯有限公司工会委员会
先锋高科技(上海)有限公司工会委员会
上海市崇明县水利工程管理所工会委员会
上海市崇明县新河镇社区卫生服务中心工会委员会
上海嘉仕久企业发展有限公司工会委员会
上海汽轮机厂工会委员会
上海电站辅机厂有限公司工会委员会
上海自动化仪表股份有限公司工会委员会
上海电气集团资产经营有限公司工会委员会
上海电机学院工会委员会
上海日立电器有限公司工会委员会
上海工程机械厂有限公司工会委员会
上海沪工汽车电器有限公司工会委员会
上海索广电子有限公司工会委员会
上海富士施乐有限公司工会委员会
上海汉森投资发展有限公司工会委员会
上海德福伦化纤有限公司工会委员会
上海第一生化药业有限公司工会委员会
上海市药材有限公司工会委员会
通用电气药业(上海)有限公司工会委员会
上海信谊医药有限公司工会委员会
上海华氏大药房有限公司工会委员会
上海市电力公司市区供电公司工会委员会
上海市电力公司市南供电公司工会委员会
上海电力建设启动调整试验所工会委员会
宝钢集团有限公司工会委员会
宝钢股份公司设备部工会委员会
宝钢股份公司电厂工会委员会
宝钢特钢有限公司工会委员会

上海宝钢工业技术服务有限公司工会委员会
上海宝钢新型建材科技有限公司工会委员会
上海宝冶集团有限公司检修工程分公司工会委员会
上海石化芳烃部工会委员会
上海石化炼油部工会委员会
上海石化公用事业部工会委员会
上海航天电子技术研究所工会委员会
上海航天局第八〇一研究所工会委员会
沪东重机有限公司工会委员会
上海船舶工业公司工会委员会
上海白玉兰烟草材料有限公司工会委员会
上海烟草机械有限责任公司工会委员会
上海汽车集团财务有限责任公司工会委员会
上海海通国际汽车码头 / 物流有限公司工会委员会
上海拖拉机内燃机有限公司工会委员会
上海天合汽车安全系统有限公司工会委员会
上海大众联合发展有限公司工会委员会
上海漕河泾开发区园艺发展有限公司工会委员会
上海医疗器械（集团）有限公司手术器械厂工会委员会
璐彩特国际（中国）化工有限公司工会委员会
上海工务大修段工会委员会
上海铁路车辆工贸有限公司工会委员会
上海铁路局无锡站工会委员会
上海国际港务（集团）股份有限公司煤炭分公司工会委员会
上海长江轮船公司旅游事业部工会委员会
上海交运日红国际物流有限公司工会委员会
上海交运巴士客运（集团）有限公司工会委员会
上海邮政公司崇明县邮政局工会委员会
上海邮政公司宝山区邮政局工会委员会
上海邮政公司普陀区邮政局工会委员会
上海邮政公司奉贤区邮政局工会委员会
上海市金山电信局工会委员会
上海电信帐务中心工会委员会
上海市信息网络部工会委员会
上海交通建设总承包公司工会委员会
中交三航局第二工程有限公司工会委员会
中交上海三航科学研究院有限公司工会委员会
中交三航局工程物资有限公司工会委员会
上海中远资讯科技有限公司工会委员会
上海机场（集团）虹桥国际机场公司消防急救保障部工会委员会
上海机场（集团）有限公司浦东机场华美达大酒店工会委员会
上海外高桥海事处工会委员会
上海海图中心工会委员会
上海吴泾海事处工会委员会
上海吴淞海事处工会委员会
上海海事测绘中心工会委员会
上海市公积金管理中心工会委员会
中国船级社上海分社工会委员会
上海浦江桥隧运营管理有限公司工会委员会
上海市机械施工有限公司工会委员会
上海外经集团控股有限公司工会委员会
上海建工集团股份有限公司南方分公司工会委员会
上海市住房保障和房屋管理局档案管理中心工会委员会
第一海洋地质调查大队工会委员会
上海现代建筑设计集团工程建设咨询有限公司工会委员会
鲁中矿业有限公司张家洼铁矿工会委员会
鲁中矿业有限公司小官庄铁矿工会委员会
上海市供水管理处工会委员会
中建八局大连分公司工会委员会
中建八局青岛分公司工会委员会
中建八局西南公司工会委员会
中建八局广西分公司工会委员会
上海大屯能源股份有限公司工会委员会
上海大屯能源股份有限公司发电厂工会委员会
中国工商银行上海市宝山支行工会委员会
国泰君安证券股份有限公司河北分公司工会委员会
中国建设银行股份有限公司上海宝钢宝山支行工会委员会
汇添富基金管理有限公司工会委员会
上海市闵行区税务局工会委员会
上海市社会保险事业基金结算管理中心工会委员会
上海市人才服务中心工会委员会
中科院上海生命科学研究院工会委员会
上海海洋大学工会委员会
华东政法大学工会委员会
上海音乐学院工会委员会
上海中医药大学附属龙华医院工会委员会
复旦大学附属妇产科医院工会委员会
上海市精神卫生中心工会委员会
上海市公共卫生临床中心工会委员会
上海市卫生局卫生监督所工会委员会
上海市印刷四厂工会委员会
第一财经日报社工会委员会
上海东方明珠广播电视塔有限公司工会委员会
上海松江东方有线网络有限公司工会委员会
上海东方广播有限公司工会委员会
上海永乐股份有限公司工会委员会
上海市田林体育俱乐部工会委员会
中国石油上海销售公司工会委员会
上海医药工业研究院工会委员会
上海市宝兴殡仪馆工会委员会
上海市提篮桥监狱工会委员会
光明乳业股份有限公司工会委员会
上海西郊国际农产品交易有限公司工会委员会
上海锦江汤臣大酒店工会委员会
上海吴泾冷藏有限公司工会委员会
上海机场边检站工会委员会
上海市经济和信息化机关工会委员会
上海市图书馆、上海市科技情报研究所工会委员会
上海市食品药品监督管理局科技情报研究所工会委员会

上海市第五劳动教养管理所工会委员会
上海市计量测试技术研究院工会委员会
上海出入境检验检疫局工会委员会
上海市委党校、上海市行政学院工会委员会
上海市地质调查研究院工会委员会
上海科技管理学校工会委员会
上海地铁第一运营有限公司工会委员会
上海轨道交通维护保障中心工会委员会
上海黄浦江大桥建设有限公司工会委员会
上海巴士新新汽车服务有限公司工会委员会
上海宝山公共交通公司工会委员会
上海强生水上旅游有限公司工会委员会
上海交通投资（集团）有限公司场站管理分公司工会委员会
上海强生科技有限公司工会委员会
上海强生出租汽车有限公司工会委员会
上海外高桥第三发电有限责任公司工会委员会
上海燃气市北销售有限公司工会委员会
上海粮油仓储有限公司工会委员会
上海乐惠米业有限公司工会委员会
上海城建市政工程（集团）有限公司工会委员会
上海城建置业发展有限公司工会委员会
上海东浩国际服务贸易（集团）有限公司工会委员会
上海东浩外服国际物流有限公司工会委员会
上海市对外服务有限公司工会委员会
上海对外经济贸易实业有限公司工会委员会
上海东浩人力资源有限公司工会委员会
上海广告有限公司工会委员会
中建三局建设工程股份有限公司（沪）工会委员会
中国诚通东方资产经营管理公司工会委员会
上海上电漕泾发电有限公司工会委员会
上海飞机设计研究院工会委员会
上海临港商业建设发展有限公司工会委员会
上海综合保税区联合发展有限公司工会委员会
上海临港泥城经济发展有限公司工会委员会
上海市公安局工会委员会
上实投资（上海）有限公司工会委员会
上海滨江欣景大酒店工会委员会
华能上海电力检修公司工会委员会
上海云峰集团工会委员会

2013 年上海市模范职工小家（335 家）

上海杨思医院超声科工会小组
上海澳星照明电器制造有限公司工程施工工会小组
浦东新区惠南镇民乐苑大型居住社区项目组工会小组
上海汽枪厂中高档铅弹工会小组
浦东新区周家渡街道信访办公室工会小组
浦东新区公共交通有限公司杨高分公司 775 路车队工会小组
上海岱美汽车零部件有限公司综合办工会小组
金元惠理基金管理有限公司工会文体活动委员会小组
浦东新区税务局第五税务所工会
浦东新区质量技术监督局特种工会小组
浦东新区土地事务管理中心成果管理科工会小组
上海南汇排水有限公司第二工会小组
国际医学园区医学产业发展有限公司招商投资服务部工会小组
上海市徐汇区审计局工会小组
上海市徐汇区中心医院第 28 工会康复科小组
上海大佳电器有限公司车间综合组工会小组
上海茶陵市场经营管理有限公司分工会
上海汇成物业管理有限公司漕河景苑物业服务处工会小组
上海服装集团进出口有限公司业务六部工会小组
上海美天副食品有限公司凯旋莱市场工会小组
上海市长宁区天山中医医院康复科工会小组
上海市长宁区新华社区事务受理中心窗口接待工会小组
上海市地方税务局长宁分局第十三税务所工会小组
上海精益电器厂有限公司 HM60-250-200L 型“100KA”项目工会小组
联合利华（中国）有限公司上海分公司家居护理类产品研发团队工会小组
上海普环实业有限公司第一分公司长寿工段工会小组
上海复星医药凯茂生物医药有限公司工会小组
上海市中山商厦有限公司招商部工会小组
上海市公安局普陀分局长征派出所工会小组
上海市工商局普陀分局桃浦工商所工会小组
上海市普陀区长风新村街道社会救助事务管理所工会小组
上海盛鑫建设工程有限公司电工班组工会
同策房产咨询股份有限公司第一区域综合管理部工会小组
上海市普陀区长征中心小学语文教研组工会小组
上海京联荣机械有限公司第一机床事业部工会小组
上海云集文化发展有限公司电脑图文班组工会
上海市闸北区机管局机关服务中心食堂工会小组
上海市闸北区第一中心小学三年级工会小组
上海市闸北区社会体育管理中心工会
上海新七浦服装市场有限公司保安部工会小组
上海久兴物业管理有限公司维修班工会小组
上海万荣投资管理有限公司工程部工会小组
上海市虹口区曲阳第二幼儿园工会
上海市虹口区曲阳路街道社区卫生服务中心家庭医生工会小组
上海长宁苏宁云商销售有限公司工会
上海市虹口公安分局凉城新村派出所工会
上海大地企业发展有限公司工会
上海东虹环境保洁有限公司汽车队工会
上海东风红欣服装有限公司基层部工会小组
上海荣振建设集团有限公司工会
虹口区房屋急修中心工会
上海长宁苏宁电器有限公司浦东第一店工会
海上海楼宇联合工会

杨浦城投集团公司工会
上海群琳环保设备有限公司工会
上海市第二师范学校附属小学语文教研组工会小组
爱基建筑工程服务有限公司工会委员会
上海华拓医药科技发展股份有限公司工会
瑞金医院卢湾分院神经内科工会小组
上海全国土特产食品有限公司淮海商场工会
上海三阳南货店休闲柜工会小组
上海老凤祥首饰研究所有限公司银楼嘉龙分号工会小组
上海市青艺滑稽剧团演员工会小组
吉晨第十人民医院项目部工会小组
上海烟草集团黄浦烟草糖酒有限公司一公司专卖稽查支队工会小组
高丝化妆品销售(中国)有限公司黛珂品牌事业部工会小组
上海古今内衣制造有限公司制造分工会
上海市储能中学高一年级工会小组
上海中凯物业有限公司昌里花园管理处工会小组
威斯汀大饭店宴会服务与厨房联合工会小组
上海众恒信息产业股份有限公司研发部工会小组
上海恒邦房地产开发有限公司物业部工会小组
上海西区老大房食品厂熟食车间工会小组
上海静工集团有限公司托幼管理中心工会
上海静安城建配套发展公司本部工会
上海天拓废弃物汽车运输服务有限公司清运机修驾驶班工会小组
上海市静安区国家税务局、上海市地方税务局静安区分局第一税务所工会小组
上海石洞口经济发展有限公司第二分公司工会
上海宝房友宜物业管理有限公司专业管理部工会
上海欣隆劳动服务有限公司工会
上海市宝山区淞南镇资产经营投资有限公司工会
上海申宝液压机械厂工会
宝山区房屋维修大场分中心工会
上海奎照实业有限公司殷龙工会小组
上海亨均科技有限公司科研中心全电子工会小组
上海宝山区杨行镇敬老院护理班工会小组
上海市宝山区长江路小学工会
上海市宝山区气象局工会
上海宝绿园林绿化有限公司工会
上海海隆石油钻具有限公司分工会
上海市闵行区浦江镇社会保障事务中心窗口服务工会小组
上海梅南环卫综合服务有限公司机修工会小组
上海江川环卫综合服务有限公司驾驶清运班工会小组
上海市闵行区七宝镇友谊村治安服务队工会小组
闵行区第二社会福利院医务工会小组
上海闵行污水处理运营有限公司第三工会小组
上海市闵行区司法局虹桥司法所工会小组
上海市闵行区机关事务管理局后勤保障中心餐厅服务工会小组
上海市闵行区七宝镇明强小学信息部工会小组
上海市闵行区图书馆辅导部工会小组
上海市公安局闵行分局田园新村派出所工会
上海市公安局嘉定分局叶城派出所工会小组
上海市嘉定区税务局第七税务所工会小组
上海亨井联接件有限公司滑鼠工会小组
上海高凡服装有限公司技术组工会小组
上海乐菱时装有限公司样衣班工会小组
上海君冠制衣有限公司三车间工会
上海市金山区社会福利院护理班工会小组
上海市工商行政管理局金山分局朱泾所工会小组
上海市金山区医疗保险事务中心社会服务部工会小组
上海市金山区中心医院第六(医技)分工会
上海市金山区水文站测验(信息)科工会小组
上海西川密封件有限公司金型部工会小组
上海新森林绿化发展有限公司绿化养护工会小组
上海保隆汽车科技股份有限公司 TPMS 生产班工会小组
上海索伊电器有限公司综合管理办工会小组
大同利美特(上海)管理有限公司修补课工会小组
国基电子(上海)有限公司 CPEI 五处生产部二课二组工会小组
上海佳力士机械有限公司工会
上海通冷包装材料有限公司工会
上海方塔园工会
上海海欣长毛绒有限公司质检部工会小组
上海市奉贤区税务局第五税务所工会小组
上海市奉贤区海湾旅游区住房保障和房屋管理中心工会
上海市奉贤区绿化和市容管理局绿化管理署绿地管理科工会小组
上海市奉贤区庄行镇旅游事业管理中心工会
上海神仙酒厂营销中心工会小组
上海市长兴中学英语教研组工会小组
上海市崇明县税务局第八税务所工会小组
上海盈贡冷焊机制造有限公司磨床工会小组
上海三菱电梯有限公司电控车间工会
上海重型机床厂有限公司大重型数控卧式车床开发工会小组
上海华嵘实业公司安置办分工会
上海电气人力资源有限公司托养托管部分工会
上海电气阿尔斯通宝山变压器有限公司营运部车间总装组工会小组
上海电气发电机厂设计部绝缘开发与应用工会小组
上海第一机床厂有限公司大型数控精密镗铣工会小组
上海机床厂有限公司技术中心电气设计室工会小组
上海电缆研究所科技开发中心分工会
上海鼓风机厂有限公司准备车间造型工会小组
上海东湖机械厂机器制造二分厂铣工(数控)组工会小组
上海仪电科学仪器股份有限公司电化学仪器车间工会小组
上海仪电信息网络有限公司远程应用工会小组
上海华鑫股份有限公司营销部工会小组
上海始安房产管理有限公司住宅物业工会小组
上海美加净日化有限公司牙膏车间综合班工会小组

上海联吉合纤有限公司工程部锅炉工会小组
上海申孚纺织有限公司加工车间甲班自络筒工会小组
上海新亚药业闵行有限公司工会
上海医疗器械股份有限公司医疗设备厂工会
上海味之素氨基酸有限公司工会
上海旭东海普药业有限公司行销业务处市场部工会
上海信谊药厂有限公司制药二厂管理工会
上海医疗器械批发有限公司工会
上海雷允上药业有限公司工会
上海市电力公司浦东供电公司保护自动化一组工会小组
上海市南电力（集团）有限公司工程公司带电作业班工会小组
上海市电力公司调控中心工会第一小组
上海电力安装第二工程公司工程机械厂工会
上海电力安装第一工程公司修造厂工会
上海电力建筑工程公司畅电公司工会
上海电力安装第一工程公司热机分公司工会
上海电力安装第二工程公司锅炉专业工地工会
上海电力建筑工程公司老挝项目管理部工会
宝钢股份炼铁厂高炉分厂工会
宝钢股份公司冷轧厂精整分厂工会
宝钢不锈钢有限公司炼钢厂电炉分厂工会
宝钢资源有限公司办公室工会
宝钢金属有限公司总部工会
上海宝钢化工有限公司梅山分公司煤精厂工会
华宝证券有限责任公司舟山营业部工会
宝钢集团有限公司人才开发院机关分工会
宝钢集团有限公司人力资源部工会
宝钢集团有限公司经营财务部工会
上海宝冶工程技术有限公司钢结构检测研究部分工会
上海宝冶集团有限公司电装分公司调试中心工会
上海高桥石油化工公司炼油二部工会
上海石化热电部 1 号热电联合装置工会
上海石化炼油部 1 号炼油联合装置工会
上海石化涤纶部 2 号聚酯联合装置工会
上海石化质量管理中心分析四站工会
上海航天局第八〇五研究所十三室工会
上海空间电源研究所第四分工会
上海神舟新能源发展有限公司电池片工艺组工会小组
上海航天设备制造总厂一车间工会
上海卫星工程研究所第三分工会
中国船舶工业集团公司第十一研究所第六研究室分工会
中国人民解放军四八〇五工厂坞修分厂工会
上海瑞舟房产联合工会瑞苑公寓保安部工会小组
上海外高桥造船有限公司海工项目分工会
上海王宝和大酒店有限公司工会
上海烟草集团有限责任公司技术中心工会
上海烟草集团有限责任公司上海卷烟厂一车间工会小组
上海科尔本施密特活塞有限公司机加工车间分工会
上海三电汽车空调有限公司工会
上海皮尔博格有色零部件有限公司缸盖分厂分工会
上海通用汽车有限公司整车制造工程部工会小组
上海实业交通电器有限公司技术中心分工会
上海汇众汽车制造有限公司轿车车桥厂工会
安吉租赁有限公司工会
上海华力微电子有限公司制造部工会
上海华虹 NEC 电子有限公司品质管理部工会
上海华虹 NEC 电子有限公司设计服务部工会
上海机务段上海检修车间工会
上海大型养路机械运用检修段清筛第三施工队工会
上海工务段镇江线路车间陵口工区工会小组
上海通信段温州通信车间网调联合工会小组
上海冠东国际集装箱码头有限公司部室联合工会
上海港公安局水上消防支队工会
中国海员上海长江汽车检测维修有限公司申康汽车综合检测站工会小组
上海长航船员劳务合作公司盛泰轮劳务班工会小组
上海华泰海运分公司长航茂海轮工会
上海吴淞口国际邮轮港发展有限公司码头作业班工会小组
上海浦东东站长途客运有限公司工会
上海交运维卡物流有限公司工会
上海市邮政公司普陀区邮政局曹杨新村邮政支局工会
上海市邮政公司黄浦区邮政局南市邮政支局工会
上海市邮政公司宝山区邮政局友谊路支局工会
中国电信上海公司网络运行部电源空调中心工会
上海贝尔股份有限公司网络与平台业务无线网络 LTE 分工会
上海号百信息服务分公司呼叫中心工会
上海邮电设计咨询研究院有限公司综合勘察设计三院工会
交通运输部东海救助局东海救 101 轮工会
中交上航局东方公司新海燕轮工会
中港疏浚有限公司新海凤轮工会
中交上海三航科学研究院有限公司设计所工会
中交三航二公司船舶施工处工会
中交三航局工程船舶有限公司三航砂桩 7 号工会小组
上海远洋运输有限公司中远亚洲轮工会
上海机场集团培训管理有限公司餐厅班组“沁馨组”工会小组
上海机场贵宾服务有限公司虹桥要客贵宾部“亲心组”工会小组
崇明海事局北支办事处工会小组
上海海事测绘中心海巡 166 轮工会
上海海图中心印刷中心制版组工会小组
上海核工程研究设计院电气仪控所人因工程组工会小组
上海中国航海博物馆信息技术部工会小组
上海建工一建集团有限公司第一工程公司工会
上海建工四建集团有限公司第六工程公司工会
上海市安装工程有限公司工业工程公司工会
上海市房地产科学研究院检测站工会
上海海洋石油局钻井分公司工会
上海动物园食草队工会小组
鲁中矿业有限公司动力厂供热车间北区锅炉房运行班工

会小组
鲁中矿业有限公司运输部汽车二队工会小组
上海市排水管理处办公室(财务科、驾驶班)工会小组
中建八局北京地铁14号线8标段工程项目部工会
中建八局一公司北京分公司915项目部工会
中建八局天津公司天津机场交通中心工程项目部工会
中建八局二公司日照经理部工会
上海大屯能源股份有限公司徐庄煤矿供应科车间工会
上海大屯能源公司孔庄煤矿运输科车间工会
上海银行市南管理总部营运工会小组
上海农商银行普陀长征支行工会小组
上海市就业促进中心职业培训指导部工会小组
普陀区社会保险事业管理中心工会
黄浦区社会保险事业管理中心结算服务科工会小组
中国电子科技集团公司第二十三研究所光电组件事业部分工会
复旦大学经济学院工会
华东师范大学设计学院部门工会
华东理工大学二机关部门工会
东华大学计算机科学与技术学院工会
同济大学经济与管理学院工会
华东疗养院诊疗中心护理科工会
上海市中医药大学附属曙光医院急诊护理组(东部)工会
复旦大学附属华山医院神经外科工会
上海市第六人民医院内分泌代谢科工会
上海市第一人民医院眼科工会
上海广播电视台广播新闻中心工会
上海广播电视台影视剧中心尚世影业工会
上海文广实业有限公司视觉管理部工会
东方有线网络有限公司第五工会
上海东方传媒集团有限公司媒资管理中心工会
上海东方娱乐传媒集团有限公司艺术人文中心工会
上海文广实业有限公司虹桥路管理部工会
东方有线网络有限公司徐汇分公司工会
上海广播电视台大型活动中心工会
上海市体育俱乐部服务接待科工会小组
上海市第四社会福利院护理一区专护组工会小组
上海市南汇监狱警卫队分工会
上海市监狱总医院感染科分工会
上海市食品进出口有限公司工会
上海轻工物业管理有限公司丁香公寓管理处工会
上海锦江国际购物中心工会
上海牛羊肉公司销售部工会小组
上海海关审单处工会
上海市委办公厅文印中心分工会
上海市城建档案馆档案整理编制科工会小组
上海市劳动教养收容所三大队工会
上海国际旅行卫生保健中心工会
上海市城市规划设计研究院城市规划一所工会
上海市第四劳动教养管理所一大队工会
上海图书馆上海科技情报研究所读者服务中心工会
上海时代之光照明电器检测有限公司工会
上海市计量测试技术研究院电子所工会
上海市计量测试技术研究院机械所工会
上海水产集团龙门水产品营销中心食品园区办工会小组
上海轨道交通运营管理中心吴中控制中心工会
上海地铁第二运营有限公司乘务部11号线基层工会
上海地铁第三运营有限公司3号线乘务工会
上海地铁第四运营有限公司8号线客服分工会
上海巴士二汽公共交通有限公司漕溪分公司工会
上海巴士五汽公共交通有限公司一分公司工会
上海协源轿车修理有限公司工会
上海申能物业管理有限公司能源大厦管理处工会
上海申能临港燃机发电有限公司第三部门工会
上海液化石油气经营有限公司闵行储配中心工会
上海良友金伴便利连锁有限公司岳州店工会小组
上海良友金伴药业有限公司生产技术部锅炉机修班组工会小组
上海三添食品有限公司生产部麻油车间乙班工会小组
上海市医药保健品进出口有限公司医疗器械部工会小组
上海建桥教育服务有限公司分工会
上海城建路桥集团基建安装公司工会
上海隧道地基基础工程有限公司工会
上海隧道工程股份有限公司虹梅南路通道工程项经部工会
上海煤气第一管线工程分公司工会
上海城建置业大型居住社区项目部工会
上海煤气第二管线特殊施工分公司工会
上海城建养护管理有限公司工会
上海城建市政集团机施分公司工会
上海新浩艺手套帽业进出口有限公司工会
上海东浩会展经营有限公司工会
上海东浩国际商务有限公司工会
上海现代国际展览有限公司工会
上海松江万达广场项目工会支会
上海西子联合总部综合楼办公项目部工会
长兴岛第二发电厂检修部电气检修班工会小组
上海飞机设计研究院适航工程中心分工会
上海飞机客户服务有限公司飞行训练部分工会
上海市公安局治安总队工会
上海上实锦绣花城置业有限公司工会
上海上实物业管理有限公司金钟广场管理处工会小组
上海江杨农产品批发市场结算中心工会小组
华能上海石洞口第二电厂运行二期一值工会小组
上海瑞宁航运有限公司管理事务部工会小组
华能上海石洞口第二电厂检修工会

2013年上海市优秀工会工作者(96名)

马黎雯　上海市浦东新区潍坊社区总工会副主席
陈菊妹　上海市浦东新区唐镇总工会主席
蔡　敏　上海市浦东新区周浦镇总工会主席
申美云　上海市浦东新区教育工会副主席
马妙娣　上海市徐汇区虹梅社区总工会副主席

王莉莉 上海市徐汇区建设和交通委员会工会主席
赵永康 上海市长宁区总工会副主席
恽秀华 上海市长宁区仙霞新村社区（街道）总工会副主席
金秋影 上海市普陀区桃浦镇总工会副主席
董苏勇 上海市普陀区长寿社区（街道）总工会主席
毛震宇 上海市普陀区区级机关工会副主席
汪叶根 上海市闸北区大宁社区（街道）总工会主席
何贵明 上海市闸北区绿化和市容管理局工会主席
何国强 上海市虹口区四川北路社区（街道）党工委副书记、总工会主席
丁巧生 上海普利特复合材料股份有限公司工会主席
江一明 上海市杨浦区五角场社区（街道）党工委副书记、总工会主席
黄 萍 上海市杨浦区四平地区总工会副主席
应庆茹 上海市第二人民医院党委副书记、副院长、工会主席
郑步敏 上海市总工会黄浦区卢工体育场场长兼党支部书记
伍为芬 上海静安地产（集团）有限公司工会主席
冯贻茂 上海市静安区总工会生活保障部部长
刘 坚 上海市宝山区总工会经审会副主任、宣教经济部部长
张耀忠 上海市宝山区罗店镇总工会主席
杨 平 上海市闵行区机关工会主任
陈 斌 上海市闵行区江川路社区（街道）总工会主席
丁胜利 飞利浦灯具（上海）有限公司工会主席
潘伟民 美卓造纸机械技术（上海）有限公司党支部书记、工会副主席
乐 民 上海市金山区亭林镇总工会主席
沈勇军 上海市金山区总工会法律工作部部长
高宏林 上海市松江工业区管理委员会工会主席
马连涛 上海市松江区新桥镇党委委员、武装部长、工会主席
徐鹤峰 上海市青浦区练塘镇总工会副主席
张全康 上海市青浦区金泽镇总工会副主席
翁国林 上海市奉贤区庄行镇总工会主席
何文跃 上海南方经济发展（集团）有限公司党委委员、工会主席
周易平 上海市崇明县绿华镇人大副主席、镇总工会主席
林 斌 上海市崇明县水务局工会主任
俞国雄 上海市崇明县向化镇总工会副调研员、总工会副主席
谢同伦 上海市机电工会副主席
吕康楚 上海海立（集团）股份有限公司党委副书记、纪委书记、工会主席
林华勇 上海仪电电子股份有限公司党委副书记、纪委书记、工会主席
林裕良 上海市纺织工会组织民管、行业工作部部长
殷培松 上海市电力公司金山供电公司工会副主席
翁志华 上海宝信软件股份有限公司党委副书记、纪委书记、工会主席
张苇宝 钢资源有限公司工会高级专员
毛一新 上海宝冶集团有限公司工会主管
张建华 上海高桥石油化工公司工会民管宣教科科长
杨培青 中石化上海石油化工股份有限公司芳烃部党委副书记、纪委书记、工会主席
徐秀强 上海航天动力技术研究所工会主席
刘公发 中国人民解放军四八〇五厂工会办公室主任
柳洁敏 中船江南重工股份有限工公司工会副主席
王 琳 上海烟草集团有限责任公司上海卷烟厂二车间工会主席
孙正尧 上海汽车集团股份有限公司工会权益保障部部长
孙玉玲 上海纳铁福传动轴有限公司党委书记、纪委书记、工会主席
吴国平 上海铁路局上海站工会主席
方引虹 中海工业有限公司工会副主席
俞志勇 上海市沪东集装箱码头有限公司党委副书记、纪委书记、工会主席
周昌群 上海交运集团股份有限公司汽车零部件分公司党总支部副书记、工会主席
陈千涛 上海市邮政公司工会干事
沈雅萍 中国电信上海公司北区电信局工会主席
苗庆良 中交上海航道局有限公司东方疏浚工程分公司工会主席
黄乃周 中交三航局第二工程有限公司人力资源中心工会主席
丁建东 中远集装箱运输有限公司工会干事
李 挚 上海国际机场股份有限公司工会办公室主任
傅瑞球 中交第三航务工程勘察设计院有限公司党委副书记、工会主席
刘琰紫 上海建工集团股份有限公司工会副主席
李申展 上海建工七建集团有限公司党委副书记、工会主席
冯时荣 上海市园林工程有限公司工会副主席
王辉鲁 中矿业有限公司工会主席助理
邓兴福 中建八局四公司党委副书记、工会主席
姚惠兴 上海大屯能源股份有限公司工会主席
郭玉莉 上海农商银行普陀支行副行长、工会主席
黄绍发 中国太平洋财产保险股份有限公司工会副主席
贾建才 中科院上海微系统与信息技术研究所工会主席
严治俊 上海第二工业大学工会副主席
杨新潮 上海市第一人民医院党委副书记、纪委书记、工会主席
陆 娜 上海市新闻出版行业工会主席
葛乾巽 上海广播电视台工会副主席
陆家声 中石化上海工程有限公司工会副主席
朱美玲 上海市宝山监狱副政委、纪委书记、工会主席
黄克铨 农工商房地产（集团）股份有限公司党委副书记、纪委书记、工会主席
杨 茵 上海银河宾馆有限公司党委副书记、纪委书记、工会主席
郑新尧 上海市市委办公厅机关系统工会主席

徐明华　上海水产（集团）总公司工会副主席
许传海　上海申通地铁资产经营管理有限公司工会主席
顾执飞　上海巴士五汽公共交通有限公司工会副主席
杜可忠　上海良友金伴便利连锁有限公司工会主席
许瑞薰　上海市社会工作党委副处长
张军壹　上海煤气第一管线工程有限公司工会主席
吴　翔　福建省驻上海办事处机关工会主席
于会东　上海上电电力运营有限公司工会主席
陈金荣　上海飞机制造有限公司工会副主席
乔解平　上海市公安局国际机场分局工会主席
史瑜倩　上海上实（集团）有限公司工会主席
胡立强　上海建筑材料（集团）总公司工会主席
韦　娜　上海云峰集团有限公司工会主席

2013 年全国五一劳动奖状（16 家）

上海市杨浦第一房屋征收服务事务所有限公司
上海第一机床厂有限公司
上海宝钢化工有限公司
延锋伟世通汽车饰件系统有限公司
中国东方航空股份有限公司
中国建筑第八工程局有限公司总承包公司
中国船舶重工集团公司第七〇四研究所
上海鲜花港企业发展有限公司
上海岩土工程勘察设计研究院有限公司
上海永达控股（集团）有限公司
中国联合网络通信有限公司上海市分公司
上海金桥出口加工区工会联合会
花旗软件技术服务（中国）有限公司
上海冠东国际集装箱码头有限公司
上海飞机制造有限公司
中国商用飞机有限责任公司北京民用飞机技术研究中心

2013 年全国五一劳动奖章（60 名）

黄胜发　上海现代电梯工程有限公司维修队长
管章英　上海大地企业发展有限公司生产部常务副经理
张兴儒　上海市普陀区中心医院副院长、眼科主任
黄　静　上海凯成控股有限公司副总经理
江　源　华东师范大学第一附属中学教师
张秀琴　上海欣谊环境卫生服务有限公司工人
郭康玺　沪港国际咨询集团有限公司董事长
张连东　上海市宝山区中西医结合医院急诊科主任
柴本胜　上海市七宝中学年级组长
杨廷燕　嘉定区中心医院外科副主任
丁姝炜　上海松江飞繁电子有限公司技术中心主任
王　丽　上海市青浦区殡仪馆科员
刘家秀　上海和汇防护运动用品有限公司采购中心副经理
柴建军　上海美多通信设备有限公司总工程师
郑敏刚　上海轮胎橡胶（集团）股份有限公司轮胎研究所工艺支持督导
丁建中　上海八达纺织印染服装有限公司部门经理
魏　骏　上海华氏大药房有限公司区域经理
冯　军　上海市电力公司总经理、党委副书记
董学军　上海电力安装第一工程公司检修分公司经理
周世丽　中冶宝钢技术第五检修分公司电气工
黄伟强　上海宝冶集团有限公司项目经理
林宝华　中国石化上海石油化工股份有限工程部主任
徐洪青　上海航天局科技委常务副主任、型号总指挥
王　凯　上海烟草集团有限责任公司市场营销中心品牌部经理
何向东　上海大众汽车有限公司党委书记、工会主席
张国峰　上海铁路局上海机务段上南整备车间主任
王学美　中海工业（江苏）有限公司生产管理部副经理
张　彦　上海盛东国际集装箱码头有限公司桥吊司机
王成启　中交上海港湾工程设计研究院有限公司工程材料研究所所长
施　辉　上海机场（集团）有限公司虹桥国际机场公司航站区管理部值班经理
王亦澍　上海建工集团股份有限公司总承包部项目经理
张雄伟　上海市安装工程有限公司第一工程公司工会副主席
金伟国　上海市崇明东滩鸟类自然保护区管理处护鸟员
杨艳华　海通证券股份有限公司并购融资部经理
王如竹　上海交通大学制冷与低温工程研究所所长
邵海浩　上海市计划生育科学研究所研究组长
朱永明　上海市血液中心主任
马　强　上海美术设计有限公司总经理助理
张　静　上海市水上运动中心教练员
郭予文　上海锦江饭店有限公司中餐厨师
俞安琪　上海市质量监督检验技术研究院国家电光源质量监督检验中心（上海）中心副主任
吴　莹　上海奥特莱斯品牌直销广场有限公司督导
翟保海　上海良友海狮油脂实业有限公司设备技术部经理
徐永青　上海宝山巴士公共交通有限公司班长
朱水群　上海开创远洋渔业有限公司船长
张　郁　上海申通地铁集团有限公司维护保障中心通号公司副总经理
周海燕　上海老港废弃物处置有限公司总工程师兼科技和信息管理部经理
黄永春　上海城建市政工程（集团）有限公司总经理助理
陈明德　上海飞机制造有限公司副总经理
邹克耀　上海市公安局虹口分局四川北路派出所民警
叶正文　上海市农业科学院林果所所长
王红艳　复旦大学生命科学学院副院长、教授
赵京洲　中国商飞上海飞机设计研究院副总设计师
张冬梅　上海飞机制造有限公司主任研发工程师
蒋国兴　上海供春陶业有限公司总工艺师
易八贤　中国医药工业研究总院副院长
赵文江　上海西门子医疗器械有限公司部门经理
龚国平　浦东新区公用事业管理署科员
程保华　杨高公交修理公司总成车间技革维修组组长

马光林　德尔福（中国）科技研发中心有限公司研发部经理

2013 年全国工人先锋号 (51 家)

上海南康科技有限公司研发中心
上海明华物业管理有限公司中华艺术宫贵宾接待组
上海摩晶实业集团有限公司技术研发中心军工部 QT 技术服务组
闵行区就业促进中心职业介绍管理科
上海嘉乐股份有限公司技术中心
上海奉贤公路建设发展有限公司沥青摊铺队
上海永冠商业设备有限公司技术研发部
上海氯碱化工股份有限公司华胜电槽管理班组
上海印钞有限公司检封生产部
中冶宝钢技术服务有限公司宝钢生产分公司铸钢车间电炉精整乙班
中国石化上海高桥分公司炼油二部润滑油加氢装置第一班
上海航天局第八设计部一室武器系统总体组
沪东中华造船 (集团) 有限公司总装二部围护系统管理科
上海集成电路研发中心有限公司西岳项目组
国药控股国大药房上海连锁有限公司泰康店
上海长航船员劳务合作公司“长英”轮班组
上海南站长途客运有限公司“阳光岛”服务台
上海市邮政公司普陀区邮政局曹杨新村邮政支局“叶其懂”三心品牌团队
中国移动上海有限公司南区分公司
中国电信上海分公司西区电信局静安分局徐珺攻坚班
交通运输部东海救助局应急反应救助队
上海泛亚航运有限公司财金管理部
上海城乡建设和交通发展研究院“12319”城建热线话务班组
上海海洋石油局钻井分公司勘探六号钻井平台
上海申元岩土工程有限公司地基基础与地下工程设计研究中心
上海大屯能源股份有限公司姚桥煤矿采煤二队
交通银行总行业务处理中心电子银行运营部
上海市医疗保险监督检查所“两个异常”审核窗口
中国科学院上海光学精密机械研究所空间激光通信及检验技术重点实验室
复旦大学附属华山医院神经外科
上海中华商务联合印刷有限公司手工包装组
解放日报报业集团解放日报经济部
上海东方明珠广播电视塔有限公司接待部
上海体育职业学院游泳运动中心上海游泳队
中国石化上海石油分公司上海客服中心
上海天然气管网有限公司供气管理部白鹤首站操作组
上海市城市建设投资开发总公司“962740”上海供水热线
华能上海燃机电厂电厂运行部
绿地控股集团房地产事业二部
上海胜华电缆 (集团) 有限公司营销总公司三部
浦东新区税务局第五税务所“劳模匡大姐”税务咨询工作室
拜耳材料科技 (上海) 管理有限公司金虎项目组
上海微创医疗器械 (集团) 有限公司心脏支架产品工艺技术团队
上海浦东新区杨高公共交通有限公司 775 路
中国建设银行上海浦东分行六里支行
中华人民共和国上海洋山港海事处指挥分中心 (洋山船舶交通管理中心)
上海文峰千家惠购物中心满意工程部
上海野生动物园施燕车组
浦东新区旧区改造指挥部
上海市食品药品监督管理局浦东分局行政审批科
上海市凌桥环保设备厂有限公司技术中心试验组

2013 年上海市五一劳动奖状 (118 家)

上海市浦东新区精神卫生中心
上海市徐汇区世界外国语小学
上海市长宁区妇幼保健院
上海奥盛投资控股 (集团) 有限公司
上海苏宁电器有限公司
上海安硕信息技术股份有限公司
上海天拓废弃物汽车运输服务有限公司
上海七宝古镇实业发展有限公司
上海百特医疗用品有限公司
上海南方经济发展 (集团) 有限公司
上海电气电站工程公司
上海市电力公司检修公司
上海烟草集团有限责任公司上海卷烟厂
上海采埃孚转向系统有限公司
上海化学工业区中法水务发展有限公司
中海集装箱运输股份有限公司
上海交运巴士客运 (集团) 有限公司
上海市邮政公司宝山区邮政局
中国电信股份有限公司上海信息网络部
上海交通建设总承包有限公司
上海中波国际船务代理有限公司
上海机场城市航站楼管理有限责任公司
上海建工医院
上海市物业管理事务中心
上海市水利工程设计研究院有限公司
上海中建八局装饰有限责任公司
上海大屯能源股份有限公司龙东煤矿
中国太平洋财产保险股份有限公司上海分公司
新华社上海分社新媒体中心
中华艺术宫 (上海美术馆)
百视通网络电视技术发展有限责任公司
中国海洋石油东海石油管理局
上海市军天湖监狱
浦江饭店

上海市城市规划设计研究院
上海大剧院
上海市市立幼儿园
上海物贸生产资料物流有限公司
申能集团财务有限公司
上海市锦江航运有限公司
上海市城市排水有限公司
上海市燃气工程设计研究有限公司
上海环江投资发展有限公司
上海漕泾热电有限责任公司
中国民用航空华东地区空中交通管理局飞行服务中心
上海实业东滩投资开发(集团)有限公司
黄浦区建设和交通委员会旧改推进科
上海市宝山区农业良种繁育场优质水稻育种科研组
上海汇益控制系统股份有限公司装配组
上海仪电信息(集团)有限公司智能安防事业部
上海市医药－苏丹制药有限公司中方管理团队
上海宝冶集团有限公司李鹏高炉工程项目部
上海空间电源研究所锂电池技术研发班组
上海外高桥造船有限公司海工项目部
江南造船(集团)有限责任公司制造一部装焊四区电焊一组
上海汽车集团股份有限公司乘用车分公司荣威 E50 纯电动轿车项目团队
上海华力微电子有限公司华力 IMEC65nm 开发团队
上海动车客车段南翔动车运用所乘务组
中国移动通信集团上海有限公司宝山分公司
上海打捞局工程船队“威力”轮
中交三航局第二工程有限公司中交三航海安船闸项目经理部
上海航空有限公司客舱服务部
国泰君安证券股份有限公司信用交易管理部
上海市人才服务中心人才人事事务受理部
中国电子科技集团公司第二十一研究所无刷同步专业组
上海儿童医学中心血液肿瘤科
复旦大学附属中山医院内镜中心
文汇报社政法部
上海市龙华殡仪馆车队
上海轨道交通运营管理中心媒体信息部
上海电器科学研究所(集团)有限公司船用电气事业部开发部
上海东松国际贸易有限公司业务一部
上海大众汽车租赁有限公司国宾车分公司奔驰班组
上海市东浩国际服务贸易(集团)有限公司工博会项目分公司
上海市公安局宝山分局交通警察支队
上海市长江口中华鲟自然保护区管理处业务科
上海市江桥批发市场经营管理有限公司食品监管组
华能上海石洞口第二电厂燃料部
上海绿地控股集团房地产事业一部
上海国际旅游度假区建设工程指挥部办公室
上海外滩通道工程设计项目组
上海城建隧道股份盾构工程分公司盾构法施工技术创新团队
上海市机械施工有限公司技术中心
长江口深水航道治理工程技术攻关组
上海白龙港城市污水处理厂工程设计项目组
上海建工集团股份有限公司迪士尼乐园工程项目经理部
中国建筑第八工程局有限公司青岛分公司
中国船舶重工集团第七〇四研究所军品二部
上海高桥捷派克石化工程建设有限公司
复旦大学附属华山医院
贺利氏古莎齿科有限公司
上海新世界（集团）有限公司
宝钢集团有限公司
上海汽车工业开发发展有限公司
上海巴士公交（集团）有限公司
上海国际集团有限公司
上海赛博电器有限公司
上海南亚覆铜箔板有限公司
上海市对口支援新疆工作前方指挥部综合计划组
上海建工一建集团有限公司莎车县图文信息综合服务中心工程施工总承包项目经理部
上海虹桥商务区新能源投资发展有限公司
上海众合地产开发有限公司
上海中建申拓投资发展有限公司
上海市住房保障事务中心
国网交流公司沪西业主项目部
华东电网有限公司华东电力调控分中心系统运行科
上海送变电工程公司
浦东新区总工会
上海临港经济发展（集团）有限公司
综合保税区公安处
上海聚力传媒技术有限公司
国华人寿保险股份有限公司
上海浦东发展集团财务有限责任公司
上海浦东新区金高公共交通有限公司
上海南汇发展（集团）有限公司
上海紫金山大酒店
中国商用飞机有限责任公司上海飞机设计研究院动力燃油部
上海飞机客户服务有限公司飞行训练部

2013 年上海市五一劳动奖章 (205 名)

李　辉　上海杉杉科技有限公司研发工程师
程　祥　上海陆家嘴物业管理有限公司分公司副总经理
杨云海　上海市徐汇区人民政府天平路街道办事处市政管理科科长
高浩强　上海幼狮高级轿车修理有限公司主管
周桐宇　威达高科技控股有限公司董事长
王伟娟　上海市曹杨第二中学语文教师
陈益山　上海嘉万汽车修理有限公司汽车修理工
王　萍　上海市闸北区中心医院妇产科主任

潘俊伟　上海市虹口区凉城新村街道(社区)党工委副书记、总工会主席
谢小双　上海市辛灵中学/上海市杨浦区风帆初级职业学校校长
李　琼　上海金光外滩置地有限公司总监
黄海飞　上海丰收日(集团)有限公司一区运营总监
朱道义　上海市静安花店花艺师
孙伟民　上海宝绿园林绿化有限公司总经理
郑孟克　上海飞和压缩机制造有限公司组长
钱佩璐　上海赛博电器有限公司工会主席、党支部书记
周禄勇　上海南大集团有限公司产品工程师
刘少兵　上海台安工程实业有限公司生产部经理
王　梅　上海连成(集团)有限公司设计员
孔维军　上海华峰超纤材料股份有限公司车间班长
薛鸿斌　上海东洋电装有限公司制造总监
赵国岐　上海现代摩比斯汽车零部件有限公司生产技术部主任
俞向红　上海市青浦区人民法院诉调中心副主任
余红旗　上海市青浦区曙光民办小学校长
陈庆峰　上海东奉电力工程(集团)有限公司总裁
沈　斌　上海明珠湖生猪专业合作社理事长
石　光　上海机床厂有限公司总经理
许　强　上海日立电器有限公司生产线班长
曹　武　上海锅炉厂有限公司数控钻工
宋翔鹰　上海仪电科学仪器股份有限公司研究室主任
高惠敏　上海华谊集团技术研究院高级工程师
沈　雷　上海华谊丙烯酸有限公司班长
倪　峰　上海造币有限公司造币二部主任
田　玲　上海针织九厂品牌设计三部经理
陈　娟　上海申安纺织有限公司成品车间总教练员
顾杏芳　上海第一生化药业有限公司组长
罗　斌　上海市电力公司金山供电公司带电作业班班长
余　伟　上海电力安装第二工程公司组长
茆顺涵　上海电力建设启动调整试验所副总工程师
吉同祥　宝山钢铁股份有限公司运输部部长
朱海华　宝钢不锈钢有限公司热轧厂数模主任工程师
万其卫　宝钢金属有限公司上海宝钢包装股份有限公司技术总监
赵刚山　宝钢工程技术集团有限公司事业部焦化部项目经理
张　伟　上海宝冶工业工程有限公司安全员
董　清　上海宝冶集团有限公司项目经理
包亚强　中石化上海高桥分公司炼油五部加氢裂化第四班班长
张连忠　中石化上海石油化工股份有限公司炼油部装置主任
范季夏　上海航天局科技委常委、型号总师
汪远方　中国船舶工业集团公司第十一研究所首席专家
王　黎　沪东重机有限公司数控龙铣组班长
王　浩　上海王宝和大酒店有限公司行政总厨
汪伟栋　上海汇众汽车制造有限公司班组长
沈　寅　上海市漕河泾新兴技术开发区发展总公司招商中心总经理
陈建民　华东电力调控中心副总工
陈菊英　上海华虹NEC电子有限公司研发部部长兼支部书记
何　涛　上海华源大药房连锁经营有限公司健一网负责人
王程伟　上海铁路局上海站上南客运车间客运值班员
叶嘉巍　中海集团物流有限公司经理助理
李伟强　上海港复兴船务公司船长
唐宝忠　上海浦远船舶有限公司船长
王纪东　上海长航船员劳务合作公司船长
乐国巨　上海交运大件物流有限公司总工程师
曹　雯　上海市邮政公司市西邮政局市场部大客户中心副主任
蒋志江　中国移动通信集团上海有限公司浦东分公司高级客户经理
凤　毅　中国电信上海公司浦东局周康分局客户经理
徐卫国　交通运输部东海救助局救助船队船长
王康武　交通运输部上海打捞局港作船队船队党总支书记兼副队长
谷银远　中交上海航道局有限公司东方疏浚工程分公司船长
陈云山　上海远洋运输有限公司船长
陆　聪　中波轮船股份公司船技部经理
沈　莉　中国东方航空股份有限公司地面服务部虹桥旅客服务中心副经理
杨令炅　上海国际机场股份有限公司安检护卫保障部分队长
蒋立安　上海海事局洋山港海事处巡查管理科科长
王　祥　中交第三航务工程勘察设计院有限公司董事长、总经理
辛达帆　上海市建设工程安全质量监督总站管理二科和轨道交通工程监管科科长
谢建伟　上海市建筑装饰工程有限公司党委书记、董事长
孙维真　上海市交通港航业务受理中心主任
王跃全　上海港建设工程安全质量监督站副站长
俞闻冰　上海市房地产交易中心登记业务管理科副科长
朱军农　上海海洋石油局第一海洋地质调查大队船长/党支部书记
方海兰　上海市园林科学研究所土壤室主任
水伟厚　上海申元岩土工程有限公司副总经理、副总工程师
姜秀林　鲁中矿业有限公司选矿厂选矿车间主任助理
马振胜　张家洼铁矿工区区长
蒋士龙　上海市水文总站松浦水文管理站水文技师
凌长连　中国建筑第八工程局有限公司政工部部长
祝玉婷　浦发银行上海分行闵行支行理财经理
王卫丰　中国人寿财险上海市分公司二级主管
童丽君　中国农业银行股份有限公司上海市分行个人金融部总经理
王泰红　上海市税务稽查五局第五检查所副主任科员

李金彪　上海市宝山区国家税务局稽查局副局长
余勇俭　上海市奉贤区社会保险事业管理中心主任、书记
王岩松　上海工程技术大学常务副院长
许乐平　上海海事大学院长
王　莹　上海金融学院科研处处长、教授
徐国良　中科院上海生命科学研究院生物化学与细胞生物学研究所研究组长
王培军　同济大学附属同济医院副院长、科主任
何　奔　上海交通大学医学院附属仁济医院心内科主任
张琴娥　中国福利会幼儿园工会主席
王　多　解放日报理论评论部副主任
张黎明　新民晚报社军事专刊部主任
张建松　新华社上海分社调研部主任
袁文逸　上海广播电视台电视新闻中心记者
王　晨　上海体育科学研究所竞技体育第一研究中心主任
王　鹏　上海亿通国际股份有限公司技术总监
项竞文　光明米业有限责任公司党委书记、董事长
高　权　上海海博车辆修理有限公司主管
刘　群　上海市民政第三精神卫生中心副院长
胡水清　上海市新收犯监狱四监区三级警长
蒋伟钧　锦江之星旅馆有限公司东亚饭店经理
吴　江　上海锦江旅游有限公司出境旅游中心经理
陈蔚文　上海兴国宾馆餐饮部总监
徐建国　上海市衡山（集团）公司衡山宾馆副总经理
叶永寅　上海浦东国际机场海关副主任科员
印丽萍　上海出入境检验检疫局动植物与食品检验检疫技术中心实验室主任
张建浩　上海世纪出版集团财务部主任
范晓枫　上海芭蕾舞团首席演员
庞丽影　上海第一八佰伴有限公司营业员
方煋群　上海联华标超香花店店长
郭俊良　联华股份物流管理总部楼面主管
陆爱民　上海粮油仓储有限公司嘉定粮食仓库主任助理、业务部经理
冯　炎　上海良友新港储运有限公司班组长
张　骊　上海兰生股份有限公司经理助理
马　良　上海强生物业公司管理中心主任
方　进　巴士四汽公共交通有限公司925路驾驶员
王国来　上海开创远洋渔业有限公司船长
金　骏　上海地铁第三运营有限公司班组长
顾建平　上海中心大厦建设发展有限公司董事、总经理
吴小东　上海电科集团网控事业部总经理
杨　勇　上海隧道工程股份有限公司分公司经理
邵　亮　上海城建市政工程（集团）有限公司第一项管部经理
归潇蕾　上海市对外服务有限公司新天地中心总经理
焦瑞雪　中国联合网络有限公司上海市分公司营业厅渠道管理处经理
王计生　上海福寿园实业发展有限公司总经理
周爱明　中建七局（上海）有限公司副总经理
陈让云　上海上电电力工程有限公司班长
白永宽　中国商用飞机有限责任公司试验队副队长
田剑波　中国商飞上海飞机设计研究院副总设计师
赵　兵　上海世博建设开发有限公司总经理
王振富　上海临港南汇新城经济发展有限公司总经理
王　胜　号百信息服务有限公司总经理助理
胡　艺　上海上实物业管理有限公司项目经理
刘志雄　上海市公安局刑事侦查总队业务主管
吕　洁　上海市公安局长宁分局北新泾派出所一级警员
薛飞群　中国农业科学院上海兽医研究所研究室主任
董　翔　上海长江新成计算机系统集成有限公司设计总监
沙海祥　上海耀皮玻璃集团股份有限公司总裁助理
陈志刚　华能上海石洞口第一电厂副厂长
东海生　绿地集团森茂园林有限公司总经理
谭红全　上海熊猫机械（集团）有限公司技术中心总监
傅海聪　现代建筑设计集团华东建筑设计研究院有限公司副总建筑师
房庆强　上海建工集团股份有限公司副总裁、上海中心大厦项目总指挥
陆元春　上海城市建设设计研究总院副总工程师
朱毅敏　上海建工一建集团有限公司总工程师
李亚明　现代建筑设计集团上海建筑设计研究院有限公司总工程师
刘加华　上海申通地铁集团有限公司技术中心副总经理
赵　峻　上海隧道工程股份有限公司副经理
郑国兴　上海市政设计研究总院（集团）有限公司副总工程师
曹亚东　上海公路桥梁集团有限公司总工程师
黄国良　中交三航局宁波分公司副总经理
苏君明　上海浦东路桥建设股份有限公司川沙A-1地块市政道路及附属设施工程2标项目技术负责人
徐一峰　上海市城市建设设计研究总院院院总工程师 教授级高工
居　征　中国船舶重工集团第七〇四研究所军品二部主任、研究员
祝　华　中国船舶重工集团第七〇四研究所军品二部党支部书记兼副主任，研究员、硕士生导师
黄　震　上海建工一建集团有限公司副总裁 上海建工对口援疆前方指挥部总指挥兼新疆迎宾馆改扩建工程项目经理
卢泰强　上海建筑材料（集团）总公司经济运行部副总经理 上海建材集团驻新疆办主任、支部书记
曾浙一　上海市住房保障和房屋管理局住宅建设建管处处长 上海援疆指挥部规划建设组党支部书记、组长 喀什地区住房和城乡建设局党组成员、副局长
何　嵘　华东设计院策划与设计项目管理部副主任
徐伟忠　上海瑞桥房地产发展有限公司助理总经理
俞卫中　上海城投置地（集团）有限公司董事长
荀旭东　上海地产保障住房投资建设管理有限公司馨越公寓项目建设运营总指挥
吴　岩　上海市杨浦区住房保障和房屋管理局副局长
徐鸿瑜　上海市住宅建设发展中心办公室主任

陶建设　上海市浦东新区大型居住社区建设推进办公室常务副主任、浦东新区建交委副主任
赵　玲　闸北区住宅建设发展中心副主任
王　凯　华东电网有限公司安全监察质量处安监科科长
李俊明　上海送变电工程公司沪西交流特高压淮上线班长
余国栋　华东送变电工程公司特高压电气安装项目部总工
王　征　上海市电力公司青浦供电公司发策部规划主管
杨凌辉　上海市电力公司电力科学研究院副院长、沪西交流特高压变电站电气试验总指挥
唐静芝　中国工商银行股份有限公司上海市分行信息科技部总经理
商厚胜　浦东新区市政工程建设管理中心（重大办）重大工程部主任
陈　洁　浦东新区第二中心中学校长
徐　敏　上海市工商局浦东新区分局企业注册处副处长
艾建锋　金雅拓科技（上海）有限公司生产部维修主管、党支部委员、工会副主席
魏　伟　上海东振环保工程技术有限公司副总经理兼总工程师
陈　峰　北京大成律师事务所上海分所高级合伙人、党委书记
王燕华　上海外高桥（集团）有限公司行政办主任
俞　晓　张江（集团）有限公司客服中心主任
吴雪康　上海金桥市政建设发展有限公司党总支书记、董事长
丁竟炜　上海市浦东新区建设（集团）有限公司第四项目部经理
陈玉玲　上海浦东新区上南公共交通有限公司驾驶员、上南二分公司 786 路一班班长
余　咏　中德安联人寿保险有限公司副总裁
张　怡　超科林半导体设备(上海)有限公司销售项目经理、工会主席
田国华　上海胜康热能有限公司电焊工
许玲妹　上海世纪星双语实验幼稚园园长
朱　俊　上海嘉里食品工业有限公司总经理、上海市粮油行业协会副会长
阮菊明　上海祝桥新镇投资发展有限公司董事长
吕　军　上海飞机设计研究院副总师
孟庆功　上海飞机设计研究院结构研究部部长　高级工程师
赵克良　上海飞机设计研究院副总师　研究员
倪国民　上海飞机制造有限公司阎良保障队队长　高级工程师
张　文　上海飞机制造有限公司总机动师、部长　高级工程师
郭金树　上海飞机客户服务有限公司副总工程师　研究员
王　伟　中国商飞试飞中心总工程师　研究员

2013 年上海市工人先锋号(369 家)

上海市浦东新区上南公共交通有限公司 604 路班组
上海养和堂药业连锁经营有限公司川沙店
上海浦东新区上南公共交通有限公司 915 路
上海市徐汇区枫林街道社区卫生服务中心谨斜社区卫生服务站
上海宜家家居有限公司徐汇商场卧室家居销售部
上海恰尔斯安装工程有限公司变电班
晨讯科技(上海)有限公司 CDMA 研发团队
长宁区人民法院执行局
上海金鹿建设(集团)有限公司技术部
上海市房屋建筑设计院有限公司土建一室
上海普陀市政建设养护有限公司大渡河路改建工程项目组
上海金业置业有限公司开发部
迅达(中国)电梯有限公司 24 小时热线中心
上海北方企业(集团)有限公司计划财务部
上海东虹环境保洁有限公司曲阳清厕班
上海市中西医结合医院急诊医护组
上海上安工程物资有限公司虹桥枢纽东交通广场机电运行项目管理部
上海万吉机械施工工程有限公司车队四组
上海市工商行政管理局杨浦分局检查支队
上海小蝌蚪音乐园杨浦园
上海市杨浦区中心医院急诊重症监护室
上海避风塘美食有限公司金玉兰店营业部
上海新世纪房产服务有限公司洋山港区管理中心物业管理处
上海星光照相器材批发市场经营管理有限公司市场运营部
杏花楼食品餐饮股份有限公司杏花楼黄河路店
上海静安区青凤老年生活护理服务社
上海东方投资监理有限公司昆明新机场项目部
上海吴淞口国际邮轮港发展有限公司码头作业班组
上海长江河口科技馆游客服务班
上海海隆防腐技术工程有限公司涂层车间
上海凯源电站设备运输有限公司客运一组
上海森马服饰有限公司物流中心团队
上海市第五人民医院急诊护理组
上海安科瑞电气股份有限公司研发中心
上海众达汽车冲压件有限公司技术部工艺改造项目组
上海嘉麟杰纺织品股份有限公司织造部配缸班
上海市金山区国家税务局第二税务所
上海泖港环卫保洁有限公司保洁一站
青岛啤酒上海松江有限公司品管部微检班组
上海青浦巴士公共交通有限公司青浦 3 路
上海市青浦区烈士陵园管理所东乡革命烈士陵园
上海中瑞物流有限公司市场营销中心
上海人本集团有限公司营运部
上海市水环境监测中心奉贤分中心
上海恒逸聚酯纤维有限公司聚酯部
上海运良企业发展有限公司四车间黄建荣班组
上海明珠湖生猪专业合作社物流班组
上海发那科机器人有限公司机器人应用技术科

高斯图文印刷系统(中国)有限公司装配车间总装一组
上海汽轮机厂有限公司宏钢电站设备铸锻有限公司铸钢冶炼组
上海电气电站工程公司广东阳西项目部
上海仪电控股(集团)公司社保服务中心市西分中心
上海沪工汽车电器有限公司接线盒事业部
双钱集团(重庆)轮胎有限公司技术部
上海华谊企发劳动服务有限公司普陀工作站
上海造币有限公司造币二部检验组
上海市纺织原料公司外贸五部
上海纺织物业经营管理有限公司鑫森园区
上海中西三维药业有限公司 QC 班组
上海信谊医药有限公司江苏分公司
上海新亚药业闵行有限公司固体制剂车间
上海市电力公司浦东供电公司运检部保护自动化一组
上海市电力公司电力经济技术研究院建设管理中心项目五组
上海市电力公司青浦供电公司营业厅
上海电力建筑工程公司畅电公司
上海电力机械厂钳工二组
宝钢发展有限公司宝钢物流公司铁路运输部检修作业区包修车辆组
宝山钢铁股份有限公司硅钢部设备管理室硅三设备点检作业区机械点检一班
中冶宝钢技术第五检修分公司径快锻班组
中冶宝钢技术服务有限公司第四检修分公司马迹山项目部
上海一钢机电有限公司机械中心结晶器、扇形段检修作业区
上海宝冶集团有限公司机械动力分公司水电工程部运行电维护班
上海宝冶集团有限公司机机装分公司王文达管工班组
中石化上海高桥分公司化工二部苯酚丙酮装置 2# 苯酚第四班
中国石化资产管理有限公司上海高桥分公司化工三部聚醚装置第四班
中国石化上海石油化工股份有限公司烯烃部 2# 烯烃联合装置
中国石化上海石油化工股份有限公司质量管理中心分析四站运转乙班
中国石化上海石油化工股份有限公司储运部一车间 1 # 散油丁班
上海航天控制技术研究所战略与先进控制技术研究组
上海卫星工程研究所动力学与图像定位配准班组
上海航天局第八〇五研究所新型空间机构班组
上海江南长兴造船有限责任公司搭载部起运测量划线班 5 组
上海船舶研究设计院设计二部
上海船厂船舶有限公司生产保障部焊机维修组
上海瑞舟房产物业分公司公卫部
上海烟草集团有限责任公司贸易中心网建部班组
上海烟草储运公司原料物流一部保管三组
上海汽车变速器有限公司“领先一号”项目工程部
上海海通国际汽车物流有限公司口岸直通车项目团队
上海通用汽车有限公司动力总成创新工作室
上海汽车工业活动中心有限公司房务部客服中心
上海漕河泾新兴技术开发区科技创业中心孵化管理部
华东电力调控分中心系统运行科
华东电网有限公司安全检查质量处管理科
上海市华力微电子有限公司 40nm 低功耗芯片研发团队
上海华虹 NEC 电子有限公司一厂动力部电气机械一科
上海阿洛卡医用仪器有限公司探触子生产一组
拜耳材料科技(中国)有限公司聚氨酯事业部实验室
国药控股国大药房上海连锁有限公司张杨店
国药集团医药物流有限公司零售作业部拣货组
上海高铁维修段常州综合维修工区
上海铁路局苏州站客运车间“姑苏之窗”雷锋服务站
上海铁路局上海工务段机修车间六工区
中海国际船舶管理有限公司银致轮
中海散货运输有限公司振奋 19 轮
上海明东集装箱码头有限公司工程技术部桥轮吊组
上海港公安局外高桥欧高路港区派出所交警中队
上海国际港务集团(股份)有限公司龙吴分公司食堂班组
上海长江汽车检测维修有限公司东新检测站班组
上海长航国际海运有限公司远洋部
上海长航医院肿瘤科
上海交通职业技术学院现代物流教研室
上海交运集团股份有限公司汽车零部件分公司焊接件厂凸焊班组
上海市邮政公司宝山区邮政局友谊路支局营业组
上海市邮政公司黄浦区邮政局南市邮政支局
中国移动通信集团上海有限公司北区分公司长阳路营业厅
中国移动通信集团上海有限公司市场经营部
中国移动通信集团上海有限公司西区分公司新华路营业厅
中国移动通信集团上海有限公司集团客户部政府及公共事业客户部
中国电信股份有限公司上海分公司网络运行部传输线路维护中心北姚湾维护分中心
上海电信科技发展有限公司威迪分公司新业务发展部
中国电信股份有限公司上海分公司金山电信局石化分局业务组
交通运输部东海救助局救助船队“东海救 101”轮
交通运输部东海救助局救助船队“东海救 113”轮
上海打捞局轮船队“德海”轮
上海打捞局港作船队沪救 19 轮
中交上海航道局有限公司上海航道医院第五病区
上海航道物流有限公司油品经营部
中港疏浚有限公司新海凤轮
中交三航局工程船舶有限公司三航砂桩 7 号
中交上海湾港工程设计研究院有限公司检测公司
上海中远国际货运有限公司安徽货运部
上海中远资讯科技有限公司运维部

中国东方航空股份有限公司客运营销委客户服务中心客服运营分部
中国东方航空股份有限公司工程技术公司浦东维修基地定检维修分部发动机车间机械一组
上海国际机场股份有限公司航站区管理部电话问讯“海音组”
上海市公安局国际机场分局浦东候机楼派出所
上海机场(集团)有限公司虹桥国际机场公司机电信息保障部
上海海事局上海航标处吴志华劳模工作室
上海海事局董家渡海事处执法支队
交通运输部东海航海保障中心上海海事测绘中心海巡166轮
国核电站运行服务技术有限公司研发部机电设计班组
中铁二十四局集团上海铁建工程有限公司嘉闵高架南编站项目部
上海市机械施工有限公司王斌劳模创新工作室
上海建工四建集团有限公司旧房综合改造项目部
上海建工七建集团迪斯尼工程项目部
上海市交通运输和港口管理局指挥中心信息科
上海港码头管理中心水上机动监管大队
上海黄海出租汽车有限公司“红顶灯”营运班组
上海市住房保障事务中心租赁管理科
上海市房地产科学研究院(上海市住宅修缮工程质量检测中心)住宅修缮工程材料检测管理科
第三海洋地质调查大队西北工区
上海海洋油气分公司研究院勘探所
上海海洋石油局船舶分公司“东方勇士3”轮
上海市绿化管理指导站培训科
上海植物园园艺科
上海申元工程投资咨询有限公司项目经理四部
上海现代建筑设计(集团)有限公司信息中心CAD协同设计推进小组
鲁中冶金矿业有限公司张家洼铁矿一工区掘进三段一班
鲁中矿业有限公司小官庄铁矿四工区铲运机二班
上海市防汛信息中心技术科
长江口水文水资源勘测局河道勘测队
中建八局第一建设有限公司鲁能领秀城商业综合体项目部
中国建筑第八工程局有限公司广西分公司广东省第十四届省运会主场馆项目部
中建八局第三建设有限公司上海东方万国企业中心项目部
中国建筑第八工程局有限公司广州分公司深圳锦绣观园项目部
中国建筑第八工程局有限公司西北分公司宁夏亘元万豪大厦项目部
上海大屯能源股份有限公司拓特机械制造厂铆焊车间
中国银行股份有限公司万科支行
东方证券股份有限公司资金财务管理总部
招商银行股份有限公司上海分行张江支行
广发银行股份有限公司上海分行延安支行
上海市国家(地方)税务局第一稽查局第一检查所
嘉定区税务局第四税务所
上海市干部培训中心(上海市军转干部培训中心)公务员(军转干部)培训部
上海市松江区社会保险事业管理中心结算服务科
同济大学学生就业指导中心
上海杉达学院金融系
中共上海市科教党校教学处
上海教育报刊总刊《少年日报》编辑部
上海市科技创业中心科技金融课题组
上海市激光技术研究所创新研发部
中国图书进出口上海公司现代书店上海事业部
上海申腾信息技术有限公司研发部
上海中医药大学附属龙华医院脊柱病研究所
上海市肺科医院结核科
华东疗养院诊疗中心护理科
上海市卫生局卫生监督所产品卫生监督科
上海市血液中心输血研究所输血传染病学科
华东医院皮肤科
上海新华传媒连锁有限公司新华书店港汇店
商务印书馆上海印刷股份有限公司印刷班组
上海中华印刷有限公司“罗兰”八色轮转机组
上海日报社发稿中心
东方早报社中国新闻部
文汇新民联合报业集团财务管理部
上海鲁迅纪念馆宣教部
上海广播电视台广播新闻中心《直通990》节目组
真实传媒有限公司《大师》栏目组
上海永华电影城有限公司营运部
上海文广实业有限公司复旦视觉管理部安保部
上海社会科学院生态经济与可持续发展研究中心
上海东方体育中心工会
上海长兴岛开发建设有限公司规划工程部
中国核工业第五建设有限公司福清核电项目部汽轮发电班
中国外运华东有限公司海运分公司电子商务建设项目组
上海星辉蔬菜有限公司技术中心
上海城隍珠宝有限公司黄金高工艺柜组
上海市上海农场晚庄畜牧场
上海市救助管理二站管理二科
上海辰宇工艺品有限公司纺织品班组
上海市白茅岭监狱一监区
上海市南汇监狱七监区
上海锦江饭店有限公司餐饮部小礼堂班组
锦江之星旅馆有限公司客户联络中心带教咨询组
上海锦江商旅汽车服务股份有限公司协和国际学校班组
上海瑞金宾馆员工餐厅班组
上海东湖物业管理有限公司张江创新园管理处
中共上海市委办公厅行政处康平路总机班
上海市人民政府办公厅文印中心质检部
上海市测绘院第二分院信息科
上海市食品药品监督所监督一科
上海市第三劳动教养管理所(上海市第三强制隔离戒毒

所）二大队
上海宝航市政交通设施有限公司抢修养护部
洋山出入境检验检疫局保税业务科
上海图书公司艺术书坊班组
上海图书馆上海科学技术情报研究所新技术体验中心
上海歌剧院舞美工场青年突击队
上海出入境边防检查总站机场边检站十五队
上海市职工保障互助中心营业部
上海千禧海鸥大酒店客房部班组
上海市计量测试技术研究院电子与电气所磁测量组
上海联华超级市场发展有限公司香花店
上海联华快客便利有限公司习勤店
华联集团吉买盛购物中心有限公司彭浦店服务台
上海奥特莱斯品牌直销广场有限公司服务中心
上海新华联大厦有限公司（东方商厦淮海店）陆蕙 3D 珠宝工作室
上海百联物业管理有限公司青浦工业园区大厦物业管理处
上海市第一医药商店第一医药热线
上海物资贸易股份有限公司无锡金属材料分公司经营部
上海良友金伴便利连锁有限公司粮油平价武定店
上海乐惠米业有限公司操作班组
上海良友新港储运有限公司机修车间
上海市五金矿产进出口有限公司浦东公司
上海宝山公共交通公司国江路管理班组
上海强生水上旅游有限公司“翡翠公主号”（船组）
上海宝山巴士公共交通有限公司 952B 线
上海金优远洋渔业有限公司海上 58 轮
上海科技管理学校培训部
上海磁浮交通发展有限公司机电设施部
上海市隧道工程轨道交通设计研究院工程技术研发中心
上海地铁第一运营有限公司 10 号线水城路站
上海地铁第三运营有限公司 7 号线乘务三组
上海城投污水处理有限公司竹园第二污水处理厂处理班组
上海市自来水市北有限公司吴淞水厂水质检验班组
上海市自来水市南有限公司泵站管理所智能化保障服务队
上海公路投资建设发展有限公司第一工程现场指挥部
上海城投置业管理有限公司总部大楼物业分公司燕韵班组
上海电科智能系统股份有限公司运营维护事业部路政局路网监控系统保障中心
东方国际商业（集团）有限公司业务三部
上海经贸国际货运实业有限公司苏州博世项目组
上海世方建筑工程有限公司第六项目部
上海吉祥航空股份有限公司如意乘务组
上海城建（集团）公司 PC 住宅建设全产业链核心技术攻关项目组
上海煤气第一管线工程有限公司二分公司
上海公路桥梁（集团）有限公司总承包二部
上海地产馨逸置业有限公司“馨逸公寓”项目部
上海市申江两岸开发建设投资（集团）有限公司行政管理部
上海申江资产经营管理有限公司物业管理部
上海市对外服务有限公司陆家嘴业务中心
上海现代国际展览有限公司国际展览一部
中国联通上海市分公司嘉定区分公司
中国联通上海市分公司人力资源部
中国联通上海市分公司网络优化中心系统优化处
中航国际粮油贸易上海有限公司综合贸易部
中建三局装饰有限公司（沪）项目管理部
中国建筑第二工程局有限公司（沪）第十八项目部
中国建筑第二工程局有限公司（沪）合肥坝上街项目部
上海上电电力运营有限公司伊拉克华事德项目部
上海上电漕泾发电有限公司锅炉点检班
上海瑞金宾馆 12 弄生活服务班组
上海飞机客户服务有限公司设备维护班组
上海飞机制造有限公司阎良保障队质量检验组
中国商飞试飞中心 C919 机务大队机务三中队
中国民用航空华东地区空中交通管理局设备维修中心研发部
上海临港经济发展集团投资管理有限公司财务管理部
上海临港商业建设发展有限公司设计研发中心
上海上实物业管理有限公司海博馆物管中心
上实锦绣花城金山项目部
上海东滩物业管理有限公司客服部
上海市公安局指挥部 110 报警服务台接警三班
上海市渔政监督管理处中国渔政 31001 船
上海市农业技术推广服务中心土环科
上海工艺美术职业学院数码艺术学院
上海新型建材岩棉有限公司老线丙班
上海万安华新水泥有限公司电气科自控组
上海瑞宁航运有限公司航运部
华能上海电力检修公司培训中心
华能上海石洞口第一电厂运行部二值
绿地控股集团中原房地产事业部
中国建筑西南勘察设计研究院有限公司上海分公司
上海浦东工程建设管理有限公司 A1 市政配套工程项目管理部
同济大学建筑设计研究院（集团）有限公司上海迪士尼乐园项目梦幻世界片区项目组
上海浦东工程建设管理有限公司莎车分公司
中国建筑第八工程局有限公司泽普县工业园区综合实训基地及职业高中项目部
上海绿地建设（集团）有限公司巴楚县实训中心项目组
上海市政工程设计研究总院（集团）有限公司 S215 线三岔口至莎车公路项目上海市代建指挥部
宝钢集团新疆八钢巴楚金属有限公司南疆项目工程组
上海博览会有限责任公司工程部施工配套处
上海建工集团股份有限公司虹桥能源中心总承包项目部
上海建工七建集团 06 号地块 D19 街坊虹桥天地项目部
绿地长兴家园项目部
保利置业集团（上海）投资有限公司翔佳项目部
上海市普陀区住房保障中心廉租房住房部
上海市闵行区大型居住社区建设推进办公室

上海市住宅建设发展中心建设科
上海城开集团晶实置业有限公司上海晶城项目部
上海保障性住房三林一号地块（士韵家园）建设项目部
上海市徐汇区住宅发展中心
上海电力公司发展策划部
上海工程建设咨询监理有限公司周康航项目部
华东电网有限公司继电保护科
上海送变电工程公司变电分公司项经二部
上海市电力公司青浦供电公司基建部
上海市电力公司电力科学研究院特高压工程电气试验研究团队
上海市电力公司基建部
上海市电力公司检修公司特高压练塘站
上海市电力公司松江供电公司基建部
上海中期期货经纪有限公司客服中心
上海综合保税区联合发展有限公司市场营销部
上海临港普洛斯国家物流发展有限公司财务部
浦东广播电视台新闻中心
浦东新区航务管理署惠南站
浦东新区大型居住社区建设推进办公室建设配套推进组
东宝公司周宏泽绿化首席技师工作室
上海申利螺纹工具有限公司技术研发中心
上海出入境检验检疫局外高桥保税区办事处物流园区科
菲尼萨 INTL 生产团队
后藤电子（上海）有限公司自动卷线组
沃尔沃建筑设备（中国）有限公司上海工厂组装生产线
上海新金桥环保有限公司太仓项目组
新金桥物流公司仓储配送部
上海综合保税区市政养护管理有限公司洋山综合部
浦发置业建设管理部
浦东新区公共交通投资发展有限公司公交管理部
南汇公共交通有限公司二分公司一车队南新专线
上海竹本容器包装有限公司销售团队
四建集团中华艺术宫项目经理部
浦东新区社会统计调查中心社会科
浦东新区经济统计中心第三统计调查所
浦东新区税务局第一税务所
浦东新区特种设备监督检验所锅炉检验室
联想（上海）电子科技有限公司生产处 C 线装配组
上海南汇交通实业有限公司车辆检测班组
上海上工蝴蝶缝纫机有限公司项目试验组
爱步贸易（上海）有限公司物流部
上海融德机电工程设备有限公司机械制造部装配组
上海浦东新区公路建设发展有限公司“雅芬女子巡检队”
上海开能环保设备股份有限公司净水机装配班组
东道园养护川沙分公司环卫车队
张江镇劳动保障监察协管队
美特斯邦威信息管理中心
上海华建电力设备股份有限公司技术创新班组
杰富意金属容器（上海）有限公司内涂组
上海航发机械有限公司技术部
上海飞机制造有限公司项目管理部大型客机项目办公室
中国商飞民用飞机试飞中心试飞与测试工程部
上海飞机制造有限公司凯飞事业部装配车间前樑组件装配班组
上海飞机设计研究院结构设计研究部

全国厂务公开民主管理先进单位名单

上海高桥捷派克石化工程建设有限公司
复旦大学附属华山医院
贺利氏古莎齿科有限公司
上海新世界（集团）有限公司
上海汽车工业开发发展有限公司
上海巴士公交（集团）有限公司
上海国际集团有限公司
上海赛博电器有限公司
上海南亚覆铜箔板有限公司
中交第三航务工程勘察设计院有限公司
上海市长宁区卫生局
上海开开（集团）有限公司
上海造币有限公司
中国移动通信集团上海有限公司
上海空间电源研究所
上海机场（集团）有限公司虹桥国际机场公司
东方商厦有限公司
中国石化上海石油化工股份有限公司腈纶部
上海市电力公司市南供电公司
上海电力建设有限责任公司
中国电信股份有限公司上海浦东电信局
上海粮油仓储有限公司
上海市自来水市南有限公司南市自来水厂
上海铁路局上海机务段
上海市基础工程有限公司
上海交运集团股份有限公司
文汇新民联合报业集团
上海致达科技集团有限公司
上海亨通光电科技有限公司
中建八局第二建设有限公司

全国厂务公开民主管理示范单位名单

上海高桥捷派克石化工程建设有限公司
复旦大学附属华山医院
贺利氏古莎齿科有限公司
宝钢集团有限公司
上海巴士公交（集团）有限公司

全国推动厂务公开民主管理工作先进单位名单

上海市浦东新区厂务公开工作领导小组
上海市徐汇区厂务公开工作领导小组
上海市奉贤区厂务公开工作领导小组

上海市卫生局
中共上海市经济与信息化工作委员会

2011—2012 年度上海市推动厂务公开民主管理工作先进单位名单 (34 个)

上海市浦东新区
上海市徐汇区
上海市长宁区
上海市普陀区长寿街道
上海市闸北区
上海市虹口区
上海市杨浦区
上海市黄浦区
上海市静安区
上海市宝山区顾村镇
上海市闵行区
上海市嘉定区马陆镇
上海市金山工业区管理委员会
上海市松江区
上海市青浦区白鹤镇
上海市奉贤区南桥镇
上海市崇明县
上海市电力公司
上海电力建设有限责任公司
上海航天技术研究院
上海烟草集团有限责任公司
上海汽车集团股份有限公司
上海铁路局
上海交运集团股份有限公司
上海市邮政公司
中国电信股份有限公司上海分公司
中交上海航道局有限公司
中交第三航务工程局有限公司
上海市绿化和市容管理局
上海市卫生局
文汇新民联合报业集团
上海社会科学院
百联集团有限公司
上海电力股份有限公司

2011—2012 年度上海市厂务公开民主管理工作十佳单位名单 (10 个)

上海高桥捷派克石化工程建设有限公司
复旦大学附属华山医院
贺利氏古莎齿科有限公司
上海新世界（集团）有限公司
宝钢集团有限公司
上海汽车工业开发发展有限公司
上海巴士公交（集团）有限公司
上海国际集团有限公司
上海赛博电器有限公司
上海南亚覆铜箔板有限公司

2011—2012 年度上海市厂务公开民主管理工作先进单位名单 (123 个)

上海市进才中学
中钞油墨有限公司
上海嘉里食品工业有限公司
上海西门子医疗器械有限公司
上海东升新材料有限公司
上海市第八人民医院
上海市长宁区卫生局
上海新长宁（集团）有限公司
上海市仙霞高级中学
上海市快乐（集团）有限公司
上海致达科技集团有限公司
上海市普陀区长风街道长风社区卫生服务中心
上海大宁资产经营（集团）有限公司
上海普运国际货运代理有限公司
上海亨通光电科技有限公司
上海三吉电子工程有限公司
上海市杨浦区殷行社区卫生服务中心
上海经纬建筑规划设计研究院有限公司
上海杨浦城市建设投资（集团）有限公司
上海益民商业集团股份有限公司
上海豫园（集团）有限公司
上海市大同中学
上海浦江控股有限公司
上海开开（集团）有限公司
上海市静安区牙病防治所
上海工程勘察设计有限公司
上海市宝山区堤防水闸管理署
上海海隆赛能新材料有限公司
上海万事红燃气技术发展有限公司
上海米其林轮胎有限公司
上海市闵行区中心医院
上海沪工阀门厂（集团）有限公司
上海嘐城环境卫生服务有限公司
上海市金山区众仁老年护理医院
上海亨井联接件有限公司
上海干巷汽车镜（集团）有限公司
上海市松江区中心医院
上海净达环境卫生发展有限公司
上海飞航电线电缆有限公司
上海淀山湖新城发展有限公司
上海博隆粉体工程有限公司
上海双木散热器制造有限公司
上海双腾电子电器有限公司（冰峰厂）
崇明县民本中学

上海日立电器有限公司
上海飞乐股份有限公司
上海索广映像有限公司
上海华谊丙烯酸有限公司
上海造币有限公司
上海汽车地毯总厂有限公司
上海第一生化药业有限公司
上海市电力公司市南供电公司
上海电力安装第一工程公司
宝山钢铁股份有限公司
宝钢集团上海第一钢铁有限公司
上海宝冶集团有限公司机械动力分公司
中国石化上海石油化工股份有限公司腈纶部
中国石化上海石油化工股份有限公司芳烃部
上海金菲石油化工有限公司
上海航天动力技术研究所
上海空间电源研究所
沪东中华造船（集团）有限公司
上海外高桥造船有限公司
上海白玉兰烟草材料有限公司
上海实业交通电器有限公司
上汽集团商用车技术中心
上海华力微电子有限公司
上海铁路局上海机务段
上海铁路局上海站
中海工业有限公司
上海国际港务（集团）股份有限公司振东集装箱码头分公司
上海长江轮船公司旅游事业部
上海通华不锈钢压力容器工程有限公司
上海交运资产管理公司第二经营管理部
中国移动通信集团上海有限公司
中国电信股份有限公司上海浦东电信局
中国电信股份有限公司上海崇明电信局
中港疏浚有限公司
中交上海港湾工程设计研究院有限公司
上海机场（集团）有限公司虹桥国际机场公司
中交第三航务工程勘察设计院有限公司
上海市建筑科学研究院（集团）有限公司
中铁二十四局集团有限公司
上海市基础工程有限公司
上海园林（集团）有限公司
上海海洋石油局钻井分公司
上海市废弃物管理处
鲁中矿业有限公司张家洼铁矿
上海市水务（海洋）规划设计研究院
中建八局第二建设有限公司
中国建筑第八工程局有限公司天津分公司
上海市计划生育科学研究所
上海海洋大学
上海第二工业大学
华东医院
上海交通大学医学院附属仁济医院
上海美术馆
上海医药工业研究院
上海航空发动机制造股份有限公司
上海市商业学校
上海市儿童福利院
上海西郊国际农产品交易有限公司
上海金枫酒业股份有限公司
上海国旅国际旅行社有限公司
上海市总工会幼儿园
东方商厦有限公司
上海申能星火热电有限责任公司
上海粮油仓储有限公司
上海良友新港储运有限公司
上海强生集团汽车修理有限公司
上海水产集团龙门水产品营销中心
上海地铁第一运营有限公司
上海市自来水市南有限公司南市自来水厂
上海环境实业有限公司
上海城建投资发展有限公司
上海市对外服务有限公司
中国联合网络通信有限公司上海市分公司
中国建筑第二工程局有限公司（沪）
上海外高桥发电有限责任公司
上海临港经济发展（集团）有限公司
上海实业发展股份有限公司
华能上海石洞口第一电厂
上海云峰（集团）有限公司

2011—2012 年度上海市职工职业道德建设先进单位和个人名单

上海市浦东新区特殊教育学校
上海中山建设实业发展总公司
上海市儿童福利院
上海市青浦监狱
上海市金山区金山卫镇劳动保障事务所
宝山钢铁股份有限公司热轧厂
复旦大学附属华山医院宝山分院
上海市青浦区劳动人事争议仲裁院
上海老港废弃物处置有限公司
飞利浦灯具（上海）有限公司
以上 10 家单位获“上海市职工职业道德建设十佳标兵单位”称号，同时被授予上海市五一劳动奖状
杨兆顺　上海市普陀区桃浦镇紫藤苑居委会党总支书记
骆　新　上海广播电视台东方卫视中心首席记者、主持人
胡　蓉　上海国旅国际旅行社有限公司导游
严　正　上海市闸北区彭浦社区卫生服务中心全科团队长
叶其懂　上海邮政普陀邮政局曹杨新村邮政支局投递员
陆佩芬　上海市闵行区启智学校教师
赵越让　中国商用飞机有限责任公司外场试验队大队长
钱文昊　上海市徐汇区牙防所副所长

樊　阳　上海外国语大学附属双语学校科研室主任
张长青　上海市第六人民医院主任医师、教授
以上10位同志获“上海市职工职业道德建设十佳标兵个人”称号，同时被授予上海市五一劳动奖章

全国五一巾帼标兵获得者名单

王红艳　复旦大学生命科学学院副院长、教授
杨慧琳　上海市浦东新区妇幼保健院党总支书记、院长、副主任医师
张爱莲　上海市徐汇区紫薇实验幼儿园园长、书记
金皖玲　上海市长宁区妇幼保健院产科主任
于井子　上海市普陀区人民医院护理部副主任、主管护师
李　影　上海闸环灵石环境卫生工程有限公司公厕班长
陈珏玉　上海市虹口区第四中心小学校长兼书记
黄　绮　上海市尚伟律师事务所主任、高级律师
游玉敏　上海豫园南翔馒头店有限公司豫园店副经理、技师
蒋玉琴　上海市静安区商务委员会工会主任
李　霞　上海市宝山区教育工会副主席
黄桂芳　上海市闵行区梅陇镇人大副主席、总工会主席
陆　华　上海市嘉定区环境监测站副站长
刘卫丽　上海新安纳电子科技有限公司常务副总经理
王卫华　上海回天化工新材料有限公司科研研发小组组长
郭尚贤　上海市青浦区审计局行政事业审计科科长
张　贤　上海市工业综合开发区企业服务部主任
薛红菊　上海市新华医院崇明分院护士长
陶美华　上海亚尔光源有限公司工人
冯宇虹　上海市电力公司浦东供电公司营销服务人员
李慧珍　上海宝钢化工有限公司高级技师
周世丽　中冶宝钢技术第五检修分公司电调技师
潘丽芳　中国石化上海高桥分公司化工二部工艺副主任师
吴美芳　中国石化上海石油化工股份有限公司炼油部工艺管理主任师
孙允珠　上海航天技术研究院科技委常委、卫星型号总师
叶慧娣　上海市客运轮船有限公司工会副主席
杨忆雯　中国移动通信集团上海有限公司工会副主席兼工会办公室主任
杨令炅　上海国际机场股份有限公司安检护卫保障部旅检一科二分队分队长
周　虹　上海建工一建集团有限公司技术中心副主任
王　炎　上海市林业总站副站长、教授级高工
黄彩琴　大屯煤电公司拓特厂电工、技师
周红艳　交通银行电子银行部高级经理
孙爱军　复旦大学附属中山医院上海市心血管病研究所研究员、所长助理
陆惠蓉　上海市华亭宾馆有限公司行政副经理
贺　菁　浦东机场海关旅检处旅检一科科长
柏文华　上海飞机客户服务有限公司副总工程师、大型客机项目办主任
肖　滨　上海市公安局交通警察总队路政设施处副科长、工程师

全国五一巾帼标兵岗获得者名单

上海市城市建设设计研究总院轨道交通与地下空间设计研究院
上海张江文化传媒有限公司上海动漫博物馆运营管理部
上海市徐汇区人民法院刑事审判庭
上海市长宁区河道(水政)管理所综合办公室
上海市普陀区总工会女职工委员会
上海市闸北区中心医院妇科
上海市第一人民医院分院消化内科护理组
上海市杨浦区医务工会女职工委员会
上海浦江控股有限公司磁浮浦东机场站－陆依雯班组
上海市静安区石门二路街道总工会女职工委员会
上海市宝山区罗店医院妇产科
上海市闵行区总工会女职工委员会
上海市嘉定区图书馆辅导部
上海市第六人民医院金山分院护理部
上海市松江区法律援助中心
上海市青浦区法律援助中心
上海奉贤燃气有限公司客户服务中心
上海市崇明县进城务工人员服务站
上海市机电工会女职工委员会
上海氯碱化工股份有限公司技术中心科研分析班组
上海医药分销控股有限公司运营总部
上海铁路局上海客运段沪京高铁车队
中海集装箱运输上海有限公司财务部费收科
江南造船(集团)有限责任公司总装一部电二作业区电工二组
上海汽车集团股份有限公司乘用车公司市场传播部
上海市邮政公司电子商务局11185客服中心话务大组
中国电信股份有限公司上海分公司客户服务中心10000号呼叫中心
东航山西分公司地面服务部载重平衡分部
上海浦江桥隧高速公司嘉金分公司G15崧泽收费站
现代设计集团华东建筑设计院有限公司结构二所三室
中国建筑第八工程有限公司财务部
上海市浦东盐业公司
上海市儿童福利院“茉莉园二组”
上海市监狱总医院感染科
上海奥特莱斯品牌直销广场有限公司服务中心
上海巴士五汽公共交通有限公司65路南浦调度站
上海轨道交通网络服务监督热线

统　计

Statistics

上海工会年鉴

2014

各区县局（产业）工会组织数据一览表（一）

单位名称	基层工会	基层工会涵盖单位	职工	女性	农民工	工会会员	女性	农民工
	个	个	人	人	人	人	人	人
总计	**56480**	**349878**	**9655205**	**3726933**	**3515323**	**9237488**	**3584901**	**3324875**
浦东新区总工会	9960	42087	1271222	527400	460063	1163971	482678	392828
徐汇区总工会	2219	21944	390888	144775	99432	385271	143145	98226
长宁区总工会	2055	13880	329468	133011	135916	328203	132540	135815
普陀区总工会	3029	13527	276411	105717	137313	271868	104717	135391
闸北区总工会	2100	10339	195507	75813	49165	182268	68433	48452
虹口区总工会	2406	10851	212291	94484	40668	204636	92498	37276
杨浦区总工会	2215	12172	231888	85806	109808	225973	84265	107580
黄浦区总工会	3396	15037	358224	140013	66825	350019	137132	65181
静安区总工会	1619	6548	153619	64116	18807	151255	63026	18651
宝山区总工会	2296	19337	425581	158109	115237	401586	151123	106261
闵行区总工会	6420	25443	685112	302888	342386	652903	292041	332917
嘉定区总工会	3142	33665	589732	252413	366095	577531	246129	358481
金山区总工会	1952	27312	472003	195750	234526	461593	192512	231689
松江区总工会	2396	31860	719510	326500	319624	689025	316058	305578
青浦区总工会	2759	31443	494705	214893	331596	458582	202840	313216
奉贤区总工会	2778	24814	484051	170562	238016	463518	166481	232559
崇明县总工会	1129	3824	150117	65839	86515	146587	64864	85633
上海市机电工会	195	195	84871	18152	11062	71982	15266	6971
上海市仪表电子工会	76	76	25774	8099	3549	25493	7986	3540
上海市化学工会	92	93	25971	5290	2182	23344	5106	195
上海市轻工工会	7	7	3409	870	0	3409	870	0
上海市纺织工会	95	95	13411	5190	1723	13199	5041	1699
上海市医药工会	79	80	27108	11773	482	26741	11624	442
国网上海市电力公司工会	31	31	16226	3063	2	16226	3063	2
上海市电力股份有限公司工会	15	15	6562	893	0	6562	893	0
上海电力建设有限责任公司工会	10	10	3078	254	0	3078	254	0
宝钢集团有限公司工会	116	118	80319	14366	227	80317	14365	227
中冶宝钢技术服务公司工会	12	12	16466	2443	10117	5437	876	0
上海宝冶集团有限公司工会	16	16	5504	958	1112	5468	958	1078
上海高桥石油化工公司工会	8	8	6804	1786	0	6804	1786	0
中国石化上海石油化工股份有限公司工会	27	27	17500	4764	0	16479	4750	0

续 表

单位名称	基层工会	基层工会涵盖单位	职工	女性	农民工	工会会员	女性	农民工
	个	个	人	人	人	人	人	人
中铝上海铜业有限公司工会	8	8	2021	334	77	1912	333	0
上海航天局工会	35	35	19672	5908	950	19672	5908	950
中船上海船舶工业公司工会	22	22	68801	9966	29862	56009	7739	20906
中国商用飞机有限责任公司工会	11	11	8520	2249	53	8116	2216	42
上海市烟草工会	11	11	8554	2034	114	8554	2034	114
上海汽车集团股份有限公司工会	51	51	116306	20458	37124	115065	20255	36179
上海市漕河泾新兴技术开发区发展总公司工会	6	6	1468	682	0	1468	682	0
中国能源化学工会华东电力工作委员会	5	5	1699	415	0	1698	414	0
上海华虹（集团）有限公司工会	6	6	3650	986	10	3527	959	0
中国华源（集团）有限公司工会	13	13	2656	886	417	2133	713	69
华能上海分公司工会	7	7	2677	547	0	2677	547	0
上海化学工业区工会	28	30	7169	2137	715	6890	2048	623
国药控股股份有限公司工会	13	13	3174	1687	44	3069	1622	44
中国铁路工会上海铁路局委员会	33	33	36891	3822	0	36891	3822	0
中国海运集团总公司工会	27	27	18044	1847	194	17861	1763	107
上海国际港务（集团）总公司工会	35	35	33968	3329	13162	33646	3302	12841
中国海员工会上海长江轮船公司委员会	14	14	2417	553	211	2417	553	211
上海市运输工会	57	57	14886	2236	3473	12606	1851	1764
中国邮政集团工会上海市委员会	32	32	29754	8499	14712	28352	8092	13731
中国移动通信集团工会上海市委员会	1	1	4505	2236	0	4505	2236	0
中国电信集团工会上海市委员会	66	74	33615	12125	0	33360	12027	0
中国电信集团工会号百信息服务有限公司委员会	3	3	534	212	0	534	212	0
中国海员工会交通运输部东海救助局委员会	12	12	1161	92	0	1123	92	0
中国海员工会交通运输部上海打捞局委员会	8	8	1105	56	0	1057	56	0
中交上海航道局有限公司工会	11	11	2959	249	84	2959	249	84
中交第三航务工程局有限公司工会	11	11	3342	477	152	3342	477	152
中国海员工会中远集装箱运输有限公司委员会	22	22	9451	1906	138	9172	1827	41
中国海员工会中波轮船股份公司委员会	4	4	1160	97	85	1160	97	85

续 表

单位名称	基层工会	基层工会涵盖单位	职工	女性	农民工	工会会员	女性	农民工
	个	个	人	人	人	人	人	人
民航华东地区空中交通管理局工会	1	1	1899	470	0	1899	470	0
中国民航工会华东地区管理局委员会	9	9	3502	1692	26	3447	1665	26
中国东方航空集团公司工会	29	29	39461	12877	2710	34978	12169	2392
上海机场（集团）有限公司工会	31	31	21669	6204	1507	21495	6175	1507
中国海员工会上海海事局委员会	21	21	2808	317	0	2808	317	0
上海城乡建设和交通工会工作委员会	41	41	31294	7035	350	31294	7035	350
上海建工集团股份有限公司工会	68	513	123752	10952	92791	123374	10931	92791
上海市交通运输和港口管理局工会	13	13	1674	513	0	1674	513	0
上海市住房保障和房屋管理局工会	18	18	1198	401	32	1198	401	32
上海海洋石油局工会	8	8	1519	214	0	1352	214	0
上海市绿化和市容管理局工会	27	27	1648	598	2	1643	598	2
上海现代建筑设计（集团）有限公司工会	16	18	5386	2110	0	5386	2110	0
鲁中矿业有限公司工会	14	14	7600	1416	1429	5902	1389	0
上海市水务局工会	16	16	1229	351	0	1229	351	0
中国建筑第八工程局有限公司工会	23	390	83783	14599	59672	83783	14599	59672
上海大屯能源股份有限公司工会	17	17	21817	3677	0	21816	3677	0
上海市金融工会工作委员会	154	154	279465	148129	4704	268997	143290	243
上海市税务工会	13	13	1419	702	0	1419	702	0
上海市人力资源和社会保障局工会	18	18	2531	1260	0	2520	1254	0
上海市农业委员会工会工作委员会	42	46	3927	1299	230	3655	1211	84
上海市科技工会	46	113	24482	8081	807	23236	7626	134
上海市教育工会	71	71	71497	32851	1634	69949	32051	1375
上海市医务工会	57	68	60582	40746	94	60475	40654	94
上海市新闻出版工会	39	39	6837	2750	1436	5985	2525	1321
解放日报报业集团工会	11	11	1588	579	307	1570	573	304
文汇新民联合报业集团工会	8	8	1896	720	1	1873	702	1
新华通讯社上海分社工会委员会	1	1	150	78	0	150	78	0
上海市文化广播影视管理局工会	19	19	1051	491	0	1051	491	0
上海市文化广播影视集团工会	95	96	20792	8492	732	20341	8325	633
上海社会科学院工会	24	24	771	334	0	771	334	0
上海市体育局工会委员会	32	32	4011	1014	34	2278	717	0
上海市经济和信息化系统工作系统工会	268	338	66355	26876	4191	60440	24665	2653

续　表

单位名称	基层工会	基层工会涵盖单位	职　工	女　性	农民工	工会会员	女　性	农民工
	个	个	人	人	人	人	人	人
光明食品（集团）有限公司工会	220	364	87388	39080	9762	86808	38953	9318
上海市民政局工会	44	44	6320	2872	225	6020	2872	225
上海市监狱管理局工会	18	18	7789	1722	401	7783	1716	399
锦江国际（集团）有限公司工会	384	384	63820	26872	9106	63820	26872	9106
上海市东湖（集团）有限公司工会	13	13	3731	1616	0	3452	1396	0
上海市衡山（集团）有限公司工会	11	11	4402	1088	279	4233	1033	277
上海市市级机关工会工作委员会	426	445	53488	18435	798	51548	17667	761
百联集团有限公司工会	126	126	43940	19310	7046	40523	17233	3686
上海水产集团总公司工会	16	16	4264	256	441	4234	256	411
上海申通地铁集团有限公司工会	25	25	25936	6935	0	25863	6906	0
上海久事公司工会	63	71	72302	10864	1451	71895	10673	1187
上海市城市建设投资开发总公司工会	156	160	17891	4744	407	17857	4740	407
申能（集团）有限公司工会	33	33	10881	2190	232	10650	2190	1
上海电器科学研究所（集团）有限公司工会	9	9	1542	452	114	1451	431	88
上海良友（集团）有限公司工会	28	30	5131	1422	91	5003	1376	44
上海兰生（集团）有限公司工会	11	11	1134	464	1	1134	464	1
东方国际（集团）有限公司工会	44	44	4051	1555	176	3840	1473	4
上海市锦江航运有限公司工会	4	4	855	183	0	855	183	0
上海市社会系统工会工作委员会	14	14	39615	7465	2104	35840	6448	2084
上海城建（集团）公司工会	101	106	41021	5458	22981	40238	5086	22964
上海市地产（集团）有限公司工会	56	69	3695	1495	205	3537	1446	192
上海东浩国际服务贸易（集团）有限公司工会	25	25	2492	1378	0	2491	1377	0
中国联合网络通信有限公司上海分公司工会	1	1	1772	703	0	1772	703	0
上海市合作交流系统工会	60	60	6202	1671	92	6033	1604	74
上海市通信管理局工会	2	2	202	65	0	202	65	0
上海上实（集团）有限公司工会	18	26	4925	1573	880	4883	1555	838
上海临港产业区工会工作委员会	34	34	3510	757	1029	3385	726	1011
上海市公安局工会	1	1	10420	2511	0	10420	2511	0
上海国盛（集团）有限公司工会	69	71	10706	2324	788	9931	2058	352
绿地控股集团工会	14	14	4287	1430	0	4287	1430	0
上海申迪（集团）有限公司工会	1	1	66	35	0	66	35	0
上海世博发展（集团）有限公司工会	1	1	343	165	0	343	165	0

各区县局（产业）工会组织数据一览表（二）

单位名称	专职工会工作人员	女性	兼职工会工作人员	女性	女职工组织		本级工会女职工工作人员		建立工会经费审查组织
					建立女职工委员会	仅设立女职工委员	专职	兼职	
	人	人	人	人	个	个	人	人	个
总计	**18577**	**6425**	**226399**	**97604**	**30331**	**24703**	**2494**	**98223**	**55373**
浦东新区总工会	4352	1851	24134	11251	6030	3769	765	12075	9573
徐汇区总工会	1164	566	7128	3798	1291	900	60	3999	2219
长宁区总工会	38	17	5211	2961	705	1342	3	2061	2055
普陀区总工会	499	236	9680	4225	1230	1652	85	4052	2689
闸北区总工会	79	47	8141	4073	305	1752	37	3431	2082
虹口区总工会	221	112	8228	4371	1484	880	54	4418	2406
杨浦区总工会	150	80	6896	3475	1132	1071	10	4667	2215
黄浦区总工会	223	84	10322	4630	1859	1506	38	4447	3396
静安区总工会	212	107	5925	3442	269	1314	22	3137	1619
宝山区总工会	52	24	23583	8282	1402	888	16	17344	2296
闵行区总工会	3441	99	22419	10625	4062	2158	55	10565	6420
嘉定区总工会	133	54	17255	4196	1562	1498	31	3706	3037
金山区总工会	390	125	8984	3259	814	1081	43	2285	1952
松江区总工会	116	53	16138	6767	1298	902	30	4117	2396
青浦区总工会	46	14	8811	3487	1908	828	0	2876	2759
奉贤区总工会	1586	502	6769	2863	1957	694	374	2726	2778
崇明县总工会	404	107	3181	1220	529	591	59	1235	1129
上海市机电工会	263	89	1520	686	136	56	43	536	195
上海市仪表电子工会	33	15	450	217	40	36	8	176	76
上海市化学工会	103	44	487	205	56	33	25	189	79
上海市轻工工会	26	10	38	13	5	1	4	28	7
上海市纺织工会	59	26	352	158	49	42	13	159	95
上海市医药工会	28	13	566	321	59	18	3	286	76
国网上海市电力公司工会	116	43	211	77	27	4	24	119	30
上海市电力股份有限公司工会	29	9	107	34	14	1	7	41	15
上海电力建设有限责任公司工会	18	5	100	31	8	2	3	33	10
宝钢集团有限公司工会	346	136	836	318	53	63	33	264	116
中冶宝钢技术服务公司工会	5	2	115	28	12	0	2	58	11
上海宝冶集团有限公司工会	38	11	146	34	13	3	1	73	16

续 表

单位名称	专职工会工作人员	女性	兼职工会工作人员	女性	女职工组织		本级工会女职工工作人员		建立工会经费审查组织
					建立女职工委员会	仅设立女职工委员	专职	兼职	
	人	人	人	人	个	个	人	人	个
上海高桥石油化工公司工会	38	9	99	39	2	5	1	17	8
中国石化上海石油化工股份有限公司工会	68	32	243	82	25	2	15	114	27
中铝上海铜业有限公司工会	3	0	25	13	8	0	0	12	6
上海航天局工会	94	41	277	136	21	14	22	98	35
中船上海船舶工业公司工会	80	36	359	126	17	4	3	155	21
中国商用飞机有限责任公司工会	34	17	82	33	6	5	5	32	8
上海市烟草工会	48	29	103	54	11	0	10	63	11
上海汽车集团股份有限公司工会	185	92	1146	455	51	0	34	242	51
上海市漕河泾新兴技术开发区发展总公司工会	7	5	55	31	4	2	5	18	6
中国能源化学工会华东电力工作委员会	8	3	32	14	3	2	1	11	5
上海华虹（集团）有限公司工会	0	0	120	56	4	2	0	21	6
中国华源（集团）有限公司工会	5	2	93	41	2	9	0	26	11
华能上海分公司工会	7	3	45	14	4	3	4	16	7
上海化学工业区工会	1	0	186	87	11	17	0	66	28
国药控股股份有限公司工会	0	0	85	48	1	12	0	17	13
中国铁路工会上海铁路局委员会	55	8	351	117	28	3	3	109	31
中国海运集团总公司工会	38	9	187	66	18	9	2	49	27
上海国际港务（集团）总公司工会	210	56	334	142	25	10	14	109	35
中国海员工会上海长江轮船公司委员会	14	0	66	21	8	6	0	21	14
上海市运输工会	113	24	216	75	25	24	18	79	42
中国邮政集团工会上海市委员会	22	14	684	316	30	2	6	182	32
中国移动通信集团工会上海市委员会	32	25	36	16	1	0	0	15	1
中国电信集团工会上海市委员会	88	45	910	493	46	19	16	234	63
中国电信集团工会号百信息服务有限公司委员会	5	2	20	9	1	2	0	7	3
中国海员工会交通运输部东海救助局委员会	2	1	56	15	2	9	1	14	12
中国海员工会交通运输部上海打捞局委员会	4	0	39	6	3	3	0	7	8
中交上海航道局有限公司工会	11	3	14	2	2	9	0	11	11
中交第三航务工程局有限公司工会	27	11	59	30	8	3	2	16	10

续 表

单位名称	专职工会工作人员	女性	兼职工会工作人员	女性	女职工组织		本级工会女职工工作人员		建立工会经费审查组织
					建立女职工委员会	仅设立女职工委员	专职	兼职	
	人	人	人	人	个	个	人	人	个
中国海员工会中远集装箱运输有限公司委员会	12	3	268	45	6	14	0	38	22
中国海员工会中波轮船股份公司委员会	2	1	32	9	1	1	1	4	1
民航华东地区空中交通管理局工会	8	4	45	20	1	0	1	20	1
中国民航工会华东地区管理局委员会	12	5	124	63	7	2	0	36	9
中国东方航空集团公司工会	92	52	359	232	27	2	24	98	28
上海机场（集团）有限公司工会	34	9	516	241	27	4	5	146	31
中国海员工会上海海事局委员会	20	4	143	31	20	0	3	24	21
上海城乡建设和交通工会工作委员会	109	43	981	335	34	7	4	152	41
上海建工集团股份有限公司工会	166	55	1101	307	40	27	6	192	67
上海市交通运输和港口管理局工会	2	2	89	39	9	4	2	32	13
上海市住房保障和房屋管理局工会	8	3	104	53	8	8	0	31	17
上海海洋石油局工会	4	2	89	34	3	5	0	22	8
上海市绿化和市容管理局工会	23	8	93	45	9	18	5	36	27
上海现代建筑设计（集团）有限公司工会	4	2	153	80	11	5	0	47	9
鲁中矿业有限公司工会	25	7	167	53	13	1	5	55	14
上海市水务局工会	9	4	105	46	2	14	2	22	16
中国建筑第八工程局有限公司工会	67	27	1008	185	18	5	15	141	22
上海大屯能源股份有限公司工会	141	52	287	77	16	1	22	136	17
上海市金融工会工作委员会	206	116	2460	1285	66	78	30	419	154
上海市税务工会	12	5	79	42	5	8	6	23	13
上海市人力资源和社会保障局工会	4	1	82	31	8	10	1	29	17
上海市农业委员会工会工作委员会	49	14	194	100	15	27	4	73	42
上海市科技工会	37	18	458	227	27	18	7	171	46
上海市教育工会	172	92	1134	539	48	20	44	468	67
上海市医务工会	106	64	618	346	50	7	39	272	56
上海市新闻出版工会	13	10	222	113	28	11	2	84	39
解放日报报业集团工会	4	1	69	31	1	10	0	45	0
文汇新民联合报业集团工会	6	3	50	23	4	3	1	11	8
新华通讯社上海分社工会委员会	0	0	10	4	1	0	0	3	1
上海市文化广播影视管理局工会	3	2	82	45	7	8	0	29	18

续 表

单位名称	专职工会工作人员	女性	兼职工会工作人员	女性	女职工组织		本级工会女职工工作人员		建立工会经费审查组织
					建立女职工委员会	仅设立女职工委员	专职	兼职	
	人	人	人	人	个	个	人	人	个
上海市文化广播影视集团工会	25	12	589	300	31	50	3	160	74
上海社会科学院工会	0	0	75	33	0	24	0	35	0
上海市体育局工会委员会	7	2	152	62	9	5	2	29	32
上海市经济和信息化系统工作系统工会	91	47	1587	796	72	179	26	447	224
光明食品（集团）有限公司工会	199	89	860	436	111	108	22	383	217
上海市民政局工会	10	4	230	127	24	20	1	87	44
上海市监狱管理局工会	45	20	368	120	18	0	11	63	18
锦江国际（集团）有限公司工会	407	302	1025	479	343	40	9	1040	384
上海市东湖（集团）有限公司工会	4	1	67	30	6	7	1	24	13
上海市衡山（集团）有限公司工会	5	0	82	34	5	4	0	24	10
上海市市级机关工会工作委员会	138	58	2114	940	151	200	28	709	426
百联集团有限公司工会	140	41	590	265	64	55	14	206	125
上海水产集团总公司工会	10	2	48	11	1	15	1	17	13
上海申通地铁集团有限公司工会	27	16	255	110	18	6	6	76	24
上海久事公司工会	106	36	293	130	33	30	16	95	62
上海市城市建设投资开发总公司工会	201	84	667	308	75	79	42	262	140
申能（集团）有限公司工会	56	19	200	72	15	15	7	77	31
上海电器科学研究所（集团）有限公司工会	4	1	77	38	8	1	1	29	9
上海良友（集团）有限公司工会	28	9	91	44	16	12	4	42	28
上海兰生（集团）有限公司工会	13	4	36	16	5	4	4	13	11
东方国际（集团）有限公司工会	50	13	212	94	22	18	4	68	44
上海市锦江航运有限公司工会	5	1	18	7	4	0	0	10	4
上海市社会系统工会工作委员会	14	9	241	109	11	1	4	74	13
上海城建（集团）公司工会	94	28	387	173	40	61	12	163	73
上海市地产（集团）有限公司工会	53	20	199	85	7	48	13	57	42
上海东浩国际服务贸易（集团）有限公司工会	27	6	112	52	7	17	1	41	22

续 表

单位名称	专职工会工作人员	女性	兼职工会工作人员	女性	女职工组织：建立女职工委员会	女职工组织：仅设立女职工委员	本级工会女职工工作人员：专职	本级工会女职工工作人员：兼职	建立工会经费审查组织
	人	人	人	人	个	个	人	人	个
中国联合网络通信有限公司上海分公司工会	5	2	82	39	1	0	1	4	0
上海市合作交流系统工会	18	7	388	182	21	20	4	72	55
上海市通信管理局工会	1	1	8	2	1	1	1	2	2
上海上实（集团）有限公司工会	0	0	90	35	2	14	0	22	15
上海临港产业区工会工作委员会	7	3	147	60	3	30	2	42	34
上海市公安局工会	8	2	40	3	1	0	2	3	0
上海国盛（集团）有限公司工会	51	26	198	95	16	46	11	100	65
绿地控股集团工会	4	2	80	46	0	14	2	17	14
上海申迪（集团）有限公司工会	2	0	7	4	1	0	0	4	1
上海世博发展（集团）有限公司工会	3	1	7	2	1	0	0	3	0

工会组织建设状况（一）

所在行业	基层工会	基层工会涵盖单位	职工	女性	农民工	工会会员	女性	农民工
	个	个	人	人	人	人	人	人
总计	**56480**	**349878**	**9655205**	**3726933**	**3515323**	**9237488**	**3584901**	**3324875**
按国民经济行业分组								
农、林、牧、渔业	1161	2429	138792	53847	46497	135145	52673	45126
采矿业	71	71	33297	6396	2727	31568	6367	1299
制造业	17429	60824	3105216	1286761	1497721	2897050	1216744	1367452
电力、热气、燃气及水生产和供应业	480	581	81901	18778	7742	80570	18663	7274
建筑业	2074	7422	728007	92754	484150	716733	91605	480554
批发和零售业	5048	26780	518464	225849	129596	499196	218480	121768
交通运输、仓储及邮政业	1971	2605	520129	108967	75138	506123	106113	70345
住宿和餐饮业	3938	18906	413941	191663	144353	404704	188060	141028
信息传输、软件和信息技术服务业	1934	6851	236276	104629	47016	231977	103281	45864
金融业	625	2209	327217	167652	10523	312968	160821	5922

续表

所在行业	基层工会	基层工会涵盖单位	职工			工会会员		
				女性	农民工		女性	农民工
	个	个	人	人	人	人	人	人
房地产业	1537	7730	117447	42679	31775	112874	41590	30221
租赁和商务服务业	3709	64038	727394	273785	288088	689851	260232	279380
科学研究和技术服务业	1024	2368	125054	42451	15064	120615	41400	13719
水利、环境和公共设施管理业	899	1641	102880	32210	32257	97285	30247	28597
居民服务、修理和其他服务业	6010	77249	1066404	416206	398846	1021895	399068	389309
教育	2705	2943	253632	165077	7608	245895	160618	7025
卫生和社会工作	1084	3570	214926	138402	14058	209361	134843	13625
文化、体育和娱乐业	1070	3026	89957	35975	13059	87250	34677	12222
公共管理、社会保障和社会组织	3711	58635	854271	322852	269105	836428	319419	264145
按经济类型分组								
国有企业	2004	3933	574076	148362	61503	537724	135728	51519
集体企业	2118	9638	310972	102189	102754	302812	99164	99873
股份合作企业	1196	2906	163198	66050	56189	147797	59491	49546
联营企业	79	145	14623	5988	6096	13553	5507	5577
国有独资公司	751	800	267294	60417	34906	252428	57107	25694
其他有限责任公司	2969	7603	487719	165544	112488	467704	158685	103131
股份有限公司中的国有控股公司	780	862	621824	212238	65333	591659	206048	47512
其他股份有限公司	839	1496	169275	61410	27881	158618	57519	25119
私营企业	29488	256408	4125123	1564621	2029811	4007970	1533469	1985943
其他内资企业	776	5068	170294	37284	107748	169101	36780	107404
港澳台商投资企业	2275	9912	560595	289076	336005	486297	261358	273374
外商投资企业	5423	19139	1188850	563049	418478	1121527	532160	396631
财政拨款的事业单位	4156	4664	469339	249384	33900	457823	244003	33137
其他事业单位	1235	7066	223566	97344	57013	217492	95038	55706
机关	1447	1622	165990	50490	1461	165051	50161	1451
个体经济组织	524	16750	94097	33617	50237	93081	33354	50005
其他工会组织形式	420	1866	48370	19870	13520	46851	19329	13253

工会组织建设状况（二）

所在行业	专职工会工作人员	女性	专职工会工作人员年龄构成			专职工会工作人员文化程度构成				
			35岁及以下	36—50岁	51岁及以上	研究生	大学本科	大专	高中（中专、中技）	初中及以下
	人	人	人	人	人	人	人	人	人	人
总计	**18577**	**6425**	**5167**	**8269**	**5141**	**591**	**7363**	**7009**	**3329**	**285**
按国民经济行业分组										
农、林、牧、渔业	234	82	45	118	71	9	94	70	51	10
采矿业	165	66	25	107	33	1	61	91	12	0
制造业	6052	1655	1792	2696	1564	140	2195	2303	1314	100
电力、热气、燃气及水生产和供应业	533	176	124	259	150	18	310	143	61	1
建筑业	1129	293	336	513	280	26	431	429	215	28
批发和零售业	857	293	195	367	295	39	290	310	185	33
交通运输、仓储及邮政业	1383	375	345	538	500	48	605	493	218	19
住宿和餐饮业	1074	574	542	353	179	11	248	620	185	10
信息传输、软件和信息技术服务业	624	222	229	267	128	23	303	214	84	0
金融业	445	211	121	218	106	67	282	83	13	0
房地产业	434	138	105	181	148	27	199	165	43	0
租赁和商务服务业	1091	280	346	443	302	14	410	414	246	7
科学研究和技术服务业	491	136	169	190	132	32	239	145	56	19
水利、环境和公共设施管理业	369	121	104	168	97	18	172	128	45	6
居民服务、修理和其他服务业	1297	664	208	648	441	9	302	653	315	18
教育	598	370	98	346	154	58	404	102	28	6
卫生和社会工作	410	211	86	186	138	11	211	124	61	3
文化、体育和娱乐业	147	50	31	66	50	4	66	61	16	0
公共管理、社会保障和社会组织	1244	508	266	605	373	36	541	461	181	25
按经济类型分组										
国有企业	1754	672	255	790	709	75	806	653	210	10
集体企业	660	174	192	265	203	2	228	248	169	13
股份合作企业	666	345	408	139	119	5	137	397	95	32
联营企业	30	7	10	15	5	0	15	10	5	0

续　表

所在行业	专职工会工作人员	女性	专职工会工作人员年龄构成			专职工会工作人员文化程度构成				
			35岁及以下	36—50岁	51岁及以上	研究生	大学本科	大专	高中（中专、中技）	初中及以下
	人	人	人	人	人	人	人	人	人	人
国有独资公司	836	333	146	353	337	63	387	298	84	4
其他有限责任公司	1245	340	354	495	396	65	541	426	198	15
股份有限公司中的国有控股公司	1463	579	221	698	544	93	734	502	128	6
其他股份有限公司	325	110	93	180	52	21	137	108	52	7
私营企业	6519	2102	1961	3138	1420	40	1809	2834	1698	138
其他内资企业	144	71	18	72	54	2	36	64	40	2
港澳台商投资企业	701	164	309	247	145	11	344	211	135	0
外商投资企业	1917	469	781	736	400	78	963	595	270	11
财政拨款的事业单位	1060	567	166	588	306	83	645	246	80	6
其他事业单位	464	192	107	207	150	18	216	172	55	3
机关	536	226	113	228	195	32	317	157	30	0
个体经济组织	196	48	28	94	74	0	29	73	59	35
其他工会组织形式	61	26	5	24	32	3	19	15	21	3

工会组织建设状况（三）

所在行业	兼职工会工作人员	女性	女职工组织		本级工会女职工工作人员	
			建立女职工委员会	仅设立女职工委员	专职	兼职
	人	人	个	个	人	人
总计	**226399**	**97604**	**30331**	**24703**	**2494**	**98223**
按国民经济行业分组						
农、林、牧、渔业	4396	1559	661	476	36	1524
采矿业	579	202	53	17	17	169
制造业	59148	23415	10228	6737	909	22493
电力、热气、燃气及水生产和供应业	1907	752	284	179	84	796
建筑业	8673	3083	970	966	112	2669
批发和零售业	16507	7567	1920	3010	91	7583
交通运输、仓储及邮政业	7906	3276	1078	842	148	2889
住宿和餐饮业	15263	6877	2294	1591	64	10258

续 表

所在行业	兼职工会工作人员	女性	女职工组织		本级工会女职工工作人员	
			建立女职工委员会	仅设立女职工委员	专职	兼职
	人	人	个	个	人	人
信息传输、软件和信息技术服务业	6764	3379	972	925	71	3403
金融业	3864	2021	368	238	59	1140
房地产业	5413	2022	631	856	52	1885
租赁和商务服务业	20330	9390	1838	1775	75	11956
科学研究和技术服务业	3754	1767	471	529	52	1642
水利、环境和公共设施管理业	3272	1347	430	441	59	1429
居民服务、修理和其他服务业	23793	10037	3350	2529	151	12484
教育	12569	8256	1727	971	150	5270
卫生和社会工作	5096	2751	673	403	92	2038
文化、体育和娱乐业	4802	1602	424	582	17	2479
公共管理、社会保障和社会组织	22363	8301	1959	1636	255	6116
按经济类型分组						
国有企业	9516	4130	992	930	281	3416
集体企业	8526	2733	1278	752	116	4527
股份合作企业	3305	1486	771	389	27	2055
联营企业	234	97	44	33	2	97
国有独资公司	4402	1758	374	355	128	1437
其他有限责任公司	11877	4773	1368	1507	141	5797
股份有限公司中的国有控股公司	7819	3513	523	247	192	2223
其他股份有限公司	2909	1466	423	325	45	1221
私营企业	115541	47675	15634	13176	862	53756
其他内资企业	2433	1068	282	467	18	928
港澳台商投资企业	7185	3220	1290	954	68	2760
外商投资企业	20656	8747	3040	2294	138	7207
财政拨款的事业单位	18510	10869	2386	1705	242	7354
其他事业单位	4881	2426	716	471	104	2017
机关	5267	2368	742	650	105	1950
个体经济组织	1973	715	290	213	15	946
其他工会组织形式	1365	560	178	235	10	532

工会保障工作（一）

所在行业	工会所在单位本年度经济性裁员		本年度领导干部联系生活困难职工（户）活动		工会送温暖工程工作	
	裁员人数	得到经济性补偿	参加活动的领导干部	联系的困难职工家庭	建立了送温暖工程基（资）金	送温暖工程基（资）金结存额
	人	人	人	户	个	元
总计	**11590**	**4480**	**34281**	**45915**	**5061**	**814995833**
按国民经济行业分组						
农、林、牧、渔业	33	20	914	1799	109	1982652
采矿业	33	0	120	169	23	1876962
制造业	4476	3628	8477	11866	1007	336415282
电力、热气、燃气及水生产和供应业	108	0	610	736	133	35827004
建筑业	178	48	1435	1850	223	29748987
批发和零售业	335	86	1558	2197	270	18921742
交通运输、仓储及邮政业	1168	102	2057	2958	338	77988840
住宿和餐饮业	170	71	985	1453	160	9745016
信息传输、软件和信息技术服务业	178	162	404	471	137	58446511
金融业	17	17	503	700	95	28265496
房地产业	8	6	847	967	192	12285198
租赁和商务服务业	3624	146	1229	1871	182	4435391
科学研究和技术服务业	17	17	461	633	138	13124260
水利、环境和公共设施管理业	222	4	1033	1308	140	26854171
居民服务、修理和其他服务业	327	124	1985	2920	280	20830380
教育	69	38	5430	6286	961	70302592
卫生和社会工作	301	1	1613	1883	255	40449691
文化、体育和娱乐业	13	7	636	715	94	6531456
公共管理、社会保障和社会组织	313	3	3984	5133	324	20964202
按经济类型分组						
国有企业	1421	1241	4258	6217	618	196852631
集体企业	94	4	1742	2537	192	6810171
股份合作企业	812	5	556	729	61	10580829
联营企业	2	0	45	49	7	93764
国有独资公司	238	214	1725	2613	254	88304068
其他有限责任公司	2204	1276	2338	3429	419	54729906

续 表

所在行业	工会所在单位本年度经济性裁员		本年度领导干部联系生活困难职工（户）活动		工会送温暖工程工作	
	裁员人数	得到经济性补偿	参加活动的领导干部	联系的困难职工家庭	建立了送温暖工程基（资）金	送温暖工程基（资）金结存额
	人	人	人	户	个	元
股份有限公司中的国有控股公司	191	189	2288	2990	310	190496845
其他股份有限公司	49	49	545	762	100	15154927
私营企业	4442	437	5585	8447	1011	27748802
其他内资企业	75	0	251	300	39	598825
港澳台商投资企业	551	440	816	1191	99	3980751
外商投资企业	914	611	1940	2411	295	76492925
财政拨款的事业单位	117	9	7608	8739	1256	84364558
其他事业单位	19	5	1181	1493	196	39343486
机关	458	0	2892	3316	167	18165938
个体经济组织	3	0	304	380	10	23000
其他工会组织形式	0	0	207	312	27	1254407

工会保障工作（二）

所在行业	工会所在单位参加社会保险的人数						
	养老保险		医疗保险		工伤保险	失业保险	生育保险
	在职	退休	在职	退休			
	人	人	人	人	人	人	人
总计	**8679118**	**2530174**	**8714951**	**2525762**	**7766303**	**7465882**	**6909609**
按国民经济行业分组							
农、林、牧、渔业	136687	73849	136546	73846	127155	119043	108867
采矿业	32642	13954	32661	13936	32134	32118	26779
制造业	2835364	1185343	2870738	1180898	2529092	2339258	2135536
电力、热气、燃气及水生产和供应业	80408	36099	80475	36099	76267	74617	70524
建筑业	524471	100938	524334	100899	464301	444247	423505
批发和零售业	476511	131112	476464	130950	444206	439002	431487
交通运输、仓储及邮政业	479775	187283	477058	187360	460166	456714	445108
住宿和餐饮业	361547	32013	361648	32013	324212	319912	292430
信息传输、软件和信息技术服务业	228520	14851	228550	14851	181776	180892	171603
金融业	244934	22491	244881	22491	237381	224397	221693

续　表

所在行业	工会所在单位参加社会保险的人数						
	养老保险		医疗保险		工伤保险	失业保险	生育保险
	在职	退休	在职	退休			
	人	人	人	人	人	人	人
房地产业	113682	31117	113669	31108	102817	103270	97474
租赁和商务服务业	659799	122453	666047	122536	602354	611209	554105
科学研究和技术服务业	121439	45534	121405	45538	105113	103110	96164
水利、环境和公共设施管理业	99899	30572	96770	30566	94569	91684	87273
居民服务、修理和其他服务业	973911	131851	974474	131851	789408	745898	666750
教育	244275	195296	243767	195283	222262	226814	209944
卫生和社会工作	209791	82614	209792	82596	196301	197230	192285
文化、体育和娱乐业	87166	23596	86992	23589	82611	83937	79302
公共管理、社会保障和社会组织	768297	69208	768680	69352	694178	672530	598780
按经济类型分组							
国有企业	541816	1094571	539909	1086746	523097	522928	504616
集体企业	280078	229034	279918	228953	254468	241043	217152
股份合作企业	135366	20399	135425	20490	112877	106837	97752
联营企业	13628	593	13628	593	11772	12611	11169
国有独资公司	242041	232829	242501	232840	241367	224706	222203
其他有限责任公司	435499	193766	434764	197755	413853	403709	386854
股份有限公司中的国有控股公司	505255	220662	502315	220221	495645	476794	471132
其他股份有限公司	156801	15646	156915	15717	145559	126161	121164
私营企业	3782111	56585	3793868	56585	3326237	3149141	2836441
其他内资企业	75680	1300	75680	1300	53356	70932	52043
港澳台商投资企业	453671	14137	464307	14137	380368	330865	309829
外商投资企业	1103945	38796	1122910	38472	992205	972340	913880
财政拨款的事业单位	455804	294321	455221	294307	431787	435329	414769
其他事业单位	216812	61933	216754	61906	176700	182291	170971
机关	147003	54424	147212	54562	127123	135078	122776
个体经济组织	91898	99	91898	99	49610	42493	36581
其他工会组织形式	41710	1079	41726	1079	30279	32624	20277

工会保障工作（三）

所在行业	工会所在单位离退休人员	工会所在单位已参加住房公积金
	人	个
总计	**2549243**	**43270**
按国民经济行业分组		
农、林、牧、渔业	77726	609
采矿业	15576	57
制造业	1190812	11147
电力、热气、燃气及水生产和供应业	36759	404
建筑业	101126	1533
批发和零售业	132349	4262
交通运输、仓储及邮政业	189397	1720
住宿和餐饮业	32099	3174
信息传输、软件和信息技术服务业	15285	1561
金融业	22493	573
房地产业	31193	1425
租赁和商务服务业	122593	2952
科学研究和技术服务业	46027	899
水利、环境和公共设施管理业	30687	777
居民服务、修理和其他服务业	132070	4461
教育	196337	2618
卫生和社会工作	82928	980
文化、体育和娱乐业	23850	959
公共管理、社会保障和社会组织	69936	3159
按经济类型分组		
国有企业	1097515	1991
集体企业	229105	1393
股份合作企业	20499	957
联营企业	593	70
国有独资公司	233329	751
其他有限责任公司	203556	2962
股份有限公司中的国有控股公司	221653	780
其他股份有限公司	15717	836
私营企业	56629	19753
其他内资企业	1300	590

续 表

所在行业	工会所在单位离退休人员	工会所在单位已参加住房公积金
	人	个
港澳台商投资企业	14164	1617
外商投资企业	38819	4318
财政拨款的事业单位	296400	4144
其他事业单位	62928	1218
机关	55820	1429
个体经济组织	99	180
其他工会组织形式	1117	281

工会劳动合同、集体合同工作

所在行业	工会所在单位签订劳动合同			
	基层工会	涵盖单位	签订劳动合同的职工人数	签订劳动合同的农民工
	个	个	人	人
总计	**53470**	**328602**	**8422223**	**2745850**
按国民经济行业分组				
农、林、牧、渔业	1085	2345	131069	42360
采矿业	71	71	31255	2690
制造业	17331	60686	2827851	1180393
电力、热气、燃气及水生产和供应业	475	576	80161	7269
建筑业	2028	6920	538145	301146
批发和零售业	5026	26490	490822	111680
交通运输、仓储及邮政业	1910	2543	456366	50126
住宿和餐饮业	3919	18502	386354	128442
信息传输、软件和信息技术服务业	1915	5848	208505	40650
金融业	618	2202	321321	6918
房地产业	1508	7699	109312	29398
租赁和商务服务业	3668	57241	634888	224820
科学研究和技术服务业	960	2274	114393	12255
水利、环境和公共设施管理业	779	1510	83689	18788
居民服务、修理和其他服务业	5683	72778	966224	340202
教育	2516	2752	221038	5335
卫生和社会工作	970	3413	178376	13195
文化、体育和娱乐业	948	2807	82482	11215

续 表

所在行业	工会所在单位签订劳动合同			
	基层工会	涵盖单位	签订劳动合同的职工人数	签订劳动合同的农民工
	个	个	人	人
公共管理、社会保障和社会组织	2060	51945	559972	218968
按经济类型分组				
国有企业	1997	3926	530225	40689
集体企业	2114	9634	260221	62560
股份合作企业	1195	2905	156435	45104
联营企业	79	145	14005	5446
国有独资公司	743	790	231716	12413
其他有限责任公司	2959	7593	452860	85684
股份有限公司中的国有控股公司	776	858	561743	20465
其他股份有限公司	835	1492	151288	22710
私营企业	29231	244856	3749388	1776097
其他内资企业	774	4619	75951	14009
港澳台商投资企业	2273	9910	524425	213649
外商投资企业	5418	19134	1083755	357447
财政拨款的事业单位	3673	4107	395291	27418
其他事业单位	967	6610	161497	25175
机关	0	0	0	0
个体经济组织	436	12023	73423	36984
其他工会组织形式	0	0	0	0

工会签订集体合同情况（一）

类型	签订集体合同总数			单独企业合同			区域性集体合同			行业性集体合同		
	合同	覆盖企业	覆盖职工	合同	覆盖企业	覆盖职工	合同	覆盖企业	覆盖职工	合同	覆盖企业	覆盖职工
	份	个	人	份	个	人	份	个	人	份	个	人
总计	**28030**	**200317**	**5936002**	**23344**	**23344**	**3136028**	**4309**	**161681**	**2025448**	**377**	**15292**	**774526**
国有企业及国有独资公司		5296	1215591		2574	903224		1714	34846		1008	277521
集体企业		3199	176572		1383	130553		1712	39099		104	6920
私营企业		164721	2812610		13780	943958		138315	1582865		12626	285787
港澳台、外商投资企业		12451	915251		3731	628108		8444	233243		276	53900
其他		14650	815978		1876	530185		11496	135395		1278	150398

工会签订集体合同情况（二）

类　型	工资专项集体合同总数			单独企业工资合同			区域性工资合同			行业性工资合同		
	合同	覆盖企业	覆盖职工	合同	覆盖企业	覆盖职工	合同	覆盖企业	覆盖职工	合同	覆盖企业	覆盖职工
	份	个	人	份	个	人	份	个	人	份	个	人
总计	**25136**	**186220**	**4836045**	**20027**	**20027**	**2469903**	**4766**	**151279**	**1770351**	**343**	**14914**	**595791**
国有企业及国有独资公司		3321	847165		1940	685039		661	18556		720	143570
集体企业		3009	152272		1266	119101		1645	26561		98	6610
私营企业		154635	2460651		11324	749618		130668	1424162		12643	286871
港澳台、外商投资企业		11529	743353		3367	494722		7907	197989		255	50642
其他		13726	632604		2130	421423		10398	103083		1198	108098

工会签订集体合同情况（三）

类　型	建立集体协商指导员队伍情况											
	集体协商指导员人数	区县局（产业）		街道、乡镇、经济开发区		指导参与签订集体合同	高危行业劳动安全卫生专项集体合同			其他专项集体合同		
		指导员队伍个数	集体协商指导员人数	指导员队伍个数	集体协商指导员人数		合同	覆盖企业	覆盖职工	合同	覆盖企业	覆盖职工
	人	个	人	个	人	次数	份	个	人	份	个	人
总计	**2050**	**88**	**846**	**197**	**1204**	**33030**	**1188**	**5364**	**408252**	**1888**	**3884**	**112698**
国有企业及国有独资公司								357	142649		351	43359
集体企业								174	9930		254	16699
私营企业								3140	154842		2044	29264
港澳台、外商投资企业								1180	46466		1079	17985
其他								513	54365		156	5391

女职工权益保护专项集体合同（一）

类　型	女职工权益保护专项集体合同总数			单独企业签订合同				区域性合同				行业性合同			
	合同总数	覆盖企业	覆盖女职工	专项合同	集体合同附件	覆盖企业	覆盖女职工	专项合同	集体合同附件	覆盖企业数	覆盖女职工	专项合同	集体合同附件	覆盖企业数	覆盖女职工
	份	个	人	份	份	个	人	份	份	个	人	份	份	个	人
总计	**26094**	**190913**	**2313611**	**20056**	**1443**	**21499**	**1075274**	**3714**	**534**	**154673**	**1006759**	**308**	**39**	**14741**	**231578**
国有企业及国有独资公司		4693	266297			2125	186869			1628	11885			940	67543

续 表

类 型	女职工权益保护专项集体合同总数			单独企业签订合同				区域性合同				行业性合同			
	合同总数	覆盖企业	覆盖女职工	专项合同	集体合同附件	覆盖企业	覆盖女职工	专项合同	集体合同附件	覆盖企业数	覆盖女职工	专项合同	集体合同附件	覆盖企业数	覆盖女职工
	份	个	人	份	份	个	人	份	份	个	人	份	份	个	人
集体企业		2971	71825			1276	50867			1593	18585			102	2373
私营企业		157718	1192268			12678	368637			132884	756965			12156	66666
港澳台、外商投资企业		11262	421194			3662	267873			7337	133711			263	19610
其他		14269	362027			1758	201028			11231	85613			1280	75386

女职工权益保护专项集体合同（二）

类 型	集体合同中有女职工权益保护专门章节总数			单独企业签订合同			区域性合同			行业性合同		
	专章总数	覆盖企业	覆盖女职工	专章数	覆盖企业	覆盖女职工	专章数	覆盖企业数	覆盖女职工	专章数	覆盖企业数	覆盖女职工
	份	个	人	份	个	人	份	个	人	份	个	人
总计	**1236**	**3709**	**156413**	**1158**	**1158**	**116828**	**41**	**1949**	**23539**	**37**	**602**	**16046**
国有企业及国有独资公司		474	47939		314	34112					160	13827
集体企业		108	4540		68	2271		40	2269			
私营企业		2404	42987		430	27425		1572	14156		402	1406
港澳台、外商投资企业		541	37975		197	30862		322	6400		22	713
其他		182	22972		149	22158		15	714		18	100

工 会 民 主 管 理 工 作（一）

所 在 行 业	建立职代会制度情况		本年度召开过职代会（包括职工大会）	职代会职工代表（建立职工大会制单位不填）		工会所在单位实行厂务公开情况
	建立职代会制度	建立职工大会制度			女性	
	个	个	个	人	人	个
总计	**18703**	**28284**	**40340**	**691392**	**260586**	**48280**
按国民经济行业分组						
农、林、牧、渔业	343	722	870	11613	3834	1083
采矿业	30	28	55	2130	395	59
制造业	6601	8712	13319	273716	97814	15773
电力、热气、燃气及水生产和供应业	231	199	386	10378	2555	441
建筑业	756	1019	1501	25493	5470	1833
批发和零售业	1227	2873	3426	37081	14914	4280

续　表

所在行业	建立职代会制度情况		本年度召开过职代会（包括职工大会）	职代会职工代表（建立职工大会制单位不填）		工会所在单位实行厂务公开情况
	建立职代会制度	建立职工大会制度			女性	
	个	个	个	人	人	个
交通运输、仓储及邮政业	753	981	1439	32769	8670	1788
住宿和餐饮业	1261	1977	2432	28455	11827	3362
信息传输、软件和信息技术服务业	527	1082	1353	15999	5998	1652
金融业	200	325	439	15903	8207	547
房地产业	386	816	1061	11840	3772	1256
租赁和商务服务业	997	2234	2767	36581	13813	3283
科学研究和技术服务业	276	534	664	10387	3295	876
水利、环境和公共设施管理业	278	487	681	8602	2672	781
居民服务、修理和其他服务业	2045	2817	4191	67279	24087	4971
教育	1153	1414	2448	43984	26699	2578
卫生和社会工作	521	436	887	22391	13258	959
文化、体育和娱乐业	257	624	758	6485	2406	868
公共管理、社会保障和社会组织	861	1004	1663	30306	10900	1890
按经济类型分组						
国有企业	1070	822	1758	46259	12551	1895
集体企业	786	1128	1696	27600	9366	1953
股份合作企业	651	437	688	12246	4416	1106
联营企业	29	41	51	935	277	70
国有独资公司	379	343	667	18115	4574	725
其他有限责任公司	1148	1520	2296	40069	12574	2693
股份有限公司中的国有控股公司	512	229	675	37313	13415	753
其他股份有限公司	279	398	556	11685	4173	693
私营企业	8522	16485	20966	276199	97489	25829
其他内资企业	217	370	511	8864	3300	603
港澳台商投资企业	863	1100	1709	33832	13243	2021
外商投资企业	2047	2402	3877	94876	40689	4643
财政拨款的事业单位	1578	2219	3626	60623	34674	3869
其他事业单位	448	617	938	18201	8012	1073
机关	0	0	0	0	0	0
个体经济组织	174	173	326	4575	1833	354
其他工会组织形式	0	0	0	0	0	0

工会民主管理工作（二）

所在行业	工会所在单位建立董事会涵盖单位	董事	职工董事	女性	工会主席或副主席进入了董事会	工会所在单位建立监事会涵盖单位	监事	职工监事	女性	工会主席或副主席进入监事会
	个	人	人	人	人	个	人	人	人	个
总计	**5600**	**20124**	**1774**	**580**	**1209**	**3146**	**7001**	**1795**	**654**	**893**
按国民经济行业分组										
农、林、牧、渔业	106	370	41	12	26	63	102	25	10	17
采矿业	10	49	2	1	3	8	23	3	1	3
制造业	1871	6972	536	166	337	965	2382	555	221	324
电力、热气、燃气及水生产和供应业	64	319	23	3	15	49	136	35	12	23
建筑业	977	1288	168	28	121	240	558	154	40	76
批发和零售业	419	1632	132	45	116	322	626	172	62	92
交通运输、仓储及邮政业	270	1370	70	15	69	197	447	105	24	53
住宿和餐饮业	208	728	58	11	48	129	179	45	16	32
信息传输、软件和信息技术服务业	215	920	53	13	33	114	257	69	29	31
金融业	135	947	47	13	23	103	345	99	30	24
房地产业	379	1605	148	39	108	309	650	176	66	68
租赁和商务服务业	339	1214	116	35	91	268	433	106	32	49
科学研究和技术服务业	89	422	30	9	24	59	137	33	11	19
水利、环境和公共设施管理业	77	231	23	6	26	42	102	20	4	9
居民服务、修理和其他服务业	192	912	110	27	85	132	281	90	27	30
教育	133	663	182	141	64	71	128	57	45	24
卫生和社会工作	29	86	12	6	10	12	29	10	5	6
文化、体育和娱乐业	70	322	13	7	3	48	147	28	11	8
公共管理、社会保障和社会组织	17	74	10	3	7	15	39	13	8	5
按经济类型分组										
国有企业	0	0	0	0	0	0	0	0	0	0
集体企业	198	790	102	27	90	161	327	92	29	43
股份合作企业	198	902	133	45	88	140	298	80	24	57
联营企业	12	67	4	0	1	5	14	0	0	1
国有独资公司	348	1433	153	44	108	332	777	218	67	100
其他有限责任公司	1111	4398	355	91	270	853	1658	436	160	213

续 表

所在行业	工会所在单位建立董事会涵盖单位	董事	职工董事	女性	工会主席或副主席进入了董事会	工会所在单位建立监事会涵盖单位	监事	职工监事	女性	工会主席或副主席进入监事会
	个	人	人	人	人	个	人	人	人	个
股份有限公司中的国有控股公司	366	2209	125	33	86	328	969	270	90	126
其他股份有限公司	262	1347	209	120	92	195	460	138	71	63
私营企业	1977	3898	453	134	349	662	1349	383	145	204
其他内资企业	53	246	23	18	18	25	63	11	7	4
港澳台商投资企业	265	1256	51	21	29	145	344	50	22	28
外商投资企业	810	3578	166	47	78	300	742	117	39	54
财政拨款的事业单位	0	0	0	0	0	0	0	0	0	0
其他事业单位	0	0	0	0	0	0	0	0	0	0
机关	0	0	0	0	0	0	0	0	0	0
个体经济组织	0	0	0	0	0	0	0	0	0	0
其他工会组织形式	0	0	0	0	0	0	0	0	0	0

工会劳动保护工作（一）

所在行业	工会建立劳动保护监督检查委员会	工会建立分公司、分厂、车间一级工会劳动保护监督检查委员会	工会小组劳动保护检查员	本年度本级工会劳动保护监督组织受理举报案件	提请劳动安全卫生监督部门处理案件
	个	个	人	件	件
总计	**17713**	**28216**	**78310**	**463**	**14**
按国民经济行业分组					
农、林、牧、渔业	542	540	1556	12	1
采矿业	43	217	690	0	0
制造业	7699	10690	34193	322	7
电力、热气、燃气及水生产和供应业	219	444	3054	0	0
建筑业	753	1634	5110	12	0
批发和零售业	1121	3888	5883	2	0
交通运输、仓储及邮政业	710	1407	7008	0	0
住宿和餐饮业	747	632	1789	4	0
信息传输、软件和信息技术服务业	435	433	1554	0	0
金融业	120	130	265	2	0

续 表

所在行业	工会建立劳动保护监督检查委员会	工会建立分公司、分厂、车间一级工会劳动保护监督检查委员会	工会小组劳动保护检查员	本年度本级工会劳动保护监督组织受理举报案件	提请劳动安全卫生监督部门处理案件
	个	个	人	件	件
房地产业	368	200	823	1	0
租赁和商务服务业	1030	3872	4341	19	3
科学研究和技术服务业	229	318	1137	0	0
水利、环境和公共设施管理业	311	234	1016	0	0
居民服务、修理和其他服务业	1462	1223	3077	14	0
教育	590	360	1145	8	3
卫生和社会工作	433	546	2711	55	0
文化、体育和娱乐业	269	118	391	0	0
公共管理、社会保障和社会组织	632	1330	2567	12	0
按经济类型分组					
国有企业	1117	3229	13515	9	0
集体企业	969	619	2132	12	0
股份合作企业	309	247	844	14	0
联营企业	29	50	115	0	0
国有独资公司	324	1830	6298	16	0
其他有限责任公司	1066	4470	8494	28	4
股份有限公司中的国有控股公司	432	1707	11037	0	0
其他股份有限公司	248	306	921	230	0
私营企业	8622	9946	19229	61	6
其他内资企业	254	54	253	0	0
港澳台商投资企业	943	765	2598	2	0
外商投资企业	1822	2803	6689	35	1
财政拨款的事业单位	1047	802	3616	44	3
其他事业单位	391	357	2005	12	0
机关	0	0	0	0	0
个体经济组织	140	1031	564	0	0
其他工会组织形式	0	0	0	0	0

工会劳动保护工作（二）

所在行业	本年度工会参加安全生产检查	本年度工会参加处理工伤事故	本年度工会参加“三同时”审查验收项目	女职工劳动保护	
				执行禁止安排女职工从事矿山井下及第四级体力劳动强度等有关规定	执行女职工在孕期、产期、哺乳期享有特殊待遇的有关规定
	次	件	项	个	个
总计	**160802**	**2438**	**8094**	**54377**	**54381**
按国民经济行业分组					
农、林、牧、渔业	7229	127	97	1119	1118
采矿业	406	6	22	71	71
制造业	59101	884	5431	17393	17395
电力、热气、燃气及水生产和供应业	3147	11	218	468	469
建筑业	7626	56	322	1982	1982
批发和零售业	10423	87	156	5036	5034
交通运输、仓储及邮政业	11112	306	203	1934	1934
住宿和餐饮业	6041	227	248	3926	3928
信息传输、软件和信息技术服务业	3247	59	115	1921	1922
金融业	863	3	13	623	623
房地产业	4192	43	153	1512	1512
租赁和商务服务业	9311	70	120	3696	3697
科学研究和技术服务业	1686	40	71	1009	1009
水利、环境和公共设施管理业	4361	52	54	853	853
居民服务、修理和其他服务业	11176	131	593	5832	5832
教育	9403	115	61	2640	2640
卫生和社会工作	4829	130	116	1045	1045
文化、体育和娱乐业	2003	32	25	1042	1042
公共管理、社会保障和社会组织	4646	59	76	2275	2275
按经济类型分组					
国有企业	17526	263	327	1988	1993
集体企业	8784	68	238	2114	2114
股份合作企业	2731	59	194	1181	1181
联营企业	251	7	4	78	78
国有独资公司	6748	176	306	745	745
其他有限责任公司	13753	227	240	2956	2957

续 表

所在行业	本年度工会参加安全生产检查	本年度工会参加处理工伤事故	本年度工会参加“三同时”审查验收项目	女职工劳动保护	
				执行禁止安排女职工从事矿山井下及第四级体力劳动强度等有关规定	执行女职工在孕期、产期、哺乳期享有特殊待遇的有关规定
	次	件	项	个	个
股份有限公司中的国有控股公司	8237	199	326	778	780
其他股份有限公司	1906	34	74	771	771
私营企业	55812	626	3117	29404	29400
其他内资企业	957	6	18	770	770
港澳台商投资企业	5942	101	941	2275	2275
外商投资企业	15689	371	1997	5418	5418
财政拨款的事业单位	17144	194	193	4155	4155
其他事业单位	2867	104	110	1221	1221
机关	0	0	0	0	0
个体经济组织	2455	3	9	523	523
其他工会组织形式	0	0	0	0	0

工会法律工作（一）

所在行业	建立工会劳动法律监督组织	工会劳动法律监督员	本年度工会劳动法律监督组织受理违法、违规案件		工会所在单位建立劳动争议调解委员会	劳动争议调解委员会委员	劳动争议调解委员会中工会成员（职工代表）
				本组织自行处理的案件			
	个	人	件	件	个	人	人
总计	**11003**	**22146**	**193**	**130**	**32150**	**106085**	**52717**
按国民经济行业分组							
农、林、牧、渔业	395	586	10	2	629	2043	1041
采矿业	31	185	0	0	43	183	85
制造业	4256	8751	118	103	10448	35143	16880
电力、热气、燃气及水生产和供应业	98	259	0	0	279	1223	664
建筑业	489	1463	2	1	1230	4443	2202
批发和零售业	740	1149	11	4	2883	8487	4336
交通运输、仓储及邮政业	428	1238	4	3	1018	3881	2146
住宿和餐饮业	493	903	8	5	2210	6641	3424

续　表

所在行业	建立工会劳动法律监督组织	工会劳动法律监督员	本年度工会劳动法律监督组织受理违法、违规案件	本组织自行处理的案件	工会所在单位建立劳动争议调解委员会	劳动争议调解委员会委员	劳动争议调解委员会中工会成员（职工代表）
	个	人	件	件	个	人	人
信息传输、软件和信息技术服务业	292	477	2	0	1183	3633	1827
金融业	95	202	1	0	309	1005	513
房地产业	224	368	7	1	887	2626	1353
租赁和商务服务业	639	1004	4	1	2287	7004	3425
科学研究和技术服务业	159	272	1	0	486	1763	942
水利、环境和公共设施管理业	183	373	0	0	433	1464	734
居民服务、修理和其他服务业	1005	1775	11	2	3644	11268	5522
教育	692	1407	3	0	1795	7068	3463
卫生和社会工作	277	814	1	0	687	2797	1567
文化、体育和娱乐业	164	252	1	0	509	1591	819
公共管理、社会保障和社会组织	343	668	9	8	1190	3822	1774
按经济类型分组							
国有企业	663	1846	5	1	1182	4964	2787
集体企业	535	928	4	2	1246	4088	1984
股份合作企业	181	359	3	3	500	1561	754
联营企业	20	37	0	0	42	147	77
国有独资公司	218	722	62	61	364	1646	877
其他有限责任公司	676	1374	10	3	1475	5156	2651
股份有限公司中的国有控股公司	244	1234	1	0	449	2452	1424
其他股份有限公司	155	293	2	0	428	1501	758
私营企业	4899	9163	44	19	17941	54283	25911
其他内资企业	174	252	0	0	429	1398	614
港澳台商投资企业	640	1065	5	3	1449	4930	2579
外商投资企业	1282	1942	45	33	3504	11886	6185
财政拨款的事业单位	977	2176	8	5	2354	9219	4708
其他事业单位	269	613	1	0	580	2172	1109
机关	0	0	0	0	0	0	0
个体经济组织	70	142	3	0	207	682	299
其他工会组织形式	0	0	0	0	0	0	0

工会法律工作（二）

所在行业	本年度劳动争议调解委员会受理劳动争议	集体劳动争议	本年度劳动争议调解委员会调解成功劳动争议	集体劳动争议
	件	件	件	件
总计	**4556**	**43**	**1248**	**36**
按国民经济行业分组				
农、林、牧、渔业	438	0	10	0
采矿业	15	0	1	0
制造业	2761	24	723	18
电力、热气、燃气及水生产和供应业	3	0	2	0
建筑业	217	3	28	3
批发和零售业	74	1	70	1
交通运输、仓储及邮政业	171	4	85	3
住宿和餐饮业	216	2	153	2
信息传输、软件和信息技术服务业	15	0	15	0
金融业	31	0	22	0
房地产业	31	0	3	0
租赁和商务服务业	78	2	18	2
科学研究和技术服务业	170	0	1	0
水利、环境和公共设施管理业	82	0	14	0
居民服务、修理和其他服务业	29	1	15	1
教育	154	1	56	1
卫生和社会工作	29	0	12	0
文化、体育和娱乐业	0	0	0	0
公共管理、社会保障和社会组织	42	5	20	5
按经济类型分组				
国有企业	172	0	20	0
集体企业	231	1	168	1
股份合作企业	16	5	3	2
联营企业	8	0	0	0
国有独资公司	99	4	88	4
其他有限责任公司	366	3	68	3

续 表

所在行业	本年度劳动争议调解委员会受理劳动争议	集体劳动争议	本年度劳动争议调解委员会调解成功劳动争议	集体劳动争议
	件	件	件	件
股份有限公司中的国有控股公司	252	2	13	2
其他股份有限公司	90	1	42	1
私营企业	1069	17	473	13
其他内资企业	0	0	0	0
港澳台商投资企业	113	1	17	1
外商投资企业	1811	5	300	5
财政拨款的事业单位	140	4	33	4
其他事业单位	178	0	12	0
机关	0	0	0	0
个体经济组织	11	0	11	0
其他工会组织形式	0	0	0	0

工会法律工作（三）

所在行业	受理的劳动争议案件按引发原因分类									
	变更、解除、终止、续订劳动合同	除名、辞退职工与职工自动离职、辞职	劳动报酬	保险福利	工作时间和休息休假	劳动安全卫生	职业培训	未成年工	女职工特殊保护	其他原因
	件	件	件	件	件	件	件	件	件	件
总计	**1556**	**2039**	**386**	**154**	**60**	**19**	**37**	**0**	**7**	**298**
按国民经济行业分组										
农、林、牧、渔业	281	136	4	1	5	3	1	0	0	7
采矿业	0	6	0	0	1	0	0	0	7	1
制造业	489	1646	262	72	38	15	8	0	0	231
电力、热气、燃气及水生产和供应业	1	1	1	0	0	0	0	0	0	0
建筑业	147	41	12	0	0	0	0	0	0	17
批发和零售业	8	20	21	21	1	0	0	0	0	3
交通运输、仓储及邮政业	64	19	39	36	3	0	4	0	0	6
住宿和餐饮业	136	71	6	0	3	0	0	0	0	0

续 表

所在行业	受理的劳动争议案件按引发原因分类									
	变更、解除、终止、续订劳动合同	除名、辞退职工与职工自动离职、辞职	劳动报酬	保险福利	工作时间和休息休假	劳动安全卫生	职业培训	未成年工	女职工特殊保护	其他原因
	件	件	件	件	件	件	件	件	件	件
信息传输、软件和信息技术服务业	2	2	0	0	0	0	1	0	0	10
金融业	8	9	5	7	0	0	0	0	0	2
房地产业	12	3	1	0	0	0	15	0	0	0
租赁和商务服务业	33	15	14	7	0	0	4	0	0	5
科学研究和技术服务业	154	13	1	0	1	0	0	0	0	1
水利、环境和公共设施管理业	73	7	0	2	0	0	0	0	0	0
居民服务、修理和其他服务业	4	7	4	1	4	1	4	0	0	4
教育	121	23	4	2	2	0	0	0	0	2
卫生和社会工作	10	13	3	3	0	0	0	0	0	0
文化、体育和娱乐业	0	0	0	0	0	0	0	0	0	0
公共管理、社会保障和社会组织	13	7	9	2	2	0	0	0	0	9
按经济类型分组										
国有企业	89	70	6	1	0	1	0	0	0	5
集体企业	21	18	136	14	13	1	20	0	0	8
股份合作企业	4	2	2	0	1	2	0	0	0	5
联营企业	1	2	0	0	5	0	0	0	0	0
国有独资公司	26	17	43	6	0	0	0	0	0	7
其他有限责任公司	225	115	8	8	2	1	0	0	0	7
股份有限公司中的国有控股公司	179	53	4	2	5	0	0	0	7	2
其他股份有限公司	53	25	2	3	0	0	1	0	0	6
私营企业	223	336	147	99	27	13	15	0	0	209
其他内资企业	0	0	0	0	0	0	0	0	0	0
港澳台商投资企业	32	75	1	3	0	1	0	0	0	1
外商投资企业	439	1292	26	13	5	0	0	0	0	36
财政拨款的事业单位	103	23	7	2	2	0	0	0	0	3
其他事业单位	160	11	3	3	0	0	1	0	0	0
机关	0	0	0	0	0	0	0	0	0	0
个体经济组织	1	0	1	0	0	0	0	0	0	9
其他工会组织形式	0	0	0	0	0	0	0	0	0	0

工会经济技术工作（一）

所在行业	开展劳动竞赛的基层工会	本年度参加劳动竞赛职工	本年度职工提出合理化建议	本年度已实施合理化建议	本年度技术革新项目	本年度职工发明创造项目
	个	人次	件	件	项	项
总计	**17074**	**3235197**	**1896086**	**1636353**	**10630**	**4285**
按国民经济行业分组						
农、林、牧、渔业	315	32897	12995	5575	118	39
采矿业	44	33223	12038	7470	1015	248
制造业	5479	1053829	1792417	1600956	7242	2352
电力、热气、燃气及水生产和供应业	270	216328	6380	2128	349	117
建筑业	734	212644	4775	1849	565	356
批发和零售业	1035	175561	3489	587	1	5
交通运输、仓储及邮政业	768	392025	32424	7690	234	55
住宿和餐饮业	1133	152820	6183	2541	6	0
信息传输、软件和信息技术服务业	464	123575	6220	841	120	96
金融业	211	102775	1363	586	113	49
房地产业	505	34798	1495	426	11	3
租赁和商务服务业	836	72369	2656	1214	21	10
科学研究和技术服务业	291	53373	2058	505	275	469
水利、环境和公共设施管理业	394	49130	1158	425	111	20
居民服务、修理和其他服务业	1408	186484	1877	956	16	8
教育	1685	104762	5666	1467	17	69
卫生和社会工作	618	134901	1551	725	403	385
文化、体育和娱乐业	258	18083	808	121	6	4
公共管理、社会保障和社会组织	626	85620	533	291	7	0
按经济类型分组						
国有企业	1277	426039	154691	108803	1277	630
集体企业	640	48357	1487	290	71	29
股份合作企业	626	88184	3729	1241	71	11
联营企业	33	7003	446	361	15	6
国有独资公司	491	231987	51673	34402	905	297
其他有限责任公司	1355	222838	27506	12509	737	153

续 表

所在行业	开展劳动竞赛的基层工会	本年度参加劳动竞赛职工	本年度职工提出合理化建议	本年度已实施合理化建议	本年度技术革新项目	本年度职工发明创造项目
	个	人次	件	件	项	项
股份有限公司中的国有控股公司	547	447181	135303	80707	4103	1149
其他股份有限公司	278	57779	1859	543	239	275
私营企业	6597	811809	6791	2754	402	244
其他内资企业	71	6566	53	32	0	1
港澳台商投资企业	617	190734	59692	49432	115	77
外商投资企业	1536	382344	1443557	1342506	2075	512
财政拨款的事业单位	2449	221759	7523	2004	256	444
其他事业单位	445	81043	1732	747	364	457
机关	0	0	0	0	0	0
个体经济组织	112	11574	44	22	0	0
其他工会组织形式	0	0	0	0	0	0

工会经济技术工作（二）

所在行业	本年度荣获国家专利项目	本年度推广先进操做法项目	聘用职工节能减排义务监督员	建有职工技协组织	技协会员
	项	项	人	个	人
总计	**8245**	**2238**	**6811**	**619**	**63147**
按国民经济行业分组					
农、林、牧、渔业	69	50	47	11	920
采矿业	41	70	158	2	195
制造业	4418	1062	1979	145	6766
电力、热气、燃气及水生产和供应业	446	88	323	46	8476
建筑业	579	273	411	58	4588
批发和零售业	13	12	534	10	188
交通运输、仓储及邮政业	77	76	416	60	16634
住宿和餐饮业	0	14	177	4	203
信息传输、软件和信息技术服务业	288	67	359	24	3607
金融业	20	97	55	4	239

续　表

所在行业	本年度荣获国家专利项目	本年度推广先进操做法项目	聘用职工节能减排义务监督员	建有职工技协组织	技协会员
	项	项	人	个	人
房地产业	3	19	87	61	2488
租赁和商务服务业	22	19	548	16	531
科学研究和技术服务业	844	188	135	25	4521
水利、环境和公共设施管理业	33	28	153	67	3098
居民服务、修理和其他服务业	0	15	304	22	868
教育	1155	23	506	15	790
卫生和社会工作	225	132	517	33	8405
文化、体育和娱乐业	4	3	33	8	298
公共管理、社会保障和社会组织	8	2	69	8	332
按经济类型分组					
国有企业	1784	524	1166	153	26199
集体企业	18	20	31	11	1530
股份合作企业	28	8	31	8	90
联营企业	4	9	9	0	0
国有独资公司	713	209	849	55	4571
其他有限责任公司	688	107	489	64	2171
股份有限公司中的国有控股公司	1434	496	994	72	11330
其他股份有限公司	152	54	29	10	341
私营企业	363	226	876	65	2380
其他内资企业	2	0	14	1	5
港澳台商投资企业	268	45	94	12	378
外商投资企业	805	292	434	24	338
财政拨款的事业单位	1592	169	847	106	9249
其他事业单位	394	79	440	38	4565
机关	0	0	0	0	0
个体经济组织	0	0	508	0	0
其他工会组织形式	0	0	0	0	0

职工文化体育工作

所在行业	工会直属文化宫、俱乐部	工会直属体育场（馆）	工会直属图书馆（藏书1万册以上）
	个	个	个
总计	**366**	**187**	**357**
按国民经济行业分组			
农、林、牧、渔业	1	1	11
采矿业	4	8	7
制造业	69	39	90
电力、热气、燃气及水生产和供应业	13	6	9
建筑业	8	3	7
批发和零售业	5	4	3
交通运输、仓储及邮政业	19	9	18
住宿和餐饮业	22	2	1
信息传输、软件和信息技术服务业	12	5	3
金融业	14	8	8
房地产业	8	5	7
租赁和商务服务业	7	5	6
科学研究和技术服务业	5	10	6
水利、环境和公共设施管理业	5	3	9
居民服务、修理和其他服务业	25	7	16
教育	76	32	71
卫生和社会工作	25	11	21
文化、体育和娱乐业	8	2	14
公共管理、社会保障和社会组织	40	27	50
按经济类型分组			
国有企业	34	25	33
集体企业	9	4	5
股份合作企业	4	2	1
联营企业	1	1	0
国有独资公司	9	2	14
其他有限责任公司	20	11	19

续 表

所在行业	工会直属文化宫、俱乐部	工会直属体育场（馆）	工会直属图书馆（藏书1万册以上）
	个	个	个
股份有限公司中的国有控股公司	26	22	26
其他股份有限公司	1	1	6
私营企业	68	25	43
其他内资企业	3	0	1
港澳台商投资企业	10	4	10
外商投资企业	32	14	26
财政拨款的事业单位	76	33	96
其他事业单位	39	21	34
机关	31	22	41
个体经济组织	0	0	0
其他工会组织形式	3	0	2

工会经审工作

所在行业	建立工会经费审查组织	工会经费审查组织开展本级经费年度预、决算审查
	个	个
总计	**55373**	**41367**
按国民经济行业分组		
农、林、牧、渔业	1121	919
采矿业	70	64
制造业	17198	12309
电力、热气、燃气及水生产和供应业	470	395
建筑业	2013	1458
批发和零售业	4931	3444
交通运输、仓储及邮政业	1937	1522
住宿和餐饮业	3909	2962
信息传输、软件和信息技术服务业	1917	1388
金融业	621	540
房地产业	1509	1231
租赁和商务服务业	3665	2559

续 表

所 在 行 业	建立工会经费审查组织	工会经费审查组织开展本级经费年度预、决算审查
	个	个
科学研究和技术服务业	959	753
水利、环境和公共设施管理业	889	711
居民服务、修理和其他服务业	5825	4294
教育	2697	2547
卫生和社会工作	1076	915
文化、体育和娱乐业	1033	817
公共管理、社会保障和社会组织	3533	2539
按经济类型分组		
国有企业	1925	1700
集体企业	2101	1595
股份合作企业	1190	1001
联营企业	78	58
国有独资公司	720	651
其他有限责任公司	2883	2353
股份有限公司中的国有控股公司	767	722
其他股份有限公司	835	632
私营企业	28986	19826
其他内资企业	775	504
港澳台商投资企业	2265	1822
外商投资企业	5235	4284
财政拨款的事业单位	4104	3718
其他事业单位	1226	936
机关	1398	1121
个体经济组织	489	194
其他工会组织形式	396	250

A 附　录

Appendix

上海工会年鉴

2014

全国人民代表大会常务委员会关于修改《中华人民共和国劳动合同法》的决定

(2012年12月28日第十一届全国人民代表大会常务委员会第三十次会议通过)

第十一届全国人民代表大会常务委员会第三十次会议决定对《中华人民共和国劳动合同法》作如下修改:

一、将第五十七条修改为:"经营劳务派遣业务应当具备下列条件:

"(一)注册资本不得少于人民币二百万元;

"(二)有与开展业务相适应的固定的经营场所和设施;

"(三)有符合法律、行政法规规定的劳务派遣管理制度;

"(四)法律、行政法规规定的其他条件。

"经营劳务派遣业务,应当向劳动行政部门依法申请行政许可;经许可的,依法办理相应的公司登记。未经许可,任何单位和个人不得经营劳务派遣业务。"

二、将第六十三条修改为:"被派遣劳动者享有与用工单位的劳动者同工同酬的权利。用工单位应当按照同工同酬原则,对被派遣劳动者与本单位同类岗位的劳动者实行相同的劳动报酬分配办法。用工单位无同类岗位劳动者的,参照用工单位所在地相同或者相近岗位劳动者的劳动报酬确定。

"劳务派遣单位与被派遣劳动者订立的劳动合同和与用工单位订立的劳务派遣协议,载明或者约定的向被派遣劳动者支付的劳动报酬应当符合前款规定。"

三、将第六十六条修改为:"劳动合同用工是我国的企业基本用工形式。劳务派遣用工是补充形式,只能在临时性、辅助性或者替代性的工作岗位上实施。

"前款规定的临时性工作岗位是指存续时间不超过六个月的岗位;辅助性工作岗位是指为主营业务岗位提供服务的非主营业务岗位;替代性工作岗位是指用工单位的劳动者因脱产学习、休假等原因无法工作的一定期间内,可以由其他劳动者替代工作的岗位。

"用工单位应当严格控制劳务派遣用工数量,不得超过其用工总量的一定比例,具体比例由国务院劳动行政部门规定。"

四、将第九十二条修改为:"违反本法规定,未经许可,擅自经营劳务派遣业务的,由劳动行政部门责令停止违法行为,没收违法所得,并处违法所得一倍以上五倍以下的罚款;没有违法所得的,可以处五万元以下的罚款。

"劳务派遣单位、用工单位违反本法有关劳务派遣规定的,由劳动行政部门责令限期改正;逾期不改正的,以每人五千元以上一万元以下的标准处以罚款,对劳务派遣单位,吊销其劳务派遣业务经营许可证。用工单位给被派遣劳动者造成损害的,劳务派遣单位与用工单位承担连带赔偿责任。"

本决定自2013年7月1日起施行。

本决定公布前已依法订立的劳动合同和劳务派遣协议继续履行至期限届满,但是劳动合同和劳务派遣协议的内容不符合本决定关于按照同工同酬原则实行相同的劳动报酬分配办法的规定的,应当依照本决定进行调整;本决定施行前经营劳务派遣业务的单位,应当在本决定施行之日起一年内依法取得行政许可并办理公司变更登记,方可经营新的劳务派遣业务。具体办法由国务院劳动行政部门会同国务院有关部门规定。

《中华人民共和国劳动合同法》根据本决定作相应修改,重新公布。

中华人民共和国最高人民法院公告

《最高人民法院关于审理劳动争议案件适用法律若干问题的解释(四)》已于2012年12月31日由最高人民法院审判委员会第1566次会议通过,现予公布,自2013年2月1日起施行。

最高人民法院

2013年1月18日

最高人民法院关于审理劳动争议案件适用法律若干问题的解释（四）

（法释〔2013〕4号，2012年12月31日最高人民法院审判委员会第1566次会议通过）

为正确审理劳动争议案件，根据《中华人民共和国劳动法》《中华人民共和国劳动合同法》《中华人民共和国劳动争议调解仲裁法》《中华人民共和国民事诉讼法》等相关法律规定，结合民事审判实践，就适用法律的若干问题，作如下解释：

第一条　劳动人事争议仲裁委员会以无管辖权为由对劳动争议案件不予受理，当事人提起诉讼的，人民法院按照以下情形分别处理：

（一）经审查认为该劳动人事争议仲裁委员会对案件确无管辖权的，应当告知当事人向有管辖权的劳动人事争议仲裁委员会申请仲裁；

（二）经审查认为该劳动人事争议仲裁委员会有管辖权的，应当告知当事人申请仲裁，并将审查意见书面通知该劳动人事争议仲裁委员会，劳动人事争议仲裁委员会仍不受理，当事人就该劳动争议事项提起诉讼的，应予受理。

第二条　仲裁裁决的类型以仲裁裁决书确定为准。

仲裁裁决书未载明该裁决为终局裁决或非终局裁决，用人单位不服该仲裁裁决向基层人民法院提起诉讼的，应当按照以下情形分别处理：

（一）经审查认为该仲裁裁决为非终局裁决的，基层人民法院应予受理；

（二）经审查认为该仲裁裁决为终局裁决的，基层人民法院不予受理，但应告知用人单位可以自收到不予受理裁定书之日起三十日内向劳动人事争议仲裁委员会所在地的中级人民法院申请撤销该仲裁裁决；已经受理的，裁定驳回起诉。

第三条　中级人民法院审理用人单位申请撤销终局裁决的案件，应当组成合议庭开庭审理。经过阅卷、调查和询问当事人，对没有新的事实、证据或者理由，合议庭认为不需要开庭审理的，可以不开庭审理。

中级人民法院可以组织双方当事人调解。达成调解协议的，可以制作调解书。一方当事人逾期不履行调解协议的，另一方可以申请人民法院强制执行。

第四条　当事人在人民调解委员会主持下仅就给付义务达成的调解协议，双方认为有必要的，可以共同向人民调解委员会所在地的基层人民法院申请司法确认。

第五条　劳动者非因本人原因从原用人单位被安排到新用人单位工作，原用人单位未支付经济补偿，劳动者依照劳动合同法第三十八条规定与新用人单位解除劳动合同，或者新用人单位向劳动者提出解除、终止劳动合同，在计算支付经济补偿或赔偿金的工作年限时，劳动者请求把在原用人单位的工作年限合并计算为新用人单位工作年限的，人民法院应予支持。

用人单位符合下列情形之一的，应当认定属于“劳动者非因本人原因从原用人单位被安排到新用人单位工作”：

（一）劳动者仍在原工作场所、工作岗位工作，劳动合同主体由原用人单位变更为新用人单位；

（二）用人单位以组织委派或任命形式对劳动者进行工作调动；

（三）因用人单位合并、分立等原因导致劳动者工作调动；

（四）用人单位及其关联企业与劳动者轮流订立劳动合同；

（五）其他合理情形。

第六条　当事人在劳动合同或者保密协议中约定了竞业限制，但未约定解除或者终止劳动合同后给予劳动者经济补偿，劳动者履行了竞业限制义务，要求用人单位按照劳动者在劳动合同解除或者终止前十二个月平均工资的30%按月支付经济补偿的，人民法院应予支持。

前款规定的月平均工资的30%低于劳动合同履行地最低工资标准的，按照劳动合同履行地最低工资标准支付。

第七条　当事人在劳动合同或者保密协议中约定了竞业限制和经济补偿，当事人解除劳动合同时，除另有约定外，用人单位要求劳动者履行竞业限制义务，或者劳动者履行了竞业限制义务后要求用人单位支付经济补偿的，人民法院应予支持。

第八条　当事人在劳动合同或者保密协议中约定了竞业限制和经济补偿，劳动合同解除或者终止后，因用人单位的原因导致三个月未支付经济补偿，劳动者请求解除竞业限制约定的，人民法院应予支持。

第九条　在竞业限制期限内，用人单位请求解除竞业限制协议时，人民法院应予支持。

在解除竞业限制协议时，劳动者请求用人单位额外支付劳动者三个月的竞业限制经济补偿的，人民法院应予支持。

第十条　劳动者违反竞业限制约定，向用人单位支付违约金后，用人单位要求劳动者按照约定继续履行竞业限制义务的，人民法院应予支持。

第十一条　变更劳动合同未采用书面形式，但已经实际履行了口头变更的劳动合同超过一个月，且变更后的劳动合同内容不违反法律、行政法规、国家政策以及公序良俗，当事人以未采用书面形式为由主张劳动合同变更无效的，人民法院不予支持。

第十二条　建立了工会组织的用人单位解除劳动合同符合劳动合同法第三十九条、第四十条规定，但未按照劳动合同法第四十三条规定事先通知工会，劳动者以用人单位违法解除劳动合同为由请求用人单位支付赔偿金的，人民法院应予支持，但起诉前用人单位已经补正有关程序的除外。

第十三条　劳动合同法施行后，因用人单位经营期限届满不再继续经营导致劳动合同不能继续履行，劳动者请求用人单位支付经济补偿的，人民法院应予支持。

第十四条　外国人、无国籍人未依法取得就业证件即与中国境内的用人单位签订劳动合同，以及香港特别行政区、澳门特别行政区和台湾地区居民未依法取得就业证件即与内地用人单位签订劳动合同，当事人请求确认与用人单位存在劳动关系的，人民法院不予支持。

持有《外国专家证》并取得《外国专家来华工作许可证》的外国人，与中国境内的用人单位建立用工关系的，可以认定为劳动关系。

第十五条　本解释施行前本院颁布的有关司法解释与本解释抵触的，自本解释施行之日起不再适用。

本解释施行后尚未终审的劳动争议纠纷案件，适用本解释；本解释施行前已经终审，当事人申请再审或者按照审判监督程序决定再审的，不适用本解释。

人力资源社会保障部关于贯彻实施新修订的劳动合同法严格规范劳务派遣的通知

人社部发〔2013〕6号

各省、自治区、直辖市及新疆生产建设兵团人力资源社会保障厅(局)：

2012年12月28日，第十一届全国人民代表大会常务委员会第三十次会议通过《关于修改〈中华人民共和国劳动合同法〉的决定》，重点对劳务派遣作了新的法律规定，自今年7月1日起施行。为做好贯彻实施工作，进一步规范劳务派遣，现就有关事项通知如下：

一、充分认识贯彻实施新修订劳动合同法严格规范劳务派遣的重要意义

劳务派遣作为一种补充用工方式，在满足用人单位灵活用工需求和解决摩擦失业、促进劳动者就业等方面发挥了积极作用。但在实践中也存在部分用工单位超范围使用被派遣劳动者、部分劳务派遣单位不与被派遣劳动者签订劳动合同、不依法缴纳社会保险费、被派遣劳动者与用工单位同岗位劳动者同工不同酬等问题，损害了被派遣劳动者的合法权益，影响了劳动关系的和谐稳定。这次全国人大常委会通过修改劳动合同法的决定，从设立经营劳务派遣业务行政许可、进一步界定“三性”工作岗位范围、严格控制劳务派遣用工数量、落实被派遣劳动者同工同酬权利和加重违法行为法律责任等方面作出了新的法律规定。认真贯彻实施新修订的劳动合同法，严格规范劳务派遣，对维护广大被派遣劳动者的合法权益，构建和谐劳动关系，促进企业健康发展，保持社会稳定具有重要意义。各级人力资源社会保障部门要充分认识做好这项工作的重要性和紧迫性，按照解决突出问题与建立长效机制相结合、依法规范管理与加强指导服务相结合的原则，采取切实有力的措施，将新修订劳动合同法的各项规定贯彻落实到位，实现劳务派遣单位依法规范经营、用工单位依法合理使用被派遣劳动者、被派遣劳动者合法权益得到有效保护的目标，促进劳务派遣规范有序发展。

二、全面开展规范劳务派遣专项行动

根据全国人大常委会修改劳动合同法的决定，现在离新的法律规定正式施行还有将近半年时间。为使新修订的法律能够全面贯彻实施，各地人力资源社会保障部门要积极争取工商行政管理部门的支持，按照属地管理的原则，自本通知下发之日起，用半年左右时间，对现有劳务派遣单位、用工单位及其派遣使用劳动者的情况集中开展一次规范行动。

要对劳务派遣情况进行全面摸底调查，准确掌握辖区内劳务派遣单位和用工单位基本情况、被派遣劳动者人数及劳动合同签订、工资支付、参加社会保险等情况，建立健全管理台账。

要对劳务派遣单位进行清理整顿，依法取缔不具备法定资质的劳务派遣机构，依法整顿用人单位自行设立劳务派遣单位向本单位或者所属单位派遣劳动者的行为。

要加强对劳务派遣和用工行为的规范指导，依法纠正和查处劳务派遣单位不签订劳动合同、劳动合同期限不足两年、违法解除终止劳动合同、不参加社会保险、克扣劳动报酬、向被派遣劳动者收取押金以及未与用工单位签订劳务派遣协议等违法行为；对劳动合同和劳务派遣协议的内容不符合按照同工同酬原则实行相同的劳动报酬分配办法规定的，要督促指导劳务派遣单位和用工单位及时进行调整；对修改劳动合同法的决定施行前新开展劳务派遣业务的，也要按照修改劳动合同法的决定精神积极做好引导工作。

三、建立健全加强劳务派遣监管的长效机制

要切实做好经营劳务派遣业务的行政许可工作，部里将依照修改劳动合同法的决定尽快制定劳务派遣行政许可管理办法，各地要结合本地区实际研究制定具体实施细则。在修改劳动合同法的决定正式施行后，对申请行政许可的劳务派遣单位，人力资源社会保障部门要依法及时办理行政许可，并指导其依法办理公司登记。要对已经依法取得行政许可并办理公司登记的劳务派遣单位实行年度核查制度，对未能通过核查的，依照有关规定撤销行政许可并予以公告。

要健全劳务派遣单位用工备案制度，指导督促劳务派遣单位依法建立职工名册，及时到当地人力资源社会保障部门办理劳动用工备案手续。各级人力资源社会保障部门要加强劳务派遣统计工作，定期对本地区的劳务派遣统计数据进行汇总分析并逐级上报。

要加大对劳务派遣的监察执法力度，将劳务派遣单位和用工单位遵守新修订劳动合同法的情况作为每年开展劳动用工专项检查的重点内容，依法严肃查处劳务派遣用工中的各类违法行为。各级劳动保障监察机构要建立跨地区执法监管协作机制，切实维护跨地区被派遣劳动者的合法权益。

要探索建立劳务派遣单位履行法定义务情况报告制度，督促劳务派遣单位定期向当地人力资源社会保障部门报告与被派遣劳动者订立、履行劳动合同以及与用工单位订立、履行劳务派遣协议等法定义务情况，实现对劳务派遣的全面、动态监管。

四、认真抓好宣传培训和法规政策清理工作

各地要充分利用广播、电视、报纸、杂志、网络等媒体，广泛宣传新修订劳动合同法的意义和内容，重点向劳务派遣单位、用工单位和被派遣劳动者宣传劳务派遣行政许可、劳务派遣用工岗位适用范围、被派遣劳动者同工同酬权利以及违法行为的法律责任等内容，努力在全社会形成依法规范劳务派遣管理的良好舆论氛围。

各级人力资源社会保障部门要高度重视本系统工作人员的学习培训工作，通过举办专题培训班、召开专题研讨会等方式，有计划地组织系统干部职工认真学习新修订劳动合同法，深刻领会和准确把握法律条款的精神实质，提高依法行政的能力和水平。要支持和配合工会组织和企业代表组织等相关单位，采取主动送法上门等方式，认真抓好劳务派遣单位和各类用工单位以及劳动者的学习培训，增强劳务派遣单位依法经营、用工单位依法使用被派遣劳动者的自觉性，提高劳动者依法维权的意识。

为确保新修订的劳动合同法有效实施，部里正在研究制定《劳务派遣规定》。各地要对照新修订劳动合同法和部颁规定，对本地区已经制定出台的涉及劳务派遣的法规、规章或规范性文件进行全面清理，对于法律相抵触的，要及时按照法定程序修订或废止。尚未制定配套法规、规章或规范性文件的，要因地制宜抓紧研究制定，进一步增强法律的操作性。

五、切实加强组织实施

各地人力资源社会保障部门要把贯彻实施新修订的劳动合同法、严格规范劳务派遣作为当前一项重要任务摆上日程，切实加强组织领导，狠抓落实。要结合本地区实际研究制定贯彻实施方案，明确目标任务、明确工作责任、明确时限要求，明确具体措施。部门内的相关单位要密切配合，形成合力；上级部门要加强对下级贯彻实施工作的指导、督促和检查。要加强与工会组织和企业代表组织等单位的沟通协调，共同做好新修订劳动合同法的贯彻实施工作。要深入基层加强调查研究，密切跟踪掌握贯彻实施过程中出现的新情况、新问题，及时采取措施认真加以解决。

请各省、自治区、直辖市及时对本地区贯彻落实本通知的有关工作情况进行总结，于今年7月底前报部劳动关系司。

人力资源社会保障部
2013年1月23日

关于执行《工伤保险条例》若干问题的意见

人社部发〔2013〕34号

各省、自治区、直辖市及新疆生产建设兵团人力资源社会保障厅(局)：

《国务院关于修改〈工伤保险条例〉的决定》(国务院令第586号)已经于2011年1月1日实施。为贯彻执行新修订的《工伤保险条例》，妥善解决实际工作中的问题，更好地保障职工和用人单位的合法权益，现提出如下意见。

一、《工伤保险条例》(以下简称《条例》)第十四条第(五)项规定的“因工外出期间”的认定，应当考虑职工外出是否属于用人单位指派的因工作外出，遭受的事故伤害是否因工作原因所致。

二、《条例》第十四条第(六)项规定的“非本人主要责任”的认定，应当以有关机关出具的法律文书或者人民法院的生效裁决为依据。

三、《条例》第十六条第(一)项“故意犯罪”的认定，应当以司法机关的生效法律文书或者结论性意见为依据。

四、《条例》第十六条第(二)项“醉酒或者吸毒”的认定，应当以有关机关出具的法律文书或者人民法院的生效裁决为依据。无法获得上述证据的，可以结合相关证据认定。

五、社会保险行政部门受理工伤认定申请后，发现劳动关系存在争议且无法确认的，应告知当事人可以向劳动人事争议仲裁委员会申请仲裁。在此期间，作出工伤认定决定的时限中止，并书面通知申请工伤认定的当事人。劳动关系依法确认后，当事人应将有关法律文书送交受理工伤认定申请的社会保险行政部门，该部门自收到生效法律文书之日起恢复工伤认定程序。

六、符合《条例》第十五条第(一)项情形的，职工所在用人单位原则上应自职工死亡之日起5个工作日内向用人单位所在统筹地区社会保险行政部门报告。

七、具备用工主体资格的承包单位违反法律、法规规定，将承包业务转包、分包给不具备用工主体资格的组织或者自然人，该组织或者自然人招用的劳动者从事承包业务时因工伤亡的，由该具备用工主体资格的承包单位承担用人单位依法应承担的工伤保险责任。

八、曾经从事接触职业病危害作业、当时没有发现罹患职业病、离开工作岗位后被诊断或鉴定为职业病的符合下列条件的人员，可以自诊断、鉴定为职业病之日起一年内申请工伤认定，社会保险行政部门应当受理：

(一)办理退休手续后，未再从事接触职业病危害作业的退休人员；

(二)劳动或聘用合同期满后或者本人提出而解除劳动或聘用合同后，未再从事接触职业病危害作业的人员。

经工伤认定和劳动能力鉴定，前款第(一)项人员符合领取一次性伤残补助金条件的，按就高原则以本人退休前12个月平均月缴费工资或者确诊职业病前12个月的月平均养老金为基数计发。前款第(二)项人员被鉴定为一级至十级伤残、按《条例》规定应以本人工资作为基数享受相关待遇的，按本人终止或者解除劳动、聘用合同前12个月平均月缴费工资计发。

九、按照本意见第八条规定被认定为工伤的职业病人员，职业病诊断证明书(或职业病诊断鉴定书)中明确的用人单位，在该职工从业期间依法为其缴纳工伤保险费的，按《条例》的规定，分别由工伤保险基金和用人单位支付工伤保险待遇；未依法为该职工缴纳工伤保险费的，由用人单位按照《条例》规定的相关项目和标准支付待遇。

十、职工在同一用人单位连续工作期间多次发生工伤的，符合《条例》第三十六、第三十七条规定领取相关待遇时，按照其在同一用人单位发生工伤的最高伤残级别，计发一次性伤残就业补助金和一次性工伤医疗补助金。

十一、依据《条例》第四十二条的规定停止支付工伤保险待遇的，在停止支付待遇的情形消失后，自下月起恢复工伤保险待遇，停止支付的工伤保险待遇不予补发。

十二、《条例》第六十二条第三款规定的“新发生的费用”，是指用人单位职工参加工伤保险前发生工伤的，在参加工伤保险后新发生的费用。

十三、由工伤保险基金支付的各项待遇应按《条例》相关规定支付，不得采取将长期待遇改为一次性支付的办法。

十四、核定工伤职工工伤保险待遇时，若上一年度相关数据尚未公布，可暂按前一年度的全国城镇居民人均可支配收入、统筹地区职工月平均工资核定和计发，待相关数据公布后再重新核定，社会保险经办机构或者用人单位予以补发差额部分。

本意见自发文之日起执行，此前有关规定与本意见不一致的，按本意见执行。执行中有重大问题，请及时报告我部。

人力资源社会保障部
2013年4月25日

中华人民共和国人力资源和社会保障部令
第22号

《劳务派遣暂行规定》已于2013年12月20日经人力资源社会保障部第21次部务会审议通过，现予公布，自2014年3月1日起施行。

部长　尹蔚民
2014年1月24日

劳务派遣暂行规定

第一章　总则

第一条　为规范劳务派遣，维护劳动者的合法权益，促进劳动关系和谐稳定，依据《中华人民共和国劳动合同法》(以下简称劳动合同法)和《中华人民共和国劳动合同法实施条例》(以下简称劳动合同法实施条例)等法律、行政法规，制定本规定。

第二条　劳务派遣单位经营劳务派遣业务，企业(以下称用工单位)使用被派遣劳动者，适用本规定。

依法成立的会计师事务所、律师事务所等合伙组织和基金会以及民办非企业单位等组织使用被派遣劳动者，依照本规定执行。

第二章　用工范围和用工比例

第三条　用工单位只能在临时性、辅助性或者替代性的工作岗位上使用被派遣劳动者。

前款规定的临时性工作岗位是指存续时间不超过6个月的岗位；辅助性工作岗位是指为主营业务岗位提供服务的非主营业务岗位；替代性工作岗位是指用工单位的劳动者因脱产学习、休假等原因无法工作的一定期间内，可以由其他劳动者替代工作的岗位。

用工单位决定使用被派遣劳动者的辅助性岗位，应当经职工代表大会或者全体职工讨论，提出方案和意见，与工会或者职工代表平等协商确定，并在用工单位内公示。

第四条　用工单位应当严格控制劳务派遣用工数量，使用的被派遣劳动者数量不得超过其用工总量的10%。

前款所称用工总量是指用工单位订立劳动合同人数与使用的被派遣劳动者人数之和。

计算劳务派遣用工比例的用工单位是指依照劳动合同法和劳动合同法实施条例可以与劳动者订立劳动合同的用人单位。

第三章　劳动合同、劳务派遣协议的订立和履行

第五条　劳务派遣单位应当依法与被派遣劳动者订立2年以上的固定期限书面劳动合同。

第六条　劳务派遣单位可以依法与被派遣劳动者约定试用期。劳务派遣单位与同一被派遣劳动者只能约定一次试用期。

第七条　劳务派遣协议应当载明下列内容：

（一）派遣的工作岗位名称和岗位性质；

（二）工作地点；

（三）派遣人员数量和派遣期限；

（四）按照同工同酬原则确定的劳动报酬数额和支付方式；

（五）社会保险费的数额和支付方式；

（六）工作时间和休息休假事项；

（七）被派遣劳动者工伤、生育或者患病期间的相关待遇；

（八）劳动安全卫生以及培训事项；

（九）经济补偿等费用；

（十）劳务派遣协议期限；

（十一）劳务派遣服务费的支付方式和标准；

（十二）违反劳务派遣协议的责任；

（十三）法律、法规、规章规定应当纳入劳务派遣协议的其他事项。

第八条　劳务派遣单位应当对被派遣劳动者履行下列义务：

（一）如实告知被派遣劳动者劳动合同法第八条规定的事项、应遵守的规章制度以及劳务派遣协议的内容；

（二）建立培训制度，对被派遣劳动者进行上岗知识、安全教育培训；

（三）按照国家规定和劳务派遣协议约定，依法支付被派遣劳动者的劳动报酬和相关待遇；

（四）按照国家规定和劳务派遣协议约定，依法为被派遣劳动者缴纳社会保险费，并办理社会保险相关手续；

（五）督促用工单位依法为被派遣劳动者提供劳动保护和劳动安全卫生条件；

（六）依法出具解除或者终止劳动合同的证明；

（七）协助处理被派遣劳动者与用工单位的纠纷；

（八）法律、法规和规章规定的其他事项。

第九条　用工单位应当按照劳动合同法第六十二条规定，向被派遣劳动者提供与工作岗位相关的福利待遇，不得歧视被派遣劳动者。

第十条　被派遣劳动者在用工单位因工作遭受事故伤害的，劳务派遣单位应当依法申请工伤认定，用工单位应当协助工伤认定的调查核实工作。劳务派遣单位承担工伤保险责任，但可以与用工单位约定补偿办法。

被派遣劳动者在申请进行职业病诊断、鉴定时，用工单位应当负责处理职业病诊断、鉴定事宜，并如实提供职业病诊断、鉴定所需的劳动者职业史和职业危害接触史、工作场所职业病危害因素检测结果等资料，劳务派遣单位应当提供被派遣劳动者职业病诊断、鉴定所需的其他材料。

第十一条　劳务派遣单位行政许可有效期未延续或者《劳务派遣经营许可证》被撤销、吊销的，已经与被派遣劳动者依法订立的劳动合同应当履行至期限届满。双方经协商一致，可以解除劳动合同。

第十二条　有下列情形之一的，用工单位可以将被派遣劳动者退回劳务派遣单位：

（一）用工单位有劳动合同法第四十条第三项、第四十一条规定情形的；

（二）用工单位被依法宣告破产、吊销营业执照、责令关闭、撤销、决定提前解散或者经营期限届满不再继续经营的；

（三）劳务派遣协议期满终止的。

被派遣劳动者退回后在无工作期间，劳务派遣单位应当按照不低于所在地人民政府规定的最低工资标准，向其按月支付报酬。

第十三条　被派遣劳动者有劳动合同法第四十二条规定情形的，在派遣期限届满前，用工单位不得依据本规定第十二条第一款第一项规定将被派遣劳动者退回劳务派遣单位；派遣期限届满的，应当延续至相应情形消失时方可退回。

第四章　劳动合同的解除和终止

第十四　条被派遣劳动者提前30日以书面形式通知劳务派遣单位，可以解除劳动合同。被派遣劳动者在试用期内提前3日通知劳务派遣单位，可以解除劳动合同。劳务派遣单位应当将被派遣劳动者通知解除劳动合同的情况及时告知用工单位。

第十五条　被派遣劳动者因本规定第十二条规定被用工单位退回，劳务派遣单位重新派遣时维持或者提高劳动合同约定条件，被派遣劳动者不同意的，劳务派遣单位可以解除劳动合同。

被派遣劳动者因本规定第十二条规定被用工单位退回，劳务派遣单位重新派遣时降低劳动合同约定条件，被派遣劳动者不同意的，劳务派遣单位不得解除劳动合同。但被派遣劳动者提出解除劳动合同的除外。

第十六条　劳务派遣单位被依法宣告破产、吊销营业执照、责令关闭、撤销、决定提前解散或者经营期限届满不再继续经营的，劳动合同终止。用工单位应当与劳务派遣单位协商妥善安置被派遣劳动者。

第十七条　劳务派遣单位因劳动合同法第四十六条或者本规定第十五条、第十六条规定的情形，与被派遣劳动者解除或者终止劳动合同的，应当依法向被派遣劳动者支付经济补偿。

第五章　跨地区劳务派遣的社会保险

第十八条　劳务派遣单位跨地区派遣劳动者的，应当在用工单位所在地为被派遣劳动者参加社会保险，按照用工单位所在地的规定缴纳社会保险费，被派遣劳动者按照国家规定享受社会保险待遇。

第十九条　劳务派遣单位在用工单位所在地设立分支机构的，由分支机构为被派遣劳动者办理参保手续，缴纳社会保险费。

劳务派遣单位未在用工单位所在地设立分支机构的，由用工单位代劳务派遣单位为被派遣劳动者办理参保手续，缴纳社会保险费。

第六章　法律责任

第二十条　劳务派遣单位、用工单位违反劳动合同法和劳动合同法实施条例有关劳务派遣规定的，按照劳动合同法第九十二条规定执行。

第二十一条　劳务派遣单位违反本规定解除或者终止被派遣劳动者劳动合同的，按照劳动合同法第四十八条、第八十七条规定执行。

第二十二条　用工单位违反本规定第三条第三款规定的，由人力资源社会保障行政部门责令改正，给予警告；给被派遣劳动者造成损害的，依法承担赔偿责任。

第二十三条　劳务派遣单位违反本规定第六条规定的，按照劳动合同法第八十三条规定执行。

第二十四条　用工单位违反本规定退回被派遣劳动者的，按照劳动合同法第九十二条第二款规定执行。

第七章　附则

第二十五条　外国企业常驻代表机构和外国金融机构驻华代表机构等使用被派遣劳动者的，以及船员用人单位以劳务派遣形式使用国际远洋海员的，不受临时性、辅助性、替代性岗位和劳务派遣用工比例的限制。

第二十六条　用人单位将本单位劳动者派往境外工作或者派往家庭、自然人处提供劳动的，不属于本规定所称劳务派遣。

第二十七条　用人单位以承揽、外包等名义，按劳务派遣用工形式使用劳动者的，按照本规定处理。

第二十八条　用工单位在本规定施行前使用被派遣劳动者数量超过其用工总量10%的，应当制定调整用工方案，于本规定施行之日起2年内降至规定比例。但是，《全国人民代表大会常务委员会关于修改〈中华人民共和国劳动合同法〉的决定》公布前已依法订立的劳动合同和劳务派遣协议期限届满日期在本规定施行之日起2年后的，可以依法继续履行至期限届满。

用工单位应当将制定的调整用工方案报当地人力资源社会保障行政部门备案。

用工单位未将本规定施行前使用的被派遣劳动者数量降至符合规定比例之前，不得新用被派遣劳动者。

第二十九条　本规定自2014年3月1日起施行。

市总工会重要文件目录选编

序号	文件名	文号	发文日期
1	上海市总工会关于印发《关于改进工作作风密切联系职工群众的实施意见》的通知	沪工总办〔2013〕13号	1月18日
2	关于上海市职工体育示范基地的创建办法	沪工总宣〔2013〕25号	1月30日
3	上海市总工会关于认真做好本市2013年全国和上海市五一劳动奖状、奖章、工人先锋号推荐评选工作的通知	沪工总经〔2013〕39号	2月28日
4	关于调整本市支援外地建设退休（职）回沪定居人员帮困补助标准的通知	沪工总保〔2013〕40号	2月6日
5	上海市总工会关于在新形势下进一步加强本市职工技协工作的意见	沪工总经〔2013〕45号	2月21日
6	上海市总工会关于开展"学习十八大、岗位建新功"主题教育实践活动的通知	沪工总宣〔2013〕61号	3月12日
7	关于进一步完善职工疗休养补贴制度的通知	沪工总保〔2013〕78号	3月26日
8	关于印发《上海工会大学生社会实践基地规范化建设实施办法（试行）的通知》	沪工总保〔2013〕99号	4月11日

续　表

序号	文件名	文号	发文日期
9	关于本市工会开展工资集体协商“要约行动”的意见	沪工总法〔2013〕108 号	4 月 18 日
10	关于开展 2013 年度本市非公企业职工健康体检补贴工作的通知	沪工总保〔2013〕153 号	6 月 13 日
11	关于印发《上海市工会法人资格登记实施细则》的通知	沪工总法〔2013〕184 号	7 月 13 日
12	关于开展职工技协专项清理、整顿和规范工作的通知	沪工总事〔2013〕194 号	8 月 7 日
13	关于下发《上海市总工会关于进一步加强上海工会干部教育培训工作的意见》的通知	沪工总组〔2013〕217 号	9 月 12 日
14	关于进一步开展好 2013 年“劳动光荣、休养快乐——上海工会职工疗休养行动”的通知	沪工总保〔2013〕238 号	10 月 22 日
15	上海市总工会关于认真学习宣传贯彻党的十八届三中全会精神的通知	沪工总宣〔2013〕269 号	11 月 21 日
16	上海市总工会关于印发《关于进一步提升工会依法履职依法维权能力与水平的若干意见》的通知	沪工总法〔2013〕280 号	12 月 3 日
17	关于实施 2014 年上海工会服务职工实事项目的通知	沪工总办〔2013〕306 号	12 月 26 日

《劳动报》2013 年工会新闻要目

日　期	篇　　目	作　者	版　面
1 月 4 日	凝聚智慧力量推进工会创新发展	徐　晗	第 04 版
1 月 5 日	点亮关爱之灯温暖职工心坎	张　路	第 06 版
1 月 6 日	上海工会“爱心一日捐”	张　路　吴良荣	第 03 版
1 月 7 日	工会组建今年瞄准“老大难”企业	张　路	第 06 版
1 月 8 日	上海工会组建“破难题”“攻堡垒”	张　路	第 06 版
1 月 9 日	职代会成为企业和谐发展基石	裴龙翔	第 05 版
1 月 10 日	双向沟通中职工声音更有分量	徐　晗	第 07 版
1 月 12 日	民主管理为企业发展注入正能量	王　枫	第 06 版
1 月 14 日	4 万余职工享受“升级版”中夜班费	赵竺安	第 06 版
1 月 15 日	诚挚服务，他们怀有感恩的心境	徐文斌	第 07 版
1 月 16 日	力推 500 强建制提升职代会质量	王　枫	第 04 版
1 月 17 日	市总工会要求各级工会积极行动推动解决欠薪问题	张　路	第 07 版
1 月 18 日	崇明县总工会围绕生态岛建设目标扎实推进基层工会工作	陆　烨	第 06 版
1 月 19 日	金山区总“三步走”推进“双亮”活动	徐　晗	第 06 版
1 月 21 日	巴士六汽浦西修理厂“亲情文化”助外来职工成长	赵竺安	第 06 版
1 月 23 日	全国总工会慰问团来沪送温暖	张　路　吴良荣	第 06 版
1 月 24 日	浦东 40 万农民工沐浴工会关怀	李　阳	第 10 版
1 月 25 日	上海市化学工会提升基层服务能力让职工充分共享企业发展成果	裴龙翔	第 06 版

续表

日　期	篇　　目	作　者	版　面
1 月 26 日	宝山区总自我加压推进工会组建	李　貌	第 06 版
1 月 28 日	工会开良方为企业“活血化瘀”	李　阳	第 10 版
1 月 29 日	你追我赶，员工驶上职场“快车道”	李　阳	第 07 版
1 月 30 日	申城开展“十大工人发明家”评选	张　路	第 07 版
1 月 31 日	市总女职工委员会五届六次全委会议提出 2013 年工作任务	张　路	第 07 版
2 月 4 日	澳星照明公司工程设施组当好城市交通标识“保姆”	王　枫	第 04 版
2 月 5 日	邮政工会“心系职工情，温暖进万家”	王　枫	第 07 版
2 月 6 日	周家嘴路 901 号地块房屋征收项目部用真情破解“天下第一难题”	李　貌	第 05 版
2 月 7 日	首届上海市“劳模年度人物”揭晓	张　路	第 04 版
2 月 8 日	全市各级工会帮困送温暖活动进入最高潮		第 03 版
2 月 16 日	记嘉定区戬浜派出所用心守护辖区治安	陆　烨	第 06 版
2 月 18 日	今年市民体育大联赛职工唱“主角”	徐　晗　朱伟民	第 06 版
2 月 19 日	“开工利是”在申城悄然升温	陆　烨　徐　晗 裴龙翔　徐文斌	第 07 版
2 月 20 日	职工企盼尽快享受带薪年休假	李　阳　徐文斌	第 04 版
2 月 21 日	闵行区总工会开展职工岗位建新功主题实践活动	徐　晗	第 07 版
2 月 22 日	综保区因地制宜创建“三型”工会	李　阳	第 06 版
2 月 23 日	上海市新收犯监狱胡水清工作室用真情感化艾滋病犯人	陆　烨	第 06 版
2 月 26 日	上海工会就业援助月推职介专场	张　路	第 07 版
2 月 27 日	消除养老金双轨制该动真格了	李　阳　徐文斌	第 06 版
2 月 28 日	巴士三汽与法院共建法制宣传教育基地	赵竺安	第 07 版
3 月 1 日	上海工会今年将力促九成符合条件企业建立集体合同制度	张　路	第 05 版
3 月 2 日	上海工会保障工作会议提出今年重点任务	张　路	第 06 版
3 月 4 日	上航发挥吴尔愉劳模团队示范作用 形成机上带教机制	李　貌	第 11 版
3 月 5 日	市总传达全总十五届十四次主席团会议和七次执委会精神	张　路	第 07 版
3 月 6 日	上海各级工会庆“三八”节活动探营综述	张　路	第 06 版
3 月 7 日	上海工会举行纪念“三八”妇女节 103 周年“美丽绽放”主题大会	张　路	第 06 版
3 月 8 日	上海工会女职工组织开展“关爱行动”五年来成效显著	张　路	第 11 版
3 月 11 日	市公安局刑侦总队刑技中心指纹室见闻	陆　烨	第 07 版

续 表

日　期	篇　　目	作　者	版　面
3月12日	洪浩在市总工会机关系统加强党风廉政建设大会上要求	张　路	第06版
3月13日	市总召开经审工作会议提出努力实现审计范围全覆盖无死角	张　路	第13版
3月14日	市总工会、市社会工作党委、市工商联在综保区召开现场会	张　路	第12版
3月15日	工会宣教工作要拓展广度、增进深度、创新载体、改进方式	张　路	第06版
3月16日	杨浦区总工会一线工作法推动工会工作	赵竺安	第06版
3月18日	全面的公平比体面的称谓更重要	王　枫　陆　烨　徐文斌	第06版
3月20日	沪上首个“社工进企业”长期定点服务项目落户星火开发区	徐　晗	第06版
3月21日	杨浦区控江地区制造加工业签订《农民工权益保护专项合同》	赵竺安	第07版
3月22日	汇丰人寿突击裁员引发集体维权	李轶捷	第06版
3月23日	邮政工会完善制度让职代会“转”起来	王　枫	第06版
3月26日	普陀区享免费体检女职工年增10%	李　貌　稽　青	第07版
3月27日	逾六成沪上青年看重让座美德 尊老之余呼吁相互体谅	陆　烨　裴龙翔　应启跃	第06版
3月29日	持续一周的汇丰人寿裁员风波终于尘埃落定	李轶捷	第06版
3月30日	上海外国语大学研究生部全心服务学生	徐文斌 应启跃	第06版
4月3日	“地铁禁食”折射“上班族”早餐困扰	裴龙翔　陆　烨　应启跃	第06版
4月4日	光明食品集团聘请职工代表组成“智囊团”	阚军伟	第06版
4月5日	清明节探访滨海古园客户服务部	阚军伟	第06版
4月6日	高桥捷派克公推直选董事会	李　阳	第06版
4月8日	南桥镇力推工会工作显成效	宋长星	第06版
4月10日	莫让“自愿加班”成为职工隐性伤害	裴龙祥　王　枫　应启跃	第06版
4月11日	本市环卫行业实施早晚班津贴制度	张　路	第07版
4月12日	虹桥机场工会推出今年10件实事	李　貌　田久强	第06版
4月13日	上海铁路局上海客运段工会创新手段提升团队凝聚力	徐文斌	第06版
4月15日	“上海电气杯”上海市职工合唱比赛昨落下帷幕	徐　晗　应启跃	第06版
4月16日	百联集团新一轮立功竞赛力促服务创新	裴龙翔	第07版
4月17日	巴士三汽节能俱乐部重细节抓规范为企业培养“节能达人”	赵竺安	第07版

续 表

日 期	篇 目	作 者	版 面
4月18日	解救“桌趴族”还靠实在的午休福利	陆 烨 徐 晗 应启跃	第12版
4月19日	脚蹬自行车日送信报逾百斤	徐 晗	第07版
4月20日	本市2013年全国和上海市五一劳动奖状（章）、工人先锋号推荐评选结束	张 路	第06版
4月23日	九星市场志愿者队开展便民活动累计服务市民逾3万人次	徐 晗 吴良荣	第07版
4月24日	第十五届上海读书节开幕 本报向30家企业赠书	张 路	第06版
4月25日	徐小平，勤勉与创新中锻造出的技术工人楷模	张 路 吴良荣	特刊
4月27日	市各级工会隆重表彰先进集体及个人	王 枫 李 貌 阙军伟	第07版
4月29日	共筑中国梦 劳动最光荣——出席“上海市劳模座谈会”发言劳模梦想记录	张 路 吴良荣	第02/03版
5月1日	总书记同劳动者共话中国梦——习近平同全国劳动模范代表座谈侧记		第02版
5月1日	市总工会召开传达学习习近平重要讲话专题会议	张 路	第03版
5月2日	唱响劳动光荣，须先找回劳动者“失落”的尊严		第02/03版
5月3日	工资集体协商将试点质量评估	张 路	第06版
5月6日	“我的事业如同生命一样不可弃”——记全国劳模、中船重工集团第七〇四研究所副所长卢永锦	张 路 王季明	第06版
5月7日	浦东借力新媒体倒逼工会创新	李 阳	第07版
5月8日	莫让指尖便利僭越了公平“打车权”	徐 晗 徐文斌 应启跃	第06版
5月10日	80后“桥吊状元”四破装卸世界纪录——记上海盛东国际集装箱码头有限公司桥吊司机张彦	张 路	第06版
5月11日	不仅要懂行更要成为行业专家——记上海现代电梯工程有限公司维修保养队长黄胜发	张 路	第06版
5月13日	上海工会努力当好职工“娘家人”	王 枫 徐 晗	第06版
5月14日	把课堂教学当做人生诗意追求——记华东师范大学第一附属中学高级教师江源	张 路	第07版
5月15日	莫让“精神病史”成为就业“铁闸”	李 阳 应启跃	第10/11版
5月16日	市总工会与市高院开展七方面合作推进和谐劳动关系建设	张 路	第06版
5月17日	市总工会启动2013年上海职工疗休养行动	张 路	第07版
5月18日	上海市职工创新创效推进会暨第五届上海职工科技节开幕	张 路 吴良荣	第06版
5月20日	上海职工队伍发展状况报告	张 路	第06版

续 表

日　期	篇　　目	作　者	版　面
5月22日	工人阶级勇担时代赋予的光荣使命	张　路　应启跃	第06版
5月23日	奉贤区工会以科技创新为抓手激发职工创造力	徐文斌	第06版
5月24日	上海工会强化顶层设计夯实维权平台	张　路　应启跃	第06版
5月25日	实现劳动者体面劳动幸福生活	张　路　应启跃	第03版
5月27日	以改革自我的勇气回应职工期待	张　路　应启跃	第03版
5月28日	不负时代、无愧职工、勇担使命——写在上海市工会第十三次代表大会开幕之际	张　路	第03版
5月29日	上海市工会第十三次代表大会开幕		头版
5月30日	洪浩在参加工代会分团讨论时指出工会工作惠及职工是第一位的	张　路	第02版
5月31日	新一届市总领导班子选举产生		头版
6月1日	爱如溪流净化一个个蒙尘的心灵——感受上海市监狱总医院内科医护人员的博大情怀	陆　烨	第06版
6月3日	市总工会“橙丝带”行动关爱“背奶族”	张　路	第06版
6月4日	“退休住院保障计划”惠及更多人	张　路	第07版
6月5日	守护航道平安的“千里眼和超级脑”——走进上海海事局吴淞交通管制中心团队	裴龙翔　应启跃	第03版
6月6日	松江区总工会推出十项服务举措	阙军伟	第12版
6月7日	市总工会法律人才库扩至百余名	张　路	第05版
6月8日	市总工会就夏季职工防暑降温工作发出通知	张　路	第03版
6月10日	杨浦区总工会明确今年7月1日起——试行非公企业工会主席保障计划	赵竺安	第04版
6月13日	每年，他们助3万学员踏上新“征途”——记大众交通培训中心科目考试班组	王　枫	第07版
6月14日	在22万亩良田中收获劳动幸福	阙军伟	第06版
6月15日	一切为了建造最优质的保障房——松江泗泾新凯保障房基地项目组侧记	徐　晗	第06版
6月17日	强化服务凝聚力量共筑静安梦——访静安区人大常委会副主任、区总工会主席叶坚华	王　枫	第06版
6月18日	万家灯火背后的线路特种兵——来自金山供电公司带电作业组的故事	宋长星　李　锋	第04版
6月19日	市总工会等在全市职工中再推“我为节能减排做贡献”活动	张　路　吴良荣	第06版
6月20日	市食药监局、市总工会联合开展职工食堂安全检查	张　路	第07版

续 表

日 期	篇 目	作 者	版 面
6月21日	6362个安全施工的日日夜夜	裴龙翔	第06版
6月22日	潍坊社区总工会打造“三型”职工之家	李 阳	第06版
6月25日	在山岭上架起空中送电“快车道”——上海送变电工程公司皖电东送项目组全力奋战工程冲刺期	宋长星	第05版
6月26日	上海移动“三兵当先”激发建功热情	阙军伟	第05版
6月27日	握好安全驾驶“方向盘”——上海中石化工物流股份有限公司“安康杯”三连冠侧记	徐 晗	第06版
6月28日	工资专项合同履行引进“评估制”	谭同政 王 枫	第07版
6月29日	市总工会等单位共同推进职业病防治专项集体合同签订	张 路	第06版
7月1日	上海电信工会年内实现近5000名员工入会	王 枫	第05版
7月2日	浦东新区总工会防暑降温早部署早落实	李 阳	第07版
7月3日	“常回家看看”需确保职工休假权	陆 烨 裴龙翔 徐 晗 应启跃	第06版
7月4日	促进工会干部作风得到明显转变	张 路	第07版
7月5日	记者走进林地体验护林员工作　高温负重虫蛇扰一个都不少	徐文斌 应启跃	第06版
7月6日	每一块奖牌都诉说着他们的努力——走近闸北区中心医院妇产科	王 枫	第06版
7月8日	全国劳模李斌在平凡岗位上不懈追求技术创新之梦	张 路 吴良荣	第06版
7月9日	站在平烫机旁几乎就像蒸桑拿	王 枫 应启跃	第07版
7月10日	头顶烈日汗涔涔一手掌控万吨粮——记者体验码头卸船工“炙烤”下的艰辛	徐 晗 应启跃	第05版
7月11日	一踏上甲板汗珠接连不断冒出来——记者走近战高温的造船人	陆 烨 应启跃	第07版
7月12日	市总工会奔赴一线岗位开展高温慰问	张 路	第03版
7月13日	业主眼中的“杂工”可不好当——体验物业维修小事情中的大学问	李轶捷 应启跃	第06版
7月15日	全国劳模唐建平在技术攻关中展现劳动价值	王 枫	第06版
7月16日	公积金漏缴、迟缴、少缴情况仍存在	张 路	第07版
7月17日	修炼忠诚好员工更要企业用心	陆 烨 裴龙翔 应启跃	第06版
7月18日	冷饮制作头道工序就得“战”高温——食品厂里品味生产工人的甘苦	阙军伟 乐 敏	第07版
7月19日	起早摸黑战高温保供电是头等事——感受电力职工马不停蹄的工作节奏	宋长星 应启跃	第12版

续表

日期	篇目	作者	版面
7月20日	与1300度高温面对面——化工车间里体验窑炉前的高温	裴龙翔　应启跃	第06版
7月22日	用中国的技术创造财富才“过瘾”——缪长喜与他的“石化强国梦”	李　阳	第06版
7月23日	虹口律师行业工会联合会成立	李　貌	第10版
7月24日	闵行区问卷调研引发思考工会工作如何做到供需协调	徐　晗　徐文斌 应启跃	第04版
7月25日	浩瀚水面反射的阳光刺得皮肤灼痛——与水上救生员一起感受烈日当空的炽热	徐　晗　应启跃	第07版
7月26日	盼着火辣辣的日头晒出金灿灿的稻浪——水稻田里跟着田间管理员学农活	阙军伟　应启跃	第06版
7月27日	EBA培训已为近10万职工“充电”	张　路	第06版
7月29日	让美食也成为中国的一张名片——名厨翁建和在炉灶边实践人生梦想	王　枫　应启跃	第06版
7月30日	七八十斤的邮包挂上车把就出发——骄阳下跟随邮递员挥汗如雨穿街巷	李　阳　应启跃	第10版
7月31日	上海工会将开展“深化法制宣传教育”主题活动	张　路	第06版
8月1日	大汗淋漓细细把关不让一件违禁品漏网——现场亲历国际邮件查验过程	裴龙翔　应启跃	第07版
8月2日	合情合理的高温假是种双赢福利	裴龙翔　徐　晗 陆　烨　应启跃	第06版
8月3日	烈日下，他们穿行70公里路抄60只水表——感受地下水表抄表员的别样艰辛	徐　晗　应启跃	第06版
8月5日	把平凡的工作当成伟大的事业来干 ——— 景伟娟坚守一线传承“微笑服务”	阙军伟	第06版
8月6日	上海建工医院关爱昆山中环工地万余农民工兄弟	李　貌	第07版
8月7日	闸北区环卫系统关爱“创卫”一线职工	王　枫	第06版
8月8日	洪浩在市总工会女职工委员会六届一次全委会议上要求建好“女职工之家”当好“女职工娘家人”	张　路　吴良荣	第04版
8月9日	辅助性岗位“定性定量”期待细则	李　阳　裴龙翔 徐文斌　应启跃	第07版
8月10日	虹口区总工会加大推进“两个普遍”工作力度	李　貌	第06版
8月12日	为家乡孩子修一条宽阔平坦的成才路——教师柴本胜奔波10年为全村人圆“筑路梦”	徐　晗	第06版

续表

日期	篇目	作者	版面
8月13日	市总工会机关系统党的群众路线教育实践活动举行专题学习会	张路	第03版
8月14日	宝山区强化工会规范化建设 严格把关基层工会考核	李貌	第05版
8月15日	上海地铁第一运营公司开展“三送”活动	王枫	第07版
8月16日	市机电工会集体协商重实效 量化指标合理工资分配	张路 冯克华	第06版
8月17日	上汽集团合力顶住最热“烤”验	张路	第06版
8月19日	要做个有“世界级”水准的电信线务员——全国劳模徐珺创新技术让光网连接城市	王枫	第05版
8月20日	市总工会机关系统全面推进党的群众路线教育实践活动	张路	第03版
8月21日	职工阅读需要多点时间多点选择	徐文斌 陆烨 应启跃	第07版
8月22日	中交三航兴安基公司给农民工更多人性化关怀	李貌 楼乐心	第07版
8月23日	崇明县探索工会会员托管模式取得显著成效	陆烨	第05版
8月24日	上海市总连续八年开展“送文化 送法律 送健康”活动	张路 吴良荣	第06版
8月27日	黄浦区非公企业劳动竞赛突出“四个聚焦”显成效	宋长星	第06版
8月28日	工会要视职工的事为天大的事	张路	第03版
8月29日	浦东新区依托工会微博创新工作载体	李阳	第08版
8月30日	欧阳社区总工会培育典型促进非公企业民主管理	李貌	第06版
8月31日	海博股份合力为职工办实事	阚军伟 高利明	第06版
9月2日	从焊工到“焊神”创新脚步不能停——全国劳模张翼飞在平凡岗位争创不凡业绩	陆烨	第06版
9月3日	“最美移动人”坚守自己当初的一句承诺4年来义务接送脑瘫孩子上下学	阚军伟	第07版
9月4日	机场集团实现99%劳务工入会 多措并举全方位关怀	李貌	第06版
9月5日	周到服务温暖南来北往乘客的心——记上海南站长途客运公司“阳光岛”服务组	王枫 童伟忠	第07版
9月6日	上海综保区工会探索民主管理新模式	李阳	第06版
9月7日	华山医院以“代表巡查”强化民管	王枫	第06版
9月9日	他要把进口设备“整容”成国产装置——污泥焚烧专家宣建岚追逐国产化之梦的故事	徐晗 应启跃	第06版
9月10日	皖电东送工程中他们攻坚克难——上海送变电公司沪西站变电站工程施工项目部侧记	宋长星	第05版
9月11日	“两高”司法解释网上“打谣”加强网络监管职工“点赞”	裴龙翔 陆烨 徐文斌 应启跃	第11版
9月12日	全国工会宣传思想工作视频会议召开	张路	第03版

续 表

日　期	篇　　目	作　者	版　面
9 月 13 日	市教育工会针对实际需求提升服务能力	徐文斌	第 06 版
9 月 14 日	虹桥机场公司工会多项举措深化“面心实”活动	李　貌　田久强	第 06 版
9 月 16 日	嘉定打造创新型、服务型、实效型工会系列报道之一	裴龙翔	第 06 版
9 月 17 日	浦东试水国企职代会报告制度	李　阳	第 07 版
9 月 18 日	沪将分类分级开展工会干部培训 新任工会主席任职一年内须持证上岗	张　路	第 05 版
9 月 19 日	市第一妇婴保健院“面对面沙龙”畅通民主管理渠道	王　枫	第 03 版
9 月 23 日	宝钢工会在企业改革发展中全面锻造工会工作品牌	张　路	第 06 版
9 月 24 日	嘉定打造创新型、服务型、实效型工会系列报道之二	裴龙翔	第 07 版
9 月 25 日	交通银行总行发挥劳模工作室作用激发创新活力	李轶捷　曾颖姝	第 06 版
9 月 26 日	上海航天局建人才公寓解职工后顾之忧	王　枫	第 07 版
9 月 27 日	全国工会系统首家民办非企业组织在浦东挂牌运作	李　阳	第 06 版
9 月 28 日	松江区总机关干部首次竞聘上岗	阙军伟	第 05 版
9 月 30 日	把健康还给病人　就是我最大的梦想——家庭医生严正扎根社区展现医者仁心	王　枫　应启跃	第 07 版
10 月 8 日	探访东方疏浚 " 新海燕 " 轮 33 条好汉的海上征程	徐　晗	第 08 版
10 月 9 日	上海电信试行班组长 " 公推直选 "	王　枫	第 06 版
10 月 10 日	女职工哺乳不再进厕所钻更衣室	赵竺安	第 07 版
10 月 11 日	上海工会的创新工作纪实（上）	张　路	第 06 版
10 月 12 日	上海工会的创新工作纪实（中）	张　路	第 06 版
10 月 14 日	上海工会的创新工作纪实（下）	张　路	第 07 版
10 月 16 日	上海职工、工会工作者寄语全国工会十六大	徐　晗　陆　烨　裴龙翔	第 11 版
10 月 17 日	上海代表团团长、市总工会主席洪浩接受本报专访	张　路	第 03 版
10 月 18 日	上海工会代表寄语中国工会第十六次全国代表大会	徐　晗　阎梦华	第 05 版
10 月 19 日	中国工会十六大现场热点直击（一）	张　路	第 05 版
10 月 20 日	中国工会十六大现场热点直击（二）	张　路	第 04 版
10 月 21 日	中国工会十六大现场热点直击（三）	张　路	第 04 版
10 月 22 日	中国工会十六大现场热点直击（四）	张　路	第 04 版
10 月 23 日	上海代表团热议李克强总理经济形势报告	张　路　徐　晗	第 04 版
10 月 24 日	全总负责人就《中国工会章程（修正案）》中有关问题答记者问		第 04 版
10 月 25 日	市总工会召开十三届二次全委（扩大）会议	张　路	第 03 版
10 月 26 日	转变角色成为“枢纽型”组织	张　路	第 06 版

续表

日期	篇目	作者	版面
10月28日	浦东新区启动职业化社会化工会工作者专项培训工作	李阳	第07版
10月30日	上海工会管理职业学院举办劳模班回首	张路	第07版
10月31日	第七届上海职工文化展演周揭幕	裴龙翔	第07版
11月1日	实现农民工"稳工"工会自有担当	徐晗 徐文斌 陆烨 裴龙翔	第07版
11月4日	浦东着力完善职工服务长效机制	李阳 林之皓	第07版
11月5日	第一期市总机关系统青干班开班	张路	第05版
11月6日	四平地区连出三招服务创新人才	赵竺安	第07版
11月7日	徐家汇社区8家世界500强企业全部签订集体合同	裴龙翔	第04版
11月8日	嘉定区总工会搭建四大平台推进职工文化建设	裴龙翔	第07版
11月9日	上海航天机电公司强化职工知情权参与权监督权	王枫	第06版
11月11日	"节油明星"张华车里车外都为市民"操心"	李阳	第06版
11月12日	东浩集团上海外服致力于新形势下的人力资源企业新发展	李阳	第04版
11月13日	乐购集团工会为3万员工构建和谐温馨的职工之家	李貌	第10版
11月14日	依工聚合公司完善职工培训机制构建和谐劳动关系	陆烨	第07版
11月15日	宝山区职工书屋年内将达250家	李貌	第03版
11月16日	全市第十一次厂务公开检查聚焦重点难点问题	张路	第04版
11月18日	双赢，才能使企业走得更好更远	张路 徐晗	第07版
11月19日	民主管理，让企业更具向心力	张路	第07版
11月20日	上海工会维权机制的大构建和顶层设计（上）	张路	第06版
11月21日	上海工会维权机制的大构建和顶层设计（下）	张路	第14版
11月23日	浦东机场以新举措关注职工心理健康	李貌	第06版
11月26日	闵行区不断完善工会干部队伍自身建设	徐晗	第10版
11月27日	用"上心"的举措践行"放心"的承诺	陆烨 裴龙翔	第06版
11月29日	市总工会表彰2012-2013年度上海市优秀农民工、先进个人	张路	第05版
11月30日	虹口区推广"凉城经验"全面推进工会规范化建设	李貌	第06版
12月4日	浦东新区规范基层组织建设创新人员管理模式推动工会发展	李阳	第05版
12月7日	探访上海市环境监测中心空气质量日报预报组	裴龙翔	第06版
12月9日	浦东发布全市首份职工需求报告	李阳	第07版
12月10日	市总工会发文破解"涉及工会法律法规执行力"难题	张路	第07版
12月11日	颛桥镇总工会明年"十大项目"瞄准基层需求	徐晗	第06版

续　表

日　期	篇　　目	作　者	版　面
12 月 12 日	上海科技京城管理公司职工援助服务不分体制内外	宋长星	第 07 版
12 月 13 日	本报报道引来广泛关注各方支援助老军人迎来生活新转机	李轶捷	第 06 版
12 月 16 日	市劳模李益祥潜心攻关国产 ETC 收费系统	陆　烨	第 07 版
12 月 18 日	浦东新区完善三级网络建设维护职工权益	李　阳	第 07 版
12 月 19 日	上汽集团“三不一同”实施净利润增量提成激励职工	张　路	第 07 版
12 月 20 日	职工频出“盘外招”应付交差管理者希望用反思促成长	徐文斌　徐　晗	第 03 版
12 月 21 日	“贯裕”工会主席办公室内被打伤	王　枫　陆　烨	第 06 版
12 月 23 日	企业违法行为必须依法严惩	王　枫　陆　烨	第 06 版
12 月 24 日	上海航天建筑设计院打造民主管理“多通道”	王　枫	第 07 版
12 月 25 日	厉行节俭企业纷纷取消年会职工希望变通形式注重精神激励	王　枫　徐　晗	第 13 版
12 月 26 日	市总工会 28 日将举行送温暖专场招聘会	张　路	第 03 版
12 月 27 日	首期劳模工作室创新研修班昨开班	张　路	第 05 版
12 月 28 日	静安商务委“六比”劳动竞赛再掀高潮	王　枫	第 06 版
12 月 30 日	市五一劳动奖章获得者吴雪康用心打造和谐企业	阚军伟	第 06 版
12 月 31 日	明年本市将新建 300 家“妈咪小屋”	张　路	第 04 版

《工会理论研究》2013 年要目

类别	题目	作者	期数
特稿	《劳动合同法（修正案）》的有效实施需要社会各方的共同努力	茆荣华	2013–03
	以改革创新精神努力开创上海工会事业新局面	洪　浩	2013–06
专家论坛	公共政策：性别间和性别内差异的交汇	顾　骏	2013–01
	工会工作的社会性别主流化探索	蒋　莱	2013–01
	双重代表、资源中心与转换中介：将工会建设成枢纽性社会组织的内涵	王向民	2013–02
	风险社会下的工会维权：依法维权的挑战与应对	吴新叶　宋连青	2013–03
	新型社会劳动关系的变化趋势及其调整路径	刘素华	2013–03
	论劳动者体面劳动实现途径	刘金祥　戴国印	2013–04
	利益协调与社团整合：将工会建设成枢纽性社会组织的运行机制	王向民	2013–04
	论《劳动合同法》修正案的得失	刘　诚	2013–05
	从企业文化到职工文化看中国梦的实现	乔　东	2013–06
热点透视	贯彻落实十八大精神　助推劳动关系和谐企业创建	袁建村	2013–01
	政治社会转型与工会改革：将工会建设成枢纽型社会组织	王向民　吕　鸽	2013–01
	浅析工会组织参与协商民主制度建设	李学兵	2013–01

续 表

类别	题目	作者	期数
	十八大与劳动制度植根	冯同庆	2013-01
	推进协商民主　加强职工民主管理——以党的十八大精神为指导进一步做好职工民主管理工作	丁泽英	2013-01
	社会保障与收入分配差距	方乐华	2013-02
	论集体谈判权主体	刘　诚	2013-02
	我国行业性工资集体协商若干问题研究	石　云	2013-02
	论工资集体协商——从政治经济学视角	谈育明	2013-02
	工资集体协商是促进分配公平的有效方法	麦碧莲	2013-02
	赖若愚与技术革新运动	高爱娣	2013-03
	论外资企业的劳动竞赛与工会话语权	“新时期外资企业劳动竞赛工作研究”课题组	2013-03
	职工技术创新：创新驱动发展战略下　工会的大作为	金世育　张建新	2013-03
	论职工技术协会推动技能、创新人才培养	王奇峰	2013-03
	劳动关系和谐为本　劳务派遣何必纠结——《劳动合同法》修改决定解读	郭　军	2013-04
	《劳动合同法》修改与劳务派遣转型	石　云	2013-04
	劳务派遣用工中工会作用的发挥及思考	刘　瑛	2013-04
	试论“劳务派遣”法律关系	谈育明	2013-04
	劳动创造价值与工会话语权建设	彭恒军	2013-05
	劳动模范是我们学习的榜样和团结的核心	刘元文	2013-05
	“体面劳动”是“劳动光荣”的基石	王大犇	2013-05
	造福劳动者必须提高劳动要素在初次分配中的占比	赵永炜	2013-05
	工会十六大与基层民主制度建设	杨冬梅	2013-06
	实现“中国梦”与工会定位	郑建林	2013-06
	代表谈工会十六大	袁建村　朱　斌 吴振祥　乔　皓	2013-06
工运广角	高校后勤开展读书活动实践与职工文化建设的思考	任和平　高　健	2013-01
	关于集体行动权的若干思考	徐东兴	2013-01
	保障我国带薪休假制度实施的对策分析	宋晓波	2013-01
	试论非公有制企业实行工资集体协商制度的现实路径选择	赵　映	2013-01
	创建“两力四型”班组的探索	陆仁平	2013-01
	上海工会与政府联席会议的实践与思考	王珍宝	2013-02
	关于政务微博在扩大工会工作影响力方面的作用初探	徐汇区总工会课题组	2013-02
	社会主义文化建设中的工会文化关爱	郑坚明	2013-02

续　表

类别	题目	作者	期数
	文化节促进和谐家园建设的实践和思考	张　燕	2013-02
	论和谐劳动关系构建中劳动仲裁制度的柔性化	胡西瑞　章惠琴	2013-02
	浅谈企业员工人文关怀和心理疏导	陆家声	2013-03
	浅谈工会信访工作与劳动关系和谐企业建设	孟繁玉	2013-03
	企业工会推进班组文化建设的实践与思考	傅果毅	2013-03
	以团队文化建设为载体打造职教品牌团队——以上海医药高等专科学校护理系为例	郑忆文　凌文惠　戴鸿英	2013-03
	贯彻十八大精神　开创新时期工会工作新局面	陈国法	2013-03
	基层企事业单位厂务公开民主管理的分析研究	麦碧莲　高金中	2013-04
	建设学习型、服务型、创新型工会的内涵与路径思考	王华生	2013-04
	女职工“青春期合同”存在的原因及对策探析	李　蕾	2013-04
	完善员工利益诉求表达机制的若干思考	仇翠萍	2013-04
	注重人文关怀　增值员工心理资本	管联合	2013-04
	金桥开发区化解群体性劳资矛盾的实践与探索	刘金祥　戴国印	2013-05
	将人文关怀和心理疏导运用于工会工作的若干思考	葛伟国	2013-05
	论工会组织在基层协商民主中的作用	李艳娜　卢　锟	2013-05
	关于医院安全文化建设的实践与思考	徐　瑾　李　娟　杨振华	2013-05
	浅谈工会组织在职工凝聚力建设中的作用	梅仪君	2013-05
	构建和谐劳动关系需认清的几个问题	胡　磊	2013-06
	试论柔性退休制度的构建	朱懂理　乔蓓华	2013-06
	《劳动合同法（修正案）》的政策议程分析——基于多源流模型的视角	张卓琼	2013-06
	浅析船舶工会在企业文化建设中的优势与作用	钟文庭	2013-06
	基于职工舆情的企业工会活力建设路径探析	李　梅	2013-06
实践创新	企业经营者政治安排与履行社会责任挂钩的思考	李友钟	2014-01
	上海虹口区农民工幸福感调查报告	马伟杰　褚荣伟	2014-01
国际工运	金融危机背景下欧洲工会联合会促进就业工作略揽	王继停	2013-01
	澳越工会工作及启示	司　静　张国峰	2013-02
	西班牙集体谈判的概况及挑战	朱懂理　郑家恒	2013-03
	浅议德国集体谈判制度对我国工资集体协商的启示与借鉴	邱晨鹤	2013-05
	德国工会的组织运作及其启示	王珍宝	2013-06
封面人物	上海市劳动模范刘晓刚	龚　慧	2013-01
	上海市模范教师何敏娟	龚　慧	2013-02
	全国五一劳动奖章获得者王如竹	龚　慧	2013-03

续 表

类别	题目	作者	期数
	全国先进工作者张育青	龚 慧	2013–04
	全国优秀教育工作者仇忠海	龚 慧	2013–05
	上海市劳动模范高妙根	龚 慧	2013–06
培训动态	推进企业工会工作研讨会召开等	翟 边	2013–01
	班组、职工培训系列课程推荐	翟 边	2013–02
	上海工会管理职业学院干部培训中心近期新课推荐	翟 边	2013–03
	工会干部教育培训近期新课推荐	翟 边	2013–04
	构建工会培训课程体系　服务工会干部素质能力提升	翟 边	2013–05
	探访上海市总工会机关系统第一期青年干部培训班	翟 边	2013–06

上海市职保会各区县服务处（点）一览表

单位	电话（办公）	地址	邮编
浦东新区总工会服务处	50196180–817、819	祖冲之路 2277 弄 19 号四楼	201203
浦兴社区工会服务点	50263779	凌河路 69 号	200129
金杨社区工会服务点	68501658–141	博山东路 699 号	200136
洋泾社区工会服务点	38992110	巨野路 219 号 1 号楼	200135
潍坊社区工会服务点	51029075–8015	潍坊路 131 弄 1 号	200122
塘桥社区工会服务点	58737200	峨山路 488 号	200127
南码头社区工会服务点	50905272	南码头路 400 号	200125
上钢社区工会服务点	51923211	昌里路 335 号	200126
周家渡社区工会服务点	50788875	南码头路 1136 弄 35 号乙	200126
东明社区工会服务点	68303920–118	上南路 4206 弄 1 号	200124
陆家嘴街道工会服务点	68767121–193	福山路 55 号	200120
沪东社区工会服务点	58505256	蓝城路 247 号	200129
花木社区工会服务点	50452710–8135	梅花路 289 号	201204
川沙社区工会服务点	68397955–8111、8103	新德西路 359 号	201200
高桥镇工会服务点	50586511	张扬北路 5168 号	200137
北蔡镇工会服务点	68926111–1009	沪南路 1105 号	201204
三林镇工会服务点	68525010	杨新路 60–1 号	200126
张江镇工会服务点	58956721	张江江东路 27 号 101 室	201203
曹路镇工会服务点	50683818	龚丰路 85 号	201209
唐镇工会服务点	58965096–757	唐镇唐兴路 495 号	201203
合庆镇工会服务点	38970415	合庆镇前哨路 112 号	201201
金桥镇工会服务点	58545450	佳林路 585 号 1 号楼 213 室	201206

续　表

单位	电话（办公）	地址	邮编
高东镇工会服务点	58486217—1061	光明路 718 号	200137
高行镇工会服务点	68975853	新行路 3405 号	201208
惠南镇工会服务点	68090376	人民西路 555 号	201300
周浦镇工会服务点	20922217	祝家港路 190 号	201318
六灶镇工会服务点	58166429	崇溪路 90 号	201322
宣桥镇工会服务点	58186401	六奉公路 128 号	201314
康桥镇工会服务点	20913221	沪南公路 2532 号	201315
航头镇工会服务点	68221882	航头路 188 号	201316
新场镇工会服务点	58171717—8152	新奉公路 331 号	201314
祝桥镇工会服务点	58109616	川南奉公路 5058 号	201323
老港镇工会服务点	58053082	鑫盛路 6 号	201302
大团镇工会服务点	68082756	永春中路 56 号	201311
万祥镇工会服务点	58041108	万和路 188 号	201313
芦潮港镇工会服务点	20942113	芦硕路 298 号	201308
书院镇工会服务点	58190037	新卫路 8 号	201304
泥城镇工会服务点	58072950	新城路 1 号	201306
申港社区	68286632	申港大道 200 号行政中心 F 楼	201306
徐汇区总工会服务处	54205129	桂林路 46 号底楼大厅	200233
湖南路街道工会服务点	64330573	淮海中路 1788 号	200031
天平街道工会服务点	54658110	衡山路 17 弄 1 号	200031
斜土街道工会服务点	64045999—2206	茶陵路 38 号	200032
田林街道工会服务点	64839361	宜山路 655 弄 3 号	200033
康健街道工会服务点	54210576—8029	浦北路 268 号	200233
凌云街道工会服务点	54306790	老沪闵路 1039 弄 48 号	200237
长桥街道工会服务点	64771771—138	罗秀路 616 号	200231
龙华街道工会服务点	54121093	天钥桥南路 399 号	200232
华泾街道工会服务点	54821212—124	华泾路 505 号	200231
徐家汇街道工会服务点	64417384—801	斜土路 2431 号	200030
枫林街道工会服务点	64416109	中山南二路 857 号	200032
虹梅街道工会服务点	64062444	虹梅路 2017 号	201103
漕河泾街道工会服务点	34140991	冠生园路 211 号	200235
长宁区总工会服务处	62106198	长宁路 690 弄 3 号 304 室	200042
天山街道工会服务点	62598183	天山二村 64 号乙大厅	200051
北新泾街道工会服务点	52163723	新泾一村 144 号	200335

续 表

单位	电话（办公）	地址	邮编
华阳街道工会服务点	32201205	长宁路396弄79号	200050
新华路街道工会服务点	62944625	法华镇路521号	200052
江苏街道工会服务点	62256600-126	江苏路563弄8号	200050
周家桥街道工会服务点	52061155-118	云雾山路551弄48号	200051
仙霞街道工会服务点	62959244	虹古路206号	200336
虹桥街道工会服务点	32231508	中山西路1030弄51号	200051
程家桥街道工会服务点	22300113	虹桥路2282号	200336
新泾镇工会服务点	52186596	泉口路65号	200335
普陀区总工会服务处	32250855	武宁路225号	200063
曹杨新村街道工会服务点	62167000-8101	枫桥路8号	200062
甘泉新村街道工会服务点	66250055-134	宜君路9号	200065
长寿街道工会服务点	62277887-1153	胶州路1095号	200060
真如镇工会服务点	52791214	铜川路1809号103室	200333
长风街道工会服务点	62430029	枣阳路251弄98支弄28号	200062
宜川新村街道工会服务点	66610109	华阴路298号底楼	200065
石泉新村街道工会服务点	60837527	宁强路25号	200061
桃浦镇工会服务点	66267866	绿杨路225号	200331
长征镇工会服务点	62063773	清峪路127号（社保中心二楼）	200333
闸北区总工会服务处	56309576	西藏北路770号	200070
彭浦新村街道工会服务点	56477367	安泽路78号	200435
大宁街道工会服务点	56033336	彭江路188号	200072
宝山街道工会服务点	56301203-8025	宝昌路519号	200071
芷江西街道工会服务点	66583382-109	芷江西路151号	200070
彭浦镇街道工会服务点	66313084-815	灵石路725号丙	200072
临汾街道工会服务点	56796194-8108	临汾路335号	200435
共和新街道工会服务点	56332621	平型关路487号	200072
北站街道工会服务点	63173396	南星路40号	200070
天目西街道工会服务点	66283561-7029	沪太路150号	200070
虹口区总工会服务处	25658877	飞虹路380号103室	200086
凉城街道工会服务点	65287439	凉城路465弄41号甲	200434
曲阳街道工会服务点	55881931-2104	伊敏河路88号	200437
欧阳街道工会服务点	65754922	曲阳路483弄1号	200081
四川北路街道工会服务点	56967780	溧阳路1208弄18号	200081
四川北路街道乍浦路工会服务点	63646123	北海宁路58弄20号	200080

续 表

单位	电话（办公）	地址	邮编
嘉兴街道工会服务点	65794535	三河路 388 号	200082
广中街道工会服务点	51812224	水电路 120 号	200083
提篮桥街道工会服务点	65851296	新建路 195 号	200082
江湾镇工会服务点	65812083	奎照路 280 号	200434
杨浦区总工会服务处	65846612	通北路 538 号	200082
四平地区总工会服务点	65139206	鞍山路 158 号	200092
江浦地区总工会服务点	55572352	许昌路 1150 号	200082
长白地区总工会服务点	55832029	延吉东路 107 号	200093
延吉地区总工会服务点	65341133—147	延吉中路 77 号	200093
定海地区总工会服务点	65670011—1024	长阳路 3066 号	200090
平凉地区总工会服务点	65850951—8083	吉林路 18 号	200082
五角场地区总工会服务点	65481769	政通路 100 弄 11 号	200433
控江地区总工会服务点	55803685	周家嘴路 3209 号	200093
大桥地区总工会服务点	65191987	平凉路 1730 号	200090
殷行地区总工会服务点	65881593	国和路 1049 号	200438
五角场镇总工会服务点	65582183	国和路 425 号	200433
新江湾城地区总工会服务点	55252927	政悦路 329 号	200438
黄浦区总工会服务处	53832096	重庆南路 229 弄 5 号 103 室	200025
豫园街道工会服务点	63365917	梧桐路 50 号	200010
南东街道工会服务点	33110284	江阴路 101 号	200003
小东门街道工会服务点	63325694	白渡路 252 号	200010
老西门街道工会服务点	93770310	蓬莱路 285 弄 4 号	200010
外滩街道工会服务点	63298977	河南中路 568 号	200002
半淞园路街道工会服务点	63120055—1097	西藏南路 1360 号	200011
五里桥街道工会服务点	53023712	瞿溪路 768 号	200023
淮海街道工会服务点	53831172	马当路 349 号	200021
瑞金二路街道工会服务点	53060361	皋兰路 6 号地下一层	200020
打浦街道工会服务点	63041102—8116	南塘浜路 103 号	200023
静安区总工会服务处	62672387	胶州路 699 号 101 室	200040
南京西路街道工会服务点	62896228	延安中路 955 弄 67 号	200040
江宁街道工会服务点	62668866	常德路 818 号	200040
石门二路街道工会服务点	62561297	武定路 139 号	200041
静安寺街道工会服务点	54038519	常熟路 115 号	200040
曹家渡街道工会服务点	62112892	万航渡路 676 弄 46 号底楼	200042

续　表

单位	电话（办公）	地址	邮编
宝山区总工会服务处	36071834	友谊路 50 号甲	201900
张庙工会服务点	56766139	泗塘二村 108 号	200431
吴淞镇街道工会服务点	56572102	淞青路 151 号	200940
大场镇工会服务点	61671008	沪太路 2518 号	200442
月浦镇工会服务点	36303757	德都路 111 号	200941
淞南镇工会服务点	66186370	长江南路 583 号	200441
友谊街道工会服务点	56122819	永清路 899 号	201900
顾村镇服务点	56042969	电台南路 7 号	201907
庙行镇街道工会服务点	56476890	长江西路 2700 号	200431
闵行区总工会服务处	64133704	闵行区莘建东路 210 号	201100
江川路社区（街道）工会服务点	64632352	鹤庆路 398 号	200240
浦江镇工会服务点	34302496	浦瑞路 326 号	201112
梅陇镇工会服务点	54289346	莘朱路 1925 号	200237
华漕镇工会服务点	33509908–3110	平乐路 25 号 31 号	201107
古美街道工会服务点	54163600–623	古龙路 1139 号	201102
七宝镇工会服务点	54869562	沪松公路 577 号	201101
吴泾镇工会服务点	64520590	宝秀路 555 号	200241
虹桥镇街道工会服务点	64658822–2108	合川路 2885 号	201103
新虹街道工会服务点	64215151–120	申滨路 777 号	201105
莘庄街道工会服务点	51519930	莘浜路 18 号	201100
颛桥镇工会服务点	51870877–108	联农路 297 号	201108
马桥镇工会服务点	64090718–116	马桥西街 21 号	201111
嘉定区总工会服务处	59523738	嘉戬公路 118 号 2–3 总工会窗口	201800
嘉定镇工会服务点	59928107–8003	塔城路 360 弄 8 号	201800
新城路街道工会服务点	39980262	新城路 155 号	201822
真新街道工会服务点	59197619	清峪路 985 号	201824
菊园新区街道工会服务点	69016002	平城路 811 号	201800
安亭镇工会服务点	69578879	民丰路 988 号	201805
南翔镇工会服务点	39120108	古猗园路 358 号	201802
奉贤区总工会服务处	37185525	南桥镇环城西路 455 号	201499
奉城镇工会服务点	57522114	奉城镇兰博路 2009 号	201414
松江区总工会服务处	57727982	乐都西路 867–871 号 2 号楼	201600
永丰街道工会服务点	67816119–119	仓华路 623 号	201600
中山街道工会服务点	67748167	茸梅路 139 号	201613

续 表

单位	电话（办公）	地址	邮编
泖港镇工会服务点	57863365	中南路 35 号	201607
小昆山镇工会服务点	57761030-0	小昆山镇鹤溪街 57 号	201616
方松街道工会服务点	37021536	文涵路 733 号	201620
九亭镇工会服务点	57632481	九新公路 219 号	201615
泗泾镇工会服务点	37610068	文化路 298 号	201601
车墩镇工会服务点	67654571	车墩镇影视路 28 弄 1 号楼	201611
佘山镇工会服务点	57650214	佘山镇佘新路 358 号	201602
新桥镇工会服务点	57647802	新桥镇新站路 460 号	201612
岳阳街道工会服务点	57812808	松江区人民北路 73 弄 1 号	201600
石湖荡镇工会服务点	37750001	石湖荡镇古松路 118 号	201604
洞泾镇工会服务点	67670253	洞泾镇长兴路 622 号	201619
叶谢镇工会服务点	67800225	叶谢镇强怒路 138 号	201609
新滨镇工会服务点	57891470	新绿街 398 号	201605
金山区总工会服务处	57320225	朱泾镇健康工业大楼 14–15 号	201500
石化街道工会服务点	57951843	石化临潮二村 18 号	200540
张堰镇工会服务点	57213173	张漕公路 8 号	201514
枫泾镇服务点	57351503	枫泾镇朱枫公路 9850 号	201501
金山工业区服务点	57276941	月工路 888 号	201506
青浦区总工会服务处	59732688	青浦区青松公路 35 号或车站路 35 号	201700
盈浦街道服务点	69223619	胜利路 119 号	201700
徐泾镇工会服务点	59760990	徐泾镇民主路 800 号	201702
崇明县总工会服务处	69693900	崇明县城翠竹路 1501 号	202150
堡镇工会服务点	59426492	堡镇灵山路 88 号	202157
庙镇工会服务点	59361150	庙镇大街 199 号	202153

上海市职保会各区县总工会服务处接待地址、时间一览表

服务处	地址	电话	接待时间
浦东新区总工会服务处（1）	合欢路 2 号 市民中心受理窗口（86 号窗口）	68542222*88104	周二、四下午
浦东新区总工会服务处（2）	惠南镇人民西路 555 号	68090376	一、三、五全天
徐汇区总工会服务处	桂林路 46 号	54205129	周二至周四全天
长宁区总工会服务处	长宁路 690 弄 3 号 304 室	62106198	周一至周五全天
普陀区总工会服务处	武宁路 225 号	32250855	周一至周五全天
闸北区总工会服务处	西藏北路 770 号	56309576	周一至周五全天

续 表

服 务 处	地 址	电 话	接待时间
虹口区总工会服务处	飞虹路 380 号 103 室	25658877	周三、周五上午
杨浦区总工会服务处	通北路 538 号	65846612	周一至周五全天
黄浦区总工会服务处	重庆南路 229 弄 5 号 103 室	63080297、53832096	周二至周五全天
静安区总工会服务处	胶州路 699 号 101 室	62672387	周一、周四下午
宝山区总工会服务处	友谊路 50 号甲	36071834	周一至周五全天
闵行区总工会服务处	莘建东路 201 号	64133704	周四全天
嘉定区总工会服务处	嘉戬公路 118 号 2-3 总工会窗口	59523738	周一至周五全天
奉贤区总工会服务处	南桥镇环城西路 455 号	37185525	周一周二全天，周五上午
松江区总工会服务处	乐都西路 867-871 号 2 号楼 9 号窗口	57819333	周一至周四全天
金山区总工会服务处	朱泾镇健康路 31 弄 15 号	57320225	周一、五全天
青浦区总工会服务处	青松公路 35 号或车站路 35 号	59732688	周三全天
崇明县总工会服务处	翠竹路 1501 号 1 至 3 号窗口	69693900	周一至周五全天

接待时间：上午 9：00—11：00，下午 1：30—4：00

保障政策文件选编

上海市人力资源和社会保障局
上海市医疗保险办公室
关于进一步完善恶性肿瘤门诊大病医保管理有关事项的通知

沪人社医发〔2013〕24 号

市医保事务管理中心、各区县人力资源和社会保障局（医疗保险办公室），各有关定点医疗机构：

为了更好地保证恶性肿瘤患者的合理诊疗，经研究并听取专家意见，现就进一步完善恶性肿瘤门诊大病部分项目医疗管理有关事项通知如下：

一、关于延长门诊大病医疗期限

对恶性肿瘤门诊大病医疗范围的中医药抗肿瘤治疗项目，所享受门诊大病医保待遇的期限由原来首次确诊或恶性肿瘤复发之日起的 18 个月调整为五年。上述中医药抗肿瘤治疗项目包括必要的相关辅助检验和检查等项目。

二、其他事项

（一）本通知实施前已经确诊为恶性肿瘤或复发的患者，中医药抗肿瘤治疗享受门诊大病医保待遇的期限自确诊或复发之日起算。

（二）恶性肿瘤门诊大病的其他医疗项目范围以及门诊大病医保待遇的期限和定点医疗登记制度仍按照沪医保（2001）48 号、沪医保〔2003〕111 号文的有关规定执行。

（三）本通知自印发之日起实施，有效期至 2017 年 12 月 31 日。

2013 年 4 月 25 日

I 索 引

ndex

上海工会年鉴

2014

A

B

C

D

F

G

H

L

M

N

O

P

Q

R

S

T

W

X

Y

Z

中国建材国际工程集团有限公司工会

公司领导出席第十二届全国人民代表大会

2013年，中国建材国际工程集团有限公司工会在公司党委和上级工会的领导下，深入贯彻党的十八大精神和习近平总书记系列重要讲话精神，坚定不移走中国特色社会主义工会发展道路。认真贯彻执行《工会法》，团结带领广大干部职工紧紧围绕公司发展战略建功立业，工会着力为群众办实事、做好事，激发职工工作热情和创造活力，努力构建和谐劳动关系，不断探索工会工作的新方法、新思路，为公司的改革、发展、稳定起到重要作用，为推进企业持续、健康、快速发展作出应有的贡献。

党委中心组（扩大）召开群众路线专题学习交流会

普陀区十佳科技创新项目

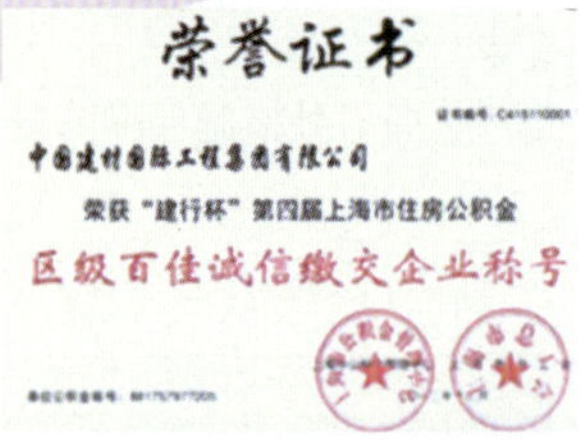

公司获区级百佳诚信缴交企业称号

工会获“长风杯”新上海人歌手大赛组织奖

举办羽毛球比赛

中国建筑第八工程局有限公司工会

中国建筑第八工程局有限公司是世界500强企业——中国建筑股份有限公司的全资子公司，始建于1952年，是房屋建筑工程施工总承包特级资质企业，主要经营业务房建总承包、基础设施、工业安装、投资开发和工程设计等，经营区域遍及国内110多个城市和海外10多个国家（地区）。近年来主要经济指标实现快速增长，综合实力位居国内建筑企业前列，是国内最具竞争力和成长性的建筑企业之一。

中建八局工会委员会辖23个基层工会，会员24111名。八局工会抓规范、强执行，实现基础工作标准化；抓创新、促提高，力争重点工作品牌化；抓协同、聚合力，促进党群工作一体化，在继承中创新，在创新中发展，为企业发展和实现中国梦凝聚强大力量。2013年，中建八局工会获得全国模范职工之家称号，全局涌现出24个全国先进集体、21名全国先进个人，68个省部级先进集体和个人。

董事长、党委书记为王桂玲科技创新工作室授牌

总经理为青年才俊颁奖

党委副书记、工会主席慰问一线职工

项目劳动竞赛启动仪式

局庆30周年职工文艺汇演

上海市地质调查研究院工会

上海市地质调查研究院承担着上海市公益性、基础性和战略性国土资源调查研究工作，现有职工173人，其中硕士以上学历67人，中高级职称89人。多年来，院工会紧紧围绕院中心工作，积极开展职工素质工程，加强民主管理，维护职工切身利益，深化凝聚力工程建设，大力推进院科技创新和队伍建设，打造以“公益地质”和“志愿服务”为特色的“大地”文化品牌，取得了丰硕的创新成果。近两年来，获得国土资源部科技进步一等奖1项，二等奖2项，上海市科学技术奖一等奖1项，连续4届获“上海市模范职工之家”称号，连续8届被评为上海市文明单位，连续3年被评为全国“安康杯”竞赛优胜单位，获得“上海市平安示范单位”称号，被国土资源部评为全国模范地质勘探单位，被中华全国总工会认定为全国职工教育培训示范点。

院领导检查崇明钻孔工地

召开“敬老日”退休职工座谈会

芷江养老院为大地志愿服务队赠锦旗

开展爱心一日捐帮助困难职工

志愿者在地质陈列馆为小朋友讲解科普知识

上海广播电视台工会

工会为一线记者送清凉

上海广播电视台工会深入贯彻落实党的十八大精神，学习实践中国特色社会主义工会发展道路，在坚持不懈加强工会自身建设，不断提升工会履职能力上取得成效：一是发挥工会桥梁纽带作用，动员员工立足岗位、建功立业；二是扎实推进评选劳动模范，开展劳动竞赛活动，确保媒体舆论导向正确和广播电视、新媒体安全播出；三是加强民主意识，推进职代会制度建设。创建“为您服务”、“健康讲座”、“周末电影”、“员工体检”四大服务品牌，实现“帮困一个，温暖一家”和“服务员工凝聚人心”的目标；四是践行企业文化，开展丰富多彩的文体活动，形成合唱团、书画摄影展、乒乓球队、羽毛球队等四大文体品牌。

定期召开职代会

上海广播电视台工会不断探索和追求创新理念，有力维护和保障员工合法权益、营造快乐和谐的工作氛围，调动员工工作积极性和创造性，为团结员工打造国际一流文化传媒产业集团，实现中国梦谱写新篇章。近年来，获得上海市“十佳”五一文化奖、十一五时期社会主义劳动竞赛先进集体、全国模范职工之家等称号。

工会组织“一日捐”活动

合唱团连续四届荣获上海市职工合唱比赛第一名

举办职工乒乓球比赛

上海印钞有限公司工会

上钞公司召开第十八届职工（会员）代表大会

上海印钞有限公司是隶属于中国印钞造币总公司的一家大型骨干印钞企业，从事人民币和增值税专用发票、银行专用票据等有价证券及护照等高级防伪证书的生产经营活动，历经70多年的不懈努力，公司已发展成为拥有先进工艺技术、精良机械设备、科学经营管理、良好品牌信誉的现代化企业，确保钞券生产始终处于一流水平。为维护社会经济正常秩序，促进国家金融事业发展作出新贡献。

公司工会有16个分工会，工会会员近2000名。上钞公司工会在深化现代企业制度改革的形势下，紧紧围绕企业中心工作，充分发挥工会组织的桥梁纽带作用，不断创新工作思路，积极维护职工合法权益，促进班组建设，丰富文体活动，营造和谐氛围，确保全面完成公司生产经营管理等各项目标任务。

上钞公司检封生产部清分机一组获得“全国五一巾帼标兵岗”荣誉称号

上钞公司检封生产部获得“全国工人先锋号”荣誉称号

举行“迎国庆 放飞梦想 声动上钞”歌唱大赛

上钞公司荣获“2012－2013年度上海市劳动关系和谐职工满意企事业单位”荣誉称号

上海大学工会

上大工会主办“打造地区优质教育链研讨会”

坚持开展帮困慰问活动

张家界团休养员集体合影

举行上大第十一届菊文化节教职工专场演出

上海大学工会按各学院（系统）、直属单位设33个分工会，有工会小组357个，会员5300余人。

上海大学工会带领广大教职员工，认真学习贯彻党的十八大精神以及中国工会十六大精神，紧紧围绕学校中心，服务大局，维护教职工合法权益，构建和谐校园，为把上海大学建设成为国际知名、国内一流综合性研究性大学而努力。

上海大学工会建会以来曾连续4次获上海市教育工会先进教工之家称号、全国教育工会先进集体和上海市模范职工之家等称号。

召开四届一次教代会议

上海巴士公交（集团）有限公司工会

上海巴士集团拥有职工3.9万多名，经营线路582条，营运车辆9500余辆，年客运量约16亿人次，营运里程近5.3亿公里，是上海地面公交的龙头企业。

集团着力构建互利共赢的劳动关系促进企业发展，以落实三级职代会制度促进劳动关系和谐，推动集团管理工作不断完善；以一线巡视、座谈交流畅通职工诉求渠道，有效维护职工合法权益；以帮困慰问、关怀激励等一系列举措实施关爱机制，丰富保障载体。已形成党政工齐抓共管全面协调，深入推进劳动关系和谐职工满意企业创建的良好局面。

集团工会为职工提供免费健康体检，2010年至今已累计体检16.28万人次；同时建立与医保联网的医疗服务网点，使职工足不出场就能求医配药，累计服务职工38.19万人次，配售药品609.7万元；通过“世纪巴士基金”开展职工帮扶送温暖工程，累计帮困救助61681人次，发放慰问金2824.98万元；结合不同季节特点，累计慰问一线职工50634人次，发放慰问物品155.26万元。2013年获全国厂务公开民主管理示范单位和先进单位称号，同时获上海市五一劳动奖状，上海市模范职工之家，被第三届“劳动论坛”组委会授予“构建和谐劳动关系”企业创新奖。

深化厂务公开　促进民主管理

举行优质示范　提高服务技艺

开展等级创建　打造久事精品

开展金秋助学活动　加大帮扶救助力度

组织健康体检　关爱员工身心

上海高桥捷派克石化工程建设有限公司工会

公司召开二届二次职代会

捷派克各基层工会召开委员大会换届改选

举办第一届职工体育节

上海高桥捷派克石化工程建设有限公司是一家集石油化工装置运行维护、检维修、工程施工承包、项目管理、设备制造和科研开发等业务于一体的有限责任公司，为上海市高新技术企业。目前公司拥有5个分公司，员工1700余人。

公司工会始终紧紧围绕经济建设中心，坚持把企务公开民主管理作为职工投身企业生产经营、改革发展、为企业谋发展的良好形式和重要举措。工会在促进企业发展、提高管理水平和企业文化建设中起到重要的推进作用。公司始终坚持开展职工“创新创效”活动，两年来累计申报专利申请48项，已获授权实用新型专利28项，发明专利3项，软件著作权1项，获得各类创新成果57项。近年来公司工会荣获全国模范职工之家称号，2013年，公司被授予浦东新区职工科技创新基地和上海市五一劳动奖状称号，荣获全国厂务公开民主管理示范单位和全国厂务公开民主管理先进单位称号。

公司荣获全国厂务公开民主管理示范单位称号

公司在纪念三八妇女节大会上表彰先进集体和个人

上海南亚覆铜箔板有限公司工会

公司成立于2000年，是位于南翔工业开发区的“优秀民族品牌企业”，公司始终秉承“以人为本、集思广益、持之以恒、共创大业”的经营理念。公司工会在公司党支部领导和上级工会的指导下，紧紧围绕公司年度生产经营目标、安全生产管理、职工队伍建设、企业文化创建、职工利益维护和社会责任履行等六个方面开展工作，努力协调劳动关系，调节社会矛盾，为公司和社会的和谐发展出一份力。

2013年，公司工会深入开展特色工作，深化推进厂务公开和民主管理、举办“安康杯”竞赛、组织“家”文化调查、落实职工家属福利、开展丰富的文体活动等。通过组织职工思想道德素质、法制意识、安全知识等方面的培训，全面提升职工素质；通过组织职工参加义务献血、为灾区捐款、健康慈善跑等活动，团结凝聚职工向社会献爱心，履行公民义务，积极传递正能量。

组织员工参加义务献血

举办安康杯安全生产知识竞赛决赛

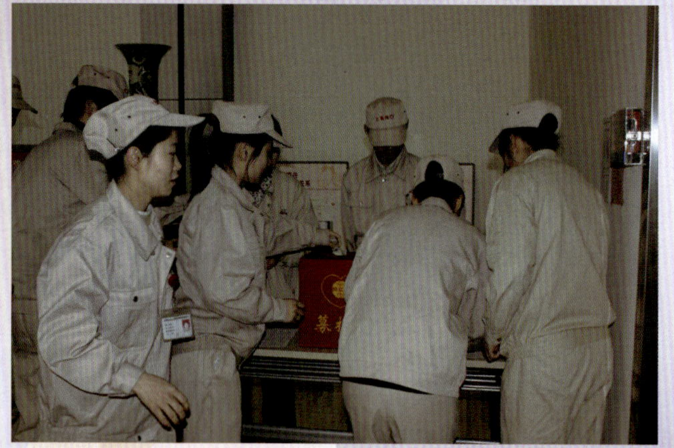

为雅安灾区捐款献爱心

参加嘉定慈善跑

第六届南亚之韵完美谢幕

上海隧道工程股份有限公司盾构分公司工会

召开立功竞赛动员始发大会

虹梅南路隧道贯通庆典

由市政府命名的“盾构先锋队”——隧道股份盾构工程分公司成立于1997年，是中国首家盾构施工专业公司,中国软土隧道施工的开创者和领跑者。公司共有员工889名，设备仓储用地200亩，拥有不同型号的进口和国产盾构掘进机27台，以及3台矩形顶管。公司主要业务：盾构推进、顶管推进、隧道修复、装饰装潢、盾构租赁维修保养。公司工程项目遍布上海、杭州、宁波、南京、天津、武汉、深圳、成都、昆明等大城市。公司承建的延安东路越江隧道、南北高架工程、大连路越江隧道先后获得中国土木工程最高荣誉——詹天佑奖。

分公司工会坚持开展全员立功竞赛和技术创新活动，先后获得全国五一劳动奖状、全国青年文明号、中国国际工业博览会铜奖，共有14次获得上海市科技进步奖，8次获得上海市重大工程实事立功竞赛金杯集体称号。

组织专车送农民工返乡过节

举办中秋联谊会

分公司五届二次职代会代表合影

闵行区教育工会

工会主席心理健康知识培训班合影

闵行区教育工会有基层工会259家，会员1.87万人。基层学校工会主席全部实行公推直选。在上级工会和局党委的领导下，围绕教育教学转型发展的中心任务，建设幸福校园的总体目标，以务实、创新、高效的工作理念，着力发挥工会组织优势，开展丰富多彩的文体活动，全面提高教职工素质，构建“党委领导、行政支持、工会运作、教工参与”的工作格局，为促进基础教育转型发展做出贡献。2013年，《党工一体化创建“优秀教工之家”的探索与实践》在闵行区优秀调研报告（论文）评比中获得二等奖，工会工作被评为闵行区“党工共建创先争优”工作示范项目，参加《女职工劳动保护特别规定》知识竞赛获得上海市优秀组织奖，参加闵行区第九届职工乒乓球比赛（委局组）获第一名、参加 上海市教工扑克牌80分比赛获得优胜奖。

举行2013年新老工会主席结对仪式

党的十八大知识竞赛

各代表队参加广播操展示

新春联欢会演出节目

上海煤气第二管线工程有限公司工会

上海煤气第二管线工程有限公司是一家专业从事燃气管道施工的企业，拥有行业最高的市政公用总承包一级资质。公司实现浦东管道煤气用户零的突破，敷设上海市第一条天然气管道，建设覆盖全浦东天然气管网。公司获得全国五一劳动奖状、全国模范职工之家、上海市文明单位、上海市重点工程立功竞赛优秀公司、上海市厂务公开民主管理先进单位、上海市职工最满意企业、上海市职工职业道德建设先进单位、上海市学习型企业等称号。

公司工会贯彻落实全总十六大、市总十三大精神，以“打造有影响力的企业、塑造有责任感的团队”为目标，做好职工权益的“维护者”，当好职工贴心的“娘家人”。通过工会组织网络全覆盖，保障职工民主政治权利；通过推进覆盖全国各地项目的劳动竞赛，充分调动员工工作积极性；通过举办项目经理学校、不断开展重点岗位专项技能比武等，推进职工素质工程建设；通过企业文化建设，陶冶职工情操，增强职工体质。工会引领广大职工立足本职建功立业，汇聚追梦圆梦的正能量，成就伟大中国梦，为燃气行业发展再续新篇章。

公推直选新一届工会委员会主席

公司荣获全国模范职工之家

公司第六次赴云南基诺乡支教

实施隐患管网改造工程

公司舞蹈俱乐部为共建部队演出

上海岩土工程勘察设计研究院有限公司工会

党政领导慰问迪士尼工地员工

上海岩土工程勘察设计研究院有限公司是一家国内知名的综合性岩土工程咨询公司，拥有以精品勘察、精密测量、地下水治理、设计咨询为经营特色的岩土工程一体化优势。相继承担上海陆家嘴金融区超高层建筑群、上海世博园、轨道交通、虹桥综合交通枢纽、浦东国际机场等国家、市级重大工程项目万余项，共获国家级金、银、铜奖及部、市级优秀工程奖160余项，完成科研成果100余项，负责主编、参编规范标准30余项，在行业中极具影响力，被誉为上海城市建设的“地下尖兵”。先后获全国五一劳动奖状、全国城乡建设系统先进集体、上海市文明单位、上海市重大工程立功竞赛优秀公司、上海市质量标兵企业、上海市创新型企业、上海市优秀高新企业等称号。

举行上勘院希望小学竣工典礼

参加运动会广播操比赛

公司领导班子合影

举办“青春上勘”新春联欢会

二届五次职代会表彰先进集体和个人

东方证券股份有限公司工会

东方证券股份有限公司成立于1998年，是一家经中国证券监督管理委员会批准设立的综合类证券公司，总部设在上海。在上海、北京等39个城市设有97个分支机构，形成依托上海、立足中心城市、辐射全国的大型证券公司的经营网络。

公司工会获评上海金融10周年特色工会工作成果奖

公司工会不断完善制度建设，深入推进企业民主管理，培育倡导先进金融企业文化，努力从“环境和谐”、“情感和谐”、“文化和谐”三方面维护和促进劳动关系建设，推动公司规范经营、创新发展。公司工会曾获评上海金融10周年特色工会工作成果奖，2013金融系统工会女职工工作优秀品牌，涌现多名上海金融优秀工会工作者。公司工会获金融系统“2012—2013年度文体活动卓越奖”。

公司资金财务管理总部荣获上海市工人先锋号、上海金融系统先进基层党组织、上海金融系统学习型党组织创建先进单位等称号。

公司工会获金融系统2012—2013年度文体活动卓越奖

和董事长一起过组织生活

资金财务管理总部集体

参观革命烈士纪念馆

上海海博股份有限公司工会

公司热心公益，连续14年开展学雷锋义务送病人出院活动

广西海博举行党员先锋岗授牌、发车仪式

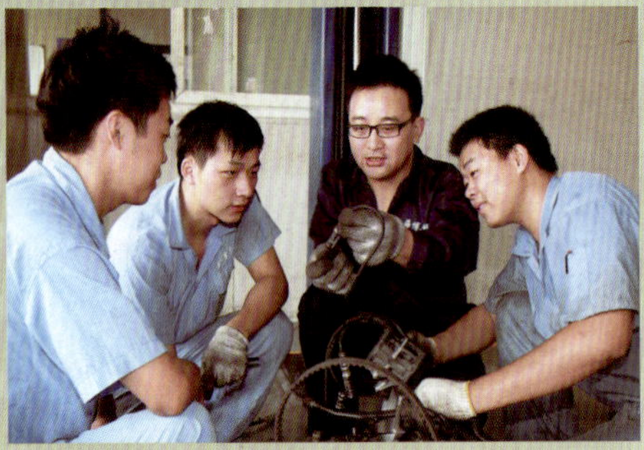
上海市五一劳动奖章获得者高权讲授修理知识

上海海博股份有限公司隶属光明食品集团，公司拥有员工2.2万余名，产业横跨4个省市和香港特别行政区，涵盖海博出租公司、海博物流公司、思乐得公司、控股香港万安集团的“海博投资”共3+1核心主业板块。多年来，企业努力实施“海博”品牌战略，为客户提供“海博服务，舒心、放心”的高品质服务。

海博工会认真贯彻落实科学发展观，秉持“超越自我，永不满足”企业精神，树立“企业品牌是我们共同的利益”的价值观，实施以“品牌”为核心的发展战略。始终坚持以人为本，切实维护员工合法权益，落实“尊重人，关心人，激励人”的人本理念，调动广大员工的工作热情，培育一支爱岗敬业、文明素质高的员工队伍。公司被评为全国交通运输系统先进集体，荣获上海市五一劳动奖状、上海市名牌、上海市模范职工之家、员工连续三届被评为全国见义勇为好司机等荣誉，是上海市首批企业文化建设示范基地。

位于浙江安吉的海博司机疗养院

海博党政班子集体参加职工歌唱大赛

上海国际旅游度假区建设工程指挥部办公室

高温慰问一线员工

上海国际旅游度假区是以上海迪士尼项目为核心的特大型文化和服务性功能区。

为统筹、协调上海国际旅游度假区项目建设，上海国际旅游度假区建设工程指挥部（以下简称指挥部），于2010年12月31日成立。指挥部下设办公室，承担日常工作，办公室设在上海申迪（集团）有限公司。指挥部办公室带领全体参建者围绕“负责任、重信誉、好合作、守纪律、比贡献”的核心价值观，奋发进取、创先争优，高起点规划、高品质开发，项目重大节点受控，园区关键性节点工程如期完成，园区主体工程顺利推进，市政配套工程全面开展，为实现“迪士尼乐园及度假区一期建成运营、综合配套项目全面建成、周边开发初显功能形象、区域综合服务管理格局基本形成”的“四位一体”总体目标奠定坚实基础。同时，工会开展职工技术比武，组织劳动竞赛，举行职工文艺体育活动。领导带队慰问员工、开展扶贫帮困活动。2013年，指挥部办公室获上海市五一劳动奖状。

设立职工书屋

开展职工立功竞赛

举办民工普法活动

举行职工拔河比赛

杨浦第一房屋征收事务所工会

区总工会主席高温慰问152D块基地工作人员

区总工会和区房管局领导为经办人员颁发劳动竞赛流动红旗

事务所领导为经办人员颁发劳动竞赛流动红旗

杨浦第一房屋征收事务所工会在实践中不断探索“一会一特色”工作。坚持围绕企业中心工作，在职工中积极开展立功竞赛活动。通过立功竞赛调动广大职工的积极性和创造性，以立功竞赛促干劲、以立功竞赛树典型、以立功竞赛促进度、以立功竞赛提升工会组织在职工中的影响力、凝聚力。

2013年，根据区总工会、区房管局及旧改指挥部《关于开展“当好科学发展主力军，打好创新转型攻坚战”旧区改造立功竞赛活动的实施意见》，工会在征收基地以流动红旗和“每周之星”的形式，团结带领职工深入开展立功竞赛活动，受到广大被征收居民好评，为确保杨浦区完成全年旧改任务不断作出新的贡献。

居民庆祝113A块基地6天达到85%生效条件

被征收居民为113A块工作人员送锦旗

上海实业东滩投资开发(集团)有限公司工会

上实东滩是上实集团全资子公司。根据市政府《崇明生态岛建设纲要（2010—2020）》，在崇明东滩86平方公里的土地上，投资建设生态城镇、绿港农业、湿地公园三片联动的生态示范区。2012年，总投资45亿元的上海市重大工程——东滩基础设施工程开工建设。

工会围绕东滩开发，一是以组织开展劳动竞赛为载体，加强工会服务中心工作职能；二是以构建和谐劳动关系为目标，加强工会维权职能；三是以促进安全生产为主旨，加强工会劳动保护监督职能；四是以开展各类有益活动为抓手，加强工会宣传职能；五是以当好职工贴心人为出发点，加强工会帮扶职能。工会营造和谐、进取、向上的氛围，全面落实职代会制度，签订集体合同，深化厂务公开民主管理工作，开展“一部一课”等培训活动，在保障职工权益、打造学习型企业等方面取得显著成效。2013年，公司获上海市五一劳动奖状，所属物业公司客服部被命名为上海市工人先锋号。

荣获上海市五一劳动奖状

召开重大工程立功竞赛推进会

与崇明县陈家镇晨光村开展结对共建活动

在上实集团运动会上获团体总分亚军

开展东滩军警民共建植树活动

中国铁路工会上海站委员会

上海直属站管辖上海站、上海南站、上海虹桥站3个大型客运站及上海西、南翔北、安亭北3个小站。目前，上海直属站年旅客发送7514.15万人次。车站干部职工努力把握客运工作的特点和规律，探索具有“窗口”特色的服务质量管理，建立一整套科学管理制度，并通过了国际质量体系认证，成为全路第一个获得ISO9001证书的特等客运大站。

车站始终坚持以人为本的原则，一贯遵循“服务只有起点，满意没有终点”的服务理念，大力弘扬“和衷、担当、奉献、卓越”的车站精神，自觉践行“一切为了旅客满意”的核心价值观，为旅客提供亲情化、便捷化、个性化的服务。先后荣获全国文明单位、全国先进基层党组织、全国五一劳动奖状、全国精神文明创建活动示范点、全国创建文明行业先进单位、国家质量管理奖、全国用户满意服务企业、上海市红旗集体等称号。

工会方与行政方签订集体合同协议

开展读书活动

设立七彩虹桥雷锋服务站

组织职工之家观摩活动

开展第九套广播体操比赛

上海电机学院工会

召开六届九次教代会暨七届二次工代会

上海电机学院是一所以工学为主，经济学、管理学、文学、艺术学等学科协调发展的全日制普通本科院校。学院前身是创建于1953年的上海电机制造学校。 2002年被列为国家重点建设高职高专院校。2004年9月，经上海市人民政府批准，升格为全日制普通本科高校。2011年10月，被国务院学位委员会列为“服务国家特殊需求人才培养项目”专业学位研究生试点单位。学院面向先进制造业及相关服务业，明确提出“技术立校，应用为本”的办学方略，成为具有技术应用型本科和行业大学属性的特色型高等院校。

学院工会委员会设有工会经费审查委员会、女职工委员会、爱心帮困基金委员会、民主管理委员会、提案工作委员会、工会办公室等机构。有14个两级分工会组织和5个教工协会，共有会员900余名。近年来，在院党委的领导和行政的大力支持下，工会在民主管理、师德师风建设、关心教职工、推动校园文化建设等方面都有长足进步，得到广大教职工的认同，多次获得上级单位表彰。2013年，学院工会获上海市模范职工之家称号。

举行学校60周年校庆

森马杯活动后合影

教职工参加迎新长跑

举办2014迎新联欢会

上海长航船员劳务合作公司工会

上级工会领导上船慰问船员

上海长航船员劳务合作公司是中国外运长航集团在上海地区具有一定规模的专业性船员服务机构，负责招募、输出、管理各类船员。公司取得国家海事局颁发的海员外派机构资质证书和甲级船员服务机构许可证，并通过上海船级社ISO9001:2008质量管理体系认证。公司秉承“亲和、诚信、责任、共享”的企业理念，始终坚持服务船东、服务船员，服务上海航运中心建设的企业宗旨。

公司工会积极推进职工素质工程，坚持组织派遣班组和员工参加各类创优评先活动。“长英轮”获得全国工人先锋号、上海市劳模集体；“衢海轮”获上海市劳模集体；“天柱山轮”和“长运轮”分获全国“安康杯”竞赛优秀班组和全国“安康杯”竞赛优胜班组称号；多个班组获得上海市工人先锋号、上海市模范职工小家和上海市团队创先特色班组称号；钱钦华船长获全国五一劳动奖章、全国优秀海员和上海市劳动模范称号；王纪东船长、姚国军轮机长获上海市五一劳动奖章。

长英轮班组获“全国工人先锋号”称号

“全国五一劳动奖章”获得者钱钦华

长英轮班组作业现场

职工代表与行政方代表商议签订工资集体协议

上海采埃孚转向系统有限公司工会

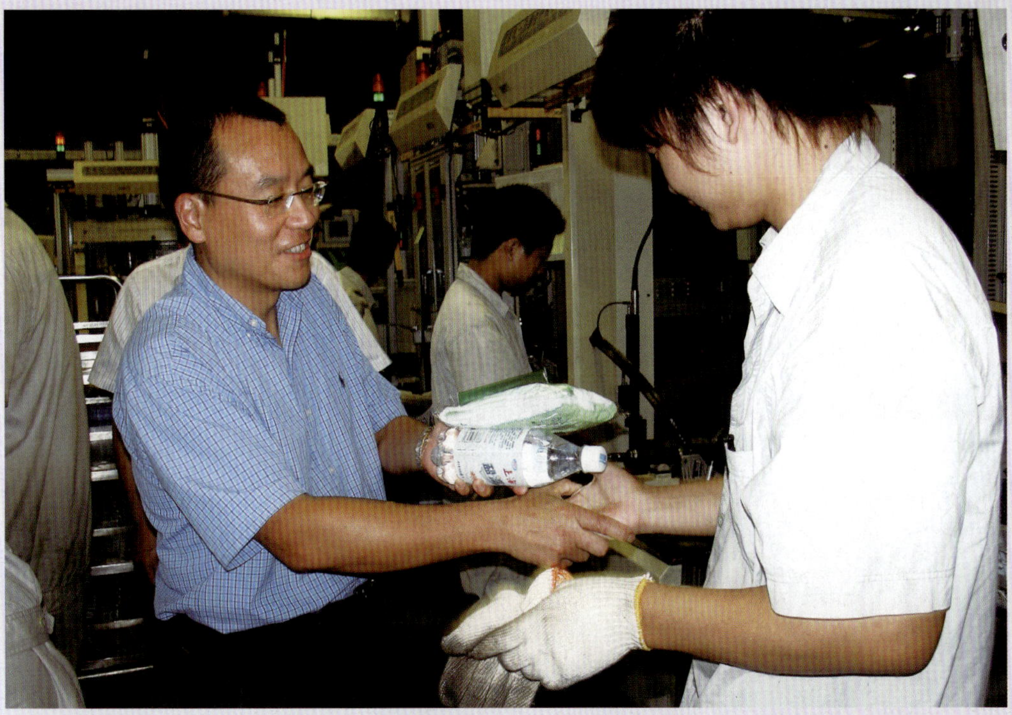

公司关爱员工，送清凉到岗位

公司高层领导与员工代表季度座谈

上海采埃孚转向系统有限公司是国内同行业排名第一的转向系统专业供应商，上海市高新技术企业。公司自主研发的转向系统和零部件产品不仅向国内各大整车厂供货，转阀、齿条等零部件还远销德国、法国及韩国、马来西亚等地。

公司工会认真贯彻落实科学发展观，在“客户导向、创新超越、合作发展、正直诚信”的核心价值观引领下，努力营造和谐的企业发展环境，坚持落实并完善职代会、集体协商、厂务公开民主管理机制；坚持以深化和谐劳动关系为主线，以服务发展、服务职工为主题，畅通职工民主渠道，充分调动广大职工的积极性，引领广大职工为经济发展建功立业，促进企业和职工效益共创，利益共享。公司先后获上海市文明单位、上海市厂务公开民主管理工作先进单位、上海市职工最满意企（事）业单位、上海市模范职工之家等称号。2013年，公司获得上海市五一劳动奖状。

“集体合同”签约仪式

组织阳光义卖活动

上海医疗器械集团手术器械厂工会

坚持职代会为主要形式的职工民主管理制度

举办班组长培训班

上海医疗器械（集团）有限公司手术器械厂是国内最大规模的手术器械专业制造厂，现有职工1000多名，年销售产品900余万件，销售额达4亿元，“金钟”手术器械成为上海市名牌产品，

多年来，厂工会认真践行科学发展观，努力营造一个“协商共谋、效益共创、利益共享”的企业发展环境。坚持围绕企业重点工作，引领广大职工创新思维，进一步发挥好主力军作用；积极深化厂务公开管理，大力推进班组建设，全面提升职工队伍综合素质，打造出一支爱岗敬业的高素质职工队伍；切实维护职工合法权益，心系职工身心健康，竭诚为职工排忧解难，进一步推进企业和谐劳动关系，努力把工会建设成为职工信赖的“职工之家”。企业连续13次被评为上海市文明单位，2013年，厂工会获上海市模范职工之家称号。

坚持节日送温暖与日常帮困相结合

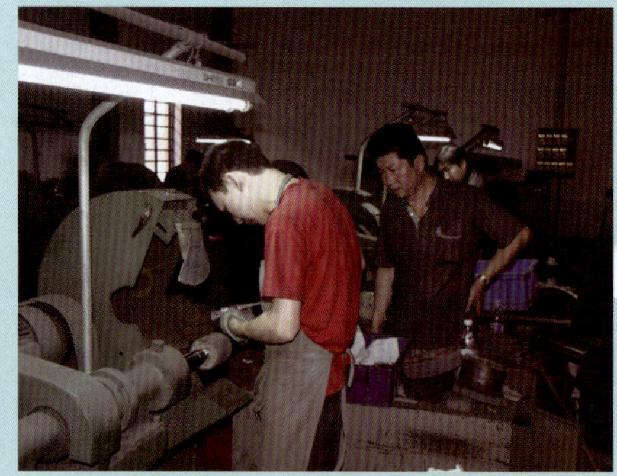

开展职工技能比武、建立班组长培训机制

成立职工摄影协会

上海上电电力工程有限公司工会

工会主席慰问困难职工

上海上电电力工程有限公司是上海电力体制改革中诞生的一家专业从事电力行业维护检修的企业。公司成立以来，向上海及全国各地，乃至海外多家电厂等相关企业提供优良的维护检修服务，并逐步走出一条以输出管理和技术为主的发展新路。

公司工会切实履行工会各项职能，紧紧依靠广大职工，围绕企业中心工作，结合企业特点，有计划、有特色地开展劳动竞赛和劳动保护监督检查，为全面完成各项生产任务，确保职工在生产工作中的安全与健康，起到促进作用。

公司按时召开职工代表大会

公司工会重视建立职代会为基本形式的民主管理制度，落实厂务公开工作。特别是公司实行职工代表列席行政办公会议制度，拓展职工民主参与、民主管理、民主监督的渠道，促进企业民主建设，增强企业凝聚力。

职工代表列席行政办公会议

全国劳模徐昌俊（左）在工作现场

公司合唱队歌颂党的生日

华能华东(上海)分公司工会

召开一届二次职代会

组成绿十字安全检查

食品比赛评选

（上海）分公司是中国华能集团公司在上海的区域性公司。公司所辖企业有华能上海石洞口第一电厂等7家企业，主要从事火力发电和船舶运输业。公司工会成立于2009年12月，现有会员2609人。

工会自成立以来，紧紧围绕企业生产经营和发展目标，广泛动员职工开展一系列具有企业自身特点的劳动竞赛、技术比武和合理化建议活动。与此同时，工会充分发挥桥梁和纽带作用，积极反映职工合理需求，切实维护职工的合法利益，赢得了职工信任和拥护，为全面完成各项生产任务，推进企业创新发展作出了积极贡献。

近年来，通过自身努力不断取得新成绩，有3家企业被评为上海市模范“职工之家”；1家单位被评为全国“安康杯”竞赛优胜单位，2家单位被评为上海市“安康杯”优胜单位；1人被评为上海市劳动模范，3人获得上海市五一劳动奖章，多个企业部门获全国和上海市工人先锋号称号。

职工参加羽毛球比赛

迎新春冬锻拔河比赛

上海宜家家居有限公司工会

签订工资集体协商合同

上海宜家家居有限公司是北欧瑞典IKEA（宜家家居）集团进入中国上海的第一家家居用品零售商场。IKEA宜家集团于1943年由其创始人英格瓦•坎普拉德在瑞典创立，历经六十多年的发展，现已在全世界37个国家和地区拥有349家商场，营业额排名世界领先且集设计、制造、运输、贸易、零售于一体的跨国家居用品零售商。

上海宜家家居有限公司位于徐汇区漕溪路126号。商场营业初始于1998年。现有员工约780名。 2007年11月28日，通过差额选举正式成立工会委员会，工会会员入会率达到97%。工会下属徐汇商场和浦东北蔡商场两个工会小组。2012年5月29日工会率先与公司协商并签订公司集体协商合同。公司获 2013年徐汇区劳动关系和谐十佳企业、徐汇商场工程部获得徐汇区工人先锋号、徐汇商场卧室家具销售部获得上海市工人先锋号称号。

工人先锋号班组合影留念

耐心解答顾客提问

仔细研究服务工作技巧

一线员工赴瑞典总部参观学习

中海油轮运输有限公司工会

中海油运公司工会在中国海运（集团）总公司工会领导下，围绕公司建设“国家级文明单位、世界级油轮船队”的发展战略，主动适应新时期船岸职工的新特点、新需求，结合全总“面、心、实”活动，深入船舶、服务群众。围绕公司中心任务，积极发挥工会作用，以落实《2006海事劳工公约》作为维护职工合法权益的契机，推进船务公开工作，成立船舶工会委员会，开通投诉电话，加强企业民主管理；把“金点子”活动作为劳动竞赛的抓手，打造献言献策的平台，汇聚集体的智慧和经验，增强全体职工的主人翁意识；把为职工办实事、解难事、做好事作为增强企业凝聚力的渠道，团结动员广大船岸职工发挥主力军作用，助推公司深化改革。中海油运工会获得2011年全国交通建设系统先进工会称号。

工会主席慰问公司劳模

上船慰问一线船员

坚持召开职代会，落实民主管理制度

承担社会责任，帮扶余姚村困难村民

公司职工参加足球比赛

海通证券股份有限公司工会

召开三届二次职代会暨会员代表大会

坚持每年召开企务公开报告会

深入推进集体合同工资协商

积极开展窗口服务劳动竞赛

海通证券股份有限公司是国内最早成立、资本规模最大的综合性证券公司之一，公司一贯秉承“务实、开拓、稳健、卓越”的经营理念，并追求“一流管理、一流人才、一流服务、一流效益”的经营管理目标，分别在2007年和2012年实现在上海和香港两地股票上市，公司的治理结构、品牌和资本实力大幅提高。目前，公司总资产达到1616亿元，净资产615亿元。2013年，海通证券工会第三届委员会坚持以建设特色工会、有为工会、满意工会为出发点，充分发挥联系党和职工群众桥梁纽带作用，深入开展民主管理、集体协商、劳动竞赛、建家活动和职工文化建设，努力为职工建设民主之家、和谐之家、学习之家和温暖之家，推动公司持续健康发展，为建设和谐企业作出积极贡献。

公司办公场地——海通证券大厦

公司工会每年组织开展职工羽毛球比赛

上海市精神卫生中心工会

召开职代会审议医院重要工作

组织职代会条例知识竞赛

上海市精神卫生中心是一所三级甲等精神卫生专科医院，担负着全市精神卫生的医疗、教学、科研、预防、康复、心理咨询及治疗和对外学术交流等任务，是全国规模最大、业务种类最全、领衔学科最多的精神卫生机构。2006年5月，成为上海交通大学医学院附属医院。

市精神卫生中心工会秉承“团结、奉献、勤奋、创新”的院训，坚持推进院务公开，做好职工民主管理的传达人；坚持工会基本职能，做好职工民生保障的帮扶人；维护职工切身利益，做好职工权益的监督人；坚持提高职工技能水平，做好职工素质工程的推进人；增强服务职工能力，做好职工诉求的反馈人，团结全院职工在医院改革和建设中发挥主力军作用。中心工会连续3届被评为上海市模范职工之家，2013年获全国教科文卫体系统模范职工之家称号，连续10届获得上海市文明单位。

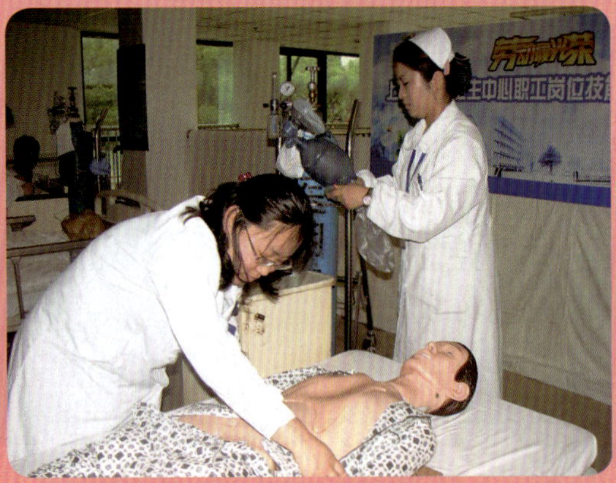

组织岗位技能竞赛

建立“护士心灵驿站”，释放工作压力

举行职工诗歌朗诵比赛

举办“寻找精中好声音”活动

复旦大学附属金山医院工会

金山医院全景

蔡蕴敏带教学生

复旦大学附属金山医院地处上海市西南、杭州湾畔的金山新城，毗邻浙江东北部和两家特大型化工基地-上海石化及上海化工区。是一所专业科室设置齐全、医疗设备先进，集医疗、教学、科研、预防为一体的三级综合性医院，院工会是全国模范职工之家，曾获上海市文明单位。

金山医院新院于2012年2月搬迁，是上海市郊区三级综合性医院建设规划“5+3+1”项目中最先建设、最先竣工、最先启用的三级综合性医院。金山医院始终秉承"以病人为中心"的服务理念，朝着将医院建设成为“金山及周边地区管理一流、服务一流的三级综合医院”的目标努力，以“敬业、求精”的医疗作风和严格的科学管理，努力为病人提供优质、便捷的人性化医疗服务。

蔡蕴敏事迹报告团

第六届“金医杯”职工运动会

组成医疗服务队支援云南边疆地区

上海淀山湖新城发展有限公司工会委员会

鸟瞰图

2010年3月，上海淀山湖新城发展有限公司按照青浦区“一城两翼”发展战略需要组建成立，拥有7家子公司。主要任务是负责淀山湖新城区域范围内的一级土地开发、市政设施建设、公建配套等项目的开发建设。

公司工会在上级总工会、公司党委领导和行政大力支持下，以党的十八大精神为指导，坚持党的“全心全意依靠工人阶级”方针，紧密围绕“谋定而动”的总体思路，深入开展民主管理、评先树模、劳动竞赛、技术创新、文化建设等工作，努力为职工建设民主、温馨、富裕、安康、奋进之家，工会重点工作取得显著业绩，整体工作跃上新的台阶，实现“稳定职工队伍、调动工作热情、增强荣辱观念、促进企业和谐”的目标，公司先后获“安康杯”竞赛优胜单位、上海市精神文明先进单位、上海市厂务公开民主管理先进单位 、青浦区劳动关系和谐企业示范单位 、工人先锋号等称号。

举办迎春长跑活动

公司足球队员

公司完成的新项目之一

上海一钢机电有限公司工会

上海一钢机电有限公司是中冶宝钢子公司。在改革和发展中，工会坚持把维护职工群众合法权益作为工作的出发点和落脚点，以发挥工会组织优势，增强工会组织活力，全面推进职工素质工程，构建和谐企业为抓手，深入开展“六型”班组创建活动；以“拼搏、奉献、主人翁”的企业精神，全面规范现场管理，建立科学的标准化作业管理体系；以创建学习型组织贯穿于企业管理的始终，引导企业三个文明建设的协调发展。近年来，公司多个项目在上海市和全国发明展上获奖，并获52项国家专利，先后获得上海市学习型团队创建奖、上海市文明单位、上海市模范职工之家、上海市工人先锋号等称号。

迎五一歌会

可视化管理专栏

规范高效的站立式班前会

开展技术交流和技术攻关活动

上海金叶包装材料有限公司工会

公司参加普陀区组织的慈善募捐活动

成立于1997年7月的上海金叶包装材料有限公司，年销售收入连续多年被列入中国印刷企业销售收入100强。公司建立以市场为导向、以资产为纽带、以技术进步和科学管理为支柱、以质量求生存、以品种求发展、以成本求效益的企业经营理念。公司引进一系列为烟酒、食品、药品、化妆品等商品提供中高档印刷包装材料的先进设备。

组织员工参加安全知识培训

公司工会引导员工学习党的十八大精神，将个人梦与实现中国梦紧紧结合，组织员工积极参加社区共建活动，坚持数年如一日参加社区扶贫帮困，上门为孤寡老人服务。定向资助定海街道1位家庭困难大学生，通过“阳光助学传递爱心”活动，向桃浦社区学子资助5000元。公司总经理蔡春华个人分别认领3名困难学生，资助他们顺利完成学业。公司共向所在地区捐款23.5万元，连续多年被评为上海市文明单位。

成立志愿者服务队

职工拔河比赛

上海工艺美术职业学院数码艺术学院工会

上海工艺美院数码学院积极探索专业教学对接社会的职教改革道路。近年来，在确保优质完成专业教学工作的同时，为社会提供专业技术服务取得重大进展。完成绍兴博物馆4D电影《越魂》、中华艺术宫网站、南京路上“好八连”纪念馆多媒体项目；完成国际金贸中心演示动画以及松下产品展示互动触摸屏多媒体的设计与制作。

学院先后筹建上海市数码艺术公共实训基地和上海市高职高专数码艺术专业师资培训基地。建成上海市职业指导中心的游戏美术设计师职业技能鉴定站，多媒体设计师职业技能鉴定站，视频合成师职业技能鉴定站，为培训社会人员作出积极贡献，并成为华东地区得到国际专业资质授权资格最多的院校。

数码学院工会注重发挥桥梁纽带作用，围绕中心凝聚人心，引领职工积极投身教学改革，学院被评为2013年上海市工人先锋号；纪晓燕教师获得第四届上海市五一巾帼奖。

学院获2013年上海市工人先锋号

教师纪晓燕获上海市巾帼奖

数码系工会讲课比赛

为摄影比赛布展

参观郑和下西洋处旧址

组织教师参观廉政教育展览

中石化上海工程有限公司工会

中石化上海工程有限公司创建于1953年，是国内最早从事石油化工、化工、医药工程设计和总承包的大型综合性工程公司之一。现有员工1200余名，其中高中级职称人员近800名。

60年来，公司完成国内外各类工程项目6000多项，获国家、部省级优秀工程咨询、工程设计、工程总承包、项目管理、科技进步奖等500多项，其中包括一大批代表国家化工、石化、医药等领域先进水平的重点工程项目。

公司工会坚持“维护、凝聚、营造”工作方针，引导职工追求卓越、锐意进取。通过制度建设和主题活动，真心实意地依靠职工，服务职工，在公司企业文化建设、民主管理等方面为职工提供支持和帮助，使广大职工感受到工会组织的关怀和温暖。在组织职工文化艺术节、体育节活动过程中，注重人文关怀，陶冶情操，为公司科学发展营造良好氛围。近年来，公司先后获得上海市文明单位、上海市职工劳动关系和谐满意企业、全国“安康杯”竞赛优胜单位等称号。

公司召开职工代表大会

工会向职工发放防雾霾口罩

组织职工家属参观EPC项目现场

参加第八届世界著名在华企业长跑大赛

参加系统工会羽毛球比赛

飞利浦灯具(上海)有限公司工会

飞利浦灯具（上海）有限公司是荷兰飞利浦公司在上海的独资企业，创建于1996年，现有员工360余人，各类专业技术人员占员工总数的50%以上，主要生产制造和销售飞利浦品牌各类灯具及电器配件。

在嘉定区和马陆镇党政工的关怀指导下，公司党支部、工会和行政相互支持密切合作，引领全体员工认真开展劳动关系和谐企业创建活动，有机结合企业经济发展和企业文化建设，企业和员工在创建活动中获得“双赢”。公司先后获得全国模范劳动关系和谐企业，全国模范职工之家，上海市文明单位，上海市模范集体，上海市“两新”组织“五好”党组织，上海市五一劳动奖状，上海市职工职业道德建设十佳标兵单位，上海市职工最满意的企（事）业单位，全国“安康杯”竞赛活动上海赛区优胜单位，嘉定区先进制造业金奖、银奖企业等荣誉称号。

举行高师带徒签约仪式

企业获上海市五一劳动奖状荣誉称号

参加2013“河流 孩子”慈善跑活动

开展安全生产培训活动

2014年迎春晚会舞蹈《车间》

上海市政工程设计研究总院（集团）有限公司工会

市政总院工会第十二届委员会确认“企业和谐 员工幸福”为工作目标。

2013年，工会以民主管理为抓手，建立完善以三级职代会组织体系为主体的民主管理构架，畅通各类沟通渠道，为建立和谐的劳动关系奠定基础；同时，发挥工会监督职能，以平等协商、制度建设等有效保障手段，为职工创造安全的劳动条件。工会通过关心关爱员工制度化、员工素质教育常态化以及强调健康心态的自我培养这三方面关注员工心理健康；通过丰富的文体协会活动、有重点的推进健康主题活动以及举办各类交流展示活动，为员工身体健康创造条件。

总院工会获得上海市“劳动关系和谐职工满意企业”及“金杯公司”称号。

董事长参加职工羽毛球赛

党委书记高温慰问职工

职工参加暖心讲堂教育

行政和工会共同签订工资集体协议

成立女职工周末学校

职工游泳比赛

上海市浦东新区精神卫生中心工会

坚持主任三级查房制度

浦东新区精神卫生中心又称为浦东新区心理咨询医院，成立于1959年7月，是上海市二级精神卫生专科医院，现有在岗职工312人。经过50多年的建设与发展，已成为在上海市同级同类医院中规模较大，设施功能较为齐全，具有多样化、特色化服务，集精神科临床医疗、心理咨询、社区康复和科研培训功能为一体精神科专业卫生机构。医院实际开放床位超过800张。曾多次被评为上海市卫生系统文明单位和浦东新区文明单位。近年来，工会组织加强医院文化建设，不断增强职工凝聚力；积极开展岗位建功立业活动，为职工搭建施展才华的平台；建立“心灵港湾”志愿服务工作室。中心先后获上海市五一劳动奖状、上海市巾帼文明岗、上海市“三八”集体推荐奖、浦东新区工人先锋号、文明班组、先进职工之家等称号。

坚持院务公开职代会（投票）制度

开展职工健康跑活动

在第三届浦东职工才艺擂台赛上的古筝表演

精神卫生中心大楼外景

宝钢集团上海第一钢铁有限公司工会

集团董事长、一钢总经理等慰问一钢退休职工

召开公司职代会

一钢公司前身是1938年11月建立的炼钢工坊。上海解放后，定名为上海钢铁公司第一厂，1957年3月改名为上海第一钢铁厂。1995年12月，由工厂制改为公司制，组建成立上海第一钢铁（集团）有限公司。1998年11月，成为宝钢集团的全资子公司,1999年3月更名为宝钢集团上海第一钢铁有限公司。2005年5月，钢铁主业由宝钢股份收购，至2011年9月，平稳完成所有经营业务向宝钢集团内外相关专业平台整合的任务，进入以资产、人员服务和历史遗留问题处理的管理新阶段。

一钢公司有70余年的历史，毛泽东、邓小平、江泽民等党和国家三代领导人曾先后莅临视察。一钢公司有着全心全意依靠工人阶级办企业等优良传统，充分发挥广大职工的聪明才智，为企业发展作出诸多贡献。2013年获上海市2011—2012年度厂务公开民主管理先进单位、上海市文明单位称号。

参加宝钢第九届职工运动会

运动会上的拔河比赛

歌颂祖国，唱响宝钢——一钢合唱队参加汇演

上海电气电站工程公司工会

召开上海电气电站工程公司工会工作会议

上海电气电站工程公司现有职工700余人，公司自2006年成立以来，抓住新兴市场需求上升的机遇，实现跨越式发展，销售规模从建立初期不到7亿元，上升到百亿元。公司始终坚持以先进的管理理念和现代服务意识为海内外用户提供电厂工程总承包、电站设备总成套等优质服务，企业成为2012年度ENR全球最大225强国际承包商之一。

近年来，公司工会主动围绕经济中心，深化厂务公开，积极开展劳动竞赛，不断完善帮扶机制，实施员工关爱计划，搭建青年成长平台，提升员工综合素质，促进企业和谐发展，较好地发挥了工会桥梁和纽带作用，2013年公司获上海市五一劳动奖状、上海市机电工会模范职工之家等称号。

电站设备海外工程项目建设立功竞赛启动大会

印尼公主港项目职工之家现场揭牌仪式

开展百日安全竞赛签名活动

工程公司员工在迎春晚会上表演节目

上海电力股份有限公司工会

公司领导慰问退休劳模

2013年，上海电力股份有限公司工会按照“全心全意依靠职工办企业”的方针，努力创建学习型、服务型、维权型和创新型工会组织。工会工作以融入中心、突出重点；履行职能、突出维护；弘扬先进、突出教育；依法治会、突出特色为重点，围绕集团“三步走”、公司“四个转变”和在集团系统率先建成国际一流能源企业的战略目标，发挥工会组织凝聚职工、促进发展、构建和谐的重要作用。

公司工会依靠并团结带领广大干部职工用破釜沉舟的改革勇气攻坚克难，用同心协力的集体智慧开拓发展，努力提振职工的“精气神”，逐步形成具有上海电力特点、贴近基层实际的工会工作新局面。2013年，上海电力股份有限公司获全国五一劳动奖状。

公司成立班组长联谊会

举办公司工会干部培训班

公司工会领导慰问一线职工

成功举办“上电梦好声音”歌咏比赛

上海大众交通（集团）股份有限公司工会

大众交通（集团）股份有限公司是上海和长三角区域最大的综合交通服务供应商，拥有出租车、租赁车、物流车、旅游车等各类车辆达1.5万辆。成功为2007年特奥会、2008年奥运会、2010年上海世博会提供官方指定综合交通配套服务。

2013年，集团工会按照“转观念、走一线、抓实效”的工作思路，推进民主管理、加强自身建设、积极疏导矛盾、倡导企业文化，发挥建设、疏导、聚合作用。针对产业转型及结构变化，集团工会及时组建出租租赁、物流、旅游、金融4个产业工会联合会，形成以产业为纽带的工会组织运作新模式。集团工会坚持打造企业文化、职工活动精品项目，组织开展第六届“的士”论坛、年度“十佳”好事评选活动，连续6年参加上海国际艺术节天天演广场专场演出。

举办2013年第六届大众的士论坛

大众驾驶员志愿者在南京路设摊为民服务

帮助大众物流外地职工顺利返乡

连续6年参加上海国际艺术节广场天天演活动

大众连锁企业职工参加天天演演出

电装（中国）投资有限公司上海分公司工会

工会主席汤乃飙被评为长宁区工会工作先进个人

举行职工代表大会

签署“集体劳动合同”

电装（中国）投资有限公司上海分公司是世界500强在沪独资企业，公司成立于2003年。2007年6月成立工会，2011年9月建立职代会，现有员工110人，其中中方员工95人均为工会会员。

2010年7月，工会与公司签署“集体劳动合同”。2013年12月，历时3年谈判，劳资双方终于签署“工资集体协商合同”。

公司坚持三项集体协调：2008年开始坚持每4月份的资金协商、10月份的工资协商、6—8月份的福利协商三项集体协商机制。6年来工资累计增长52%，奖金达到6年前的266%，公司职工福利水平获得大幅提升。

公司工会坚持四项会议制度：每年1月份举行全体工会会员大会；4月份举行职工代表大会；每月举行一次总经理一工会委员会议；2013年共举行7次职工代表大会联席会议暨工会委员会会议。

近年来，公司工会获评上海市劳动关系和谐职工满意企事业单位、长宁区先进职工之家、长宁区工会工作先进单位，工会主席汤乃飙被评为长宁区工会工作先进个人。

组队参加上海国际马拉松比赛

组队参加长宁区世界500强企业羽毛球比赛

上海市工商行政管理局杨浦分局工会

窗口接待，热情服务

市工商行政管理局杨浦分局工会秉持建设“奋发有为好团队、温馨和谐大家庭”的理念，立足工商行政管理本职，通过开展创先争优、文明班组、工人先锋号、巾帼文明岗等创建活动，增强工会团队正能量，展现新时代工商干部队伍风采。分局工会每年开展健康跑、羽毛球、乒乓球、足球比赛等丰富多彩的群众性文体活动，强健干部体魄，提高团队凝聚力；组队参加杨浦区开展的各类比赛，增强干部集体荣誉感。2013年，分局代表队获得“中国梦•杨浦韵”歌唱比赛小组唱一等奖和优秀组织奖、杨浦区机关干部桥牌比赛南北组第一名等好成绩。分局检查支队2013年获上海市工人先锋号称号。

细致监管，严格执法

关注小朋友的消费安全

牢中国梦，吟杨浦韵

健康运动，青春风采

上海电力安装第一工程公司工会

公司主要承建大中型火力发电站的安装调试。施工范围遍布全国各个省市及海外多个国家。先后获得多项全国、省市级荣誉。

公司领导看望慰问困难职工

公司建立良好的平等协商机制，女职工特殊权益保护在集体合同中有专项条款。工会每年组织职工（代表）对公司集体合同履行情况进行评鉴并两年修订一次。公司每年召开两次职代会，公开企业经营状况，对关系到职工切身利益的规定、办法，都经过职工代表表决通过后执行。公司工会积极开展困难职工帮扶工作，建立关爱机制，制作关爱联系卡，做到“冬送温暖、夏送清凉、节假日送关心”。

慰问一线职工

开展职工羽毛球比赛

工会积极开展“安康杯”竞赛、班组安全论坛、安全格言警句征集、安全事故警示教育片等活动。在各项目建立劳动保护监督委员会，组织职工代表对在建项目进行劳动保护和防暑降温工作专项检查。公司连续7年获得全国“安康杯”优胜企业，并获全国模范职工之家称号。

举办亲子活动

举行职工生日会

上海金环工业园区工会

园区三届一次职代会召开

上海金环工业园区位于普陀区桃浦镇，成立于1997年4月。园区以建设都市型工业园区为目标，以“推进市区联手，调整产业结构，淘汰劣势企业，优化资源配置，污染总量控制”为原则，先后兴建标准厂房及办公楼宇80万平方米，成功引进了九州通医药、浦江缆索、林果实业、康鹏化学等大批知名企业。园区入驻企业达500余家，职工总数6000余名。

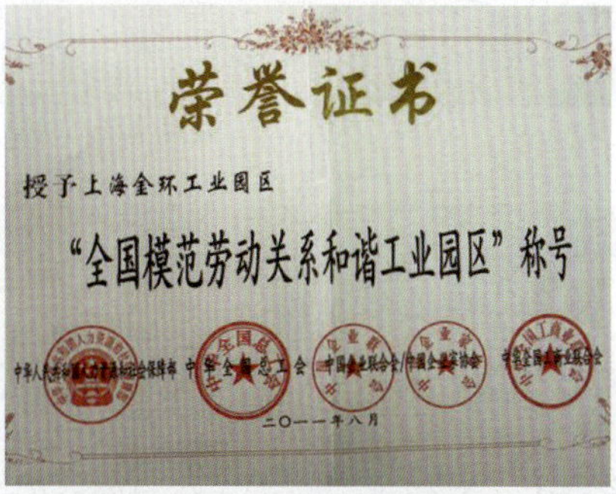

荣誉证书

授予上海金环工业园区

“全国模范劳动关系和谐工业园区”称号

二〇一一年八月

全国模范劳动关系和谐工业园区荣誉证书

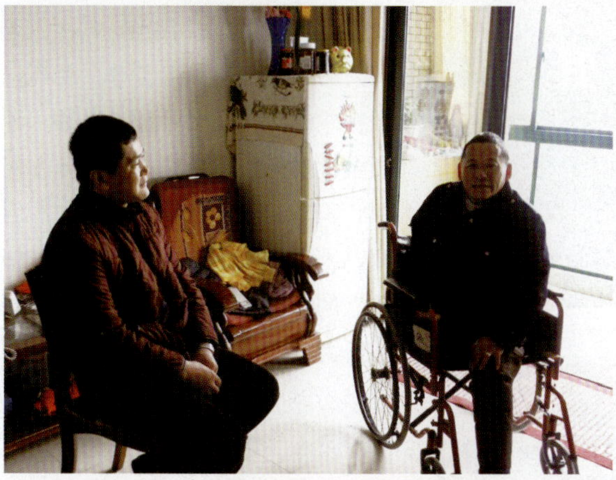

走访困难职工家庭

多年来，园区工会以和谐劳动关系创建作为提升园区能级、促进入驻企业发展、维护职工权益的重要抓手，建立了园区及所属企业两级厂务公开民主管理制度、集体协商制度和劳动争议预警调处制度，定期召开园区职代会，开展各项职工文体活动，不仅保障了职工切身利益，也丰富了职工文化生活，促进了园区的健康发展。金环工业园区获得全国模范劳动关系和谐工业园区称号，连续4届蝉联上海市文明单位，获上海市模范职工之家、上海市平安单位等称号。

职工子女在纳凉晚会上演出

组织文明员工、文明班组外出学习考察

举办“长寿杯”足球赛

上海中心大厦建设发展有限公司工会

上海中心公司召开董事会

公司组织廉洁从业座谈会

召开立功竞赛表彰会

公司工会成立于2007年12月。6年来，以“激情、融洽、创新、务实”的文化追求和“至尊、至高、至精”的公司经营管理为目标，带领全体员工，整合协调社会各方资源，开展以“管理创先、技术创新、工程创精、素质创优、环境创美”的“五创”立功竞赛活动，齐心协力打造上海新地标。获上海市五一劳动奖状并连续4年被评为上海市重点工程立功竞赛优秀公司，2013年度获评上海市金杯公司。

“上海中心”位于小陆家嘴核心区Z3地块，总高度632米，地上121层，地下5层，总建筑面积57.6万平方米，绿化率33%。工程于2008年11月正式开工建设，按照“上海中心”工程总计划，2014年12月，工程土建竣工。2015年上半年交付使用。建成后的“上海中心”将与金茂大厦、环球金融中心等组成和谐的超高层建筑群，形成陆家嘴中心区新的天际线，展现上海改革开放，推进“四个中心”国际大都市建设的时代风貌。

公司党政班子召开民主生活会

公司志愿者在清洁公司附近的公交车站

上海大众经济城发展中心工会

上海大众经济城发展中心工会深入开展民主管理、技术创新、文化建设等工作，努力为员工建设民主、温馨、奋进之家。大众经济城常年组织员工开展广播操早锻炼，增强员工体质。2012年，代表嘉定区参加上海市第一届市民运动会990第九套广播操大赛市级决赛，获得第一名。每年夏季，公司领导班子深入企业开展送清凉活动，慰问一线员工并送上慰问品。工作之余，经常组织全体员工开展健身活动，2012年举行“展运动风采，显大众活力，添生活之彩”全民健身活动；2013年举行“强身健体展风采，凝心聚力促和谐”金秋健身活动。先后获得上海市文明单位，上海市模范职工之家，嘉定区劳动关系和谐模范企业等称号。

公司领导开展夏日送清凉活动

15周年庆职工合影留念

2012年上海市第一届市民运动会990第九套广播操大赛市级决赛第一名

举行大众城全民健身活动

举行“强身健体展风采，凝心聚力促和谐”金秋健身活动

虹口区欧阳社区（街道）总工会

走进基层高温慰问

欧阳社区（街道）总工会积极贯彻科学发展观，紧紧围绕街道中心工作，在工会组建、民主管理、帮困送温暖等方面取得成绩。2013年，新建工会组织200家，发展新会员2036人；签订区域性工资协议18份，覆盖企业588家，覆盖职工2323人；帮困慰问职工1300余人次，金额达10余万元。9月，召开欧阳社区总工会工代会，选举产生参加区工代会16名代表。选举增补2名社区工会专职副主席；8月社区总工会组织下属上海市正方建筑装饰工程有限公司召开二届二次职工代表大会现场观摩会，观摩会为辖区各非公企业提供学习借鉴的机会。欧阳社区（街道）总工会主席陆克勤荣获2013年全国优秀工会工作者称号，欧阳社区（街道）总工会被评为上海市模范职工之家，上海市正方建筑装饰工程有限公司获评2012年、2013年上海市“安康杯”优秀企业。

正方建筑装饰工程有限公司召开二届二次职工代表大会

举办物业法律法规系列讲座

举办工会财务培训会

虹口区欧阳社区总工会工代会投票现场

上海良友海狮油脂实业有限公司工会

开展员工技能培训和交流

上海良友海狮油脂实业有限公司是上海良友集团下属全资子公司，是集食用植物油脂加工、销售、储运、内外贸为一体的大中型国有企业，同时是上海市应急突发事件供应的试点企业。

2013年，良友海狮公司工会在集团工会和公司党委的领导下，深入学习贯彻落实科学发展观，团结带领公司广大职工，开展“安全行车无事故，争当文明驾驶员”百日安全生产单项竞赛活动；开展“我为公司献一计”的合理化建议征集活动；打造“销售英雄榜”，促进销售大发展；做员工的贴心人，做好帮困扶助，家访慰问工作，开展职工高温慰问并组织健康体检。工会组织“唱响正能量，海狮好声音”——职工歌唱比赛和“团结一致，逆境奋发”——职工拔河比赛活动等。海狮公司以“翟保海劳模工作室”为载体，发挥劳模示范引领作用，以“创先争优”为主题开展技术改造金点子活动。引领广大职工为公司的发展作出积极的贡献。

海狮职工参加社区服务

保证市场充足供应

海狮工会举行唱响正能量，海狮好声音歌唱比赛

组织员工参加集团拔河比赛

上海市世界外国语小学

上海市世界外国语小学是一所优秀的民办学校。学校秉承“人无我有，人有我优，人优我精”的办学思想，努力办成高质量、有特色、国际化的现代一流民办学校。

世外小学工会活动丰富多彩。学校各组室每年开展“书香校园，精彩世外”读书活动。读书，让老师们理念更新，素质更高，专业更精。

“我爱我家”文明组室创建活动，凝聚人心，让世外变得更加温馨。近年来，学校每年都有组室被评为区文明组室，其中英语组荣获全国特色教研组称号。

每年召开教代会

世外的文体活动有声有色，在区教工歌咏比赛，教工时装表演中，多次荣获一等奖；在区教工排球赛、教工羽毛球赛中屡创佳绩。

凝聚人心，活跃身心，世外小学工会让世外变得更加温馨，更有活力，为世外这所名牌学校锦上添花作贡献。

学校运动会上的教师风采

家长委员关心学校建设

组成合唱队参加汇演

组织学生参加社会活动

上海纳铁福传动系统有限公司工会

纳铁福职代会

公司成立于1988年，是中国汽车零部件最早的合资企业。公司抓住改革开放和汽车工业发展机遇，以填补国内等速传动轴技术起步，实现从传动轴产品为主向系统产品业务升级转型发展的目标。2013年，纳铁福生产为乘用车配套的等速万向节传动轴突破1500万根，同比增长27%，销售额达63亿元，同比增长18%，产品市场占有率近45%，持续保持国内领先地位，成为中国汽车传动轴行业的领军企业。

近年来，公司工会以科学发展为统领，把党在新时期对工会工作的要求贯穿于企业经济工作，突出重点，依法维护，完善机制，形成特色，激发“劳动最光荣”的时代正能量，使工会工作成为企业经济建设的助推器和党联系职工群众的聚心桥，为促进公司又好又快发展不断作出新的贡献。公司先后获上海市五一劳动奖状、上海市职工最满意企业等称号，公司工会获得全国模范职工之家称号。

纳铁福1500万根下线仪式

纳铁福25周年活动

纳铁福安全运动会

纳铁福“挑战杯”技术比武

上海三菱电梯有限公司工会

召开三届六次职代会

上海三菱电梯有限公司是由中方控股和管理的中日合资大型电梯企业。经27年的创业与发展，现已成为中国最大的电梯制造和销售企业。连续9年成为世界上单个工厂电梯年产销量最大的企业，是中国电梯行业第一家累计销售电梯超过40万台、年主营业务收入超过160亿、电梯年产量超过7万台的企业。公司营业收入平均以25%的速度增长。从1993年起连续21年主要经济指标在中国电梯行业中名列前茅。

2013年，公司工会紧紧围绕“提高能力促转型，创新发展再增长”的方针目标，积极开展班组建设、岗位争先创优立功竞赛、合理化建议、职工技能大赛、名师带高徒、职代会民主管理、“安康杯”安全竞赛、职工文化艺术节、职工运动会、“送温暖”等方面工作，全面有序地服务员工、服务经济，为推动企业发展作出新的贡献。

举办第十二届艺术节

举行第十届职工运动会

职工参加手工纸花比赛

参加广播操比赛

上海市测绘院工会

上海市测绘院坚持民主议政会制度

全院坚持每月10日的班组学习制度

召开院八届三次职代会

三得益活动之"达者为师"系列讲座

上海市测绘院工会以测绘文化为引领，以文明单位创建为依托，坚持服务职工群众，维护职工权益，深入开展院务公开民主管理，受到职工好评，自1995年起连续获得上海市模范职工之家称号。

坚持"四好"风格，构建小家特色。各班组围绕"起好家名、选好家长、定好家规、树好家风"使创建工作深入人心；

坚持群众观点，强化民主管理。通过"议政会"和"质疑奖"制度，畅通沟通渠道，提升职工参政议政热情，有效促进各项工作落实；

坚持以人为本，促进全面发展。开展"三得益"活动，引导职工舒展身心，丰富知识，强身健体，有效促进职工全面发展；

坚持文化创建，树立和谐理念。践行社会主义核心价值观，发动职工制订《测绘职工行为指南》，形成为人、处事、立业三部分的"五字经"、"千字文"，为院长久持续健康顺利发展提供保障。

参加2013年上海市民体育大联赛990第九套广播操比赛总决赛

华东理工大学工会

开展教师节法律咨询活动

召开七届四次教代会

结对子表彰先进

华东理工大学创建于1952年，现已发展成为具有理工特色，覆盖理、工、农、医、法、管等12个学科门类的教育部“211工程”直属研究性全国重点大学。拥有教职工3504人，全日制在校学生 2.44万人。

华东理工大学工会围绕学校中心工作，服务学校发展大局,扎实开展民主管理、素质工程建设、维权保障等各项工作。近年来校工会深化校、院两级教代会制度建设，以校务公开为重点，促进管理民主化科学化。发挥青年教师联谊会作用，举行青年教师与校领导恳谈交流会，使之成为学校开展青年工作的好助手。开展新老教师“结对子”工程、创建劳模创新工作室等，多途径加强师德师风建设。工会以社团为重要载体，以主题月活动为主要形式，以文体培训为抓手，开展多层次群众性文体活动；全方位多层次构建健康、劳动、生活、权益保障体系，激发教职工爱校荣校热情，推进维权工作的全覆盖、常态化。近年来，学校获上海市职工职业道德建设先进单位、上海市劳动关系和谐职工满意企事业单位、上海市厂务公开民主管理工作先进单位、上海市社会主义劳动竞赛先进集体等称号。

举办教工乒乓球比赛

端午节教工龙舟赛

上海永达控股（集团）有限公司工会

永达集团一届二次职工代表大会召开

永达集团成立于1992年，是一家集实业、国内外贸易和服务于一体的大型集团企业。永达旗下有三大产业：汽车产业、置业产业和投资产业。汽车销售服务是永达的支柱产业，同时代理宾利、保时捷、捷豹、路虎、宝马、奥迪等近30个国际知名汽车品牌，汽车销售服务网络分布在上海市各区以及北京、海南、江苏、浙江、福建、山西等全国30多个城市。已形成学车、买车、卖车、租车、修车、验车等完整的汽车销售服务产业链。多年来，永达工会坚持依靠职工依法经营、创新发展，积极履行社会责任，热心公益事业。永达位列中国企业500强、中国汽车销售服务十大企业集团，获得中国驰名商标，先后获得全国五一劳动奖状、全国文明单位、全国双强百佳党组织等称号。

永达集团销售、售后精英大赛

举行永达集团纪念三八国际劳动妇女节103周年大会

举行永达集团第五届厨艺大师赛

为雅安地震灾区捐款100万元

上海申江资产经营管理有限公司工会

进街道帮困慰问

上海申江资产经营管理有限公司成立于2008年2月，是上海市申江两岸开发投资建设（集团）有限公司的全资子公司，主要承担集团范围内经营性资产的招商、运营管理。

公司工会围绕公司中心工作，以加快推进公司转型发展为重点，充分发挥工会维权职能，认真维护职工权益；充分发扬职工主人翁精神，引导职工积极参与民主管理；关心服务职工，开展走访慰问困难职工等帮扶工作，及时送达组织的关怀；工会通过定期举办各类丰富多彩的职工文体活动，丰富职工业余生活，营造良好企业文化，不断增强工会组织的影响力和凝聚力。2011—2013年，公司酒店项目业主方采购工作组、物业管理部先后获上海市工人先锋号称号。

参加红色之旅活动

工会会员参观世博会

参加跑步活动

组织外出旅游

上海市长宁区医务工会

“巴林特小组”活动，增进医护交流，缓解职业压力，改进医患关系

基层工会民主选举

长宁区医务工会下属工会组织21个，共有会员4891人，其中女会员3557人。2013年,区医务工会召开长宁区医务工会第五次代表大会进行换届改选，总结民主管理、三基竞赛、职工创新3个品牌项目的工作成果。创建“劳模工作室”，承办“守护生命——上海市卫生系统劳模专家大型义诊”活动，发挥劳模服务百姓的榜样作用。深化“创争”活动，广泛开展技能培训、技能练兵、技能竞赛，获上海市卫计委基层中医知识和技能竞赛团体二等奖。举办第二届长宁区医务职工创新大赛，推进医疗卫生服务流程化，促进服务细节改进和服务质量的提升。努力创建“星级职工之家”。在做好“五助”品牌工作基础上，加大困难职工帮扶力度，深化“双百助学”活动内涵。结合市第十一次院务公开检查及二级医院等级评审，对基层单位巡视检查，互评互访，推动民主管理各项工作有效落实。

获上海市基层中医药知识与技能竞赛团体二等奖

召开第五次工代会

成立劳模工作室

上海市虹口区凉城社区(街道)总工会

社区总工会主席走访“两新”企业

虹口区凉城新村街道是一个拥有3.24平方公里、9.5万人口的典型住宅区。近年来，凉城社区（街道）总工会坚持把工会工作纳入和谐社区建设发展大局来抓，最大限度地把工会组织覆盖到规模小、职工少、分布散、经营状况变化大的众多微小型非公企业中。同时，围绕区总工会提出的工会规范化建设“理顺体制、完善机制、落实制度、规范活动”的工作要求，不断创新实践，使社区工会组织从松散型向枢纽型发展，各级工会组织在建设“宜居宜业凉城、和谐文明社区”中不断焕发出生机活力。凉城社区（街道）总工会先后获得全国百家示范乡镇（街道）先进单位、上海市模范职工之家等称号，获评上海市五一劳动奖状。

基层工会开展为民服务活动

为社区居民开展心理咨询服务

新落成的凉城职工书屋

举办凉城社区商圈首届职工篮球赛

上海东方投资监理有限公司工会

上海东方投资监理有限公司是专业从事建设工程咨询服务的高智力、高技术咨询机构，具有工程造价咨询、工程招标代理、工程咨询、中央投资项目招标代理和政府采购代理等五项国家甲级资格以及建筑工程司法鉴定资格。

董事长探望患病员工

公司承担了上海及其他20多个省、自治区、直辖市各类建设项目咨询服务。承接的大型项目有迪士尼乐园项目、浦东机场等六大机场项目、上海世博会项目、大飞机项目等。连续多年获得中国工程造价咨询营业收入前百名企业第一名。

工会积极开展“创建学习型组织、争当知识型职工”活动，推进职工队伍知识层次和专业素质的提高；围绕生产经营，组织职工开展技能比赛、岗位练兵、知识竞赛；关心职工生活，帮助职工解决生活困难，维护职工权益，构建和谐企业。

公司先后被评为全国守合同重信用企业、全国就业与社会保障先进民营企业、上海市文明单位、上海民营服务业50强企业、上海市职工最满意企业、上海市厂务公开民主管理工作先进单位。享国务院特殊津贴专家、董事长印保兴被评为全国优秀中国特色社会主义事业建设者、上海市优秀党建之友和上海市优秀员工之友。

举办10年荣誉员工颁证庆贺活动

参加静安区职工读书活动

组织员工参加各类文体活动

组织员工赴瑞士旅游

上海市水文总站工会

上海市水文总站成立于1978年，是政府授权的水文行业管理事业单位，主要职责是为上海水务、海洋的安全、资源、环境等方面提供基础支撑，为上海社会经济发展提供技术保障。工会紧紧围绕总站中心工作，以上海水务、海洋又好又快发展提供水文支撑和保障的总要求，坚持以人为本的管理理念，以群众满意为目标，加强民主管理和职工思想工作。强化安全生产、开展技术比武、注重人文关怀、开展服务民生水务工程建设等一系列工作，使总站成为劳动关系和谐、职工满意、充满活力的企业。近年来，总站先后获全国总工会、国家水利部、市文明委、市总工会、市水务（海洋）局等颁发的多项荣誉。

高温慰问青草沙水库一线员工

注重职工素质，举办文明礼仪培训班

开展每季之星评选活动

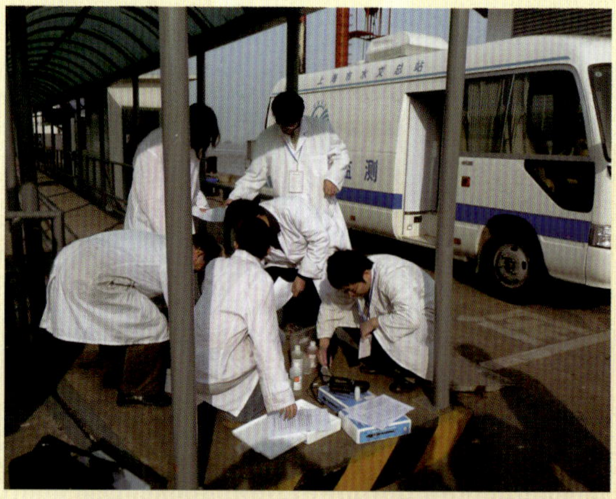

服务民生，开展应急监测

全民健身，做广播体操

上海亿通国际股份有限公司工会

工代会代表认真行使表决权

上海亿通国际股份有限公司是由上海市人民政府授权，负责上海电子口岸平台、上海港航EDI中心平台的建设和运营实体。亿通公司工会成立于2003年，拥有14个工会小组，工会会员183名，其中女会员65名。2013年，工会坚持职工全员入会，并以集体协商和职代会制度为平台，切实表达和维护职工权益。工会围绕公司的经营目标，通过各种形式的群众性学习、培训活动，不断增强职工的学习能力、创新能力和竞争能力。工会成立劳模创新工作室，为公司未来的发展培养梯队人才。工会坚持伤病必探、困难必访的慰问制度，把工会组织的关爱及时送到员工心上。

员工为支援灾区建设积极捐款捐物

为无偿献血尽一份力

举办员工亲子活动

举行羽毛球比赛

上海老凤祥有限公司工会

上海老凤祥有限公司是一家拥有165年黄金珠宝首饰民族品牌历史的“中华老字号”企业，公司集科工贸、产供销于一体，并坚持“共进、共赢、共享”的经营理念，以构建和谐劳动关系、推进企业健康可持续发展为目标，努力实现企业与职工的共同发展。

高温慰问一线职工

公司工会坚持构建和谐劳动关系，完善工资集体协商制度，坚持职代会制度深化企业民主管理工作。并以教育培训、劳动竞赛、名师带徒等方式提高职工劳动技能，推动企业经济不断发展。同时，公司十分注重用企业文化凝聚职工，定期开展摄影、舞蹈培训、才艺表演、职工运动会等文体活动，丰富职工业余生活，提高职工文化素养，实现企业经济增长与职工年收入连续多年保持两位数增长的跨越式发展目标。

每年定期召开职代会

组织员工参加劳动竞赛

举行名师带徒签约仪式

举办老凤祥第一届保龄球比赛

中船重工第七〇四研究所工会

开展岗位建功，评比每月之星

七〇四研究所创建于1956年，隶属于中国船舶重工集团公司，是国内规模最大和最具有影响力的舰船特种辅助机电设备研究机构，具有船舶辅机设备、特种装置、综合供电系统、特种技术应用、特种测试及环境条件试验研究5个方面、37个专业的研究设计与实验能力，拥有8个核心试验室，是国际标准化组织/船舶与海洋技术委员会/甲板及救生分委会主席单位，博士和硕士研究生培养点。50多年来，七〇四所始终心系祖国万里海疆，以“同心、创新、精心、诚信”的理念，赋予船舶军工精神新的内涵。

七〇四所工会始终以“党政所需、职工所急、工会所能”作为工作的出发点，组织动员职工在保障中心工作、做好日常工作和提高自身素质中创先争优，使工会工作与项目研制的各个阶段相结合，与解决职工工作、学习和生活中的实际困难相结合，从而增强凝聚力，获得全国模范职工之家称号。

2013年，七〇四所获全国五一劳动奖状、全国工人先锋号等称号。多人获得全国五一劳动奖章、中船重工劳动模范、上海市五一劳动奖章等荣誉。

加强民主管理，发挥职代会作用

召开军所专项工程立功竞赛誓师大会

所运动会开幕式

七〇四所大院外景

七〇四所新研发大楼

沪东中华造船（集团）有限公司工会

沪东中华造船（集团）有限公司工会设办公室、生产生活保障部、宣教部等3个工作部门，代管退管办，有工会干部15人。下设61个基层工会，有23600名会员（4000名劳务派遣工会员，1万名农民工会员）。

公司工会深入学习贯彻党的十八大和十八届三中全会精神，深刻领会中国工会十六大精神实质，以建设和谐企业为目标，深入开展工会系统创先争优活动，努力提高职工队伍综合素质，多角度、多层次充分调动职工积极性，切实维护职工合法权益，在推动公司科学发展中发挥工会组织作用。近年来，公司获得全国“安康杯”竞赛上海赛区优胜单位、上海市厂务公开民主管理工作先进单位称号，公司工会获全国模范职工之家称号。

公司党委书记高温慰问一线职工

董事长慰问一线生产工人

开展8·8为劳务工服务日活动

嘉定区中心医院工会

职代会民主评议领导干部

巾帼文明岗结对共建

提升职工素质系列培训

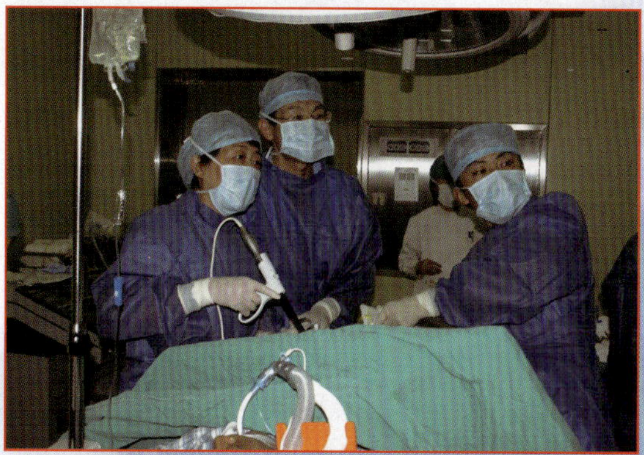

五一劳动奖章获得者——杨廷燕（左一）

上海市嘉定区中心医院创立于1947年，是一所集医、教、研于一体的二级甲等综合性医院，有医护职工1143人。

医院工会积极发挥组织作用，加强内涵建设，组织开展员工整体素质的系列培训；开展岗位练兵、技能比赛及各类文体活动；注重红十字文化建设；巾帼文明岗与村、社区等结对共建；举办迎春茶话会、中秋座谈会，主动了解民情。加强民主监督管理，落实院务公开工作，提高医院工作透明度，院务公开满意度测评达99%；组织职工代表参与医院安全巡查,保障医疗安全；开展职代会民主评议院领导干部工作。落实维权职能，加强对托管食堂的监管机制，保证食品安全；建立帮困基金，做好职工各类保障，切实保障职工利益。

职工运动会之拔河比赛

2013年，院外科副主任医师杨廷燕获全国五一劳动奖章。

上海临港南汇新城经济发展有限公司工会

组织参观黄河小浪底工程

举办篮球嘉年华活动

举行第六届健身运动会

迎新茶话会上文艺演出

上海临港南汇新城经济发展有限公司（原上海临港芦潮港经济发展有限公司）成立于2005年，负责临港分城区的规划建设、招商咨询等工作。公司坚持科学发展观和“诚信为本”的企业发展理念，大力实施构建和谐社会的开发方略，在完成总体规划审批的基础上，先后推进开发安置房、商品房、幼儿园、绿地、道路、河道等40余个建设项目。

自2006年成立公司工会以来，工会始终把关心职工生活、增强职工队伍的凝聚力和向心力作为一项重要的工作来抓，工会组织各类文体活动，努力营造和谐稳定积极向上的企业文化。

公司工会获浦东新区先进职工之家称号；公司总经理王振富被授予上海市重大工程立功竞赛建设功臣、上海市重大工程立功竞赛优秀建设者、上海市五一劳动奖章等；公司开发的商品房项目获规划环境双金奖、上海市建设工程白玉兰奖；公司被评为上海市文明单位。

公司员工集体照

上海第一机床厂有限公司工会

公司开展“六型班组”建设推进动员及培训大会

上海第一机床厂有限公司工会隶属于上海市机电工会，公司工会下属5个分工会，现有职工515人。

2013年，公司工会在上级工会领导下，按照市委“创新驱动，转型发展”战略及上海电气总公司提出的“在克难中奋进，在转型中发展”的总体要求，围绕企业“世界级工厂建设”，坚持以“服务经济、服务基层、服务职工”为落脚点，开展“民主管理”、“六型班组”建设、“李斌杯”技能比武、“安康杯”、世界级工厂“建言献策”、企业文化建设等系列活动，取得工作实绩。2013年上海第一机床厂有限公司获全国五一劳动奖状。

开展职工技能比武活动

全国五一劳动奖状

证 书

中华全国总工会决定
授予上海第一机床厂有限公司
全国五一劳动奖状。

公司获全国五一劳动奖状

举行首届职工运动会—拔河比赛

举办第二届青年职工足球联谊赛

上海索广映像有限公司工会

慰问高温环境下的作业人员

公司成立于1995年12月，是由索尼（中国）有限公司与上海仪电电子（集团）公司合资设立的索尼牌视像产品制造企业。现有员工1400多人。随着产品的不断升级换代，智能超高清彩色液晶电视机、贴合式4K超高清液晶屏及模块、高清超高清专业投影机等产品已成为公司新的增长点。

公司工会始终围绕企业经营发展目标开展工作，积极推进企业和谐发展，对涉及员工切身利益的事项事先听取职工代表意见，并经过民主协商会、职代会表决通过方可实施。工会倡导员工学技术，鼓励员工发明创造，2013年申请发明专利8项、实用新型专利5项。劳动竞赛是公司工会工作的一大亮点，2013年开展25项各种形式的劳动竞赛，参加员工达540人次，其中女职工300人次，对提高员工操作技能、爱岗敬业意识起到积极作用。公司被授予全国模范职工之家、上海市厂务公开民主管理工作先进单位称号。

工会与行政举行集体协商会

召开工会第四次代表大会

表彰劳动竞赛先进职工

工会组织职工参加旅游活动

青浦巴士公共交通有限公司工会

驾驶员认真维护车况完好，确保安全行车。

公司以党的十八大精神为指导，确立科学化、精细化的管理要求与工作目标，公司党政工密切配合，加强组织领导，积极开展创先争优活动，并以广泛宣传，全员参与，服务乘客，奉献社会的行动，不断提升规范服务质量，把“热情、爱心、微笑、温馨” 的特色服务，彰显“青浦巴士、乘客至上、温馨服务、让您满意” 的服务理念，为创建公交行业品牌线路，树立企业形象，营造良好的氛围。公司先后获上海市二星级诚信创建企业、上海市职工职业道德建设先进单位、青浦区文明单位、青浦区劳动关系和谐企业等称号；“青小线”被命名为上海市公交行业品牌线路，“青纪线”被命名为青浦区公交行业品牌线路，邱曦、陈维维等多位员工被评为上海市公交行业优秀售票员。

举办创优服务展示活动

搀一搀、扶一扶为乘客提供贴心的良好服务

耐心细致地解答乘客的问询

展示活动中，乘务员向市民发放意见征询表

帮一帮为乘客解忧

上海海事大学工会

为更好地服务上海国际航运中心建设，2004年经教育部批准，上海海运学院更名为上海海事大学。2008年海事大学主体搬迁临港新城。2013年，海事大学工会在校党委和上级工会领导下，以党的十八大精神为指引，继续开创工会工作新篇章。学校宓为建教授创建的“智能港口物流工作室”成为上海市教育系统首批“劳模创新工作室”，许乐平被授予上海市“五一劳动奖章”。

校工会坚持每年开展教代会民主评议领导干部，推动教代会审议学校财务预决算，开通教代会网上提案系统，全面启动基层工会主席民主直选，深化两级教代会的议题并规范两级教代会。校工会以“实践党的群众路线、办人民满意的教育”作为劳动关系和谐与职工满意单位创建工作的出发点和落脚点，进一步推进学校的民主管理、校园的和谐稳定。校工会不断推进工会工作的信息化、制度化，引入工会工作平台等网上工作系统，为工会服务职工工作的规范化、程序化提供技术支撑。

工会举办“迎中秋，庆国庆”农特产品展销会

邀请全国非物质文化遗产“石氏伤科”的医师为教职工做颈椎诊疗

被教育部授予全国毕业生就业典型经验高校

学校教工健美操活动深受欢迎

学校每年举办教工龙舟比赛

中交上海航道局有限公司工会

公司党政工领导为樊祥生劳模创新工作室揭牌

召开中交上航局第二十次工代会（职代会）

举办中交上航局有限公司骨干船员技术比武

举办船舶水手、机工、电工等技术比武决赛

开展中交上航局第二届“我阅读、我成长、我快乐”职工读书活动

中交上海航道局有限公司是国内规模最大的航道施工企业。拥有世界先进、国内最大的“新海龙”轮等大型自航耙吸挖泥船和“新海燕”轮等大型绞吸挖泥船及各类工程辅助船。公司下属共有13家单位，现有在册员工3702人。2013年，公司工会深入学习贯彻党的十八大、中国工会十六大、市工会十三大会议精神，紧紧围绕公司“拓主业、强海外、优辅业”的工作要求，以企业生产经营为中心，依法履行维护职能，积极构建和谐劳动关系，持续深化职工素质工程，不断加强工会自身建设，为公司持续稳定的发展做出了积极贡献。近年来，公司多次获得全国优秀施工企业；2011年被评为全国模范劳动关系和谐企业；获全国模范职工之家称号。

国泰君安证券股份有限公司工会

召开职代会民主表决重要事项

举行三八妇女节座谈会

国泰君安证券股份有限公司工会围绕中心、服务大局，以公司建设有国际竞争力的全能型投资银行的战略目标为导向，注重提高职工队伍素质，深化民主管理工作，参与公司文化建设，维护和谐劳动关系，努力加强工会自身建设。工会在职工中积极开展丰富多彩的文体活动和创先争优活动，并注重推动公司创新业务的发展。公司信用交易管理部获得2013年上海市五一劳动奖状。

举办上海证券同业公会“国泰君安杯”趣味运动会

上海交通大学工会

交大工会主席作为代表参加中国工会十六大

2013年，上海交大工会深入贯彻落实党的十八大、中国工会十六大精神，围绕学校中心工作，不断强化“全国模范职工之家”内涵建设，提升服务质量，开展系列特色活动，为教职工打造“民主之家、学习之家、温暖之家、快乐之家、和谐之家”。

上海交大工会组织召开六届四次教代会、教代会联席会议、校情通报会、代表巡视、提案专题沟通会等，推动校园民主政治建设，发挥教职工在民主办学中的主人翁作用；开展全国五一劳动奖章、三八红旗手（集体）、师德标兵等各类先进评比表彰、劳模与先进教师代表座谈会等活动，树立典型，推动师德师风建设；为6938人办理参加上海市总工会职工医疗互助保障计划、组织1135人参加暑期休养、为552人办理保险理赔、帮困送温暖525人、“婚、生、寿、新、退、献、病、亡、灾、困”十必访慰问1456人、组织6182人参加“献爱心，一日捐”等活动，为教职工排忧解难；通过文体培训班、“我的中国梦”合唱比赛、乒乓球、羽毛球、气排球等集体比赛项目，提高教职工的向心力凝聚力。学校获得2011-2012年度上海市学习型企事业单位；工会主席贾金平获全国优秀工会工作者，并选为代表参加中国工会十六大。

召开六届四次教代会

举行劳模与先进教师代表座谈

情系雅安，定向援建灾区教育事业

举办“我的中国梦”教职工合唱比赛

上海中医药大学工会

上海中医药大学每隔一年开展中青年教师课堂教学竞赛

教代会期间开展民主评议校领导工作

上海中医药大学工会在校党委的领导和上级工会的指导下，紧紧依靠全校广大教职工，在围绕中心，服务大局，突出维护，加强内涵，提升能力水平方面积极工作努力探索，取得较为显著的成绩。从2009年起建立校长办公会议旁听制度，组织和引导教职工直接参与学校决策，取得成果，获得上海市厂务公开民主管理工作优秀成果奖。《关于施行校长办公会议旁听制度维护教职工知情权的实践和思考》一文获中国教科文卫体全国委员会第十届优秀调研成果评选论文类优秀奖。近年来，先后获上海市职工最满意的企（事业）单位、上海市模范职工之家、上海市厂务公开民主管理工作先进单位、全国教科文卫体系统优秀工会组织称号。2013年，上海中医药大学工会被中华全国总工会授予全国模范职工之家称号。

从2007年起，校长办公会向普通教职工开放

工会每年为50岁女职工、60岁男职工过集体生日

工会适时为教职工搭建展示才艺的舞台

华能上海石洞口第一电厂工会

安全生产检查一丝不苟

华能上海石洞口第一电厂系华能集团公司的基层单位，装有4台国产32.5万千瓦亚临界燃煤机组，年均发电量达70多亿千瓦时。2013年全厂安全生产无事故累计达1786天，其中2号机组创单机连续运行473天新纪录。

电厂工会秉承关爱员工，共赢发展的理念，坚持开展“安康杯”活动，确保企业生产和职工劳动安全；坚持用心的交流，确保民主管理和谐畅通；坚持激扬的清流，确保文化活动健康引领；坚持用关爱的暖流，确保扶贫帮困以人为本。为员工发展搭建平台，为企业发展提供动力，奏响凝心聚力的和谐音符。电厂先后获上海市文明单位、安康杯竞赛上海赛区优胜单位、上海市模范职工之家、迎峰度夏竞赛优胜单位、治安安全合格单位、上海市平安示范单位、华能国际电力安全生产先进单位等称号。

开展多工种岗位技能竞赛

厂食堂与高校餐饮开展烹饪交流

职工冬季锻炼拔河比赛

举办上海站文艺巡演

上海市普陀区就业促进中心工会

中心“全家福”

中心办事大厅全景

上海市普陀区就业促进中心是融合职业指导、创业服务、资源管理、失业保险等多种职能为一体的公共就业服务管理机构，面向处在劳动年龄段人员（包括外籍人士）提供全面就业服务。中心着力打造“乐业1036”服务品牌，依托区、街镇和居民区，搭建多层级服务网络；组建启航工作室，深化个性化就业指导；开发创业汇微服务平台，提供多元化政策服务；深入社区、校区和园区，实施全方位信息公开，为帮助服务对象实现更高质量的就业而不断努力。

作为贴近民生、服务民生的一线窗口，中心用热诚的服务换来百姓的安居乐业。近年来，获得中央中组部创先争优先进基层党组织、国家人社部优质服务窗口、全国总工会模范职工之家、上海市文明单位、上海市模范集体、上海市青年文明号等称号。

中心篮球队队员

中心长跑队合影

中心乒乓球队参加市就业促进系统“康乐杯”比赛

风帆初职校、辛灵中学联合工会

风帆初职校、辛灵中学联合工会用心关爱每一位教职工，始终为每一位教职工服务。一是为解决困难教职工实际困难，建立困难教职工档案，经常上门探望慰问。工会密切关心教职工的身心健康，努力改善教职工的工作条件，添设女职工休息室、健身室、休息娱乐室等。二是为丰富教职工文化生活、活跃校园文化氛围，组织开展形式多样、有益教职工的文体活动。有教工运动会、摄影展、文娱演出等，每周五青年教师汇聚一堂，开展“青春与梦想”系列活动——教师论坛、教学座谈、民歌合唱等。学校坚持把党的温暖、领导的关怀、工会的支持及时渗透到每个教职工的心坎里，让每一位教职工的身心得到调节，特长和技能得到充分展示和发挥。

举办青年教师沙龙活动

举办学校教工乒乓球比赛

家访退休老干部

参加广播操比赛

开展退休老师回娘家活动

东浩兰生集团工会

上海东浩兰生国际服务贸易（集团）有限公司（简称东浩兰生集团）是由市政府批准，由上海东浩国际服务贸易（集团）有限公司与上海兰生（集团）有限公司联合重组，于2013年12月11日成立，系大型现代服务业国有骨干企业集团。

2013年，东浩集团工会紧紧围绕集团“确保两个增长、推进三项工作”的目标，广泛开展群众性建功立业活动，扎实推进厂务公开民主管理工作，努力营造健康向上的职工文化，切实做好维权、帮扶和服务职工工作，积极创建模范职工之家，在促进集团科学发展，有效维护职工合法权益、推动东浩、兰生集团文化融合等方面发挥积极作用。集团下属有7家工会被评为2011-2012年度东浩集团先进职工之家，有4家工会被评为2011—2012年度东浩集团先进职工小家。在集团评选的基础上，经推荐，物流、外服、外贸实业、东人、上广公司等5家工会被评为上海市模范职工之家，新浩艺手帽、东浩会展、商务、现代国际等4家工会被评为上海市模范职工小家，东浩集团工会再次被评为上海市模范职工之家。

集团工会举办职代会条例培训讲座

工博会项目分公司荣获“上海市五一劳动奖状”

东浩兰生集团举办首届职工文艺汇演

集团工会组织先进职工参加疗休养活动

东浩兰生集团举行职工运动会

海立集团上海日立电器有限公司工会

2013年，海立集团上海日立电器公司紧紧围绕“TFSE”行动纲领，积极应对市场挑战，实现空调压缩机年度产销目标。同时，随着海立集团转型发展和国际化战略的推进，上海日立已形成四地（中国、印度、欧洲、日本）；五厂(上海东工厂、上海西工厂、南昌工厂、绵阳工厂、印度AMD工厂)；六中心（上海技术中心、广东技术研发中心、印度德里技术研发中心、南昌技术中心、米兰技术研发中心、东京技术中心）的布局。

上海日立工会在公司实现转型发展和国际化战略布局过程中，坚持践行公司的发展愿景和理念，坚持“两个维护”的职能，坚持实打实、面对面、心贴心服务员工，坚持贴近企业经济工作，努力为丰富日立文化内涵注入新的活力。

上海电气集团党政工领导高温慰问中外员工

公司每年组织员工健康体检

“海立之夏”联欢晚会上印度籍员工的精彩表演

上海日立工会方与行政方有序进行工资集体协商

上海日立工会向四川雅安地震灾区捐款

图书在版编目（CIP）数据

上海工会年鉴．2014 /《上海工会年鉴》编纂委员会编．—上海：上海社会科学院出版社，2014
ISBN 978-7-5520-0674-2

Ⅰ．①上… Ⅱ．①上… Ⅲ．①地方工会—工会工作—上海市—2014—年鉴 Ⅳ．①D412.851-54

中国版本图书馆CIP数据核字（2014）第177623号

上海工会年鉴（2014）

编　　者：《上海工会年鉴》编纂委员会
责任编辑：赵玉琴
封面设计：华　伟
版式设计：姚　毅
出版发行：上海社会科学院出版社
上海淮海中路622弄7号　电话63875741　邮编200020
http://www.sassp.com　E-mail：sassp@sass.org.cn
经　　销：新华书店
印　　刷：浙江新华印刷技术有限公司
开　　本：890×1240毫米　1/16
印　　张：36
插　　页：90
字　　数：1200千字
版　　次：2014年9月第1版　2014年9月第1次印刷

ISBN 978-7-5520-0674-2 / D·290　　定价：260.00元